U0137774

【晚清以来人物年谱长编系列】

陈绛 陈星 陈传◎编著

陈宝琛年谱长编

上海交通大学出版社
SHANGHAI JIAO TONG UNIVERSITY PRESS

内容提要

陈宝琛(1848—1935),晚清大臣,清流派官员的代表。清同治七年进士,授翰林院庶吉士、编修、侍讲,以直言敢谏著称。充日讲起居注官、内阁学士兼礼部侍郎。中法战争后因参与褒举官员失当,遭部议降级,从此投闲家居达二十多年之久。赋闲期间,热心家乡教育、洋务事业。慈禧太后去世后复出,为戊戌六君子昭雪,充礼学馆总裁、弼德院顾问大臣,末代皇帝溥仪之师,1935 年卒于京寓。其主要著作有《沧趣楼诗集》《听水斋词》。本书是一部以年谱长编的形式,全面、客观地纪录谱主一生生平、思想与活动的年谱著作,作者是谱主后人也是著名历史学家,资料收集丰备。系统地记录中国近代人物陈宝琛一生各个时期的活动、成果、贡献和影响。

图书在版编目(CIP)数据

陈宝琛年谱长编/ 陈绛,陈星,陈传编著. —上海:
上海交通大学出版社,2024.2
(晚清以来人物年谱长编系列)
ISBN 978 - 7 - 313 - 29413 - 5

Ⅰ.①陈… Ⅱ.①陈… ②陈… ③陈… Ⅲ.①陈宝琛
(1848 - 1935)—年谱 Ⅳ.①K827 = 52

中国国家版本馆 CIP 数据核字(2023)第 169786 号

晚清以来人物年谱长编系列

陈宝琛年谱长编
CHENBAOCHEN NIANPU CHANGBIAN

编　著:陈　绛　陈　星　陈　传
出版发行:上海交通大学出版社　　　　地　　址:上海市番禺路 951 号
邮政编码:200030　　　　　　　　　　电　　话:021 - 64071208
印　制:苏州市越洋印刷有限公司　　　经　　销:全国新华书店
开　本:710 mm×1000 mm　1/16　　印　张:67.5
字　数:1 223 千字　　　　　　　　　插　页:10
版　次:2024 年 2 月第 1 版　　　　　印　次:2024 年 2 月第 1 次印刷
书　号:ISBN 978 - 7 - 313 - 29413 - 5
定　价:300.00 元

1917 年 2 月 6 日（丁巳正月十五日），陈宝琛七十岁像

陈宝琛约在 1907-1909 年间

晚年陈宝琛

陈宝琛约八十岁时在北平

约 1921 年春，陈宝琛全家照

1927 年 4 月 24 日（丁卯三月二十三日），陈宝琛与里中友人合影于钓鱼台澄绮亭

1934 年早春，陈宝琛（右起第八）与友人合影于中山公园水榭

1934 年早春，陈宝琛与朱益藩、陈三立合影
于北平中山公园水榭

1927 年 2 月 14 日（正月十三日）溥仪生日，陈宝琛（左四）与罗振玉（左一）、
王国维（左二）、绍英（左三）、郑孝胥（右四）、朱益藩（右二）合影

陈宝琛与友人在福州鼓山听水斋（左为旧影，右为今摄）

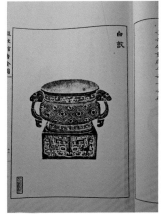

1927 年，陈宝琛编成《澂秋馆吉金图》，罗振玉序

左：1926 年辑成印行《澄秋馆藏古封泥》。
右：1925 年编刊《澂秋馆印存》，罗振玉题署并作序。
1988 年 10 月上海书店出版社再版两书时，有戚叔玉 1987 年序

2006 年 9 月，刘永翔、许全胜校点《沧趣楼诗文集》
上下两册由上海古籍出版社出版，列入"中国近代文学丛书"

1959 年，陈宝琛六子陈立鸥（懋随）编撰《沧趣楼文存》油印本两卷印行，
有傅增湘序（1944 年甲申十一月）、陈培锟序（1958 戊戌四月）、陈海瀛跋
（1950 年庚寅三月）、陈遵统读校后记（1951 年 12 月 24 日）、陈之麟跋（1957
年丁酉十二月）

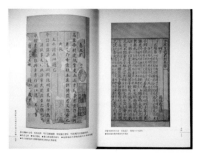

2018 年 9 月，陈旭东主编《螺洲陈氏五楼见存书目初编》由人民出版社出版

福州螺洲镇 "陈氏五楼" 故居

福州马尾君竹村西登龙岭陈宝琛墓域

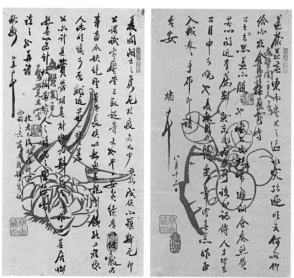

陈宝琛书札

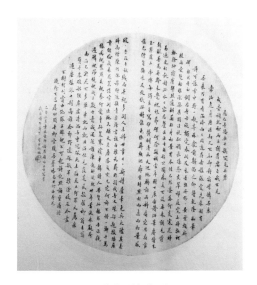

陈宝琛书扇面

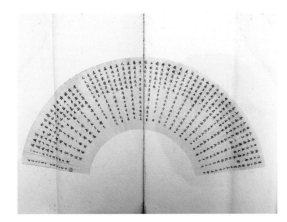

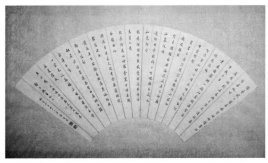

陈宝琛书扇面

陈宝琛画松

陈宝琛书联

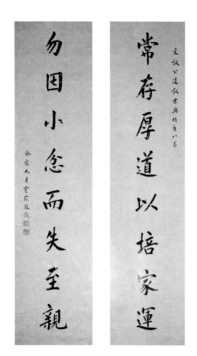

1923 年陈宝琛录曾祖父陈若霖家训

1928 年陈宝琛录曾祖父陈若霖遗训示孙陈绒

福州市三坊七巷文儒坊陈宝琛父亲陈承裘旧居

福建师范大学图书馆设立"陈宝琛书室"匾额

福建师范大学图书馆设立"陈宝琛书室"

福建师范大学校园内陈宝琛铜像

前　言

　　大约二十多年前，外出参加一次学术研讨会，与《文汇报》著名记者、复旦校友、福建同乡施宣圆同车邻座，相谈甚欢。我谈起不久前福州为纪念先伯祖陈宝琛诞辰一五〇周年，举行"陈宝琛与近代中国社会"学术研讨会。他听后很感兴趣，在他主编的《学林·人物访谈》专刊发表《陈绛谈陈宝琛的是非功过》，并且告诉我，上海交通大学出版社正在策划出版《晚清以来人物年谱长编系列》，陈宝琛这位清末民初历史人物，应当包括在内，这个长编由你承担很合适。记得二十世纪六十年代初，一次到淮海中路造谒懋咸五伯父。他说，听说海外有学者有打算作太傅公年谱，外国人都有这个打算，我们陈家后人更是义不容辞，于是他和懋恒十八姑合作，由懋恒姑母执笔完成《闽螺江太傅陈公年谱》。二十世纪九十年代初，旅居美国的太傅公幼子懋随（立鸥）叔父请张允侨（子美）姑丈编纂《闽县陈公宝琛年谱》，初稿嘱刘广京表兄（美国加州大学戴维斯分校历史系教授、台湾"中央研究院"院士）和我校订一过，书末附有太傅公直系后裔照片多帧；书在美国印制，作为家印本，印数不多。螺洲盛产橘子（福橘），立鸥叔父告诉我，太傅公尝自号"橘叟"，所以这部年谱封面用的是橘红色，正含有此意。懋恒姑母和立鸥叔父的两部年谱为编纂年谱长编提供了指南和基础。

　　上海交通大学出版社编辑部主任冯勤先生闻讯，邀约在我五原路旧居附近一家餐厅聚晤，冯先生谈了长编系列的宏大计划、编辑方针和要求等，我则略谈我对谱主平生志节的粗浅认识。

　　公讳宝琛（1848—1935），谱名敬嘉，字伯潜，一字潜史，号弢庵，一号橘隐，晚年自署橘叟、听水老人、沧趣老人等。福建闽县（今属福州市）人。公生当晚清同光之际，因与同为两榜出身的翰詹科道张之洞、张佩纶、黄体芳、宝廷等直言敢谏，抨击权贵，声震朝野，天下想望风采，时称清流。尤其"庚辰午门案"更引起慈禧不快。中法战争中，终于有三会办之命，张佩纶遣戍，公亦因荐举失当，1885 年遭部议降五级调用。清流诸人从此星流云散。适高祖布政公讳景亮去世，公服阙守制，遂不复出。自此家居二十余年，在家乡筹建铁路，创办新式学堂，造福桑梓，为福建近代化的开创不遗馀力。一直到 1908 年慈禧去世始复出，开复降调处分；旋派在毓庆宫为宣统皇帝溥仪授读。溥仪称他是"最忠于大清、忠于自己"的人。此后历经辛亥革命、军阀混战，公仍在清室为溥仪授读。一直到"九一八事变"，日本在东北策划成立伪满洲国，溥仪在郑孝胥、罗振玉怂恿和日本诱胁下，不听谏阻，瞒公潜赴关外，作了"儿皇帝"。公以耄耋高龄三度出关劝谏。在长春一次宴会上，诗钟唱和，七言以"中日"起首，公即席作"日暮可堪途更远，中乾其奈外犹强"，讥讽日本，激怒了盘踞伪满关东军头目坂桓征四郎。公见溥仪已入日本牢笼，事无可为，乃废然返回北京，拒受伪满要职，在北京继续作为前清遗老度过他的最后岁月。综观公一生，忠贞爱国，正气浩然，尤其晚年，保持了民族气节，这是他一生的亮点；然而也正是出于浓厚的封建忠君思想，他世受皇恩，秉承祖训，一心幻想复辟"大请帝业"，终生为之作无效的努力。当历史已经从封建帝制进入民主共和时代，他却仍然无法排脱儒家传统的"君臣之义"，深为溥仪"情牵义缚"，不能顺应浩浩荡荡的历史潮流而前进，这正是他的一生悲剧所在，正如后人评述："他讲究的是名节，耻食周粟，不作贰臣。其遇可哀，其心可谅，其志可悯。"①

我们互谈后，冯先生同意将陈宝琛列入长编系列，并建议签订出版合同。我说：长编工作量多大。我心中无数，况且自己已到垂暮之年，不可能再像年轻时那样，为了按期交稿，限时限刻没日没夜赶工，合同待稿子将完成时再订吧！得到冯先生的理解和谅解。自此之后我便以退休馀力，投放在这项长编编纂上。

我于是开始考虑体例、拟订凡例，翻阅旧藏，收集资料。不料起步不久，便因肠癌和心脏病突发，送医院抢救，幸得苟存。从此一直缠绵病榻，只能将病床榻权当书案，在床边褥上阅改书稿，敲打键盘。全赖懋咸五伯父孙女、给兄独女星偌（退休工程师）到图书馆借阅查核资料，输入电脑。星偌十分投入，经过十年的锻炼，已从一位"工科女"培养成对中国近代史饶有兴趣、对螺洲陈家家族历史最熟悉的年青一代；小儿传也已从中山医院退休，代为翻捡旧篋，寻找旧存。没有他们的协助，我在有生之年，得见此书问世，几乎是不可能的。

记得多年前在合肥参加《李鸿章全集》审稿会，主编戴逸先生说："全集不全，无可如何，现在这部《全集》出版了，将来必定还有新的史料发现，只好让后人补充吧！"②旨哉斯言，编纂长编，何尝不也如是。个人闻见有限，拾遗补阙，俟诸高人。

在编纂过程中，得到许多亲朋好友的协助，特别要感谢中国社会科学院近代史

① 高拜石《古春风楼琐记·听水老人的名诗》第一册，第 222 页。
② 在编纂过程中，便发现《福建文博》刊载陈宝琛信函数封，为《李鸿章全集》所未收者。

研究所档案馆馆长马忠文提供该所和第一历史档案馆所藏档案史料;上海图书馆历史文献中心研究馆员梁颖慨为复印馆藏珍贵手稿;吴建伟、黄燕婉伉俪不辞辛劳查检馆藏旧籍报刊;福建省文史研究馆连天雄寄赠数种难得的闽人日记抄本复印件;复旦大学历史系资料室傅德华教授和李春博博士助力亦多;历史系系友姜鸣也时相切磋;中山大学章文钦教授从广州,甥女黄漪从马来西亚,宗兄纪琛、建斌父子从福州远道惠寄谱主资料。凡此种种,隆情厚谊,常存感激,今日书成,谨表谢忱。至于谱主的诗文成就,《沧趣楼诗文集》校点者前言和《诗文集》附录二"各家评骘",均可参见,不复赘述。

岁月淹忽,自开始编纂迄今,不觉巳到望九之年。虽兢兢业业,努力求实求真,言必有征,然毕竟年老力衰,精疲神惫,舛误疏漏,自知在所难免,尚请读者不吝指正。

陈　绛

2018 年 12 月,上海

作者陈绛(1929—2019),复旦大学历史系教授(退休)、上海市文史研究馆馆员、上海市经济史学会原会长。

凡　　例

一、本编根据谱主一生行谊，按时间先后，分五卷编次：卷一、家居受业（1848—1864），卷二、通籍出仕（1865—1884），卷三、遗爱桑梓（1885—1908），卷四、辅佐幼主（1909—1931），卷五、清流孑遗（1932—1935）。谱前另列"先世世系"，置卷首。谱后列身后墓葬、出殡、纪念活动及著述刊行等，置卷末。

二、本编体例，悉依上海交通大学出版社"晚清人物年谱长编系列"规定。

三、本编于每年年初记载重要历史事件，以见谱主生活背景，一般取五、六则，并附以个别时人当年生卒。

四、本编日期采用公历纪元，1911 年前附清朝年号，1912 年后用民国纪元；两者均附农历干支。凡年、月可考而日期不详者，作"是月"，系于月、季末；月、日均不详者，作"是年"，系于年末。公元年、月、日用阿拉伯数字，农历用汉字；农历月份无日期者，迳书汉字，不换算公元月份。

五、收录信札多未署年、月，或日期全无者，根据内容考订日期，信末加按语说明。信札除录自《伪满密档》信札中有隐名代号、语多晦涩，略为撮述外，其馀多不复述。

六、凡谱主撰写之寿言、挽联、墓志铭等写作日月不详者，据生/逝者生卒（或葬）年月录入；书籍署检无年月者则据出版年份。

七、凡史实有多种史料记载重复者，仅选录一项，其他作"亦见""参见"，不复录。

八、谱主诗文已收入上海古籍出版社《沧趣楼诗文集》者，仅录篇名题名，以省篇幅。

九、引用史料原有旁注、眉头注或双行夹注者，均用小五号字单行排印。尊称、敬辞不抬头、不空格；谦称不小写。

十、引用史料中难以辨认或疑惑之字，以"[?]"表示。衍、脱字，用"〈〉"补入；错字改正录字于［］内。缺字及无法辨认之字用□表示。

十一、人物字、号，悉依原件，首次出现或以郡望、爵位、隐号代称者均加注正名，少数并注其简况。

十二、本编年谱正文用宋体，引据史料，用仿宋体；直接用于正文的史料，仍用宋体。引用史料或录全篇，或择录部分文句，末注史料出处。

谱　前

先世世系

　　吾陈氏系出颍川,唐季自固始入闽,占籍长乐。明洪武间,始迁祖讳广,来居闽县之螺洲。十三传而至我高祖赠光禄大夫讳秉伦,配一品夫人林太夫人。是生我曾祖刑部尚书讳若霖,配诰封一品夫人李夫人。尚书公三子,吾祖云南布政使讳景亮,次居仲。所生母赠一品夫人,配郑夫人,诰封恭人,赠一品夫人。——《沧趣楼诗文集·先光禄公行述》第383页

一世　**广**　　　号巨源,明赠徵仕郎,明洪武年间始迁螺江。配郭氏、郑氏。生子二:义、礼。葬城门山。

二世　**义**　　　广长子,号宜庵,旌奖"齿德淳仁"。配郭氏,生子二:曙、暄,合葬牌下察院垅。

三世　**曙**　　　义长子,字叔晓,郡庠生。娶郑氏,生子三:长子隔,恭房仙湾派之祖;次子佼(陉),恭房富厚村派之祖;三子隆,恭房南瀛派之祖。曙祔葬父坟。

四世　**隔**　　　曙长子,字世白,恭房仙湾派之祖。闽庠生,生明正统戊午年,卒成化癸巳年,寿三十六,娶宋氏,生子二:镵、镃,合葬祖坟边。

五世　**镵**　　　隔长子,字克用,号怡庵,闽庠生,生成化己丑年,卒嘉靖辛丑年,寿七十三。娶张氏,继高氏,葬浚边山,生子润。

六世　**润**　　　镵子,字允德,号平江,闽庠生。生弘治辛亥年,卒万历己卯年,寿八十九。娶凤岸黄氏,侧侯官七都李氏。生子五:良梓、良梣、良柯、良植、良朴。修螺洲志。祔葬父坟。

七世　**良梣**　　润次子,字文密,号素居,生嘉靖戊子年,卒万历乙酉年,寿五十八。娶本洲吴氏,生子六:光弼、光伟、光惠、光尚、光宇、光宙,葬高盖山。

八世　**光宙**　　良梣六子。字惟新,号闽洲。生隆庆庚午年,卒清顺治戊子年,寿

七十九。娶永福县城张氏,生二子:尔正、郡,祔葬父坟。

九世　尔正　光宙长子,字政甫,号衷葵,郡廪生。生万历庚寅年,卒清顺治丙申年,寿六十七。娶本洲吴氏,生四子:志、忽、喜、通。葬峭门金鼎山。

十世　喜　尔正三子,字君祉,生崇祯戊辰年,卒康熙辛未年,寿六十四。娶浦下刘氏,生四子:智、源、河、承裔。葬浦下峭门山。

十一世　智　喜长子,字昌守,号心园,生顺治乙未年,卒雍正丁未年,寿七十三。以曾孙若霖贵,貤赠通议大夫、晋赠资政大夫、振威将军、荣禄大夫。娶潘垱邱氏,貤赠一品太夫人。继义序黄氏,晋赠一品太夫人。生三子:潆,字宏仁;藻,字宏文;乾九,字宏品。葬高盖山。

十二世　藻　智次子,字宏文,号辅斋,郡增生,生康熙丙子年间,卒乾隆己卯年,寿约六十四。以孙若霖贵,貤赠奉直大夫,晋赠通议大夫、资政大夫、振威将军、荣禄大夫。娶郭宅郭氏,貤赠太宜人、晋赠太淑人、一品太夫人。生三子:秉奎、秉声、秉伦。葬峭门下洋大象山。

十三世　秉伦　藻三子,字道纪,号明轩,又号有轩,国学生。生雍正甲寅年,卒乾隆戊戌年,寿四十五。以子若霖贵,诰赠奉直大夫、奉政大夫、通议大夫资政大夫、振威将军兼提督衔荣禄大夫。娶兰圃林氏,诰封宜人,晋赠淑人、一品夫人。生六子:廷梅、若霖、若槐、若模、若霆。附葬大象山父坟。

　　以上一世至十二世据《若霖公次房景亮公直系简谱》第13—14页,并参考《螺江陈氏家谱》(二)第997—1063页、(三)有关各页,十三世《螺江陈氏家谱》(四)第2245—2248页。

十四世　若霖　秉伦次子乳名演,字宗观,号望坡,行三,邑庠生。乾隆丙午科举人,丁未科进士,翰林院庶吉士,文渊阁校勘,刑部安徽司行走,奉天、山西司主事,办理广西司事,秋审处行走,律例馆纂修,四川司员外郎,直隶司郎中,律例馆提调,总办秋审处,管赎锾处督催所及总看事务,截取知府京察一等,军机处记名,四川盐茶道,山东、广东、湖北四川按察使,四川布政使,云南、广东、河南、浙江巡抚兼河南提督,湖广、四川总督,工部尚书、兼管顺天府尹,刑部尚书,历署云贵、两广总督,浙江学政,成都将军,历充嘉庆丙子科、云南戊寅科、河南己卯科、浙江乡试监临。道光己丑科散馆。殿试朝考阅卷读卷大臣,钦差湖北、江西查办事件大臣,留京办事大臣,赏戴花翎、紫禁城骑马、赏穿元狐马褂,叠赏御书"福"字、"寿"

字。七十赐寿,赐敬典承庥匾额"福""寿"字,诰授光禄大夫、振威将军,恩予致仕。钦赐祭葬。国史馆有传。于宣统辛酉年(一九二一年)十二月十二日奉旨予谥"文诚"。生于乾隆二十四年己卯四月廿九日午时,薨于道光十二年壬辰四月十五日酉时,寿七十四。葬于邑北园山头岭,坐辛向乙兼戌辰三分。娶李氏,诰封一品夫人,同邑下濂乡国学生开基女,生于乾隆辛巳年十二月初十日寅时,卒于嘉庆丁丑年九月初十日戊时,年五十七岁。合葬于北园文诚公之墓。妾谢氏,生景亮、景曾,诰赠一品太夫人,生于乾隆癸卯年二月廿一日亥时,卒于道光癸未年六月十七日寅时,年三十四岁。附葬于文诚公之墓。

——《螺江陈氏家谱》(四)第 2249—2256 页

若霖,字宗观,福建闽县人。乾隆五十二年进士,选庶吉士,散馆授刑部主事,累迁郎中。束鹿县民王洪中为人聚殴,讼不得直,自经死。若霖鞠得其实,被议叙。秩满当外用,仍留部。数从大臣赴各省谳狱,以宽恕称。嘉庆十三年,出为四川盐茶道,擢山东按察使。调广东,署布政使,以佐总督百龄平海盗,赐花翎。调湖北,夏调四川,就迁布政使。二十年,擢云南巡抚。水尾土州目黄金珠结内地奸民,杀副州目李文政,掠其家,鞠卖,置于法。历广东、河南、浙江巡抚。浙省南北新关科罚无度,限以半正额为止,恤商而课裕。修萧山新庙堤,建盘头以御潮。次年,新林塘圮,亲往勘,疏言:"新林塘旧为险工,今距海日远,塘以外为灶地,外复为牧地,中有马塘,足为新林屏蔽,宜补筑以遏潮汐。疏通灶地各沟洫,引入牧地之莫家等湾以排泄之,即以灶地之土培护新林堤基。西筑横塘以御江水。责令灶牧各户及萧山、山阴、会稽三县,分别修筑。"又奏修会稽、上虞等县塘堤,并如议行。二十四年,擢湖广总督。湖南凤凰等厅屯丁额多为官占,失业者众,悉清厘发还征租。官入苗寨多娈索,或冒名诈财,严禁之。又以屯地硗瘠租额重,为奏减苗租二万馀石,免逋赋七万馀石,苗民感之。道光二年,调四川。中江覃万典、犍为道士萧来修等假神惑众,捕诛首犯,不坐株连。九姓长官司不谙吏治,奏请考试,狱讼别由泸州及州判兼理。四年,召授工部尚书,调刑部,兼管顺天府尹事。文安县地形如釜底,自道光初堤防冲决,积水不能耕种,议请急行修筑。七年,命勘湖北京山黄家陵堤工,疏言:"下游灾民吁请修治溃堤,上游居民谓口门下游乃襄河筑故道,复请废之。河流经行二百馀年,舍此不由,而别寻二百年以前故道,其说殊谬。潜江、天门、汉川俱属下游,而天门、汉川尤当冲要,何忍委之巨浸?惟有开通江流,堵合口门,因势利导。胡家湾沙洲当下游之冲,以四十馀丈之地束全江之水,下壅上溃,理有必然。今洲已冲溃,乘势挑浚新滩,展宽水道,使江流无冲突之患,然后增筑京山、钟祥口门堤坝,再于溃口筑石坝二,以护堤攻沙,庶可经久。"报可。十二年,乞休归,卒于途,赐恤。 ——《清史稿·陈若霖传》列传 167 卷 180 第 11609—11611 页

十五世　**景亮**　若霖次子,字孔辅,号弼夫,正二品荫生。道光庚子恩科顺天乡试南元,兵部车驾司主事,武选司员外郎、职方司郎中,则例馆提调、海疆军务文案处。乙巳武会试提调、会同馆监督、户部坐粮厅监督。京察一等记名道府。陕西乾鄜督粮道、山东盐运使、长芦盐运使、山东按察使、云南布政使。历署陕西、山东按察使、布政使。咸丰辛亥科、壬子科,陕西戊午、己未科,山东乡试文武闱提调。赏戴花翎、诰授光禄大夫、叠封光禄大夫、内阁学士兼礼部侍郎衔,生于嘉庆庚午年六月初三日丑时,卒于光绪甲申年闰五月十四日未时,寿七十五岁,葬于闽邑钦仁里西埔古岚山镜峰,坐乙向西兼卯酉一分。娶郑氏,诰封恭人,晋赠一品夫人,同邑胪厦乡嘉庆己卯进士、广西庆远府知府即补道瑞琪长女,生长子承袭。生于嘉庆丙寅年十月初十日巳时,卒于道光甲辰年七月初十日卯时,年□□岁,合葬于古岚山镜峰布政公之墓。妾焦氏,生承堃、承錾,诰封宜人,晋封□□,生于道光癸巳年八月初八日戊时生,卒于光绪癸巳年二月廿一日申时,年五十四岁。

——《螺江陈氏家谱》(四)第 2255—2260 页

景亮,字弼夫。道光庚子以兵部候补主事,应顺天乡试中式。兵部职方司之有总办,犹吏部文选司之有掌印也。景亮为总办时,有亲王任都统,保荐武员,试以箭,射无准,下部议。有谓景亮曰:"此亲王处分,当议以调留,不可以降调议也。"景亮正色对曰:"司员惟依定例办稿耳,不知其他。"定郡王连得处分八年,不得领全俸,窘甚,托堂官致意景亮,于数案中开复一案,可暂领全俸一次。堂官转语景亮,景亮持不可。后京察,未记名。群曰:"陈某素好倔强,开罪于诸王公,今受暗箭矣。"或讽引退,景亮不为动。遇有权贵处分,持正如故。会有旨派大臣查库,卓尚书秉恬派景亮与满司员同查。时库亏九百馀万,景亮曰:"库之亏,非银既入而盗出也,乃银实未入库耳。此其弊在天平,宜速改用悬针平而废敲平。岁出帑项扣馀平银,以补库亏。"诸大臣咸以为然,遂奏行之。升员外,任坐粮厅。擢陕西粮道,署臬

司者三、藩司者二。咸丰元年,户部奏提各省存仓谷石概行变价解京。陕西粮道仓中存米二十万石。景亮承办变价,请以旗饷划抵,一举两得,不致有短绌之患。巡抚张祥河采其议,上之。部臣驳曰:"此必该道所存粮石缺额,故为此支吾之策耳。"景亮请先行清查。部臣曰:"彼敢请清查,其无亏短可知。"乃允行。署陕藩,时泾阳县缺出,巡抚欲补林某。景亮曰:"尚有卓异之员,应先调补。"问为谁,曰:"龚衡龄。虽某同乡,然彼所应得,不可故避嫌而不言也。"巡抚矍然是之。南北两山州县民欠仓谷十三万有奇,部檄频催补纳,官民病之。景亮欲详请豁免,幕友曰:"前者三咨部而三驳,是格于成例也,必不行。"景亮请于巡抚,巡抚曰:"君能为民请命,某敢惜一奏牍乎?"奏入,竟奉允。壬子,贼犯武昌,巡抚会司道议防堵,莫肯往。景亮毅然曰:"某去可也。"即率官兵二千赴武关。军兴,调陕西援兵赴楚者,皆由陕备办骡只,送至湖北界,其后乃骑骡过界,有直至枣阳、德安者,骡一出境,即不复回,并骡夫亦遁去。景亮曰:"此非策也。"乃议于商南截留之。陕兵到商南者,由商南募夫肩舆度岭,军械则挑运过山。至浙川上船,直抵襄阳。自是,岁省骡万计。民间藏械,劝捐交局,于是不费县官一钱,而得铜铁炮百馀具,抬枪倍之。因言:"凡事当因地制宜,如商南民间本有炮,故可劝捐。若他处本无其器,则扰民矣。"罗遵殿,襄阳道也,与景亮初未相识。粤匪既陷武汉二郡,罗与景亮书告急。景亮请于巡抚,于商南防兵饷项内先拨银一万两,解交罗,罗感泣曰:"我与陈某素未谋面,乃能破格相救如此。"景亮在商南,与署固原提督、延绥总兵丰绅会办防务,忽奉部文,以钱二千折银一两放兵饷,时银一两值制钱二千三百文,固原、延绥二镇兵以为上官克扣之也,哗然欲变。景亮立谕止之。事定,执为其首二人置于法,自是营伍肃然。尝与诸将校约:"出战缉匪之事,诸公任之;转饷叙功之事,我任之。倘我转饷贻误,诸公声其罪以攻我可也;如诸公遇寇不力战,见匪不缉捕,则惟有据实参处。"固原、延绥、宁夏、凉州、甘州凡五营兵,分扼桑洛墅、黑齐河、富水关等隘口,谕各兵不许擅离汛地一步,除官勘定立防之地外,不得侵占民田尺寸。有某营兵牧马,食田禾,民来诉,景亮立缚之,予四十杖。给饷皆足色足平,不许丝毫短绌。有疾病者,命官医调治,时亲问之。又捐资置商南药肆,各兵需药,皆凭景亮手券取之,岁馀费至五千金。岁三节犒赏,给将弁兵丁羊酒,皆自捐资,未尝费粮台一钱。先是,景亮任坐粮厅时,厅税以奉天米、豆、麦为大宗,而税柜向置于书吏之家。景亮责吏曰:"税课当令税户自封投柜,何得置于汝家?速舁柜交官,姑贷汝,否则治尔罪。"吏叩头乞哀。景亮笑曰:"吾亦不欲舁入署也,但置此柜于官厅,派委员与该吏同司柜钥,每日所纳若干,会同而记焉。"是年,税银盈馀七十馀万,历任所未有也。尝因粮艘抵坝,厅中尚未催提,满侍郎德诚遽以总督令箭提之。景亮以前帮未卸,即提后帮,帮船竟进,错乱失序,请收回督署令箭,以厅令提船。旗丁接厅令,插米桶中,再拜曰:"此我正管衙门也。"帮船即鱼贯而进,肃然无敢哗者。江西、湖广帮为漕运最后之帮,此帮卸完,则厅中以全漕告竣详报,二侍郎即回京矣。曩者,往往江、广二帮甫经抵坝,侍郎欲速回,即令厅中详报。至是,德诚又以此意语景亮。景亮曰:"不可。凡粮船抵坝,未验未卸之时,米有搀杂亏短,责在该省粮道。若既验既卸而有各弊,则责在坐粮厅。今江、广帮甫抵坝,尚未卸米,若遽报葳事,设有搀杂亏短等弊,应具奏参赔,将何以办理?请再留五日,江、广帮即可卸完。"德勉从之而心不悦。历任坐粮厅收米经纪旗丁,串通舞弊,景亮查通坝共设经纪百二十人,而粮船共四百八十余帮。乃设签筒,书各经纪姓名,令听候掣签。每一帮到,如有船二十只,即掣经纪二十人往;第二帮到如之,周而复始,皆一人起一船,随验随起,经纪无可藉口延迟,而旗丁省需索等候之费诸弊,不禁自除。坐粮厅有所谓盈字第一号者,即点经纪头之规费也。东西厅各六千两,景亮莅任,悉罢之。宣宗成皇帝闻而大嘉之。及简放陕西粮道时,面谕曰:"汝服官外省,悉照汝作。兵部及坐粮厅时,不改素履,即为名臣矣。"由陕西改官山东运使。初到,值河决兰仪,引地皆被漫淹,盐务大坏。景亮即借给商人帑本,俾修理场灶滩地,灶丁得以复业,所借帑本仍于交课时陆续归还。南桥旧存之盐被冲,商报十万余引,例准补领盐引,俱不纳课。景亮曰:"如此则新引一概不行矣。我又奉派出省勘河工,奈何?"乃委知府某,在运署专司出引,每日比各商所领之新引若干,不如额者,责惩无贷。勘河亲至南桥,访明所冲盐引实止二万余,乃得七万之赢云。建新旧引三七搭运之法,课既充而商亦裕。东省运司所管盐引,有南运、北运之分。北运引之课,二倍于南运引,故商人皆乐领南运引,而北引为之滞。景亮察知其故,乃下令先领北引,俟北引领竣,方许领办南引。历城有给事中某者,方奉命回籍办防务,一时势焰煊赫。其戚某,盐巨商也,某为谒景亮,请曰:"北运引地现为黄河冲决,民被水患,不能消盐。乞与南引数十道销售,销引止计多寡,不分南北,亦惠而不费之举也。"景亮曰:"销引固无分南北,引价岂无分南北乎?某法在必行,不能为一人更改。设北引未竣,若发南引一道,听给事劾我可也。"永阜一场缺额,盐商请援案借长芦盐。景亮以隔省借盐,道路既艰,且多费脚价,亦非所以恤商。乃议借本省各场之盐,如黄家冈场、西繇场、官台场数处,皆令匀派,按卯多煎。以诸场之赢,补一场之绌。此法为景亮所创,大吏以无成案驳之,景亮固请,乃准,遂得如期纳课。咸丰六、七、八三年,东省盐引畅销,共纳课银二百七十余万,皆景亮之力也。历下亭古迹,自吾乡杨公庆琛修后,旋即损坏,景亮费三千余缗重建焉,自为记,有云:"天下事听其堕坏则至于不可收拾,岂独此亭也哉。"盖所感深矣。运署旧有园曰"也可",常派商人捐修,往往纳巨金而园仍不修，景亮悉命罢之。山东自癸丑以后，捻匪、幅匪、盐枭之属极多，景亮署臬司，毅然曰："除莠所以安良。"乃命州县随时严办，匪徒知惧，闾里以安。行保甲，访获朱伯玉叛案。伯玉者，生员也。诡称明裔，假风鉴术惑众，自谓必大贵，纠死党多人，约期作乱。有告者，一夜尽获，搜得一簿，诛首恶而焚其簿，出示曰："姑宽胁从，速革心，倘不悛，必按名捕，尽杀乃止。"署藩司，会同内阁学士乌公勒洪额查勘德州河道，请开四女寺一坝，乌公从之。是役也，用景亮议，水由地中行，民间田庐坟墓保全无算。又议筑关厢羊鸟墙，永为东省保障。充陕西、山东乡试提调官，场屋中传递、联号、修卷诸弊尽杜之。庚申冬，擢云南藩司，久之引退，卒于家。

——《螺江陈氏家谱》（一）第 433—445 页
转引《新修福建通志·列传》

十六世　**承裘**　景亮长子，乳名恩，字孝锡，号子良，邑廪生，咸丰辛亥恩科举人、壬子恩科进士，刑部主事、浙江司行走、候选郎中，钦加四品衔、赏戴花翎，诰授中宪大夫、晋封光禄大夫，内阁学士兼礼部侍郎衔。生于道光七年九月初四日亥时，卒于光绪乙未年六月初七日丑时，寿六十九岁，祔葬于西埔古岚山布政公之墓。配林氏，诰封恭人，晋封一品夫人，同邑尚干乡国学生、候选直隶州州同应卿次女，生于道光丙戌年七月十七日子时，卒于光绪甲申年八月三十日卯时，寿五十九岁，十月十二日未时祔葬于古岚山布政公之墓。姿张氏，生宝璜，诰封宜人，生于道光甲辰年十月十五日午时，卒于民国甲寅年十二月初二日寅时，寿七十一岁。葬于邑北门外上凤池山坐亥向巳兼乾巽。

——《螺江陈氏家谱》（四）第 2255—2258 页

承裘，字孝锡，号子良，景亮长子，生时祖若霖方按狱楚北，风雪中宣宗成皇帝解所御玄马褂驰赐，家书同时至，遂以命名。小字曰"楚恩"。咸丰壬子成进士，以主事用，分刑部浙江司行走。时辇下公卿多祖父旧僚，人人期以进取，而承裘独假归不仕，垂四十年，而长子宝琛则已官卿贰矣。性疏财，亲串贫乏，必曲为之谋，浸而及于里党。析产后所入粗给，久之生齿日繁，昏宦相继。岁时辄大窘，渐鬻其产，举债累万金，所称贷，猝遇穷乏，心动则举手立畀。每岁暮，舆出城，请求者沿途雁行，竦比至家，村之氓、邑之士更迭以前，往往过夜午不罄其囊不止。村居常为乡人屏曲直，附近百数十里屡以争洲争水，讼数年不能决，承裘出一言立解。爱才好善，虽氓隶有一行可风赞叹不绝口。骚人侠客、琴工画师、缁黄及杂技艺多被容接。随宦关中,好集古金石书画,常满床屋。晚亦不为留滞。前后以办团捐饷功加四品衔候补郎中。有子六人,无不登科甲者。宝琛下曰:宝瑨、宝璐、宝琦、宝瑄、宝璜。

——《螺江陈氏家谱》(一)第445—447页

转引《新修福建通志·列传》

十七世　宝琛

螺洲陈氏世系表(十七世至二十世)(三)

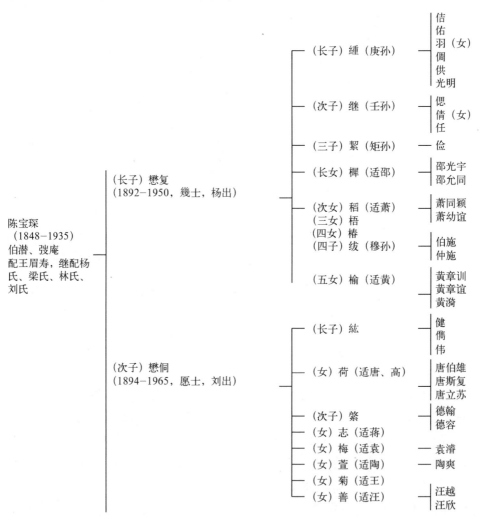

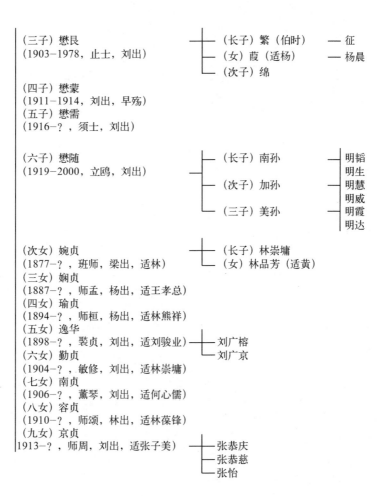

（三子）懋艮　　　　　　　　　　　┬── （长子）繁（伯时）　── 征
（1903-1978，止士，刘出）　　　├── （女）葭（适杨）　　── 杨晨
　　　　　　　　　　　　　　　　└── （次子）绵

（四子）懋蒙
（1911-1914，刘出，早殇）
（五子）懋需
（1916-？，须士，刘出）

（六子）懋随　　　　　　　　　　　┬── （长子）南孙　　　── 明韬
（1919-2000，立鸥，刘出）　　　　│　　　　　　　　　　　　明生
　　　　　　　　　　　　　　　　├── （次子）加孙　　　── 明慧
　　　　　　　　　　　　　　　　│　　　　　　　　　　　　明威
　　　　　　　　　　　　　　　　└── （三子）美孙　　　── 明霞
　　　　　　　　　　　　　　　　　　　　　　　　　　　　　明达

（次女）婉贞　　　　　　　　　　　┬── （长子）林崇墉
（1877-？，班师，梁出，适林）　　└── （女）林品芳（适黄）
（三女）娴贞
（1887-？，师孟，杨出，适王孝总）
（四女）瑜贞
（1894-？，师桓，杨出，适林熊祥）
（五女）逸华　　　　　　　　　　　┬── 刘广榕
（1898-？，裘贞，刘出，适刘骏业）└── 刘广京
（六女）勤贞
（1904-？，敏修，刘出，适林崇墉）
（七女）南贞
（1906-？，薰琴，刘出，适何心儒）
（八女）容贞
（1910-？，师颂，林出，适林葆锋）
（九女）京贞　　　　　　　　　　　┬── 张恭庆
1913-？，师周，刘出，适张子美）　├── 张恭慈
　　　　　　　　　　　　　　　　└── 张怡

目　录

卷一

里居受业

1848—1867 年

1848年(戊申　道光二十八年)　1岁

马克思、恩格斯《共产党宣言》发表。(2月)

中英《南京条约》签订(1842.8.29)后第6年,福州开埠(1844.7.3)后第4年。

魏源《海国图志》成书(1843.1.3)后第5年。

中美《望厦条约》签订(1844.7.3)、中法《黄埔条约》签订(1844.10.24)后第4年。

实授徐广缙湖广总督,叶名琛广东巡抚。(7.8)

林则徐六十三岁(1785—1850)、曾国藩三十八岁(1811—1872)、左宗棠三十七岁(1812—1885)、沈葆桢二十九岁(1820—1879)、李鸿藻二十九岁(1820—1897)、李鸿章二十六岁(1823—1901)、刘坤一十九岁(1830—1902)、翁同龢十九岁(1830—1904)、道光帝四子奕詝十八岁(1831—1861)、陈宝箴十八岁(1831—1900)、黄体芳十七岁(1832—1899)、道光帝六子奕訢十八岁(1833—1898)、张之洞十二岁(1837—1909)、宝廷八岁(1840—1890)、道光帝七子奕譞(1840—1891)九岁、劳乃宣六岁(1843—1921)、盛宣怀五岁(1844—1916)、许景澄四岁(1845—1900)、樊增祥三岁(1846—1931)。张佩纶(1848—1903)生。

10月19日(九月二十三日)　生于福建闽县螺洲乡(今福州市仓山区螺洲镇)后门埕里第。

承裘长子,乳名杰,字敬嘉,号伯潜,又号弢庵、沧趣老人、听水老人。

时公父承裘22岁(1827年生)、母林氏23岁(1826年生)、祖父景亮39岁(1810年生)、祖母郑氏43岁(1806年生)。

——《若霖公次房景亮公直系简谱》第14—15、16页

螺　洲　小　序　　　　　　　　　　　佚　名

螺洲之名何自昉乎? 或谓川光镜静,而洲滏拖隐约,状如青螺,故云。按《晋安志》以螺江与甘蔗洲毗连,后为洪水冲啮,江徙而南,因举干宝《搜神记》谢端遇徐女仙遗事以证之。今考徐女飞升之地,在高盖山有徐女峰遗迹。余家与高盖不过三里,徐女专祠唯吾乡虔祀已久,则胜迹流传,又在此而不在彼

也,明矣。洲在省会三十里之南,四周皆水,水之外诸峰环拱,其最胜者,鼓山耸其北,一望深秀,蔚然卓立;而城门大顶峰蜿蜒东转,至方歧山结为盘石,隐隐伏水而来,中分为小支者曰凤山、牌下山、磨石山、黄屿山、沂山;或为三台绵亘,或于水滨联络,是殆此洲之地脉乎。洲之南有山横峙若屏案焉,曰方山。方山者,以产方竹名,五峰巀嶪,故又谓五虎山。洲之东西建为辅弼者,曰石步山、高盖山、大象山、旗山、文山、鳌山,其形势脉络,端倪呈露,皆在若近若远间。所谓有山水之乐,无山水之逼者此也。

谨按《晋安志》:福郡受上游汀、建、延、邵四郡水,经古田、闽清二县界,至白沙驿分为两派,一派自北而东者,循旵山至洪山江、鼓山江,会马头江入海;一派自西而东者,循洪塘至金锁江,又合永福县之水过仙崎江、螺洲江、乌龙江会马头江入海。螺洲适当仙崎之下乌龙江之上,众水至此必潆洄渊停,涵浸太虚,然后委委蛇蛇,排峡门而达于海。江之东,石马为二峡之关键,罗星塔作砥障于中流,无广陵之汹涌,而有金、焦之荡漾,故生于其间者,阔达知大体,而少拘牵龌龊之习,其清淑之气所钟者,然也。

洲之肇迁不知始于何氏也,废兴已非一姓,唯余家与吴姓、林姓聚族为最久,文运启祥为最盛。自明永乐间林公理以明经举顺天,吴克礼由主簿荐升少司空,后以孝廉茂才著者,遂骎骎辈出。迫嘉靖戊戌陈东之成进士,官民部,膺清廉宴,文章节义蔚为一代之宗。国朝崇儒重道,化被海隅,士之争自濯磨者视昔有加焉。百馀年来,宴曲江者七人,歌鹿鸣者三十馀辈,家弦户诵,几于比户,可封仕王朝膺民社,于今未艾也,殆所谓地灵则人杰欤!抑诗书之贻泽,孔长先达之渊源,有自其所由来也渐矣。

余生也晚,未获从浴斋、直园、于岗、石钟、正洲诸君子游,考所谓东聚堂、罗汉园、南金园者,半归闉阓半没荒芜,逸事不可得其详矣。然而吴司空、陈农部之政绩流风,其子孙家乘可考也。括囊子、晞发生之文章逸行,故老犹有能道其事者。

江之滨,水木清华亭旧址岿然,吴邑侯觞咏高风如在目前乎。当夫暑雨乍晴,皓月初上,携斗酒、挈良朋,驾一叶之扁舟,凌长江之万顷,风帆沙鸟,水色山光,历乱心目,飘飘乎有遗世独立羽化登仙之意焉。既而长歌返棹,徐步江干,则翠屏楼、向若楼、亦窥园诸精舍,诗书之声琅琅也。此何必历武夷九曲,寻瀛海三山,始信其为洞天福地耶!

顾或谓螺洲一村落耳,寝庙赛蜡有古遗风焉。而祠宇之众建,毋乃滔欤,文庙之祀毋乃僭欤?余曰不然。建文庙祭以二丁,劝学兴贤也,郡志谓螺江社学是也。立文昌官者四,萃乡子弟肄业其中也,即朱文公义学遗制也。祀徐女仙者二,不忘所自始也。建天妃官者二,有大功德于民则祀之也。建灵显庙者四,能御大灾捍大患则祀之也,夫揭虔妥灵,国之常典,行于郡则有司主之,行于乡则乡之耆德主之,而岂僭与滔之谓乎。嗟乎! 士君子时际升平,身居乐土,一丘一壑固足以明吾志,尤贵体朝廷之德化,以善草野之风俗,斯仁里休声播手无穷耳。

吾乡人以地盛,亦地以人传。其地清流环绕,可以通瘴恶,故春夏无瘟疫之灾;其田沟渠四达,大泽疏沦,故三时无水旱之虞,此地为之也。其俗崇师儒而敦礼让,勤服贾而力耕作,故淫侠争讼之风不概见,其第宅园亭无侈靡之观,而于桥梁道路必缮治完固。盖先辈自奉俭约而乐于义举,此风相沿为已久矣。若此者,则人为之也。

余闻之故老云:林浦文安公入吾乡流连咏叹而不忍去,吾族螺江公五十致仕,优游林下四十馀年,之两贤者,皆以敦风俗、兴教化为己任也,岂徒耽于山水之乐也哉!　　　　　　　　　　　——《螺江陈氏家谱》第 1—8 页

亦见《若霖公次房景亮公直系简谱》第 10—11 页

螺江桑梓地,慎勿忘!　——十一世祖天昌公(1664—1752)遗嘱。

——《若霖公次房景亮公直系简谱》第 10 页

螺洲的住户约一千多,人口五千人,百分之八十为农业人口,居民主要为陈、吴、林三姓,聚族聚居于洲之南部;洲之北部基本为稻田和桔园。陈姓聚居在店前村,吴姓聚居在吴厝村,林姓聚居在洲尾村。

明朝一代在螺洲三姓中,吴姓科第较盛;而陈姓则只有三世祖名晔者在明英宗天顺三年(1459)中了个举人;六世祖,名淮者,在明世宗嘉靖十七年(1539)成了进士。陈姓的发迹起于清代康熙雍正两朝(1662—1735),清一代考中举人九十二人,中进士者二十人。

现在聚族而居住在福建省闽侯县螺洲乡的陈姓,习惯于说"吾陈系出颍川"。意思是我们的祖先来自所谓的"中原"。但年代久远,这说法的详情已不可考。现在能具体说的只是,这个陈氏的始祖,在唐朝的季年,也就是公元 9 世纪末,从河南省的固始县迁来福建省的长乐县。到了明朝太祖洪武年间,即公元 14 世纪,一位名"陈广"号"巨源"的老祖宗又从长乐县的陈店鹤上村,迁来当时尚称为闽县属的螺洲乡,称为螺洲陈氏始迁之祖。

——陈绲[1](陈岱孙)致侄陈健家书(手稿复印件)

[1]"绲",十九世名钧为"纟"边旁,故陈绲名不能为"总"。

闽县:隋开皇十二年(592年)以原丰县改名。治今福建福州市。五代闽龙启元年(933)改为长乐县,永和元年(935)复为闽县。永隆三年(941)又改为长乐县,四年复旧名。隋为建安郡治,唐贞元前先后为泉州、闽州、福州治。贞元五年(789)后与侯官县同为福州、福州路、福州府治,辖州、路、府治东境。1913年和侯官县合并为闽侯县。1933年分闽侯县复置,移治今长乐县西马尾港对岸营前。1934年又改为闽侯县。

——《中国历史大辞典·历史地理卷》第679、680页

螺江:即今福建闽侯县治甘蔗镇至桐口段的闽江。《寰宇记》卷100福州侯官县:螺江在州西北二十五里。《搜神记》云,"闽人谢瑞(端)少孤,于此钓得一螺,大如斗,置之瓮中,每日见盘馔甚丰。后归,忽见一少女美丽,燃灶之次。女曰:'我是白水素女,天帝哀君少孤,遣妾与君具鳝。今既已知妾,当化去,留谷与君。'其米常满,瑞(端)得其米,资及子孙,因曰钓螺江。"

——《中国历史地名大辞典》第2936页

螺洲:即今福建福州市南螺洲镇。原在闽江中,后与陆地相连。明王应山《闽都记》卷14:螺洲"在方山北,周围一里,环洲以居者数千家。"

——《中国历史地名大辞典》第2937页

1849 年(己酉　道光二十九年)　2 岁

　　广州人民揭帖严拒英国人进城。湖广总督徐广缙照会英国驻华公使文翰 (S. G. Bonham)坚拒入城。(4.2)

　　杨秀清假托"天父"下凡,号令拜上帝会众。(4.8)

　　云贵总督林则徐病免。(9.10)

　　王仁堪(1849—1893)生。

1850 年(庚戌　道光三十年)　3 岁

道光帝去世,庙号宣宗;第四子奕詝继位,即文宗,以明年为咸丰元年(2.25、3.8)。

奕訢受封恭亲王、奕譞为醇郡王。(2.28)

旨谕闽浙总督刘韵珂、福建巡抚徐继畬不准英人在福州城内居住,及采购台湾鸡笼山煤炭。(9.1)

起用林则徐为钦差大臣,办理广西剿抚事宜,卒于潮州途中。(10.17、11.22)

1 月 19 日(己酉十二月七日)　二弟宝璐生,号仲勉。

宝璐,乳名检,字敬勋,号仲勉,光绪丙子亚元,庚寅恩科进士,云南曲靖府知府。卒于民国癸酉年五月,寿八十五岁。

——《若霖公次房景亮公直系简谱》第 29 页

是年　祖父布政公景亮擢陕西督粮道。

时祖父景亮[1]方任兵部郎中,乞假在里,闻擢陕西督粮道之命,尚未赴任。

——《闽县陈公宝琛年谱》第 1 页

时公祖布政公已由兵部郎中简放陕西督粮道,迟至明年正月赴陕任职。

——《闽螺江太傅陈公年谱》手稿本

先君癖嗜金石,随侍先大父关中储署者五年。

——《沧趣楼诗文集·澄秋馆吉金图跋》第 319 页

我生三岁便随宦,龆龀已行天下半。——《沧趣楼诗文集·送复儿游学日本》第 80 页

[1] 陈景亮:字孔辅,号弼夫。见谱前。据《清季职官表》,景亮擢陕西督粮道,在乙巳(1869)之后,此处存疑。

1851 年（辛亥　咸丰元年）　4 岁

洪秀全在广西桂平金田起义，建号太平天国。(1.11)

太平天国初建官制，永安封王。(12.17)

福建漳泉及汀州一带会党起事，命官严禁。

正月　偕二弟宝璐随父母赴祖父景亮陕西督粮道任所。

　　　　偕弟宝璐奉光禄公及林太夫人随赴布政公任所。

——《闽县陈公宝琛年谱》第 1 页

亦见《闽螺江太傅陈公年谱》手稿本

八月　父承裘(光禄公)回闽应乡试，中式举人。

　　　　光禄公回闽应乡试，中式举人。　　　——《闽县陈公宝琛年谱》第 1 页

亦见《闽螺江太傅陈公年谱》手稿本

1852 年(壬子　咸丰二年)　5 岁

太平军永安突围北上,攻长沙,占汉阳,各地会党响应,长江以南混战连绵。
(4—12 月)

是年　父承裘[1]成进士,分派刑部,不久乞假回陕侍奉祖父。公始入家塾。

　　始入家塾。光禄公赴京会试,成进士,以刑部主事用,在浙江司行走。因
不欲久违定省,旋乞假回陕。
　　　　　　　　　　　　　　　　　　——《闽县陈公宝琛年谱》第 2 页
　　　　　　　　　　　　　　　　亦见《闽螺江太傅陈公年谱》手稿本

[1] 承裘:字孝锡,号子良。见谱前。

1853 年(癸丑 咸丰三年) 6 岁

太平军自武昌沿江东下,连克九江、安庆、芜湖,建都南京,改名天京。(1—3 月)
清军建江南大营于南京朝阳门外孝陵卫,江北大营于扬州城外。(3—4 月)
天地会黄德美攻克同安、厦门,小刀会刘丽川占上海。(5.18、9.7)
张謇(1853—1926)、沈瑜庆(1853—1918)、陈三立(1853—1937)生。

1854 年(甲寅　咸丰四年)　*7 岁*

湘军练成水陆两军,曾国藩发布《讨粤匪檄》,出师讨伐太平军。(2.25)

曾国藩攻太平军,败于靖港,羞愤投水遇救。(4.28)

英法俄克里米亚战争爆发。(10 月)

英、美、法要求修约。(10—11 月)

湘军三路东征。(11.8)

严复(1854—1921)、张勋(1854—1923)生。

1855年（乙卯　咸丰五年）　8岁

清军借英法势力攻复上海，小刀会失败，刘丽川被害。（2.17）

清军僧格林沁克山东茌平冯官屯，太平军北伐失败。（3—5月）

恭亲王奕䜣免去在军机大臣上行走、宗人府宗令。（9.2）

捻军张洛行起于亳州。（六月）

郭曾炘（1855—1925），徐世昌（1855—1939）生。

是年　祖父陈景亮游宦山东，随家人迁居济南。

布政公调升山东盐运使，旋署山东按察使、布政使[1]。举家迁居济南。

——《闽县陈公宝琛年谱》第2页

[1]陈景亮调升山东盐运使年份未详；署山东布政使（藩司），在1860年2—11月（《清季职官表》第814页）。署山东布政使（藩司），未见《清季职官表》著录，今据《闽螺江太傅陈公年谱》手稿本、《若霖公次房景亮公直系简谱》及《螺江陈氏家谱》，见谱前。

1856 年(丙辰　咸丰六年)　9 岁

英、美再次要求修约。(2.3)

法传教士马赖(Auguste Chapdelaine)潜入广西,被处死。西林教案。(2.29)

太平军击破清军江北大营,摧毁江南大营,天京解围。(4.3、6.20)

太平天国内讧,诸王相杀。(9.2)

石达开回天京辅政。(11 月)

贵州苗民起事,占清江厅、台供厅;云南杜文秀占大理,回民起事。(9 月)

英国挑起"亚罗号"(Arrow)事件,第二次鸦片战争开始。(10.8)

陈衍(1856—1937)生。

1857 年(丁巳　咸丰七年)　10 岁

太平军杨辅清自江西入闽,占邵武。(3.31)

石达开出走天京。(6.2)

清军江南克镇江,江北克瓜州。(12.27)

英法联军攻陷广州。(12.29)

2 月 9 日(正月十五日)　三弟宝璐生,号叔毅。

宝璐,乳名济,字敬果,号叔毅。光绪戊子科举人,庚寅恩科进士,翰林院庶吉士、刑部主事、河南司行走,礼学馆顾问,掌教致用书院。生于咸丰丁巳年,卒于民国壬子年十二月初七日,寿五十六岁。

——《螺江陈氏家谱》(四)第 2249—2350 页

亦见《若霖公次房景亮公直系简谱》第 33—34 页

是年　偕宝瑨、宝璐两弟随父为祖母郑夫人葬事自济南返福州,在家塾受教。

光禄公归闽,为郑夫人卜葬。公及仲勉、叔毅两弟俱从。闽俗多拘忌,得片壤,挠者百端,卜兆多不就。至是始得地于县之东南,偏古岚山。岩居水宿,事必躬亲,先后三年,始告集事。时公与弟仲勉皆已入塾。

——《闽县陈公宝琛年谱》第 3 页

公自济南归后,历从乡里名师,学益精进。受业于同县梁礼堂(鸣谦)[1]吏部最久。梁公,名进士,曾掌教县之鳌峰书院,公弟叔毅之外舅也。

——《闽县陈公宝琛年谱》第 4 页

旋光禄公偕夫人携诸子自山东归闽,为公之祖妣郑夫人卜葬。葬事既毕,时布政公调任云南布政使,以足疾乞退,光禄公亦不遽赴□诸子皆留家读书,每至塾返光禄公辄命旁侍诲以古今忠孝故事。

——《闽螺江太傅陈公年谱》手稿本

每自塾归,光禄公辄令旁侍,为述祖德庭训,及道咸间所闻见士夫贤不肖行事,与生平所接名人硕士之言论风采,勖以名节。

——《闽县陈公宝琛年谱》第 3 页

不孝等朝入塾、暮归寝,一笑谑必斥,一诟詈必斥,以跛倚必斥,殄生物、毁完器必斥,日所授,讹句读、忘义训必斥。漏三下,极倦而休焉,然而心益勤、耗益大。不孝等益迂拙,而先妣益劳苦。

——《沧趣楼诗文集·先妣林太夫人行略》第 390 页

先公于愚兄弟每下塾,必与言忠孝大义,间述昔贤名论,常侍立一时许。

——《沧趣楼诗文集·林氏妹六十寿序》第 375 页

宝琛未冠,从师受业。师与先子友善,又婿吾弟叔毅,视宝琛如子侄。一言一服不懈,训饬不少假,居门下十有五年。

——《沧趣楼诗文集·梁君伯通六十寿序》第 330 页

宝琛少时于梁吏部师斋头见笏山先生墨竹。

——《沧趣楼诗文集·黄君芸淑墓志铭》第 433 页

[1] 梁鸣谦:字礼堂,福建闽县人,咸丰进士,初任吏部主事,后辞官回里。光绪二年受福州鳌峰书院聘,教授生徒。

家严为光禄公次子,逮侍曾王父布政公,少随布政公与宦所,自陕而齐,九岁[1]始旋闽,光禄公督课甚严,与伯父每出塾,辄命旁侍,辟呫诏以古今忠孝故事,日以为常。 ——《槐楼诗钞·陈仲勉先生七十寿言集(陈懋鼎)》

[1] 公二弟宝瑨(仲勉)少公一岁。

1858 年(戊午　咸丰八年)　11 岁

两广总督巡抚叶名琛被英军俘拘于虎门英舰,后押送印度。(1.5)

英法联军攻陷大沽炮台。(5.20)

中俄《瑷珲条约》、中英、中法《天津条约》签订。(5.28、6.26、6.27)

太平军杨辅清部复入福建,旋仍退回江西;陈玉成、李秀成部大破湘军,三河大捷。(11.15)

康有为(1858—1927)生。

1 月 22 日(丁巳十二月初八日)　四弟宝琦生,号季涵。

　　宝琦,乳名骈,字敬韩,号季涵。光绪乙亥科举人,拣选知县。咸丰戊午年生,光绪丙子年卒,年二十岁。　　——《螺江陈氏家谱》(四)第 2353—2355 页

亦见《若霖公次房景亮公直系简谱》第 39—40 页

1859 年(己未　咸丰九年)　12 岁

李鸿章初入曾国藩幕。(1.14)

洪仁玕封干王,总理太平天国朝政,颁布《资政新编》。(5.11)

英、法舰队北上换约,英军败于大沽。(6.25)

中美在北塘换约。(8.16)

李秀成封忠王。(12 月)

袁世凯(1859—1916)、梁鼎芬(1859—1919)生。

1860年(庚申　咸丰十年)　13岁

太平军再破江南大营,连陷常州、无锡、苏州、嘉兴,天京解围。(5—6月)

英法对中国宣战。(6.26)

曾国藩实授两江总督兼钦差大臣,督办江南军务。(8.10)

英法联军攻陷天津,焚掠圆明园,侵犯北京。咸丰帝北走热河。(8—10月)

中英、中法、中俄《北京条约》签订。(10.24、10.25、11.14)

郑孝胥(1860—1938)生。

是年　应童子试,补县学生,为秀才。学使徐树铭[1]。入泮、岁试及试卷均见《陈大宗师制艺诗赋全稿》残本,《沧趣楼诗文集·律赋、制艺》第541—588页。

入县学为邑庠生。学使者章采南[2]先生鋆。

——《闽县陈公宝琛年谱》第4页

亦见《闽螺江太傅陈公年谱》手稿本

年十三,出应童子试,受知于徐寿蘅学使,补县学生。

——《沧趣楼诗文集·诰授光禄大夫晋赠太师特谥文忠太傅先府君行述》第589页

[1]徐树铭:字伯澄,号寿蘅,又号澄园,湖南长沙人。道光进士,历官兵部、吏部、工部左、右侍郎,福建、浙江督学,都察院左都御史,工部尚书。著有《桑政迻言》《澄园诗集》等。

[2]章鋆:字酝芝,号采南,今浙江宁波人。道光举人,咸丰状元。历任翰林院侍读、右春坊右庶子、福建学政。公科试蒙取一等,鳌峰书院观风蒙取超等第一名。

君(吴引吾)与余同于咸丰庚申补弟子员,戚友援故事欲贺君,因致祝。君以时艰方亟止之,且曰:"吾充贡且周甲,盍少待?"为诗示意,闻于都下。夫庚申,我文宗北狩之岁也,其时寇氛几遍天下,外兵犯阙,大局如累棋,然而国维未弛,人纪未斁,二三巨人长德,运筹拥钺,不数年间,以次削平巨憝,卒成同光之治。以今视之何如?顾望治者必曰中元甲子,术家之言,余所不知,而决之于天道,验之于人心,则物极必反,厌乱者十之九,喜乱者百不及一也。

——《沧趣楼诗文集·吴引吾同年八十寿序》第327—328页

总理各国事务衙门设立。(3.1)

咸丰帝病逝热河行宫,庙号文宗,幼子载淳继位,即同治帝,尊皇后及太子生母叶赫那拉氏并为皇太后。定明年年号祺祥。(8.22)

慈禧太后回京,联手恭亲王奕䜣发动政变,改祺祥年号为同治,两宫太后垂帘,奕䜣执政。(11 月)

曾国藩受命统辖苏皖赣浙四省军务。(11.20)

李秀成部复入浙江,太平军再占杭州。(12.29)

朱益藩(1861—1937)生。

5 月 30 日(四月二十一日)　六弟宝瑄生,字墨樵。前此尚有五弟宝瑀生,幼殇。

宝瑄,乳名翊,字敬奋,一字墨樵。光绪癸巳恩科举人,拣选知县。生于咸丰辛酉年四月廿一日,卒于光绪甲午年八月初八日,年三十四岁。

——《螺江陈氏家谱》(四)第 2356—2358 页

亦见《若霖公次房景亮公直系简谱》第 44 页

四月　祖父景亮自云南返福州。

布政公自云南布政使任以足疾乞归,遂不复出。光禄公葬郑夫人事竣,亦留家侍养,不再出仕。　　　　——《闽县陈公宝琛年谱》第 4 页

陈景亮咸丰十年正月二十二日(1860.2.13)任山东按察使,同年十月二日(11.14)离任。同日调云南布政使,咸丰十一年四月七日(1861.5.16)因病解任。

——《清季职官表》下册第 814、797 页

1862 年(壬戌　同治元年)　15 岁

上海设中外会防局。洋枪队改名常胜军,由美国华尔(F. T. Ward)、英国戈登(C. G. Gordon)先后统领。(2 月)

南昌教案。江西省城生童捣毁天主教堂、育婴堂。(3.17)

李鸿章率淮军自安庆驰援上海,署江苏巡抚。(4 月)

京师同文馆设立。(7.11)

左宗棠任浙江巡抚,在浙江与法军募勇组成常捷军。(1.24、10.12)

陕甘回民起事。(5—6 月、10—12 月)

十二月　祖父景亮主持重修螺洲天后宫,并作碑记。公此后撰楹联:潮汐接湄洲,风马送迎江峡月;帆樯淼建水,神灯下上庙门松。

螺洲天后宫重修碑记　　　　　　　　　陈景亮

螺江舟楫往来,与湄洲通潮汐,故乡人莫不立庙以祀天后。而吾族所建,迩于祖居之右。父老传闻,经始自前明中叶。迨嘉庆丁丑年,先尚书望坡公首创捐廉,合族人而修葺之。迄今又四十馀年矣。咸丰辛酉秋,予由滇藩请假南旋,行经海道,盲风怪浪,骇目惊心,幸邀神佑,化险为夷。归而瓣香展谒,目击殿宇倾欹,爰为鸠工庀材,无侈前规,无废后观。其梁、枑、栋、楹之挠折者更易之;其盖瓦、级砖之残缺者补葺之;其壁垣户牖之漫漶不鲜者涂墍之。后座新增屏阃,昭洁敬也;门前增立栅栏,资保卫也。建二亭于两庑,柑祀金、梆两将,隆体貌也;庙后三楹,中祀螺仙洲主,左右祀顺懿元君珠疹夫人,仍旧制也;壁绘婆官着配享也;墙图灵迹,示显应也。墙西濒江,旧有矮屋数椽,为里人社地,坍塌殆尽,今就其址更建面南一院,向西五楹,仍祀元天上帝,福德正神,并为岁时伏腊觞咏过从公所。是役也,糜金钱二千四百串,历十阅月而工竣,继自今愿与桑梓之人同矢敬恭,以答神庥,其即绍承先志也夫。大清同治元年壬戌嘉平,前云南布政使司、里人陈景亮谨撰并书。　　——螺洲天后宫重修碑记

1863 年(癸亥　同治二年)　16 岁

捻军首领张乐行被杀。(3.23)

上海广方言馆设立。(3.28)

左宗棠总督闽浙。(5.5)

石达开部全军覆没,石解至成都,被杀。(6—8 月)

赫德(R. Hart)继李泰国(R. T. Lay)任中国海关总税务司(11.16),1908 年回国,前后近 50 年。

李鸿章淮军克苏州,杀太平军降将。(12.6)

6 月 3 日(四月十七日)　七弟宝璜生,号砚樵。父妾张氏(诰封宜人)出。

宝璜,乳名震,字敬久,号孟远,又号砚樵。光绪甲午科举人,同知衔江苏试用知县。同治癸亥四月十七日,卒于光绪丙午年十二月初七日,年四十四岁。

——《螺洲陈氏家谱》(四)第 2365—2367 页

亦见《若霖公次房景亮公直系简谱》第 58 页

1864 年(甲子　同治三年)　17 岁

洪秀全去世。李秀成被擒。(6.1、7.22)

曾国荃湘军攻陷天京。(7.19)

太平天国失败,馀败走江西、福建,占漳州、龙岩、南靖等地。(7—12 月)

中俄议定勘分西北界约。(10.7)

左宗棠赴福建督师攻太平军。(11.26)

1865 年(乙丑　同治四年)　18 岁

阿古柏在英、俄支持下入侵新疆,占领天山南路诸城。(1 月)

恭亲王奕䜣罢革,仍在内廷行走,并管理总理衙门。(4 月)

美国南北战争结束,总统林肯遇刺身亡。(4.9、4.15)

淮军入闽援左宗棠,克漳州,李世贤突围出走。(5.15)

僧格林沁败殁,曾国藩赴山东镇压捻军。(5.18、5.23)

曾国藩、李鸿章奏设上海江南机器制造总局。(9.29)

同治帝奉两宫皇太后往东陵,咸丰帝奉安定陵典礼。(11.5)

李鸿藻在军机大臣上行走。(12.28)

秋　中乡试同治乙丑科补行甲子科举人,第七十四名。大主考官丁绍周[1]。府试、岁试制艺见《陈大宗师制艺试赋全稿》残本(《沧趣楼诗文集》第 539—584 页)。

乡试朱卷《子贡曰:"固天纵之,将圣又多能也"。子闻之曰:"大宰知我乎"》,本房加批:"钜眼敔月,妙悟生花,剔透玲珑,空灵夭娇";《发强刚毅足以有执也》,本房加批:"峭洁骏厉,宏括精严。驵琮五缫,神镠百炼";《师旷之聪,不以六律,不能正五音》,本房加批:"相影运斤,寻声定墨,真气盘郁,古藻缤纷";《乡试赋得霜高初染一林丹得"丹"字无言八韵》,本房加批:"妍词戛玉,高韵铿金";大主考丁[绍周]批:"理明辞达"。

——《清代朱卷集成》第 377 册第 163—177 页

亦见《沧趣楼诗文集》第 555—557、260 页

[1] 丁绍周,字濂甫,号亦溪、召南,江苏丹徒人。道光进士,历任翰林院编修,广西、顺天、四川、福建乡试同考官,湖广、京畿道监察御史、浙江学政、杭州城陛、国史馆协修、实录馆纂修、功臣馆纂修。

公前已得生员资格,兹应本省补行甲子乡试,中式举人。座师为丹徒丁濂甫(绍周)先生。黄县丁简庵先生亦奉派主试,未入闽而道殁。

——《闽县陈公宝琛年谱》第 5 页

秋,应乡试,中甲子科举人。同榜有陈宝琛、刘勤、陈廉臣、陈幼莲、陈鸣秋、陈与冏、沈咏彤等。(陈与冏,字弼宸,号缄斋,福建侯官人。光绪六年进士,历充各地考官,卒于京师。)　　　　——《谢章铤集·年谱》第 784—785 页

1866年(丙寅　同治五年)　19岁

斌椿使团赴欧洲。(3.23)

斋军在闽赣边境起事,占崇安、建阳。(3.31)

擢李鸿藻为礼部右侍郎,仍兼署户部右侍郎。(4.10)

左宗棠奏设福州船政局。(7.14)

捻军东西两路转战长江流域和华北各省。(10月)

曾国藩回任两江总督,江苏巡抚李鸿章受命钦差大臣专事镇压捻军。(12.7)

孙中山(1866—1925)生。

1867 年(丁卯　同治六年)　*20 岁*

陕甘总督左宗棠受命钦差大臣,督办陕甘军务,左军分三路入陕。(2.22)

西捻军北走,进入陕北,东捻军过山东潍县,入河南。(6—10 月)

沈葆桢接任总理福建船政大臣,专主福州船政局。(7.18)

张之洞任湖北学政。(8.29)

美国前驻华公使蒲安臣(Anson Burlingame)出使美、欧十一国。(11.21)

卞宝第任福建巡抚。(12.21)

是年　左宗棠创立正谊书局,即正谊书院前身。首任山长为林鸿年[1]。公等均曾就读正谊书院。

余弱冠偕君(叶大焯[2])肄业正谊书院,君在稠人中,退然若不胜,及课艺出,辄冠侪辈。吾师侯官林先生,性方严,律士必以操履,顾独器君与余。未几,与君同馆选,遂同居京师。

————《沧趣楼诗文集·叶恂如同年六十寿序》323 页

清代福建全省性课士的书院,共有四所,正谊、致用、鳌峰、凤池。……正谊书院是由正谊书局蜕化而来的,而正谊书局的成立,系依照鳌峰书院刻书的先例,后来也改为课上的书院了。　　————《福建编年史》第 1308 页

林鸿年由同治六年起,到了光绪十一年(1885)冬逝世,整整做了十九年的院长,前后学生中,最先如叶大焯、陈宝琛、张亨嘉[3]……中间如刘大受[4]、陈书[5]……最后如林纾[6]、陈衍[7]、吴曾祺[8]等都是著名的特殊人才。所以正谊书院对于晚清文学界,也颇有影响。　　————《福建编年史》第 1311—1312 页

清光绪间,朴学大师谢枚如(章铤)[9],为正谊书院山长,一时名彦如陈弢庵(宝琛)、陈木庵(书)、陈石遗(衍)、张贞午(元奇)[10]、林畏庐(纾)等,皆出其门下。

————《近现代词话丛编·闽词谈屑》第 150 页

[1] 林鸿年:字孝荫,号勿邨,福建侯官人,道光进士,翰林,掌教鳌峰书院二十馀年。

[2] 叶大焯:字迪恭,号恂予,福建闽县人,同治进士,翰林院侍读,广东学政。归里,主讲凤池书院、正谊书院。

［3］张亨嘉，字燮钧、铁君，福建闽侯人，光绪进士，湖南、浙江学政，礼部左侍郎，谥文厚。

［4］刘大受：字号绍庭、樊香，福建侯官人，同治举人，温麻书院讲席。

［5］陈书：字伯初，号俶玉、木庵、冯庵，福建侯官人，陈衍伯兄。光绪举人。曾居福建巡抚丁日昌幕中，后受聘沈瑜庆总办筹防局等。著有《木庵居士诗》。

［6］林纾：字琴南，号畏庐，福建闽县人。光绪举人。近代文学家、翻译家。著有《畏庐文集》、《续集》、《三集》，诗有《畏庐诗存》等。

［7］陈衍：近代文学家。字叔伊，号石遗老人。福建侯官（今福州市）人。光绪举人。近代诗人。曾为学部主事、京师大学堂教习。入民国，在南北各大学讲授，编修《福建通志》。与章炳麟、金天翮共倡办国学会，任无锡国学专修学校教授。著有《石遗室文集》、《石遗室诗集》、《石遗室补集》等，编撰有《元诗纪事》、《近代诗钞》等。

［8］吴曾祺：字翼亭，亦作翊庭，福建侯官人。光绪举人。平和、泰宁等县教谕。任全闽师范学堂教务长。后受聘商务印书馆，编有《涵芬楼文谈》、《涵芬楼古今文钞》。

［9］谢章铤：字枚如，福建长乐人，光绪进士，致用书院山长。有《赌棋山庄集》传世。

［10］张元奇：字珍午、君常，号姜斋，福建侯官人，光绪进士，奉天巡按使。

通籍出仕

1868—1884 年

1868 年(戊辰　同治七年)　21 岁

东捻军在扬州失败,赖文光被擒。(1.5)

日本结束江户幕府统治,明治维新开始。(2.8)

中美签订《续增条约》(即《蒲安臣条约》)。(7.28)

西捻军在山东茌平被歼,捻军覆灭。(8.16)

扬州教案。英国传教士戴德生(Hudson Taylor)在扬州住所被拆毁。(8.22)

曾国藩调任直隶总督,英桂任闽浙总督。(9.6)

闰四月　赴京会试成进士。

　　赴京会试,成进士,改翰林院庶吉士。座师为文文忠公祥[1],房师为张秋生先生。从本年起居北京。　　　　　——《闽县陈公宝琛年谱》第 6、14 页

亦见《闽螺江太傅陈公年谱》手稿本

[1] 文祥,瓜尔佳氏,字博川,号文山,满洲正红旗人。道光进士,历任内阁学士、署刑部侍郎。辛酉政变后担任军机大臣和总理衙门大臣、兼任都察院左都御史、工部尚书、吏部尚书、协办大学士、大学士等职位。

5 月 30 日(闰四月初九日)　赐进士及第,改翰林院庶吉士。

　　引见新科进士。得旨:一甲进士三名洪钧、黄自元、王文在,业经授职外。许有麟、吴宝恕、王寿国、锡珍、吴大澂、宗室宝廷、孙慧基、周崇傅、张登瀛、郑嵩龄、吴华年、胡乔年、谭承祖、陈启泰、阎乃竑、陈寿昌、焦肇骏、鲍存晓、刘廷枚、邵曰濂、刘常德、周璜、李肇锡、陈宝琛、何如璋、赵继元、梁仲衡、李郁华、熊汝梅、杜瑞麟、周麒、张人骏、鲁琪光、顾树屏、苑莱池、刘海鳌、慕荣干、秦钟束、何莱福、陶模、关朝宗、黄湘、李瑞裕、沈善登、潘衍桐、馨德、鸣泰、林懋祉、许景澄、蔡以瑺、徐祥麟、邵积诚、张清元、叶大焯、李振南、陆芝祥、吴士恺、李培元、刘治平、高万鹏、戴恒、徐兆澜、余鉴、徐文泂、姚协赞、魏弼文、广照、许振祥、刘春霖、程泽霈、徐会澧、洪良品、贺尔昌、姜球、皇甫治、郑贤坊、杨际春、郑扬芳、嵩申、联元、苏冕、萧振汉、赵汝臣、陈瑜、俱着改为翰林院庶吉士。

　　　　　　　　　　　　——《穆宗毅皇帝实录》卷 231 第 184—185 页

赐洪钧、黄自元、吴大徵、宝廷、陈宝琛、何如璋、张人骏、陶模、许景澄等进士及第、出身有差。 ——《李鸿藻年谱》第 123 页（5 月 17 日）

公殿试朱卷《清代朱卷集成》未见著录，今据江西南昌滕王阁展品抄录。

殿 试 朱 卷

陈宝琛

臣对。臣闻：建极所以绥猷，察吏在乎课最，养民斯能裕国，辨俗尤在审方。综稽往籍：《易》著闲邪之训，《书》垂考绩之文，《诗》赓多稼之章，《礼》载建邦之政。自古帝王斠元御宇、锡福诚民，以敕几康。懔缉熙于宵旰，以明宅俊；整纲纪于班联，以课农桑，庆丰盈于仓廪，以安疆寓；考沿革于版图，茂矩隆仪：罔不粲然大备。用是惟精惟一，帝学宏焉；兴贤兴能，官方饬焉；纳禾纳秸，田赋登焉；为广为轮，地舆廓焉。所由熙春泳化，函夏归仁，迤藩厘而膺多祜者，恃此道也。钦惟皇帝陛下球图阐瑞，玑镜凝厘，则古圣以同民，体至仁以育物。固已一中允执，而庶尹克谐；万宝告成，而九围是式矣。廼圣怀冲挹，弥切咨询。冀长治而久安，益持盈而保泰；进臣等于廷，而策以绍薪传。明吏治、修农政、度舆图诸大政，臣之愚昧，何补高深。顾当对扬伊始之时，敬念拜献先资之义，敢不谨述素所诵习者，本刍荛之一得，效葵藿之微忱乎。伏读制策，有曰执中一言，为传心所自始，而因推极于存诚主敬之功，此诚致治之本原也。臣谨案：荀子引《道经》曰"人心之危，道心之微"，盖本于黄帝学道之书。所谓危者，犹慎独义；所谓微者，犹至诚意。《大禹谟》"人心惟危、道心惟微"，为帝王心法之本，《论语》亦述其允执其中之文。"中"之义所包甚广。君子之中庸，以德行言；位育之中和，以性情言。《易》曰中正，《易》以二五为中，故乾之三四爻曰"刚而不中"。推之礼教，中刑协中，无不本授受之中，以由体而达用也。《汤诰》言"降衷"，《孔传》训衷为善。朱子云，"衷"只是"中"，其实"中"与"衷"通，故"折中"亦作"折衷"，朱子之言是也。《洪范》言"皇极"，汉儒训为"大中"。皇者大也，极者中也。北辰称为北极，天之中、屋之栋称极，亦据屋之中言之。朱子以极为在中之准的，于汉儒训为中者义无不合。《大学》始终一敬，《中庸》枢纽一诚。论者谓存诚所以主敬，主敬所以执中。不知曰慎曰允，诚之说也；曰祗曰钦，敬之说也；其义皆自《典》《谟》发之，然则诚者中而无私，敬者中以守约。审端致力之方，非与执中之旨相贯通欤。皇上严恭寅畏、典学是崇，不难探诚敬之原，以绍唐虞之盛已。

制策又以考绩始自唐虞，询事考言，察于平时，因于进用人才之道，深切讲求，此诚行政之纲纪也。臣谨案：唐虞之才为盛，而咨四岳、咨十有二牧、咨二十有二人，知人则哲其慎其难。至夏而木铎徇于路，至商而风愆于位。道人为宣徽令之官，木铎所以振文教，《左传》引之，称为夏书，恒舞于宫其刑君子出丝二卫；《墨子》引之，称为先王之书，皆所以激励臣工也。《周官》六计，以廉为本。一曰"廉善"、二曰"廉能"、三曰"廉敬"、四曰"廉正"、五曰"廉法"、六曰"廉辨"。郑注不释"廉"字。廉之义为廉隅、为廉洁，其训为廉察者，正字作"覝"、"廉"，借字也。武帝元封五年，初置郡刺史，掌奉诏条，举州以六条问事，非条所问，即不省。倪宽以负租课殿民，恐失之当；免输租不绝课，更以最此殿最之别。唐制：吏部属有考功郎中、员外外郎，主事掌考课别、敕定优劣。京官位望高者，二人校京官考，一人校外官考。四善者，曰"德义有闻"、曰"清慎明著"、曰"公平可称"、曰"恪勤匪懈"；善状之外有二十七最，一最以上兼有四善为上上，以九等定优劣，其流外则分官四等，勋卫则分三等，盖不尽限以九等矣。宋代辨察官吏能否，以清望之官典其事，即本唐之四善而分之，皆考绩之法也。皇上励精图治，澄叙官方，将见贤才登进而治理蒸蒸日上矣。

制策又以民为邦本，食乃民天，因廑念夫稼穑之艰难，以求物阜民康之盛。此重农贵粟之心也。臣谨案：汉时力田之科与孝弟并称，文帝二年诏曰："夫农、天下之本也。其开耤田，朕率亲耕，以给宗庙粢盛。"至武帝末年，以赵过为搜粟都尉，过能为代田，一晦一甽岁代处，故曰"代田"。以平都令光为丞，教民庸轱犁，率多人者田，日三十亩，少者十三亩，以故田多垦辟。唐贞观初，官司应授田而不授，应课农桑而不课者，有禁。太宗锐意于治，即位之初，免关内及蒲、芮、虞、泰、陕、鼎六州二岁租给，复天下一年。贞元三年，宰相李沁请以二月朔为中和节，百官进农书，以示务本，乃著令与上巳九日为三令节，中外皆赐缙钱燕会。此农政之最善者也。至前史所纪，发廩、弛征、输粟、贷种诸事，皆筹荒政者所当议及。汉时司农属官，有郡国诸仓长丞，即为社仓、义仓所由昉，若汲黯之持节，发河内仓粟以赈贫民，尤其因时制宜者也。积储有备，敛散有方，其可不先事图之欤。皇上轸念民瘼，痌瘝在抱，海寓晏安，有不力穑而比户可封哉。

制策又以读史之要，首辨方舆，因论夫河渠、边防、食货、兵制，皆握要于舆图，此体国经野之钜典也。臣谨黄帝画野分州，州兼皇甫纪谥异闻，以九州为颛顼所建，《舜典》之十二州分置者为营、并、幽，《禹贡》之九州，与《职方》之九州，夏、周疆域不同。若《尔雅》之九州，于《书》《礼》又不同，则为殷制矣。《风俗通》云：周制，方千里，分为百县，县有四郡。秦变古法，置三十六郡以监。厥后取百越之地增置四十郡，遂为四郡。汉分县，天下为十三部。晋分天下十九州。唐分十五道。宋为十五,增为二十三路。元立中书省,一行中书省十有一,为百八十五路。要而言之,三代以上郡县之制寄于封建,三代以下封建已废,遂成郡县。汉国之侯虽封建而无其利。唐之藩镇非封建而受其害,则不如之郡县之为得矣。若夫南朝伪立州郡,夸耀邻封,疆围紊乱,适为足读史者所噬耳。

皇上天威远播,寇乱削平。夫是以环海镜清,罔弗遵循王路也。若此者,建中以立极,分职以宣猷,足食以阜财,宅中以图大,扇巍巍显翼翼仁圣之事,赅帝王之道备矣。臣尤伏愿皇上治益求治,新又日新,探临宸锡极之原,臻累洽重熙之盛。知仁已裕,而更矢寅承;笃棐已诏,而犹严黜陟;田畴已治,而愈谨盖藏;疆域已明,而弥殷稽考。于以膺景福、保鸿名,合万国而来同,综八方而为极。体尧蹈舜、甄殷陶周,则我国家亿周年有道之长基此矣。臣末学新进,罔识忌讳,干冒宸严,不胜战慄陨越之至。臣谨对。臣陈宝琛恭书。

——南昌滕王阁藏

在京娶王眉寿,咸丰朝工部尚书王庆云[1]孙女、刑部员外郎王传灿[2]女、光绪状元王仁堪[3]姐。寄居北京王寓。

在京婚于王氏。王夫人眉寿,文勤公庆云(雁汀)孙女,传灿(子恒)先生女,仁堪(可庄)先生姊也。性至孝,不愿婚后远离亲侧。时公方孑身在京,因就居甥馆焉。
——《闽县陈公宝琛年谱》第6页

[1] 王庆云:字家镶、贤关,号乐一、雁汀,福建闽县人,道光进士,陕西、山西巡抚,四川、两广总督、工部尚书。卒谥文勤。

[2] 王传灿:字子恒,福建闽县人。

[3] 王仁堪:字可庄、忍庵,号公定,福建闽县人,光绪状元,苏州知府。

余以同治七年入都,婚于王氏,妻弟可庄亦新婚,比屋居。是时外舅姑甫逾四十,与吾父母年相若,宅心笃厚,理家勤朴亦相似。余长可庄一岁,意气文字,各不相下,益相得也。及今思之,犹昨日事也。

王、陈之交旧矣。文勤公廷对,吾曾祖与读卷。吾祖又师文勤公兄,吾祖督陕储,文勤公适抚陕,故吾父与外舅交最稔。至是外舅喜余与可庄兄弟习,复熟闻螺洲山水之胜,时时寓书吾父,约卜邻,且属酿酒村秫,储以归老。及今思之,犹昨日也。 ——《沧趣楼诗文集·舅嫂林淑夫人五十寿序》第369页

亦见《王苏州配林太夫人寿筵集·陈宝琛:舅嫂林淑夫人五十寿序》

予始通籍,婚于王氏,君先德文恭公之视学山右归,三家同僦屋宣南者三年。王、林世旧,文恭公故馆吾外舅家课可庄兄弟,外舅少女生,文恭公推其命

贵且贤,遂有婚约,至是三姓恰比如一家人。君右簃窗外即予前庭,笑语时相闻。君方髫,下塾必就予,尝姊予妇,予尝抱持君,抵其顶于楣[眉]间,君瞲然啼,历历犹在目前也。

　　　　　　　　　　——《沧趣楼诗文集·林君贻书六十寿序》第 355—356 页

1869 年(己巳　同治八年)　22 岁

酉阳教案。四川酉阳教堂被毁,教士及教民遇害。(1.2)

中俄改定《陆路通商章程》。(4.27)

福建船政局制造第一艘轮船"万年清"下水。(6.10)

是年　黄钰[1]、陆懋宗[2]、李文田[3]、汪鸣銮[4]、鲁琪光[5]先后为公作同一楷书折扇面。

鲁琪光题款:"伯潜仁兄同年大人是正,戊辰八月廿一日芝友弟琪光";汪鸣銮题款:"伯潜仁兄同年大人雅属即法家指正,己巳仲春弟汪鸣銮。"按:黄、陆、李题款未署年月,故系此件于本年。　　　　——《摇曳丹青》第 185 页

赵之谦[6]为公作花卉团扇面。

赵之谦《花卉团扇面》,题识:"伯潜仁兄大人属画,同治己巳撝叔弟赵之谦倚装作"　　　　——《摇曳丹青》第 48 页

[1] 黄钰:字孝侯,号稬渔,安徽休宁人。咸丰进士,南书房行走,刑部左侍郎。

[2] 陆懋宗,字德生,号云孙,江苏常熟人。咸丰进士,翰林院编修,顺天府会试同考官。

[3] 李文田,字畬光、仲约,号芍农、若农,广东顺德人。咸丰进士,翰林院编修,江苏、浙江、四川乡试主考官,礼部、工部右侍郎。

[4] 汪鸣銮,字柳门,号郋亭、邹亭;浙江钱塘人,同治进士,翰林院编修,陕甘、山东、江西、广东学政,吏部右侍郎,总理各国事务衙门大臣。

[5] 鲁琪光,字芝友,号黻珊,江西南丰人。同治进士,翰林院编修,陕西道御史,山东登州、济南知府。

[6] 赵之谦,字益甫,号冷君,后改字撝叔,号悲庵、无闷、梅庵等。浙江会稽人,江西鄱阳、奉新知县。清代著名书法家。

在京暇时,与友朋、同乡张元奇[1]、林鸿年、王允哲[2]等常作诗钟唱和,集为"击钵吟"。

予识君(张元奇)于通籍之初,相从吟事者三十馀年于兹矣。吾乡先辈每燕闲,拈题为绝句,推二人甲乙之,集其稿为"击钵吟"[3]。其嵌二字成一联,则目为"折枝",即世称"诗钟"者,盖亦滥觞于百年中,郭远堂先生、沈文肃公、林

锡三丈皆喜为之。余里居时，作者益甚，风气亦屡变，独君与希村、肖韩、幼点皆以唐宋律诗为句法。……虽游戏之作，亦岸然有以自异。老宿常规人勿多为折枝，恐有妨诗格，殆不然也。

——《沧趣楼诗文集·张君薑斋六十寿序》第 340—341 页

[1] 张元奇：字贞午、珍午、君常，号薑斋。福建侯官人。光绪进士，翰林院编修，御史。民国后任奉天巡按使、政事堂铨叙局长、内务部次长等职。子娶二弟宝瑹女。

[2] 王允皙：字又点，号碧棲，福建长乐人，光绪举人，瓯宁教谕、婺源知事。

[3] 击钵吟：今有《击钵吟全集》，郭柏荫辑，福州诗社 1995 年出版，所收公作，见江中柱辑注《近代中国·江中柱：击钵诗作》第 19 辑第 365—384 页

清末至近代，闽人喜作诗钟和击钵诗，虽为游戏之作，但对近代闽诗的繁荣，或许有一定的助益。今存《击钵吟全集》，为福州"乡前辈游宦京师馀暇雅集闽诗之作"，诗共九集，收录一千五百多题、诗五千八百多首，"体皆七绝"。

陈宝琛于间治七年（1868）进京参加会试，成进士后，即留京任职。他也参加了乡人的游戏之作，现《击钵吟全集》第七、八集收录陈宝琛诗百馀首，据郭柏荫《击钵吟七集序》《击钵吟八集序》知皆作于同治八年至同治十三年（1869—1874）间。这些击钵诗作，惜为近出《沧趣楼诗文集》所未收。击钵诗作虽为游戏之作，但从中当可见作者的思想情感和写作技巧。

现将这些击钵诗刊录于后，或可为陈氏诗歌和近代闽诗的研究者借鉴。诗题皆依旧本抄录。自《选诗》三首至《乌石山石天》抄自七集，《诗坛》至末首《忆梅》，抄自八集。　　——《近代中国·江中柱：击钵诗作》第 19 辑第 365—366 页

诗钟始于吾乡，号为折枝之戏，其始十四字行于乡里，而七言绝句击钵张于京僚所谓榕荫堂钵集者。……及宣统初，弢庵先生再起，风气始一变，钟盛于钵，以弢老最工此，号为"钟圣"，其所作上下风味，表里故实，五雀六燕，势均力敌，而又俨为诗中断句，可资吟讽，非南皮[1]、节庵[2]所及，易[3]、樊[4]更无论矣。

——《花随人圣庵摭忆》第 457 页

[1] 南皮：张之洞，字孝达，号香涛，河北南皮人。同治探花。山西巡抚、两广、湖广、两江总督、军机大臣。谥文襄。

[2] 节庵：梁鼎芬，字星海，一字心海，号节庵。广东番禺人。光绪进士，历任知府、按察使、布政使，曾因弹劾李鸿章，名震朝野。主讲广东广雅书院和江苏钟山书院。后被授予"毓庆宫行走"。

[3] 易：易顺鼎，字实甫、实父，湖南龙阳人。光绪举人。曾主讲两湖书院。广西、云南、广东等地道台。著有《琴志楼编年诗集》等。

[4] 樊：樊增祥，字樊山，号云门，晚号天琴老人，湖北人。光绪进士，陕西布政使、署理两江总督。为同光派的重要诗人，著有《樊山全集》。

1870 年(庚午　同治九年)　23 岁

天津教案。津民殴毙法国驻津领事丰大业(H. V. Fontanier),焚毁教堂。曾国藩奉旨查办。(6.21、6.23)

李鸿章继曾国藩为直隶总督兼北洋大臣。(8.29)

普法战争爆发。(7.18)

甘肃回军多为左宗棠部刘锦棠等击破。(7 月)

何璟、王凯泰先后任福建巡抚。(8.2、8.18)

两江总督马新贻被刺身亡。(8.22)

崇厚奏设天津机器局建成。(11.4)

三月　在福建福清石竹寺撰对联:"虽痴人可与说梦,惟至诚为能前知。翰林院庶吉士陈宝琛敬书。"联今藏福建省福清市石竹山石竹寺。

11 月 8 日(十月十五日)　长侄陈懋鼎生。

二弟宝瑹长子、长侄懋鼎[1]生。　　　　——《闽螺江太傅陈公年谱》手稿本

[1] 陈懋鼎,字泽铉,号徽宇。光绪己丑恩科解元、庚寅恩科会魁、内阁中书、兵部主事、外务部和会司主事,出使英国参赞、北洋政府外交部参事等职。1918 年参议院福建省议员。著有《槐楼诗钞》,译作《岛雄记》。见《螺江陈氏家谱》(四)第 2344—2346 页、《若霖公次房景亮公直系简谱》第 29—31 页。

是年　长男懋颐生。

长男懋颐生,王夫人出,早觞。　　　　——《闽县陈公宝琛年谱》第 7 页

在京,始与张之洞、王懿荣[1]订交。

张之洞于同治九年始与陈弢庵宝琛、王廉生懿荣订交,皆一时文学侍从之臣。　　　　——《世载堂杂忆》第 90 页

[1] 王懿荣,字正儒、廉生,山东福山人。光绪进士,翰林编修、国子监祭酒。1900 年八国联军攻入京城,全家投井殉节,谥"文敏"。金石学家,首先发现甲骨文。

1871 年(辛未　同治十年)　24 岁

左宗棠督军西进,回军首领马化龙等被凌迟处死。(3.2)

法国成立巴黎公社。(3 月)

曾国藩、李鸿章联衔函总理衙门选派幼童出洋留学。(6.26)

俄国占据伊犁九城。(7.4)

琉球难民在台湾遇害。(11.27)

《申报》创刊。(4.30)

福建巡抚王凯泰创致用书院于福州西湖书院旧址。

爱新觉罗·载恬(光绪帝)生,父醇郡王奕譞,母叶赫那拉氏(慈禧妹)。(8.14)

乌齐格里·倭仁卒。(6.8)

6 月 15 日(四月二十八日)　散馆,授翰林院编修。

　　引见戊辰科散馆人员。得旨:编修黄自元、王文在、业经授职。二甲庶吉士刘廷枚、吴华年、吴大澂、费延厘、叶大焯、潘衍桐、张登瀛、陈宝琛、吴宝恕、张人骏、徐文泂、徐会沣、李肇锡、慕荣干、邵日濂、郑嵩龄、贺尔昌、姚协赞、戴恒、邵积诚、阎乃竑、何莱福、陈启泰、黄湘、李鸿逵、广照、李振南、李培元、王炳、泰钟、锡珍、李郁华、宗室宝廷、徐祥麟、胡乔年、刘春霖、刘治平、梁仲衡、高万鹏、陆芝祥、刘海鳌、许景澄、周崇傅、余鉴、何如璋、洪良品、谭承祖、邬纯嘏、鲍存晓、王凤池,俱着授为编修。三甲庶吉士王邦玺、联元、嵩申、赵汝臣、郑贤坊、甘杰俱着为检讨。皇甫治、杜瑞麟、苑荣池、林枞祉、崔焕章、黄煦、萧振汉、蔡以瑺、关朝宗、程泽霈、姜球、俱着以部属用。张清元、陶模、吴士恺、赵继元、馨德、刘常德、焦肇骏、魏弼文、熊汝梅、云茂济,俱着以知县即用。以记名总兵官滕嗣林为江苏苏松镇总兵官。

——《穆宗毅皇帝实录》卷 309 第 102—103 页

亦见《闽县陈公宝琛年谱》第 6 页

　　未几,与君(叶大焯[1])同馆选,遂同居京师。是时海内号无事,馆中人日习为应奉文字,余亦集同人之端悫者十馀人,月四五会,继以谈谑,君在焉。久之,乃约为兄弟。君故与邵同年实孚[2]同寓,三人者互期勉于澹退、远权利,见则持《正谊堂书》[3]相辨析,或及本朝掌故,而余性疏狷,常忤俗,又好为危激之论,君每规抑之。既而同出典试,于是与君不相见者三年。

——《沧趣楼诗文集·叶恂如同年六十寿序》第 323 页

[1] 叶大焯:字迪恭,号恂予,福建闽县人,同治进士,翰林院侍读,广东学政。归里,主讲凤池书院、正谊书院。

[2] 邵实孚:邵积诚,字实孚,号怡璞。福建闽县人。光绪进士。贵州按察使、布政使,署贵州巡抚。公子懋复、侄懋师娶邵三女、次女。

[3]《正谊堂书》:《正谊堂全书》,清张伯行辑,479 卷,同治五年福州正谊书局刻。

1872 年(壬申　同治十一年)　25 岁

贵州苗民起事失败。(5.12)

《申报》在上海发刊。(4.30)

首批留美幼童詹天佑等自上海启行。(8.12)

李鸿章奏请设立轮船招商局。(12.23)

杜文秀回民起事失败,服毒自尽。(12.27)

曾国藩卒(3.12),年六十二。

三月　冯文蔚[1]节临《圣教序》、《圭峰碑》、《灵飞经》、《曹全碑》、《多宝塔碑》等数段,为公作隶书、小楷折扇面。

冯文蔚《隶楷书折扇面》题识:"壬申季春节唐碑数种以奉伯潜仁兄大人方家指谬,弟冯文蔚学楷。"　　　　　　　　　——《摇曳丹青》第 169 页

[1] 冯文蔚,字联堂,号修庵。浙江乌程人。光绪探花。翰林院编修。工书法。

11 月 9 日(十月初九日)　祖父景亮、父承裘均因公貤封承德郎;祖母一品夫人郑氏、母恭人林氏封安人。

奉天承运,皇帝制曰:宠渥朝章,锡类不遗于一命;祥开家庆,貤恩爱及乎重闱。尔前任云南布政使司布政使加三级诰授光禄大夫陈景亮貤翰林院编修加二级陈宝琛之祖父,弓裘衍泽,瓜瓞绵麻,作述相承,再世式彰。其祖武渊源,有自一经。早裕孙谋,兹以覃恩貤封为承德郎,锡之敕命。于戏! 旧德维昭,用广显扬之志;新编特贲,益增继述之光。制曰:礼由义起,宏孝治于中闱;命自天申,贲荣施于大母。尔前赠一品夫人郑氏,貤翰林院编修加二级陈宝琛之祖母。德懋兰仪,光生槐里。珩瑀作则,式垂淑慎之型;荇藻流芬,丕振光昌之绪。兹以覃恩,貤赠尔为安人。于戏! 鸾书焕采,合彤史以扬休;象服增辉,荷云章而锡庆。

奉天承运,皇帝制曰:宣猷服采,中朝抒报最之忱,锡类殊恩,休命示酬荣之典。四品衔候选郎中、前任刑部主事加二级记录六次诰授中宪大夫陈承裘貤翰林院编修加二级陈宝琛之父,令德践脩义方,凤著诗书启后用彰式毂之

风,弓冶传家,克作教忠之则。兹以覃恩,封尔为承德郎。锡之敕命。于戏!笃生杞梓之材,功归庭训,丕焕丝纶之色,荣播天章。制曰:壹壸致凝,懋嘉猷于朝宁。国常有惠,播休命于庭闱。尔前封恭人林氏,貤翰林院编修加二级陈宝琛之母,勤慎宜家,贤明训后,相夫以顺,含内美于珩璜;鞠子有成,树良才于桢干。兹以覃恩封尔为安人。于戏!昭兹令善之声,荣施勿替;食尔勤劳之报,庆典攸隆。

——《螺江陈氏家谱·诏书》(一)第 219—222 页

1873 年(癸酉　同治十二年)　26 岁

轮船招商局创建。(1 月)

慈禧太后归政,同治帝亲政。(2.23)

李鸿章与日本使臣副岛种臣在天津换约。(4.30)

日使及俄、美、英、法、荷各国使臣觐见,呈递国书。(6.29)

福建南平新建教堂被毁。(9.1)

刘永福黑旗军击毙法将安邺于河内。(12.21)

福建船政大臣沈葆桢奏请派船厂学生分赴英、法两国学习驾驶、制造。(12.26)

梁启超(1873—1929)生。

9 月 27 日(八月初六日)　充顺天府乡试同考官。

　　是日,命协办大学士刑部尚书全庆为顺天正考官,左都御史胡家玉,吏部右侍郎童华,户部左侍郎潘祖荫为副考官,编修谭承祖、郁崑、陆懋宗、陈宝琛、刘廷枚,郎中李廷肖,御史边宝泉,侍读徐郙,修撰梁耀枢等俱充同考官。

——《越缦堂日记》第 8 册第 5850 页

亦见《翁曾翰日记》第 255 页

《申报》1873 年 10 月 18 日

　　顺天乡试大主考及各帘员信息:……刘廷枚、陈宝琛、郁崑、黄晋洺、邵积诚、胡毓筠、黄元善、李廷箫内帘监试。　　——《申报》1873 年 10 月 7 日

　　癸酉、乙亥,两充顺天乡试同考官。

——《沧趣楼诗文集·诰授光禄大夫晋赠太师特谥文忠太傅府君行述》第 589 页

顺天府同考官闱中,为山西张作彦[1]书册页。

　　册页:"孝武崇儒,润色鸿业,礼乐争辉,辞藻竞骛。柏梁展朝谦之诗,金堤制恤民之咏。征枚乘以蒲轮,申主父以鼎食。擢公孙之对策,叹儿宽之拟奏。买臣负薪而衣锦,长卿涤器而被绣。癸酉闱中书呈子罗太年伯大人诲正。伯潜陈宝琛"。

——原件山西《忻州日报》任复兴藏

[1] 张作彦,字子罗,山西崞县人,以举人甲辰大挑补广东吴川令,后以道员用,光绪《崞县

志》有传。子张登瀛,同治七年翰林,与公同为是科房官。同时题册页者有:徐郙、邵积诚、边宝泉、梁耀枢等 17 人。

九月 为张曾敭[1]作藏"长白文文忠公祥锁画山水直幅"题署。有诗,见《沧趣楼诗文集·文文忠师画山水小帆同年属题》第 124 页。

> 癸酉九秋,李符公舅氏感时疾起,养疴楼居时,诣清谭,以破岑寂。一夕,出所得长白文文忠公祥山水直幅示观,属为小记。……初不知公能画,此幅为南皮张渊静中丞曾扬所藏,上有陈弢庵、梁节庵、张健庵诸公题字。迫捐馆后,流出市上,为符公所得。 ——《青鹤笔记九种·祁景颐:龢谷亭随笔·跋长白文文忠公祥锁画山水直幅》第 166—167 页

[1] 张曾敭:字润生,号小帆、渊静,直隶南皮人,同治进士,福建按察使、布政使、山西、浙江巡抚。

1874 年(甲戌　同治十三年)　*27 岁*

日本侵犯台湾,在琅峤登陆,焚牡丹社。(5.7、5.22)

命沈葆桢为钦差大臣,办理台湾等处海防兼理各国事务大臣,沈葆桢奉诏渡台视师。(5.29、6.14)

中日议定《中日北京专条》。(10.31)

夏　裴棨[1]为公作山居图折扇面。

裴棨山居图折扇面题识:"乌目山人本临奉伯潜我兄有道鉴,同治甲戌夏,冶樵裴棨"。
　　　　　　　　　　　　　　　　　　　　　　——《摇曳丹青》第 66 页

[1] 裴棨,字戟森,福建闽县(今福州)人。晚清书画家。

是年　充殿试收掌官,见《闽县陈公宝琛年谱》第 8 页。

1875年（乙亥　光绪元年）　28岁

同治帝去世，年十九，庙号穆宗，无子，慈禧太后立醇亲王奕谡子载湉（四岁）继位；改元"光绪"。慈禧二度垂帘听政。（1.12、1.13）

英国使馆马嘉理（Augustus Raymond Margary）私入云南，被处死。（2.21）

左宗棠督办新疆军务。（5.3）

李鸿章、沈葆桢分别督办北洋、南洋海防。（5.30）

日本派兵驻扎琉球，禁止琉球入贡中国。（6.10）

丁日昌调任福建巡抚。（12.11）

张作霖（1875—1928）生。

6月7日（五月初四日）　大考，列一等，暂记名遇缺题奏，自翰林院编修擢侍讲。

大考翰詹各员侍讲，公列一等[1]，自编修擢侍讲。

——《闽县陈公宝琛年谱》第8页

[1]《德宗景皇帝实录》记载，大考公列二等，均着记名遇缺题奏，并赏缎袍料和缎袍。

谕内阁：此次考试翰詹各员，经阅卷大臣等校阅进呈，亲定等第。一等四员，二等六十一员，三等九十员，四等四员。其考列一等之编修吴宝恕、瞿鸿禨[1]均着以侍讲学士升用，钮玉庚着以庶子升用，侍讲学士孙诒经着以詹事升用。考列二等之侍讲学士徐郙着以少詹事升用，编修张登瀛、张佩纶均着以侍讲升用，廖寿恒着以洗马升用，王先谦、修撰钟骏声均着以中允升用，编修陈翼、叶大焯、张楷均着以赞善升用：以上各员现在无缺可补者，均着先换顶戴，在任候缺；编修潘衍桐、侍讲欧阳保极、编修唐景崇、恽彦彬、崔国因、陈宝琛、侍讲吴仁杰，均着记名遇缺题奏，并各赏大卷缎袍料一疋、小卷缎袍褂各一件；编修朱琛、许有麟、侍读杨绍和、编修曾培祺、毕保厘、张清华、逢润古、侍读学士锡珍、编修刘恩溥、廖寿丰均着各赏大卷绅袍料一疋。考列三等之左中允钱桂森着降为编修，侍读宗室宝廷、侍讲联元均着以中允降补，编修洪良品、刘治平均着罚俸半年，右赞善黄师閻着降为编修，编修吕绍端、彭世昌均着罚俸半年，左中允恩承着降为编修，编修萧晋卿、陈振瀛、孙钦昂均着罚俸半年，李端棻着罚俸一年，侍讲学士宗室松森着以庶子降补，仍罚俸半年，编修周德润、欧德芳、易子彬均着罚俸一年，李培元着罚俸二年，侍讲张鹏翼着以中允降补，仍罚俸半年，编修胡聘之、熊景钊均着罚俸二年，李肇锡着罚俸三年。考列四等之编修谢元福着罚俸四年，雷钟德、周崇傅均着改为内阁中书仍罚俸一年，左赞善宝瑛着改为主事，仍罚俸一年。其考试翻译列入一等之右赞善铨林着以侍讲学士升用。考列二等之洗马崇勋着以庶子升用。右中允兴廉着以洗马升用。考列三等之侍读庆麟着以赞善降补。馀俱着照旧供职。该员等其各力求实学，慎守官方，用副教育人材至意。

——《德宗景皇帝实录》卷 9 第 184—185 页

亦见《申报》1875 年 6 月 18 日

[1] 瞿鸿禨：字子玖，号止庵，湖南省善化县人，同治进士，翰林院编修、侍讲学士。内阁学士，先后典福建、广西乡试，督河南、浙江、四川学政。工部尚书、军机大臣、政务大臣、总理各国事务衙门首任尚书。

9 月 5 日（八月初六日）　充顺天府同考官。

四弟宝琦中举人。

予癸酉、乙亥均与分校。　　　　　　　——《沧趣楼诗文集》第 247 页

邸钞：命吏部尚书毛永昶熙（武陟、乙巳）为顺天正考官，吏部右侍郎承恩公崇绮（镶黄、乙丑）、殷兆镛（吴江、庚子），礼部右侍郎徐桐（汉军、庚戌）为副考官，翰林院侍读张家骧（鄞县、壬戌）、修撰洪钧（吴县、戊辰）、编修庆锡荣（含山、乙丑）、龙湛霖（攸县、壬戌）、李鸿逵（德化、戊辰）、陈宝琛（闽县、戊辰）、许景澄（嘉兴、戊辰）等为同考官。计编修十三人，检讨二人，给事中一人黄槐森（香山、壬戌），部曹中书无一得与者，满洲亦止一人，检讨贵恒（辛未）。

——《越缦堂日记》第 9 册第 6636 页

亦见《申报》1875 年 9 月 14 日

《翁曾翰日记》第 350 页

弟宝琦应福建乡试，中式举人，旋亦入都会试，明年觞于京邸。

——《闽县陈公宝琛年谱》第 8 页

亦见《闽螺江太傅陈公年谱》手稿本

光绪初年，与张之洞、张佩纶[1]、宝廷[2]、黄体芳[3]等人直谏有声，号为清流。

公凤承庭训，以忠节自励，既官京师，益肆力为经世之学。时内乱新平，外侮狎至。恭亲王奕䜣当政，协办大学士李公鸿藻[4]佐之，颇有意整饬纪纲，以

· 47 ·

图自强。公与张庶子之洞(孝达)、张侍讲佩纶(蒉斋)、宝侍郎廷(竹坡)、黄通政体芳(漱兰)、何编修金寿[5](铁生)、吴太仆大澂[6](清卿)、陈侍御启泰[7](伯平)、黄编修国瑾[8](再同)、张编修人骏[9](安圃),每发奋言事,守正不阿,时号清流。公与诸人皆素契,与二张(孝达、蒉斋)交尤笃,纠弹昏庸贪鄙之大员,条陈御侮捍边之至计,每相互探讨。公与蒉斋兄子安圃属同谱,蒉斋虽后公一科,而情意相投,交称莫逆。公时寓丞相胡同西,蒉斋别与安圃同住北半截胡同。两巷复连,过从几无虚夕,有文字则相互是正,有对事亦彼此谘商。公后有赠蒉斋诗云"十载街西形影随",盖二人自壬申以迄壬午,十年之中,除因事暂离京辇外,真如影之随形,且交亲终始不渝,荣瘁无间,时人每拟张陈之交于陈雷云。

——《闽县陈公宝琛年谱》第8页

　　是时两宫励精图治,恭亲王奕䜣与李鸿藻等辅政,侍郎宗室宝廷、通政使黄体芳、学士张佩纶,又吴大澂、邓承修等,皆奋发言事,时号清流。吴柳堂侍御可读、谢枚如中书章铤,皆公所日夕研切讲求时政磨砺品学者,张、陈、黄、宝更有四谏之目。

——《闽螺江太傅陈公年谱》手稿本

　　自之洞喜言事,同时宝廷、陈宝琛、张佩纶辈崛起,纠弹时政,号为清流。

——《清史稿·张之洞传》第12377页

　　光绪初,署学[张之洞]任满,入都供职,忧世变之日亟。不复措意及此。张幼樵阁学欲与公及陈弢庵分纂史事切于实用者。

——《张文襄公年谱》第28页

　　当是时,公与宗室侍郎宝廷、张学士佩纶、张文襄公之洞并以直谏有声,天下想望丰采,号为"清流",尤推公能持大体云。

——《沧趣楼诗文集·清诰授光禄大夫赠太师陈文忠公墓志铭》第597页

　　"青牛"即"清流"之谐音,时人称"李鸿藻为青牛头,张之洞、张佩纶为青牛角,用以触人,陈宝琛为青牛尾,宝廷为青牛鞭,王懿荣为青牛肚,其馀牛皮牛毛甚多"。

——《世载堂杂忆》第90页

　　同光两朝京师所谓清流者,奉李高阳为魁,而张之洞、张佩纶、陈宝琛、黄体芳皆其杰。友好中盛昱[10]、王仁堪、仁东[11]、张华奎[12]、梁鼎芬、黄绍箕[13],文廷式[14]皆预焉。

——《张謇全集·日记》第851—852页

　　吴县潘祖荫[15]、宗室宝廷、南皮张之洞、丰润张佩纶、瑞安黄体芳、闽县陈宝琛、吴桥刘恩溥[16]、镇平邓承修[17]尤激昂喜言事,号曰"清流",而高阳李文正公当国,实为之魁。

——《崇陵传信录》第71页

　　先生[陈宝琛]为同治七年进士,光绪初,与张蒉斋(佩纶)、宝竹坡(廷)、邓铁香（承修）号为四谏，以直言风节声于天下。又与张孝达（之洞）、黄漱兰（体芳）辈号为清流，盖皆为高阳李文正公之羽翼也。先后典学甘肃、江西，而江西得士尤盛。陈散原（三立）、朱艾卿（益藩）皆所得士。既拜会办南洋军务之命，与南洋大臣曾沅浦（国荃）议事不合，会以丁艰归，遂居乡不出，垂三十年。

——《花随人圣庵摭忆》第 71—72 页

　　沧趣老人当光绪初年在京朝时，既与高阳善，故与高阳不惬者，若翁、若潘，皆忌其才。李莼客《越缦堂日记》数诋沧趣，亦由此。而沧趣亦有"鹃声满耳"句，不慊于常熟。　　　　　　　　——《花随人圣庵摭忆》第 76 页

[1] 张佩纶：字幼樵，一字绳庵，又字篑斋，直隶丰润人。同治进士，擢侍讲，充日讲起居注官。

[2] 宝廷：爱新觉罗氏，字少溪、仲献，号竹坡、偶斋。同治进士。福建乡试正考官。詹事府少詹事、文渊阁直阁事、内阁学士兼礼部侍郎、正黄旗蒙古副都统。

[3] 黄体芳：字漱兰，号莼隐，浙江瑞安人。同治进士。兵部左侍郎、左都御史。

[4] 李鸿藻：字季云、兰荪，号石孙、砚斋，河北高阳人。咸丰进士。内阁大学士，礼部、户部、工部、兵部、吏部尚书，军机大臣，同治帝师傅。卒谥文正。

[5] 何金寿：字铁生，汉族，湖北清江人。同治榜眼翰林院编修。河南学政，官侍御。殉职扬州知府任上。

[6] 吴大澂：字止敬、清卿，号恒轩，晚号愙斋，江苏吴县人。同治进士，翰林院编修。陕甘学政、左副都御使、广东巡抚、河南山东河道总督。

[7] 陈启泰：字伯屏、鲁生，号癯庵。湖南长沙人。同治进士，任监察御史。

[8] 黄国瑾：字再同，贵州贵筑县人。黄彭年子。光绪进士，翰林院编修，国史馆纂修、会典馆总纂、绘图总纂官，兼任绘图总纂官，后主讲天津问津学院。

[9] 张人骏：字健庵、千里，号安圃，直隶丰润人。张佩纶堂侄。同治进士。两江总督、山东、广东、山西巡抚。

[10] 盛昱：字伯熙（希），号意园，爱新觉罗氏，满洲镶白旗人。光绪进士，翰林院编修、国子监祭酒、日讲起居注官。

[11] 王仁东：字旭庄，号刚侯，福建闽县人，王仁堪弟。光绪举人，江南督粮道。

[12] 张华奎：字蔼青，安徽省合肥县人，江苏巡抚张树声子。光绪进士，四川道员。

[13] 黄绍箕：字仲弢，号漫庵，浙江瑞安人，黄体芳子。光绪进士。翰林院编修，侍讲，湖北提学使、四川乡试考官、武英殿纂修。

[14] 文廷式：字道希、芸阁，号纯常子、罗霄山人等，江西省萍乡市人。光绪榜眼。翰林院编修、国史馆协修、会典馆纂修，本衙门撰文、翰林院侍读大学士，兼日讲起居注官。稽查右翼宗学，教习庶吉士，协同内阁看本，署大理寺正卿等职。曾任光绪帝瑾妃、珍妃的老师。

[15] 潘祖荫：字在钟、凤笙，号伯寅、少棠，郑盦。江苏吴县人，咸丰进士，授编修，数掌文衡

殿试,南书房近四十年。光绪间官至工部尚书。通经史,精楷法,藏金石甚富。

[16] 刘恩溥:字博泉。直隶吴桥人。同治进士,累官通政副使。太仆寺卿,并任江南主考和知贡举。

[17] 邓承修:字铁香,号伯讷,广东惠阳县人。咸丰举人。历任刑部郎中、浙江道、江南道、云南道监察御史、鸿胪寺卿、总理各国事务衙门大臣。

1876 年(丙子　光绪二年)　29 岁

福建水灾。(5 月)

左宗棠率军自兰州西进击败阿古柏,平定天山北路。(3.16、7.20)

中英《烟台条约》签订。(9.13)

英商擅筑吴淞铁路,两江总督沈葆桢与英国议定赎回后拆毁。(10.24)

工部尚书李鸿藻在总理各国事务衙门行走。(12.11)

瓜尔佳·文祥卒(1818—1876.5),年五十九。

李宣龚(1876—1953)、袁励准(1876—1935)生。

7 月 31 日(六月十一日)　四弟宝琦殁。二弟宝瑨得乡试亚元。

　　弟宝琦殁于京师。

　　弟宝瑨中式福建乡试亚元,以郎中分户部候补。

——《闽县陈公宝琛年谱》第 10 页

亦见《若霖公次房景亮公直系简谱》第 40、29 页

1877 年（丁丑　光绪三年）　30 岁

丁日昌奏请修台湾铁路。（3.22）

李鸿章、沈葆桢奏派李凤苞率福建船政学堂学生马建忠、严复等 30 人分赴英、法留学。（4.4）

左宗棠军攻克达坂、吐鲁番等城，阿古柏败死。（4 月）

晋豫大旱。（7 月）

王国维（1877—1927）生。

春　谢章铤[1]赴京会试，在京与谢时相过从，以所藏《诗毛氏传疏》赠谢，与吴观礼论文尤为契合。

> 丁丑，重至都下，偶与子儁谈及，伯潜闻之，乃出其所储以遗我。

——《谢章铤集·书陈硕甫〈诗毛氏传疏〉》第 61 页

> 方先生在都时，宝琛以年家子数过从。宝琛疏狷寡合，晨夕磋切，惟三五人。先生既皆悦之，而尤与吴子儁编修论文有深契。

——《沧趣楼诗文集·谢枚如先生八十寿序》第 321 页

[1] 谢章铤：字枚如，福建长乐人，光绪进士，致用书院山长。

2 月 9 日（丙子十二月二十七日）　分发江苏、湖北筹饷验看人员。丙子冬月分发人员验看名单。

> 筹饷事例指分发：江苏、湖北陈宝琛，……。——《申报》1877 年 2 月 9 日

7 月 7 日（五月二十七日）　二女婉贞[1]生，后适林则徐曾孙林炳章[2]。

> 二女婉贞（师班）生，侧室梁淑人出。　——《闽县陈公宝琛年谱》第 10 页

[1] 二女婉贞：长女章贞为二弟宝瑨所出，按陈承裘孙女大排行，婉贞为二女。

[2] 林炳章：字惠亭，福建侯官人，光绪进士，钦差大臣回闽考察宪政，光绪三十一年，投资兴建福州电力公司，任福建高等学堂监督。后任邮传部丞参。辛亥革命后，任福建军政府盐政督办、闽海关监督，在夏道开办实业公司。民国 11 年任福建省财政厅厅长。

六月　谢章铤四月得进士后，请假归闽养母。忆及吴观礼[1]与公旧日苇荡之游，有诗。

出彰义门念子儁陈伯潜诸君苇荡之游
谢章铤

苇荡荷花正及时，清华惆怅此须眉。秋原百里摇残照，水佩风裳野处宜。

余本未至苇荡，而路过良乡，野池花特盛。　　　　　——《谢章铤集》第 312 页

（谢枚如）慨然于中兴日久，外患将作。廷试纵笔论交邻，恳款千百言，阅者持臆见抑下等。先生故为中书舍人，遂挂冠归。

——《沧趣楼诗文集·谢枚如先生八十寿序》第 321 页

[1] 吴观礼，字子儁，号圭庵，浙江仁和人。同治进士，翰林院编修，充四川乡试副考官。著有《圭盒文集》六卷，诗集四卷，《效蜀日记》及《读鉴随录》。

12 月 15 日（十一月十一日）　访张佩纶，适张家人报告男孩出生，张即以公字"伯潜"命名"志潜"[1]。

公过蒉斋小坐。蒉斋方草劾奏陕抚谭锺麟疏，忽家人悬弧出告，蒉斋喜甚，即以公字名之曰"志潜"（仲昭）。　　——《闽县陈公宝琛年谱》第 12 页

[1] 志潜：张志潜，字仲昭，直隶丰润人，光绪举人，张佩纶子。

是年　吴可读[1]因张佩纶而与公相识结交。与吴观礼、张守一[2]、张佩纶兄弟及侄张人骏、王仁堪、仁东兄弟等八人郊游饮酒，并均有诗，公诗未收入《沧趣楼诗文集》。吴又喜集友人作扶乩之戏，公尝裒辑其诗曰《净名轩骖鸾录》。

吴侍御可读字柳堂，同治末以劾奏乌鲁木齐提督成禄得罪于同治帝，请归乡里。至是起废复出，重来辇下，仍寓南横街故宅，与蒉斋居仅一墙之隔。柳翁故与蒉斋善，因得交公。翁喜郊游，闻京西南郊有苇湾者，或谓旧为乾隆校猎之地，或谓乾隆中以河泊十三所隶官，此盖其一，后营建中辍，孤存一亭。十里荷香，幽旷无际，乃集同人往游。是日适值大雨，昧爽而往，薄午而还，殊未尽兴。同游者柳翁外，有吴圭盒、王可庄、张守一、蒉斋昆仲及侄安圃，并公而八。至七月二日，圭盒复集同人往游，则雨霁初晴，荷香山色至足怡人。饮于豆花棚下，酒酣耳热，缘溪小步，柳翁竟失足坠水，馀人亦皆酩酊欲醉，何时言归，了不省记。两游蒉斋皆有记，同人亦各有诗。惜公集断自丁亥以后，其诗今不可得矣。柳翁又喜作扶箕之戏，公与可庄兄弟、张氏竹林及圭盒每与其会。临乩者自称净名道人，盖康乾间诗人吴舍人泰来（企晋）也。每临乩，辄与同人唱和，不为休咎之占，而作韦弦之赠，唱酬甚伙。公特喜其诗，尝裒辑成帙，题曰《净名轩骖鸾录》。国变后且以活字本刊印，以赠友好。

——《闽县陈公宝琛年谱》第 10—11 页

圭庵为蒉斋至契，诗孙[3]姑丈也。　　——《沧趣楼诗文集》第 58—59 页

[1] 吴可读，字柳堂，号冶樵，汉族，甘肃兰州人。道光进士河南道监察御史，刑部、吏部主

事。1879 年以死谏慈禧为太皇太后而废垂帘听政殉国。著有《携雪堂诗文集》。

[2]张守一：名佩经，直隶丰润人，张佩纶兄，光绪七年卒。

[3]诗孙：何维朴，字诗孙，号盘止、盘叟，湖南道县人。同治六年乡试副贡，内阁中书、协办侍读、江苏候补知府。以山水画著称。

张佩纶有诗和吴观礼，兼柬公。

再和圭庵答净师之作兼柬伯潜 张佩纶

公昔论诗徹禅悦，法轮狮象朝空王。又从顽艳寓微旨，天然韶丽施朱黄。晦冥百变室生白，晴昊无云惊霹雳。下笔有神今见之，岂惟讲易穷牺索。我方歧路茫无归，双龙夭矫翼使飞。排云手接万丈焰，枕珠衣宝颁馀辉。吴生矫若流金骝，陈郎朗若阗提花。辟易千夫好身手，对此喑醲长咨嗟。吾曹琐琐强依附，可怜数比恒河沙。尔来元音久歇绝，举世纷纷歌白雪。独向诗坛爇瓣香，旨趣风骚理庄列。天马行空恣雄骏，往往欹崟得深稳。绝代樊南起九原，未知卷甲谁应遁。狂澜倒泻骊龙官，百川何人障之东。呻吟拥被感时会，宁与开元全盛同。大山讲堂开岱宗，昔年撰杖曾吴中。知君同溅杜陵泪，冥冥孤高生烈风。

——《涧于集》诗卷二第 5 页

春日同张幼樵侍讲王可庄殿撰陈伯潜编修谦集共赋长句分得江韵

吴可读

饧箫吹暖铿红腔，画帘蛱蝶飞一双。新篘夜熟浮银缸，春灯絮语玻璃窗。忘形尔我襄阳庞，矛盾互刺钟争撞。月华溶溶渊碧幢，我来足音空谷跫。莲漏滴玉声玲珑，谈禅说鬼闹纷哤。瓠梁悬索都庐橦，金鸣银湧戈戟枞。词辨百出气不降，吾宗陇西据名邦。猿臂健儿超甘逄，骚情雅音撷兰茳。可怜一木难为扛，寒滩激石当急泷。金块人佩衣之厖，放归故庐老渔矼。大官禄廪高封椿，俸料坐养愚与尨。何当相期泛大江，楚糟姚酒登吴艭。绿采蒪菜红豆矃，翦风丝雨斜烟篬。同游联咏序石淙，张陈健笔鼎可扛。呼吸噫气山腔谾，万花不落围灯釭。张目箕踞双瞳瞠，出门大啸巷吠尨。 ——《吴可读文集》卷三第 1 页

1878年(戊寅　光绪四年)　31岁

左宗棠军收复除伊犁地区以外全部新疆领土,南疆底定。(1月)

吴赞诚署理福建巡抚。(5.7)

崇厚出使俄国,谈判索还伊犁问题。(6.22)

福州民人拆毁乌石山英国教士洋楼。(8.30)

左宗棠奏请新疆设行省。(12.2)

温肃(1878—1939)、陈曾寿(1878—1949)生。

丁丑十二月　是月初十日,江宁命案,当地官吏急于破案,抓捕无辜,刑讯逼供,屈打成招。幸公后上奏质疑此案,光绪八年得以昭雪。见本编1881年十一月。

正月　父承裘为三妹芝芳定聘侯官高向瀛[1]。

正月,本生祖妣谢淑人七十寿辰,闽王可庄殿撰仁堪来拜寿,亟出观,已登舆矣。儿时知识固仅知状元草勃之可贵也。外舅刑部陈公登堂,见余衣冠济楚,神清骨秀,颇心许,他日即遣媒约来议婚,久不定。及冬,制府讲武南较场于山护国寺,俗称大士殿,为西关外怡山长庆禅林之香火院,前临城堞,俯瞰校场。主僧微妙视高、陈皆檀越主,以观大操为名,治蔬柬请两家眷属到寺。先祖遂与布政、刑部陈公父子会谈,刘恭人挈余白衣大士龛前礼拜,庶外姑张宜人从旁观之。既命内子出礼佛,刘恭人亦得观之。旋各祷佛签,□皆吉,始成议。次年春间定聘,内子与余同岁,长一月,为刑部主事诰封光禄大夫讳承裘三女,祖云南布政使讳景亮,曾祖刑部尚书追谥文诚,讳若霖,嫡母林夫人,生母张宜人,闽侯螺江陈氏,名雅仪,字芝芳,后避御讳,改"仪"为"宜"。
　　　　　　　　　　　　　　　　　　　　——《郁离岁纪》

[1] 高向瀛,字颖生、郁离,福建侯官人,光绪举人。"同光体"闽派巨手,曾与何振岱(梅生),刘敬(龙生)组成"三生会",结社唱和,谈论诗文。浙江知府,著有《环翠楼诗文集》、《郁离岁纪》。

三月　谢章铤主讲漳州书院,函复公去年来函。

《诗卷》卷十二作:《戊寅三月,将之漳州》。

春夏间，收到陈宝琛去年寄来之信，作回信。

——《谢章铤集·年谱》第857页

答伯潜书

谢章铤

去年惠械，为书邮所误，今春始克见。大作流美，意亦温厚，惟稍有一二骨理未坚，多为之当自知。第三篇语极沉痛。铤昨亦有一绝云："蟊贼何由诉蚼蚄，虫子九月早飞霜。谁怜把酒持螫手，揎袖街头买炙蝗。"吁，可慨也。又，铤去秋道中数绝句，因一时感触，遂尔多言，究之浮薄，非雅道。子俊誉之，过于爱我矣。净仙和赠数作，读之，愈觉报颜。夫人生得失，固不在此也。

叔毅敦厚可造，道殷殷以古文下询，东劳西燕，数晤为难，所欲谈者第及大概。铤窃谓著作家惟古文最难，治古文者当无学不讲，无书不读，非圣人之志不敢存，非三代两汉之书不敢观，亦言其体而已矣。其量固不止是也。其入也，以博；其出也，以简。其蓄之心也，宁方勿圆；其托之笔也，宁钝勿快。胸中无字不有，文成，乃无一字，眇众虑以为言，无字之字，实有万千，而果能与否，则又关于根器。叔毅根器甚美，第愿其一举遂意，早离俗学，则此日正可厚培初基耳。

子俊常聚，从容文史，远人闻之，不胜欣羡。铤同辈殆尽，直是孤行无偶，而近日士习颇异从前，以故闭门户日多，懒见客并懒言说。嗟乎！天下之大，荒江老屋之滨，想必有耿耿如我者。前在刘炯翁坐上，有当今名流来谒，忽誉我两人为鲁灵光。炯翁笑曰："三间破屋，上风旁雨，非不枵然高大也，而其中空空焉，鲁灵光云乎哉？"相与鼓掌，继以太息。铤窃思孟子谓："达则兼善天下，穷则独善其身。"夫古无求田问舍之士大夫，亦无分门别户、各持宗旨之理学。则所谓兼善、独善，一善乎？抑两善乎？将和光同尘，而自附于明哲保身乎？将盱衡三不朽，而求为天地立心、生民立命乎？夫无为其所不为，无欲其所不欲，富贵不淫，贫贱不移，威武不屈，如此独善其身，诚云至矣。然非与天下相摩相荡，亦安见其果能独善否耶？请质之君与子俊，其必有以益我矣。

铤今年仍主漳州书院，大府知其窘，又益之以龙岩，所得亦复无几，然除雪视袁安洛阳令，终是有心人，闵贡之猪肝，得谓不累安邑哉！目今师道扫地，此席直等于宋之祠禄，无益于人，徒积罪过，且举家食指将倍上农夫，垂老饥驱，入不敷出，内则为米盐琐碎所困，外则颠倒于滥腐时艺之中。一知半解，零落将尽，可愧更可哀也。素不言贫，且恶人言贫，以君于我厚，聊及之，制心不能忘其私，亦学道未深之弊也。

颖老数月不得信，闻其开正病甚，近稍愈，亦在晋积劳所致耳。此有为有守之才，愿为时世留之。

子俊不及另书，新作几许，想其读书必大进。

铤近料理旧稿，已得三四种，意欲稍刻问世，以无力而止，然扪心亦未尽自信耳。

幼樵闻有佳疏，求读其草，幸为我写寄，请为诵。扶持元气，恃君等。老夫饱饭终残年，三肃而起。　　　　　　　　　　　　——《谢章铤集》第 58 页

8 月 23 日（七月二十五日）　致函左宗棠，请为吴观礼表彰，左函沈应奎[1]，誉公与吴"交笃而能知其心者"。

致 沈 吉 田　　　　　　　　　　　　左宗棠

张叔度[2]、陈伯潜属援马镇军复震例为请表章，盖与子偲交笃，而能知其心者，暇当入一文字也。　　　　——《左宗棠全集·书信》第 12 册第 405 页

[1] 沈应奎：字吉田，浙江平湖人，副贡，陕西按察使、贵州、闽台布政使。

[2] 张叔度：张佩纶，见前。张字叔度，未见著录。今据公诗"北口寄蕡丈"有句"寄语渑阳张叔子"(1882 年 8 月 27 日致张函末附)，疑即张佩纶。

八月　左宗棠复函谭文卿[1]云：得公函悉请奏表彰吴观礼。

致 谭 文 卿　　　　　　　　　　　　左宗棠

得七月十二日惠函，知之纯方伯竟已不起，殊为悲骇！幸犹卧疾西安，得同官诸君子为之经理丧事。若已起程就途，则旅馆治丧，百凡不备，何以妥逝者之魂耶？现在停丧何处？秋初残暑未退，且稚孙扶榇南归，亦虑难期周妥，自以迁厝寺院，俟其嗣君来秦，然后发丧，扶榇返里，乃为得宜。

得张叔度侍讲、陈伯潜编修书，知吴子偲哭谢麟伯归，即患时疫，旋于旬后殂谢，年甫四十有九。此君读书立志，尝以古人自期，其性行醇笃，尤不易及。从事北援时匆遽辞归，盖宿患目疾，流汁被面，睛已渐陷，遇风则甚不可耐也。弟度陇后，子偲书来，拟仍就戎幕。弟以陇中寒瘠，风沙之厉，与目非宜，嘱其就官关中，勿庸赴陇，子偲不谓然，乃弃官赴试，入翰林，近颇建言，为时论所许。拟遂归吴侍母，忽遘疾以殁，诚可哀矣！叔度、伯潜嘱援马镇军复震例为请表章，盖与子偲交笃而能知其心者。

　　　　　　　　　　　　——《左宗棠全集·书信》第 12 册第 361 页

[1] 谭文卿：谭钟麟，字云觐，号文卿。湖南茶陵人。咸丰进士。兵部尚书。时任陕西巡抚，后授陕甘总督。

10 月 26 日（十月初一日）　访张佩纶，谈校文祥[1]传。

夜，伯潜前辈来，谈校文文忠祥传。——《涧于日记·黄斋日记·戊寅》第

1 册第 1 页

[1] 文祥：瓜尔佳氏，字博川，号文山，满洲正红旗。见前。追赠太傅，谥号"文忠"，入祀贤良祠。

10 月 29 日（十月初四日） 张佩纶来访。

早过伯潜前辈、实孚、汝翼，均少谈即返。

———《涧于日记·蒉斋日记·戊寅》第 1 册第 2 页

10 月 30 日（十月初五日） 傍晚访张佩纶，饭后张之洞亦至，夜深始离去。

傍晚伯潜前辈至，饭后孝达来话，二君去已月午矣。

———《涧于日记·蒉斋日记·戊寅》第 1 册第 2 页

11 月 2 日（十月初八日） 晨，张佩纶来访。

晨，过伯潜、可庄、旭庄。

———《涧于日记·蒉斋日记·戊寅》第 1 册第 2 页

11 月 4 日（十月初十日） 与张佩纶夜谈。

谒常师母，归。汝翼、伯潜在坐。与伯潜夜谈。

———《涧于日记·蒉斋日记·戊寅》第 1 册第 3 页

11 月 5 日（十月十一日） 傍晚，黄国瑾访张佩纶，夜深始去。

暮，再同来，伯潜至夜二鼓始去。

———《涧于日记·蒉斋日记·戊寅》第 1 册第 4 页

11 月 6 日（十月初十二日） 晨，张佩纶来访，晚与王仁堪、仁东兄弟同访张。

早过潜史，午后之赵氏斋。夜潜史、可庄、旭庄、昆仲来话。安圃时过愙斋[1]，将散始归。 ———《涧于日记·蒉斋日记·戊寅》第 1 册第 4 页

[1] 愙斋：吴大澂，字止敬、清卿，号恒轩，晚号愙斋，江苏吴县人。同治进士，翰林院编修。陕甘学政、左副都御使、广东巡抚、河南山东河道总督。

11 月 10 日（十月十六日） 晨，张佩纶来访。宝璐长子懋豫生。

晨起，访伯潜、可庄、刚侯，略谈。

———《涧于日记·蒉斋日记·戊寅》第 1 册第 6 页

三弟宝璐长子懋豫生[1]。 ———《闽螺江太傅陈公年谱》手稿本

《螺江陈氏家谱》（四）第 2348—2349 页

[1] 懋豫：字泽建，号用刚。光绪举人。三弟宝璐子。同知衔分省补用知县。北京大学教授、经济学家陈岱孙之父。

11 月 11 日（十月十七日） 夜，与王仁堪、仁东兄弟邀张佩纶、觐虞、何维朴[1]小酌，酒后张复来公处。

　　诗孙来谈。夜，伯潜、可庄、旭庄招，同觐虞、诗孙酒楼小酌，取醉而返。复过潜公处，品普洱，茶甚清，乃李君雨农赠可庄者。

——《涧于日记·蒉斋日记·戊寅》第 1 册第 6 页

[1] 何维朴：见前。

11 月 12 日（十月十八日）　张佩纶来访，闲谈念及吴观礼。

　　是日，访汝翼、伯潜，作闲谭遣闷，甚念圭盦也。

——《涧于日记·蒉斋日记·戊寅》第 1 册第 6 页

11 月 15 日（十月二十一日）　张佩纶来访。夜与汪鸣銮[1]、何维朴访张佩纶。

　　过伯潜少话。夜柳门、伯潜两前辈、诗孙舍人均来。八弟将行，饮酒甚闷。

——《涧于日记·蒉斋日记·戊寅》第 1 册第 6 页

[1] 汪鸣銮：字柳门，号郋亭，浙江钱塘人，同治进士，翰林院编修、陕甘学政、内阁政学士、吏部侍郎。

11 月 16 日（十月二十二日）　张佩纶来访。

　　过伯潜，归饭，至香涛[1]处略谭，假郋亭[2]《乾隆府厅州县图志》来。夜校《营田图说》。

——《涧于日记·蒉斋日记·戊寅》第 1 册第 7 页

[1] 香涛：张之洞。

[2] 郋亭：汪鸣銮，见前。

11 月 19 日（十月二十五日）　张佩纶呈《水利营田私议》。

　　作《水利营田私议》一首呈伯潜。

——《涧于日记·蒉斋日记·戊寅》第 1 册第 7 页

11 月 20 日（十月二十六日）　傍晚张佩纶访公及王仁堪、仁东兄弟，公言林寿图[1]能治河，惜不见用，因论及直隶吏材。

　　傍晚访伯潜、可庄昆季。闻伯潜言林方伯颖叔能治河，惜不见用。因纵论及直隶吏材。闻王樸臣炳燮甚诚笃，劳玉初㞼宣刚正爱民，均可任。孝达前辈至，乃归询读书之法，谈至夜分始散。

——《涧于日记·蒉斋日记·戊寅》第 1 册第 7 页

[1] 林寿图，字恭三、颖叔，福建闽县人。道光进士，军机章京，历充实录馆收掌、纂修、山东道监察御史、礼部、兵部给事中、顺天府尹。陕西、山西布政使。中法战争时为团练大臣。

11 月 22 日（十月二十八日）　晚，张佩伦来访。

　　夜过潜史话，过再同。　——《涧于日记·蒉斋日记·戊寅》第 1 册第 7 页

11 月 26 日（十一月初三日）　往吊叶大焯[1]母丧。

　　缉廷、伯潜、可庄来，往吊恂予内艰。

——《涧于日记·蒉斋日记·戊寅》第 1 册第 8 页

[1] 叶大焯:字迪恭,号徇予,福建闽县人,同治进士。主讲正谊书院。湖北乡试正考官、左春坊左庶子、主讲正谊书院。

11月30日(十一月初七日) 访张佩纶叙谈。

伯潜来话,傍晚香涛来。

——《涧于日记·蕡斋日记·戊寅》第1册第8页

12月2日(十一月初九日) 张佩纶夜请公来,以代作李鸿章母寿序[1]请正。

夜延潜史来话,以所作合肥太夫人寿序请正。

——《涧于日记·蕡斋日记·戊寅》第1册第9页

[1] "李肃毅相国太夫人八十寿序",《涧于集·文集下》第21—24页。

12月3日(十一月初十日) 午后与王仁堪、仁东兄弟同访张佩纶。

午后,潜史暨二庄来,潜史独留夜话,论文甚有理致。

——《涧于日记·蕡斋日记·戊寅》第1册第9页

12月11日(十一月十八日) 与张佩纶商议刊印吴观礼诗,拟手写一册,张称公古谊可感可佩。参见1878年12月(戊寅)、1879年3月1日条。

议栞[1]圭盦诗,伯潜谓,当手写一册,古谊可感可佩。

——《涧于日记·蕡斋日记·戊寅》第1册第10页

[1] 栞:同"刊"。

是年 宝廷有三诗与公:"同陈伯潜陈弼臣黄再同文仲恭登宝珠洞用韩昌黎山石韵"、"拟访陈伯潜雨阻不果戏效昌谷集体破闷"、"同陈伯潜黄再同袁爽秋黄堇腴吴少嫩自翠微山出磨石口至三家村渡桑干河过岭寻药王庙未至而返用韩文公山石韵"。见《偶斋诗草》第746、747、749页。

1879 年(己卯 光绪五年) 32 岁

日本灭琉球国,废藩改县,改琉球为冲绳县。(3.30)

勒方锜为福建巡抚。(6.19)

崇厚在俄擅定《里瓦基亚条约》。(10.2)

沈葆桢(1820—1879)卒,年六十。

1月5日(戊寅十二月十三日) 午后,张佩纶来访。

午睡,醒,出门,过弢庵。 ——《涧于日记·蒉斋日记》第1册第13页

1月19日(戊寅十二月二十七日) 邀张之洞、王仁堪、仁东兄弟及张佩纶、人骏叔侄同酌。王仁堪以沈葆桢[1]夫人林普晴[2]代书王祖父王庆云出使时沈葆桢所作联语分赠诸人。

夜,伯潜前辈招同孝达、可庄、旭庄及余叔侄同酌。可庄以林夫人沈幼丹制军妇,林文忠女也。所书联分赠里客。盖文勤出使时沈幼丹所作,而夫人代幼丹操管也。四坐赞叹,以为胜幼丹倍蓰。

——《涧于日记·蒉斋日记》第1册第14页

[1] 沈葆桢,字幼丹,又字翰宇,福建侯官人。道光进士,翰林院编修,监察御史。江南、贵州道监察御史。江西九江知府、闽浙总督、福建船政大臣,主办福州船政局,创建马尾船厂。光绪元年任两江总督兼南洋通商大臣,督办南洋海防,扩充南洋水师,参与经营轮船招商局,派船政学堂学生赴英法留学。

[2] 林普晴,字敬纫、俊兰,林则徐次女,沈葆桢夫人。清咸丰五年葆桢守九江,六年摄广信,太平军自吉安陷贵溪、弋阳。葆桢筹饷河口,郡城空虚,普晴啮血作书向驻玉山之饶廷选求援解围。兵至围解,民心大安。普晴逝后有挽联曰:"为名臣女,为名臣妻,江右佐元戎,锦缎夫人分伟绩;以中秋生,以中秋逝,天边图皓魄,云裳仙子证前身。"

戊寅十二月 作"《圭庵诗录》序"。见《沧趣楼诗文集》第305页。

余因张叔度交圭庵,甫一年而圭庵没,然相知则已深矣。圭庵病中顾余与叔度,口喃喃天下事,临笃复指几案,若有所言,舌蹇不可辨。余曰:"其遗文乎?"则若颔,于是尽举斋中片楮单文局而致之。

丧既还吴,忽忽数月,不忍检点。族孙鬻,故交圭庵,独取其诗,校订一过。岁阑风雪,辄手录之,如亡友灵爽日来左右。既成,叔度遂谋刊行,不敢拒也。

悲夫!圭庵之志,诗不尽传,后世读其诗,悲其遇耳,孰能于翰墨中得其生平所趋向哉?噫!光绪戊寅十二月识。闽陈宝琛。

——《沧趣楼诗文集》第 305 页

吴观礼"围炉话别图",张佩纶家藏,民国初年为佩纶子仲昭作七古一首"吴柳堂御史围炉话别图为仲昭题",见《沧趣楼诗文集》第 167—168 页。

吴柳堂晚与陈弢庵友善。当时弢老以翰林官都中,数与柳堂及吴圭庵、张幼樵辈为扶鸾之戏。……蒉斋家有《围炉话别图》,盖同治末年柳堂谪归时同人所作,其后民国初年,弢老题一七言古诗,极沉郁顿挫,句中杂有小注,多关掌故……

——《花随人圣庵摭忆》第 187 页

1 月 22 日(正月初一日) 张佩纶上午至太和殿下行朝贺礼,礼毕,出城向公及何金寿[1]、张之洞、王仁堪、仁东兄弟等友人贺岁。

三鼓入内,辰初与桂杏村少詹、庆云桥学士、张子胜侍读侍慈宁门,班礼成。辰正二刻,百官於太和殿下行朝贺礼。出城为诸知己贺岁。何铁生、张孝达、王可庄、旭庄、陈伯潜前辈旋至。

——《涧于日记·蒉斋日记·己卯》第 1 册第 1 页

[1] 何金寿,字铁生,湖北江夏人,同治榜眼,河南学政。

1 月 24 日(正月初三日) 张之洞邀,与王仁堪、张佩纶、人骏叔侄、黄国瑾同游慈仁寺,晚饮于广雅堂,公因宴客迟到,到时已散席。

正月初三日,应张孝达之邀,偕可庄、蒉斋、安圃、再同游慈仁寺。老松残雪,甚得闲趣。晚饮于广雅堂。 ——《闽县陈公宝琛年谱》第 13 页

孝达招同伯潜前辈,可庄同年、再同编修、安圃舍侄同游慈仁寺,老松残雪殊有闲趣。晚饮于广雅堂,伯潜以宴客归,至已席散矣。

——《涧于日记·蒉斋日记·己卯》第 1 册第 1—2 页

1 月 27 日(正月初六日) 张佩纶来访。

过潜公,小饮。 ——《涧于日记·蒉斋日记·己卯》第 1 册第 2 页

1 月 29 日(正月初八日) 与汪鸣銮访张佩纶。

茗翁邀话。闻柳门、伯潜过我,始返。

——《涧于日记·蒉斋日记·己卯》第 1 册第 2 页

1 月 31 日(正月初十日) 访张佩纶。午后张之洞邀,同张佩纶、吴大澂、汪鸣銮、洪钧[1]等小饮。

伯潜来话。未刻,香涛招同清卿、柳门、文卿、伯潜诸前辈、张吉人、武部度、顾皞民观察小饮。安圃以疾未往。

——《涧于日记·蒉斋日记·己卯》第 1 册第 3 页

[1] 洪钧,字陶士,号文卿,江苏吴县人,同治状元、江西学政、兵部左侍郎、总署大臣。

2 月 1 日(正月十一日) 访张佩纶。

伯潜过话。缪小山编修见过,名荃孙,江苏人,香涛门下,能鉴别金石,校勘经史,时髦也。 ——《涧于日记·蒉斋日记·己卯》第 1 册第 3 页

2 月 5 日(正月十五日) 访张佩纶,谈至夜深。

伯潜来谈,夜深始去。 ——《涧于日记·蒉斋日记·己卯》第 1 册第 4 页

2 月 9 日(正月十九日) 张佩纶来访。

过诗孙,得吴子儁眷属消息。至伯潜处,子恒年丈右体偏重,自昨日至今方略见效也 ——《涧于日记·蒉斋日记·己卯》第 1 册第 4 页

2 月 11 日(正月二十一日) 张佩纶来访,问公丈人王传灿病况。

过伯潜,问子恒丈疾。夜诣孝达。

——《涧于日记·蒉斋日记·己卯》第 1 册第 4 页

2 月 14 日(正月二十四日) 邀张佩纶、吴大澂、张之洞、汪鸣銮、洪钧、润生、王仁堪饮。

伯潜招,同清卿、孝达、柳门、文卿、润生、可庄饮。

——《涧于日记·蒉斋日记·己卯》第 1 册第 5 页

2 月 16 日(正月二十六日) 与张佩纶、吴大澂、洪钧、汪鸣銮、张之洞、张度[1]等小饮。

清卿、文卿、柳门、伯潜、孝达及张叔宪武选斋中小饮。

——《涧于日记·蒉斋日记·己卯》第 1 册第 5 页

[1] 张度:字吉人,号叔宪,又号辟非,浙江长兴人。河南知府。家富收藏,与潘祖荫、陈介祺研究金石。

2 月 19 日(正月二十九日) 张佩纶来访。

早起过郭廉翁。孝达来,与柳翁晤谈。过伯潜,与仲献谈。

——《涧于日记·蒉斋日记·己卯》第 1 册第 5 页

2 月 21 日(二月初一日) 辅臣邀公与张佩纶。

辅臣召饮,客伯潜及赵铁山水部,借《楞严经》阅之。

——《涧于日记·蒉斋日记·己卯》第 1 册第 6 页

2 月 25 日(二月初五日) 洪钧邀公及吴大澂、顾肇熙[1]、张之洞、张度、汪鸣

銮小集。

昨日唁暐民于广惠寺,归,知李兰荪师见招,清晨赴之,论会馆事,过朱宅陪新郎,缉庭过我少话,文卿邀清卿、缉庭、孝达、伯潜、张叔宪、汪柳门小集。

——《涧于日记·蒉斋日记·己卯》第 1 册第 7 页

[1] 顾肇熙:字暐民,号缉庭,江苏吴县人。同治举人。吉林分巡道、陕西凤邠盐法道、按察使衔台湾道、台湾布政使等。

3月1日(二月初九日) 手书吴观礼《圭盦诗录》成,与张佩纶商酌刊行。

手写圭盦诗成,因与蒉斋谋刊行之。 ——《闽县陈公宝琛年谱》第 13 页

伯潜写圭[盦]诗告成。孝达来谈。

——《涧于日记·蒉斋日记·己卯》第 1 册第 7 页

吴编修观礼,字子隽,号圭盦,故与柳翁、蒉斋善,新自蜀中返,始得交公。每于柳翁坐上说鬼谈诗,或论天下事,意气投合,固公所视为畏友者也。圭盦年十九即举于乡,连不得志于有司,遂以刑曹佐左公宗棠戎幕。一日念母,乃尽弃所积勋阶而归。辛未捷南宫,入词林,至是决意归省。已谒假将行,遽搆疾不起。病笃犹喃喃言天下事,时唯公及一二知己在侧。弥留之际,复指几案,若有所言,舌蹇不可辨。公曰:"其遗文乎?"则若颔。乃尽举斋中片纸单文扃藏之。公悲圭盦甚,则取其诗日夜读之,举其有关军国之大,及生平出处交际者,断而存之,得二百七十篇。岁阑风雪,辄手录之,都为一卷,题曰《圭盦诗录》。又与蒉斋联名致书左公,请为作传,以传其人。

——《闽县陈公宝琛年谱》第 12—13 页

仁和吴子隽所著《奎庵诗录》一卷,乃陈弢庵先生手写印行者。弢庵因张叔度交奎庵甫一年,然相知则甚深。手写遗诗,皆作精楷,风义之笃,又近世所无也。奎庵为何暖[骕]之女夫,客左文襄幕府最久。通籍后始留京,与张蒉斋、张广雅诸人,均有文章道义之契。广雅有《挽吴奎庵》诗云:"诗君日浅见君心,两疏忧时壮翰林。交遍公卿无诡合,久更戎马转湛深。怜才曾听巫咸筮,(君典试,有绵竹杨生高才不遇,君深自咎责,至于下泣)敦旧亲调子敬琴。(谢麈伯前辈病殁,君经纪其丧)使府三良同一厄,秦川呜咽陇云阴(君与麈伯及张兵备树茨皆为洛靖伯荐辟入幕,期月内并卒)。"蒉斋《答奎庵和净师见赠之作》有句云:"先皇十载岁辛未,君辞戎幕宾于王。玉堂相见遂心折,三年校秘商丹黄。"

弢庵癸卯(1903)赴蒉斋之丧,小住南京,留宿子涵寓斋。得诗十四首,一云:"坐上何郎旧饮倦,别来牢落亦华颠。人生畏友谁能少,太息奎庵不假年,"

自注:"奎庵,黄斋至契,诗孙姑丈也。"数诗皆可见交谊者。

——《今传是楼诗话》第 149 页

仁和吴子儁与张黄斋皆同治辛未(1871)进士,同官翰林,陈弢庵则先一科。三人至相得,而弢庵与圭庵皆于左文襄有知己之感。圭庵本为何绍基女夫,故弢庵有诗云:"坐上何郎旧饮仙,别来牢落亦华颠。人生畏友谁能少,太息圭庵不假年。"自注:"圭庵,黄斋至挈,诗孙姑丈也。"圭庵即官编修,然早年曾随左文襄戎幕,后又随文襄平定新疆,随事献替,有功至巨。其集中有《邻家女》《天孙机》二乐府,即自道其平生遭际,而致憾于依人作嫁也。余早年在南昌,胡先骕示我《奎庵诗录》,为弢庵手写上雕。略为审视,极服其诗格高浑。其抚时感事之篇,得杜陵发乳。惟用事极核,非注莫明。及乙丑(1925)夏秋间,在都门,侍座弢庵,即从容询奎庵事,曰:"吴子儁与余及黄斋至契,居京师时,靡日不见。余视为畏友。惜频年在外,仅于尺素中商略学术。偶及时事,其见解尤高,故文襄倚之如左右手。子儁诗稿甚多,而芟剔至严。死后,余从其夫人索得自定本,遂手录一册,即后此据以上木者也。今闻版已不存,印者亦稀矣。余诗'宣南一老'句,即指此。"——《光宣以来诗坛旁记》第 39—40 页

《奎庵诗录》一卷,题叶背面云,光绪五年己卯正月,黄斋校刊弢庵写本。奎庵本名吴观礼,仁和人,我不知其生平,诗又所不懂,此一册七十二叶,有诗二百七十首,翻开看时,只是看陈伯潜的字而已,此盖与说茶热得好无异,但是没有别的法子,盖假如我不是为的看所刻的字,则此诗集就也未必买也。

——《知堂书话·圭庵诗录》第 382 页

3 月 6 日(二月十四日) 张之洞访张佩纶,公旋到,小酌。

孝达来话。伯潜踵至,小酌。

——《涧于日记·黄斋日记·己卯》第 1 册第 8 页

3 月 10 日(二月十八日) 访张佩纶。

王夔石[1]、朱缉甫、伯潜均来。

——《涧于日记·黄斋日记·己卯》第 1 册第 9 页

[1] 夔石:王文韶,号耕娱、庚虞,又号退圃,浙江仁和人,咸丰进士,直隶总督,户部尚书、军机大臣。谥文勤。

3 月 11 日(二月十九日) 访张佩纶。

孝达、伯潜来话。 ——《涧于日记·黄斋日记·己卯》第 1 册第 9 页

3 月 18 日(二月二十六日) 访张佩纶。

午后伯潜、香涛均来。 ——《涧于日记·黄斋日记·己卯》第 1 册第 10 页

3月19日(二月二十七日) 召见。锡缜[1]奏请开缺,公在座。

驻藏大臣锡缜奏请开缺,其人觊觎京秩,惮远引疖,可恨。伯潜在坐。

——《涧于日记·蒉斋日记·己卯》第 1 册第 10 页

[1] 锡缜,字厚安,号禄石,博尔济吉特氏,蒙古族,满洲正蓝旗人,咸丰进士,驻藏大臣、西安参将、直隶总督。

3月21日(二月二十九日) 访张佩纶。

伯潜、香涛前辈来话。——《涧于日记·蒉斋日记·己卯》第 1 册第 10 页

3月22日(二月三十日) 访张佩纶。

闻香涛得司业甚喜。伯潜来话,孝达亦至。

——《涧于日记·蒉斋日记·己卯》第 1 册第 10 页

3月23日(三月初一日) 得翰林院撰文。

得翰林院撰文。自是翰院供奉文字多出公手。

——《闽县陈公宝琛年谱》第 13 页

健庵至院署,接见香涛,托书谢表,倩朱景庵写之,鹤巢来话,伯潜得撰文。

——《涧于日记·蒉斋日记·己卯》第 1 册第 11 页

3月24日(三月初二日) 访张佩纶。

夕,孝达、弢庵过我。闻漱兰得学士。

——《涧于日记·蒉斋日记·己卯》第 1 册第 11 页

3月30日(三月初八日) 夫人王眉寿寿辰,宴张佩纶。

过伯潜饮,其夫人生朝也。

——《涧于日记·蒉斋日记·己卯》第 1 册第 12 页

4月1日(三月初十日) 邀饮张佩纶。

伯潜招饮。——《涧于日记·蒉斋日记·己卯》第 1 册第 12 页

4月5日(三月十四日) 顾肇熙自天津来访张佩纶,公在座。

皥民归,自天津来此夜话,伯潜亦至。

——《涧于日记·蒉垒日记·己卯》第 1 册第 13 页

4月6日(三月十五日) 访张佩纶,祝贺朱智[1]出任兵部右侍郎。

伯潜来,贺茗生得兵部侍郎。

——《涧于日记·蒉斋日记·己卯》第 1 册第 13 页

[1] 朱智:字茗笙,浙江钱塘人。1879 年 4 月 2 日(光绪五年三月十一日)任兵部右侍郎,1881 年 5 月 13 日(光绪七年四月十六日)因病解职。见《清季职官表》(上)第 243 页。

4月8日(三月十七日) 访张佩纶。

忆庚申暮春雪中光景,胸次作恶数刻。伯潜、黄济川、贵午桥均来。

——《涧于日记·黇斋日记·己卯》第 1 册第 13 页

三月 长男懋颐病逝北京。

懋颐少聪慧,劬于读。一日疾已潜伏,犹兀坐读书,体渐不支,伏案假寐。公自外归,不知其疾也,遽呵责之。惊而觉,疾遂增剧,卒告不治。公深痛悼之。

——《闽县陈公宝琛年谱》第 13—14 页

弢庵先生早年课子极严。闻其长子资质稍钝,先生督责不稍宽假。一日,授于某经,屡加讲解靡得领晤,先生怒甚,举案砚掷之。中脑际而死。后亦悔之。从兹对儿辈均不加苟责。懔夙误也。

——《华报·六六居士:闲话橘洲老人(二)》1935 年 3 月 9 日

5 月 7 日(闰三月十七日) 吴可读为争同治帝继统自尽,遗书称道公及王仁堪。撰联挽吴可读:"旧雨半传人,天语同褒,忍使睢阳无列传;清时多自谏,邻春忽断,何堪陆九更居庐。"见《闽侯历代楹联选》第 145 页。

同治帝奉安惠陵。吴侍御可读自请随赴襄理。还次蓟州,宿废寺中。初拟自刎,又思自缢,虑有声致救,卒仰药死。遗疏请以将来继承大统之皇子即为同治帝之嗣。懿旨令王公大臣、大学士、六部九卿、翰詹科道妥议具奏。内阁主稿引高宗不建储圣训主驳,甚失舆望。翁有遗书致其家人,缄封上犹有称道公及可庄先生语,从知柳翁之重公为何如矣。

——《闽县陈公宝琛年谱》第 14 页

穆宗奉安惠陵,吴可读奉派陵差襄理,还次蓟州,自缢以殉,遗疏乞以帝祚绍穆宗,一时朝野震动,黇斋学士更以私宅为吴祠宇,详见公沧趣楼诗注中。

——《闽螺江太傅陈公年谱》手稿本

是日柳翁疏入奏。懿旨令王大臣、大学士、六部、九卿、翰詹、科道妥议具奏,适蓟使已归,乃知柳翁于初五日卯刻仰药自尽。读其与庙中同道五纸,上有血疏,盖初拟自刎,复拟自缢,以白绫三尺馀环结,书十四字,曰"九重懿德双慈圣,千古忠魂一惠陵"。旋以无梁可悬,一板庋门上,动摇易坠,恐有声致救,乃服洋药以终,可谓百折不回矣。

——《涧于日记·黇斋日记·己卯》第 1 册第 13 页

柳堂先生临命时所作家书,公子之恒装作卷子见示,余将还山负土,公子亦尽室将行,泣跋数行归之。……家书缄封上有"吴子儁老骥诗宜善藏庋"语,宜补入。又有称道陈伯潜、王可庄两君语,亦宜补入。

——《涧于日记·嘉禾乡人日记·庚辰》第 1 册第 1 页(光绪六年二月初一日)

· 67 ·

5月9日(闰三月十九) 汪鸣銮约公与张之洞、张佩纶、人骏叔侄同话。夜黄国瑾、张之洞、张佩纶集公处,谈论吴可读遗疏。

柳门约孝达、伯潜及余叔侄同话,云孙在坐。午后归,偕伯潜访再同,不值。夜再同编修、孝达司业集羿庵处,余后至,论柳翁疏意,与再同意不合,以其引证甚博,嘿然未有应之。

——《涧于日记·羿斋日记·己卯》第1册第15—16页

5月10日(闰三月二十) 张佩纶来访,遇黄国瑾。

午后,过伯潜处,遇再同。

——《涧于日记·羿斋日记·己卯》第1册第16页

5月11日(闰三月二十一日) 张佩纶、宝廷、张之洞在公处略谈。

午后,与仲献[1]、孝达集羿庵处略话。

——《涧于日记·羿斋日记·己卯》第1册第16页

[1]仲献:宝廷字。见前。

7月5日(五月十六日) 由编修升翰林院侍讲。

邸钞。编修陈宝琛升翰林院侍讲。

——《越缦堂日记》第12册第8352页(己卯五月十六日)

十六日奉旨:陈宝琛补授翰林院侍讲,钦此。

——《申报》1879年7月12日

7月11日(五月二十二日) 充甘肃乡试主考官。

以翰林院编修华金寿为湖南乡试正考官,翰林院修撰曹鸿勋为副考官,国子监祭酒景善为四川乡试正考官,翰院编修许景澄为副考官,翰林院侍讲陈宝琛为甘肃乡试正考官,江南道监察御史周开铭为副考官。

——《德宗景皇帝实录》卷95第415—416页(五月乙未)

充甘肃乡试正主考官,出考题"君子人欤,君子人也"。

——《闽县陈公宝琛年谱》第14页

甘肃考官:侍讲陈宝琛字伯潜,福建闽县人,戊辰进士。御史周开铭字桂午,湖南益阳人,乙丑进士。

题"君子人欤"(二句),"在上位不能下,在下位不能上"(四句),"孔子曰为此诗者谁能侮之"(五句)。赋得"陇月向人圆"得"圆"字。

——《清秘述闻续》卷八第751—752页

己卯科各省主试爵里考:"甘肃,日起居注官翰林院侍讲陈宝琛,福建闽县人,戊辰进士"。

——《申报》1879年10月19日

湖南正考华金寿,陈伯屏先生之门下;副考官曹鸿勋、陆凤石之门下,亦徐寿蘅之门下也;四川正考官景善,副考官许景澄;甘肃副考官南桂五先生,正考官陈宝琛。今年考官极天下之选。

　　　　　　　　　　　　　——《湘绮楼日记》第 8 册第 56—57 页(七月初一日)

过陕西,应藩属邀撰联:种树已成荫,二十年前嬉戏地;乘轺犹恋国,八千里外起居心。见《对联·民间对联故事》1995 年第 3 期。

陶方琦[1]为作兰花折扇面,贺公典试甘肃。

　　陶方琦《兰花折扇面》题识:"晓日曈昽耀使旌,玉清风范旧模型,三山文苑传今代,一里长安聚德星。丹诏口衔驰绝檄,玉炉香拂侍明廷。秋风岩壑应先到,独写芳兰与播馨。圣朝新设掌文官,边域删丹改旧观。讲幄威仪持玉尺,朔方子弟贡华冠。榆林迂曲云千里,篦户邕容路百盘。新喜文星光四照,渥洼天马岂常看。伯港前辈典试甘肃出素箑命绘,并占里句二律恭求诲正。年侍陶方琦敩"。

　　　　　　　　　　　　　　　　　　　　——《摇曳丹青》第 57 页

[1] 陶方琦,字子缜、子珍,号湘湄,浙江会稽人,光绪进士,翰林院编修,湖南学政。

8 月 23 日(七月初六日)　左宗棠致函崇保[1],称公"有声馆阁"。谓甘肃得人。

致　崇　保　　　　　　　　　　　　　左宗棠

陈伯潜侍讲有声馆阁,曾通音问。窃幸主试得人,珊网无遗珠也。

　　　　　　　——《左宗棠全集·书信·与崇峻峰》第 12 册第 524 页

[1] 崇保,字峻峰,号学莲,满洲镶黄旗,萨克达氏。同治进士。署甘肃按察使、布政使。

8 月 26 日(七月初九日)　赴甘肃途中,宿长安,致函张佩纶。

致　张　佩　纶　　　　　　　　　　　陈宝琛

黄园世叔礼席:别来惘惘,今日宿长安,明晨西向,相去日益远矣。吾丈行止若何? 窃计此时当已出都,顷始探得江陕考官名姓,安兄尚留而有待,甚为着急。边前辈[1]权藩篆,昨遣人来,未亲到。前所说事亦不能面询,未知有复函抵都门否。吾丈欲有需《时务》,就近暂措,琛归时当偿之,勿因川费致旷时日。四叔几时到京,深以为念,出都门一步,即理乱黜陟,一无所闻,今日怪询知何即复奉,高、李并是传人,又成一篇子虚赋矣。过平定、寿阳,屡屡遇雨,平介则旱,霍州尚多水田,亦得甘澍,洪洞已过,榛芜弥望,村落皆墟,往往行数邮镇始见一人,壁间尚贴捕狼告示,以人稀兽蕃,时出噉人尸也。幸蒲解一带春麦犹稔,面一斤直钞三、四十文,视去岁已有宵壤之别。入陕境亦苦暵干,粱黍皆赤,天心如此,民困何时,苏□[邪]驿路所经,闻之见之,辄作恶不已,不知去岁两使星当赤地千里时,是何心肝,一任豪奴悍仆快意鱼肉。昨宿骊山,方得详询。前在京所闻而不信者,乃竟实有其事。童公虽稍好,然亦不能禁止,予以革留,犹为宽假也。香涛前辈想常晤及,如果留我西陲,吾丈可将应行之事、应用之书详询达公[2],得以及早相示。疏拙如侄能免此席为幸。特不能不虑之耳。手此琐布,宝琛顿首。七月初九。

公孙子曲学阿世,《辨奸论》[3]可以揭晓矣,然不意其浅鄙至此。顷借阅邸抄,为愤懑不已,达公谓何,志公又谓何,柳老[4]手迹曾为抄一副否,念极。公幸不在官,否则将扑杀此獠耶。然此子敢于如此,将来煽谪未有艾也,吾道危哉。

——上海图书馆藏手稿

[1]边前辈:边宝泉,字廉溪,号润民,奉天辽阳人。入关后定居河北霸州。同治二年进士。张佩纶岳父。

[2]达公:张之洞,字孝达,见前。

[3]《辨奸论》:宋苏洵作。

[4]柳老:吴可读,字柳堂,号冶樵,见前。

9月18日(八月初三日)　张佩纶日记中称张之洞"博雅",公"果决"。

赖孝达博雅,伯潜果决,资为考核而习染已深,仍不免牵于流俗,安得博雅君子纂家礼一篇,得古人之精,舍时王之制,简而可行使人人临变不乱乎。

——《涧于日记·蒉斋日记·己卯》第1册第6页

10月4日(八月十九日)　左宗棠复函,告即将为吴观礼具疏"恳旨宣付史馆"。

复陈宝琛　　　　　　左宗棠

伯潜仁兄大人阁下:奉到良书,于子俦编修之亡,惋惜殊至。子俦为楚军军谘祭酒,由闽、洛而关中,襄事燕、齐,亲冒锋镝。因素有肝疾,目汁常流,双眼且陷,辞我东归,意终不释[怿]。厥后书来,所患渐可,仍拟从征边塞。弟以陇塞风尘浩荡,非目所宜,劝其暂仕关中,专任糇台,便资静摄。而子俦则以初心非为利禄,不就所请,注销官秩,仍预计偕试礼部,入翰林,冀可少抒素蕴。弟闻吉语,与幕中诸君沥酒遥贺,以为至幸也。使蜀归,出示《辎程日记》,入栈出峡,山川能说,不仅揽胜穷幽,足与陶文毅《蜀辎》[1]一集后先辉映。比应诏陈言,理足而将之以诚,多蒙鉴纳。何图一病不起,赉志告终!远道有闻,老泪盈抱,盖为吾郙悲,为天下惜,非仅平生交缲游缱之私已也。本拟入一文字,恳旨宣付史馆,以存其人;因贼躯骤中暑湿,匆匆未暇。此次折片颇多,未便附入。稍迟容即具疏上陈,以副盛意耳。先此奉复,即颂时安,伏希照察不尽。愚弟期左宗棠拜上。附上重摹《法华寺碑》及自书《孝经》各一本,并祈察入。

八月十九日酒泉缄发。　　　　——《左宗棠全集·书信》第 12 册第 526 页

[1]《蜀牭》:《蜀牭日记》,清陶澍撰。

10 月 24 日(九月初十日)　左宗棠致函崇保[1],以公书赠扇面联语出示幕友,诸人"爱玩不置",称赞"此君天才卓越,胸次广博,将来不仅以文字传"。

致 崇 保　　　　　　　　　　左宗棠

峻峰仁兄大人阁下:八月三日缄已复矣。德守捕蝗经费由公牍批行,想亦览悉。顷得重阳日书,并承寄伯潜侍讲缄联书簏,幕中诸君子传观殆遍,爱玩不置。此君天才卓越,胸次广博,将来不仅以文字传。阅此科闱墨,佳构甚多,而语有根柢,亦足见陇士向学精专,风会日启也。良字号隽者何名? 并希见示为荷。

兰谷身后萧然,弟拟赙以廉馀千金,知单有无成数,殊为念之。出缺片已于十四日拜发矣。伯潜使归宁亲,正拟代奏稿,数日当附差拜发。此颂大安,惟照不具。愚弟左宗棠顿首,展重阳日。

　　　　——《左宗棠全集·书信》第 12 册第 527 页

[1] 崇保:见前。

11 月 2 日(九月十九日)　左宗棠来函,谢赠联语。

致 陈 宝 琛　　　　　　　　　左宗棠

伯潜仁兄大人阁下:

陇闱肇启,鹿鸣三奏,墨卷均可观,披阅鉴赏诸作,尤称名程。陋邦何幸,有此河西文学,天水英奇其复见于斯乎? 辱贶华笺,备承藻饰,官柳园蔬亦蒙铨品。衰朽得此,正如村婆簪花,自相矜宠,浑忘其丑也。

联语为武乡、定远得力处[1],微尚所在,敢不勉旃! 所惜将智而耄及,窃惧无以副之。仍望多闻直谅,时以益我,则幸甚耳。使归宁亲,故事所有。重闱展觐,两月还朝,谨当代奏。奉到批答,再急递以闻。手此,奉颂兴居,顺璧谦柬,不宣。愚弟左宗棠载拜。九月十九日。

　　　　——《左宗棠全集·书信》第 12 册第 527—528 页

[1] 联语集诸葛亮、班超语意:"集众思,广忠益;宽小过,总大纲"。

11 月 4 日(九月二十一日)　陕甘总督左宗棠,代奏甘肃正考官翰林院侍讲陈宝琛恳请赏假回籍省亲事,得旨准。

奏为据情代奏,恭折仰祈圣鉴事。窃臣准甘肃正考官,翰林院侍讲臣陈宝琛□□。宝琛籍隶福建闽县。自同治九年入都供职,因亲父刑部主事承裘、亲母林氏随侍祖父、前任云南布政使景亮,家居未获迎养,为时十载。睠念重闱,

南望乡间,时萦寤寐。兹承恩命典试甘肃,棘闱竣事,即日言旋。计自陇赴闽,水陆迢滞,实非驲路所经。若道出陕西,自备资斧,取道湖北,浮江航海,还乡亦殊迅利。仰维我朝孝治之隆,历届使臣请假省亲,即道远稍迁,均蒙俞允,拟请代奏请假两个月,回籍省亲,稗得稍尽乌私,一矣假期届满,由籍航海入都,恭复恩命,等因。臣维甘省本届乡试,据代办监临、头品顶戴布政使崇保报,业经竣事。揭晓后,士论翕然。陈宝琛为闽中绩学之士,臣所素知。兹因典试事毕,请假归省重闱,虽驲路非其所经,而自备资斧,取道江海,尚期迅便。合无仰恳天恩,赏假两个月,准其回籍省亲,以遂孝思。恭折代奏,伏乞皇太后、皇上圣鉴,训示施行。谨奏。

军机大臣奉旨:陈宝琛著赏假两个月,钦此。光绪五年九月二十一日。

——中国第一历史档案馆藏朱批奏折 04－01－01－09400－017

己卯典陇试竣,始得请见。先妣日衣敝,貌加丰,神实悴,方衣旧布衣,肩上补寸许,课婢媪种苎束缊,夜则卧不孝于下床,枕上询京寓珠桂、所交游往来,或感述亲戚兴替与年来外家况状、外祖母起居。稍稍及家计辄止,而惟以不孝宝琛志节之不立、诸子学业之未成为患。不孝两月中,窃见先妣日夕勤苦,一如十年前,从容请曰:"万一得外职,容迎养否?"先妣曰:"是何言!无论汝祖父方老健,吾母逾八十矣,能就汝耶?汝自立,慰我耳。"

——《沧趣楼诗文集·先妣林太夫人行略》第 390 页

亦见《谢章铤集》第 122 页,个别文句略异

公自戊辰来都,已逾十年,终久缺温清,时深孺慕,屡欲乞假归省,迄未得闲。至是试竣,遂请假两月,回籍省亲,得邀俞允。公归后,见布政公晚益矍铄,时婆娑于山水间;光禄公撰杖纳履,融泄如少年时。惟家中生齿日繁,昏宦相继,家计日窘,债累日深。光禄公素不治家人生产。中馈诸内职,皆林太夫人董之,貌虽加丰,而神实悴,间以咳嗽,而日夕勤苦一如十年前。因乘间请曰:"万一得外职,容迎养否?"太夫人曰:"是何言?无论汝祖父方老健,汝外祖母年逾八十,吾能弃去就汝耶?汝但求自立以慰我耳。"公嘿而退。犹冀他年果得外职,当再申前请,不谓此别遂成永诀也。

——《闽县陈公宝琛年谱》第 14 页

11 月 23 日(十月初十日) 张佩纶致公函。

是日寄容舫、安圃书,孝达、伯潜书,唁胡介卿书,谢张于虞书,夜梦见圭庵。

——《涧于日记·蕢斋日记·己卯》第 1 册第 22 页

12 月 7 日(十月二十四日) 张佩纶夜梦公。

夜梦伯潜。　　——《涧于日记·蒉斋日记·己卯》第 1 册第 26 页

12 月 18 日(十一月初六日)　张佩纶致公函。

夜作致伯潜书。　　——《涧于日记·蒉斋日记·己卯》第 1 册第 29 页

12 月 21 日(十一月初九日)　自甘肃回福建途中致函张佩纶。

致张佩纶　　陈宝琛

蒉斋世叔：姑苏之行，何时返棹，还乡卜兆，当有端倪。阿咸南归，一室影吊，女挐泡幻，弥助神伤，天末思君，辄欲涕出，计街南风雪，唯南皮先生[1]时一过存耳。道出长安，两造边老监河之贷，知有报章，设有所需可告刚侯[2]。归装有赢，犹勘挹注。两郎寄居外家，定能熨贴，营葬既毕，行止若何，深用系念。陇西糜烂已甚，身历始知民气如此。皇[3]问文风校萩所收虽未尽惬，已非始愿之所及，自揣心力颇殚同事亦不掣肘，所得乃仅仅如此。柳公门祚衰薄，一侄近复殂谢。归涂不逢西白，未审何时出京。昨下蓝关，南浮丹水，空山急濑，独夜孤舟，听水听风，万绪交集。日来买棹襄河，复为石尤所谑，汉皋千里，江海飞轮，抵家须月杪矣。行人失辞一错难铸，绕朝不用，竟复何如？时事至斯，杞忧胡底？仲献曾晤及否，贵筑南皮，词严义正，皆不可少之文，盗憎主人，蝇玷白璧。兵家忌攻坚，吾党不可与佥壬分过。吾丈屏迹读《礼》，自必理乱不闻。岁晚风寒，幸自强饭。即问孝思，不尽所言。宝琛再拜。十一月初九日，襄河舟中。

——上海图书馆藏手稿

[1] 南皮先生：张之洞，见前。

[2] 刚侯，王仁东号。见前。

[3] 皇：同“遑”。

12 月 22 日(十一月初十日)　张之洞函复张佩纶。

复张佩纶　　张之洞

尊作吴诗跋，自以他人书之为宜，然王君书与伯潜书仍相近，即不署名，何由知非陈书耶？似可以稍大行书书之，弟见宋版书行书序跋多矣，惟裁之。

——《张之洞全集卷 282·书札》第 12 册第 10136 页

十一月　以官翰林院侍讲时作“沈文肃入祀贤良祠祭文”示许宝衡。

夜绍戡来，以陈弢庵所撰“沈文肃入祀贤良祠祭文”见示，乃翰林院旧物，时弢丈方官侍讲也。

——《许宝衡日记》第 4 册第 1674 页(1951 年 6 月 21 日)

典试甘肃事毕假归，龚易图[1]邀宴于福州乌石山乌石别墅，王葆辰[2]为作荔枝团扇面，王、龚均有题诗。

王葆辰《荔枝团扇面》题识："陇月还君故里圆,重帷采服照翩翩。一樽啖荔坪前话,留取乌山小聚缘。老我江壖事匠斤,当年涂抹付烟云。衡文手眼兼评画,犹向风尘讯荔君。己卯冬月伯潜仁兄世大人自陇坂试毕假归,龚蔼仁方伯邀宴乌石别墅之啖荔坪。以已过荔枝天,索余画解馋曰:'此余号也,敢不如命。'并附二章乞正之。荔君弟葆辰记于马江工次。"龚易图题识:"收得虬珠百斛圆,轺车文采正翩翩。乌峰一夕弥明话,犹是宣南剪烛缘。嘉树无须纵斧斤,荔枝辜负故山云。绝怜一代丹青手,听到蝉鸣又忆君。荔丹烟丈为伯潜仁兄作荔枝图并题诗为识,步韵和之,谨附录寄。荔枝不解作主人,而一骑红尘能达长安道,是犹足以解嘲也。弟易图附识。"　　　——《摇曳丹青》第 63 页

[1] 龚易图,字蔼仁,号含晶,福建闽县人。咸丰进士。江苏、广东按察使,云南、广东、湖南布政使。藏书家。

[2] 王葆辰,字荔丹,福建侯官人。光绪举人。

张之洞函复张佩纶。

复 张 佩 纶

张之洞

垂问笔法,另纸录上。诗题无从思索,请拈数题见示为感。令侄与伯潜兄弟皆书家,而必询乌荙[荔荙],良所未喻,岂秘之不言耶? 抑持论不同耶?

——《张之洞全集·书札》第 12 册第 10137 页

1880 年(庚辰　光绪六年)　33 岁

崇厚办理伊犁事件不善，革职拏问，交刑部议罪。(1.27)

曾纪泽充出使俄国钦差大臣，取代崇厚对俄谈判；7月自伦敦启程。(2.19、7.13)

左宗棠调京。(8.11)

李鸿章筹办天津水师学堂，上海—天津通陆路电报。(8.22、9.18)

前直隶总督刘铭传奏请试办铁路，以图自强。(12.3)

1月9日(己卯十一月二十八日)　甘肃试事毕，获准请假两月。

奉旨：陈宝琛着赏假两个月。钦此。　　　　——《申报》1880年1月9日

己卯十二月　与张之洞同奏陈俄约贻害。

十二月初五日，[张之洞]奏陈俄约贻害，请修武备、议改约、治崇厚以应得罪。……十六日，奏陈练兵筹饷之策。……(香涛老人六十寿言：公[张之洞]在史馆，凡有大著作，多出其手。钱辛伯、陈伯潜为国史馆总纂官。)

——《张文襄公年谱》第22页

2月15日(正月初六日)　返抵福州。

闽浙总督何璟奏报，翰林院侍讲陈宝琛省亲到籍日期。

何璟奏片：再据甘肃正考官、翰林院侍讲陈宝琛呈称，窃宝琛奉命典试甘肃，揭晓后由陕甘总督代陈乞假两月，回籍省亲，仰蒙圣允。宝琛道出西安，自备资斧，取道商洛，南下襄汉，附轮江海，于十二月初六日抵闽，所有到籍日期，理合呈报等因，前来。除俟该考官假满起程，另行咨部外，臣等谨附片陈明，伏乞圣鉴。谨奏。光绪六年二月二十二日。军机大臣奉旨：知道了，钦此。浙闽总督，正月二十八日。

——中国第一历史档案馆藏录副奏片03-5147-106(3月8日)

正月　与张佩纶、张之洞三人为俄事累疏陈言折片，逾二十馀件，均由三人分工成奏稿。

正月二十一日王大臣续上会议折。公奏言边防实效全在得人。(原折用陈师傅稿，本集[1]未载，补录于此。)……(陈师傅云：自俄事起，公[张之洞]及

张幼樵侍讲与余三人,累疏陈言,各明一义。公[张之洞]构思稍迟,侍讲下笔最速。三人不分畛域,或公[张之洞]口占而侍讲属草,或两公属草而余具奏,或余未便再言而疏草由两公具奏。公[张之洞]所建议者大意,不外修备筹防相机操纵。而事机迫切,尤在是岁之初。朝旨令曾惠敏赴俄另议,即从廷臣之请,然修备筹防,未计及也。按抱冰堂弟子记,言疏论俄约事,凡数十上。考军机处月折,公折片言俄事者凡十九件,本集已备录之。又四件则汎论用人边防实效云云,即其一也。弟子记言数十上者,盖侍讲及陈公所奏,或有公原稿在内。而此十九件中亦不必尽出公手,侍讲之子仲炤所言亦同。)

——《张文襄公年谱》第 22—23 页

[1] 本集:许同莘《张文襄公年谱》。

3 月 16 日(二月初六日)　张佩纶读朱熹《近思录》[1],以公岳祖王庆云语自警。

静坐检《近思》,录改过克己篇阅之,择数则为韦弦。明道先生[2]曰:"治怒为难,治惧亦难,克己可以治怒,明理可以治惧。"王文勤公[3]尝以治惧句对止谤,莫如自修书以自警。伯潜,文勤孙婿也。

——《涧于日记·嘉禾乡人日记·庚辰》第 1 册第 6 页

[1]《近思录》:宋朱熹等辑。

[2] 明道先生:程灏,字伯淳,宋代理学家。

[3] 王文勤公:王庆云,谥文勤,见前。

4 月 7 日(二月二十八日)　假满还京,上"典试甘肃差竣假满复命折"。折见《沧趣楼诗文集》第 776 页。

甘肃试差假满,自闽还都。　　　　　——《闽县陈宝琛年谱》第 15 页

甘肃正考官陈宝琛到京请安。　　　　——《申报》1880 年 4 月 18 日

4 月 19 日(三月十一日)　李鸿章征询水师将才,公荐严复[1],称严"器识闳通,天资高朗"。

夜,合肥来话,询及水师将才。现在镇东、镇西、镇南、镇北四船统带,曰邱宝仁、曰邓世昌、曰刘步蟾、曰林泰曾,以刘为最优。丁雨生论张成近执,吕翰近猾,刘步蟾近粗,林泰曾近柔。蒋超英较为纯粹,而年过轻。伯潜称严宗光者,器识闳通,天资高朗。合肥已往闽调之来津矣。

——《涧于日记·嘉禾乡人日记》第 1 册第 17 页

黎召民书来,以严宗光不能即到见复,严,伯潜所荐士也。合肥来话。

——《涧于日记·嘉禾乡人日记·庚辰》第 1 册第 20 页(三月十九日)

派充殿试弥封官。

　　公[沈曾植[2]]赴殿试对策。《越缦堂日记》：昧爽赴中右门，接卷入殿。辰刻跪受题纸。已刻对策，直书不起草，首尾俱不同俗例，洒洒二千馀言，不落一字。未刻交卷，颇自喜也。申刻出中左门，肎夫[3]派收卷官，陈伯潜侍讲派弥封官，俱未相见。

——《沈曾植年谱长编》第 38 页

　　[1] 严复：原名严宗光，字又陵、几道，福建侯官人，福建船政学堂毕业，留学英国。近代著名翻译家、思想家。

　　[2] 沈曾植：字子培，号乙盦、寐叟，浙江湖州人。光绪进士，总理衙门章京、上海南洋公学监督。

　　[3] 肎，通"肯"。肎夫：朱逌然，字肯夫。号味莲，室名屍守斋，浙江馀姚人。同治进士。湖南、四川学政。1857 年将岳麓湘水校经堂改为书经书院；1882 年倡议建立"船山书院"。

5 月 5 日（三月二十七日）　张佩纶丁忧期间来函。

致 陈 宝 琛 张佩纶

　　伯潜前辈左右：前上一书想已入览，近维起居康胜为颂。侍在津情形，蔼卿[1]到都当已得悉。严宗光[2]闻执事在合肥前举之，定是奇才已累书。闻黎召民[3]调令来津，召民初不愿，以有事为辞，现允竢学生出洋后，令其到津，当可甄拔。但严乃精于西学，并非长于水师，亦只能令其在学堂作师耳。可庄处侍积债累累，朋友之谊原不敢自外，唯闻可庄昆仲近境亦窘，如有应用之处，阁下善处戚友间，乞为斟酌尽善，侍到都后再议之。日来因合肥留待清卿未能遄返，此以如坐针毡也。旭庄文字当得意，仲勉不入闱，将无抑郁，然以老兄作主司而佳文不免遗珠，况此辈乎。都下重来，圭庵奄化[4]，贱子忧居，玩此当多慨叹矣。鄙议多在孝达处，时相见否，下月初二、三当可回都料理小祥之祭[5]。不尽缕缕，伏维亮察。侍制佩纶顿首。三月二十七日。

——上海图书馆藏手稿

　　[1] 蔼卿：张华奎，字蔼青，见前。

　　[2] 严复，原名严宗光。

　　[3] 黎兆棠，字召民。广东昌教乡人。曾任福建船政大臣直隶按察使，光绪三年十二月直隶按察使。

　　[4] 吴观礼，号圭庵，见前。1878 年（光绪四年戊寅年）病故。陈宝琛"圭庵诗录序"作于光绪戊寅十二月。

　　[5] 张佩纶 1879 年四月母丧，依制丁忧。

5 月 19 日（四月十一日）　兵部右侍郎朱智应诏保举公等。

　　朱智折。应诏荐贤由：四月十一日兵部右侍郎臣朱智跪奏，为应诏荐贤

· 77 ·

恭折具陈,仰祈圣鉴事。本年正月二十一日钦奉谕旨,命大学士六部、九卿、各直省将军、督抚等各举所知,秉公保荐,仰见朝廷轸念时艰,旁求俊乂,钦佩莫名。窃虽洋务防务当以吏治为根本,未有吏治失人而洋务能办理得体、防务能措置农实者。故自强之道,自整饬吏治始。臣悉心搜访,每患才难。兹查有翰林院侍讲陈宝琛学有本原,持躬不苟,制事沉毅,宅志忠纯,其衡论人才,讲求时事,无不洞中窥要,迥非时流所及。……谨据实胪陈稍尽微臣以人事君之义,冀符圣主求贤若渴之怀。伏乞皇太后、皇上圣鉴。谨奏。

——中国第一历史档案馆藏录副奏折 03-7243-045

四月 与王仁堪同为龚易图团扇题词。

题词:"昔陆贾奏汉祖云:'天下不可以马上治之',故知经邦立政在于典谟矣。庚辰四月,蔼如年丈大人正,陈宝琛。[1]" ——福建省博物馆藏

[1] 同一扇面另一半为王仁堪题词:"过霞岭有廿都,见邮舍一联云:'一官已脱貔貅穴,九度空过虎豹关'。"

张佩纶来函。

致 陈 宝 琛　　　　　　　　　　　　张佩纶

弢庵前辈:佩纶还山员土,前月筑封庐墓,未旬饥来驱我,初五日取道津河,合肥暂留节署小住四月,瞬已小祥[1],必当归祭,相见匪遥,而我怀弥蕴。晤嵘民、蔼卿,知阁下过此,拳拳于侍良殷。佩纶营葬后,于此事益复灰懒,唯家无薄田,国有强寇,腼然出此,良非素心,知己或能谅之耳,容舫小病,竟不得与礼部试,安圃亦不入都,便有坐困之势,佩纶处此一筹莫展,殊形愧报,君何以策之。南皮、瑞安、更生当时相见。执事迁官后即典试,比归都下,凡事当出以谦慎,少养健翮,以待怒飞。张、曹两讲官缺钮朱当补,君及南皮当须少待,钟粹违和,未知已愈否。忧居小臣,犹闻之而皇皇也。阁下不得入对当亦,因此,仲勉不致回游否,可庄想请休沐,更生亦请假,何故。馀不缕缕。敬问起居,旭、可庄兄均此。侍制佩纶顿首。 ——上海图书馆藏手稿

[1] 1879 年 4 月张佩纶生母和夫人朱班香相继去世。张于 1879 年 9 月回乡谋地营葬,1880 年 1 月归葬,依例丁忧(1881 年 8 月起复)。3 月入住李鸿章节署数月。

8 月 8 日(七月初三日) 充日讲起居注官。

本月初三日,奉旨"陈宝琛著充日讲起居注官。钦此。"

——《沧趣楼诗文集·谢以侍讲充日讲起居注官折》第 776 页

8 月 10 日(七月初五日) 上"谢以侍讲充日讲起居注官折",折见《沧趣楼诗文集》第 776—777 页。

8 月 14 日（七月初九日）　疏请崇厚宜服人臣不赦之极刑，上"请责枢臣迟延贻误折"，折见《沧趣楼诗文集》第 777—778 页。

去岁遣崇厚使俄，假以便宜行事之权。至则为俄所绐，擅与签订弃地丧权之里瓦几亚条约。一时朝野哗然，当将崇厚褫职拿问，定为斩监候。改派曾纪泽赴俄，议改约。俄以兵戎相胁，英、法两使请先释崇以谋转圜。总署、北洋均是其说。事下廷议，持异议者十二折。醇邸请将崇仍监禁，约改衅消，可以出狱，否则即明正典刑。嗣亦未能自坚，仍先释崇而后议约。中枢自俄事以来，狃于幸和，筹防不力，种种迟误，致受强邻要挟，太阿旁落，朝令暮更，取辱四夷，蒙讥万世。公特疏请：崇厚宜服人臣不赦之极刑，而枢译诸臣迟延贻误之咎，亦宜加切责，量予处分，亟图补救。后各枢议处，仅以公降级留任，并准其抵销，罪臣则逍遥法外矣。　　——《闽县陈公宝琛年谱》第 15—16 页

廖寿丰、陈宝琛封奏各一。后知陈乃劾枢廷也。
　　　　　　　　　　　　　　　——《翁同龢日记》第 4 册第 1535 页

9 月 7 日（八月初三日）　翰林院侍讲转侍读。

邸钞。翰林院侍讲陈宝琛转侍读。　——《越缦堂日记》第 12 册第 8782 页

9 月 14 日（八月初十日）　补授右春坊右庶子。

本月初十日，奉旨："陈宝琛补授右春坊右庶子。钦此。"
　　　　　　　　　　　　　　　　——《沧趣楼诗文集》第 778 页

邸钞。右春坊右庶子张之洞转左春坊左庶子，翰林院侍读陈宝琛升右庶子。
　　　　——《越缦堂日记》第 12 册第 8794 页（八月十一日）
　　　　　　　　　　　　　　　　　亦见《申报》1880 年 9 月 21 日

9 月 15 日（八月十一日）　上"谢授右春坊右庶子折"，折见《沧趣楼诗文集》第 778 页。

10 月 26 日（九月二十三日）　与张之洞联衔上"论俄事界务商务宜并争折"，折见《沧趣楼诗文集》第 779—780 页。

与左春坊左庶子张之洞联衔上疏，论俄事：界务、商务宜并争；不可捐可守之疆土，掷已返之失地；伊犁已得，南境断勿缓索；西域关系甚大，仍须力争。
　　　　　　　　　　　　　　——《闽县陈公宝琛年谱》第 16—17 页

10 月 29 日（九月二十六日）　上"论球案不宜遽结倭约不宜轻改折"、"附陈俄军情形片"，见《沧趣楼诗文集》第 780—784 页。又上"请调易曾国荃督防山海关片"，见《沧趣楼诗文集》第 784—785 页，亦见中国第一历史档案馆藏录副奏片-03-5813-013。

谕军机大臣等。前据总理各国事务衙门奏议结琉球一案。又据右庶子陈宝琛奏球案不宜遽结,当经惇亲王等酌议,宜照总理衙门所奏办理。旋据左庶子张之洞奏,日本商务可允、球案宜缓;复经惇亲王[1]等议,以日本与俄深相邀结,又与福建江浙最近,且恐各国从而构煽,卒至仍归前说,或并二岛而弃之,益为所轻等语。复谕令李鸿章统筹全局,切实指陈。嗣据复奏,宜用支展之法,专听俄事消息,以分缓急。又经惇亲王等议奏,因此构衅未为得计。且即天津海口可恃,江浙闽各口究未可知,请饬妥议等语。此事关系全局,自应博访周咨,以期妥协。着刘坤一、何璟、张树声、吴元炳、谭钟麟、勒方锜、裕宽,悉心妥议,切实陈奏。总理衙门折片各一件、单三件、陈宝琛、张之洞、李鸿章折各一件,均着钞给阅看。刘铭传前经赏假两个月。本日已有旨,令裕禄传知该提督,不必拘定假期,迅速来京矣。将此由五百里密谕知之。

——《德宗景皇帝实录》卷 122 第 758—758 页(十月十六日)

俄事方亟,日本乘势欲结琉球一案,许还南岛而不许存中山之祀,且欲我加订两约,一为利益均沾,一为旧约与加约碍者,照加约行。公抗疏论之,极谓其流弊:琉球案结,则祸延及朝鲜;日本约改,则势蔓于巴西诸国。宝侍郎竹坡、张庶子孝达亦交章论之。时沈文定公桂芬[2]主译署事,诧公何以风闻太确,将总署机要文字全提入堂中,以防外泄。不知当时津要往往自以为密信告知外使,遂播于外也。事下北洋,与公议合;案遂搁置,终为悬案。

俄事方亟,朝命山西抚臣曾国荃[3]督防山海关。曾一入直境,日就颓废,且以事权不重,时怀不平。怯懦之词、怨望之语,昌言不讳,远近流闻。公乃于附陈俄军情形折中附片劾奏,谓曾见宾客,则卧榻而呻;谈戎机,则涕泣而道。视其愁苦龙钟之态,几若旦晚就木之人。若以为真耶,屏躯暮气,岂可临戎?若以为伪耶,挟诈畏难,岂非负国?该抚一人不足论,诚恐关东诸将睹此形容,承其风旨,必致沮丧军心。请诏许自陈,解其兵柄,别加任使,迅简替人,庶免贻误边防之失。曾旋以病假去职。 ——《闽县陈公宝琛年谱》第 17—18 页

发陈宝琛折片,专论日本灭琉球宜兴师伐之,并论总署不应许以南岛延球祀,尤不应许其与各国同沾利益一条,其词甚辨。

——《翁同龢日记》第 4 册第 1554 页(九月二十八日)

寅正入,两邸先后来,枢廷交到日本全案并前日折。陈、宝两折。

——《翁同龢日记》第 4 册第 1555 页(十月初二日)

奏结琉球案,公[李鸿藻]欲添入陈宝琛、张之洞各等语。……按:时公[李鸿藻]领导清流,翁同龢、潘祖荫、广绍彭、徐桐等,皆其好友,张之洞、陈宝

琛、张佩纶，多以公马首是瞻。彼等所上奏折，亦先得公之同意耳。

——《李鸿藻年谱》第 223 页（十月初三日）

右庶子陈宝琛奏，俄事垂定，球案不宜遽结，中日旧约不宜轻改。

——《近代中国史事日志》第 674 页

亦见《李鸿藻年谱》第 220 页

[1] 惇亲王：爱新觉罗氏·奕誴，道光帝五子。

[2] 沈文定公桂芬：沈桂芬，字经笙、小山，顺天宛平人，道光进士，署山西巡抚、吏户部、户礼部左侍郎、总理衙门大臣，谥文定。

[3] 曾国荃：字沅甫，号叔纯，湖南湘乡人，咸丰优贡，浙江、湖北、山西巡抚，陕甘、两江总督，曾国藩九弟，谥忠襄。

九月　充武英殿提调官。见《闽县陈公宝琛年谱》第 20 页。

11 月 6 日（十月初四日）　朝廷谕旨允准"琉球案不宜遽结旧约不宜轻改"的奏议，并由李鸿章督统全局。

> 谕军机大臣等。前据总理各国事务衙门奏议结琉球一案。又据右庶子陈宝琛奏：球案不宜遽结旧约不宜轻改。当经惇亲王等酌议，宜照总理各国事务衙门所奏办理，业经允准。旋据左庶子张之洞奏，日本商务可允，球案宜缓。复经惇亲王等议以日本与俄深相邀结，又与福建江浙最近，今若更动已成之局，未必甘心，且恐各国从而构煽，卒至仍归前说。或并二岛而弃之，益为所轻等语。所议自为揆时度势联络邦交起见。惟事关中外交涉，不可不慎之又慎。李鸿章系原议条约之人，于日本情事，素所深悉，着该督统筹全局。将此事应否照总理各国事务衙门原奏办理。并此外有无善全之策，切实指陈。迅速具奏。总理各国事务衙门折片各一件。单三件。陈宝琛张之洞折各一件。均着钞给阅看。
>
> ——《德宗景皇帝实录》卷 121 第 750 页（十月初四日）

代李伯相筹议日本改约暂宜缓允疏　　薛福成[1]

> 奏为日本议结球案，牵涉改约，暂宜缓允。遵旨切实妥筹，恭折仰祈圣鉴事。窃臣承准军机大臣密寄十月初四日奉上谕：前据总理各国事务衙门奏议结琉球一案，又据右庶子陈宝琛奏琉球案不宜速结，旧约不宜轻改，当经惇亲王等酌议宜照总理衙门所奏办理。业经允准旋据左庶子张之洞奏日本商务可允。球案宜缓，复经惇亲王等议以日本与俄深相邀结，又与福建江浙最近。今若更动已成之局，未必甘心，且恐各国从而拘煽。……惟事关中外交涉，不可不慎之又慎。……琉球原有三十六岛……早被日本占去，仅存一岛。……始知已成之局，未便更动，而陈宝琛、张之洞等又各有陈奏。正筹思善全之策。
>
> ——《庸庵文集·庸庵文续编》卷上第 2—5 页（十月初四日）

[1] 薛福成:字叔耘,号庸庵,江苏无锡人,同治副贡,湖南按察使、左副都御史,近代著名思想家。

12月3日(十一月初二日) 代刘铭传[1]拟"筹造铁路以图自强折",是日京发。见《刘铭传文集》第43—46页。亦见《沧趣楼诗文集》第785页。

李鸿章十一月十九日致张佩纶函,赞此折为李"所欲言而久未敢言"。十二月李上试办铁路疏,(薛福成"代李伯相议请试办铁路疏"。见《庸庵文续篇》卷上第9页)。刘坤一[2]亦上"议复筹造铁路利弊片",历数修筑铁路利弊,赞同筹造铁路。见《刘坤一奏疏》第655页。

致 张 佩 纶
李鸿章

省三回津,日趣复奏铁路事。此乃鄙所欲言而久未敢言,幸于吾党发其端,闻都人士近日讲求洋务者多亦不甚以为纰缪,殆国运中兴之几耶?

——《历史文献·陈秉仁:李鸿章致张佩纶书札》第9辑第125页

[1] 刘铭传:字省三,安徽合肥人,军功,福建、台湾巡抚,两广、两江总督,谥忠诚。

[2] 刘坤一:字岘庄,湖南新宁人,廪生,广东按察使、广西布政使,两广、两江总督,谥忠诚。

12月6日(十一月初五日) 刘坤一上"敬陈管见折",表明琉球案与公及张之洞所见不同。

臣查球案与倭约,本系两事,直隶李鸿章与右庶子陈宝琛、左庶子张之洞所言,倭约不宜更张附益,以免另生枝节,诚为有见。至谓球案宜缓,以及支展之法,无非欲俟中俄定局,勒令日本全退球地,重立废王,以张义声而绥藩服,则似未将是非利害深维始终、权衡轻重也。

至于琉球则与高丽、越南、缅甸等国廻别。……且琉球臣中国,只假我声灵,琉球臣日本,实奉其号令。平日无端剥削,无故拘囚,一任日本所为,琉球未尝赴诉中国,中国亦未尝过问,故一旦夷为郡县,指挥即定,而欲中国强与之争,务使日本俯首听命,琉球吐气扬眉,乌可得哉!……如陈宝琛所言,中国声罪致讨,跨海东征,以今日之整练水师,亦决无元初覆军之惧,然以日本二千余年之国,此举未必扫穴犁庭。倘使设伏以邀我,固守以老我,彼熟我生,彼主我客,悬军深入,大属可虞。即使日本慑我兵威,一战而败,请受约束,许复琉球,而琉球近在日本卧榻之侧,我能留兵守之否?我归而彼复夺之,岂能再为出师,以蹈波涛之险?竭中国而事外夷,自古以为诟病,况今日中国之于琉球乎!我朝定鼎之初,经略西南各国,独置琉球于度外,今日乃为之致死于日本乎!

张之洞、陈宝琛二策既不可行,则李鸿章所谓支展者,将来仍以口舌折之,或以虚声胁之,以日本之崛强,未必有济。 ——《刘坤一奏疏》第639—640页

12 月 9 日(十一月初八日) 上"论富陞宜原心恕过折"[1]。折见《沧趣楼诗文集》第 787—788 页,亦见中国第一历史档案馆藏奏折 04-01-17-0129-017。

[1]富陞,字桂卿,满洲正红旗,光绪六年九月,盛京副都统。次年十月调任正蓝旗蒙古副都统。

冬 龚易图设南社诗龛,祀少时同社诸子。与公及陈桂林[1]、叶大庄在福州结"净名社"。

> 刊《乌石山房诗集》成,与江西杨卧云撰《乌石山房藏书目录》,设南社诗龛,祀少时同社诸子。与陈伯潜、陈弼臣、叶临恭[2]结净名社,临恭遂同予建庵於园。
> ——《蔼仁府君自订年谱》第 75 页

[1]陈桂林:字弼臣、镜樨,福建侯官人,同治举人,瓯宁教谕。

[2]叶临恭:叶大庄,见前。

是年诗

《送叶损轩改官江南》 ——《沧趣楼诗文集》第 260—261 页

1881年(辛巳　光绪七年)　34岁

张之洞调任山西巡抚,奏请裁抑阉官。(1.3)

曾纪泽与俄国改订《伊犁条约》和中俄《陆路通商章程》。(2.24)

左宗棠直军机处,后调两江总督兼办理通商事务大臣。(2.27、10.26)

慈安太后去世。

岑毓英任福建巡抚。(5.5)

唐山-胥各庄铁路建成。(6.9)

李鸿章奏请续派福建船政学堂学生出洋。(12.2)

1月3日(庚辰十二月初四日)　　上"请申明门禁折"、"密请懿旨特宽午门兵丁罪名片",折、片见《沧趣楼诗文集》第788—791页。亦见中国第一历史档案馆藏录副奏折03-7409-069、03-7409-050。与张之洞疏请裁抑阉官。

　　清制凡阉人持物出宫,例须报明景运门,发给门文,各门始得放行,谓之报门。一日慈禧遣阉人李三顺挑食物八盒赐醇邸[1]。出东右门,为护军所阻。三顺持势与争,致相斗殴。李遂毁弃食物回宫,以殴抢告。时慈禧方寝疾,闻之震怒,立诉请慈安褫护军统领职,门兵交刑部。面谕刑部尚书兼南书房行走潘祖荫[2],必拟斩立决。祖荫询得实情,护军实无罪。秋审处坐办四员,皆谓既交部议,即应依法。祖荫据以复奏,慈禧大怒,力疾召见祖荫,捶床痛骂,谓其无良。祖荫无已,乃曲法拟流。诸大臣多不谓然,而莫敢犯颜切谏者。翁同龢[3]时为工部尚书,日记有云:"貂瑾之弊往往起于刑狱大臣无风骨,事势渐危,如何如何。"顾亦未敢出一言以相救。张庶子孝达闻其事,与公商,欲交章奏请裁抑阉臣,惟措词不宜太激,止可从严申门禁着眼。公用其意,正疏中仅申明旧章,约束太监,此后均当恪遵定制,益加敛抑;苟护军得罪,则此后太监出入,但据口称奉有中旨,概即放行,再不敢详细盘查,以别真伪;是有护军与无护军同;有门禁与无门禁同。一面另加附片,有"皇上因遵崇懿旨而严惩之于前,皇太后因绳家法防流弊而曲宥之于后。则如天之仁,愈足以快人心"等语。孝达犹虑其措词过峻,连夜驰书嘱公:"附子请勿入药。"附子谓附片也。

适夔斋在公坐上，公出示夔斋曰："精义不用可惜。"乃数日后，两宫视朝，谕枢臣案如部议，毋庸加重，且将李三顺交内务府慎刑司责打三十板，首领太监罚月银六个月。翁同龢素不慊于清流中人，至是亦自感愧惭。方疏上时，恭亲王见之，举以遍示同僚曰："此真奏疏也。"——《闽县陈公宝琛年谱》第18—20页

有太监奉懿旨出宫门，与守门护军口角，事下刑部内务府依法讯办，两宫盛怒，重科护军殴打违抗罪，大臣不敢争。先君以事关治乱消长，疏请申门禁旧章，防流弊，又请特降懿旨，免护军重罪。宫廷怵清议，护军得从轻典。时文襄亦有疏陈，见先君疏，乃大诉服。

——《沧趣楼诗文集·诰授光禄大夫晋赠太师特谥文忠太傅先府君行述》第590页

钦奉懿旨：午门殴打太监一案，将首犯杖一百流三千里折圈，馀犯皆减。涣然德音，海内欣感。前日庶子陈宝琛、张之洞各有封事争此，可见圣人虚怀，大臣失职耳，既感且愧。

——《翁同龢日记》第4册第1569页（庚辰十二月初七日）

佩翁销假，张之洞、陈宝琛各递封奏……又按：光绪五年七月三十日（九月十七日）慈禧侍阉李三顺奉命赍物往醇亲王福晋所，违例出午门，护军阻之，争扭，李阉以被殴告慈禧，慈禧必欲杀护军，刑部持不可。谳上，屡饬更审加重，公恐长诸阉之焰（见上月廿九日特旨），嘱右庶子陈宝琛上疏争辩，之洞继之，慈禧怵于清议稍悔，于本月六日分别将护军减改为杖流，详见六日上谕。

——《李鸿藻年谱》光绪六年庚辰十二月初四日记，第238—239页

中宫与午门护军事殴，两宫太后欲将护军置重典，张之洞、陈宝琛交章谏，鸿藻面争尤力。奏对移时，竟得从轻议，其裁抑奄官皆此类。光绪十年以前，中宫罔敢干政者，鸿藻之力为多焉。及法越启衅，言路愈奋发，会太后方向用醇亲王，乃罢恭亲王及军机诸臣。鸿藻谪迁内阁学士，后复累迁礼部尚书。……所荐多端士，朝列有清望者，率倚以为重，世推为清流之首云。

——《李鸿藻年谱》第635—636页

左庶子张之洞奏请裁抑阉宦（上年9.17慈禧侍阉李三贤奉命赍物往醇亲王福晋所，违例出午门，护军阻之，争扭，李阉以被殴告慈禧，慈禧必欲杀护军，刑部持不可。谳上，屡饬更审加重，12.30降谕严惩。右庶子陈宝琛恐长诸阉之焰，首上疏争，之洞继之。慈禧怵于清议，稍悔，1.6分别将护军减改为杖流。）

——《近代中国史事日志》第679页

庚辰（光绪六年）午门李三顺案，陈于太后盛怒之下，抗疏力言（张之洞和之），收匡救之效，尤为清流党出色之举。其门人陈三立挽诗"早彰风节动宫

闻"之句,谓此也。 ——《亦佳庐小品》第 109 页

亦见《一士谭荟·陈宝琛》第 186 页

[1] 醇邸:爱新觉罗·奕譞,道光帝七子,咸丰帝异母弟,光绪帝生父。

[2] 潘祖荫:见前。

[3] 翁同龢:字声甫,号叔平、晚号松禅,江苏常熟人,咸丰状元,刑部、工部、户部尚书,总理衙门大臣,协办大学士,谥文恭。

庚辰十二月 妻弟王仁堪任山西学政[1]。致函张佩纶。

致 张 佩 纶 陈宝琛

朱件藉呈,可庄提学山西,足下闻之当亦一喜。幼樵世丈,侄宝琛顿首。

——上海图书馆藏手稿

[1] 王仁堪,1881 年 1 月 26 日(光绪六年十二月二十七日)任山西学政。见《清季职官表》(下)第 667 页。

1 月 30 日(正月初一) 与张之洞、张佩纶、黄国瑾集慈仁寺,散步竟日。

辛巳元日,与壶公、蒉斋、再同集慈仁寺顾祠,散步松下竟日。

——《沧趣楼诗文集·元日视两弟注》第 100 页

2 月 26 日(正月二十八日) 翁同龢托公转交复陈懋侯[1]函。

夜复陈伯双函,托陈伯潜转交。 ——《翁同龢日记》第 4 册第 1584 页

[1] 陈懋侯:字伯双,福建闽县人,光绪进士,翰林,江南道监察御史。

3 月 13 日(二月十四日) 上"论东三省台湾宜慎简贤能折",以为"外侮相因,内治日亟。俄隙虽弭,而与俄最近者莫如关东;倭患未形,而与倭最近者莫如台湾。"强调:"修吏治,振军威,收人心,尽地力,非大吏得人不可。"臧否两地官吏人选,"今日之奉天、吉林,非得有守有为、不避嫌怨者为之,断不能起积衰而建不拔,人才难得,无已,请合中外满汉求之,可乎?"台湾,"乞慎简廉公映英敏、果于任事者为福建巡抚,或实授,或权摄,勿居品秩,勿限年资,如能称职,即令常年驻台,久于其任。"折见《沧趣楼诗文集》第 791—797 页。

张佩纶访李鸿藻,谈公封事。

申初幼樵来久谈,闻陈宝琛封事。 ——《李鸿藻年谱》第 255 页

4 月 2 日(三月初四日) 由右春坊右庶子转左春坊左庶子。

邸钞。右春坊右庶子陈宝琛转左春坊左庶子,翰林院侍读周德润升右庶子。

——《越缦堂日记》第 12 册第 8972 页

亦见《申报》1881 年 4 月 10 日

4 月 6 日(三月初八日) 张佩纶来函。

致 陈 宝 琛　　　　　　　　　　　　　　　张佩纶

伯潜前辈左右：廿九到津，即移居讲舍。地僻东陬辞嚣处寂，甚惬鄙愿也。阁下武英校勘之暇[1]，有所选述否。恪靖[2]行边当未决计，西军已拟移驻正定一带，疏浚上游水利、洋药加税，如何定议，竹筼[3]奉讳，倭使不来，尚议续遣行人乎？家兄到津，黄疸至今未愈，闷闷。合肥感悚一疏已上，虽有未平之语，而陈词引咎主于自修，当可了此排场矣。渠意欲促蔼青来津，提调水师、出入幕府，二者必居一，于此阁下以为何如。鄙人旅居孤陋，愿其翣然耳。暇欲读书，苦于心绪纷驰，六时不得一息一秒之静，如何如何。敬问兴居，不宣。旭、庄四兄均此，仲勉介弟并候。制佩纶顿首，三月初八。

　　　　　　　　　　　　　　　　　　——上海图书馆藏手稿

[1] 公1880年九月充武英殿提调官。

[2] 恪靖：左宗棠，封恪靖侯。

[3] 竹筼：许景澄字，浙江嘉兴人。同治进士，驻法、德、奥、荷四国公使、总理衙门大臣兼工部左侍郎，义和团运动中被处死，谥文肃。

4月10日（三月十二日）　张佩纶来函。

致 陈 宝 琛　　　　　　　　　　　　　　　张佩纶

津防含铭、盛两部[1]，各镇练军近二万人，潘晴轩[2]驻新城，李军门[3]驻庐台，为大沽北唐后路。铭、盛两军又为潘军、李军后路，鲍屯昌滦之交，曾守榆关，直隶五百里内屯三重臣，布置颇密，唯奉天宋、郭诸军尚嫌军具不全，炮台亦不密，吉林三姓、珲春、宁古塔，清卿以十二营分防，喜昌继之，若师武臣力，足可一战。俄屯海参崴，各处者亦意在防，我并非横行席卷必不可当，此等处须看当国定力矣。大约外间怯敌尚有分寸，不似都下之乱，如果部臣储饷以待，恪靖主谋于中，大可有为。并非鄙人好作大言也。俄人限一月定议，此乃吴江拘于限满之说，俄人狡谋，藉展限之请，要其速结。威妥玛[4]屡问孝达入总署否，恐是畏之，德璀琳[5]告合肥以主战乃鄙人主谋，此辈亦可谓善于觇国矣。侍戏对合肥如果仆主谋尚不止此，藉此以受浮嚣之名，亦藏用之法也。知己或以为然。初六日召见三王后，寂无所闻。趋直讲帷，有何谟赞，深切记系，鄙人为合肥苦留，拟住三、五日即返，家事已由家兄回里了结，须送舍侄，登舟海天，一望有骨肉复生之感。祖生击楫当在何时，未免儿女情深，风云气少矣。敬问弢公起居。制樵士敏，十二日。　　　　——上海图书馆藏手稿

[1] 淮军刘铭传、周盛传部。

[2] 潘晴轩：潘鼎新，字琴轩，安徽庐江人。曾任湖南巡抚。时任广西巡抚。

[3] 李军门：李兴锐，字勉林，湖南浏阳人。湘军将领。曾总办上海机器制造局、规划长江水师。光绪十年参与查勘中越边界。后任广西布政使。

[4] 威妥玛(Sir Thomas Wade)，英国外交家，驻华使馆汉务参赞。

[5] 德璀琳(Gustav von Detring)，德国人，天津海关税务司。

4月11日(三月十三日) 张佩纶函告慈安太后凶耗。

致陈宝琛 张佩纶

伯潜前辈左右：十二日自合肥处归，忽又得其手书，称奉到钤蓝部文，有钟粹宫[1]大丧之信，惊愕悲痛殆难为怀，夜检邸抄，初八日尚传外起，何致急变如此.刻合肥书来云，误服庄守和大黄、芒硝重剂，一夕大泻、痰涌而崩，昊天不吊，降此鞠凶，尚何言哉。长春宫[2]扶病临朝，于圣体窃恐非宜，诸臣自以吁恳节哀静养为是，日来起居国是，幸时相闻，至盼至盼。合肥已循假，具疏请叩谒梓宫，渠恐长春不能即日报安，临朝无由，召对或不准往，佩纶亦思回都一行，但家兄黄疸尚未大愈，不知能否如愿耳。复询近履，制佩纶顿首，十三日。

————上海图书馆藏手稿

[1] 钟粹宫：时为慈安太后居所，指慈安太后。慈安于1881年4月8日(光绪七年辛巳三月初十日)病逝。

[2] 长春宫：时为慈禧太后居所，指慈禧太后。

4月17日(三月十九日) 李鸿章复函张佩纶。

复张佩纶 李鸿章

来示并伯潜书读悉，原信仍缴。匆匆束装，俗客如麻，明午当在蔡村晤聚也。复颂幼樵世仁弟大人行祺。鸿章顿首。十九戌刻。

————《李鸿章全集·信函五》第33卷第24—25页

亦见《李鸿章张佩纶往来信札》第104页

春 上"请明功罪以示劝惩折"，折见《沧趣楼诗文集》第797—798页。

公以俄事已平，请明功罪以示劝惩：崇厚虽贷殊死，亦当流窜瘴疠；曾纪泽能竭力挽回，不辱使命，宜破格登擢；张之洞奉旨咨商，竭思效忠，宜量加奖显，以为讲求时务者劝。————《闽县陈公宝琛年谱》第21页

5月13日(四月十六日) 上"请召毓庆宫诸臣照常进讲折"，折见《沧趣楼诗文集》第798页，亦见中国第一历史档案馆藏朱批奏折04-01-12-0527-080。

慈安太后薨。光绪帝以猝遭大故，暂辍讲筵。公以圣学不宜久旷，请仍宣召儒臣照常进讲。————《闽县陈公宝琛年谱》第21页

晴，更热。会奏俄约一折，是日御史李士彬、庶子陈宝琛各封奏。

————《翁同龢日记》第4册第1608页

李鸿章四月二十八日复函张佩纶称，公折有裨圣学，为"外臣所不敢言者"。

复张佩纶

李鸿章

手示敬悉。昨闻伯潜近有封事，未知云何。毓庆宫照常入直，实于圣学有裨，此外臣所不敢言者。……期鸿章顿首。

——《李鸿章全集·信函五》第 33 卷第 30 页

7 月 4 日（六月初九日）　封奏。

陈宝琛封奏。
——《翁同龢日记》第 4 册第 1621 页

7 月 6 日（六月十一日）　上"星变陈言折"，奏劾宝鋆、万青藜、程祖诰、刘坤一、崇礼等大臣。折见《沧趣楼诗文集》第 798—802 页。亦见中国第一历史档案馆藏录副奏折 03-7422-005。

又谕：詹事府左庶子陈宝琛奏星变陈言，请斥退大员一折，所奏甚为剀切。然亦不无过当之处。大学士宝鋆在军机大臣上行走，宣力有年，襄办诸事，尚无过失。陈宝琛谓其畏难巧卸。瞻徇情面，亦不能确有所指。惟既有此奏，自必平时与王大臣等商议诸事，未能和衷共济，致启人言。该大学士受恩深重，精力尚健，自当恪矢公忠，勉图报称，不得稍涉懈息。军机大臣均有献替之责，务宜殚精竭虑，力戒因循积习，共济艰难，用副委任。吏部尚书万青藜办理部务有年，尚无贻误，惟屡经被人指摘，众望未孚。着开去翰林院掌院学士，都察院左副都御史程祖诰才具平庸。着以原品休致。

——《德宗景皇帝实录》卷 131 第 888 页（光绪七年六月十三日）

彗星夜见，经旬不灭。公因星变，陈言指劾：大学士宝鋆，年齿渐衰，暮气太甚，屡次请假皆在危疑扰攘之时，畏难巧卸，不恤成败，请许其休息，以礼赐告；副都御史程祖诰，性既昏庸，人亦猥琐，志节风骨不足以表率台僚，请予休致，以激扬台谏；吏部尚书万青藜，三经参劾，曾无愧悔，既不足以董正僚属，又安望其长育人才？两江总督刘坤一，嗜好过深，昏惰颓靡，不足以膺重寄；署步兵统领户部右侍郎崇礼，不数年间骤跻卿贰，而旷职蒙恩，请予惩处，并援前此荣禄罢官为例。崇礼经部议革职，加恩改为降三级调用。

——《闽县陈公宝琛年谱》第 21—22 页

是日封奏四件。梅启熙、文硕、陈宝琛、周德润。

——《翁同龢日记》第 4 册第 1622 页

邸抄：上谕（见前《实录》，略）。宝琛疏并劾两江总督刘坤一信用家丁、广置姬妾、吸食鸦片、日旰始起、废弛偷惰诸劣迹，诏令彭玉麟查办。

——《越缦堂日记》第 13 册第 9067—9068 页

寅初入直,召对养心殿五刻,未初散直。连日因星变,陈言封章迭告,本日发下共八件,宝师相训勉,万青藜开掌院学士,程祖诰原品休致,以陈宝琛指名纠劾也。　　　　　　　——《王文韶日记》第 567 页(7 月 8 日,六月十三日)

陈宝琛劾宝鋆、万青藜、程祖诰,万撤掌院,程休致。

——《翁同龢日记》第 4 册第 1622 页

《申报》载六月十六日谕旨,张之洞御史、周德润庶子、洪良品御史星变陈言四条,阅之慨叹:(以下谕旨引星变陈言内容,略。)……诚欲应星变陈言,一曰急求人才;一曰疏通民气,一曰节省浮费;一曰勤恤失职者,一曰务修省之实、一曰敬大臣而体群臣。如陈宝琛亦以星变陈言,劾及宝鋆佩衡、万青藜藕龄、程祖诰罩叔,廷旨宽免宝相,而夺万冢宰掌院学士兼衔,惟与程副宪勒休而已,于敬大臣、体群臣之义,容有歉焉。陈伯潜之劾论大臣,与张香涛、梅小岩[1]之请严门禁。同附陈言之义,何关国政之毫末哉!

——《郭嵩焘日记》第 4 卷第 188—189 页(8 月 2 日,七月初八日)

[1] 梅小岩:梅启照,字小(筱)岩,江西南昌人,咸丰进士,江宁布政使、浙江巡抚兵部右侍郎。

7 月 10 日(六月十五日)　上"论崇礼旷职辜恩请予惩处折",折见《沧趣楼诗文集》第 802 页。亦见《申报》1982 年 6 月 24 日。

8 月 5 日(七月十一日)　补授侍讲学士。

本月十一日奉旨:"陈宝琛补授翰林院侍讲学士。钦此。"

——《沧趣楼诗文集》第 804 页

亦见《越缦堂日记》第 13 册第 9104 页

《翁同龢日记》第 4 册第 1630 页

《申报》1881 年 8 月 16 日

8 月 6 日(七月十二日)　上《谢授翰林院侍讲学士折》,折见《沧趣楼诗文集》第 804 页。

8 月 8 日(七月十四日)　国史馆总裁景廉等奏,为《穆宗毅皇帝本纪》告成,满总纂官祥麟、汉纂修官陈宝琛编校精审,请旨鼓励;上谕:交部议叙。

国史馆片。再:臣馆满总纂官、翰林院侍讲学士祥麟,汉纂修官、翰林院侍讲学士陈宝琛,在馆有年,矢慎矢勤,此次恭办穆宗毅皇帝本纪编校精审,始终其事,例得从优保奖。惟据该员等声称,屡经迁擢,深受国恩不敢再邀奖叙,臣等察其情词恳切,理合据实陈明,应如何鼓励之处,出自皇太后、皇上天恩。谨附片具奏。　　　　——中国第一历史档案馆藏录副奏片 03-7171-059

本月十四日，《穆宗毅皇帝本纪》告成，史馆奏保编辑各官，并陈明臣陈宝琛不敢仰邀奖叙，奉上谕："陈宝琛着交部从优议叙。钦此。"

——《沧趣楼诗文集》第 805 页

亦见《申报》1881 年 9 月 2 日

8 月 10 日（七月十六日） 上"谢交部从优议叙折"，折见《沧趣楼诗文集》第 804—805 页。

8 月 19 日（七月二十五日） 郭嵩焘悉公奏劾刘坤一四事，以为"皆门以内事"。

接张笠臣，述及陈伯潜劾奏岘庄四事，嗜好，姬妾，幕友，家丁。然则所言皆门以内事也，直虑无词以解释之。 ——《郭嵩焘日记》卷 4 第 1630 页

9 月 19 日（闰七月二十六日） 上"附陈台匪王金满情形片"、"条陈讲求洋务六事折"、"附陈轮船积弊片"，折等见《沧趣楼诗文集》第 805—813 页。亦见中国第一历史档案馆藏录副奏片 03-7346-092、03-9386-037、03-5668-083。

谕军机大臣等：翰林院侍讲学士陈宝琛奏浙江临海县匪徒金满，劫狱戕官，焚毁衙署，抗拒官军，四出劫掠，请饬调军兜擒等语。匪徒滋扰，如果似此猖獗横行，尚复成何事体。即着谭钟麟调派得力官军，相机捕治。毋任滋蔓难图。至所奏抽厘税契各情弊，并着确切查明，分别裁革，毋得稍有讳饰。原片着钞给阅看，将此谕令知之。

——《德宗景皇帝实录》卷 133 第 927 页（闰七月二十六日）

谕军机大臣等：侍讲学士陈宝琛奏办理洋务修陈六事一折。所奏请饬搜求各国史乘，及私家著述，或出使游历诸人纪载，编辑备览一节。着各该督抚留意访求，得有关涉洋务，足资考证之书，咨送总理各国事务衙门，转送国史馆以备采择。又请饬所司于曾经出洋之学生、曾办洋务之府县，酌保数人一节。出洋学生及各省属员中，如有志趣方正，才识练达，足备总理衙门行走之选者，即着该督抚咨明该衙门，听候调取。又请于每科进士中选择十数人，令其游历各国一节，是否可行。又请参合中西律意，订一公允章程，商布各国，勒为科条一节，有无窒碍，着李鸿章、刘坤一、彭玉麟酌议具奏；并着总理各国事务衙门将所奏六条一并议奏。另片奏：近来派驻各口之轮船，操演多不合法，管驾员弁，征逐嬉游，漫无纪律；水手间有虚额，薪粮或亦克扣等语。中国创造轮船，操练水师，需费甚巨，原期海口巡防，藉资得力。若如所奏各情，虚糜帑项，弊窦丛生，殊属不成事体；着李鸿章、刘坤一、彭玉麟、何璟、岑毓英、黎兆棠查明参办。嗣后务当大加整顿，力求实际。应如何责成统领认真操阅稽查，严申黜陟之处，着南北洋大臣等体察情形，详细复奏。原折片均着钞给阅看。将此谕

知总理各国事务衙门、李鸿章、刘坤一、彭玉麟、何璟、张树声、岑毓英、裕宽,并传谕黎兆棠知之。寻总理各国事务衙门奏:原奏请饬搜求各国史乘等编辑备览,及酌保学生府县数人两条,业经奉旨,应令各该督抚道照办理。其择选进士游历,及参合中西律意编订章程两条,应俟李鸿章等复奏后再行核议。至臣衙门设立已二十余年,未便遽议改名,所请改为通商院一节,应毋庸议。又现在军机大臣兼管臣衙门有年,似可照旧办理。其司员保送章京及臣衙门办事分股各节,仍请查照奏章办理。又原奏谓洋务为讳莫如深,嗣后如有关系洋务要件,应须内外臣工集议者,随时请旨遵行。得旨,依议行。

——《德宗景皇帝实录》卷 134 第 930—932 页(八月初四日)

条陈讲求洋务六事:一、请选派儒臣将道光以来所修《筹办夷务始末》,仿《通鉴纪事本末》例,编为一书,以备省览;二、请枢臣宜持总署之大纲,不必明加行走之目,并正名总署曰通商院,位六部下,置尚书、侍郎额,留现充总署大臣一二人,再于各部院及沿海督抚出使诸臣中,风节刚正、才略通明者特简数人,分充其任;三、请通商院因事立司,部曹府县各员按品叙劳,分补郎中、员外郎、主事,学生补七品小京官,功效显著者,列入察典,资格较深者许其截取,均以海疆道府用,一入一出无非熟悉洋务之人;四、请嗣后修约中外臣工,咸得条议;五、请于每科进士择年力强盛、志节端亮者,令游历各国;六、请特简精通刑案者,参合中西律意,订一公允章程,商布各国,勒为科条。又以派驻各口轮船,漫无纪律,技艺生疏,附陈积弊,请责成统领认真操阅稽查,严伸黜陟。

——《闽县陈公宝琛年谱》第 22—23 页

陈宝琛、王邦玺各封奏,钦天监封奏,总署封奏。

——《翁同龢日记》第 4 册第 1641 页

9 月 29 日(八月初七日)　郭嵩焘列公与宝廷等为"松筠"[1]十君子。

回拜施程侯、王桐轩,及诣李辅堂谈。语及松筠十君子名目,一曰宝竹坡廷,二曰张香涛之洞,三曰张幼樵佩纶,四曰陈伯潜宝琛,五曰黄漱兰体芳,六曰李芯园[2]端棻,七曰张仲模[3]楷,八曰邓石生庆麟,九曰邓□□[铁香]承修,十曰邵□□[实孚]积诚。　　　　——《郭嵩焘日记》卷四第 207—208 页

[1] 松筠:松筠庵,北京宣武门外,为明代谏臣杨椒山(继盛)祠,清代文人学士多集此评骘诗文,议论时政。

[2] 李芯园:李端棻,字芯园,贵州贵筑(今贵阳)人。同治进士,云南学政等。刑部侍郎、礼部尚书。戊戌变法后,遣戍新疆。回里,受聘为经世学堂山长。著有《芯园诗存》等。

[3] 张仲模:张楷,字仲模,同治进士,湖北浠水人。顺天同考官、浙江金华、山西汾州知府。

10 月 4 日(八月十二日)　上"请缓定东陵永远奉安折"。慈禧称病不愿恭送慈安梓宫奉安东陵,公奏请缓定奉安日期,以待慈禧病愈,折见《沧趣楼诗文集》第813 页,亦见中国第一档案馆藏-录副奏折-03 - 7428 - 040。

呈翰林院侍讲学士陈宝琛封奏等折件拟旨单。

八月十二日翰林院侍讲学士陈宝琛封奏一件拟请旨传留。宗人府奏,孝贞显皇后梓宫奉安请派王公行礼事拟请旨圈出。又奏陪祀单拟请旨传,知道了。吏部奏,孝贞显皇后梓宫奉安请派文职大臣行礼事拟请旨圈出。又奏国子监助教员缺请以监丞陶惟琛偕补事拟请旨传依议。又奏四五品京堂缺出保送人员告假於排单衔上注明以符保送原数事拟请。

——中国第一历史档案馆藏录副清单 03 - 7428 - 039

初,两太后并垂帘听政,虽慈安温良敦厚,不事争竞,慈禧终心存畏忌,不无芥蒂。兹慈安将永远奉安,慈禧乃称病不肯恭送。公疏请缓定东陵永远奉安日期,以崇礼制而隆孝治。　　　　——《闽县陈公宝琛年谱》第 23 页

是岁慈安卒而慈禧称病不能恭送奉安,特具奏请绥典礼,实以消饵宫闱意见也。　　　　　　　——《闽螺江太傅陈公年谱》手稿本

12 月 14 日(十月二十三日)　宝璐次子懋咸生。

三弟宝璐次子,侄懋咸[1]生。——《螺江陈氏家谱(四)》第 2351—2352 页

亦见《若霖公次房景亮公直系简谱》第 35—36 页

[1] 陈懋咸,字泽感,号虚谷。1901、1902 年光绪壬寅、辛丑恩科举人。京师法律大学堂毕业。南京国民政府最高法院首席推事、庭长。抗战时期任上海租界第二特区法院院长,遭日本人劫持,不屈。1946 年赴南京复职。1949 年为上海市文史研究馆馆员。

12 月 22 日(十一月初二日)　刘坤一就公前条陈洋务情形折上"议复陈宝琛条奏洋务情形"奏。对原折所述六条,作详细附议。见《刘坤一奏疏》第 732—734 页。

12 月 24 日(十一月初四日)　上"论察典宜自大臣始折"、"请收回琦善[1]专祠成命片",折见《沧趣楼诗文集》第 814—817 页。

谕内阁。前据杨昌浚[2]奏,原任陕甘总督琦善,任三载,整顿地方,甘省士民至今感其威惠。谨据绅士公呈,请在甘肃省城建立专祠,以顺舆情,当经俯允所请。兹据翰林院侍讲学士陈宝琛奏:琦善贻误国事,厥咎甚重。其为陕甘总督办理雍沙番族,率将无罪熟番滥行屠戮,逼供饰奏。文宗显皇帝责其谬妄,褫职遣戍。是琦善在甘有罪无功,不宜祠祀,请收回成命等语,所奏甚属允当。所有琦善建立专祠之处,着即撤销,杨昌浚据绅士呈词,率行具奏,着传旨

严行申饬。

——《德宗景皇帝实录》卷 139 第 987 页

亦见《申报》1882 年 1 月 10 日

学士陈宝琛请撤琦善专祠,昨事。从之,并将擅请杨昌濬申饬。

——《翁同龢日记》第 4 册第 1668 页(12 月 25 日)

邸钞。翰林院侍讲学士陈宝琛奏,琦善贻误国事,厥咎甚重,……(内容同上,《德宗实录》略)。杨昌濬据绅士呈词,率行具奏,着传旨严行申饬。陈疏有云:琦善为祸国罪魁,至今天下虽妇人孺子无不疾首痛心,同声唾骂,何以甘肃乱后残黎思念,及于数十年前之总督,胪列善政欲报馨香,此不过因伊子恭镗现官乌鲁木齐都统耳。礼部例载子孙官九卿,其祖父不得题请入祀名宦乡贤,况专祠之建尤为大典,既无以服天下之人心,其恐招外邦之讥议,其所系者非浅,词甚激切。

——《越缦堂日记》第 13 册第 9225 页

[1]琦善:博尔济吉特氏,号静庵,满洲正红黄旗人,一品荫生,山东巡抚,河南、山东按察使,两江、直隶、两广、四川、陕甘总督,大学士,谥文勤。

[2]杨昌濬:字石泉,湖南湘乡人,附生,浙江按察使、布政使、巡抚,闽浙、陕甘总督。

十一月　上"请复讯江宁命案折",折见《沧趣楼诗文集》第 817—820 页。

谕内阁。前因翰林院侍讲学士陈宝琛奏江宁三牌楼命案,疑窦孔多。当派尚书麟书、侍郎薛允升[1]前往查办。该尚书等驰抵江宁提案研鞫,录取各供。曾经具奏大概情形。谕令督讯定拟。兹据奏称,讯明周五即周步眹,挟恨起意,谋杀朱彪,商同沈鲍洪即潘洪潜携篾刀,寻遇朱彪纠邀行窃,至三牌楼竹园旁,将朱彪砍毙同逃,并未移尸。嗣经地保报县验详。已故两江总督沈葆桢,饬令营务处洪汝奎悬赏购拏,并派缉捕委员胡金传密访。先后拏获僧绍棕、张克友、曲学如,并贿教方小庚作证,胡金传与问官严同讯,喝令用刑。酷逼成招初供杀死谢姓,旋供系薛姓名泳□,继复称为薛春芳、胡金传辗转诱令改供。洪汝奎于复审后。以案情重大,禀请派员复讯。沈葆桢以为会匪自相残杀,批饬将曲学如、僧绍棕正法。上年拏获窃犯李大凤,供出沈鲍洪、周五杀死朱彪等情,与办结前案地方时日相符。当将沈鲍洪、周五获案,讯供不讳。现经反复推鞫,周五、沈鲍洪均各供认,商同谋杀朱彪。胡金传亦将刑讯教供各情据实供吐。方小庚、张克友等供俱各吻合,应即拟结等语。此案周五起意谋杀。沈鲍洪听从下手加功,均脱逃已逾三年。胡金传故入人罪,冤杀二命,情节较重。周五即周步眹,着依拟斩立决;沈鲍洪即潘洪。着依拟绞立决。已革参将胡金传,着依拟斩立决。均着即行正法。两淮盐运使洪汝奎督审此案率行录供,于胡金传教供私拷等情,毫无觉察,候补知县严堃承审此案,率将胡

· 94 ·

金传诱取供词,认为实情,随同附和,实属胡涂谬妄。洪汝奎、严坫均着革职,发往军台效力赎罪。会审此案之候补同知单之珩、候补知县丁仁泽,着交部分别议处察议。前两江总督沈葆桢、办理草率,实有应得之咎,业经身故。着免其置议。　——《德宗景皇帝实录》卷 143 第 29—30 页(光绪八年二月廿九日)

亦见《申报》1882 年 4 月 23 日、1882 年 5 月 18 日

　　江宁三牌楼一案,供词屡改,枝蔓横生。为矜慎疑狱起见,公特疏请钦派大臣前赴江南。悉听研鞫。旋奉旨派刑部尚书麟书、侍郎薛允升往按,案得平反。原审官两淮盐运使洪汝奎、候补知县严坤,皆革职发往军台效力赎罪。

——《闽县陈公宝琛年谱》第 24 页

亦见《闽螺江太傅陈公年谱》手稿本

　　邸钞。上谕:前因翰林院侍讲学士陈宝琛奏江宁三牌楼命案疑窦孔多。……(引《德宗实录》,同上文,略)前两江总督沈葆桢办理草率,实有应得之咎,业经身故,免其置议。陈宝琛疏言六可疑,专为开释洪汝奎地,盖以事由沈葆桢主之。闽人袒护乡谊,又以沈为圣人,少年浅识,无足多怪,外传其入洪重贿,当不至此。惟外间冤狱平反者百无一二,汝奎为刘坤一极信任之人,由候补道员骤擢运使,设非冤证众著,公论难违,岂有迟翻数年前久定之重案。而宝琛谓以窃贼之游词锻炼周纳,强傅前案,併两事为一事,且疑出已革高淳知县唐葆元仇陷,亦□为异论者矣。麟尚书等复奏极为明晰,冤诬之状历历如绘,后□辨定之真确,驳陈疏之六疑,援引精详,情律兼□,盖出薛侍郎手也。　——《越缦堂日记》第 13 册第 9364—9366 页(光绪八年二月二十九日)

　　江宁民周五杀朱彪,遁;参将胡金传欲邀功,捕僧绍棕、曲学如论死。侍读学士陈宝琛纠弹之,上命允升往按,廉得实,承审官皆惩办如律。

——《清史稿·薛允升传》卷 442,列传 229 第 12427 页

[1] 薛允升:字可猷,号云阶,陕西长安人,咸丰进士,刑部侍郎、尚书。

　　上"请召用卞宝第[1]阎敬铭[2]张岳龄[3]片",片见《沧趣楼诗文集》第 821—822 页。

　　公以近日察典稍弛,昏庸阘茸不协舆论者,供职如故,疏论察典宜自大臣始,必朝廷黜陟严,则上位皆正直之臣,而举劾公;大臣之举劾公,则庶僚绝倖进之阶,而贤能众。又以封疆渐有乏才之患,疏请召用前福建巡抚卞宝第、前工部侍郎阎敬铭,及前福建按察使张岳龄。——《闽县陈公宝琛年谱》第 24 页

[1] 卞宝第:字颂臣,江苏仪征人,咸丰举人。顺天府府丞、河南布政使,福建、湖南巡抚,闽浙总督。

[2] 阎敬铭:字丹初,号荔门,陕西朝邑人,道光进士,山东巡抚、户部尚书、总理衙门大臣、东阁大学士,谥文介。

[3]张岳龄：字子衡，湖南平江人，廪生，甘肃、福建按察使。

上"请将兴化府知府缺扣归部选片"、"附陈澎湖通判鲍复康劣迹片"，片见《沧趣楼诗文集》第822—824页。朝廷派员查实，均着查办。参见十二月初八日上谕，从严查办。

又谕。有人奏，福建候补知府蒋凤藻，家资巨万，由捐纳京职，钻营海运，蹿保知府。到闽后，日以狎娼聚赌为事，官民诮笑。有"孩儿太守"之谣。……现在兴化府员缺，该省督抚谓其资望较轻，未任繁剧，请以候补知府沈定均酌补。嗣经部驳。该督抚遂复奏称蒋凤藻年力正壮，才具精明，洵堪胜任；前后措词矛盾。请将兴化府一缺扣归部选。

又澎湖厅通判鲍复康，由已革武弁改名蒙捐，历署漳浦、莆田等县，著名贪酷，现在办理该处赈务，恐有浮开口数，侵蚀赈粮等情。请撤回查办各等语。着何璟、岑毓英……立即查明，据实奏报。兴化府一缺。该省如无可补之员，着即扣归部选，毋得以劣员迁就请补，贻害地方；并查明彭湖赈务。如鲍复康有舞弊各情，迅即撤回，从严查办，毋稍徇庇。

——《德宗景皇帝实录》卷140第1004—1005页（十二月初八日）

1882年(壬午　光绪八年)　35岁

张之洞调任山西巡抚。(1.3)

李鸿藻由兵部尚书调吏部尚书。(3.13)

李鸿章奏请在上海试办机器织布局。(4.23)

法军攻夺河内。(4.25)

清政府出兵援越。(6月)

张兆栋署福建巡抚。(6.22)

朝鲜汉城兵变(壬午兵变)。(7.23)

中俄签订《伊犁界约》。(10.29)

李鸿章与法使宝海(Frederic-Albert Bouree)天津协议《越南大略办法》。(12.20)

丁日昌(1823—1882)卒，年六十。

1月3日(辛巳十一月十四日) 张之洞调任山西巡抚，作"送孝达前辈巡抚山西"五古送别。诗见《沧趣楼诗文集》第261页。

弢老有《送广雅抚晋》诗。诗中古义相规，不仅寻常录别，而"不畏萧艾滋，但愁乏香草"一联，在言路方开之日，隐有气类渐孤之感，言外之旨，尤可玩味。弢老旋于督学江西任内，被命会办南洋军事，未几奉讳里居，中间仕隐异辙，与广雅踪迹寖疏，垂老还京，过从较密，有《湖楼酒坐呈孝达相国》诗，……又《寓斋杂述》，……盖默窥广雅灰心朝局，隐有祈死之意，其编《思旧集》亦其见端，张筱帆于"微旨"句尚有所未解，未几而广雅果不起，乃爽然以上微弢老自述，他人殊难作郑笺也。又《十刹海酒楼望白莲》云："凭栏又过观莲节，隔着红莲见白莲。欲起种莲人一问，明年花可似今年。"亦为追怀广雅而作。

——《今传是楼诗话》第329—330页

3月3日(正月十四日) 张佩纶上"论劾尚书万青藜董恂折"，万开去翰林院翰林。

窃臣伏见吏部尚书万青藜以谢焕章案，经胡毓筠纠劾，以兼尹任内贪庸，经文镳、孔宪毂先后纠劾，有旨开去兼尹。旋经陈宝琛纠劾，特旨以万青藜屡经被人指摘，众望不孚，开去翰林院学士。 ——《涧于集·奏议卷二》第13页

二月　福州西禅寺大雄宝殿建成,与祖父景亮、父承裘同撰楹联。原联已毁,今重制悬于殿上。

旧址阅沧桑,世界法轮归一转;良缘结香火,朝班禁漏证三生。光绪庚辰夏,监院僧微妙渡台募建大殿,儿子承裘偕同人襄其事。壬午春二月,梁栋告成,谨撰句镌石以志。前云南布政使陈景亮,率子四品衔刑部郎中承裘,孙日讲起居官翰林院侍讲学士前甘肃正考官宝琛盥沐敬书,壬午春二月。

——《长庆诗声:福州怡山西禅寺古今诗词楹联选》第 235 页

4 月 26 日(三月初九日)　奏保曾国荃[1]、张之万[2]、张兆栋[3],意在张之万。

亦接孔庭兰两信,抄寄初九日上谕二道,鄂垣于十一日接到,盖电报也。湖督以涂朗轩升补,南抚则卞诵生;沅浦宫保以张幼樵保丹初、卞诵生、张子衡三人,意在卞诵生;陈伯潜保沅浦、张子卿、张酉山三人,意在张子卿,馀皆陪客。数日而子卿简放兵部尚书,又数日而卞诵生授南抚。沅浦之言验矣。

——《郭嵩焘日记》第 4 册第 273—274 页(5 月 7 日,三月二十日)

[1]曾国荃,字沅圃,湖南湘乡人,曾国藩九弟,湘军将领。咸丰二年取优贡生。曾以破城功加太子少保,封一等伯爵。历任陕西、山西巡抚,署两广总督、署礼部尚书、两江总督兼通商事务大臣。谥"忠襄"。与郭嵩焘等修纂《湖南通志》。

[2]张之万,字子青(亦作子卿),号銮坡,直隶南皮人,道光状元。闽浙总督,兵部尚书,军机大臣。张之洞族兄。谥文达。

[3]张兆栋,字伯隆,号友山(亦作酉山),山东潍县人,道光进士,四川、广东按察使,广东、安徽、江苏布政使,广东、福建巡抚。

5 月 22 日(四月初六日)　封奏。

陈宝琛封奏。　　　　　　　　　　　——《翁同龢日记》第 4 册第 1697 页

5 月 26 日(四月初十日)　公前曾奏参侍郎崇礼[1],上谕着派大学士会同刑部查明具奏。

又谕,翰林院侍讲学士陈宝琛奏参侍郎崇礼,自任左翼总兵及署步军统领,于地面抢窃各案赃盗,多未捕获;近复纵容番役妄拏举人古铭猷,辱及士类;其在户部,于钱法堂事务漫不经心。监督邵承瀚声名甚劣,去冬被人控告,崇礼仍复委任阿纵。御史邓承修奏,崇礼于古铭猷一案复奏欺饰,请严加惩处。翰林院侍讲张佩纶奏,给事中师长灼龙钟昏瞆,此次古铭猷被拏,有伊子师岱勾结番役,劫殴泄愤情事,应将此案番役尽行送部讯办各一折。着派大学士会同刑部查明具奏。

——《德宗景皇帝实录》卷 145 第 50 页(光绪八年四月初十日)

亦见《越缦堂日记》第 13 册第 9418—9417 页(四月初九日)

《申报》1882 年 5 月 29 日

[1]崇礼：蒋氏，字受之，汉军正白旗人，监生，礼部、兵部、户部右侍郎、总理衙门大臣、理藩院、刑部尚书，谥文恪。

与张佩纶联衔上"陈越南兵事折"，折见《沧趣楼诗文集》第 824—830 页，亦见《涧于集奏议二·存越固边宜筹远略折光绪八年十月初四日侍讲学士陈宝琛联奏》第 18—24 页。

三月，法兰西攻陷越南之河内，越人汹惧，南定等省戒严。而中枢狃于和议，迄无定策。公以越南与滇粤辅车相依，关系甚大，既非舌争笔战所能止兵，亦非含垢匿瑕所能无事。四月十日，与张侍讲佩纶联衔陈奏：请命重臣临边以缓法师，其目有四：曰谋粤督，请于李鸿章、左宗棠二人中简命一员，驻粤督师；曰集水师，酌调得力师船分布粤洋，以壮声势；曰重陆路，饬令徐延旭[1]、唐炯督师出防，藉以牵制法兵，抚定越地；曰联与国，密令使德大臣乘间说诸德君相，曲与联络，以动法疑。又别为舍正出奇之策，请于督抚大臣中择其志节不群者，密寄以滇粤之事，倾粤海之库藏，选南北戈船委之；告越王以内属之利，因以兵略下诸城，与滇、粤两军相应，徐延旭得交人心，唐炯更军事久，厚集其势，水陆大举，越南强宗义民及刘永福等各部影附响应，不与斗力而与斗智，安知法之必胜？将才不铤则不出，士气不作则不兴，过此以往，老成日益凋谢，猝有兵端，艰难谁属？战而逞志，国之福也。即或不然，知我创痛所在，上下卧薪尝胆，易辙改弦，或犹未晚。故愿断之以果，济之以敏，持之以恒。果楼船时习风涛，中国学徒自必指挥如意；火器惯经行阵，则中局艺事亦能规矩通神。巧生于习，久则有成。安见工巧器械之良，他日不与泰西并驾？奏上不报。

　　　　　　　　　　　　　　　　　——《闽县陈公宝琛年谱》第 24—26 页

[1]徐延旭：字晓山，山东临清人，咸丰进士，时任广西巡抚。中法战败，被判斩监候，后改判元军新疆，未出京病亡。

侍讲学士陈宝琛、张佩纶奏，存越固边，请以李鸿章或左宗棠驻粤督办法越之事。集水师，重陆路，联德国，或奇兵四出，迫越内属，密寄滇越之事于彭玉麟、丁宝桢、张之洞。

　　　　　　　　　　　　　——《李鸿藻年谱》第 286—287 页

张佩纶、陈宝琛连衔折，张佩纶、张［邓］承修皆单衔折，有明发，为古铭猷事劾崇礼纵容差役，饬大学士会同刑部查明具奏。

　　　　　　　　　　　　　——《翁同龢日记》第 4 册第 1698 页

6月2日（四月十七日）　上"论疆臣擅调近臣宜予议处折"，参张树声擅调近臣，实属冒昧，折见《沧趣楼诗文集》第 830—831 页。

谕内阁：前据张树声[1]奏调翰林院侍讲张佩纶帮办北洋水师事宜，当以该督擅行奏调，未允所请。兹据翰林院侍讲学士陈宝琛奏：张树声擅调近臣，实属冒昧，请照例议处等语。张树声着交部议处。寻议，罚俸九个月。得旨，准其抵销。　　　　　　　——《德宗景皇帝实录》卷145第55页（四月十六日）

　　　　　　　　　　　　　　　　　　　亦见《申报》1882年6月5日

　　北洋大臣兼直隶总督李鸿章丁母忧，开缺以张树声署理。张遂奏请派翰林院侍讲张佩纶赴津帮办北洋水师事宜，并加卿衔，以示优异。奉旨著毋庸议。公以张佩纶既属侍从之臣，又有论思之职，非大臣所可荐扬，疆吏所得引辟。张树声擅以疆臣请调近臣，殊属冒昧，请交部议处，以为违例陈情者戒。奉旨：张树声着交部议处。　　　——《闽县陈公宝琛年谱》第26—27页

　　邸钞。上谕：前据张树声奏调侍讲张佩纶，未允所请。兹据翰林院侍讲学士陈宝琛奏张树声擅调近臣，实属冒昧，请照例议处等语，张树声着交部议处。狐埋狐搰不已甚乎，陈与佩纶互相唱和久矣，此疏以掩外人耳目也，然太难为树声父子矣
　　　　　　　　　　　　　——《越缦堂日记》第13册第9429页

　　陈宝琛奏参署理直隶总督张树声。　　　　——《李鸿藻年谱》第287页

[1] 张树声：字振轩，安徽合肥人，廪生，山西按察使、布政使，江苏、广西巡抚，两广总督、署直隶总督，谥靖达。

6月5日（四月二十日）　张之洞因越南战事，上"胪举贤才折附清单"，荐公等京秩、外官、武职四十馀人。李慈铭在日记中抨击张之洞荐疏为"广结党援"。

　　谨将遵旨胪举人才，缮列清单恭呈御览：

　　翰林院侍讲学士陈宝琛，才思敏锐，虑事精详，沉毅不浮，勇于为义。比年来殚心洋务，若试之外任，以扩其才。将来使备总署之选，必能综核入微，斟酌得宜。　　　　——《张之洞全集卷四·奏议四》第1册第88—89页

　　山西巡抚张之洞奏越南日蹙，宜筹兵遣使，先发预防，并命李鸿章赴粤筹办。另折胪举人才，京秩张佩纶、吴大澂、陈宝琛等十四人，外官徐延旭、刚毅、李秉衡、陈宝箴、陶模、薛福成等二十九人，武职张曜、宋庆等十人。

　　　　　　　　　　　　　　——《近代中国史事日志》第694页

　　山西巡抚张之洞奏，越南日蹙，宜筹兵遣使，先发预防，并命李鸿章赴粤筹办。另折胪举人才，京秩张佩纶、吴大澂、陈宝琛等十四人，外官徐延旭、陈宝箴、陶模、薛福成等二十九人，武职张曜、宋庆等十人。按：张之洞、张佩纶、陈宝琛等，皆公所领导"清流"之健将，彼等一举一动，皆与公事先议之。

　　　　　　——《李鸿藻年谱》第287页（6月11日，四月二十六日）

　　又闻张香涛近日疏荐中外官五十九员，居首者张佩纶、李若农[1]师、吴大

澂、陈宝琛、朱肯夫五人。又有侍郎游百川[2]、巡抚卞宝第、布政使唐炯[3]及总兵方耀等数人。馀皆乳臭翰林，其考语皆百馀字。于张佩纶谓有一无二之才，于唐炯谓封疆第一人物，内举不避亲，又并举黄彭年[4]、黄国〈瑾〉再同父子。近日北人二张一李内外唱和，张则挟李以为重，李则饵张以为用，窥探朝旨，广结党援，八关后裔，捷径骤进，不学无术，病狂丧心，恨不得居言路以白简痛治鼠辈也。　　　　　——《越缦堂日记》第 13 册第 9446 页（五月初八日）

[1] 李若农：李文田，字仲约、畲光，号苕农（若农），广东顺德人，咸丰探花，江西学政、礼部右侍郎。

[2] 游百川：字汇东，号梅溪，山东滨州人，同治进士，四川按察使、仓场侍郎。

[3] 唐炯，字鄂生，晚号成山老人。贵州遵义人。道光举人。云南巡抚。中法战争中，因守城不利使山西、北宁失守，判斩监候，后被赦免归乡。光绪十三年复官。

[4] 黄彭年，字子寿，号陶楼，晚号更生，贵州贵筑县人。道光进士，翰林院编修。湖北、江苏布政使。著有《三省边防考略》《金沙江考略》《陶楼文钞》等。子黄国瑾，见前。

6 月 18 日（五月初三日）　充国史馆总纂官。

钱辛伯[1]侍讲来，辛伯时与陈伯潜学士为国史馆总纂官，专修儒林、文苑两传。其议前年发之张香涛，而今浙江粮道、嘉定廖毂士寿丰为编修，任具事。去年提调王贻清编修者，贻清，泰州人，广业子言。之掌院增编纂十人，为恽彦彬、费延厘、冯文蔚等，恽最不学，冯分得丁小雅杰传，不识为何人。冯，归安人，丁之邑子也。都中传为笑柄。此辈惟能中鼎甲，安知同乡先有归班进士邪。以金银提调，广揽邨野驱鸟，事可知矣。幸有辛伯为总纂，而伯寅尚书为总裁，庶两传不致落莫耳。　　　　——《越缦堂日记》第 13 册第 9440 页

[1] 钱辛伯：钱桂森，字馨伯（莘白），号稚庵，江苏泰安人，道光进士，安徽学政。

7 月 16 日（六月初二日）　文硕[1]参公"立言失体"。

又据文硕奏：陈宝琛前参劾崇礼及张树声折内，立言均失体要，请旨训饬。
　　　　　　　　　　——《德宗景皇帝实录》卷 147 第 77 页

又文硕参陈宝琛立言失体，邵积诚奏文硕纠弹诬陷，旨但饬臣工不得开门户党援而已。　　　　　　　——《翁同龢日记》第 4 册第 1707 页

六月初二日上谕，历叙内阁侍读学士文硕参邓承修、陈宝琛于步兵统领衙门妄拿举人古铭猷，参劾崇礼立言失体。
　　　　　　　——《郭嵩焘日记》第 4 卷第 300 页（六月二十四日）

[1] 文硕：费莫氏，字俶南，满洲镶红旗人，光禄寺卿、驻藏办事大臣。

7 月 26 日（六月十二日）　派充江西乡试正考官。

以兵部左侍郎许应骙为浙江乡试正考官、翰林院编修朱琛为副考官，翰林

院侍讲学士陈宝琛为江西乡试正考官,编修黄彝年为副考官,检讨陈存懋为湖北乡试正考官,编修管廷鹗为副考官。——《德宗景皇帝实录》卷 147 第 85 页

亦见《申报》1882 年 7 月 30 日

本月十二日奉旨:"江西正考官着陈宝琛去。钦此。"

——《沧趣楼诗文集》第 831 页

时越事日坏,中枢终偄和,惮大举。而清流诸人争之益力,中枢病之,乃谋出诸臣于外。既出张公之洞巡抚山西,拟出张公佩纶任川藩,张公不愿,乃使其按事陕西。出宝公竹坡典试福建,亦出公往主赣试云。

公既入闱,时洪殿撰文卿方主江西学政,奉派充乡试监临。与公论及取士之道,洪主才华英俊,公则尚气节遒劲之士。因以"岁寒然后知松柏之后凋也"命题,所得士如陈三立[1](散原)、朱益藩[2](艾卿),后皆以风节著。

——《闽县陈公宝琛年谱》第 27 页

[1] 陈三立:字伯严,号散原,江西义宁人,光绪进士。授吏部主事,旋弃职。侍父在湖北布政使任所,应张之洞邀,为两湖书院校阅试卷。

[2] 朱益藩:字艾卿,号定园,江西萍乡人,光绪、陕西、山东学政,上书房师傅。《申报》题名录本科并朱益藩。朱 1890 年(光绪十六年)成进士。

邸钞。翰林院侍讲学士陈宝琛(戊辰、闽县)为江西正考官,编修黄彝年(商城、丙子)为副考官。 ——《越缦堂日记》第 13 册第 9493 页

浙江:许应骙、朱琛;江西:陈宝琛、黄彝年;湖北:陈存懋、管廷鄂。

——《翁同龢日记》第 4 册第 1709 页

光绪八年壬午科乡试:

江西考官:侍讲学士陈宝琛字伯潜,福建闽县人,戊辰进士。编修黄彝年字梅岑,河南商城人,丙子进士。题"子曰岁寒"一节,"凡有血气"二句,"夫苟好善以善",赋得"长风万里送秋雁"得"秋"字。

——《清秘述闻续》卷八第 755 页

陈三立《夫苟好善则四海之内皆将轻千里而来告之以善》。

按:先生此文,考官(当即陈宝琛)评语云:"浅深离合,深得古文家数,非养气读书者不办。" ——《散原精舍诗文集补集》第 242—243 页

陈从小《先祖散原老人轶事数则》:"先祖早年深恶八股文,他在应试时,考卷不是按照考场规定的文体(八股文)来做的,而是用他自己平素所擅长的古文散文形式写的卷子。据说他的这份卷子,在初选时曾遭摒弃,后被主考官陈宝琛发现,大加赞赏,于是破格予以录取。"(宗九奇《陈三立传略》)

——《陈三立年谱长编》上册第 117—118 页

光绪八年壬午，陈宝琛典试江西，散原为所得士，深邀鉴赏。师弟之谊颇笃，晚年情感尤挚。八十生日，宝琛赠诗云："平生相许后凋松，投老匡山第几峰。见早至今思曲突，梦清特地省闻钟。真源忠孝吾犹敬，馀事诗文世所宗。五十年来彭蠡月，可能重照两龙钟？"想见白头师弟之风义。诗之首句，本事即在壬午闱中。洪钧（同治戊辰状元，宝琛同年友也）时以江西学政充乡试监临，与宝琛论取士之法，谓宜取才华英发之士，以符"春风桃李"之旨；宝琛则谓宜以"岁寒松柏"为尚，遂以"岁寒然后知松柏之后凋"命题。入彀者多知名士，散原与焉。"平生相许后凋松"，五十年往事重提也。（此诗初稿，本以"相期无负后凋松"之句，切壬午之遇合，曾为陈苍虬诵之。）

——《一士类稿》第 173—174 页

7 月 27 日（六月十三日）　上"谢充江西正考官折"，折见《沧趣楼诗文集》第832 页。

8 月 11 日（六月二十八日）　出都赴江西考官任，途中函致张佩纶。

致张佩纶　　　　　　　　陈宝琛

绳庵世丈：惘惘出国门，不知此数日中，吾丈情怀又当何似，望随宜陶写，勿过忧劳。壶公以静待动之言，亦可佩也，昨过涿州，憩三甲店，见竹坡题壁，谓初三过此，雨涂甚艰，时已逾午，病泄不能进食，为之系念。想其世兄必续得途中书矣。日来小雨斜风，舆行颇爽，顷过西淀，红菱绿柳，蟹舍渔舟，十二虹桥，宛然江南风景，不知较渑上何如耳。抵任邱，方报午，骤雨适至，遂卸装小住。且闻河间韦太守昨夕物故，故拟明日尖河间、宿献县也，相去日益远，闻见益稀。到九江时或可阅邸抄，公幸珍重自卫。草草，敬颂起居，不备。宝琛顿首，六月廿八日。

——上海图书馆藏手稿

六月　周銮诏[1]为公录《南韵斋诗》作小楷团扇面。

周銮诏《小楷团扇面》题识："《南韵斋诗》，壬午六月书请正，伯潜年老前辈。侍周銮诏季翚。"

——《摇曳丹青》第 174 页

[1] 周銮诏，字季翚、芸生，号翚斋，湖南永明（今江永县）人。藏书家。

8 月 27 日（七月十四日）　赴江西途中，在宿州致函张佩纶，附诗"赴北口寄黄丈"，《沧趣楼诗文集》未收。

致张佩纶　　　　　　　　陈宝琛

绳庵世丈坐下：相去日远，相思益劳。兼旬以来，近局何似？途中块然毫无闻见，须至九江方得悉也。吾丈葬兄之请当在月杪，何日可归，深用为念。此行公私交萦，心多所系，幸同伴得人，言笑真率，视陇游大相轩轾。昨过徐州见程兵备国熙,闻肃毅[1]欲须葬后方出,未审信否。彭侍郎[2]住江宁节署,十日初旬方渡江,此间已知有交查之一件,王不理于众口,柳则枉也。恪靖[3]有退志,彭坚正之,当罢议矣。南交事如何,昨阅《申报》所述朝鲜情形恐又是台湾故智,我若一矢不加,而欲解纷排难,势必不能,当局作何筹维,执事必有卓见,幸便中示及。前过任邱,草奉一札,途次恨恨不释,口占短句,录成欲寄,苦无便邮,兹并呈正。敬问起居万福。宝琛顿首。宿州行馆,七月十四日。同人均为道念。沿途见偶斋题壁,询之馆人,俱称其无病,至德州即分路矣。

赴北口寄贲丈

天然鱼稻芰荷乡,鸥趁轻艭燕语樯,十二红桥通一水,人家都在水中央。

卜居如许复何求,绝似吾家螺女洲,寄语浈阳张叔子,何时投老此苋袭。

——上海图书馆馆藏手稿

[1] 肃毅:李鸿章封一等肃毅伯。

[2] 彭侍郎:彭玉麟,字雪琴,湖南衡阳人,附生,广东按察使、安徽巡抚、水师提督,曾署兵部右侍郎。

[3] 恪靖:左宗棠封二等恪靖侯。

8月29日(七月十六日) 补授侍读学士。

十三日奉旨陈宝琛转补翰林院侍读学士,钱桂森补授翰林院侍讲学士,钦此。 ——《申报》1882年8月29日

9月8日(七月二十六日) 江西九江途次,致函张佩纶。

致张佩纶 陈宝琛

绳庵世丈:宿州奉寄一函,想登记室。顷到九江,索阅《申报》,知高丽之事,我军已发,与倭奴对垒,相持当可定盟而还,但丽人悉索弊赋,未免力穷精竭耳。过合肥时,知肃毅于望前北行,近必抵津。事变甚殷,吾丈能遂假归否?念极。此间但得见十三日邸抄,不才转读,钱澧学士南丰以滥保被论,自是应有之义,未知近日言路通塞如何。北三省试差,知好中无一与者。吾丈过从尚不寥寂,比来当有嘉谟,前诗略布区区,于尊旨有无符合,闻肃毅颇不满于替人北来,能无龃龉。合肥舆论无人不愤诟,李梦轩谓曾令因其撤任,此事肃毅或未及知。能乘筏公家居,严为约检,所保全当不少,公盍为言之。手此,奉讯起居万福。宝琛顿首。七月廿六,九江驿次。 ——上海图书馆馆藏手稿

七月 岳父王传灿病故北京。王仁堪归闽葬父。途径南昌见访,同至瑞州,别后还京。

公外舅子恒先生七月卒于京师。可庄归葬,事毕还都,迂道就公南昌,与

同至瑞州而别。

——《闽县陈公宝琛年谱》第 28 页

9 月 12 日（八月初一日）　授江西学政，上谕着即赴新任，毋庸来京请训。

在江西闱中，奉上谕就授江西学政，着即赴新任，毋庸来京请训。

——《闽县陈公宝琛年谱》第 27 页

亦见《清季职官表》（下）第 680 页

《沧趣楼诗文集》第 832—833 页

《翁同龢日记》第 4 册第 1719 页

兵部右侍郎徐郙提督安徽学政，吏部右侍郎祁世长提督浙江学政，翰林院侍讲学士陈宝琛提督江西学政，叶大焯提督广东学政、翰林院编修冯光远提督福建学政，高钊中提督湖北学政，冯文蔚提督河南学政，吕凤岐提督山西学政，慕荣干提督陕西学政，詹嗣贤提督广西学政，丁立干提督云南学政，孙宗锡提督贵州学政；顺天学政孙诒经、江苏学政黄体芳、湖南学政曹鸿勋、山东学政张百熙、甘肃学政陆廷黻、四川学政朱迺然、奉天府府丞兼学政朱以增，俱留任。

——《德宗景皇帝实录》卷 150 第 117 页（八月初一日）

邸钞。诏：本年值更换学政之期，顺天学政孙诒经、江苏学政黄体芳、湖南学政曹鸿勋、山东学政张百熙、甘肃学政陆廷黻、四川学政朱迺然、奉天府府丞兼学政朱以增毋庸更换外，兵部右侍郎徐郙壬戌、嘉定为安徽学政、翰林院侍读学士陈宝琛戊辰、闽县为江西学政、吏部右侍郎祁世长庚申、寿阳为浙江学政、编修冯光迒申戌、阳湖为福建学政、高钊中丙子、项城为湖北学政、冯文蔚丙子、乌程为河南学政、吕凤岐丁丑、旌德为山西学政、慕荣干戊辰、蓬莱为陕西学政、侍讲学士叶大焯戊辰、闽县为广东学政、编修詹嗣贤甲戌、仪征为广西学政、丁立干辛未、丹徒为云南学政、孙宗锡丁丑、善化为贵州学政。

——《越缦堂日记》第 13 册第 9541 页

10 月 7 日（八月二十六日）　上"谢授江西学政折"，见《沧趣楼诗文集》第 832—833 页。亦见中国第一档案馆藏录副奏折 03－5169－052。

10 月 8 日（八月二十七日）　江西学政任上，致函张佩纶。

致 张 佩 纶　　　　　陈宝琛

黄斋世丈：两月不见，真如三秋。途次奉函，计可入览。风雨重荷，尺书不达，怊怅何似。月之既望，即闻新命。舻棱梦中，君子天末，旬日惘惘，兼闻可庄失怙，《申报》有之，未能无情。北望京华，百端交集。夜分不寐，昧爽即兴彗孛飞流，光甚前岁，观台占测，当有所闻。此来朝局何似，长春起居如何，拾遗柱下专以累君，纳约自牖，幸惟珍重。日来疲于卷牍，心如乱丝。闻命以来，毫无端绪。卓见所及，幸时时相告。广雅无忍庵当更寂寞，官事顺手，心颜一开。竹云肯去否，兹附疏谢之便，草草奉布，敬问兴居，不宣，宝琛顿首，廿七。润老[1]已遣眷北行，吉日改卜否？念念。 ——上海图书馆藏手稿

[1] 润老：边宝泉，见前，时任闽浙总督。

10月24日（九月十三日） 江西试事结束。是日出闱。

兹于九月十三日出闱。 ——《沧趣楼诗文集》第833页

10月27日（九月十六日） 致函王仁东。

<h3 style="text-align:center">致 王 仁 东</h3>

陈宝琛

旭弟足下：屡得手书，深情款款，令我心结。兄寄闽之札，谅能入览。伯双[1]书来，谓九月间当偕行北上，但又云葬地有湿未定，八月初书及之，望后来未云。然则足下不虚此行耶。兄因此悬系累月，盖吾乡择地最难，地师簧鼓，山主居奇，往往旷日持久，今此地果不可用，则年内改择，恐尚未能得，当劳费固不足计，而可弟独留办此，种种为难。两月来未得家书，并未得可弟八月后书。七月书尚未提及，甚用疑虑也。汝翼竟殂，直谅多闻。足下亦失一益友，未知身后部署何似。昨伯双信来，言及立嗣诸事，鄙意不惬，已作信复之，并致季辉。足下可展阅，再封口送去。兄赙以百金，此间僻左，无便可寄，俟回省再说。前由仲勉寄交汝翼百金以践宿诺，此函到京，计汝翼已游，不得见矣。仲勉自四月后未来一字，拙懒是其本性，兄虑其有病耳。友朋中或有信交仲处，亦未得见，前嘱其寄同年同乡单，皆杳然不至。兄今岁为债主所窘，年内能否酬应，尚未可知。腊底到省，再与西估商之。足下传询黄溥，如仲勉未寄，可亟寄一份来。同乡同年团拜项，似即是喜金，并乞查数目，同乡戊辰、甲子各一份，甲子断不能应酬。可弟前岁亦送过也。李慎甫到京，有转致东阳件，祈为妥交，近亦有信致东阳，由折弁，想能递到。黄丈之秦未知何事，何时当还，越事此间更无确信。兄前上一书，徒取谤讥，恐亦无益于事也。苍生已到京否，《十三经客难》《七家后汉书》各一部，存仲勉处，已送去否。伯双来询所存木器，家火。兄亦茫然，须问令姊，计足下当略知之。江西丙子即用亦有数人，汝翼事如能托同年直年加函寄讣来，或不无小补，故以备酌，慎甫带京书箱中有《明通鉴》二部，其书视《明纪》远胜，已嘱仲勉以一部分赠足下，得之否。手此，即问侍安。兄琛顿首。九月十六日。

——上海图书馆藏手稿

[1] 伯双：陈懋侯字，福建闽县人。光绪进士、翰林、江南道监察御史。

10月30日（九月十九日） 致函张佩纶。

致 张 佩 纶　陈宝琛

黄斋世丈：别后屡草函牍，想尘青眄，未蒙札复，深用悬系。仲弟因妇病，来书辄草草。此来时事纷纭，执事忧国之深，有何谟议？远道传闻，末由揣测，殊惓惓也，此间大概如执事曩日所闻，孝先公明，庶司畏服，然不能自行其志，谈次辄蹙颎，抚军廉俭自持，短在偏私，孝先云，颇闻有乞身之意，未知果否，伥杂群索居，不问直谅，孝先在此尚属同心。嗣后有所见所闻，当随时奉告。日来酬应拉杂，无片刻暇略，明晨遣老仆回京，草此奉讯，并呈闱墨一本，鸿便幸惠我数行，藉慰饥渴。可庄欲全眷南还，伥已言其不便，未知肯变计否。敬问与居，不尽。伥弢庵叩，九月十九日。

再同时聚晤否，近作何状，乞道念。顷晤润老，知庶子之命已下，何濡滞也，贺贺。

——上海图书馆藏手稿

同日张佩纶来函。

致 陈 宝 琛　张佩纶

别才三月，万绪千端，更仆难尽，如何如何。佩纶七月间乞假回籍，将两兄一弟两姊之匶[1]均买地分葬，凄感殆难为裹[2]，从此子弟之职已尽，惟有臣职。经济须由天赋，气节自在人为。但苦时事日非，江河非一篑所能障耳。七月十四曾因水灾上一疏，共六事，曰大臣长吏直言庶狱中饱浇风如硕鼠，薛凤全行纳入；中有章京承旨，抄录前训，割裂奏疏，数语。灵光不怿，欲加诘问，后知鄙人均有实事，乃不果诘。近日报销案起，铁公[3]之言未足制其疚命，而此公仍晏然政事堂上，国体何在，令人提笔四顾。恨公远出，无可语者，言路之孤如此。越南禽[4]一陆之平，朝鲜禽一李是应，铺张扬厉为笑。邻国朝鲜以五十万元款，日本又许其兵驻王城，隐患殆不可言。佩纶昨日劾马建忠[5]，尚是小试牛刀，左、彭于水师一疏，痛加驳斥，创为自古有海防无海战之说，又云防海不如防江，可为千古笑柄。琉球一案，置之不问，合肥亦甚颟顸。外务之纷又如此，其尤可虑者，灵光患淋症月馀，恐就倾圮。荆公本小有才，初犹未经与言路为寡，今若仍令安居，虑无不切齿君子者。而眷注未衰，攻之未必能去，此则政本之地，心窃危之。可庄兄弟遭丧，尊夫人一时未能苴章，想揭晓后亦即按试外郡。此后书问当由润师处奉递，绪昏[6]尚拟明春，俟女家到都，再定可耳。壶公之兄殁于扬州。九江税事何太刻耶。敬问兴居，伏唯鉴察。伯潜前辈学使。佩纶顿首，九月十九日[7]。

诗已装潢悬之坐右，但苦未能属和耳。迟日必和。竹坡在闱中上疏论朝鲜事,公必不为然。公之不及竹公处,亦在此矣,一笑。

——上海图书馆藏手稿

[1] 匵:同"柩"。

[2] 裹:同"怀"。

[3] 铁公:邓承修,见前。

[4] 禽:同擒。

[5] 马建忠:字眉叔,江苏丹徒人。法国政治学校毕业,驻法使馆翻译,入李鸿章幕,轮船招商局会办、上海机器制造局总办。

[6] 昏:同"婚"。

[7] 张志潜《涧于集·书牍后序》:此函作于壬午(1882)年。

11 月 10 日(九月三十日)　　致函张佩纶。

致 张 佩 纶
陈宝琛

黄斋世丈:残秋尽矣,北鸿不来,迢迢国门,索居增感。吾丈新迁坊秩,月内须假归否?此读邸抄,新政多惬人心,甚不愿公稍离柱下。农曹轩然大波乃复纤萝不动,潜邸[1]有所施设否,岂真诬耶?东平谒假,未审何意。贵师深诮津门奖劳之滥,然乎?安圃回京约在冬月,得来书否?得士若何?竹坡拔郑孝胥为榜首[2],仲濂[3]丈幼子,洵为美才。叔毅三艺均佳,而不入选,颇以为惜,然以竹公畏首畏尾之见,侄亦不愿家弟登龙也,但望其早日还朝,勿为烟霞所痼耳。涪公墨揭属人代搜,迟当报命。夏骞甫所著《明通鉴》[4]征证颇富,其家秘不示人,兹与枚岑分刷数部,以两部寄京,一奉坐下,一赠再同,再同需《中西纪事》[5],枚岑当有赠本,故不别寄,匆匆未及致书,晤时祈道念。如有惠札,望交蔚长厚、新泰厚两局转递,勿附折差,幸甚幸甚。敬请台安,橘洲叩上,九月三十。

——上海图书馆藏手稿

[1] 潜邸:醇亲王奕谟,见前。

[2] 郑孝胥:字苏勘、苏龛,号太夷、海藏。福建闽县人,1882 年(光绪八年壬午)福建乡试解元。

[3] 仲濂:郑守廉,字仲濂,福建闽县人,咸丰进士,翰林、吏部考功司主事。

[4]《明通鉴》:夏燮著,于 1873 年(同治十二年)刊印。

[5]《中西纪事》:亦夏燮著,初稿成于 1850 年(道光三十年),1859 年(咸丰九年)修改定为十六卷。

11 月 12 日(十月初二日)　　为授江西学政,上"报接印任事折",折见《沧趣楼诗文集》第 833—834 页,亦见《闽县陈公宝琛年谱》第 28 页;中国第一历史档案馆藏录副奏折 03-5170-068;《申报》1882 年 12 月 8 日和 1883 年 1 月 18 日。

11 月 19 日（十月初九日）　张佩纶来函。

致 陈 宝 琛　　　　　　　　　　　　　　　　张佩纶

弢庵前辈阁下：仵来奉惠书，敬悉一一。即维动履唯安[1]为颂，拔士多宿学，行卷有奇气，西江文体当为一变。但愿三年报政一振。鹿洞、鹅湖之绪，使士习亦一变耳。报销案起，洪、邓两作一憨一空，弹劾贵近岂能如此容易，调停了事，已费无限，斡旋此若直无诉处。且盈廷如沸，而鄙人寂无一言，后世必有遗议，自处亦甚难也。朝鲜之约，本五年每缴十万元，以鄙人力争，改为十年分缴，然此事不在苏朝鲜之力，而在持中国之体。合肥处终是暮气。越南因王师大出，法稍顾忌，而畺[2]臣不过敷衍，终归失着。此等事非斧柯在手徒以空文争之，无益也。廉俭自持之说，润师当稍有世法，此间所闻俭而不廉，近已交左察办，不知如何。绪婚拟明年，俟到时再酌也。心绪烦恶，不及详陈。即颂兴居。佩纶顿首，十月初九日[3]。

　　　　　　　　　　　　　　　　　　　　　　——上海图书馆藏手稿

[1] 㝏：同"宜"。

[2] 畺：同"疆"。

[3] 张志潜《涧于集·书牍后序》，此函作于壬午即 1882 年。

12 月 5 日（十月二十五日）　致函张佩纶。

致 张 佩 纶　　　　　　　　　　　　　　　　陈宝琛

此间风尚简静，而病在疲茶，太白诗名自贺监来，为之减损，大抵廉俭是所长，拘滞阘懦是所短。凡事守旧，惟求无过，小处精核，大处模糊，请托复不能峻绝，故汪伦以盛气陵之，善作威福，纯乎外官习气。洪厓以虚架耸之，汪伦前岁以篯铿吹嘘，大饱使橐，留学后复大收程仪，老聃稍薄，因而积嫌，至今人犹能言之。经笥先生谓其偏执处可恨，惟恐属僚瞧不起，巽懦处可怜，惟恐得罪人，诚笃论也。是好人、是好官，却不是好督抚，私评如此。然此公久有引退之志，若易河阳来，则情面殆有甚焉，孝先谈及，深以为忧。至贤能之吏，则以崔、冷为首选。崔诚恳精果，举重若轻，冷恂幅无华，勤于民事，博采舆论，无不佥同。洪厓独不慊之，而赏贺与汪与(?)，但可以知其志之所向矣。阅后付丙。

书来如渴得饮，三月中天时人事固意公必有所陈也，灵光休沐，比来何似？读铁香[1]疏直如铸鼎，然犀好官自为，是非何在，郁郁数日，无可告语。窃意此公于定狱后，亦当引疾而行耳。不审太冲《咏古》，笺注若何。空同退志颇决，殆亦为此朽木不可以为柱，信然。更生在闽闻当道欺其忠厚，旁人咸为不平，闽墨足以针砭庸俗，为喜出望外。九月廿八起行，到京想在腊初。癖拗性生，然勇于从善，须善道之。气类太孤，惟望二公共补衮职，江湖之忧何能已耶？

贵师母闻已过清江,此时当到,诹吉自在明春。道体入冬何如?尚服温补剂否?安兄冬半当归,竹林之游,千里神往,侄定于月初首途,水邮疲滞,归来须祀灶后,已告润老[2]。执事论报销开单一疏,经笛先生深不为然,屡属致声,养气为上,刘令树敏回江,雅宾堂兄,谓执事疏弹潘伟如[3],信否?此间宦场闻桂林詹事有白简,似是而非,犹未悉中要害,赐函当急递行次,前寄《明通鉴》已到否?尚须何书,幸示知。《三通》须到崇仁觅之。敬问叔度世丈起居,侄叕叩,十月廿五日。

更生使装必甚单薄,不至如浙游垂橐而入否,枚臣所得亦不及汪伦之半,此事固存乎其人也。洪厓神力广大,能使牧令拜其门下,迥非吴祭酒比矣。不才只有力矫其弊耳,远道如有所见,幸相告。丙。　　　——上海图书馆藏手稿

[1] 铁香:邓承修,见前。

[2] 润老:边宝泉,号润民。见前。

[3] 潘伟如:潘霨,字伟如,江苏吴县人,监生,江西巡抚。

12月11日(十一月初二日)　由南昌启程,赴瑞州等府按试。上"报出省按试折",折见《沧趣楼诗文集》第834页,亦见中国第一历史档案馆藏录副奏折03-7185-071、《申报》1883年2月20日。

一月以来,寻求利弊,访延幕宾,粗有端绪。据报瑞州、临江两府属童试已次第举行,臣于十一月初二日由南昌启程,先考瑞州,次及临江,十二月杪事毕回省。明岁正月初旬,当接考袁州,迟及抚、建各郡。

——《沧趣楼诗文集》第834页

12月13日(十一月初四日)　致函左宗棠。

致左宗棠
陈宝琛

恪靖相国太年伯阁下:别来经岁,未通一书,万绪千端,握翰辄止。每驱车北池,望玉芝旧馆,瞪怀昔尘,惘惘终日。南中客来为言我公亦念鄙人不置也。公自出镇以来,于益国利眬之事,知无不为,白发丹心,千载下犹共见之。谤书盈箧,岂足介怀。昨见有乞退予假之举,深用为疑。晤提刑刘君、督粮裕君,道公起居实有不适江南庳湿。新寒中人望公节勤劳、近医药,以副朝廷倚毗之心,慰四海砥柱之望,无任仰祷。宝琛不学,校士豫章,复玷采风之职,沧江青琐,回首黯然。生平两驾轺,皆公辖部,而暌隔千里,未能抠衣东阁,少罄积悰。江天暮云,能勿神往。此邦士习浇漓,义利无辨,心求所以振变之方,而绌于才力,循分之难如此,我公何以诏之。王若农、周芷岩均来金陵,二君廉朴过人,当资臂助。时事需才,公于三吴僚吏谅有识拔,可疏示一二否?舟行稍

屏人事,手肃布肥。敬颂台候万福,伏希垂察,不宣。年再侄陈宝琛顿首,十一月初四瑞河舟中。

——湖南图书馆藏近现代名人手札

12 月 19 日(十一月初十日) 张佩纶来函。

致 陈 宝 琛 　　　　　　　　　张佩纶

伯潜前辈学士阁下:惠问屡来,久不作答,知独忧之心苦矣,周人之讼,鄙人实不愿预闻,乃言者既涉荆公,而仍安坐政事堂,若无其事,并欲上下其手,举此案而弥之,揆之国体,窃谓非宜。是以十月十五日具疏讽其归养,再留欲出,毒炎愈张,是以廿七日复具疏论劾,并荐丹、壶二公[1]为代,旨对四刻,天语褒嘉,谓可如愿。嗣二王荐两尚书,即高阳亦不以二公为是,遂去荆公而用虞山,吴县自较荆公稍胜,然亦沈文定一流耳。时会如此,良用隐忧,蔚如往代李君,正恐一蟹不如一蟹,润师与此公泾渭,不论自多枘凿,幸其人如水母,随人俯仰,润师转可有所展布尔。越南之事大有可乘,而合肥怯敌,内间无人主持,新枢未兼译署,盖炙热之地,人人争之,艰苦之事,人人畏之也。南皮书来,与方伯龃龉万状,漱公久无书,竹公将至矣。眷爱不能迟行,春融自以就道为是。唯仲勉夫人久疾可虑耳,武英尚未保,阁下恐不得免,闻命后具疏辞之为是。敬问兴居。名正肃,十一月初十夕。

问津一席,服阕两辞。近复以可庄自代振公不愿而止,鄙与冠老约,师之去留,以官之去留为断,明年即不受其聘,以便来去自由。冠公不纳,仍以北学为辞,再同劝其仍就,以言路必须,鄙人借此为李恒岳之赠金,以疏中引环溪故,借此嘲之耳。如鄙不就,渠愿就之,而以修脯相助,意亦甚佳。然外间以书院为酬应久矣。寿文作宦,而再同处馆人必目其不廉以情输之,抑亦不直。近日劾姚劾马,而仍处讲习,似不可矣。鄙人欲自明年为始,求助友朋,岁得千金可以不馁。炭敬不在内,一笑。阁下量其力之所能到,知公贫耳,否则不问矣。岁可若干,幸于年内密示之。敬颂兴居。黄斋又白。

——上海图书馆藏手稿

[1] 丹、壶二公:阎敬铭、张之洞。

12 月 25 日(十一月十六日) 复函张佩纶。

复 张 佩 纶 　　　　　　　　　陈宝琛

黄斋世丈阁下:得十月九日惠书,备悉种种。慰留半山,至于再三,或存其颜面而俟其坚请耶,抑有它说?近日医家但求合于古方,不深辨病候,以治膏肓,何能奏效。吾丈苦心孤诣,鄙人独知之耳,更生归,吾道不孤,盍为酌进一方。暌隔千里,望闻问切,均无所施。闻一证候,辄逾旬日,故不敢寻参觅术也,瓜畴信来,颇有心于此道,所见自浅,幸常指示之。太冲乞归临淮,又复暮气。后起者不过尔尔。帷幄运筹,亦非易之,况空文耶?吾丈且少竢,毋轻发,能游说芳邻,召壶公入,或援潜邸为助,庶有着手处。灵光此来如何,所系亦綦重。以潘谷墨易李廷珪,恐一蟹不如一蟹,但望经笥能举其职,毋令侵权,日前已语之矣。近日鄙状可询忍庵兄弟,匆匆不及详陈。即颂兴居。癸卯,冬月十六日。

已属京间拨五十金,托尊处寄苏门吴世兄收,送到时费神费神。

——上海图书馆藏手稿

是年 始与沈瑜庆[1]订交。

始与陈文忠宝琛在京订交,论边事辄至午夜。

——《涛园集·沈敬裕公年谱》第 134 页

[1] 沈瑜庆:字爱苍,号涛园,福建侯官人。光绪举人,顺天府尹,山西、广东按察使,江西、贵州布政使,沈葆桢子。谥敬裕。

是年诗

"送孝达前辈巡抚山西" ——《沧趣楼诗文集》第 261 页

1883 年(癸未 光绪九年) 36 岁

李鸿章与法国特使德理固(Arthur Tricou)在上海谈判。(6.8)

刘永福黑旗军在河内西郊纸桥大败法军。(5.19)

张兆栋任福建巡抚。(5.30)

中法谈判中止。(10.23)

1月5日(壬午十一月二十七日) 《申报》报道,接任江西学政。致函张佩纶。

陈宝琛奏接任江西学政日期并谢恩。奉旨知道了,钦此。

——《申报》1883 年 1 月 5 日

致 张 佩 纶 陈宝琛

六丈:筮易得昼接之象,意进御方药王不留行,其一味也。鄙人日前以终夜不寝以思命题,亦拟用和润之剂代攻破苦,未诊脉不敢立方,丈殆此意耶?新延二医亦在意中。景岳书乃束高阁,此殆病家主意,左右不能尽言耳。吾辈此时且静竢之。医家未有不自顾门面者,出手数方谅不大谬,日久则技穷而弊见。若持之过急,将倒行逆施,攻下更难,病家益受其害,鄙见如此,丈然之否。匆匆草布,即颂起居,不尽。弢叩,仲冬廿七日。 ——上海图书馆藏手稿

1月8日(壬午十一月三十日) 致函张佩纶。

致 张 佩 纶 陈宝琛

顷读邸抄,知丈特邀异数,为天下庆,复为足下忧。以公鲠直,加以乡冠,必昼夜思所以酬主知,餍众望者,庸夫俗子皆意计及之。悢悢之私,则以正气方萌,群阴犹盛,枢机之发,动关大局,不可不慎。吾曹夙戒近名,意气感激,亦宜时时警省。公平日绝物太甚,既长西台,有扬激之权,于陈、邓诸君不妨略加青眼,天下人岂能尽如吾意。此数君者,皆比上不足,比下有馀,彼好名则以名予之,彼干禄则以禄酬之,此帝王所以奔走,豪杰圣贤所以激厉中材者也。公所处地望,宜以能容人为体,能下人为用,前寄小诗中"累土岑斯尊"者即谓此,若可用之才不收之为用,而又绝之,是自树之敌矣,公当鉴其愚而不非其言。高山仍同列否,其素日声名大可小试牛刀。竹兄、健兄当先后归。健以公故,

少齎忠谠,得毋愠耶?比来当局何似?观公与憨公二事,犹足以涂饰观听也。手此,再布蒉丈坐下,弢叩,仲冬晦日舟中。　　　　　——上海图书馆藏手稿

1月13日(壬午十二月初五日)　张佩纶来函。

致 陈 宝 琛　　　　　　　　　　　　张佩纶

　　前寄一笺当已入览。十一日奉权贰柏台之命,兴辞未获,勉强就职,其事与竹坡同,但不能言耳。忽忽廿日,无所建白,未免辱台,以苦于簿书且兼感冒也。开单外省所喜,流弊孔多,此件乃丹老参酌,非不知外弊者也。壶公昨示责鄙人,驷不及舌,嗣见疏及丹公[1]议大服。鄙人非确有所见,亦不为丹公所动,公及润师[2]但顾部费一节,不知其弊全在外吏。贱体温齐不投,遂守中医,伟如[3]非妻党比,且看公风力何如。诏举人才,将铁香、颖叔献之明廷矣。《明通鉴》已收到,再同无之,何也。边夫人已到,拟明年绪婚[4],故边世兄仍回霸州,明年入都矣。灵光可存,时局之幸。洋务无所闻。敬问兴居。弢公前辈。蒉斋上,十二月五日[5]。

　　壶公之兄事幸属润师一留意,壶窘甚,须江西稍宽之耳,速速致意为恳。

　　　　　　　　　　　　　　　　　　　　　　　——上海图书馆藏手稿

[1]丹公:阎敬铭,字丹初,陕西朝邑人。道光进士。历任候补四品京堂。湖北按察使。

[2]润师:边宝泉,见前。

[3]伟如:潘霨,字伟如,见前。

[4]续婚:张佩纶原配朱夫人卒于1879年;续娶边夫人,边宝泉女。

[5]张志潜《涧于集·书牍后序》:此函作于壬午即1882年。

1月22日(壬午十二月十四日)　工部左侍郎孙家鼐奏荐公等。

　　侍郎孙家鼐折敬举所知由:十二月十四日臣孙家鼐跪奏,为敬举所知以备采择,恭折仰祈圣鉴事:臣伏读十一月二十八日上谕,为治之道首在任用得人,际兹时事多艰,需才孔亟,允宜博访周谘,以备擢用,等因,钦此。仰见朝廷廑念民生、求贤若渴之至意,凡在臣工孰不同深钦佩。臣知识庸愚,愧乏人伦之鉴,顾念孔子谓仲弓曰:"举尔所知,尔所不知,人其舍诸。"夫十室之邑,必有忠信,天下之大,岂曰无贤。但使为人臣者,各怀以人事君之义,则国家不患乏才,而时艰可期共济。谨就臣平日见闻所及,堪备任用者,开列于后:翰林院侍读学士陈宝琛,该员质性敏达,心志沉潜,学问优长,留心经济,庶几才品兼修之士。……以上七员,或为臣平素所知,或得之采访确实。谨胪列行谊政绩,以备朝廷采择。所有臣荐举所知缘由,理合恭折具陈,伏乞皇太后、皇上圣鉴。谨奏。光绪八年十二月十四日。

　　　　　　　　　　——中国第一历史档案馆藏录副奏折03-5172-069

江西巡抚李文敏奏报新任学政陈宝琛所延阅文幕友姓名籍贯。

李文敏片：再，各省学政所延阅文幕友，例应将姓名、籍贯咨明督抚查复奏闻。兹准新任江西学政陈宝琛咨称，号中所延阅文幕友七名，系湖北拔贡生王林藩、福建举人杨鸿祺、江苏附生洪熙、福建拔贡生黄增、福建监生李敖、江苏增生倪曾沐、福建举人林白荣，等因，咨会前来，日复加察访，世异理合，循例附片奏闻，伏乞圣鉴，谨奏。光绪八年十二月十四日。军机大臣奏旨，知道了。钦此。

—— 中国第一历史档案馆藏录副奏片 03 - 7185 - 082

复函张佩纶。

复张佩纶

陈宝琛

黄斋世丈阁下：初旬舟中草白一缄，顷省会邮来仲冬手书，读悉一一。弟一方在愚意中，不意乃烦攻下，苦哉公也。一文定贻误至此，而又二之事会如是，天意可知，差喜台纲得公一振，此后当有激扬之举，用副明诏，藜藿不采，所裨已多，司农徽贪，大快人意，仲献归来，气类不孤。驲门榷关禁中少一端士，习吏事以化结习于彼，洵有增益。壶得乐山[1]，喜可知也。新薇何如，虑其言过于实耳。半年来搢绅簿新采夺目，江湖小臣时时额手，此间宦场名为简静，实则泄沓，长官轮委为公道，以酌委为妙用，得委者不过一年，但求无过，取盈宦橐，岂暇问利病、论兴革，长官无举措，故下吏无精神，此吏治所以日偷、民生所以日弊也。鄙人常谓江右委署章程，纵使至公至正，亦不过调剂穷员而已，恐非设官治民之本意，况又意为爱憎，瞻徇请托哉。河阳固不足言，经笥亦非壶公之比，局外人亦但坐视沦胥耳。目下循分之事牵于积习，尚自问心，不过曩者忍庵劝侄请隘学额而不果，今身当其境则悔之无及，盖每县文理通晰者不及十人，而进额有三四十名之多，必申明旧章，任缺无滥，则违拂俗情，故在瑞州忍之又忍，而临江文风之劣尤甚，不得已而通府缺十馀名，想舆论必已腾沸，此事须言路痛抉其弊，请通饬责成照例从缺，则各省皆当奉行，不至独为怨府。否则相率因循，名器愈滥，士习愈漓，虽劳精弊神，唇焦笔秃，而无作新之法，如有人肯说，询忍庵必能详道，或由鄙人自陈，为天下先，何如？公为酌之。自抵章至今无一静晷，习为烦劳，未尝不好，但学业益不进矣，奈何。二十日竣事回省，当有兼旬小住，再行详布一切。匆匆草复，敬问兴居，不宣，弢庵手上。腊月十四日。

仲兄、健兄当已归，候之。

问津一席，倥意公入西台[2]后，必辞脱书来，犹在先也。所筹甚善，散处拟岁寄三百，如不足，随时示知。壶公令兄事，当与润公言之。并复。再请岁安。弢叩。

前书欲矫公之偏,语多过当。"能下人、能容人"二语,指陈、邓辈言之,非谓包荒小人也,如戈、如张、如周,不当淘汰耶?公当不以词害意。

——上海图书馆藏手稿

[1] 乐山:溥忻,号南石、乐山,爱新觉罗氏,满洲正蓝旗。载瀛长子。封赏固山贝子。著名书画家。

[2] 西台:御史台。1882 年 12 月 20 日(光绪八年十一月十一日)张佩纶署都察院左副都御史。

1 月 28 日(壬午十二月二十日) 临江试事毕,返南昌。致函张佩纶。

致 张 佩 纶 　　　　　　　　　　　陈宝琛

黄丈:中丞比来连布两缄,谅登记室。今日临江事竣,解维旋省,劳劳两月,自问无补丝毫。阁下何以教我,盗骡人乃病足,精力亦全无,此间黄堂谬劣,庸冗者多,伊在此尚在无咎无誉之列,可怜可怜。贪诈伎俩竟无所用,然尚恋栈,经笥似不便再姑息矣。在省时刘璧臣曾言常宅借卷已由执事批销邮还,渠拟再寄百金代李偿逋,此君亦能吏也。昨海东来书,善书掣肘,大有引退之意,观其复禀,意愈词激,恐难相安,纷纷置棋台事,将不可问,以庸人御名马,固宜有此。连宵展转,计惟有稍破常格,专其责成,令自奏事,但身在江湖,语侵梅花亦有不便,原函录呈。公幸留意,或与更生瓜畴图之,都梁曾以款曲面布,更生抄稿中有论朝鲜事即上更生书也。诏下求贤,执事有无论荐才守能兼,已难其选,况器识闳远者耶。此间官场尤称乏才,润老雅重,董瑞峰丈闻已调权首郡,昨见署瑞州府王延长,精勤朴练,经权得宜,询知曾在文正军中司文书,管糈台,故于理财尤精核,惜其年将七十,恐不及用。此外求如崔棣村者盖无人焉。冷镇雒守优于才,足为循吏耳。鄙人未跻九列,复解讲职,知人不易,不过纵论及之,非敢妄有所陈也。经笥颇赏小贺,闻近遣其权守吉安,殆因贺老犹寓赣郡,如回南昌则又来就养,不如令就近迎养于吉耳。其实小贺不过小有才,岂值孝先赏识,亦足见此邦道府之无人也。仲献归来有何议论,常晤及否,近日台官有无复起激扬之用,责在公矣。近见东朝召对甚勤,想起居必更康胜。函便示及,舟中草此,敬问兴居,不宣,侄宝琛顿首,十二月廿日。

——上海图书馆藏手稿

2 月 4 日(壬午十二月二十七日) 惠郡王奕详等奏为公等在礼学馆在馆校阅精详,请旨奖叙。在南昌致函张佩纶。

惠郡王奕详等片:再,前提调官詹事府左中允于荫霖,于开馆之初厘订章程,调理细密。侍读学士陈宝琛在馆较久,校阅精详。臣等本拟列保。惟于荫霖新授湖北荆宜施道，陈宝琛以江西正考官旋拜督学江西之命。据该二员声称，受恩深重不敢仰邀议叙，其应如何奖励之处，臣等未敢擅拟。伏候圣裁，理合附片陈明，谨奏。 —— 中国第一历史档案馆藏录副奏片 03 - 7172 - 005

亦见《申报》1883 年 3 月 15 日

致 张 佩 纶 陈宝琛

闻新疆分界可，去年以大雪封山，俟今夏开办。但沙振亭领队，偕俄官逾冰岭南来，已在别叠里贡古鲁克等处会立界牌，于是天山尽头南北相通之路，已属杆格不通，查旧约所载，天山以北山水应属中国者尚多，入手便失机宜，可惜。昨还省后[1]，两晤河阳，新政意在慈祥，如粥厂之类，或可如随人俯仰之言，则经笥可自展积抱，壶公令兄事，润公允阁住不催，壶公有此兄，润公言之犹有馀怒，江右不催，他省尚须招呼也。再上蒉丈，名心叩。廿七日。

—— 上海图书馆藏手稿

[1] 公光绪八年十二月末回南昌。

2 月 5 日（壬午十二月二十八日） 校刊《穆宗毅皇帝圣训》完竣，南昌途中，奉上谕交部从优议叙。

袁州试毕，舟经南昌，得读邸钞，光绪八年十二月二十八日奉上谕："翰林院侍读学士陈宝琛，着交部从优议叙。钦此。"

—— 《沧趣楼诗文集》第 835 页

以校刊《穆宗毅皇帝圣训》完竣出力，予翰林院侍读学士陈宝琛等优叙，赏编修陈文骤花翎，馀升叙加衔有差。

—— 《德宗景皇帝实录》卷 157 第 215 页（十二月二十七日）

以前充武英殿提调官，校刊《穆宗圣训》，交部从优议叙。

—— 《闽县陈公宝琛年谱》第 28 页

2 月 19 日（正月十二日） 离南昌。

正月至七月 按试江西袁州、九江、南康、抚州、建昌各府后回南昌。见《闽县陈公宝琛年谱》第 28 页。

3 月 14 日（二月初七日） 正月出省，按试袁州等地。致函张佩纶。

致 张 佩 纶 陈宝琛

绳庵世丈阁下：春来尚未修问，冗俗可想。正月十二出省至今，袁州文童才试竣，日内当校射矣。昨由省邮来嘉平手书两函，知公感恙想已早愈。时事如此，人才如此，公宜宝啬精神，勿贻友朋忧，顷见《申报》竹坡自劾买妾[1]，下部严议，其追讼往事耶？抑故态复作耶？疑问不解，为废寝食，此亦阴阳消长，所关非一人一家之事也，实孚使蜀[2]，朱故耶？以什百庸众目注而心羡者，举以表直，固足激厉台官，但冠獬者益寥寥矣，奈何？铁香[3]廉悍明达，有办事之才，然在此时似不宜出。合肥春半想必予假归葬，防战之略有无定筹，仆欲申论倭事，请蓄艾三年，伸威一鼓，未审近日交趾缓急情形，公如谓然，当必有所指授，校勘保案获免，甚慰初心，但题缺太多，恐不免于迁擢。鄙意小官则受，大官则辞，必有讥其学半山者，听之而已，此间上下积疲，学校尤甚，以致士习日漓，文风日下，既已当官，不敢习为披靡，按试所至，稍尚严整。自以积重之势，未便径情操切，然庸耳俗目，已为惊诧。稍间拟入一疏，申旧章而破积习，如得请奉行，尚可以循分尽职，否则分内之事日夜疚心，何敢抵掌论天下哉。河阳到此，鉴于前车，筹考费以赡官，月考一次膏火二十金，次十六，次十二，举□觞以娱绅，设义学以惠士，议于省垣设十二所，以诸生为塾师，现向藩司筹款，捐赈米以悦民，凡所设施，不日当登《申报》馆，此间当道均生手，故孝先一时断断离不开，其于地方利病、属寮贤否，尚有端绪也，河阳于孝先以公故，貌甚敬礼，始呼姻丈，继认同年，目下尚不枘凿，鄙人在省亦劝其推诚委任，但其路径究竟不同，此后能如公言，则幸甚也。然亦只能蹈常袭故。使江右吏治不至江河日下，若欲挽回痼疾，则孝先尚病和谨，何况河阳兴言及此，益叹才难。壶公令兄税事，已语孝先，允为缓催，当不相逼。与壶公久不通问，近来疆事顺手否，磨勘事已发下，未知省官如何讯鞫，即有情弊，非本生，即誊录内帘，只见朱不见墨也。文卿[4]前语我谓寻隙者众，乃不出其所料，此三年中之谣诼又不知若何。然与其畏首畏尾，而仍不免于中伤，不如我行我法也。但自律必严，不致授人以枋，至因公受过，则防不胜防，问心亦无所怍。出都后，于朝贵皆未通函，丹公处乞为致意。贱体尚耐劳，随处问俗，冀长更事之智，新延倪茂才入幕，曾在廑翁晋幕，壶公聘之而未赴，诚悫宏毅，于时务极为讲求，惜僻居乡间，论兵尚多隔膜，朝夕相处，当受其益。手此敬问兴居，不宣。宝琛顿首。

　　健兄并候，未及作书。

　　前函未发，顷见竹坡如议褫职，合观两次论旨，自是归途复蹈故辄。犹记临歧苦口谆谆，乃竟任性纵情，不顾大局，如此令人愤懑欲死，人之不可以无学也，甚哉。如是自讼往事，则不唯可恕其既往，且当奖其不欺。鄙人亦可以论曲直，似俟观原奏后再决，公谓何如，乞速示。名心叩，初七日。

　　顷肝气大作，学养不达之征。寿丈[5]擢臬，意中事，不足喜也。

——上海图书馆藏手稿

[1]《德宗景皇帝实录》卷157光绪八年壬午十二月："内阁学士、侍郎宝廷奏，途中买妾，自

请从重惩责等语。宝廷奉命典试。宜如何束身自爱。乃竟于归途买妾。任意妄为。殊出情理之外。宝廷着交部严加议处。寻议革职。"宝廷外派归途两次买妾，此次自劾。

[2] 实孚使蜀：邵积诚，字实孚，见前。1883 年 2 月（光绪八年十二月）任四川学政。

[3] 铁香：邓承修。见前。

[4] 文卿：洪钧，号文卿，见前。

[5] 寿丈：黄彭年，字子寿，见前。1883 年 2 月（光绪九年正月）任湖北按察使。

建议江西巡抚潘霨[1] 重修白鹿洞书院，聘请谢章铤主持。

提督江西学政陈宝琛，来南康主持科考，见白鹿洞衰败，禀告巡抚潘蔚等请拨经费重修，并延请名儒谢章铤主洞，从各府学选拔优秀者入洞肄业。

——《白鹿洞书院碑记集》第 305 页

[1] 潘霨：字伟如。江苏吴县人，监生，福建按察使、布政使，湖北、江西巡抚。

3 月 20 日（二月十二日）　在袁州致函张之洞。

致 张 之 洞 　　　　　　　　　　　　陈宝琛

　　达公前辈执事：匆匆出都，遂阔音问。晋阳新政，四海所瞻，公之勤劳，亦已至矣。去冬从邸钞知公有眚令之痛，深用怃然。归语润公，西江税事殆可缓也。黄华终非同调，柏薇俱易新题。远道拳拳，但以臂助得人为公祝耳。去国半年，时局略异，少农罢政，庶子掌台，举措如斯。方惜公与丹公不即柄用，更生乃忽自污，以快谗慝，令人愤懑欲死。谴责固所应得，然其数年来忠谠之言，隐裨朝局，亦中外所知也，当不为一眚所掩。既不稍蒙曲宥，若久于废弃。恐亦难餍人心。侍与之同年，踪迹又密，欲论其事，则涉阿好党护之嫌，望微言轻，亦恐难回天听。阅钞后，彷徨数昼夜矣，公能为大局一言乎？在渠疏野之性，弃官如屣，方且惬而不悔也。侍自去冬连试瑞州、临江二郡，近复试袁州毕，此间士习之偷，文风之陋，学额之滥，场规之宽，积敝相沿，挽救非易，掷精神于虚牝，信如公言。但既承其乏，难尸厥官，百事俱求严整，怨谤听之，已将公《輶轩语》刊行颁示，俾如取法。每郡发落，复各就其病痛而告诫之，果能率教，或收微效。但自维学殖浅薄，又初领斯职，离群而居，师心自用，诚恐劳而无功，繁而失当。公肯出绪馀以相示，定当奉为规绳。豫章气习视楚蜀亦大同小异，顷所作告袁士语，以一纸呈质，可以知其大凡矣。身临外省，始知办事之不易与好官之难得。江右事事积疲，而规模并未甚坏，安得如公者来，为爬剔而整理之耶？手此，敬问兴居，不尽百一。侍宝琛顿首。二月十二日袁州书院。

——《近代中国·陈宝琛致张之洞函牍辑注》第 15 辑第 299—300 页

亦见《花随人圣庵摭忆》第 88—89 页

弢老此笺,盖为竹坡自劾而发,竹坡既革职,意求南皮疏为之复官也。更生者,刘向之字,以比竹坡,言同姓之直臣也。南皮时任山西巡抚,弢庵则江西学政,录此以为当时清流相惜气类之一证。 ——《花随人圣庵摭忆》第 89 页

3 月 25 日(二月十七日) 张佩纶连续致两函。

致陈宝琛 张佩纶

弢庵前辈:奉惠书,宛若晤言一室。敬承鉴空衡平、福佑骈集贺之。佩纶尝谓东南大乱之后,田土商民动日元气未复,而学校则增广生员,文风似骏承平为盛,可谓怪事,故停捐以抑赀郎,必减学额以杜幸进,方得情理之平。尊意正与我同,记壶公在蜀,曾奏请悬额不进,未知通饬各省否。阁下似即如此办理为合,不必奏裁,致拂众意也。佩纶守台三月矣,迫于簿书,殊无读经勘史之暇。亲贤人、黜不肖,差幸尚合尊恉,即外省署事章程,乃正月十二具疏者,而来教乃先得□心,不可相视而笑乎。江右吏治平平,久在意中,润师志正才短,而不肯察言纳善,与文山同,守法有馀,剔弊不足,令之贤者如此已少,安足以斡旋时局耶。阁下秉节观风,名望既高,地分亦峻,暇时宜读古人书自益,非然者誉言满耳,愿而自得,恐赐也日损矣,心交如佩纶,不敢不以危言上告也。嘉谟入告,不可有成见,可一月十疏,可一年无一疏,若以作学政为解讲职,则前之麇伯、今之憨山,皆为越俎,殆未必然。要之,不必论江右人才政事,断为处世之宜,盖今日不大治,亦不大乱,一切可听之润师耳。越南事机可乘,而豹岑[1]太庸,沅圃[2]滑,佩纶昨论之而未见答,当是难得替人。圣母大安,召见甚勤,其病在整顿而无条理,译署日以张广飚作总办,此可云整顿乎。各处均见整顿,若丹老能得译署,商政或有起色耳。尊夫人得可庄亲送,沿途自必妥协,介弟丧偶,憔悴可怜。来书□有以广之复试入闱,暇时作此奉报,不得其门,而入视持衡诸公,真如天上矣,一笑。敬问起居,伏祈,垂察。佩纶顿首上。二月十七书于东堂。

书院鄙人辞后,可庄亦不受,及得柏台,并去年之课亦不能闱无暇。合肥属长芦请再同,再同探□说甚力,今年始纳之,不敢拂其意也,为时甚迫,而再同意亦甚诚。尊筹可已,壶公有兄事,未便及之,俟明年议之。绪婚本三月,今改二月下旬,姊丧甫除,以边氏不能久待故耳本意三月中旬较妥。知念并闻,又及。

——上海图书馆藏手稿

昨书收到,一切详前函矣。武英保举获遂逊让之怀与次公均不敢仰邀议叙,诒公则云,清望妙才,行见不次迁擢,不必与鸡鹜争食也。及门陈朝柱几以磨勘斥革,因公多怨,欲以此中之。丹老领衔力持而止,此已由外斟酌,愿善为弥

缝属致意。子隽处一款俟交到，即为寄去。佩纶近已寄与卅金，尊款明年寄示不晚矣。复颂弢庵前辈兴居。佩纶顿首，十七日午。日来冗甚，俟与可庄兄弟、仲勉晤后再详复。　　　　　　　　　　　　——上海图书馆藏手稿

[1] 倪文蔚，字豹岑（臣），安徽望江人，咸丰进士，广西布政使，广西、广东巡抚。

[2] 曾国荃，字沅圃。见前。

郑孝胥往谒宝廷，宝廷云：昨日接公函，盛称少而岐嶷，希郑以气节勉郑；宝廷劝郑"勿侈口谈论"，"勿酒后诋诃流俗"。

午后，仍坐车往谒竹坡老师……有顷，竹坡方出，服敝服，裂处露棉几尺许。前谒已，三让就坐，问余住处，因曰："陈伯潜昨有书来，盛称吾兄少而岐嶷，欲仆以气节相励。仆意中却有鄙见，愿以相告：结交宜分别，勿侈口谈论；闻颇善饮，勿酒后诋诃流俗。如是而已。外人方谓吾兄是竹坡得意门生，恐徒累吾兄耳。"余姑颔之。　　　　　　　　　——《郑孝胥日记》第 33 页

3 月 27 日（二月十九日）　以翰林院侍读学士内阁学士兼礼部侍郎衔。见《德宗景皇帝实录》卷 160 第 246 页，亦见《申报》1883 年 3 月 30 日。

窃臣于三月初五日南康舟次，准兵部火票递到光绪九年二月十九日奉旨："陈宝琛补内阁学士兼礼部侍郎衔。钦此。"　　——《沧趣楼诗文集》第 835 页

邸钞。以国子监祭酒景善、翰林院侍读学士陈宝琛俱为内阁学士兼礼部侍郎衔　　　　　　　　——《越缦堂日记》第 13 册第 9793 页

4 月 3 日（二月二十六日）　上"谢交部从优议叙折"，折见《沧趣楼诗文集》第 834—835 页，亦见中国第一历史档案馆藏录副奏折 03 - 5177 - 069。

4 月 7 日（三月初一日）　李慈铭函劝公奏裁江西捐输学额。

作书致陈伯潜阁学于江西，劝其奏裁捐输学额也，此事关系学校人才甚钜，余当属冑（肯）夫行之四川，又寓书黄漱兰詹事于江苏。去冬铁香条陈科场积弊，亦草此议，力从臾上之，而皆不见听，洵乎深识之难也。今闻伯潜按试，所部多取不足额，故复言之。作书致汝翼托其转寄伯潜书。

　　　　　　　　　　　　——《越缦堂日记》第 13 册第 9807 页

4 月 10 日（三月初四日）　吏部请旨内阁学士陈宝琛应否仍留学政任。

三月初四日，吏部奏：新授内阁学士陈宝琛，应否仍留学政之任，请旨事，拟请传旨，仍留学政之任。　　——中国第一历史档案馆藏单 03 - 5673 - 005

4 月 14 日（三月初八日）　在南康上"谢授内阁学士兼礼部侍郎衔折"，并"附陈考试情形片"，折、片见《沧趣楼诗文集》第 835—838 页，亦见中国第一历史档案馆录副奏片 03 - 7208 - 066。

　　江西士习文风积弊甚重。教谕、训导多衰庸猥鄙之员,月课季考罕肯举行。各府州县尚有无书院者,有费绌未延山长者。其已经修复者,亦专校科目,不论品学。而取进之方,则又甚滥,人怀侥进之心,一则怵于习俗冷藉之言,一则藉分乡族考费之利。官见人数众多,不欲以严苛开谤,虽明知佳卷不足,亦必为之勉强充额。上科闱卷,雷同至有千馀本之多。公于抢冒重名诸弊,皆豫颁条教,剀切示禁。所至复峻肃关防,密查严办。至文武生员抗粮健讼之风,亦谘访守令,责成校官,有犯必惩,有侥必革。并会商抚臣修复白鹿洞书院,厘定章程,筹添膏火。谢章铤先生枚如乃闽中钜儒,公官京师时,谢亦以内阁中书居京供职,与公乡里旧交,时有往还,深知其学识渊醇,因聘为山长。江西士风为之一振。时奉旨申禁吸烟,复通饬府县,考察校官,董戒士子。瑞州府首先倡办,著有成效。乃严饬各府仿行。公自撰学署楹联云:"作君子自辨义利始;举秀才须明经传人。"以标示育才之旨。

——《闽县陈公宝琛年谱》第28—30页

4月17日(三月十一日)　在九江试院,致函张佩纶。

致 张 佩 纶
陈宝琛

　　蒉斋世丈阁下:入春未奉手书,询润公,知诹吉二月二十三日,复闻有知贡举之命,遥谂内助得贤,瑟琴静好,春官桃李,此时正凤夜在公也。停捐善后一疏深中时弊,如能准行,所神无量,西台芜葳剗除,健兄[1]徐徐而来,免与哈等为伍,忠谟谠议出于一门,自是盛事,宝琛滥叨恩命,越次迁除,诵《维鹈》三章,汗下不已,本拟疏辞,属以詹事缺员,状元[2]居上,既不同于破格,又难托于避贤,草牍不成,遂腼颜拜命。顷已考毕三郡,随事整顿,益见积习之深,教官、书院、学额、县府考诸弊,因附片略陈梗概,明知滔滔皆是,言之徒以迂阔取讥,然在官言官,舍此则治标,而无救于本病,此间深中宽疲之弊,故鄙人矫之以严,不惜以一身府怨丛谤,日昨严檄各学勒限戒烟,未知此令得行否。然童生有因是摈斥者,分宜案首不进,生员有坐以注劣者,似不能独恕于校官,其细已甚,公闻之必莞尔而笑也。二月初旬,由袁州驿发一书,昨来九江始知外封被拆,未知内封亦拆损否,此间驿站最可恨,凡是散处来往文书动被偷拆。前因袁州离省稍远,又无信局,故将此信附黄华农函中,邮递招商局,附轮寄津,内尚有家书一总封,谅蒙饬交。河阳极爱作声名,自是好处,米穀免厘,已荷襃允,当更兴会,但处处存见好之心,经筒殊苦之耳。经筒在此亦断断不可少之人,盖情形熟于河阳,属吏不敢售其欺,识见之胜自不待言。宝琛春半过省,匆匆易舡即来浔阳,经筒未得面,但手札往来,意颇郁郁,四月杪回省,当罄一切。

昨见《申报》谓，法人将大举寇越窥边，宝海[3]召回本国，未审果否。铭将军[4]引疾归，代者何如，清卿当可行其志，喜桂亭不耐穷边，无志之极，闻新疆分界开手即失机宜，将西陲来信摘录别纸以呈，公可按图审其得失也。匆匆奉布，即颂兴居，不宣。宝琛顿首，三月十一日，九江试院。　　——上海图书馆藏手稿

[1] 健兄：张人骏，字千里，号安圃，直隶丰润人。同治进士，广东按察使，布政使山东，河南、广东巡抚，两广、两江总督。张佩纶族侄。

[2] 状元：洪钧，见前。

[3] 宝海 Frèdèric Albert Bourèe，法国外交官，1880—1883 年驻华公使。

[4] 铭安，字鼎臣，叶赫那拉氏，满洲镶黄旗，咸丰进士，吉林将军，1883 年 3 月因病解职。

受命内阁学士，拟由九江专差晋京承差，函询王仁东递折事宜。

致 王 仁 东 　　　　　　　　　　　　　陈宝琛

旭弟足下：日前得手书，知仲妇之耗嗣，可弟来函知贵寓于廿六日移千张胡同。可弟、四姊均于初二起行，此时计已过沪。兄初五日在南康舟次接奉部文，除授阁学，初八到九江，即具折谢恩。但此间学署数十年来未曾自差一弁，凡有折件俱附抚辕带赍。兄此次由浔专差晋京承差，更涉外行。因遣刘玉由轮北行，渠是本京人，人较灵便，如何递法，何时领回，提塘处，应费若干，谅山西时常办过，情形相似，祈指示之。渠五日内当南旋，有信付之。仲弟移居何处，闹艺自不能工，心境能否自遣，甚以为忧。黄丈知京举当夙夜在公。新人如何，体气状癖气好则善矣。欧公到京否，都门有何近事，随时示我为荷。敬问祈安。兄琛顿首。三月十一日。　　　　　　——上海图书馆藏手稿

致函张人骏。

致 张 人 骏 　　　　　　　　　　　　　陈宝琛

健兄同年足下：别来忽逾半载，离索之感，积而益深，阅邸抄，知兄已补谏官，并有诏，毋庸回避，竹林风清，柏台霜峻，甚盛甚盛。弟骤添迁除，殊惭不称。比来江上冷雨萧萧，忆六丈方从公镶闹，足下亦复岑寂。春来有何佳兴，但愿圣朝无阙，可以不问狐狸也，竹坡之事，令人馀恨不已。兄近见之否，入春以来，未得六丈书，而兄亦不以一字复我，何耶？续胶有定议否，念极，近日有无移居，便中乞并示及。手此奉问起居，唯希远鉴，不宣。宝琛顿首，三月十一日。　　　　　　　　　　　　　　　　——上海图书馆藏手稿

5 月 11 日（四月初五日）　九江棚次，奏报瑞州、临江、袁州三地考毕情形。

四月初五日……发抄陈宝琛奏考毕瑞、临、袁各属情形，奉旨：知道了，钦此。　　　　　　　　　　　　　　　　　　——《申报》1883 年 5 月 21 日

5月13日（四月初七日） 致函王仁东。

致 王 仁 东 　　　　　　　　　　　　陈宝琛

　　旭弟足下：前作答后，复得初旬一书，内有苍生书。顷复由省邮来十七日手札。时局纷纭，边事孔棘，弟之忧愤固宜。昨见邸抄，伯希诸君交章所论，仰见慈圣苦心，似不宜再有继起。兄于越事思续论之而不果，此外更无从置喙，弟固知我深也。方今外侮方亟，上下内外宜壹心并力，持以坚定，乃各逞意气互持是非，巢幕处堂，此之谓矣。兄去腊论海防，据事直书，并无成见。兄以黄事虽曾论张，与之实无纤芥。有此间盛传某某经营粤防，事事制肘宜饬督抚，济以和衷之语，不意杯中蛇影所谓他之召，声音颜色拒人千里之外者，谗谒之至，不亦宜乎。乃于足下发之。黄之偏衷，是其本性，至其感感，无理取闹，更在又何难焉之列，足下先将此一节置之不论、不议何妨。贱体近甚疲惫，可来救我多多。望后拟将北行，未识能再留否。南皮内召谟议如何，朝邑[1]秉钧，苦哉此老。此间阅《申报》所登邸抄，皆不出三日，想仍电线之功。顷试瑞州已半[2]，望后还省，再赴抚、建。诋林文忠为不知洋务者，乃蔼人[3]之言，仆尝讥之，吾弟何误以为仆言耶。此复，即问侍安。琛顿首，四月初七日申刻。

　　河阳今得家书，知被人论劾，遣使按问，当是确信。可弟前谓我择非稍画采风之职，早经拟就俟临去时发之，今彼有此事，又费斟酌矣。

　　　　　　　　　　　　　　　　　　　——上海图书馆藏手稿

[1] 朝邑：阎敬铭，陕西朝邑人。见前。

[2] 1882年十一月初二日"报出省按试折"："臣于十一月初二日由省起程，先考瑞州，次及临江、十二月杪可以毕事回省。明岁正月初旬，当接考袁州，递及抚、建各郡"。此处"瑞州"疑误。

[3] 蔼人：龚易图，字蔼仁（人），号含晶，福建闽县人。咸丰进士。云南知县。

6月14日（五月初十日[1]） 　主持抚州试事，下月试建昌。致函张佩纶、王仁东师。

致 张 佩 纶 　　　　　　　　　　　　陈宝琛

　　篑斋世丈中丞坐下：月来以公入闱，久未笺候，折差又于榜前出京，未领复书，弥用怅惘。南交事亟屡于洋报见之，合肥南下当是确音，若能张我军威，折其骄气，将来代立条约如朝鲜之于倭奴，此便是好结局，但恐缓不及事，则彼蓄虑深入，必且大肆贪残，补牢之谋更将安出，边情瞬息万变，此邦僻左，得一的耗，辄已逾月，杞忧漆叹，不敢妄有所陈，亦恃有公运筹帷幄耳。前见洋报，定制兵船渐已来华，未知铁甲已藏工否。合肥此行水陆兵数共有几何，如果战舰齐全，水师精锐，则南平越难[南]，并可东索球疆。侄春初尝欲申论倭事，因南定之警而止，今若乘此大举，法必求成，则回师东指，是不得于法而得于倭也，旁观遥度，恐蹈危事，易言之失，公谓如何？此间事多，润公[2]主持，虽中峰不能有大举措，欲举矣，然无错，盖最当错者，即吉林之私人，敢乎？而补署循章尚称公道，不似糊涂，在日事事专政徇情矣，但亦有为难处，则两君情性本不侔也。去岁刘树敏，雅宾堂兄，河阳初衔之，近复邀之入署，颇有招摇之事，孝先亦有所闻。自京来声言公劾河阳，河阳来此闻之，虽知其诬，然以为恨，屡对人自白与公无隙。近鄙人过省，又为言此语非止刘发之，殆由孝先与我不合所致力为之解，终不释然。润公今岁述职届期，拟先日请觐，盖欲借以脱身，然以此间时局言，吏治精疲，伏莽牙蘗，当局枪法万乱不得。润公受言不多，却自胸有成竹，偶与论品属吏，亦皆灼然，实目下江省不可少之人。或者明廷鉴及，止令毋来，则所全者多。鄙人有所闻见，则以语润公，无所用其论列，但崔第春[3]以同年之嫌，不能荐之于朝，听其老于闲曹，是用疚心。此邦知府庸劣者众，故润公亦不能不赏贺良桢[4]也，润公言黄照临[5]狡诈虚饰，能诪能骄，□朝邑而师丹公[6]。丹老、左侯皆为所惑，此次擢云中守，自出潜邸札记，但其人万不可恃，恐壶公亦误引重之，必贻后悔，并举实迹数端皆蒙混上司伎俩，鄙人昔岁过陕亦耳。其名大抵大言不惭，亦是湖湘一派，不意其如此之甚也。公致壶公书可先及之，善为驾驭，勿过信任，谅亦无所售其奸矣。来教见规时置坐右，四海之内非公谁复为我言者，誉言信不少，幸皆浅鄙不足以长傲，近进一阶愈觉大而无当，而半年来为职事所窘，晨夕无一暇晷，不进则退，良用自惧。叔毅近自南来，稍分校阅之劳，其学养亦足以益我，尤望公时时以言相警，庶三年之别，不致嗒然而失其故吾。曹子建诗在“远分日亲”，眼时辄诵此以解离索之苦。闻竹坡羞见公面，近日何如，侄愤恨累月，顷始以书存之，未知使归尚有一年之蓄否。席卿肯伸正论，自是难得，为仲献计则藏拙为愈耳，健兄持满后发语必惊人，惜远道不得尽闻，博泉前辈近亦铮铮，西台中大有人矣，壶公当常通问，吏事顺手否？春间邮一书，未审何时达晋。顷试抚州，下月试建昌，外郡直同乡僻，朝报渺无所闻，七月方回省岁考，赐书但寄交署中，自能包封送棚。春初大疏所陈四事及满御史变通之法，皆先获我心。部议何似？便中望示及。敬问起居，伏祈惠察。弢庵顿首上，五月初十日。　　　　——上海图书馆藏手稿

[1] 此函原标有收信日期：“陈伯潜六月十二日到”。

[2] 润公：边宝泉，号润民。见前。

[3] 崔第春：崔国榜，号第春，安徽黄山人，同治进士。署兴国知县。

[4] 贺良桢：湖北浦圻(今赤壁)人。时任南昌知府。

[5] 黄照临：字梦范主人,湖南石门人。1883年张之洞抚晋,黄召授山西大同知府。次年署山西按察使。

[6] 丹公：阎敬铭,字丹初,陕西朝邑人。见前。

致函王仁东。

致 王 仁 东 　　　　　　　　　　　　　　陈宝琛

旭弟如晤：刘玉归,得可弟书,知月底当南归。此时想已起行矣。仲弟移居何处,近状何似,有信一函,祈饬之,内有幼丈、竹坡书。如仲弟南归,则足下为拆开,分致可也。越事如何,此间传闻辄不可信。《申报》外府亦不易阅,便中时惠数行,兼及近事为望。令姊到署甚安帖,可释慈廑。省城寄书亦较易也。手此,即问侍安。兄琛顿首。五月初十日。　　——上海图书馆藏手稿

7月15日(六月十二日)　翁同龢函告公与江西巡抚潘霨,上谕陈、潘两人妥办禁溺女会及育婴堂[1]。

[1] 参见1883年9月1日奏折。

寄潘霨、陈宝琛：江西向有禁溺女会及育婴堂,着接续妥办。

　　　　——《翁同龢日记》第8册第3619页附军机处日记

谕军机大臣等：翰林院侍读王邦玺奏,江西溺女之习,经前任学政督饬教官劝办救婴会,渐着成效。请饬现任学政接续办理,并各府州县向有育婴堂,请饬该抚筹款兴办等语。民间溺女,实为恶习,自应设法劝禁。着潘霨、陈宝琛,查照所奏各节,督饬属员认真办理。以挽积习而拯民命。

　　　　——《德宗景皇帝实录》卷164第311页

7月27日(六月二十四日)　致函王仁堪。

致 王 仁 堪 　　　　　　　　　　　　　　陈宝琛

可弟足下：四月得书时,以足下行当有期,遂未作复,比闻五月十八日始出国门,心系北堂,身随丹旌,炎天大海,何以为情。顷当安抵里闾,菰庐受吊,佳城既得,卜吉何时。宝琛廿载相依,病榻敛帷已悭一诀,又不获引绋临穴,稍致其哀,负恩实多,疚心何极,暑中负土,惟望足下抑情就礼,毋危其身耳。闽俗近颇凌夷,丧葬动辄踰制,足下大孝,岂俭其亲者,当能准古酌今,以正末流之失也。手此敬讯孝思,不宣。宝琛顿首。六月廿四日抚河舟中[1]。

交广经略之议,又自足下发之,虽非守经尚未悖礼,以所言关军国至计,奏记异于封章也,身辞魏阙,于中外军情遂不与闻,偶有流传,已后于事,遥度臆断,更恐不合机宜,致此举又累足下,非敢自等于秦越也。日来未得黄公书,据

洋报所述情形非范，腹中甲兵直不能窥测，黑旗颇能搘柱乃逍遥河上，坐待敌援之来，若非司铎羁身，便当自请长缨率偏师以与唐、徐相犄角矣。行之不得，言亦不能，真令人闷死。足下出京时如有所闻，幸速示之。此间试事捆平，自知于士习文风无大裨补，盖本原不治无所措手所缺，学额非万不得已仍皆苓滥，抚州一府仅缺十五名，建昌则数名耳。以仆之性情乃肯自屈以阿世，亦可见积习之难回也。如有见教之处，乞于暇时随手录示何如。再上忍盦足下。弢顿。

——上海图书馆藏手稿

[1] 公光绪九年正月至七月试袁州、九江、南康、抚州、建昌等府。

7 月 29 日（六月二十六日）　张佩纶来函。

致 陈 宝 琛

张佩纶

　　弢庵前辈左右：奉惠书，就悉一一，闱中曾作一缄，似尚未到，南北迢迟，为之怅然。越南事中枢直无胜算，恪靖糊涂，肃毅慎葸，威毅委卸，今乃属之振公，幸徐、唐[1]合力越将小胜，若增兵厚防，越终不败，或可支吾，佩纶屡疏，极言始滇、桂各发饷廿万，高阳、朝邑均无远谋，中国人才止此，付之浩叹。来教诚壮，似不切于事情，殆由传闻未审欤。铁香于去年曾劾蔚如，以伪传伪属之，鄙人近于掠美，怪公屡为致辨，岂欲为两家置邮骑耶，为润师可，不为润师亦可，渠敢如□何哉，润师赏小贺，不意西王品评似亦未确。吉林私人，不知何怊。崔第春不过能吏，保之者亦多，公再保未必有益，即再保，亦何至有嫌。鄙人殊所未喻。大要江西本无事，抚藩所争，不过闲文末节。公若茹若吐，嫌潘而示不甚满边，故其言如此耳，鄙人出闱后难以读卷，阅卷等事颇形忙冗，俗流生羡，庸人生妒，故优贡教习都不开列，问津一席已属再同[2]，辞去不以生计。累人趋公乏暇，学益荒落，人云作宦乐，祗觉其苦，非圣恩过渥，仿佛衣耳。可庄扶柩归，嘱作墓铭，至今未就，如何如何。仲勉亦不能数相见。竹坡罢官后，时相过从，游山颇乐，吾甚羡之。八旗人才如此，有几席卿一荐，虽辱尤荣。鄙所以不言者，以吾辈不必为人求官，近于非官不可，且有席卿文在先处难着笔矣。肃复，敬问近安，益祈垂察。佩纶顿首。六月廿六日[3]。

——上海图书馆藏手稿

[1] 徐、唐：徐延旭、唐炯，见前。
[2] 再同：黄国瑾，见前。
[3] 张志潜《涧于集·书牍后序》：此函作于癸未或甲申（1883 年或 1884 年）。

8 月 31 日（七月二十九日）　上"请急越南折"，见《沧趣楼诗文集》第 838—840 页。同日上"请以刘秉璋代倪文蔚片"，见《沧趣楼诗文集》第 840—841 页。此片亦见中国第一历史档案馆藏录副奏片 03-6018-108。

时越事益坏，朝廷和战不决。公虽在外，仍迭疏请急越南，速决戎机。谓徐延旭足当一面，宜畀亦督师之权。又荐浙江抚刘秉璋为淮军宿将，可代倪文蔚。十二月又疏论越事不可中止八端，请严饬各疆臣实力筹维，勿怀观望，亟搜军实，首固民心，否则防不胜防，劳师糜饷且十倍于战。又请饬下枢臣部臣，通盘筹核。夺中饱之赀，纾公家之急难，复辅以厘金，济以捐款，为筹饷之策。又谓用人必先破格，无论已仕、未仕，有能荷戈前驱、献策却敌者，咸予录用。效则加以不次之赏，不效则加以倍等之罚。一年以来，北圻大半沦陷。跨海袭攻已难为力，惟有由陆进取，步步规复，宜用全力，勿持两端。敌人之恫吓不足畏，邻国之排解不足凭。庙算坚，则人心一。若遂因难自沮，恐一日纵敌，数世之忧。又谓法人用心甚狡，强词夺理，非利在速战，即利在暂和。我若主战不坚，则为其所算。并附折自陈战事如开，不辞效用。

——《闽县陈公宝琛年谱》第 30—31 页

致函张佩纶[1]。

致张佩纶

陈宝琛

蒉斋世丈执事：尘劳喝病，久不奉书。自公出闱，未得手翰，想内持风纪，外策军谋，昕夕贤劳，殆无虚晷。音尘翘企，结轸弥深。数月以来按试僻郡，尺书不至，边报稀闻。近回省垣，略得大概，然流闻之语终恐失真。窃意当轴有怡公，台端有执事，大局所系必能主持，局外游谈，转扰至计。况遥为测度，宁中事机，故累欲指陈，命翰辄止。迩者将为岭水之行，暑往寒来，腊尾始能返棹，南上水程且千馀里，音信益复阔绝，悢悢之愚，不能自己，拟入一书，以备刍尧。虽徒薪之已迟，或补牢之未晚，盖倪掣徐肘，此间新有所闻，故借此论之，于尊恉当不相谬也。润公请觐谅可不行，河阳之心则日祝其速驾。此公宽慈和易，近亦好名，无如见解囿于出身，但知千誉市恩，不复维持大体，自谓破除情面，实则事事徇人，加以言语不择，爱憎无常，好明察而性复健忘，尚权术而病之浅露，故属寮无严惮之意，左右有煽惑之缘。其于润公，颇思周旋，终患枘凿，始则怨其出纳之吝，近且疑其主计之疏，鄙人每归，辄为导解，而不能破其牢固之胸，润公虽稍病拘牵，然用人一秉至公，鉴别属员亦不失之远，盖鄙人终年在外，孰贤孰否，固全在吾目中矣。前书谓此间不可一日无润公者此也，刘芝田[2]近为河阳所喜，日夜望其开藩，彼以润公为深沉，而真深沉者乃不之觉，骇哉。目下尚不至侵权，但事事不痛快耳。鄙人于官守略有整顿，然皆分内事不足奉告。公如闻其措置之不当，幸随时诏之。即问兴居，不一。橘洲顿首，七月廿九。如有赐书，勿交舍弟处，渠性疲缓又善忘也。佺又顿首。

——上海图书馆藏手稿

[1] 此函原标有收信日期："伯潜十月二十九日到"。

[2] 刘瑞芬，字芝田，号召我。安徽贵池人。李鸿章幕僚。时任苏松太道、江西按察使、布政使、巡抚。

9月1日（八月初一日）　与江西巡抚潘霨联衔奏请，严禁溺女、筹款举办救婴。

奏潘霨等遵旨，严禁溺女，并筹款举办救婴情形由：八月二十四日，江西巡抚臣潘霨、江西学政臣陈宝琛跪奏，为遵旨严禁溺女，并先将筹款，举办救婴情形，恭折会陈，仰祈圣鉴事。窃臣等于光绪九年六月二十七日，承准军机大臣字寄六月十二日奉上谕，翰林院侍讲王邦玺奏，江西溺女之习，经前任学政督饬教官劝办救婴会，渐著成效，等因，钦此，事因。具见皇上诚求保赤之至意，莫名钦感。现伏查溺女之习，忍心害理，于风化伦纪所关非浅。江省民俗真朴，而溺女之风，视他省为甚。前蒙谕旨饬合地方官劝谕绅耆，各就所居，分图举办。经前学臣洪钧檄饬各学教官，劝办□文会馆章程，数年以来，各州县因地制宜举办救婴会者，固已不乏。然畏难苟安，阳奉阴违者，亦属甚多。嗣经臣宝琛严饬各教官接续举办，广为劝募，并于按试时谆谆劝导，又以教官无催追惩儆之资，呼应或有不灵，遂檄令各州县会同举办。其响风慕义、实力奉行、著有成效者，加以奖励，故各属尚能推行。惟各州县城府内外，向有育婴堂收养弃孩，兵燹之后，元气未复，加以连年水灾，民困不苏，江西库储厘税等项协拨频仍，入不敷出，故虽各州县廨署仓库均关紧，尚未能概行兴建，官民支绌，无款可筹。臣等每以为虑，是以育婴堂等善举，未能兴复旧规，亦皆因度支竭蹷所致。今逢皇上勤求民隐，德洽好生，特颁谕旨劝禁殷谆。臣等职司风纪，益当竭力殚诚，以挽颓风而惩薄俗，当经臣霨、臣宝琛严饬各州县及各学教官实力举办，并会同出示晓谕，颁发条款，严禁溺女，广劝该地方士民等，接办□文救婴会章程，悉心推广，以全生命；兼饬各府、州、县查明育婴堂兴废情形，一面饬藩司酌筹款项，俾得一律举行，庶呱呱弱息永免戕贼之祸，得遂繁衍之机。以仰副皇上如天之仁，则久道化成，万民幸甚。除俟办有端倪，再行陈奏。所有遵旨严禁溺女，并先将筹款举办救婴情形，谨合词恭折复陈。伏乞皇太后、皇上圣鉴。再，此折系臣霨主稿，合并陈明，谨奏。光绪九年八月二十四日。军机大臣奏旨，知道了，钦此。八月初一日。

——中国第一历史档案馆藏录副奏折 03-5511-083
亦见《申报》1883 年 10 月 15 日

9月16日(八月十六日) 按试宁都、南安、赣州、吉安等四府州。

复出按临宁都、南安、赣州、吉安等四府州。

——《闽县陈公宝琛年谱》第30页

9月23日(八月二十三日) 上"附陈考试情形片",奏报九江、南康、抚州、建昌四府及南昌按试情况。见《沧趣楼诗文集》第841—842页,亦见中国第一档案馆录副奏片03-7208-074。

9月24日(八月二十四日) 军机大臣商阅公奏,越难已深,戎机宜决,恭拟谕旨呈进。翁同龢携公"请急越南折",奏请"速决戎机"。

蒙发下折报,臣等共同商阅陈宝琛奏越难已深,戎机宜决折,又奏刘秉璋堪膺边寄片……旨其馀折片单拟批呈进。是否有当,伏候圣裁,谨奏[1]。

——中国第一历史档案馆藏录副奏片03-5677-145

[1]原件缺责任者及月日。

是日周德润、何崇光各有封事言越事,皆主战也。见面时将昨陈宝琛折一同带上,议论良久,总以战备宜速,而讲局亦未可中绝,应持者力持,应斡旋者斡旋。言事者易,办事者难也。 ——《翁同龢日记》第4册第1811页

九月 三弟宝璐陪谢章铤游青原山寺,公未获偕,有诗"叔毅陪枚老雯青游青原山寺予未获偕雯青为图于帐额枚老有诗时光绪癸未九月也豫侄装裱乞题感赋"。诗见《沧趣楼诗文集》第254页。

11月30日(十一月初一日) 赣州试事将毕,致函王仁东。

致 王 仁 东 陈宝琛

旭庄足下:得过沪信,计此时早抵都矣。连寄数信想皆入览。七月杪边中丞[1]仆入都有信件存安圃处,八月初李慎甫亦有带件,九月途次又发一函。仲勉迄未来书,不知其近状何如。兄试赣垂竣,不日赴吉,腊月初旬可以还省。闻可庄来,喜可知也,亲朋馈岁须还省再议。府间年库缺需,可向西贾先拨以一纸示知,可也。竹坡家居益窘,恐其迫不及待,祈足下代向票号先取百金赠之。如其年内稍宽,即先送五十,留其半,明岁春夏再送,盖渠无岁无月无日不窘也。汝翼之戚未忘,禹伯之讣又至。挽对二份,乞为分送禹老处,并乞先手二十金为奠。此老既论会馆事,恐心既不胜夫众泉将引退也,益不可问,兄奠金拟稍迟再交。团拜费是否三十,希酌之。幕中洪生乃北江先生[2]元孙,有一折略托查,应托何人,俟酌。匆匆奉讯近履。宝琛顿首。十一月朔。

——上海图书馆藏手稿

[1]边宝泉,时任闽浙总督,见前。

[2] 北江先生：洪亮吉,经学家,号北江,见前。

12 月 17 日(十一月十八日)　张佩纶来函。

致 陈 宝 琛　　　　　　　　　　　　　　张佩纶

　　伯潜前辈大人阁下：两奉惠书,敬承一一。就审乐育英髦,转移风气,用心良苦。润民师书谓学使中所罕见,知其俯首者至矣。法越之事误于刘永福之屡胜,内愦渐就因循,故五六月间极论抗言不甚动听,顺化宜护合疏既发其端。夏末复申其说,不幸多中,几覆全局。八月间刘军退至山西滇黔,亦退奏偁[1]法人灌水,其势岌岌可危,幸庙谟坚定,予鄂生[2]薄惩,助刘军巨饷,岑、徐并出,经画北圻,稍杜疆臣主和之口,佩纶使还六日,乃承译署之命,时艰甚迫,措手殊难。下榻署中五昼夜,昨始将海防一议入告。闻越因法税过苛,戕其新王。为拒法计,比有寄谕属振轩、清卿出境定乱,所冀法人意动气沮,我师能乘势规复河内耳,直入顺化,或须天诱其衷耳。目苦脑识力又疏,深恨公不在都也。秦中之役,力戒骚扰,与筱山颇相得,覆疏已见邸抄。润民师藉此离江右,适合吴县之意,孝达劳苦,晋民感之,晋吏嫌之。黄碧川[3]晤其人有才有守,亦涉机权。润师与孝达所见不同,所谓横峰侧岭矣。竹坡无缘复起,明年或有特恩,然终日缁尘,乃深羡闲闲之乐。且越事之成败,即鄙人之去留,此衷素定矣。书问疏阔,乃鄙人行事相间,不关介弟之迟。草草奉复。敬问起居。佩纶顿首。十一月十八日灯下[4]。

——上海图书馆藏手稿

[1] 偁,同"称"。

[2] 唐炯,字鄂生。见前。

[3] 黄碧川,字照临,湖南石门县人。时署山西按察使。

[4] 张志潜《涧于集·书牍后序》：此函作于癸未或甲申(1883 年或 1884 年)。

12 月 21 日(十一月二十二日)　越南中法战事起,于江西吉安试院函询张佩纶战况及徐延旭消息。

致 张 佩 纶　　　　　　　　　　　　　　陈宝琛

　　篑斋世丈：不得手书半年有馀,边事如斯,公乃远出。比当还报,运筹何似？无任仰瞻。北宁为我军驻防之所,突被攻取,城北公[1]消息如何,此间既无图籍可稽,窃意北宁必滇粤军门户,北宁失则粤军不得接济,刘团且与滇军未能犄角,所系诚大,胜负本无定局,兵端既启,断难中止,但虑前茅挫失,中枢方寸已乱,则游移舛午,势将旋战旋和,大局岂复可问。日来废寝忘食,唯日望公之早归,而又恐其不及事也。驰驱僻左,闻见茫然。欲有所陈,辄落后着。赘赘居此,不能自持。润公抚秦[2],匆匆即发,不及一面为别。幕中无人,已以

· 131 ·

倪子新让之，即香公延而未至者也。此间事专赖润公维持，贤否灼然，不阿请谒。故其去也，正士短气，群小快心，所谓伊人非之，无举刺之无刺，润公晤公时当能言之。不才非愿学金人者，位逼嫌多，故守言未及之之戒也。安兄论时务书，但见一斑。秋间复札近已邮来，匆匆未及另笺为歉，吉试旬徐可毕，腊中当还会垣。公如稍暇，幸草数行，以慰饥渴。此请台安，不宣。宝琛顿首，十一月廿二日吉安试院。

——上海图书馆藏手稿

[1] 城北公：《战国策·齐策一》"城北徐公，齐国之美丽者也"。指徐延旭。

[2] 润公抚秦：边宝泉光绪九年十月任陕西巡抚。

12月22日（十一月二十三日） 在吉安函告王仁东按试情形。

致 王 仁 东 陈宝琛

旭弟足下：前在赣州奉寄一函，附以汝翼、禹老[1]挽联，想已到京。数月来驰驱僻左，无片刻之暇，地界闽粤寒燠不常。劳疾侵寻，大有欲罢不能之势。目下赶考吉安。腊月冀可早归，调摄月徐，且计可弟亦将至矣。法既开衅，此事断难中止，未知庙谟如何，朝议如何。赍归曾晤否，何积久不与我书也。汝翼事，同人之赙如何。季辉几时可归。禹老既逝，馆事更不可问，团拜项一节，弟为我酌之。沈师想时晤，寄李慎甫件想已代交。回省后当修函薄致将意。荟生已到京否。前书当已交，其所属寿联已托人寄湘。书亭惨极矣，而周溪又死，管樵眷属又将何依，天下苦人多，常患力之不给，奈何。竹坡件已致之否。匆匆草此，即讯近履不宣。兄宝琛拜手，十一月廿三日。

——上海图书馆藏手稿

[1] 禹老：丁日昌，字禹生、雨生，广东丰顺人。道光秀才、补廪生。江苏、福建巡抚，福建船政大臣，1882年8月27日卒。

12月25日（十一月二十六日） 李慈铭在日记中讥讽清流诸人"互相汲引"，徐延旭、唐炯在中法战争中败绩，公及吴大澂、张佩纶等"号召朋徒，轻险败事，可胜叹哉"。

闻近日刘永福为法夷所败，逃入云南境。越南之山西省已失，北圻全境皆入法夷，徐延旭亦退入广西，张树声畏懦，不敢出广东。吴大澂首鼠津门，不敢复言赴粤。其白面少年如张佩纶辈，皆神气沮丧。昨日召见佩纶，不能出一辞，惟请赴天津自效。要之此辈皆李元平耳，岂足望刘秩哉。徐延旭者，鹿传霖之亲家。鹿传霖者，张之洞之姐夫，亦与高阳有亲。唐炯者，张之洞之妇兄，皆以冗员下吏，互相汲引，高自标置。新进浮薄，如陈宝琛等依附推荐，大言不惭，不一二年，皆骤跻开府，浮游鼓翼，自以为亲党遍于天下，翕翕自矜，未及旬时，唐炯即弃关外新安所行营，亟履滇抚任，张人骏、盛昱、洪钧等，连章严劾之，请旨军前正法。朝廷依违，仅令革职留任。而张树声者，连上两疏，主战甚力，词若甚壮者，及朝命彭玉麟赴粤查办沙面焚夷房事，而法夷娄济师至越南，总理各国事务衙门迻文诘之，势将决战。有旨集兵三万于广东。树声遂规避事诿彭任其责。吴大澂者，其人清客材也，向为潘尚书效奔走，浮躁嗜进，遂附张之洞，又呈身于合肥，骤得以三品卿督办宁古塔事宜。地苦寒思归，又与署吉林将军、副都统玉亮不合，诬劾之。朝廷下其事于盛京将军崇绮，按之皆非实，大澂益窘。玉亮者，颇得军民心，旋以愤恚大澂发病卒。宁太、珲春诸屯营士，皆不直大澂。大澂遂请假省母。未得报而越南事起，大澂遂妄言宁、珲、三姓等处布置已迄请赴广西关外助平越难，径至天津矣。方今天子幼冲，东朝从谏如转圜，而枢臣泄沓，无能为者，乃付其事于二三纤儿，号召朋徒，轻险败事，可胜叹哉。　　　　　　　　　——《越缦堂日记》第 14 册第 10131—10132 页

是年　谢章铤至江西来晤，观《校邠庐抗议》，潘霨藏本。

岁末，复晤陈宝琛，得观潘霨藏、林寿图评本《校邠庐抗议》，以之与江西学署本对校，并录副存之。

"校邠庐抗议二卷"条："岁暮归来，伯潜学使复从潘伟如中丞借得林颖叔评本，颖叔固以通达时务有名于世者也，因将二本雠校，并录其评语于书眉。潘本编次少条理，而文句或多于此本，岂初笔未经审定欤？于时寒阴作黑，雪花送白，炉火乍温，僵指自痛，而案头瓶梅水仙勃勃有生气……因属学使别录一本，而乞此本存之。"　　　　　　　　——《谢章铤集·年谱》第 868 页

《陈大宗师制艺诗赋全稿》在江西首次刻刊。收公早年科举应试诸作，见《沧趣楼诗文集·沧趣楼制艺》第 539—584 页。张鹤龄撰"沧趣楼制艺序"，见《沧趣楼诗文集》第 626 页。

陈大宗师制艺诗赋全稿重版跋　　　　　　　　汪叔子

清光绪九年，洪都青选书屋刻印巾箱本《陈大宗师制艺诗赋全稿》一册，昔年从章门滕阁古玩市场地摊上购来，检其目录合应两册，此犹上册耳，惜下册未能觅得为憾。所收内容，乃陈宝琛之科举八股文集也。卷端有序，署"南洲门生张鹤龄"所撰，略谓曩游闽，于亲友处得读宝琛应试诸作，奉为圭臬，迨光绪八年（壬午）宝琛莅赣主乡试，旋复留任学政（故称曰"大宗师"）"因将所宝藏者汇集成帙，付诸手民"云云。知此书之编印，实出于张鹤龄（《碑传集补》卷廿，谭延闿《奉天提学使张公墓志铭》所记，或即其人）之手。

此册又为舒文澜批阅之本，扉页右下"舒文澜"三字，序末左下"舒文澜读"

四字，均墨书。正文多有加墨圈点。天头及篇末间有评语，皆舒氏手批。笔迹苍劲，殆老儒耶？目录起行下，另钤有朱戳曰"舒诚士记"，是否文澜名章，则未敢必，俟续读考可也。

宝琛著作，别有《沧趣楼奏议》（又题《陈文忠公奏议》）二卷，《沧趣楼文存》一卷，《严君（侯官严复）墓志铭》一卷等行世。惟此《陈大宗师制艺诗赋全稿》，向未见有道及者。宝琛年十八，中举人。越三岁，成进士（同治七年戊辰科），入翰苑，授编修。光绪乙亥（元年），擢侍讲，充日讲起居注官，累迁至内阁学士。癸酉（同治十二年），乙亥（光绪元年）间两充顺天乡试同考官。己卯（光绪五年，甘肃）、壬午（光绪八年，江西）再任乡试正考官，又就授赣省学政。少年高才，仕途早达，复叠掌文衡，为世俗艳羡。此册所以搜集其场屋文字，如张鹤龄序称："俾吾邦有志上进者识所遵循，朝夕描摩，永为士林之矜式"云云，盖崇拜以为科举榜样矣。是此册价值，不止版本希见，并可反映当时士林守旧风气犹浓。

虽然，翌岁（光绪十年）又有冯桂芬氏《校邠庐抗议》一书之全本，首次刻印于豫章。论史鲅者或以为"冯在一八六〇年代早期写成《校邠庐抗议》，共收集四十篇论变法的文章，但起先只谨慎的出版了其中的十四篇，到一八八四年全书才由陈宝箴在江西出版"。（萧公权英文原著，杨肃献中文翻译。《翁同龢与戊戌维新》。见汪荣祖编辑《萧公权全集》第五册，台北联经出版事业公司1983年7月初版，第16页。）此称"陈宝箴"之名，不确。江西省博物馆藏有《抗议》，此光绪十年豫章刻本，吾尝往核阅之，审知主持其刻印事者，殊非义宁陈宝箴，实乃闽县陈宝琛。宝琛时在江西学政任上，而冯著《抗议》为近代系统鼓吹维新变法之开山之作。取与《陈大宗师制艺诗赋全稿》比较，彼此内容，新旧不啻水火，适成尖锐对照。足见宝琛本人当时思想尚属趋新。

宝琛，字伯潜，号弢庵，福建闽县人，在近代为著名历史人物，学界论者多多。当其头角峥嵘于光绪年间，与宝廷、张佩纶、张之洞并以直谏有声天下，号"清流党"。小说如《孽海花》、高阳氏撰《慈禧全传》等，皆尝重彩浓墨为描摹之。其暮年为宣统师傅，则又有溥仪《我的前半身》详述之。而陈散原先生《赠太师陈文忠公墓志铭》，乃为辩之曰："丁巳五月之役，辛未十月东北之行，皆非公（宝琛）本谋"云云。是其生平事迹，是非功过，犹多有待史家深究细评者也。羊年春日，川沙汪叔子识于羊城萧岗舒斋。

1884 年(甲申　光绪十年)　37 岁

曾国荃署两江总督兼南洋通商大臣,九月实授。(2.16、9.7)

以北宁、太原失守,丧师辱国,挐问徐延旭、唐炯。(3.26)

甲申易枢。军机处改组。大权由恭亲王奕䜣、李鸿藻移归醇亲王奕譞、孙毓汶。(4.9)

李鸿章与法国水师总兵福禄诺(Francois-Ernest Fournier)在天津签订《中法会议简明条款》(《李福简约》)。(5.11)

刘铭传督办台湾防务。(6.26)

法军进犯台湾基隆,炮轰福建马尾船厂。清廷下诏对法宣战。(8.5、8.24、8.26)

左宗棠受命钦差大臣,督办福建军务。(9.7)

孤拔(Amedee Anayole Prosper Courbet)率法军攻占基隆,进犯台北,遭重创。(10.1)

刘铭传为福建巡抚,仍驻台湾督办军务。(10.29)

新疆建省。(11.17)

1月16日(癸未十二月十九日)　上"论越事不可中止折"、"请杜法人狡谋片"、"附陈战事如开不辞效用片",折、片见《沧趣楼诗文集》第842—849页。

回南昌,闻悉越南"山西之败耗频闻",致函张佩纶议论战事。以为越战不可中止,中枢和战不定,"将取侮四夷,延祸数世"。

致 张 佩 纶　　　　　　　　　　　　　陈宝琛

黄斋六丈坐下：前月寄书后,旋知公入译署[1],艰巨毕集,忧劳可知。然窃为大局幸也,顷回会垣,日阅《申报》,北宁之谣传已息,山西之败耗频闻。地本濒河,黑旗弃而不守,于全局尚无大碍,区区所虑者,庙谟不坚,不能胜此一挫,画虎不成,将取侮四夷,延祸数世,夙夜思维此事,万无中止之理。明知事机屡失,补救愈难,而不能不力争上流,冀斡全局。已将此意疏入,意在规越,即以牵其兵势不得内侵,勿为虚声所慑,恨于筹饷一层,未能说出实际耳,附片录一呈,览其一则,不敢自同局外之意,非敢为跃冶之金也。半年有馀,不得公书,不见不闻,如处乡僻,《申报》纵有确信,亦多后时论事,未必尽中,不过聊尽其心,所恃有公在内,公所不能为,鄙人虽千万言何益耶?壶公近在右辅,谟议必多,竹坡失官颇自在,其如忧时何?润公维扬度岁,春正当抵都,此间事必能详述,此时亦无暇问及狐狸矣。匆匆手布,敬问岁厘,不宣。宝琛顿首,十二月十九日。

——上海图书馆藏手稿

[1] 张佩纶于 1883 年 12 月 3 日(光绪九年十一月初四日)任总理衙门大臣。

1月17日(癸未十二月二十日) 前函未发,再致张佩纶。

致 张 佩 纶　　　　　　　　　　　　陈宝琛

折弁未行,而得六月廿六日手书,书邮迟误,遂及半年,可恨之极。侄前疏已后于时,此疏恐又不切事情。南北迢迢,怅惘何似。问津之席已辞,廉泉何以自给?兹先寄奉百金,将意少缓,当如前约寄上,前书非不满边,望之奢耳。此间年来局面悉仗其维持,去后弥动人思。晤时当知之详,馀言前函已及之,公暇如有赐书,还寄票号信局,较可早读。手此,再颂起居。侄琛顿首,廿日。

——上海图书馆藏手稿

致函王仁东。

致 王 仁 东　　　　　　　　　　　　陈宝琛

旭弟如晤:兄已归署。可庄未来,闻将取道崇安,到此殆逾元夕。越事益坏,然尚可图。所虑庙算弗坚,将成画虎,亟将不可中止之故,详晰疏陈,不独不可息战,而且不可轻和。黄丈得参规划,未知所论何如责难于君,自问局外,于义不可,故附片之。不知者得毋识其跃冶耶?仲弟书仍未至,顷已来矣。今年度岁如何,戚友酬应拟俟明冬,当先寄团拜费,以将意乞与仲弟酌之。沈函统由票号寄京,到京恐在灯节后矣。仲须《纪事本末》,足下亦须之,容汇寄,《中西纪事》须再刷印,《七家后汉书》板不在此,稍迟报命。日来幕友李少棠兰卿先生犹子,病甚殆,烦闷无似。夏秋以来破耗照命,损己不利人,思之可笑,幸自奉仍极节缩,但仆辈坐食者多耳。会馆穷极必变,亦为势之所趋,惺远、肖雅晤时可以语之。汝翼立嗣,仆意不欲从其乱命,大家谓何,晤衍翁,催其早归,二月初盐局将换人也。此间侍安。兄琛顿首。二十日。

——上海图书馆藏手稿

2月21日(正月二十五日) 函告王仁东,王仁堪昨到江西。

致 王 仁 东　　　　　　　　　　　　陈宝琛

旭弟足下:望可弟来,昨日到矣,夜话不忍寐。日间客多,可厌也。兄本拟廿四日出考,因可来,展至廿七始行。数年之别,三日不能解瘾,坚请其同舟

赴饶、广,俟三月回省后再放其还京。可弟近体甚适,兄因其有痰淫旧病,欲其
在此调治除根。徐雯青司马用药灵活,兄请其随棚,可以朝夕体验,亦一机会。
来书谓嬷大人慈体靡吉,合寓均安,想可弟在兄处小住一两月亦无异,四月海
船最平稳。在京嬷当可放心也,如欲趣之早归,尽可函知。此间航海不过半个
月耳。年内舍间由可弟拨兑四百金,共兑一千六百金,前曾托吾弟代挪二百
两,兹均兑还,外二百两佐寓间日用,六十两供嬷大人甘旨,十两呈老姨太,馀
三十两四姊以分赠两弟妇及老妹,所谓秀才人情也。同乡同年炭敬勉强筹出,
交仲弟并分托东甫兄分送。不知苦况者或且疑其出纳之吝,观实孚之信,可以
想见此间矣。沈信乞饬送,并代送菲敬二十两。晤时并请代问存件可用至何
时,免致接济不及也。同乡同年团拜项是否五十,前函已及,想已与仲弟酌送。
越事近有何信,兄言恐不中肯,隔膜之故,不独心杂词募也。草草布臆,即问侍
安。宝琛顿首。廿五日。令姊甚安善,足慰慈廑。　　——上海图书馆藏手稿
折、片呈至总理衙门。

存交,陈宝琛折。法越事。战事不可中止者八。以杨昌浚辅左。何如璋帮闻。用印票集
赀,提各海关私橐。曾国荃暮气屏躯,转不如吴大澂。鲍超、刘铭传皆不可用。转不如王德榜。

交总理衙门:丁宝桢请杜日本勾结法人片;陈宝琛条陈法越事宜折。该
衙门知道。　　　　　　——《翁同龢日记·军机处日记》第 6 册第 3716 页

正月　按试饶州、广信两府。

3 月 5 日(二月初八日)　函告王仁东,王仁堪到饶州,中旬试毕,将同往广信
后回南昌;王仁堪在衙署安好。

致 王 仁 东　　　　　　　　　　　　陈宝琛

旭弟足下:月前在省寄书并还兑款,当已察及。可弟偕兄到饶,气体甚
适,眠食亦好。徐雯青谓其脉气视兄强甚,但开调卫之品,可以常服。兄月之
中旬,可以试毕饶州,顺往广信,强留可弟偕往,不过多住二十馀日。中年兄弟
会面不易,回舟同过省垣,可弟再买棹九江。四月内海波不扬,舟行最稳,望为
代禀嬷大人,免致远廑。可弟在兄处,与在家无异也。越事如何,此间苦无闻
见,来函务绥及之。匆匆奉布,即问侍安。小兄宝琛顿首,二月八日。

叔毅将归应岁试。可弟暂留可以救兄,故恳留至再四也。

　　　　　　　　　　　　　　　　　　　　　——上海图书馆藏手稿

3 月 7 日(二月初十日)　沈瑜庆到江西南昌,是日瞻拜沈葆桢祠。

二月,抵南昌。……时百花洲文肃公祠初落成。

　　　　　　　　　　　　　　——《涛园集·沈敬裕公年谱》第 134 页

初十日晴,八点钟偕咏山往百花洲先文肃公祠瞻拜。……先公祠地系百花洲之宛堂,李捷峰中丞榜以木匾,列以土具,奉主进焉。简略殊甚,现闻陈伯潜学使拟略改拓。

——《涛园集·沈敬裕公年谱》第 137 页

3 月 11 日(二月十四日) 沈瑜庆抵学使行辕,与沈及王仁堪、谢章铤、三弟陈宝璐等,襄校饶州试卷,随后按试广信府。

陈文忠方按试饶州,潘中丞派内河炮船送行。抵学使行辕,晤王可庄仁堪、谢枚如章铤、陈叔毅宝璐、林戟卿际平、范中林钟、洪荫之述祖诸君。沿途襄校试卷。

——《涛园集·沈敬裕公年谱》第 134 页

十四日晴。昨夕所泊之处,去饶州尚六十里也。是早风恶,舟行钝。至午抵码头,步行至学使行辕,值方校射,进内与可庄坐片时。进晤幕内诸君,谢枚如丈章铤(己酉年伯)、陈叔毅宝璐(伯潜之弟)、林戟卿际平(筹友之子)。傍晚,伯潜退食,商及广信附祀事,谓必须一行方妥。

——《涛园集·沈敬裕公年谱》第 138 页

沈瑜庆来入陈宝琛幕府,与章铤等晤。时章铤等在陈宝琛幕府,随之按试诸郡、襄校试卷。 ——《谢章铤集·年谱》第 869 页

光绪甲申,江右潘伟如中丞、陈伯潜学使延予白鹿洞书院,予遂来豫章。

——《谢章铤集》第 84 页

3 月 14 日(二月十七日) 与谢章铤、沈瑜庆等同舟赴馀干。

学使起马,余亦偕行。与枚丈、孟光(伯潜堂弟,己酉世交)同舟,甚敞,椅桌床几,无不备者。 ——《涛园集·沈敬裕公年谱》第 139 页

随陈宝琛起行,途中与沈瑜庆等同舟,出示前作沈葆桢涛园赐联语。

——《谢章铤集·年谱》第 869 页

3 月 15 日(二月十八日) 在馀干新津,向沈瑜庆出示历年奏牍,沈赞佩"读之不能不佩其恳挚"。

是晚泊新津,馀干属。与伯潜谈,并出示历年奏牍,读之不能不佩其恳挚,进德修业,何其速也。 ——《涛园集·沈敬裕公年谱》第 139 页

3 月 16 日(二月十九日) 晚泊安仁县。

是晚泊安仁县,自饶郡至此官程二百三十里,实则不过百馀里耳。

——《涛园集·沈敬裕公年谱》第 139 页

3 月 17 日(二月二十日) 因风船停,仍住安仁县。

二十日雨。傍晚风恶,舟搁不行。

——《涛园集·沈敬裕公年谱》第 139 页

3 月 18 日（二月二十一日）　到贵溪。

阴，到贵溪。　　　　　　　　　　——《涛园集·沈敬裕公年谱》第 139 页

3 月 22 日（二月二十五日）　到河口。三弟宝璐回闽。

到河口。叔毅由旱路回闽，以家信附之归。

——《涛园集·沈敬裕公年谱》第 139 页

3 月 24 日（二月二十七日）　到广信。

到信。住考棚。　　　　　　　　——《涛园集·沈敬裕公年谱》第 139 页

3 月 25 日（二月二十八日）　广信府开考。沈瑜庆等人襄校试卷。

考棚开考，余亦襄校试卷。　　　——《涛园集·沈敬裕公年谱》第 139 页

二月　冯桂芬著《校邠庐抗议》在江西刊印，谢章铤代作序。

《校邠庐抗议》序 谢章铤代

昔贾生之策《治安》，痛哭流涕长太息。噫，何其甚哉！古今能成败天下者，法而已矣。汉兴未久，文帝谦让，特法不立耳。顾不立与不行为病孰钜？我国家重熙累洽，相承二百馀年，固无法不立，亦有法必行，久之，习于宽大，阴拘阳煽，骄官猥吏鼓其机，神奸巨蠹丛其隙，外与法相市，内与法相遁，于是除害无法，而营私则有法；守官无法，而厉民则有法。民芒然不知其何谓之法，法遂不能制。运极变生，一切便宜从事，建大功、立大业，未尝不越于常法之外，然而于法，初无害也。诚以此时，取法之善者复之，其不善者更改之，整齐之，求无悖于立法之初意。其势甚便，则天下可以少休。

夫无法而立之法，易耳，法立而格不能行，若有法而愈无法，是法者，怨之府而祸之媒也。假令贾生处此，恐痛哭不止于一二，而流涕长太息不止于六七矣。嗟乎！吾于林一先生之抗议，所以皇皇四顾而不能已也。议凡四十篇，大旨明法以善世，求行法，非求变法。其有变者，必其有以行者矣。吾闻之《传》曰："上无道揆，下无法守"盖上之人揆道以揆法，下之人守法以守道。法者，通于道之由也。否则，《传》又有言："徒善不足以为法，徒法不能以自行"，廉耻不修，纪纲不明，又何与于天下之大计哉！方今时事，尚云棘矣。元气不尽复，奸宄不尽绝，敌国外患，方且狙伺而狼顾，苟无以安民生、固民心，其何以堪。安之、固之将奈何，不坏法而已矣！不坏法将奈何？时时奉法，而每事必求其实而已矣。

且夫四夷之于中国，常若不及而不胜者也，乃彼则既富既强，夫亦恃有法耳！吾闻其所为书有曰《万国公法》者，彼能以法约束其民，彼且将以法钳制人国。我不立法自强，彼以其法肆然于我法之上，智穷能索我，且折入彼法以为

法。虽贾生所谓□跂盭癰肿，厝火积薪，其可愤可虑，岂有若此者？嗟乎！能漠然而不一动其心哉。先生自定其《显志堂集》，取此议登其半，以有所避忌，存录其半于家，予谓所议皆为法说，皆为天下说，非于世有所憎爱也。况其事亦莫能讳。故劝培之同年尽刻之，贾生之策亦稍稍施于景、武之朝矣。漠置于今日，必将不朽于异时，且使此议常明于人。人或有心者，变通吾意，而隐寓于常行之法之中，其于天下殆不无少补矣。光绪甲申二月年家子陈宝琛谨序。

——《校邠庐抗议》第1—2页

亦见《谢章铤集》第78—79页

4月3日（三月初八日） 乡试文场结束。

文场彻围[1]。   ——《涛园集·沈敬裕公年谱》第139页

[1] 围：同"闱"，下同。

4月4日（三月初九日） 广信府上饶县武生闹考，官吏惩治不严，迁就了事。公主严惩，以儆将来。上"附陈武生汪镇波闹考情形片"见《沧趣楼诗文集》第850—851页。

又谕，陈宝琛奏：按试江西上饶县武童步射之日，突有弋阳武生纠毁门，推倒箭靶，当经该学政督饬员弁。立将首犯汪镇波缉获，供认闹考不讳等语。各学应试生童，宜如何恪守场规，各安本分。乃敢恃闹考，希图挟制。此风断不可长，亟应从严惩办，以儆习顽。著潘霨督同臬司即将此案确切研讯，按律定拟具奏。此等弊端，据奏不独上饶一县为然。嗣后著该学政督饬各该教官廪保，随时严加约束。并著该抚饬属，遇有生童藉端滋扰，即行严究办。

——《德宗景皇帝实录》卷182第544—545页（四月二十二日）

公按试广信府上饶县，武童步射时，有弋阳武生汪镇波纠众闹考。当叱令差役下堂擒拿，始行逃散。复责成提调官督饬员弁跟踪追捕，立将首犯缉获，按律定拟。   ——《闽县陈公宝琛年谱》第32页

武围诸生以弓重挟众闹考，哄堂塞署，是日停考。饬县缉捕首犯，是夜获弋阳武生王镇波若干人。供认不讳，皆籍贯弋阳西乡（先公督信防时，曾经剿办一次）。是乡著名习顽，历次闹考，习以为常。地方官吏，恐兴大狱，辄迁就了事。呜呼！涓涓不塞，江河之忧将大，不独庠序之忧，亦大非地方之福。伯潜学使，坚志以挽回风俗为己任，思严惩之，以儆将来，未审赣省大吏能听客之所为否也。   ——《涛园集·沈敬裕公年谱》第139—140页

4月9日（三月十四日） 广信府乡试事毕。谢章铤同沈瑜庆访信江书院山长郑家驹。谢将赴白鹿洞书院。沈、谢有诗。

十四日，同沈瑜庆访信江书院山长郑家驹，闻沈瑜庆母林氏以血书乞援守广信城事[1]，悯其孤露，作诗为之书篷，是诗即《沈爱苍瑜庆主政出篷索诗，感念文肃公，作次奉赠，时君以太夫人祠事来广信，并将入都补官》。同日，章铤有诗赠陈宝琛，时将之任白鹿洞书院。　　——《谢章铤集·年谱》第870页

十四日，撤武围。余往拜此间绅耆者，商就先母陪祀一节，诸君同声谓然。自信江掌教进士维驹以次，皆许签名吁请，足征闽邑人情之厚。谢枚如丈闻而义之，因悯予之孤露，贻之以诗，书于篷，今录左：丁丑岁九月，弭楫秦淮湄。……。　　——《涛园集·沈敬裕公年谱》第140页

范中林钟，通州优贡(壬午)。曾在吴小轩幕府，与张季直、朱曼君辈同事。兹以黄漱兰学使荐至潜使幕，握手论家世，甚悉。
　　　　　　　　——《涛园集·沈敬裕公年谱》第141页

[1] 林氏：沈葆桢夫人林普晴"血书乞援"事见本编1879年1月注。

4月10日(三月十五日)　岁试竣事。

于三月十五日岁试一律竣事。　　　　——《沧趣楼诗文集》第849页

4月19日(三月二十四日)　上"报岁试情形折"、"请加郑维驹京衔片"，见《沧趣楼诗文集》第849—852页。

公以信江书院山长、庆丰县进士郑维驹，方严冲简，粹然儒风，原系同知衔即用知县，请加京职虚衔。又奏请以黄宗羲、顾炎武从祀文庙，俾远近有所观感。
　　　　　　　　——《闽县陈公宝琛年谱》第31页

又谕，陈宝琛奏：请将笃行绅士量予奖励等语，据称江西在籍绅士同知衔即用知县郑维驹，内行敦笃，人无闲言。主讲书院。学规整肃，严辨义利，教有成效。洵属可嘉。郑维驹著加恩赏给五品卿衔。以资观感。
　　　　　　——《德宗景皇帝实录》卷182第545页(四月二十二日)

上"请以黄宗羲顾炎武从祀文庙折"，见《沧趣楼诗文集》第852—853页。懿旨谕：毋庸从祀文庙，仍准其入祀乡贤。

本月，(谢章铤)为陈宝琛代作《请以黄宗羲、顾炎武从祀文庙折》。

陈伯潜阁学任江西学政时，请将黄、顾二公从庙祀，为部议所驳，原折为予所拟。　　　　　　　——《谢章铤集·年谱》第870页

顾、黄崇祀之议则自陈宝琛发之。是时朝臣分南北两党，北党主驳，以李鸿藻为首，孙毓汶[1]、张之万、张佩纶等附之；南党主准，以潘祖荫、翁同龢为首，孙家鼐、孙诒经、汪鸣銮、李文田、朱一新等附之。主驳者谓二儒生平著述仅托空言，不足当阐明圣学传授道统之目，推礼部主稿，汉大学士李鸿章领衔，

合词以驳。议上，祖荫等联名疏争，诏下廷臣再议。北党复推满大学士领衔，请仍照礼臣前议，其事遂寝。此三先生崇祀先后被驳之始末也。

——《国闻备乘》第 73 页

[1] 孙毓汶：字莱山，山东济宁人，咸丰榜眼，安徽学政，工部侍郎，总理衙门大臣，刑部、兵部尚书，谥文恪。

马蔚林来，以春间陈宝琛奏请以黄梨洲、顾亭林两先生从祀文庙。礼部堂司各官莫知谁何，纷纭至今。其疏初发钞时，一日翰林院掌院学士接见编检各员，朱蓉生往谒。闻掌院与诸学士及办事诸翰林言，陈伯潜此疏甚奇，顾某尚有小板《日知录》一书，可备后场策科，黄某何人耶，皆曰然。近日尚书毕道远[1]发愤，谓诸司曰："二人学问我所不顾，但以品行言，二人在康熙时皆不肯出仕，尚得从祀邪。"因掷还蔚林所呈。《国史·儒林传》曰："我必驳。"蔚林商于余，余曰："两先生本不为今日从祀计，况出于福建子之请，辱已甚矣，尚欲求山东不识一字之尚书屈意议准，何以为两先生地耶。"蔚林一笑而去。

——《越缦堂日记》第 14 册第 10548 页（光绪十年十一月初五日）

[1] 毕道远，字仲任，山东淄川人，道光进士，时任礼部尚书。

谕内阁：前因礼部会奏，议驳陈宝琛奏请以黄宗羲、顾炎武从祀文庙，与尚书潘祖荫[1]等另折请准从祀，意见两歧。当令大学士六部九卿翰詹科道详议具奏。兹据额勒和布等仰稽列圣垂谟，参考廷臣议论，请仍照礼臣原奏议驳等语。黄宗羲、顾炎武，即着毋庸从祀文庙，仍准其入祀乡贤，以重明禋而昭秩式。 ——《德宗景皇帝实录》卷 224 第 26 页（光绪十二年二月十五日）

亦见《越缦堂日记》第 15 册第 11019 页

[1] 潘祖荫：时署礼部尚书。见前。

邸钞。初一内阁六部九卿会议，去年陈宝琛疏请黄宗羲、顾炎武从祀文庙事，俱主礼部议驳，惟管国子监事尚书翁心存、祭酒盛昱、署祭酒龙湛霖、尚书潘祖荫不署名。前日偕徐树铭合疏争之，不报。

——《越缦堂日记》第 15 册第 10933 页（光绪十一年十一月初九日）

4 月 21 日（三月二十六日） 致函王仁东。

致 王 仁 东

陈宝琛

旭弟足下：月来边报纷纭，得累次手书，始知败绩至此，忧愤欲死，又不敢以遥度之词渎渎当局。唯寿祝庙谟坚定，勿为恫喝陵胁所摇耳。顷见枢院全盘调动[1]，且骇且疑。译署亦图易生人，或者别有作用，多难之际忽有此举，利害得失未由悬揣，想此半月中人心益惶惶，比清明前更甚矣，甚盼足下续有书来，得略参个中消息也。木[2]之客气无怪吾弟忿瞋，然其失处，在平日之不能下人，此时操心亦良苦楚，吾弟无失为故且息心静气，以观其后，兄限于才识，凡事不敢矜尚权奇，往者激于忧时，不自韬匿，未尝不时时以名实不副，言行不顾为惧。摘示语录，深合鄙怀。迩来劳疾侵寻，惟恐有志未逮，寸心千里，冀与贤兄弟共勉之。如回京后仍厕闲曹，则天之厚我也。可弟在此心境闲适，晤聚复欢，本欲于日内北行，昨得弟书，知是非场中不易插脚，可藉此游寣，兄亦得以遣寂，稍迟一半月再理归棹矣。祈禀达慈侍，请释远厪。令姊亦安善。兄试广信，有弋阳武生藉端闹考一事，已附片及之。此问侍安，兄弢顿首，三月廿六，三鼓。

　　作水勿作湍，作石勿作盘，湍急每多激，盘介宁终完。君子玩易理，慎微求所安。黄河泻千里，中有鱼龙幡。太行亦崭绝，松柏常丸丸。道高勿疾俗，行危自当刊，珠玉必被褐，斯重良不到。　　　　　　——上海图书馆藏手稿

[1] 1884 年 4 月 8 日(光绪十年三月十三日)军机大臣恭亲王奕䜣、宝鋆、李鸿藻等均离职、礼亲王世铎、阎敬铭、孙毓汶等任军机大臣，庆郡王奕劻主持总理衙门。史称"甲申易枢"。

[2] 木：即张佩纶。

　　甲申五大臣之同日退值也，或云醇亲王奕劻倾奕䜣，或云毓汶倾同龢，疑莫能明。后询思南程编修，乃知为盛昱所劾。闻盛昱上奏时，置酒意园，诸名士毕集，谓五臣且受申斥，不疑遽罢也。薄暮见谕旨，举座失色。继任者为世铎、额勒和布及之万、敬铭，盛昱复历诋之，谓不及旧政府远甚。太后怒曰："盛昱利口覆邦，欲使官家不任一人！"裂奏抵地大骂，自是蹭蹬不起。翁、李皆清流所依附，是时陈宝琛方视学江西，闻朝变不怿，按临至瑞州，以"闻道长安似弈棋"命题，一生构思不及，拾西沤[1]陈句入诗，有"天心收拾易，国手主张难"两语。宝琛赞赏，朗诵不绝，拔高等。　　　　　　——《国闻备乘》第 42 页

[1] 西沤：李惺，号西沤，嘉庆进士，锦江书院主讲，"天心"为其名句。

　　法人陷太原。徐延旭、唐炯坐失地，并褫职逮问。国子监祭酒盛昱因劾枢臣因循延误。慈禧本不慊于恭亲王，因以萎靡因循，罢王军机大臣职，家居养疴。大学士宝鋆原品休致。协办大学士李鸿藻、景廉，俱降二级。工部尚书翁同龢甫值枢廷，适当多事，退出军机，仍留原任。改以礼亲王世铎、户部尚书额勒和布、刑部尚书张之万为军机大臣。工部侍郎孙毓汶在军机上学习行走。令贝勒奕劻管总理各国事务衙门事，内阁学士周德润在该衙门行走。阎敬铭、许庚身并学习行走。并饬两署，遇有紧要事务，应会同醇亲王奕譞商办。会法水师将领福禄诺，因税务司德璀琳献议于李鸿章，谋媾和息兵。鸿章以闻，并

陈当审势量力,持重待时。懿旨许为不失老成之见。于是集廷臣议,内阁并饬醇亲王与议。张公蒉斋谓:法屡以和误我,请益备战为和地,据会疏,不画诺,与枢府意左。

——《闽县陈公宝琛年谱》第32—33页

4月22日(三月二十七日) 致函王仁东。

致 王 仁 东

陈宝琛

　　旭弟足下:昨读东朝诏书[1],终夕不寐。今晨舟已解维,而手札适至,略知大概。目下朝局已更,边事方亟当急筹御侮,勿但纵游谈,若河北之贼未平,朝中之党纷起,尚复成何景象。南皮内召[2]固在意中,仓卒之间借箸补牢,讵易为力。二张[3]皆非吾辈所深满,然才难如此,舍而他求,又将谁任,无怪桂林一枝遂邀采撷也。总之近今人才足撄世变者实乏其选。左、李如许,何论大枢,木君急于见功,既不能尽行其志,去岁书来谓屡有所陈,均不见用。力争始有去秋之局。犹思以一蒉障江河,万蹈亢龙之悔。此何时而入译署,有不败者乎。足下为谋至忠,使自占地步,以谢人言。彼不之悟,乃盛气作复,殊负苦心。至此时边警倥偬,安危晌息,既蒙任使,乃藉自劾而逍遥事外,于义亦所未安。兄所虑者,此后又无所补救,无益于国而益损于己。然兄此一念,亦是为木君谋,非为大局谋也。足下谓其有所希冀,则诚有之,有所系恋,当不其然。去冬致兄书已有此身视越事为进退之语,且徐观其后何如。兄之待木与木之待兄,均吾弟所深悉,然平心论事,常病其轻于绝人,未尝不服其毅于自任,身居局外,不忍执成败以相绳,亦见于古来任事者断无暇于自全也。诏书所云,但察其心不责其迹,或亦指此,足下因其拒谏饰非,遂致忿恨,未免因爱成仇。兄生平常谓宁人负我,勿我负人,于自厚薄责之旨颇合,足下能受此一言否。足下将来正色立朝,遇此等处,仍当勿忘兄言。盖稍涉愤激,若其人为君子,则因旁观不谅,而遂尔灰颓,如为半山一流,则以吾辈激成,恣其坚僻。北宋诸君子犹不免此悔,吁,可惧也,十戒为吾曹通病。伯希[4]尤深蹈之,兄以自箴者箴人,兄亦以共勉者自勉,寸心千里久要不忘。手此布复,尚祈时寄数行,幸甚。宝琛顿首,三月廿七日舟中。

——上海图书馆藏手稿

[1]见《德宗景皇帝实录》卷179光绪十年三月戊子(十三日)第499—500页。即懿旨谕恭亲王奕䜣、李鸿藻等退出军机处。见4月21日注。

[2]南皮内召:张之万光绪十年三月内召军机大臣。

[3]二张:张之洞、张之万。

[4]伯希:盛昱,爱新觉罗氏,字伯熙(希)、号意园。满洲镶白旗人,光绪进士,翰林院编修、国子监祭酒、右庶子、日讲起居注官。

江西巡抚潘霨送公离南昌。

　　送陈伯潜学使启行。　　　　　　　　　　　　　——《艀园自定年谱》无页码

三月　谢章铤将去白鹿洞书院，有诗赠别。

将之鹿洞主讲留别陈伯潜同年　　　　　　谢章铤

　　纪群交谊在，设醴及迂疏。附汝青云后，嗟余白首初。余己酉登副车，与君伯父扬叔教谕为同年。及甲子又与君同举乡试，时余年已四十馀矣。求才期报国，立论可成书。君奏议多可传。方寸严泾渭，灵光不碍虚。

　　平生吴季子，子儁。捷径具泥涂。每笑羊头烂，还怜虎气粗。论交谁似此，子儁屡称君善择交。薄俗更何如？四海方多事，黄垆永恸余。

　　向日崇微尚，消磨百不如。艰难走牛马，琐屑误虫鱼。益友存无几，虚堂愧有馀。知君行役处，离梦到匡庐。　　　　　　　　——《谢章铤集》第 320 页

　　　　　　　　　　　　　　　　　亦见《涛园集·沈敬裕公年谱》第 141 页

　　王孝缉等《先公年谱》光绪九年条："是时大姑丈（陈宝琛）督学江右，谢枚如先生章铤亦正主讲白鹿洞书院，公乃作匡庐十日之游。"按：系该谱系此事于光绪九年，误，当为光绪十年[1]。　　　　——《谢章铤集·年谱》第 871 页

[1]《谢章铤·年谱》1884 年三月条目备注。

黄体芳荐通州优贡范中林入公幕。

　　范中林钟，通州优贡（壬午）。曾在吴小轩幕府，与张季直、朱曼君辈同事。兹以黄漱兰学使荐至潜使幕，握手论家世，甚悉。

　　　　　　　　　　　　　　——《涛园集·沈敬裕公年谱》第 141 页

5 月 8 日（四月十四日）　充会办南洋大臣。

　　谕内阁：通政使司通政使吴大澂着会办北洋事宜，内阁学士陈宝琛着会办南洋事宜，翰林院侍讲学士张佩纶着会办福建海疆事宜；均准其专折奏事。

　　　　　　　　　　　　　　——《德宗景皇帝实录》卷 181 第 532 页

　　夏四月……，戊午（十四日），命通政使吴大澂会办北洋事宜，内阁学士陈宝琛会办南洋事宜，侍讲学士张佩纶会办福建海疆事宜，皆许专奏。

　　　　　　　　　——《清史稿·本纪二十三》第 878 页（光绪十年四月）

　　奉上谕："内阁学士陈宝琛，着会办南洋事宜，准其专折奏事。等因，钦此。"

　　　　　　　　　　　　　　　　　　　——《沧趣楼诗文集》第 854 页

　　四月十四日乃有三会办之命。三会办者，以吴大澂会办北洋，张佩纶会办福建海疆事宜，而公会办南洋也。因清流诸人多为李公鸿藻所识拔，疑其或右旧枢，又主战最力，故出之于外，委以重任，而不畀以实权。事若有成，既可博

知人善任之名,邀胸怀豁达之誉;事一不效,则投井下石,益振振有辞。况公与张公久居讲职,直言敢谏,怨府已深。忌者有不仅新枢而已乎。

——《闽县陈公宝琛年谱》第 33 页

邸钞。诏:通政使司通政使吴大澂会办北洋事宜,内阁学士陈宝琛会办南洋事宜,翰林院侍读学士张佩纶会办海疆事宜。均准其专折奏事。十四日旨。

——《越缦堂日记》第 14 册第 10276 页(四月十六日)

甲申中法衅起,与佩纶(侍讲学士)、吴大澂(通政使)同受命参军务。吴会办北洋,陈会办南洋,张会办福建海疆。佩纶最用事,以马江之败遣戍。陈与江督曾国荃颇不相得,未能有所展布。旋以保唐炯、徐延旭唐、徐以滇抚、桂督督师获重咎,交部严加议处,随降五级调用。三会办唯大澂幸无恙(十年后亦缘甲午军事罢湖南巡抚)。当陈与佩纶获遣时,谑者为一联云:"八表经营,也不过山西禁烟,广东开赌;三洋会办,请先看侯官降级,丰润充军。"嘲陈与二张也。之洞山西巡抚谢恩折有"职限方隅,不敢忘经营八表之略"之语,在晋禁烟颇力,督粤弛禁闱姓,故云。惟陈实籍闽县,非侯官。

——《亦佳庐小品》第 108 页

法舰窥上海吴淞口,江督曾国荃命提督李成谋、李朝斌严防。命通政司通政使吴大澂会办北洋事宜,内阁学士陈宝琛会办南洋事宜,翰林院侍讲学士张佩纶会办福建海疆事宜,均专折奏事。是时大澂等好谈兵事,佩纶、宝琛尤以弹劾大臣著风节,与张之洞、宝廷、邓承修、刘恩溥好论时政,陈得失,一时有清流党之目。孝钦后亦纾怀听从,以海疆多故,同时有会办之命,盖欲试其才也。

——《庸言·罗惇曧:清外史-中法兵事本末》第 1 卷第 8 号 1913 年 3 月 16 日

[陈宝琛]与张之洞、张佩纶、宝廷等交厚,恃才傲物,不避权贵,被称为"清流党",又称"四谏"。曾钦派江南会办军务。满清官场例规,京官不论职位大小,如奉钦差出京,所到之处,各省督抚必须亲自迎送。陈宝琛到南京时,两江总督曾国荃依例出迎,自提督、司、道以下均在辕门两侧排班迎接,陈直入与曾国荃相见,对两侧肃立诸员傲不为礼。曾国荃指着一排头品顶戴的提督向陈说:"这些人员均曾随我身经百战。"陈仍漫不经意。曾国荃大为不快。陈差毕回京,曾国荃弹章接踵而至,捏造陈宝琛干办江南事务舛方,以及种种骄横不法情节。曾国荃是炙手可热的人物,那拉后立即降旨给陈宝琛以降五级处分,斥回原籍闲住二十馀年。

——《伪满宫廷杂忆》第 40—41 页

5 月 19 日(四月二十五日) 李鸿章致信张佩纶,谈及公受命南洋会办大臣,云:"潜公用事,必难大治舟师。海防前议,无论属之何人,虑皆画饼。"

致 张 佩 纶　　　　　　　　　　　　　　　李鸿章

　　篑斋世仁弟大人左右：人回奉二十一日手答，何肝气之燥也，诚恳误为狎谑，固知事不如意，何愠之有？它日若至此躁释矜平气象，真可卢牟六合矣。令九弟过谒，携是日详函，顷又得二十二日申刻赐书，欣悉一一。公之出也，自系当轴忌其多言，然未始非磨练英雄之具。前数年，鄙人亦持此论。惟时局纷纭，不免为难受气，要将眼孔放低，肚皮放宽，庶几俶往咸宜。请饷疏何日议复，何时出都。与九弟再四商筹，瀛眷移津暂住为宜。渠甚谨厚，必能妥为照料，以纾远廑。竹报附交，计已详陈一切，幸勿游移。如即定计，午节后当派两长龙坐船至通州候接。令弟即在此擗挡，容另派一差，借资习练。潜公用事，必难大治舟师。海防前议，无论属之何人，虑皆画饼。宜助北洋之说，果能动听，祷祀求之。不才为言路所苟，日有退志，且恐成约一悔，台湾可危，实不愿执事履此危地。匆匆复颂勋祺。制省心顿首。

　　香翁至后，如何经画，念念。省三拟五月十二日起程。兴献向用，究应何位置。四月廿五辰。

　　　　　　　　　　　　　　——《李鸿章全集·信函五》第 33 卷第 390 页

　　　　　　　　　　　　　亦见《李鸿章张佩纶往来信札》第 392 页

5 月 22 日（四月二十八日）　致函王仁东。

致 王 仁 东　　　　　　　　　　　　　　　陈宝琛

　　旭弟足下：可于十九北行，此时计将抵都，初旬来书已接到。弟犹教以韬默，而兄事已到头，奈何。江海衰延无险可扼，疆帅新易部署纷纭。南洋本属难题，戎事未更，洋务不习，鄙人又是生手，明知仓猝着手，有过无功，然处此主忧臣辱之时，岂可畏难巧避。可弟临行苦以量而后入为劝，此举竟不能自主矣。弟何以教之。昨甫见《申报》，谅数日内廷寄亦必到，自必趣赴海上，不能候新任来。顷方按建昌试，初十日方能赶竣驰归省城，草草交卸，即赴金陵再议一切。无论内中主和主战，外间总极力求为可战，百闻不如一见，到彼方知底蕴，成败利钝非所逆睹也。兄近体甚惫，可弟知之，然不敢以病辞，此身不足惜，但恐无补于国，惟有求贤以自辅。已作书请子辉贤兄弟务来一人助我。可弟留此三月，悔不再留数日，又须往返劳顿。祈禀商可否速示南皮计已到，未作函乞致意，此后须时通问。有无谟议。篑处兄照常通函，一如尊恉。兄此时一面料理考试，又须作行计，忙乱已甚，家眷暂不能行。如是长局，则随后来，或回闽或到京；如战事开，则数月内分晓矣。兄故望吾弟来也。其为我酌其可带可不带，此时总不带，尚未知定居何所。会办是何局面，可调随员设文案否，兄意严宗光[1]、罗丰禄[2]均可资策力，均须奏调。郑陶斋[3]亦可用，弟然之否。可弟当偕爱苍到京,爱苍肯来否,能代劝驾数人否。有嘉谋见示否,乞代询。恕未作函,信到吾弟务逐条见复,并适其思虑所不及。窃意足下必已有信见教,尚未接着耳。如来信未及,祈先将摘出数条传电见复,一面作信详示,如有紧要信,亦可附电速示。已与可弟约用千字文。南皮当已晤,兄随后必致函。匆匆草布,即询侍履,不一。兄弢顿首。四月廿八日。拟电另纸书之。

兄在此两年,于士风颇有整顿。替人为湘南同年[4],人极朴诚,但恐不能候其交替,湘南初到,势必诸事生疏,兄拟留二幕友、二家人,备其询访一切,未知渠意如何。如尚未出京,吾弟可为一询,速为电示。并非为荐人起见,实求有益于伊,初次到此,欲求不受胥役愚弄难矣。

第一条昆玉能来否,来,不来。

第二条家眷可携否,可携,勿携。

第三条可奏调随员否,可调,勿调。

第四条后任肯收幕友、家丁否,肯,不肯。　　　　——上海图书馆藏手稿

[1] 严宗光:严复原名,见前。

[2] 罗丰禄:字稷臣,福建闽县人。福州船政学堂毕业,1877 年赴英国留学。先后兼任清朝驻英国、德国公使馆翻译。1880 年回国,入李鸿章幕,兼任李鸿章英文秘书、外交顾问兼翻译。1883 年任水师营务处道员,协同北洋水师提督丁汝昌及林泰曾等起草《北洋海军章程》。1896 年出任驻英兼意、比三国公使。

[3] 郑陶斋:郑观(官)应,字正翔,号陶斋,广东香山人。先后在英商宝顺洋行、太古轮船公司任买办。历任上海电报局总办、轮船招商局帮办、总办。中法战争时,曾往暹罗、西贡、新加坡等地调查了解敌情,逐一绘图贴说。著有《盛世危言》。

[4] 湘南同年:梁仲衡,字湘南,河北安肃人。光绪十年四月继陈宝琛任江西学政。

5 月 30 日(五月初六日)　接光绪十年四月十四日派充南洋会办上谕(见前),驰回南昌卸任,前往江宁。

奉到吏部咨转上谕,立将抚州齐集生童先行遣散,驰回南昌,拟交篆抚臣,即赴江宁。嗣闻和约已有成议,乃拟候新任到后交卸启程,并陈请诣阙请训。

　　　　　　　　　　　　　　　　　——《闽县陈公宝琛年谱》第 34 页

6 月 3 日(五月初十日)　上"谢会办南洋事宜折"、"沥请陛见片",折、片见《沧趣楼诗文集》第 853—854 页。

按清制:各省防务本系督府专责,军事又有将军为辅,本已各有责成。此时忽增一会办,职权又未明确,必至十羊九牧、一国三公。故公即奏称:"拥会办之虚名,蒙专奏之重责,位望不足以整军和众,权力不足以调饷用人,而欲成实事求是之功、破粉饰因循之习,不独臣之迂阔不能有所设施,即张佩纶衔命

入闽,赤手空拳,恐亦难于为力也。" ——《闽县陈公宝琛年谱》第 34 页
曾国荃复函潘霨。

复潘伟帅[1] 曾国荃

弟极庸愚,极盼伯潜星使早来,得借就正一切,似此又当稍需时日,翘首旌
麾,不胜饥渴之隐。 ——《曾国荃全集·书札》第 4 册第 235 页

[1] 潘伟帅:潘霨,字伟如,见前。
致函告王仁堪、仁东兄弟。

致王仁堪、王仁东 陈宝琛

可、旭弟如面:得维扬书,知可弟初旬犹在邗上,望前方可北发,想此时不
过裁［才］到京,早知如此,悔不坚留数日,为兄一运筹也。回省旬日因未奉寄
谕,不能不俟替人,顷阅《申报》,梁于初八请训,出京当在月半,如由驿来须下
月底矣。目下防务仍未解严,迟迟吾行,则迩近于规避。谢折既经声明,和局
既成,臣又未奉寄谕,自应俟新任交卸迎折北上,似又应静候批折,计折到在初
二、三日,吾弟可即为代探是否来见,有"毋庸待新任"字样否。急电示知,兄便
可预定行期,部署一切,盖折弁回江至速,已令航海,亦须十馀日也。可弟晤丹
老否,前函所言当能详及。仲勉自春至今无一字来,懒耶拙耶,令人不解。近
作何状之。衍泗款已代追,先还其半,馀由兄代肩。此问侍安,弢顿首。

佑卿已行,六月半后方可到京。

陛见能得请否,急请探明,电示。来不来新任,下月半始可到也,另篇驳约
未审有当否,便中示及。公定、刚侯昆玉。弢叩,初十。

——上海图书馆藏手稿

6 月 7 日(五月十四日) 致函王仁东、仁堪兄弟。

致王仁东、王仁堪 陈宝琛

旭、可弟足下:闻命后,贤兄弟各来一书,教我备至,书绅不忘。子辉、玉
农、雨生三君皆鄙人意中语,何不谋而合耶。炎卿当访延之,部文初六日到建
昌[1],棚次立将抚州停考回省,而和议已成又不能不候,新任交替管见,此举出
于十四日和局未定以前,殆为虚张声势起见,此时情事一变,而成命又难猝收,
然海壖江介增一枝官,不假事权,徒糜帑项,区区何足惜,如损朝廷之重何。足
下谓当先陈其难,兄谓仓猝赴战,固一无可恃拌(?),得一死尚无所难,今则进
退维谷矣。谢札已附片,顷得自陈先叩,可弟书改为请觐矣。任用大恉如果奋
然为求艾补牢之计,则任专责重,敢不勉竭驽钝,逐事讲求;否则贵而无位,高
而无民,岂可一日尸其禄哉。丹公已晤否,彼久在外,壶应深知。任事之不可

无权,无权即不可自任也。如认真作长局打算,则此间部署宜预,如调人延宾诸事,否则起灭自由,太无谓矣。可弟盍为我言之,速示速示。壶公督粤不如居中。此次新约不过未赔费耳。馀皆浑含牵混,隐患方长,何举朝全不觉察。深冀定细款付时有所补救,已于谢便附及,下月初方可上达也。读旭弟书中语,知贤兄弟皆不肯手援,前信所商竟尔绝望。爱苍[2]爱我甚,至连得数函,今日匆碌,未及草复,乞先致谢。行略已分致,未知能及兄手了之否。蕡已出京否,有何把握,苦哉苦哉。衍泗已归借款,兄总代担眷属,何往尚未定局,即使兄久在外,亦可送四姊归宁。一水往来十日可达,嬾勿过虑。新据实稟慰,新任如由驿来,此须闰月中旬始到,则兄行期尽宽,足下可常以书来也。草草即问侍安,兄宝琛顿首。十四日。

——上海图书馆藏手稿

[1] 光绪十年甲申五月初六日建昌试竣,接四月十四日谕旨"内阁学士陈宝琛着会办南洋事宜"。

[2] 沈瑜庆,字爱苍,见前。

6月21日(五月二十八日) 上"论法约无利有弊折",折见《沧趣楼诗文集》第855—585页。

又谕:前因法越构衅,边事正殷。据陈宝琛自陈愤懑,愿尽致身之义。朝廷嘉其忱悃,特令会办南洋事宜,俾得及时自效。南洋地段辽远,防务繁难,惟恐不能周密。其各处厘金,亦恐委办非人。致多中饱等弊,于饷源尤有关系。所有防海各务,陈宝琛务当认真稽查,实事求是,以补曾国荃之所不逮。傥曾国荃筹划未尽合宜,该学士自当尽心会商,妥筹补救;万一意见参差,亦可据实具奏,候旨遵行。似此竭诚会办,于南洋事宜必有裨益,即所以副委任,正不必别开局面,转致事权不一。所请开幕府、募亲军、置吏曹、建行馆各节,均著毋庸置议。现在法人虽议有明条约,仍不可一日忘战。该学士所称以卧薪尝胆之心,为求艾补牢之计,实与朝廷力求自强之意吻合。陈宝琛著即前往任事,毋庸来京请训。将此由四百里谕令知之。

——《德宗景皇帝实录》卷184第575页

公见上海报载李鸿章与法水师总兵福禄诺拟订和约五款,和局已定。因上《论法约无利有弊折》,奏陈此约隐约蒙混,流弊滋深,中国见和即许,议战全虚。彼方笑为堕其术中,我犹谓喜出望外,三月之后,难保不瞰我空虚,恣其要挟。届时李鸿章纵欲细参条约,恐亦非笔舌之所能争。宜豫集谋策,曲为补救,勿因和局之成,遽罢边备。

——《闽县陈公宝琛年谱》第34页

五月 调离江西,赴江宁途径庐山,再到白鹿洞视察,重修已成。有感于书院兴衰,立碑纪事,以望后来者有继,碑由新建邓廷桢书石,今存白鹿洞书院碑廊。见《白鹿洞书院碑记集》第 305 页。

重修白鹿洞书院碑记　　　　陈宝琛

　　白鹿洞者,陆子辨析义利,闻者为之感泣之地也。嗟乎！陆子之说,其尤今日学者之第一义乎？予视学江西,以"作君子,自辨义利始；举秀才,须明经传入。"二语刻之楹,以训厉多士。诚以不明经传,无以辨义利。若不辨义利,又何谓之明经传乎？今之纷纷而起者,始假虚名以规实利,既得实利,遂不顾虚名,而有时名利且欲兼收,于是利无论大小,既钻之必尽；名不问其伪,亦冒之不惭,委琐之态,肺肝如见,而孟子之所谓"四端"、管子之所谓"四维",揺亡将尽矣,此吏治官方士习民风之所以不古也。书院非其一端乎？我朝昌明经术,培植人才,凡各行省有名书院,皆赐宸翰御题。乾隆中,命山长与翰林院掌院学士同称院长,盖以国家拔取天下之尤异聚之学校,复遴选学校之尤异归之书院。夫书院,学校中之最尊贵者也,而可以具文了事哉？乃鹿洞则有难言者,虽屡经庀工,列舍多上漏旁风,人亦薰莸不辨,去来无稽,自爱之士,往往裹足不前。去省窎远,官其地者,又不暇问也。予按试南康,目击心恻,遂与中丞潘公、方伯边公筹巨款,加增经费,具奏入告,得旨报可。于是远延名师,且召各学高等与甄别入选者同授业。庶几拔十得五,讲明大义而知所以为学、所以为人乎？嗟呼！书院者,经明行修之区,而非以图利者也。自官博宽大之名以人多为贵,院长率以请托为去就,诸生则希冀餐钱,不自省其学业之何如。鹿洞虽为四大书院之一,亦何怪其陵夷至此哉！虽然,院长有教士之责,而每苦于力之不及。粮莠不去,嘉禾不殖,则所以整齐划一之者非官不行,后之君子尚宜加之意哉！岁五月,予移节江南道,经庐山,谒院长,接见生徒,见其规模初具,气象维新。既望其成,复律其败,因作此文以寄予无穷之思,属星子朱大令绍霞刻之石。书院学政所当问,况议创于予,作记予之分也。其当时承修之官吏与所用钱例载碑阴,且有籍在,此不书。光绪十年五月穀旦。

——《白鹿洞书院碑文记集》第 305—306 页

6 月 25 日（闰五月初三日）　致函王仁堪、仁东兄弟云：南洋会办大臣"官非常员,事皆创局",一切无成例可循,"最好专办筹防之事,一切交涉事件均可不闻"。

致王仁堪、王仁东　　　　陈宝琛

　　可、旭弟均鉴：连寄三缄,想均收入。久未得复,殊深悬盼。安□到江,知可弟望日始北驶,计廿二、三日当到京,兄因替人未来,不能不候。批折来京与否,须待新任与否,日内当已奉批。吾弟能传电早示,则行期较可预定,若守待新任，恐须月底始能启行矣。身居江湖，君门万里，庙谟廷议迄不得闻。官非常员，事皆创局，不似督抚、学政皆有敕书，可按职掌可稽，故必请宸训为遵循，定规模之广狭，最好专办筹防之事，一切交涉事件均可不闻，即可省与彼族往来，不独于南洋济以和衷，且当与北洋、闽、粤联为一气，未知策遣本意与下怀有合否。现拟将四姊先送还家，兄行时带眷卸装金陵，俟查看海口，询采舆论，再定驻扎之所。此间随员带玉农及郭小严，幕友带仲木，仆人带曾庸、胡麟、许叔、朱存仲，兄以老魏照护家眷，馀均拟遣散。松云、戟乡留荐新任，荫之子言亦已外荐到江南后，子辉如不肯就，便拟延请炎卿。如系任重道远之事，则无资于群策群力者多，随时延揽，不拘一格矣。目下犹不免有惜费之见，不敢以艰难綦项养一冗员也。南皮丰阁成集，津门自必胸有成竹，黄半载未来一书，未必因旭弟故而迁怒，昨有信到沪询之，或可得复也。替人迟迟未来，兄纵得奉先行交卸之谕，亦须望后动身。东阳前交还之件，恐仍须用一次，印尚未卸，关防未刊，但增一新衔耳。当否祈往商之。嗣后可否仍托照旧，并乞代询，便中见复。仲弟近何为，兄久不得其书矣。毂老命购《宋元通鉴》、《明鉴》，其板皆不在此间，但有《明通鉴》也。敬请侍安。兄弢叩。闰月初三。

——上海图书馆藏手稿

6月26日（闰五月初四日）　廷命速赴天津，会同李鸿章妥议与法国订立和约事。

闰五月……丁未（初四日），命前提督刘铭传督办台湾事务，锡珍、廖寿恒、陈宝琛、吴大澂往天津会商法约。

——《清史稿·本纪二十三》（光绪十年）第 879 页

又谕：法越交涉各事。前经李鸿章与法酋议定简明条约。迭次谕令该署督，将详细条目豫为筹划。现在法使将次到津。所有界务商务一切应议事宜，关系重大。彼族狡谋极多，稍一不慎，即贻无穷之患。着派锡珍、廖寿恒、陈宝琛、吴大澂，会同李鸿章详细妥筹，临机因应。其最要者。分界究以何处为限，商税不得逾值百抽五之法，格外通融。越南为我封贡之国，均须切实声明，不得稍涉迁就。刘永福一军，亦须由我措置。此外如有应行辩驳之处，尤当事事留心。争得一分，即有一分之益。李鸿章着俟锡珍等到齐后，再行会商开议。届时议论如何，奏明候旨遵行，不准仓猝定议，致为所绐。陈宝琛接奉此旨，即著迅速驰赴天津，毋稍迟延。将此谕知锡珍、廖寿恒，并由五百里密谕李鸿章、陈宝琛、吴大澂知之。

——《德宗景皇帝实录》卷 185 第 580—581 页

又谕：现据张树声转达潘鼎新电报。本月初一、初三等日，法兵至北圻、谅山、观音桥等处,无故扑犯我营。衅自彼开,我军已与之接仗获胜。法兵经此次惩创。自可遏其凶锋,第恐其不得志于北折,势必至中原沿海各口岸,及台湾、琼州等处,肆扰泄忿。亟应格外防范,以备不虞。著李鸿章、曾国荃、彭玉麟、穆图善、何璟、张树声、张之洞、卫荣光、刘秉璋、张兆栋、陈士杰、倪文蔚、陈宝琛、吴大澂、张佩纶督率各军,认真操练,并随时严密侦探,务期有备无患,毋稍疏虞。将此由六百里各密谕知之。

——《德宗景皇帝实录》卷 185 第 583 页(闰五月初七日)

亦见闰五月初五日译署连续两电《李鸿章全集·电报》第 21 册第 167 页

奉上谕:以法使将次到津,所有界务、商务一切应议事宜,关系重大。派锡珍、廖寿恒、陈宝琛、吴大澂会同李鸿章详细妥筹,临机因应。陈宝琛即着迅速驰赴天津,毋稍迟延。 ——《闽县陈公宝琛年谱》第 36 页

刘铭传赏巡抚衔督办台湾事务,镇道以下均归节制。恒珍放荆州府。派锡珍、廖寿恒、吴大澂、陈宝琛会同李鸿章详议法国条约。

——《翁同龢日记》第 4 册第 1879 页

7 月 5 日(闰五月十三日) 张佩纶函告李鸿藻金陵兵船五艘委公,"正无事过于沾滞"。

张佩纶从福州函公报告福州船政情形云:……鄙人请抽练局船,寄谕以海防尚未解严,属商之各督抚。不知局船散在各省,嗜好赌博,百弊丛生,各省用以应差转运,养而不教,商之疆吏,则船主必求关道缓颊,不愿来闽。此事鄙人尚是愿任劳任怨之举,而枢府代为解环,思之转喜。然分防之十四艘,沿途已阅其七。浙船两艘不日即来,惟金陵五艘委之伯潜(按:即陈宝琛),正无事过于沾滞矣。 ——《李鸿藻年谱》第 322—323 页

上谕查明江南江海渔团。

又谕,左宗棠奏江南江海渔团有益地方,请旨仍饬照旧办理一折。据称该前督于上年六月具奏筹办海防,创设渔团,奉旨允行。本年三月间,曾国荃接篆,即札饬上海道,速撤渔团。查渔团办成,海防益固。外堪御侮,内足□民。请饬秉公确查。如实无扰累情事,即仍旧办理,以惬舆情等语。所奏是否可行,著陈宝琛确切查明。果否实在有益,据实具奏。原折着钞给阅看,将此由四百里谕令知之。 ——《德宗景皇帝实录》卷 185 第 590 页

7 月 7 日(闰五月十五日) 上"交印抚臣驰赴防所折"、"请查参韩懿章荣绶片"、"请撤调达春布钟珂片"、"请调李相郭菶康片"。上谕:荣绶、达春布、钟珂交江西巡抚潘霨查参,潘霨未令韩懿章、荣绶赴任,亦未派差,不即奏参,亦饬令查办,

折、片见《沧趣楼诗文集》第859—863页。

公连见电传法人违约犯边,调船北向,事机叵测,防守加严,爰将所有关防、书籍、文卷先送交抚臣潘霨暂行接管。于十六日乘舟车东下,并将在赣视学期间,州县中吏治最劣者,就见闻所及,择尤论劾数人,如宁都直隶州知州韩懿章及候补知府荣绶皆是。又以九江为江西门户,防务最殷,知府达春布偏执昏庸,颟顸恇怯;吉安府知府钟珂办理教案不能持平,请分别予以撤调。

————《闽县陈公宝琛年谱》第35—36页

又谕,内阁学士陈宝琛奏江西宁都直隶州知州韩懿章,觥法殃民,上控京控,案牍累累;候补知府荣绶,招权纳贿,专善逢迎;九江府知府达春布,偏执昏庸,颟顸恇怯;吉安府知府钟珂,办理案件,不能持平,结怨酿患。请旨严查撤参等语。澄清吏治,首在严劾劣员。该学士在江西学政任内。采访众论,证以实事。所奏韩懿章等各款,见闻确凿,必应从严惩处。韩懿章劣迹尤多,着即行革职。与荣绶、达春布、钟珂三员,均交潘霨按照所奏各节,分别查参。陈宝琛奏片内声明韩懿章、荣绶二员该抚未令赴任,亦未派差,是已知其不堪任使。何以不即奏参。现经饬令查办,傥该抚稍有瞻徇回护,定即一并严惩,懔之。

————《德宗景皇帝实录》卷187第612—613页(六月初二日)
亦见《越缦堂日记》第14册第10357页(六月初三日)

7月8日(闰五月十六日) 乘轮东下,驰赴江宁。

臣即于十六日乘舟东下,驰赴江宁,与督臣曾国荃筹商一切。

————《沧趣楼诗文集·交抚臣驰赴江宁折》第859页

7月10日(闰五月十八日) 抵南康。接闰五月初四日上谕,夜复接曾国荃转闰五月初七日上谕(见闰五月初四日条)和闰五月初十日总理衙门密电:"军机处电寄沿海各将军督抚谕旨",见《清光绪朝中法交涉史料》卷18第11页。之前接闰五月初八日李鸿章电,见《清光绪朝中法交涉史料》卷18第9页,以及吴大澂"到宁即赴津"电。行止颇费斟酌。

闰月十八日,行抵南康。奉闰月初四日上谕:以法使将次到津,所有界务、商务一切应议事宜,关系重大。派锡珍、廖寿恒、陈宝琛、吴大澂会同李鸿章详细妥筹,临机应变,陈宝琛即著迅速驰赴天津,毋稍迟延。是夜,又接署两江总督曾国荃两咨:"一转闰月七日上谕,以法兵无故扑犯我营,我军已与之接仗获胜,势必至中原沿海各口岸肆扰,亟应格外防范;一转总署密电,著沿海各将军、督抚、会办大臣等严申儆备,倘来扑犯或径行登岸,即奋力抵御。公以事机益紧,兼程前进。"

————《闽县陈公宝琛年谱》第36—37页

7 月 13 日（闰五月二十一日）　抵江宁,晤曾国荃,询悉法国军舰在吴淞口情况。

于二十一日行抵江宁,接晤署督曾国荃,询悉法舰之在吴淞者尚无动静。初,公在江西,曾接曾国荃转寄李鸿章八日电信,有巴德诺不来,公亦可缓之语。兹复得吴大澂八日电信促到宁即行北上。电信既彼此参差,行止乃颇费斟酌。据探报:法将孤拔及越来大小轮船悉数退去,云至烟台或闽马尾,江南防务一时尚无意外之虞。爰于二十四日启程,拟由沪航海赴津。

　　　　　　　　　　　　　　——《闽县陈公宝琛年谱》第 37 页

满清官场例规,京官不论职位大小,如奉钦差出京,说到之处,各省督抚必须亲自迎送。陈宝琛到南京时,两江总督曾国荃依例出迎,自提督、司、道以下均在辕门两侧排班迎接,陈直入与曾国荃相见,对两侧肃立诸员傲不为礼。曾国荃指着一排头品顶戴的提督向陈说:“这些人员均曾随我身经百战。”陈仍漫不经意。曾国荃大为不快。陈差毕回京,曾国荃的弹章接踵而至,捏造陈宝琛干办江南事务舛方,以及种种骄横不法情节。　——《伪满宫廷杂忆》第 40 页

在江宁,致函张佩纶。

致 张 佩 纶
　　　　　　　　　　　　　　　　　　　　　　　　　陈宝琛

绳庵世丈坐下:前月望后奉寄一书,何时得达,久不得复,殊耿耿也。公到闽后,所闻所见又复何如,凡所施设当可见示。琛坐须后任,十一日始奉批谕,略知任使大恉。因闻彼族背盟,急急交印,抚军兼程东下,途次奉初四日赴津议约之谕。嗣接北洋来电,仍先督防申备,今日可抵金陵矣。自至江西,精神耗于纤微,气体伤于痹湿,蒲柳之质,旁人时为之危。盘错亲承,岂敢稍爱心力,但�以神虑弗及,覆公餗耳。

公半载不赐一书,索居省甓[1]不知所措,外间无人可商,昨从章门咨调两候补,取其廉朴,可助耳目,已与中旨不合,然则五石之瓠又何所用乎,此清卿为其易,而公与宝琛均万难也。台事以属省三[2],公驻节何所,琛拟先任江宁,免生间隔。战事果成,我两人赤手空拳,世虽谅之,亦何以自立? 拟巡历各口后,归驻镇江,为长江卫门户,公谓何如? 七省水师之议,已否会复允行,及今为之,已病其迟。朝邑[3]于兵事未必有远略,馀益可知,长叹而已。闻兰洲[4]新被劾,信否? 河阳得家书,张皇至于吐血,以语闻于公,疑所指使。嗣知四款皆不中要害,又怪公之故甚其词,患得患失,其骇可怜。濒行附论其属员数人,语虽不甚侵之,然必心寒胆裂矣。四月半奉寄一缄为信局所阁,公行后始往投,近尚未递回也。匆匆手此,奉讯起居百福。宝琛顿首。闰月廿一日,舟中。

闽中仰食他省。募兵既众,筹食宜先,不然坐困之道也。颖老有大略而近疏,今老矣。公见之乎? 子峨[5]诸事匪实能分劳否。 ——上海图书馆藏手稿

[1] 曾:同愆。

[2] 省三:刘铭传,字省三,见前,时任福建巡抚,驻台湾督办防务。

[3] 朝邑:阎敬铭,陕西朝邑人,见前。

[4] 兰洲:刘璈,字凤翔,号兰洲,湖南岳阳人。时任台湾道道台。

[5] 子峨:何如璋,字子峨,广东大埔人,时任福建船政大臣。

7月15日(闰五月二十三日) 上"报驰抵江宁遵旨赴津折"、"报启用关防片",折见《沧趣楼诗文集》第863—865页。

曾国荃来函。

致 宝 琛 曾国荃

接少荃伯相[1]电音,以有密旨令执事赴津会议详细续约,并以法国巴使初九可以抵沪,嘱转请下从速北行等语,谨以奉布。似此前从目下先须遵旨赴津,晤教又当稍需时日。而此间连得各处电报:初一、初三两日法与我军在观音桥开两仗,初一彼此杀伤相当;初三我军大捷,法遂退舍。该国得败耗,即电致巴德诺速赴北京诘问,所有驻中国海面之兵船悉数开往北洋等信。此役衅开自彼,我为有词,想执事与少荃伯相必能据理辨析,遏其怒气。

惟款局已有更动,北洋逼近畿辅,固其恫喝之所先及,万一未能遽就衔勒,则声东击西,蹈瑕抵隙,扰我海疆,似亦意计之所必有,则各省备豫之计,更不可片刻稍松。弟惟有坚持初心,益加绸缪,处处为可战之计,期以仰慰宸廑。

——《曾国荃全集·书札》第4册第236页

[1] 少荃伯相:李鸿章。

7月16日(闰五月二十四日) 自江宁启程北上,途次接三道谕旨,二十四日赴津。

会办南洋事宜臣陈宝琛二十一日行抵江宁,晤谈五次。二十四日午刻与都统善庆同时启轮舟东下,由沪赴津。

——《曾国荃全集·奏疏》第6册第217页

7月17日(闰五月二十五日) 致函张佩纶。

致 张 佩 纶 陈宝琛

黄文阁下:前寄郑丈一书,计已送览。台幸一胜,军火难济,诚为焦急。总署来电专候照复"决战",此事殆无转圜,日内只盼巴黎来电,未知巴阅福禄诺[1]手据后,议院又有何辞耳。廿三日电拨"开济",琛即商曾,彼时未知已有

旨也，因曾坚不可。且念一"开济"无益，恐反资敌，故即电复，而曾今午乃以廿三、廿五两旨见示，中有争论情形一语，殊可骇诧。来电勿着痕迹，伊耳目最多。询其电奏何词，则不肯言，当此危急扰攘之时，琛若亦发电奏闻，徒使九重动气，且琛在此诸事多不得闻。株守上海，除吴淞外，无所谓布置。前日复有谣诼，若再晓之缕渎，非争权即卸责，故亦隐忍不言，公等亦无庸再说矣，愤懑书此奉布，馀容电陈。即请勋安，并候子峨同年。侄期琛顿首，廿五夕。

——上海图书馆藏手稿

[1] 福禄诺(Francois Ernest Fournier)，法国水师总兵，在天津与李鸿章签订《简明条约款》。

7 月 18 日(闰五月二十六日)　抵上海，正拟附轮北上天津，接家信，获知祖父景亮病故。

于闰月二十四日由江宁起程，业经驰报在案。二十六日行至上海，正拟附轮北发，是夜接到家信，知臣祖父前云南布政使景亮在籍病故。

——《沧趣楼诗文集·乞假持祖父期服折》第 865 页

得布政公凶问。值此防务孔殷之际，未敢遽请归省，乃援大臣京堂遇期服给假二十一日之例，报请照例给假，在行馆持丧二十一日。

——《闽县陈公宝琛年谱》第 37 页

赫德税司致电总署，要求派曾国荃与公赴沪议约。

祈贵衙门照会谢署大臣：一请转致巴大臣，恳将末议所订限期展缓七日；一允于意外之事，愿略偿经费、恤款为理。并祈电咨曾官保、陈大臣即行来沪，并授以与巴大臣会商权柄。若不如此办理，则交战不免也。

——《清光绪朝中法交涉史料》卷 19 第 8 页

又接谕旨，赴沪随同曾国荃与法使议约。并警告福州马尾有警，如所议无成即回江宁。

谕军机大臣等：法使巴德诺现在上海，著授曾国荃为全权大臣，克日前往与议详细条约。并派陈宝琛会办，派邵友濂[1]、刘麒祥[2]，随同办理。所索兵费恤款，万不能允，告以请旨办理。条约最要者，越南照旧封贡，刘永福一军如彼提及，答以由我措置。分界应于关外留出空地，作为瓯脱。云南运销货物，应在保胜开关，商税不得逾值百抽五之法。以上各节，切实辩论，均由电信请旨定夺。需用翻译，总署前派福连在津，现令携带简明条约，及往来照会文件，前往备查，并谕李鸿章加派翻译一人同往。曾国荃出省后，江海防务责成李成谋、李朝斌妥办。如所议无成，曾国荃、陈宝琛、即回江宁布置，切勿登彼船只，受其挟制。现在福州马尾有警，如二十八、九日已有开仗之信，曾国荃即无须

赴沪。　　　——《德宗景皇帝实录》卷 186 第 604—605 页（闰五月二十六日）

奉：旨本日已有旨，派曾国荃为全权大臣议办详细条约，著派陈宝琛会办，并派苏松太道邵友濂、四川候补道刘麒祥随同办理。锡珍、廖寿恒著俟交查事件，完竣即行回京，钦此。交总理衙门。（闰五月二十六日）

——中国第一历史档案馆藏电报档 1-01-12-010-0022

[1] 邵友濂，字筱春、小村、攸村，初名维埏。浙江馀姚人。时任苏松太道。后任台湾巡抚。

[2] 刘麒祥，字康侯，湖南湘乡人。

在沪拟坐太古商船北驶，致函张佩纶。

致 张 佩 纶　　　　　　　　　　　　　　　　　陈宝琛

绳庵世丈：芜湖舟中复寄一缄，日内当入览。久不得书，良用系怀。法人挑衅索偿，声言牵地作抵，福州港路回曲，唯船厂近海可虑。区区所忧，则城中盖藏太虚，米船两月不至，坐困之道也。公所设施，盍[1]一示之。琛因锡、廖[2]叠次电催到宁，三日即行。此间筹防专重镇江、江阴两重门户。宿将规划方新，断非书生所能参议，所任杖者陈湜一人，中枢不能不用威毅，威毅[3]即不能不用陈湜，一时无可匡还，幸以李成谋代李朝斌，统兵轮为得人耳，江左将才尚多，财用未匮，视闽事较可有为。而自维才气魄力远不逮公，所共事者又难强以相就，此行匆迫，归再图之，商订细约，笔舌岂能持权，被命不敢不行，深恐无以仰称肃毅前约，罅漏滋多。纵无此次变卦，细款亦必胶葛，如能不存成见，推诚为公，或有得尺得寸之益，琛自谋素拙，唯天子使，不敢巧自解免，公幸有以教之。华船暂止往来，拟坐太古商轮北驶，如有惠书，可寄津门[4]。手此，敬请台安，宝琛顿首。廿六日吴淞舟中。　　　——上海图书馆藏手稿

[1] 盍：同"盖"。

[2] 锡、廖：锡珍，额尔德特氏，满洲镶黄旗人。副都御史、吏部尚书。廖寿恒，字仲山，晚号抑斋，福建汀州府永定县人，寄籍江苏嘉定。同治年进士。历任湖南学政，国史馆纂修，侍读学士。

[3] 威毅：曾国荃，封威毅伯。

[4] 闰五月初四谕旨："命前提督刘铭传督办台湾事务，锡珍、廖寿恒、陈宝琛、吴大澂往天津会商法约。"此函当为陈宝琛拟赴沪转津。

复陈弢庵星使　　　　　　　　　　　　　　　　　张佩纶

久不得惠书，悬悬在抱。昨得电言，知公到沪，改学使为会办，已恐无权，改防务为言和，尤恐损望，甚为我公危之。法注意船局，廿八日彼所谓哀的美敦书期满，合肥电云即日攻局，据以为质。故佩纶于廿七夜潜师至局，孤拔疑我欲战，退两船至壶江、退一船至闽安，而留三船于罗星塔。马尾之防稍松矣。

法人已志得意满，见闽有备，断不画蛇添足。佩纶所以促南北师船来此者，敌入内港，若水陆夹击，截其后路，实可一胜，欲以破其恫吓之计，而和议亦可得体。惟合肥与湘乡均不解此也。今粤派两船来闽，调一船到合，原有三船，聊以壮观，然不免养质虎皮，闽防久弛。佩纶初来，尽吾之力仅而得此，微怪我公谊笃梓桑，留心洋务，独于闽防未置一词，未免引嫌太过耳。要言幸以电达。闽沪消息时通，免受敌之欺诳。要之，公与沅帅当操纵得宜，而佩纶与阁下必刚柔互用也。老伯尚未获一见，布政公之事，理应乞假，而今非其时。俟海防解严，公以期归省老人，当可痛谈十日耳。　　——《涧于集・书牍三》第 52 页

7 月 19 日（闰五月二十七日）　奉旨与曾国荃在沪与法使巴德诺议办中法详细条约。上"乞假持祖父期服折"，折见《沧趣楼诗文集》第 865 页。

庚午（二十七日），授曾国荃为全权大臣，与法使于上海议约，命陈宝琛会办。
　　——《清史稿・本纪二十三》第 880 页（光绪十年）

时法使逗留在沪，不肯赴津重议和约。中枢用税务司赫德议，改派曾国荃为全权大臣，在沪议约，仍以公为会办。公以素来主战，议和才实不逮，且拙于辞令，不习洋情，力辞不获，只得勉强与议。因中枢和战未定，既不敢遽与决裂，亦不能过于迁就，乃密请战则迅示刚典，和则急筹转圜，此时宜决。和议之初，总署本有可许数十万之电。至是，曾请旨，拟改赔偿为抚恤银五十万两。公为曲全大局，勉署纸尾。乃枢廷忽以曾国荃实属不知大体，陈宝琛向来遇事敢言，是以特派会办，乃亦随声附和，殊负委任。两人均著传旨申饬。实则公并未附和。后曾有奏谓公"不顾议约之难，好为高远之论，事事与臣龃龉，臣以其言难行，恐与外人在沪决裂，贻误大局。"实则议和本非公素志，曾督防山海关时，曾为公所劾，不免心存芥蒂，又自恃隆勋硕望，久历戎行，视公为少年新进，亦存藐视之心。　　　——《闽县陈公宝琛年谱》第 37—39 页

授曾国荃为全权大臣，克日往上海与法使议办详细条约，并派陈宝琛为会办，苏松太道邵友濂、候补道刘麟祥随同办理。　　——《李鸿藻年谱》第 324 页

谢满禄[1]照会：奉本国训，所定款分毫不能改。张佩纶电：一船入马尾，两船在口外。孤拔闻亦到，船数未定。赫电仍请派曾（国荃）、陈（宝琛）与巴议条约，却未提巴愿与否也。　　　　——《翁同龢日记》第 4 册第 1885 页

[1] 谢满禄（Marie Joseph Claude Edouard Robert Vicomte de）：法国外交官，法国驻华使馆参赞，曾代理馆务。

赫德电报仍请派曾国荃与公同巴德诺重议条约，巴德诺同意议约，展限八日。赫电见《清光绪朝中法交涉史料》卷 19 第 12 页。

昨赫电：巴允许将条约重议，再限八日，一面知照孤拔无动兵。孤拔欲先占马尾船政局以为抵押云云。昨已派曾国荃、陈宝琛全权往沪议约，邵友濂、刘麒祥随同办理。……

南北洋来电，催促款项甚急，邵、赫向巴使再三缓颊，允暂缓听信。曾沅浦以死守自任，不愿与闻和约。陈伯潜有祖父之丧，欲回籍。福州四轮入口，茶市停止，沪上商船无出入。谢使作下旗驰归之态。

——《翁同龢日记》第 4 册第 1885—1886 页（闰五月廿八日）

军机处交总署谕旨：委派翻译协助谈判。

军机处交总理各国事务衙门谕旨交片。

交总理各国事务衙门，本日奉旨派曾国荃、陈宝琛在上海会议详细条约，应派翻译二人前往，希贵衙门即派在津之翻译福连携带简明条约及往来照会前往，备查并知会北洋大臣李，另派翻译一人同往可也，此交闰五月二十七日。

——《清光绪朝中法交涉史料》卷 19 第 17 页（758 件）

7 月 20 日（闰五月二十八日） 祖父陈景亮病故，致电军机处恳请赏假。

照录陈阁学来电，五月二十八日。

宝琛赴津过沪，廿六晚接家信，祖父在籍故，恳赏假持服。请代奏。另具折候速复。照录福建会办大臣来电。

——中国第一历史档案馆藏电报档 2 - 02 - 12 - 010 - 0132

接李鸿章转总署电，授曾国荃为全权大臣，派陈宝琛会办，派邵友濂、刘麟祥随同办理，指示谈判事宜。

寄江督曾。

光绪十年闰五月二十八日巳刻到。

顷接总署二十七日来电，本日奉旨：法使巴德诺现在上海，著授曾国荃为全权大臣，克日前往与议详细条约，并派陈宝琛会办，派邵友濂、刘麟祥随同办理。所需兵费、恤款万不能允，告以请旨办理。条约最要者越南照旧封贡。刘永福一军如彼提及，答以由我措置。分界应于关外，界分空地作为瓯脱。云南运销货物应在保胜开关，商税不得逾值百抽五之法。以上各节切实辩论，均由电信请旨定夺。需用翻译，总署前派福连在津，现携带简明条约及往来照会文件前往备查。并谕李鸿章加派翻译一人同往。曾国荃出省后，江海防务责成李成谋、李朝斌妥办。如所议无成，曾国荃、陈宝琛即回江宁布置，切勿登彼船只，受其挟制。现在福州、马尾有警，如二十八九日已有开仗之信，曾国荃即无须赴沪。钦此。即转电曾钦遵,等因。鸿顿。

——《李鸿章全集·电报》第 21 册第 193 页

请派员会议约章疏　　　　　曾国荃

窃维详细条约关系重大,臣于中外交涉事件向未究心学习,若竟贸然而行,实属茫无把握。……钦派总理衙门熟悉议约之大员,随带司员,抱定成案,相与会商办理,方可以免疏虞。如重臣难以远行,或即派在津与北洋大臣会商详约之三员,早日赴沪,并留会办南洋事宜陈宝琛久驻上海,俾臣得与该四员面商一切,然后向巴使会议。　　——《曾国荃全集·奏疏》第 6 册第 220 页

7 月 21 日(闰五月二十九日)　李鸿章转总署电,见前。

光绪十年闰五月二十九日辰刻。

昨晚接总署来电,二十七奉旨:本日已有旨派曾为全权大臣,议办详细条约,著派陈宝琛会办,并派苏松太道邵友濂、四川候补道刘麒祥随同办理。锡珍、廖寿恒著俟交查事件完竣即行回京。钦此。即转电曾等,并告知锡、廖,等因。鸿。

——《李鸿章全集·电报》第 21 册第 195 页

服丧请假未获允准,仍命在沪与曾国荃会商妥议会办南洋事宜,事后赏假二十日。

谕军机大臣等,电寄曾国荃:据电报"不敢与闻和议"等语,自系未奉二十七日电旨。此旨业经告知法使,若不速往,失信于彼,为彼口实,万不可行。若谓疆臣战将不应议和,李鸿章独非疆臣战将耶?着曾国荃遵旨迅即启行,一面照会该使,定期会议。前谕曾国荃等,如所议无成,即回江宁布置,并非以办事棘手之局,责该督以必行也。当此事机万紧,陈宝琛何得以期服请假,即着在沪,俟曾国荃到时,会商妥议,并会办南洋事宜。俟事定后,赏假二十日,在营持服。

——《德宗景皇帝实录》卷 186 第 607—608 页

赫云,费可减而不可免。电旨饬曾(国荃)、陈(宝琛)不准辞。译署欲抚恤,邸不谓然。

——《翁同龢日记》第 4 册第 1886 页

赴沪议约豫备战守疏　　　　　曾国荃

臣于二十八日钦奉谕旨,本定六月初三日启程赴沪。……兹幸钦奉电寄二十七日第二次谕旨,训示周详。……微臣与陈宝琛有所遵循,即可与巴使切实辩论,……无论巨细之事,陈宝琛与臣自当随时电奏,请旨定夺……

下关炮台派李光久、吴隆海增修扼守。会办南洋事宜陈宝琛正在上海,臣到沪之日即可豫商一切。所调轮船,初二日可到江宁。……

——《曾国荃全集·奏疏》第 6 册第 222—223 页

致函王仁堪、仁东兄弟。同日致函张佩纶。

致王仁堪、王仁东 　　　　　　　　　　　　陈宝琛

可、旭两弟。琛廿六赴津过沪，闻局又中变，巴使不北，正欲电商行止，家书适至，骇闻家祖凶问[1]，五内崩裂，欲归不得，当电请照例赏假，并具折驰陈[2]，即于是日廿七。午后电达执事。因奏折按折油纸、黄纸，条绳均用罄，冀可交江西折弁带回。目下公私两亏，进退惟谷。索偿之议赫德请派南洋就议，而译署罹未遽许。已允饬曾八日内到沪，此复成何局面。北洋以邻为壑，但顾自免訾议，不惜隳国体而长戎心，琛方持服，不能争之于朝，疚心何极，且恐并以此事牵连及我，则假内尚须与闻洋务，以瞀乱之方寸，有何策可以酬知耶。吾兄当有以尼之。望极盼极，唯鉴不宣。兄琛顿首。仲勉一书请即饬送。

——上海图书馆藏手稿

[1] 祖父景亮卒于1884年7月6日(光绪十年闰五月十四日)。

[2] 1884年7月19日，光绪十年闰五月二十七日陈宝琛上折"乞假持祖父期服折"。

致张佩纶 　　　　　　　　　　　　　　　陈宝琛

贲丈：得电示后，彷徨踯躅，商之曾而不得其实，南船精练者亦寥寥也。此时又宽一着，但前约蒙混已甚，胶葛太多。此时彼方挟战要盟，补救之难，夫人知之。北洋自居事外，全权乃以畀曾。琛请假不报[1]，暂自持服，性本闇拙，加以方寸瞀乱，以临盘敦，得无辱命致身之义，又不容辞，奈何奈何，公宜教之。晤竹[2]云，知公半年来被谤之深，可为长太息。旭庄习闻俗论，不谅局中，因爱成怨，殊不可解，相知贵知心，信哉。兰洲为人制肘，台事坐是不振，省三到彼能与协力，则幸矣。勾留沪上，恨不能归，相见何时，思之黯然。电信迅捷，当常相闻，如遇密件，应用暗码，请以"海内存知己，天涯若比邻"为识。行人临发，夜色向阑。匆匆草布，敬问起居，不宣。宝琛顿首。廿九三鼓。

船政中王树翰沉朴有为，见之否，公不宜当前敌，船厂固重，非全局也。

——上海图书馆藏手稿

[1] 陈宝琛闰五月二十七日上"乞假持祖父期服折"，未获准。

[2] 竹：宝廷，号竹坡。见前。

7月22日(六月初一日) 李鸿章致曾国荃函。

致曾国荃 　　　　　　　　　　　　　　　李鸿章

沅公官保姻世叔大人爵前：昨奉电旨，授我公以全权赴沪议约，艰巨之任，危急之秋，非公不能解此纷难。又得伯潜阁学与筱村、康侯会筹襄助，千钧一发，当渐转圜，驰系曷已。从前简约，本系止兵草约，多挂漏牵混之处，物议

繁兴，负疚滋甚。不意又有谅山之战，致腾彼口，以原约第二款即行调回边界为词，犹可说也。然万国公法，迟延有因，并非背约。至福西临行面称，限二十日、四十日撤兵，语近胁制，当已斥驳，并无公文照会，何足为据。迭经缄致总署，并电属李丹崖与法人再四辨争，彼亦中阻。兹将函稿二件抄呈钧核。该酋谓谅山战状，我先埋伏动手，而潘琴轩来电，实系彼先开枪炮。迭文胡弁尚未到津，先将三次电语奉览，以为临时驳辨证佐。匆泐奉布，祗颂勋福，馀当随时电答。不一一。侄禫李鸿章顿首。

——《李鸿章全集·信函五》第 33 卷第 402 页

李鸿章复曾国荃电。

寄江督曾。

光绪十年六月初一日申刻。

来电定初三行，初四到沪，慰悉，已转总署。张幼樵二十九电称：马尾无事，法船开去两艘。马建忠法语极熟。惟四月订约，颇滋物议，坚称不敢再与闻。散处另无通晓法文者，罗丰禄专精英文、英语，法固茫然。伯潜似未深知。福连带文卷，有船即行。鸿复。　——《李鸿章全集·电报》第 21 册第 198 页

赫德致电总署。

总税务司赫德来电。

光绪十年六月初一日到。

巴大臣阅悉后，今日（即二九日午后）来云，本国允展限至西历七月底（即六月初十日），并允本大臣在上海与中国特派大臣会商一切。惟本国如此允行，则扼定商议之件，系以偿款为第一节。此节已属议定后，始克商及简明条约各他端云云。窃思曾官保若无议允偿款之权，即来沪亦属无益，即可无需前来也。中国若先允偿款之事，或法国可减其数，而于中国未允偿款以先，则议减之言，法国断不允闻矣。巴大臣甚讲求不相失和，而除允偿一层，别无免却失和之法。故至六月初十日，若尚未允行，则古军门必于十一日起手办理。兹总税司拟待至十一日，若此事未妥，即便回京。然此次来沪致行，亦非无益：与巴大臣开会商之路，一也；限期展远，二也；交涉难办之事减为只賸一端，三也。总税司于此外，实无可如何。此面不能强中国依允偿款，彼面亦不能强法国将偿款作为罢论。伏思总税司首拟之照会，未蒙贵衙门允发，迄今视之，殊属可惜。现陈大臣宝琛、许大臣景澄俱在上海，若曾官保有议允偿款之权，即祈由贵衙门奏请添派陈、许两大臣会同商办。

——《清光绪朝中法交涉史料》卷 19 第 24 页（786 件）

7月23日(六月初二日) 总署来电,着曾国荃初三日赴上海,添派许景澄[1]参与谈判。

附,译署致上海道。

光绪十年六月初二日巳未到。

来电进呈。奉旨:曾国荃所请,派总署大臣酌带精于条约章京赴沪,或派锡珍等前往,均缓不及事,著毋庸议。陈宝琛昨谕俟事定后赏假持服,仍应遵旨会办。邵友濂尚谙条约,已将简明条约及往来照会文件发往。曾国荃即著初三日起程。兵费、恤款万不能允。中国照约撤兵,原为顾全和好,该国何得背约索赔。五条细目外如别有要求,仍遵前旨,告令请旨办理,不得擅许。钦此。即转寄曾、陈。东亥末发。 ——《李鸿章全集·电报》第21册第201页

[1] 许景澄,字竹筠,浙江嘉兴人,同治进士。曾任驻法、德、奥、荷4国公使。

奉旨:著添派许景澄、曾国荃、陈宝琛在上海办理详细条约事宜。钦此。六月初二日 ——《清光绪朝中法交涉史料》卷19第27页(801件)

亦见《德宗景皇帝实录》卷187第613页

曾、陈赴沪,添派许景澄。五条外曾有商议之权。

——《翁同龢日记》第4册第1887页

上谕:公前参劾江西官员韩懿章、荣绶、达春布、钟珂,饬令分别查处。

又谕:内阁学士陈宝琛奏,江西宁都直隶州知州,黩法殃民,上控京控,案牍累累。候补知府,招权纳贿,专善逢迎。九江府知府,偏执昏庸,颟顸恇怯。吉安府知府,办理案件,不能持平,结怨酿患。请旨严查撤等语。澄清吏治,首在严劾劣员。该学士在江西学政任内,采访论证以实事,所奏韩懿章等各款见闻确凿,必应从严惩处。韩懿章劣尤多,著即行革职。与荣绶、达春布、钟珂三员,均交潘霨按照所奏各节,分别查处。陈宝琛奏片内声明韩懿章、荣绶二员,该抚未令赴任,亦未派差,是亦知其不堪任使,何以不即奏,现经饬令查办。傥该抚稍有瞻徇回护,定即一并严惩。懔之。

——《德宗景皇帝实录》卷187第612—613页

亦见《申报》1884年8月1日

7月25日(六月初四日) 为奉饬会办与曾筹防等事,电询军机处。

照录钦差陈来电:六月初四日。

宝琛拙于词令,不习夷情,筹防谊不容辞,议抚才实不逮。且彼意在索价,不仅议约非赴津会商之比。此次奉饬会办,本无示彼明文诰。与曾筹不与巴接是否,请电复。江。 ——中国第一历史档案馆藏电报档2-02-12-010-0165

刘铭传上《请饬南洋遣回四轮片》，要求拨船至闽。总署奉旨暂缓。

　　军机大臣奉旨："叠据曾国荃、陈宝琛电报，此时拨船赴闽，适以饵敌，且江南防务亦殊吃紧。已准其暂缓调拨矣。钦此。"按，曾公时任南洋，陈则为会办也。[1]
　　　　　　　　　　　　　　　　　　　　——《刘铭传文集》第 92—93 页

[1] 此条为总署回复刘铭传奏片。

7 月 26 日（六月初五日）　到沪，行辕设制造局广方言馆内。

　　会办陈伯潜阁学到上海后，闻已调江苏补道龚仲人观察作为随员办理行辕一切事宜。……会办南洋事宜陈伯潜阁学于昨日一点时到局，拜会后即移驻制造局广方言馆内，以便与爵帅随时会商事务。
　　　　　　　　　　　　　　　　　　　　——《申报》1884 年 7 月 26 日

7 月 27 日（六月初六日）　许景澄与李质堂拜会曾国荃与公，商议中法交涉。

　　许竹篔星使昨早六点钟随带兵勇十馀名乘坐小火轮船，赴制造局，拜会曾沅圃爵帅及陈伯潜阁学，想系商议要公也。

　　昨早八点钟时，江南提督李质堂军门乘民船抵制造局码头，登岸拜会曾爵帅、陈阁学。至十一点辞去。

　　曾爵帅于午后七点钟时出辕，与许星使、陈阁学坐小火船到新关码头登岸。许星使、陈阁学均回天后宫行辕。曾爵帅到广肇公所暂驻旌节。闻法公使定于今日拜曾爵帅，明日共商中法交涉事件。
　　　　　　　　　　　　　　　　　　　　——《申报》1884 年 7 月 27 日

7 月 28 日（六月初七日）　曾国荃与公及许景澄开始同法使巴德诺会谈。巴德诺提出三款要求。

　　曾国荃、陈宝琛、许景澄与巴德诺开始会议，巴德诺要求三款：一、革刘永福爵职，拒不与联。二、赔款二万五千万夫郎[1]（一千二百五十万两）。三、定交银地方、期限。如速了，赔款可减五千万夫郎。
　　　　　　　　　　　　　　　　　　　　——《近代中国史事日志》第 746 页

[1] 夫郎：法郎。

曾国荃等联衔致电总署。

　　附　江督曾等致译署。

　　光绪十年六月初七日酉刻到。

　　巴巴初辩至午正，开讲便及兵费，遵电力辩。巴出节略三款：一、革刘团职，拒不与联。二、索赔二百五十兆。三、交银地方、期限。口称速了，可减五十兆。革刘尚不着意，索费志甚坚。告以此大伤体面，非惟难允，并难代传。

彼云此是法廷之命,如不允,即另打主意。告以议和不应强以难允之事。良久,彼又云,名目、数目尚可通融,请妥商可代传之办法。姑允其酌拟而散。撮要先呈。荃、琛、澄。阳未初。 ——《李鸿章全集·电报》第 21 册第 208 页

亦见《清光绪朝中法交涉史料》卷 20 第 25 页(858 件)

7 月 29 日(六月初八日) 上谕:曾国荃应与公和衷共济,不得因有会办之员,稍涉推诿;又谕李鸿章、曾国荃、吴大澂与公筹商闽防制敌之策。

谕军机大臣等:江南防务紧要,闻曾国荃布置颇为周密,惟每事必问诸陈宝琛,固见虚衷商榷,然当此事机紧迫,诚恐意见稍有参差,转致临机贻误,朝廷殊深廑系。该署督久历戎行,公忠素著,所有南洋事宜,务当实力筹办。如该学士未能深悉情形,亦当详细告知,期于和衷共济,力挽时艰。该署督身膺疆寄,责有攸归,并不得因有会办之员,稍涉推诿。将此由六百里谕令知之。

——《德宗景皇帝实录》卷 187 第 618 页

又谕,电寄李鸿章等:据张之洞电信,请饬南北洋各派数艘带水雷艇,合力援闽。若有十船于口门外尾缀勿战,待敌入内,则下雷于口门断之。欲犯他口亦然等语。派船援闽,南北洋前因兵轮缺少,兼多窒碍,迄未成行。现闽防相持日久,如果多派兵轮,合成一队,作势牵制,勿与遽战,兼可援应他口,亦属制敌之策。着李鸿章、曾国荃、吴大澂、陈宝琛迅速电商定议。一面复奏,一面知照闽省。 ——《德宗景皇帝实录》卷 187 第 624—625 页(六月十四日)

公坚主派二轮赴闽,曾国荃不允,致电总署请旨。

南洋大臣曾国荃来电。

光绪是年六月初八日戌刻到。

密。且奉旨初八酉时与巴议事,此中机关极为紧要。乃陈会办坚欲于初八下午派二轮赴闽,既恐贻巴口实,尤虞决裂大局。荃向陈力阻,未允,并称即日电奏。窃思二船不足轻重,倘或一著之错,后难收束,如何如何,孰宜孰否,乞速代奏请旨,速电复。荃初八未刻。

——《清光绪朝中法交涉史料》卷 20 第 25 页(860 件)

陈宝琛坚主由南洋派二兵轮赴闽,曾国荃恐贻法使口实,决裂大局,不允。

——《近代中国史事日志》第 747 页

7 月 30 日(六月初九日) 军机处致电曾国荃,暂缓调轮赴闽。电文见《清光绪朝中法交涉史料》卷 20 第 31 页(874 件)。

曾国荃等联衔致电总署。

江督曾等寄译署。

光绪十年六月初九日酉刻到。

今午赴巴议，词色甚倨，暂允待商而散。酉刻约巴来议，事愈急，拟遵来电意，允请恩抚恤数十万两，成否，就此一决。彼情如何，再呈。荃、琛、澄。佳午未刻发。

——《李鸿章全集·电报》第 21 册第 212 页

南洋大臣曾国荃等来电。

光绪十年六月初九日到。

密，豪。巴使来，荃等尊贵署历电辩驳等语摘叙节略。巴阅，竟谓此是决计不认赔，我当电回本国。荃答曰，允商。彼竟怫然去。荃、琛、澄飞电呈。庚。

——《清光绪朝中法交涉史料》卷 20 第 27 页（864 件）

7 月 31 日（六月初十日）　上谕：曾国荃擅许巴德诺赔款五十万两，公"随声附和"，传旨申饬。

又谕：曾国荃等遽许法国抚恤银五十万两。虽系为和局速成起见，然于事无补，徒贻笑柄。法使尚言须听国主之命，中国大臣反轻自出口允许，实属不知大体。陈宝琛向来遇事敢言，是以特派会办，乃亦随声附和，殊负委任。均着传旨申饬。现美使愿为调处，总署已电知曾国荃等。为期较缓，如法使愿将津约五条详细先议，曾国荃等即在沪与议；否则曾国荃、陈宝琛同回江宁。许景澄即出洋，刘麒祥回京。美国公平评论，数日内亦必有信。闽省有无警信，均着确探，酌定行止。

——《德宗景皇帝实录》卷 187 第 620 页
亦见《李鸿章全集·电报》第 21 册第 216 页

裴斋见示十八日曾沅浦宫保奉谕申饬，以所允恤款银五十万为负委任，并责陈伯潜素能直言，此次亦随同迁就。是枢府蓄意以求一战，而鸡笼山已有十五日法人击毁炮台电报，刘省三方铺张战功入告。人心丧失久矣，何以为国！

——《郭嵩焘日记》第 4 册第 491 页（8 月 18 日，六月二十八日）

早晡助公，见四电。曾、陈、许电。前曾得署电，酌许数十万语，明晚再与巴议，成否在此一决。

夜周、张函，美文已发。昨曾允五十万，巴拒之甚决，曾、陈、许皆以擅许申饬。丹电，不议费则不能延宕，议数未定，可从容二三日。闽已到二十舟，催援甚急。

——《翁同龢日记》第 4 册第 1890 页

曾国荃等同日连续联衔与总署往来电文。

译署来电。

光绪十年六月初十日辰正到。

陈会办欲调轮援闽，曾恐贻口实，所虑是，已奉旨暂缓调往。顷得电知曾与巴议无成。应否偿费,本处现已请美国主公平评论,可由曾告巴,并嘱巴电问法主,可否亦请美主评论。倘刻下沪议就绪,评论一节毋庸议。即转电曾。佳亥未发。

——《李鸿章全集·电报》第 21 册第 213 页

江督曾等致电。

光绪十年六月初十日未刻到。

今早探知,巴已电报法廷,荃等拟傍晚遣邵至巴处问回音。赫来又极言请旨,邀三国公论为结束办法。荃、琛、澄。蒸午正发。

——《李鸿章全集·电报》第 21 册第 215 页

江督曾等致电。

光绪十年六月初十日[1]酉正到。

顷李梅云:法回电至迟明晨到,必通知。请美评论,李嫌太缓,拟再商巴。孤须听巴信。荃、琛、澄。蒸酉。 ——《李鸿章全集·电报》第 21 册第 215 页

[1] 此电亦见《清光绪朝中法交涉史料》卷 21 第 1 页,注为光绪十年六月十一日到。

南洋大臣曾国荃等来电。

光绪十年六月初十日到。

密肴。巴来,告以抚恤名目,请旨只能数十万两。巴问实数,则许五十。请益,拒之。巴云,电报法廷,直笑柄。临行不允之词甚决。荃、琛、澄。佳。

——《清光绪朝中法交涉史料》卷 20 第 31 页(875 件)

8 月 1 日(六月十一日) 曾国荃等联衔致电总署。军机处电寄曾谕旨,闽防日紧,著速派两号配齐军火驰赴闽省。电文见《清光绪朝中法交涉史料》卷 20 第 1 页。

江督曾等致译署。

光绪十年六月十一日酉刻到。

杨使调处,据使美参赞电复,美廷并无确耗。昨午来电,谕邵道设法与李梅[1]商转笔办法,昨夜已照办。丑刻奉到严旨,自应懔遵。惟今早李梅与张委员私谈,两日内恤款能得诵诗之数[2],可以了局,数少不敢必,过期不敢必,李梅自谓私意测度之词,切嘱张勿宣言。有此消息,又恐坐失事机,可否据词述奏,乞斟酌飞电示复。荃、琛、澄。真午。即日申初发。

——《李鸿章全集·电报》第 21 册第 217 页

[1] 李梅(Victor Gabriel Lemaire):法国外交官,法国上海总领事馆、驻华使馆翻译,时为上海总领事。后任法国驻华公使。

[2] 诵诗之数:《诗经》三百篇,指三百万两。

致函张佩纶。

致 张 佩 纶

陈宝琛

黄丈鉴：五日来无日不呕气，驳曾难于驳巴[1]。初九局大坏，而不能不示镇静。商邮大衍，相持至今。日来得罗丰禄往来其间，始知赫德播弄不少。今晨奉严旨申饬，似廷议见责，圣谟忽变，然亦此间之办无眉目，有以致之也。目下彼使消息已通，细磨谅无裂理。但中旨所遣美使，巴又不愿与商，限期屡展，徒增风鹤之惊，揔署[2]来电全无准凭。曾复昏懦自用，琛得免为幸，恐不能耳。无船援闽，疢心何极。昨电录旨想已入览。此无权之发轫，琛尚可会办乎？顷有客归里，草此奉布。不寐三四夕矣，颊舌肿痛，日夜饮瓜浆。前有复壶[3]电与复公电，翻译互误，可以知其惫乏。传电暗码用"海内存知己，天涯若比邻"二语，如隔二则用"内"，隔三则用"存"之类，书式于后。即问筹安。侄琛顿首。六月十一亥刻。

子峨同年先为致意，少闲手复。

隔一密"海"，隔二密"内"，隔三密"存"，隔四密"知"。

——上海图书馆藏手稿

[1] 曾：曾国荃；巴：法国公使巴德诺。均见前。

[2] 揔署：揔，同"总"；总署，总理衙门。

[2] 壶：张之洞，见前。

8月2日(六月十二日)　曾国荃等联衔连续致电总署。

江督曾等致译署。

光绪十年六月十二日子刻到。

本午罗丰禄晤巴，剖析续约传误之故，并得赫德播弄之情，巴气稍折，云数日内真心商议，自戒孤勿妄动。午后复遣与言，先议详约，徐候美使调处。巴言杨屡去豫越事无成效，意甚不然。详约愿议，仍先费而后约。后请催杨速与接洽，得巴允商实据以免中变。希迅复。荃、琛、澄。真戌。亥末发。

——《李鸿章全集·电报》第 21 册第 218 页

江督曾等致译署。

光绪十年六月十二日未刻到。

闽电无警。北洋电：杨使无意调处。荃等遵旨但能议约，巴志先在议费，初不相应，暂展之后，无策再宕。幸速奏求训示。荃、琛、澄。文辰。

——《李鸿章全集·电报》第 21 册第 220 页

陈钦使致译署。

光绪十年六月十二日申正到。

闻闽洋法船又增，拨船太迟，未知能否进口。南洋专意长江，沪防尚疏。总之胜负无常，如圣心决战，但使津沽无警，万勿因一隅偶挫，遽自求成，期促局纷。乞代奏。请庙略。琛。文巳。

——《李鸿章全集·电报》第 21 册第 220 页

南洋大臣曾国荃等来电。

光绪十年六月十二日到。

密，卦。十一丑刻，奉到严旨，自应懔遵。惟今早李梅和张委员私谈，两日内恤款能得三百万之数可以了局；数少不敢必，过期不敢必。可否据词述奏，乞酌飞电示复。荃、琛、澄。真午。

——《清光绪朝中法交涉史料》卷 21 第 6 页（897 件）

会办南洋海防陈宝琛来电。

光绪十年六月十二日到。

密，卦。严旨悚甚。昨因闽厂孤危，多方设法使彼自作转笔，琛不愿决裂，亦不敢迁就，赫怀忌慑，若有所陈，幸详察。琛。真。

——《清光绪朝中法交涉史料》卷 21 第 6 页（898 件）

南洋大臣曾国荃等来电。

光绪十年六月十二日到。

密，蒸。十二辰刻奉十一午后电旨，谨悉。此间招商局各船均于初十夜改换美国旗号，方敢出入。十一夜，吴淞口探实有法兵船七艘，距炮台不过八九里，眈眈环伺。今奉新派二船赴闽，若即照办，一则出口恐启衅端，二则出洋恐不能入闽口，闽只一口，并无二口。万一因此二船之行，立即决裂大局，窃恐后患不堪设想，此不敢速派之情形也。赣西防军酌拨由陆路赴闽，除飞咨潘霨遵照外，理合先请代奏。荃、琛、澄。

——《清光绪朝中法交涉史料》卷 21 第 6 页（899 件）

陈［宝琛］电：不敢决裂，亦不敢迁就，赫忌慑，其言幸详察。

——《翁同龢日记》第 4 册第 1891 页

接邵幼村、赵朗垣、朱香苏、王荔村四信。亦致曾沅浦宫保、陈舫仙二信。以欧阳泰赴江南，交其带投。萧希鲁、龙研仙过谈。希鲁从曾慕陶处录示闰月廿八日派充全权大臣上谕，以陈伯潜会办，邵幼村、刘康侯随同办理，凡所言似皆为求战之计，非议和也：一、兵费抚恤，万不能允；一、越南仍旧封贡；一、分界必于关外；一、准通商保胜。似此恐无一可行。左相虚骄之气，贻祸国家

决矣。　　　　　　　　　　　　　——《郭嵩焘日记》第 4 卷第 488 页

8 月 3 日(六月十三日)　曾国荃等联衔连续致电总署。

江督曾等致译署。

光绪十年六月十三日丑刻到。

戌正接巴照会云：为照会事。照得凉山一役，我大法国索取赔费，经光绪十年六月初九日贵大臣面商所拟办法，本大臣即已转达本国知照核示矣。本国接到本大臣电报，即于六月初十日电复，于今早始到。本大臣以贵大臣所拟，我国以为断非慎重办法，此原本大臣所能揣测于先时也。盖缘贵大臣若能将此区区银数，径云此项银两系贵国允赔之款，并无他说，则我国家底可以为贵国承认应赔之据。现在即有他说，实属令人万难照允。所有原定期限已展之故，本系便和商起见，昨日期限既满，奉命告贵大臣，日后我大法国任凭举动，无所限阻矣。为此照会声明，贵大臣先执和好商议之说，如实有此心，必能妥想办法，即于本日行知本大臣，使两国会同将一切不洽之处，调处妥善，以期彼此有益，本大臣所愿望焉。须至照会者等语。现未奉钧电，未敢擅复，已遣邵道与说，冀稍宕，如何再电。荃、琛、澄。文亥。十三日子末发。

　　　　　　　　　　　——《李鸿章全集·电报》第 21 册第 221 页

江督曾等致译署。

光绪十年六月十三日寅刻到。

邵晤巴云：照会即绝书，法廷听孤所为，巴无商权。荃等亦无从商，应否遵旨回宁、出洋，请代奏。荃、琛、澄。文子。十三日丑正发。

　　　　　　　　　　　——《李鸿章全集·电报》第 21 册第 221 页

江督曾等致译署。

光绪十年六月十三日戌初到。

文电悉：请美调处迳经告巴，巴不愿。昨又云：美新受商局，法廷必疑而不允。玉轩回能及事否。照会已复，大意谓转达尊处，候回电酌办。荃、琛、澄。元辰。　　　　　　——《李鸿章全集·电报》第 21 册第 222 页

南洋大臣曾国荃等来电。

光绪十年六月十三日到。

密，蒸。连电未蒙复。彼情瞬息万变，愈延愈急，日来既无他人调处，此间复不敢与议，空言实难羁縻，无任迫切待命。荃、琛、澄。文申。

　　　　——《清光绪朝中法交涉史料》卷 21 第 10—11 页(912 件)

8月4日(六月十四日) 与总署往来致电。

陈钦使致译署。

光绪十年六月十四日子末到。

日来局面愈拖愈急,骑虎难下,桎鹿何择。廷议决战,如不能坚,则忽战忽和,受累愈重。美廷调处是否能行,抑有他策。事急矣,迟恐无及。琛意曾全权本指详约,既奉申饬之旨,有机亦不敢达,可否派归。李议款与前案既不背,京津骨节亦灵,腾挪一着,或易转圜。乞速筹代奏。琛。元酉。

——《李鸿章全集·电报》第 21 册第 223 页

译署寄陈会办。

光绪十年六月十四日巳末到。

文电悉。闽洋法船又增,拨船太迟,未知能否进口。但使津、沪无警,勿因一隅偶挫求成,尊论甚当。况闽既有备,未必遽挫耳。希转电幼樵,免其焦盼,并告曾。十三日亥正发。 ——《李鸿章全集·电报》第 21 册第 224 页

会办南洋海防事宜陈宝琛来电。

光绪六月十四日到。

密,号,元。电悉法船增,而闽无援。此时拨亦不及,适足速变船厂,易被轰毁。张何株守甚危,宜为人才惜,津防必密,沪则难恃。琛意能虑败,坚持而后可战,而亟盼扬巴能洽,无负荩筹,顷尚未得电。琛盍辰。

——《清光绪朝中法交涉史料》卷 21 第 13 页(925 件)

曾国荃等联衔致电总署。

江督曾等寄译署。

光绪十年六月十四日午初到。

细绎元电,敬佩荩谟。巴虽不愿,美若果知意在调停,或可受商。时难久待,拟遣人设法释其疑忌,冀免骤裂。本日委员持照复晤巴,告以一二日内,总署必有切实办法。巴无他辞。闽尚无警,并布。荃、琛、澄。元亥。十四日子初发。

——《李鸿章全集·电报》第 21 册第 225 页

奕谖等奏片。

奕谖等"奏陈宝琛请派李鸿章办理议款应毋庸议片"。

六月十四日。

臣奕谖等跪奏。据总理各国事务衙门送到曾国荃等、穆图善等、陈宝琛电信各一件。恭录呈览。臣等公同商酌,穆图善等所请照会巴嘎哩[1]一节,拟由总理各国事务衙门查办处理。陈宝琛所陈议款归李鸿章或易转圜等语,查现

在议款机宜,曾国荃禀承圣训办理,李鸿章谅亦别无善策,且巴使现在上海,会议较便。所请派归李鸿章之处,应毋庸议,是否有当,恭候命下遵行,谨奏。六月十四日。　　　　　　　　——《清光绪朝中法交涉史料》卷 21 第 17 页(933 件)

[1] 巴嘎哩(Sir Harry Smith Parkes):通译"巴夏礼",英国外交官,历任广州、上海领事,时任驻华公使,兼驻朝鲜公使。

8 月 5 日(六月十五日)　与李鸿章和总署往来致电。

寄上海陈会办。

光绪十年六月十五日卯刻。

现在总署候美回电调处,尊处派人开导巴可缓待否。巴不愿北,鸿不能南,徒焦急。凡调处必两国皆愿,若美复,法不愿,但令杨使排解,仍不得劲,似非加价难了局。内外皆不敢发此言,奈何。香涛请南、北洋派十船赴闽牵缀,饵敌速变,且来不及,海上不练大枝师船,未便作此豪举。公以为何如。元、竹二公均此。鸿。　　　　　　　　　——《李鸿章全集·电报》第 21 册第 226 页

寄上海江督曾陈会办。

光绪十年六月十五日辰刻。

顷接总署十四日来电,本日奉旨:据张之洞电信,请饬南、北洋各派数艘带水雷艇合力援闽,若有十船于口门外尾缀勿战,待敌入内,则下雷于口门断之,欲犯他口亦然等语。派船援闽,南、北洋前因兵轮缺少,兼多窒碍,迄未成行。现闽防相持日久,如果多派兵轮合成一队,作势牵制,勿与遽战,兼可援应他口,亦属制敌之策。著李鸿章、曾国荃、吴大澂、陈宝琛迅速电商定议,一面复奏,一面知照闽省。钦此。希转电曾、吴、琛等因。北洋船少而小,不能敌法铁舰,且分防旅顺、大沽、北塘各海口重地,实难远拨。南洋如何筹商,请定议电奏。鸿。　　　　　　　　　——《李鸿章全集·电报》第 21 册第 226 页

陈会办寄译署。

光绪十年六月十五日酉初到。

敌日以战恫喝延宕,已屡将弄伪成真。琛意闽若开仗,即宜急电云、广两军进剿,以牵其势,否则由闽而沪而津,受胁逾逼矣。当否,乞速筹代奏。琛。咸午。　　　　　　　　　——《李鸿章全集·电报》第 21 册第 227 页

南洋大臣曾国荃等来电。

光绪十年六月十五日到。

密,号,钧。电未到焦盼。今午传闻闽甚警,探尚未动手,别无消息。荃、琛、澄盐戍。　　　　——《清光绪朝中法交涉史料》卷 21 第 17 页(935 件)

南洋大臣曾国荃等来电。

光绪十年六月十五日酉末到

密，号小而少，万不摄敌。铁甲事机益紧，拨船不及。援闽适以饵敌速变，且江、沪亦宜自防，实不能拨，请代奏。荃、琛未。

——《清光绪朝中法交涉史料》卷 21 第 17 页（937 件）

亦见《李鸿章全集·电报》第 21 册第 228 页

8月6日（六月十六日） 致电总署：上海人心浮动，请奏派李鸿章议和。

照录陈宝琛来电，六月十六日。

密，号。此间束手三日，羁縻策尽，彼非必战，然宕极而警，则船厂烬矣。奉中饬后，莫敢执咎。电呈敌情多所避忌，内外间隔，事急机穷。巴不愿美又不往北，然此事非李相不能了。我理直、彼势横，辩论因应，曾非所习。前请派李，如可行，乞早陈奏，或有他策，亦希速示。沪上人心浮动，一夕数惊。曾一移节，则变速祸烈。无论闽事如何，君难回省。琛甫到宁，即来沪，筹防勿及，议约未成，愧懑难默。琛，咸亥。

——中国第一历史档案馆藏电报档 2-02-12-010-0259

亦见《李鸿章全集·电报》第 21 册第 228—229 页

南洋大臣曾国荃等来电。

光绪十年六月十六日到。

密，号。顷遣邵告巴复云，法廷坚不允，已复美命、并丹崖。适谢电亦到。巴云，即谢照闽。沪商民日益惶扰，荃等暂驻沪，聊示羁縻。茂筹以何归束？速希密电。荃、琛、澄。删，酉。

——《清光绪朝中法交涉史料》卷 21 第 20 页（949 件）

8月7日（六月十七日） 曾国荃等联衔致总署。

江督曾等致译署。

光绪十年六月十七日申刻到。

昨仍宕，故未报。顷北洋述丹崖十五日电，六日外茹必妄为，则美廷尚未接洽，可知荃等既不议款，巴又不议约，候美若无确效，事穷必变，宜备后著。巴愿与北洋议而不肯往就，可否饬李在烟台适中地订巴会议，冀可转圜，乞先密奏。如可行，容探巴意，再请宣旨。祈速复。荃、琛、澄。霰午。未初发。

——《李鸿章全集·电报》第 21 册第 231 页

致电总署、李鸿章。

会办南洋海防陈宝琛来电。

光绪十年六月十七日到。

密，号。沪不接议七日矣。久宕则军心渐弛，和战两误。美如不谐，变必益亟，战则迅示刚断，和则急筹转圜，此时宜决，倘派李窒碍，望速授曾切实方略，使有所遵。沥陈乞代奏。赫奉调后，尚出力。琛。霰未初。

——《清光绪朝中法交涉史料》卷 21 第 25 页（958 件）

陈会办来电。

光绪十年六月十七日亥刻到。

署电又杳，午、未两电沥陈，师幸助之，有闻乞速示。

——《李鸿章全集·电报》第 21 册第 231 页

8 月 8 日（六月十八日）　李鸿章来电。

寄上海陈会办。

光绪十年六月十八日巳刻

窥内意似以美出调处断赔为得体，又不至翻覆。法不愿美议则不管。且翻覆之咎岂尽在彼，由于主持洋务多生手也。日内未闻有无变计，烟台无电报，彼此皆不能请示，乞语元老，独任其难。鸿。

——《李鸿章全集·电报》第 21 册第 231 页

致函王仁东、仁堪兄弟。

致王仁东、王仁堪

陈宝琛

希杜到沪，连接数函，颇知时局。兄哀戚之馀，冒昧任事，初意议约犹可勉竭心力，稍资补救，及至则索赔兵费再议详约，总署电意在于了事。九帅本未办过交涉，又衰疾阘懦，毫无主宰，辩论因应，无一得宜。初七日议尚可敷衍，初八日忽出一节略，即初七日大家辩驳意，但出之外行，且多谅山以前语。巴遂拂衣忽去。兄意此岛人常态不足怪，而曾忧惶特甚，晚复自属赫德往转圜，旋遣人邀兄等同去，兄劝其别择一地约巴，曾坚不肯，欲独去，兄与许商，曾独去近赔礼，且已气夺，恐受协，遂偕许与俱。而曾心惶言赂，果示弱矣。兄拟一纸问答语，曾临时不能道只字。洋例本重全权，巴因其可欺，遂专向其理论，兄与许急设词解之，遂归。下午巴来，兄意筹互恤法，曾不听。邵因曾早晨巴答以有不如爽决以示镇静，却亦是。遂本总署电意迳告，以唯大衍[1]可请旨，此次系邵预书告巴之语授曾，曾照纸念诵，然词气尚多不对，巴嫌其太少，此初九日情形也。此事彼族势成骑虎，不过冀得二三百万，而窥曾熟，遂凌轹之恫喝之。次日我遂不往，而彼果授意领事以诵诗之数。兄意内旨果决战，则一文不可许，如为了事计，则谭与蹴与，以免决裂，亦不为失体，且须正其名目，并可减其数。索其酬

· 175 ·

抵。此局亦非全吃亏，即于五条想法。次日忽奉申饬，九帅遂颓然不复振矣。七、八日中内外隔阂，事急机空，几至窘无可窘。曾则委天任运，邵则痛痒不关，每拟一电必轻描淡写，恐拂中旨，兄与稺臣[2]、仲容[3]踯躅彷徨，但多方设法羁縻以候方略，兄屡独电沥陈，冀中旨示一定见，乃二、三日来一电，则专意恃美国调处，此事八九分不成，窘极而变，旦夕间耳。沪上人心惶乱，匪徒觊觎。兄与曾一离此，则乘机而发，祸不可言。此时进退维谷，惟有镇定处之。独忧之苦，唯罗、董为知我。兄自上月廿一到宁，三日即行，防务全未与闻。廿六抵沪，见兵力太单，尝一电商拨营，与曾意合，初四曾到，与商拨船援闽则坚不可，辩论数日亦无如何。兄于会办不独不能尽其责，且全无尺寸之权，而蜚语上闻，乃谓曾事事问兄，致本周密者反为纷扰。曾持廷寄见示，并示以复电，谓战守事宜荃独力任之，馀事与琛商，然则兄所会办者为何事耶。此非曾先发制人，即其属员为此以图惑听，事定后兄岂能一日居此哉。请弟为我策之。平生大隐朝市，不知与人共事之难，曾之偏阔自信又无肩膀，初见专以虚词敷衍，鄙人犹冀曲意周旋，资其勋望，补其罅漏，或有裨于时局。此次议款底蕴毕呈，兄不肯诿过于人，徒槌心自恨而已。事定再当自劾，以谢吾党，然时事已不堪设想矣。黄守船厂甚危，有才如此而不能自善其用，兄亦不忍责备之，但归之于气数耳。仲弟来电问帖底[4]尚未接到，此间不开吊，京中可开，帖可遍发，但须俟事定后。可、旭二弟为我代酌，并以此函示仲弟。兄此时焦灼欲死，面目黧黑，甚于在江右时。四姊在宁谅无恙，十数日未通信矣。十八辰刻。

前函发去，而船未开。顷巴来照会，则彼已取基隆炮台、煤厂作押，索费约一千万两，稍缓不应，则取船政。连日焦灼，即恐其一溃难收，今虽小试其端，然更成骑虎之势矣。奈何。十八戌刻。　　　　　　——上海图书馆藏手稿

[1] 大衍：刘铭传。

[2] 稺臣：罗丰禄，见前。

[3] 仲容：董元度，字肇洪，号仲容，福建闽县人，光绪举人，广东番禺知县。

[4] 帖底：祖父景亮病故丧事帖稿。

8月9日(六月十九日)　曾国荃等联衔与总署来往致电。

江督曾等致译署。

光绪十年六月十九日子刻到。

巴来照会云：法已夺基隆口岸炮台，索赔八十兆佛郎克，分十年交。末云，但须照前次申明办法各节，办理了局。语未分晓，俟遣邵往询。又云：福州暂不取。地方官亦应不动，已电闽严备以待。兹撮要飞呈请奏，全文续电。

荃、琛、澄。啸戌，亥初发。 ——《李鸿章全集·电报》第 21 册第 234 页

曾国荃等联衔电告总署巴德诺照会内容。

南洋大臣曾国荃等来电

光绪十年六月十九日到。

顷巴来文云："为照会事，本大臣六月十二日照会贵大臣，以谅山一役，本国因和好商议起见，迭次展期，贵国尚未拟定办法，是以日后我法国任凭举动，无所限阻在案，又甚愿贵大臣揆度时势，妥想办法，于本日行知本大臣查核。本系请贵国明晓大局，悉心调停，而贵国未之允。是故我国不得不照闰五月二十日哀的美敦书明载之语，自取押款。本国水师提督古巴[孤拔]，奉命取守台北所属基龙[基隆]口岸炮台，作为质押，现已均被取守。惟大清国若愿我国将该处早日交还，但能照法国前次所请各节立即照允，我国不欲从事太过，仍愿始终格外廉让，是以现允将福州情形暂时不变。然贵国该处地方官亦应一律不动，不应如前日之事。盖本大臣迭接古[孤]提督电称，福州各官不遵彼此静候不动之例，且有断绝本提督来往电信等语，当即由本大臣转达贵大臣知照。兹我法国现拟向贵国索赔，不过法银八十兆夫郎克，分十期交与本国收领，一年为一期，十年交清。谅贵国驻法大臣李已电知总理衙门。然我国如此情愿相让，万不可贵国有所误会。本大臣奉命明告，此项银数丝毫不得两为争论，倘中国朝廷不允，则我大法国不得不揆测情形，尽力从事矣。然本大臣仍望不致到此地步，但须贵国照本大臣前次申明办法各节办理了局，使得言归于好。此实为贵国计，迅速如此完结为妙。为此照会，贵大臣查照可也等语。理合电呈"。荃、琛、澄。啸。十九日末苟发。

——《清光绪朝中法交涉史料》卷 21 第 36 页（988 件）

李鸿章来电。

寄上海曾、陈、许三钦差。

光绪十年六月十九日卯刻。

总署十八日来电：昨日谢使照会，外部不允美调处。顷美使亦接到该国回电。本日连得北洋两电，一系据德璀琳言，法愿得一百万镑已足；一系李凤苞电，茹[1]允五十兆，作七八年交清。赫德又有各认保边之费，法认二成，中认一成，匀作十年给以一千万两。今日赫又遣人来言，四百万两可了。所说均难照准。德璀琳又有由法交还两城，北洋答以山城不值钱，极称旨。现在法既不允美调处，巴欲先定款目，再来津议细约，是重利而轻约，未免倒置。南洋大臣宜设法开导，使无固执，一了百了，若必欲决裂，亦须明定战期，不得暗行诡计。

并请南、北洋或将以上各说择善妥筹,或另有归束办法,迅速电复备酌。此事法固汲汲,我亦非愿久宕,南洋诸公幸勿焦急。本日由署照会谢转巴。致巴照会由驿分寄查照,庶免议歧异,希速转电曾帅等因。此未接基隆失守信以前语也。内述丹崖电,茹允五十兆,七八年交清,系十一日语。茹复照赫,所议八十兆,十年交清,不能再少,则系十五日语。今巴索八十兆佛郎,与茹后议同,为数太巨,乞嘱赫问巴,四百万可了之说能再减若干,作何名目,妥酌电示。此事实误于候美调处,南、北屡电不听。奈何。鸿。

——《李鸿章全集·电报》第 21 册第 234 页

[1] 茹:茹费理(Jules François Camille Ferry),时为法国总理。

连续致电总署。

　　陈会办致译署。

　　光绪十年六月十九日巳刻到。

　　顷张志均见巴云:十五辰攻基隆,华兵应炮,法无一伤。一时许,夺炮台,据煤矿。现拟暂缓再取闽厂,所说办法改赔恤名为边界用款也。琛。皓丑。

——《李鸿章全集·电报》第 21 册第 235 页

　　陈会办致译署。

　　光绪十年六月十九日酉刻到

　　基隆竟一鼓而陷,可胜愤懑。彼不遽攻闽厂,盖犹冀我转圜。然事至今日,和亦悔,不和亦悔。理为势屈,巨款坐输,示弱四邻,效尤踵起,和之悔也。筹备未密,主战难坚,商局已售,船厂再毁,富强之基尽失,补牢之策安施,不和之悔也。二者非深明时势权度难详,乞下枢臣总署,电会北洋,或并询闽、粤统筹全局,速决至计。请酌代奏。琛。皓寅。申初发。

——《李鸿章全集·电报》第 21 册第 236 页

8 月 10 日（六月二十日）　　曾国荃等联衔致电总署。

　　南洋大臣曾国荃等来电。

　　光绪十年六月二十日戌刻到。

　　密,皓,顷接省三十六午电云:十五卯,法以五船攻基隆炮台,至午全碎,我不能受,营盘仍守住,兵单器却,茫无措手。戌电云:法上岸四百馀人,携四炮攻营。曹镇、章高元等带队旁抄,擒法人一名,死伤法人不下百馀,破山头炮台,得轮炮四尊等语。谨特报。荃、琛、澄。号未。

——《清光绪朝中法交涉史料》卷 22 第 1—2 页(996 件)

8 月 11 日（六月二十一日）　　曾国荃等连衔致电总署问法事原委,请更详电。

又电总署告法船去闽,闽危;法国理屈,谈判或有转机。

　　南洋大臣曾国荃等来电。

　　光绪十年六月二十一日早到。

　　密,号。今日在沪法船开去二艘,非向台即到闽。台、厦文报梗滞,连日觅雇洋蛟［蚊］轮船前往,迫不可得。刻尚未奉钧电,盼甚。荃、琛、澄。号申。

　　　　　　　　——《清光绪朝中法交涉史料》卷 22 第 6 页（1007 件）

　　南洋大臣曾国荃等来电。

　　光绪十年六月二十一日到。

　　密,号。均电未到。顷据电局探,各口法船限今晚全到闽,如确,则闽何以支? 南洋兵船无一可敌法之铁舰,又难往援。万一旦夕闽危,奈何? 乞速筹。荃、琛、澄。个卯。　　　　——《清光绪朝中法交涉史料》卷 22 第 7 页（1014 件）

　　江督曾［国荃］等寄译署。

　　光绪十年六月二十一日戌未。

　　顷罗丰禄手持福禄诺手抹字据示巴,巴允电告外部,罗亦电巴黎,此我不背约之铁据,冀彼知理屈,或有转机,但恐福不认耳。荃、琛、澄。

　　　　　　　　　　——《李鸿章全集·电报》第 21 册第 240 页

　　南洋大臣曾国荃等来电。

　　光绪十年六月二十一日戌刻到。

　　密号。顷罗丰禄持福禄诺手抹字据示巴,巴允电告外部。罗亦电巴黎。此我不背约之铁据。冀彼知理屈或有转机但恐福不认耳。荃、琛、澄,个午。

　　　　　　　　——《清光绪朝中法交涉史料》卷 22 第 7—8 页（1017 件）

　　陈会办来电。

　　光绪十年六月二十一日戌正到。

　　罗出福据,巴许电外部,罗亦电季同[1]。此间电总署原委未甚晰,请尊处更详电,庶总署告谢使有词,并请电丹崖[2]。闽可危,内意若何,祈示。琛。个午。　　　　　　　　——《李鸿章全集·电报》第 21 册第 240 页

　　[1] 季同:陈季同,字敬如,一作镜如,号三乘槎客,福建侯官人。福州船政局附设求是堂艺局前学堂(即马尾船政学校前学堂)毕业,赴法国学习法学、政治学。历任中国驻法、德、意公使馆参赞,代理驻法公使并兼比利时、奥地利、丹麦和荷兰四国参赞,在巴黎居住 16 年之久。

　　[2] 丹崖:李凤苞,字海客,号丹崖,江苏崇明人,捐资为道员,参加江南制造局翻译工作,驻德国公使。

8 月 12 日(六月二十二日)　曾国荃等与李鸿章和译署往来致电。

寄上海曾、陈、许三钦差。

光绪十年六月二十二日辰初。

福手抹字据送巴阅，前已电告总署及丹崖。微席叶致林椿[1]方以罗不送阅为怪，今示巴当无词。然丹崖十八电复：福不认勾抹。茹云津约二款，月馀未办，即中国咎，狡极。署照会各国，语颇有劲。但英、德与法仇，不肯过问；美滑无力，奈何。闽虽可危，或不遽动手。鸿。

——《李鸿章全集·电报》第21册第240页

[1] 林椿(Paul Ristelhueber)：法国外交官，京师同文馆法文教习，法国驻天津领事、公使馆代办。

陈会办致译署。

光绪十年六月二十二日申刻到。

昨示巴字据，即福临行商李撤防者，李未许，福即自抹去，并署押其旁。归乃谬称续约，致法误会期限，以有谅山之役。昨已将印本给各领事寄公使，以助评论。然公评未知能否止兵，不如仍令李相转圜。此事本李手办，非李不能了。法失势于台，图闽必亟。彭募漳、泉勇援闽，已恐缓，程带援军更不及事。闽厂若失，要求必更奢。相持日久，省城食匮，坐毙之势。尚望荩虑速筹代奏，以维至计。琛。祃午。——《李鸿章全集·电报》第21册第242页

亦见中国第一历史档案馆藏综合类电报档2-02-12-010-0316

会办吴大澂等来电。

光绪十年六月二十二日卯刻到。

密。今日接伯潜电云，顷探各口法船全赴闽，而不能援闽。挫如大局何。澂、肃。个亥。——《清光绪朝中法交涉史料》卷22第16页(1030)

上谕：陈宝琛以为"和亦悔不和亦悔"，所虑颇为周密，自非无见。著有关大臣会同妥议具奏，通盘筹议。

谕军机大臣等。法人在天津议立简明条约后，于本年闰五月间突犯谅山防营，当经官军击退。该国借口寻衅，挟兵舰来华，施其恫喝之计，坚索巨款。迭经严旨驳斥，并令总理各国事务衙门屡次照会该国使臣，反复开导。彼乃悍然不顾，竟以兵船多只驶进闽洋，本月十五日攻占台北基隆口岸，意在踞以为质。狡谋巨测，曷胜愤懑。虽旋经刘铭传接打获胜，伤毙法兵百馀人，不足以示惩创。理宜整军挞伐，力挫凶锋。前迭谕沿海各省将军督抚大臣，严申儆备，傥法兵竟来扑犯，即与决战。复谕彭玉麟等拨兵应援闽省，并令潘霨调派陆兵，卞宝第、彭祖贤传知程文炳募带队伍，均由江西赴闽，以厚兵力。昨并谕

刘铭传督率防军，迅将基隆攻克，勿任久踞。历次办理情形，朝廷原以彼族狡悍，得步进步，断不可稍示以弱也。昨据陈宝琛电报，基隆既陷，彼不遽攻闽厂，盖犹冀我转圜。然事至今日，和亦悔，不和亦悔。理为势屈，巨款坐输，示弱四邻，效尤踵起，和之悔也；筹备未密，主持难坚，商局已售，船厂再毁，富强之基尽失，补牢之策安施，不和之悔也。二者非深明时势，权度难详。乞下枢臣总署等通筹全局，速决至计等语，所虑颇为周密。和战大计，于全局安危，关系极重。议战必须征兵，征兵必先筹饷，沿海口岸甚多，防军各有专责。势难抽调，饷项本极支绌；兴兵大举，需款尤巨。近年漕粮多由海运，一有阻滞，必致贻误仓储。应如何思深虑远，务策万全。着御前大臣、军机大臣、总理各国事务大臣、大学士、六部、九卿、翰詹科道、日讲起居注官、会同妥议具奏。和战两端，均未可轻易从事。尔诸臣务当殚诚区画，熟权利害轻重，并将兵饷各事宜，彻始彻终，通盘筹议。总须为核实持久之计，期于国事实有裨益。傥徒托空言，一奏塞责，必将原折发还。懔之。电报照会等件，着钞给阅看。

——《德宗景皇帝实录》卷 188 第 630—631 页

　　旨意先言叠次布置兵事，次言陈宝琛电报，以为和亦悔不和亦悔，事处万难，宜筹长策。……复奏略言法人猖獗，基隆被击，在廷同愤。次叙陈宝琛素日刚敢，今为此奏，自非无见；中数法人若悔过输诚，怵于公议，尚可示以大度，仍予转圜，盖此时饷绌兵单，难以持久，况外夷逼处，千百年未有之局，与粤、捻迥异云云；末言彼如要挟寻衅不已，惟有力持前说，勿以一城小挫遂致动摇，除调兵筹饷及豫备粮石外，或团民练，或扼内河，或伤关外进取，申明军律云云。

——《翁同龢日记》第 4 册第 1893 页

8 月 13 日（六月二十三日）　曾国荃等联衔致电总署。

　　南洋大臣曾国荃等来电。

　　光绪十年六月二十三日到。

　　密，号。昨遵钧电，以照会公评照复。巴谓仍是空言，久宕耗饷，只好动手。委员婉讽再三，冀缓其变。夜奉电旨，改为布告。谨悉。现探法分窥江淞，泊口有四船，闻尚有续来者。又雇船添调在越之兵，意颇诡毒。荃、琛、澄。漾，辰。

——《清光绪朝中法交涉史料》卷 22 第 27 页（1051 件）

总署致电张佩纶。

　　总署来电。

　　六月二十三日（光绪十年）。

奉旨,张佩纶力顾闽厂,苦守一月,忠勇坚忍,深堪嘉尚。叠饬南洋拨船,曾国荃节次电报实难分拨,陈宝琛亦称拨船适足速变,并与曾国荃会电,有船小而少,适以饵敌等语,系属实情,是以难保必行。著就现有水陆兵勇实力固守,闽俗剽悍可用,如招营缓不及事,先募健卒,参用智谋,出奇制胜。张佩纶等胸有权略,迅即筹办。顷知基隆已复,深慰厪怀。所请"开济"轮船赴闽,已饬南洋速拨。至所称再宕二十日,法船续来等语,现已另筹办法。二十日内必有调度,并先行添派陆路兵勇赴闽应拨,粤勇现扎厦门,应否赴台,著酌办。钦此。

——《涧于集·电稿》第16页

闽防告急,北、南洋均能援不援。

早晨见劻贝勒处抄电五件。北洋:仍申转圜之请。张幼樵:连呼援,参南洋能援不援,请勒以四快船速援。盛宣怀台饷尚足,军火不给,台北已封,急由台南接济,迟到必封;彭玉麟等:关外瘴亡者太多,不能进,请急封刘永福为王。陈宝琛电竟忘却矣。

——《翁同龢日记》第4册第1894页

谕旨饬南洋速拨轮赴闽,并添派陆路兵赴闽应援。

又谕。电谕张佩纶等:张佩纶、何如璋力顾闽厂,苦守一月,忠勇坚忍,深堪嘉尚。迭饬南洋拨船。曾国荃节次电报,实难分拨。陈宝琛亦称拨船适足速变,并与曾国荃会电,有船小而少,适以饵敌等语,系属实情,是以难强必行。着就现有水陆兵勇实力固守。闽俗剽悍可用,如召营缓不济事,先募健卒,参用智谋,出奇制胜。张佩纶等胸有权略,迅即筹办。顷知鸡龙[基隆]已复,深慰厪怀。所请开济轮船赴闽,已饬南洋速拨。至所称再宕二十日,法船续来等语,现已另筹办法。二十日内,必有调度,并先行添派陆路兵勇,赴闽应援。粤营现扎厦门,应否赴台。着酌办。

——《德宗景皇帝实录》卷188第633页(六月廿三日)

闻刘提督铭传以十八日法夷袭踞鸡龙(今改为基隆),即率兵攻之得捷,前日收复,电报已至,而昨日会议中旨主和,以吴淞口招商局,北洋、南洋大臣合议,鬻于米里坚国,得银五百二十五万,盖已储为偿法夷兵费之用。金人陈宝琛遂上疏恫吓,谓吴淞之船局已失,福建之船厂濒危,时势棘手万分,和亦悔,不和亦悔。政府及总局得其疏大喜,遂拟集议。旨责臣下有主战者,当备陈若何用兵,若何取饷,若何调发应御,但空言者,即将原折掷还由是昨日王公大僚靡然一词,极称宝琛之言筹画精详而已。其自具专奏者,闻卿贰中自左湘阴外。亦有一二人;左都御史祁世长、内阁学士周德润、尚贤、徐致祥、太常寺卿徐树铭。科道中颇多。然大率措大空言,不足动听也。招商局之设,本以夺米国旗昌洋行轮船之利，为自强计也，十馀年来购买轮船至十八艘，他物称是，糜费至不可计。主是局者，粤侩唐廷枢、徐某［徐润］等，亏耗数百万。昔年刘坤一为南洋大臣，深知其弊，疏请裁撤。时张之洞、陈宝琛等方附合肥，袤然诋之。去年合肥察知唐、沈[1]之奸蠹，易以马建忠、盛宣怀。马，皖之厮竖，尤贪狡；盛亦小人，无忌惮，两人耗侵如故，势岌岌且倒，故乘此隙，急议卖之。而时方用兵，吴淞江海之咽，轮艘战守之恃，忽举而弃之米夷，当国者听之而不疑，此何异将御盗而自缚其手也。又闻曾国荃之许法夷银，实张荫桓私发电信从臾之，而陈宝琛力赞成之。张荫桓者，亦粤之洋厮，不知其何以进恭镗保荐之，骤擢芜湖道。国家以此辈罗列内外要津，不必待外侮矣。

　　　　　　　——《越缦堂日记》第 14 册第 10377—10379 页（六月廿三日）

[1] 唐、沈：唐廷枢、沈葆桢。

8 月 14 日（六月二十四日） 曾国荃等联衔致电总署。

　　江督曾等寄译署。

　　光绪十年六月二十四日亥正到。

　　巴照会驳尊处照会诧异之言，谓任凭举动，前已说明，疑荃等未明晰电呈，致尊处误会。又谓再三展期，至今福州未动，所议丝毫未就，本国必以为有意耽误，无心了局。若再以力从事，使中国必应照办，当归咎于总理衙门云云。撮要先呈，全文续电。荃、琛、澄。敬戌。

　　　　　　　——《李鸿章全集·电报》第 21 册第 246 页

　　南洋大臣曾国荃来电。

　　光绪十年六月二十四日到。

　　密，号。布告但使各国闻知，不能强其助我制法仍无救目前之急。顷接北洋电称，福告丹崖，四条已报钧署，法实骑虎难下，非真愿撤兵，圣心如欲息事安民，似可因彼求我之意，速派北洋酌办。目下基隆胜负相当，尚于国体无损。又赫前议中、法各请一国调处，顷据赫言，法拒美请，因我不先商，一疑美有私。今以三国调停先询法愿否，或冀可从，似亦缓兵一策。如二议均不允准，惟有坚持战计，更无羁縻之法。请代奏，迅电示复。荃、琛、澄。漾未。

　　　　　　　——《清光绪朝中法交涉史料》卷 22 第 30—31 页（1059 件）

　　南洋大臣曾国荃来电。

　　六月二十四日（光绪十年）。

　　二十日张佩纶电：陈宝琛云"开济"应还闽，如管驾推延，请遵旨照退缩不前例正法，即奏闻。亥正宝琛复佩纶电云，此时"开济"无济，不如不开。曾国荃意甚坚,未便遽问管驾之罪。国荃查闽海白犬黄沙要路有法铁甲三号阻截,不能入闽口。闽口乃天堑之险,两岸数十里皆系千仞石壁,法船、我船均不容易入口。近日吴淞口外实泊法兵船三号,铁甲一号,日夜窥伺炮台与我兵船。此时万不宜舍长江而入海口,且法船坚于我船十倍,一经出口,必被抢去,诚恐自送败局,反助法焰,贻法口实。上烦宵旰之忧,乃张、陈二会办当此万分危迫之际,往来电信动曰"军前正法",窃恐各兵船闻之,人心解体,将贻淞沪长江五省不测之患。兼误国家万分紧要之大局。国荃任大责重,只身孤立。目下极力坚持维系军心,不敢不先行密奏,乞恩以救各管驾之性命,扼守吴淞长江。惟有吁恳圣朝鉴此愚诚,敬乞代奏。 ——《涧于集·电稿》第16—17页

亦见《清光绪朝中法交涉史料》卷22第31页(1064件)

谕旨饬曾国荃拨"开济"船援闽。曾国荃致电总署云:公与张佩纶为拨此船争论,遇事总当和衷妥商筹办,不得各存意见。

又谕。电寄曾国荃等:昨日有旨饬曾国荃拨"开济"船援闽。兹据该署督电报,陈宝琛、张佩纶因调此船争论情形。拨船既于闽无济,吴淞长江防务,亦殊吃紧。着不必拨往。管驾归总督管辖,行止不能自由。张佩纶屡有将管驾正法之言,殊属过当。且言之轻易,恐以后号令不行。刻下事机万紧,总当遇事和衷,妥商筹办,不得各存意见。懔之。

——《德宗景皇帝实录》卷188第634—635页(六月廿四日)

总署来电。

六月二十四日(光绪十年)。

奉旨:昨日有旨饬曾国荃拨"开济"船援闽。兹据该署督电报陈宝琛、张佩纶因调拨此船争论情形。拨船既于闽无济,吴淞长江防务亦殊吃紧,著不必拨往。管驾归总署管辖,行止不能自由。张佩纶屡有将管驾正法之言,殊属过当,且言之轻易。恐以后号令不行。刻下事机万紧,总当遇事和衷妥商筹办,不得各存意见。懔之,钦此。 ——《涧于集·电稿》第17页

8月15日(六月二十五日) 李鸿章来电。

寄上海江督曾陈会办。

光绪十年六月二十五日卯刻。

福前临行节略字据,限期退兵,鸿未许,曾致总署福将此条自行勾抹留下。昨令罗丰禄送巴使阅看,并电告丹崖。丹电:福不认抹,固属狡强。然照会巴似不妨揭破,以其据在我手也。乞酌。昨夜总署电复丹崖,廷议金谓难给津贴,恐敌情又有变动。鸿。 ——《李鸿章全集·电报》第21册第247页

寄上海江督曾陈会办。

光绪十年六月二十五日巳刻。

顷总署寄布告各国照会内,有福总兵在津"另底内巡边"之语,自行抹去,并自画押。现已由津寄与巴阅看,是此事中国毫无错处等语,稿另函呈。惟"另底巡边"等字稍混,尊处照会宜写明福节略字据,限期撤兵一条自行抹去画押为明显。乞酌。鸿。　　　——《李鸿章全集·电报》第 21 册第 247—248 页

李慈铭在日记中讥公电奏云:"商局既售矣,弈棋儿戏,以君父为傀儡,柄国当事者罪可胜诛耶。"

闻前日具折专奏者,庶僚中有翰林院侍读学士温绍棠、侍读王邦玺,左庶子盛昱偕右庶子锡钧合疏,盛昱又别具一疏,署国子监祭酒、侍读学士李瑞棻,偕司业治麟、潘衍桐合疏,内阁侍读学士邓承修、科道中有洪良品、陈锦、张人骏等二十八人,翰林院侍读志锐以未得讲官不与议具疏,由掌院代奏,俱以昨日上独召见盛昱,或言招商局之售,朝廷不知盛昱疏中及之,然陈宝琛之电奏已云商局既售矣,弈棋儿戏,以君父为傀儡,柄国当事者罪可胜诛耶。此次浙人无有自具折者,可耻也。　　——《越缦堂日记》第 14 册第 10379—10380 页

8 月 16 日(六月二十六日)　曾国荃等联衔致电总署。

江督曾等致译署。

光绪十年六月二十六日子刻到。

二十四日戌刻接巴照会云:为照会事。照得十年六月十八日致贵大臣照会,经贵大臣于二十二日照复过矣,同时接本国署使谢转将总理衙门二十日照会摘录大旨电达前来,内有闻基隆被法攻夺,不胜诧异,非所逆料,并问取守基隆系何起见等语。本大臣想,总理衙门如此诧异,恐系贵大臣未将本大臣先后照会全文明晰转达,致其误会。盖本大臣先后照会,言皆明晰,不当有所疑惑。如六月十二日,本大臣所致照会内声明,哀的美敦书所定期限展后复满,中国尚未拟定妥当办法,日后法国任凭举动,无所限阻,并请贵国妥想慎重办法,而中国未尝允焉。情形如此,故我国不得不查照哀的美敦明载各节办理,自取押款以固,贵国不得将所议赔补谅山之费,长此坚拒。以上各语,乃本大臣六月十八日照会之意。再,本国拟将福州目下情形暂时不变一节,原系我国力虽足以施展,心亦定欲用力令人照办,然且始终固存忍耐廉让之心,已有明据。如本国兵舰泊福州船政局炮台前,迄将一月,若欲于届期已满即行开炮轰击,无难立毁,而本国再三展期,虽明知于己多所未便,情愿展缓,至今福州仍未动兵,以冀中国朝廷终能明晓时局,关系紧急,不令法国即为所不悦为尽力从事

也。且本国拟有和好办法，已经允据总理衙门派员到沪襄办，商议所拟了事办法，酌将赔饷减至八十兆佛郎克，并以十年交清，似可无损中国体统。第恐总理衙门误会我国情愿相让之意，仍执前议办理，前于闰五月二十七日原定期限已满之际，即委总税务司赫暨上海道邵同至本大臣处，请展期三日，以便中国拟定办法等情。我国情允宽期十二日，乃至六月十一日缓期复满，而于事未办一件，彼时贵大臣复委员代请展期二日，仍云定局必在伊迩，迄今已是二十四日，所议丝毫未就，如此延缓，实不可常有之事。缘我国人民亦有公论，皆扬不服之言，而愿迅速完结，不容再有耽搁不允。况本大臣已电报本国朝廷知悉，贵国如何与本大臣等答复，必以为中国有意耽搁，无心拟办了局。我法国若再以力从事，使贵国必应照办，中国朝廷当独归咎于总理衙门也。为此照会，请将此次全文电致总理衙门，以免再有误会。须至照会者等因。合即电呈。荃、琛、澄。有辰。申刻发。

——《李鸿章全集·电报》第 21 册第 248—249 页

致函王仁堪、仁东兄弟。

致王仁堪、王仁东　　　　　　　　　　陈宝琛

望后一函已达否，基隆炮台全碎，煤矿自轰，敌以百馀人登山，报四百人。被我邀击，擒一人，毙伤之数殊不确。有德国船为我运军火，往亲见开杖，云仅有数人。淮军浮报以见功耳。现基隆已停战，开一船窥闽，日内恐有战事。近日闽防甚振作，远胜此间，然船之众寡，器之利钝则不敌也。船厂危甚，但冀赭不与难，闽尚有恃，江鄂援军缓不济急，直是画饼。闻江右已运米济邻，谅免呼癸。闽中亟盼南洋援船，琛月初即与曾力争不得，此时则非二三艘所能济，然曾亦太险诈，廿三日闽拨"开济"船，琛以商曾，不知其已奉旨也，曾匿旨不告，但属琛复赭而已，则以陈某、张某争论入告。及廿五日又有旨无庸拨。始并持两旨[1]示琛，似此举动岂正人所为，琛若据实电奏，当此危急之时，徒使九重动气，且曾又因前日有廷寄，疑其每事必问琛，致多推诿，遂昌言战守皆吾事，防务本不必会商。琛在此虽欲竭其尺寸而无所施。目下敌变在即，若必觇缕渎陈，非争权即卸责，不敢出亦不忍出，但誓以一死塞责耳。旭弟乃谓此老易于共事，不知何所见而云然。所恨其于僚友则盛气坚愎，遇洋人则心慌言跲，和不能和，战无可战，东南半壁，付托失人，痛哭而已。此次议和若是左侯尚不至是，巴使[2]对人言，曾宫保甚可怜，我不忍太逼胁他。昨赫德述巴言，亦谓始以曾为重名宿将，必气壮性高，及与接议，乃老实人，我甚怜之云云。琛前累次电奏，曾不能了此事，不如改归北洋，盖有难言之隐也。本拟此局早定，自劾辱命

以谢吾党,今且兵连祸结,未知了局何时,进退失据,上负殊知,疚心何极,吾弟何以策之。自罗稷臣持福禄诺勾抹字据示巴后,日盼巴黎回音,今日丹崖[3]来电,则外部仍指中国为背约,且谓中国与他国不同,惟据地始可商量,据基隆不过索偿,尚非启衅,必须续据地挟制,以操必胜,议院允之。盖彼之窥我熟矣。目下台无船以济军火,闽无船以为后援,胜负皆不足据,了结不早,则糜烂更多,厦门、澎湖、定海、宁波将无完土,此皆无兵轮水师之效验。经此次创巨痛深,或者知所变计耶。但元气益伤,深恐一蹶难振,奈何。都门友人有何议论,乞时时以告。爱苍处屡欲致函未果,最歉。仲容、稷臣亦甚念之,祈以此函相示,并约仲弟同观,不及另函矣。丹老已销假否。主持大计必须有人,晤时乞致意。此上可、旭弟均鉴。弢白,六月廿六日申刻。

　　江宁今日遣魏仆来,均安善,乞禀慰。

　　传电当用新编加五码,曾耳目甚长,顷自言与黄所以不合,因黄去岁曾疏劾渠,其于鄙可知矣。弟为我策之。陈宝琛。　　　　　　——上海图书馆藏手稿

[1] 指光绪十年六月二十三、二十四日两谕旨。

[2] 巴使:法国公使巴德诺,见前。

[3] 丹崖:李凤苞,见前。

8月17日(六月二十七日)　电奏法船两艘由基隆至闽。

　　照录会办陈电。

　　六月二十七日到。密。号。闽电云:昨一法船由基隆至。今日又来一船。琛宥亥。　　　——中国第一历史档案馆藏电报档 2-02-12-010-0358

同日电奏,请饬廷臣与南北洋筹策保台。

　　又会办陈来电:六月二十七日到。密。号。法人不自悔,其谋增饷、据地、索价。南北洋无一援船。闽厂固危,而台湾文报难□,军火不继。若敌船广至,势将不支。万一被占,则恢复无重兵赎还,无钜帑是保台也。请饬廷臣与南北洋亟筹保台之策,乞代奏。琛沁巳。

　　　　——中国第一历史档案馆藏电报档 2-02-12-010-0372

谕旨:闽战即起,着公等即回江宁办防。

　　又谕。电寄曾国荃等:据电送巴德诺照会,无理已甚,不必再议,惟有一意主战。着曾国荃、陈宝琛、即回江宁办防,许景澄同往助理,刘麒祥随同办事。刘连捷率亲兵回江宁,由曾国荃等调遣。吴淞口等处防务,责成李成谋、李朝斌分别筹办。章合才留上海,会同邵友濂镇抚兵民,加意弹压,保护各国商民。勿稍大意。美国调处,现已照会婉谢,毋庸再有游移。除战守机宜另有

电旨外,该督等即遵谕行;王德榜一军,饬令仍留广西。

——《德宗景皇帝实录》卷188第637页(六月二十七日)

己亥(二十七日)……,命曾国荃、陈宝琛回江宁布防。

——《清史稿·本纪二十三》第880页(光绪十年六月)

曾[国荃]、陈[陈宝琛]回江宁,许、刘均往吴淞,责二李、二军合力帮邵道弹压保护。 ——《翁同龢日记》第4册第1895页(8月18日)

8月18日(六月二十八日) 曾国荃致电总署,遵旨回江宁办防。

江督曾来电。

光绪十年六月二十八日未初到。

奉旨:据曾国荃电送巴德诺照会,无理已甚,不必再议,惟有一意主战。着曾国荃、陈宝琛即回江宁办防,许景澄同往助理,刘麟祥随同办事。刘连捷率亲兵回江宁,由曾国荃等调遣。吴淞口等处防务责成李成谋、李朝斌分别筹办。章合才留上海会同邵友濂镇抚兵力,加意弹压,保护各国商民,勿稍大意。美国调处现已照会婉谢,毋庸再有游移,除战守机宜另有电旨外,该督等即遵谕行。王德榜一军饬令仍留广西。钦此。沁亥未发。

——《李鸿章全集·电报》第21册第253—254页

致电李鸿章:"顷奉饬回宁,辱命未成,疾心何极",请调罗丰禄回天津。

陈会办来电。

光绪十年六月二十八日未末到。

顷奉饬回宁,辱命未成,疾心何极。罗、董亟请回津,琛以臂助无人,拟暂留一月,乞师电谕之,万感。琛。俭午。

——《李鸿章全集·电报》第21册第254页

李鸿章复电:李处不可无罗丰禄,暂留一月。

寄上海陈会办。

光绪十年六月二十八日申刻。

议虽无成,公筹策刚柔悉当,佩甚。罗、董暂留一月,望转嘱遵照。巴若北来,务令速随而北,鄙处不可无稷臣,谅之。旬日内闽、台、江恐均有警,即战胜,彼必再添兵,祸事长矣。鸿。 ——《李鸿章全集·电报》第21册第255页

致函王仁堪。

致 王 仁 堪

陈宝琛

公定鉴:半月来以电报为公事,直是南洋一幕府,今日饬罢议四宁,此却是一条鞭事。昨电已悉。九老不以行期示我,屡询辄遁其辞,午后往吴淞看炮

台[1]，至今不回，窥其室空如也，殆从此逝矣。顷传电来，谓明早再电。鄙拟明午乘轮入江，明日出吴淞，未必遽遭敌炮。此间防务，九老无一与鄙商办，即与商亦不办，且谓朝旨疑我推诿，我已一力肩承，无庸商办。鄙当此际纵不与较，如大局何。一月来除事后一咨文外，别无会办与闻之事。1884 年光绪十年。一向幸和，此时全委心任运，既不明事理，又作烂好人。不谈公事，但与虚与委蛇，此老亦似近情，所以人谓其和平也。此席固不能胜，情面甚重。此局立见其堵，奈何。鄙未练戎机，岂求自见，然浮沉坐视，则辜恩辱命何以自安，欲具疏自陈，则从此痕迹更重，冰炭更深，且徒使九重为难，故隐忍不果。弟能为我筹一善策，俾得自效否。其筹防之折，无一列鄙衔，此其明证；又电奏战守事宜，一力任之，其余事件，与陈某会商，又其证。此老险诈又广布耳目，足下心识之，勿对等闲人代鸣不平也。陈湜[2]声名最劣，来沪后日在妓楼，大为人所诟病，近已赴江阴。此即九所最信任者，总统水陆，权则专矣。鄙不敢临阵易将，且虑一击不中，益为将吏所轻。都下独无所闻耶？吴淞炮台只打一面，敌船横其左，连举数炮则齑粉矣。台不足惜，炮足惜。昨往勘无可补救，但令取数炮置台上得横击，或者敌船亦受小创，然不敢必。淞直无可守，但恃为通商码头，冀不肆扰。长江有险而无人，但一李成谋忠勇可靠耳。至于将狃故智，兵鲜宿练，平时粉饰，此际周章，远近同慨。黄在马尾犹能攘臂一呼，鄙来此间竟自操手不得，甚，无人之不可无才也。九老昨日犹嘱筹防局搬运旧式土炮，谓其开花较大，众皆匿笑，而不能不承颜希旨，概可知矣。拉杂书此，以抵面谈，并乞示仲弟为荷。敬颂侍安，不宣。期叟肃，廿八夕。

　　刚候均此，告爱苍，希杜前数日已归。

　　读潜邸札记否，念念。

——上海图书馆藏手稿原件

[1] 公光绪十年六月二十九日致电总署："曾昨阅炮台未回，顷来电，已由吴淞行。琛今午同澄来轮入江。沿途巡视各师。"见"中国第一历史档案馆藏电报档 2 - 02 - 12 - 010 - 0389"。《报回抵江宁顺勘防务折》："曾国荃于六月二十八日由沪出勘炮台，二十九日早，得报知已顺途回宁设防。臣自应遵旨偕回，以赴事机而筹战守。"见《沧趣楼诗文集》第 866 页。

[2] 陈湜，字舫仙，湖南湘乡人。湘军宿将。时曾国荃荐统水师诸军，兼治海防，驻军吴淞。因私行游谯被劾免官。

8 月 19 日（六月二十九日）　下午由上海出发，过崇明、宝山、川沙视察吴淞口设防形势。乘"钧和"号轮船离沪回江宁。电告总署沪、闽安谧。

　　公乘坐钧和号轮船离沪回宁。行前曾一赴吴淞炮台，指示工作。濒行复谆饬上海道邵友濂等会同各将领保护租界、弹压游民。过崇宝沙，晤提臣李成

谋,偕观各兵轮停泊形势。　　　　　　　　——《闽县陈公宝琛年谱》第39页

曾国荃于六月二十八日由沪出勘炮台,二十九日早,得报知已顺途回宁设防。臣自应遵旨偕回,以赴事机而筹战守。濒行谆饬上海道邵友濂等,会同各将领保护租界,弹压游民,先为安内攘外之计。随偕许景澄乘坐钧和轮船,于二十九日下午由沪开行,过崇宝沙,晤提臣李成谋,偕观各兵轮停泊形势。
　　　　　　　　——《沧趣楼诗文集·报回江宁顺勘防务折》第866页

照录会办陈来电。

六月二十九日到。

密。曾昨阅炮台未回,顷来电,已由吴淞行。琛今午同澄来轮入江。沿途巡视各师。沪上尚谧,闽亦无事,请代奏。琛。艳。午
　　　　　　　　——中国第一历史档案馆藏电报档 2-02-12-010-0389

李鸿章电告总署及曾国荃等基隆、淡水均无事。

寄译署并江督曾陈会办。

光绪十年六月二十九日辰刻。

顷闽电局复询,厦电报称:基隆、淡水均无事,昨电系西人讹传。鸿。
　　　　　　　　——《李鸿章全集·电报》第21册第255页

8月20日(六月三十日)　过江阴。见《沧趣楼诗文集·报回江宁顺勘防务折》第866页。

8月21日(七月初一日)　登圌山关、镇江炮台督操水靶。见《沧趣楼诗文集·报回抵江宁顺勘防务折》第866页。

8月22日(七月初二日)　下午抵下关,晤曾国荃,告沿途视察情况。

会办陈宝琛、许景澄初二日未刻到宁。
　　　　　　　　——《曾国荃全集·奏疏》第6册第230页

初二日行抵下关,将视察各处情形告知曾国荃。讵曾已先电中枢,谓军事全凭号令,号令定于一,淆于二,一则万人可望齐心,二则群下观望迁就,请以后有人弹劾将领,交荃查办。盖虑公有专奏之权,见诸将弛惰之情,或密以上奏也。旋奉上谕:"江南防务紧要,闻曾国荃布置颇为周密,惟每事必问诸陈宝琛,固见虚衷商榷,然当此事机紧迫,诚恐意见稍有参差,转致临机贻误。该署督身膺疆寄,责有攸归,并不得因有会办之员,稍涉推诿。"实则公甫抵江宁,即来沪渎,在宁不过三日,防务尚未着手,曾何至每事必问。其意在总揽事权,欲杜公口可以想见。故公有疏辩之,谓:"直至奉到六月廿七日谕旨,始为臣会办南洋防务之始。既衔命会办南洋事宜,复奉旨回宁办防,顾名思义,固亦有其

应尽之责。若自安缄默,知而不言,则于臣之微抱有所未安,似亦非圣慈所以命臣之意,故不敢雷同以负圣明,亦不敢独断而偾大局。"自是而公与曾之矛盾益深,一切论奏施措,皆事后以一公牍相闻,极少虚衷商榷。虽迭奉和衷共济、力挽时艰之谕,终难水乳矣。

法之图闽,形迹日露。会办福建海疆事宜之张公建议:南北洋闽粤兵船视法船所向,随踪牵缀,一决裂便先下手。船政大臣何如璋亦奏称我势稍强,彼谋自戢,倘法船移向别口,我船跟踪前驶,於各省防务决不至有疏虞。总署以南北洋现无急警,饬各拨兵船二只,克日抵闽。曾则以"船小而少,适以饵敌,实难分拨"复奏。总署无可如何,乃改饬速拨开济号一轮,不准延宕,复闽塞责。开济原系闽船,故张公电公:"开济船应还闽,如管驾推延,请遵旨照退缩不前例正法。"曾竟又以闽江乃天堑之险,法船、我船均不易入口,设辞推阻。继又危词耸听,谓近日吴淞口外法船日夜窥伺,此时万不宜舍长江而入海口,法船坚于我十倍,一经出口,必被抢去,诚恐自设败局。更怨张、陈二会办,当此万分危迫之际,往来电信动曰军前正法,窃恐各兵船闻之,人心解体,将贻淞沪长江五省不测之患,兼误国家万分紧要之大局,不敢不先行密奏,乞恩以救各管驾之性命。公见曾意甚坚,未便遽问管驾之罪,乃以此时开济无济,不如不开,电复张公。闽战之后,公闻闽船已烬,船厂已失,无船无炮,陆军难支,省城、南台现均危急,请饬江西援军速进,并运米接济。曾仍以刻下拨船调勇,恐有不到,不如留以自全,拒不应援。公初闻闽败,曾遣幕友董元度赴闽视察。舟过马祖澳,见被创法舰麕聚修葺,戒备甚疏。归而建议:请公合南北洋水师十馀艘,自率入闽,截法舰于马祖澳,必得当。公虽韪其言,而顾念战前南北洋尚不肯出一船以相助,兹复何望? 姑电北洋乞舰,卒不报。相与嗟叹而已。

公念委蛇藏拙,束手旁观,何以副朝廷委任之隆,亦非自请致身之志。自顾未能筹策援闽,致故乡廿年船厂、三千水军一旦灰烬,引为重疚。而手无寸柄,稽查既托空言,补救更成虚语,欲整顿仍必自稽查始,而统领皆湘中宿将。即稽查得实,而权之所限,法难于施。因奏请别募五六营遴员管带,参合中西之法,教练成军。请调用同文馆学生㬊昌、天津水师学堂教习严宗光(严复)、萨镇冰任督率教练。既已奏立此军,即应性命以之。若阅时已久,成效毫无,愿从重治罪。

公以法氛未易遽平,请预筹持久之策。条陈四事:曰筹饷、曰选将、曰练兵、曰简器。　　　　　　　　　　　　——《闽县陈公宝琛年谱》第39—43 页

8 月 23 日(七月初三日)　马江战败。法军轰击马尾船厂,张佩纶败走。

法国水师提督孤拔率军舰突袭福建水师于马尾水域,击沉"扬武""福星""振威""飞云""济安""福胜""建胜"等十一艘兵船,轰击马尾船厂。参将高腾云、五品军功陈英等战没。翰林院侍讲学士、会办福建水师事宜的张佩纶败走。

——《近代中国史事日志》第 751 页

李慈铭日记云:公与张佩纶因调南洋兵船赴闽事,二人交恶,驰疏互讦,曾国荃亦劾公"年少妄动,遇事把持"。

闻法夷驻京公使以前日行。临去时,致书通商衙门云:限四十八刻定议去留,总署置不答,始仓黄去。盖彼夷之意实不欲战也。然我即胜,夷亦不能振,盖我之患首在无人,次在无饷,以阎、额、张、许等当国,而总署则用周家楣、张荫桓诸小人,或委鄙苟安,或诗张为幻,欲以制御六合、鞭挞四夷,虽妇人孺子亦笑之矣。近日张佩纶欲调南洋兵轮船赴闽,陈宝琛不可,二人交恶,驰疏互讦。而曾威毅亦劾宝琛年少妄动,遇事把持,朝廷既以庸猥主国是,而复以干橹付一二纤儿,其堪再坏耶。　　——《越缦堂日记》第 14 册第 10390 页

8 月 25 日(七月初五日)　上"报回抵江宁顺勘防务折"、"附陈下情片",折见《沧趣楼诗文集》第 865—868 页。

8 月 26 日(七月初六日)　为闽已船尽厂失,请饬张佩伦回城规全大局事,致电总署。

照录会办陈来电(原电文遗失)。

——中国第一历史档案馆藏电报档 2－02－12－010－0458

李鸿章来电。

寄南京陈会办。

光绪十年七月初六日辰刻。

黄电请逮治,留惟一死,然不若死守省矣。鸿亦请旨严饬回省筹防。马江以上水浅,必可图存。　　——《李鸿章全集·电报》第 21 册第 272 页

8 月 28 日(七月初八日)　李慈铭日记记马尾败况,讥公与阎敬铭、周家楣、张荫桓、张佩纶"五鬼"及李凤苞、马建忠等"无赖",不先诛,不能以有为。

闻福州实以初三日接仗。张佩纶先驻船厂,气骄甚,有告法夷来攻者,皆不信。继有告曰夷人已乘楼墙立矣,叱之;又曰:已举红旗以摩矣,犹叱之。夷忽以炮中厂之洋楼,佩纶亟苍黄遁,所部五营悉溃,其三营歼焉。其营务处"扬武"轮船管驾、游击张成者,广东人,本船政学生,能□事,佩纶极赏之,令诸船悉听其号令。是日,夷人登望台执两旗而舞,遂鸣炮成犹□然,及夷炮聚轰,成遽驾舢板船遁。"福星"、"振威"两船管驾许寿山最勇果,急帅诸艘开炮抵

御，夷乘潮猛进，坏九艘，□等皆死之。佩纶退守鼓山，夷遂夺据船厂，何如璋已先入城，督抚皆城守，将军穆图善扼长门。长门者，在五虎门之东，马尾镇之西，地险隘。初五日夷攻长门，其大轮船烟囱粗丛切忽炸裂，夷兵多死，孤拔伤，我军乘势攻之，坏其两艘。先是，船政局之失，有旨切责佩纶、穆图善及何璟、张兆栋、何如璋。近闻佩纶等已收复船厂，诏发内帑银十万两，给穆图善、佩纶所部各四万，璟、兆栋所部各一万，而兆栋疏奏，有大员以防堵为名，出城谋遁，不实言何人，或谓指何璟也。诏令兆栋指实以闻。璟、兆栋皆阘冗，御史有劾其不守五虎门，纵夷阑入者，已交部严议。然佩纶大言误国，先逃复军，何以不问其罪。吾谓不先诛阎敬铭、周家楣、张荫桓、张佩纶、陈宝琛等五鬼，及李凤苞、马建忠、盛宣怀、唐廷枢、徐润诸无赖，必不能以有为也。

——《越缦堂日记》第 14 册第 10401—10402 页

8 月 29 日（七月初九日）　李鸿章来电。

寄南京江督曾陈会办。

光绪十年七月初九日亥刻。

沪电局报：据大北电公司接闽口来电，自长门直至马尾，华炮台于初八日晚皆被轰毁，出入全无阻碍。明后日孤拔即率各船出口，闻将驶入长江，已雇引口人在吴淞等候等语。又，据邵道电，孤拔志在北洋，或先南后北，请尊处赶饬水陆各军，严防沿江炮台，恐不能阻其深入。鸿。

——《李鸿章全集·电报》第 21 册第 279 页

8 月 31 日（七月十一日）　致电军机处，严防俄国伺隙借端生事

照录会办陈来电。

七月十一日到。

密。号。《申报》称，俄载铁舰来保港民，恐非无因。查公法，两国绝好，敌民有限期出疆之例。今谕旨明饬保卫，怀柔曲至，但难保愚民不乘忌遑情。俄素伺隙，尤恐借端生事，似宜□拒于始，免贻口实，当否乞裁。琛。蒸。

—— 中国第一历史档案馆藏电报档 2-02-12-010-0522

9 月 1 日（七月十二日）　给事中孔宪懿奏劾公及张荫桓、李凤苞。李慈铭谓亟召公还，无使掣曾国荃之肘。上谕见《德宗景皇帝实录》卷 189 第 660 页。

邸钞。上谕：前据给事中孔宪懿奏，太常寺少卿张荫桓有私行函致上海道情事。当谕令总理各国事务衙门大臣明白回奏。兹据奏称，所复上海道电信皆系公同商办等语。查阅所寄电信内有措词未当，除彼时阎敬铭、徐用仪因病请假，锡珍、廖寿恒出差外，奕劻、福锟、崑冈、许庚身、周德润、陈兰彬、周家

楣、吴廷芬、张荫桓均着交该衙门议处。总理各国事务衙门从前办事每有不能详慎之处,嗣后该大臣等务当加意慎重,不得仍蹈前辙,致干重戾。宪懿疏劾荫桓及李凤苞、陈宝琛,请亟斥荫桓,召还宝琛,无使掣曾国荃之肘,惩凤苞于法夷重治其罪,言皆甚切。　　　　　　　　　　　　——《越缦堂日记》第 14 册第 10405 页

9月2日(七月十三日)　致电军机处请旨饬唐定奎即日回营。

会办陈来电。

七月十三日到。

密。号。长江门户最重江阴,铭武军久驻相习,万不可离。张景春接统,本属事急□击之计。惟闻唐定奎业已全愈,自应请旨饬令即日回营,以服众心而责实□。乞代奏。琛。文。酉。

　　　　　　　——中国第一历史档案馆藏电报档 2-02-12-010-0540

9月5日(七月十六日)　上"请募勇参用西法教练折"、"请饬中外豫筹持久并条四事折",折见《沧趣楼诗文集》第868—872页。

公以法氛未易遽平,请预筹持久之策。若阅时已久,成效毫无,愿从重治罪。
　　　　　　　　　　　　　　——《闽县陈公宝琛年谱》第 43 页

上谕陈宝琛募勇操练一折思虑尚精密,与曾国荃同办一事,当虚心商榷,俾成劲旅,曾国荃亦当和衷共济,彼此互商。

又谕:陈宝琛奏拟募勇营,勤加操练,以神防务一折。据称炮台兵轮须有策应之陆军,而陆军制胜,以参用西法教操为要义。拟请别募五六营,遴员管带,参合中西之法,教练成军等语。思虑尚属精密,惟目前江南防营,不患兵勇之不敷,患在训练之不熟。该学士折内所称淮军扼守江阴,不讲炮尺句股之法,轮船管驾,或不谙船械之机牙,或不识西阵之行列,业已深知其短。即可切实指示,令其朝夕讲求,务臻纯熟,较之新练之军究易见功。增兵必先筹饷购器。现在饷项支绌,部中无可指拨,江南亦难骤添新饷;至购买洋械,既无巨款,即难选择上品;且购自外洋,尤需时日。此时防务紧要,陈宝琛与曾国荃同办一事,惟当就现有各军设法整顿,虚心商榷,俾成劲旅。曾国荃亦当和衷共济,彼此互商,总期于事有益,不必另立一军,转致各存意见。将此由六百里各谕令知之。　　　——《德宗景皇帝实录》卷 190 第 680 页(七月二十四日)

得袁爽秋[1]书,以所拟总理衙门复议陈宝琛条陈洋务疏,及公致甘肃新疆巡抚刘毅齐书送阅。宝琛七月所上四条:简器械、备海口、用洋将、筹军饷,皆张大夷情,空言塞责,而谓器械必购洋人,枪炮弁备必用船厂学生,又英国诸将

之尝征印度者近皆退閒，可以重资延之，尤谬妄丧心。

　　　　　　　　　——《越缦堂日记》第 14 册第 10514 页（十月初八日）

[1] 袁爽秋：袁昶，字重黎、爽秋，浙江桐庐人，光绪进士、陕西按察使、总理衙门大臣。义和团运动中弃市，追谥忠节。

9 月 6 日（七月十七日）　致电军机处请旨请饬刘铭传就台募勇等事。

　　照录会办陈来电。

　　七月十七日到。

　　密。号。闻法三船于初十、十一两日攻基隆，无大胜负。我兵单不敷布置云云。琛思福州轮船水师尽失，台无近援，法必併力攻台，冀可据以挟我内地纵有援师，无船可载，且缓不济急。查台多漳、泉、潮州客民，勇敢可用，可否饬刘就台募练，由南北洋筹济军火，乞代奏。琛。敬。

　　　　　　　　　—— 中国第一历史档案馆藏电报档 2-02-12-010-0574

9 月 9 日（七月二十日）　致函王仁堪、仁东兄弟。

致王仁东、王仁堪　　　　　　　　　　　　陈宝琛

　　久不通书，但凭电语究不如书之详。半月以来忍辱负重，每欲补救一事，辄费笔舌。目下炮台方试演炮尺，轮船已退守江阴，而蚊船二只犹置吴淞口，言之再四，不肯收回，一则以敷衍淞防，一则陈湜在吴淞留以自卫。其实法领馆已大张告示，不犯上海，苏淞门户仍以长江为重，吴淞炮台但击一面，而左面、背面皆受敌炮，其不可恃明甚，断非二蚊船、二兵舰所能护。南洋台炮、船炮无逾蚊船之大者，如置诸众轮船中，犹可犄角以伤铁甲，株守黄浦则成无用。且虑为敌所掳，则还以攻我，势不可当，自卫之与资敌，利害固相悬也。前以商北洋，亦有电来告，沅老至今未改调，此即足下前信所及者，仆目击之，益知其利病如此。至陈湜在此，几于人人恨之，亦其太不自检所致。近有人言其昼在吴淞，夜宿上海，日日以轮船迎送，未审确否。梁檀老[1] 则谓其赴沪前一夜犹沉酣于秦淮河上也。沅老[2] 任之如此，殊不可解。刘连捷则朴诚可恃，非陈湜比矣。仆在此殊无谓，暗中之补救本属无多，局外之责望更增自疚，欲与之分疆划界，则此老方自任战守之权，欲思为善刀之藏，则鄙人先自乖致身之义，故日昨疏请自募办六营[3]，为策应后劲之师，不效则甘治罪，如允行，犹有可以尽心尽力之处如此断不可一日居此，而又不便自请回京，足下然之否，否则尸位素餐，坐观成败，辱命更甚，但兵端既开，后顾惟饷源为可虑，仆前陈加盐厘、借民债两条有窒碍否。想中外必多硕划嘉谟，足为持久之策也。吴郁生[4] 忽弹丹老[5]，此时再纷纷易置，执政大局更将谁任？周、吴固非好人。然译署全换生手[6]，

于外情既多隔膜,于旧案更不接头。我与法决裂,他国依然和好,而如俄、如倭,阳为旁观,阴思伺便交际,稍不得当,则在彼为有辞,而我再树一敌,其何以堪,杞忧之私,足下然之否。迄不得黄电,昨来一电六字,则谓可告仲弟"叔毅来舍间安也"。顷得子峨复电云,厂十伤二三署存恐未确,子峨守厂者也。外口法船仍三号珂乡安云云。前日电诏饬杨昌浚援闽,并有令鲍超前往之语,窃恐两人皆远水难救近火。昨致小帅电,请其仍备长门一带塞港之船,庶可阻其再入,然亦必须口内有守,否则水雷可轰开石船也。小村来电谓法领事李梅授越南全权,廿四将往顺化,告人云,中国如有下台办法,可不索赔费等语。此语谁复理之,然法之不欲战亦可见矣。仆揣其来势,必须彼国添兵来,方敢北犯,即长江亦非闽比,此时惟台湾可虑。南洋战事当在今冬,北洋则在明春矣。漕运、饷项各节,中朝必应豫筹及之。贱体近甚适,近出风疹,尽蠲宿疴,眷口均善。自编电书一本,寄到日可照码往来。私家发电费颇巨,仆当认出,少间寄呈。此上公定、刚侯两弟足下。白折、黄折、油纸、黄纸、丝条、夹板、包袱,请寄四五分来,不用匣。韬白,七月二十日。并乞示仲弟。 ——上海图书馆藏手稿原件

[1] 梁檀老:梁肇煌,号檀浦,广东番禺人,咸丰进士,云南学政,顺天府尹、福建布政使。

[2] 沅老:曾国荃,见前。

[3] 1884年9月5日,光绪十年七月十六日,陈宝琛上"请募勇参用西法教练折"。

[4] 吴郁生:字蔚若,号纯斋,江苏元和人,光绪进士,四川学政、吏部左侍郎。

[5] 丹老:阎敬铭,字丹初,见前。

[6] 译署全换生手:1984年4月(光绪十年三月)总理衙门大臣奕䜣开缺,宝鋆、李鸿藻等或休致,或降调,或毋庸行走,醇亲王奕譞、孙毓汶当政。见前。

9月11日(七月二十二日) 上谕摘抄徐琪海疆多事条陈利弊折,谕示公等。

又谕。翰林院编修徐琪奏:海疆多事条陈利弊一折。据称近日各海口炮台太露,无土遮蔽,敌船得视为标准,夷更易于轰裂。间有堆土累堤,用法或未能尽善,必须高筑土堤,暗设地道,多安洞,再植杂木,以至移动营房,修造架,均宜相度情形,量为更改等语。各海口建立炮台,最为扼要制胜之计,若制造不精,击敌而转为敌击。于战守大有关系。该编修所奏是否可行,着该将军督抚大臣等,悉心察度,实力讲求,以期有利无弊。原折均着摘钞给与阅看。将此由五百里谕知李鸿章、曾国荃、彭玉麟、庆禄、穆图善、何璟、张树声、张之洞、卞宝第、荣光、刘秉璋、潘霨、彭祖贤、张兆栋、陈士杰、倪文蔚、陈宝琛、吴大澂、张佩纶、刘铭传。并传谕卢士杰知之。 ——《德宗景皇帝实录》卷190第667页

9月15日(七月二十六日) 为闽省军火全毁请饬南洋购办枪、炮事,致电军

机处。

照录陈会办来电。

七月二十六日戌刻到。

密。号。闽军火全毁，且无从购，敌若再至，无大炮、洋枪，断难守以待援。可否饬南洋，由上海洋行购办，设法雇船运闽。此次台湾军火，即由龚照瑗由沪雇船运送也。闽民怨总督早不戒备，专用粤人。初八日围督署、坏辕门，几变。巡抚尚得民心。目下敌氛外警，民情内涣，殊为可虑，不敢不据实上闻，乞代奏。琛，径。　——中国第一历史档案馆藏电报档 2-02-12-010-0636

9 月 16 日（七月二十七日）　电告军机处法国盼中国转圜，所提条件均甚于赔费，不能不为过虑。

会办陈来电。

七月二十七日到。

密。前邵道电称：李梅云，亟盼中国转圜，必须略与体面，如赔偿费为难，或于十八省外之海岛暂租与法，否则预允日后造铁路邀认地段若干，准法商充公司。现以决战无和理，故不以闻。顷邵电又谓：德崔琳与巴议：一、租基隆若干年，法出租银；一、给法日后造铁路地段，赔费作罢论。闻已电商，未接复等语。与李梅所言大致同。但李系云者择一，德议似二者并行。查中国自造铁路权在我，故利听外国造之，权在人，则害无穷。暂租基隆，即盘踞全台之渐，以地资敌尤非计，二事之害，均甚于赔费，未知果否电达，不能不为过虑。直抒管见，以备参证。琛，感。

　　　　——中国第一历史档案馆藏电报档 2-02-12-010-0641

上谕：派赴上海购办洋枪大炮运闽。

又谕。电寄陈宝琛：据电称闽省军火全毁，请饬南洋购办运闽等语。即着陈宝琛迅派妥员前赴上海，购办洋枪大炮等件，设法雇船运闽，以济急需；应需款项若干，如何筹拨，由电奏闻，请旨办理。

　　　　——《德宗景皇帝实录》卷 190 第 684 页

致函王仁堪、仁东兄弟。

致王仁堪、王仁东　　　　　　　　　　　　　陈宝琛

公定、刚侯[1]均鉴：昨得中元书，今日"镇平"到，折书均收入。连电想均入览。江防如此，陆军新募尚未足数，敌若猝至，诚恐难支。九老[2]日对僚属谓祸在旦夕，而不思补救绸缪之方，真令人急死。前折恐未必准，无权无力，除静耐外有何策，惟坐视陆沉，殊不甘耳。闻法领事在津有欲捉黄甘

心之语,其攻闽殆为蕢故。顷仆复驳,租基隆、认铁路之说,德、巴[3]知为鄙人所阻,必又拘衅于南洋,长江祸不远矣。此行虽议约无成,筹战无具,而于夷情之变幻,官场、武营之习气,均略窥大概,幸而早为结束,此后补牢求艾,朝廷若假以尺柄,必当划十年之心力,雪耻赎咎,而环顾中外,同心寥寥,诵"净名大厦,倘相寄一力,宁能任之"语,又深惜刚与木[4]之轻于绝交也。竹坡今日有书,读之涕出,摘录以呈,不知刚事后果悔否。前得蕢书,则谓公忙疏阔,故人不谅,竹筼[5]述壶公言,则以大局更易,归过于刚,兄觉竹坡言尚为持平。漱丈[6]近有书来,深以大衍事病仆辞严义正,亦无庸辨。此间官电不须解囊,都中电资不轻,计前后已费数十元,兹寄上京纹二百两,请留存备用,有要语即由电来,暗码椎轮电法一本已到否,到后即用此电知。惟照不宣。铁顿,廿七日。

爱苍乞致意,罗已去,仲容暂留。

大阮临行有言,欲弟代白左右,其实两边皆同气至交,弟毫无偏袒,平心论之,皆有不是,而皆非本心。石激有声,水激生波,事后当各深悔,此不徒吾党之不幸,亦时局之不幸。每一思之,未尝不太息也,尝得句曰:"李牛遂恐终分党,洛蜀须起共一碑。"足下得暇,当思善为解纷,幸勿轻视,所关良大且远也。

——上海图书馆藏手稿

[1] 矦:同"侯":王仁堪,号公定,王仁东,号刚侯。见前。

[2] 九老:曾国荃。

[3] 德、巴:德璀琳(Gustav von Detring),德国人,天津海关税务司;巴德诺,见前。

[4] "刚与木":王仁东、张佩纶。

[5] 竹筼:许景澄,字竹筼、竹筼。浙江嘉兴人。曾出使法、德、奥、荷、俄等国。义和团运动中被弃市,"庚子五忠"之一。

[6] 漱丈:黄体芳,字漱兰,见前。

9月17日(七月二十八日) 致电军机处请饬赫德改派德璀琳为江海关税务司。

照录会办陈来电。

七月二十八日到。

密闻上海比税司病,代者为法人,致法得装煤接济,而我转难雇船运械,可否饬赫德改派札德璀琳司沪关,庶运械、侦敌均有益,候钧裁。琛,感。

——中国第一历史档案馆藏电报档 2-02-12-010-0647

9月26日(八月初八日) 李鸿章致电总署,告公转曾国荃来电云:法国增兵到孤拔处,茹费理盼中国早日让步。

寄译署。

光绪十年八月初八日亥刻。

顷陈伯潜转劫刚来电:茹盼华早让,不敢催议绅归院判质;越拨兵二千,计将到孤处,此外未增云。张幼樵初七电称,法船在闽口外,近增至九艘,新兵已到金牌,炮台尚未完工,饬严备云。鸿。

——《李鸿章全集·电报》第 21 册第 303 页

9 月 29 日(八月十一日) 致电军机处,遵旨筹办济闽军火,并拟日内再出巡。

照录陈会办来电。

八月十一日夜到。

密。前有旨,著琛派员筹办济闽军火,当经电询闽省督抚,应配何项枪炮子药,以便筹办。据复,枪炮已托曾代订,等因。杨昌濬过宁谈及,知其亦已派员赴沪□办,琛现拟饬局赶造水雷,候便运闽,其需款无多,即由江南筹防局先垫,嗣后由闽汇还。查杨昌濬方入江西境,抵闽尚需时,现在督抚新蒙严谴,不免有五日京兆之见。闽省敌船在口,人心惶惶,兵、民结怨,谣言四起,闻林寿图以病益辞团练之命,可否请旨饬林速出,安民和众誓保危局。琛拟日内再出巡阅,乞代奏。琛。真。

——中国第一历史档案馆藏电报档 2－02－12－010－0685

上谕林寿图[1]不得托词固辞办理团练之命。

又谕:电寄穆图善等。陈宝琛电称,林寿图以病辞团练之命等语。闽事紧急。特命林寿图办团,以辅兵力。该前司自当竭诚图报,辅助官军,即以保桑梓,何至托词诿卸,固辞朝命。着穆图善、张兆栋,传知该前司,将团防迅筹办理。毋稍迟延。 ——《德宗景皇帝实录》卷 191 第 702 页(八月十二日)

[1] 林寿图:见前。

9 月 30 日(八月十二日) 出省巡阅。

轻装简从,乘“祥云”号小轮船出省巡阅。

——《沧趣楼诗文集·报巡阅情形折》第 872 页

10 月 1 日(八月十三日) 至江阴视察。

至江阴,晤提臣李成谋于舟次,察看兵轮停泊形势,偕唐定奎、张景春登阅南岸炮台,演放台炮、水雷。时适风涛大作,臣改坐澄庆号兵轮循白茅沙、大沙一带,量勘水道。 ——《沧趣楼诗文集·报巡阅情形折》第 872 页

10 月 2 日(八月十四日) 抵吴淞检阅炮台。

出抵吴淞,总统陈湜卧病未晤,遂同曹德庆等登炮台详细勘度。归船晤上海道邵友濂,询悉塞港石船已经备办,因西商梗议,尚未举行。沪上商民如常安谧。

——《沧趣楼诗文集·报巡阅情形折》第 872 页

10 月 4 日(八月十六日) 在镇江,巡阅炮台,测量水道。

至镇江,停轮两日,因得访遍阅焦山、象山、都天庙诸炮台,试演炮靶,并测量焦山北港水道。于十九日还抵江宁。

——《沧趣楼诗文集·报巡阅情形折》第 872 页

10 月 7 日(八月十九日) 致电军机处:巡视吴淞口,十九日返江宁。

会办陈来电。

十九日亥正三刻。

密。号。琛十二日出省巡视至吴淞还,十九日到宁。台湾无确信。乞代奏。琛。

—— 中国第一历史档案馆藏电报档 2-02-12-010-0737

还抵江宁。

——《沧趣楼诗文集·报巡阅情形折》第 872 页

10 月 10 日(八月二十二日) 前参江西知州韩懿章、知府荣绶、达春布、钟珂。谕旨韩懿章革职,荣绶等三人交江西巡抚潘霨查参。

谕内阁:前据内阁学士陈宝琛奏参江西知州韩懿章,知府荣绶、达春布、钟珂各劣款。当经降旨将韩懿章革职,与荣绶等三员均交潘霨查参。

——《德宗景皇帝实录》卷 192 第 713

10 月 11 日(八月二十三日) 上"报巡阅情形折"、"附陈募勇积弊片",折等见《沧趣楼诗文集》第 872—875 页。亦见《越缦堂日记》第 14 册第 10548、10549 页。(十一月初五日)

上"密陈陈湜贪侈骄纵情形折",折见《沧趣楼诗文集》第 875—877 页。

又谕:陈宝琛奏出省巡阅情形各折片。前据曾国荃奏派前山西按察使陈湜总统水陆各军,兼理海防营务处。当以陈湜前在山西防河,未能得力,谕令该督悉心察看,并随时诚勉。兹览陈宝琛所奏,是该臬司难期得力,际此海防紧要,总统必须得人,岂容迁就贻误。即着曾国荃另派廉明勇敢大员以资统率,陈湜着令其迅速回籍,毋任逗遛江南,致滋物议。据称"南琛"管驾袁九皋,曾充招商局轮船买办,不胜管带之任。并着曾国荃将袁九皋撤去管驾,另行拣派。江南防务关系极重。着曾国荃会同陈宝琛将防军实力整饬,严行申儆。训练必使精纯,营规必期整肃,庶几战守足恃。各营将弁傥有虚额蚀饷、游荡聚赌,及水师离船上岸各情弊,即行从严惩办,毋稍姑容。陈宝琛所奏系为大局起见。曾国荃素能集思广益,于筹防事务当和衷商榷,共济时艰,以副委任,不得稍存意见，致误事机。将此由五百里各谕令知之。

——《德宗景皇帝实录》卷 192 第 724 页（八月三十日）

谕内阁：前据内阁学士陈宝琛奏参，前山西按察使陈湜在江南军营贪侈骄纵各节，当谕曾国荃饬令迅速回籍，并派孙凤翔将参款查明具奏。兹据奏称，陈湜总统江南各军，添派帮办营员拨给公费尚无虚额冒饷情弊。惟查驻军吴淞时往来上海，确有游燕妓馆情事等语。统兵大员宜如何尽心军事，乃竟不自检束，私行游燕，实属有玷官箴。陈湜着交部严加议处，寻议革职。从之。

——《德宗景皇帝实录》卷 197 第 798—799 页（十一月初五日）

亦见《越缦堂日记》第 14 册第 10548—10549 页（十一月初五日）

［公］沿途视察各轮，闻管驾中颇有不识机牙、不知行阵、且有逍遥自适，聚赌累日者，均告知曾国荃，请其申饬。应办事宜，亦面商曾国荃，以备采择。如指出吴淞炮台一律向东，敌不入沪，则炮无从施，台之肩背均可为敌炮所乘。又揭发"南琛"号管驾袁九皋，曾充招商局轮船买办，不解勾股测量之法，不能察天象、辨山头、识沙线、记港道。往来长江犹可藏拙，若放洋稍远，则茫无把握，实用违其才。回江阴之日，冒雨登"南琛""开济"二船，该管驾均已上岸，闻有聚赌累日、胜负辄数百金者。公不停轮，即逍遥自适，非防敌，直是防公。又密陈总统水陆马步各军、前山西按察使陈湜，曚上凌下，险诈骄贪，虚额蚀饷，微服冶游，请予惩处。陈乃曾之姻私，公狃于临敌易将，故未遽纠弹，以曲全大局。今江南一带谅无战事，似此上下安嬉，诚恐军律日堕，兵心益涣，故卒密陈宸听。清廷派河南布政使孙凤翔查明参款。经查得陈驻军吴淞，时往来上海，确有游宴妓馆情事。奉谕：统兵大员竟不自检束，私行游宴，实属有玷官箴。著交部严加议处。

——《闽县陈公宝琛年谱》第 44—45 页

闻陈宝琛丁母忧，且疏劾南洋大臣、统领前山西按察使陈湜盘踞擅权。有旨令曾国荃撤去差使。 ——《越缦堂日记》第 14 册第 10472 页（九月初六日）

10 月 12 日（八月二十四日） 致电军机处，转台湾巡抚邵友濂电称：法国利诱台民剪发易服，驱为前敌，请饬谕沿海民众勿受敌诱。

照录南洋会办来电。

八月二十四日到。

邵电云：台委员到沪述十七复基隆，法兵死五百馀，降数百，得大炮八尊，枪约三千杆。琛问法借雇工为名，诱土人以利，到船□逼之剪发易衣，驱为前敌。此次基隆杀者、降者多此辈。祈请饬沿海□切晓，谕民引以为戒，勿受敌诱。琛。敬。 ——中国第一历史档案馆藏电报档 2-02-12-010-0760

致函王仁堪、仁东兄弟。

致王仁堪、王仁东

陈宝琛

忍、刚弟足下：欲言之事，多入电中。得初旬书，教我备至。此间事病在泛滥泄沓，粉饰一时。荄以黄故，深自韬退，不求上人，然见之闻之，岂忍坐视。炮台成十馀年，近又纷纷移改，而皆不知有炮表应用卅磅药之炮，仅装十馀磅之药，而又不以炮尺测量，欲命中及远，得乎。轮船聚赌，勇营缺额，总统荒淫，敌纵不来，而军心日弛，饷项愈糜，何以持久。主帅愦愦，视为故常。荄欲出巡，则阻之，谓其多事。归两晤面，而不问沿途情形。与言轮船赌状，曰此不足怪；请申饬，曰无庸而谋，管驾者犹纷纷也。吾乡叶鹤舫、陈慕梧皆恐为他人所攫，故荄折中论袁九皋之非才，而言管驾之宜慎选也。目下台事最亟，私揣江南当无战事，盖敌力所不及，然不敢存幸心。巴屡询鄙人住址，惜不调到海疆决一雌雄，如待黄者，以此揣其不入江也。法欲俟恪靖到闽再拼一血战，谓此数人乃中国战党。鄙已遣间说巴，谓闽布地雷，巴信之，竟电孤。瑞安劝我早与决裂。此次批折归，如责以认真校阅，惟有不避嫌怨，厘剔诸弊。如此虽不分不合，而所益亦多。足下恐匿怨而处，建议必违，然两月来鄙人已极意推诚相下，而不能化其猜忌，引为同心，且其左右群思先发制人，不如早为揭开，俾有所忌惮，此于身不利，而于国则忠，如得藉手补救以收薄效，断不敢遽求乞身。如上意专向绛、灌，听其市惠旧人，委心任运，则臣心已尽，始敢以无可补救，自请避贤。鄙见如此，未审有合否。荄本无急于用世之心，但以时会多艰，感激知遇，不能不思所报。两月来周谘所及，不敢谓尽无所得，可见阅历之不可少。刚若谋归省墓，迂途白下，小住数旬，相与洄溯江海，讲求船炮，当不无裨益。鄙近来万事但问心，心安则行之，往往毁誉利害不及计。即如在沪议约，明知不辞此差，必至受诟，至论黄之于闽，亦知有疑其左袒者。盖当局情形既不尽为远道所知，而鄙处所得乡信，所见乡人，皆极言黄竭力布置之劳，而归咎于前此武备太弛之疆吏，即是日临战情事亦复异词。荄平日论人偏于原心，况与黄为友，既知其心断无责备之理。然平心自问，即使上书讼之，亦不过为少陵之救房、管，尚异于迁史之论李陵，公义私情，鄙媿古人多矣。来示云云，荄亦意足下必无此坠刘之心，下石之举，岼终隙末馀耳，乃千古笑柄。足下于黄，本因积怒于相轻，遂致绝交于责善，此岂不共戴天之仇。《传》曰：故者无失其为故。外舅在天必以琛言为不谬，此一席话与他人则不必言，与足下则不能不言，即足下不欲闻之，而亦不能不言者，凡以为足下也。如又疑其袒黄，则见太左矣。刚三月来书，即以读书养气相勖，近日所得，何似天步如此，不知所届,愿乘蠖屈之日,储养干济以救时艰。爱苍卓荦之材,何不请缨南来,匡我不逮,累欲致书辄不果,知我当不罪之,雨花台石子近得一囊,选其精者以遗忍盦,西江所收,不可并视矣。小帆远寄一书欲发分电各处,鄙不能任之,以致足下可示同人,不负其苦心耳。此问动定。发顿,八月廿四日。 原稿不及抄,他日可寄回。

——上海图书馆藏手稿

10 月 13 日(八月二十五日) 电告(总署):刘铭传十七日攻复基隆。

南洋电:十七日刘五路伏兵攻复基隆,杀法五百人,夺炮九尊,一云八尊。夺洋枪三千杆,一云二千杆。北洋电同。陈宝琛电同。皆据台员到沪口述,谅不致虚。

——《翁同龢日记》第 4 册第 1911 页

10 月 17 日(八月二十九日) 致电军机处:以台防兵单,奏请调吴鸿源带勇援台,并传旨奖励台绅林维源。

照录会办陈来电。

八月二十九日到。

密。援台兵仅有淮军千人,杨岳斌到闽需时,法若增兵,我仍单薄,联厦门吴鸿源新招漳、泉勇约千人,若筹给军火,设法渡台,既为径捷,且习水土,可联络绅民,广募土著,厦防团重,然台孤悬,敌专注厦□,犹[可]由内河进攻台北府及沪尾后路等语,廿日后来接刘电,徒为焦急。鸿。□。

——中国第一历史档案馆藏电报档 2－02－12－010－0776

上谕:据陈宝琛电奏,台防兵单,饬调吴鸿源带勇赴台援助,淡水乡绅林维源[1]急公可嘉,着刘铭传传旨奖励,“与官军合力御侮,同膺懋赏”。

又谕:电寄穆图善等。据陈宝琛电奏,吴鸿源新召漳、泉勇千人,请饬赴台助剿;淡水林绅急公,曾充日本领事之刘寿铿,现馆其家等语。台防兵单,军情万紧,较厦尤重,应先其所急。着穆图善等饬吴鸿源带勇迅速设法赴台援助,林绅急公可嘉。着刘铭传传旨奖励。饬令集团助战,刘寿铿素悉洋情,才智可用,即助其调度,与官军合力御侮,同膺懋赏。

——《德宗景皇帝实录》卷 192 第 723 页

[1] 林维源:字时甫,号阿卿,台北板桥人。与兄维让组“林本源记”,台湾巨商。公二妹芷芳适其侄(林维让子)林尔康。

10 月 18 日(八月三十日) 母林太夫人病故乡里。父承裘暨三弟宝璐在乡连日致函张佩纶,请张代函告公。

林太夫人疾终乡宅。太夫人积劳伤阴,寖成内热。遭布政公丧,益以哀痛,遂病疟。其时款局猝裂,城内外迁徙相望。螺洲去马江不及二十里,炮声震窗户,病以日亟,犹强起处分家事,为御冬计,卒告不起。公在南洋闻耗急归。时黄公新败,犹以会办兼署船政。闻公归,避嫌未能亲临吊唁,乃致联哀挽云:"狄梁公奉使念吾亲,白云孤飞,将母有怀嗟陟屺;孙伯符同年小一月,东风无便,吊丧持面愧登堂。"盖黄公以戊申十月生,恰小公一月。用典精切,为时传诵。

——《闽县陈公宝琛年谱》第45—46页

佩纶当马江失事后,陈丁母忧,挽以联云:"狄梁公奉使念吾亲,白云孤飞,将母有怀嗟陟屺;孙公瑾同年小一月,东风无便,吊丧无面愧登堂。"(此据李岳瑞《春冰室野乘》)黄哲维《花随人圣庵摭忆》云:"周公瑾三字,当作孙伯符,盖伯符小于公瑾也。"按《三国志·周瑜传》裴注引《江表传》载孙权母谓权曰:"公瑾与伯符同年,小一月耳。我视之如子也,汝其兄事之。"是公瑾实小于伯符,《野乘》所载似未误。(哲维殆因"兄事"之语而联想偶失误欤。)皆清流党之哀音也。陈与佩纶之交尤笃,佩纶墓志,亦陈所撰欤,马江之役,颇为申雪云。

——《亦佳庐小品》第107—108页

致 张 佩 纶　陈宝璐(光绪十年八月二十八日)

幼樵六叔大人阁下:今日家慈病症大异往日,忽言忽寐,口上薇、鼻色青、鼻孔黑。据医云,脉象寸关尺俱动,奈何奈何。望代电金陵令嫂氏归省,潜兄能乞假否,商之。并电都城告勉兄可速归也。此请筹安。侄期宝璐顿首。廿八夜。

——上海图书馆藏手稿

致 张 佩 纶　陈宝璐(光绪十年八月二十九日)

来字敬悉。家慈今早口薇退,惟气尚短,鼻孔尚黑,鼻心尚冷,脉底尚虚,望此剂可转机耳。潜兄乞假。值此时势千难万难。侄意惟有令家嫂归省,然亦须设词谓家慈病后虚弱不耐劳,欲令嫂归,主持家计,方可稍宽潜兄之忧。今日家慈既略有转机,且暂缓电,看下午如何,有信告知。仲兄处望先以疟后虚赢告之。此复,即上幼樵六叔。侄期宝璐顿首。廿九。

——上海图书馆藏手稿

致 张 佩 纶　陈承裘(光绪十年九月初一日)

亡室业于卅日卯刻逝世,乞即电知宝琛奔丧,费神感泐无既。肃此,复请幼樵星使世大人勋安。世愚弟制陈承裘稽首。朔。　——上海图书馆藏手稿

致 张 佩 纶　陈承裘(光绪十年九月初二日)

幼公星使世大人阁下:顷承委莫,感泐不尽。昨由董仲容世兄处传到电音知儿媳已于朔日就道。宝琛因未接凶耗,尚作乞假之请;宝瑨在都,由金陵电及,亦即起行,想此时宝琛已首途也。亡室诔文拟劳大笔,如得暇代撰,当即

将事略呈上，可否，乞示知，是幸。肃此，祗请勋安。世愚弟陈承裘稽首。初二夕。

　　　　　　　　　　　　　　　　　　——上海图书馆藏手稿

10 月 19 日（九月初一日）　母林太夫人在籍病故，致电军机处请代奏请假。

　　南洋会办陈来电。

　　九月初一日到。

　　密。琛。母在籍病□数月，琛以防务急不敢托假。日来连接家书、电报，知现母病后体虚，日形见重，五内焚灼，寝食俱废。窃思法方攻台，江南一时尚安，琛于兵事本无经手，如有应行会商之事，仍随时与曾互电，断不敢以私误公，可否代恳天恩，逾格赏假十数日，附轮归省。如琛母病稍痊，即乘轮回宁。乞代奏。琛。朔。

　　　　　　——中国第一历史档案馆藏综合类电报档 2－02－12－010－0786

再致电军机处遵制丁忧。

　　会办陈来电。

　　九月初一日到。

　　密。宝琛发前电后，续得家电，琛母于八月三十日病故，琛应遵制丁忧奔丧回籍。除由曾奏报外，合请代奏。再，琛前奉旨确查渔团一节，因人言不一，未查详确，至未奏复。伏乞声明。琛。朔。

　　　　　　——中国第一历史档案馆藏电报档 2－02－12－010－0787

作"先妣林太夫人行略"。见《沧趣楼诗文集》第 389—392 页。

10 月 20 日（九月初二日）　曾国荃奏：为内阁学士陈宝琛丁忧回闽事，致电军机处。

　　奏曾国荃代奏陈宝琛丁忧回闽由：九月初十日太子少保、两江总督、一等威毅伯臣曾国荃跪奏，为据情由驿代奏，仰祈圣鉴事。窃臣于九月初一日据会办南洋事宜、内阁学士兼礼部侍郎衔陈宝琛，遣家丁呈称，光绪十年九月初一日接到福州电报，得悉生母林氏于八月三十日在籍病故。宝琛系属亲子，例应开缺丁忧。并云，业经电呈总署声明情急奔丧，即日束装就道等情，呈请代奏前来。臣于初二日至陈宝琛公廨多方慰唁，劝其以礼制情，勿色毁伤。陈宝琛即于是日乘坐轮船由宁至沪，觅一轮船回闽。理合据情循例由驿代奏，伏乞皇太后、皇上圣鉴。谨奏。光绪十年九月初一日。军机大臣奉旨：知道了，钦此。九月初二日。　　——中国第一历史档案馆藏录副奏折 3－5188－029

10 月 21 日（九月初三日）　即日奔丧回闽。

10 月 29 日（九月十一日）　曾国荃上奏，辩白与公嫌隙。

两江总督曾国荃奏折

伏查陈宝琛奉命会办南洋事宜,闰五月二十一日到宁,二十四日赴沪。臣六月初四日到沪,恪遵六月初八日寄谕,遇事虚衷商榷,不敢稍存意见。陈宝琛不顾议约之难,好为高远之论,事事与臣龃龉。臣以其言难行,恐与外人在沪决裂,贻误大局,委曲斡旋。始犹以为阅历未深,相与久处,必可切磋砥砺,请[?]陈宝琛无以空言辄便许人,亦无以空言辄便非人,致令军心瓦解。

七月初旬回宁,陈宝琛札饬苏松太道邵友濂派租界内都司福建卢国英招集码头夫役二千一百人,听候委用。窃思租界非华官号令所能行,若辈易聚难散,流弊太多,臣未便遵照办理。此其万难迁就之一端也。

又陈宝琛向臣云,"南琛"管驾袁九皋宜早撤退,应另派福建学生管驾。臣答以袁九皋系李鸿章旧部,目下江南兵船管驾惟袁九皋、徐传隆二员久经战阵,此外皆未临阵。陈宝琛已无异词。今其言曰,"袁九皋曾充买办",纵使属实,亦系以前之事。查同治初年,袁九皋在常胜军剿发逆,冲锋陷阵,由军功保至总兵,可谓效命疆场,亦何必论其出身之微贱耶?即如闽省管驾"扬武"轮船之张成,在马江怯战潜逃,见诸奏牍,比经谕旨严惩,而陈宝琛列于剡章。不知待已败之张成何其恕,而于带船未尝错误之袁九皋独不见容?此臣之不可解者又一端也。

七月陈宝琛欲用"澄庆"轮船管驾福建学生蒋超英为轮船统领,欲加派总理轮船营务长,号令宜出自蒋超英。臣以其未经战阵,资望太浅,不宜总司号令,恐掣李成谋之肘。中秋后,陈宝琛回城,则谓水师离船上岸聚赌。臣素钦李成谋驭下最严,未便以无根之语,抑李成谋而扬蒋超英。此臣之未肯迁就者又一端也。

方陈宝琛之初见刘连捷也,赞不绝口,谓可独当一路。八月节后,乃疑刘连捷人数虚额,嘱臣不可任用此人。臣应之曰:不用著名曾耐苦战之员,将用谁耶?

前山西臬司陈湜,奉旨发往江南差遣委用。臣履任之初,海防吃紧,派令总统各军,因其与恪靖各营官曾在甘肃同历战阵,可以联络诸将。迨刘连捷五月来宁,陈湜即欲以总统各军差使让与刘连捷接手,自请回籍。臣以法越之争正炽,朝廷意在决战,各口必有战事,坚留陈湜相助,许以冬闲封河后准其回里养疴。厥后派刘连捷防守江阴路,独当一面,派陈湜首当吴淞口冲要之地,亦系独当一面,均经奏明在案。其时法兵船七号泊海口三隔水,窥伺吴淞炮台,守护以来,未尝一刻稍懈。并安洋装炮二十四尊,加修厚墙长堤以御开花炮子。又法兵船二号,久泊浦江,上海人心惊疑,赖陈湜多方设法,押令法船克期出口,人心乃定。臣与邵友濂所难办之事,陈湜乃能不动声色,措置裕如,此其有功无过之明证也。不意陈宝琛蜚语中伤。察其根由,证之舆论,系因初来江宁时,府县备行馆于察院,陈宝琛即嫌湫隘,而陈湜所住行台较宽,陈宝琛由上海回宁,促令陈湜迅速腾屋,亦不过迟让数日而已。八月中旬,陈宝琛坐轮船至吴淞,停泊一时,陈湜患疟,亦不过未能迎迓而已,陈宝琛啧啧有烦言。

其驻江宁也以铺张门面为得计,以吹求刻敷为精能,听信在江西带来之随员郭莘康、李相等造作谣言,颠倒是非,凌轹一时,即陈宝琛声名亦因之大损。其在江西学政任内也,将去之时,参劾九江府知府达春布折内亦借南洋大局为名,其实系听信私人署德化县叶滋澜,玩视民瘼,延误修堤,以使私图。陈宝琛将达春布上列弹章,该守具禀函达,并申请臣与抚臣为之昭雪。臣以此案应由江西抚臣潘蔚复奏,未敢冒昧渎陈圣听。而陈宝琛每次与臣相见,貌似亲爱之至,其实陈奏之件,并不令臣闻知。今陈宝琛闻讣丁忧,奔丧回籍,后会不知何时。即八月下旬所陈折片,臣未见原文,不敢臆度,大率伤人之言深于矛戟,刺人之笔利于刀锥。臣若不分别沥陈,以存是非之实,则无以维系前敌将领效命之心。
　　　　　　　　　　　　　　　——《中法战争》第 6 册第 12—15 页

11 月 2 日(九月十五日)　张佩纶电复张之洞。

复粤督张[1],九月十五日(光绪十年)船弁半回粤,馀张成招在炮台,已咨矣。厦门李丞禀,台法信阻,均不能达局。现饬泉、厦由小船设法,不知能行否。焦闷。伯潜由浙回闽,尚未到。黄。　　——《涧于集·电稿》第 43—44 页
[1]粤督张:张之洞。

11 月 11 日(九月二十四日)　曾国荃革职留任。

又谕:吏部奏遵旨严议处分一折。两江总督曾国荃应得革职处分。加恩改为革职留任。　　　　　　——《德宗景皇帝实录》卷 194 第 752 页

11 月 12 日(九月二十五日)　张佩纶来函。

致 陈 宝 琛
　　　　　　　　　　　　　　　　　　　　　　　　张佩纶

"狄梁公奉使忆吾亲,白云孤飞,将母有怀嗟陟屺;孙伯符同年小一月,东风不便,吊丧持面愧升堂"[1],拟联事颇切,而对仗不甚工,乞为改正。狄梁公事此间无书可检,如能改正与"小一月"对则更佳,以"年"对"一月"似小探,且东风句难对,若用北斗以南句对却工,而在挽联则为□笔,请为推敲。作诔不成,作墓铭似止得随后下土勉拟一联,但于阁下一面尚有关合,而于诸弟并未关合,足见近日心绪之乱也。老伯大人谓叔弟俪其骈文,不知到闽以后举,所

谓经漓名节，一切掷之江流，并所谓文章而亦掷之便成人废耳，拟联务乞改定为幸。弢公。黄叩，九月廿五日。

老伯大人前请安，诸弟均此。前辈大人昨到，因在丧故，未敢托公代为致敬，吾辈纷纷为交道，羞其不为，闺中有识者所笑乎，思之可愧可叹。

——上海图书馆藏手稿

[1] 张佩纶于光绪十年八月挽陈宝琛母林太夫人联，后改定为："狄梁公奉使念吾亲，白云孤飞，将母有怀嗟陟屺；孙伯符同年小一月，东风无便，吊丧持面愧登堂"见《闽县陈公宝琛年谱》第46页。

11月14日（九月二十七日） 张佩纶来函。

致 陈 宝 琛　　　　　　　　　　张佩纶

昨见汪生已面告之，减五十金，通局皆然耳如必不可减，俟后再酌，乞复。今日德商步迈司岱来，携有青云里许信，并阿胶呈上。《申报》誉陈舫仙谓其不能事上，此岂有是非也。近都不知当道颇阅《申报》，故《申报》主人颇入贿以颠倒事理，非《申报》之咎，咎在轻信者耳。都电代寄，幸代署"前会办陈"，不然旭绝交，而鄙通电虽为相如，毋乃太早耶。阁下关爱甚至，黄亦不感友朋之道，本当如是，惟望致都信勿及黄一字，何以言之，公疏固有怨家，亦由二百年未见兵革，数千里轻听传闻之故。弹劾鄙所不怨，尽情丑诋，则不但与黄名节有伤，亦且于国体有碍，颇疑可庄豫谋必不至此，设竟有之，其文已出，其事已成，断非阁下及尊夫人所能阻止。彼此函电往复，徒生葛藤，无益于朋友之义，而转伤贤伉俪姻亲手足之情，不亦可已则已乎，千万千万。鄙人孤直，本干时忌，此次轻试其锋，实违明哲之道，惟有委心任运，不可激烈以成奇祸，道之不行，已知之矣。天如欲拂乱其所为乎，亦非时流所能杀也。回里庐幸示，初间拟一来，有事商榷。弢庵。黄叩。仲勉诸弟均此。九月廿七日。

——上海图书馆藏手稿

11月15日（九月二十八日） 张佩纶来函。

致 陈 宝 琛　　　　　　　　　　张佩纶

前日马尾斗杀之事，鄙见断非游勇。饬令密查，乃营勇挟仇滋事，或云睹，或云倡，而其人已逸矣，现拟将营官撤去，什长斥革惩办，稽查严办，但凶手不获为恨。人方议黄军，而黄即授以口实其病，以友山[1]革职，鄙人被劾，黄心自危，军已解体故也。请公为我妥谋之，鄙人当局者迷，又及。刻得督咨廿五电，旨张毋庸会办[2]，专管船厂事宜，此因船厂所陈四条而来。各军军械妥筹济用，毋任缺乏等因，钦此。拥会办虚名，不如早撤之为幸，但船厂如何着手耶，公当为

208

我谋去之之计。弢公。黄叩。九月廿八日[3]。　　　——上海图书馆藏手稿

[1] 友山：张兆栋，号友山，山东潍县人，道光进士，福建巡抚，光绪十年八月革职。

[2] 旨张毋庸会办：《德宗实录》光绪十年九月二十三日谕，闽省军事，左宗棠未到以前，着责成穆图善、杨昌浚商妥为调度。张佩纶毋庸会办，专管船厂事宜。各军军械，着妥筹济用，毋任缺乏。

[3] 与 14 日函同时发。

11 月 17 日（九月三十日）　张佩纶来函。

致 陈 宝 琛
张佩纶

公今日当回瀛洲，极思趋话，恐不值，不知明日可来否，解会办[1]甚佳，意欲自谋退步矣。公有何高见，明日能尽日无事方好，有文字商榷也。弢公。名心叩，九月晦。　　　——上海图书馆藏手稿

[1] 解会办：1884 年 10 月 19 日（甲申九月初一日），陈宝琛为母病病故遵制丁忧事，电报军机处遵制丁忧奔丧回籍。曾国荃于次日代公奏"例应开缺丁忧"。

11 月 21 日（十月初四日）　张佩纶来函。

致 陈 宝 琛
张佩纶

椎电呈阅。椎示无策，鄙欲自辨，而一见闽疏即愤懑填膺，不能握管，殆命当冤死耶。合省无人代辨，而自辨之，亦复可耻。"译"和"窓"二字均可，乞酌定。然二靖即不知。弢公。名心叩，十月初四日。　　——上海图书馆藏手稿

11 月 22 日（十月初五日）　张佩纶来函。

致 陈 宝 琛
张佩纶

两日以来，盼复甚切，疾颇剧。已委提调代办，并电署矣。视命轻、视名重，决去无疑，虽以此增戾，所不暇计。今日名师当有复音。闻恪靖亦抵崇安[1]也。弢公孝履。绳叩，十月初五夕。许纪如须助理丧事，回信即交来人。

——上海图书馆藏手稿

[1] 1884 年 9 月左宗棠以钦差大臣身份督办闽海军务，挽救战局，11 月抵达福州。

11 月 23 日（十月初六日）　张佩纶来函。

致 陈 宝 琛
张佩纶

黄方守厂之劳，似不可掩，左相老于兵事，必能主持，闽人不与乡宦立异，此是恒情。肝胆照人，岂可执途人而望以任侠哉。昨已电署，请回京候议，船厂由督派臬司代办。去志决不决在我，公论定不定在人，求其在我者而已，既已引疾，题主[1]请别延有德望者。弢公。黄叩。十月初六日。

——上海图书馆藏手稿

[1] 题主：为公母林太夫人灵牌点主。

11月24日（十月初七日） 张佩纶来函。

致陈宝琛　　　　　　　　　　　　张佩纶

两书均收到。知公哀痛，故亦未敢屡渎。署信未返，想因寿厌题病事，石云代陈近挤我，欲署询而应之，昨已具咨请其派臬，当可一应。总之求去已决，勿使二三君子谓我无耻也。敬上伯潜前辈大人。佩纶顿首，十月初七日。

颖叔[1]先生题主甚好，仲勉、叔毅诸弟均候。

刻奉电旨："张仍遵前旨办理船厂事宜，不得藉词诿卸，钦此。"鄙已作归计，书籍均寄回矣，似此如之奈何，但查复需时，此时亦难整顿，听其疲缓亦为溺职，公何以策之。闽人诟厉如此，鄙犹日坐马江，不亦自愧乎。弢公。黄叩。十月初七日夕。　　　　　　　　　　　　　　　　　——上海图书馆藏手稿

[1] 颖叔：林寿图，见前。

11月26日（十月初九日） 张佩纶来函。

致陈宝琛　　　　　　　　　　　　张佩纶

健难自树一帜，都下亦无此至交。昨友人云，直劾缄为警作，吾且止之矣。此交天象人心，吾辈止可救火，不宜放火。近日始知八年来所为，皆逆天而行，□一有小，元佑光景恐不可再矣，为之怵然，故鄙意总以隐去为是。船政事无费无权，亦不值弄得怨声载道，气焰熏天，而成三年刻一楮之考也。焚如大作称引太过，不敢当，未便僭易一字，询当日情状略述一一，望托勉、毅[1]略润之，再证以公所阅。自辨自赞究不宜。都下闻玉公有疏作，必不痛快，君子之交本少，所以此辈可恨，如吾辈真成党，亦值得一攻也，写至此不禁泪下。他日可庄辈不如意时，请公闻之此举，何益拉乡党而徒损朋友。儒墨毕起故亦善否，相非诞信相讥，使鄙人以谤见废，岂非大全，我公此举似属多事，如当道果涸诬，圣明复倚任，又须费若干刻苦，以为报恩补过之地，岂非苦我耶。复颂弢公孝履。黄叩。十月初九。　　　　　　　　　　　　　　——上海图书馆藏手稿

[1] 勉、毅：二弟宝瑨（仲勉）、三弟宝璐（叔毅）。

11月27日（十月初十日） 张佩纶来函。

致陈宝琛　　　　　　　　　　　　张佩纶

"富有"明日开行，拟作一疏，请假事委提调，尊旨似宜，电尚未定。宵旰焦劳，小臣新败，似不宜喋喋利口耳。公谓何如。弢公。名心叩。

天下但以直节盛气目黄，而黄之苦衷无人喻之者。柳州之墓待韩而铭，房尉之诗非杜不泪矣。晨间奉手示，得悉一一。疏已发，大致以请回京候议，附片提调代拆代行。尊惜扩充而仍兼病状，恐申饬亦止能如此，穆、张[1]未援以

为证，左如湔诬，尚有斤两，执人而求其熏沐，似可不必。船局如整顿，集费改工，非十年不效。出关亦但能为赵充国，不能为马伏波，山路崎岖非持重，不可少败亦难胜，恐欲恢全越终须从海军着力。天不使鄙人以马渎为便桥澶渊，即不欲中国兴海军，故鄙见决以隐去为宜。闽官之疏刻酷，然不败，彼以何能诟骂哉，故君子仍宜自责也。清卿建援台之策，雇洋商船载兵夜渡，又以我船断其接济，洋商船安肯从井救人。我船出沪，须由闽洋至港，彼可截我，我安得截彼，似此似是而非之论，如人大病垂危而谈《难经》、讲《素问》也。鄙见今欲援台，惟结德为援，使铁舰来华方可，刘先主所以不如高祖者，高祖无赖先主误于从庐，郑学略有儒家门面，今之天下似亦当略参权谲，若执南宋以后道理，必致大误，颇思电陈译署，而又恐惹出波折也设法索船结援耳。曾九不知何事，闻因出船迟误之故。《申报》归罪于公，将错就错，亦足吐气，不必辨诬也。《申报》诋公誉陈，近日《申报》真是莠言。敬问橘洲庐安。黄白。十月初十夕。

——上海图书馆藏手稿

[1] 穆、张：穆图善，世居黑龙江齐齐哈尔。隶满洲镶黄旗。时任福州将军，击败法军于长门。后充钦差大臣，会办东三省练兵事务。张，张兆栋，见前。

11 月 29 日(十月十二日)　葬母林太夫人于长乐古岚山墓。见《闽县陈公宝琛年谱》第 46 页。

11 月 30 日(十月十三日)　张佩纶来函。

致 陈 宝 琛　　　　　　　张佩纶

　　出关之事合以无饷为辞，壶亦无续电，故俟阁下到螺洲静坐，再与鄙人策之。健盦书来谈，以公劾陈访轩为快，而注云曾劾阁下所用者悍然不顾矣，较之二人未言其名，不知公所用者何人也，殊疑问。吾辈孤危如此，而内相攻讦，以长若辈之气焰，授奸人之口实，不能不太息于刚侯也。昨沈丹曾来谈，云艾苍[1]书来，云可庄并未预谋，即答之云，可庄至好，无预谋理，乃此间谣言，旭庄则吾知其病，刘季伤胸，谬云伤足[2]，终不愿使作绝交，论者多一重故实耳。诸葛元逊退军还，聂友知其必败，致书与人曰，“当人强盛，河山可拔，一朝羸缩，人情万端。”[3]思之真古今一辙耳。目下防务并无闻见，惟方道时有禀报，穆昨过此云，杨假方有才而责其荒唐，询以方得力否，曰得力，乃都信来，则曰穆奏凯得力，张以方代之，不敢保其得力与否，故解在会办穆之意，不过因回省经赍争而后出故衔黄，乘阁下在，且传言黄欲劾凯，故力保凯也，以不逃为逃，以不溃为溃，而真溃先逃者则以香案迎之，密折保之，此公是公非也。会办之苦惟会办知之耳。日来因出关之举应否自陈，中怀莫释。合肥谓自陈无论准否，胜他人代奏,图越亦不易,合意不愿萝赴越。及萝电云,战则以一死盖愆,守则练兵置械疲敌,缀法抚越为边将无奇功,亦免奇祸,故复电如此。南皮电谓,在闽无效,他人难于措词,惟有自陈,且须与合肥、安仁商妥云云。因合肥电云,有人见左处寄谕,似须勘定再作后图,故南皮云尔。南皮向主意活动,故又改口如此。萝以善断为众所推而于先发,不断于当死与否不断,无怪今日游移不断,自以张皇无定注考后,近来直是毫无定见矣。望阁下为我孰思详计,勿参俗情,勿涉姑息。若此错竟无挽回,鄙亦当自思晚盖之法也。日来真觉消瘦,且坐卧不定,好名之心终未化耳。乞病似非苡臣之道,船政亦无补过之方,奈何奈何。弢公。萝叩。十月十三日。   ——上海图书馆藏手稿

[1] 沈瑜庆,字爱苍。见前。

[2] 见《史记》卷八《高祖本纪》。

[3] 见《三国志·吴书·诸葛恪》。诸葛恪,字符逊,山东琅琊人。三国东吴权臣。聂友,字文悌,豫章郡(今江西樟树市)人,三国东吴名将。

12月2日(十月十五日)　张佩纶来函。

致 陈 宝 琛　　　　　　　　张佩纶

昨示诵悉。舍侄发电甚少,为代拟一电,询之可庄,但详复所费不少,较在逃之丰润学士赏格犹重耳。鄙人亦无可愤惬,但望罢斥早归。台越事均棘手,奈何。敬上弢公。萝敏,十五日。

合肥不愿萝赴粤西,恐挤晴轩[1]也,晴胜而惧敌,穆、凯与我书亦云,战而胆寒,独散处败而能军,此则逃之效也。大约各处胜仗,但不大败即胜,如船署之报,可云核实,而转以粉饰目之,可云少见多怪者矣。

——上海图书馆藏手稿

[1] 潘鼎新,字琴轩,亦作晴轩。

郭嵩焘评公与陈湜抵牾。

言及陈伯潜与陈舫仙(湜)交相抵牾,舫仙于此稍失见机之智,亦由其骄矜之气有以致之也。　　　　　　　　　　——《郭嵩焘日记》卷4第512页

12月3日(十月十六日)　张佩纶来函。

致 陈 宝 琛　　　　　　　　张佩纶

林周禀当发交传德柯等,此事近由将军主政,雇有洋匠重价,惟艺祈已准,民人起沈飞云自可援例,散处已起大半,各船自须陆续而万给谏突加纠劾,虽未及集一字,而何如璋等即某请勿廑系。营前相距甚近,以有明日之约,不敢遽至,怅怅。明日请仍泊营前,当就舟一话。吾病难将医药治,耿耿心绪头热

血不必避风也。弢公，绳叩，十六日。　　　　　　——上海图书馆藏手稿

12 月 4 日（十月十七日）　张佩纶来函。

致 陈 宝 琛
张佩纶

可庄电已代发。崇、廖赴江西查办事件，江西新放巡抚，交抚足矣，何必遣使，必非江右也。恪靖闻欲住船政，石帅阻之，其公子亦请异日，石谓已破，公子则恐其劳耳。陈、刘两公须先赴长门，已告方道谓公胸罗全局，何不就问，讽其到赢洲一行，即防务亦可指示。左相以我为子房，欲为黄石；仆亦以左相为淮阴，欲为左车。拟俟渠到马江，略将闽防大略告之，至船政一节，鄙人三辞不获，所以然者，一时无其人耳。亦问杨批驳彭田二十馀村，呈有大臣功过，何庸毁誉，不知为毁为誉，如誉也毁者不驳，而誉者驳，是何心也。鄙见内意亦知黄事之诬，特当道借此杀其锐气，揉挫以为我用，将来左、杨复，轻则降留，重则降调，仍办船政。不知无论实降、虚降，船政不能办也。左手下必来搅厂务，妄有兴作，而嫌隙成矣。故鄙人恶此而逃，视降革如浮云，实愿脱离尘网，作一隐士，看公等补天画日耳。手示敬悉。欧斋未到，欧老处鄙未致书劝之，以未得尊示也，又及。高斋而济川忽来船局，一饭而去，亦足破闷，惟话及圭老，怅触旧游，酒阑人散，未免凄然耳。日内澳船已去截赴高丽之船，合肥并无电及之，北洋亦时有风鹤，总之羊质虎皮而已。诣谈请示期，侍亦自嫌其数。在京即如此，不独今日鄙瓶已破，所虑累公，但公又不忍遽作绝交论，奈何。能不见即不见亦可，发情止义。今日济川又及忍庵兄弟，鄙云必无此事，即绝交书亦是戏笔，传闻失实耳。似措词论事止当如此，但恐外议浸广也，出都时检扇携行，篋到闽展阅，则忍庵所书绝交论全文也。机之所动，即数之所存，吁，可畏哉，老辈做事所以一趋平庸，笃厚从宜从俗钦。弢公。佩纶叩上。十七夕。

许豫生久在公处，必是佳士。拟寄以不在局中之事，何如。公为酌一事，船局甚活动也。此属勿告许，最好食薪，向不在局亦不在他处，彼此相爱，幸勿逊□。公礼庐犹延一幕，亦不合算，再什长应补名、粮，亦望饬令前来。弢公又鉴。名心叩。

任与退均可缓，惟移换员绅一事有难，久缓此局中乏才，可汰者十之八九，可存者十之一二也，又及。　　　　　　——上海图书馆藏手稿

12 月 7 日（十月二十日）　张佩纶来函。

致 陈 宝 琛
张佩纶

恪靖改本月廿四由延平启行，水路来省。石泉[1]已派营务处迎之。台南消息仍通，十月初六文书尚至不及，台北事闻兰洲密致左相书，痛诋省三也。

恐必有纠弹。此项省三通基隆援沪尾本站不住耳。沈应奎来鼓山访牛，左相所放长生牛，子儁尝言之，沈意不在此，欲借此陷某也，然某之未徒跣而至鼓山，则公呈亦不吝代白矣。传言有法船八艘在澳，不确，乃造言耳。敬上弢公。黄叩。十月二十日。日来感定跌疲顿也。　　　　　——上海图书馆藏手稿

[1] 石泉：杨昌浚，字石泉，时任闽浙总督、福建巡抚。

12月10日（十月二十三日）　张佩纶来函。

致 陈 宝 琛　　　　　　　　　　张佩纶

曾之反噬无足怪。公幕中不止李、郭而独劾李、郭，恐有倾李、郭以自解者。电局底稿未便往商，且亦不愿知之，自疚而已。敬上，弢公前辈。黄叩。十月廿三日。

水雷已到，谢谢。昨见魏瀚，知公欲录奏稿，已送去矣，署稿乃袁爽秋秉笔，所说均来年洋务，可笑已极。　　　　　——上海图书馆藏手稿

12月11日（十月二十四日）　张佩纶来函。

致 陈 宝 琛　　　　　　　　　　张佩纶

林铭孙已来见，即派充教习矣。人尚真而静，告以由公特荐，属其尽心教导以式浮靡，但不知年少，能耐顽徒否。申沪报呈览，内有梅花渔隐上彭书，颇为黄论文雅而论奇。太过当，闻之汗出。关又有一段亦似为黄出脱，皆就闽报劾敷衍，不知如何。人王尊乍佞乍贤，李端忽黑忽白，悠悠可畏。左相奏来提调辈均纷纷上省，都信来云穆排挤甚力，欲为杨谋船政，以结湘人，而不知左、杨亦不协，且鹓雏岂忽忽拉腐鼠哉。馀俟面谈，但谋面不易耳。以告颖师须留意，恐颖仍为宋而不满于黄也。弢公。黄叩。十月廿四日。

——上海图书馆藏手稿

12月12日（十月二十五日）　张佩纶一日连致三函。

致 陈 宝 琛　　　　　　　　　　张佩纶

沪电云四百五十人已登彼岸，实则仅渡二百人，馀人在厦，《申报》所载一段乃实情也，似此如之奈何。昨梅花广石获一通，法之船乃林绍立所获，林余所派也，前曾属其密缉，粤人，初石帅欲弃广石守南岸，后惧潭头一带乡民而止。噫，广石可弃耶。此番如左相不虚心，则贵省之防始终不能明白矣。敬上弢公。黄叩。十月廿五日。

侍到后，闽购炮卅万两，尚有奏准十万未购，无炮必不能耳。

林姓求捞船，交传副将。据云捞船机器木料，止此一分，该民人承揽捞船，而仍须向厂借用器件，难以分给，若自行购置皮衣等件，则须数千金也。此时

此事全属穆生作主，如无实在把握，不如中止。此致贸公。蒉叩。十月廿五日。

闻友山言转告者，左遣杨在元来，密访马尾、长门一带情形，此老殊愤之。都下电："前请开缺回京疏，批旨：着仍遵前旨，办理船政事，宜无庸开缺片。知道了。因病委提调事。"令人莫测高深矣。时以谪徒之人作船，岂圣恩优渥，即以造船为劾力耶，果尔穆、沈辈枉作小人矣。贸公。蒉叩，十月廿五日。

——上海图书馆藏手稿

12 月 14 日（十月二十七日）　归里葬母，函告王仁东、仁堪兄弟。并斥责四乡绅合劾张佩纶，"尽属虚诬"。

致王仁堪、王仁东　　　　　　　　　　陈宝琛

　　可、旭弟均鉴：宝琛负罪南奔，与令姊先后抵家，当经电慰堂上。仲弟十七日航海先至，远劳手札垂唁，凄感无似。自维通籍授室十有七年，而晨昏阙如，反以尸饔贻累吾母，昊天罔极，欲报无期，呜呼痛哉。本月十二日家严卜吉葬先祖之灵，命不孝等奉先妣柩祔焉。速葬速虞，虽不戾古，而元堂永閟，哀恋何穷，目下未及卒哭之期，朝夕奠酹，仍如常礼。贱躯素善病，近益患咳嗽。令姊尚粗适耐劳也。讣闻哀启日来已刊成当览，妥便寄京，托足下代为分送。仲出京匆遽，书箱均寄迪臣[1]处，祈足下暇日为一检点，督善成堂可也，开一单寄下，有数种书须取回也。仲有结局五十金及应分去岁旅费若干，如已便，祈吾弟代收寄闽。前仲弟托订失票未知下文。前交朱存手松竹斋奏折各件，想已退还。电资及杂用，存款恐不敷，示知当补还，归装本涩，宿债未偿，卒岁且不知何具，无力再购玉矣。李、郭在金陵毫无事事，曾九迁怒无赖已甚，未知漕帅查复如何。如代为洗刷，则琛可得一奏事不实处分，并保徐晓山[2]一处分，当有降革之望。从此匿迹销声，不入是非场中，免至如幼樵之世皆欲杀，何幸如之。归来后始知公疏劾蒉，尽属虚诬，不知足下何所据，殆上鹿泉当耳，亦有逃状可气之电，可见恶知其美，自古已艰。仲归虽力言昆仲之不与谋，蒉亦屡言足下之不至于是，然省垣万口喧腾，皆谓有四人公函致省绅，串通构陷，勿令死灰复燃。四人者昆玉即居其二也，勿老[3]、颖翁[4]咸为诧怪，叹为交道之衰悠悠，洵可畏哉。宝琛此时惟愿蒉早离船政，蒉一日不去，则闽人之聒我谋差使者，一日不休。先造蒉谣，必继造贸谣也。罍罍在疚，恶能堪之。草草手谢，伏惟祈鉴。棘人陈宝琛稽颡，十月廿七日。

　　河冻书稀，幸勿念，乞代禀。

——上海图书馆藏手稿

[1] 林启：字迪臣，福建侯官人。曾任陕西学政。甲午中日战败后，被贬官外放浙江，兴办

实业和教育。创办"求是书院",为浙江大学前身。

　　[2]徐延旭:字晓山,山东临清人。时任广西巡抚。

　　[3]勿老:林鸿年,字勿村,见前。

　　[4]颖翁:林寿图,字颖叔。见前。

12月15日(十月二十八日)　张佩纶来函。

致 陈 宝 琛

张佩纶

　　示悉。船名"横海",仍志在取交阯[1]也。公殊壮阔,仆亦久闷思奋也。壶电呈览,宣驰两语当会意,另纸寄壶未写明,刻已代电。斟雉惑于人言亦不值。求援于硁硁者,左相到会城,有见之者代黄致意,答云当邀之住我营中,便知兵法,仍与在津、在宁语,同书生不知兵将为定论,但左龙钟已甚,奈何。合肥电未及调处之说,惟朝鲜又乱,倭为主持,合肥拟荐黄往,恐黄不愿复以愿行,但虑南阻,澳北封河不易达,现派清卿及渎燕臣昌赴援[2]。北洋电云:高句丽志在叛华,倭人勾结,变易大臣,事颇棘手等语,此事自以就近派清卿为宜,但朝鲜事不知渠能了否,甚为系念。馀事条复。敬问䜣公孝履。名心叩。十月廿八日。

——上海图书馆藏手稿

　　[1]交阯:交趾。

　　[2]光绪十年十月,吴大澂派赴朝鲜。

12月16日(十月二十九日)　致函张佩纶。

致 张 佩 纶

陈宝琛

　　侯[1]晤绅,诋小宋[2]误闻。别对人言张某不知兵,兵有四面,但知一面,须在我处熏陶,我如老婆子,当为后生引路等语,是非尚不颠倒。闻今日到长门,未知何时就公观厂,但其志大言夸,辄欲即日渡台,或故作大言,欲人留之耳。晤时当有一番议论也。此老倔强犹昔。公宜以柔制之。城中传言,台得胜仗,法且求成。日来得北洋电否?有新到《申报》否?两隐,廿九。

　　丽事[3]可忧,清卿未必能了。陈履仁辈后金呈两相抵制,不过多此一举耳。公之去就,且视查复。鄙亦当熟计之。吴万敏在水师营中,即杨廷辉营。曾上图于提调处而不得达,未知达提调否,其人朴僿无文。公览渠日前因缘而来,䜣亦不常见之。公可召来,将报销奇货两层揭开,老实人当能觉悟。壶电无可复。左之营务恐已随左下长门矣[4]。同志恨少,焦闷无聊。橄榄颇美,分公尝之。两隐,廿九。

——上海图书馆藏手稿

　　[1]侯:左宗棠,封恪靖侯。

　　[2]小宋:何璟,号小宋、筱宋。广东香山人。时任福州将军,1879年始兼署福建巡抚。1884年光绪十年与张佩纶共同抗法,战败后革职回里。

[3] 丽事：指日本入侵朝鲜。

[4] 1884 年 9 月左宗棠以钦差大臣身份督办闽海军务，挽救战局，11 月抵达福州。

十月　为族亲连太宜人作寿序

尝考华封有三多之祝，雅诗有九如之歌。□美不近于谤，意善不涉于谀。唯有不谤不谀，质而言之；所谓积善之家，有馀庆也。余于族伯洪福先生信之矣。溯其先世居莆涧口，分派玉湖，迁于泉郡，至致文公偕其子孔惠，由泉郡洛阳回莆，卜居广业茅溪故地，仍号曰"洛阳"。孔惠公生四子：长良裕；传三子阜山公，筑居乾峰，寖昌寖炽，因建祠曰"积庆堂"焉。至五世孙日华公，又于井兜作室居处。生四子，其四斯上生序川公，以德获齿，寿冠一乡，里之人咸钦仰焉。序川生登第，得贤内助吴太安人，志励饮冰，教同画荻。洪福即其令嗣也。生平清正，治身谦恭，处世克勤克俭，苟美苟完，皆赖贤母教训之力，宜有以承先泽而慰母心焉。淑配连太宜人，同乡邑庠生书香君胞姑也。贤孝可风，温柔足式，家规整肃，闺范修明。若夫洁蘋蘩、勤纺织，特其馀事者耳。生子四：长荣春，凤负奇才，香分贡树，遵例捐职直隶州同知，钦加五品陞衔；次荣邦，素精学业，望重儒林；三荣宗、四荣东，亦卓卓然人杰也。兄弟相宜室家，俾立垣墉殚其功，暨茨勤其力。入其庭，象符殖殖；登其堂，势著巍巍。润屋润身，两言均有合焉。孙明祐、明繁、明崇、明著、明镕、明高、明训，皆笃志诗书，文名美而科名可获；图功疆亩，本业敦而德业愈修。至若幼少之孙曾，各具明聪之姿，性成国器、壮家声，拭目俟之。兹逢圣天子无疆锡庆，族兄荣春营制锦屏，以表□先德，嘱序于余。余忝属族谊，谂其累世贻谋之善，食报之隆，多欣慕焉。则见孙枝挺秀，兔毫生五色之花；祖德发祥，凤□奋九霄之翮，不益信积善之家有馀庆哉。辞不文，爰纪实以为序。

赐进士出身，诰授资政大夫、前翰林院侍讲、内阁学士兼礼部侍郎衔、江西提督学政督办、南洋事务大臣宗愚侄宝琛顿首拜譔。优行廪生年家愚侄柯玉树顿首拜书。

光绪岁次甲申阳月榖旦。　　　　　——录自族亲陈洪福后代家藏屏

12 月 19 日（十一月初三日）　张佩纶来函。

致 陈 宝 琛　　　　　　　　　　　张佩纶

林绍立所云红药，当是黄药，此间无自造，药皆购来。洋药年久失性者甚多。吴万敏炮属其来厂而意不愿，不知厂匠故拙，似胜于凭奏招来之生匠，计算选一炮五百金，如另募匠则更费，万一不成，实难报销。黄属饬其来，而吴迄不至，殆厂中有阻者，此不见客之过，非懒于见客，乞病故也。公可嘱其来

此,用厂匠试选一等。渠自云一月为期,造成得用,自然重用。吴人甚老实,有毁瑞钰者挟为奇货。吴索价小,而毁索价大。黄非靳费者,无如船厂来源已断,此等事非黄好事,早已驳却,吴自不谅耳。左之营务处,公如招之,似证人传语为佳;或致左书,须揣公此次与两人交际何如。极知为黄事不惜自贬,然亦要得体。从井未有能救人者。左来似白袍矮坐为宜,度未必来。杨之事左如父,不放远行,左来杨必随,亦无谓。左如便服,则亦以便服。鄙见总是讽两营务自来为妙,惜同志少,戏不能唱。"海琛"来,附上《申报》内传我公被劾,想是南丰郎[1]所为。谅无此事,有则可庄必电。闻其中更有彼其子自辩一书,不值一晒,《申报》专为此辈,可恨。林木之事已交传副将,嘱其妥为安置。所以不愿硬派者以特派将军,此老惯为推诿,成则居名,不成则避咎,其实一切仍船政主持,不过多加若干糜费而已。戗公。黄叩。十一月初三日。

[信末附有便签]:船名求题,"竞成""谦受""容大""匡合""神武""靖海疑有此名。""开诚""海澄",均无甚取意。须有意已毁,后成寓意,而仍大雅者方好,否则寓定法意亦得,思久不嘱,不能不求教于行秘书也。又叩。

林木金事已办妥,嘱其初六到此,传副将日内晋省。范守在此,恐有龃龉也。一小事而其难如此,何论洋务。器具已属船局有可借者,再检借之,如木簰之类,但船甚难起,亦姑尽心为耳。戗公。黄叩。十一月三夕。

公如作沈文肃,岂不后来居上耶,愿审度之。此言一出,左必首肯。如或可行,左得助,鄙得代,船政得贤,亦三善备也。计算海内亦无出公右者,但恐公不屑不肯耳。戗公,名心叩。十一月三夕。　　　　——上海图书馆藏手稿

[1] 同"党"。

12月20日(十一月初四日)　张佩纶来函。

致陈宝琛　　　　　　　　　　　　　　　　　张佩纶

示悉。黄波炮台不知如何建置,吾辈以为外道,其人自命专门,此皆鄙人一败之过,止可听趫趫者自作聪明矣,左相荐公在意中,鄙无所闻,若有所闻决不向公作此语也。盖我之去船政犹腐鼠,而船政局员犹视之为膻也。鄙不恋膻,而似以腐鼠量鹓雏者,非先后相违也。鄙既冒险毁名全此船政,亦愿有同心之人理而熏之耳。使左相不谋之公,不因鄙言而荐公代黄,孰如黄嘱左荐公为代之得体耶。然充此一念,爱公之心不如自爱矣。今日闻左欲荐之说,始作此语,拙笔成趣,幸勿深求也。要之,两人忘形之交,一切相机行之可也。敬复戗庵前辈。黄叩。十一月四日。

刘、陈未到长门,省中初八宴,左相来观船政,定在初八后矣。来行绕朝不

用句未解,指蒉耶,或指他事耶。今日行,未及他事,蒉已恍惚矣。蒉亦未赠以策也。又及。诸弟均此。彼昏岂指东昏之步步生莲花者耶。

承示甚是,左相须初八后方议出省。颇思以初八前过公一谈,未知可否,亦无定见也。今日友山遣其世兄来候,我大意谓左无摘蒉之见,并传已劾李彤恩,不知波及省三否。左如到厂,告病者应否力疾请圣安,望即示悉,并为酌定。友山世兄来云其尊人恐蒉之傲,谓迎左不必请安则礼也,此老爱奉承云云,岂省中已有所闻乎。鄙见一以尊论为断。弢公。蒉叩。十一月初四夕。

今日马祖澳,法船均开去,传以为左相来,而新船下水之故,恐台北有战事,抑法兵退也。
———上海图书馆藏手稿

12 月 21 日（十一月初五日）　河南布政使孙凤翔奏,遵旨查明会办南洋事宜陈宝琛等员被参各节,并无确据。

孙凤翔片:再,臣接奉军机大臣传知,光绪十年九月十八日奉上谕。有人奏会办南洋事宜陈宝琛随员郭葆康、李相等,造作谣言,颠倒是非,凌轹一时等语,著孙凤翔确切查问,据实参奏,勿稍瞻徇,不但著□抄给与阅看,钦此。查原奏由称,八月中旬陈宝琛至吴淞,陈湜患痹未迎,陈宝琛啧有烦言。其驻江宁也,以辅张门面为得计,以吹求刻核为精能,听信在江西带来之随员郭葆康、李相等造作谣言,颠倒是非,凌轹一时,即陈宝琛声名亦因之大损等语。臣查郭葆康系福建举人,李相系云南举人,皆以知县分发江西。陈宝琛奉旨会办南洋事宜,奏带来宁派办文案□事左右,不常出门。与省文武亦鲜往还,业经督臣曾国荃,咨回江西原省,虽系传闻陈宝琛甚为信任,访察事件,寄以耳目,究无造作谣言,颠倒是非确据。臣历访在省官吏,所言相同,伏查郭葆康等,经陈宝琛奏带而来,其为信任自不待言,惟在宁数日□实□劣迹可指。陈湜究因何事见恶于陈宝琛,是否该员等从中谋蘖,亦属无从根查,臣不敢稍存瞻徇,亦不敢漫行奏参。所有访查郭葆康等被参各节,并无确据缘由。理合附片具陈,伏乞圣鉴,谨奏。光绪十年十一月初五日。军机大臣奉旨,知道了,钦此。河南布政使。
———中国第一历史档案馆藏录副奏片 3-5190-014

12 月 22 日（十一月初六日）　致函张佩纶,约当诣谈。

致 张 佩 纶
陈宝琛

示悉。消长循环,天之道也,鄙不为公恨,且留一人亦何裨,公何不达耶?此时幸镇静处处,裴[1]似可讽,但渠亦必候部文,公年内恐不得行,明后日当诣谈[2]。明午遣轮到坞尾,鄙出城即诣。蒉丈。弢叩。

方撤赏否未得详,但渠亦为梅花赋所累,并入弹章,闻与盛偕。恐查复未

为别白也。 ——上海图书馆藏手稿

[1] 裴：裴荫森，字樾岑，江苏阜宁人，同治进士，福建按察使、福建船政大臣。

[2] 张佩纶于光绪十年十一月初七日至螺洲与陈宝琛晤谈两日。

12月24日（十一月初八日） 张佩纶来函。

致 陈 宝 琛 张佩纶

昨谈甚快。壶电船政，俟勘定后，方能决任退之计。龙电录上，晴轩大捷，岂法人撤船回援以此。左、杨札提调支应处，查复子峨匦战书，及提存款事办理，尚属得体，已饬周道等详复矣。陈、刘复于今日回马江，晤时当嘱其赴公处。讽之彼自行为妙。敬上弢公前辈。佩纶顿首。十一月初八日。

勉、毅诸弟均此。《曾文正集》有"湖口水师昭忠祠记"及章疏否。

——上海图书馆藏手稿

12月25日（十一月初九日） 张佩纶连日来函，谈闽防、船厂事宜。

致 陈 宝 琛 张佩纶

今日陈、刘又至，劝以择地大作炮台，全恪靖之威望，而让船政与石泉及阁下全，鄙人之廉耻立言似尚得体，沈石田一幅借其陕事如诬左世兄之类，略存钱凤打头之意，好在康侯已深恶其人，不至为患。阁下须为黄、方力剖，黄直是好，方平日不知如何，在马江亦好，至南北岸，渠不在彼援张凯臣，拟亦应免议，不如阁下稍誉之以息人言。此拟答两君，因有旨，毋庸开缺，已告之，本是托病也，似亦圆到极矣。弢公。蒉叩。十一月初九日。

铭山军移□厂石一带，方□五营调四粤。诸弟均此。

复书诵悉。攻越以援台，亦围赵救韩之故智。但恨我疆臣并无伏波，不过塞责而已。鄙人在都，让江海之险与法，而专以陆师取越，避犹绝流而航，且不讲求祸源械巧，而专务急攻。虽得地亦不能守。法如让我北宁、山西，而以兵返攻，则必全覆，幸彼族亦未知古兵法耳。为今是计，即攻越亦须造船、购器、选将，为边镇选吏，为田宦，相与持久方可。公谓何如，成见不必，摇特不宜，如禁中方略耳。弢公。蒉叩。十一月初九日。

黄仍以知兵自负，可云无耻。刘豫洲每战必败，而自命甚高，奈何。

《申报》送阅。上海新闻纸附新闻发还，《申报》留之可也，许君官衔选下，俟有一事安插之，年内仍可来往于公处，俟查收后，如不能卸肩，当再与一长局，且彼时如兴之起庆，需才正多，但恐公不荐耳。什长及亲兵即令前来。此致弢公。蒉叩。十一月初九日。何先生能来否。 ——上海图书馆藏手稿

12月26日（十一月初十日） 张佩纶来函

致 陈 宝 琛 　　　　　　　　　　　　　　张佩纶

省三来信呈阅，乞察入。两船同时造则成速工省，但催帑则费口舌，又似恋栈者。鄙人所憾，谣诼纷纷，使人报国匡时之志，转为忧谗畏讥之人，徒损国事，于闽防有何益耶。弢公。蒉叩，十一月初十日。

范书奉缴，已得之矣，又及。让船政之说，陈、刘一及否。

午间一纸当已入览，刻得友山来函，知查复之事，派裴桌、刘道及展堂、康侯、黄道、立鳌。刘为台属，曾与孔玉双怂争，鄙人往劝而止，今乃作勘问官，京官而受外官勘问，辱亦甚矣。观所派诸人，谅不至过于颠倒，鄙人仍拟俟复定后，再免代拆代行，以片亦奉旨"知道了"，并无"不准代行"字样。俟其改奏如无事再乞病耳。归来，再议之。造船等事本不必关[管]，自日内拟不通问。左相谅查复后始来此，亦较得体。排方挤张，好在未保方亦非获张。原疏具存，张不足惜，惟方在马江并无过失耳。悠悠之口，真可恨也。南北岸及闽安战事，林庭植甚为详悉。病在赞抚[1]并未参办，并欲保蔡康业，鄙人无所袒庇也。弢公。名心叩。十一月初十日。诸弟均此。

再：船政须采办樟木尚在台北，今改福安派员，费力而不讨好。应否改章，乞酌。鄙人遇事辄不甘阳愚，此才小处，此福薄处。上次托叔毅问过南台木行价值，如有内识之木行，鄙见以后杂木托一行承揽，最为简捷，尚有市价，必不至如委员之侵蚀，且免浮费、浮谣也。

什长亲兵拟名粮而仍派公处，以备传递信件也。各仍旧口粮。且痛快残年，明春决意引疾掷船政而浮江浙耳。许训导拟派以察访就近煤矿，台煤不到，现派人到建宁，鄙见嫌其太远，如左近山中有之，则一劳永逸耳，此事亦可缓可急，且不必在局，不必定访矿也。俟鄙人勘定后，再更新去旧，否则席不暇焕[暖]，朝种而暮为人掘，徒快忌者之口，知公然之，即令一见。倘左处能安置则更妙，如渠愿就左，或左处安置有益，则更妙，否则公亦不值以此托陈、刘。即望酌夺，咨调甚易。敬上弢公。蒉叩。十一月初十日。

蒉仍去志多于留也，故不为久计。　　　　　　——上海图书馆藏手稿

[1] 赞抚：吴赞诚，字存甫，安徽庐江人。道光拔贡。顺天府尹、1878 年 5 月(光绪四年四月)船政大臣署福建巡抚，11 月(十月)因病开缺，旋任光禄寺卿。

12 月 27 日(十一月十一日) 张佩纶复函。

致 陈 宝 琛 　　　　　　　　　　　　　　张佩纶

正作书，而复书亦至。什长亲兵本拟补名，粮仍供给，使既令食功，即留左右专作寄书邮可也，穆源事子峨已奏命鄙来勘，但非四十万不能开办。马江不

败，船政必兴，今令鄙以造船为辅过之地，则无谓矣，两船并造，工省期速，据魏、李诸云，十五个月可成。均与"澄庆"等，非"开济"快船比，不知可否。"开济"及"澄庆"鄙未见，公皆见之，即请酌定，以便购料。如造一快船、一铁协，则如期必有先后矣。林颖翁之办团，鄙意原借以出之，且可免绅士挟疆臣专顾省城之弊，不料颖翁兴高采烈，劝其撤防，与初意不悖也，鄙见亦思劝之，可否，乞代定。此致弢公。蒉叩。十一日。诸弟均此。

如此竭力，须光绪十二年三、四月可有船五艘，此则真兵船。"横海"一，南洋快船二，暂借。石如"开济"之，石来新造之两艘。并"伏波"及"飞云"，修之。共七艘，水雷两艘。彼时乃能援台，台尚存乎，此已极力整顿者。吴万敏已属兴工，渠欲用匠十馀人，月须百馀金，皆陕甘散归者，亦非巧匠，已令拨用局匠矣。今年局费仅十万，而与海防转垫数万，使非南洋快船款，船局直须闭门而不能造矣。"横海"新船下水，而炮前月始由蒉订购，子峨咨省局而藩司推诿，子峨又避嫌，以此宕去半年。明年八月方来，且此船下水，而以后拟造何船，既未筹款，亦未绘图。季渚等呈一小铁甲船说，图乃草图机件亦未有，需价四十馀万两。费太绌，价太昂，不能主之，此及定造何船，而坐耗又须半载，船政疲玩之弊，此其一矣。天下事履而知其难耳。

老可书奉上，致兰君书泛言，故人未及子敬兄弟[1]也。缄斋同馆、莲初同台，均可以故人目之，刚侯以责善绝交，老可则并未责善，鄙人过津时，尚欲使津吏邀之，以询阁下消息。闽中形势亦并未以刚侯一书介怀。要之，蒉之病在过于自大，有俯视一切之概，如圣明不杀，终不以此□视，闽人何论老可哉。老可正宜以不辨了之，何取琐琐，转为明者所笑乎。竹公书附还，竹不狎妓则何被劾，必查何早罢，则蒉不来，即蒉来，亦不至闽防如此。所谓以一妇人而误清流，误国事，真祸水也。阁下以此论为酌否。弢公又览。蒉叩。丙。左相今日未赴长门，须十日□方出，穆见左，左云，闻法船到长门，惶遽而出。

——上海图书馆藏手稿

[1] 子敬兄弟：晋朝王羲之七子王献之，此处喻指王仁堪、仁东兄弟。

12月28日（十一月十二日） 张佩纶来函。

致 陈 宝 琛
张佩纶

此事如能成，似较造船为速，其流弊索价昂，船旧。途中船被毁，须令认赔，如购买之，船则不付价。德官阻扰无成，船来，无人管驾，仍无济。此公不知尚有百弊否，今姑拟办法，乞酌定应办与否。一以文致清卿，令索朝鲜文书，一电询合肥，一不告左、杨，一将令问发还，令其自问左商后之说，但恐他日枢译以此为奇策，而谓鄙人置身事成，否则北洋不设法索朝鲜文凭。此事已无成，乞为酌定。黄非不知避嫌避谤，烈士暮年，壮心未已，况鄙人能勿志在千里哉。闭门种菜，亦复致叹于髀肉之生也。一函商左相借款，问此事愿办否，福克云：左不明白；如办，似止可商之陈、刘。但正在查收之际，遣一员与福克往可否，福克又欲回去过年。德国之年。一分买船与运中国兵船为二事，免得法人□款，宝星等事曷办。毅公。黄叩。十一月十二日。

南洋会办责无旁贷，详筹见复为幸。似不必回电□□今夕即赐回音，以便酌定，已先令写一□合同不得，则销其可也。留之乎，抑听其回沪。

左相处日内似不便通函，福克事，周道今日偕魏令进京省，属其面达，陈、刘大致谓弊多难成，面谈更无痕迹，陈有书来，鱼雷缓调，馀皆空文，鱼艇已订一艘，鄙所办皆略见大意，备临别时作一文耳，非认真办理，亦非随宜整顿也。香翁电仍问候意如何，因鄙云欲作黄石，询以欲裁抑□云可教，稿电亦有事无语气再复，壶沾滞向来如此，亦见诚恳。如何答之。黄名叩。

手示敬悉。鄙人正苦以船利羁縻，非愿留也，但候查复，而始一切整顿则尚须三月。查一月，奏一月，复旨一月，如降革去工候部文，且不止三月。弊之滋生，事之废弛者多矣。心则急欲去此，而有事仍不能如来阳不理，器量小耳。今日批旨已到，虽咨明而仍代拆代行，以明鄙人并无恋栈之意。但不造船则误事，急造船则似见材，如费用充足，闭门造车亦不必遍告人。今先须催款，言之不切，则款不应；言之切则似见才。公云吾尽吾心，犹未喻局工之如傀儡，处处牵机而动。心绪烦懑，颇思□到螺江一游，而又恐人之讥也。拟将福克所立合同呈阅，大约不成，不成，当无流弊其数也。敬上，即问毅公老前辈礼祺。名心叩。十一月十二日。

季渚谓"澄庆"佳，厂船问工程处，未有不佳者，不必问也。

福克所论恐亦无成，病不在朝鲜之文，而在中国之款；又不在中国之款，而在英国之船。朝文必有可告以代朝买之事，定真给于一二艘，不至有口实，令其分年缴价，或中国购货而令朝出养船经费。中国如愿购，惟有借债，所虑英不卖船，福克亦妄想而已。昨已电合肥，渠愿以朝鲜旗运中国铁甲回。合肥不允，此举必沮；合肥沮则亦中止。恐福克承办，亦不免以旧船充数耳。鄙之怦怦心动，此非任事之勇，此乃天褒公用之何也，一笑。而其意在急于援台，锐于补过，无大船且无人敢应援，况于欲济无舟，更可推诿。厂中并工造船至速，须成、亥年方有五艘，且非铁甲。此则咄嗟而办，果能办到，厚庵兵乃可望东渡；即不然，偏师游驶于马、澳，足以牵制法人在台之军；舍此而以小船偷渡陆军往援,全属无聊之策。台能坚守而饷可捐,火器不可捐,洋枪可运,大炮不能运,使外有牵制之兵,而内为坚持之计,则彼水师不能安,而陆军不能深,庶有就绪想如此,而适有以此说饵我,不禁怦怦心动,然而终虑其无成,将来一函告左相了事。不告左,他日船政实非所愿之辞不获,将就之耶,抑终辞之耶。知己者代为审度。左、杨必无请正典刑理,况又重以公之鼎言乎。恐内意降调而仍令造船耳,不得不预先筹及。鄙意总以离闽为是。公为熟虑,此不关于学殖,幸勿再却,蒉心曲乱,且辞公而生之心甚笃。日来枯坐甚瘦冈。船政事亦不无废弛,无人作主,不免壅隔纵弛。万一有以此策献踽邪。□□而以为然,或且诮我阻遏奇士也,告之尚过于着笔,事不果耳,或且以我为轻听也。总之,事一沮困,举动皆非,笑啼均罪,君子所以恶谗言叹,合肥书可悉朝事,附上。弢公。蒉叩。十一月十二日。

　　诸弟均此,阅后付丙。左派人赴彭田查勘之书,甚赞彭田之山势,足以眺远,为得闽之中湘人喜高处也。

——上海图书馆藏手稿

12月31日(十一月十五日)　张佩纶来函。

致陈宝琛
张佩纶

　　三书仅得一纸之复,惜墨如金,令人疑冈。造船苦于绌费,竭力经营无补。台患刻福克来与之谈及,渠云愿为代买外国兵船六艘,炮位俱全,所以心动,其以连日□想而渠□□。许以给高丽国文书,代高丽求办,鄙以此书询之,而渠□见。三个半月可到,价俟船到再付,多少亦俟船验后再定,惟船到闽以后求赏宝星等语,闻左相已与商之,而于朝鲜文书一属不准,云如此岂非船归朝鲜,三日不得明白。左乃索回德国原定之船。省传魏令会赴螺江,俟派弁蒋桂林投文属顺赴公处。如魏在彼,则偕行至省;如回工,则途次必相遇;如尚在公处,则同行耳。魏有亲候公寓目,自无不妥也。弢。名心叩。十一月十五日。

　　如在三端之后,听公斟酌。总之,蒋、魏宜同行耳。

——上海图书馆藏手稿

是年　在南昌学政使廨为谢章铤刊刻《赌棋山庄文集》。

　　本年,陈宝琛为章铤刊刻《赌棋山庄所著书》于南昌江西学政使廨,共含《文集》七卷、《词话》十二卷、《词话续编》五卷。

　　刻本《赌棋山庄文集》卷首题:"光绪十年弢庵刊于南昌使廨。"刻本《赌棋山庄词话》卷首题:"光绪甲申弢庵陈氏刊于南昌使廨。"

——《谢章铤集·年谱》第873页

　　法越战事起,法师孤拔以兵轮犯闽。七月初三战于马江,闽师船歼焉。幸孤拔中炮死，法船遽退出口，船厂得无燬。省垣戒严。先姒[高向瀛母]柩临时出殡西门外。未几，并先嫂柩卜葬北门外蝙蝠山。林寿图任福建团练大臣，邀先祖襄办南镇字厂团练。逾年，和议成，始罢。

——《郁离岁纪》手抄本（光绪十年）

宝廷有诗寄怀。

送定镇平成之皖省亲兼寄怀陈伯潜　　　　　宝　廷

大风吹海水，云气满黄山。把酒送君去，趋庭何日还？病多愁老速，时难愧身闲。申浦逢星使，道余双鬓斑。　　　　——《偶斋诗草》第 82 页

寄 怀 陈 伯 潜　　　　　宝　廷

世变至今极，纷纭夷夏同。人心思决战，天运欲和戎。应敌钦彬甫，正名希郑公。前贤讵难继，枨目望奇功。

四海又新秋，偷生自觉差。日遥夸尚逐，天怒杞仍忧。名为狂愚得，官因放佚休。屏居亦无苦，报国愧朋俦。　　　　——《偶斋诗草》第 290—291 页

卷三

遗爱桑梓

1885—1908 年

1885 年(乙酉　光绪十一年)　38 岁

法军攻陷凉山。(2.13)

冯子材率部在镇南关、谅山大败法军。(3.24、3.29)

中法签订《和议草约》。(4.4)

中日签订《天津会议专条》。(4.18)

李鸿章与法使巴德诺(Jules Patenotre)签订《中法新约》,中法战争结束。(6.9)

台湾建省。改福建巡抚为台湾巡抚,福建巡抚事多由闽浙总督兼管。(10.12)

设立海军衙门。(10.13)

左宗棠卒于福州,年七十四。

1 月 2 日(甲申十一月十七日)　张佩纶来函。

致 陈 宝 琛

张佩纶

　　手示具悉,有见详稿者谓初三黄军有退二三里之妈祖庙者,方军有退四五里之胐头乡者,亦有始终不退者,云云。船厂左近有两天后宫:一在署后,即鄙人登山之路,该处亦受炮,其一即海潮寺,是处派一二哨防其登岸,非退也。阳岐亦有小天后宫,储材所在彼,向有人看守。胐头乃杨廷辉所札[1]处,近胐头则林培基团勇所札。初三日,马尾台上尚有炮,法亦水战稍愈,故横攻马尾营垒,炮子能至厂楼及山上,而厂无伤。初四日则法船大驶猛攻,即鄙人原疏亦有截阻逃勇之说,不敢谓其一无逃者。在鄙人录功掩过,故于逃勇用轻笔,而原参有尽溃之说。详稿故两相迁就。民间均憾兵勇,潮勇纪律太劣。鄙人亦不敢庇护兵勇,何以言之,初三之后,鄙皆未能一一亲见,未敢谓鄙之耳目必能周察也,如必执定忍公[2]齿冷矣。在康侯诸公既已尽力持平,则亦无容再议矣。叔重处但乞复以费神,不必再作求全责备之意。此事鄙人想是一沾亦难磨洗尽致,未有劳薄赏优黄马褂及清字,巴图鲁恐不能保,然方有巴图鲁,黄□亦不必穿黄褂,为是一笑。因此思及劳薄赏优,启人议论,原详。万一不妥当,未降谕时鄙得都电云,属吏、兵二部检查各员官阶是好机括云云,此事兴献必煞费苦心,未可谓议论由此而启。阁下但以赏罚均由特旨,使秉笔勾勒分明,即无憾矣。

至原详两语不叙,方佳兴献之意,亦须兼顾,此亦兼为左相计,并非巧言如簧,愚公以自解也。原件奉缴,黄实有功无过,友山甚惜之,而无如何,且此次如黄或撤销,则侍亦撤,歉然,不如从前不赏转耳。详稿并督抚均获,大致诿过于下,天下未有士率尽逃,而将率可无事者,斡旋未得法耳。斡旋实费大力。卅九人大连环本自难解。马江之败,鄙疏尚为近实,而详略伸缩已不能免,文章体裁自应如是,却非粉饰。会奏除马江外,几于全是胜仗矣。会奏某亦列衔,而督、抚、军三人在省主稿及选阅,则已刻日趋海涉行已十七日矣。中间有云陆军则法人伎俩已无所施,圣明专主陆军,明见万里,何胜钦佩,意专倾我,被黄勾去。黄于其上抹去一大段,而鳞爪自在,及谕旨又略败而叙胜,即马江亦于我船之焚不言详数,而于彼船均以沉毁括之,以致败状胥隐。贵省京官本有憾于寡人,又见鄙人独从轻罚,于是公愤私仇一齐发出,而鄙人死活不暇顾矣。使此三十九人静坐举鄙人各疏,平心一阅,未有不匪然自笑者。故闽疏最谬,乃云事前并未筹防,临时意欲乞款建,问系置身事外三大端,而其他则僻之,齐东野语不足计较耳。但复奏能使之声明,鄙人并未讳败,阅详稿有之,并未叙功请赏,详稿无之,则得矣。鄙且愿左相密疏令某书闻尤感耳。萨镇冰[3]为公特荐而未识其人,兹令赴螺江敬谒左右,即望刻以韬略,俾整偏师,以补鄙人之过。弢公。佩纶叩上。十一月十七日。

                                 ——上海图书馆藏手稿

[1] 札同"扎",下文同。

[2] 忍公:王仁堪。见前。

[3] 萨镇冰:字鼎铭。祖籍山西代县,出生福建福州,著名的色目人萨氏家族。马尾船政学堂毕业,学习驾驶。赴英国学习。回国后任天津水师学堂教习、北洋水师帮统兼海圻舰管带、广东水师提督、清政府海军统制等职。中国近代著名的海军将领。

1月6日(甲申十一月二十一日) 张佩纶来函。

致 陈 宝 琛
                                        张佩纶

昨侍处晓谕,"横海"派人,船政积弊剔除,以免影射,照例关防也。不知何人揭于旁,曰不多,五十两足矣,若止于此,技亦易穷,今遣萨弁到洲,大有令公分谤之意。然我行我素,岂以小儿谰语,换吾辈人伦鉴乎。十九谈深烛尽,归已四更矣。日来阁下作何消遣,闻季渚偕王贞臣赴螺洲,想有高论也,洪青垹诗读一过,精校犹有伪字,黄璞山"载华"见墓志,而篇中标题作"载笔",必有一误。落叶难扫尽,正如俗客难拒绝耳。闻公尚有《大戴礼》注,是在江新刊者,如是孔氏,则不必见赐。许叔云乃购之者,倘可分惠一部,鄙人近颇说经,其学尚在古今体诗之上。兵家既不售,退而作博士,诵杜陵抗疏功名传经心事一联,感慨系之矣。敬上弢庵前辈，诸弟均此。黉上。二十一日。

　　粤柑数十枚奉上，以与女公子，聊谢尊公因我而骂舅舅也，一笑。又及。

　　吴万敏琐屑已极，渠以丹曾待之尚好，故凡事均属丹曾[1]料理，而彼意甚奢，用工则船厂剔退之工，每日二百五十文，而渠开至数十两。且欲他厂夜作以助之，一厂夜作则费煤甚钜。详细核算，乃铁炮非钢炮，乃小炮非大炮，于海防无裨，而终日搅扰不清，大非鄙人黄老治齐之意，现与丹曾商定，所雇工匠已候数日，即由船政酌予资遣，该职员留厂料理炮位。渠必再至螺洲，即望择而去之，可也。魏令等不与同心，而渠又全无丘壑，有越快越辞之态。弢公。黉心叩。黉已请开缺，附片此件未容。请事由提调代拆代行，却未请假，不知能否以就医为名，至公处一谈否？此事不敢冒昧，乞公酌示。又及。　　——上海图书馆藏手稿

　　[1] 丹曾：沈翊清，字丹曾，附贡生，恩赏举人，世袭一等轻车都尉，沈葆桢长孙。

1 月 7 日（甲申十一月二十二日）　张佩纶来函。

致 陈 宝 琛　　　　　　　　　　　　　　　　　张佩纶

　　周姓所领地价，尚是沈文肃时，因火归官之地，属丹曾查出。狡诈百出，不得不小加惩创，乃鄙人手谕，提讯以遏习风。李姓本须责释，亦非好人。亦未至倾荡家产也。船政发审委员安有如此大权，今日已有人风[1]鄙人，谓如此必动累怒，何其团结，如此责旗人，亦故甚其词耳。马尾左近讼棍甚多，连日冒领恤款皆此辈，可恨已极。复颂礼安。名心叩。十一月廿二日。

——上海图书馆藏手稿

[1] 风：同"讽"。

1 月 10 日（甲申十一月二十五日）　张佩纶来函。

致 陈 宝 琛　　　　　　　　　　　　　　　　　张佩纶

　　琴师昨过谈，与左相得，似无意解团练，鄙微劝之，笑而不答也。查复之事，闻昨已定详稿，遗失之件，皋谓闲人偷窃，各员谓兵勇偷窃，尚未酌定，实亦无多。果无私意，阑入当不至颠倒是非，此自公力扫蚍蜉之力，而鄙人以素守硁操，终致深源挠败，子由候勘为辱滋火。俟得确耗，如果复疏无周内[1]语，鄙人歌逝将去，女以避贤路耳。有谓潘蔚如求之者，有谓吴惟允求之者，均谋之甚力，不敢信也，然吾本愿去。敬上，弢公。黉叩，廿五午。蛏甚美，状可怖，几失然明也。

[1] 周内：同"周纳"。

　　上以船政属鄙，而鄙决不能离此，始致商及。鄙于船利可去则去，殊无留意；果不留，亦不屈。仲仲为人不能随俗，与鄙共事则可，亦不愿其与他人共

事。左、杨[1]复尚未定稿，颖老雅意可感，然左之听言，似不以颖为轻重耳。特众口訾謷，而公与一二正绅犹力排邪说，使鄙人死足归于张氏墟垄之间，则感且不朽矣。弢公前辈。蒉叩。廿五夕。

陈展堂廿九行，未来此。方寸乱矣，兵颇有逃者，详稿已上，论陆军必云初三退，初四复来，不合情事，奈何，公何以策之。弢。蒉叩。

必致康侯来厂，方可与语。叙事言初四乃鄙饬回，定不更好看，然鄙不致当也。

示悉。黄、方初三退而复回之说，津电云：当属阁下收浮屠合尖之功，但鄙人自觉怃然耳，鄙见如果蒉不见诬，黄、方实当湔洗，初四"横海"已被炮见焰，尚是两军救灭；倘初三退，初四安能复来，论人黄偏裨方不过贵。介弟论事，蒉究退，黄、方实未退也。黄之勇更胜于方，故鄙疏亦写黄胜于方，两人后均有可议处，初三、四却不无可取处。王诗正援台，展堂亦去，仅存一刘道矣。左相甚壮，于鄙事亦深合，尊旨惟杨入郭开之谗，颇有推敲，谅无大碍。又及。

——上海图书馆藏手稿

[1] 左、杨：左宗棠，杨昌濬。

1月19日（甲申十二月初四日）　张佩纶来函。

致 陈 宝 琛　　　　　　　　　　　　张佩纶

恪靖属以朝鲜文凭事商北洋，合肥不愿借此收场，但法人增兵，不了之局，王德榜败于越，公知否，马江之案何时可以复奏，鄙人鸿鹄之志既为燕雀所误，鹓雏之性岂为腐鼠所羁，当徐作归计，尚须就公酌度耳。敬上弢公前辈。佩纶顿首。十二月初四日。

——上海图书馆藏手稿

1月22日（甲申十二月初七日）　张佩纶来函。

致 陈 宝 琛　　　　　　　　　　　　张佩纶

昨谈殊不畅，内召之说恐未确，果尔则离闽大幸，拟俟我公见左相后，鄙再酌，或乞病，或候命，乞病乃欲速。省三书来云兰洲牵制，兰又云省三畏怯，同处危地而意见不化，亦犹子峨与我日日坐炮烙中，而仅仅当面输心也。人情可畏，险于山川。弢公。蒉叩。十二月初七日。　　　　——上海图书馆藏手稿

1月27日（甲申十二月十二日）　与张佩纶等荐举唐炯、徐延旭任堪任军事。唐、徐兵败张革职，听候查办；公照部议降五级调用，其他有关官员亦各受处分。

谕内阁：军机大臣、大学士会同刑部定拟已革巡抚唐炯、徐延旭罪名各一折。已革云南巡抚唐炯出关督师，并不听候谕旨，率行回省，以致军心息玩，越南之山西、北宁等处相继失陷，实属罪无可逭；已革广西巡抚徐延旭督办广西关外防务，始终株守谅山，迁延不进，所统各军毫无纪律，又复任用非人，相率

溃败,律以失误军机,尚复何词以解。唐炯、徐延旭均着照所拟斩监候,秋后处决。李鸿章、左宗棠于唐炯罪名未定之先,辄以人才废弃可惜,奏请录用,殊属冒昧。丁宝桢以唐炯人才可惜,代为乞恩,且于陈奏所部官弁殉难,恳请建祠。折内胪举唐炯从前战迹,尤属有意铺张。李鸿章、左宗棠、丁宝桢,着交部分别议处。涂宗瀛,前经荐举徐延旭,系于属员内遴才保奏,厥咎尚轻,着交部察议。张之洞,保荐徐延旭,兼资文武,实属失当。惟该督于简任两广后,征兵筹饷,颇着勤劳,着从宽交部察议。陈宝琛、张佩纶力举唐炯、徐延旭堪任军事,请饬分统滇、粤各军出境防剿,卒至偾事,贻误非轻。张佩纶会办闽省防务,马尾一役尤属调度乖方。陈宝琛着交部严加议处。张佩纶着即行革职。该员尚有被参之案,即着来京听候查办。前军机大臣恭亲王、宝鋆、李鸿藻、景廉,于带兵大员未能详细遴选,辄行请旨擢用,实属昧于知人,业于本年三月间降旨惩儆。所有应得处分,着加恩宽免。寻吏部奏遵议处分。得旨:大学士直隶总督李鸿章、钦差大臣大学士左宗棠,均着照部议降二级留任;四川总督丁宝桢,应得降三级调用处分,着加恩改为降三级留任;前湖广总督涂宗瀛、两广总督张之洞,均着照部议降一级留任;前内阁学士陈宝琛,着照部议降五级调用。

　　　　　　　　——《德宗景皇帝实录》卷 199 第 833—834 页

　　　　　　　　　　亦见《光绪朝东华录》第 1884 页

　　　　　　　　　　《申报》1885 年 2 月 4、5 日

　　邸钞。上谕:吏部奏遵议处分一折,大学士直隶总督李鸿章、钦差大臣大学士左宗棠,均照部议降二级留任;四川总督丁宝桢应得降三级调用处分,加恩改为降三级留用;前湖广总督涂宗瀛、两广总督张之洞均照部议降一级留用;前内阁学士陈宝琛照部议降五级调用。

　　　　　　　　　　——《越缦堂日记》第 15 册第 10617 页

　　前日唐炯、徐延旭罪名定斩候,因及保举之员左、李、丁分别议处,陈宝琛严议,张佩纶革来京,恭王、宝、景、李[1]已经示惩,加恩免议,竟未及小臣也。

　　　　——《翁同龢日记》第 4 册第 1940 页(甲申十二月十四日)

　　[1] 奕訢、宝鋆、景廉、李鸿藻。景廉:颜扎氏,字俭卿、季泉,号隅斋,满洲正黄旗人,咸丰进士,工部、刑部右侍郎、总理衙门大臣、工部、户部、刑部尚书;其他三人见前。

　　张公蒉斋兵败之后,仍署船政。而闽省京官及一二绅士朋谋构陷,复煽惑劣绅公呈登之《申报》,以肆丑诋。十二月二十四日奉谕革职,尚有被参之案,着来京听候查办,始得卸仔肩。　　　　——《闽县陈公宝琛年谱》第 46 页

1 月 29 日(甲申十二月十四日)　　张佩纶来函。

致陈宝琛

张佩纶

晤左相，不知疏[1]已发否，徐、唐案定两人斩候，黄革职，来京候查。不知候闽查，抑到京查与徐、唐有无私弊，来电省费不详，可笑。公亦严议，左、李、丁议处，李不知何人，合肥未尝保徐、唐也。张、张香翁也。涂、察，许许不知何人。等，殆言官耶。船政简放何人未详，似公早日回螺洲耳。橘老。黄叩。十二月十四日。

——上海图书馆藏手稿

[1] 当指李鸿章、左宗棠为唐炯开释密疏。《德宗景实录》光绪十年十二月十二日上谕云："李鸿章、左宗棠于唐炯罪名未定之先，辄以人才废弃可惜，奏请录用，殊属冒昧。"

2月2日（甲申十二月十八日） 吏部上奏遵议处分。

十八日上谕：吏部奏遵议处分一折……前内阁学士陈宝琛着照部议降五级调用。不准抵销。 ——《薛福成日记》第486页（2月6日）

2月4日（甲申十二月二十日） 张佩纶来函。

致陈宝琛

张佩纶

香帅电呈阅。误驰誉为宣威，属鄙人有请效力，一若革职尚可奏事者。林文忠自请赴定海，尚是未经革职，时且粤尚近于胜，而马江不胜。奇想天开，苦心孤诣。石电[1]已录，旨咨行即令裴[2]来受代，不必电署，老干无枝，此老何以办此。敬上斈公。黄叩。廿日。 ——上海图书馆藏手稿

[1] 杨昌濬电。

[2] 裴荫森：时任福建按察使。马江战败后署任船政大臣。见前。

2月5日（甲申十二月二十一日） 张佩纶来函

致陈宝琛

张佩纶

示悉。山谷墨刻三种收到，谢谢。都下均已搜得，《松风阁》[1]最逊，疑是伪迹，否则刻手太劣。公谓何如。援台复越，本我夙怀，死而后已，岂有顾虑，但请缨必不允，徒遭呵斥。林文忠自请赴浙，是其前车，鄙人今日惟当以静制动，藏器待时。张文侯下拜王陵，夫人因知闺中卓识，不独在状元上也。合肥及舍侄昨均有电告公降调消息，并嘱道念。裴枭以黎、张旧例，均交提调代办，谓渠候部文而嘱鄙交提调。渠廿四亦来，并载马江度岁。此是何办法，当复以候文，即问候文，不候文即受篆，鄙人不宜自电，如必省城，诸公拘拘于候文，黄即少安毋躁，亦不争，此旬日不值，因此转生枝节也。壶公处不必商，即尊电亦未代寄。爱壶爱黄，此时均不可令壶荐黄。铁香以救徐、樊，交部议处。附上电音，乞察入。敬上斈公。黄叩。廿一夕。

俟交卸不交卸，定期复即当走诣一谈。见公降谪，勿使门可张雀罗也，

一笑。

再同书来，嘱叩师安。渠日省鄂[2]于狱中，极言狱中之惨淡，令人阅之郁郁，鄂恐远戍也。鄂远戍，徐恐不生矣，又及。本可俟明日送去，而此书不发，则夜睡不安甚矣，黄之燥也。

——上海图书馆藏手稿

[1] 松风阁：北宋黄庭坚《松风阁诗帖》。

[2] 鄂：唐炯，字鄂生，见前。

2 月 7 日（甲申十二月二十三日）　张佩纶来函。

致 陈 宝 琛
张佩纶

示悉。石泉[1]廿晚电奏樾岑[2]，定廿四，不则廿七，如不准，候部文，部文约廿五、六日始到，须初九、十。鄙人都无成见，廿四似不及，轮船廿六开行，海道又不及矣。今日当有准信，拟过廿四诣公一谈，此时琐务填委不能暇，亦不能谈也。铁公[3]劾徐，乃冯子材函托，成败论人两语，大哉王言，但步步生莲，譬如贯鱼之序，又岂可拟之荡荡扪天者乎。复颂弢公礼安。黄叩。廿三。

刻得京电[4]，公降五级调用，藉此闭户息机，事亲学道，姜肱长枕大被[5]。昨见而羡之，但虑时事多艰，服阕后仍有急征耳。敬上弢公前辈，佩纶顿首。

——上海图书馆藏手稿

[1] 石泉：杨昌濬，字石泉，见前。

[2] 樾岑：裴荫森，字樾岑。见前。

[3] 铁公：邓承修，字铁香，见前。

[4] 甲申十二月十二日谕旨。

[5] 姜肱长枕大被：肱"二弟仲海、季江，俱以行弟闻，其友爱天性，常共卧起。"（《后汉书·姜肱传》）

2 月 11 日（甲申十二月二十七日）　张佩纶马江兵败革职，北上前两过螺洲，夜宿公斋，与公畅叙，二十七日自螺洲北发，公送至小金山。

张公蒉斋兵败之后，仍署船政。而闽省京官及一二绅士朋谋构陷，复煽惑劣绅公呈登之《申报》，以肆丑诋。十二月二十四日奉谕革职，尚有被参之案，着来京听候查办，始得卸仔肩。北上前两过螺洲，与公畅叙契阔，夜即宿公斋中。二十七日自螺洲北发，公挈舟送之，至小金山而别。小金山者，洪塘江中一小洲，屹立江心，有如镇江之金山，故名小金山。上著一寺，名金山寺，供张经像。经，侯官人，字廷彝，明正德进士，官至右都御史，故土人呼为张都，微时曾读书于此。经专讨倭寇，选将练兵，为捣巢计。赵文华劾其糜饷蚀民，畏贼失机，诏逮论死，天下冤之。隆庆初，追论复官，谥襄愍。闽人念其功，故祀其像。其遭际乃与黄公今日颇有似处,想公当时怆然惜别之情,定极沉痛,所以公诗谓"江心忆拜张都像,热泪如潮雨万丝"也。

——《闽县陈公宝琛年谱》第46—47页

2月13日(甲申十二月二十九日)　致函张佩纶。

致　张　佩　纶　　　　　　　　　　　　　　　　陈宝琛

江干分手忍泪回肠,今夕当抵困关度岁矣。入城始知左、杨二公[1]咸莅长门,城中皇皇,以为本日开战,甚至惊疑炮响,傅会电光,可想见七月初三流闻之况也。今午下乡,则二公已还,法踪杳然。惜公早行未获与恪靖一面,可谓缘悭。友山[2]中丞以公信宿敝庐,意当过年,早间犹来询也。昨闻欧斋竟于初旬疏请以鄙会办团练[3],彼时盖未知鄙之左迁。计此折近亦将达,如其有命,鄙决意辞却,自应呈请督抚代奏,但措词颇费斟酌,公幸有以教之。日来电局无新闻。兹托友翁发马递,复书托地方官递回,或由友老转交,何如? 黄丈坐下。制宝琛稽首,廿九夕。

——上海图书馆藏手稿

[1]左、杨二公:左宗棠、杨昌浚。

[2]友山:张兆栋,字伯隆,号友山。见前。

[3]林寿图光绪十年十二月奏请陈宝琛会办团练。

2月14日(甲申十二月三十日)　福建团练大臣林寿图奏请派公充团练大臣,奉旨:着毋庸议。

福建团练大臣林寿图奏请派陈宝琛充团练大臣。得旨:所有福建团练事宜,着林寿图实心经理,以副委任,不得意存诿卸;所请派陈宝琛充办之处,着毋庸议。　　　　　　　　——《德宗景皇帝实录》卷200第854—855页

致函妻弟王仁堪、仁东。同日致函张佩纶。

致王仁堪、王仁东　　　　　　　　　　　　　　　　陈宝琛

可、旭弟足下:河冻船稀,久未通问,两电计均入览,已由允丈递一复电来矣。岁馀多暇,足下杜门养志,开迳观摩,其乐可知。时局未平,文事当尚有待。大考未必即举,考差又届,可弟及锋而试,乘轺自在意中。旭恙想已平复,气体未充,亦不宜过自刻苦。法氛如此,安得一归省墓,藉以稍罄积悰耶。宝琛本月中旬进城谢吊,为数日之留,见洛泉,未见小舟,出城拜十一舅亦值出门。令姊春间入省垣,当同诣墓门,一伸祭扫之诚也。南洋五船逗留不进,现甫到浙而法援已至,分七船来闽,狙伏东冲一带,福宁界。意在邀击,廿七日左、杨二公均出驻长门,炮台迎送,震声隆隆,城中人以为开战也,且谣言电灯之光烛天,五厂练丁咸谋登陴,人心惶惶,复计迁避。逼岁市景大为萧索。廿九日

左、杨均归省，讹言当稍止矣。蜗居逼仄，归来几无容膝之地，现于屋后添营数椽，其上为楼以安笔研，使橐如洗，债主雁行，而待以举火者犹日骆驿[1]，非足下不知此况也。日前颖老以团练事，欲拉我分谤，鹿泉又欲立异于颖老，说我出治水军。左、杨二公则欲委我以船政，均以才绌事艰，坚辞谢之。庐居息影庶保天年，近复被议，当可韬匿。日前佑卿来书，以曾九劾我挟私，参达春布[2]，又曾在学政任内，延候补阅卷，盖彼间传闻如此。此种无赖之态，亦不敢断其必无。谚曰"心苟无瑕，何恤无家"，听之而已。前寄讣底谅已早到。当荷清神，为之料理，感泐无既。同乡中有赐唁寄挽者，谢信当陆续缮寄，晤时先道及。芸敏来螺，谓不进京考差，忽附轮行，其朋旧皆不测也。令姊近体较好，可禀慰高堂。即问侍履，唯鉴不宣。黄于廿七由建溪行，船政易人，官电不能借用，以后电音亦难达矣。制宝琛稽首，除夕。　　　——上海图书馆藏手稿

[1] 骆驿：同"络绎"。

[2] 达春布，字客山，蒙古旗人。时任九江知府，公上"请撤调达春布锺琦片"，见《沧趣楼诗文集》第862页。

致 张 佩 纶　　　　　　　　　　　陈宝琛

绳丈坐下：昨托友老排递一函，已入览否？电来廿七邸报，公竟以奏报失事，掩饰取巧，戍军台，子峨亦在遣，左、杨袒护开脱申饬，众口铄金竟至于此，望公顺受勿怨尤，留此身作林文忠、姚石甫，但恨我不能学张亨甫[1]也。军台出塞几许，音信易通否？固知相见有期，而迢迢数千里，鱼鸿阻修，能不肠断。公既不能携眷自随，但愿仆从得人，赀斧无缺，省心无竟，力能办之。亟思蹑踪水口一面为别，而明日元日买舟不得，怅惘而已。手此奉问，即颂新祉。名心叩，除夕。　　　　　　　　　　　　　　　——上海图书馆藏手稿

[1] 张亨甫：张际亮，字亨甫，福建建宁人，道光举人，爱国诗人，著有《松寥山人诗集》。

甲申十二月　马江战败，与张佩纶等同遭劾，清流健将多遭排斥。

盖光绪初年之四谏及清流，议论风生，封事剀切，久为西朝所不满。四谏中，宝竹坡最知几，故亟以纳妾妓自劾，实求免也。陈弢庵以内阁学士拜会办南洋军务之命，亦官中强委以兵事，欲入以罪，会陈丁艰归，其后卒以荐徐延旭、唐炯案降五级。张绳庵则最不幸，以书生典兵，甲申马江之败，身名俱裂矣。

　　　　　　　　　　　　　　　　　——《花随人圣庵摭忆》第86页

光绪甲申中法之役。战局既终，朝中南北两派倾轧之风，亦告结束。先是张之洞由山西巡抚移任两广总督，内阁学士闽侯陈宝琛会办南洋军务大臣，丰润张佩纶会办福建军务大臣。皆北党清流派巨头也，此举为北派讲时政最盛

时代。同时,吴大澂则为北洋会办军务大臣。及割地议和,陈宝琛受处分,降级录用;并治张佩纶弃师逃走罪,发往张家口军台效力。而张之洞督两广仍无事。京师南派朝官,为联语以讥之云:"八表经营,也不过山右禁烟,粤东开赌;三边会办,且请看侯官降级,丰润充军。"

三大军务会办,吴大澂无事,陈宝琛降级回原籍,沉滞家乡二十年,清末始起用。张佩纶马江之役,不战而溃,逃避法人炮火,首戴铜盆,以为护符,回京治罪,免死充发,此李鸿章缓颊也。　　　　　——《世载堂杂忆》第54—55页

二张与陈说上奏折,如:穆宗升祔疏,黄漱兰陈时政得失疏,抑宦官疏,四川诬民为逆疏,直言不宜沮抑,奏请修省弭灾疏,陈俄约贻害请修武备疏,治崇厚罪疏,请派曾纪泽赴俄另议疏,奏陈练兵筹饷策,奏陈边防疏,中俄划界疏,海防江防疏,劾刘坤一疏,慎重东南疆寄西北界务疏等,多香涛、弢庵诸人合议之作。未几,香涛任山西巡抚,后调两广总督,弢庵任南洋军务会办,降级。清流党皆出京,攻击者亦从此告止。越缦则交接言官,主持朝政,气量狭小,终无所建白。　　　　　——《世载堂杂忆》第90页

近日都下有一对云,"八表经营,也不过山西禁烟、广东开赌;三边会办,请光看侯官降级,丰润充军。"八表经营者,南皮为山西巡抚,上事[谢]恩疏,有曰:"身为疆吏,犹是依恋九重之心;职限方隅,敢忘经营八表之略。"中外至今以为笑柄。广东开赌者,以力主潘仕钊之说,请弛闱姓之禁也,侯官谓陈宝琛,宝琛实闽县籍,丰润谓张佩纶也,佩纶近日疏请建马江死事诸人专祠。有云李长庚死事于闽洋,而其部将邱良功等卒平蔡牵,曾国藩初覆师于九江,而其后卒为中兴第一功臣,此固人事之平陂往复,亦天心之草昧艰贞。其无耻可谓极矣。　　——《越缦堂日记》第15册第10664页(二月初二日)

光绪甲申,中法事起,张文襄由晋抚擢粤督,吴县吴中丞大澂、丰润张副都佩纶、侯官陈阁学宝琛均奉旨会办南洋军务,副都以败于马江,革职遣戍,陈亦责降,惟吴无恙。时有撰联嘲之者云:"八表经营,也不过山右禁烟,粤东开赌;三边会办,且请看侯官降级,丰润充军。"甲午之役,吴自请督师而溃,亦遂罢官,"先看"二字遂成语谶。
　　　——《清稗类钞·讥讽类·八表经营三人会办》第4册第1624页

2月15日(正月初一日)　张佩纶返京途中来函。

致 陈 宝 琛
张佩纶

别殊惘惘,竹崎侯舆夫,正旦始到水口,罢官风味不可不尝。舟中读《易》胸次浩然,足以奉慰。明日如不雨,即可舍舟就陆程,途纡折须十馀日始到浦

城。公归犹下水船也，然记日徐行，亦可略知行役之劳苦耳。左、杨复奏，日内当有谕旨，而此间寂无消息，已托友山及子玉。公便中寄我一函为幸。入春法事非大战必议和，不知当轴有何良策。公似以养机自晦为是。礼庐不夺，不在贬官也。独吾辈袖手，而时贤亦乏奇谋，坐令宵旰独忧，此杞人之恨耳。草草，敬颂礼安。伯潜前辈大人。侍佩纶顿首。乙酉元日水口。

老伯及诸弟均代为请安致意。颐园两姊均候。学作小诗，不似净名门下，塔江诗俟他日。

海沤浩荡性初驯，同作蓬莱放逐臣。坐听钓螺江上雨，梦回楼爵殿前春。神仙李郭休钩党，将帅乔良倘得人。夜半荒鸡频蹴起，敢萌归计饱菰尊。

发螺女江，伯潜前辈。雨中送别同宿感怀。即请教正。藊斋初稿，幸勿示人，诗不佳且免众口。

——上海图书馆藏手稿

张公藊斋元旦行抵水口，遂由浦城、建溪一路经浙转苏阳而上。在延平始闻谪戍之命，乃赴张家口戍所。先是闽京僚诬奏一案，下左公宗棠及新督杨昌浚会按。因执政意张公曾面折左公，度左公必怀宿憾，不为原洗。不谓左公竟据实复奏，公初闻以为必无馀罪，讵奏上，竟诏责左、杨袒护，传旨申饬，仍谪张公戍边。时公亦以前荐唐炯、徐延旭，保举失当，遭部议降五级调用。光禄公闻之殊坦然，曰："吾固患汝之骤用也。"公于是家居守制，服阕遂不复出。

——《闽县陈公宝琛年谱》第 47 页

题罗仪元家悬吴大澂为罗丰禄作画梅图七绝二首并注。诗见《沧趣楼诗文集·题吴恝斋为罗稷臣画梅》，第 253—254 页。

春夜过罗仪元家，壁悬清卿画梅、弢庵题诗，盖为其先德稷臣先生作者。吴画题云："光绪乙酉元旦，仿玉几山人法于烟台东海楼，时自朝鲜查案事竣归，阻冻未得北渡也。稷臣仁弟雅鉴，吴大澂。"弢老题二绝句，第一首云："颉颃曾薛使重瀛，好学深思有荐评。同抱冬心谁竟展，返魂香里忆平生。"自注："恝斋会办北洋时，奏保稷臣好学深思云云。"第二首云："当年槃敦伏兵戈，朝贡销沉鸭绿波。君自爱才人负国，可曾鸡酒墓门过。"自注："画为使韩归途作，是与日本定约，韩若有变，两国均遣军援护，须先相闻。及甲午事起，袁某累电请兵往剿，战衅以成。袁固恝兄所称为第一才人者，读此慨然。"

——《花随人圣庵摭忆》第 818 页

2 月 19 日（正月初五日）　张佩纶复函。

复 陈 宝 琛　　　　　　　张佩纶

弢公左右：在清风奉手书，厚意深情，读之感念。颖老请公会办团练，未与左相会奏，恐未必准。正值左迁之后，又恐因此生出波折，万一得允，守礼陈情，转似置身事外，措词似难圆足。鄙见竟以高安素衣治河、湘乡居忧办贼为法，居乡敛迹，受事而不受资，任乡间困有名已。并声明不会衔奏事，或者与近日所处相合，雍乾间凡陈情者均不准也，乞参之。乞俟奉到明谕，再与壶老商之何如。然鄙见未准者十之七八耳。谓林请不准也。鄙人以掩饰取巧谴戍军台，圣恩高厚，藉此效力赎愆，不终废弃，惟措置台费殊为棘手，亦惟有委心任运而已。日日谈洪北江学林文忠，可云具体而征矣。草草不尽欲言，即问礼安。蒉斋。乙酉正月初五日，延平。

老伯大人安。昨席上一谈，期望过当，忽以林竢邨[1]相拟，岂已征窥其机，不肯遽泄耶。诸弟均此。

——上海图书馆藏手稿

[1] 竢邨：林则徐，号竢邨。见前。

2月22日（正月初八） 张佩纶复函。

复陈宝琛 张佩纶

除夕书人日始到，时次太平驿也。台站远者迄乌里雅苏台，近者即在察哈尔。今昔劳逸稍异，具详龚定庵文稿。废员类携家置宣府而在张口当差，去都四百馀里，鄙曾一游，尚无出塞之苦，此实本朝宽大之致也。侍不知军旅锐意，前行致此蹉跌，咎由自取。承以林姚慰藉，非所敢比。惟当自省愆[1]尤，益修学业，必使穷则行足累于乡党，通则功足塞其过失，乃不负公之素爱与鄙人之素志。然臣之壮也不如人，正恐渐成颓放耳。季相爱才之意，有古大臣风，乞见时代为致愧。坡公放废后少作书札，亦养晦之道也。到沪再有书，与公相闻为道自玉，勿以远人为念。殁公坐下。名心叩。穀日[2]瓯宁[3]寄。老伯既诸弟均此。黄、方如何，张成想如汉法以畏懦诛矣，但愿下郿将梁肤功早奏耳。

——上海图书馆藏手稿

[1] 愆：同"愆"。
[2] 穀日：正月初八。
[3] 瓯宁：今福建建瓯。

3月1日（正月十五日） 致函王仁东、仁堪。

致王仁东、王仁堪 陈宝琛

自年内封口至今，沪无来船，前书迄不得寄，而南洋五船遇寇，浙洋竟毁其二[1]。吴安康电报两至，全是饰词，吴本一庸鄙之徒，在沪专善奉承陈湜，《申报》载"孙星使讯妓"所供吴征三者是也。平日花酒，逢迎总统、统领，营务处皆摊派各船出资。九不撤袁又重用吴[2]，五船中惟蒋一学生，鄙早知其不能放洋，无论遇敌。前日澄船水手炮勇纷纷回闽，咸谓五船并出遇法，三船先逃而悬旗令澄护驭，遂致为敌所乘，迫入小港。周子玉[3]闻而相告，故特急电奉闻。近闻蒋入金陵，告吴先逃不援，而吴则扬言澄驭不听调度，且自凿沉其舟。恐蒋亦未为得马江殉节之多，亦会逢其适耳。故吾闽官场传闻即已不一，以九帅素日之喜怒，窃恐蒋必吃亏。吾闽新船下水，名以"横海"，调萨镇冰为管驾，盖贾闻诸鄙者，而杨石老[4]憎其面削年轻，又以学生皆未经行阵，欲改奉派湘军偏裨为船将，以学生为船席，贾持不可。近裴[5]已行之。萨生来舍，以事权歧出，章程变易，欲洁身而退，亦良是也。目下闽局所虑陆军太多，饷项日绌，闻洋价四□万[四百万]借成，未知确否。海口既封，米价腾贵。左日昏惫，杨无主张，至法船在马祖澳，特为传电汲井计耳，意不在再入闽，可揣而知也。而台地寇援日至，我军仅渡陈鸣[鸿]志、王诗正所部千馀人，已到台否，尚无耗。省三技穷，又与兰洲龃龉，台所恃者，刘小彭、林萨堂辈团勇可用，然军械接济维艰，何以为继。年内欲运数炮而不得，盖民船偷渡多被残害。杨厚帅计已到厦，窃恐东渡亦难，闻所议论亦甚隔膜。时局如此，人才如此，谓之何哉。项闻省垣传说，关外之军大挫，果尔，则寇台者益无狼顾之虑，势必进力攻据，其何以支。区区所虑，彼如攻台有馀力，必先扰粤以窘我，四月以前必有大战，有戚友新自粤归，据云防务亦未可恃，此时直无收局之法，未审当轴有何成见。窃意法兵如不大增，尚不敢遽然北犯；即北犯，而津防视他处较完密。但俄、倭虎视，如其合力谋我，多难实所不堪，杞忧何时已耶。朝旨罪贾及弢力举唐、徐，亦以一发难收之故，如马邑之诛王恢也。至贾之在闽是非，足下久久必知之，鄙与之同罪，如再为剖冤，益入党锢之传矣。年内煦万来自白无造谣寄京并代白，缄之不与闻。谚所谓此处无银三十两者，证之来书，所云岂不可笑。孔子谓："公任寮其如命何，"孟子谓："臧舍焉能使予不遇。"此等理鄙知之，贾亦知之。至贤兄弟之不与贾时对人言之，鄙年内进城亦逢人辄说，足下谅亦有所闻，不至为蜚菲所动。令姊因京中久无信来，疑君等怒贾并怒我，鄙人固知其不然也。鄙与贾数年来危冠自喜，世皆欲杀本在意中。贾掌台而鄙在外，故怨毒有浅深。足下与我亲，故谗间无由入，而人之倾轧我者亦不得闻。十月间有人贻书于我，谓彼辈议论倾贾必倾弢云云，今果获其愿。鄙前屡为足下言者，盖以直道所在，吾辈不宜随俗披靡，且恐足下为浮说所惑，致托于以直报怨之说，而贻后来之悔。且窃冀足下信我行，不至阿其所好也。近得仲容[6]书，始知其为平心之论，辄为都下乡人所訾诟，是不惜颠倒白黑，以自实其前言，虽宣圣复生，亦不能以谁毁谁誉自白矣。姚石甫[7]台湾之狱本由吾闽人证成此事，竟后先一辙,鄙前为黄冤、为闽惜,今亦无可言者,不过欲足下了然于心耳。顷又闻自城中来者,谓黄有遗戍之说,沪船不至,无邸抄可阅,果尔,则赤贫如黄,台费安出。鄙既无以资之,而上有严亲,又不能为张亨甫[8]。净师戏谓我为北江[9]后身,自维事君交友之谊无一仿佛,愧恨何似。附草数行以当面谈,勿以语人,再增我一重罪案。煦万谓缄斋来书云,殁致书都不常多黄,鄙于乡人赐唁者尚未一函谢,更无一札论黄事,殆致足下书中语外泄耶。惟鉴不宣。殁叩,望日。

——上海图书馆藏手稿

[1] 1885 年 1 月 18 日,由提督衔总兵吴安康率领南洋 5 艘援台舰只自上海启航南行。法远东舰队司令孤拔亲率 7 舰北上拦截。2 月 13 日(甲申十二月二十九日)双方舰队相遇于浙江石浦海域,南洋五艘兵舰受阻而退,澄庆、驭远两舰在浙江石浦港被法舰击沉。

[2] 袁九皋,时任南洋水师"南琛"号管带、总兵。吴安康,时任南洋水师提督衔总兵。

[3] 周子玉:周懋琦,字子玉安徽绩溪人,曾任台湾知府,福建船政提调、海军留学生监督,湖北荆宜施道等。

[4] 杨石老:杨昌浚,字石泉,见前。

[5] 裴:裴荫森,见前。

[6] 仲容:董元度,字肇洪,号仲容,见前。

[7] 姚石甫:姚莹,字石甫,号明叔,安徽桐城人,嘉庆进士,台湾道,广西、湖南按察使。

[8] 张亨甫:张际亮,字亨甫,见前。

[9] 北江:洪亮吉,清代经学家、文学家。字君直、稚存,号北江。江苏阳湖(今江苏常州)人。乾隆榜眼。嘉庆四年,上书言事,极论时弊,戍伊犁。次年释还,居家十年卒

3 月 10 日(正月二十四日) 从螺洲到福州省城,郑孝胥来访。

陈伯潜适上省,往访,坐客甚众,有阳湖洪荫之,稚存[1]之玄孙也。坐久之,偕怡舅来,饭已,怡舅去。暮雨复集。 ——《郑孝胥日记》第 1 册第 49 页

[1] 稚存:洪亮吉,字稚存,见前。

3 月 12 日(正月二十六日) 郑孝胥来访,约往阳岐访叶大庄。

晨,访伯潜,订往阳岐叶临恭精舍。 ——《郑孝胥日记》第 1 册第 49 页

3 月 14 日(正月二十八日) 赵阳岐,与三叔子和[1]、郑孝胥等在叶大庄处斗诗终夜。

晨,与怡舅同阳岐之约。从南门雇舆出城,过万寿桥,村落间李花盛开。一时许方至,入门,主人诸客方斗诗,在坐者陈伯潜及其叔子和、洪荫之、许豫生、林戢卿、陈伯初。自战方酣,强余作,遂至终夜。

——《郑孝胥日记》第 1 册第 50 页

[1] 子和:陈承銮,字孝采,号子和,陈景亮三子,邑庠生,中书科中书生。

3 月 15 日(正月二十九日)　与陈承鋆、郑孝胥等离阳岐。

　　早,少憩复作。午后,众皆倦,林、许先行,伯潜叔侄及洪荫之亦去。

——《郑孝胥日记》第 1 册第 50 页

正月　李鸿章复函[1]。

复 陈 宝 琛　　　　　　　　　李 鸿 章

　　伯潜馆丈□□□□□□□萦思,□闻高论谠言,痦寐倾诉。值众谤盈廷之会,未敢妄通尺一,致党援声气之嫌;又不敢以世俗恒泛相待,殊歉然也。倾奉手书,期勖至厚,感佩莫名。香涛出膺烦剧,□言皆望其□行,凋瘵之馀,展布殆亦不易。幼樵心精力果,扶植正士,比常相见否? 鄙人穷年孳孳,不克举其职业,负疚良多,独于练兵驭远之要,稍能窥见崖略,而人或以此訾之,更无掖而助之者。中国后世之末由自强,可逆睹矣。新岁惟□□万福不一。鸿章再拜。

——《福建文博·李鸿章致陈宝琛的两封信》1985 年第 1 期第 82 页

[1] 此信《李鸿章全集》未见。

3 月 18 日(二月初二日)　张佩纶返京途中经上海来函。

致 陈 宝 琛　　　　　　　　　张 佩 纶

　　伯潜前辈阁下:由延、建逾仙霞,二十日始到清、湖、衢、严。为父兄宦迹所经,戍客重来,感伤无已,且舟车所费不赀。壶公寄千金未到,拟以此归还船政,而委员等不肯受,殊属无谓。到沪则法船已在崇明,仍由陆道赴都。闻谅山又败,石浦两船传闻自行凿沉,镇海三船张皇恇怯,不值一噱。闻中枢渐有魏绛之意矣。闽中防务,子玉函来,樾岑出驻壶江,黄军亦随去,不知确否。阁下想在乡时多,在城时少,颖老之请未见明文,想是伪言。恪靖当不过拘致。计惟养道礼庐,上承亲欢,下歌鴒好,学问非在忧患之时,断无进步也。侍过浙,姊氏病剧,为留五日,止此一姊矣,煮粥疗须不能与一武人争,为弟之道,怅惘可知。沿途作诗不求工丽,但用遣日,颇无怨尤愤懑之意,稍介胸怀,或尚可与入道耶。盈盈一水,不尽所怀,到津当再有书。敬颂礼祺。老伯大人前请安,诸弟均候。佩纶顿首上。二月二日。初四由沪行,复函寄津。

——上海图书馆藏手稿

3 月 20 日(二月初四日)　张佩纶至昆山来函

致 陈 宝 琛　　　　　　　　　张 佩 纶

　　伯潜前辈大人阁下:在沪所寄一书当已入览。近维上侍安和、动定清适为慰。舍弟及宗载之姊丈均酷耆法书,谓入虞、褚之室,而叔欧、薛之堂,各出纸属,佩纶请公临池之暇,一挥洒之,惟求勿作涪翁[1]体,以载之及舍弟均不好家鸡也。一笑。过子陵钓台，断碑甃瓦中不可辨识，惟得魏公两截正学山谷，盖裕陵耆黄，迨时臣工亦效之。鄙人之罪浮于符离，鄙人之党少于元祐，要是不祥之人，龙川觥觥未可下效，浅夫正当，各立旗鼓也。另纸详着名字，馀少姊面陈。即颂礼安。佩纶顿首。昆山道中。　　——上海图书馆藏手稿

[1] 涪翁：黄庭坚，晚号涪翁。

致函张之洞。

致张之洞　　　　　　　　　　　　　　陈宝琛

　　孝达前辈坐下：入春万福，忭颂无量。闻公请觐未得，考绩复荷优褒。此时欲不为长沙，新建恐又不能。近日朝端掣肘如何，幕中有无臂助，时以为念。郑工不塞为大局虑，为高阳[1]忧。公处当常通问，能为画一方略，资以人才否。久不得蒉斋书，时时有谣传到闽，令人疑闷。瞬当圆满，或不至有下石之举耶。昨晤樾老，知闽协粤船又遭部驳，机料已购，欲罢不能。樾老拟以朝四暮三之法，划清款目。与公联奏，冀可邀准。原稿寄呈删酌，或别有善策可以熟商。闻公以协造垫款之巨，疑闽厂何事为此穷孟尝。此节确是樾老一片公诚，通融挹注，期于两益。部议驳诘，初不及计。大抵船政工用有宽泛之失，而无浮销之弊。即学生亦病在疏阔浅率，而无巧滑欺饰者。公但询考魏瀚[2]，可以得其大概矣。楼额能拨冗一书，交魏生带来否，盼盼。手此，敬请台安。不宣。侍宝琛顿首。二月初四日。　　——《赵凤昌藏札》

[1] 李鸿藻，号兰孙，直隶高阳人，见前。

[2] 魏瀚，字季渚，福建侯官人，同治五年考取马尾船政局前学堂，毕业后留在船政局供职。光绪元年派赴法国留学，归国后仍回船政局。后入张之洞幕。

3月23日（二月初七日）　郑孝胥夜得来柬。

　　晚，得伯潜来柬。夜月绝明。　　——《郑孝胥日记》第1册第51页

3月29日（二月十三日）　张佩纶淮安舟中来函。

致陈宝琛　　　　　　　　　　　　　　张佩纶

　　林文忠诗已许筱骢[1]栞[2]行，不可失信。兹寄上洋四十元，即为设法付梓，应须若干竣工并乞示，及小事亦不值酿资，栞成附一跋可乎。今日至袁浦，叶子晋送至此言别，此款即交其带呈，馀不多及。敬上。试帖诗似可不必附刊，乞与筱骢酌之。伯潜前辈，老伯及诸弟均问安问好。佩纶手状。二月十三日。淮安舟中。　　——上海图书馆藏手稿

[1] 筱骢：张曾敫，号筱骢。见前。

[2] 栞，同"刊"。

郑孝胥来访,见三弟宝璐;留饭。

晨,……往视伯潜,见其弟叔毅,与语,颇好学,余心异之。伯潜留饭,与坐者林绍庭孝廉。　　　　　　　　　　——《郑孝胥日记》第1册第51页

4月13日(二月二十八日)　致函王仁堪、仁东兄弟。

致王仁堪、王仁东　　　　　　　　　　　　　　　陈宝琛

可、旭弟均鉴:正月半孟芳病殂,二月初旬始偕令姊入城谒墓。俯仰松楸,百端交集。时方雨后,土花石绣,紫翠相错,地脉之好可知。乡僻乏便,轮船复稀,加以心绪恶劣,家务冗繁,两得手书,久久未报。欧[1]前不知我谪官,思援以自重,团练之请,幸得不报。船政推与维允[2],乐得自洁其身。省垣人熏心腐鼠,固应疑其顺受也。方今是非淆乱,机械杂出,身当其局,自不能计祸福,既不在官,岂有不望之怨去之理。近闻人言去岁何督[3]之于黄,直与九帅之于我,猜忌龃龉,正复相同。特曾犷莽,而何阴险,故受其指使者亦不之觉耳。近日黄事渐已水落石出,但非数言可罄。异时有与足下见面之日或可一谈。足下但知欧之险而以毅为长者误矣。左、杨到后毅遣其弟纠合绅宦具呈,而无从者,且屡在杨前谱黄。欧之祖宋,致书轧黄,叔毅曾函及之,鄙语黄而黄不信,鄙见欧亦疑谣传之不确。得来书始恍然,盖其时六月初七、八事。何、穆请撤,黄、方兵回守城,并请黄入城,黄电驳之。人人皆知吾闽无备,由何所致,而此时何以甘言餂省绅,谓黄不顾省城,省绅多受何惠者,遂迁怒于黄。将军败由连江归,欧扬言其胜法半以安民,半以报穆,省垣遂谓穆真胜。香案(即团局诸人)近之,及见其仓皇之状,始知其亦败退也。穆既入,不肯复出,故与何同请促黄入城。中旨因黄电而责穆再出,故穆亦憾之。中旨责何、穆,何因激绅怒而欧助之,此事官场人人知之,即鄙前请黄守城,亦是为省中舆论所误,彼时黄则责我助何说话,朝议又疑我党黄,均是梦话。总总,何督谓厂已烬,实则但塌一烟筒,鄙前电有厂烬船毁之语,亦为所误。黄之被参被谴则冤,而所以致之者,则皆气盛之为害。气盛则欲行其志,而人必躏其志而后已;欲成其名,而人必败其名而后已。彼虽不自惜,如人心世道何。然鄙虽见及此,而受曾谣诼,几丧其所守,特欠黄一败耳。不知足下当官时又将何以自处,以为免祸之道也。闻刘叔涛[4]物故,望可补浙学自救其贫,兼可救我,可不得学则卷可归,如得学则宜稍缓,彼时再商。旭书将改教,恐不决耳。寒乡闲屋甚多,或千金或数万金即可典一所,甚思为君等营之。如果可视学、旭改教,则决意为卜邻之计。乡居僻陋,较胜于城市嚣陵也。关外军败,潘、王获遣,闻复有大胜之电,未知确否。湘淮军胜仗多虚报,去岁观音桥之役,我军毙法兵实不多,而伤亡颇伙。议款时,鄙曾拟彼时互抚恤,嗣探彼伤亡之数不及我十分之二。基隆

之役，我兵擒其上山竖旗之人一名，枪毙数人，而报斩百数十，获炮四尊，实即我物，而廷议视为大捷，战意始决。鄙前电谓其小胜不足恃，盖据"威利"轮船目击者所言也。省三为台民所诉甚于黄，然为枢府所喜，又善酬应，故虽丢师失地而获全，且得破格之用。平心而论，有何公道。近日暖暖庄又败，澎湖旋陷，台南亦挫，杨宫保亦束手，且湘军尚有驻澎湖未渡台者，定遭法夷荼毒矣。中兴将帅经此一番，具见大概。左、彭均赤心浩气，而左耄彭疏，守旧而无所通变，杨宫保久居林下，于时务更茫然，只身渡台，勇则勇矣。在省来拜，适仆在乡。闻有人询其方略，则曰"朝廷促我渡台则渡台耳"；问有炮否，则曰"无"；问需炮否，则曰"可"。台氛早靖，不至断送，则幸也。刘、鲍本皆助狗，岂足独当一面，曾则巧滑异常，全不以国事为重。沈致李缄不尽悉底里，此时亦可不用，鄙前因两弟书来，皆赞张成虽败犹荣，故疏保张成并及蒋。顷闻闽官言，则黄任张成为误，而闽绅亦喉管驾难眷指控张成，并以张成之罪为黄罪，究竟孰是孰非，弟前函闻诸何人，便中示之。闻锡彤事可无碍，九帅欲实其言，谓拨船非其志，早料如此，殊不思迟回不进者两月馀，驯致寇来拦截，果谁咎耶。此种伎俩只好欺朝廷，沪报中议之屡矣。近闻中枢复有议款之举，与来示适合。去岁到宁、到沪，目击外间设防情形，并受当局议抚方略，因知战之断不能持久，故欲因其机而为了事，不图内外不应，首尾不顾，一身丛谤，而于国事无裨。目下急而求成，深恐彼更要挟，但使津约细款多占便宜，或基隆暂归收管，其吃亏更甚于数千万金，未知当局诸公所操何道。董腴[5]亦外简，铁香[6]新受谴，想伯希必托于言孙之义矣。鄙有疏草一本，由黄交还，可前为奏记曾检阅，来信曾及之。而令姊未携到江。前在江西时，可弟曾言存京寓，鄙前电索寄还，未蒙复，乞早为检寄。中有与黄联疏之稿，即所谓力举唐、徐堪任军事者。仲留下书箱，知蒙检点，乞为觅便寄回。既有欲检之书，且虑星船远出，无可寄存也。如乏便，陆续寄回亦可。维允如归亦可寄，但闻渠不甘小就也。费心费心。讣文均蒙饰送衔，感无既。年世谊外所放何人有录底否。董腴、东甫均无信来，旧仆黄溥踽踽无依，能为觅一枝栖否？荐东甫亦可。再同之粗莽，鄙向比之石徂徕。旭前谓贵筑害贵竹，其言果验，未知伊亦自悔否。渠无信来，故亦置之。令姊归后尚习惯，可禀堂上勿系念。爱苍、缄斋、肖雅、伯双诸君复函，乞分致之。琐琐聊当面谈，阅毕付丙。维鉴不宣。制弢稽首，二月廿八日。

　　　　　　　　　　　　　　　　　　　　　——上海图书馆藏手稿

[1] 欧斋，林寿图，号欧斋。见前。

[2] 吴维允，字伯翔，福建福州人。曾任船政提调等职。

[3] 何督：何璟，时任闽浙总督。见前。

[4] 刘廷枚,字叔涛,江苏吴县人,光绪十年任浙江学政。

[5] 董胦:黄正玮,字善长,号敬如、董胦,晚号澹叟。湖南安化人。曾任江南乡试副考官、河南道、陕西道监察御史。

[6] 铁香:邓承修,字铁香。时升任鸿胪寺正卿。

4 月 15 日(三月初一日)　张佩纶赴张家口戍前,在津来函。

致 陈 宝 琛

张佩纶

　　伯潜前辈阁下:在沪一缄当已入鉴。敬维上侍康强,匡居静定,甚善甚善。佩纶以二十五日至德州。九弟来迎,舍车而舟到津,小住三日,请合肥派员解送也。法事已就讲解,日本使在津立约,他日清卿必有函详布,鄙人不复赘言。宗祠楹帖已请合肥[1]书就寄上,乞察入。佩纶到京作十日留,拟即赴戍,妇仍多病,妾生之子已殇,杜陵所谓"入门闻号咷,幼子饿已卒"[2]。想同此怀抱耳。挈眷与否,因润师[3]遣眷先归,已到都下,须酌定再奉布也。达守[4]控公需索棚规交两星使,闻取供不往江西查办,廖曾充学政,想不至作门外语。津中传言如此,想非无因,馀再达。敬颂礼安。侍佩纶敬上。三月初一日。

——上海图书馆藏手稿

[1] 李鸿章书螺江陈氏宗祠楹联"冠盖今螺渚,诗书右颍川"。李手书原联不存,今重制悬陈氏宗祠。

[2] 杜甫诗"自京赴奉先咏怀五百字":"入门闻号咷,幼子饥已卒"。

[3] 润师:边宝泉,号润民,汉军镶红旗,同治进士,时闽浙总督。

[4] 达守:达布春,见前。

4 月 25 日(三月十一日)　致函王仁堪、仁东兄弟。

致王仁堪、王仁东

陈宝琛

　　可、旭弟均鉴:积久不得手书,令姊疑虑滋甚,故传电奉询。得复电后数日,旭函亦来,而所谓厚封一信,至今未到也。闻和局已决成,但不知果否。于五条外别无要求。关外退师,而基、澎犹运炮筑台,深恐有久踞之意。去岁德璀琳到沪[1],巴使出两条要和,即谓暂租基隆,认造铁路。鄙时抉其弊,电署止之。此次不同,时退兵已输一着。去夏沪议不成,亦病在退兵太速也。又闻详约改派赫德就巴黎议定,西人中如赫德皆善揣摩中土人情,以为可以朝三暮四,而其伎俩又不足使法降心从我。去岁在沪,一味抑中以求和,已见大概,然当时请关外撤兵,请派九帅就沪,中枢皆从其议,而且欲自充全权,对稷臣说,并思加侍郎衔,欲罢黉斋,规[2]我年少未碰钉。今日竟皆践其言,何其见信于当轴如此。夫以简约[3]五条之疏,尽人所知。责北洋补救犹恐不及,况任诸痛痒不关之人,而望其有胡越一家之谊,不亦难哉。未知日下诸公近日又作何议

· 247 ·

论也。台、厦人言恨李彤恩，欲食其肉。而省三反庇护之，财可通神，信哉。李一海关书吏，与柯玉栋同。中枢袒刘而外左，未免成见太深。平心而论，左有昏耄处，而赤心不改，几于三呼渡河；刘则一味幸和，不独与台南水火，即林维源、林维栋各乡团义勇皆龃龉之，不使见功，其弃基隆之故，则众口确凿，鄙虽不敢尽信，而揆诸情理容或有之。因有人在津家书至台有云，合肥谓和议不成，误于基隆之报收复，李彤恩以告省三，故弃基以为和地。都下所闻何如？日来正将考差，试后必更多热闹。所存书箱有无妥便可寄，幸为留意。前托配《唐书》，望早寄下。令姊体尚耐烦，但水饮入春更甚。鄙凤患痰饮，日来亦剧，顷同入城就医，小住已将浃旬，明日当还乡，闻有轮便，草此布肍，即问侍安，请为禀慰。弢白，三月十一日。

呢幛不必寄回，信先寄下。席卿、廉孙谢函乞致。阅毕付丙。

——上海图书馆手稿

[1] 公1884年9月17日(七月二十八日)致电军机处，"可否饬赫德改派札德璀琳司沪、关庶运械侦敌均有益"。

[2] 规：同"窥"。

[3] 简约：《中法简明条约》，1884年5月11日(光绪十年)法国海军中校福禄诺在天津签订，又称《李福协定》，承认法国占领越南，并允许法国商品从云南和广西进入中国。

4月26日(三月十二日) 张佩纶到京来函。

致 陈 宝 琛　　　　　　　　　　张佩纶

弢庵前辈阁下：沪、津两书当已入鉴。佩纶于上巳后一日到都，寓愍忠寺，客来不接，妇病可怜。敌国之和战、一身毁誉都不挂口颊，月之下旬只身赴戍。润民师有西河之痛，而有东洛之迁，眷属先已还都，故累弱赴宣，须候润师进退为定。塞上求医求师均不易得也。台费月四十三两，三年纳锾需一千六百金，此须释归时上纳者。向来特恩：释归者不出台费；近薛侍郎建议须一并缴费，又向例倍缴台费者，可免赴戍，谓之赎罪，近示议加五成，岂知鄙人故，无益纳赎耶。小人伎俩可笑如此。林文忠诗当已付手民，吴清卿前辈允借六十金助栞，祠联已促合肥矣。敬问礼祺。老伯大人前请安，诸弟均此。佩纶顿首。三月十二日愍忠寺。此函复来电不另寄电矣。　　——上海图书馆藏手稿

5月16日(四月初三日) 张佩纶来函。

致 陈 宝 琛　　　　　　　　　　张佩纶

伯潜前辈阁下：两电均悉。敬维闭门静居，蓄道修德，深用驰印[1]。子瞻憺耳[2]，子由雷州，鄙人张口斯其类欤？春杪首途，月初出塞，读书省过，以副

深期。祠联[3]屡促合肥,当已寄达左右。塞上酪佳,村官回津,寄奉乳饼两合,稍助阁下旨甘之献,驿马不能多致也。新居落成,与诸弟联床听雨,岂非中条大隐,令人健羡。《林文忠诗集》,清卿愿助番钱六十枚助刊,旋有珲春勘界之役,不知刊资已寄尊处否。颖叔先生见时道意,丹曾赙当为致之。敬问孝履不宣,堂上安福,仲勉、叔毅、墨樵诸弟均候。佩纶顿首,四月初三日。

——上海图书馆藏手稿

[1] 卬:同"仰、昂"。

[2] 子瞻儋耳:苏轼贬居海南儋州。

[3] 祠联:公托张佩纶请李鸿章书螺江陈氏宗祠楹联"冠盖今螺渚,诗书古颖川",见前。

5 月 17 日(四月初四日) 送郑孝胥程仪八元,郑来访,久谈。

夜,伯潜送仪八元。郭宾实过坐,既去,余往伯潜处,谈久之始返。

——《郑孝胥日记》第 1 册第 56 页

5 月 19 日(四月初六日) 张佩纶来函。

致 陈 宝 琛　　　　　　　　张佩纶

今日往市购乳饼,适有蒙古贡差过此,分得贡馀饼十包,据云此饼之至佳者贡,系三、八两月味真而乳净且新,鄙不知此味,附所闻,亦《松漠纪闻》[1]之一则也。潜史。蕡斋塞上寄,四月初六日。　　　　——上海图书馆藏手稿

[1]《松漠纪闻》:宋洪皓撰。

郑孝胥来访,出示《怨晓月赋》。

午后,至伯潜处,坐久之,出《怨晓月赋》视之,颇谓精妙,因留,携视叔毅,从之。

——《郑孝胥日记》第 1 册第 56 页

5 月 21 日(四月初八日) 张佩纶寄赠乳饼。

合肥、琴生均有书,附寄闽书二,伯潜寄牛乳饼,周子玉、谢韵会。都下书。

——《涧于日记·出塞日记》第 2 册第 2 页

5 月 22 日(四月初九日) 荐郑孝胥入李鸿章幕。

晨,往伯潜处。余将去家,伯潜欲荐之张香帅。余愿北行,伯潜亦以为可,拟修书往谒合肥。既定议,午后,往恒子实寓。

——《郑孝胥日记》第 1 册第 56 页

陈阁学荐丈入李少荃相国幕。……苏丈[1]工汉隶,临褒斜道铭数巨帧为饷,字大如斗,叕庵戏言可伯仲伊吕。

——《陈石遗集·侯官陈石遗先生年谱》卷 2 第 1956 页

[1] 苏丈:郑孝胥,号苏堪,见前。

5月23日(四月初十日) 郑孝胥来访,谈久始去,郑决意赴天津谒见李鸿章。

晚,至伯潜宅,林小帆在焉,谈久之始返。赴津之计遂决。

——《郑孝胥日记》第1册第56页

5月24日(四月十一日) 郑孝胥作函。

作简与伯潜。 ——《郑孝胥日记》第1册第56页

5月25日(四月十二日) 郑孝胥来访,公即将从省城福州返螺洲。

过伯潜,伯潜即返螺江。 ——《郑孝胥日记》第1册第56页

5月29日(四月十六日) 郑孝胥书联寄公。

是日以书联寄伯潜。 ——《郑孝胥日记》第1册第57页

6月4日(四月二十二日) 致函张佩纶。

致 张 佩 纶
陈宝琛

黄斋世丈合下:别后累奉惠函,鄙仅寥寥电讯,以行踪靡定,离绪纷来,故作书辄止。得悯忠寺书,知三月下旬当赴戍所[1],和议归赫德手定,宜从者之有远行,寸丹不灰,宜于困心衡虑、拂乱所为之时,坚其骨力,增其德慧,用行舍藏,此时犹道不着也。曾文正自言,所用力在能立能达,不怨不尤,立谓坚定,达谓圆融,行得去凡,章奏公牍无一矜张语,皆是达,亦四十以后阅历有得之言哉。宝琛乡居蓄缩,奉亲读《礼》,旁无所营,樾公[2]以宽平治船官,滥竽者日进,恪靖欲拓开炮政,屡屡牵率,不才已力却之,而津之吴、粤之龚,皆日觊觎于长官之推毂,此公所谓吾辈视之如腐鼠、而人慕之如膻者也。恪靖衰惫可怜,于公则始终称服,虽遭申饬而不悔,和局成,当有归田之请矣,壶公杳不通问,闻其累疏言撤兵太速,有不达时务之批谕,未审确否。风传清卿[3]革职,以卿衔勘边界,岂讹说耶?不得京信已两月馀,潜邸乞休何故,安圃、再同近状何似?林文忠诗不日可付手民,小帆有书致谢,并望大笔为之弁言,左侯留友山署抚,申饬不准,兰洲[4]复有被参之事,询自台来者则引绳批根,大都失实。甚矣,听言之难也。相去日远,会面何时,思之黯然。此后奉书从何处寄达,幸示及。手此,敬问道安,不宣。制宝琛稽首,四月廿二日。

家严气体安适,命笔道候,弟辈随叩。 ——上海图书馆藏手稿

[1]张佩纶光绪十一年赴张家口戍所。

[2]樾公:裴荫森,见前。

[3]清卿:吴大澂,见前。

[4]兰洲:刘璈,字兰洲,见前。

6月5日(四月二十三日) 郑孝胥接公函。

伯潜以书来。 ——《郑孝胥日记》第 1 册第 57 页

6 月 6 日(四月二十四日) 郑孝胥来访。

晚,过伯潜,晤许豫生、陈有虞。 ——《郑孝胥日记》第 1 册第 58 页

6 月 7 日(四月二十五日) 郑孝胥来访。

夜,过伯潜,晤梁伯通[1]。 ——《郑孝胥日记》第 1 册第 58 页

[1] 梁孝熊,字伯通,福建闽县人。光绪举人,江苏海门同知。梁鸣谦子。

6 月 8 日(四月二十六日) 郑孝胥来访。

晨,访伯潜。 ——《郑孝胥日记》第 1 册第 58 页

6 月 9 日(四月二十七日) 郑孝胥离闽赴天津,陈衍作诗五言赠别。公见此诗以为"清刚"。

送苏戡之天津五言律,陈弢庵阁学见之,以为清刚。

——《陈石遗集·侯官陈石遗先生年谱》第 1956 页

6 月 23 日(五月十一日) 李鸿章函复张佩纶,附公来函,附函未见。

复 张 佩 纶 李鸿章

黄斋世仁弟大人阁下:四月二十六日奉二十二日手书,系由京递,何其速。五月初六奉四月二十六日手书,系由驿递,何其迟。就审兴居顺吉,箸述自娱,至为颂系。庐卿果已释回。前助五百金,函交高阳,适冗忙未亲洒翰,但一举笔,百端交集,不知从何说起耳。昨寄谕饬散处,曾、左、杨、彭、张筹议水师事宜,少迟当据管见上陈,无人无财,虽争欲插手,临事必无实效,徒唤奈何。湘阴[1]电奏开缺回籍养病,又请进京复命,心事可知,尚未奉旨,似仍留闽善后。此老已是废物,非徒无益,又害之矣。阮书乃有前意,青词恐难尽凭,逢兴则必有之,自须与系铃人说明,乃可设法。昨伯寅过此,深惜才不遇时,惟云怨家过多,新例严峻,宜从容缓图。鄙拟秋初入觐,不知届时有无机会。然兹事已结局,而独归罪亦冤甚。公以反身修德,时自辟解,学养当更进益,企佩奚如。张口常有信局,嗣后惠函交寄,再验迟速。手此,布颂箸祺。馀不一一。省心顿首。附伯潜书,察入。 ——《李鸿章全集·信函五》第 33 卷第 502 页

[1] 湘阴:左宗棠,湖南湘阴人。

6 月 26 日(五月十四日) 郑孝胥谒见李鸿章,李告郑:公对郑多加赞许。

复谒[1],得进见。初问春帅家事,次问学问文字,次问闽事,既而曰:"陈伯潜盛称吾子,予亦久闻子贤。有著作否?"对曰:"方学,而未敢自信也。"辞出,中堂曰:"子无事,可常来谈。"余唯唯。 ——《郑孝胥日记》第 1 册第 59 页

[1] 前一日郑孝胥谒李鸿章,未晤,故云"复谒"。

6月27日(五月十五日) 张佩纶得来函。

得伯潜书。四月廿二日寄。 ——《涧于日记·出塞日记》第2册第12页

6月30日(五月十八日) 张佩纶来函。

作陈伯潜前辈书。 ——《涧于日记·出塞日记》第2册第13页

致陈宝琛
张佩纶

伯潜前辈阁下：奉四月廿二日惠书，伏维上侍康强，礼堂闱学，慰企无量。孝达屡以撤兵太速为言，政府恶之，电复颇如公所闻。俄、法两役，孝达名实俱到矣，讲解事由赫德、合肥屡争，译署不复，清卿宪副奉命会俄勘界，近尚未行。闽中传言抑何可笑，朝邑乞病，言者劾其取巧，皇[1]遽而出，塞上所传如此，较闻之民伪稍异，孤陋则有之，颠倒则免矣。马江复疏，虽潘词不副乐旨，驰誉不助宣威，而恪靖[2]之心众皆喻之，公谓恪靖于鄙人始终称服，虽遭申饬而不悔，败挫之后，谇诟之馀，能坚定如此，虽谓之神明未衰也可，佩纶自励自勉，不为私谢，待恪靖亦不薄也。陈英传正拟纂稿。铁香[3]言巴特纳[4]于约定后报孤拔已死，实则初三之役为陈英炮击坠，未至长门而死。是日，陈英当孤拔之舟，此言必确。战后德副提督输情于方道星察理[5]笑之，小邨以巴使惨沮，谓孤必死，电告鄙人，八月间合肥访闻，从法教民家书言孤拔阵殁，法将各官加等议处，与佩纶先后电署，时京僚之劾已传，内疑鄙为止谤计，合肥亦疑信，相兼不便再电，玉溪诗曰："军令未闻诛马谡，捷书惟是报孙歆"，今马谡未逃而孙歆未报，亦稍免于诗人之刺矣。都下颇传此事，为鄙人不平，知武子少年坎坷，果老而有裨于晋霸，岂以一襄老之尸为轻重，此正可为陈英传料耳。林文忠公诗学何家，乞公撮要见示，或作一跋寄正，但子瞻作潮州韩祠碑[6]则可，鄙非其人，恐以疑似滋谤，稍缓何如。筱骢处乞致意，旧作辟历梧诗，望录稿见寄，甚爱此诗也。公服膺曾文正能立能达、不怨不尤之说，举以相勖，足见涵养益深，阅历有得。惟时事艰难，人心浮靡，较之粤捻尤难着手。公于三年伏处时，宜将一生作用扩充基宇，立定墙壁，方不空过此日月，就曾侯所言论之，仍当先从坚定处着力耳。鄙人近亦养心省过，安命甚易，夵[7]孙甚难。公言正中我病痛，每念晋重耳备尝艰苦，何以一见楚王，顿作壮语，诸葛侯街亭败还，何以能使朝无逸言、军无馁志，苏长公谪海南，何以浩然不衰，悠然自得。其所养所学，必有大过人者，胸中时以此数公盘旋，便尔斗室高朗，生气远出。复颂侍祉，不宣，堂上万福，诸弟均在念，仲勉、叔毅近作何事遣日，不另启。佩纶顿首。五月十八日。

——上海图书馆藏手稿

[1] 皇：同"惶"。

[2] 恪靖:左宗棠,见前。

[3] 铁香:邓承修,见前。

[4] 巴特纳,亦作巴德诺(Jules Patenotre),法国外交家,驻华公使,与李鸿章签订《中法媾和条约》。

[5] 星察理(Charles A. Sinclair),曾任英国驻福州领事。

[6] 潮州韩祠碑:《潮州韩文公庙碑》,宋代苏轼作。

[7] 厺:同"去"。

7 月 1 日(五月十九日) 张佩纶复函李鸿章,作致公等各人函十封。

作复合肥书。明日遣戚姓兵至都,共寄合肥、伯潜、乐山、鹤巢、吴子述、叶子晋、宗载之、八弟、粹玉、安圃十书。

——《涧于日记·出塞日记》第 2 册第 14 页

7 月 12 日(六月初一日) 郑孝胥诗赠严复,以严为"知己",公为"素友":"弢庵吾素友,对我说生平:知己唯吾子,相期共令名。"

晨,作诗赠幼陵,诗曰:"慷慨怀大志,平生行自衰。嗟君有奇骨,况复负通才。时事多荆棘,吾侪今草莱。天津桥上见,为我惜风裁。""弢庵吾素友,对我说生平:知己唯吾子,相期共令名。壮心付歧路,愁眼看神京。语罢同三叹,苍茫百感并。"罗[1]、严得之大悦。 ——《郑孝胥日记》第 1 册第 61 页

[1] 罗:罗丰禄,见前,时在座。

7 月 19 日(六月初八日) 郑孝胥同罗丰禄谒见李鸿章,李告郑,公来信已手复。

幼陵行,送之岸侧。旋同稷臣便服谒中堂,坐语久之。中堂自言虚心爱才,所以日益未已,语甚多。又曰:"姑寄居营务处。伯潜书已手复矣。"

——《郑孝胥日记》第 1 册第 62 页

五月—六月 刘铭传招往台湾,1880 年(光绪六年庚辰)曾为刘代草"请筹造铁路以图自强"一疏。见本编 1880 年 12 月 3 日条。在台结识台绅林维源[1]。公父承袭以次女芷芳许婚林侄尔康。

应台抚刘铭传(省三)之招,作台北之游。刘,淮军名将,公在京时故交。庚辰曾请公代草请筹造铁路以图自强一疏,略以铁路之利于漕运、赈务、商务、矿务、以及行旅厘捐者,不可殚述,而于用兵一道,尤为急不可缓之图。并指出俄人所以挟我,日人所以轻我者,皆以中国守一隅之见,畏难苟安,不能奋兴。若一旦下造铁路之诏,显露自强之机,则声振之始,彼族闻之必先振聋。惜此议为当时顽固守旧者所沮,不能用也。

在台识林时甫(维源)侍郎。林氏徙居台湾后,用垦田致饶,至侍郎兄弟,亦扩其业。时甫为其侄镜帆(尔康)求婚,光禄公以次女芷芳许之。

——《闽县陈公宝琛年谱》第48—49页

[1] 林维源:字时甫,号冏卿。台北板桥人。与兄维让组"林本源记"。1884年避战火迁厦门。曾授内阁学士、太常寺少卿。中法战争后任台湾铁路大臣。《马关条约》后,率全家族避走厦门。

刘铭传来函。

致 陈 宝 琛　　　　　　　　　　　　刘铭传

伯潜仁兄大人阁下:昨闻大驾自基隆返棹,本日正欲趋谈,大雨倾盆,明日板桥之行亦不果矣。致幼樵函即请代递为托。明日开霁再行走领雅教。手此奉恳,即请刻安。不一。愚弟刘铭传顿首。

——《福建文博·刘铭传致陈宝琛的七封信》1985年第1期第84页

7月30日(六月十九日) 离台返抵福州。

8月2日(六月二十日) 复函张之洞。

复 张 之 洞　　　　　　　　　　　　陈宝琛

壶公坐下:自黄行后,块然无可语。闻虏兵退,附轮东渡,得纵观台厦地势,基沪战场,兼旬而归。读公见招之电,则酷暑倦游,家祭在迩,只好期诸秋后矣。公于俄、法两事,始终坚持,名实俱到。读疏稿三叹不已。补牢之策言之必详,惟环顾人才,晓事固难,实心更少。中朝若仍行以故事,则新知虽癖,积习旋来。十年以后依然无一可恃也。蔼仁[1]前辈书传公意,欲有所商。疏拙拙躯,以得脱世网为幸,任重道远之事,尤不敢承。公眷故人,幸勿牵率。越事扰之数年,人才折磨,最为中国病。鄂黄尤可惜,兰洲[2]恐亦不免。平日任怨丛谤,基隆之役,复屡屡以函牍触忤大潜,怨家群起,罗织诋诬。比侍入台则已被弹解任,弗能救矣。平心论之,岁增烟茶税十馀万而台民不扰,法寇围困,经年而台南晏然。其功亦恶可掩耶。大潜颇知西法,在宿将中已属难得,于台防善后,言之了然。如得正人为助其奋迅之气,亦足有为,且观其后耳。前书寄定侯[3],因假牍未下,延阁月馀,顷取回改作。定侯以朴勇为黄所赏,以驭军之失,没守厂之劳。西公不平,劝其游粤。公与侍皆所谓爱丈人及屋上乌也。手此,敬问起居。不宣。侍制橘洲谨上。六月廿二日。　　——《赵凤昌藏札》

[1] 蔼仁:龚易图,字蔼仁。见前。

[2] 刘璈:字兰洲,湖南岳阳人,时台湾兵备道兼提督。

[3] 定侯:王仁堪,见前。

8 月 9 日(六月二十九日)　致函王仁东。

致 王 仁 东　　　　　　　　　　　　　　　陈宝琛

　　勖弟如面：得可濒行一书,后音尘渺然。省城谣传甚谬。令姊至为悬系。闻闽山巷得近书,始稍慰。堂上关心行役,自所不免,随事宽解,半年亦易过也。足下近日当必与考军机,得失如何。同乡望差者实繁有徒,近三省外尚有学政,馀地甚宽,吃梦更添几局。小兄于此中滋味尝之惯矣,时髦但眼热,伯双之得蜀学,遂以一击不中为介,亦殊可不必。兄前月下旬因闻法兵新退,思渡台一览基、沪形势[1],兼考彼族布置陈迹,遂由厦东渡作数日游,既得周历战场,并与降卒问答,则此次法兵亦乌合,饷又奇绌,疫死基隆者将及千人。春末如不受盟,实有不可终日之势。惜我不敢攻坚,不能持久,遂舍和无他策也。法兵扎营亦无他奇,所筑黄土炮台成功更易,惟据山巅甚得要害,三尊巨炮遂使我师不敢出雷池一步。省三之弃基隆,别有深意,与李彤恩绝不相涉。刘兰洲误信朱守谟之说,函牍告示时有不平之词,遂致结成不可解之仇,而省三之修怨罗织,亦太霸道。平心察之,台之绅民不唯不怨兰洲,而且德之官场,则仇视之。其傲上苛下,实自取尤悔。然去岁至今,台南晏然无风鹤之惊,其才略究不可及。省三谓可弟对伊历指兰洲劣迹,无乃为传闻所误。百闻不如一见,兄渡台后虽日闻妇孺之訾詈省帅,而设身处地,亦不敢尽议其非。至李彤恩则直在无罪之列。前此随声言之,自知其失,不敢护前,惟省三之觭龁兰洲,有县丞上书言兰短,立署澎湖广,现系林文鸾(荫堂叔),诬以他罪,使言兰洲阴事始得脱。大非正办,无怪台民之不服也。省三不愿回省,虽因湘淮见重,然台事亦必须久驻振兴。闻左侯亦有疏请移驻巡抚,未知准行否。席卿奉使不知所指。肖雅书来,谓惺远不得意,岂堂眷衰耶,抑皮之不存耶。然如开源节流一疏,司麓经济亦略可睹,各省惟浙江奉行。友三、小希交代均不得了矣。省城讹言日出不穷,兄游台、厦不愈月,外间议论逢其起,揣测百端,想京僚信中又添一话柄。前寄唁挽一单,除呢幨暂留不必寄回外,其信件统乞寄回,缘须一一函复也。或有信或无信为有幨。在厦识林时甫[2],其人竟坦白倜傥,闻近已补阁读学,年内殆可进京。船政一节兄自去冬即已辞断,乃蔼仁[3]谋之不得,忽于家书中谓某亦有此意,请以让之,可谓私意揣测出卖风云矣。然坐是省垣又盛传兄将典船,可厌之极,或谓左举之,或谓张荐之,而颖老又对人言,李、左均意在荐伊,热官肺肠,别是一种,言之可博老弟一笑。令姊无恙,可述禀慈侍。拉杂书此,即问文社。兄制琛顿首,六月廿九日。阅后付丙。　　　　——上海图书馆藏手稿

[1]公于本年五、六月,应刘铭传邀,作台湾游。见前。

[2] 林时甫：林维源，字时甫，见前。

[3] 蔼仁：龚易图，字蔼仁，号含晶。福建闽县人。湖南布政使。1888年回里，兴办实业。

8月12日（七月初三日） 再函张之洞。

致 张 之 洞
陈宝琛

渡台归，寄电奉闻，复改草一书付定侯疾。渠本留闽人员，请假候批，遂尔累月，近当已行。黄冤由于官嗾绅、绅嗾士，梅花媚嫉，不独为误闽之罪魁。然木腐虫生，中枢实有主者。肃毅[1]拟入都时，从容讽谏。公于驰誉，必常通问，宣威病笃眷衰，自以静为是也。公复水师疏，能录副见示否。宝琛初闻公有乞退之意，亟思游粤一谭[2]。月来家人多病暑者，家祭之期又近，重阳前后方能趋诣官斋。然自公有见召之电，渤海遂寓书所亲，谓以船政让鄙人，热官揣摩卖弄可怪，亦可哂也。侍粗历宦海，已成畏途。幸脱党祸，得终家食，初愿已不及此。鸡之为牺龟之曳尾，得失较然。惟二三同志散处天涯，思之悯悯。黄台费家用所需既繁，更生尤有臣朔之讥，舍公亦无可累矣。屋后小楼，读书其中，偶撰楹语，思求公书之，别纸录呈，能于政暇一挥否。盼盼切切。草复孝达前辈大人左右。侍制宝琛再上。初三。且卧百尺上，安事一室间。松根无曲驯龙性，江色长澄孕蚌辉。

——《赵凤昌藏札》

[1] 肃毅：李鸿章封一等肃毅伯，见前。

[2] 谭：同"谈"。

8月14日（七月初五日） 郑孝胥与罗丰禄谈论面相，称公貌"肤革称其精神"。

晚，与稷臣谈，道相者相伯潜及董仲容，因大笑噱。余戏论曰："幼陵[1]蘸然，而异骨间露；醒尘[2]黝若，而澄眸至清；弢庵之貌，肤革称其精神；太夷之状，支干壮于要腹。"复相与抚掌。

——《郑孝胥日记》第1册第64页

[1] 幼陵：严复，见前。

[2] 罗臻禄，字醒尘，福建闽县人。罗丰禄兄。福建马尾船政学堂毕业，留学法国。回国后入福建船政局。曾广东矿务委员、山东省矿务督办。

8月15日（七月初六日） 李鸿章致函张佩纶。

致 张 佩 纶
李鸿章

蒉斋世仁弟大人左右：初二驿递一缄到未。席卿查刘兰舟[洲][1]参案过津（省三[2]所为稍过火，左公得旨回籍），密言公以憨直为兴献所嫉，伯潜、子峨皆陪客，非由它人下石，果尔则此结不易解也。记上年三月二十日后延诤面折，好谀者必有隐恨，后此磨折，皆由此生，命耶？运耶？昨复海防善后一疏，自谓视甲戌所议大进，前书仅撮其略，兹密抄奉览。廷旨谓，言多扼要，须来京与在事诸臣熟思审计，方能次第施行，令俟大院君事办竣，即行陛见等因。大院候该王奏到释回，计须月杪，到京应在秋节前矣。兹事重大，岂一手足之烈，内外无深明机要者，孰能相助。公稍磨练，乃为时宰所忌，未知肯假我前驱否。此颂箸祺。馀不一一。省心顿首。

——《李鸿章全集·信函五》第 33 卷第 527 页

[1] 刘兰舟：刘璈，字兰洲，见前。

[2] 省三：刘铭传，字省三，见前。

8 月 18 日(七月初九日)　郑孝胥作函致公及陈衍。

是日，作书与伯潜及陈叔伊。　　——《郑孝胥日记》第 1 册第 65 页

8 月 19 日(七月初十日)　刘铭传来函，谈及中法战争后台湾善后防务。

致 陈 宝 琛　　　　　　　　　　刘铭传

伯潜仁兄大人阁下：送别行旌，甚深驰念。顷奉手示并另件敬悉。上月十九日安抵省垣，侍躬清吉，无任颂慰。弟督师不利，守台无功，固由兵力器械不敌，亦由无德无才，难任艰巨，以致谗谤沸腾。幸圣明在上，未加斥责，自揣庸懦，殊负天恩。台岛面面皆水，处处可以登岸，若无铁甲兵轮助守各口，将来有事，基隆再卖，送人肯要，其馀地方何能处处保全？如以一山一港为敌所据，即得失地之咎，虽诸葛复生，亦不能善其后。昨有旨饬北洋订购快船四只，专守台澎。但快船非铁甲保护，亦只守口，不能出战。昨已将善后应办数事具奏。前请开缺，尚未奉批。本日阅《申报》，上月廿日谕饬闽督兼署巡抚，自系未准开缺，一俟奉批，仍须复奏。别后目疾愈重，笔墨无人帮助，甚为棘手。王公不来是意中事，豫生[1]亦不能来，殊令怅怅。振翁使馆之请，已蒙转致香帅，如得入告，不独张氏生死感激，弟亦可以交卷矣。朱批已由上海送到一部，遵赐即可收回（适有轮船之便），以免遗失，谢谢。手此，复叩侍安。不庄。愚弟刘铭传顿首。七月初十日。老伯前祈叱名请安。

——《福建文博·刘铭传致陈宝琛的七封信》1985 年第 1 期第 84—85 页

[1] 豫生：许贞幹，见前。

8 月 30 日(七月二十一日)　致函王仁东。

致 王 仁 东　　　　　　　　　　陈宝琛

旭弟如面：子峨[1]眷归，送到手书并木箱杂物种种，顷进城，蔚长厚始送来二月手书及京中师友唁函，相隔盖五阅月，其不落洪乔幸矣。日内即当作

复,奉托转致。月来天气炎歊异常,城中疫疹盛行,乡间稍愈。十五、六两日风台[2]大作,而病证仍不减。咏樵殂于南台;磬秋自江西归应乡试,十八日以暑疾亡,其家奇窘,肖颜来告,仅尽绵力赙之,渠甚屡望于可弟也。省城造谣不经,无非媢嫉。六月中令姊以不得京信,疑虑百端,兄自台归,遍询亲友,咸知其为讹言而终不能释然,得书后始大慰。近日士林又纷传卫中丞来闽作监临,咫尺之地变白为黑,大率类此。去冬戚友有见仆生计之拙者,请援沈文肃例卖字授徒,信口应之,而省中遂不问其事之成否,哄然一时。其实至今未卖一联扇,未收一门徒,非不为也,亦难于发端耳。足下来信尚是二月所作,顷得佑卿六月书,犹有教育英才之语,盖江西较僻,流播较迟,至盛恒山之说,此间尚无,亦知我与盛素未谋面,不知又是何人家信顺上添三毫矣。平生好事,月前忽作台、厦之游,俗眼惊疑,至于百出其说,此时都下又当各据家信,言人人殊。足下有闻,可略示之,以为笑谈。日前寄礼耗粉干等件已收到否,如有所需,示来当觅寄。可途次常来信否,鄙见以可试黔学差[3]必有望,能在南数省最佳。前书来商有假旋游台之议,如果如此,省墓而行,可也。台、厦恐无济于贫。至形势则仆得之矣。左侯假准,月内殆可成行,其孤忠耿耿,真有老骥伏枥之感,无如昏耄已甚,左右无人,得归亦福分也。去岁万寿恩典有无请封一条,乞查示,如有尚可补领诰轴,幸留意,奉托奉托。军机处考章京,约在何时,得失均示之。手此,敬请侍安。制陈宝琛顿首,七月廿一日。　　——上海图书馆藏手稿

[1] 子峨:何如璋,字子峨,见前。
[2] 风台:闽语,"台风"。
[3] 王仁堪 1885 年(光绪十一年)任贵州乡试副考官。

9月5日(七月二十七日)　复函复张佩纶[1]。

复 张 佩 纶　　　　　　　　　　陈宝琛

黄斋世丈大人足下:连得宣府两书,并拜塞酥之赐,严亲加膳,感谢无涯。吾丈比岁忧劳,得即疏放,慰之者幸其仔肩之释,惜之者感其髀肉之生。实则束缚驰骤,不如屏弃宽闲,乐行忧违,遁世无闷,易理固如是也。来教谓安命易、去矜难,鄙见恐俱不易。以丈平日用世太急、疾俗太严耳。尝谓宋五子[2]书,唯豪杰可读之,庸庸者一涉藩篱,不为伪儒,即成乡愿。丈欲自补其偏,未始非韦弦之助。若鄙人则服习二十年而成一没作用之诚、没胆气之敬,奈何。五月之末,因虏船新退,思揽台厦形势,东渡旬日[3],躬历基沪战场,博咨彼己失得之故。大潜[4]知之,留谈两夕,于公甚惓惓于台事,善后亦了了,惟修怨兰洲,极意罗织,为士民所不服,不独基隆一役也。前月有台绅数十来省讼兰洲

冤，兼云欲拟叩阍，大吏不敢理，近使星度台，必有道旁上书者矣。或云二使按台事毕，当入闽，复核马江战状，欧斋[5]谓是铁香[6]所请。此老神通狡狯，其言当有据。公道存否，视此役矣。恪靖自和定后，感愤特甚，近患痰壅两日而薨[7]。前一月犹疏论基隆、马尾功，众以为刘谷不减唐、徐，批旨责其比拟不伦，原折掷还，其末路仿佛马伏波遭际，圣明明珠之谤，或无由作耳，公闻其耗，能勿泪下。闽防无过问者，各省海军之议，恐亦徒托空言。孝达欲合闽、粤治船炮，持论甚确，如闽之不能何？时局乏才可叹，吾辈不与，亦可幸也。宝琛及诸弟均在乡日多，出门亦无可与语。家严近体康适，时以执事塞上索居为念。秋风起矣，伏希为道自卫，不宣。制宝琛顿首，七月廿七日。

琴诗自嫌不佳，故未录寄。公近作定富，能示一二否？

——上海图书馆藏手稿

[1] 此函原件有收、复信记录："十月初六到，十八日复"
[2] 宋五子：北宋理学家周敦颐、程颢、程颐、邵雍、张载。
[3] 陈宝琛于 1885 年乙酉五六月应台湾巡抚刘铭传招，访台北，先至厦门。
[4] 大潜：刘铭传，时任台湾巡抚，见前。
[5] 欧斋：林寿图别号。
[6] 邓承修，字铁香，见前。
[7] 左宗棠于是年 9 月 5 日（七月二十七日）卒于福州。

复张佩纶　　　　　　　　　　　陈宝琛

大潜赠款本拟由西号汇兑入都，因其索兑费太巨，迟留未发，其款为番银。闽新议平公如有熟识之人，可以互汇或由津拨付，乞酌示之。至兑京是否交北半截朱宅代收，并示，以便照办。纯友近奉北洋水调，不日赴津，云当谒公于塞上。草草寄意，再请环安。制琛顿首，廿八。　　　——上海图书馆藏手稿

9 月 7 日（七月二十九日）　刘铭传复函。

复陈宝琛　　　　　　　　　　　刘铭传

伯潜仁兄大人阁下：连日奉本月初七、十六日先后手示敬悉，侍祉多绥为颂。开缺奏疏至今未奉批旨。闽省驿务废弛，有三月延寄现在甫接批谕，虽经严饬，毫不吃紧；官饬之疲玩积习已深，无法挽回。锡、卫二星使于廿三日到台北，此间查办了事仍赴福州。闻系幼樵与张成事，有欲移南山之案（上海道来信密云），如能为幼樵昭雪，方见公道。承代递幼樵信，感甚。基隆煤务已经何姓禀办。方观察（后补道台）即不能来，将来如有请助之事，再来同事可耳。旨令购买快船四只，弟于船学不甚了然，已将尊示抄录寄送荃相，（李相来信八月

初八入京会办水师),请其速与枢府议约,未识能行否? 台事可为,目前以练兵设防为急务,根本尤在理财,然理财必先政事。兰洲在台数年,唯利是图,吏治可想。若讲求吏治,必先察吏。督抚藩司远隔大海,以耳代目,地方官之贤愚何得而知? 所有好缺(台无坏缺),谓为调济,素以安置督抚私人。其次中缺,或在内地老吏、滑吏,厌而弃之,俱送到台。其馀候补谋差人员,皆在内地不用者,半多荒谬之徒,来台措资。以此辈办事,能办何事? 若照左相奏改巡抚驻台之议,比只两府,须添藩司,想亦难行。弟目疾日重,且淮军于台地水土不宜,死亡相继,恐难久任,拟候参案办结后,具疏给遇,以免湘人仇视。闻湘阴昨又特参区区一折,奉旨原折掷还,传旨申饬,圣明可感。惟弟无党无援,与湘阴之位望固不能敌,即内外朋交,彼一唱百和,弟则落落一身耳,决不危惧,尊意以为然否? 豫生以后能来,慰甚。朱批一部恐留此损坏,特寄还。手此,复叩礼安,不庄。愚弟刘铭传顿首。七月廿九日。善后回折,当同批一并抄寄。

——《福建文博·刘铭传致陈宝琛的七封信》1985年第1期第85页

9月18日(八月初十日) 致函王仁东。

致王仁东

陈宝琛

旭弟足下:可不得学,为悒悒数日,丰约有定,幸宽譬慈闱。苦耐待时,军机已否考过,足下必入选。长安居别一天地,所谓得过且过也。鄙人得脱是非之场,虽债累如山,亦不暇计,但恐明岁一过,菽水所逼,不能不垂踏软红,且看如何再说耳。迪臣究竟何省[1],或云陕西,或云云南。尚未深悉,穷极而通,亦见天道。闽闱诸弊丛出,外海二十五个。早闻乡间盛传,题为"骥不称其力"一章及"和而不流",有"孺子歌曰"云云,盖初九晨城中已传遍矣。似此明目张胆,窃恐酿成大案。监临既系学政代办,提调监试又无熟手,百事废弛,意中事也。乡居僻左,此时尚未知京闱典试为何人,想同乡分校,必又不少。台东使星杳无消息。左侯邮典[2],望后当有电音,其四公子已到闽矣。草布,即问侍祉。

兄制宝琛顿首,八月初十日。 ——上海图书馆藏手稿

[1] 林启,字迪臣,福建侯官人,光绪二年进士,杭州知县。迪臣究竟何省:林启于1883年9月奉派陕西学政。

[2] 左宗棠卒于1885年9月5日(光绪十一年七月二十七日)。

9月25日(八月十七日) 致函王仁东。

致王仁东

陈宝琛

旭弟足下:奉到七月下旬手书,领悉一切。令姊闻弟夫人抵里,喜出意外,顷已进城急欲叩慈侍起居也。欧家妞事又系董腴[1]作伐,原属合宜,惟仲

既以忧归，服阙后宦京与否，尚在未定，故去岁临行已托董腴致辞。目下兄之出处亦难预决，舍间素况久在鉴中，愚兄弟既无准定到京之期，断无强人送闱，累人久待之理。经与家严再三详酌，只得请足下代为婉辞。董腴一片热肠心感之极，并乞代谢。可不留学，徐图吃苦之道，来函所论甚是。兄前有书寄黔，亦如此说，未审能接到否。军机不考亦得幸，闭户三冬以养精锐也。此请侍安。制宝琛顿首，八月十七日。　　　　　　　　　　　　——上海图书馆藏手稿

[1] 董腴：黄正玮，号董腴，见前。

9 月 26 日（八月十八日）　李鸿章复函张佩纶。

复 张 佩 纶
李鸿章

黉斋世仁弟大人阁下：八月初一、初三连奉七月二十二、二十八日手书，敬悉一一。都人至津，屡询张成亲供，与尊处所闻相同。无论如何查复，前已坐罪，断无再加之理，私衷乃觉释然。独怪席卿谓兴献忌嫉，与时宰无干，故为隐跃之词，又绝不提张供，洵庸人矣。铁香言，本怀退志，因公与伯潜、子峨[1]既罹重咎，不欲独立希荣，今忽命勘界，不敢辞避。又濒行谒兴献，谈及执事，以语多躁妄，而其才可惜，人言亦未尽公平，似此则孟子之怒，或尚易解耶。七省海军非一手足所能为力，而左、彭复疏持论略同。鄙转悔前言之失，恐将为法自敝。清卿奏请贤王主持，愿充督操。闻诸奏均待会议，兴即肯任领袖，鄙人才力精力实苦不支，且将为众箭之的，何法解脱，乞代筹示。大院释回，即日起程，二十二当入觐。此次王都逗遛须两旬外，参酌政要，兼议滇粤商约，应酬烦冗，终必一事无成。坐无车公，尤忽忽不乐也。孤拔确死于澎湖，各国新报可证。琴生留津。复颂旅祺，匆匆不具。省心顿首。杨村。

——《李鸿章全集·信函五》第 33 卷第 543 页

[1] 子峨：何如璋，字子峨。见前。

10 月 15 日（九月初八日）　复函王仁东。

复 王 仁 东
陈宝琛

旭弟足下：前奉书辞欧婚，计已入览，顷得二书，由赞臣来。各省题目多有知者，而贵州尚未见《申报》。此间场弊已甚，若中者太多，便恐发觉，又兴大狱。两星使治台事，月馀始以人证未齐，继以众供无据，昨方到闽。即在马尾办折，一到即封门谢客矣。近来毁誉全出恩怨，倾险构陷，可以颠倒是非，此诚世道人心之变，即时局亦人心所为，诚如尊悁伊于胡底，撤勇增饷以养无用之兵，不过取其积习之深耳。事事敷衍，虽海军、铁路，亦徒多一漏卮，左侯赤心耿耿，鞠躬尽瘁[1]，竟是完人，后死者何以为地耶。兄庐居倏已小祥[2]，岁月不

居,倍益凄痛。可弟不归亦得,但会面又难期,必思之惘然。黑妞留住乡园甚适,近回城旬日,今日拟再接下乡。弟夫人起居亦平安,勿念。昨夜得手书二封,并此奉复,即问侍安。久名心叩,九月初八黎明。　——上海图书馆藏手稿

[1]"左侯赤心耿耿,鞠躬尽瘁",左宗棠卒于1885年9月5日。

[2]"兄庐居倏已小祥",亲丧一周年,陈宝琛母卒于1884年10月(光绪十年八月)。

11月12日(十月初六日)　张佩纶得来函。

　　得伯潜书。刘省三附千金并书来,拟谢之而不受。

——《涧于日记·出塞日记》第2册第52页

11月23日(十月十七日)　张佩纶来函。

致陈宝琛

张佩纶

　　伯潜前辈大人阁下:十月初九日,奉七月廿七日惠书敬悉。上侍康强,起居佳胜,慰颂无已。台北之游纵观形势壮哉,此行密迩粤海,竟不垂兴一访孝达,何也。宋五子书惟豪杰可读,公在都尝有此言,鄙人自问实非豪杰,故于五子略一寓目,愧未持循负谤积懥[1]殆由不学。本朝学派,国初则争朱王,乾嘉则争汉宋,中兴名臣,倭文端专守程朱,而曾文正则汉宋兼治,二公既殁,支派亦微。孝达为世通儒,惜未著一书,然经述足以致用。公以没作用没胆气自谦,而立诚居敬以承濂洛之坠绪,而绍倭、曾[2]之心源。三年之中养蓄礼庐,振起闽学,固鄙人所深望矣。安命易,去矜难,此鄙人自道所得。阁下谓其用世太急,疾俗太严,两者俱难,十年深交,何作此语,疾俗则有之,急于用世,吾知免矣。过都就戍,略有小诗酬答同人,初秋姊氏殁于杭州,三月来此事都废。左文襄之薨[3],同时闻耗,深为国家惜之。谪居绝庆吊,亦未敢有诗文祭挽也。复颂礼祺,老伯大人安,两叔及诸弟均吉,眷爱均绥。侍佩纶顿首。十月十七日。

　　二星入闽,以张成亲供不如颖说,日来谅可揭晓矣。省三中丞之赠,意甚殷肫,但鄙意未敢拜领,已另致一缄由肃毅代寄,较可迅速,省书六月已四阅月矣,故不得不速。并请肃毅代致惓惓,以免省三疑其自疏,望阁下便中婉达,以此项归台,即省三或有后命,务望不必寄来,以致汇兑周折,至要至要。陈弁经到旅顺,果欲来此,鄙当止之,琐琐不尽,再上叞公。蒉叩。十七日夜。

——上海图书馆藏手稿

[1]懥:同"愬"。

[2]倭、曾:倭仁、曾国藩。

[3]左宗棠逝于1885年9月。

11 月 24 日（十月十八日）　张佩纶复函。

寄复陈伯潜书，安圃书。　　　——《涧于日记·出塞日记》第 2 册第 54 页

11 月 30 日（十月二十四日）　刘铭传复函。

复 陈 宝 琛

刘铭传

伯潜仁兄大人阁下：奉九月十三并李守节本月十三两次手示敬悉，时祉复绥，礼躬百吉，无任颂慰。弟于送别两星使后，即赴台南察看海口，归来吐泻交作，目疾增剧，遂于月初具疏，复请开缺，未识能邀允否。台湾改设巡抚，必不可少之事，然以七县之地，未免小题大做。以台事言之，此时万难自主，每年进款只百万内外，用款至少须一百五十万。目前办防务即须购买大炮。前与英厂议购十二寸至六寸口径大炮二十三尊，该厂来单经弟议明八折，较之内地近来购炮价廉器利，但需要五十万，即无此巨款，又因业已请告，遂未定局。若新设巡抚，造衙署、庙宇并添藩司，且议者谓省城须建彰化以北地方，一切兴建非巨款不能着手。弟自揣才力实难胜任，旨令督抚会商，杨石帅同散处音信不通，楚、淮仇怨已深，以后何能合手办事？此弟不得不退之苦衷。厘金一案现甫了结。陈望增从中把持，昨递禀，若包弹药必兼茶脑，势在挟制全包。顷属迪臣[1]□招商包办，洋药、茶、脑可以拨开另包，迪臣想有信转达。席卿在台仅见两面，语未及私。不知幼樵事已告阁下否？彰化、台北生番滋事，现办剿抚。手此，复叩礼安。愚弟刘铭传顿首。十月廿四日。

　　——《福建文博·刘铭传致陈宝琛的七封信》1985 年第 1 期第 86 页

[1] 林启，字迪臣，见前。

12 月 26 日（十一月二十一日）　李鸿章、潘祖荫等奏，遵议公前奏请黄宗羲、顾炎武从祀文庙折。

大学士李鸿章等奏，为遵章会议江西学政陈宝琛奏请将先儒黄宗羲、顾炎武从祀文庙一折事。折见中国第一历史档案馆藏录副奏折 03 - 7209 - 005。

署兵部尚书潘祖荫等奏，为遵议江西学政陈宝琛奏请先儒黄宗羲、顾炎武从祀文庙，请旨准行事。折见中国第一历史档案馆藏录副奏折 03 - 7209 - 006。

十一月　光绪十年三月二十四日上"请将黄、顾从祀文庙"一折再次被驳回。

黄宗羲、顾炎武毋庸从祀文庙（光绪十年四月江西学政陈宝琛请将黄、顾从祀，十一年十一月礼部驳回，尚书潘祖荫等则请准从祀，至是大学士等再议驳。）[1]　　——《近代中国史事日志》第 797 页（1886 年 3 月 20 日）

[1] 参见本篇 1885 年 12 月 26 日条。

冬　郑孝胥为公录海藏楼诗作折扇。

郑孝胥《行书折扇面》题识:"弢庵先生教正,乙酉冬日,孝胥"。

——《摇曳丹青》第 211 页

是年　贬居返里后,尝欲选编闽文,与谢章铤重纂《福州府志》,不果。

余初归,尝欲续蒐儒林、文苑二传稿,重纂《福州府志》,均非先生莫属。会时多故,议辄中阻,先生亦有志选闽文而不果,今皆已矣。

——《沧趣楼诗文集·谢枚如先生哀诔》第 459 页

约于本年,陈宝琛尝欲重新编纂《福州府志》,本欲托其事于章铤,后以他事未果。时章铤亦欲选刊闽文,亦未克成功。

——《谢章铤集·年谱》第 876 页

1886 年(丙戌 光绪十二年) 39 岁

李鸿章与法使戈可当(G. Gogordan)签订《中法越南边境通商章程》。(4.25)

醇亲王奕譞与李鸿章到旅顺、威海卫校阅南北洋水师,内监李莲英同行。(5.18)

重庆教案。英法教堂被毁。(7.1)

庆亲王奕劻与英使欧格纳(N. R. ÓConor)签订《中英会议缅甸条款》,英并缅甸。(7.24)

1月23日(乙酉十二月十九日) 致函王仁东。

致 王 仁 东   陈宝琛

旭弟足下:得冬月书,敬悉慈侍增绥,学业弥劲,慰甚。可弟此时计当抵都,喜更可知。鄙人块然病躯,困于家事,时以轻舠拍浮江中,蠲疴写忧,晨出暮返,与野人渔子相习者数月,于兹往事前尘都如梦里,黄、顾二先生[1]且冥然若忘,更无问红与黑矣。炎凉之态古今所同。足下日处软尘,交游贵显,故觉见见问闻,可欣可厌。又乌知荒江老屋中固别有天地耶。令姊无恙,但米盐甚劳,望前弟夫人来为三日聚,北行以前或尚可一面。前寄食品均收到,谢谢。邵赞臣信件近亦交来矣。苏夔已否进京,闽士实无与俦,望其取法乎手上,而日就于平实。手复,即问侍祺。制宝琛顿首,十二月十九日。

——上海图书馆藏手稿

[1] 黄、顾二先生:黄宗羲、顾炎武。

乙酉十二月 林鸿年[1]卒。作挽联:"乡里失人师,一恸岂徒吾辈事;江湖忧国是,廿年谁识老臣心。"见《闽侯历代楹联选》第144页。

[1] 林鸿年,字勿邨,福建侯官人,道光状元,云南巡抚,掌教鳌峰书院。

2月5日(正月初二) 刘铭传来函。

致 陈 宝 琛   刘铭传

……余驻防海口各军修筑炮台。唯澎湖一岛,设防甚难,既需多购大炮,又须得力兵将。杨石帅[1]屡奏亲往察看,自系有意布置。旨令会商,能归台湾布置最宜,昨已谘商石帅,究归何处布置,尚未奉复。台湾事事草创,地方官尤须得力之员。凡出一缺，内地并不会商，即行奏补私人。台北府一缺，久悬未补，甚难得人。昨石帅来信，拟补雷其达并候守雷则赔辈。（湖南人），候现署台湾府，庸暗无能。阁下家居年馀，在省候补府有可用者否？石帅和厚，办事甚为宽软，惟提拔同乡，不避嫌疑。幼樵来信，力却千金，自系忧谮畏讥。信中颇有议论，无一语牢骚，可敬可佩。此公才贯一时，将来再起，阅历更深。荃相在京极为说项。据称醇邸尚在极力毁之。人之精力才智，磨久则消，须望早日起用为宜。林时甫[2]请奏调回台散处，现借屯垦名目，请奏回籍办理。厘税一事，腊底始将洋药包定，想迪臣有信布告。弟本拟灯节前到省一行，现接石帅来信，彼于初旬即赴各海口并到澎湖，自应稍待。幼樵款承托傅相转寄最妥。新正无事，不觉言之琐琐。手此复叩春喜并请侍安，不庄。愚弟刘铭传顿首，新正二日。

　　——《福建文博·刘铭传致陈宝琛的七封信》1985年第1期第87页

[1] 杨昌濬，字石泉，见前。

[2] 林时甫，林维源，见前。

2月12日（正月初九日）　李鸿章致函张佩纶。

致 张 佩 纶　　　　　　　　　　　　　李鸿章

　　黄斋世仁弟大人阁下：昨复缄，感触时事，为不平之鸣，得无嗤涵养未至耶。省三来书，仍以千金相饷，并佩公心气平和，必成大器，不得谓非知己，伯潜虽尚未汇到，义不可不转交，尊处亦不可再璧也。省书附呈。衮衮诸公解事者少，兴庆一意整军，而未深谙窾要。鄙人负重谤，仍未能赞助毫末，此所进退旁皇者耳。顺颂旅祺。不一一。省心顿首。

　　　　　　　　　　　　　　——《李鸿章全集·信函六》第34卷第7页

5月3日（三月三十日）　致函张佩纶。同日张佩纶来函。

致 张 佩 纶　　　　　　　　　　　　　陈宝琛

　　木君世丈阁下：自客腊奉复一函，数月以来不得塞上消息，诵顾梁汾《金缕曲》，时复肠断。入春后事如乱麻，心如槁木，于公处未通寸札，他可知矣。计公荷戈已及一年，例得纳锾珂乡，又无一厘，归后寄迹何所，天时人事，来者可思。颓放如不才，自分以奉亲读书，老于岩壑，特天涯海角二三知己，未知萍聚何时耳。壶公招为粤游，卒卒未果，近亦杳无音问，此时中流一壶，何异江河一苇，闻其乞归不得，亦可哀也。迩来学道无得，遁而入禅，蠲痾写忧，聊以自遣。仲勉就仙游书院之聘，去省会有三日程，叔毅日事铅黄，仍如畴昔。闽事无可述，"横海"触礁，《申报》所叙极确。公成而我名之，宜其有此，独怪制府厚福而不能庇及,所荐之人不几使萨镇冰匿笑数千里外乎? 手此,敬讯起居,不宣。世愚侄制陈宝琛顿首,三月晦日。

家严命笔致念。

林勿师去腊考终,向日每侍谈,辄及公,并出扇书相示,恨见晚而别促也,谢枚如[1]丈近自白鹿洞归,嘱通函时为致拳拳。望公养晦自坚,为岁寒之松柏,二老皆识公日浅而气谊殊笃,故并以闻,又及。　　——上海图书馆藏手稿

[1] 谢枚如:谢章铤,字枚如,见前。

致 陈 宝 琛　　　　　　　　　　　　张佩纶

弢庵前辈坐下:久不奉手书,系念无似。敬维上侍康和学道,日益为颂。黄、顾两先生从祀[1]竟至纷如聚讼,公当一笑置之。近日礼堂[2]有何述作。叔毅手不释卷,亦有论撰否。佩纶谪处一年,学则爱博不专,苦无心得,而意境夷旷,颇复不累于物。惟病妇遘殁,人厄天穷,一时交集,竟不能如蒙庄达语也。沈丹曾及严幼陵均有书来。古人处此,杜门却扫,不敢广通书问,乞公晤及致意,无以不复为疑。幼陵何以南旋,尤所未喻。今是楼想已落成,毕竟让仲勉独居,抑是老前辈高卧。都下传闻公大治园亭,想即指此三间小楼耳,真可哂也。"辟历梧"诗仍望录示,近编诗为三卷,欲补和此诗,与驿马行为一类,存元白和答之意耳。别绪万端,非面谈不悉,草草寄讯,敬颂箸安。堂上万福,诸弟均候,眷爱和平为颂,颐园两叔并及。佩纶顿首,三月三十日。

——上海图书馆藏手稿

[1] 黄、顾两先生从祀:陈宝琛光绪十年三月上"请以黄宗羲顾炎武从祀文庙折",参见《沧趣楼诗文集》第852—853 页。1885 年李鸿章、潘祖荫等均奏,遵章会议江西学政陈宝琛奏请将先儒黄宗羲、顾炎武从祀文庙一折。见1885 年12 月6 日条目。

[2] 礼堂:梁鸣谦,见前。

五月　李鸿章来函[1]。

致 陈 宝 琛　　　　　　　　　　　　李鸿章

□□□弟馆丈大人阁下:

□奉四月廿□□□,敬悉。拙书□经寄到,伧荒涂雅,重辱□命,不敢辞耳。前以唐、徐之荐,至荷镌秩,海内□□,黄斋诤唐尚可倚,徐太无实。不谓弟亦有随声之和,想亦为人所误。然遂以是获咎,妨贤之路也。法约由枢译诸邸与赫德电商巴黎,席卿、铁香校字画议,事由中制,藉息众喙。通商□章,三、五月后,总署、粤、滇当事尚费琢[?]磨,□有翻复。早晚澎湖兵退,当议裁营,巨饷无措,□□议修三海工程,以时巡幸。枢辅竭厥趋承,似不暇□□□□器

械之良□□殷忧如何！□□□郑□□□即设法维系。惟□务军实丛集，未及讨论。□□□游塞上，读书养气，差足自遣。世丞需人才，独尔□□故其数倚，抑由运蹇。鸿不敢讼冤，拟竢入都时从中□□不知有益否。顷得复函附呈，顺颂□□，馀不一一。鸿章顿首。五月廿□日。

——《福建文博·李鸿章致陈宝琛的两封信》1985年第1期第83页

[1]《福建文博》所注日期为光绪十一年七月二十七日，而信函落款为五月。据函中内容，当为光绪十二年五月。

7月4日（六月初三日） 张佩纶致函。

致 陈 宝 琛
张佩纶

伯潜前辈坐下：奉惠书，三复黯然。客腊书至今未到，不审何处浮沉也。春杪曾致一缄，至四月中始检寄，近想可达英览矣。承示近遁而学禅，鄙意不以为然。宋儒如横渠、横浦，何尝不通内典，即豫章、延平亦未脱然。然攻之者固属吹毛求疵，入之者究属旁门左道。以公绝顶聪明，原不必坠入理障，而内治心，外治世，学问无穷，岂可蹈彼教寂灭之谈，为吾心渣滓之累哉。坡颍喜言释氏，亦是谪居无聊，藉以自遣耳。侍且不学之况，公盛年小挫，清望弥高，指顾祥禪，未必不东山持起，即从此遂初养志，藏器待时，名教中自有乐地，舍孔戒而守释迦戒，何也。佩纶不讲学，亦不辟佛，刍荛之言，幸垂察焉。仲勉就仙游讲习，藉可养静读书，叔毅日事丹黄，讲求实学。视公之忽儒忽释，而周妻何肉[1]，结习未除者，当亦不满也。勿邨先生遽归道山[2]，闻之泫然。枚老代为致意。萨镇冰以失马为福，此非皮相者所知，船政不甚利，岂真有风水之说耶。两儿已至塞上，坡诗云："便为齐安民"[3]我之谓矣。复颂礼祺，堂上万福。前辈大人及诸弟均吉。期佩纶顿首。六月三日灯下。 ——上海图书馆藏手稿

[1] 见《南齐书》卷四十一《周颙列传》。

[2] 勿邨先生遽归道山：林鸿年，字勿邨。光绪十一年十二月卒。

[3] "便为齐安民，何必归庄丘"：苏轼被押赴贬所黄州途中，在陈州话别弟苏辙诗《子由自南都来陈三日而别》句。

7月6日（六月初五日） 叶昌炽在日记中评讥公奏折为俗吏弹章。

香生自闽归来谈，数年手札往还今始得见谈，目录收藏之学了然于口，大抵皆周季贶、傅节子之绪论，在闽收得越州石氏帖宋拓本，翁苏斋[1]旧书藏朱笔灿然满上下方；又闻得旧抄精本甚多。在风尘中诚非俗吏陈伯潜之弹章、杨石泉之密考，夫已氏之评隲皆目论也。

——《续修四库全书·缘督庐日记抄》第576册第410—411页

[1] 翁苏斋：翁方纲，字正三，号覃溪、苏溪，顺天大兴人，乾隆进士，翰林院编修、广东、江西、山东学政，书法家、金石学家。

8 月 18 日（七月十九日）　吴大澂来函。

致陈伯潜同年书。　　　　　　　　　　　　　　——《皇华纪程》第 336 页

七月　福州大水，王元穉[1]吁请主持募赈，共募集三万馀两。

十二年七月省垣大水……先严倡募闽灾赈。躬谒陈弢庵太傅之门，吁请总持其事。募赈之函，达各行省并及外洋，先后募得三万馀金。

——王祖毅等《哀启》

转引自汪毅夫《清廷华侨政策调整后陈宝琛的涉侨护侨》《光明网》

[1] 王元穉，字师徐，号少樵，浙江杭州人，寄籍福建闽县。曾任教闽学堂等校。师从谢章铤。

夏　在福州鼓山筑听水斋。斋旁岩壁书辟大楷"听水"二字，并题"色既是空，空既是色；忧中有乐，乐中有忧"。作"鼓山晏师坐处结一小寮颜曰听水得八十字""鼓山灵源洞听水斋记"。诗见《沧趣楼诗文集》第 1、377 页。沈瑜庆作"游鼓山听水第一斋，酬陈幾士"，见《涛园集》第 93—94 页。金天羽甲戌年间（1934 年）游福州鼓山，有诗"弢庵老人听水第一斋在国师岩下"，见《天放楼诗文集》第 385 页。

丙戌初夏，从父训导君循涧得岩，始规为楼。

——《沧趣楼诗文集·听水斋杂忆》第 53 页

鼓山灵源洞下有喝水岩。去岁夏日，公从父训导公[1]循涧得之，乃于岩旁绝壑谽岈中筑一小寮，颜曰"听水"。世传神晏僧曾安禅于此，恶水喧，叱之使东，故岩以"喝水"名。至今涧流犹潺潺从东下，遇冻雨则灵源洞口如飚号雷殷，万马奔腾。公爱其地幽僻，有林木之美，时奉光禄公就听泉响，或与叔毅、墨樵两弟读书其中。水声在山，清激剽厉，寒暑昼夜，备诸声响。洗心涤耳，喧极生寂。故公晚年以"听水老人"自号焉。　　　　——《闽县陈公宝琛年谱》第 50 页

[1] 训导公：陈承衡，字子山、承平，邑廪生，授征仕郎、候选训导，公堂叔。见《螺江陈氏家谱》第 2265 页。

9 月 29 日（九月初二日）　致函张之洞。

致张之洞
陈宝琛

壶公坐下：两月不通问，贤劳何如，念念。读海防复章，字字切确。归重粤闽，尤不刊之论，奈阁绅之不能如公何。双星渡台，狱辞毕具，焚兰必矣。如能察及口碑，则保障之功不可掩也。阅谳定后，当入闽谳按，马江战状捱冤，或得少雪耶？入秋不得塞上书，公处常通讯否。顷拟游粤，闻公有勘复之件，不

欲履瓜田。会面缘悭,恒自惘惘,石林在闽人中犹洁清自好者,公为莅粤经年,寮案中当毕知之,同一去官,则有幸有不幸也。意公扬激,自有微权,未识能援先自举发之条,为之雪白心迹,以息群啄否。次棠前辈何时可抵粤,臂助皆良,公当不劳而理矣。手此敬叩起居,言不尽意,橘洲谨上。九月二日。

——《赵凤昌藏札》

10月26日(九月二十九日) 致函张之洞。

致 张 之 洞 陈宝琛

壶公坐下:前月一缄,度已入览。蓉丈已抵闽,道公寝食不时,勤劳无节。无任驰系。越事乃人才一厄。双星南来,问张成不及黄。二刘相倾,罪竟在楚。台民以台南保障之功,公呈讼冤。就讯之日香花夹道。使者以大潜罗织甚密,又重拂民情,提至马江以二赃罪定斩候,而不叙其守台之功。其长夫旷银一事,兰自云,实营官之咎,受饴反噬,然尚在疑信间。至上海雇船,使者亦知系兰子所为,乃亦坐兰,以便交卷。兰平日驭下严、事上傲,怨家实繁,如蜚语上闻,从而加重,是又一唐徐矣。是非赏罚如此,可胜浩叹。兹将兰供词并其致人书札寄呈台览,当悉其颠末也。渤海止于去官,筴铿威严,亦稍霁矣。其门下走狗陶姓者,犹在鱼雷局,人极鄙劣。公闻之否。数月不得黄书,念极。公处如通问,乞示慰。顷因鱼雷学生陈应濂回粤之便,草此奉布。陈本儒家子,论鱼雷甚晓岜,自以未尽其技,常思出洋求益,幸公许之。敬问起居。不宣。橘洲谨白。九月廿九日。

——《赵凤昌藏札》

11月3日(十月初八日) 致函张之洞。

致 张 之 洞 陈宝琛

壶公坐下:陈生应濂带呈一书,具详台事。顷蒙询及,电复太简,未罄所言。窥计此时前书亦将入览矣。双星到闽即住马尾洋楼,去岁黄所居也。侍与席函札往复,极言马江战况,赤嵌守功,乃二人既不同心,席亦不无揣摩之意,于闽事则查复张成而止。题外不赞一词。台狱则取罗织之不能解者,奏当成谳,而于舆情之戴保障之劳,不敢叙列。大官老于事固非山野所能测也。濒行晤席,又详言黄事,闽绅倾黄出于梅花指使,近来始知其底里。不过使彼明白而已。黄之取恶于兴献,席归亦岂敢讼言之于朝。独怪合肥入都议海军,而倡言海军之人竟听其溃落塞上而不一顾,时事如此,岂复可为。鄙以祖黄故,为亲朋所摒弃,四海所诟病,亦以直道之不可存耳。兰之治台,确有明效。若非梅花掣肘,尚不止此。现虽被陷,而公评灼然。公为举主所求者亦不过如此,至以二卵弃干城,叔季是非,何足累知人之鉴哉。侍亦赏兰者,但冤之惜之而不自悔也。恂如事已否奏结。昨渠来书，感公鉴其无他，力杜邪说。惟其意总疑问官之不诛求，外匿为衵绅。窃意公平如执事，必不至有所偏重，特外间未窥及耳。侍近患痰嗽，月底未审能赴招否。且出入高牙众属耳目，故亦惮于行也。敬复，即颂起居。不宣。橘叩。十月初八日。付丙。

——《赵凤昌藏札》

11月15日（十月二十日）　函复[1]张佩纶。附"霹雳梧诗"，诗《沧趣楼诗文集》未收。

复张佩纶　　　　　　　　　　　陈宝琛

黄斋世丈大人阁下：夏间两书先后奉到，屡欲草答，志颓气结，不知所云，重以病魔纠缠，家事琐屑，灰懒无似，因循至今，负疚极矣。吾丈骨肉之戚，及兹十年，百端交集，无言可慰。然外观时局，内审遭逢，亦何者不可作达观也。时晦艰贞，公当有以处之。宝琛入夏患疡，秋冬病肺。家严五月间右腕猝尔痿弱，疗治三阅月始愈，近虽平复如旧，然思之辄心悸不已。自维蒲柳之姿，益以庭闱之恋，从此韬光息响，肆志严阿，不复敢问天下事矣。来书以学禅一语谆谆规益。鄙人实禅于心，非禅于学，吾禅即吾《易》也，吾老庄也。畴昔之夜道人戒公勿馁，戒我勿躁，我学禅，公不屑学禅，盖两得之，惟千里离群，质疑何日，为黯然耳。近日数入石鼓涤痾写忧，因于涧中结一茅楼[2]，颜曰"听水"，考盘永矢，颇欲见诸咏歌，他时或当有以奉正。霹雳梧诗附入前函，并左文襄祭文稿，竟付浮沉。兹再录寄，和作可勿拘韵，公诗境近必益进，甚望寄示数篇，家严望公赐环，问须纳锾否。仲勉已归，叔毅治《尔雅》未毕业，亦极相忆也。敬颂道安。禫宝琛顿首，十月二十日。

今是楼额必须公为一书，每字以尺为度，早寄至荷。子峨所居近否，有书一封乞转致之。琛又顿首。

霹 雳 梧 诗[3]

三年搜豫章，一震得焦尾，审音迟钟清，俵色彤管炜。时维癸未秋，日越辛巳胐，急霆破晴昊，疾飘猎干卉。老梧千岁阴，香叶半庭辈，空心城凭狐，白昼斧劈鬼，锵然孤凤皇，辟易万蛇虺。始知妖氛澄，乃显神物伟，胡为依荡函，不遗贡丹宸，五弦来南熏，夔矣皇风韙。

录王松溪大令鳞书和作

陈伯潜侍郎试士南昌，日方午无云而震，既而知雷击盐法道廨老梧，梧中有狐窜，厓山庙雷逐而殛之，侍郎谓梧材中琴，乃赋霹雳梧诗，邀余同作。

狞雷逐妖狐，冥默涵至理。一惊而百伸，良材以之起。高树抱贞心，百年忍半死。挺挺劫之馀,良匠为色喜。配以冰丝弦,清声自兹始。遇合苟不逢。摧败辱泥滓。所以菁莪诗,中心喜君子。　　　　——上海图书馆藏手稿

[1] 原件收信记录:"光绪丁亥正月初三"。《涧于日记》丁亥正月初三亦记收到此信。

[2] "听水斋"建于丙戌(1886),"去岁夏日,……筑一小寮,颜曰听水。"见《闽县陈公宝琛年谱》第 50 页 1887 年。

[3] 诗稿原件附于函后,《沧趣楼诗文集》未收。

11 月 20 日(十月二十五日)　致函张之洞。

致 张 之 洞　　　　　　　　　　　　陈宝琛

　　广雅前辈大人阁下:不奉书且半年,疐寄贤劳何似,甚念甚念。岭南寮列一新,当收臂助之效,读公调员分委折子,于粤事盖寨寨匪懈,《申报》乃有乞假就医之说,其民讹耶,抑起居真有不耶。侍入夏患疡,经秋病肺。家君腕疾数月始愈。外观时局,内顾庭闱,瞬届服阕,仍惟有跧伏邱樊,以藏吾拙。唯离索甚苦,不能见菁,终当访公耳,菁之厄穷,苍苍何酷。五年前与公私论,虑其刚冗不耐磨挫。近得塞上书,则气益平,志益坚,用舍在天,而所得如此,亦差足慰矣。远近议公者咸谓接属太疏、治事太缓,自因求治过劳之故。窃意公之规略宏远,而处人庞政杂之区,帷幄之中似宜招贤助理,否则独勤适以诲惰,孤明易于召欺。幕中如松云之端笃,则侍所知,此外亦得力否。丹徒戴恒子辉志节嶷然,器识宏达,侍以为在吴谊卿之上,唯泊于荣利,不苟出处,致之特难。公亦知其人否。阁公电调赖长已前卒,复调其戚陈联科等到省,想为铸炮制器之用。前见粤有成船四艘之奏,以尺寸、马力较之,视船政所造"横海"、"镜清"诸船不及五分之一,平时用以巡逻则可,非战守之资也。闽厂工坚料实,不知者病其价昂,实则比西来者较省。侍平心细察,颇知其深。当轴不就中整顿,而舍自能之技,定购于外洋,置已成之基,而增厂于旅顺。务名遗实,可以概见。闽防善后,自菁去后办如不办,近日制府出视炮台则菁前所定购巨炮,及今始来也。鱼雷艇一只亦菁所购,驾驶无人,昨见陈应濂自粤假归,亟言于樾岑,留其管带,并请仿造三四艘以辅之事当可成,弥缝补苴,得寸则寸,聊复尔尔耳。何诗孙[1]入闽数月,话旧惘然。近已由厦赴粤,云当造谒,晤时当能详鄹状也。手肃敬请台安。不宣。侍谭陈宝琛顿首。十月廿五日。

　　再:魏滋畹比部绍康与侍世好,其叔父为公乡举同年,前在粤处醵席极得力,近以负米复游岭南。侍稔知其朴愿无他,如其来谒,公能为量才位置否,其所望亦非奢也。再请台安。侍再顿首。　　——《赵凤昌藏札》第 429—435 页

[1] 何诗孙:何维朴,字诗孙,见前。

12 月 11 日(十一月十六日)　张佩纶来函。

致 陈 宝 琛
张佩纶

伯潜前辈大人左右：久不奉手教，驰系为劳。入冬已届祥琴，敬维上侍康和，起居佳胜，颂仰无量。陆敬舆母丧既除，朝野属望，矧在私交。惟阁下澄鉴审时，堂上冲怀怡志，或出或处，当有超随激之迹，而循忠孝之经者，托契凤深，关怀尤切。月前曾询之实夫[1]，而实夫不知，幸早示我也。谪居粗遣，安圉又以忧去，家计殊不可支。清卿抚粤[2]，孝达得此良友，当可同心。竹坡、漱兰近在咫尺，亦懒于通问。铁香界事未定，据子峨云，使旋颇思引退。都中近事公处闻见当视迁客为详，不复缕缕。仲勉留讲仙游，抑北来供职，叔毅日事丹黄，当益渊雅，均以为念。塞寒闽燠，气候迥[3]殊，惟此寸心何问南北。岁晚乞餐卫珍护也。肃问侍祺，并颂吉祉，不宣。诸弟均此。期佩纶顿首。十一月十六日。

——上海图书馆藏手稿

[1] 实夫：邵积诚，字实孚，福建侯官人，同治进士，授编修、任御史。四川学政、贵州巡抚等。子邵叔涣，全闽大学堂毕业，娶宝琛长女章贞，子北京大学教授、著名史学家邵循正。

[2] 清卿抚粤：吴大澂 1886 年 12 月 5 日(光绪十二年十一月初十日)任广东巡抚，1887 年到任。

[3] 迥：同"迥"。

12 月 15 日(十一月二十日)　张佩纶来函。

寄孝达、伯潜书。　　　　　——《涧于日记·出塞日记》第 3 册第 56 页

是年　弟宝瑄、宝璜，侄懋鼎先后从师魏秀孚、叶大久。

修缮"赐书楼"，另筑"沧趣楼"，续筑"晞楼""还读楼""北望楼"，合称五楼。并各有题联，"赐书楼"题联："赐书夸父老;听履上星辰。"又联"至乐无声唯孝悌;大羹有味是诗书。""还读楼"联："江天留客榻;湖海读书楼。""沧趣楼"联："不念夜识金银气;远客朝看麋鹿游。""北望楼"联："百年世第看乔木;万卷家藏有赐书。"此"陈氏五楼"今已成福州旅游景观。

外舅刑部陈公来商先祖，合聘魏子愉茂才讳秀孚为师。魏师经学湛深，制义名手，在陈家已三年。本年移馆我家，岁脩三百元。外舅少子、长孙、姑夫郭皋思皆来学。妻兄名宝璜字砚樵，妻侄懋鼎字徵宇正月上学，始见外舅及仲勉妻兄宝琛，徵宇父也。师到馆八日讲解《中庸》《文选》，极有条理，讵一夕还家遽卒。外舅复议聘表兄叶悠恭孝廉讳大久。时计偕北上。陈、郭皆回家，余独居居易轩温书作文，暂从伯兄肄业。及四月，叶师到馆，外舅六子宝瑄字墨樵、叶师胞弟大章字平恭常来附课，始有师友观摩之益。

——《郁离岁纪》手抄本(光绪十二年)

屋后废园，尚书公曩建"赐书轩"，供庋藏赐书之用。翁方纲为题匾额，已年久倾圮。公归后，改建为楼，名曰"赐书楼"。楼后隙地仍筑楼，曰"沧趣"，前有水池假山等，饶有田园风味。更筑一楼以迎朝阳，名之曰"晞楼"。又用"时还读我书"之意，筑楼于"赐书"及"晞楼"之间，曰"还读"。古雅风韵，环境幽静，坐西面东。最后一楼名曰"北望"，盖公虽归隐养亲，而睠怀君国，犹时时北望也。

——《闽县陈公宝琛年谱》第49页

可庄主粤试假归，过沧趣楼，重申其先德卜邻之约。盖子恒先生习闻螺洲山水之胜，每寓书光禄公，有移家来螺洲之愿，且嘱预储村酿，以备归老。兹可庄复重申此意，并欲先买地种树。

——《闽县陈公宝琛年谱》第52页

所居螺江有沧趣楼，即名其诗曰《沧趣楼诗集》。楼对奇峰五折，叠若屏风，视匡庐五老、香炉诸峰，殆有过之。常有谢枚如、龚蔼仁、陈木庵、张珍午、叶肖韩辈相唱和。

——《逸梅杂札》第89页

1887 年(丁亥 光绪十三年) 40 岁

光绪帝亲政,仍由慈禧太后训政。(2.7)

刘铭传修筑台湾南北铁路。(5.2)

中法续订《越南界务及商务专条》。(6.26)

张之洞在广州奏设广东水陆师学堂。(8.3)

溥儒生、汪国垣生。李鸿藻卒,年七十八。

1 月 15 日(丙戌十二月二十二日)　谢章铤请人录前借江西学署《校邠庐抗议》手抄本后,原书璧还。

予昔校系手抄本,拟从陈伯潜学使乞取,既又得培之太守所刻本。携以归家,一病累月,困甚,不能省视,穷冬忽忆及,因属丁耕邻表侄将所校过录于此本,仍以手抄本还之伯潜。丙戌祀灶前二日记。

——《谢章铤集·年谱》第 877 页

请丁芸过录江西学署《校邠庐抗议》手抄本毕,以原书还陈宝琛。

——《谢章铤集·年谱》第 877 页

丙戌十二月　为福州西禅寺法堂撰联:"王化无垠,重泽输全求祝圣;禅林最古,尚方颁藏与开堂。光绪十二年岁次丙戌冬十二月,前内阁学士兼礼部侍郎衔闽县陈宝琛撰书"。见福州西禅寺法堂。

1 月 26 日(正月初三日)　张佩纶得十月二十日来函。

午后得合肥祠灶日复书,伯潜十月二十日书。

——《涧于日记·易窗日记》第 4 册第 3 页

2 月 13 日(正月二十一日)[1]　复函张佩纶。

复 张 佩 纶
陈宝琛

黄斋世丈大人阁下:去冬由安圃处寄奉寸笺,附致子峨同年一缄,未审入览否,望日得十一月廿六日手书,读悉壹是。岁事更新,亲政伊始,赐环不远,祷祝弥殷。宝琛除服倏将两月,家居竟成安土,承询出处,深感关怀。自维进无寸长,不如退而养志。二三友朋或劝其出而即归,于义较合,索居积陋,不知所裁,幸公即为我决之。康侯[2]昨日沪来为言,石帅[3]委带恪靖营。劫侯[4]于公,气谊颇契,将白其冤于朝。白不白不能增损公,而康侯之心悦诚服,终始不渝,亦可罕也。安圃去官,实孚益孤立,语默因时,郁郁可想,仲勉行止,视鄙人今岁,殆仍就讲仙游,叔毅则朝夕一编,不知理乱矣。手肃,敬颂春安。诸郎均吉。侄宝琛顿首,正月廿一日。　　　　　　　　　　——上海图书馆藏手稿

[1] 此函有收信记录:"光绪丁亥三月廿四日",此信作于光绪丁亥正月二十一日。

[2] 康侯:刘麒祥,字康侯。光绪十年随公在沪,同法国公使谈判。后任江南制造局总办、署苏松太道。

[3] 石帅:杨昌浚,见前。

[4] 曾纪泽:字劼刚。初袭一等毅勇侯爵位。

2月28日(二月初六日)　致函张之洞。

致 张 之 洞　　　　　　　　　　　　　　　　陈宝琛

孝达前辈大人阁下:去冬手上一书,忽又数月。音尘久阔,驰念良深。比维履祉春融,勋祺日畅[1],无任忻颂。侍里居奉亲,出山本懒,荔丹[2]传述尊旨,亦有劝令缓出之言。深荷注存,谨当铭佩。黄昨来书,亦询及出处也。清卿来粤[3],抚藩均属同气[4]。吏治必大可观。唯饷项奇穷,办事能无掣肘。洋药改厘为税,可否留供外用。闽亦以此皇皇。闻制府有电商公,冀同吁请。公已复之否。日来此间盛传醇邸将巡南洋以及闽粤,尊处所闻何如。闽厂造船工料坚实,实胜外洋。闽船官遣制造学生魏瀚造谒节府,面陈事宜。该生累游外洋,见地尚好,不徒以艺事见长,文学虽不如严宗光、罗丰禄,而质直过之。赐以盼接,当有以毕其说也。右铭丈[5]何时可到,松云仍居幕下否。手此,敬问台安。不宣。侍陈宝琛顿首。二月初六日。

再:船政代各处造船,向有监造之员,多就本局遴选派取其工程熟悉,督察易周。而南洋所派之学生汪乔年,薪水百馀金,未免所糜过距。此次台湾所派之委员许贞干则仅数十金。侍于船政人员颇知底蕴,尊处造船如能定议,则此项差使侍可举知,以备任使,期于工程有裨。先此附闻,再请台安。侍琛再顿。

樾老诚笃君子,于公又相知有素。嗣后公有商件,可径函致电致侍,亦请其亲自裁复也[6]。　　　　　　　　　　　——《赵凤昌藏札》

[1] 畅:同畅。

[2] 荔丹:王葆辰,见前。

[3] 吴大澂,1886年12月5日(光绪十二年十二月十日)至1888年8月17日(光绪十四年七月十日)任广东巡抚。

[4] 抚藩均属同气：时广东布政使为高崇基。高崇基,字仲峦,号紫峰,直隶静海人,道光进士,光绪十二年二月调任广东布政使。

[5] 右铭：陈宝箴,号右铭。见前。

[6] 此件疑为上函附言,原件单列。

3 月 19 日（二月二十五日）　三女生。

三女娴贞（师孟）[1] 生,侧室杨淑人出。　——《闽县陈公宝琛年谱》第 50 页
[1] 娴贞后适王仁堪子孝总。

4 月 4 日（三月十一日）　张佩纶得来函。

得伯潜书。　　　　　　　　——《涧于日记·易窗日记》第 4 册第 16—17 页

4 月 17 日（三月二十四日）　张佩纶得来函。

袁华回都,得高阳、伯潜、实夫及安圃书。

——《涧于日记·易窗日记》第 4 册第 19 页

四月　应张之洞邀,赴广州。遇陈宝箴。

岭南曩邂逅,丈人故我惠。丁亥游粤,遇先德右铭年丈于军幕。

——《沧趣楼诗文集·伯严和实甫诗见及感旧六叠次韵》注第 74 页
光绪十三年丁亥……四月,弢庵应张香涛之邀来粤游览。

——《梁节庵先生年谱》第 147 页

陈弢庵（宝琛）来粤,先生招集荔湾（遗诗续编）,其后弢庵寿先生六十诗[1]
有“荔湾一尊话,未壮君已燃。”即谓此也。　——《梁节庵先生年谱》第 68 页
[1] “梁节庵六十寿诗”,1918 年作,见《沧趣楼诗文集》第 174 页。

闰四月　吴大澂[1]为作山水团扇面。

吴大澂《仿石谷子山水团扇面》,题识：“丁亥闰四月偶拟石谷子意,伯潜仁弟同年法家教之。大澂”。　　　　　　　——《摇曳丹青》第 52 页
[1] 吴大澂,字清卿,见前。

六月　时邀二三好友信宿听水斋,品茗赋诗,并共扶净名道人乩。

公既构听水斋成,时集二三知友如损轩（叶大庄）[1]、荔丹、含晶（龚易图）、兰君（王崧辰）、可斋诸君信宿其中。渝茗赋诗,叠为酬唱。亦偶作扶箕之戏,降乩者仍为净名道人。公为“损轩不二门图”题诗,所用即净名原韵。诸人中以损轩之来最数,诗亦最多。

公尝自言,少时学诗得力于剑南为多。甲午以前,志在用世,未遑狃于章句。至是戢影家园,优游林壑,茝谋伟抱郁而不舒,乃假吟咏以自遣。初读陶诗以藏锋敛锷。继更出入于昌黎、半山、玉局诸大家,风格遒劲,韵味悠长,而

感物造端,蕴藉绵邈,始终不失温柔敦厚之旨。

——《闽县陈公宝琛年谱》第50页

陈弢庵太保于光绪甲申丁内艰归里后,不复出。尝于鼓山喝水岩构听水斋,每入山游眺,止宿其中。岁丁亥六月中澣,偕方伯含晶(易图)、王征君兰君(崧辰)、王观察荔丹(葆辰)、叶直刺损轩(大庄)、董孝廉仲容(元度)[2]、介弟员外叔艺[毅](宝璐)到山夜集,乃共扶净名道人乩。净名者,长洲人,生清乾、嘉间,吴泰来其姓名也。当是时,德宗御宇十三年,尚未亲政。王兰君以俗传《黄檗山人歌》有"黄牛遇厄"之语,意朝局当大有变动者,乃取以叩净名,求其宣示。乩曰:"内患深于外侮忧,三年转瞬即黄牛。家居一语须牢记,听水斋中八月秋。"

判毕,众复进,曰:"然则己丑北方固有事乎?"于是乩复动,诗曰:"八月君忘赋《北征》,麻鞋臣甫不胜情。杜鹃生本于涪万,也向闽山叫几声。"

众退寝,含意犹未申也。至次夕,龚含晶叩言:"前夕所问事大,而乩语隐约,求明白宣示乃可。"少顷,乩动,曰:"此事吾亦不足了之,吾试公等向山上大士求一签,庶几可了然也。"则见沙盘大书,曰"菩萨戒弟子净名敬代具官陈宝琛(馀人不列名,亦无"等"字,盖知其鲁灵光也。)叩求大士灵签,问光绪十五年以后国事。"于是董孝廉仲容到寺,在大士前请一签到坛。签曰:"攒眉愁思蹔时开,咫尺云开见日来。好似污泥中片玉,良工一举出尘埃。"以此呈乩,乩动,判曰:"亲政,喜事也;(当是尚无己丑亲政之说。)乃云'攒眉愁思',何耶? 亲政,长局也;乃云'蹔时',何耶? 曰君象也;既亲政矣,又曰'见日来'。何耶? 玉,传国器也;而在污泥中,蒙尘之象也。良工,至不良者也,其李可灼之流欤?曰'一举出尘埃',其有白云乡之意乎?"至是乩不复动。

两夕扶乩,所可乩述者如右。至今思之,则众缘黄檗诗词而问己丑;而乩所言者,非己丑之国事,乃甲午、戊戌以后之朝局也。其所檃括者,自甲午东事直至戊申德宗厌代,皆预言之矣。前诗先言"八月",后诗复云"八月","《北征》",则所谓"八月"者,明指庚子。盖杜老《北征》,原闰八月也。且戊戌训政亦八月事。于所问黄牛,不肯明言无事;而其有事之甲午、戊戌、戊申诸岁,又不便豫泄,则谬悠其词而已。呜呼! 孰谓冥冥中无鬼神哉!(1918年2月20日)

——《严复全集·与俞复》第414—415页

[1]叶大庄:字损轩。见前。

[2]董元度:字仲容,福建闽县人,光绪举人。广东番禺知县。

9月3日(七月十六日) 陪谢章铤[1]到鼓山听水斋小住。均有唱和,公诗"鼓山晏师坐处结一小寮颜曰听水得八十字""七月望后陪谢枚如丈山居"，见《沧趣楼诗文集》第 1—2 页。

七月望后，陪谢枚如丈山居。

秋初伯潜邀过石鼓听水阁　　　　　　　　　——《谢章铤集》第 878 页

编年诗《秋初，伯潜邀过石鼓听水阁》三首、《为沈丹曾涛园画扇》、《题杨雪茮庆琛光禄丈遗照》二首。　　　　　　　——《谢章铤集·年谱》第 880 页

七月，谢公枚如于望后来鼓山小住。谢公已年逾花甲，腰腿犹健，登山上下，扶栏而行，不假肩舆。公于听水斋扫榻待之，听钟观瀑，共话旧游，有诗纪事。谢公自赣还，膺大府聘，主讲致用书院。

　　　　　　　　　　　　　　　——《闽县陈公宝琛年谱》第 52 页

[1] 谢章铤：字枚如，见前。

9 月 12 日（七月二十五日）　夜宿山中，怀念张佩纶、宝廷，作"七月廿五日夜山中怀黄斋"、"鼓山见竹坡题句却寄"，见《沧趣楼诗文集》第 2—3 页。张佩纶得诗叠韵酬唱，"酬伯潜山中寄怀原韵"，见《涧于集》第 113 页。

公与黄斋别已再更寒暑，先后曾寄塞上三书，皆未得达。是夜，宿山中，渴念旧友，得诗却寄。有句云："此别岂徒吾辈事，即归能复曩时欢？"又云："独自听钟兼听水，山楼醒眼夜漫漫。"情辞肫挚。黄斋得诗甚喜，亦叠韵见酬，有："举世相非犹不沮，恃君高唱洗汙漫"之句。入鼓山，见竹坡题句。盖竹坡壬午来主闽试时所题。试毕返京，途经江山，纳船户女为妾，归而自劾，遂徜徉京西诸山间，终隐不出，与公无缘再见。公夜梦京尘，赋诗却寄云："海天会合知何日，泉石沉冥各此身。诗墨和苔犹满壁，年时何限迹成陈。"睠念之情、身世之感，跃然纸上。　　　　　　　——《闽县陈公宝琛年谱》第 50 页

八月　安化黄凤歧持唐景崧[1]、黄国瑾[2]函出京，抵福州来见。

挟唐景崧、黄国瑾两太史荐牍出京，乘夹板船抵福州，见陈伯潜世丈。

　　　　　　　　　　　　　　　　——《久芳阁自订年谱》第 247 页

[1] 唐景崧，字维卿，广西灌阳人。同治进士，中法战争时，自请赴越南招刘永福黑旗军。张之洞令其募勇入关，入越抗法。战后以功晋二品秩，除福建台湾道后迁布政使、署理台湾巡抚。

[2] 黄国瑾，字再同。清湖南醴陵人，迁居贵州贵筑。湖北布政使黄彭年子。光绪进士，国史馆纂修、会典馆总纂兼绘图总纂官。后主讲天津问津学院。

10 月 27 日（九月十一日）　谕旨，随同郭嵩焘[1]办河工。

吕藕池录示十一日谕旨，河工拨饷二百万，并派绍诚、陈宝琛、潘骏文随同办理河工。　　　　　　——《郭嵩焘日记》第 4 卷第 739 页（九月十九日）

[1] 郭嵩焘，字筠仙，号云仙、筠轩。湖南湘阴人。道光进士，光绪元年入总理衙门，任驻英公使，兼任驻法使臣。

九月—十一月　二妹陈芷芳嫁台湾林尔康、三妹陈芝芳嫁高向瀛。

　　冬十月，先祖为余授室，陈淑人来归。陈家是岁九、十、十一三月，嫁女三次。九月子顺岳叔部郎长女嫁军门前廖姓，为尚书廖文恪[1]适曾孙妇，十月余吉期，十一月先室同母姐嫁台湾林时甫京卿胞侄镜帆知府，婚礼皆极铺张。惟林富廖贵，余家相形见绌，余处之夷然。岳家先欲送五品冠服，闻外舅私喜其有志云。

　　　　　　　　　　　　　　　　　——《郁离岁纪》手抄本（光绪十三年）

[1] 廖鸿荃，字应礼，号钰夫。福建侯官人，嘉庆榜眼，工部尚书，谥文恪。

是年　福州大水，乡人推举主持赈事。

　　南洋侨商捐款建造义冢，作"槟榔玙闽商公建义冢记"，见《沧趣楼诗文集》第378—379页。《记》赞："世之为义冢，止于掩骼埋胔而已，而兹冢之设，有举莫废，隐然有同灾共患之意焉。嗟呼！其诚有不可解于中者耶，抑亦吾先王睦姻任恤之泽所留贻者远，虽殊方异俗不能外是而自立耶？"又作"吴江施氏义庄记"[1]，见《沧趣楼诗文集》第379页。《记》称施氏父子"孳孳为义，至老不倦"，省之兄弟"承先志以诏后人"，"其所为爱者；亦岂独一家一族而止哉！"

[1] 施善昌，字少钦，吴江震泽人。国学生，以赈捐奉旨嘉奖、建坊。子施则敬，号子英，光绪举人，中国红十字会创始人。侄施肇曾，字省之，肇基，字植之，均近代著名外交家。

致函张之洞。

致　张　之　洞

　　　　　　　　　　　　　　　　　　　　　　　　　　　　　陈宝琛

　　广甲机器已具，专候管驾试洋。公处迄未派来，自是审慎之意，然亦不宜再迟。闻公议派战将管驾、学生帮带，意中当必有历练勇敢兼通中西驾驶之人可充其选，否则管驾于机器、沙线全不相习，而大副及水手等又皆专凭船主调度，一学生为帮带，亦何所用之？横海之用忻成发，万年清、威利之用贱值、雇一不识驾驶之洋人，覆辙相望，可为寒心。就鄙所见，学生、管驾，临阵勇怯，存乎其人，至出入风涛，奔驰南北，则十数年来无一失事者，惟在慎择而专任之耳。一得之见，不敢不尽所言。日前曾同陈弁往视该轮船，兹又嘱其道经马江，再偕周弁谛观一过，以备询问，到粤当能细禀一切也。宝琛再行。十三日。

　　粤有新到省知府陈望曾，已禀谒接晤否？以台湾人而极明练，通籍后在家，包办官盐、洋药、茶厘者十数年。公私两益，似亦自有所长。月前过闽相见，欲乞一函为介绍，侍虽却之，公试默察其人，兼可详询台事也。刘忻窘甚，其家人屡以为言，天水已去，上无积薪，幸公器使之。侍又顿首。

　　　　——《近代中国·陈宝琛致张之洞函牍辑注》第15辑第306—307页

题林则徐画像册页，书"题林文忠画像，听水居士陈宝琛"并七律。见《沧趣楼诗文集·林文忠赴戍伊犁道遇所亲绘像赠之曰吾老矣恐不能生入玉门聊当齿发还乡也拜观感赋》。

是年文

鼓山灵源洞听水斋记	——《沧趣楼诗文集》第 377 页
槟榔玙闽商公建义冢记	——《沧趣楼诗文集》第 378—379 页
吴江施氏义庄记	——《沧趣楼诗文集》第 379 页
协和学院书库记	——《沧趣楼诗文集》第 380 页

是年诗

鼓山晏师坐处结一小寮颜曰听水得八十字	——《沧趣楼诗文集》第 1 页
七月望后陪谢枚如丈山居	——《沧趣楼诗文集》第 1 页
七月廿五夜山中怀黄斋	——《沧趣楼诗文集》第 2 页
鼓山见竹坡题句却寄	——《沧趣楼诗文集》第 3 页
题损轩不二门图步净名韵	——《沧趣楼诗文集》第 3 页

1888 年(戊子 光绪十四年) 41 岁

慈禧兴建颐和园。(3.13)

英军侵占西藏亚东等要隘。(9.25)

康有为上万言书请求变法自强,未达。(11.30)

北洋海军成军,以丁汝昌为北洋海军提督。(12.17)

2 月 7 日(丁亥十二月二十六日) 致函张佩纶。

致 张 佩 纶 陈宝琛

绳庵世丈大人坐下:夏间自粤归,草布一缄,忽忽半年,讫[迄]为奉问,而北书亦久不至。梦想殊劳。比维养晦居贞,德业益粹,无任跂仰。宝琛今岁连占归妹[1],俗忙不胜,身惫学荒,赐也日损。然家严向平愿了,心体近益康和,山中粗谋菽水,倘得读书奉亲,如李愿之居盘谷,于愿亦足,又复何求。河决奇灾,际此吏玩财穷,高阳[2]乃承其乏,流亡满目,隐忧方深,南皮[3]乞休不得,改而请觐,去就两难之况,言之慨然。其治事太劳,作书太懒,公处近得其一纸否?三年塞上诗学日深,计已都为一集,暇中盍录一长卷见惠。转眼春融,赐环在即[4],当倾耳以听远音也。敬请台安,不尽所言。宝琛顿首,腊月廿六日。

家严命道相忆,舍弟同叩。

——上海图书馆藏手稿

[1] "归妹":公两妹出嫁,见前。

[2] 高阳:李鸿藻,直隶高阳人,见前。

[3] 南皮:张之洞。见前。

[4] "赐环在即":张佩纶于戊子四月(1888 年)遣戍期满。此信作于丁亥腊月(1888 年初)。

2 月 16 日(正月初五日) 谢章铤携白鹿洞书院高足黄介来访,同游石鼓山,有诗"正月雨后谢丈偕清江黄星介来过,因游石鼓,星石为丈鹿洞高弟,时省师将归",见《沧趣楼诗文集》第 4—5 页。

谢公枚如复挈其鹿洞高足清江黄星石介来过,因与同游鼓山。

——《闽县陈公宝琛年谱》第 53 页

正月初五,携黄介过访陈宝琛,遂同游石鼓山。

陈宝琛《沧趣楼诗》卷一：《正月雨后，谢长偕清江黄星石介来过，石为丈鹿洞高弟，时省师将归》。按：本诗编年在戊子，且首句云："入春五日雨一霁，谢公挟客来江楼。"此事当在本年正月初五日。 ——《谢章铤集》第 880 页

4 月 5 日（二月二十四日） 张佩纶得腊月二十六日信，信见前。

得安圃书。又得伯潜腊月廿六日书。

——《涧于日记·易窗日记》第 4 册第 8 页

5 月 4 日（三月二十四日） 张佩纶复函，附塞上诗作（诗作未见）。

复陈宝琛 张佩纶

三月初三，奉腊月廿六日惠书，敬审侍祉康和，起居佳胜，深慰远念。山居奉亲，与诸弟读书谈道，太邱家风，古灵学派，公殆兼之，健羡何似。诸妹宾婿嫁娶图成，未知娇女已缔姻否，闺中兰征若何，隐者多矣，而独臣盘谷自况，得毋有感于粉白黛黑列屋而居耶。知得书必大噱也，见怀诗似信笔所书，而情味弥厚，依韵奉和，终不如原唱之自然，乃彰来诗之益美耳。塞上诗，三年得二三百首，可存者甚少。其专意在注《管》，间读经史，诗学无所进，书亦终不近，属书一册，未敢率尔也。孝达于去秋寄书两篓，颇资以注《管》书，或一日得其三书，或数月不得一纸，想在粤与在都、在晋不殊耶。郑州河堤可虑，高阳力引子和为枢府，所忘子和[1]实亦非才，豹岑尤犾，甚为豫危。高阳坐困河干，尤可慨耳。佩纶三年塞上将及归期，故里无一椽之屋，半亩之田，视听水庵、今是楼，真天上矣。肃问侍祺，不宣。弢庵前辈坐下，诸弟及眷爱均吉。佩纶顿首，三月廿四日。 ——上海图书馆藏手稿

[1] 子和：李鹤年，字子和，奉天义州人，闽浙总督、东河总督、河南巡抚。

5 月 19 日（四月初九日） 张佩纶来函。

致陈宝琛 张佩纶

牛乳贡饼以波罗岩[1]庙者为上品，兹奉上八匣，乞上高堂以当芹献。回忆乙酉四月曾寄此，岁月如流，今三年矣。佩纶已循假放归，即日首途暂到都下，徐为卜居之计，到都再奉书也。叔毅临试，不免复理举业，弟辈应试者有几人，并望示悉。敬问起居，弢公又鉴。黄叩，四月初九日。 ——上海图书馆藏手稿

[1] 岩，同"寨"。

5 月 29 日（四月十九日） 致函张之洞。

致张之洞 陈宝琛

广雅前辈坐下：与公别五年矣，忧患馀生，艰虞时局，甚思一望颜色，藉倾积怀。去夏拟作南游，由厦而台而粤，乃台狱方起，粤谣复兴。故戢影故邱，遂

不复出。经年以来，静观动察，杞忧皇皇[1]。而兰芷不芳，戈矛在室，言之痛心。乃知嵇懒阮狂，古人盖非得已。前闻公上章乞休，松云来书，亦以巨细躬亲，劳劝已甚为言。从事独贤，驰念无已。昨承电招，愿见之私，怦怦欲动。以先祖大祥在即，又新遭叔母之丧，故须过五月半方能应召。匆匆电复，计已入览。侍此时心如不系之舟，严亲老健，家事尚无所牵，既不能访黄于塞上，则就公于岭南，亦少解饥渴。惟羊城官场于固畏友倪孙年丈，继则座主恐野老潜行踪迹，终难自晦。幕中闭置，则益人惊疑，随俗酬答，则自觉无谓，用是行止，不能自裁。公其为我策之。兹先寄上密电一册，用此书再加若干码，则密之又密。往来情话，不虑属垣。天涯比邻，聊慰暌索。近得黄书否，到戊已期，是否纳赎。销骨之毁，天何忌才。鄙人远愧包胥，近惭弹指，四海之内，赖有公耳。临颖不尽所言。伏惟为国自珍。不宣。侍制陈宝琛顿首。四月十九日。

再：侍前游在石鼓，迂道马江。晤吴维允[2]，谈及粤有定"泰来洋行"造船之说，因驰电论之，盖"南深""南瑞"两船价重材窳，已有前验。而闽厂近来所造，渐趋新式，又遣监工学生魏瀚出洋访求，自不至囿于故技。吴维允於工程最为核实，粤若以购船之费交闽厂代造，必不至有负委任。日昨已嘱维允将图说绘缮寄呈。渠以未审尊旨，不敢上陈。以侍睹闻所及，则不惟"深""瑞"二快船委办之非人，即"镇"、"定"两铁甲，亦成事之不说。闽厂工用精实，局外或不尽知，而侍则考之确凿，深愿公之早决也。附此再布，即请裁示。侍再顿首。

林典史庆铨寄来《三礼通释》一书见贻，乃其先德芗溪先生所著，浼侍先容，乞公作序，可允之否，谅渠已赍原书面呈矣。再请台安。侍制宝琛顿首。

——《赵凤昌藏札》

[1] 皇皇：同惶惶。

[2] 吴维允，字仲翔，咸丰亚元。福州船政提调。张之洞奏调赴粤委为总办水陆师学堂事务。广东肇罗阳道、署按察使。孙女适公六弟宝瑄子懋丰。

四月　张佩纶遣戍期满还京，深得李鸿章倚重，李希望张留居天津。张塞上三年与公有诗唱和。公有"篑斋自塞上和前诗叠韵寄京师""篑斋以小像见贻题寄""篑斋和诗见怀叠韵再寄"，见《沧趣楼诗文集》第5、6页；张有"余与伯潜同年小一月来诗有别后何时已有髭之句君为鬓鬓也戏用前韵以博一笑"、"次答伯潜见怀"诸诗。

张公篑斋戍满赐环。公因迭前和韵赋诗寄京。篑斋继配边夫人前岁殁于京邸，而篑斋旧与兄子安圃同居，固公壬午出都前日夕过往煮酒论文之地，故诗及之。篑斋还都甫及一月，李公鸿章邀之赴京。李公尝谓篑斋曰："吾任舍

子莫可代者。"因妻以爱女,留居天津节署。——《闽县陈公宝琛年谱》第53页

绳庵于同时辈流中与弢庵先生投分尤挚,有"次答伯潜见怀"句云:"举国幸存胶漆地,平生兄事属袁丝。"如此倾倒,恐生平无第二人也。

——《今传是楼诗话》第328页

五月　黄体芳典福建乡试。喜得接晤,相与感叹风云变幻,人事沧桑,作"漱兰年丈来主闽试喜晤感赋",诗见《沧趣楼诗文集》第5页,亦见《黄体芳集》第261页。

黄通政漱兰,亦清流中人,公宣南旧侣,直谏有声,时称四谏之一。与公江南一别,已几更寒暑。今岁来主闽试,喜得接晤,而风云变幻,人事沧桑,班荆道故之馀,良深感喟。有诗赠之。——《闽县陈公宝琛年谱》第53页

夏　应门生陈家逑之请,为朱益藩姻亲陈光春[1]作墓碑铭。

陈梅生墓碑铭　陈宝琛

诰授朝议大夫、晋封通奉大夫、知府衔江苏候补同知陈公梅生墓碑铭。

陈生家逑,余壬午典试西江所得士也。榜发以提学留省,因得稔诸生。生籍隶首郡,往来尤数,知其家世特备,而其祖母萧氏、母黄氏,尤以节义旌于朝。盖其清芬所被有由来矣。嗣余奉于役南洋之命以忧归,而陈生亦奉其尊人梅生府君之讳,读礼于家。今夏生邮书币来乞表其墓。余既与生有通家谊,又习闻其家世,安可以不文辞?

谨案状,公讳光春,字载阳,号梅生,世居南昌之靖安县。祖正煦,父采邹,均以诚信敦笃为宗族乡党所推服。公生而岐嶷,稍长,读书观大略,不屑屑章句。家故贫,亲老益窘,几不能具甘旨。念读书以事亲为要,乃以升斗贻堂上人忧,而已转坐耗,莫之策也,奚学,为弃儒就贾,为养亲计,勤思经营,不遑寝食,与人通易,必开诚布公,无贾徒机诈术。人以是多倾任之,有所获即输之亲,无浮浪费,家稍纾。而是时粤逆寇江右,蹂躏及各郡县,其股田间道突窜靖安治山僻中,城陋而圮,额兵寥寥无可守,而公宅依孔道旁,适当贼锋。太夫人性素刚正,处事尤明决,念贼旦暮至,必见辱。遂率公夫人从容处置家事。贼猝至,太夫人呼公夫人曰:"事急矣,可早日自为计。"宅畔有巨塘,当时水深丈馀,公夫人抱三月儿,踉跄置岸旁,同时赴水死。儿呱呱啼,贼愕眙太息去。公闻靖有警,疾驰归,则母妻已先时殉难矣。痛极不欲生,水浆不入口者累日。戚友多方宽慰,责以祭葬大义,稍稍自强抑。慎终之典,必诚必信,而终以遭此惨变,未能奉母早迁为恨。服虽阕,每一念及,辄不禁涕泗之交颈也。公自忧患迭更,志气益奋。时寇盗充斥,长江道梗。当事新颁鹾政设局,招商为筹饷便民计。诸素操居积术者辄瑟缩不敢前,公独首应其募。惊涛骇浪中,往反数

四,履险如坦途,获利倍蓰,人以是服其智。公身躯瘦挺,容貌不逾中人,而精神内含,目烁烁有光,料事多奇中,随意转输,未尝折阅。先是周观察峄亭稔其能,以八千金托权子母。公竭力运筹,赢馀无算。而观察忽捐馆於湖南旅次,眷属亦还家。公乃为之通盘确算,簿书厘然,命长男敏致亲赍白金十馀万,走数千里达山左原籍,抚其家。其笃于风义类如此。既丰于财,遵筹饷例,纳资为同知加知府衔。性耽淡泊,不欲仕。家居布衣蔬食如贫贱时,而恤孤赈乏,亲友有缓急,倾囊不少吝。祖庙岁久失修,公慨然捐复,不欲独擅其美,听族中之有力者酌量出资,贫困者给役工,所优其直。祠成,增置祀田若干亩为香火计。复创兴义塾,建护龙菴费七万馀缗,而修津梁、平道路,诸几有裨於公利益地方者,无不见义勇为,至老不倦。先是县署毁于寇,借校士场为公庙。两公子遵遗命,出千金刱修公堂为首倡。署焕然一新,皆公志也。卒之日,远近吊者道相属,车马溢衢巷,无知与不知,皆曰"丧一善人矣。"公娶官田黄氏,生子三,继娶郑州黄氏,生子一。长敏致,候选同知,先公卒;次家述,壬午科举人、二品顶戴赏戴花翎、前署湖南岳常醴兵备道、军机存记补用道、加五级记录十次;三永懋,乙酉科举人,赏戴花翎、刑部郎中、广东司行走、分省试用道;四家述,殇。女二:长适举人项邦达,次适甘苑福。孙二:芳樾、芳桢。公於光绪丁亥年十月十七日亥时,葬南岭捶虎地之阳,辰山戌向。爰揭其大者于阡,而系之以铭曰:

公之性情直如矢,公之建竖优于仕,志所未竟公有子,公有子兮公不死,不知公者其视此。

赐进士出身、诰授资政大夫、内阁学士兼礼部侍郎衔、江西督学使者、壬午科江西乡试正考官、通家愚弟陈宝琛顿首拜撰。

——上海图书馆藏墓志铭拓片

[1]陈光春:号梅生,光绪丁亥十月卒,陈家述"今夏"求作墓志铭,当作于光绪戊子(1888年)。

9月30日(八月二十五日)　致函张佩纶。

致 张 佩 纶　　　　　　　陈宝琛

蒉斋世丈大人坐下:夏初连奉塞上来书,知公年来动忍增益,著述自娱,甚慰积念。环音先得粤电,嗣闻已由津入都,长安似奕,朝士无多,恐更不如负大瓢行歌儋耳时萧然自得也。清卿[1]七月书谓公已回丰润。计无一椽半亩,殆不能为隐遁之栖;然养晦销声,长安居大不易;或者咉荔岭南,往就故人乎?宝琛浮湛闾里,志气苶然。维于家事能稍分堂上之劳。家严迩来心境较适,气体视前为胜。弟侄辈亦得专心文史,今科应举者璐、瑄、璜三弟及仲勉之子懋鼎[2]。瘦公雅故,冀得登龙,未审如愿否耳。两郎君就傅有年,下笔定惊鹦鹉。
鄙人如陶彭泽依然妥婴慰情也。屋后小楼以壶公[3]言改名"沧趣"昨有何非,
今未必是,时花移石,听水看云,颇相忘于江湖,惟二三朋好星散天涯,时用耿
耿。偶斋想已晤。近状可想。屡欲寓书,则百端交集,恐入情障,宁为其愁。
去夏在石鼓山中感忆一律,亦未寄与赐和。二诗情文娓娓,读之感喟不已,叠
韵再呈一律,自知不及前诗也。

　　惠寄牛乳饼旨而太多,入夏易于变味。家君感公垂念,弥用珍惜。无厌之
求,冀公于冬春间寄购百馀枚为赐,足矣。健兄是否在京?何时服阕?艾弟藏
身人海,比来兴致何似?康侯秋初到京公晤及否?手此奉布,敬请道安,不宣。

　　家严命笔道念并谢。弟辈随叩。宝琛顿首。八月廿五日

　　　　　　　　　　　　　　　　　　　　　　——上海图书馆藏手稿

[1] 清卿:吴大澂,字清卿,见前。

[2] 三弟宝璐于光绪十四年中式举人,六弟宝瑄以茂才获选优贡,七弟宝璜甲午年举人,侄
懋鼎次年己丑恩科解元。

[3] 壶公:张之洞,号壶公,见前

　　张公蒉斋塞上三年专力注《管》。居津以后,注《庄子》,校《晋书》,日有恒
课,每以注书体例与公商榷。念别忽五载,海天迢迟,相见何时,特寄小像一
帧,聊当晤对。并引香山自题写真句云:"无嗟貌迟非,且喜身犹在。"公以诗寄
答,其中"梦中相见犹疑瘦,别后何时已有髭"一联[1],情词俱美,尤为时传诵。

　　　　　　　　　　　　　　　——《闽县陈公宝琛年谱》第53—54 页

[1] 诗见《沧趣楼诗文集·蒉斋以小像见贻题寄》第 6 页。

11 月 2 日(九月二十九日)　张佩纶来函。

致 陈 宝 琛　　　　　　　　　　　　　　　　　张佩纶

　　塞上放归,曾以一书奉问起居。忽已秋尽,未得报章,时用系念。漱兰[1]
典闽试,撤棘后当相见,叔毅得售否?幸示知。近日我公何以自娱,已得男乎?
佩纶不愿居都下,思于里门择佳处,作一第庵,闭户读书,集资粗就。合肥初聘
之莲池,旋有婚姻之约[2],遂引嫌辞讲习,行当觅伯通□为偕隐计耳。安妡[3]
病未大愈,侄孙允言幸捷京兆,足以告慰。子峨南还,其次子寿朋亦举贤书矣。
敬颂侍祺,诸弟均此。伯潜前辈坐下。佩纶顿首。九月廿九日。

　　　　　　　　　　　　　　　　　　　　　　——上海图书馆藏手稿

[1] 漱兰:黄体芳,1888 年主闽试。

[2] 李鸿章下聘嫁女,张、李 1888 年光绪十四年十月成婚。

[3] 姪:同"侄"。安姪:张人骏,见前。

11月11日(十月初八日)　张佩纶来函。

致 陈 宝 琛　　　　　　　　　　张佩纶

今日借《申报》阅之,叔毅三弟已登贤书[1],喜甚,憨公眼力可佩。竹坡之子寿富、孝达之侄检均捷,惟同人散若风萍,不知何时聚语,思之又复怅然。阁下自夏徂秋,竟不寄我一纸未免过忽,岂禅学已到极地耶。明年两弟必入都会试,六弟亦须延试,执事出处若何,深以为念。堂上定抃髯狂喜,亦话及戌所归人否。率贺即颂台祺,不具。伯潜前辈坐下。佩纶顿首。十月初八日三鼓。

——上海图书馆藏手稿

[1] 叔毅三弟已登贤书:1888年公三弟宝璐(叔毅)中戊子科举人。

11月23日(十月二十日)　致函张佩纶。

致 张 佩 纶　　　　　　　　　　陈宝琛

津门两函旬日间先后奉到,读悉种切。宝琛八月内草就一书正欲寄去,旭[1]函适至,谓晤公梓桑所,月内当归浭,葬边夫人。前书遂暂束高阁,俗冗因循,倏忽至今,公怪其怼,诚无以解。联婚合肥[2],此间九月初旬即有言者,晤憨公亦云,读来书始信。从此梁虎桓车倡随,得偶盘中之乐,岂羡夫列屋闲居者。惟流俗浅见,怨家深文,多有以援系为言。相爱如宝琛虽谅公无他,而不能闲执其口。但遥遥一心,望公此后深自韬晦,卓自树立,无论用舍行藏,总有以副前此之清节,勿以一蹶故视同瓦注也。四海之内或惟壶公同此心耳。安圉令郎年才几何,获隽可喜。憨公令侄亦捷浙闱,同辈中重联谱谊,可谓巧合。舍弟辈明春偕计可以趑[3]谒求教,宝琛则习于拙懒,无复西笑之思,但离索数年,不能一亲故人,为惘惘耳。莲池却聘,明年卜居何处,乞示行迹,以便通问。前函并诗附呈。倘爱钟鱼句,今宜易矣,一笑。手此,敬请大安,不宣。黄斋世丈阁下。宝琛顿首。十月廿日。

家严极相忆,时时谈及,命笔道候。

——上海图书馆藏手稿

[1] 旭:王仁东,字旭庄,见前。

[2] 张佩纶1888年与李鸿章女成婚。

[3] 趑:同"趋"。

十月　于许贞幹处晤陈衍,作诗钟祝许父寿诞。

十月,与陈弢庵阁学年丈会于许豫生处。长青案,中法之战,陈阁学会办南洋军务,以力保唐炯、徐延旭可大用,二人败衄,原保大臣降五级调用。适丁内艰归,遂不出。是日,许豫丈家庆,家君为骈体寿言,首云:"夫粲粲门子,白华补六篇之诗,蛇

· 288 ·

蛇硕言,彤管取三章之义。"弢庵丈甚赏之。旋斗诗钟,首唱为"争出"二字,家
君一联云:"争此一墩两安石;出人头地几东坡。"弢庵丈取第一。弢庵丈句云:
"出花寒蝶休迷路;争粒山禽未息机。"家君取第一。

——《陈石遗集·续编陈侯官年谱》卷 2 第 1960—1961 页

是年　三弟宝璐应福建乡试,中试举人。六弟宝瑄以茂才获选优贡。侄懋鼎
次年己丑恩科解元。见《闽县陈公宝琛年谱》第 54 页。

是年诗

正月雨后谢丈偕清江黄星石介来过因游石鼓星石为丈鹿洞高弟时省
师归　　　　　　　　　　　　　　——《沧趣楼诗文集》第 4 页

黄斋自塞上和前诗叠韵寄京师　　　　——《沧趣楼诗文集》第 5 页

漱兰年丈来主闽试喜晤感赋　　　　　——《沧趣楼诗文集》第 5 页

黄斋以小像见贻题寄　　　　　　　　——《沧趣楼诗文集》第 6 页

黄斋和诗见怀叠韵再寄　　　　　　　——《沧趣楼诗文集》第 6 页

光绪帝大婚。(2.26)

慈禧归政,光绪帝亲政。(3.4)

张之洞任湖广总督,兴筑芦汉铁路。(8.8、8.27)

2月17日(正月十八日)　致函张佩纶。

致 张 佩 纶
陈宝琛

黄斋世丈大人阁下:去冬奉书已达览否? 春风扇和,伏惟俪祉骈馁,箸祺宏畅,至以为颂。前书以三至之疑,语多过虑,久未得复,深自惴惴。然至今此间官场犹肆诬谤,虽明知子虚,弗能辨也,名之为累乃至于斯,养晦自修是在君子。诸弟偕计宝琛留奉老亲,不获与陪,麈谈十分怅惘,渠等夙叨爱末,近又与健盒之公子为齐年,益当修后进之礼。公能常进而教之,俾不虚此游,科名迟速不足较也。健盒近体闻颇逊前,见在京否,极以为念。窓斋督河[1]底绩,壶公独任粤事[2],所谓离之两美。近常通函否? 家君近甚安健,命寄枣糕四匣,知公嗜此也。临发草涩,祗请台安,言不尽意。宝琛顿首,正月十八日。

——上海图书馆藏手稿

[1]"窓斋督河":吴大澂,晚号窓斋,见前。吴1888年8月(光绪十四年七月)署河南山东河道总督,当年十二月堵口合拢。

[2]张之洞1884年至1888年署两广总督。

3月2日(二月初一日)　卫荣光奏公与瞿鸿禨[1]等"才堪擢用",传旨申饬。

山西巡抚卫荣光奏:翰林院侍讲学士瞿鸿禨、前内阁学士陈宝琛、福建兴泉永道吴世荣,才堪擢用。得旨:陈宝琛保举非人,贻误军务,获咎甚重。该抚率行奏保,殊属冒昧。着传旨申饬。

——《德宗景皇帝实录》卷266第562页

[1]瞿鸿禨:字子玖,号止庵。湖南善化人。同治进士,翰林院编修、侍讲学士、内阁学士。河南、浙江、四川、江苏四省学政。军机大臣。

3月9日(二月初八日)　二弟宝瑨、三弟宝璐及六弟宝瑄往见张佩纶,张得公函。

　　陈仲勉、叔毅及其六弟宝瑄同来。得伯潜书。距甲申冬在螺洲话别六□
岁矣。留之午饭而去。即日施册，遂不作答。晚同合肥师过晦若[1]略谈。夜
命酒微醺。

　　　　　　　　　　　　　　　——《涧于日记·津门日记》第 5 册第 17 页

　　[1] 晦若：于式枚，字晦若，祖籍广西贺县。光绪进士，入李鸿章幕。1906 年任广东提学使，
兼广西铁路公司总理。次年充出使考察宪政大臣，擢升邮传部、礼部、学部侍郎、修订法律大臣、
国史馆副总裁。

4 月 4 日（三月初五日）　致函张之洞。

致 张 之 洞

陈宝琛

　　广雅前辈大人坐下：前月黄参将带呈一缄，计已早到。久不得公函电，驰
系良深。月来船政纷纭已甚，樾老律己极严而御下太宽，营造极勤而会计太
拙。近因公电催严切，屡添夜工，乃恍然于经费之不继，不得已罢船坞，撤制
炮、鱼雷等厂，减局员薪水，裁工匠、裁学生，旬月之内，棼如治丝。盖自吴维允
去后，上下蒙隔，滥泛纵弛，患伏至今日而始见也。梁秀才前月来过，即以期限
难恃为忧，近则情势益见，不久且停夜工。樾老不节之嗟，深自悔艾，大有心
疾。侍昨往视，拟与细谈粤船此时不兼夜工，今岁不但不能成四艘，即三艘亦
实形迫促，幸乙、庚二艘势在必成，丙仅年终不可下水。侍平日所思虑者，闽厂
连年铸炮台、建厂坞、制钢甲船，或不免于粤厂解款有所抿注。近年详加询考，
则粤解之三十九万确系尽归粤船之用，闽厂已协之银约二十一万，除粤省尚应
解一十四万外，闽厂尚应协三十二万，而每年经费只能腾出十馀万为协造，此
则以经费估定工力，恐非分作两年解，不能全数竣事也。公前电谓破除积习，
可谓痛下针砭。苦樾老见之不早，局员虽非有意迟延，其所以逾限之故，始则
观望部议，兼之分应他工，不能穷日力以克赴粤船之期，节经费以专协粤船之
用。至今日虽鞭棰其后，不能为无米之炊，然果从此按部就班，迟速亦裁数月
期，虽为副船则无伤。侍所访悉情形如此，不敢不以闻于公。侍于樾老尚相
知，此时欲再进匡正之言，恐徒益其心疾。公处应否再催，抑作为风闻电讯，函
询或传询。荔丹令电催其兄，或责成监造之员，唯公裁之。论理夜工停后，监
造亦应有禀奉闻，但言之未必敢尽耳。局外闲人乃作丰干饶舌缕缕，可哂，幸
秘勿示人也。敬请台安。侍宝琛顿首。初五日。

　　尚有访悉情形为前所未详者，姑备言之，公可以藉知厂情。

　　一　期限妨碍之故。闽于粤船外尚有赶造钢甲一船，本拟十四年秋间完
工，因船身机器均系新式，初次仿造，诸多费工，本月中旬方能试样。中间迟延

至六月。去腊北洋来修康济、威远两船,约至五月可竣。伏波由台来修,约二十日始竣。河南近又请铸铁柱,侍所谓分应他工者,不独船坞炮台也。

一　夜工不继之故。去年秋冬间趱赶钢甲及广乙,均昼夜兼营,惟广庚无夜工。令正得电催限,并广庚亦加夜工,夜工费倍功半,最易虚糜,终日疲劳,人易燻倦,灯光之下,器难求精。前此皆不得已而偶用之,前月核计各厂煤油及辛资,每夜已二百圆,一月需六千元,万难支持,不得不停(匠徒最利为夜工,一月得四十五日也)。

一　经费奇绌之故。厂费专资海关四成项下,每项月二万两全解;六成项下,每月三万,积欠甚多。近两年,均解四个月,今岁解否,不能豫定。而闽厂员弁、工匠、学堂诸费,月支二万六七千两。去年船坞炮台约费十万金,频年善后局欠六十余万,致库存出洋经费数万金挪用将罄,以后再无可挹注。而所定购粤船机件及炮台上巨炮不日将到,价银无可应付,故亟须裁省月支之费。现极力裁汰,月支尚须二万两,此则数年来无人量入为出之过也。项闽善后局已解二万余两,关款亦允五、六月间解五六万,庄子之力也,谅可抵购件之价。

一　粤船已用工料。查共用银约六十万两,广甲全船二十二万,广乙已用工料银约一十四万,广丙、广丁已用工料银约一十二万,广庚已用工料银约五万,辛、壬、癸三船已用工料银约七万,此节乃魏瀚所言。

一　广乙轮机未到。十三年五月立合同订购,应于十四年八月成,现已逾限六个月,闻已咨请使臣就近理论。近有函来,四月初起运,六月初可到。合拢镶配,然后试样。非数月不办,然则广乙七月必不能成矣。

以上拉杂言之,出位漏师,属垣可畏,公默识之,勿泄。

工程处学生,唯魏瀚最知大体,然专司制船身,渠为赴粤定议之人,极思自顾考成,而值此上宽下弛,不能破其侪偶之积习,亦有许多难言之隐。正月间,渠赶制明年三船机器,如何分别制购盖有所见,而言至今未议复,樾老亦忘之,概可知矣。

　　按:此函封署"寄呈两广制台张大人台启。螺洲缄。"又有"三月二十一日到"字样。据札中"十三年五月立合同订购,应于十四年八月成,现已逾限六个月"则此札应作于光绪十五年(1889)三月。(许全胜)

　　　　——《近代中国·陈宝琛致张之洞函牍辑注》第15辑第296—299页
同日张佩纶来函。

致陈宝琛
张佩纶

诸弟过津一面[1]遽别,回思橘洲夜话,五改岁矣。晓(?)飒来书,深用怅悯，所喜上侍康强，起居佳胜，足释系私也。佩纶塞上放归，家无可居之屋，野无可耕之田。入冬以后，营巢将子，久劳小休，一年中奔驰纷扰，转不如塞上之静坐读书，春初渐近笔研耳。都门小住未尝见一要人，清节瓦注之疑，明海未测所自。鄙人踪迹，岂宜取决旭庄，逸人罔极，所祈垂听。夫止谤自修，本为中下人说法，君子自修而已，不问谤不谤，并不问谤之止不止，若因谤而姑修，得毋谤止而修亦止乎？今鄙人所遭之谤，则皆不根之说，底下之谈。老成深识，以为风俗人心之患，其造谣布诼，大抵贵乡人居多，鄙人且不屑辨，更何待公之代辨。吾辈作事，决不能俯循流俗，更何能取容怨家，畏清议可也，畏浮议不可也。若摧折之馀，动存畏谤之心，则失独立不惧之道矣。人果卑污，非一二人之誉所能饰；人果清矫，亦非千百人之毁所能诬，但虑实之不存，不虑名之为累也。公得毋笑其倔强犹昔乎。闻阁下近读靖节诗，效石庵书，意在藏锋敛锷，不审有所著述否。以公之才、之识，不能用世，亦当有以传世，愿纳鄙言。佩纶在塞上乃得《管子》注廿四卷，又作《庄子》古义十卷。近思辑注《晋书》，粗创体例，所恨藏书不多，同志良少耳。竹坡遁而穷经，欲平郑、朱之隙，恐有举鼎绝膑之虑。孝达冬间尚通一电，近无书问。清卿有一书来，未之复也。馀详与诸弟问答中，不一一。敬问道祺。伯潜前辈大人坐下，堂上叩问兴居，赐枣糕拜谢。佩纶顿首。三月初五日。

　　　　　　　　　　　　　　　　　　　　　　——上海图书馆藏手稿

[1] 1889 年 3 月 9 日(二月初八日)公二弟宝瑹、三弟宝璐及六弟宝瑄往见张佩纶。

4 月 5 日(三月初六日)　张佩纶来函。

致陈宝琛　　　　　　　　　　　　　　　　　张佩纶

　　牛乳饼军班入贡，在塞上须正、二月得之，都门所购皆陈之者。日内候宣府信未来去冬托宣镇，饼到即买之即寄，距诸弟来又旬馀矣，故先寄此函，俟饼到再寄。其价甚廉，即有霉蒸，弃之亦同鸡肋耳。弢公。黄又及。初六晨。

　　　　　　　　　　　　　　　　　　　——上海图书馆藏手稿原件

4 月 25 日(三月二十六日)　致函张佩纶。

致 张 佩 纶　　　　　　　　　　　　　　　陈宝琛

　　黄斋世丈大人坐下：舍弟过津[1]，得望颜色，并辱两札，稍慰离居。公贶庑箸书，清闲有味，允示《管》《庄》副本，得与参校，为幸多矣，《晋史》卷帙浩繁，卒业不易。闻赵在翰[2]尝为补表，近从谢枚如[3]丈借钞，思为刊行校雠，尚未竟也。和章音节肮脏，有益坚益壮之慨，弥愧鄙作之颓苶。家居百口鳞杂，役心遮眼，一编泛滥无纪，叔毅言之良信。马少游谓衣食裁足，乡里称善人。区区者犹不易为，来教拳拳，盖如蹶痿之思起也。蒙惠牛乳饼，极鲜美，家君感公相念不渝,每食嗟叹,常望有相见时耳,谢谢。手复,敬请道安。阖第均吉。侄宝琛顿首,三月廿六日。

村居僻陋,京华书札更稀,时事直茫如昨。闻高丽思窃帝号,敢为嫚书自有主之者耳,俄路计已可达珲春,当轴或犹处堂,合肥公之措注可得闻乎?蝼蚁忧天,多愧其不知量也。黄公足下。宝琛再行。

先师梁吏部[4],叔毅外舅之弟,德邻丈济谦在津卖医,近随铁舰南游,谈次以官陕时未得仰见丰采为恨,属为先容,俾遂愿见之私。其博涉书史,倔强自喜,挫折而志不衰,海南游历尤多感慨,引为谈交,尚非靡靡者比也,惟酌之。再请道安。侄宝琛顿首。　　　　　　　　　　　　　——上海图书馆藏手稿

此函本交萨镇冰带[5],因其行期又改,且须迂道威海故,但以书两箧寄之。鄙已迁延,又因阁滞。重烦远注,愧歉无似,以后当月奉一函,稍逾期勿疑系也。盘游何时可归,遇便手及。再请黄丈台安,期宝琛顿首,廿六日[6]。
　　　　　　　　　　　　　　　　　　　　　　——上海图书馆藏手稿

[1] 1889年3月9日公二弟宝瑨、三弟宝璐、六弟宝瑄过津见张佩纶。

[2] 赵在翰:字光亨,福建侯官人,道光举人,富藏书,所蓄多珍本。

[3] 谢枚如:谢章铤,见前。

[4] 梁吏部:梁鸣谦,见前。三弟宝璐(叔毅)娶梁鸣谦女。

[5] 萨镇冰后于1889年9月11日携书两匣见张佩纶。

[6] 此函原件有收信记录:"伯潜三月二十六日发,九月十七日到"。

6月16日(五月十八日)　二弟宝瑨访张佩纶,张来函,并赠陶诗。

陈仲勉自都来,留饭,久谈。作致伯潜书,并以陶诗赠之。出答仲勉并及松岑。
　　　　　　　　　　　　　——《涧于日记·津门日记》第5册第44页

复陈宝琛
　　　　　　　　　　　　　　　　　　　　　　　　　　　张佩纶

连复两书,当已入察。至今寂无南音,殊疑闿也。仲勉下第出都又得快谈,询悉待祉康龢,起居佳胜,深慰鄙念。佩纶注《管子》,校《晋书》,日有恒课,夜则评山谷诗一二卷,涪翁诗直是孟郊之流,不足与苏抗,而江西派尊为宗大可笑,凡事皆有运存乎其间耶?时事近以铁路为一大端,以为是者,孝达、子寿、省三,馀皆非之,鄙人居此,有黭陟不知、理乱不闻之意,所谓苟全性命而已,爱我者怨我者均求之过深。仲勉归自可了然之,亦不足为外人道也。都门近事则介弟自能言其矣。侄孙允言联捷而得主事,年才廿二,诸事不谙未能与人竞仕宦之捷也。草草上问,敬颂台安。伯潜老前辈大人坐下,堂上叩安,合宅均吉。佩纶顿首,五月十八日。
　　　　　　　　　　　　　　　　　　　　　　——上海图书馆藏手稿

6 月 20 日(五月二十二日)　致函张之洞。

致 张 之 洞　　　　　　　　　　　　陈宝琛

　　(前缺)逾限已久,近正并力拆修,樾老[1]悔艾成疾,早晚恐须乞休也。郑孝胥以家室之累,属谢公招,并致感意。苾园[2]前辈与可庄同典粤试,旧雨偕来,公可为平原十日饮矣。手布,敬请台安。侍期宝琛顿首。五月廿二日。

　　　　　　　　——《近代中国·陈宝琛致张之洞函牍辑注》第 15 辑第 305 页

[1] 樾老:裴荫森,字樾岑,见前。

[2] 苾园:李瑞棻,字信臣,号苾园,贵州贵筑人。同治进士,云南学政、刑部侍郎、礼部尚书。光绪十五年与王仁堪同为广东乡试考官,五月十二日到任。

7 月 13 日(六月十六日)[1]　致函张佩纶。

致 张 佩 纶　　　　　　　　　　　　陈宝琛

　　蒉斋世丈大人坐下:春间连奉两书,以公方还浭,迁延未报。仲弟归,复承手简,重劳关注,感愧何似。藉谂行藏协道,箸述娱情,深慰驰系。世道人心已无可说。吾丈注《管》注《庄》,微旨可会,宝琛既惭鲍叔,复愧东施。唯迢迢一心,期以皓首耳。村居阒僻,尘事较稀,而百口独肩,治生本拙,古人云衣食裁足,乡里称善人。怀此区区,亦岂易遂。辄复寓情禅悦,澜迹佃渔,匪任疏放,聊自遣也。来教以传相勖,不禁嗒然。念公爱我之深,何敢自狃于暴弃,终恐如竹坡之刻鹄画虎,迄于无成。离索频年,何时得以质证求益耶?公辑注《晋书》,将如裴注《三国》,抑如彭、刘《五代》[2];《管》《庄》凡例,并可见示否。校录之馀,诗境当日益进,黄诗本在后山下,何论苏也。与竹坡久不相闻,近得其和诗数首,音情凄厉,再同亦有书杠存,安圃乃作封翁可羡,公之过迈,比来下笔何似,曩岁诗孙[3]入闽,询及圭庵,令嗣读书尚可,而病羊角风为可念耳。秋间田盘之行果否,旧游病未能从,或将揽胜南中,便当借山水为会合,沧波尺素,期约良便,徐徐图之。惠赐牛乳饼极鲜美,家君饱餍寄谢,且甚忆公江村夜话,盖五年矣,初夏遭季父之丧[4],老怀感恻不已。近幸眠食渐康,室人归宁,拟八月南旋,叔毅、墨樵秋初当先归闽。闻公欲得闽库聚珍版丛书,适萨镇冰辞赐将赴津,附寄一部,到日检收。损惠陶诗注本详审可喜,统此致谢。敬请道安,期宝琛顿首。六月十六日。

　　　　　　　　　　　　　　　　——上海图书馆藏手稿

[1] 此函原件有收信记录:"伯潜,七月十二日到。"

[2] 彭、刘《五代》:清代彭元瑞、刘凤浩合撰《五代史记注》。

[3] 诗孙:何维朴,字诗孙,见前。

[4] 季父之丧:公叔父、祖父承裘三弟承鋆,字孝采,号子和,1889 年 5 月 27 日(光绪十五年

四月二十八日)卒。

8月3日(七月初七日) 三弟宝璐、六弟宝瑄来京应试后回福建前,访张佩纶。

陈叔毅、墨樵回闽,过此小谈。

——《涧于日记·津门日记》第5册第53页

8月23日(七月二十七日) 致函张佩纶。

致 张 佩 纶 陈宝琛

舍弟昨归,知过津得侍清塵[1]。前月奉书尚未入览,比又兼旬,计早递到矣。盘山之游果否。公虽侨寓异县,得以谢绝人事,肆力丹黄,而鄙屏迹村居,犹不免役,情于俗累,其为静躁何如耶。壶公铁路之疏近始于《申报》中见之,闻其移鄂,即为办此。将依其议,分段分年乎,抑同时并举乎?将与合肥合办、分办之乎,抑专责以坐言起行乎?以今日之天时人事,外患内忧而任此,旷日持久之大伇[2],窃为危之。且惜粤事之毕,举而复坠也。子寿模棱之说,省三径遂之言,公于此事作何论定,便中示及,以当闲谈何如。手此奉布,敬请黉斋世丈大人台安,期宝琛顿首,七月廿七日。 ——上海图书馆藏手稿

[1] 见前8月3日《涧于日记》。

[2] 伇:同"役"。

9月1日(八月初七日) 张佩纶来函。

致 陈 宝 琛 张佩纶

弢庵前辈大人阁[1]下:叔毅、墨樵过此[2],始知三叔[3]之讣,深为惊恻。中元前三日得惠书,敬承一一。堂上痛弟,诚无已时。释烦和颜,在贤昆季。承询《管》、《庄》注体例,塞上三年,精力专于《管》书,其注大要以司马子长详载,其言云及。刘子政合经义为职,志中多古文说,始于张臣山,演于王伯厚,高邮王氏父子本此以成管子杂志,绍其流者,如宋于庭暨近人戴望等皆是也。夫使管子之书,仅以《小学》求之,而遂栩栩焉诋尹氏之陋,此亦五十步而笑百步者耳。鄙见于文字训故[诂],不敢从略,而尤以发明其学术为主。王霸杂用,儒道同流,将使孔老览观孟子,持筹而算之,万不失一,然后已焉。所虑者才力不及,恐头白有期,汗青无日耳。《庄子》则尽去郭注,专以汉人训诂正之,颇有心得。尝作《庄子年表》一通,其尤自憙者。谓庄、屈为友,取两渔父对勘,而知屈之渔父,即指庄;庄之渔父即自谓,而以讽屈者,假名于讽孔。阁下以"沧趣"名楼,愿以吾沧浪新解,质之左右也。《晋书》方事掊撠,要以详尽为主,裴、彭两家是其前导。来示所谓要言不烦矣。千里相思极思命驾,顾闽中仇嫉

竟不能有登堂具酒之日,念及凄然。甚望公之就我而又未可必也,若江湖汗漫之游,则近于传食,诸侯意不欲为相见,竟不知何日。执事所业如不以鄙人为弇陋,使在参证之列,则请示其目,无论如何必胜竹坡。竹坡学浅而心不虚,喜用其短也。孝达建议请罢津通铁路,用晋铁造卢沟至汉口之路。晋铁须待路成运机入山始能炼冶。海署改为卢汉两头分办,而孝达移鄂矣。子儁同年之子壮孙世讲,近时通问,竟未知其有羊角风之疾,闻之悒悒[4],两儿愚下亦蓬头霸子之流,深负教勖。仲弟许以读书法见示,岂忘之耶。陶诗似不可学,学之过率似白,学之不率,似苏和陶,夫以白与苏尚不能陶,而公欲以雄直之气强学之乎,后山似不及黄公,殆以宗人扬之耳。闽板[版]《武英殿丛书》未到,先此申意。即颂箸祺,堂上万福,诸弟均吉,合宅平善为祝。侍佩纶顿首,八月初七日。

——上海图书馆藏手稿

[1] 閤:同"阁"。

[2]《涧于日记》1889年8月3日(七月初七日):是日公弟宝璐(叔毅)、宝瑄(墨樵)访张。

[3] 三叔:陈承鋆,字孝采,见前。光绪己丑年四月病逝。

[4] 邑邑:同"悒悒"。

9月4日(八月初十日) 张佩纶复函。

李赞臣来谈。寄复伯潜书。——《涧于日记·津门日记》第5册第57页

9月5日(八月十一日) 张佩纶得来函。

得伯潜书。——《涧于日记·津门日记》第5册第58页

9月11日(八月十七日) 请萨镇冰携《武英殿丛书》两箧见张佩纶。

朱云甫、吉士锦来见。萨镇冰"威远"管驾,署游击。为伯潜赍《武英殿丛书》两箧至。——《涧于日记·津门日记》第5册第59页

9月29日(九月初五日) 郑孝胥得弟孝柽信,言有魏景韩者,乞荐张之洞。

得陈少庭送来柽弟信,称魏景韩在闽乞弢庵书与张香帅,自称与余至交。余初在镇江识景韩,后同游沪上,觉其不端,遂稍疏矣。

——《郑孝胥日记》第1册第140页

10月14日(九月二十日[1]) 张佩纶来函。

致陈宝琛　　张佩纶

中秋后萨镇冰来,收到《武英殿丛书》。旋因安圃选广西,入都省叔母回里帀[2]月,竟未能一游田盘也。前辈夫人闻已出都还闽,比想侍奉百福,合翕和孺,良用祝颂。何文龙大令过津云竹坡甚瘦,再同亦言其弱衰,鄙人竟未得一见也。铁路议起,憨公请不借洋债,张侍御廷燎[3]请先造黄河铁桥。祈年殿

灾，封事无及之者，馀风已矣，固知仲舒乃盖在扬州，乃卞颂臣[4]之婿，福建专祠一节，闻许云庵[5]不以为然。以立功省分言之，文忠在苏奏遣郭松林、杨鼎勋两军由海道克复漳洲，见于《方略》及左文襄奏议，与助克浙之嘉湖待佛以责备言之。台湾割畀日本，终是一生遗憾，此固不必为亲者贤者讳。侍从未向我公谈及此事，公亦何必向侍剖辨，抑亦浅矣。润师身后萧条，记辛丑曾告左右内弟怡棠以昭信票奖叙郎中，见仍在霸洲。恐乡曲无通儒，读书亦无裨时用，极以为念，而无策援之。尚有一妹亦未得婿也。仲勉在户部为崇礼作司官[6]，似无意味，何时可以裁以改外，惠亭[7]颇为颂阁[8]所赏，今年不得轺车，境况若何。侍有胜情而无胜□，终日静坐，大可充道学先生，惜乎太荐耳。相见无期，放笔纵写，惟公不以为侮。即颂道祺。佩纶顿首，九月廿日。

　　　　　　　　　　　　　　　　　　——上海图书馆藏手稿

[1]《涧于日记》1889年9月11日，光绪十五年八月十七日记"萨镇冰……为伯潜赍《武英殿丛书》两箧至。"此函当作于1889年10月14日，光绪十五年九月二十日。

[2]帀：同匝。

[3]张廷燎：字光宇，号莲衢，河南舞阳人，曾任工科掌印给事中。官至云南、广西布政使。

[4]卞宝第：字颂臣，江苏仪征人。福建巡抚、闽浙总督。

[5]许应骙：字德昌，号筠庵，广东番禺人，道光进士。礼部尚书、闽浙总督。

[6]崇礼光绪二十六年九月至光绪二十九年四月(1900.10—1903.11)为户部尚书。宝琛时为户部湖广司兼云南司郎中。

[7]林炳章：字惠亭，福建侯官人，光绪进士，闽海关监督。林则徐曾孙，公婿。

[8]徐郙：字颂阁，江苏嘉定人，同治状元，礼部尚书。

10月19日(九月二十五日)　张佩纶来函。

致陈宝琛　　　　　　　　　　　　　　张佩纶

　　弢庵前辈大人阁下：十九日寄复一书，腊尾能入鉴否。入春伏想兴居嘉畅，眷爱熙和，当如祝颂。侍辞官文字十九日始经庆邸代奏。硃批"毋庸固辞"四字，由晦若电复。亲友纷纷又来劝驾，因仲彭电所亲，以致通问皆知，否则侍无宣理也。较连年雀罗门迹，又换一种苦趣，见拟谢恩后，声明病瘁即行北上，姑非容易。惟未便自递，而庆邸以大愚耳。公近何业，堂堂岁月可惜，幸自保千金勿日弛大弨，他时不受檠榜。鄙人塞上留鬖，体益肥重，使卒然相遇，恐公将不我识。不知何时相见，寄上西洋照相一纸[1]，虽肮脏摧锻不舞□鹤当异群鸡，聊以释故人拳念，并请亦以小像见寄。草草，敬颂伯潜前辈侍祉，诸弟均此。佩纶顿首，九月廿五日。

　　　　　　　　　　　　　　　　　　——上海图书馆藏手稿

[1]公己丑十月有诗《黄斋以小像见贻题寄》。此函当作于1889年10月19日(光绪十五年

己丑九月二十五日）。

10 月 22 日（九月二十八日）　致函张佩纶。

致 张 佩 纶　　　　　　　　　　　　　陈宝琛

　　蒉斋世丈大人阁下：前月下旬一书交许豫生带呈，所乘铁甲船傍山而行，遇风而止，到沪已需时。近闻复因机器损折回沪修整，此函不知何日方达览也。秋气日深，伏惟佳想安善，无任延伫。此间秋炎甚酷，贱体日在病中。南皮招主讲席，既不敢就，屡约咨别亦未能行，端居玩愒，发笑自点。意公着录又添寸许矣。健兄补外较可施展，近出京否？仲勉长子懋鼎忝举榜首[1]，出于望外，老人藉一解颜。公闻之当为之喜。铁路能否中正，壶处近来有无函电，檝老受公替代，不觉遂五六年，宽厚可怜。不知能以一船害全局否。手此奉布，敬问起居，不宣。期宝琛顿首，九月廿八日。　　　　　——上海图书馆藏手稿

[1] 光绪十五年九月二十二日侄懋鼎福建乡试得解元。

10 月 23 日（九月二十九日）　张佩纶来函。

致 陈 宝 琛　　　　　　　　　　　　　张佩纶

　　萨镇冰携到聚珍丛刻，悤悤[1]一见佩纶，即入都省，叔母因安圃得边远一道，全家行止为难，留十日即归里门，田盘之游不果，近始回津也。检闽榜知丹曾获隽，而墨樵昆弟见屈。前辈夫人想亦还闽矣。都下近事谅公处耳目甚详，不复缕缕，惟闻偶斋颇病愈，病愈着书，而洪右臣刻《古文尚书辨惑》[2]载与偶斋辨难书问，无端又增一重毛□公案，右臣因护古文复劾廉生，创立私学更可笑也。仲勉回里后当仍就讲席，指顾春风。两弟之来在近，而海天迢递我二人相见何时，兹寄上小像一纸，聊当晤语。香山自题写真诗云："无嗟貌遽非且喜，身犹在忧患馀生。"公对之当亦抚然耳，蕴积万端，不能宣尽。敬问兴居。伯潜前辈左右，堂上百福，诸弟均绥，眷爱安吉。佩纶顿首，九月廿九日[3]。　　　　　　　　　　　　　——上海图书馆藏手稿

[1] 悤悤：同"匆匆"。

[2] 《古文尚书辨惑》，洪良品撰。

[3] 《涧于日记》1889 年 9 月 11 日（八月十七日）："萨镇冰'威远'管驾，署游击。为伯潜赍《武英殿丛书》两箧至。"见前，此函当作于本年是日。

秋　六弟宝瑄以优贡试于京师，得教职。侄懋鼎乡试中举，得解元。

　　侄懋鼎，仲勉长子，应福建乡试，得解。后数日，得一弟。光禄公甚喜，因名之曰懋解。弟宝瑄以优贡试于京师，得教职。

　　　　　　　　　　　　　　　　——《闽县陈公宝琛年谱》第 55 页

　　弢庵丈生子甚晏。初以侄懋鼎为嗣,懋鼎文才蓬勃,目空一世,某岁应试归,以第一名自负。是科乡人赴试者甚多,榜发,群集书院,互谈所作文章,且候报。弢丈亦翩然莅止,报到,计七举人一副榜,而无鼎名,丈怒斥鼎儿戏功名。已而报复至,则鼎获隽"解元"也。盖"解元"之誉写最后也。嗣丈得子。懋鼎始归本宗。　　——《华报·谦叟:闲话橘洲老人(八)》1935年4月3日

福州大旱,盐法使龙某借听水斋祷雨。

　　己丑秋旱,龙布政[1]任盐法,祷雨斋此。

　　　　　　　　　　　　　——《沧趣楼诗文集·听水斋杂忆》第54页

[1] 是年福建布政使为张梦元,盐法使不详。

10月25日(十月初二日)　张佩纶来函。

致 陈 宝 琛

张佩纶

　　今日复检闽省全录,解首乃仲勉之文郎也,不禁狂喜,为堂上贺,为公及仲贺,后来之秀,争露头角,吾辈宜其日老矣。又闻尊夫人昨始坐假晏回闽,鄙竟不知,可笑,再颂,弢庵前辈起居。佩纶顿首,初二日[1]。

　　　　　　　　　　　　　　　　　——上海图书馆藏手稿

[1] 二弟宝瑨(仲勉)子懋鼎光绪己丑恩科解元,光绪十五年九月二十二日。

10月29日(十月初六日)　张佩纶夜访江西来客,谈公视学江西旧事,润师曾言公贬居"此才终弃,殊可惜也"。

　　夜过翟明经,谈翟久于江西,话伯潜视学江西时琐事。迥不犹人,润师亦尝言之此才终弃,殊可惜也。　　——《涧于日记·津门日记》第5册第63页

11月5日(十月十三日)　张佩纶得来函。

　　得伯潜书,言船局所造钢甲船到沪,机器损坏折回,云近海署奏准归海军衙门节制矣。　　　　　　——《涧于日记·津门日记》第5册第64页

11月13日(十月二十一日)　为"澄海"号参将庄起凤作墓志铭"庄翔初参将墓志铭"。见《沧趣楼诗文集》第419页。

十月　得张佩纶小像,题七律"黄斋以小像见贻题寄"。张作和,公复作"黄斋和诗见怀叠韵再寄"。两诗均见《沧趣楼诗文集》第6页,亦见上海图书馆馆藏手稿,后一首手稿落款"黄斋世丈以小像见寄赋题奉正,己丑十月宝琛呈稿"。

　　黄斋得公诗,依韵答和。又以公诗有"别后何时已有髭"之句,知公尚未蓄须,复戏用原韵,更成一首以博一笑。诗曰:"骏牛驽马苦追随,欲着先鞭到每迟。万事为君时敛手,百年轮我早生髭。于思口众犹堪畏,胥靡求形未可知。杂还云台甘避席,江湖争长两渔丝。"　　——《闽县陈公宝琛年谱》第55页

12 月 7 日（十一月十五日）　张佩纶复函。张寄赠豻裘。

复　陈　宝　琛

张佩纶

弢庵前辈大人左右：月初奉惠书，敬承——。许书至今不到，岂其人未返闽中耶。尊体入秋时有清恙，近当平复，甚念甚念。就壶公于鄂似便于粤，近约盛道[1]在沪论矿政也。报销为部臣所持铁路因漱兰请不借洋债，不用洋铁，壶请先开矿储铁，而后勘路兴工，不缓自缓。新举人会试例在二月十五，明年节气较晚，恐轮船尚未能北驶，已由合肥商请礼部奏改试期。而闰二月下旬有闰差，恐亦不能过缓致碍。直隶补复试之期，如有确音当再奉。闽庶仲勉郎君行期可酌定耳。塞上久居，日与攻皮之工为伍，昨以狐貂数事求售，敝缊犹存，不称华服，而又不忍过拂其远来之意，谨以青豻一领奉寄，明知炎[沿]海不寒，为他时相见呼儿换酒之资何如，幸哂纳。日来安圉回里过此小住破寂。轮舟将停，草草裁答，不尽欲言，即颂著祺，堂上百福，诸弟均绥，眷爱安吉。佩纶顿首，十一月十五日。

——上海图书馆藏手稿

[1]盛道：盛宣怀。

以豻裘寄伯潜。安侄自里还。

——《涧于日记·津门日记》第 5 册第 67 页

12 月 15 日（十一月二十三日）　作文贺谢章铤七十寿。

七十岁生日，门人黄介、陈宝琛等以文来寿，众生制屏风为贺礼。

——《谢章铤集·年谱》第 881 页

是年　王仁堪至福州鼓山，"听水斋杂忆"有诗并注。有诗并注："可庄己丑至山，及守镇江，常以中泠泉寄饷"。见《沧趣楼诗文集·听水斋杂忆》第 54 页。

托谢章铤校宝廷著作，谢章铤复函"与伯潜论竹坡宝廷《古文尚书解纷》书"，赞宝廷才学，评论前人经学。

承以《古文尚书解纷》命校，粗读一过，美哉！此才可以著书矣。

伏念竹坡当失意之后，乃能归心于经术。其学问已自不凡，而无言不达，无笔不到，手腕亦高人数等。虽其中颇多繁而不杀之处，第欲删节，又恐不足尽其辨才，鄙人夅陋荒耄，止有钦佩，馀不敢任也。

虽然，《古文》之伪，至今日已有定论。若谓因此其书或废，则谁敢冒此不题，此可两言而决者。疑《古文》起于宋，成于明，精于昭代，阎、惠以来，作者十数家，而百诗最为谛审。虽往往曼衍支离，或乖著述之体，而确凿之处，不可磨灭。毛氏即强悍善辨，以终无以间执其口，后起虽多才，恐未必能翻此铁案矣。近人辨《古文》者，皆冥搜博引以为能。

仆请以浅至近之言明之：则朱子所谓《今文》多难读，《古文》多易读。郝京山、归震川皆承此说，以为不可解。而毛氏则晋为胸腹最陋，自负知文。然试平心察之，字句气体之间，何以相悬若此乎？果皆真耶，抑亦有不可信耶？此固不必以强词争也。若其书，则萃古来之微言大义，字字若禹鼎汤盘，从来作伪无此妙巧，且言心言性，举宋儒理学之渊源，莫不萌芽于此二十五篇。立之学官，悬为经鹄，盖千百年矣。又有大力者，负之而趋，谁能废之，亦谁敢言废之？世俗之《感应篇》、《阴骘文》，尚足长留天壤，而况所托甚高，所言又甚正哉？远者草庐吴氏，近者艮庭江氏，皆不注伪书，直欲以此为鸿沟之画，非不自成一家言，究于古文，丝毫无损也。毛氏卫经之说，未必真过虑，特借此以尊门面耳。国朝考据最盛，经说尤无间不搜，其或小有罅漏，而大旨已得。盖亦不足深辨，况是彼非此，朝三暮四，颠倒反覆皆可立义。语曰：疑事勿质。阙疑无人解纷，何术乎？仆于竹坡爱之、敬之，又承其谦德，故敢私之于左右，其书意欲持阎、毛之平，而不阎不毛，不能脱阎、毛窠白也。

"虞廷"十六字，阎氏称其精密绝伦，此非真赞此十六字也。不过与上文最背理者句作对照，故其后低一格附语，便有"予不信，加辟"之说。至南雷为阎氏作序，此时阎书方成四卷，而南雷三十行推阐之，然后未数行才论及此，在所学为宗旨，在行文为徐意。盖南雷师承蕺山，本非朱学，此说殆亦各尊其所闻，而阎非真赞，即黄亦非失言，得谓大违其本意乎？第三卷所指摘似非事实，汉人穷经，各有家法，犹之宋人讲学，各有宗旨。文武称王之说，彼固有所受之也，且前人驳之者多矣，所论亦似辞费。千金之裘，非一狐之腋，其纯白不足异也。《古文》既采集群书，纯粹以精宜矣。虽曰精诣透彻，虽曰广大精微，果出于尧、舜、禹、汤乎？果出于皋、夔、伊傅乎？如此集古格言，又如时艺作圣贤语，特工于剽窃耳，而其人无与也。第四卷亦似抑扬过当。偶举一二候教。

——《谢章铤集·赌棋山庄文续集》第95—96页

陈衍论公诗作必有商榷，改而后成。

苏堪为诗，一成则不改。在天津时与余书，所谓"骨头有生所具，任其支离突兀"也。陈弢庵宝琛则必改而后成，过后遂不能改，谓"结构心思已打断矣"。罢官乡居，有作必就商于先伯兄木庵先生书。伯兄有《与弢庵夜谈》云："贪凉初夜垂帘坐，新月辞人早上楼。斜汉渐中秋指顾，空阶如扫露沉浮。咫闻乍爱贞元士，癖好谁甄雅故流。落与闲中商句法，定交京兆马笼头。"又《呈弢庵》云："元祐诸公天人姿，庆历圣德天所毗。既清海甸卷怀已，不殚厥锷焉施为？乡党流风要人纪，文献晻昧烦探披。泉虚石伫盖可负，况咏华黍赓参差。青春登朝强仕归,猿鹤欢喜迎龙夔。摩崖浯溪兴不衰,老于文学今其谁。温良颜色入座有,时以句法相质疑。龙章凤姿爱鳌跛,乱头粗服参旌旄。东屯西瀼隔还往,岁四五至穷昏曦。坐公听水之斋思,松筐琴筑弹流澌。山舆踏月夜半至,挟卷报道诗寻医。"又《弢庵以诗商定复寄一首》云:"穷巷谁敲月下门,奇疑正许夜深沉。千金《吕览》难加点,五善《皇华》有夙根。秋露如珠棉觉薄,书灯带穗墨无痕。披衣作答旋敧枕,反覆寻思劳梦魂。"又《即事书怀弢庵》云:"句法危疑鲠在喉,移时不吐是吾忧。老来大事无他属,悟得劳生未放休。食蟹看花行且近,依仁游艺复何求? 料羊裘瓮皆前定,此意当年况白头。"伯兄既逝,弢庵亦复出山,在都数年,有作则必商定于余。　——《石遗室诗话》卷 1 第 11 页

陈弢庵诗成,必与余兄弟商榷再四,虽不尽舍己从人,固今之丁敬礼也。

——《石遗室诗话》卷 12 第 187 页

当代陈弢庵、赵尧生、俞恪士、梁任公、罗掞东诸公,有作每就商定。

——《石遗室诗话》卷 29 第 449 页

是年文

庄翔初参将墓志铭　　　　　　　——《沧趣楼诗文集》第 419—421 页

是年诗

李兰卿先生摹雪浪盆制笺林文忠为书颍滨雪浪斋诗访西得之属题

——《沧趣楼诗文集》第 6 页

董秦州平章遗诗为仲容题　　　　——《沧趣楼诗文集》第 7 页

1890 年（庚寅　光绪十六年）　43 岁

《中英会议藏印条约》在加尔各答签订。(3.17)

《中英烟台条约续增专条》在京签订。(3.31)

裁撤福建船政大臣，以总督兼管。(4.20)

张之洞创办汉阳铁厂及枪炮厂。(12.4)

台湾改行省。(7.30)

四川大足余栋臣起义。(8.8)

曾国荃卒，年六十七。曾纪泽卒，年五十二。

2月2日（正月十三日）　王仁堪为郑孝胥致函，请拨三十两并去年五十两付郑。

可庄为余致书伯潜，拨三十金，并去年秋奉为五十金。

——《郑孝胥日记》第 1 册第 158 页

2月12日（正月二十三日）　致函张佩纶。

致 张 佩 纶

陈宝琛

黄斋世丈大人坐下：一冬俗事牵缠，病魔纠绕。两书未答，耿耿至今。闻公筑屋芦台，行将肥遁，其地去津几许，易通书否？寄示小像，美须丰下谛观始□，此别盖四五年矣。感题一律，格调不高，聊抒情耳，以视香山，务观何如，别纸奉正，幸公教之。宝琛侍奉如恒，叔毅妇病数月，仅能眠食，偕计与否，尚难自主，鼎侄急须复试，仲勉当挈以行，解冻较迟，到津须二月半后。冬间连奉函电，关爱感之。偶斋书来，心境甚劣。壶自去粤，尚未通问。数年心血，尽付东流，可为叹惋。安兄计早赴粤，全眷是否同行，青轩拜惠，日在田间，伍于耕钓一竿已足。故人之赠什袭藏之耳，铁甲到沪折回许，未赴津，书亦未达，已于去冬归矣。手此敬问，起居不宣，期宝琛顿首，正月廿三日。

十载街西形影随，五年南北尺书迟，梦中相见犹疑瘦，别后何时已有髭，机尽狎鸥长相适，声销卖药渐无知，江心忆拜张都像，热泪如潮雨万丝。

别于小金山襄怨读书处也，壁有画像土人呼为张都。黄斋世丈以小像见

寄赋题奉正,己丑十月宝琛呈稿[1]。　　　　　　　　——上海图书馆藏手稿

[1] 诗见《沧趣楼诗文集》第6页。

3月2日(二月十二日[1])　致函张佩纶。

致 张 佩 纶　　　　　　　　　　　　陈宝琛

　　前函因循未发,仲弟日内当行,南北迢迢神与俱往,令叔母太年伯母之讣日昨奉到,计安圃已在途。公年内必又入都,何日回津,□台之居果否,均以为念。家居困于俗事,不唯学业无就,并心地亦无干净之时。前书勖勉,殊深愧负,惟理乱黜陟,一无闻知,饥食倦眠亦颇自适耳。壶公近日有无通问,所行之政既为替人所更,所用之人,又为获抚劾覆,闷懑可想。竹坡近病如何,亦相闻否,其说经直似策论,然志则可嘉矣。叔毅日事丹黄而不能抛弃举业,顷其妇病略减,医药尚不断,拟于闰月北行。晤询仲勉可悉鄙状,僻陋无可寄,枣糕、橘实统祈哂纳。手此,再请台安。侄宝琛顿首,二月十二日。

　　林孝广宗开前在学幕,相知最深,曾荐于公因得留交樾老,为学堂监督数年,去岁大挑发往北河,与仲同行。因政名际平,顷公有昔日之知,当拟送谒。附此先容,幸勿以常客例却之。　　　　　　　　——上海图书馆藏手稿

[1] "仲弟日内当行":《涧于日记》1890年3月16日(庚寅二月二十六日)记"陈仲勉携其子懋鼎来,得伯潜书"。

3月16日(二月二十六日)　二弟宝瑹携子懋鼎访张佩纶,张得函,并赠土仪。

　　陈仲勉携其子懋鼎字徽宇,己丑本省解元。来,得伯潜书,并送橘枣糕。

　　　　　　　　　　　　——《涧于日记·兰骈馆日记》第6册第8页

3月17日(二月二十七日)　张佩纶到客栈回访宝瑹。

　　至春元栈答仲勉。　　　　——《涧于日记·兰骈馆日记》第6册第8页

3月19日(二月二十九日)　张佩纶得来函。

　　伯潜书来,属余一见,姑进之。

　　　　　　　　　　　　——《涧于日记·兰骈馆日记》第6册第8页

3月24日(闰二月初四日)　在螺洲倡设织布局。沈翊清访张佩纶,称公在乡设局以惠贫民,"是亦为政也"。

　　公禀光禄公效法范文正乡学社仓之意,于老屋闲旷处设织布局,集乡男女无业者习织布、育蚕,聘邻村工人教以织纫,米谷翔贵时并办平于此。

　　　　　　　　　　　　　　——《闽县陈公宝琛年谱》第57页

　　福州创兴织布局,系巨绅陈伯潜阁学为之倡,在其本乡设局纺织,名曰果善堂。置机千馀架,招男妇学习,愿领机架者听之。惟棉、纱非自种自纺,须由

上海贩运洋纱。购布者嫌其着身不暖,故难畅销。然各绅见其办有成效,前年禀请卞制军[1]设立总局,逐渐推广,远近仿效。今省城织布局已有二十九处矣。南台之藤山畔已设有分局,长乐县亦另分一局。

——《薛福成日记》第645页(1891年7月31日)

午后沈丹曾来,言伯潜在乡设因利局、织布局以惠贫氓,是亦为政也。

——《涧于日记·兰骈馆日记》第6册第10页

[1] 卞制军:卞宝第,字颂臣,1867年福建巡抚,1888年闽浙总督。

张佩纶来函。

致 陈 宝 琛   张佩纶

弢庵前辈左右:仲勉乔梓[1]过津相见,奉惠书并审上侍康和,兴居佳畅,深慰远怀。佩纶岁杪因叔母之丧入都一行。春寒意懒,稍以乙部游目,未能研究《管》书。安圃日内长征马玉山,为政操切,道缺本瘠,加以裁汰陋规,所入竟不敷所出。允言须留京观政,两地米薪支持不易,桂林未必宜人也。徵宇领解,侍所极喜,曾以书抵大同守,得其复书属为致贺,近调大名矣。题句情韵欲流,是香山得意之作,不类渭南,勉和两章,意在博粲,格调不高,然亦感慨系之矣。一羊乃负薪者之服,于野人相宜。公虽小谪,犹得赐绯,岂消受一领青衿不得,笑之。先人敝庐久已倾圮,去年归理松楸,因筑屋三间为家祠,在故里不在庐台。庐台为滨海重镇,距津百馀里,为通水总兵驻扎之所,防军鳞次水若市嚣,岂宜隐遁,若为携家安处计,断非草之所能定迁也。要之身世相忘,即在朱门,固如蓬户,何必入山深处,始为真隐哉。且贲军之将即遁世,亦岂能侪巢、许耶。合肥相待决非恒情,实亦未忍言去,挚爱敢布下怀。叔毅何日成行,甚念。赐橘实枣糕,谢谢。复颂堂上百福,并问箸祺,合宅均此。期佩纶顿首,闰月四日。

——上海图书馆藏手稿

[1] 仲勉乔梓:二弟宝瑨、懋鼎父子。《涧于日记》1890年3月16日(二月二十六日):"陈仲勉携其子懋鼎字徵宇己丑本省解元。来,得伯潜书,并送橘枣糕"。

3月25日(闰二月初五日[1])   致函张佩纶,三弟宝璐北行,并寄奉小像。

致 张 佩 纶   陈宝琛

蒉斋世丈大人阁下:仲勉携呈一函计早入览,叔毅明晨复行,欲影一小像寄奉,兼旬积雨入城,辄不遇晴。旧在听水楼缩照一纸先检以呈。山泽间臞心事如此,公勿哂之。鄙状可容叔毅。大箸《管》《庄》稿本可否俾其寓目。叔毅嗜学,无俗好,而不能早脱伪学是一苦事,鄙人对之殊自愧。公幸有以教之。卜筑之说,信否?偶斋当常通问,其书亦苦用心,鄙劝其为笔记似较见长,公然之乎。匆匆手布,敬请台安。侄宝琛顿首。闰月五日。

樾老心病可怜。外洋索负日逼债,师又不能归闽,善后局欠赖不还,署藩与有隙。专盼北洋拨还钢甲船炮价,有函抵津,其情甚急,公晤师相幸成之,鄙亦闲人管闲事也。再请道安。琛顿首。 ——上海图书馆藏手稿

[1]"叔毅明晨复行"。并据下则 1890 年 4 月 4 日(闰二月十五日)《涧于日记》云"陈叔毅来,伯潜寄小像及书"。此函当作于庚寅闰二月初五日。

张佩纶复函。

寄复伯潜书。 ——《涧于日记·兰骈馆日记》第 6 册第 8 页

4 月 4 日(闰二月十五日) 三弟宝璐访张佩纶,携小像及书赠张。

陈叔毅来,伯潜寄小像及书。许豫生校官贞幹至,亦伯潜客也。

——《涧于日记·兰骈馆日记》第 6 册第 14 页

4 月 7 日(闰二月十八日)[1] 张佩纶复函。

致 陈 宝 琛 张佩纶

弢庵前辈大人左右:叔毅十五过津,得手书并戊子听水小像,须珍芥子神采已全,恍如久别重逢也。安圃适挈眷属南行,相与同观,聚散之感顿郁方寸。叔毅学有根底,拙著《管》《庄》,本思求教,但非立谈所能明白,仅与言其凡例注《庄》,不如注《管》之专,特兴到耳。执事以因利局章程,行惠乡里,此亦《管》书绪馀,但用此为馀事则可,四十以后岁月可惜,询之两弟,似阁下并无专治之书,诗文亦不多作,何也。竹坡久未通书,实畏手迹流播都下,刘向传经不及匡衡抗疏,即改经解为札记,亦不足传,所谓不善用其短也。复颂道祺,堂上百福,合第均绥。期佩纶顿首,闰月十八日。 ——上海图书馆藏手稿

[1]《涧于日记》1890 年 4 月 4 日(光绪十六年闰二月十五日)云"陈叔毅来,伯潜寄小像及书"。

5 月 4 日(三月十六日) 张佩纶来函[1]。

致 陈 宝 琛 张佩纶

伯潜前辈大人左右:仲、叔两弟过津,拜枣糕、园橘之惠,敬悉侍祉安和,兴居畅洽,深慰远念。侍以边外姑杜夫人下世入都,一行小住七日,匆匆言返,未知仲、叔两弟寓所,不克诣谈。寿伯茀许仅留一纸,征其先集尚未得复,鄙人正月间左耳流汁,饮食锐减,病后劳劳,转尔健适,益悟宴安之为酖毒。都中见闻未能缕述,介弟辈当必详之矣。前岁属云楣觅得王兰陔《管子地员考证》一种书,颇庞杂,侍节取入注,而云楣为刊行其原稿,有拙序一篇寄奉,下执视文境稍有进地否。叔毅似恪守桐城,嫌中有排句与范肯堂说同,鄙人所以未改者

西汉文字排句甚多，昌黎振八代之衰，亦未尝有奇无偶。桐城以不排为古文，阮文达又以骈体为文，散行为笔，均属一偏之论，主张太过，窃谓散文莫古于周、秦、西汉，骈文莫古于汉魏，无不散中有骈，骈中有散，执一为之，非拘挛即薄弱，所谓独□不生独易不生也。侍于古文用力甚浅，阁下所知，然少习闻李穆堂、钱竹汀之说，不甚喜桐城，亦并不甚喜阳湖，故其持论如此。愿老前辈有以振迪之名，心不能□既不果济世，退而欲与文人争一席，更觉推倒开拓，视去朋党平贼尤难。然鄙人遇事每如不度德不量力之息侯，如何如何。敬叩堂上万福，并问道安潭祉。佩纶顿首，三月十六日。　　　　——上海图书馆藏手稿

[1] 张志潜《涧于集·书牍后序》：此函作于张作客津门期间。

春　二弟宝瑨、三弟宝璐、侄懋鼎在京同科会试，以新科进士朝考引见，宝瑨归户部原班，以郎中即用，宝璐得庶常入翰林，懋鼎以内阁中书用。

　　弟宝瑨、宝璐及懋鼎同年成进士。宝瑨归户部原班，以郎中用。宝璐改庶吉士，入翰林。懋鼎以内阁中书用。归途过津，往见张公黄斋。黄斋复次前韵，寄诗贺曰："曾记长安旧侣随，阿兄早贵弟嫌迟。笑看儿辈森头角，真觉功名摘颔髭。种橘仙居千户等，赐书家世九重知。蓺灯细说琼林宴，料得颐园挂蟢丝。"

　　　　　　　　　　　　——《闽县陈公宝琛年谱》第55—56页

　　庚寅会试，宝瑨、宝璐、懋鼎皆中式。　　——《沧趣楼诗文集》第392页

　　伯父里居奉亲，诸父联翩贡举，家门隆盛，晨昏之暇，兄弟抱书相切劘，时出游附郭山水，刻石联句为娱乐。伯父集里中后进为文社，课帖括词赋。府君为校阅，或拟作资程式。

　　　　——《螺江陈氏家谱·陈懋豫：先府君（陈宝璐）行述》（一）第749页

　　邸钞。诏此次新进士朝考引见……户部候补郎中陈宝瑨以郎中即用，……闽县陈宝瑨，阁学宝琛弟也，与弟宝璐、子懋鼎同成进士。宝璐得庶常，懋鼎得中书。　　　　　　——《越缦堂日记》第17册第12493页（四月初十日）

　　恩科会试，先祖言及治装，涕泣力陈，乞遂心丧之愿，遂罢北行。郭皋思丈病瘵，己丑不与乡试。春间往游杭州西湖，及归，病少愈。是科徵宇联捷魁选，授内阁中书，父宝瑨、叔宝璐同榜进士。　　　　——《郁离岁纪》手抄本

　　庚寅春试，太傅弟宝瑨、宝璐，侄懋鼎同举进士，宝瑨、懋鼎父子一榜成名，为士林稀有之盛。懋鼎十五名在魁列，宝瑨四十名，宝璐六十七名，胥为小郎所屈，尤佳话也。凡父子同年，则子称诸同年为年伯，诸同年亦共称乃翁为年伯。"太傅"则同年兄弟，以本身同年论，故庚寅去"太傅"登弟虽念徐年，每与诸弟侄后辈融融一堂，其乐无涘。　　　　——《凌霄汉阁笔记》第131页

6 月 20 日（五月初四日）　郑孝胥晤三弟宝璐。

遂至下斜街，晤陈叔毅及驻防同乡王某，亦新贵也。

——《郑孝胥日记》第 1 册第 181 页

6 月 22 日（五月初六日）　张佩纶来函。

晦若来谈。许豫生来，知陈叔毅朝考一等。寄伯潜书。

——《涧于日记·兰骈馆日记》第 6 册第 40 页

致陈宝琛　　　　　　　　　　　　　　　　　　张佩纶

伯潜前辈大人左右：叔毅来谈。得手书后曾复一书，并寄去牛乳饼，未知均收到否，会榜揭晓，而仲勉、叔毅及微宇均高捷[1]，为之狂喜。丹曾过此，知复试不利，意微宇或补殿试，而竟同试，且在父与叔之上，令人有"生子当如孙仲谋"之叹。朝考叔毅可入词馆，微宇非部属即中书，仲勉年已四十二，自以在原部为宜，芝兰、玉树生于庭阶，如老伯大人之福，原不待子孙同捷，闽已众口交推，而三珠树挺秀高门，非徒德里之荣，直是熙朝之瑞。今年论贵省科名佳话，觉军机章京作状元，尚第二义耳，惟三京官珠桂不易支，贤父兄将何以为计。近日累于考证，不思作诗，偶尔作，亦无奇气。右手酸痛不能多作字。敬贺大喜，并颂道祺。老伯大人前请安叩喜。期佩纶顿首，五月六日。

——上海图书馆藏手稿

[1] 1890 年二弟宝瑨（仲勉）、三弟宝璐（叔毅）、侄懋鼎（微宇）同科中进士。

7 月 5 日（五月十九日）　郑孝胥致严复函称，与严复及公两人相得，"非泛然交游之列，相重之雅，又非山川之所能疏"，"学术之进，识力之增，旁人所不能道者，吾奚从而闻之"云云。

与严幼陵书。……然足下、弢庵之于我，相得之意，非泛然交游之列，相重之雅，又非山川之所能疏也。纵瞁违老大，阻隔泥云，宁改故时之尔我哉。倘能不惮作字，常惠楮墨，则足下、弦凫[弢庵]之踪迹，吾可咨而得之也。至于学术之进，识力之增，旁人所不能道者，吾奚从而闻之，岂虑其阙于报命耶。祗候素履，惟起居慎卫，晤弦凫[弢庵]，幸以示之，致念无致。孝胥再拜。

——《郑孝胥日记》第 1 册第 183 页

7 月 11 日（五月二十五日）　刘铭传来函。

致陈宝琛　　　　　　　　　　　　　　　　　　刘铭传

再，弟自三月以后，病疾浸洵，手足麻木，耳聋目暗，经洋医多方诊治，手足稍愈，耳聋益重。午节后忽增呕血之症，周身瘴湿把持，血脉不通，万难恋栈，拟既续假开缺。自念到台七年，无补于地方，深滋内愧。贵处茶事林君办理甚

· 309 ·

妥,自可起色。何君欲在台谋事,无法位置,奈何? 手此,再叩大喜,并请近安不一。弟铭传又启,五月廿五日。

——《福建文博·刘铭传致陈宝琛的七封信》1985年第1期第87—88页

8月8日(六月二十三日) 致函张佩纶。

致 张 佩 纶 　　　　　　陈宝琛

蒉斋世丈大人阁下:豫生归,获叩起居,并奉惠缄,感慰无似。春间铁舰北旋附梁丈一书,何尚濡滞。长日如年,著录当又丛积,家居俗累,北望增羡。弟侄同捷南宫[1],为老人博一笑乐,喜其兰玉之秀,忧其珠桂之艰。非公挚爱,安有此语。鼎侄造就不可知,仲、叔皆拙于仕官,叔尤于文史有缘也,不日过津,幸有以教之。畿辅奇灾,际此民穷财匮,隐忧甚深,前闻丽人贰心,俄族挑衅,不知作何应付。又有借洋债造东三省铁路之说,师相精神志虑,近来何似? 军国至计,自必谘采后行。执事公义私情俱难,坐视不似草间蝼蚁,徒衰杞忧也。鄂中[2]亦通问否,半年不得一字,颇闻其以织局铁政为汲汲。此间去秋旱荒,今夏溪潦,野人不耐城市,乃出与平粜之役,可谓闲里事忙,近已竣矣。周子玉[3]出洋归,豪气犹昔,议论较翔实,到津必谒公,盖亦戚戚靡骋也。族侄恩寿为公所赏,近始觌面,隽上可喜,自以专治一艺,学业有程,不能咨其闻见,仍愿遇便西游,不知师相许之否耳。此函本早寄,因其行期屡展,亦遂迟迟,到津计在秋初。敬颂箸祺,不尽所言,家严命候并谢。宝琛顿首,六月廿三日。

楼外种荷一区,纳芬延爽,花叶未歇,重伤其根。秋深则屑以为粉,医者以治咯血。村居以当点心,乘便附寄少许,资公消暑,藉知田家风味也。橘叶膏治阴疽散寒结,都下患乳炎者常来购此,并寄备与人,亦可谓野人之献矣。蒉公一笑。叕上。

——上海图书馆藏手稿

[1] 宝瑨、宝璐,懋鼎1890年(光绪十六年)同年成进士,见前。

[2] "鄂中"指张之洞时在武昌湖广总督任上,创办湖北地区先后成立了自强学堂、武备学堂、农务学堂等学堂;创办汉阳铁厂、湖北纺纱局、织布局等实业。

[3] 周子玉:疑为周自齐,字子廙,山东单县人,美国哥伦比亚大学毕业,清华学堂首任监督、晚清外交家、北洋政府国务总理兼教育总长。

9月9日(七月二十五日) 致函张佩纶。

致 张 佩 纶 　　　　　　陈宝琛

蒉斋世丈大人阁下:前月族子恩寿来告赴津,附以一缄,顷入城,知其为病所阻,尚未发也。音尘旷阔,怅望何如。敬维著述宏深,起居康胜,为颂。夏间尘事加多,顽驱尚健,惟学殖益荒,殊负知己,舍弟辈不日过津,邯郸学步,亦复不合时宜，公视同骨肉，当有以教益之，归来藉可遥领箴言也。东事孔亟，此间迄无见闻。闻俄储游历，即将到闽览观[1]，船厂当事视为敦睦之常，其能尽无包藏耶？公澄观时局，当多心得，迢迢南北，恨无一睹之缘，船发匆匆，草此通讯，不尽蕴结。敬请台安，并颂潭祺不一。宝琛顿首，七月廿五日。

——上海图书馆藏手稿

[1] 俄皇储尼古拉 1891 年 4 月访华，到广州、汉口，两广总督李瀚章接待，辜鸿铭陪同，并作翻译。

9 月 27 日（八月十四日）　二弟宝瑢、懋鼎父子，三弟宝璐同访张佩纶。张来函。

午后陈仲勉、叔毅、徵宇来。夜至铁桥下答之。寄伯潜书。

——《涧于日记·兰骈馆日记》第 6 册第 93 页

致 陈 宝 琛

张佩纶

伯潜前辈大人左右：不奉惠书五月矣。昨得七月手教，未满两纸，疏远之感未可尽。委诸执讯者，秋爽伏承侍社百福，履候双绥，适惬下祝。津门六月淫雨，被灾甚广，永定各河无不漫决，水及都城之外，办振既无善策，截漕请帑亦不能如戊寅［光绪四年，1878］、癸未［光绪九年，1883］之如数，北人向食黍稷，南来平粜不足，活民酌禁烧锅，稍有实济。佩纶才力去公甚远，又北方绅士例不与闻公事，遇此奇灾，闭户而已，不能如公之惠及梓桑也。东近无事，外间因会议传伪，朝鲜惑于西人自主之说，时欲携贰自速其亡，他日恐生枝节，妙在吕臣奉已，自能不了了之，边海之防不患人之诋瑕伺隙，而患我之弛备启戎，公顾窃之虑俄人之觎国耶。仲勉、叔毅两弟今日过津。仲勉补缺较易，叔毅自是侍从之才，徵宇小屈，然其书法甚秀，他日枢曹开生面，正不必红毡白帖，逐伯叔后尘。惟榜下所费已过千金，三京官虽才尽香山，长安居实不易，殊费深筹耳。近状问两介弟自悉。孝达[1]患疟颇重，七月始愈，得寿老[2]相助，当可同心。昨得其书问也。寄上果脯两匣，松花蛋两匣，乞察入。言不尽意。敬颂堂上节厘，并问箸祺不宣，潭居均吉。期佩纶顿首，八月十四日戌刻。

——上海图书馆藏手稿

[1] 孝达：张之洞，字孝达。

[2] 寿老：黄彭年，字子寿，贵州贵筑人，道光二十七年进士。江苏、湖北布政使。

9 月 28 日（八月十五日）　张佩纶作诗怀公，并与宝瑢话旧，亦成一诗。

阴，夜雨。作"怀伯潜"一律，并与仲勉昆弟话旧，亦成一诗。

——《涧于日记·兰骈馆日记》第 6 册第 93—94 页

10月15日（九月初二日）　致函张之洞。

致 张 之 洞 　　　　　　　　　　　　　　陈宝琛

　　孝达前辈世丈坐下：久不奉问，黄斋书至，谓公患疟新愈，已复元否？深用系念。寿老来宣，公得臂助，为可贺也。鄂事近当就范，同城能否同音？闻公方扩设两湖书院，整暇可知，织布想已开办，矿政何如？闽中穆源之铁，西人评为上品，惜去鄂太远，然江海亦易达，池贞铨[1]曾履勘，合用与否，可备咨询。闽生出洋归者，颇多专门之艺，而悉置诸无用，鄂如有需，宝琛能条列其人，即池贞铨亦向未识也。船政归仪征兼管，却甚整饬。粤船依限可成，惜续造者均已停罢，替人矫公所为太过，粤中风气骎骎渐复如瑞文庄[2]时，不才窃自幸未就广雅讲席矣。雪塍冤雪，差慰，近在鄂否？书局是否自随？闽赵在翰有《晋书补表》，近钞一副本而缺数叶，且须校雠，拟送刊也。欧阳柄荣太迁执否？渠与刘令翰藻皆拙于宦而又家贫，亲老进退维谷，公能就其所长，酌为位置，俾得脱然归养，其愿足矣。宝琛入秋病疫，近都脱体，数年来困于家务，志气蕰敝，视黄之注《管》、注《庄》，处门若蓬户，惭愧已夺。偶斋说经，乃亦裒然成帙，尝求正于公否？舍弟侄或与公犹子同举，年家忝托，公盖我丈人行矣。手肃，敬请台安。不宜。宝琛顿首。九月初二日。

　　　　　　　　——《近代中国·陈宝琛致张之洞函牍辑注》第15辑第301—302页

[1] 池贞铨：福建马尾船政学堂毕业，早期矿业专家。

[2] 瑞文庄：瑞麟，叶赫那喇氏，字澄泉，满洲正蓝旗人，礼部、户部侍郎、尚书、广州将军、曾任两广总督，大学士，谥文庄。

张佩纶来函，晚得公复电。

　　寄伯潜书，晚得其复电，知病已愈，仲勉等已归矣。

　　　　　　　　——《涧于日记·兰骈馆日记》第6册第95页

致 陈 宝 琛 　　　　　　　　　　　　　　张佩纶

　　伯潜前辈大人坐下：贵族来津，始得六月廿三日惠书并寄赐橘叶膏、藕粉，感谢无似。避暑畏客，贵族遂未延见。迟日合肥询及云，来时公方有疾，乃急令人至其寓所问之，云患是时症，尚未霍然。廿六日驰电奉询，今已四日未得复，焦冈何似。或者公已有书见复，而日来殊悬想南望也。仲勉、叔毅及徵宇南归，当已抵橘洲矣。手教询东省铁路系合肥入都时与枢译会议，邸意如此，现尚未派出何人督办，鄙人在此以庑下为霸陵，与合肥虽日必两见，却不愿参画公事，况洋务乎。罗稷臣谓，使鄙人相佐，必有更张，今仍旧知果不预，闻公之知我，乃不如罗乎。闻罗与叔毅联姻[1]，确否？馀两弟代白，不缕缕。肃

颂堂上侍祺,并祝痊安,合弟均吉。 ——上海图书馆藏手稿

[1] 闻罗与叔毅联姻:罗丰禄女罗伯英后适宝璐长子懋豫,罗臻禄女罗伯珏后适宝璐次子懋咸。

11 月 1 日(九月十九日) 张佩纶得三月二十七日函。

伯潜三月二十七日一书至今始到,奇甚。

——《涧于日记·兰骈馆日记》第 6 册第 98 页

11 月 22 日(十月十一日) 致函张佩纶。

致 张 佩 纶 陈宝琛

黄斋世丈坐下:舍弟归,奉惠书,敬悉起居康豫,著述精劬,甚慰积念。小极蒙尘,当经电复。顷复奉书,心感无似,寒乡秋疫盛行,侄与墨樵及妇孺先后传染,叔毅之长女十四岁而殇,迟六日叔毅始归,宝琛仅能出户,病后俗忙,肺气过损,触寒辄嗽,早衰可恨。师友惓惓,犹以不朽相期,愧无地矣。读叠均见怀之作,情致冲逸,奉和录正,殊自笑其颓唐。年来佃渔狎处时或代族师比长之职,村居浑不觉闲。而家事繁冗,心为境役,珠桂不易,盖不独长安居。天伦之乐,公不如我;读书之乐,则我不如公也。颇思出游,散此烦嚣,顷须为鼎侄完婚,春融无事,如能与公相期于某所,笑谈旬月,少解五六年离索之苦,何快如之。安圉近状何如,壶公久无书来,鄂事亦无所闻。承询叔毅与稷臣联姻[1],诚有此议。闽世族皆城居怙侈,不讲女学,叔毅重妇功,故却谷斋而议稷臣,公然之否。春间铁舰北旋,曾寄梁大令一书计已早到,来教未及,岂竟浮沉。蒙惠果脯松花,感谢感谢。津沽欲冰,寄奉橄榄、橘实各一器,酸寒风味可助御冬,乞察入。匆匆,不尽所言。敬请台安,并颂潭祉,不宣。宝琛顿首,十月十一日。

安排渔具号天随,晞发沧州已悔迟,善病无方苏谒肺,懒吟有分赦愁髭,露兰香悴宁论服,风叶秋深各自知,赢与宾鸿镇来往,海天南北一情丝。奉和黄斋世丈用韵见怀之作,即希鉴正。宝琛呈草[2]。 ——上海图书馆藏手稿

[1] 陈宝琛三弟宝璐两子懋豫、懋咸,后分别娶罗丰禄(稷臣)女和罗臻禄(醒尘)女。

[2] 诗稿原件附函后。此诗见《沧趣楼诗文集》第 6 页。

12 月 6 日(十月二十五日) 张佩纶得公与吴大澂函。

作都书一二函。先后得伯潜、清卿书。

——《涧于日记·兰骈馆日记》第 6 册第 104 页

12 月 10 日(十月二十九日) 郑孝胥在沧趣楼录"答子培三首""人日江亭宴集同缄斋作""枕上""八月二十八夜雨坐""再答忍盦时方借读石渠馀纪""十月二十

夜"等诗,为公作楷书折扇面。

郑孝胥《楷书折扇面》题识:"庚寅十月廿九夜于螺洲沧趣楼下诵以政弢庵,因复属录,孝胥"。

——《摇曳丹青》

12月22日(十一月十一日) 宝廷卒。作"哭宝廷"七律一首,见《沧趣楼诗文集》第8页。

故礼部侍郎、宗室宝公竹坡卒于京师。宝公亦清流翘首,直谏有声,当时称为四谏之一者。公除夕始闻讣,有诗挽之。竹坡归隐后,贫几不能自给,而穷理研经,著作不辍。其纳妓自劾,盖深感时事日非,而清流诸人直言无忌,府怨已深,应将祸作,故欲以微罪行。公挽诗有:"梨涡未算平生误,早羡阳狂是镜机"即此意也。黄斋亦有挽词。其第二首云:"使车私买婢,少憨莫交讥。北里聊污绂,南山逐拂衣。先几能脱祸,晚节自知非,社稷忠谋固,桑中罪亦微。"与公诗意同,韵亦同,不谋而合,千里应声,亦诗坛佳话也。

——《闽县陈公宝琛年谱》第56—57页

弢庵先生与竹坡侍郎、绳庵学士投分最挚,中年被放,过世亦同。弢庵有"泛月入山,道得苏萼江南寄诗,竹坡,苏萼座主也,感赋因寄",又"鼓山觅竹坡题句不得,怅然以赋"。

——《今传是楼诗话》第323—324页

宝廷[1]有诗"答陈弢庵寄怀":

答陈弢庵寄怀　　　　　　　　　　　　　宝　廷

屏居七岁困缁尘,归隐无山笑俗人。穷老偷安仍苦病,溺讥坐视且忧贫。伤心今古知谁是,放眼乾坤笑此身。莫漫微词劝止酒,已将嚼蜡譬横陈。

傲居无计远红尘,结屋名山羡古人。近老方知读书晚,久穷岂为罢官贫。有天莫问难知事,无地堪栖未死身。多少牢愁无处诉,匆匆未忍向君陈。

又:

我昔曾上岏崱峰,螺洲咫尺明眼中。故人迢迢隔江右,人遐室迩牵离悰。归来罢官卧经岁,闻君筹海临吴淞。方期犒师虞破亮,岂意荐士衡累融。解甲读礼返梓里,五年隔绝无南鸿。朵云忽到万里外,顿教狂喜填此胸。告我鼓山见题句,寄怀索和邮诗筒。忆昔玉堂共联步,西山时共遨游同。当时俦侣正欢聚,升沈转眴生西东。荷戈建节各荣辱,屏居窃幸客疏慵。闭门京华谢宾客,早衰未老先成翁。喜君留庵得佳处,买山我愧铿囊空。危崖喝水景在目,高楼清听登难同。我思鼓山临大海,洪涛日吼飞天风。古海远异今海近,四溟咫尺戈船通。马江焦骨腐如炭,螺舟依旧飞高蓬。潮音激荡杂夷乐,一听三日双耳聋。纵有清流枕可洗,安得琇莹如耳充。闲身多病暂苟活,残生忍饥甘困穷。

纵教相聚散亦速,死前何必重相逢。但愿承平海波静,异地各隐甘长终。

——《偶斋诗草》第 356—367 页

二十年后公出,重游魔崖,有诗题于宝廷诗侧。诗见《沧趣楼诗文集·七月十九日同嘿园游翠微庐师诸寺》第 127 页。

由庚寅后二十年,宣统二年,陈弢庵起用,重游此崖,题一诗于翁诗侧,云:"山灵不愠我来迟,急雨廻风与洗悲。破刹伤心公主塔,坏墙掩泪偶斋诗。后生谁识承平事,皓首曾无会合期。三十年前听琴处,秘魔崖下坐移诗。曾与偶斋、壶公、黄斋、再同听吴少嫩弹琴于此。"　　　　——《偶斋诗草》第 975 页

[1] 宝廷:字少溪、仲献,号竹坡、难斋、偶斋,同治七年进士,詹事、礼部右侍郎。

12 月 25 日（十一月十四日）　郑孝胥至听水斋同坐赏月,即将北行,公有诗"十一月十四夜听水斋同苏龛待月即送北行",见《沧趣楼诗文集》第 7 页;郑孝胥"伯潜约游鼓山"、"听水楼偕伯潜夜坐",诗见《海藏楼诗集》第 9 页。

郑孝胥(苏龛)应李鸿章辟,将有北行,来听水斋与公同坐玩月。苏龛,竹坡壬午试闽时所得举首,以善诗善书名。郑本与公为世旧,公送以诗,犹念念于都中戒坛、潭拓旧游之地,嘱为取次看之。

——《闽县陈公宝琛年谱》第 56 页

伯潜约游鼓山 郑孝胥

风雨危前诺,中霄喜见星。夜寒依竹骄,晓雾出茅亭。沧海归人瘦,孤峰向我青。入山真恨晚,举首愧山灵。　　——《海藏楼诗集》第 9 页

听水楼偕伯潜夜坐 郑孝胥

人闲可语转寥寥,默坐空山尽此霄。月黑忽惊林突兀,泉枯惟对石嶕峣。宣南气类今难问,楼上诗魂我欲招。楼悬净名菴乱诗。莫便相逢恨岑寂,明朝分手马江潮。　　——《海藏楼诗集》第 9 页

是年　致函张之洞。

致 张 之 洞 陈宝琛

旧纸一张,求书沧趣楼匾额,加跋语否,一凭尊酌。费神豫谢,再请道安。宝琛顿首。

案,光绪十二年(1886 年),陈宝琛筑沧趣楼于里第。此函封署"寄湖北省城湖广制台张大人台启闽省陈缄"又有"十月初五日到",当作光绪十六年张之洞到任湖广总督后。

——《近代中国·陈宝琛致张之洞函牍辑注》第 15 辑第 307 页

是年诗

水退同周彦昇黄子穆文林贻葊啖荔长庆寺　——《沧趣楼诗文集》第 7 页

十一月十四夜听水斋同苏龛待月即送北行　——《沧趣楼诗文集》第 7 页

宿灌畬山居　　　　　　　　　　　　——《沧趣楼诗文集》第 8 页

哭竹坡　　　　　　　　　　　　　　——《沧趣楼诗文集》第 8 页

1891 年(辛卯 光绪十七年) 44 岁

芜湖、武穴、宜昌教堂被毁,相继发生教案。(5.13、6.5、9.2)

俄侵帕米尔。(8 月)

康有为在广州万木草堂讲学著述。(8 月)

光绪生父、醇亲王奕𫍙卒,年五十一岁,子载沣袭爵。(1.1)

郭嵩焘卒,年七十四。曹经沅生。

3 月 6 日(正月二十六日) 张佩纶来函。

致 陈 宝 琛 张佩纶

弢庵前辈坐下:十月廿五日奉惠书,并赐秋橘谏果,感谢。何似忽忽改岁,伏想侍祉安和,兴居清谧为颂。侍九月间回里,兼旬感受风寒,十月还津即病,至腊尾始健壮如常。阁下早衰之叹,彼此同之。然公尚如运甓之习劳,侍则如弛弓之难彀,如何如何。来诗神似中晚,非鄙人所能,到相约之地,适中无如沪渎,地主无如武昌;但恐苏子美欲游丹阳,有不欲其来者,所谓沙鸥猜我不肯傍青纶也。要之,我辈会合纵不上动星文,亦自稍系人事,绝非泛泛尊酒论文者,造物亦甚尼之耳。竹坡下世,侍欲与再同理其遗文。而寿丈又殁于任所。再同久病,近尚咯血。盈叔都中知好书来均称可虑,日来拟扶病挈眷入都。此二事皆侍怫郁不如意者,至于内忧外侮相乘而至,肉食群公方熙熙如登春台,虽作贾太傅痛哭流涕何益,假我两人仍在起居,亦止可投劾而去耳。言之慨然,故侍今日所往来于心者止有两端,一则卜居无所,一则娱老无书也。梁大令书于岁杪始来,人亦未至,想知鄙人拒客之故。奶饼乃堂上所好,乐山赴边时属预谋之,与奶皮均于腊月寄来。奶皮太少,都统酸菁甚于旧台员。益以果脯、蘑菇并祈晒入。兹特奉上,非敢作玉盘之报耶。琐琐上复。敬颂侍祺,并问韶祉,不宣,潭第均绥。侍佩纶顿首,正月廿六日[1]。

——上海图书馆藏手稿

[1] 张志潜《涧于集·书牍后序》:此函作于张作客津门期间。竹坡卒于 1890 年 12 月 22 日(庚寅十一月十一日)。再同久病呕血。

3月22日(二月十三日) 去年约张佩纶至沪相晤,张以沪上"淫秽喧嚣"婉辞。

伯潜去年有择地相见之约,至沪颇思,电之,而沪上淫秽喧嚣,不可久居,遂以一书明不能如约之故。 ——《涧于日记·兰骈馆日记》第7册第25页

3月23日(二月十四日[1]) 张佩纶来函。

致 陈 宝 琛 张佩纶

弢庵前辈大人左右:前肃一书,并寄食物数种,当已入察。近维侍祺妥畅也。前以无事不克航海,乃月初再同过津,见其久病支离,衰毁骨立,乍见竟不相识矣,可叹可叹。甚为可虑。因送之来沪,本思到沪后省舍弟于濮院,即约公或来沪上,或至西湖,作数日之聚,乃舍弟正于日内交卸厘差,手忙脚乱,电请折回沪上,竟不能待,大为扫兴。前言乃成谶,竟不知何时能动星辰也。再同十四由沪赴汉,已电香翁派弁来接,昨已到,否则真难为别,侍又不便至鄂也。病在肺经,恐非和缓,不能奏效。年来同志凋零,如再同者,甚望其有良医救之也。留之在津不可,津惟洋医亦不敢信,现切属香翁设法矣。竹坡身后[1]遗文遗孤两事拟俟仲姊入都料理,其诗稿虽诚斋诗格较滑,然其人其诗究有真性情,不可磨灭者在。侍作"哭子寿丈五律五首","哭竹坡五律四首",尤觉感恸。回津录呈。此间苦不能韬名敛迹,遂致不克久留。十五日亦拟北返矣。咫尺不能相见,怅惘何似。敬颂箸安。

堂上以次均绥。佩纶顿首,二月十四日。 ——上海图书馆藏手稿

[1] 宝廷卒于1890年12月22日,庚寅十一月十一日。

3月25日(二月十六日) 复函张佩纶。

复 张 佩 纶 陈宝琛

黄斋世丈大人坐下:去冬闻公有还浭之役,顷奉手书,始知兼旬即归,感寒已愈,且慰且念。春日舒和,伏审起居清胜,箸述多欣,为颂。蒙惠奶饼、奶皮鲜美殊常。家严感公垂注,每食念念,蘑菇、果脯亦已拜嘉。宝琛困于俗事,神志昏疲,幸村居日多得以山水目养,然自去秋病后,至今肝脏尚未全平,腊尾闻寿丈[1]噩耗来,数日而闻竹坡之信,时方除夕,感怆殆难为怀,亦知海内唯公同此情也。再同久病新丧,深为轸系;且闻竹坡一孙复殇,其次子患喉症甚剧,未知何如。北望但有作恶,亦无暇为杞人之忧矣,同志凋零益思会合,公不欲为武昌之游,或于夏秋间期于沪渎同入杭州,居湖上数日,沂富春而登武夷,相与蠲涤烦痾,乐数晨夕,公其有意乎。鄂中常通书否,侄处久未致闻。安圃近状如何,当时相闻,仲勉、叔毅行计未办,入都拟在明春,仲勉性急,乃为鼎侄捐

加花样,选期已近,故遣先行,过津修谒,幸加训迪,俾知所趋向。附奉枣糕少许,惟希晒入,琐琐复谢。敬请台安,并问潭祉,不宣。侄宝琛顿首,二月十六日。家君命笔致谢,弟辈均叩。

　　　　　　　　　　　　　　　　　　　　　　——上海图书馆藏手稿

[1] 寿丈噩耗:黄彭年字子寿,见前,光绪十六年十二月卒。

3 月 27 日(二月十八日)　　闽浙总督卞宝第附片奏请前内阁学士陈宝琛集资赈济顺直灾区,恳恩传旨嘉奖[1]。

　　再,上年顺直灾区甚广,臣与在省司道,极力筹捐济赈。福建绅士惟有前内阁学士陈宝琛集捐洋银四千圆。报解省局,转解天津。去夏闽省雨水过多,米价腾贵,省城开仓平粜。陈宝琛协同经理,事事核实。该绅平日居乡持己端严,不预地方讼事,而孳孳为善。捐资教里人织布,或借资令作小本生涯,不取利息,保全贫民甚众。急公好义,足挽浇风。合无仰恳天恩,将前内阁学士陈宝琛传旨嘉奖,以昭激劝。谨附片具陈,伏乞圣鉴训示谨奏。

　　陈宝琛著传旨嘉奖。

　　　　　　　　　——中国第一历史档案馆附片 04 - 01 - 13 - 0368 - 065

　　前内阁学士陈宝琛传旨嘉奖。　　——《德宗景皇帝实录》卷 294 第 914 页

[1] 第一历史档案馆藏卞宝第奏,录副奏片 03 - 6722 - 017。

　　月夜泛舟入鼓山,道中得郑孝胥寄诗,郑为宝廷典试福建所得士,山上觅宝廷题句不得,怆然感赋,作"哭竹坡""二月十八夜泛月入山道得苏龛江南寄诗苏龛竹坡试闽举首也感赋以答""鼓山觅竹坡题句不得怆然有赋"七律三首。诗见《沧趣楼诗文集》第 9 页。

　　公悼念竹坡之情难以自已,二月十八夜泛舟入山道,得苏龛江南寄诗,因答诗曰:"缄泪寄将频北望,解装一为酹新阡。"既入鼓山,念旧有竹坡题句,遍觅不见,怆然感赋曰:"小别悲同永诀看,当年闲语泪先潸。国门一出成今日,泉路相思到此山。月魄在天终不死,涧流赴海料无还。飘零剩墨神犹擭,剔遍荒苔夕照间。"语极沉痛。　　　　——《闽县陈公宝琛年谱》第 57—58 页

4 月 6 日(二月二十八日)　　致函张佩纶。

致 张 佩 纶

陈宝琛

　　黄斋世丈大人阁下:沪上书来,适舍侄将行,颇思与俱,及发函,则知公已翻然返折津矣,会合之难,无任怅惘。再同病深至此,闻之心悸,同志日寡天怜我辈,当不再夺斯人。香翁于医甚泥古,鄂中不知有无庐扁。闻武进孟河费氏以医世其家,所疗多神效。侄拟即作函抵鄂商之也。竹坡贫病甚,于点娄身后[1]不问而知,其次郎不知已愈否。诗则纯任性灵,却自真挚,恐他著作不如

其诗，以致力最久也。侄除夕成一律，昨入石鼓，适有所触，因复及之，尚思作长排一首以抒哀，心杂未果，兹先录呈，亟盼读公所作也。子寿丈乃不竟其用，然召再同可以无憾，而区区为再同祈天弥切矣，舍侄未行，再泐奉复。敬颂箸安，侄宝琛顿首，二月廿八日。潭第均绥。

三首诗[2]

“哭竹坡”

“二月十八夜泛月入山道得苏龛江南寄诗，苏龛、竹坡试闽举首也，感赋因寄”

“鼓山觅竹坡题壁不得怅然有感”。 ——上海图书馆藏手稿

[1] 宝廷卒于1890年12月22日。

[2] 诗稿原件附函后。诗见《沧趣楼诗文集》第9页。

5月14日(四月初七日) 张佩纶来函。

致陈宝琛

张佩纶

弢庵前辈大人左右：徵宇世讲来，奉惠书敬审侍祉康和，兴居佳胜，深慰远念。再同在沪已延费绳武诊视，据云肺经已损，疾不可为，勉立猪肺汤而去，到鄂六日因毁增剧，竟至不起，殊堪痛惜，其殁日乃二月廿四[1]，何公处尚未知之。竹坡家□相隔二百馀里竟茫然，昔恃再同略知都下消息，今则知交日少，耳目日孤，询侄孙辈，尚未得复。意欲援圭公，假先刊其诗，惟必待仲、叔两弟入都始能集手抄揖，由公选定交侍付刊。再同子幼，遗文未能收拾，其学行并过人，乃竟一无所成，较竹坡尤命薄耳。拙作祭寿丈[2]诗文及竹坡挽诗，因回津未久即闻再同之耗，心绪恶劣，竟忘寄上，第二首与公作意同，韵亦同，千里应声，似亦未让元白。侍近顾一书手写书，暇拟将塞上诗录出，惟和霹雳琴[3]一首遗去公处，如尚存此稿，望属侍姬录还，否则乞示原韵，记押尾韵不能全诵，当补和入稿中耳。拙诗苦不专力，亦未能如竹坡之纯用性灵，此事想由夙慧耶。湖上之游须舍弟他出方可，否则当道光施未能过拒，转觉无谓，清湖乃戍北归路，不愿重耳，思公自是实情，不能浪游亦是实情。我两人定不寐，寐以死天生两龙剑会合当有时，正亦无庸过急也。枣糕谢谢。复颂堂上万福，即问道安，舍弟均绥。佩纶顿首，四月初七日。 ——上海图书馆藏手稿

[1] 黄国瑾(再同)卒于1891年4月2日(辛卯二月二十四日)。

[2] 黄彭年，字子寿，见前。

[3] 公作“霹雳梧诗”，见本编1886年11月15日条。

黄斋书来，知黄公再同卒于二月廿四日。缘其尊人子寿(彭年)先生新殁

于武昌任所,再同本已有疾,遭忧增笃,二月初携眷星奔,黄斋亲送至沪,张公孝达派弁迎替,十四日乘船赴汉,十八日抵武昌。凭棺一恸,良久始苏。廿四日遂以毁卒。黄公亦清流中人,曾出公门,与黄斋为儿女亲家,与公交亦笃。公闻此耗,益增伤逝之情。黄斋又与公商刊竹坡遗着,拟先印其诗,俟仲勉、叔毅入都后,集手抄撮,再送公选定。 ——《闽县陈公宝琛年谱》第 57 页

四月 四、五月间刘铭传来函。

致 陈 宝 琛　　　　　　　　　　刘铭传

再,新贵渡台,张罗相率纷至,颇有应接不暇之势。贵门尚未接见,想系大邦去后,再行出面,香帅议先冶铁,亦系办法,但筑室道谋,终成空话。弟碌碌如常,无善可告。生番滋事,已派兵前往剿办。基隆车路二月底可成。船政竟废,可惜。手此复叩。奉教不一。愚弟刘铭传顿。

——《福建文博·刘铭传致陈宝琛的七封信》1985 年第 1 期第 88 页

6 月 7 日(五月初一日) 张佩纶馈赠牛乳饼。

枫臣来,得吉云帆书。以牛乳饼八盒寄伯潜。

——《涧于日记·兰骈馆日记》第 7 册第 74 页

张佩纶来函。

致 陈 宝 琛　　　　　　　　　　张佩纶

微宇过津后曾复一书,当已入察。近惟动止百福。寿伯茀昨有书来云,其弟仲茀之病已愈,堪以告慰。鄙意欲先刻其诗,而伯茀则以所著经说为重,且待仲、叔二弟入都始能酌定,或佩纶秋间入都一决。然国门咫尺,意实畏器,去否亦不敢预定。拙作诗文未得古人门迳,止可听其弃置,而塞上一编为生平艰苦之境,必当录存敝箧示子孙,以毋忘束缚,因而类集都门所作,及少日笔墨;虽遗失过半,尚得数百首,随时改定,亦暇中自遣之,一事骈体,一册为孝达遗失,内惟许君画像记可存。苇湾游记不佳,因经公手写便不增价。丹曾处有稿,暇乞索之,寿序止可删削,好在不多,惟尊处一篇似宜存之,亦请命小史录寄,雕虫小技岂足示人,聊以自娱自欺云尔。漱兰竟引疾归,初欲建言而去,殆为亲友所阻,身在朝列见闻较确,必有不能不去之故,漱公可敬,而时局则弥可忧耳。有范秀才当世[1]者,近为合肥延课,其子据,其弟钟尝在公学幕,而其友邹君在闽深得公说士之力,范为古文有名。本漱兰客,其人学力、行谊若何,侍近实不敢交人,待公言而决之,幸详示。乐山处又寄来贡饼八匣,确是贡馀佳品,但时已近暑,到闽储度甚难,然此间存之,亦恐色味稍失,谨寄献备堂上分赠同人、颁赐童幼,俟冬间再觅新者奉上。公近何所作,甚念。台湾易人,番情

商务若何,矿事部驳固有意为难,而原议亦全无条理,利弊殊不了之,林为公戚[2],当悉其情。再同厝梓旧眷于四月初回湘乡,得其弟秦生书一切似无条绪。孝达函电均云,续有详书,逾月未到,殆又为案牍所困,未暇作书也。琐琐以当面谈。敬颂道安,并贺午喜不宣,伯潜前辈大人坐下,堂上万福,诸弟在念,合第均绥。佩纶顿首,五月朔日。　　　　　　　　　——上海图书馆藏手稿

[1]范当世,字无错,号肯堂,江苏通州人。文学家。曾入李鸿章幕府。著有《范伯子诗文集》。

[2]当指林维源。

6月17、18日(五月十一、十二日)　连日致函张佩纶。

致 张 佩 纶
陈宝琛

黄斋世丈大人坐下:四月下旬奉到手书,敬悉起居佳胜为慰。舍侄自津书来,始闻再同噩耗[1],侄曾两函询鄂,而无一复,故无由知,其遗孤在都,抑回湘耶?伤逝感旧,彼此同之,无可语也。大作祭寿老诗文,挽竹坡诗均极情文相生之致,而文尤胜,"霹雳梧和章"仓卒未检得,容当续寄。其韵则尾、炜、胐、卉、鞞、鬼、虺、伟、庑、跽也。侄于诗凤乏师,承屏居多暇时用自遣,公如有兴,此后邮简倡和,或仿佛元白皮陆[2]耳。竹坡论诗素与侄不合,殆如仲则之谓北江[3],而其遗著惟诗致力最久,先刊诚是。惟仲、叔入都,恐须来春,不知能胜校录之役否。再同则尤可恸矣。舍侄蒙长者谆谆训诲,家书尤能缕述,望其勉自循守,勿负厚期,近日软红尘中又一风气也。手复,敬请箸安,不尽。宝琛顿首,五月十一日。　　　　　　　　——上海图书馆藏手稿

[1]黄国瑾,字再同,见前,1891年(光绪十七年二月二十四日)卒。
[2]元白皮陆:唐朝诗人元稹、白居易、皮日休、陆龟蒙。
[3]北江:洪亮吉,清代学者、诗人。

陈季同[1]久在外洋,随员学生中无出其右者。侄曩在沪频通函电,而未见其人,近乃为忌者所中,叔耘亦太不护惜,昨在羁所以书自陈,丹曾[2]复为之言,山中人何能为力,公为人才见,能言之师相,俾免玉碎否。原函抄阅,幸留意及之。宝琛再顿,五月十二日。　　　　　　——上海图书馆藏手稿

[1]陈季同,字敬如、镜如,号三乘搓客。清末外交官。早年入福州船政局附属求是堂艺局肄业,历任驻德、法参赞,代理驻法公使,兼比利时、奥地利、丹麦和荷兰四国参赞等。
[2]丹曾:沈翊清,字丹曾,见前。

7月11日(六月初六日)　张佩纶复函,附沈翊清复信。

得唐鄂生书。寄复伯潜一缄,附沈丹曾复信。

——《涧于日记·兰骈馆日记》第8册第5页

致 陈 宝 琛　　　　　　　　　　　　　　张佩纶

伯潜前辈大人阁下：昨奉复缄敬悉，因时纳祜，甚善甚善。侍学诗之力甚于文，公乃称其文而不甚许其诗，殆由性不近诗。日来点勘《临川集》，似一、二月后如有进境，当再奉寄。元白皮陆之约[1]，何不由公主盟挑战乎，寿序闻属叔毅代录，此琐琐何足劳贤弟，愿改命。侍书且俟秋爽，暑天挥汗作书，乃大苦事，侍处觅一书手，三伏亦令辍抄也。再同卷属已于二月间同舟回鄂，近已回湘乡，尚未得其来书。寿伯莙当是克家之子，有复书附寄，阅之恻然。丹曾寄苇湾游记，本有两篇，止存其一，文不足存，而其迹不可不存，有无限感慨在一文中。丹曾询出洋事，侍茫然不知。昨为询之合肥。据云，闽书意略沉重吴，现拟令严宗光近已更名为严复。与沈同去，可转告，其详仍未细考，当已见公牍矣。懒残有言，那有工夫为俗人拭涕，丹曾吾所爱，略一拭之，不可为常耳，最好会试中式，何苦以此进身乎。专复，即颂堂上万福并问箸安，合宅均吉。佩纶顿首，六月初六日。

　　　　　　　　　　　　　　　　　　　　　　——上海图书馆藏手稿

[1] 元白皮陆之约：唐朝诗人元稹、白居易、皮日休、陆龟蒙，约会酬唱。

8月4日(六月三十日)　张佩纶来函。

致 陈 宝 琛　　　　　　　　　　　　　　张佩纶

伯潜前辈大人坐下：丹曾以事来津询悉，侍祺安吉，道体嘉和，深慰注仰。佩纶前上两书当已次第入察，亟望复书，至今不至，驰系良深。近状如旧，山谷云日历如山不到诗，鄙亦为《管》注所困，诗竟少作，欲哭再同[1]思久不属，定可知也。阁下不应来书不观即如东坡黄州不专观一书，然书传论语说实成于此时闽中岁月，可惜公才十倍，鄙人岂竟无意于此诗之理征，可以遣问不足传世耳。仲、叔两弟入都约在何时，微宇未补缺，不及考试，差然试差，亦断非无因可得者，都中知旧日少，二、三亲友书问示简，故耳目孤陋却是养心之法。丹曾归便寄一纸。即颂箸安，堂上万福，合第均绥，佩纶顿首，六月三十日[2]。

　　　　　　　　　　　　　　　　　　　　　　——上海图书馆藏手稿

[1] 黄国瑾卒于1891年4月2日(辛卯二月二十四日)。

[2] 张志潜《涧于集·书牍后序》：此函作于张作客津门期间。

8月14日(七月初十日)　郑孝胥读公诗，感叹久之。

观弢庵诗，感叹久之。　　　　　　　　——《郑孝胥日记》第1册第225页

10月4日(九月初二日)　致函张佩纶。

致 张 佩 纶　　　　　　　　　　　　　　陈宝琛

蒉斋世大坐下：三奉手书，敬悉箸述康娱，因时纳祜，甚慰甚慰。宝琛入

秋大病两月,几为偶斋、再同之续。月来幸就愈,眠食精神均复故矣,家居困于俗累,复鲜师友,不日益而日损,丹曾述公存注綦切,来书亦勖望谆谆,殊愧负也。病中惟以《南华》自遣,甚思得公注本一读,邮便付写一二篇见示,俾得先详其例,何如。拙诗苦无博观约取之功,聊以抒写,本不足传,公诗极雅赡,侄所微嫌者气太直,意太尽耳。临川诗精严可喜,然昔人即有谓其议论过多,语少涵蓄,晚年始悟深惋不迫之致,寓悲壮于闲澹者,公点勘一过,必能辨之。寿序大稿前经叔毅抄出,久未寄呈,叔毅治古文之功深于诗赋,而于诗赋又不工为帖体,盖不合时宜者,明春或勉偕仲弟一行,非其愿也。长江风鹤不已,昨乃及闽,闽固张皇。而吴楚隐患甚大,达公当天下之冲,而动辄制肘,深为忧之,公近与通问否。台事数年来病在操切责效,任信非人,邵来如任唐[1]去,某庶可弥省三之阙,林但自保而已,不足数也。矿事商欲专利而官主之,而部驳之,此节似尚中肯。目下所大患又在鸡笼产金,远近聚而淘洗者已数千人,官不立法部署,变且不测,视小村[2]来措置何如耳。范秀才与张季直睿、朱缦君铭盘、周彦升家禄同为通海间名士,周最朴愿,仪征尚书延之入幕,专阅书院课卷,近亦归矣。曩在西江,漱公荐仲木明经钟襄校,推崇其兄甚至,侄未见其人,不敢臆断,公与久聚,当渐稔,还乞示之。数月未奉书,重劳远系,歉极,子玉顷当北行,到闽尚未一晤,闽之宦场为公造谣,子玉当能述之。手此,敬请箸安,不宣,宝琛顿首,九月初二日。

家严命谢贡饼之惠,叩感叩感。　　　　　　　　　　——上海图书馆藏手稿

[1] 1891年(光绪十七年)唐景崧为台湾布政使,邵友濂台湾巡抚。1894年(光绪二十年九月)邵友濂调湖南巡抚,唐景崧署台湾巡抚。

[2] 小村:邵友濂,字筱春(小村)、攸枝。浙江馀姚人。同治举人。湖南、台湾巡抚等,总理各国事务衙门章京。

是年　游历方广岩、涌泉寺等,均有诗作。又作"沧趣楼杂诗",见《沧趣楼诗文集》第9—13页。

游方广岩。在永福小雄山侧,幽潭怪石,密竹参天,面对百丈飞瀑。公耳其名已久,今始得见,有诗纪游。

夜到涌泉寺,寺在鼓山中。江上潮生,到已月午,径造竹所。众鱼相濡,隔崦禽鸣幽静之情,就佛亦觉无语矣。

作《沧趣楼杂诗》十首,纪年来家居奉亲之乐。

　　　　　　　　　　　　　　——《闽县陈公宝琛年谱》第58—59页

门生赵声伯[1],回江西应举。鼓山送别。作"石鼓山中送赵声伯归江西应举",

见《沧趣楼诗文集》第 13 页。

　　　南丰赵世骏（声伯），公门下士，以善书名，能作逸少、黄庭及褚河南体，一时称最，将回籍应举，别于石鼓山中。　——《闽县陈公宝琛年谱》第 58—59 页

[1] 赵世骏，字声伯，号山木，江西南丰人，久居在北京，书画家。

是年诗

二月十八夜泛月入山道得苏龛江南寄诗苏龛竹坡试闽举首也感赋以答

　　　　　　　　　　　　　　　　　　　——《沧趣楼诗文集》第 9 页

鼓山觅竹坡题句不得怆然有赋　　　——《沧趣楼诗文集》第 9 页

游方广岩　　　　　　　　　　　——《沧趣楼诗文集》第 10 页

夜到涌泉寺　　　　　　　　　　——《沧趣楼诗文集》第 10 页

沧趣楼杂诗　　　　　　　　——《沧趣楼诗文集》第 11—13 页

石鼓山中送赵声伯归江西应举　　　——《沧趣楼诗文集》第 13 页

1892 年(壬辰　光绪十八年)　45 岁

杨衢云在香港开设辅仁文社,以开通民智及反清为宗旨。(3.13)

谭钟麟代卞宝第为闽浙总督。(6.22)

哥老会萍乡起事,劫湖南醴陵狱。(9.3)

四川大足余栋臣再起反洋教,旋败。(10.10)

阎敬铭卒(3.7)

1月11日(辛卯十二月十二日)　致函张佩纶。

致 张 佩 纶　　　　　　　　　　　　　陈宝琛

黄斋世丈大人坐下:子玉赴津,曾寄一缄,未知何时入览,久无北雁,时以起居为念。三冬文史箸录必更衰然。宝琛病后体终不适,家居复兼冗杂,心境几无净日,亦自恨也。竹坡闽中门人从伯芾[1]寻得奏稿二十馀篇,谋欲付刊,属为序言,宝琛审其中不尽发抄之件,又复搜辑未全,拟稍缓刊行,且伯芾所编每疏皆另页恭录上谕,于前有此体裁否,或应录于折后,公为酌之。阅邸抄,知健庵署臬[2],未识能似此间龙仁陔[3]之清理庶狱否,皞民[4]乃备兵海东,闻自津来,当常晤公也。壶公处有无通问,近来设施如何,或谓铁政费多效少,然乎。手此奉讯,敬请台安,顺颂岁厘,不一。侄宝琛顿首,十二月十二日。

家严命致候,弟辈随叩。

　　　　　　　　　　　　　　　　　　　——上海图书馆藏手稿

[1]伯芾:宝廷子寿福。公作"三哀诗"见《沧趣楼诗文集》第37页。

[2]健庵署臬:张人骏,字健庵,见前,1891(光绪十七年)任广东按察使。

[3]龙仁陔:龙锡庆,字吉甫,号仁亥。湖南安化人,咸丰举人。陕西知府、湖北按察使、布政史、浙江布政使。光绪十五年,任福建盐法道,兼署督粮道。

[4]皞民:顾肇熙,字皞民,号缉庭,江苏吴县人。1891年李鸿章荐,奉旨担任按察使衔分巡台湾兵备道。

1月19日(辛卯十二月二十日)　致函张之洞。

致 张 之 洞　　　　　　　　　　　　　陈宝琛

孝达前辈大人阁下:前闻孙卿秋捷,迟迟未修贺,唯以连步木天,克传弓冶为颂。此间盛传,江汉书院宏规钜制殆匹广雅,而于公他所设施,道远无所闻,或云铁政已有端绪,或云已糜百馀万,效尚难必,未知孰确?近复传鄂遣人来招致西学生,侍考其人,则游学诗同居之陈某,素不精于西学(侍但知其能照相),而所招亦多船政剔退艺浅质钝之学生,或且并非学生,或云陈某钞撮西学议论,因蔡毅若以呈,蒙公许可,故有是命。无论信否,侍有所闻,不敢不告。公处如需招闽生,仍以向船政咨取为得也。闻公前曾电询浅水兵轮,以时势论之,固不可少,然鄂有此力量耶?可庄守润,颇自振拔,辱公知爱,想时有以益之。幼莲又作依刘之想,固意中事。欧阳柄荣,母老而贫,复拙于应官,公能予一长差,俾以廉勤自效否?专肃,敬请台安,顺颂岁釐,不一。侍宝琛顿首。十二月廿十日。

——《近代中国·陈宝琛致张之洞函牍辑注》第15辑第300—301页

2月22日(正月二十四日)　张佩纶复十二月十二日函。

作伯潜书,未封,又得其十二月十二日书,并复之。

——《涧于日记·兰骈馆日记》第9册第20页

复 陈 宝 琛
张佩纶

伯潜前辈大人左右:周子玉到津,奉惠书,知去秋道体违和,入冬始愈,甚为驰念。佩纶虽身留东阁,而心远地偏,久忘世事。南北教案纷起,当道以睦邻为主,渐就安帖。积薪火上,隐患自不待言,台湾偏隅,消息更不易达。今沈应奎[1]已死于道路,唐超擢藩司一如尊意。孝达近有书来,因再同家事颇烦,商榷国政洋情视为禁体矣。拙著《庄子》专主故训,与老前辈以南华遗闷之旨不同,用以遣闷则向郭之注已足,鄙说转为多事,承示鄙诗气太直,意太尽,良友箴规敢不拜受。十年前子儁即有此说,更历患难,于诗事颇费磋磨,乃依然吴下阿蒙,并无进地,良以自愧。荆公诗已阅竟,尊说谓其晚年深惋不迫,语本石林,鄙见未以为当。大抵一人之诗文事业,有与年俱进者,学为之;有与年俱退者,气为之。荆公中年视天下事无不可为,故其气有一往无前之慨,事业文章均有坚劲气象;晚年则悔心已生,萎靡不振。其诗亦信手写去,不免老境颓唐,而学力精深,亦自有天成之趣。此种火候出于自然,不能强学。侍今年四十五,究是中年而非晚年,岂能便到此地步乎?质之大雅,以为然否。范君课读不能时接,且熟读老前辈书,似与仲林相知甚深,其兄之人品、学术,想久在栾笼,无烦月旦。此次手教处处以不宜不尽示下走,论事、论文、论人均于言外,见意乃愈形鄙人之率易。公自得干初九之潜,然鄙人自号绳叔,其绳则直,亦各适其适也,一笑而已,非不受教也。贡饼附呈。即颂台安,堂上万福,诸弟及合谭均绥。侍佩纶顿首,正月廿四日。

前书墨沈未干,手教适至,奇甚。子玉到津,轮舟已停,故未即复。此之乱甚,近病□大于身恐不能久矣,又及。竹坡折似宜全辑留中者,向不刊行。至曾、胡集出,此例亦已不遵,但不宜如黄文襄之孙于折尾分别发抄留中,转予人以柄耳。旨例刊折后朱批,即如此文何疑焉。舍侄暂署桂桌,循分供职而已。铁政费多效少,自不待言,鄙人虽偶通书问,亦不及时事,更不敢有所献替,今日那能直尽乎?皞民在津时见,赴台时与之约,不复通问,以省心省事。再颂箸棋。佩纶又及。

——上海图书馆藏手稿

[1] 沈应奎:字小筠,号吉田,浙江平湖人,1889 年(光绪十五年)闽台湾布政使。

2 月 28 日(二月初一日) 张佩纶日记记公去年以张诗词太直意太尽规勉。

余少日不好渔洋诗,廿馀年来久不挂眼。去年伯潜以余诗词太直意太尽见规,适得《带经全集》,因复披阅一过,终觉涂泽多而无所为真神韵。

——《涧于日记·兰骈馆日记》第 9 册第 24 页

3 月 7 日(二月初九日) 作"从邸报得朝邑相国凶问怆赋",云:"老成渐已嗟零落,圣主终应念度支。"诗见《沧趣楼诗文集》第 23 页。

阅邸抄,得知阎相国敬铭凶问。相国,公辛巳所特荐,甲申三月以户部尚书入直枢廷,丙戌乞病,罢直军机,与公已久未通问。公闻耗后,怆赋一律[1]。

——《闽县陈公宝琛年谱》第 61 页

[1] 阎敬铭,1892 年 3 月 7 日(二月初九日)卒。"怆赋"当后数日。

3 月 14 日(二月十六日) 三弟宝璐自福建来京访张佩纶,张得来函。

陈仲勉叔毅自闽来。得伯潜书。

——《涧于日记·兰骈馆日记》第 9 册第 26 页

4 月 13 日(三月十七日) 张佩纶复函。

复伯潜书。——《涧于日记·兰骈馆日记》第 9 册第 33 页

5 月 24 日(四月二十八日) 张佩纶来函。

沈丹曾来。寄伯潜书。吴兰石及秦生约来谈。连日扰扰,不能读书。

——《涧于日记·兰骈馆日记》第 9 册第 66 页

致 陈 宝 琛 　　　　　　　张 佩 纶

伯潜前辈大人阁下:前月曾上一书,当已入览。近惟侍祉安和,兴居佳畅,当如远颂。叔毅散馆在二等,此瞿子玖[1]留馆之地,而在贵省已列第五,殊为闷之,今日当可见明文矣。阁下近日何以自娱,颇望书来,以释饥渴。佩纶日以欧、曾[2]文集为课,益觉桐城派之不足为法,因拟沿流溯源,上穷六经秦

汉，此等事似当自出手眼力追古人，无取为归、方[3]所囿耳。鄙人即力不足办
此，其说要自可存也。再同之弟秦生过此，谈及再同家事，作客数日，此已回
鄂。合肥及孝达前辈各予一差，聊支日用，廉吏不可为，令人气短。闻丹曾言
竹坡之诗亦寄至公处，确否？馀不一一。即颂箸安，堂上万福，闺中双绥。舍
弟均此，侍佩纶顿首，四月廿八日。　　　　　　　　　——上海图书馆藏手稿

[1] 瞿子玖：瞿鸿禨，字子玖，湖南善化人，历任工部、外务部尚书，协办大学士，谥文慎。

[2] 欧、曾：欧阳修、曾鞏。

[3] 归、方：归有光、方苞。

5月28日（五月初三日）　三弟宝璐散馆，由庶吉士改派刑部主事。

阅散馆单，伯潜之弟叔毅改部属。

　　　　　　　　　　　——《涧于日记·兰骈馆日记》第9册第68页

6月16日（五月二十二日[1]）　函复张佩纶。

复张佩纶　　　　　　　　　　　　　　　　陈宝琛

黄斋世丈大人坐下：春半夏初两奉惠书，久未肃答，惶歉无似。敬惟著述
多豫，北望生羡。大作《地员篇注序》，体博气厚，渊然古情，视十年前风格一
变。鄙人不嫌排句，正以排句能朴茂为难，公自不屑为桐城派，然桐城源出八
家，由宋文而韩、柳以上穷两汉、先秦，则沿流溯源之说也。宝琛爱博不专，才
不逮志，于古文尤门外汉，无足以副下问。窃意公凤长为纪事、策论之文，盍乘
暇暑，抒写成编，亦推倒开拓之一端耶。叔毅函传勖勉之意，笃挚可佩。年来
为俗所锢，十无一可，又审知传世之业，视用世尤难，执射执御，靡所适从，亦独
居无友之故，出处无足道，迢迢南北，不获与公联袂剪烛，作数日话，良耿耿耳。
润公鼓盆可念。闻近举一男子，确否，居洛作何消遣。公此行必知之详，次
棠[2]前辈亦晤及否，偶斋疏稿缺者甚多，校刊之役用是迟回，他日尚当奉质。
近晤竹孙，询及圭公世兄宿疾已瘳。公处想无所闻，附陈以慰。贡饼极鲜美，
家君以口腹之累，寄谢爱注。敬颂台安，不尽。侄宝琛顿首，五月廿二日。阃
弟均吉。　　　　　　　　　　　　　　　　——上海图书馆藏手稿

[1] 此函有收信记录："伯潜壬辰六月二十七日到。"

[2] 次棠：于荫霖，字次棠，樾亭，吉林伯都讷厅人，咸丰进士，闽台布政使、湖北、河南巡抚。

6月18日（五月二十四日）　张佩纶函复宝瑨、宝璐。

折弁入都，寄复陈仲勉、叔毅及寿伯茀书。

　　　　　　　　　　　——《涧于日记·兰骈馆日记》第9册第78页

7月9日（六月十六日）　三弟宝璐自北京回福建，行前访张佩纶。

得家书。叔毅散馆改刑部,自都回闽过谈。

——《涧于日记·兰骈馆日记》第 9 册第 85 页

7 月 20 日(六月二十七日) 张佩纶得五月二十八日来函。

得伯潜五月二十八日书。 ——《涧于日记·兰骈馆日记》第 9 册第 87 页

7 月 21 日(六月二十八日) 张佩纶复函。

复 陈 宝 琛 张佩纶

伯潜前辈大人左右:廿七日奉五月廿八日手答,敬审侍祺康胜,动定咸宜,深慰远念。叔毅已归,过此谈四刻许,近当可到瀛洲,刑部以有家训,须请命于堂上,然六部中惟秋曹尚能以律学自见,叔毅虽未习此,而以校经之法读律,传古亭疑儒法会通甚易。似较求一讲席暂图目前者为长计,有贤父兄,自无待郙人之代画也。来教以拙作视十年前一变,语云"三日不见,便当刮目相待",况三千六百日乎?惜忧患之馀,困于虫鱼,独学孤陋,十年所进不过如此,乃孔子所谓斯亦不足畏者。策论阅历既深,出试大谬,不敢纵笔,记事又苦无可记,仅得史论若干首,亦不愿遽以示人。北宋古文家欧、曾[1]似不如临川[2],欲自成面目,非深求先秦、西汉不可,桐城[3]为众所摹,似已成滥腔浮调,即为避熟就生计,亦不能不自辟町畦。国朝事事以汉儒为宗,而说经诸先辈古文直是义疏,此是六朝经生非汉也。近时龚、魏之流非不纵横驰骤,然嚣且尘上,有意生波,细按之来老承东坡尚远耳,未知阁下以为何如。霸州师[4]戊子年得一子,郙人名之曰怡棠,其后复得一女,今年并未再索,次棠在霸州坐上三见之,其弟均殇,屋亦焚,如陈冠生云,欲卖都中之宅为回山东计。闻孝达欲招之赴鄂主两湖书院,辞不愿往。此一节乃霸州所说。合肥之夫人近亦去世。霸州、合肥相次悼亡,互相慰藉,以郙人故释吕范之憾,而成元白之交矣。时局日非,叔毅到里必能言之。无烦缕缕,专复,即颂道祺,堂上万福,舍第均绥,叔毅并为道念。佩纶顿首,六月廿八日[5]。

——上海图书馆藏手稿

[1] 欧、曾:欧阳修、曾巩。

[2] 临川:王安石。

[3] 桐城:以方苞、刘大櫆、姚鼐为代表的清代古文流派。

[4] 霸州:边宝泉,字廉溪,号润民。原籍奉天辽阳,祖先随清军入关,在霸州城内定居。见前。

[5] 1892 年 7 月 9 日(六月十六日),宝璐散馆属刑部,归返过津访张。

9 月 6 日(七月十六日) 致函张佩纶。

致 张 佩 纶 陈宝琛

黄斋世文大人阁下:叔毅归述起居,甚慰驰仰。读六月廿八惠书,知公于

古文实有心得，所著史论先示其目，可乎。丹曾谓公将卜居邗上，不知信否。
积年离索，会合无缘，公果图南则江海非遥，必当乘兴访戴耳。叔毅归将两月，
日事丹黄，从政虽非所长，而年力正强，堂上安健，拟仍令其到部练习，藉扩闻
见，作官成否不可知，望其学之有成也。合肥师比来矍铄，能不减否，老年叹
逝，情何以堪。海滨闻信较迟，重触悲悰，亦未函唁，前月此间电局讹传旧疾复
作，趣省三赴津。晤询幼陵[1]，始知其妄。子玉改而事楚，关道较繁，不知香老
何以处之。叔毅谓公欲得《左海全集》[2]，家有旧印本一部，举以奉赠，适幼陵
来告北行，托其带呈。明晨将偕叔毅入山听水。匆匆草此，敬请箸安，伏惟惠
照，不宣。宝琛顿首，七月十六日。

前函误夹残纸，可笑，亦开闭数四所致，幸非致桓宣武书也。公可以知其
俗累疲困之状矣。
　　　　　　　　　　　　　　　　　　　　——上海图书馆藏手稿

[1] 幼陵：严复，字又陵、幼陵，见前。

[2]《左海全集》：陈寿祺著，字恭甫，号左海，福建侯官人，清代学者。主讲鳌峰、清源书院
多年。

9 月 8 日（七月十八日）　长男懋复生。

男懋复（幾士）生[1]，侧室杨淑人出。　　——《闽县陈公宝琛年谱》第 59 页

[1] 陈懋复，字泽来，号幾士。（因是长子"幾"通"冀"，期望之意，此名不用"几"。全文同）任
民政部警政司主事、特赏乾清门侍卫。留学日本，曾参加同盟会。据公在本年 10 月 4 日（八月十
四日）致张佩纶函云："侄前月十八举一男子"。而《螺江陈氏家谱》、《若霖公次房景亮公直系简
谱》均作：生于光绪壬辰七月二十七日。今按此函日期。

9 月 25 日（八月初五日）　沈翊清[1]前曾欲为张佩纶与公连姻，此时得允，陈、
张两家由"旧交而成姻好"。公女师周适张佩纶孙张允侨（子美）。

昨夜得沈丹曾书。先是，丹曾过津，欲为余及伯潜联朱陈之好，言之再三。
余以儿子顽钝，且恐伯潜劫于其乡议，未敢轻问名也。丹曾力任之，至是，书来
报，允以旧交而成姻好，从此婚嫁愿了，庶可作禽向之游乎。伯潜有来津意，作
电询之。
　　　　　　　　　　　　——《涧于日记·兰骈馆日记》第 10 册第 19 页

[1] 沈翊清，字丹曾，见前。

10 月 4 日（八月十四日）　致函张佩纶。

致　张　佩　纶　　　　　　　　　　陈宝琛

黄斋世丈大人赐览：前函修寄已将匝月，幼陵日内方决行，侄前月十八举
一男子[1]，中年震索，聊塞吾亲之望。曩公屡函询及，特以奉报。近以仲勉病
疫殊不释怀，虽据函称药投，电复症减，而相距数千里，函达每滞，电语弗详，此

时惟见聚首之为乐也。手此,敬请箸安不宣。宝琛顿首,八月十四日。家严命致候。

——上海图书馆藏手稿

[1] 长子懋复生于 1892 年 9 月 8 日(光绪十八年壬辰七月十八日)。

10 月 10 日(八月二十日) 张佩纶得宝璐函。

夜得叔毅一缄。 ——《涧于日记·兰骈馆日记》第 10 册第 23 页

10 月 25 日(九月初五日) 张佩纶复函。

午后,得伯潜书,寄《左海集》一部,即作三纸复之。

——《涧于日记·兰骈馆日记》第 10 册第 29 页

致陈宝琛

张佩纶

弢庵老前辈大人左右:昨奉复书,敬审上侍康健,动定咸宜,深慰驰仰。侍于古文功候甚浅,焉有心得,特吾辈人品学问虽不能望见古人,而较之江湖乡曲□等,自当在百尺楼上,持其说以希古贤,终恐望道未见,持其说以破俗解,或者游刃有馀,自信者如此而已。史论甚杂,不能一一具目,其最自喜者,汉党锢表、唐牛李党表、宋荆温得失论、元佑党人表数篇,稍有折衷之见。近阅东林列传,去取亦不实,有意厘定之惜,东林榜及七录不全,尚须从容物色,聚书不易,岁月蹉跎,亦如办事之无人才等耳,损惠《左海全集》纸板精良足以消遣数日,其五经异义、疏证之类,均久已研究,采入《管》注者不少,今但闻其诗文,故云数日,否则须穷年矣。但箧中仅此一部,而割以见畀,未免受之伤廉,谢谢。仲勉病状,此间无所闻,当属允言辈询之。叔毅年内想必入都矣。邗上侍旧游,其俗轻扬,素不憙之。合肥距扬甚近,尝买一别墅于扬,意欲借侍居之,为偕隐之计,此亦诸葛身后节度了,否则借此南行矣。侍不愿也。议已久辍,不知丹曾何所闻,侍但云他日居都、居里均不可当,卜居于白门、苏台间耳。然此愿何日能偿,侍亦不能自决。合肥父女之情难以远离,又在其丧耦之后,侍更难以言去,孝达亦电询鄙人,所闻与阁下同,今日定藩镇之局,可以自勾留后者乎,心绪虽不□,精力则尚健也,而欲为南徙之策。故里松楸亦须稍有布置,或舍弟倦游,或儿辈成立足以料理,侍始可决意择居徜徉云水,若使家事可传,俗缘不扰,则扁舟竟去韩迢之所,谓如今便可尔,何用毕婚嫁也。未知阁下以为何如。铁香已化去[1],殊可痛惜,闻至双流寓在扬,亦未知得其消息。戴子辉客沈仲复处,乞合肥荐为尊经山长,已经南洋报允,而翟给事竟不出山,无从改易,亦可慨也,琐琐。复颂箸祺。堂上叩安,得孙之喜前已谨贺矣,取何卦名便中示知。舍弟均此。侍佩纶顿首,九月初五日。

——上海图书馆藏手稿

[1] 铁香已化去:邓承修逝于 1891 年。

是年　为杨浚[1]《冠悔堂诗抄》署签："光绪壬辰秋开雕"。

[1] 杨浚,字健公,号雪沧,福建侯官人,咸丰举人,掌教漳州、丹霞、紫阳、浯江等书院。

是年诗

次韵答傲玉　　　　　　　　　　——《沧趣楼诗文集》第 14 页

过玉屏山庄　　　　　　　　　　——《沧趣楼诗文集》第 14 页

题张韵舫眠琴小筑填词图　　　　——《沧趣楼诗文集》第 15 页

次韵和傲玉舆中作　　　　　　　——《沧趣楼诗文集》第 15 页

傲玉雨中以诗枉存次韵答之　　　——《沧趣楼诗文集》第 16 页

从邸报得朝邑相国凶问怆赋　　　——《沧趣楼诗文集》第 23 页

1893 年(癸巳　光绪十九年)　46 岁

上海机器织布局失火被焚。(10.19)

张之洞奏汉阳铁厂全厂告成。(11.29)

《中英会议藏印条款》签订。(12.5)

1 月 16 日(壬辰十一月二十九日)　福州大雪,作七古"十一月廿九日沧趣楼雪中作"。旋得叶大焯[1]、陈书[2]、龚易图[3]唱和,复作"恂予见和雪诗感念昔游叠韵奉答"、"俶玉和雪诗并示与含晶酬倡诸作用倒叠韵奉酬",答叶、陈诗见《沧趣楼诗文集》第 16—18 页。

　　十一月廿九日,闽中大雪,为百年来所罕见,有《沧趣楼雪中作》长古一首纪其事。忆弱冠时曾见南雪,犹粗能省记。村翁九十四五,据称,儿时亦曾见雪,次年逐大稔,惟百年两雪,俱无此大。叶君恂予(大焯),公戊辰同年,累世通家,同师相友。昔在京师,又同官翰院。失官归里,常共唱酬,见公雪诗,亦赋和一首。公感念昔游,复迭韵答之。旋俶玉(陈书)、含晶诸君亦各有所作,公又次倒迭韵以答之。　　　　　　　——《闽县陈公宝琛年谱》第 59—60 页

[1] 叶大焯,字迪恭,号恂予,见前。

[2] 陈书,字伯初,号木庵、俶玉,福建侯官人,光绪举人,直隶博野知县。

[3] 龚易图,字蔼仁,号含晶,见前。

2 月 9 日(壬辰十二月二十三日)　致函张佩纶。

致 张 佩 纶

陈宝琛

　　篑斋世丈大人阁下:秋末得手书[1],忽忽三月,稽于裁讯,北望歉然,献岁发春,伏惟万福。宝琛自秋狙冬以仲勉次子[2]宿疾日深,困于医药,入腊始略有转机,而尚不可恃也。丹铅之役作辍无恒。意公著述当益精诣,所示篇目恨未得观。临川诗文陈义之高、取径之别,宜其与尊恉有合,鄙人亦有志于斯,苦思力之不逮,博观约取,厚积薄发,所望于公耳。别来已八九年,公不能南,佺不愿北,云龙会合当在何时。昨得安圃书,亦复久居欎欎,若得陈枭江浙,则入林把臂,不胜食武昌鱼乎。痴人痴想,公将哂之。叔毅北行当在夏初。春来仲

勉病愈，前荷惠电感感，近已抱孙矣。小儿名以懋复，似颇壮实。琐琐奉布，敬请新厘，不宣。宝琛顿首，祝灶日。

　　家严命致候并谢。　　　　　　　　　　　　　　　——上海图书馆藏手稿

[1] 1892 年 12 月 25 日张佩纶致函陈宝琛。

[2] 仲勉次子：懋益，宝瑨次子，早殇。

3 月 9 日（正月二十一日）　张佩纶复函。

复 陈 宝 琛　　　　　　　　　　　　　　张佩纶

　　伯潜前辈大人阁下：去岁复书后曾以仲勉病愈电慰，当可察入。春来伏想上侍康和，兴居佳旤，定如远祝。侍因仲冬之杪，八舍弟在富阳病故，心绪如梦，海冻不克南行，九舍弟赴浙料量，挈眷赴粤，近始稍有收束。中年遇此何以为怀，知我如公，定为颦蹙也。忽忽已过上元，勉自排遣，绝无兴趣，诗文均未动笔。闻公刻竹坡遗集已将告成，序当自构，万勿如八家四六注序之借材，捉刀英雄定是伪造非事实，且天下安有孔璋而倩人者。序成乞赐一部。专颂春祺统祈亮察，不宣。期佩纶顿首，正月廿一日[1]。

　　王镇寄来奶饼即转献堂上，敬乞察入，自知数见不鲜，鉴其诚而原其菲可也。骈体中大有等级，少日所为，细阅之都不惬意，惜精力已颓，不能复从事于此，八家四六亦以选政为应酬，直是可笑，阁下以为何如。侄孙辈书来，似仲勉尚未能健适到署，甚希其世兄已痊可否，念念。再颂侍安。佩纶又上。

　　陈文祺到京见过。仲勉已出来应酬，特尚弱耳。袁爽秋云亦见之，不知前书提及陈学生语否。　　　　　　　　　——上海图书馆藏手稿

[1] 癸巳二月二十三日函："正月间曾上一笺，续又奉到惠书"。当指本函。

3 月 11 日（正月二十三日）　张佩纶得来函。

　　得伯潜书。　　　　　　——《涧于日记·兰骈馆日记》第 11 册第 15 页

3 月 23 日（二月初六日）　张佩纶寄赠牛乳饼。

　　以牛乳饼十匣寄伯潜。　　——《涧于日记·兰骈馆日记》第 11 册第 19 页

4 月 9 日（二月二十三日）　张佩纶来函并寄赠奶饼。

　　寄伯潜书，附奶饼，馀皆闲文也。

　　　　　　　　　　　　——《涧于日记·兰骈馆日记》第 11 册第 23 页

致 陈 宝 琛　　　　　　　　　　　　　　张佩纶

　　弢庵前辈大人阁下，正月间曾上一笺，续又奉到惠书，敬审侍祺康泰，潭祉和平，深洽颂仰。贤郎命名"复"之时义大矣哉，未听唬声已知英物，闻之欢喜无量，南游时萌此念，彼时八舍弟在浙，大可放棹西湖，兼重寻会稽山水之胜，

而所虑者在当道之强来应酬，未免败兴。今则湖山犹是梦杳春池，亦不忍为剡中之行矣。安圃迁官亦未必能得。吴越佳处茫茫云水，相见何时，追念昔游良多，感叹一切怀抱中事，能宣诸诗文者十之二三，不能宣诸诗文者且十之七八耳。后世得其书而悦之，岂非唐肆之求马哉。高岑诗得善本校过。近日心绪欝盘，尚无定业，虽手不释卷，而此心非坐忘，即坐驰，皆理学家所忌。叔毅能早来否。琐复。敬颂箸安，合第均此。期佩纶顿首，二月廿三日。

——上海图书馆藏手稿

4月18日（三月初三日） 作七古和陈书"上巳花下怅然有感因和倣玉用昌黎寒食日出游韵"，诗见《沧趣楼诗文集》第21—22页。

三月 陈衍归乡，与其伯兄陈书同公有诗唱和。陈衍诗"春暮归家与伯兄相聚者二十有五日得读客冬大雪与弢庵阁学叠韵诸作春尽日既别来沪殊不可为怀得诗一首亦次弢庵韵"。见《陈石遗集》第88页。

三月，回福州，与大世父相聚者二十馀日。读客冬大雪，大世父与弢庵丈叠韵诸作，亦追和一首。盖吾福州距同治乙丑二十七年，无此大雪矣。时龚蔼仁布政易图新营城北环碧轩、城南芙蓉别岛，皆擅水石林亭之胜，屡于二处觞家君，别后寄题一绝句。

——《陈石遗集·侯官陈石遗先生年谱》卷3第1968页

7月11日（五月二十八日） 致函张佩纶。

致 张 佩 纶 陈宝琛

黄斋世丈大人坐下：春间两奉惠书，并拜奶饼之赐，因悉公有鸰原之痛，回忆宣南风雨，可胜悼叹。九丈何时入粤，宦味何似。村野瞀陋，百无见闻，可哂也。侄数月来以犹子病瘵[1]，困于医药，百事都废，近趣仲归，至数日而夭，年已逾冠，以勤学死，弟兄相对，唯以剧谈，遣日小住又当行耳。有自鄂来者谓，壶公近颇多病，兼以铁政棘手，于公常通问否。其中山谤书，直是庆元党禁，可以知时局矣。公一枝可借自营传世之业，侄则俗累纷心，乡人不免年运而往，百无一成，奈何。寿伯莆以竹坡奏议属为校刊，而诗卷则付其门人，盖以宝琛论诗夙与竹坡不合也，然其奏稿搜辑不全，以吾辈所知即多遗佚，序成当以就正，八家四六本不成书，注亦未善，故不愿为序，假手捉刀，聊塞其请，不意公亦见之。此间孤陋，每一文字无可商榷，叔毅迟迟不出供职，阿兄转乐，借以匡其短。此次仲行尚未必能偕也。公诗境近复何似，闲中能手书短幅或小册见赠否。手此，敬请箸安，诸惟爱照，不宣。宝琛顿首，五月廿八日。

家严命笔道谢。
——上海图书馆藏手稿

[1] "犹子病瘵,年已逾冠": 宝瑨子懋益殇,见前。

9月2日(七月二十二日)　月夜在听水斋赏月,作五律"七月廿二夜听水斋对月"。见《沧趣楼诗文集》第25页。

七月　同三弟宝璐作诗联句"雪坪联句同叔毅作","叔毅墨樵树二石斋前漫题",见《沧趣楼诗文集》第25—26页。

> 癸巳七月,叔毅、墨樵树二石斋前,余诗有"离合那可料"语,而墨樵甲午八月殁。先君九月入山,见之霭然以为谶也。明年六月,先君即见背。
>
> 　　　　　　——《沧趣楼诗文集·听水斋杂忆注》第53页
>
> 叔毅、墨樵两弟树二石于听水斋前,公为题五律一首。
>
> 　　　　　　——《闽县陈公宝琛年谱》第61页
>
> 叔毅耽经学,汉、宋兼采;能散体文,能诗,极少作。以庶常改官部曹,闭门乡居,累岁不入城。弢庵哀辞,所谓"不明一编,不出一廛"者也。有"雪坪与弢庵联句"云:"雪坪生夏寒,奇胜吾斋甲。下临无尽溪,上有太古峡。岩悬乔木翳,磴迤危栏夹。谷响易聚空,江光未迷眨。苔深平妥簟,箨积凹胜蕅。摊书床是籚,烧茗灰成劫。曲几滑可凭,洼尊净宜呷。仙遗赌弈枰,天借眠琴匣。千模从意造,群窖谁爪掐。想当春雨后,侧足奔流狎。河势走吕梁,横绝不可牐。洎乎秋月夜,列坐微风洽。桂子落天坛,馨发那由篋。寂顽见佛性,夷坦息世乏。鸟飞恋其巢,兽逸宁思柙。醉当卧陶石,游或荷刘锸。雪坪生夏寒,槃涧盟须歃。"旧稿传写,脱去两人名字,三十馀句,不辨其孰伯孰叔矣。然妥帖不颇,居然韩、孟之工力悉敌也。[1]　　　——《石遗室诗话》卷5第73页

[1] 联句个别文字与《沧趣楼诗文集》第25页诗略有不同。

10月19日(九月十日)　严复复函。

致 陈 宝 琛　　　　　　　　　　　严　复

读手示悚然,阅呈屿图哑然。如果所争坟地实如其图所列,则复与舍弟等□□,先生瞒耸官宰,罪均无所逃。无如吴屿之图纯属臆造,与实在山形杳不相涉。姑指其中大谬为先生一二言之:

一、此山前经控官,故有錾石分界之事,则碣石固二陈铁界,东西各主。今渠乃遁,而云所分者乃上下而□□右,且碣上一片土山,无有砅下石路,如吴屿陈所□□。此其谬,一也。

一、陈朝珍祖坟系在碣上,以后子孙族葬□山直下者三、四坟。而复所买之地,即在朝珍祖坟顶上,相去不外数尺。今其图将朝珍祖坟族葬一律绘在碣下,而复新造之墓乃在登俊□坟之上。此其谬,二也。

一、复所造新墓，即在朝珍远祖名敬所者之上。□吴玙之意，必谓朝珍冒认陈贵践契载留为子孙祭扫之坟作为远祖。但此坟明系天启年间□葬，墓碣与族谱相符。而陈贵践卖山原契，系万历年间所立。今试问何以万历时造契之人，乃认天启时始葬之坟作为祖坟，留给子孙祭扫地乎？则敬所一坟，的系朝珍祖坟□□，况有旧藏族谱、契卷斑斑可考，此即令吴屿陈平心自思，有必不能自圆其说者矣。此其谬，三也。

以上三条，系荦荦大者，其馀与山形不合之处，如棋杆硖之类，殆难娓缕。统而言之，此案当堂讯时，官阅两造之图谱及听两□□词讼，严家则节节相符，吴屿则层层矛盾，固已八九分明白。然在复之意，则官之明白与否，尚属细事，而复之于先生则岂可妄语者。无如两家各进一说，说之但凭空论断，殆难指实。恃在煦爱有素者翻，务望于十二日亲举玉趾，一临散乡。复当亲奉杖履，临勘其他，但破半晌工夫，一切皆可□□冰释也。无任千祈万祷之至，如能代走，急足一陈臞翁前来同往对勘，乃为尤妙耳。区区一地，即据形家而言，亦非上吉之穴，得否真何足论，但事既如此，深于复生平□行本末大有所击。若得先生亲履其地，按图索骥，晓然□□，朝珍之绝非盗卖，寒门之决不盗买，健讼则虽讼局全输，固亦怡然受之而已。凤昔于风俗所重视者，置之不啻土苴。今乃以一尺草莱，效乡里小儿与人争此闲气，惠子知我，有以深识其不然者，仙舟重过，不尽钦迟。肃此，手颂著祉，不宣。严复再拜。初十夕。

再启者，陈臞翁最好邀与同来，趁复未行之前，一同平心履勘。先生可作数行招之，载明地址，即饬来人送去为祷。□者原图二张奉缴，来时望仍饬带，以凭对勘。再颂大安。复拜顿首。　——《严复全集·书信》卷8第95—96页

亦见《严复翰墨》第72页

九月　福州镇海楼百年中多次被雷击毁，壬辰十月重建，癸巳九月落成。公书写刻石"镇海楼，光绪壬辰造"，作"重建镇海楼上梁文"，见《闽越丛谈·福州历史上的镇海楼》第96页。谢章铤撰"重建镇海楼碑记。"见《谢章铤集》第111页。

六弟宝瑄乡试中式。

弟宝瑄[1]应福建乡试，中式举人。　　——《闽县陈公宝琛年谱》第62页

[1] 宝瑄：承裘六子，字敬奋、墨樵，见前。

11月8日(十月初一日)　致函张佩纶。

致张佩纶
陈宝琛

黄斋世丈大人坐下：夏间奉布一缄，欻又数月，自惭拙嬾[1]，弥望音尘。仲勉以妇病孙殇，七月望后跟跄北行，本属过津上谒起居，恐其匆匆未果。晤

幼陵，询悉箸述自娱，罕接人事，并知苍弟游庠，喜贺喜贺，秋试何似，而未识榜名为恨也。宝琛颓放因循，学无所得，叔毅一编遮眼，亦无宦情，其子懋豫新补弟子员，未令赴试[2]。墨樵近幸得举[3]。乡俗所囿，益累添忙，但博老人一鞬然耳。公《管》《庄》二注，闻已成书，可否先惠《庄注》一读。此间苦无书，欲知公所搜辑诸本也。壶公久不得问，颇为铁政所窘，而无将伯之助，公当耳有所闻。邮便手此，敬颂道安，不宣。宝琛顿首，十月朔。　　——上海图书馆藏手稿

[1] 嬾：同"懒"。

[2] 懋豫：三弟宝璐长子，1903 年(光绪二十九年)癸卯科中举。

[3] 墨樵近幸得举：六弟宝瑄中癸巳科举人，见前。

11 月 15 日（十月初八日）　张佩纶复函。

致 陈 宝 琛　　　　　　　　　　　张佩纶

伯潜前辈大人左右：秋季奉惠书，意兴亦甚萧飒。见仲勉询悉侍奉万福，深释系念。旋阅闱榜，知墨樵登贤书，差强人意。明春殆与叔毅同来乎？旧侣久暌隔，所恃书问，而公书近务，简絜读之，徒增怅惘而已，佩纶夏秋之交，因亡弟葬事久在里门，经画两儿入学后，令其治经史，不求速成，陈儿[1]并未令其就试，课子之责，既复自宽。考证亦因而懒惰稍稍收。国朝诸家诗文聚观之，赏奇摘误以代朋友之乐。承询近日诗境若何，颇思手抄十数篇寄正，而感时之作，不免萧骚，未愿传播，闲适小诗，又无足娱目者，姑俟异日相见何如。子辉去年尚通一书，仙蘅[2]忽来告，渠莫以疾回里而殂，未免慨惋，半生牢落，复不永年，命也夫。昨致书仙公，询其身后若何，尚无复信。文卿以帕米尔事屡被纠弹[3]，旋即西逝，何苦刻意媚俄哉。闻清卿漏证亦剧。昨伯平[4]前辈来津，剪烛西窗话及旧游，相与感慨系之也。手复，不尽百一。即颂道祺，并问谭福，期佩纶顿首，十月初八日。

伯平属道念再同之弟国瑄亦在津候补，每相见，转触思再同之念。

　　　　　　　　　　　　　　　　　　——上海图书馆藏手稿

[1] 陈儿：张佩纶次子张志潜小名。

[2] 联元：字仙蘅，满洲镶红旗人，同治进士，总署大臣，太常卿，义和团时期被杀，追谥文直。

[3] 洪钧：号文卿，江苏吴县人，同治状元，江西学政，总署大臣。大理寺卿延茂奏新疆边事，掣肘于洪钧绘图错误，被弹劾。11 月 26 日总署复奏称，所奏与事实不符。

[4] 陈启泰：字伯元，号伯平，同治进士，江苏布政使，江苏巡抚。

11 月 27 日（十月二十日）

王仁堪病逝于苏州任上，归葬福州。镇江金山冷泉畔建有祠堂，樊增祥撰文，公为书丹。王家后迁居螺洲，建"状元第"，与陈家相邻，实现王父传燦三十

年前遗愿。

可庄先生卒于官。其配林淑人以榇归，遂卜宅于公居之左。盖自子恒先生举念以来垂三十年，始告厥成。洲中本有陈、吴、林三大族，今且并王而四矣。

——《闽县陈公宝琛年谱》第 57 页

12月3日(十月二十六日) 张佩纶复函。

伯潜寄福橘。秦生来。新孝廉陶喆甡字仲明、高凌霄字叔彤来见问津生徒。复伯潜书。

——《涧于日记·兰骈馆日记》第 12 册第 64 页

复 陈 宝 琛

张佩纶

弢庵前辈大人阁下：午间奉惠书，如亲言笑，敬审侍奉安和，兴居佳畅，深慰注仰。损惠圆橘剖之甘香，不必自种木奴已如侯封千户，所恨远隔重溟，不能如对枰，二叟转增怅惘。《庄子》注久思寄正因循，实未写定，询及所据何本，则年来搜辑，颇费心力，别纸奉览。然愚虑所在，则以发明庄生之道术为主，而以训诂、校勘辅之。向、郭之说尽从芟削，故凡唐、宋间似是而非之注庄者不登一字。所见之本虽多，所取之义至约也，阁下得毋谓其胶滞乎，馀语均详。前书凡来教所询，皆前所已告，一若豫为此书作答者，两儿长名志沧，次名志潜，潜以公字为名，沧则本名苍乃无意致之，遂与沧趣相合。沧字之伯苍，潜字之仲黯，潜之小名则陈儿也。沧试而未售，潜亦入学，而未令应试，与贤侄同，贤侄年几何？前书但知墨樵登贤，书故未贺，及陈令文琪归时因无事属其致声，当已相见，陈尚依依。严复则谬妄，而有嗜好，不在延接之列，渠所述鄙状恐不足据。闻合肥言许守云，阁下年来生计甚绌，甚以为念，不知其言确否。侍未见许也。河已冻，轮舟将停。草草上复。敬颂道祺。堂上百福，潭居均吉，叔毅道贺，复郎想茁壮也。期佩纶顿首，十月廿六日申刻。

——上海图书馆藏手稿

是年 结识杨锺羲[1]，为杨《雪桥诗话馀集》作序。

子勤入翰林，余已归里。岁癸巳，以事志闽，一见，钦其渊雅。

——《沧趣楼诗文集·雪桥诗话馀集序》第 306 页

[1] 杨锺羲，原名钟广，字子勤，号雪桥。光绪进士。著有《雪桥诗话》。

龚易图招饮于环碧池馆，馆多龚家旧物。公有石色如铁，筑铁石轩于螺洲故宅，并作画"石门松影"。有诗见《沧趣楼诗文集·含晶前辈招饮环碧池馆见示与俶玉叠韵诸作依倒叠韵奉呈》。

含晶前辈招饮碧池馆。池馆盖含晶家旧物，故公诗有"流风"、"乔木"等句。时损轩[1]将出之官，兰君[2]归卧林壑，忽已十年。近就南乡讲席，每绝江必过公，与公叠韵唱和。

公铁石轩，有石其色如铁，植梅其侧。傲玉复赠一石，绝肖竹根，有时谢之。

石门侧有松若偻，为风所拔，公为作画以存之，题曰"石门松影"，并题诗曰："含叹山阿与写真，再来恐便付樵薪。他年夸向僧雏辈，及见支离百岁身。"

——《闽县陈公宝琛年谱》第 60—62 页

[1] 损轩：叶大庄，字临恭，号损轩，见前。

[2] 兰君：王崧辰，字小希、兰君，福建闽县人。同治进士，翰林院庶吉士，散馆选甘肃华亭知县。

是年诗

1894 年(甲午　光绪二十年)　47 岁

中日出兵朝鲜。(6 月)

中日甲午战争爆发。(7.25)

黄海海战,北洋舰队败于日舰。(9.17)

慈禧太后六旬庆典。(11.7)

孙中山在檀香山创立兴中会。(11.24)

薛福成卒,年五十七。

癸巳十二月　严复将北上教授北洋水师学堂,留诗赠别,见《沧趣楼诗文集·次韵答几道即以赠别》第 26 页。

  严君宗光字几道,又名复,字幼陵。沈文肃初创船政时,招试英少,君时年甫十四,文冠其曹。光绪丙子,派赴英国海军学校肄业,学战术及炮台建筑诸学,每试辄最。比学成归,李鸿章闻其才,辟教授北洋水师学堂,患其激直,不之昵,君亦愤而自疏。及文忠大治海军,以君会办学堂,不与机要,奉职而已。公素器其人,兹将有北行,留诗赠别,公亦次韵答之。　——《闽县陈公宝琛年谱》第 62 页

2 月 1 日(癸巳十二月二十六日)　致函张佩纶。

致 张 佩 纶　　　　　　　　　陈宝琛

  蒉斋世丈大人阁下:前得十月两书,藉知近抱。山居灰懒,久未奉答为歉。公辑注《南华》,搜聚善本又何其多,海滨孤陋得一犹难。年来亦尝三复于斯,颇病郭注之求□反晦,得公发明芟削,启我必多,能先录一二卷惠示,少解饥馋否?苍、黯两弟,连臂黉宫,十年非弁,再见定不相识,叔毅子懋豫亦年十六矣[1]。苍弟缔姻谁氏。公明岁除服,自必急了向平之愿。复儿学语未成音,头角颇复崭崭,此所谓慰情胜无者。小女昨许字林文忠曾孙炳章[2],一、二年后亦须为吴隐之也。承询山中生计,信如豫生所言,大抵明岁犹可勉支,平生学信天翁,此时亦只能得过且过耳。子辉近境本窘,身后可想。可庄变出意外,债累山积,母老尤可恻,山妻闻电后入苏侍疾,春融方能偕归。亲朋多故,欢事日稀。春间尚有遇兴酬唱之作,近并恶诗亦束阁矣。转眼须为墨樵办严。

叔毅宦情太淡,屡趣其行,辄复不果。此时严亲老健,侄复在家,学习部务正其所也。陈文琪来舍一次,值侄入城未晤,开正拟往访之。草草布复,敬请道安,并颂岁祺,不宣。侄宝琛顿首,十二月廿六日。

　　家严命道候,弟辈同叩。　　　　　　　　　　　　——上海图书馆藏手稿

[1] 侄懋豫生于 1878 年(光绪四年戊寅)。

[2] 二女婉贞,适林则徐曾孙林炳章(惠亭)。

2 月 19 日(正月十四日)　四女生。

　　四女瑜贞[1]生,侧室杨淑人出。　　　　——《闽县陈公宝琛年谱》第 62 页

[1] 瑜贞后适林熊祥。

2 月 24 人(正月十九日)[1]　致函张佩纶。

致 张 佩 纶　　　　　　　　　　　　　　陈宝琛

　　黄斋世丈大人左右:腊尾奉书,开冻后计可入览。新春伏惟万福。陈纯友晤谈一次,略述起居,历年积念犹未获馨。渠二月方行,日内已邀其再来畅话矣。墨樵与公亦有数年之隔,偕计过津,幸侍清尘,心与之往,惟其生长乡曲,口操土音,谈次恐不免格格耳。寒兄弟率皆迂拙疏简,不独短于世务,即家事亦懒料量,多诿之于弱弟,渠以是不能专心于文学,今科万一幸售,决计令其补殿,公然之否。叔毅乐书史而苦仕宦,又以庭闱之恋,因循不肯偕行,亦无能强也。附奉橘及枣糕,远道戋戋,希哂纳。敬请道安不具,潭第均告。宝琛顿首,正月十九日。
　　　　　　　　　　　　　　　　　　　　　　——上海图书馆藏手稿

[1] 六弟宝瑄(墨樵)入都会试,据《涧于日记》1894 年 3 月 8 日(二月初二日)云"得伯潜书,陈墨樵来。"亦见下则。此函当作于是年正月。

3 月 3 日(正月二十六日)　致函张佩纶,同日张佩纶亦来函。

致 张 佩 纶　　　　　　　　　　　　　　陈宝琛

　　黄斋世丈大人坐下:新春伏惟万福。久不得公书,时用系念。去秋客腊两函,未审得达否。偶斋之门人急欲梓其奏稿,前以体例奉商,甚盼复也。两弟以京居不易,濡滞于家,而散馆期近[1],勉强成行,仲固拙宦,叔亦澹于世荣,且性喜文史而不习于词赋,又不善为干禄书,留馆与否,宁早决耳。家君近甚安健,宝琛留养弟辈,如获稍积资俸,藉广闻见,以练学识,亦复进退裕如,所虑珠桂难为继也。村居孤陋,意兴日索,在野言野,惟愿得一二好官作太平幸民,颂公廉公有威,三年来政俗为之一振,近当述职,恐即悬车,亦省运矣。台事被沈吉田[2]厮坏,小村[3]虽明知之,未必大有更革,其最病民者则清赋不清,将来激变必由于此。皞民到彼有通信否。鄂中铁政近来何如,此间毫无所闻也。

梁伯通孝廉孝熊先师[4]之子,叔毅之妻弟,慕公欲求一面,过津当上谒,幸勿拒之。附呈福橘、枣糕少许,肃问起居,不宣。宝琛顿首,正月廿六日。

——上海图书馆藏手稿

[1] 二弟宝瑨、三弟宝璐1894年翰林院散馆。

[2] 沈吉田:沈应奎,见前。

[3] 小村:邵友濂,见前。

[4] 先师:梁鸣谦,字礼堂。公乡试受业师,女适陈宝璐。梁孝熊,字伯通,梁鸣谦子。

致 陈 宝 琛　　　　　　　　　　张佩纶

弢庵前辈大人阁下:岁月不居,又逢春令。身无双翼,不能与候雁而南,侧望螺洲能无驰系。伏唯兴居佳鬯,上侍康和,当如远颂。前书寄后接见闽士二人,曰甘大令泽宣曰林太守昌虞,询问近体,则皆以不知对,殊失问意。陈莼友回里,或侍寂静之况转,得稍之闻于其入都也。可庄同年竟尔不禄殊乖所期,旭庄过津,张氏昆仲见之云,将改外为养亲计,然至今未见邸报,想尚未决。闻其有逋负,而两房食指亦繁,何以为策,想老前辈又费筹度。近其枢眷归里否,念念。专布,即颂春祺,并问侍福,合谭均平善,复郎想更苗壮。佩纶顿首,正月廿六日。

——上海图书馆藏手稿

3月8日(二月初二日) 张佩纶得来函,六弟宝瑄访张。

得伯潜书,陈墨樵来。　　——《涧于日记·兰骈馆日记》第13册第23页

3月10(二月初四日) 张佩纶复函。

复高阳及伯潜书。　　——《涧于日记·兰骈馆日记》第13册24页

复 陈 宝 琛　　　　　　　　　　张佩纶

伯潜前辈大人阁下:前书甫寄。墨樵月初过津,奉手教并赐园橘,拜嘉增感。墨樵因不习北音,倾谈未能畅洽,小坐即去。而腊尾惠复,今日始至,三复十读,如侍尘谈,即审侍祉康和,因时介福,以慰积忱。鄙人于庄书搜辑各本,止以校正文字详,其训诂发明漆园大义、诸家注疏,无非□谈,与鄙见如枘凿不相入,所采甚少,其用力亦不如管子之深,恐无足观。他时如写定,自当寄正,窃恐画饼不足充饥耳。闻叔毅治《淮南》,其中可以证管、庄者不少,故侍亦尝校勘一过,其注许高杂糅苏,魏公集分别最明,诸本以庄刻为佳,然与明本亦互有得失,非一一爬梳不可。兄弟共墨,研究古书,此乐诚南面王不易。前书劝叔毅入都,未免尘心未净矣,补殿之说想阁下必审量而出。侍当日书法□劣,有劝其补殿者,毅然入试,何宜不可做。今之词林人愈多,品亦愈杂,似亦无足重轻。复郎已聪壮学语,爱女亦得婿,名门均征,清福过人。沧儿婚事年来议

者甚多,侍均不惬意,去冬一律辞之,以省纠缠。迟一二年,俟其学成未晚也。琐琐奉复。即颂道安,堂上百福,潭第均绥。侍佩纶顿首,二月初五日。

——上海图书馆藏手稿

5 月 24 日(四月二十日) 六弟宝瑄在京会试下第返福建,张佩纶来函。

陈墨樵下第南归。寄伯潜书。

——《涧于日记·兰骈馆日记》第 13 册第 78 页

致 陈 宝 琛 张佩纶

伯潜前辈大人阁下:墨樵下第南归过此,留都匝月,稍改土音,居然畅谈至一时许。询悉潭第均绥。微宇既补舍人考试之差,爱婿亦捷春官[1],贺之,时属见闻,墨弟知之较详,归时夜雨联床,必可一新耳目。侍入春无恒课,仍以从事乙部为主,诗文竟未有可存之作。二毛征见,目亦渐花矣。伯平[2]以母老不愿久滞大名,见乞假来津,晨夕过从,藉破岑寂。仙蘅[3]时通问,其诗不甚工而好寄诗,侍书最劣而专索其书,然亦真挚可敬。偶斋二子[4]均为其婿,赖以存活,可谓古交作吏,不近名而挽中推治耳,第一士诚不可貌取。与叔毅治《淮南》有刻记否,公治生无策,心以为虑,婚嫁之累,烦于鄙人,如何如何。侍幸用度甚俭,人口不多,惟卜居无定向耳。徐墨弟能代及之。即问道祺,堂上百福,叔毅均此,合潭佳胜。佩纶顿首。四月廿日。

墨樵云,闽中旧书较廉,如有售者能否代致,侍意不求宋、元,但得明初及抄本亦自佳妙。外附一单,乃文澜访求之目,亦即侍所无之目也。闲中物色一二种,彼此可以互借。近日心力专注于此,且购且读,但能多读数卷书,了此一生,便算不负岁月,所谓求其□我者也。实则古人著述已汗牛充栋,即能著作等身,亦无所用,况未能学过时人,安望出古人上,但手不能把锄犁田,智不能造器运算,无卅六炉横财之福,无十五国游说之才,除却故纸堆中作蠹鱼竟无他法,自笑亦自慨也。阁下尚能怡情山水,而侍则性懒交寡,屡欲作田盘之游,而苦无雅人作伴,为之惘然,亦可见其人之幽静寡欲,即山灵亦无缘法,盖□塞上三年,无□非作空虚观,侍又不喜禅学耳。琐琐,又以代面谈也。黄叩。

——上海图书馆藏手稿

[1] 婿林炳章中进士。

[2] 伯平:陈启泰,见前。

[3] 仙蘅:联元,见前。

[4] 偶斋二子:宝廷子伯弗、仲弗。

9 月 7 日(八月初八日) 宝瑄会试罢返闽,因误诊病逝螺洲,作挽联:"上有老父，下有藐孤，年盛才长胡可死；田舍汝劳，刀圭汝误，天穷人厄愧为兄。"

弟宝瑄入京会试，归而病疫，误于医药，逐告不治，八月八日殁于里第。公挽以联云："上有老父，下有藐孤，年盛才长胡可死；田舍汝劳，刀圭汝误，天穷人厄愧为兄。"

——《闽县陈公宝琛年谱》第 62 页

9 月 16 日（八月十六日） 八月十一日张佩纶遭御史弹劾，上谕著令回籍。致函张佩纶。

致 张 佩 纶 陈宝琛

黄斋世丈大人坐下：前奉两书何时入览？久不得复。正用悬崖，顷见电抄，知公横遭蜚语，重占无妄之灾，此在东汉、南宋之时了不足异。独惜圣明上，不蒙烛及幽微，师相[1]眷任之衰，亦可睹矣。论理当有辩白之章，然际此泯棼噂沓，公亦岂以此为荣辱。惟夫人爱口之心与偕隐之愿，殆费踌躇，思之伊鬱[2]。宝琛人厄天穷，与公相望。墨樵[3]以壮盛之年染疫误医逾月不起，伥本不知治生，舍间事无巨细，悉伊综理，且老父迤来病足，遘此益难为怀。此后烦忧侘傺，求如前数年闲居之况，岂可得哉。同时复有外姑之戚，顷又闻公事，与叔毅相向气结，伯通适来告行，因托其到津入叩起居，兼探卜居踪迹。此后南北鳞鸿，何缘得达，良以系怀。月来理乱，不知究竟倭事如何，和战之谋、内外之气，有无歧隔，而下石之举又似为死灰复燃之虑，此非数千里外，臆度所能知矣。北轮将发，匆匆布怀，敬问道安，唯照不宣。宝琛顿首八月十六日

——上海图书馆藏手稿

[1] 师相：当指李鸿章。

[2] 伊鬱：悒鬱。

[3] 六弟宝瑄（墨樵）病殁，见前。

9 月 23 日（八月二十四日） 9 至 10 月中日战争期间严复连续来函。严时任北洋水师学堂总办。

致 陈 宝 琛 严 复

弢庵先生阁下：

前托孙香海代呈一槭，知经伟览。近者时局滋不可问，平壤卫汝贵所带淮军十馀营，自本月十三、四后为倭所围，城外筑台十四□□□夹击，糜烂溃涣。统领朱保贵（左宝贵）死之，馀兵退走鸭绿江东北，义州之九连城，尚不足以扼贼之北突也。自战后，东边告急之电，日数十至，合肥知事棘，乃饬刘盛休带铭军八营赴援，军从鸭绿之大东沟登岸，丁禹廷督海军十一船护送之。十七日倭亦以十一艘与我遘，自午至酉，恶战三时，倭沉

三艘快船,力尽而退,我亦失致、经二远,并超、扬两艘;定远受千二百馀弹,几沉不沉,铁甲之为利器如此。同学诸友,除方益堂一人外,无不见危授命,其尤异者,则镇远大副杨君雨臣,开□□战旗即升,乃身自猱登,以钉钉之,盖深知此仗之□□□竖降旛者,为此,所以令诸将之有死无降也。此□□□□□风,稔其平日在军,勤奋有为,条理详密,林开士倚之如右手,此人日后必为海军名将也。将弁死事甚众,刻所可知者,邓世昌、林永升、林履中、黄鞠人建勋而已。闻方益堂闻炮即遁,仓卒将黄建勋之超勇冲倒,方太无赖矣!子香、凯士居圆坛中,故得不死。丁禹廷□□□伤,闻昨已乞假,让刘子香为海军提督矣。是役德酋汉纳根在军助战,故归述甚悉,据言军□□张道士珩不肯照发药弹,致临阵不应手,不然,倭之七艘快船可尽沉也。小人之贻误军国大局,岂浅也哉!此时海军见存诸船受伤甚重,非月馀日大修不能复出,而所供尽有道府秘不敢穷也。故我之一切虚实举动,倭无不知,知无不确。合肥词气氍氀,期以一死谢国。以今日之事势为论,虽西晋、北宋之事复见今日,无□□□耳。合肥用人实致偾事,韩理事信任一武断独行之袁世凯,则起衅之由也;信其婿张贲斋□浸润招权,此淮军所以有易将之失,欲同邑之专功,所以有卫汝贵之覆众;任其甥张士珩,所以致军火短给,而炮台皆不足以毙敌。以己一生勋业,徇此四五公者,而使国家亦从以殆,呜呼,岂不过哉!今然后知不学无术私心未净之人,虽勋业烂然之不足恃也。今者数月内时事殆不可知,公何不作一书与楚督张香帅,劝其作速筹款,设法购办军火为先,即使不及眼前之事,然□□永,国祸益深,苟其不为,将终无及事之一日矣。张香帅能用先机大度之言,日后撑拄光复,期之一二人而已,他督抚持禄保位,公意中尚有何人耶?

闽民贫地散,虽在海疆,敌所弗顾。今日倭事,校(较)甲申法事固大相径庭,不能一概论也。乡里可无恐矣。可太息者,自甲申□□□□载,大可未雨绸缪,乃相率泄沓,内则峻宇雕墙,□山海子之费至于数千万缗,而今兹安危利灾□□,不赀所费,千古荒亡,如一丘之貉;外则政以贿成,各立门户,羌无一人,为四千年中国之所以为中国道地者。仆燕巢幕上,正不知何以自谋,沧海横流一萍梗,只能听其漂荡而已。小儿子年少不更事,见时望时有以戒教之。敬托,敬托。心惊手颤,书不成字,恕罪恕罪。此讯著安,并颂上待[侍]万福。名心照不具。八月二十四日泐。 ——《严复集·书信》第 3 册第 497—499 页
亦见《严复全集》卷 8 第 96—97 页(个别文字略异)

八月　张佩纶复函。

复陈弢庵阁部　　　　　　　　　　　　张佩纶

在津两奉惠书,适侍于七月初左足患一疽毒,缠绵病榻,几及一月。八月初三四才能蹒跚而步,旋患感冒水泻,是以稽复。被劾回籍时,尚未大痊也。合肥坚留五载,今春商允别居,越三日而中变。每留,即老泪滂沱,情不能恕,非以微罪行,其势不能不如重耳之安齐,赘赘久居,一旦非复槛中之猨,笼中之鹤。端侍御一疏,惠我良多矣。闺人笃孝,老翁垂暮之年,自不忍遽去,今亦出署,随夫以行,措置皆合于道。惟鄙意拟独作南游,暂留妻子津门,俾合肥壹意治军,不为儿女之私所扰,似乎情理两尽,现尚未议定。侍故乡大水,无屋可居。顷正在田盘山下也。军事以海军不得力,乃趋重陆路,劳逸相悬,已非胜算。侍马江败后,深知闽将伎俩,何敢插手。而司道及水陆将弁,均恐鄙人之发其私弊,不免疑忌万端。此疏乃天津底稿,价五百金。或云闽将,或云关道,电报乃伯行[1]管理,侍亦不得见。五六月间,合肥或择道要相告,后则不相见者几一月。虽欲赞画挽救,亦力不从心耳。先是礼邸[2]之甥承厚在北洋差遣,经御史纠劾撤回。礼讽合肥留之,合肥不敢诺。而传言者嫁祸于侍,故一触即发,以报东门。合肥代缴台费,始得还乡。侍终不以此为悔也。昨由家书内奉惠问,敬悉墨樵之耗,殊出意表。公多贤弟,而两误于医,深为慨涕[3]。堂上老怀,何以曲慰,南望怆然。朱氏外姑于七月化去,与子昂祭外姑丈先后相望。侍自顾不遑,竟未能兼顾子涵矣。闻平壤不守,退至九连城,大局不堪设想。侍得去,安知非福,祈勿远念。南行有期,当通问。

——《涧于集·书牍六》第4—5页

[1] 伯行:李经方字,安徽合肥人,光绪举人,李鸿章嗣子。

[2] 礼邸:礼亲王世铎,军机大臣。

[3] 六弟宝瑄卒于是年(1894),此前四弟宝琦卒于光绪二年(1876年)。

10月3日(九月初五日)　严复来函。

致　陈　宝　琛　　　　　　　　　　　严　复

弢庵先生侍右:

前后两书而觇缕东事,想经亮察。事势至此,本为发难时所不料及,所最可痛者,尤在当路诸公束手无策,坐待强寇之所欲为。平壤告溃之后,东三省已成无险可扼之区,祖宗以此蕞尔取胜代成帝业有馀,而子孙不能以天下之大庇之,如何,如何!倭扬言冻河以前必犯京室,门户荡然,一无可恃,新集之卒,与御营之兵,真儿戏耳!刻人有戒心,士无固志,绝不知舟流之所届也。初二日翁常熟携一仆坐篼舆入节署，所与北洋深计熟虑者，一则议款，二则迁都而已。朝廷始持战议，故责备北洋甚深，今者势处于不得不和，故又处处恐失其意，臣主平时于洋务外交绝不留意，致临事之顷，如瞽人坠眢井，茫无头路如此。今日之事，夫岂倭之狡逞，实中国人谋之不臧，其事前泄沓虚矫，□□怠傲，不必论矣。即事起之后，复所用必非人，所为必非事。而内里建言诸公，所议论最可笑者，其弹劾北洋，类毛举风听，无一语中其要害。于是其心益蔑视天下之无人，推委挟制，莫可谁何，谓战固我战，和亦我和，苟朝廷一旦挥而去之，则天下亦从以丧。故今日东事愈不可收拾，北洋之意气愈益发舒。于戏，可胜痛哉！本午罗弦庵来谈时事，问走所以处今日者，走言急则治标。使走为一省督抚，稍可藉手，则借洋债，募洋将，购洋械，以与倭争□□之命而已。弦印［闻］斯说，但曰此又非李中堂不□□□，诸公素于洋务若风马牛，又不求洋务真才，言借债则洋人不信，募将则任否不知，购械则□□已被侵渔，外又必遭阻夺，又乌足以及事耶？□□之论固矣，但不知有人焉，虽才足办此，其所为祇以自固位，于国之休戚，秦越肥瘠，则又何鬵耶？方益堂竟以不免，悲叹悲叹！然卫汝贵、叶志超辈□事，百倍益堂，乃荷宽免，则有人庇之耳。故虽杀百方伯谦，于军实又何所补耶？近者之事，有谓营伍既如是之不足恃，海军扶伤救弊，恐亦无济，不如早和，宁忍眼下之亏，事后认真振作，则东隅之失，或收桑榆。此论固矣，然自走观之，不外偷活草间苟延残喘而已。事后振作，恐必难期。何则？中国吃亏，固不自今日而始有也，事后振作，皆安在耶？沈隐侯有言：后病深于前病，后著不及前著，正中国今日之事势也。而且舐糠及米，国本愈伤，上下之礼学俱亡，渊丛之鱼爵益□增，此番汉奸官民不知凡几。知者不为，为者不知，几何不沦胥及此耶！史传所载易代更革之事，要不过一朝□债。闻倭于十七大仗之后，尚有馀船七八艘在各海面游绎［弋］。畿辅门户洞开，门焉官焉皆无人，且枪弹告乏，军储四万杆，有事以来已亡其半。曩合肥请以宋祝山赴奉，宋非三十营不可，廷旨已指的饷矣，然以无枪，尚不知何日成军。天津、保定见兵不及五千，再募不独乌合，且徒手□□□何。倭有枪廿六万，子药称是，奸民遍地皆是。闻倭于去年散五十万元以购间谍，一昔敬如所捕倭谍一朝兴，而中国之为中国固自若也。至于今日□□诚恐四千馀年之文物声明［名］行将扫地而尽，此惊心动魄之事，不料及吾身亲见之也。

闽中现□□谣。湖广张帅有何措施，走于此老懂懂之诚，□□无已，故于其行事，尤欲闻之。从者如有赐复，径寄津水师学堂或津卫大狮胡同大甡字号后严公馆当不失也。此颂侍安。名恕具。九月初五日。

——《严复集·书信》第 3 册第 499—501 页

亦见《严复全集》卷 8 第 98—99 页

10 月 11 日(九月十三日) 次子懋侗生。

男懋侗[1](愿士)生,侧室刘宜人出。 ——《闽县陈公宝琛年谱》第 63 页

[1] 懋桐,字泽野,号愿士。日本千叶医学校毕业。度支部主事。

九月 七弟宝璜[1]中举人。至此,兄弟六人无不登科,艳称"六子科甲"。父光禄公入山,见前公题诗"离合那可料",不胜感叹。

弟宝璜中福建乡试举人,至是公兄弟六人尽登科第。光禄公作"六子科第"匾额悬诸寓第,见者荣之。 ——《闽县陈公宝琛年谱》第 63 页

[1] 宝璜:承裘七子(五子宝瑀早殇),字敬久,号孟远、砚樵。光绪甲午科举人。

光禄公入山,见听水斋前叔毅、墨樵所树两石及公题词,有"离合那可料"句,蘁然叹为谶也。 ——《闽县陈公宝琛年谱》第 62 页

近六七年中,不孝宝璐、宝璐、宝瑄相继举乡、会,庚寅之榜,孙懋鼎亦与焉。至甲午,不孝宝璜继举于乡,于是先君六子无不登者,里郙以为贺。

——《沧趣楼诗文集·先光禄公行述》第 386 页

11 月 7 日(十月初十日) 严复来函[1]。

致 陈 宝 琛 严 复

得舍间书,知左右新抱人琴之戚,至以为念。前两缄当达伟览。时局愈益坏坏,九连、凤凰二城联翩皆告陷落,倭寇在旦暮间□□金、复二州境内者不下三百人,北趣则与东股合袭奉天,南首则旅口必危。其地兵皆被遣,粮复未屯,龚照玙[2]一市井小人,岂能坚守? 旅口不守,则北洋海军不败自废,而且门户既失,堂奥自惊,倭来畿辅间恐不在冻河后也。如何如何? 溯自五月东事军兴□□□练各军几若□蒙□□,大东沟一战,特差强人意耳,尚未尽海军能事也。推求厥咎,太半皆坐失先著,绸缪之不讲,调度之乖方,合肥真不得辞其责也。本日于友人处得见九月初七日科道诸公弹参合肥一折,闻系张季直、文芸阁二人笔墨,其欲得合肥甘心,可谓不遗馀力,大致谓倭寇不足为中国患,事势危殆,皆合肥昏庸骄蹇,丧心误国,若□□而用湘楚诸人,则倭患计日可弭。呜乎,谈何容易耶? 十月以来,淮人用事者渐渐剪落,闻俟刘岘庄到直,则合肥以原品休致去矣。若凭事实而言,则朝廷如此处置合肥,理不为过,但言者所论,则不足以服其心,且刘岘庄何如人,岂足以夷大难,徒增一曹人献丑而已。

国家□□绝不留神济事之才,徒以高爵重柄,分付庸奴,及事起,则环顾中

外官，二十二行省无一可用者，以此亡国，谁曰不宜？迩来大有幸秦之意，其派恭邸督办军务，乃为留守道地也。京师士大夫于时务懵然，绝不知病根所在，徒自头痛说头，脚痛说脚，而上则纷滑颠倒，愈觉莫□□□，事急则趋徒手袒裼以斗于每分钟发四百弹之机器炮下，呜乎，尚有幸耶！刻我已极欲和，而敌则曰，其时未至。束手待死，一筹莫施，噫，其酷矣。张孝帅有总督两江之命，力完气新，极足有为，果其措理得宜，则后来藉用恢复，但此时真须一著不错，又当如居火屋，如坐漏舟，一□□□□□拼命踏踏实实做去，或有望头，不然将随风而靡耳。孝帅素为公忠体国之人，想必有一番经纬也。复爱莫能助，执事胡勿为之介耶？此请道安，不宣。十月十日复顿首。

——《严复集·书信》第 3 册第 501—503 页

亦见《严复全集》卷 8 第 99—100 页

[1] 上述严复三函年份均据《严复集》。

[2] 龚照玙：字鲁卿。安徽合肥人。由监生捐纳同知、知府、道员。经李鸿章推荐，总办旅顺船坞工程，会办旅顺船坞营务处。中日甲午战争金旅之战他闻知金州失守后，以粮饷不足、津旅电讯中断为由，乘海军广济轮逃往烟台。清廷以"统兵将帅失守要港罪"判处其死刑。龚照玙以白银贿赂当局，死刑没有执行。

12 月 25 日（十一月二十九日） 吴焕其持公书见张之洞，候久未见。

吴焕其、王翔光、邵正甫皆来。……吴尝出洋，在欧洲数年，归，入船政监制诸船，新持陈伯潜书来见南皮。酒罢，出所上言事稿万馀言，然皆习谈耳。其人使气自负，类不谙世故者，要犹为才俊。于吴淞谒南皮，候久不得见，颇怒而悔其来矣。　　　　　——《郑孝胥日记》第 1 册第 455 页

是年诗

次韵答几道即以赠别	——《沧趣楼诗文集》第 27 页
答俶玉用东坡送李公择韵见寄	——《沧趣楼诗文集》第 27 页
花下	——《沧趣楼诗文集》第 28 页
鼓山朱文公赵忠定题石下感赋	——《沧趣楼诗文集》第 28 页
睡醒	——《沧趣楼诗文集》第 28 页

1895 年(乙未 光绪二十一年) 48 岁

北洋舰队威海卫受攻,提督丁汝昌自尽,北洋海军覆没。(2.12)

中日"马关条约"签订,中日甲午战争结束。(4.17)

俄、德、法三国干涉还辽。(4.23)

康有为公车上书,拒约自强。(4.30)

古田教案,英国教士被杀。(8.1)

兴中会广州起义失败。(10.26)

袁世凯小站练兵,新建陆军。(12.8)

2 月 2 日(正月初八—十六日) 张謇致函。

致函陈宝琛、王康寿。 ——《张謇年谱》第 130 页

2 月 7 日(正月十三日) 张謇作函。

写韬庵、晋藩讯。 ——《张謇日记》第 369 页

5 月 4 日(四月初十日) 张之洞电询烟台换约后有何良策。张又去电询闽浙总督边宝泉。

致福州船政衙门转送陈伯潜阁学 张之洞

闻已准十四烟台换约,公有何良策? 速示。蒸。

——《张之洞全集》第 8 册第 6333 页

致福州边制台 张之洞

大喜欣贺。伯潜来电述尊意垂询,和约大谬,弟已四次电奏力阻矣。闻约已批准,十四日烟台换约。台端有何卓见? 速示。蒸。

——《张之洞全集》第 8 册第 6333 页

5 月 7 日(四月十三日) 日本允交还辽东半岛,郑孝胥草拟和议策稿,电请转告台湾士绅。

阅电数条,为爱苍[1]录之。许钦差[2]来电云:日本已允退全辽及旅顺。夜,甫返寓,临恭[3]来邀,言有公事。复入署,草电稿与伯潜,即返。所电即募刺和议之策也,使伯潜转告台湾诸绅。 ——《郑孝胥日记》第 1 册第 490 页

[1] 爱苍，沈瑜庆，字爱苍，见前。

[2] 许钦差：许景澄，见前。

[3] 临恭：叶大庄，号临恭，见前。

5 月 8 日（四月十四日）　张之洞命人问郑孝胥与公通电报有无密码。

　　晨，入署，邹元辨以南皮命来询：与伯潜有密码否？对以未有。

——《郑孝胥日记》第 1 册第 490 页

四月　二女婉贞适林则徐曾孙林炳章。作"婉女归林以蓝氏《女学》[1] 压装并书以勖"，诗见《沧趣楼诗文集》第 28—29 页。

[1] 蓝氏《女学》：蓝鼎元著《女学》。

五月　中日甲午战败，作七律《感春四首》，诗见《沧趣楼诗文集》第 29—30 页。

　　日军复陷营口、澎湖等地，朝命张荫桓、邵友濂赴日乞和，日人不纳。更命李鸿章以全权大臣往，日人初犹骄蹇不为礼，迟迟未肯议款。会有浪人狙击李公致伤，国际舆论大哗，日始惧而就议，卒成"马关条约"，割辽东半岛并赔款二百兆。俄联法、德等国阻割辽东，乃以台湾易之。台民不愿属日，举台湾巡抚唐景崧为总统，谋自立为民主国。不数日，李经方[1] 衔命赴台交割，签约于日舰中，唐乃内渡。是岁本慈禧太后六十生日，移海军经费兴建颐和园，备寿辰时大事庆贺，以兵败而罢。时翁同龢以南人作相，冒昧主战，至北洋历年所置机器制造等悉付一掷。

——《闽县陈公宝琛年谱》第 63—64 页

　　公慨于时事，有《感春》诗四首，一时传诵。惟语多委婉含蓄，非悉其本事不易求解。公亦屡议刊稿，而屡删屡辍。嗣以诗旨告陈衍（石遗），石遗录入其诗话中。今全诗载在《沧趣楼诗集》中。　　——《闽县陈公宝琛年谱》第 64 页

[1] 李经方，字伯行，见前。

7 月 28 日（六月初七日）　父承裘病故，年六十九。葬长乐古岚山。墓前公撰"卅年中外惭庭训，廿载田园感主恩"；撰"先光禄公行述"，见《沧趣楼诗文集》第 383—388 页。甲午战败，李鸿藻复出。奕䜣、李鸿藻将奏荐起用公，因闻公丁忧而罢。

　　光禄公疾终里第。自去秋中日事起，光禄公忧愤交集，居恒郁郁，不觉疾作。少间又以古岚墓舍[1] 久未修葺，躬往勘度，历舟舆百馀里，家人劝阻皆不听，今春犹再往亲视工事。及马关条约成，益大愤慨，日夜索观台湾军报，至废寝食。夏日食减神倦，日近医药。六月三日为布政公诞日，仍强起跪拜。光禄公体故丰，晚有足疾，然祀先必躬亲，家人习以为常，未敢劝阻，逾两日遂大渐。时政地易人，恭亲王及李鸿藻均复入军机，将荐起公，闻公丁艰而罢。

——《闽县陈公宝琛年谱》第 64—65 页

甲午,李文正[李鸿藻]复入中枢,将起先君,以不适居忧不果。

——《沧趣楼诗文集·诰授光禄大夫晋赠太师特谥文忠太傅先府君行述》第 592 页

[1] 祖父景亮、祖母郑太夫人及父承裘、叔父承塾、承鋈均葬于闽县西埔古岚山。见《若霖公次房景亮直系简谱》第 14—15 页。

7 月 29 日(六月初八日) 陈宝箴[1]为公父承裘去世致唁电。

唁陈承裘(稿) 陈宝箴

伯潜尊兄大人礼次:

山川修阻,驰系为劳。昨闻[2]老伯大人遽归道山,莫名愕悼。阁下天怀纯笃,至性肫诚,当兹色笑遽违,何敢以肤词上渎?惟念全受全归,固人生必有之事;而善继善述,尤人子必体之情。矧阁下早登玉署,出纳丝纶,近返珂乡,追随丈屦,已显扬之备至,复定省之无违。尚祈援礼抑情,为时自玉,不胜跂祷。弟远阻湘浦,莫由躬赴几筵,谨具菲仪,藉申椒奠。专肃奉唁素履,统祈赐察,不宣。世愚弟〇〇〇顿首,小儿〇〇附叩 ——上海图书馆藏抄件

亦见《陈宝箴集·书札一》(下)第 1665 页

[1] 陈宝箴:字右铭,江西义宁人,咸丰举人,浙江按察使、湖南巡抚。

[2] 承裘卒于光绪二十一年六月初七日,唁电有"昨闻"语,唁电当于本日。小儿〇〇附叩,当指三立附叩。

持《行述》[1]请谢章铤代撰父光禄公墓志铭。

陈宝琛父陈承裘卒。宝琛奉行述来请铭墓,遂为作墓志铭,是为《诰授中宪大夫晋封光禄大夫陈公墓志铭》。 ——《谢章铤集·年谱》第 888 页

[1] 即"先光禄公行述"见《沧趣楼诗文集》第 383 页。

7 月 31 日(六月初十日) 张之洞奏保公帮办铁路。

收署理南洋大臣张之洞六月初十日电,奉旨命洞奏保办铁路人员。此事关系大局,必须才识兼优、操守可信者,始克胜任。查有前台湾布政使于荫霖品行端方、才识明决,事必核实,应变有方。又前内阁学士陈宝琛志趣远大,条理精详,究心洋务,果锐有为。该两员若蒙朝廷加以委任,必能心存君国,绝不藉此牟利营私,则皆相同。此事任重款巨,凡巧滑好利之流皆不相宜。谨举所知,仰候圣明裁择,请代奏云。洞,佳二。

—— 中国第一历史档案馆藏综合类电报档 2-02-12-021-0832

8 月 4 日(六月十四日) 林寿图、郑孝胥闻张之洞奏荐起用公,因公丁忧,甚惜。

谈林颖叔、陈伯潜。南皮已荐伯潜,闻其丁忧,甚惜之。

——《郑孝胥日记》第 1 册第 508 页

8月8日（六月十八日） 张之洞上折荐举公等十五人。

六月十八日，张香涛上折举荐人才。……按原折保荐凡十五人，为前台湾布政使于荫霖，前通政使黄体芳，前内阁学士陈宝琛，前陕西布政使李用清，四品卿衔前山西布政使林寿图，前翰林院编修梁鼎芬，五品卿衔前安徽合肥县知县苏葆田，新授安徽按察使赵尔巽，江苏候补道程仪洛，新授广东惠潮嘉道陆元鼎，湖北汉黄德道恽祖翼，四川川东道黎庶昌，本任浙江温处道袁世凯，奏调江南差委广东候补道王秉恩，安徽安庆府知府联元。

——《梁节庵先生年谱》第113页

六月 谢章铤为公藏《鳌峰载笔图》作跋。

为陈宝琛藏《鳌峰载笔图》作跋，拟录题图诗词及序跋为一编[1]。

——《谢章铤集·年谱》第889页

《载笔图》则专为修《福建通志》而作。

今是图归于陈伯潜阁学，修《志》之举，发自阁学曾祖尚书公。今得是图，毋亦有香火因缘者乎？《志》虽亡，而图当不朽已。长乐末学谢章铤于致用书院之维半室，时年七十有六。光绪乙未。

——《谢章铤集·赌棋山庄文续集》第115页

[1]《谢章铤集》注：此题跋即《陈乡贤鳌峰载笔图纪事辑录》一卷，现藏福建省图书馆。

9月17日（七月二十九日） 致函张佩纶。

致张佩纶 　　　　　　　　　　　　　　陈宝琛

绳庵世丈坐下：音问阔绝欻逾半年。吾两人怀抱概可知矣。春间以壶公见招，拟浮江一会，懒漫因循，至今未果。南皮西上，宾客星流，公□之又□，何以自遣。鄙人自冬徂夏连丧两妾，感党亦甚多，故心滋不净，实则人间何世，同一幻泡耳。渊静[1]行后，贵师益孤立，乞病之章已上，其简静自是好疆吏，惜不生乾、嘉时也。闻公亦绝不通问，均不可解。子涵想常相聚，其兴象能如昔否。欲言万千，伸纸辄梗，终思作十日谈也。手此敬讯起居，不宣。制宝琛顿首，七月廿九日。先严行述、墓志[2]呈上乞察鉴。　　　　——上海图书馆藏手稿

[1] 渊静：张曾敭，字润生，号小帆、渊静。见前。

[2] 父承裘1895年（光绪乙未六月初七）病逝。行述作于1895年，见前。

八月 张佩纶复函。

复陈弢庵阁部 　　　　　　　　　　　　张佩纶

奉七月杪手书，敬承一一。公意似嫌霸州简静，然帑竭于偿款。水陆将材老者弩末，新者乳臭，无以自立，何由自强。简静不可，烦扰者又何所成。如南

皮者乃恨不生乾嘉时耳。侍遁迹金陵，实以故乡无屋可居，为放浪江湖之计，决非来依南皮。其宾客忽而云集，忽而星流，干鄙人底事。心海[1]以兰师[2]之甥，时一见之，其他敬容饥客，皆麾出大门之外。岂我公未尝闻之耶。春间，闻南皮约公，以丧居而来督署，近于陈谢荐疏，侍固逆料从者之必不来，而又深恐从者之或来。若云因此思作十日谈，则赴约，其实访旧为名，侍亦与南皮同作隃垣之避耳，公亦幸而不来也。呵呵。霸州处因两儿授室，曾寄一书，岂浮沉乎？侍以干预公事见逐，行迹自应避不通书，以此通书及私不及公，亦以此公何以不解。若霸州则向懒于书问，且师门至尊，即在江西、陕西时，亦十书不一答，不始于今日。霸州之所以可敬者在此，不似时流之貌为清峻，随气候为炎凉也。公连失素蛮，固宜不乐，然同安玩月何遽作六如亭佛语乎。闭门无事，日手一卷，江南大好山水，亦正无暇游观。简静之门，可云真传也。昨书甫就，而八月二十三日手教又至，才七日耳，何前之迟而后之速耶？润师既无病，似不宜退，若贤者以能退为高，势必不贤而后可，在位则谁与挽此危局者。但侍有亲嫌，有时谤亦不敢作书谏止也。复书似交晓骢[3]入都之便封题。旁注"由上海发"四字甚似其迹，然否。　　　　　　　——《涧于集·书牍六》第14—15页

[1] 心海：梁鼎芬，字星海，号节庵，广东番禺人，光绪进士，湖北按察使，谥文忠。

[2] 兰师：李鸿藻，见前。

[3] 晓骢：张曾敭，见前。

11月26日(十月初十日)　黄绍箕、梁鼎芬、康有为在上海联名发起组织"强学会"电请公列名。见《戊戌变法的另面：张之洞档案阅读笔记》第13页。

11月28日(十月十二日)　回电询梁鼎芬强学会主持人及宗旨、章程，同意列名"强学会"发起人[1]。

　　　谁主谁师？在沪何意？幸示章程，必当列名。

　　　　　　　　——《张之洞存各处来电》第32函档号甲182—134

　　　　　　　转引自《戊戌变法的另面：张之洞档案阅读笔记》第13页

[1]《强学报》刊"上海强学会章程"发起人名单，未见公名。而蔡尔康在"上海强学会序"按语中又增加岑春煊、黎庶昌、陈宝琛、陈三立四人。见上引《戊戌变法的另面：张之洞档案阅读笔记》第13页。

12月8日(十月二十二日)　致函梁鼎芬。

致梁鼎芬　　　　　　　　　　　　　　　陈宝琛

　　　别来欻八九年，世事陆沉至此，吾辈杞忧痛心而已。南皮忠勤弗衰，有掣肘而无助臂，可敬可怜。强学会得公提倡，足以鼓舞才俊。挈及贱名，固所愿

也。求示章程，欲推之于闽中耳。闽事如故，孝先一如尊评。茂先不肯随俗，而孤立有退志，它可知矣。绳庵到宁，乃不一见，壶公情何能忍，此才竟同党锢，终恐有急而相求之时，公时与过从，其志气能犹昔否。街南旧雨聚于白门，辄为神往。麦君前来致公一笺，属为画松。此事久废，容当报命。匆匆手布，余询旭庄能详。节庵同年。期宝琛再顿[1]，十月廿二。

　　　　　　　　　　——《历史文献·陈宝琛遗墨》第 16 辑第 106—107 页

[1] 张之洞 1894 年（光绪二十年）署两江总督，驻江宁，次年迁居江宁。光绪二十二年回湖北，任湖广总督。此函作于 1895 年 12 月 8 日（十月二十二日）。

是年　出任鳌峰书院山长。

　　膺大府聘，出任鳌峰书院山长。

　　屋后田野间，旧有华严精舍。道咸中寺僧种菊极盛，近已久废。相传有游僧相佛谓香火当再盛，中有一小斋，额曰"田声簃"，月集洲之文士课诗文其中。科举罢后，改为小学校。　　　　　　　——《闽县陈公宝琛年谱》第 68 页

　　乙未，光禄公弃养。服阕，主鳌峰书院，以经史、时务分课，士之髦秀者皆录焉。

——《沧趣楼诗文集·诰授光禄大夫晋赠太师特谥文忠太傅先府君行述》第 592 页

　　谢章铤作"《陈母林太夫人像赞》并序"，称公《先妣林太夫人行略》"朴属微至，终无以易阁学之言也"。

　　伯潜阁学以帮办南洋大臣，丁母忧，徒跣奔归，盖未尝一日无栖栝之思也，为太夫人《行述》累千言，其大要曰：（略）。

　　文成，以示其同年生谢章铤，怠[殆]欲有所述，章铤审谛之，朴属微至，终无以易阁学之言也。无己，则请为影堂之赞，聊以慰其孝慈之心。赞曰：

　　非儿之才，得母之所。尽母提携，减儿辛苦。竭母精神，教儿步武。推母腹心，置儿肺腑。耿耿春晖，贯于圭组。儿心报国，天意将母。浩浩长江，潭潭大府。翟茀有辉，永锡纯暇。父严或威，母慈以补。母貌母言，母仪万古。

　　　　　　　　　　　　　　　　　　　——《谢章铤集》第 122 页

　　本年，陈宝琛撰其母之行略成，出示章铤，章铤为作《陈母林太夫人像赞》。

　　按：陈宝琛以其母行略相示，或欲求章铤为之撰家传。又，陈宝琛保存于《沧趣楼文存》卷下，题名《先妣林太夫人行略》，其中大段文字为章铤所撰像赞称引，可知章铤所谓陈文即是此文。宝琛此文未自编年，《沧趣楼诗文集》整理者据文中记载之其母卒年定本文作于光绪十年，实误。其文后述及其母卒后之事曰："自先妣没后，宝璐、宝瑄、宝璜以次举于乡，孙懋鼎亦领解，懋乾、懋豫

均附县学。庚寅会试,宝瑨、宝璐、懋鼎皆中式,而懋益学浸成而夭,去秋宝瑄又没,先妣而在,为悲为喜当何如?"按张允侨《闽县陈公宝琛年谱》光绪二十年条:"弟宝瑄入京会试,归而病殁,误于医药,遂告不治,八月八日殁于里第。"可以确定,陈文作于光绪二十一年,谢文当作于稍后不久。

——《谢章铤集·年谱》第 890 页

张佩纶来函。

复陈弢庵阁部
张佩纶

正月廿九奉惠书。敬承道体佳胜,深慰企仰。散居猝难竣工,以财力不足。坡公云:"我生类如此,何适非艰难。"此举之拙,较坡公营白鹤峰尤甚,或云此园即丁仲容桧亭遗址,无书可证,而为张靖逆袭侯宗仁废第,则确有可凭。张之夫人高远芬能诗,惜箧中无之。如尊处有丁之《双桧亭集》,高之《红雪轩集》,可以寄假否。道远即传钞一本亦可。长夏之约,如不爽,祈示,定当于废园中洁一室以待之。不能全行修整也。吴江无他长,操守尚廉,而所赏均是贪吏,亦是一反。

——《涧于集·书牍六》第 32 页

是年文

先光禄公行述　　　　　　　　　　——《沧趣楼诗文集》第 383—388 页

是年诗

婉女归林以兰氏女学压装并书以助　　　　——《沧趣楼诗文集》第 28 页

感春四首　　　　　　　　　　　　——《沧趣楼诗文集》第 29 页

杨勇悫公家居所临阁帖芝仙观察以一纸见贻感旧赋谢

——《沧趣楼诗文集》第 30 页

1896 年(丙申　光绪二十二年)　49 岁

康有为《强学报》在上海创刊,旋遭封禁。(1.12、1.21)

李鸿章出使俄国,签订《中俄密约》。(4.30、6.3)

汪康年《时务报》在上海创刊。(8.9)

刘铭传卒,年六十岁。(1.12)

2 月 16 日(正月初四日)　致电张之洞。

　　　　陈阁学来电光绪二十二年正月初四午时到

公不请觐邪? 甚欲倾谈,奈葬期近[1],容他日赴鄂耳。琛。支。

　　　　　　　　——《张之洞全集》第 9 册电牍第 6898 页

[1]"葬期近",公父承裘二月二十九日祔葬祖父布政公景亮墓。

2 月 21 日(正月初九日)　张之洞复电。

　　致福州陈阁学光绪二十二年正月初九辰刻发

回任例不须请觐。弟定十七日受代即行,公大事毕后,务望赴鄂。庚。

　　　　　　　　——《张之洞全集》第 9 册电牍第 6899 页

3 月 1 日(正月十八日)　张之洞邀游庐山,未赴约,游亦作罢。

　　过芜湖,留一日。十八日西上登小孤山石钟山。过匡山之下。……先约
陈伯潜同游,陈不到,游亦辍。　　　　——《张文襄公年谱》第 99 页

4 月 11 日(二月二十九日)　葬父于祖父墓。此前作"先光禄公行述"见《沧趣
楼诗文集》第 383—388 页。

　　附葬光禄公于古岚山布政公墓舍。　　——《闽县陈公宝琛年谱》第 65 页

光绪二十二年二月二十九日附葬古岚山布政公之墓。

　　　　　　　——《沧趣楼诗文集·先光禄公行述》第 388 页

5 月 1 日(三月十九日)　致函张之洞。

　　　　致 张 之 洞　　　　　　　　　　　陈宝琛

壶公前辈大人阁下:前月蒋弁赍呈一书,计当入览。溯洄江汉,日萦梦
思。参将刘太富,侍识之于江南,嗣随左、杨[1]入闽,带轮船守炮台,署烽火营

参将,军民安之,近以署缺,为部吏所持,怨家乘之,致以保札不全,碍难收标,奏遣回籍。侍怜其枉抑莫伸,知其朴实可用,麾下需人必广,可否假以枝栖,渠在文正左右有年,能言旧日兵事也。手此,敬请台安。唯鉴,不宣。侍期宝琛顿首。三月十九日。

——《近代中国·陈宝琛致张之洞函牍辑注》第 15 辑第 303 页

[1] 左、杨:左宗棠、杨昌濬。

六月 为《时务报》福建代收捐款人。汪康年、梁启超收到捐款,签名函谢。1896 年 9 月后,汪又单独致谢。见《汪康年:从民权论到文化保守主义》第 59 页。

谢章铤《赌棋山庄文又续集》成集,二弟宝璐题识。

9 月 2 日(七月二十五日) 致函汪康年。

致 汪 康 年 陈宝琛

穰卿仁兄同年坐下:两辱惠书,以多病懒散,延未奉报,死罪死罪。世变穷极,人心醉寐,诸君子乃出其郁积,震发而激励之。每读一篇,辄雀跃抃髀,如肝鬲之所欲出,又复咨嗟,涕洟不能自已。比来海内气类喁喁,响应丕变之机,或者不自上而自下,然收效较难。其及事与否,殆有天邪?宝琛迂拙无似,屏居以来,久不与世相闻。前岁东事略定,颇亟亟于学堂,而难甚费。妄思以纺织机局,内河行轮,为之抧注,粗有议论,辄格不行。此间俗陋民贫,当事又主守旧,实则守旧之中,应为之事且多不举,何论谋新?虽滨海习于闻见,慕西文者颇多,而本之不先,只图小就,此即来教所谓中国之故且未能悉者,而欲其学成而不移染,岂可得乎?村居自课子侄,颇近农亩。顷知学会[1]已开,深惬素怀,拟就乡庄广为倡导。敬奉洋银四十饼,聊助译刻之资。嗣后有新译之书,幸时有昭示之。学殖浅薄,少壮无成,垂老田间,得为太平幸民,于愿足矣。屡承奖借,滋益惭惶。然应求之雅,不敢自外,海天咫尺,延跂为劳。率复布意,不尽所言。敬请箸安。惟恕其稽迟为幸。《湘中舆图》有已出者,乞寄售报处,当可收领。年愚弟陈宝琛顿首。七月二十五日。

手教读悉。教育会[2]经芸子[3]邀,一往以后,两会均以勘暇未到。黎君所携之件,想是诸友论说及会章耶?尊意当告芸子转致,以芸子在近邻也。何世元容当访查再复。玉体仍以静养为宜,勿拘俗套。得暇当再走谈耳。手复,即请穰卿仁兄年大人撰安。弟琛顿首。

——《汪康年师友书札二》第 2088—2089 页

[1] 学会:上海强学会。

[2] 教育会:中国教育会。

[3] 芸子：宋育仁。

9 月 24 日（八月十八日）　李宗颢[1]来访，未遇。

乘肩舆往拜杨廷傅年伯住保定巷，陈伯潜年伯住文儒坊三官堂，均不遇。

——《李宗颢日记手稿》第 91 页

[1] 李宗颢，字煮石，号邵斋。广东南海人，清末藏书家。金石学家、版本目录学家。

9 月 25 日（八月十九日）　李宗颢作函，乞还前借《汉书》。

阴，作书致陈年伯伯潜，乞还在江右时所借先榆林君手批前、后两《汉书》。

——《李宗颢日记手稿》第 93 页

9 月 28 日（八月二十二日）　访李宗颢，还《前汉书》。

少顷，陈伯潜年伯来谈良久，并将《前汉书》一部掷还，而《后汉书》云前在江右时已交麦明府雨岩转致，云云，当俟异日询之。

——《李宗颢日记手稿》第 103 页

10 月 1 日（八月二十五日）　李宗颢作函。

作书与陈伯潜、叶恂如两年伯。　　——《李宗颢日记手稿》第 107 页

10 月 7 日（九月初一日）　李宗颢代呈为何璧流所写屏幅。

饭后致书与璧流观察，并所写屏幅奉呈，代致陈伯潜年伯。

——《李宗颢日记手稿》第 111 页

10 月 15 日（九月初九日）　李宗颢来访。

早到拜陈伯潜年伯，谈顷即归。　　——《李宗颢日记手稿》第 115 页

10 月 23 日（九月十七日）　李宗颢获悉托公谋馆事不成。

早饭后踵谒彭老师，知托陈伯潜年伯谋馆事不谐。

——《李宗颢日记手稿》第 119 页

10 月 29 日（九月二十三日）　李宗颢来访，辞行。

早饭后到陈伯潜、叶恂如、何璧流、彭老师、陈汝实及其孙伯熙处辞行入都。

——《李宗颢日记手稿》第 121 页

1897 年(丁酉　光绪二十三年)　50 岁

中比议定《芦汉铁路借款合同》。(5.27)

严复《国闻报》在天津创刊。(10.26)

曹州教案,德国侵占胶州湾。(11.1、11.14)

林寿图卒,年七十八。

2 月 27 日(正月二十六日)　致函张佩纶。

致 张 佩 纶

陈宝琛

绳庵世丈大人阁下:去秋书来,欷逾数月。与公今岁俱五十[1],年运而往,世事悠悠,苍弟缔昏[婚]谁氏,娶妇称翁欲抱孙,公可为向禽之游矣。侄秋冬间与叔毅先后病疫,两月始愈,性本懒漫,益以早衰。前此亲在,不能远出,今后如能处分家事,付之群季,便当从公浮家从宅也。霸州[2]无官情而任剧寄,求退不得,强起视事,若得一臂助,庶可遂其简静之志。闻累电趣晓帆[3],春季当可到,尤盼次棠[4]前辈能移此耳。去秋书乃家叔带沪寄宁,非其笔也。鼓山有朱文公、赵忠定摩崖书,每过辄徘徊其下,近揭数本,特以奉贻,旧作一首附博笑噱。丹曾[5]日内有秣陵之行。匆匆草寄,附呈枣糕、肉松少许。敬请道安,眷爱均吉。制宝琛顿首,正月廿六日。弟辈同叩。

——上海图书馆藏手稿

[1] "与公今岁俱五十",陈宝琛与张佩纶同年,生于 1848 年(戊申)。

[2] 霸州:边宝泉,见前。

[3] 晓帆:张曾敭,见前。

[4] 次棠:于荫霖,见前。

[5] 丹曾:沈翊清,见前。

夏　张佩纶来函。

致陈弢庵阁部

张佩纶

前寄上霸州[1]小像事状,由皞民[2]转致,谅已入察。迩日兴居何似。入伏后能雨晴水退否,深以为念。侍以移居扰扰,近又须经营新宅,财力、人手均不湊泊,大为所困。诗兴本如败将之畏战,今为俗尘所涸,更不知遁往何所须烦。闽人公愤纠劾,或者可以捉来,好在公不督之,且待秋凉纳上也。岘[3]未交查,刚[4]来搜括款项得六十万,又赴苏州清赋。见在岘已乞病,未卜内意如何。柯巽庵[5]从都回云,庆[6]主联倭,大为言路所攻。联俄、联倭均是放虎自卫,而所谓自强者又不从人才起见,保举纷纷,大率倖进,可慨也。叔重内召,似为十乱中人所阻,然慈眷极优。余晋珊即所保荐。五月杪太热,近却凉爽,左近当有雨耳。

　　　　　　　　　　　　　　　　——《涧于集·书牍六》第32—33 页

[1] 霸州:边宝泉,见前。

[2] 皞民:顾肇熙,见前。

[3] 岘:刘坤一,字岘庄,廪生出身。湖南省新宁县人。署两江总督、两广总督、南洋通商大臣。谥忠诚。

[4] 刚:疑为刚毅,字子良。满洲镶蓝旗人,彼帖式,时为军机大臣。江西、直隶按察使、广东、云南布政使、山西、江苏、广东巡抚、礼部、户部侍郎、工部、刑部、兵部尚书、时为军机大臣。

[5] 柯巽庵:柯逢时,一作凤逊,字逊庵,懋修,号巽庵,别号息园,湖北武昌人,光绪进士,贵州、广西巡抚、督办各省土膏税务。

[6] 庆:庆亲王奕劻。爱新觉罗氏,乾隆帝弘历曾孙,辅国公绵性长子。总理衙门大臣、内阁总理大臣。光绪二十四年慈禧太后封世袭罔替庆亲王。

　　张佩纶复函。

复陈弢庵阁部　　　　　　　　　　　　　　张佩纶

　　前奉复书,敬承一一。丁卯深险如此,殊出意表。所云复阻,殆指贵近而言,能示详细否。侍元旦病咳,立春前咯血数口,不以为意。立夏日又咯血数口,亦不以为意。至初十乃大吐半日,积三四茶杯。如此三日,幸是肺、胃之血。后服三七、麦冬之类始止。廿一以作书偶劳又复发,痰中且有败络,幸死生久已了然,造物既不甚爱惜之,即亦不自郑重,一切听之悠悠,愿勿念也。一春戒酒,大以为苦。近更不能读书。岘庄回任,度从者长夏之约又必不能践言。未知相见何日耳。

　　　　　　　　　　　　　　　　——《涧于集·书牍六》第33 页

10 月 18 日(九月二十三日)　五十寿辰,坚辞亲友举觞祝贺,赋诗明志。诗见《沧趣楼诗文集》第261 页。

　　值公大衍之辰。时初释服,亲友拟举觞为祝,公峻辞之,赋诗明志曰:"捧觞无复旧斑斓,才脱麻衣泪未乾。弟妹尽知当室感,妻孥浑作寄生看。难消薄福原应惜,勉受荣施转不欢。亲友倘怜休见恩,不然江上一渔竿。"诗未入集[1]。

　　　　　　　　　　　　　　　　——《闽县陈公宝琛年谱》第65—66 页

　　先君五十,谢先生章铤集张亨甫诗句"期君正有千秋事,视我真为一代人"

为赠。

——《沧趣楼诗文集·诰授光禄大夫晋赠太师特谥文
忠太傅先府君行述》第 369—370 页

[1] 诗作"补遗"后收入上海古籍出版社 2006 年版《沧趣楼诗文集》。

九月 作王仁堪夫人,林淑人五十寿序。

舅嫂林淑人五十寿序　　　　　　　　　　　陈宝琛

余以同治七年入都,婚于王氏妻弟;可庄亦新婚,比屋居。是时外舅姑甫逾四十,与吾父母年相若,宅心笃厚,理家勤朴,亦相似。余长可庄一岁,义气文字交相下,益相得也,王陈之交旧矣。文勤公廷对,吾曾祖与读卷;吾祖又师文勤公兄。吾祖督陕储,文勤公适抚陕,故吾父与外舅交稔。至是外舅喜余与可庄兄弟习复熟,闻螺洲山水之胜,时时寓书吾父,约卜邻,且属酿村秫,储以归老。及今思之,犹昨日事也。可庄提学山右之明年,余亦有西江之役,自是不复见国门。可庄既归,葬吾外舅,就余于南昌至瑞州,而别又五年试粤,假归宿余沧趣楼,复申前约,欲买地先种树。余笑谓君方乡用,忍言退耶。又四年,可庄以忧愤言事不得居中,乃尽瘁为循吏。吴之吏民争赙归其丧。淑人因得奉病姑旋里,丧葬既毕,以其赢买宅一区、田数亩,家于余居之左。盖自吾外舅举念以来将三十年,及淑人之身而始成之也。淑人自为妇以迄为母,率处约境。故尤习于勤,先后举十一男而存其七。长孝绳已抱孙,幼者方离褓襁。孝绳贤且才,自以世臣,惧弗任继述,汲汲于古今中外之故蕲为有用,而以其暇兼及农圃之事。所居窗外即水田,秔秫秀翠染衣袂,岁云秋矣。淑人日坐堂虎帅诸妇治寒服、课臧获、打稻簸穀,村之疾苦贫窭者,乞药匄钱集聒其侧,若不知其膺二千石之封诰者然。王氏迁闽十传至文勤公,而贫而兴其宗,至吾外舅又贫而昌其后。今可庄未竟厥施,复遗子以贫,而淑人又恪守舅姑之家法,以日训其子妇。无论知与不知,皆决王氏之必再振。洲之中,吾陈以外若吴若林,皆族姓数千人,淑人又多男,自兹以往,不及百年,不且并三姓而四耶,固可于淑人券之矣。今岁淑人五十,余夫妇亦五十矣,孝绳以文请余,一星以来忧患频,仍一无可意,惟喜见亲串中有贤子弟况如孝绳者哉,则益怅然于前后悲欢离合之致。拉杂书之,以志淑人相居村之由,并以见吾两家之睦谊。时光绪二十三年九月赐进士出身,前内阁学士,姻侍生陈宝琛拜撰并书。

——福建省图书馆藏《王苏州配林太夫人寿言集》第 4—6 页

公病秋疫。

丁酉九月,伯父亦病秋疫,府君日坐榻旁辩症,察几惟审。

——《螺江陈氏家谱·陈懋豫:先府君(陈宝璐)行述》(一)第 755 页

11 月 27 日（十一月初四日）　陈三立欲在江西开办学堂，请公及沈曾植及江标等人，多不到。

诸君游华，同舟饮至二鼓，谈时事甚畅。校经请沈子佩[1]，伯严云江西学堂请陈伯潜，大半不到，即请江建霞[2]。

——《湖南维新运动史料·师伏堂未刊日记选》第 682 页

[1] 沈子佩(培)：沈曾植，字子培，号巽斋，别号乙盦，晚号寐叟等。浙江嘉兴人。光绪进士，历官总理衙门章京等职。曾任上海南洋公学监督(校长)。博古通今，学贯中西，书法大家，以“硕学通儒”蜚振中外，誉称“中国大儒”。

[2] 江建霞：江标，字建霞，一作兼葭，号师郢、苦荼、萱圃等。光绪进士，官翰林院编修、湖南学政。整顿校经书院，增设史地、算学等学科。清末维新派。博学工诗文。

是年文

　舅嫂林淑人五十寿序　　　　　　　　　　——《沧趣楼诗文集》第 369 页

是年诗

　五十初度亲友拟举觞为祝时初释服辞之　　——《沧趣楼诗文集》第 261 页

1898 年(戊戌　光绪二十四年)　51 岁

康有为上《应诏统筹全局折》,详论变法。(1.29)

中德《胶州湾租借条约》、中俄《旅大租地条约》签订。(3.6、3.27)

中美签订《粤汉铁路借款合同》。(4.14)

张之洞《劝学篇》、严复《天演论》刊行。(3、4 月)

光绪帝下诏"明定国是",变法维新,百日维新开始。(6.11)

戊戌变法失败,光绪帝幽禁瀛台,戊戌六君子遇害。(9.21)

叶大庄卒,年五十五。

2 月 7 日(正月十七日)　致函荣禄。

陈宝琛致书荣禄,主派容闳、黄遵宪借美债。

——《近代中国史事日志》第 988 页

2 月 9 日(正月十九日)　五女[1]生。

五女裦贞(逸华)生,侧室刘宜人出。　　——《闽县陈公宝琛年谱》第 66 页

[1] 裦贞(逸华)后适刘鸿寿子刘骏业,其子刘广京为美国华裔著名史学家,台湾中研院院士。

2 月 23 日(二月初三日)　与叶恂如率正谊、凤池书院诸生齐集福州文庙明伦堂祭孔。

本月初三日为文庙丁祭之期,先一日绅士郭司仪幼培会同正谊书院叶恂如、凤池书院陈弢庵山长及诸生百馀人,齐集明伦堂。……

——《申报》1898 年 3 月 6 日

4 月 25 日(闰三月初五日)　出使大臣许景澄保举公,称"公学识精明,究心交涉"。

[许景澄荐]降调内阁学士陈宝琛,学识精明,究心交涉。

——转引《戊戌变法史事考二集》第 201 页

6 月 24 日(五月初六日)　致函张之洞、张佩纶。

致 张 之 洞
陈宝琛

壶公坐下:久不奉书,中间世事日新月异,公之焦劳可知。前闻内召,海

内相贺，而侍窃窃私虑，以前事验之，今果然矣。纷纭如此，公但宝啬精神以待之，剥复否泰，会有时耳。沙市案宜尚易了，惟倭人早觊闽厦，近于福州索租专界，他日铁路、矿务归其掌握，吾民如釜鱼矣。先垄敝庐，舍去不得，公谓我何？霸州徒抱孤愤，除乞休外无他策，春间疏论鉴公片保次公，如石投水，益求退也。侍叠更忧患，万念灰冷，去腊西江友人招主学堂，本不欲往，颇思藉此来往江湖，就公及一二故人倾吐积怀，既而霸州羁以鳌峰，复旧未能，谋新不可，徒用自苦。近日学术芜杂，士气嚣浮，滔滔皆是，波及滨海，闻公有《劝学篇》之刻，急欲快睹，当衍其传。公近来眠食如何？臂助得人否？时用系念。君立与伯茀[1]同贡春官，喜慰无比。手肃并贺，敬请台安。惟鉴，不备。侍橘洲顿首。五月初六日（1898年）。

　　　　　　——《近代中国·陈宝琛致张之洞函牍辑注》第15辑第302—303页
[1]君立：张权，字君立，张之洞子。伯茀：寿富字，宝廷子。两人光绪二十四年同中进士。

致　张　佩　纶　　　　　　　　　　　　　　　陈宝琛

　　绳庵世丈大人坐下：得手书，知公病后复遭拂瞀，半年来鄙日虑此。天下事不如意常八九，况吾辈孤介之性，本与容之之福相妨，愿公达天知命，养其和平，莫新居而迎多祉也，侄与公同年，而两离裁毁齿。稚女如雁行，孤子当室，杞人忧天，年复一年，不知老之已至，惟恃委心任运，以全其天，所恨不获结元、白之邻，从向禽之好耳。横流日迫，浭水之当俄轨，与白门之集英航，似有差等。公澄观世变，徙北图南，其有见乎，刚相南下，内局或不无小变，合肥公为此寂寂，老子犹龙，固不可测，迩来精神何如，公处当有音问。四月望前托招商局寄奉素心兰四盆，函致七湾，得勿以移居误投否。此间连雨，浃月溪流暴注，城西一带均沦巨浸，舍间水仅半尺，幸无海涨，未大损也，可慰远注。手复敬请道安。宝琛顿首，五月初六。

　　　　　　　　　　　　　　　　　　　　　　——上海图书馆藏手稿

五月　张佩纶复函。

复陈弢庵阁部　　　　　　　　　　　　　　　张佩纶

　　前缄寄后次日即得惠教。并诒[1]我素心兰四盆，较在沪所致者品类迥异，感谢无已。即思作复，而移居冗杂，仆力不齐，兼之南中潮湿，又作黄梅，侍惟终日扰扰，竟不能稍近笔研。今日又奉复书，劝以委心任运，语极真挚，但尚未说到真切处。十五年中，何时不委心任运，至于丧亡相迫，即不能漠然无动于衷，究亦未敢怨尤。稍改其居易俟命之素也。舍北居南亦属万不获已，且俟稍暇再细谈之。筱驵[2]遇沪属缉廷致意，未有续书。既已赴蜀，于润师之家事鞭长莫及，便有书亦是敷衍文字。盛昱[3]作墓志即是筱驵所属以书丹哀启例之，必不能佳也。仰之书日内始到,请公改志为碑,并寄上润师小像一帧、哀状一分,原书一同呈览。如大笔撰文,似仍须再考事实,可属令侄至史馆钞之。言路章奏已略,秦、豫竟无一事,殊太减色耳。代者无前政之清廉,而眷注颇殷,或云欲内召入枢,不卜确否。刚[4]来筹款,兼有察问,刘轻而松胡重,侍亦未深考也。阁下既课教后进,又简练乡兵,居然文武兼备,未免大材小用矣。

——《沧于集·书牍六》第 28 页

[1] 诒:同贻.

[2] 筱骖:张曾敫,见前。

[3] 盛昱,爱新觉罗氏,字伯熙,号韵莳,满洲镶白旗人,肃武亲王豪格七世孙。光绪二年进士,文渊阁校理、国子监祭酒、协办大学士。

[4] 刚:王仁堪,号刚侯,见前。

7 月 19 日(六月初一日)　张之洞上"保举使才折"。荐举公堪任使。

保荐降调内阁学士陈宝琛等各员清单。

清单:谨将保荐使才各员缮具清单恭呈御览,降调内阁学士陈宝琛该员才品兼长,学端志远,办事沈毅有为。向来讲求洋务,于兵轮、商务工作等事并皆熟习,中外大局均属了然,能见其大,不同侈谈西学皮毛者。

—— 中国第一历史档案馆藏录副清单 - 03 - 5369 - 020

亦见《张之洞全集·保举使才折并清单》卷 48 第 1316—1317 页

8 月 9 日(六月二十二日)　张权函告张之洞所荐公等四人,皆未起用。

玉坡又云:陈伯潜阁学、盛伯羲祭酒、崇文山[1]尚书及梁星海丈,此四人皆未易起用。如张幼樵丈,更无论矣也。

——《戊戌变法的另面:张之洞档案阅读笔记》第 101 页

[1] 崇绮,字文山,蒙古正蓝旗人,同治三年状元,光绪十一年吏部尚书。1900 年卒。

8 月 10 日(六月二十三日)　张之洞致电子张权,询保举结果;张来电喜悉公"奉旨赐对"。

致 张 权　　　　　　　张之洞

鄂省保举使才数人。有二人已奉旨进京,惟陈伯潜阁学一员,不知下文,或奉召,或报罢,速复。壶。漾。

——《戊戌变法的另面:张之洞档案阅读笔记》第 105 页

8 月 29 日(七月十三日)　陈宝箴奏请起用公等,上谕预备召见,后以政变不果。

(七月,甲子)陈宝箴奏:遵保人才开单呈览各一折,湖南候补道夏献铭、试用道黄炳离、降调前内阁学士陈宝琛、内阁候补侍读杨锐、礼部候补主事黄英采、刑部候补主事刘光第、广东候补道杨枢、试用道王秉恩、江苏试用道欧阳霖、江西试用道恽祖祁、杜俞、湖北候补道徐家干、江苏候补道柯逢时、湖北试用道薛华培、候选道左孝同，以上各员在京者，着各该衙门传知该员豫备召见，其馀均由各该督抚饬知来京，一体豫备召见。

——《德宗景皇帝实录》卷 424 第 556 页

亦见《陈宝箴集·密保京外贤能各员折》上第 807—808 页（六月十八日）

右帅[1]密保人才，与特科同发，第一陈伯潜，有黄幼农、夏子新。

——《湖南维新运动史料·师伏堂未刊日记选》第 775 页（七月二十七日）

[1] 右帅：陈宝箴，字右铭，见前。

阅昨日《京报》，陈宝箴保举陈伯潜，王锡蕃保举沈翊清、严复、林旭，皆饬预备召见。馀人皆多。　　——《郑孝胥日记》第 2 册第 674 页（七月十四日）

湘抚陈宝箴请起用公，以政变不果。　　——《闽县陈公宝琛年谱》第 67 页

戊戌，景庙变法，湘抚陈右铭中臣疏荐，以政变罢行。

——《沧趣楼诗文集·诰授光禄大夫晋赠太师特谥文忠太傅先府君行述》第 592 页

9 月 10 日（七月二十五日）　张之洞来电。

福州。陈阁学：奉旨赐对，欣喜无可言喻。鄙人屡请不获，今竟得之于义宁[1]，快极。何日北上，务电示。洞。有。七月廿五日午刻发。

——《近代史资料·张之洞往来电稿》总 102 号第 20 页

[1] 义宁：陈宝箴，江西义宁人。

9 月 13 日（七月二十八日）　张之洞再次来电。

公（张之洞）奉旨召对，乃圣上求治录贤之盛举，岂有迟疑之理。无须再商他人。何日北上，以速为佳。务望过鄂一行，有许多要语面谈。

——《张之洞年谱长编》上卷第 559 页

公（张之洞）奏保使才，陈右铭抚部亦求以人才荐，有旨宣召。阁学[1]函商出处，公谓录贤求治，理无迟疑，请先过鄂面谈。……未几，朝政复旧，阁学不出。

——《张文襄公年谱》第 121 页

[1] 阁学：陈宝琛，内阁学士。

9 月 14 日（七月二十九日）　山东道监察御史杨深秀上"裁缺大僚擢用宜缓特保新进甄别宜严折"，反对陈宝箴保举公。

臣前奏湖南巡抚陈宝箴锐意整顿，为中华之嚆矢，遂奉温旨褒嘉，以励其馀。……今其所保人才，杨锐、刘光第、左孝同诸人，均尚素知名，馀多守旧中

之滑吏。……至陈宝琛虽旧有才名,闻其居乡贪鄙,罔尽商贾之利,形同市侩。徐人臣所未知,特能谙时务者少耳。 ——《湖南维新运动史料》第166页

七月 与福建银元局总办孙葆瑨、副总办力钧,以及王孝绳、陈璧等共同创办"东文学堂"于福州乌石山。八月始得日本人士捐款。福建东文学堂以教授日文为主,为派遣学生留日作准备,通过学习日文掌握西学,以期国家富强。

公辞去鳌峰书院事,在福州城内乌石山捌办东文学堂,为派遣学生留学日本作准备,是为全闽新型学校之嚆矢。 ——《闽县陈公宝琛年谱》第69页

学堂开办之初即戊戌年(1898)七月(农历)的捐款页没有日本人士捐赠一项,只有到了同年八月(农历)才有日本捐款。

——《华侨大学学报·黄庆法:福州东文学堂述论》2004年第2期第76页

1896年由具有维新思想的绅士陈宝琛、陈璧[1]、孙葆瑨[2]、力钧[3]等人创立,在书院形式上加以革新的新型学校苍霞精舍得成功,给维新派人士很大的鼓舞。于是多位绅士合议于1898年9月共同创建福州东文学堂。

——《华侨大学学报·黄庆法:福州东文学堂述论》2004年第2期第76页

办学缘起,日本迩来广译西书,富我取资,壤地至近,既鲁桥之闽邦,取径至捷,……诸君子倡建苍霞精舍专课英文。二年以来颇著成效。

——《王孝绳:福建东文学堂三年报告汇编》

[1]陈璧:字玉苍,福建闽县人,光绪进士,顺天府尹、商部、户部侍郎、邮传部尚书。
[2]孙葆瑨:字幼毅,号石叟,福建侯官人,光绪举人。浙江候补知府、福建省银元局总办。
[3]力钧:字轩举,号香雨,福建永福人,光绪举人,商部郎中。

10月25日(九月十一日) 致函张佩纶。

致 张 佩 纶

陈宝琛

木君世丈坐下:月前奉函当已入览。彼时霸州[1]病犹未剧,但闻杭医周性好用补剂,已屡沮之。岂料月徐未回,而方药杂投,遂致暴变。身后但崔戚在侧,其家事素来深潭,恐故乡亦不易居,两稚至可念也。嗣孙系承继次房,承重尚虚以待。闻是治命,公处必早得电,感知痛逝,自难为情,若非避世绝人,尚望为来经纪。鄙以小疾邸居,顷来凭棺一恸,本多病畏寒,益以灰懒,欲戒途而辄怯。前言殆作罢论。惟须有收束否。甚盼来教也。绪恶气结,草草奉布。敬问箸安。听水顿首,九月十一日。 ——上海图书馆藏手稿

[1]霸州:边宝泉,河北霸州人,见前,光绪二十四年九月卒。

九月 为福州南后街"董执谊故居"题扁"贞吉居"[1]。现悬福州董故居大厅。

[1]董执谊,字藻翔,号藕根居士。光绪举人,出任盐官、咨议局议员。辞归。开设"味芸庐"

书坊。故居别称"贞吉居",位于福州南后街西侧 162 号。当年文人墨客常雅集于此煮茗清谈吟唱。

11 月 28 日(十月十五日)　到上海,与张佩纶等晤聚三日,有诗"沪上与蒉斋会话";二女婉贞随婿入都,亦有诗"婉女随婿入都过苏省亲送至上海",均见《沧趣楼诗文集》第 32 页。

十月,公次女婉贞婿入都,过苏省亲。公欲送之过上海。时闽浙总督边公宝泉新卒于任,福州招商局以轮船送其柩北返,公遂附以行。公与张公蒉斋南北睽隔十有五年,张公自甲申被劾去津后,因爱南中山水,卜居金陵,屡有约公一晤之议。顾张公以闽事致谤,不愿再履闽地,公亦以曾劾江督刘坤一,不愿来宁,故迄未如愿。至是张公因迎吊其外舅边公之丧,亦来沪渎,得以晤聚三日。公有诗纪其事;其一曰:"相看短发未全斑,十五年来一瞬间。可似东坡遇莘老,安排浮白对青山。"其二曰:"小阮匆匆去入朝,阿瑛话旧最魂消。早知万事皆前定,秋雨横街说鬼宵。"盖蒉斋兄子安圃亦约在沪相见。公船阻风,逾期至,则已行。"阿瑛"谓缉庭,"横街说鬼"则当年柳堂侍御南横街宅中,净名道人降乩事也。其三云:"欲将谈笑洗苍凉,三夜分明梦一场。记取吴淞灯裹别,不须寒雨忆洪塘。"洪塘即金山寺所在地,甲申公与蒉斋相别处。

　　　　　　　　　　　　　——《闽县陈公宝琛年谱》第 68 页

接桎弟十四日书,云伯潜到沪,藕泉将来鄂,拟以衣箱托带。

　　　　　　　——《郑孝胥日记》第 2 册第 698 页(12 月 2 日)

是年　创建螺洲两等小学。

将陈家旧书院改建为"螺洲两等小学",不久将绥和女子家政学校并入小学[1],捐资扩建校舍,王寿眉亲任监督,开新式教育之先河。

　　——《炎黄纵横·黄益群:福建女学第一人王眉寿》2011 年第 11 期
[1] 绥和女子家政学校:夫人王眉寿在螺洲创办。

是年文

族兄伯纶先生七十寿序　　　　　　——《沧趣楼诗文集》第 357 页

是年诗

华岩精舍　　　　　　　　　　　　——《沧趣楼诗文集》第 31 页

婉女随婿入都过苏省亲送至上海　　——《沧趣楼诗文集》第 32 页

沪上与蒉斋会话　　　　　　　　　——《沧趣楼诗文集》第 32 页

金韶生太守属题先德月川水部北游草　——《沧趣楼诗文集》第 262 页

酒坐晤日本黄叶秋造为述受姓之自录示先德溪旁扫落叶绝句依韵追和

　　　　　　　　　　　　　　　　——《沧趣楼诗文集》第 262 页

1899 年(己亥　光绪二十五年)　52 岁

中俄签订《辽东半岛租地专条》,俄租旅大。(5.7)

康有为在加拿大成立保皇会。(7.20)

义和拳朱红灯在山东起事。(9.17)。

袁世凯署理山东巡抚,率兵镇压义和团。(12.6)

戊戌十二月　应船政大臣增祺邀请,与陈璧[1]同至福州马尾出席"建威"号[2]鱼雷快艇下水典礼。

> 第一号鱼雷快艇十二月下水,取名"建威",……船政大臣增祺於建威下水之日延请鳌峰书院山长陈宝琛、凤池书院山长陈璧来马江观礼,时北洋海天、海筹两兵舰来闽,管带刘冠雄、李鼎新,轮机长陈兆锵与焉。附"建威"相片及与会人员相片。
> ——《船政编年史》第 193、231 页

[1] 陈璧,字玉苍,见前。

[2] "建威"号光绪二十四年十二月下水。

3 月 1 日(正月二十日)　闽浙总督许应骙[1]以福州米价腾贵,在团练总局筹款赈济,公与叶大焯、陈璧等闽绅协助募捐筹办。

> 福州访事友人云,闽浙总督许筠庵制军,每日接见属僚访民间疾苦。知近来米珠[薪]桂[贵],间阎生计维艰。爰筹集巨款委员四出采米以济民食。团练总局设在东街文昌宫内,由叶恂予、陈弢庵、陈玉苍各巨绅认真筹办,所需勇丁饷项,拟征收膏捐,以资接济,戢奸禁暴辅巡防保甲,所未逮亦卫民之善政也。
> ——《申报》1899 年 3 月 1 日

[1] 许应骙:号筠庵,见前。1898 年 10 月(光绪二十四年九月)任闽浙总督,1903 年 4 月解职。

春　为福州西禅寺三门亭题写楹联:"碧润生潮朝自暮,青山如画古犹今。光绪己亥年春传戒明光重建,闽县陈宝琛敬书。"今见福州市西禅寺。

5 月 11 日(四月初二日)　张之洞来电。

> 卅电悉。当与中丞、司道商酌,金云鄂产米少,向自湘省采买,现汉口价

贵,若在此买,米商必借端抬价。闽欲购米,可赴湘、岳一带购办,价值较廉,其实湘米仍即鄂米来源,不过多此一转折,则市面不觉,民情不惊耳。沃。

——《张之洞全集》第 10 册第 7778 页

四月　张佩纶复函。

复陈弢庵阁部　　　　　　　　　　　　张佩纶

前上一书,当已入察。送春迎夏,岁月如流。伏想道体□适,时切驰思。侍初间因吃时鱼、白酒,一夕腹痛,便血升馀,大有杜陵饱死之乐,旋亦不药自愈。从此恐不能饮酒,殊是苦境。计吴淞一别不过六月耳,而病如灵和之柳,三眠三起。然则前十五年之顽健不死,专为此匆匆一面之缘耶? 以后恐贱体日衰矣。七湾居不甚利,白下俗说有"眼泪流到七家湾"之语,心甚恶之。初则意在北归,不能决意谋宅,继则次媳已成痼疾,无从移居。月之十四日,次媳下世。来金陵五年居湾,丧长子,殇两男一孙,与此而五凶宅之说,不可不信。日内拟迁李氏试馆,亦非可久居者。馆之前巷有一废园,颇多旧树,侍规为隐遁地。索价颇昂,力不能办。近屋主以讼累归桐城,或可典出,如能得之,虽非入山深处,较可远市避暑。然流落老坡,究竟能买田阳羡终老是乡否,侍亦不敢自必,须看天意如何矣。再同与侍至交,申以婚姻,历患难而不渝其素,铜符作合,均曰天缘。不料草草如此。三年中直未尝一日离医药也。乙未、丙申间,两儿授室,自谓流离颠沛中,了却向平之愿,可以遍游名山,不问家事矣。不料变故出于人谋之外,注定侍之劳郁,并区区之庸福而亦靳之。此岂章惇所为,即亦无取,怨尤任命而已。知公挚爱,闷中聊相告,语以豁吾怀,不尽百一。

——《涧于集·书牍六》第 27—28 页

6 月 16 日(五月初九日)　黄体芳病逝,作挽联。

新亭名士,谁知张翰先机,年来饱吃莼鲈,坐看横流馀酪酊;庆历旧臣,最数郑公强项,天末喧传甲马,怆怀时事益萧条。　　——《黄体芳集》第 474 页

七月　谢章铤过鳌峰书院,有诗唱和。公作"依韵奉和枚如年丈过鳌峰访荷花之作""检得左海先生致先尚书手札五通所言皆桑梓要务叠前韵呈谢丈""枚如丈寄示叠韵有感之作逾日复见过再叠奉和""枚如丈和前诗忆及石鼓三叠奉教兼约后游""枚如丈出示见答订游石鼓及作陈莲庭诔感怀又郑生国荣选菊见惠叠韵三首四叠奉和",均见《沧趣楼诗文集》第 33—36 页。

过鳌峰书院,见荷花有感,作诗赠陈宝琛,宝琛和之,相互往来,自夏徂秋,遂有以"新、春、人、过"为韵之唱和七律十数首。

《馀诗集》:《过鳌峰,访荷花,口占呈陈伯潜》、《读陈伯潜和作,有感,叠前

韵》、《答伯潜诗仍用前韵》、《伯潜从螺江寄示，再叠和作，秀削沉着，鄙人不能到》、《答伯潜订游石鼓，叠韵》。　　　　　　　——《谢章铤集·年谱》第 896 页

谢公枚如过鳌峰书院观荷，与公屡有唱和。公在都时，尝与谢公论诗。谢公谓叠韵易伤诗格，当悬为戒律。兹则兴到而共斗尖叉，谢公亦自不免。

——《闽县陈公宝琛年谱》第 68—69 页

12 月 20 日（十一月十八日）　闽浙总督许应骙奉旨在福建办团练，委公与叶大焯、陈璧总理一切。

福州访事友人云，闽浙总督许筠庵制军自奉旨饬办团练，即委本省巨绅叶恂予、侍读陈玉苍、侍御陈弢庵阁学总理一切。一面令地方官、殷实商民募捐筹办，迄今阅时已久，惟城内有团勇二三十名，南台安乐铺三十名，此外则寂无所闻，盖经费难筹，人怀观望，道谋筑室，宜其日久无功也。

——《申报》1899 年 12 月 20 日

12 月 25 日（十一月二十三日）　谢章铤八十寿辰，门生、故旧多有撰寿文、寿诗以贺。作"谢枚如先生八十寿序"，见《沧趣楼诗文集》第 320—322 页。

八十寿辰，门生故旧多有撰寿文并寿诗以贺者。

《寿言》作者为：陈宝琛、叶大焯、陈宝璐……。

——《谢章铤集·年谱》第 896 页

十一月　应谢章铤请，作沈源深[1]遗著《劝学浅语》序，见《沧趣楼诗文集·祥符沈侍郎〈劝学浅语〉序》第 296—297 页。

本年沈源深子豫立奉源深遗著《劝学浅语》来，请章铤校刊刻行。章铤请陈宝琛作序，遂刊刻之。　　　——《谢章铤集·年谱》第 897 页

[1] 沈源深，字叔眉，河南祥符人，咸丰进士，光绪十七年兵部侍郎。

是年　何成浩捐赠鳌峰书院《广雅丛书》及仪器等，有诗复谢，"何粮储成浩以广雅丛书捐置鳌峰书院赋谢"，见《沧趣楼诗文集》第 35 页。

何成浩（粮储）以《广雅丛书》捐置鳌峰书院，并捐金购置书籍仪器，立算学斋。公作诗谢之。　　　　　　　——《闽县陈公宝琛年谱》第 68 页

日本馆森子渐来观文信国等遗墨，有诗"日本馆森子渐鸿来观文信国黄忠端倪文节遗墨因宿江楼口占二绝"，见《沧趣楼诗文集》第 36 页。

日本馆森子渐（鸿）来观文信国、黄忠端、倪文节遗墨，并出示所辑朱舜水、张斐文遗事，因宿江楼。　　　　　——《闽县陈公宝琛年谱》第 68 页

在福州屏山创办蚕桑公学。魏瀚发起，郑簠守、高凤谦[1]参与创建；开设养蚕和种桑两科，以期广开风气。

福建最早创办的实业教育。光绪二十六年私立的福州蚕桑公学，……由陈宝琛倡议，于光绪二十五年冬"募集捐资"，翌年在福州屏山贤良祠正式成立，初设饲蚕、种桑二科。　　　　　　　　　——《福建教育史》第 283 页

丁酉年(1897)农历五月间高凤谦致汪康年函，始商议。

致 汪 康 年

高凤谦

近闻有农学会之举，此著甚好。乡居无事，颇留意稼事。欲于闽中推广蚕桑，未能得其要领，拟集同志设法振兴云去。魏季渚素有此志，亦欲相助为理。季渚之意，谓中国兴利机器，不如农桑之易行，就闽言，则蚕为尤亟。闽中山多田少，可耕者寡。若用浙、粤之成法，参泰西之新学，蚕利必可大兴。已与伯潜商办理之法，未知何日能成议。季渚名瀚，三游泰西，前后十馀年，精英、法文字，格致制造，于各国事势亦复熟悉。识量宏远，志节严峻。但仪文阔疏，不能容人之恶，故知之者固有其人，而不知者亦复不少。

　　　　　　　　　　　——《汪康年师友书札(二)》第 1624 页

[1] 高凤谦：号梦丹，福建长乐人。浙江大学总教习。1894 年赴日任留学监督。曾任上海商务印书馆国文部长、编译所所长、出版社长、复旦公学监督等职。

与谢章铤论诗，谢作"评诗课卷答伯潜同年"。

大抵国初以前，有诗话、诗选等可作依傍，故其言不失之远。若近代著作家，则模糊影响，不能测其源流。虽涉猎不精，亦胸次未能自瞭也。又论诗本非易事，凡能论诗，必能撰史。诗、史体裁不同，识解则一，此遗山"金诗"、竹垞"明诗"所以为绝大著作，而垂之不朽者也。且成为诗、文人者，其始皆不从诗、文来。诗、文一途，其成必有所挟，其最高挟道德，其次挟功业，最下亦必挟气节。气节者，即其平日之立身行己，而力修风裁，且将运道德功业而流露其概也。故欲论其诗，必知其人之诗所从入，而浅深不自尽其量。我为出一二语，则其人生平毕见矣，非肤赞瞀誉之为也。近日既无此诗家论者，亦无此卓识，故难也。

且居其地论其文，则其地必有一二空前绝后之人物，为一世模楷。在古则谓之瞀宗，在今则谓之国故。闽之文人虽始于唐，而学术则成于宋。欧阳詹、薛令之辈虽以文章成名，而儒学则实启于海滨四先生、杨龟山、朱考亭诸君子。且天使朱子生于闽、长于闽、学于闽、仕于闽，非会逢其适也，是楚才晋用，将大有造于闽也。窃谓五子之中，惟朱子最善言学，最工为文耳。今论诗不究极归宗于朱子，是学无瞀宗而人无国故也，而又论何诗乎？朱子之集可不一及耶？

兴言及此，鄙人又有一狂谈，蓄之胸臆数十年，此事皆在成庙初年，一则

《通志》之败于垂成,一则诗教之终于不振。读书社之初兴也,社中诸老力以其坚光切响渐易其平日圆稳秀之习,于闽派殆去其半矣。彼时若得一二盛年贵仕、有志风雅之人为之登高一呼,声必加疾。乃其时适有二妙才,不幸而误于导师,一李都转,一梁中丞,而皆为翁覃溪詹事所收罗。夫詹事以考据为诗,生硬堆垛,口称杜陵,实摹山谷,袁随园所谓"强把抄书当作诗"者也。都转受病轻,中丞受病重,今三家遗集俱在,可考而知也。其后都转早世,中丞垂老,有忮心,更激而相持。恭甫既殁,而徒令亨甫、修楼、秋史十数君只轮孤棹,旋转于危途巨涨之间。闽派既已渐废,新派又无以自坚,而亨甫又见厄于曾宾谷,卒于穷死,馀子又喑不敢言,而闽诗遂无派矣。此则文运之不兴,省运因之以俱败也。

　　嗟乎! 天下事当其时不力图,而其后节节受亏,又岂独文字然哉? 因纵言之,愿公明以教我。　　　　　　　　　　——《谢章铤集》第 134 页

鼓山涌泉寺德容大和尚至武夷山主持兴建永乐禅寺,为题匾"富德因缘"赠禅寺。今存该寺。

是年文

祥符沈侍郎劝学浅语序　　　　　　　　——《沧趣楼诗文集》第 296 页

谢枚如先生八十寿序　　　　　　　　　——《沧趣楼诗文集》第 320 页

是年诗

送秦子质太守炳直应粤帅之辟　　　　　——《沧趣楼诗文集》第 33 页

依韵奉和枚如年丈过龟峰访荷花之作　　——《沧趣楼诗文集》第 33 页

检得左海先生致先尚书公手札五通所言皆桑梓要务叠前韵呈谢丈

　　　　　　　　　　　　　　　　　　——《沧趣楼诗文集》第 34 页

枚如丈寄示叠韵有感之作逾日复见过再叠奉和

　　　　　　　　　　　　　　　　　　——《沧趣楼诗文集》第 34 页

枚如丈和前诗忆及石鼓三叠奉教兼约后游　——《沧趣楼诗文集》第 34 页

枚如丈出示见答订游石鼓及作陈莲庭诔感怀又郑生国容选菊见惠叠韵三首四叠奉和　　　　　　　　　　　　——《沧趣楼诗文集》第 35 页

何粮储成浩以广雅丛书捐置鳌峰书院赋谢　——《沧趣楼诗文集》第 35 页

日本馆森子渐鸿来观文信国黄忠端倪文节遗墨因宿江楼口占二绝

　　　　　　　　　　　　　　　　　　——《沧趣楼诗文集》第 36 页

1900 年（庚子　光绪二十六年）　53 岁

慈禧立端亲王载漪子溥儁为皇子，继承同治帝（己亥立储）。（1.24）

义和团入北京。（4.21）

清廷下诏向十一国宣战。八国联军陷北京。慈禧挈光绪帝离京西奔。（6.21、8.14、8.15）

刘坤一、张之洞等与上海各国领事订约东南互保。（7.3）

李鸿章复任直隶总督兼北洋大臣。（7.8）

2 月 6 日（正月初七日）　王崧辰卒，年七十岁，作"王君小希墓志铭"，见《沧趣楼诗文集》第 429 页。

2 月 28 日（正月二十九日）　郑孝胥得来函。

得陈伯潜书。　　　　　　　　　　　　——《郑孝胥日记》第 2 册第 750 页

三月　日占台湾总督府民政长官后藤新平至厦门、福州、漳州等地巡视，到福州来访。

后藤新平于 1900 年 4 月 1 日至 25 日，前往厦门、福州、漳州等地巡视，拜访了富豪林维源、闽浙总督许应骙、内阁大学士陈宝琛、厦门提督杨岐珍、厦门道台陈延年等。　　　　　　　　——《厦门海防百年》第 147 页

为沈翊清《东游日记》署签"东游日记　陈宝琛"。见《东游日记》封面。

春　谢章铤邀饮兄弟于小西湖宛在堂，泛舟游览，作"出郭勘宛在堂旧址因泛舟绕湖归过李忠定祠西湖书院"。见《沧趣楼诗文集》第 98 页。

庚子春，谢枚如先生曾觞余兄弟于宛在堂，自是不复作湖游，不知堂何时圮也。　　　　　　　　　　——《沧趣楼诗文集·诗注》第 98 页

春，觞陈宝琛兄弟于小西湖宛在堂，并游湖。

——《谢章铤集·年谱》第 897 页

5 月 11 日（四月十三日）　作五言"四月十三夜"，见《沧趣楼诗文集》第 36 页。

7 月 6 日（六月初九日）　郑孝胥得来函，为人求借旅费。

得陈伯潜书，为林驺求借川费二十元。

——《郑孝胥日记》第 2 册第 762 页

7月29日（七月初四日） 义和团起。吏部左侍郎许景澄、太常寺卿袁昶、阁学联元因反对清廷用义和团排外被处死，宝廷两子亦皆罹难，作"三哀诗"、"闻伯萧寿富仲萧富寿兄弟死耗"痛悼，诗见《沧趣楼诗文集》第 37、38 页。

> 拳民在京时，许侍郎竹箦（景澄）奉使初归，袁太常爽秋（昶）抗疏切谏，联阁学仙蘅（元）虽不谙外事，而论事忤枢臣，均被斩东市。竹坡两子寿（伯萧）、富（仲萧）兄弟皆仙蘅婿，亦同罹难。公闻耗，作《三哀诗》及哭伯萧、仲萧诗以哀之。
——《闽县陈公宝琛年谱》第 70 页

夏 福州灾疫严重，函邀王元稺[1]赴南洋募赈，得募款十馀万两，汇回悉由公转发散赈。

> 庚子夏，省垣疫症盛行，罹灾疫者数万人。经陈弢庵太傅函邀，先严赴南洋各岛募赈……在新加坡各地募得十馀万金，悉汇回由陈太傅转付散赈，救活者无虑数万家。
——王祖毅等《哀启》
转引自汪毅夫《清廷华侨政策调整后陈宝琛的涉侨护侨》，《光明网》

[1] 王元稺：福建闽县人，光绪副举人，早年在福州船政局工作。

8月8日（七月十四日） 访日本驻福州海军武官。

> 8月 20 日 驻福州丰岛领事致青木外务大臣函"报告福州现状事"。……天津陷落后，本月 8 日本地周按察使[1]突然至本馆倾谈。……又有民间名绅陈宝琛氏，前来拜访本地之我国海军武官。
——《义和团运动文献资料汇编·日译文卷·日本外交文书》第 201 页

[1] 周莲，字子爱，号叔明，江苏华亭人。嘉庆副贡，1899 年 1 月福建按察使，1900 年 9 月调布政使。

9月1日（八月初八日） 日本驻福州领事丰岛舍松因厦门事件致电外务大臣青木周藏，告公对事件看法。

> 在厦港各国领事及地方官听闻帝国政府已撤离驻厦海军之后，纷纷传曰：此次厦门事件[1]仅为双方当事者之误会，帝国政府绝无他意。其中当地绅士陈宝琛（此人乃系将军、总督于地方行政上之重要参谋），更慈颜于本官言道：厦门骚乱乃双方一时之误会，且早已预料此事变棘手之前必能顺利解决，从多有往来之台湾诸官言行，乃可查探日本绝非对清国存有异心。既得此人如此之言，即便有若干地方官怀有疑心，他日帝国政府讲究善后计策之时，其虽不明帝国目的何在，仍将于半信半疑中了结此事。对此已毋庸赘言。以上内容

皆附页抄本所示电报及之事。明治三十三年九月一日，在福州，领事丰岛舍松（印），外务大臣子爵青木周藏殿。

——《厦台关系史料选编 1895—1945》第 97 页

[1] 厦门事件：日本称"北清事件"。1900 年 8 月 24 日（七月三十日）凌晨零点 30 分，厦门日本"东本愿寺布教所"失火（日本僧侣放火），翌日，日本借口保护侨民，派陆战队登陆厦门。在台援军同时向厦门进发。占领厦门实为以台湾总督府民政长官后滕新平为中心策划的军事阴谋。得知日本出兵，英、美、俄、法各国对日本政府提出强烈抗议。伊藤博文也表示反对，计划被中止，陆战队撤退。

9 月 8 日（八月十五日）　中秋与谢章铤赏月唱和。作七律"次韵枚如丈中秋对月"，见《沧趣楼诗文集》第 39 页；谢章铤"庚子中秋望夕待月感作"，见《谢铤章集》第 340 页。

9 月 28 日（闰八月初三日）　为张曾敩调任湖南布政使，作七古"感别小帆世丈移藩湖南"，诗见《沧趣楼诗文集》第 37—38 页。

10 月 8 日（闰八月十五日）　联军陷京，帝后西奔，国事蜩螗，触时感事，作七绝《闰中秋》三首，诗见《沧趣楼诗文集》第 39 页。

是岁八月，望日公有闰中秋诗云："吾生三度闰中秋，今日言愁始欲愁。便拟登台歌水调，高寒何处是琼楼？"盖公闻京师沦陷、乘舆播迁，颇有麻鞋奔赴之意。卒以身在废籍，不欲冒干进之嫌而不果，所以对月而兴"天上宫阙，今夕何年"之感也。

——《闽县陈公宝琛年谱》第 70—71 页

闰八月　连续得张佩纶来函。

复陈弢庵阁部　　　　　　　　　　　　张佩纶

得前书后，心讶电及初一沪书，何以不到。适内人廿三赴沪，志潜送往，令向商局一查，则江船帐友竟是忘却。由局追出寄闽，以致迟滞。官电多，则商电积压。寄粤之电以寄相[1]尚速，馀半浮沉。委员廖君因此撤委，通查积存商电四百馀纸，此电亦在其内。中国之事大率如此。留守系荣、徐、崇[2]，徐尚在京，崇到保自缢。殊非其地。荣到保即拟赴晋。两宫初七闻已抵太原。端、庄、庆、礼四王[3]随扈。尚有贝勒、贝子、公数人。枢臣则刚、王、启、赵[4]，卫军则神机、虎神[5]孙万林、武卫中之将领。马玉崑、止马队一营。董福祥四出淫掠降回拳首。一班首祸全在銮舆左右，可恨可虑。恭、醇近支不知下落，澜公[6]闻在香河，亦端党[7]也。合肥初以日使转青木之电，据以奏请加派庆、荣、刘、张同议。和事尚未得旨，加刘、张者，英、日恐相之袒俄。庆、荣均出，如开议，必先请斥端、刚。谁人秉笔作此谕，况端尚拥兵乎，侍不以为然。顷得沪电，俄允撤兵，回津开议，并遍商各国，美、法、日均如约，英、德犹梗，德乃愤兵，英以傅相与俄亲，未免有争长之意，将来和则必和，特不知吃亏到如何分际也。陕西荒旱，又太白经天在井度秦分，公所虑者早虑之矣。劝傅相电阻入秦，暂住太原，转运较便，消息较灵，足以维系东南之人心，振作天下之士气。未知能采纳否。廿六诏云：暂幸太原，而西安已得旨预备，来电各处征饷。都城无确耗。惟闻户部存款均被各军掠去，法界惨杀尤甚，王廉生[8]夫妇及舍侄、孙女均投井殉难。可告渊静[9]知之。令婿及女公子能否避兵入房山，徵宇能随眷入晋否？均在念中。尊恙是何证，谅无大碍。

——《涧于集·书牍六》第36—37页

[1] 相：李鸿章。

[2] 荣、徐、崇：8月17日荣禄、徐桐、崇绮三人受命留京办事。崇绮8月26日在保定自缢。

[3] 端、庄、庆、礼四王：端郡王载漪、庄亲王载勋、庆亲王奕劻、礼亲王世铎。

[4] 刚、王、启、赵：刚毅、王文韶、启秀、赵舒翘，时均为军机大臣。

[5] 神机、虎神：神机营：明清时代卫戍京城部队，装备洋枪、洋炮；虎神营：义和团事起时，在北京编募的禁卫军。

[6] 澜公：载澜，爱新觉罗氏，清末宗室，封辅国公、袭封庆亲王，义和团运动时期任京师步军统领，后被指为祸首，革职赐死。

[7] 端党：端亲王载漪同党。

[8] 王廉生：王懿荣，字廉生，见前。

[9] 渊静：张曾畬，号渊静，见前。

致陈弢庵阁部 张佩纶

秋节前曾复一书，至今未得手教，岂又浮沉耶，甚念。乘舆又西，晋固偏灾，秦尤酷旱。以各国坚请廻跸，而内又惑于黄檗禅师之谣，必欲入秦，应谶唐德宗以桑道茂为前知，即此类也。傅相初七尚在津，似候俄使到，与德之使将参语止兵，始能到京集议。要挟必多端，何以应之。主拳之王公、枢府，虽已罢斥，而随扈臣僚太少，英年[1]仍在属车。端、刚辈[2]不问可知。南皮以群奸已拔，一贤又升，复欲联衔劾董[3]。日内当有明文。果去董而兵不哗，则内或不忧回患，专意乞哀于泰西。徐图振复，或可苟延。若自强则今之君子均未能办到好处耳。侍已移居复成仓，以新居未就，暂尔赁庑，取其相近，均在青溪之曲。左手食指下节忽患一疔，红丝宛延直至肘上，廿日始平复。既戒酒，兹复绝肉，口运殊不佳。朝廷为拳所误，鄙人为手所困，可叹。

——《涧于集·书牍六》第41—42页

[1] 英年：字菊俦，汉军正白旗，左都御史。1900年赐自尽。

[2] 端、刚辈：端郡王载漪，刚毅。

[3] 董：董福祥,董部分兵士加入义和团攻击使馆。

复陈弢庵阁部 张佩纶

日内连得两书,敬承一一。所示二策,变姓名、弃妻子,阁下亦办不到。海岛之说已与徐福不类,如已得其地,召集流民,教以耕织,始可免于饥寒;若临时入海,恐未必有此桃源。傥闽中有同志者连樯而往,居然成一聚落,则亦终为洋人所物色,恐皆纸上空谈。鄙人欲从后说,所虑阁下此策系属幻想,事急时如海上神山,可望而不可即耳。和局迄未开议,各使欲将已处之王公、大臣九人,并毓、董,均处以极刑。邱相不敢上闻,徒耗时日。洋兵由定州分扰唐县、曲阳,入晋之说似虚声。俄欲交出东三省,请派明白晓事之人前往受地,内意亦难其选。德之瓦酋[1]竟住仪鸾殿,尚复成何景象耶。今之君子诚不足责,然既有一位之荣,一省之寄,即不能不受此责备,况平日以经营八表自任者,而临事惟醇酒妇人,托于信陵之避谗,可乎。承问滋公[2]为人与霸州师优劣,此亦未敢置论。二公皆不解洋务者,专说见在。滋公政事勤明是其所长,性情卞急是其所短。此役端、刚辈不足论,可虑惟在眉睫。而滋公赞成西安之举。又闻宋、程各军均调入豫境,而独留一董、一岑随扈,此固由庙谟内定。而初入政府,不当以三日新妇自居,同铸此错,亦非无怪众口赍赘矣。然大体自是君子所惜,非救时之相耳。妄论如此,仍希审察。竹坡两子均殉,闻之泪下。仙蘅遇祸甚确,其眷闻已到皖。上海救济会寄都之款,可托之古北口则恐鞭长莫及,即散乡亦重价募人,终不能达也。　——《涧于集·书牍六》第 43—44 页

[1] 瓦酋：瓦德西(Alfred Graf Von Waldersee),德国人,侵华八国联军统帅。

[2] 滋公：鹿传霖,字滋轩,直隶定兴人,同治元年进士,湖广总督、户部、礼部尚书、大学士。

是年　为黄乃裳祖父母墓碑书丹。见《中国历史文化名城词典续编》第485 页。

张佩纶在李鸿章幕,建议李鸿章奏请起用公,荣禄因 1882(光绪八年)公奏劾崇礼,涉及荣禄,乃加以阻止。

张公黄斋因鹿传霖尚书之荐,岁杪奉旨以翰林院编修随李鸿章办理交涉事宜。黄公以素来主战,不愿以议和复起,固辞不获。到京见大乱之后,举朝荒嬉如故,知事不可为,约定即乞病南归。在京时,曾言公于李公鸿章,已许登荐剡,讵为荣禄所沮。盖公辛巳奏劾崇礼时,曾举荣禄为比,故衔恨入骨,竟谓公乡评甚劣,挟嫌诬谤,事遂不行。所以公终光绪之世,无缘复起也。

——《闽县陈公宝琛年谱》第 71 页

张佩纶复函。

复陈弢庵阁部 张佩纶

　　昨得来教,敬承一一。鄙人素主战,今与八国构衅不得不主和,和究非性之所近,即合肥一切倚重,亦不入局。到沪第一日即先与设誓,然后开谈。然谤人方以吾辈主战为口实,赴沪四日即归。但与合肥论其大者,精神已衰,火气甚大,虑不及远。左右无人,幕僚徐赓陛、王存善、杨文骏、刘学询参预,密议则伯行[1]及盛宣怀,此中岂能著我不避嫌远谤,亦复何益耶。综计自五月廿一内召始,至于今日,函电不绝。电则钱流如水,函则纸积如山。尽其力之所能到而已。鄙人决不能同行。颇思荐阁下为合肥助。而屈居幕僚,与哈等伍,终不能孤行其意,吾辈以主战得罪,断不可以主和出山。展转数夕,箝口而止。与公出处虽曰大同,究属小异,所以寂守金陵,非谓江防可恃也,亦非谓东南保护之约必不改也。半百加三[2],止欠一死。镇定待之而已。公则尚是谪官,以古谊论,麻鞋奔赴,方合爱君之道。然亦不敢力劝者,许、联均弃东市[3],同志无人,不宜猝投罗网。且香涛[4]之胆已破,亦不能作一剀疏。以公作奔问之使,贸然而前,浅人且以为干进,更属无谓。日本狡诈,既破京师,或和议成,割厦门之类,以为台湾犄角,取八闽之半,未必得八闽之全,以其财力不足。闽乃瘠区,全得之亦不能富国耳。梅福徐福之说不甚解,岂以上海为吴门,若徐福则海上何处可以立国乎,尚乞明示,勿作庚词。香涛此役,尚不如岘庄之静稳,如此大波澜,从未有一电下问,滋轩、次棠之见识更低于我辈十倍。然亦绝未通书咨访,直以败将相待,不屑与谈而已。一腔怀抱,郁郁谁语耶?彼此私计,所论如此,亦请公从直赐教。数年书均格格不吐,甚阂损也。两人离而复合,恐无此缘矣。

兴致颇放,书中连用三"而已","不得之乎一字力,竟因而已十年闲",侍之谓矣。请转一语,再得十年闲,便是大福也。

　　　　　　　　　　　　　　　　　——《涧于集·书牍六》第37—38页

[1] 伯行:李经方,字伯行,见前。

[2] "半百加三":张佩纶生于1848年,"半百加三"为1900年,时年五十三岁。

[3] 许、联均弃东市:许景澄、联元,光绪二十六年七月被杀。

[4] 香涛:张之洞,号香涛,见前。

日占台湾总督府民政长官后藤新平来函。

致 陈 宝 琛 后藤新平

　　拜别以来,笔砚无恙否?近来观清国局势,特别是北清暴乱蜂起,不胜感慨。大人为国忠良,见此情状,想必也是感叹景况日非。每每念及大人的这般心事,便全然不知泪已沾湿衣襟。

　　摘此书信大意,另书文一封附于后,且看是由足下传达余之意于张之洞大人，或是与布政司张大人商议之后再传达与张大人，悉听尊便。但望余之意能顺利传至张大人之手，以图恢复东洋和平，收到充分效果。

现如今，北清因暴乱一事虽说炮火不断。但这并不意味着以此清国已同列国或是日本宣战。因为各国出兵的名义无非是为了保护在清公使馆和本国侨民免于侵害，不得已派出军队。特别是我日本帝国同贵国签订《马关条约》之后，便一直致力于维护东洋和平，且一直认为清国的安定平稳对于东洋和平的意义重大，因此目下帝国绝无半点窥伺他国疆土之野心，关于此点，对照既往事实便可知。况且，据我所知，贵国近来愈发感觉有必要和同种同文之国（即日本）合作，并热衷派遣张总督与刘总督等年轻有为志士，前来我帝国勤学研习，并将学成成果用于贵国文明开化。然而，没有料到，此次义和团之乱突然爆发，使清国很有可能稍稍不慎就会破坏同各国之间的和平关系，不仅如此，甚至可能危及清国社稷，再甚者还可能影响到日清两国的亲密关系。不过，我帝国在与各国协议之时，通常均采取谨慎态度，目的只有一个，就是为了保全清国。即使万不得已不得不出兵，也会如往常日清战争一般，决不采取迅速行动而是静待清国豪杰志士早日镇压这帮暴虐之徒时日之到来。关于这点，大人明察便知。只不过局势不断变迁，愈有危殆之势，观今朝形势料想将来可知，到时列国在商量善后对策之时决计会横添阻难，即使有幸能一时平息事态，也不能保证帝国一定会牺牲与列国的关系，来继续与清国维持有力且牢固的协作关系。为了两国安危，更为了顾全东洋和平大局，鄙人一直在为此事烦扰。想必在贵国同我持有一般想法的仁人志士亦不在少数。因此在此存亡之秋，日清两国应该做的是消除两国之间的猜疑之念。而为了消除两国之间的猜疑之念，首先必须让张总督等贵国的前辈仁人志士和我帝国的有识之士互通意思，肝胆相照，意气相投。张总督已派遣多位年轻有为的志士前往帝国久居留学，应该熟悉帝国意志，同各位前辈交情之笃便可知。在列国猜疑渐重的今日，不依国际正式规定而是采取其他机密方式互通意志，仍然还是有必要的。万一此事为列强所知，决计会增加他们的猜疑，让局势更加难以控制，因此必须细致缜密地处理。

鄙人在贵地游历之时，曾就东洋大局聊吐抱负，相信大人亦能明察吾意。如若北清事变的善后对策上，日清两国的亲密合作关系为他国破坏，且列国得其所欲，清国深陷不利的话，那将是无法挽回的千古恨事，而鄙人亦对此非常担忧，近日，鄙人听闻了一则流言，传闻不日台湾总督府将遣兵数千至福州、厦门两地，当事者听闻此流言后无不深深担忧。另外我帝国军舰出入以往便有之,今日竟然有好事者称帝国军舰出入是在窥伺贵国疆土,使得贵国人民如风声鹤唳般惊愕不已。这两则毫无根据的流言兴起,完全是两国没有沟通好意志带来的后果,依此推测,在商讨北清事变善后对策之时,也不能保证两国之间不会发生这类无谓的猜疑。而猜疑必定会给两国带来诸多不利。我台湾总督府在时局未发生大变化之时,绝不会做出类似派遣军队横加干扰等不当之事。另外,对照我台湾总督府儿玉男爵平常所为,绝不会效仿别国采取凶暴行动。况且,儿玉总督近日方从东京归来,听闻北清事变之时,也同鄙人平常所信毫无二致,一直均致力于保全清国,并且协助贵国先辈志士平定动乱,避免使清国损失利益,最终实现无损东洋幸福之目标。如之前鄙人所言,儿玉总督是一位杰出的将官,同时也是一位非常有为的政治家。正因为如此,其一举一动毫无疑问将会对帝国产生巨大影响。换言之,如果儿玉总督和阁下所信赖的张总督之间能以最为缜密且能避开各国猜疑的方式,秘密互通意向并互相协作的话,鄙人敢断言这对于实施北清事变的善后对策将有大有裨益。必要时,如若阁下或者张布政司两位鄙人最为信任的大人于我有所委托,鄙人将尽力于其中斡旋,效犬马之劳。如阁下同意鄙人愚见,还望将此意传达至张总督,并且探问张总督之意如何。现已是生死存亡之秋,此信决不可等闲视之。因为张总督门下不论是去帝国游学之人或是出入张总督门户的帝国人都人数众多。如若将这些人全部招来同帝国就重要问题互通意志的话,招来贵国国人或是列国的猜疑也未可知。相反,如若张总督通过足下或是张布政司向我儿玉总督传达意旨,那么也将毫无此种担忧。不仅如此,为了能让我帝国阁臣及元老知悉张总督之意,最好是经由儿玉总督之口。因为儿玉总督之言拥有能让帝国阁臣及各位元老侧耳倾听之能力。这一点毫无疑问。以上寥寥数百言并非作为台湾总督府民政长官所言,而是作为邻邦的一位友人,不忍见友邦多难,且仁人志士的天职乃是在此种危急时刻,献策救世,古往今来不乏这样的例证。有鉴于此,乃敢吐露腹心,道与足下。当然,取之不取之全在足下。敬启。

　　　　　　　　　　　——《厦台关系史料选编:1895—1945》第22—24页

是年文

叶恂如同年六十寿序　　　　　　　　——《沧趣楼诗文集》第323页

宋君子鹤六十寿序　　　　　　　　　——《沧趣楼诗文集》第325页

王君小希墓志铭　　　　　　　　——《沧趣楼诗文集》第428—430页

是年诗

四月十三夜　　　　　　　　　　　　——《沧趣楼诗文集》第36页

1901 年(辛丑　光绪二十七年)　54 岁

改总理衙门为外务部。(7.24)

奕劻、李鸿章与十一国公使在北京签订《辛丑条约》。(9.7)

命各省书院改设大学堂。(9.14)

八国联军退出北京。(9.17)

慈禧、光绪自西安启行回京,次年 1 月还宫。(10.6、1902.1.7.)

袁世凯署理直隶总督兼北洋大臣,次年实授。(11.7、1902.5.4)

李鸿章卒(11.7),年七十九。叶大焯卒,年六十一。

庚子十一月　张佩纶复函。

复陈弢庵阁部
张佩纶

　　前月廿九日是侍生日,闷甚。自午至申,饮酒近斗许不醉。适得廿日手书,辍酌读之,颓然而卧,醒已夜半矣。初闻和局草约及廷寄传到,均手录,欲寄上,录时已气塞头眩,忽忽数日。昨又奉初三惠复,作书之日即各使交约之日也。傅相是日以感冒,未往使馆,近日不知辩论如何,大致必难更改。门户堂奥俱为彼族盘踞,何以自立。而中朝举措,即洋械仍来,炮台不毁,和局一定依旧醋媏。即以今日论,岑抚[1]万寿敢于备戏。滋轩请旨申饬,荣、王[2]默然,一薛居州殊形孤立,而薛居州之本领又不过尔尔,奈何奈何。奄寺益横,本原未正,变法无行法之人,岂能有效耶。昨书议及东海[3]、次棠推之为陋,漱兰称之为愚,二公皆非真人才,岂为定评。东海之谬擢发难数,高阳[4]曾历发其隐,他日晤谈之,可发一笑耳。戊辰三藩殆指实孚、筱飔,然筱飔得藩,乃去年事[5],不在文正为政之日。筱飔月杪来一书,似即赴鄂移桂,甚牢骚褊心,不无少望矣。

——《涧于集·书牍六》第 47—48 页

[1]岑抚:岑春煊,字云阶,号炯堂老人,光绪举人,广东、甘肃布政使。1900 年闰八月由甘肃布政使授山西巡抚。

[2]荣、王:荣禄、王文韶,时皆为军机大臣。

[3]东海:疑指徐世昌,号东海。

[4] 高阳：李鸿藻，河北高阳人。见前。

[5] "筱飒得藩,乃去年事"：张曾敭于光绪二十六年九月任广西布政使,此函当作 1901 年（光绪二十七年）。

张佩纶复函[1]。

复陈弢庵阁部
张佩纶

岁杪得手书,敬承一一。即维宜春介祉,颂祝无量。侍仲冬复犯咯血之证,较夏间似轻,得雪即止。废书、戒酒,耽寂养疴,自以为与世相忘矣。廿二忽传有电旨垂询合肥,惶悚万分,旨云：革员张虽经获咎,其心术尚属端正,交涉事宜是否熟谙,当此用人之际,著李据实具奏,钦此。自问交涉实非所长,且与合肥议论不合,电告请避嫌复阻。而复奏已出,廿三日由江督传旨,赏编修,随李办理交涉事宜,迅即赴京。当电都以姻嫌患病两节,请代奏收回。合肥不允。廿六江督移知,即呈请代陈。廿七奏入,廿九旨仍催迅赴,旨云：刘坤一沁电悉。张毋庸廻避,著该督饬催上紧医痊,迅速赴京,勿稍藉延,钦此。岘奏甚详,并加患病属实语。年除因此百事俱废,无可与商,恨不能有翼摩宵,就公一决也。合肥病后复元甚缓,痰多神疲,老态日增。都电如此。和议因惩办首祸一节,几至决裂。昨闻兵欲西进,始准初六照办。外之气焰如彼,内之作用如此。尚有大纲已经画押之十二条,以及子目百数十事,无非扰我主权,夺我民利,不问可知,无理可讲,无情可商,无条约公法可据。即有仪、秦随陆,欲以一人口舌补救斡旋,断断无此本领。闻南皮与合肥即因此龃龉,言者亦大为挑剔。约成必遭弹射,更甚马关。乃于夏主事辍行之后忽然忆及废人,不随两全权,专随合肥,显有别意,鄙人即能争执力谏,而外人之目一横,外人之言一怒,合肥亦止能曲顾和局,以求息事。鄙人即舍命相搏,亦复何补于事机。此举或云出自慈意,或云荣、鹿[2]所荐,要皆不懂洋务所致,而夔石[3]得以乘机下石。诚命运中之厄境也。去秋与公纵论吾辈主战,不宜出而主和。此役不能再战,止又求和,我两人止能袖手,孰意网罗先及涸鳞,吞饵中钩,竟难摆脱此。即小有駮斥,争回数事,已失生平之素志,况并此不能耶。求相再陈,必以为迂见,岘无私交尚未相见。以薛云阶[4]前一日申斥,颇觉此奏幸免之可异,势亦难于相渎。徘徊展转,万念纷腾,恨无密电足以速商。故借病须医痊,聊作延宕,公其为我酌之。南皮似因前书久绝音问,且正与合肥水火,近更阒然。其为康党所诋,自因仇隙已深,空言劝免,招侮所由。岂有杀其死党而能以一文解怨者。化新旧之见亦孝达意,各省联衔,一人密电,则不得其详,说本沈曾植而小变之。将来新政模度,必有引公出山者,但变法仍无行法之人耳。鄙人或出或处,无论如何,必思设法脱身,不复预于新旧两党之列也。心绪纷如,亟盼速复。

——《涧于集·书牍六》第 50—52 页

[1] 奕劻、李鸿章与十一国公使于 1901 年 1 月 15 日(十一月二十五日)签订议和大纲。此函当作庚子十一月。

[2] 荣、鹿:荣禄、鹿传霖。荣禄:字仲华,号略园,瓜尔佳氏,满洲正白旗人,以荫生晋工部员外郎,内务府大臣,工部尚书,西安将军。赠太傅,谥文忠,晋一等男爵。

[3] 黄石:王文韶,字夔石,浙江仁和人,咸丰进士,户部尚书,军机大臣。

[4] 薛云阶:薛允升,号云阶,陕西长安人,咸丰进士,刑部侍郎、尚书。

1 月 4 日(庚子十一月十四日)　两江总督刘坤一荐举公与张佩纶、王先谦、沈曾植、郑孝胥五人。

> 得何梅生书。《中外日报》言,江督荐举张佩纶、陈宝琛、王先谦、沈曾植及余五人。
> ——《郑孝胥日记》第 2 册第 779 页

> 南皮言,善联来电,言有举陈伯潜者,则报传南洋所保,或可信也。

——《郑孝胥日记》第 2 册第 780 页(1 月 13 日)

1 月 27 日(庚子十二月初八日)　福州将军善联[1]卒,作挽联"自挽拟何哀,经世有谁心尽了;相知常恨晚,忏时赢我泪如倾。"见《中华历史人物别传集》第 65 册第 646 页。

[1] 善联:费莫氏,字星垣,满洲镶红旗,廪生,奉天府尹、湖北布政使、署福州将军。

1 月 28 日(庚子十二月初九日)　致函张佩纶。

致 张 佩 纶
陈宝琛

> 绳庵世丈大人坐下:九月一书度已早达。比来起居何似,新宅已定居否,念极。定兴[1]摄督,白下风光,能无小变。今年大局视去岁何如,来岁更不可知矣。侄秋后左臂酸痛逾月,近始渐愈。明岁仍縻祠禄课事,幸可稍简,得与山水相亲。此间局面为数十年来所仅见,事事务与霸州[2]相反,华宗作用亦穷,但办作退计。近于什伯中败露一事,虽费尽弥缝,终难灭迹,不日当自揭晓,可以验吴江廿年前之风鉴矣。合肥师出持粤节[3]精神意兴,近复何似,相隔倏五六年,贤伉俪想当到沪一小聚。粤事经刚相搜括后,恐亦多所制肘矣。山东会教交讧,强邻睨视,事机甚危。健兄近来书否,自去秋交臂相失后,音问久阒然也。人便附寄厦柚二十枚,橄榄两筐。敬颂双绥唯鉴,不宣。侄宝琛顿首,腊月初九日。
> ——上海图书馆藏手稿

[1] 定兴:鹿传麟,河北定兴人,1899 年 12 月 24 日(光绪二十五年十一月二十二日)兼两江总督。

[2] 霸州:边宝泉,见前,1894 年 11 月(光绪二十年十月)至 1898 年 10 月任闽浙总督。

[3]"合肥师出持粤节"，李鸿章 1900 年 5 月 24 日(光绪二十六年四月二十六日)至 6 月 15 日(五月十九日)任两广总督。

2 月 14 日(庚子十二月二十六日)　叶大焯卒，作哀诔，见《沧趣楼诗文集》第 460 页。

　　叶恂予同年十二月十六日卒于正谊书院讲室，春秋六十有一。公与恂予少同学，长同官，老又同里。相交三十馀年，迹无间，情无间，归乡之后，诗酒流连，以为笑乐。桑梓善举，当路咨询，有疑互质。闻其遽归道山，特制诔辞以哀之。

　　　　　　　　　　　　　　　　——《闽县陈公宝琛年谱》第 71—72 页

3 月 6 日(正月十六日)　致函族侄孙陈淦孙[1]。

致 陈 淦 孙　　　　　　　　　陈宝琛

　　淦孙重侄如面：去夏以来，南北道梗，消息不通，殊深系念。年内子桢述知堂上由东到沪，慰甚慰甚。永帮办理年馀，经招呼局员羁縻黄、郑，帮务暂可支持。旧年银根奇紧，盐价不时起落，幸筹款应手买海，均能得宜。年终约计除穰价外尚有馀利。吾贤应收穰款，仲弟夏间回闽时，述及堂上寄声，即拟兑京。适遇拳祸中止[2]，闻堂上不日回闽，此款或寄沪应用，或留闽待拨，现尚贮存候复办理。所有永帮应办之事，如何了结，黄、郑旧账。如何约新，新穰户约字，各联股合约。及接办以来各帐册，专盼堂上早回，面陈一切。兹乘子桢赴沪，手此道意，即问侍祉。宝琛拜手，正月十六日。

　　孟延丈闻亦到沪，京居济屋有无被祸，念极。　　　　——上海图书馆藏手稿

[1] 陈淦孙：号稚芸、螺筑，国学生，北洋政府铨叙局佥事、典试科科长，公族侄孙。

[2] "拳祸中止"：为 1900 年庚子事变。此函当作于 1901 年。

4 月 12 日(二月二十四日)　与谢章铤、曾宗彦、张元奇等公祭善联。见《中华历史人物别传集》第 65 册第 644 页。

5 月 10 日(三月二十二日)　致函张佩纶。

致 张 佩 纶　　　　　　　　　陈宝琛

　　绳庵世丈坐下：得沪书，以未悉邸寓何所，稽于裁答。顷奉初九手谕，聆悉壹是。和约一日不定，则兵不退而费日增，众醉独醒，望于元老，公但联邸联内，赞匡规划，所益已多。玉体已平复否，幸勿过劳动气，以养晦待时也。新政之行匪一朝夕，人才止此，十年后尚不知若何。公固无意，侄亦何能为役。时命为环球所不言，而吾华则虽圣贤无以易其说，侄固早安之矣。仲弟不知作何语，实则有何讲求，不过悯沦胥之不反，惧来日之大难。时劝子弟门徒勿为自误之学，而三年祠禄审知无补，且自引退，尚何匡时之足云。祇恨送老无资，避

世无地耳。润公、仙蘅[1]家事闻之痛心，仙蘅与次棠深交，一死一默亦天所以全之。仲弟尚未来书，舍侄学识胜于其父[2]，公见之，当知孺子之可教也。敬颂台祺。去矜顿首。三月廿二日[3]。

俄约事臣民纷争，自属未见杨使改本之故[4]，既有此举势须再酌，一口以慰众望。联俄密约为近岁外交一大题目，传相绪论以及盖筹，可见示否？英已中干，德乃狡启，窃意日亦终于联俄，而亚东之局始定，无如我之不能自立也。尊意谓何，暇便幸时惠数行。再请筹安。侄又顿首。　　——上海图书馆藏手稿

[1] 仙蘅：联元，字仙蘅，见前。

[2] "舍侄学识胜于其父"：舍侄，懋鼎；其父，二弟宝瑨。两人同科进士

[3] 此函原件有收信记录："伯潜三月廿二日寄，四月初五日到。"

[4] 杨使：杨儒，字子通。1900年11月奉天将军增祺与俄国秘密签订《奉天交地暂且章程》。朝廷震怒，任命杨儒为全权大臣，赴圣彼得堡就更改章程与俄方进行谈判。杨1900年出使俄国，翌年1月开始谈判，不久病逝。

三月　为梁鼎芬画松，并题七绝"画松寄节庵"，见《沧趣楼诗文集》第38页。

三月，陈弢庵为先生画松，并题诗一绝，盖赏十五年前宿诺也。

……按据陈宝琛沧趣楼诗卷二，此诗编在庚子，题云"画松寄节庵"。其云"越十五年偿一诺"，逆推先生请弢庵作画，当在光绪十三年丁亥。是年三月，先生主端溪书院讲席，四月，弢庵应张香涛之邀来粤游览，馆於衙斋者两月。先生又曾召集广州荔湾，诗酒酬酢无虚夕。

……夏敬观：云"马尾之役岁甲申，二公先后皆逐臣，当时强谏批逆鳞，痛哭不救火厝薪，海西沧趣两隐沦，荔湾一诺十五春，长松磊落图其真，乞画笺答今并存，画间题字当庚辛，两宫西狩方蒙尘，吾肠铁石子节筠，满腔忠愤无由申，奋笔力可担千钧，立形隐迹传松神，燔胸譬若慈仁焚，共历浩劫双松身，后来遭际尤艰屯，国步即改师始尊，昔有倪黄今梁陈，此松世宜掌故珍。"诗后记云："弢庵、节庵，皆以甲申之役罢官归里，此松题辛丑，而集中存诗编列庚子，上溯十五年，当为丙戌、丁亥，是时张文襄督粤，弢庵因至广州，其年节庵亦有肇庆之行，集中有初到肇庆口占诗，可与笺语互证也。映庵夏敬观"。

又按原画后附装弢庵与节庵短札云："示悉，弟日内候船，明后日定当出省，足下赴肇闻亦系明日，确否？连日尘冗，属画之件，尚无以报命也。敬复，即请星海仁兄大人著安。弟琛顿首。"夏敬观题记所称笺答，即指此也。

　　——《梁节庵先生年谱》第147—149页

6月21日（五月初六日）　致函张佩纶。

致 张 佩 纶 　　　　　　　　　　陈宝琛

　　洞迁丈鉴：前由邮政奉复一缄，想可入览，顷得小婿书，感承远注，并知平勃交骦之不易，尝叹天下事非不可为，而小人多君子少，君子与君子又学术不同，意见各执，古今覆辙相望，为可痛也。传闻相举公参新政，此自意中之事，惟兰丈杂叔玉硖无辨，恐非贤者得行其志之时，且当轴，非庸则巧，或且惩羹吹齑，多所顾忌，似变非变之际，君子不能放手作事，小人正可破例营私，贞下起元，必非易之，君之自变，可得闻乎。侄无冈之占，不自今始。丁前世变盖惧非才。长夏江村兄弟相对与颇不孤。仲弟到都后无片纸来，犹子[1]因公当常侍教，学识远过其父，如施以绳墨尚望有成。师相近体如何，闻枢廷滋益疑忌，信否。畿辅元气骤难规复。七月回銮[2]想无变卦。此间灾后益以诛求，加之疫瘴，恐无苏息之日。赔款[3]作何拟还，尚未议及也。手此，敬颂台祉，不尽所言。去矜顿首，五月六日。
　　　　　　　　　　　　　　　　　　　　　——上海图书馆藏手稿

[1] 犹子：二弟宝瑨子懋鼎。

[2] 慈禧和光绪于 1901 年 10 月自西安出发回都，1902 年 1 月到京。

[3] 赔款：庚子赔款。

6 月 30 日(五月十五日)　致函张佩纶。

致 张 佩 纶 　　　　　　　　　　陈宝琛

　　洞于居士坐下：得四月廿五日惠书，知公咯血两次，继之以吐，不胜驰系。吾辈已过中年，体气岂能如昔。鄙人年来所恃，以善忘为养生至诀，公则戒酒宜坚，安心是药，至以为望。北事溃决至此，大局可危。不意通译垂四十年[1]而看题错谬，更甚于庚申以前。诸强乘衅，变幻百出，其祸且不知所届，如何如何。镇江闻有蠢动，确否。此间久在倭人掌握之中，池鱼之殃恐益速变。长夏之约未能践言，尚不关刘表也。前书云云，盖商于十乱而见阻丝闻自唅仲始知之，然枘凿不入，匪今斯今射影含沙，终恐不免予夺祸福，听之而已。小帆决意引退，昨以闻警，已暂寝议，安圍处恐亦棘手。合肥有声岭海间，窃意此局须烦此老收拾，然不及其时，不之觉也。长庆得所，免累安圍。酷暑伏惟珍卫，不宣。橘洲顿首。五月十五日。
　　　　　　　　　　　　　　　　　　　　　——上海图书馆藏手稿

[1] 1861 年设立总理衙门。

7 月 9 日(五月二十四日)　甥刘腾业(刘步溪长子)年十八年，染疫殁，娶三弟宝璐女鉴贞，未婚守节而卒。宝璐作"贞节亡女鉴贞事略"，见《艺兰室文存》第33—34 页。林纾作"清学生刘君腾业暨未婚守节妻陈贞女和葬铭"。

7 月 10 日(五月二十五日)　与奉天交涉局帮办、盐运使衔即补知府孙葆瑨联名致函日本近卫笃麿[1]。

致近卫笃麿
孙葆瑢、陈宝琛

近卫上公大人：起居万福。闻名久矣，而未获侍左右，东望增歉。然本邦人遴听风声，知执事不惟骋足扶桑，思扩朝日之世界，抑深维我国名教种族之相同，不容不托於同舟之共济，盖高瞻远瞩，固有以寒鹫旗之色者矣。弟辈寸才绵力，思假东文，渐阶西术，自揣纳纳乾坤，非复一手足所能为烈。执事乃重关怀禹域，西眷友邦，振之提之，不一而足，此虽贵邦仁人志士所共力，抑非执事登高提倡，不足为功也。冈田北去，中西南来。教育良规，后先济美。济济生徒，庚斯之端，当由尹佗而豫信，方今白潮翻覆，黄种沉迷，神武、轩辕不堪思想。愿执事常以青年国民为心，勿兴嗟於日暮途远也。书不尽言。敬请台安，伏希垂察，不宣。愚弟孙葆瑢、陈宝琛顿首。

——《近代中日关系源流》第 443—444 页

[1] 近卫笃麿，号霞山。日本明治后期华族。日本贵族院议长、学习院院长、帝国教育会首任会长。本姓藤原。日本首相近卫文麿之父。

五月　闽中五月疫情重，公作"谢珍午招观鉴亭荷花并柬幼点"诗有注云："李生景先善论史刘甥腾业为算学斋翘楚均死于疫"。诗见《沧趣楼诗文集》第 40 页。王允晳[1]依韵唱和。

辛丑五月闽中疫作死者数万村居假息风雨中溪水暴涨适听水老人寄示报君常招看

鉴亭荷花诗未有见及之语并痛刘李二生之亡依韵奉和
王允晳

老来空心如空城，病后寸髻成枯茎。村居畏尘不畏水，红蕖白鸟吾同盟。五月揭来入南郭，道旁疫死尸纵横。嗒然归卧六十日，一日一念皆百惊。复闻城中水大至，平地即刻成重瀛。两岁凶灾亲眼见，伤害人物如刀兵。天公不仁不敢怨，谁敛众泪归诗清。螺江老人吟寄我，念我劳苦鲂鱼赪。鉴亭荷花我所愧，当风至死真香英，爱而不见采已晚，公有铅水如河倾。我贫无句诉真宰，岂谓天地终无情。明朝风雨势稍止，轻舠同数邮签程，碧简馀芳正待醉，过此万柄攒秋声。

——《近代诗钞》第 1105 页

[1] 王允晳：字又点、幼点，号碧栖，福建长乐人，光绪举人，近代"同光体"闽派著名诗人。

7 月 28 日（六月十三日）　与沈翊清、叶在琦[1]同访陈衍于玉屏山庄，有诗"六月十三日丹曾肖韩同舟枉存因访叔伊玉屏山庄有诗征和感念损轩昔日之游即次其韵并视珍午""答丹曾叠韵见赠""五叠答肖韩见和"，见《沧趣楼诗文集》第 45—47 页。

庚子避乱,尽室自武昌回,借居涛园(文肃公祠)。旋卜居陶江,甥(沈丹曾)从马渎同肖韩挐舟来访。次日余亦挐舟过螺江访陈弢庵所,遂至船司空。甥有长句一首纪其事,弢庵有和作。余匆匆赴鄂,只报以一律云:"濒行送我一长句,往复沧江无限情。极浦生潮生又落,空林踏月暗还明。山中风物冬逾好,客子光阴老更惊。种橘买田吾纵返,恐君蜀道纪登程。"

——《石遗诗诗话》卷 10 第 165 页

因忆君常由御史奉讳归里,主讲鳌峰书院,余偶从武昌归陶江,典玉屏山庄东屋居之。江乡往来,有弢庵、肖韩、丹曾诸人。有"霅"韵七言长古,丹曾倡之,君常、肖韩和之,弢庵则次韵者再。君常诗云"⋯⋯"。题系"丹曾观察同肖韩太史挐舟过螺江并游玉屏山庄各赋长句见示弢丈继和余以损轩有宾馆之旧不可无诗次韵奉酬"。

——《石遗诗诗话》卷 15 第 238—239 页

[1] 叶在琦:字肖韩,号稚愔、穉愔,福建闽县人,光绪进士。历官监察御史、贵州学政。全闽大学堂学监督。

8 月 10 日(六月二十六日)　致张佩纶。

致 张 佩 纶

陈宝琛

涧迂世丈坐下:得初二日手书,知公已过沪回宁,出处之间权衡至熟,且慰且佩。目下大患,所谓正人无过人之才略,而宵小模棱取容,藉以广布徒党,无论怨家,即仰慕公者,亦非能推贤让能,虚己以听,观其所舆,略可覩矣。自古小人常胜事,定后尚不知如何变局。健兄虑公气类之孤,鄙即出,亦不过多一孤立之人,何益于公,更何补于世,故此心始终如古井水也。江鄂东倭议以破俄,谋于合肥有异同,俄长于外交,未必胶柱鼓瑟,若别有求,偿何以应之。传闻回銮因是改期,或驻大梁观变,确否,公当知之。本原未清,变法亦岂有实际,只赔款一节已足以殃民弊国而有余。实孚[1]已办乞休,闽瘠亦何堪捂克,况重之以贪愎耶。闻健庵自请裁□督,望其易持匷节也。公又有杏殇之悼,闻之悒悒,褓襁未脱,幸以昙花视之。两月来闽疫至酷,城市毙者二万馀人,蔓延及乡村僻舍,尚亦医药不绝,一女濒危幸安,而刘氏甥[2]妙年俊才,又极潜粹,本以避疫来村,而暴发不救,最为痛心。书来已近兼旬,坐是稽复,园居作何消遣无任驰念。手此奉复,敬颂双绥。去矜顿首,六月廿六日。新居忘其地名,函便示及。

来书金壬虽无专指,然无逾某者,鄙与伍且羞之说公耶。仲弟当能言之,其党许附荣,以我为不费之礼物,许忌我亦即藉以媚荣,沆瀣一气,熏犹不同,故应如此,行止外人虽百缄仓无所加损,况鄙本无欲出之心,惟社鼠不熏,海邦涂炭,斯世斯人避之何所,为可嘅耳。童年先君常语以唇不掩齿相法,宜始谤。生平所历信然前定,亦自安之。所谓可为知者远,不可为流俗人言也。再请道安。侄又顿首。

——上海图书馆藏手稿

[1] 实孚:邵积诚,字实孚,见前。

[2] 甥刘腾业染疫病故,见前。

8月28日(七月十五日) 王允晳到螺洲来访,与公及三弟宝璐泛舟月下,有诗唱和,并答郑孝胥、张元奇,"幼点风雨中挐舟枉存见和前作并示去夏寄太夷词再叠以答""七月十五夜与幼点泛月同赋兼答珍午再叠之意三叠前韵",诗见《沧趣楼诗文集》第42—43页。王允晳诗"七月十五日夜同听水叔毅螺江泛月叠前韵一首并柬君常",见《近代诗钞》第1106页。

幼点风雨中挐舟枉过。残灯对坐,信宿始去。七月十五夜,复与泛舟月下,因迭前韵兼答珍午,遂屡迭韵酬答。 ——《闽县陈公宝琛年谱》第73页

8月29日(七月十六日) 夜访陈衍于叶大庄旧居,送陈赴湖北入张之洞幕。有诗"十六夜访叔伊于损轩旧居即送其之鄂",诗见《沧趣楼诗文集》第44页。陈衍"七月余将由家来鄂弢庵阁学冒雨乘月两过别后奉寄",见《陈石遗集》第114—115页。

十六夜,访叔伊(陈衍)于损轩旧居,即送之鄂。丹曾(沈翊清)、肖韩(叶在琦)六月间同舟枉过,约与同访叔伊于玉屏山庄,有诗征和。感念损轩昔日之游,因次韵以答,并视珍午[六月十三日]。珍午曾馆于损轩;丹曾,沈文肃公葆桢孙;肖韩,叶恂予同年子也。 ——《闽县陈公宝琛年谱》第73页

七月,有夜读《杜工部孟襄阳集》、"弢庵阁学冒雨乘月两过别后奉寄"二诗。

——《陈石遗集·侯官陈石遗先生年谱》卷4第1984页

9月2日(七月二十日) 致函张佩纶。

致张佩纶

陈宝琛

黄斋世丈大人阁下:前月由邮政奉复一书,度已入览。白下水灾,不知寓庐地势高下有无浸损。并闻疾疠盛行,弥用驰系。此间入夏苦疫苦水苦风。迩来喘悸甫定,而顾瞻四方,凶荒迭告,天步之艰,不知所届。传相示病,比当已痊。回跸改期议论羹沸,且专咎鹿。笃而论之,俄约未定,英兵未撤,畿辅土匪未靖,势亦不得不尔。杞人之忧尚不在此,公意谓何。政务条样当出樊山手笔。数月以来,破格所用,固已树之风声矣。公归来作何消遣,出处自己内断于心,所虑君子无才,小人多术,不能用又不遽舍耳。惠亭书述尊意,气类之孤,曷胜感叹。秋来弥益相念,风便时惠数行,无任企盼。敬请道安。宝琛顿

首, 七月二十日。　　　　　　　　　　　　　　——上海图书馆藏手稿

10 月 26 日（九月十五日）　张佩纶复函。

复陈宝琛　　　　　　　　　　　　　　　　　　　　张佩纶

复缄已至, 距前书已逾月矣。时事直可不谈, 俄约闻已开议, 公约如此, 未必俄独情让, 英不敢犯俄, 据津为公地, 坐扼喉咽, 回踔即入围中, 直是晋、楚争郑局面, 而江、鄂疏陈时政, 彼一味纷更, 尊论以为饰观, 犹未深探其隐耳。侍疾已止, 乞病后偶然持鳌, 略近薑酒, 而下血又作, 颇似为鄙人圆谎者。戊戌一见, 不可无诗, 至今未就。到都, 铭鼎臣[1] 师以别业图属题, 勉作五古一篇应之。铭赞其书而不爱其诗, 生硬可想。侯园居当陆续了此诗债, 必将寄正。耳目脑陋, 无一可入诗料者。若悲天闵人, 学老杜每饭不忘之慨, 亦落套也。孙大令筠长于英文, 便是投时利器, 知鄙人不出, 恐亦未必愿见。如仍愿来谒, 重以尊属, 敢不破例延之。手复, 即颂道祺。佩纶顿首, 九月十五日。

　　　　　　　　　　　　　　　　　　　　　——上海图书馆藏手稿

[1] 铭鼎臣: 铭安, 叶赫那拉氏, 满洲镶黄旗, 字鼎臣, 咸丰进士, 刑部侍郎、吉林将军, 谥文肃。

夜宿鼓山涌泉寺, 有诗"九月十五夜涌泉寺口号"。次日, 陪刘淮焴登大顶峰观日, 有诗"十六日陪刘漳州淮焴登大顶峰观日因话旧游感赋二首即送其监税泉州", 见《沧趣楼诗文集》第 48 页。

　　九月十五夜, 宿涌泉寺。次日, 陪刘淮焴登大顶峰观日, 即送其监税泉州。因话旧游, 知慈仁寺已烬, 顾祠尚全。"红杏青松图卷", 公及刘君均曾题名其末, 闻尚幸存。　　　　　　——《闽县陈公宝琛年谱》第 73—74 页

秋　闽中大旱, 作"苦旱吟", 见《沧趣楼诗文集》第 49 页。

　　闽中苦旱, 入秋干旱逾七旬, 山田龟坼, 而官府追征未已, 乡民典卖俱尽。公为作《苦旱吟》。　　　　　　　　——《闽县陈公宝琛年谱》第 71 页

11 月 8 日（九月二十八日）　侯官南台郑康年卒, 作"郑君子修墓志铭", 见《沧趣楼诗文集》第 436—437 页。

12 月 4 日（十月二十四日）　郑孝胥作函。

　　致陈伯潜书, 求作《考功词》[1] 序。　　——《郑孝胥日记》第 2 册第 815 页

[1]《考功词》: 郑守廉作。守廉, 字仲廉。福建侯官人。咸丰二年进士, 郑孝胥父亲。

十月　张佩纶复函。

复陈弢庵阁部　　　　　　　　　　　　　　　　　张佩纶

久不奉手书, 甚念。和议尚未定。天寒, 各国无西犯之力, 终当就范。惟

据李盛铎[1]所云各节,从此中益不振。内已允诛毓、逐董[2]。今董事已见明文。或日内可以开议也。筱驲移桂[3],道远甚念之,已交替否。安徂转漕,须赴行在一觐,力亦支绌。伯平已回湘,颇有衰态也。或云贤倩[4]已视学,不知确否。都中蹂躏不堪,内城尤甚。徵宇有书否。祈略示以释远系。天气已寒,秦中当更凛冽。乘舆西驻,即和定亦必俟春还。吾乡百万饥民殊可虑。行在亦米贵如珠,军民交困。东南饷运甚艰,而英、美商务随之亏折,真不了之势也。阁下何以自遣。纶今岁久病,颇形疲嬾,加之时世萦怀,灰槁益甚。夜来对烛相念。草此以代面谈。　　　　　　——《涧于集·书牍六》第50页

[1] 李盛铎:字椒微,号木斋,江西德化人,光绪进士,翰林院编修、国史馆协修、监察御史、京都大学堂京办、顺天府府丞、各国政治考察大臣、陕西巡抚等。入民国,任总统顾问、参政院参政、农商总长、参政院议长等。

[2] "内已允诛毓、逐董":12月3日(十月十二日)甘肃提督董福祥革职留任,命带领所部回甘。

[3] "筱驲移桂":张曾敭是年九月二十六日调任广西布政使。

[4] 贤倩:公婿林炳章,见前。

12月13日(十一月初三日)　致函张佩纶。

致 张 佩 纶
陈宝琛

蒉斋世丈大人阁下:九月望日赐函未浃旬即到,而侄先已大病[1],恍惚中粗读一过,心神飞越,如在名园也。少间始获,盥手三复,祗悉种种。道体想已早平,姜酒动肝,蟹又能发宿疾,侄岁辄坐此,今秋特严其戒,而遭府转剧。公乃于此大有作用,不减君家步兵之鲈脍矣。贱恙乃伏暑暴发,濒危者再。服药五十剂,啖生梨千枚,始将馀热涤净,而羸弱委顿,至今犹不能离床,散木无用,天其留之,以为异日相见地耶。病中闻文忠师相之薨[2],不禁热泪如沸,中国通晓时务才略,足以因应远人者,只此一老,久久当逾知之。念公与夫人又何以为情也。是否归丧合肥里第,何时南下,便中示及。广雅读书做官,皆极当行,但于民间疾苦尚未深悉,以未曾亲做百姓也。所陈侄不嫌其纷更,而嫌其搬演,不能变此上下相蒙、官民隔绝之积习,终之为丛驱爵也,尚何中法西法之可行,至其深意则未窥及外强,其自别康、梁耶。久不读公诗,夏间自骈归来,所作散失之外已甚寥寥,而与公唱和者尤鲜,有胸中所欲言,非公无可倾吐者,盖阙如也。十七年间,度公诗卷已哀然。前岁匆匆,未得一读为憾。园居如新篇,寄示一二,何幸如之。久病恐劳远注,强起草复,藉以告慰。敬颂道祺。

侄宝琛顿首,十一月初三日。　　　　　　——上海图书馆藏手稿

[1] 1901年闽中大旱,疫情严重,公大病。

[2] 文忠师相之薨：李鸿章1901年11月7日（九月二十七日）去世，谥文忠。

12月18日（十一月初八日）　张佩纶来函。

致 陈 宝 琛　　　　　　　　　　　　　　　　　张佩纶

　　弢庵前辈大人阁下：前寄一书当已入鉴。昨孙大令筠来，询悉公秋暮患疟，冬初始愈，甚念也。待秋仲乞病销差，并闻公约画押后，有择优保奖之谕，即□书力辞。旋因文忠师骑箕[1]，电询于晦若[2]，则乞病辞奖，均已奏达宸听，冀可无事。乃庆邸[3]意在公溥，仍为叙劳，殊乖素志，好在病状沥辞，均有前案可凭。俟行知到后，仍请收回成命，并陈病体未痊，谅不嫌于慢伪耳。文忠官少事烦，鞠躬尽瘁，鄙人尤切知己之感，怆恸弥深；平生敬爱不衰，如文正、文忠两师[4]之相待，求之古人不可多得，况于今之士大夫。事后自思，实为惭负。故币[5]月以来，心绪更形鬱勃，气体亦更颓唐也。回銮有期，新政纷起，不知果能自强否。闻阁下在闽，亦设东文学堂，确乎。顺天乡试乃借豫闱，成何策象，陈儿于中国政治得失尚可敷衍成篇，西艺学则非得其精微，难以发挥透阔，亦非年馀即能到岸。究须如何，祈开示书名及如何向学之法，俾可遵循，想不吝教益也。日内又须迁居，复书祈寄侯府街翰林张宅为要。手此，即颂道祺。佩纶顿首，十一月初八日。

　　孙瑷蔼初见即求栽培，侍实无力，渠云闻恩中丞相识，恩于今春始来见，亦不能及私。且孙初见，岂能为之破例耶？知念，附及。——上海图书馆藏手稿

[1] 文忠师骑箕：李鸿章卒，谥文忠。见前。

[2] 晦若：于式枚字。见前。

[3] 庆邸：庆亲王奕劻。

[4] 文正、文忠两师：李鸿藻、李鸿章。

[5] 币：同"匝"。

12月19日（十一月初九日）　致函张佩纶。

致 张 佩 纶　　　　　　　　　　　　　　　　　陈宝琛

　　顷阅报纸知和成[1]，奖上公有四五品京堂之擢[2]，此固违公素抱而辞之，又未必得请，且阁读学正已悬缺，或即实授，亦未可知。当群飞刺天之会，有一阳来复之机，固不独为公喜，然不出则定兴[3]无助，出则公先太孤，且轻俊险薄之流渐已布满中外，变法不足，乱纪有馀，君子常处于不胜之势，公察微知著，当有以自处也。近日特拔之人才又是北张南陈，可发一笑。□华宗或有异人处，吾宗则一不学之章吕，其倾我者皆其所自道，许行之徒而党于十乱。而广雅乃迫金要人而特荐之，公犹怪其不省橘洲耶。日来贱体较健，附慰。草草，即

请箸安。去矜顿首,初九夕。 ——上海图书馆藏手稿

[1] 和成:中外《辛丑条约》签订。

[2] 1901 年 11 月(十月)张佩纶"著四五品补用"。

[3] 定兴:鹿传霖,见前。

12 月 22 日(十一月十二日) 致函张佩纶。

致 张 佩 纶 陈宝琛

蒉斋世丈大人左右:初九夕发书,时以轮急神惫,有诗二首未及录寄。顷闻明日有轮,特以奉正,知不值一粲也。贱体日来稍健,渐能在室散步,尚拟闭门静摄月馀,藉以规避一讲席。前之结怨宵人即因门弟子抑扬所致。事事迟让,不独偷闲,亦以免咎耳。手此,即颂道祺。宝琛顿首,十一月十二夕。阖第均告。

——上海图书馆藏手稿

是年 大病,延医诊视,病愈,诗谢医者,并答张佩纶,诗见《沧趣楼诗文集·病退赠医者鸿友县丞,病中答蒉斋书感赋》第 50—51 页。

公大病,延鸿友县丞诊视。县丞乃林少翼秀才高足,久隶船官。承其废寝忘食,一日十诊,药随病转,七日而愈。病退,有诗谢之。张公蒉斋随办交涉事竣,慨事不可为,乞病南归,有书抵公病榻,读之感赋两律。其一曰:"盆菊开残剩瘦枝,萧萧寒日上窗迟。病中始觉身真老,乱后犹疑事可为。一昨梦痕芳草改,半生心绪夜鸡知。相思最有江南客,注目霜鸿是此时。"其二曰:"与君同坐不知天,岂有微禽海可填。自古焦头欺曲突,忍将对泣换先鞭?茫茫正复忧来日,去去谁堪忆盛年。终就名园求一醉,清池古木夜床联。"时张公新购明张侯废园为终隐地,履约公往晤聚,而未遑也。蒉公得诗依韵答曰:"同鸣双鸟占凤枝,惆怅孤云起可迟。望似谢安犹不出,老如烛武岂能为?难平渤澥波臣怒,已负官廷国士知。揽镜互怜霜发短,青枫伏枕剧伤时。"又一首云:"谁能双手竟回天?避债台高百计填。一错六州还聚铁,十羊九牧竟操鞭。石顽肯贬连城价,骥老差安伏枥年。料理渔蓑期共隐,何时江上句重联?"二人鉴于时事日非,无可奈何,而思共隐之情于斯毕见。 ——《闽县陈公宝琛年谱》第 74—75 页

林纾来函。

致 陈 宝 琛 林纾

弢丈大人执事:半年不奉手书,不审近日仍城居否?闽疫大猖,死者多属意想之外。刘生诗源[1] 竟在厄中,纾闻耗,肝肾震悸,深念苍霞精舍肄业诸生,唯诗源最胜,精粹济以健往,一日之中,未尝暂刻辍业,即以器宇卜之,亦无横殀之状,且与纾尤极依依。今竟如此,为之怆感者经月。道路谣传:叔毅女公

子将有嫁其死婿之议。纾以为非古，又复以为不确。意吾丈秉礼，叔毅又深于经术，必有以折衷之良，非局外人所敢置喙也。德人将强醇王拜跪，闻之心欲裂。雍正时，罗马教皇遣使到京，世宗曾允其径行西礼。马戛尔尼来自英国时，高宗亦特旨准行西礼。以故，公使比年入觐，不过三鞠躬而已。即德亲王亨利之来觐见时，几于平行。以此数节，均其成案。德人乃欺我丧败之后，自弃公理公法。想吾王聪明强立，当能以于什门从□宣自待，断断不至辱国耳。贼臣刚毅不顾大体，任气挑衅，因种祸，遗毒及我贤王，万世不能忘此贼也。祖陵宝顶，原庙木主，一伤轰毁，一被窃奉西行，身为本朝民庶，讵能甘此奇辱？四顾惘惘，求死不得矣。近觅得美人斯士土活著《黑奴吁天录》一书，倩仁和魏生聪叔[2]口讲，纾即以笔随缀为辞，积二阅月，成十馀万言，都为四厚册。魏生已将归付梓，大概九月内可以蒇事，成时必以一部奉呈。此书专叙黑人囚拘作苦及毙于惨刑之状，正可为将来吾种人之殷鉴。原书叙致既精，经纾译后，愈形悽怆。读书当为动容，或因此萌其复古之心，而生保种之念，则纾一字所值，不止千缣矣。纾以无资刊刻，即将原稿封赠魏生。魏生既精西学，而华文亦清稳可诵。曾自译回教默罕默德全传□□□纾当少为润色。彼年才二十。纾因之益怂诗源也。兹者八股既废，学堂大有生机，东西两塾，尚望吾丈勉为支持。此间蔡鹤卿[3]太史力主开创师范学堂，为汪柳门[4]、樊介轩二人所格。不知此二者居心何似？此间闲款可以清厘者，一年无虑七八万，而积弊相沿，互相保护。蔡公新进，莫可如何，时来纾寓，相向太息。纾又身为客民，虽善樊、杨诸君，究竟引谦，莫敢启齿。左文襄言：以乡人办乡事，势属万难。纾至此，始觉其言之当也。老许闻为言官论列，此举实关吾闽生死之运，但恐正不胜邪，如何如何？呈此问讯，伏惟珍卫不备。世晚纾顿首。廿八。

——《福建文史》2011 年第 4 期第 10 页

[1] 刘生诗源：即刘腾业，见前。

[2] 魏生聪叔：魏易，字聪叔、冲叔，浙江杭州人。圣约翰大学前身梵皇渡学院毕业。与林纾合作翻译《黑奴吁天录》等。

[3] 蔡鹤卿：蔡元培，字鹤卿、孑民，浙江绍兴人。光绪进士，翰林院编修。国民党中央执委、国民政府委员兼监察院院长。中华民国首任教育总长。

[4] 汪柳门：汪鸣銮，见前。

张佩纶复函。

复陈弢庵阁部

张佩纶

到都后曾得复书，以和议未定，不能即复。临行，惠亭编修来出手教，敬悉一一。长夏江村脩然自得,身在缁尘,益深健羡。况昆弟联床,眷稺侍侧,极家庭之至乐乎。赔款办至四百五十兆,息四厘,初议本息分还,不允。后列三表以争之,均欲不逾九百兆之数。而德使自创一表,以新旧债岁得四千二百万,为之通盘抵制。彼减则此增,以四十四年还清,而前四年,但还息十八兆。前渐还本,至末年须三十三兆左右。全权不得已,上闻。江、鄂争之,愿第一年即还廿二兆,本利兼还,数自可减,亦即前三表之意,而语大讥贬。全权愤怒,谓江、鄂有意取巧。商之各使,亦嫌无抵款,不允。德使又改一表,可以较省。然各使意见不同,犹未定议也。交界之期,德、法均展限一月,不许姜军入城。土匪以畿辅赔教之款苟责,良民煽惑四起,官军无纪屡败,而修工迎跸,库款荡然,又是有司棘手之证。至于变法之事,诚如尊论,君子不敢放手,小人得以营私者。四月初,行在选派五人电商,都中请将侍及于晦若派入,此外有通才亦请加派汇奏。于是邸派徐太仆寿朋、崑派陈侍郎璧,清晨迳复西安。侍辞而未许,非相派也。后数日滋电健庵,欲为侍别立名目,不侪诸人之列。当辞以仰愧王、瞿,俯羞孙、郭,别立名目,不堂不司,相去几何。病后惟求退,相爱者愿全其挫直,俾得自由。至是约及两月,未有明文,盖内则夔、鹿[1]不合,而荣[2]两用之;外则李、张[3]不合,而荣又两容之。岂贤者得行其志之会耶。执事郁然人望,到都即言之合肥,荐剡已具,而迟回不决。壶公亦不及橘洲,尤可讶。侍既决退,乃以长电直言之。昨复电谓:略园以公乡评甚劣为辞,明是挟嫌,可恨之至。所言既不纳,侍藉考核商务,亦引归江南,徐图乞病。决计三十日赴津,行时得家书。去岁所生一子,乳名"阿当"者,殇于春初,行时本未退热也。

——《涧于集•书牍六》第63—64页

[1]夔、鹿:王文韶、鹿传霖。

[2]荣:荣禄。

[3]李、张:李鸿章、张之洞。

张佩纶复函。

复陈弢庵阁部[1]

张佩纶

归金陵已及两月。暑疥、目肿、便血诸病杂作,以致两奉手书均未作答,歉甚歉甚。秋中犹热,体气如何。新政多采江、鄂之说[2]。侍既在退伏,若仍议论是非,便是多事。世变日亟,竟亦不知如何办法,始能有补于时。不知阁下与壶公曾一往复否。俄约闻在都开议[3],壶公主各国通商之说,而俄谋深秘,未许他国与闻;日本最忌俄,是壶公所倚。近外部已易沙祢,能始终不变宗旨否。破格用人最是美政,但或由外族推引,或由政府汲挽,即不足以树风声。

士气日颓,若必待学堂造就,恐未能拔十得五耳。园工未竣,现尚赁庑而居,殊嫌偪仄。实孚决意归来,甚好。然侍处久不通问,健侄主折漕之说,漕折后漕督裁[4],而清淮无一大员,必乱。闻启銮不再改期,大约在汴必有停顿。闽中贪吏戾气,郁而为疾。贤甥亦罹其厄,知公不释于怀。林太仆报捐两万,当已得奖。此公近闻贫窘,尚作卜式举动,亦可感也。外务既设专部,不知令侄留外部否。仲勉言补缺后欲以知府出,是选缺是截取,未得其详。

——《涧于集·书牍六》第69—70页

[1] 此函为张离津返回金陵,慈禧尚未回銮时作,当在光绪二十七年(1901年)。

[2] 江、鄂之说:见张之洞、刘坤一《江楚会奏》。

[3] 1901年1月4日(光绪二十六年十一月十四日)中俄东北交涉开始。

[4] 漕折后漕督裁:漕运总督1905年1月(光绪三十三年十二月)裁缺。

十一月　辞鳌峰书院山长,由张元奇继任。

瑞裕如(丰)[1]户部将还京,别于鼓山。谈及灵光寺塔院已毁,盖公廿载前旧游之地,为之唏嘘不置。

公辞去鳌峰书院后,由珍午(张元奇)[2]继任。兹来招至鉴亭观荷,因与迭韵唱酬。闻仪鸾殿、武英殿先后火,伤时感旧,为之恤然。

——《闽县陈公宝琛年谱》第73页

[1] 瑞丰:光禄寺卿,宣统三年十二月调仓场侍郎。

[2] 张元奇:字贞午、珍午、君常,号姜斋。福建侯官人。光绪进士,翰林院编修、御史,入民国任奉天巡按使、政事堂铨叙局长、内务部次长、参政院参政、肃政厅肃政使等。

是年文

王旭庄妻弟五十寿序　——《沧趣楼诗文集》第352页

王岩孙妻弟七十双寿序　——《沧趣楼诗文集》第354页

林君贻书六十寿序　——《沧趣楼诗文集》第355页

郑君子修墓志铭　——《沧趣楼诗文集》第436—437页

叶恂予同年哀诔　——《沧趣楼诗文集》第460—462页

王君小希哀诔　——《沧趣楼诗文集》第462—464页

是年诗

天心阁雨中山礬开过　——《沧趣楼诗文集》第39页

石鼓山中送瑞裕如户部丰还京　——《沧趣楼诗文集》第40页

谢珍午招观鉴亭荷花并柬幼点　——《沧趣楼诗文集》第40页

珍午和诗感及昔游因叠前韵奉答　——《沧趣楼诗文集》第41页

幼点风雨中挐舟枉存见和前作并示去夏寄太夷词再叠以答

——《沧趣楼诗文集》第 42 页

七月十五夜与幼点泛月同赋兼答珍午再叠之意三叠前韵

——《沧趣楼诗文集》第 43 页

十六夜访叔伊於损轩旧居即送其之鄂　　——《沧趣楼诗文集》第 44 页

二十六夜珍午寄示叠和望夕泛月诗时以仓神出游不果行也四叠答之

——《沧趣楼诗文集》第 44 页

六月十三日丹曾肖韩同舟枉存因访叔伊玉屏山庄有诗征和感念损轩昔日
之游即次其韵并视珍午　　　　　　　　——《沧趣楼诗文集》第 45 页

答丹曾叠韵见赠　　　　　　　　　——《沧趣楼诗文集》第 46 页

五叠答肖韩见和　　　　　　　　　——《沧趣楼诗文集》第 47 页

九月十五夜涌泉寺口号　　　　　　——《沧趣楼诗文集》第 48 页

十六日陪刘漳州淮煊登大顶峰观日因话旧游感赋二首即送其监税泉州

——《沧趣楼诗文集》第 48 页

苦旱吟　　　　　　　　　　　　——《沧趣楼诗文集》第 49 页

病退赠医者鸿友县丞　　　　　　——《沧趣楼诗文集》第 50 页

病中答黄斋书感赋　　　　　　　——《沧趣楼诗文集》第 50 页

1902 年(壬寅　光绪二十八年)　55 岁

中俄签订《交还东三省条约》。(4.8)

梁启超《新民丛报》创刊。(2.8)

张百熙奏《学堂章程》("壬寅学制")颁行各省。(8.15)

京师同文馆并入京师大学堂,京师大学堂开学。(12.17)

刘坤一卒,年七十四。

1 月 1 日(十一月二十二日)　致函张佩纶。

致 张 佩 纶　　　　　　　　　　　　陈宝琛

望前连发两函,望后复奉手札,知正和山疆移家诗也。侄卧病数月,竟不知竹孙物化。其至交但知有方桐仲朝榘、黄建隆鼎翰,而方弃官新去闽,黄署罗源,不在省,因迳询濂溪得复,摘录另纸呈览,祈转告诗孙也。竹孙在省以世旧故,过从频数,稔见其日在愁城,与乃兄之天怀超旷者不同,旧藏书画携来不少,恐亦不免飘零矣。新政有名无实,行其益上者,而益下者不行,行其便己者,而不便者不行,日且削矣,敢望强手西萟[1]皆专门之学,非三年两载所能卒业,亦岂风檐才晷所能见长。为此议者久已受人指摘,而仍以着令是,但使人粗涉其藩而饰为虚车耳。舍侄辈前问及此,姑取二十年前所购之制造局刻本畁之,固知此亦陈言,空费目力,科举家循例为目录钞撮之学,固无施不可也。此间东文学堂发议于丁酉,开学于戊戌,取其费省而效速,侄亦与闻其事,然无论何学,均患于蒙学不端,先目无好人,为何有真学,侄所以勇撤皋比而不愿为冯妇也。病后久未复元,顷正强痛。草草布复,敬请涧于居士道安。橘顿首,十一月廿二日。

诗孙[2]未及函慰,乞致意。蘘蔼十年前见之致佳,去年逃乱归,犹数晤,不意一行作吏,俗状遂尔,羊叔子不敢再誉鹤矣,一笑。　——上海图书馆藏手稿

[1] 萟:同"艺"。

[2] 诗孙:何维朴,见前。

1 月 10 日(辛丑十二月初一日)　张之洞上《胪举人才折》。

降调内阁学士陈宝琛,该员才长志壮,素有时名,自降调回籍后已历十七

年,潜心读书,考求中西政治,学养既深,益臻切实平静,迩来新进人才能胜过该员者,实不多觏。近年获遣降革诸员,蒙恩录用者甚多,仰见圣度渊涵,惜才宥过,当此时局需才,如该员似不宜令其终身废弃,若加以录用,必能感激图报,确有树立。　　　　　　　　——《张之洞全集》第 2 册第 1466—1467 页

张之洞奏荐李盛铎、伍廷芳、胡惟德、汪凤藻、王先谦、缪荃孙、沈曾植、乔树枏、陈宝琛等。　　　　　　　　——《近代中国史事日志》第 1156 页

张之洞上《胪举人才折》,奏荐李盛铎、伍廷芳、汪凤藻、胡惟德、王先谦、缪荃孙、沈曾植、乔树楠、陈宝琛等。　　　　——《沈曾植年谱长编》第 266 页

1 月 16 日(辛丑十二月初七日)　为表舅林心斋[1]作哀诔。见《沧趣楼诗文集》第 464—466 页。

[1] 林心斋卒于光绪二十七年十二月初七日。哀诔暂系此日。

1 月 27 日(辛丑十二月十八日)　张佩纶复函。

复 陈 宝 琛　　　　　　　　　　　　　张佩纶

弢庵前辈左右:连奉三书,知气体已痊,尚未大健,甚念甚念。新政以江、鄂[1]为主,而江本无意,随鄂而行。公以为搬演,而此唱彼和,势已融成一片。此间学堂房捐即已扰扰异常,他处可想。闻有枢电令江、鄂更迭入觐,上方倚此自强也。侍沥辞之呈寄庆邸已将一月,而杳无消息,即亦听之。移居发端于十月,至月之十日,始移新宅,迟缓可笑。即此一节,昔须佩韦,今须佩弦,无非衰疲之象。来教谓今之破格者亦是北张南陈,籍籍京尹自当出众。夫已氏[2]则不敢引以为同乡,何于同姓,令人齿冷而已。人才如此,可为浩叹。诗二首勉和呈教。侍近年久不作,益觉手生荆棘也。诗孙[3]来,属为致谢。以竹孙事告之。渠亦得有家书,似亏累之外,家事亦不甚顺。子儁夫人赴粤,诗孙送之至沪,近始归耳。手复,即颂道祺岁禧。佩纶顿首,嘉平十八日。

诗孙在此时相过从,以生公故,彼此均有旧情,不同俗世应酬。昨知其弟竹孙大令在□化病故,竹孙无子承继,一嫡堂侄为子,距省甚远,音问不通。诗孙恐其有官亏无从打听,求公晤周藩司[4]时为之一托。竹孙闻阁下待之甚好,益祈示其省中至交为何人开示一一,官名地名以便函询□礼。幸为垂意。诗孙友于甚笃,憔悴可怜,谅公笃念世好,亦必为之援手也。再求谅鉴,泂于又启。此纸万祈速复详复。为感。　　　　　　　　　——上海图书馆藏手稿

[1] 湖广总督张之洞、两江总督刘坤一 1901 年上《江楚会奏变法三折》。

[2] 夫已氏:此处指何人,不详。

[3] 诗孙:何维朴字,见前。

[4] 周恒祺,字子维、福陔,号福皆,湖北省黄陂县人,咸丰二年进士。光绪三年至四年任福建布政使、署福建巡抚。

辛丑十二月　捐助黄乃裳招募 500 馀人去马来西亚垦农。

1902 年 1 月又招第三批垦农 500 馀人,幸得陈宝琛等人鼎力相助经费,抵达垦场。　　　　　　　　　　　　——《闽清县政协文史资料》第 15 辑第 285 页

作"《鼠疫约编》序",闽人郑奋扬选编。是年春刊行,并为署书名。

《鼠疫约编》序　　　　　　　　　　　　　　陈宝琛

会城今夏鼠疫盛行,谭彦先明府自惠安邮《汇编》至,王吉人邑侯试之而验,则揭布于通衢。好善者亦重刊以行。于是闽医始知治法。以余所闻见,自六七月以来,服此方,虽极危,鲜不活折。间有受病太深,疗救无及,或以疑方之不可恃。顾越人不云乎,非能生死人也,能使当生者起耳。今之中无所主而以药为尝试者,当生且使之死矣,乌能以是方一二之不效,而掩其八九之效哉。吾友郑肖岩秀才,病《汇编》之繁复,约为八篇,乍浦杨伯卿司马而锓之。二君惓惓于活人之心,吾愿村僻之为医者共体之,勿使病家仓卒间误于回惑也。光绪二十七年冬十二月,闽县陈宝琛附识。　　　　　——《鼠疫约编》卷首

2月8日(正月初一日)　大病初愈,过华严精舍,夜步月江边。作"元日过华严精舍",见《沧趣楼诗文集》第 51 页。

为华严寺弥勒龛题楹联"人世大难开口笑;肚皮终不合时宜"。

大病初愈,一冬蛰伏,发春始出。元日过华严精舍,元夕复步月江墙。有《听水斋杂忆诗》十五首,杂记廿年来友朋觞咏之乐。

　　　　　　　　　　　　——《闽县陈公宝琛年谱》第 75—76 页

2月14日(正月初七日)　张佩纶复函。

复　陈　宝　琛　　　　　　　　　　　　　张佩纶

弢庵前辈大人阁下:十四日奉初五手教,敬审道体康和,深慰远念。佩纶考核商务,深知泰西商战之术害我甚深入,一文字料不能纳,即于后三日里呈请代奉销差,而婉复诺轩则以病躯弱累为辞,扰之至八月杪始静,近日复以料量,仍不为移居计,甚属琐屑。书未发而慈眷尚殷殷,未便再渎。岘庄处懒与酬接。宝廷后生小子欲属安圃浼之代达,然亦时诸幸进者尚未得□复耳。伯平到京候缺,书来云,南皮又有启事,人数太多,公及益吾皆在其内,不知中旨若何。阁下亦有所闻否,祈示悉。南皮此系虽属塞责,然新政求才,而竟无一人相□世,该殊为不平,都中议其夹新夹杂,乃南皮旧病,前次四十九人即夹新,惟前为有本之学,今则无聊之作耳。得此即当道以私嫌厄教,究不能逃公议也。安圃为

德领事争路援无已，文武无才，口舌如何能济取。公春来作何消遣，甚念。此颂韶祺，即祈鉴察，不宣。侍佩纶顿首，壬寅人日。

孙蒻蔼已得译书局差，近日能说洋话、译洋文，即是人才，自然脱颖而出也，知念时及。

辞赏大意谓以战败获衅，而以议和受赏，即有劳亦深耻之，况因人成事何敢腼□，馀则叙事前之已经力辞，日下之未能病愈，庶辞不碍于同保诸公，殆近日意气已平之效，欲私冀夔公[1]在内或能邀允，则免得拖泥带水，都中无处探消息，以仲彭[2]诸人均不以辞为然，即求退亦苦无同志也。公遂何讲席，是否取东文学堂。仲勉想仍在都。竹坡有四孙，仲符之子承嗣，宝森境况略好，伯符妻子则窘，□侍赠以五十馀金，年下当仍号寒也。又及。　　　　　　——上海图书馆藏手稿

[1] 夔公：王文韶，字夔石。见前。

[2] 仲彭：李经述，字仲彭，号澹园，安徽合肥人，李鸿章次子，亦为嫡长子。光绪举人，四品京堂。

2月22日(正月十五日)　元宵夜作"元夕步月江壖"，见《沧趣楼诗文集》第51页。

辛丑十二月—壬寅正月　林纾来函。

致 陈 宝 琛　　　　　　　　　　　　　　　林纾

沧趣先生史席：入都晤见冕丈[1]，言先生病疟几殆，幸得善药，病为霍然。此天相先生留为国家宣力耳，至慰至慰。前奉两函，未蒙示复，想事多于蝟，纾不敢遽望答书。嗣由舍侄处寄去《黑奴吁天录》四卷，并送一份与枚师[2]大人，未知有无投得？近来信局濡滞，动经数月，可恨也。廷旨趣开学堂，而浙中"人壬"、闽中"言午"[3]均老悖如病驼，但知饱矢，焉知学堂为何物，变法为何物？吾闻了此阢陧，尤叩阍无门。属者敝徒孙步韩就学京师，述执事病中语，力欲整顿东西学两塾。此纾千里悬盼之心，五年未竟之业，专望之先生者，幸先生努力支撑此局，感佩实无涯涘。纾身处都下，满目苍凉，铜驼之感尚不止此。大清门外竟有巨炮安置，然则大内寝宫均在敌人锋锷之下。天下伤心之事，无有过此矣。纾来时，车过正阳门，不由泪落如线。刚、端[4]之肉，兹不足食。书至此，肺叶相击，作响不止。想先生闻之，亦当发指。隆寒砚冻，不复成书。即颂清安，伏惟亮照。世晚纾顿首。　　　　　　——《福建文史》2011年第4期第10—11页

[1] 冕丈：仲勉，二弟宝瑨。

[2] 枚师：谢章铤，字枚如，见前。

[3] "人壬"、"言午"：浙江巡抚任道镕，闽浙总督许应骙。任道镕：字筱沅、砺甫，号寄鸥，江

苏宜兴人。拔贡,考授教职。江西按察使,浙江布政使、巡抚、河道总督。

[4] 刚、端:刚毅、端亲王载漪。

4 月 6 日(二月二十八日) 张佩纶来函。

致 陈 宝 琛 张佩纶

弢庵前辈左右:二月初十日得手书,敬审兴居佳畅,为慰。侍正月来一劳辄喘,月杪感风热作咳,痰气上泛而不宣,初六痰中又兼血丝血点。其时春令过暄,此间又苦无医,自以苏子、杏仁意为消息气平痰畅,血亦渐止,然气体则日疲怠矣。乞病之疏二月十四日得于晦若[1]电,已可入告。都中均知其托病,昨伯平[2]复简滇东,过此一宿,尚有劝行之说,乃传都中要人非伯平。顾康民代致庆邸之意,亦属病痊愈速入,如菲材不合时宜何。伯平言南皮所荐共十四人,公及益吾外,尚有介轩,内多朝贵,或侍郎或三品京堂,故子久告之,止能留中,未便明诏存记,此亦托词耳。正月间左子异[3]因文忠荐,送部引见,其眷留此,屡次晤谈,以文襄廿九小像索题,此像册公在闽当见过。尔时忧居,不能作诗,兹录文襄原唱八律奉寄,如有兴,可作一章另纸寄来。侍亦尚未构成耳。册长七寸宽九寸,纸可略小。许贞干有诗和原韵,所谓"何充佞佛全无用,张浚视师亦大难",乃用文襄燕台杂感原韵,非题像之韵。用以讥讽鄙人,平心而论,诗亦不佳也。阁下肃然溪墅,与世无求,自得天伦之乐,健羡奚似。微宇闻随节赴英吉利,学当日进。惠亭近如何?叔毅如仍理许郑之学,便是蠹鱼,若兼治西书,便是时鱼。旧乎新乎,侍年来竟无常课,学日荒陋,智虑亦日枯竭,求作一文人,亦恐名不副实,如何好。春徂已两月。近策杖盘桓,花事半已零落,意兴殊无聊也。手复,即颂道棋,统祈鉴察,不宣。佩纶顿首,清明。

——上海图书馆藏手稿

[1] 晦若:于式枚,字晦若,见前。

[2] 伯平:陈启泰,字伯平,见前。

[3] 子异:左孝同,字子异、子祀,号逸叟、遁叟,湖南湘阴人。左宗棠季子。

4 月 25 日(三月十八日) 为台湾淡水教谕董琅山妻、公同年董少希妹陈太恭夫人作哀诔[1]。见《沧趣楼诗文集》第 466—468 页。

[1] 陈夫人卒于是年三月十八日。哀诔暂系此日。

4 月 26 日(三月十九日) 函告严复。

致 严 复 陈宝琛

几道仁兄大人阁下:

前岁一札往还,浩劫遂至,卷葹之语,不幸屡中,今其贞不元耶!

大学为天下标的,足下襄赞其间,当可以少抒所蓄,时贤如张尚书[百熙]、赵学史[从蕃]两折均多中肯之谈,但视行之何如耳!吾乡学堂造端苟简,而又无师范课本,闭门造车,何由出而合辙?此事非制府言之,所属官绅遂指责交加。笃而论之,肖韩[1]亦煞费苦心。弟去冬以病不获与议,实属幸免。而小学、中学为高等之基级,家塾、党庠间亦不能无望于尊处之早发课本也。

弟自病后神虑日短,城中闻闻见见益不可耐,故村居时多。秋冬至今旱干少雨,播种孔极,而官府噤不敢言齐祝祷,他可知矣。邻村郑晓峰,昔岁自铁路避乱归,志欲远游以竟所学,以曾识公于兵火之间,入都上谒,冀有教之。手此奉布,敬颂著祺。惟鉴不宣。宝琛顿首,三月十九日。

——《严复集·补编》第 370 页

[1] 肖韩:叶在琦,字肖韩,见前。

5月11日(四月初四日) 致函张佩纶。

致 张 佩 纶

陈宝琛

绳庵世丈阁下:月前得清明手书,敬悉起居康复为慰。初夏园林定饶佳兴,偏灾屡告,白下何如。闽则秋冬干旱,涉春不得透雨,至今不能播种也。伯平[1]睽面廿年,望其来此,乃复入滇。此间狐兔纵横,亦不足以栖鸾凤,又幸其不来矣。司直[2]可庄世兄二月来函,谓定兴[3]致壶[4]、陈、曾忝荣,何竟不知壶不能平,故以语之。所闻止此。子久[5]自托词耳。兰鲍岂能同箧,公之明于见几,知必有以自处。此数年中,侄若在都,纵欲以默取容,亦安能不从许、袁[6]于地下,而于大局,究何所补。尝疑杨墨并摈于孟氏,而墨者不熄,杨无闻焉。盖即沮、溺荷蒉,微生亩一流,亦不得已而激成为我之学乎。所恨骎骎老至,日即颓放,并不能成就一文人,诚如公所论耳。叔毅则从事泛览,不专汉宋,不择中西,不唯不作官,并不肯下笔,纯乎杨氏矣。惠亭[7]闲居无俚,拟为南洋之游,即托其为我相一避世之所,公勿哂之。安圃近日能与外人相安否?广西匪势传闻异辞。小帆去秋约往相助,幸立却之,闻其与巽卿亦未水乳,褊急之性,固非友朋之所能化也。文襄一代人,公义私情均不能忘,惟为二十九岁像未能放笔为之。旬来构思未就,容再寄正,甚愿读也。许诗记在里时曾闻之魏公,亦岂庸庸,其云七难尚非讥讽,诗则不佳矣。草草先复,敬问箸祺,宝琛顿首,四月四日。

竹孙事制府属钟孙均湘人。为之,张罗闻颇就绪,诗孙近在宁否。

——上海图书馆藏手稿

[1] 伯平:陈启泰,号伯平,见前。

[2] 司直:王孝绳,字彦武,号司直,王仁堪(可庄)子。

[3] 定兴：鹿传麟,见前。

[4] 壶：张之洞,见前。

[5] 子久：瞿鸿禨,字子玖。见前。

[6] 许、袁：许景澄、袁昶,庚子事变时皆被杀,见前。

[7] 惠亭：林炳章,见前。

5 月 19 日(四月十二日) 自螺洲至省城,作诗"四月十二日白湖舆中书寄幼点",见《沧趣楼诗文集》第 52 页。

四月 为三叔母[1]录陆机《文赋》作楷书折扇面。

　　陈宝琛《楷书折扇面》题款："壬寅四月三叔母大人命书,侄宝琛"。

——《摇曳丹青》第 193 页

[1] 三叔母：祖父陈景亮三子陈承銎(字孝采,号子和)继娶潘夫人。

7 月 6 日(六月初二日) 致函高向瀛。

致 高 向 瀛 陈宝琛

　　颖生妹倩年大人足下：得都下惠书,知初旬可以抵浙。足下明识朴学,屈就丞倅,得无鹤立鸡群。时局至此,而积习依然。不特济物为难,即自救亦正不易。湖山大好,尚可静俟机缘耳。端生素笃乡谊,与鄙为总角之交,言之尚易,但其爱博道广,于贤者之加礼不知如何。幸燮钧近亦回省。闻惠亭言素极引重,当可得推挽之力。鄙见如入洋务局,较多所讲求,书局之席,恐希丈一出,即有代者不能悬也。鄙自病后众虑益空,但眼前分内之事尽多未了,□所谓云"做一日和尚撞一日钟"也。叔毅日手一编亦忘老至,前得改外轮选之电,彷徨数日,卒遂漠然,荒江老屋,得其相伴,亦不寂矣。佺侄[1]过沪曾来一书。顷将寓书伦敦,不知其妇已诞否,雌雄如何。仲勉久无书来,鄙累询之,均未得答。足下近甫出,当知之,乞示复也。惠亭于前月望后为南洋之游。城中疫气尚未息,幸有粤东罗氏《鼠疫汇编》[2]一方,屡试屡验,而时医必苦排之,以炫已长,坐是而误者不少,子乘则又以自误,可慨也。初到不知住址,此函特托豫弟转交。即请暑安。宝琛顿首,六月初二日。　　　　——上海图书馆藏手稿

[1] 佺侄：二弟宝瑨子懋鼎,乳名佺。

[2] 《鼠疫汇编》：清代罗汝兰(芝园)撰,初刻于 1891 年。此后又有数部治疗鼠疫著作。1901 年闽省疫重,1902 年 1 月(光绪二十七年十二月)公为郑肖岩改编《鼠疫约编》作序并署书名。

8 月 18 日(七月十五日) 王允皙自闽北回福州,与公再泛螺江,作"幼点新归七月十五夜复同泛月分赋",诗见《沧趣楼诗文集》第 55 页。王有诗："七月十五夜再泛螺江与听水老人同赋",见《近代诗钞》第 1106 页。

幼点自瓯宁任所新归,七月十五夜同泛舟。

——《闽县陈公宝琛年谱》第 76 页

9 月 13 日(八月十二日) 与王允晳同游游鼓山,夜宿听水斋作"八月十二夜同幼点宿听水斋",诗见《沧趣楼诗文集》第 56 页。王读公七绝《听水斋杂忆》九首,不胜感喟,作"八月十二夜宿听水斋同作"。

八月十二夜同宿听水斋中,读公《杂忆》诗,不胜感喟。

——《闽县陈公宝琛年谱》第 76 页

九月 三弟宝璐次子懋咸中庚子辛丑并科福建乡试举人。

张佩纶复函。

复陈弢庵阁部 张佩纶

弢庵前辈大人左右:入夏后以病懒,久不奉书。昨得手教,极慰饥渴。小园颇有竹木,正盼公践约一来。昔既不能践诺,今则决不可来:一则孝达移节江南,若从者翩然下翔,群不以为访旧,而以为谒督府,悠悠之口,虑生猜疑;二则孝达与侍无论其同乡旧交,抑且终隙末,途分吏隐,决宜应以简疏,公来则过从必数牵率,老夫殊嫌烦扰。权其缓急,与其公来而门多长者之车,不如公不来,而山回俗士之驾也。志潜两试京兆不售,今年借闱开封,勉令一战,额多人少,幸而得之,容盼侄之子允厘、安圃侄之子允恺,亦厕榜末。今科虽系新学,尚是西法皮毛,是以尚堪充数。如废科举,则儿辈终身门外汉矣。公对儿孙应科举之人,而嫌科举为无用,岂老前辈及陶梓芳[1]当日系学堂起家耶。未免过重洋文,忘顾本来面目耳。至科举、学堂各有利弊,侍得政,自有一番设施,稍异夫今之从康、梁拾唾馀者,既已飘然物外,何必纵谈。世兄辈无人可以为师,公及叔毅可自课之。稍长则如时贤之游日本而转泰西,以公负海内盛名,所见乃与报馆诸公无异,岂不大可惜哉。文忠师嫡子仲彭[2]袭侯,以毁殉于京师。其眷属在宁,即在侍宅之后,庶子季皋[3]及其母盖在扬州,乃卜颂臣[4]之婿。福建专祠一节,闻许云[筠]庵[5]不以然。以立功省分言之,文忠在苏,奏道郭松林、杨鼎勋两军由海道克复漳州,见于《方略》及左文襄奏议,与助克浙之嘉、湖仿佛,以责备言之,台湾刻畀日本终是一生遗憾。此固不必为亲者贤者讳。侍从未向我公谈及此事,公亦何必向侍剖辨,抑亦浅矣。润师[6]身后萧条,记辛丑曾告左右,内弟怡棠以昭信票奖叙郎中,见仍在霸州,恐乡曲无通儒,读书亦无裨时用,极以为念,而无策援之,尚有一妹未得婿也。仲勉在户部为崇礼[7]作司官,似无意味。何时可以截取改外,惠亭[8]颇为颂阁[9]所赏,今年不得轺车,境况若何。侍有胜情而无胜具,终日静坐,大可充道学先生,惜乎太旧耳。相见无期,放笔纵写,恃公不以为侮。

——《涧于集·书牍六》第 96—97 页

[1] 陶梓芳:陶模,字方之,子方。浙江秀水人。官新疆、陕西巡抚,两广总督。

[2] 仲彭:李经述,字仲彭,号澹园,见前。

[3] 季皋:李经迈,字季皋,即季高,别号澄园。安徽合肥人,李鸿章幼子,历任江苏、河南、浙江按察使。

[4] 卞颂臣:卞宝第字。见前。

[5] 许云[筠]庵:许应骙,字云庵,见前。

[6] 润师:边宝泉,见前。

[7] 崇礼:蒋氏(或姜氏),字受之,汉军正白旗,监生,总署大臣、刑部、户部尚书。谥文恪。

[8] 惠亭:林炳章,见前。

[9] 颂阁:徐郙,字颂阁,见前。

12 月 23 日(十一月二十四日) 作《李君锡介[1]家传》。见《沧趣楼诗文集》第 381—382 页。

[1] 李启宝,字锡介,山东福山人,壬寅仲冬二十四日卒,作传暂系于此日。

是年 领办闽南四盐场。

闽浙总督许应骙到闽以来……下令福建盐法道腾出闽南盐产最丰富的下四场—泉州浔养场、莲河场、漳州浦南场、诏安场,划归闽绅领办,并请陈宝琛来督署示意。

——《福建文史资料·郭肇民:我所知道的陈宝琛》第 5 辑第 75 页

是年文

李君锡介家传	——《沧趣楼诗文集》第 381—382 页
林心斋丈哀诔	——《沧趣楼诗文集》第 464—466 页
董母陈太恭人哀诔	——《沧趣楼诗文集》第 466—467 页

是年诗

元日过华岩精舍	——《沧趣楼诗文集》第 51 页
元夕步月江壖	——《沧趣楼诗文集》第 51 页
幼点之官瓯宁雨夜见过有诗用韵和之	——《沧趣楼诗文集》第 52 页
答邱菽园海南见寄	——《沧趣楼诗文集》第 52 页
四月十二日白湖舆中书寄幼点	——《沧趣楼诗文集》第 52 页
听水斋杂忆	——《沧趣楼诗文集》第 53 页
颖生自浙寄示烟台小泊二律即次其韵	——《沧趣楼诗文集》第 55 页
幼点新归七月十五夜复同泛月分赋	——《沧趣楼诗文集》第 55 页

1903 年（癸卯　光绪二十九年）　56 岁

庆亲王奕劻在军机大臣上行走。(4.12)

上海开拒俄大会，拒俄义勇队在东京成立。(4.27、4.29)

《苏报》案发，章炳麟等下狱。(6.29)

张佩纶卒(2.2)，年五十六。吴汝纶卒(2.9)年六十四，谢章铤卒(2.12)，年八十四，荣禄卒(4.11)，年六十七。

1 月 8 日（壬寅十二月初十日）　盛宣怀致两江总督张之洞电，敦请公为南洋公学总理。

寄 宁 张 宫 保　　　　　　　　　　　　盛宣怀

上海公学属于南洋，本系会同刘忠诚奏投，何嗣焜殁后，总理一席迄未得人，而基础已立，经费有定，亦已煞费经营，将来听其废弛，未免可惜。现以总理得人为第一要着，陈伯潜阁学养望多年，足为多士矜式，与公至契，务望切电敦请，候有复电，即请钧处契名备就容函，由敝处专送币聘，灯节前到沪，以便开学，修金原定月二百两，或须酌增，请卓裁。学堂并有总理住宅，甚宽，请并达。

——《盛宣怀年谱长编》第 770 页

2 月 4 日（正月初七日）　路过上海，闻张佩纶卒[1]，赴南京吊唁。作"入江哭蒉斋""祭张蒉斋学士文""张蒉斋学士墓志铭"诗文，分别见《沧趣楼诗文集》第 58、474、396—402 页。

归闽后（约于四月），得张佩纶子张仲昭信，询刊刻其父遗集事，遂检张佩纶遗札，抄写寄示，作"检蒉斋手札怆然有感"。见《沧趣楼诗文集》第 61 页。

（张佩纶）以癸卯正月七日卒，年五十有六。

——《沧趣楼诗文集·张蒉斋学士墓志铭》第 401 页

过上海，闻张公蒉斋之丧，有诗哭之曰："雨声盖海更连江，进作辛酸泪满腔。一酹至言从此绝，九幽孤愤孰能降？少须地下龙终合，子立人间乌不双。徒倚虚楼最肠断，年时期与倒春缸。"

归闽，得蒉斋哲嗣仲昭书，以刊刻其先公遗著见谂。乃检蒉斋历年手札，遂写寄之。因有"人寿不如纸"之慨,深憾廿载之中,天各一涯,会话既觉匆匆,命驾亦成虚诺,早知但此一面,悔当日未作平原十日饮也。

有《沧趣楼杂诗》九绝句。中一首云:"菜花香后桔花香,田舍家风别众芳。说向城坊犹不省,野人何自献君王?"足见公孤芳自赏,而自致无由之慨矣。

——《闽县陈公宝琛年谱》第 76 页

[1] 张佩纶卒于正月初七日,诗及文暂系此日。

2 月 22 日(正月二十五日) 谢章铤卒[1],作"谢枚如先生哀诔",见《沧趣楼诗文集》第 459—460 页。三弟宝璐代作"长乐谢先生墓志铭",并有文祭,均见《艺兰室文存》。[2]

[1] 张允侨《闽县陈公宝琛年谱》作"十月廿三日",此处据《谢章铤集》。

[2]《谢枚如先生哀诔》见《沧趣楼诗文集》第 459 页。陈宝璐《长乐谢先生墓志铭》、《祭长乐谢先生文》见《艺兰室文存》。

谢枚如先生少以用世自命,尚风节,笃气谊,年过五十始登一第。教授四方,门墙桃李。晚归掌致用书院讲席十有六年,揭许、郑、程、朱宗旨,欲合汉、宋之学,更杂录旧闻佚献,岁辄数卷。公尝欲续搜儒林、文苑两传稿,重纂《福州府志》,将以斯役相属。先生亦有志选刊闽文,遭时多故,皆未果行。迟以十月廿三日溘然长逝,春秋八十有四。公有诔词哀之。

——《闽县陈公宝琛年谱》第 78—79 页

(谢章铤)卒于致用书院,享年八十四岁。卒后,陈宝琛为作哀诔。后陈宝璐代宝琛为章铤作墓志铭,宝璐并有文祭章铤。

——《谢章铤集·年谱》第 902 页

谢章铤身后藏书多归于公。

章铤一生聚书丰富,藏书多归陈宝琛,后陈宝琛将部分藏书捐赠协和学院[福建师范大学前身],学院专门藏书室储之[1]。

注:章铤身后,其藏书先归程祖福、陈衍,后由陈衍转售陈宝琛。王命夔、黄兆郸《陈宝琛与"沧趣楼藏书"》:"陈宝琛的'沧趣楼'藏书的构成有三大来源:一是长乐谢章铤'赌棋山庄'藏书。谢章铤乃清末福建有名的文学家、目录学家、藏书家,家中藏书达万卷,其中多名家抄校本、稿本。卒后,藏书大都归程祖福,程后来又转售陈衍,最后多为宝琛所购。"

——《谢章铤集·年谱》第 903 页

[1]《协和学院书库记》有所记载,见《沧趣楼诗文集》第 380 页。

3 月 11 日(二月十三日) 张之洞上《查明许应骙参款折》,许折疑公于庚子年水灾福州赈灾用款不当，现已查明并无情弊。

原奏所称庚子水灾，绅士陈宝琛、曾宗彦等在省城东街平粜，止用银四万余元，而常平报销至八十四万有奇，外省、外埠捐银尚不在内一节。查闽省向无赈捐局，光绪二十六年六月水灾系由善后局办理，急赈归前藩司张曾敭主政。八月奏准开捐，始设赈捐专局，善后局办赈垫款均移归赈捐汇销。绅士陈宝琛等在东街平粜，并未报明赈局，究竟买米及用款若干，局中无案可稽。庚子水灾并未动放仓谷，赈局官员办平粜，系常川开设，……截至次年七月止，设厂既多，历时又久，用款自较绅办为巨。……原参所指各款，系将工赈各项并为平粜之用，故觉其多。现经逐款查明，尚无别项情弊。

——《张之洞全集》第 3 册第 1547—1548 页

二月　张佩纶过世，至金陵吊唁。张之洞约公同游庐山，公以赴宁为吊友，于义不能兼及游事而婉辞。

过沪留宿朱子涵家，有诗"朱二子涵留宿寓斋得诗四首"，见《沧趣楼诗文集》第 58—59 页。四首诗各有注云："壁悬余书数幅，皆二十余年前作"。"圭庵为蒉斋至契，诗孙姑丈也"。"孝达新行，闻方游匡山"。"伯严侨居金陵，行急不及视之"。

在沪留宿朱子涵家，壁间犹悬公书，盖廿余年前旧作。晤何维朴（诗孙），何，吴圭盦内侄；朱，蒉斋内弟，均宣南旧侣也。张公孝达亦新过沪，时方游匡山，失之交臂。相暌已有十有七年，世事沧桑，旧游凋谢，相见真不知当作何语，故公有"怕从公语"之叹也。陈三立（伯严）时侨居金陵，行急未及绕道往视，所以公诗有"如何江海三千里，良觌当前失伯严"也。

——《闽县陈公宝琛年谱》第 76 页

陈宝琛过沪，以行急未得至金陵过访。

陈宝琛《朱二子涵留宿寓斋得诗四首》（《沧趣楼诗文集》第 58 页）

——《陈三立年谱长编》中册第 615 页

蒉庵生死交情，殆无有出蒉斋右者。　　——《石遗室诗话》第 211 页

南皮时督鄂，闻蒉老至宁，邀约其游庐山，而蒉老自言吾为吊丧来，非游山也，谢补往。今《广雅堂诗》有题云"江行望庐山约陈伯潜游不至"，是此事也。

——《花随人圣庵摭忆》第 95 页

"陈宝琛吊友罢游"：广雅集中有《江行望庐山》诗，自注："先约陈伯潜同游，陈不到，游亦辍。"诗中句云："寻幽有约近十年，疗饥须酌康王泉。学道未成游未遂，谁令勿遽妨萧闲。思得素心共山水，海客狎鸥呼不起。""山林聚会尚阻格，世

事难为可知矣。"于弢老未到深致怅惜。按是岁癸卯春正,绳庵逝世,弢老于二月躬至秣陵吊之,广雅适将还鄂,故约同游,弢老《留宿子涵寓斋》诗自注:"孝达新行,闻方游匡山"云云。实则广雅此愿迄未果也。余颇讶两公投分之深,重以廿年之别,何以咫尺良觌,交臂失之,疑此中必有曲折。闻弢老曾语所亲,赴宁既为吊友,于义不能兼及游事,若甫痛黄垆,遽陪谢屐,将无以对地下之亡友,其间难言之隐,有非广雅所能共喻者。弢老虽世胄早达,风采为一时重,顾介立不苟,凤耻声闻,时值朝局渐非,弥以靖共自矢,故广雅使蜀归来,招邀侪辈,流连文酒,殆无虚日,弢老恒多未与,广雅亦勿强也。此外论列朝事,亦时有异同,天下多其介节。高阳当国,士论所归,绳庵、广雅、复以同乡雅故,过此甚数,顾弢老经年不轻投谒,迄于去国,仅及二面。微弢老自述,则外间或不及知,于以见知人论世之难矣。

　　　　　　　　　　　　　　　　　——《今传是楼诗话》第 330—331 页

4 月 2 日(三月初五日)　南通访张謇,不遇。

　　于通州,陈宝琛来访,未遇。　　　　　　——《张謇年谱》第 202 页

　　是日陈伯潜侍郎至校,不值。　　　　　　——《张謇日记》第 479 页

4 月 3 日(三月初六日)　在上海访郑孝胥,谈郑父守廉遗事,相对感慨,作五古"沪上晤苏盦出视新刊考功词并海藏楼诗卷感赋留赠",诗见《沧趣楼诗文集》第59 页。郑孝胥"陈弢庵过谈三月初六日在高昌庙制造局作庚寅在闽相别十馀年矣",见《海藏楼诗集》第 131 页。

　　陈伯潜来,留饭,谈先考功遗事,相对雪涕,日斜乃去。

　　　　　　　　　　　　　　　　　——《郑孝胥日记》第 2 册第 870 页

　　晤郑孝胥,出示其新刊先德《考功词》及所作《海藏楼诗》卷。

　　　　　　　　　　　　　　　　——《闽县陈公宝琛年谱》第 77 页

　　陈弢庵过谈三月初六在高昌庙制造局作。庚寅在闽相见十馀年矣。

　　　　　　　　　　　　　　　　　　　　　　　　　　　郑孝胥

　　螺洲石鼓郁苍苍,并作苍颜岁月长。一代风裁供小隐,十年忧患谢欢场。端看不朽功名外,永忆相从几杖傍。欲抱遗书归墓侧,待君着笔叙存亡。先考功词尝乞弢庵作序,未就。　　　　　　　　　——《海藏楼诗集》第 131

4 月 4 日(三月初七日)　郑孝胥有诗与公。

　　作诗一首与弢庵。　　　　　　　——《郑孝胥日记》第 2 册第 870 页

4 月 15 日(三月十八日)　郑孝胥闻公来,往访,不遇。

　　闻弢庵来,诣长源泰视之,不遇。　　——《郑孝胥日记》第 2 册第 872 页

4 月 16 日(三月十九日)　与郑孝胥、梁孝熊共饮于雅叙园。

夜,与伯潜、伯通共饮雅叙园。　　　　　——《郑孝胥日记》第 2 册第 872 页

4 月 17 日（三月二十日）　梁孝熊招饮雅叙园,与郑孝胥同至照相馆照相。

伯通邀至雅叙园饭,与伯潜同至丽芳照相。

——《郑孝胥日记》第 2 册第 872 页

据《郑孝胥日记》知,三月六日"陈伯潜来,"乃新至沪上,但此时先生[陈三立]尚在江西,则"行急"当非指此行。至三月十八日,郑孝胥"闻弢庵来,诣长源泰视之,不遇。"十九日:"夜与伯潜、伯通共饮雅叙园。"二十日:"伯通邀至雅叙园饭,与伯潜同至丽芳照相。"此后不见陈宝琛踪影,则已还福州矣。

——《陈三立年谱长编》中册第 616 页

4 月 25 日（三月二十八日）　郑孝胥为作行书折扇面。

郑孝胥行书折扇面录"送高子益应晋帅之辟并忆啸农、梦旦""杭州南峰烟赧洞,东坡尝游处也,寺僧刻岩石为财神像,汤蜇仙斥之,易刻坡像,杭人遂题之曰苏盦,蜇仙属余作诗""淹留"诸诗,题识:"弢庵先生教正,孝胥录壬寅所作六首,癸卯三月廿八日。"　　　　——《摇曳丹青》第 214 页

三月　许贞幹来书邀访杭州,公与妹婿高向瀛、林旵[1]偕游西湖,七日回闽。有诗"希村颖生同泛西溪憩交庐庵谒樊榭祠"、"孤山迪臣祠墓"、"留别豫生",见《沧趣楼诗文集》第 60 页。临别,高向瀛作七绝三首。

致郭曾炘[2]函。

致　郭　曾　炘　　　　　　　　　　　　　　陈宝琛

到沪晤颖生诸君,知执事过沪入都,即虑归计之不便。……吾乡事事处人后,弟里居逾廿年,不能有所补救,处此年之世,凤夜疚心。

——据江中柱先生提供原件,转引自《陈宝琛年谱》第 225 页

三月,妻兄陈弢庵阁学宝琛来游西湖主许豫生。许君驰书趣至杭,偕游南北诸山。七日弢老回闽。始归湖州时,梁伯通孝熊自江阴、林希邨自西兴来会。

——《郁离岁纪》手抄本光绪二十九年

自沪赴杭州,与希村、颖生(高向瀛)同泛舟西溪,憩交芦庵,谒樊榭祠,又登孤山,谒杭州知府林迪臣祠墓。　　　　——《闽县陈公宝琛年谱》第 77 页

至杭州晤张小帆(曾敫)中丞。公出都后,宣南旧友惟小帆两度宦闽,得以晤聚。不见又已七年,七年之中,风云万变,相对唏嘘。留三宿而别[3]。

——《闽县陈公宝琛年谱》第 85 页

听水还闽余亦归湖州临发得三绝句　　　　　　　　高向瀛

东船西舫倏分驰,轮铁周旋心曲悲。领取卫生初地义,临歧一语是吾师。

五载相逢七日期，华颠未改故山时。喜公病后犹强健，世事真疑尚可为。

入山被发已嫌迟，沧海横流强不知。且趁溪光向清霅，归舟饱读二盦诗。

君为予写诗笺，并以海藏楼集见贻。　　　　　　——《还粹集》卷 1 第 5 页

[1] 林晟：字希村，福建侯官人，光绪举人，浙江知县。林鸿年子，黄花岗烈士林文父。

[2] 郭曾炘：字春榆，号匏庵，晚号福庐山人。郭柏荫孙。光绪进士。军机章京，升员外郎、郎中、太常少卿、光禄寺卿、礼部右侍郎兼户部左、右侍郎。宣统元年充实录馆副总裁，修《德宗本纪》，为《清史稿》总纂。谥文安。

[3] 张允侨《闽县陈公宝琛年谱》，此则系于 1907 年，公出都（1885 年）后又已七年，当以系此年。

5 月 13 日（四月十七日）　致函张志潜。

致 张 志 潜　　　　　　　　　　　　陈宝琛

仲昭仁弟年大人足下：先德疏稿正思邮寄，以旬来风鹤，时虞道梗。顷得手书，喜有秦君可托，已以疏稿并围炉图誉壶丈信札，先交带津，函札六册容再续寄。都下尚自安谧，但不知张将军来后如何。京津咫尺，报纸传闻，辄有异辞，远道致烦垂厪，专此复慰，即请道安。圣躬极安，上直如恒。琛顿首。四月十七日。

　　　　　　　　　　　　　　　　　　——上海图书馆藏手稿

6 月 7 日（五月十二日）　姻亲罗丰禄卒于里第，作罗丰禄[1] 哀诔。见《沧趣楼诗文集》第 468—470 页。

[1] 罗卒于是年五月十二日。诔词暂系于此日。

五月　沈瑜庆交卸福建船政，擢湖南按察使，沈来电，促侄沈翊清由上海与公同行北上。

旋奉旨擢湖南按察使，卸淮扬道任后，由内河经无锡、苏州，到上海。在沪扈奉旨授顺天府府尹。

时大倅翊清交卸船政，公电陈文忠公，趣大倅同行。

　　　　　　　　　　　　　　　——《涛园集·沈敬裕公年谱》第 166 页

闰五月　三弟宝璐第三女鉴贞未婚守志，归刘氏，殁于家。

叔弟之第三女鉴贞未婚守志归刘氏者，殁于家，越日殡于开化寺刘甥腾业殡所，腾业辛丑五月以疫卒，原为鳌峰书院算学斋高材生，公沧趣楼诗集内所谓"李既玉折刘珠倾"李亦院中史学翘楚李景先也，刘、陈两家先以父母之命订婚约，及甥死，鉴贞号泣乞归婿家，见庙成服，至是亦病疫卒，有《贞节亡女事略》及《祭亡女鉴贞文》，均见《艺兰室文存》（《文存》公叔弟所著）。

　　　　　　　　　　　　　　——《闽螺江太傅陈公年谱》手稿

8 月 7 日(六月十五日) 作诗"艮儿生",诗见《沧趣楼诗文集》第 262 页。

男懋艮生[1],侧室刘宜人出。 ——《闽县陈公宝琛年谱》第 76 页

[1] 懋艮,字泽敦,号止士,1918 年入英华书院,1924 年入美国安阿波市立中学。1933 年入哈尔滨中东铁路局,1945 年改为中长铁路局。1954 年 5 月沈阳供应办事处办事员,1956 年调沈阳第三机床厂工具保管员。1978 年卒。(懋艮长子陈繁提供)

六月 孙宝琦奏保举公及黄绍箕、杨文莹、樊恭煦、黄遵宪、张元济等六人。

又闻慕兄[1]于六月间条陈时政,保举人才,颇不称上意。所保者陈宝琛、黄绍箕、杨文莹、樊恭煦、黄遵宪、张元济六人。条陈所言不一,中有请饬宰相大臣坐而议政及改官制二款。慕兄自谓十年学问阅历,举在此折中,亦可谓敢言。 ——《忘山庐日记》第 742 页(10 月 12 日)

[1] 慕兄:孙宝琦,字慕韩。《忘山庐日记》作者孙宝瑄胞兄。

9 月 3 日(七月十二日) 同王允晳登南台山有诗,见《沧趣楼诗文集·七月十二夜同幼点登南台山》第 62 页。

七月十二夜,同幼点登南台山。 ——《闽县陈公宝琛年谱》第 78 页

七月 陈衍自北归,将去武昌。与兄陈书及公等常有诗酒聚会。作"石遗出示俶玉别诗次韵奉来即送石遗"见《沧趣楼诗文集》第 64 页。

七月归里。……与弢庵屡为风浴之游,弢丈有诗。摘颔联"古松历劫供谈尘,秋藕留花劝禊杯"十四字,书对为赠。时易实甫年丈客闽督魏光焘制府幕,常与弢庵丈、郑澹庵姻丈、大世父诸人为文酒之集。

——《陈石遗集·侯官陈石遗先生年谱》卷 4 第 1988—1989 页

石遗陈衍新自北归,谈及曾访慈仁寺松,寺毁而松尚在。又将往教授武昌学堂,出示其兄俶玉送别诗,公亦次韵送之。

——《闽县陈公宝琛年谱》第 78 页

10 月 2 日(八月十二日) 在听水斋候王允晳未至,作诗柬王,诗见《沧趣楼诗文集·八月十二夜期幼点不至时听水斋补葺未竟晓坐池上楼即事柬幼点》第 65 页。

八月 改筑沧趣楼,有诗,见《沧趣楼诗文集·改筑沧趣楼成有作》第 64 页。

改筑沧趣楼成,补葺听水斋。 ——《闽螺江太傅陈公年谱》手稿本

沧趣楼成已逾十载,人老而楼亦敝。乃趣改作,重砌砖石,突高二尺有馀,以防潦涨。 ——《闽县陈公宝琛年谱》第 78 页

10 月 28 日(九月初九日) 挈长男懋复登福州乌石山邻霄台,有诗"挈复儿登邻霄台",见《沧趣楼诗文集》第 66 页。

挈复儿登邻霄台,以应登高故事。　　　——《闽县陈公宝琛年谱》第 78 页

九月　三弟宝璐长子懋豫中式癸卯科福建乡试举人。

12 月 12 日(十月二十四日)　得二妹芷芳[1]资助,创办全闽师范学堂,是日开学,出任学堂监督,撰《开学告诫文》及训联"温故知新可以为师,化民成俗其必由学",为办学本旨。

公以教育根本在于小学,而关键实在于师资。乃将东文学馆改为全闽师范学堂,亲任第一任监督。更设简易科,使得速成,资遣游学日本,为小学教师储备人才。继因清廷谕令各省兴办学校,省城书院均改为大学堂。正谊书院改为闽省大学堂,后又改为福建高等学堂。公亦受聘,兼任监督。为整齐合并各科,务求实效,且赢其费以办中学、小学,遣法政、商、工、农等科学生留学日本。自沪归后,复拓法政学堂,设商业学堂,倡议全省各地通设中小学,请大府规定留学欧美官费名额。数十年间,闽省各界人士稍有业绩者,大都出上述各校,闽人至今犹称道弗衰焉。　　　——《闽县陈公宝琛年谱》第 79—80 页

光绪二十九年(1903),闽浙总督陈仰祈与陈宝琛商定把福州东文学堂改组扩充为全闽师范学堂,后又升格为福建优级师范学堂,陈宝琛首任学堂监督,这是福建第一所培养中、小学师资的师范学校。

——《福建师范大学学报·庄明水:福建近代教育的奠基人》1996 年第 8 期

《开学告诫文》

国家之盛衰强弱,全视国民之智愚贤否。学堂固所以造就人才,然必先使人人知义理。人人知爱护国家,人人能自立,而后国民之资格始备,而人才亦出其手。故学堂必须以小学为最急需。顾安得无数师资为七十馀县普开其知觉哉?诸生今日来学师范,后来即为国家担当教育责任。自冶其性情,而后能冶人之性情;自励其志节,而后能励人之志节。吾闽数年后之学风方于诸生券之,谁谓皋比非事业耶?　　　——《闽师之源》第 16—17 页

《全闽师范学堂校歌》

海阔天空,闽山第一峰。横舍玲珑,俯瞰全闽中。莘莘学子,重任在其躬。看他日教育救国,万口同归功。

——《陈宝琛与中国近代社会·福建师范教育的开拓者陈宝琛》第 446 页

予家居时创建全省师范学堂,妹捐金累万助其成,赏一品封。

——《沧趣楼诗文集·林氏妹六十寿序》第 376 页

[1] 芷芳:公二妹,适台湾林维源侄、林维让子、淡水候选知府林尔康,林氏为台湾巨富。

是年　林纾来函。

致 陈 宝 琛 林纾

　　沧趣先生史席：啸桐[1]北来，赍先生诗箧，已读过万遍矣。先生之诗，纾实莫名其奥妙所在，但觉词巧意深，巧而不凿，深而能婉。如闻琵琶，幽渺中带豪健，温纯中得悲咽。境地到此，令人五体投地矣。海藏楼已悉名世。吾闻成家者，只先生与太夷而已，馀子宁复足数？寄上新译《吟边燕语》一卷，希察收。此外尚有数种，或为东洋印刷延搁，或缮齐，未便呈政，当少须时日。前寄一函，未蒙示复，定以尘务忙迫所致。魏季渚为人构陷，其事如风人所为，揆诸古之贼臣行为，亦殊不类。国家日求变，而此辈极力颠倒之，不特可悲，而亦可笑。纾之立誓不为官者，正痛恨此辈入骨耳。匆匆奉讯，唯照万一。世晚林纾顿首。

——《林纾诗文集》第 282—283 页

　　[1] 啸桐：高凤歧，字啸桐，号媿室，福建长乐人。光绪元年以秀才入郡庠，光绪八年领乡荐，以课徒自给，诲人重信义，门下多名弟子。

是年文

是年诗

日本长冈子爵护美以影照及云海诗卷寄赠赋答其意

——《沧趣楼诗文集》第 65 页

八月十二夜期幼点不至时听水斋补茸未竟晓坐池上楼即事柬幼点

——《沧趣楼诗文集》第 65 页

幼瞻丈病间见过留饮小楼　　　　　——《沧趣楼诗文集》第 66 页

挈复儿登邻霄台　　　　　　　　　——《沧趣楼诗文集》第 66 页

次韵答俶玉　　　　　　　　　　　——《沧趣楼诗文集》第 67 页

1904年(甲辰　光绪三十年)　57岁

《奏订学堂章程》("癸卯学制")颁行。(1.13)

日本海军突袭旅顺,日俄战争在我国东北爆发,清廷宣布中立。(2.8)

华兴会在长沙成立,推黄兴为会长。(2.15)

张之洞交卸两江总督署任,入京。(3.20)

闽浙总督许应骙以贪污被举、解任,死;李兴锐继任。(4.5)

英国胁迫西藏地方政府签订《英藏拉萨条约》。(9.7)

1月3日(癸卯十一月十六日)　谢章铤新葬,登晚耕亭晚眺,有诗追怀"十一月十六日望耕亭晚眺追怀枚如丈"诗见《沧趣楼诗文集》第66页。有注云:"殡致用书院,时新葬"[1]。

> 登望耕亭晚眺,谢公卒后殡于致用书院,新葬未久,遥望檐端,弥增凄怆。
>
> ——《闽县陈公宝琛年谱》第79页

[1] 谢章铤逝后,三弟宝璐代主致用书院一年,所得用以赡谢家,刻遗集。

4月9日(二月二十四日)　邵积诚生日,招饮,谈及叶在琦已故五年,为之抚然。公有诗句云:"今夕灯明初度酒,几番草宿故人坟。"诗见《沧趣楼诗文集》第67页。

> 邵实孚(积诚)同年久宦滇中,近始归闽。生日留饮,话及恂予已作古五年,曩同馆京师时,实孚、恂予同居一寓中,与公月四五会,继以谈燕。念及旧游,为之怃然。　　——《闽县陈公宝琛年谱》第80页

5月4日(三月十九日)　《闽报》报道福建五书院改革,聘公为鳌峰书院总教习、省学务处监督。

> 福州正谊、致用、鳌峰、凤池、越山五书院已废撤,当局将鳌峰书院改为校士馆,聘请陈宝琛与陈锡光为总教习,举学长六人。馆中分六门之学:经学、史学、政治、地舆、兵学、算学。　　——《闽报》1904年5月4日

> 在省会设立学务处,姚文倬任总办,聘陈宝琛为监督。
>
> ——《闽报·设立学务处札文》1904年5月4日

5月15日(四月初一日)　创办福建蚕桑女学堂,夫人王眉寿任监督。其中蚕

桑女学堂前身为福州蚕桑公学。

福建蚕桑近来蒸蒸日上。城内文儒坊陈君新设蚕桑女学堂，延聘广东女教习二人监督，招考女学生入堂学习。　　——《女子世界》第 5 期 1904 年（四月朔）

四月—七月　林纾致公函。

致陈宝琛
林　纾

沧趣先生侍者：得书如获重贶。知先生在百忙中尚复念我，感愧交并矣。伏惟起居胜常为颂。尊作火色均泯，刚气内敛，宋骨唐面，愈读愈有滋味。在闽中□□□，别开蹊径。近唯海藏楼足以肩随先生。若石遗，则时时露其荒率之态，顾亦已自立，纾于此道甚昧，虽知之，亦无敢进规。闻珍五[午]□□肖韩诗甚高，惜未之见，而珍五[午]亦楚楚有致。均吾闽健者也。江南诗人得一沈子培[1]，复得一易实甫之弟，馀多叫嚣气，去海藏楼远矣。伦贝子出洋，以电告东朝，颇戚戚。召对瞿善化[2]，善化痛哭，告以宜变法自救。然泄沓盈朝，殊无从措手。纾独怪朝士多言洋务，而严几道区区译局为荣庆彻去，魏季渚[3]力祛杜业尔[4]而反得罪。只此二事，变与不变可一言而决。昨日沈涛园上疏请加赋，尚未得明发，未知如何□。陈玉苍[5]忧谗畏讥，至为可悯。纾在此，味同嚼蜡。笔墨所入，多为亲党分润。一家数口寄食京华，至以南归为乐。刻译局亦已解差。所缮《拿破仑本纪》尚未卒业，此书为纾生平最惬心之作，顾长沙之意，竟令舍去。纾拟自购洋本足成，付刻问世。此书为欧洲全局翻动之枢轴，关系至大。坊间所译者，不免格格如教书，□无善本。日本所译，则参以议论，为书不过一小本。纾所取译者可二十万言。其中战略、治术、刑宪，一一都备。几道已见过，至以为然。可惜此书不终。纾万不能听其中辍，故欲足成之也。先生以为何如？乞示复。枚师傅[赙]□[款]尚馀五十两未经收齐，大概九月中或能寄闽也。即请吟安。世晚纾顿首。　　——《福建文史》2011 年第 4 期第 9 页

[1] 沈子培：沈曾植，字子培，见前。

[2] 瞿善化：瞿鸿禨，湖南善化人，见前。

[3] 魏季渚：魏瀚，字季渚，见前。

[4] 杜业尔(Charles Doyere)：法国人，福州船政局总工程司。

[5] 陈玉苍：陈璧，字玉苍，晚号苏斋，见前。

8 月 15 日（七月初五日）　严复来函。

致陈宝琛
严　复

弢庵先生执事：

奉别忽十馀年，不知杖履何若？前者笺候殊疎，徒以溷迹京畿，无一善状

足以奉慰，伏想左右定能察之。

近得王又点缄，知以儿子延师一事，仰烦清神代为选荐陈君桂庭，私心感慰何可言喻。但又点云：陈君月束非番币三十饼不能轻去其乡。复居平常谓中国教育所以日益苟偷者，正坐束修过菲之故。夫一人成学，至中年而出所有以教授后生，尽其日力，不得旁骛，则月索数十金束脯原不为多，使复而有力，断不靳此，当亦先生之所知。惜近者生事式微，月无一钱之人，珠米桂薪，家累甚重，不得不乞先生更商陈君，若稍贬损至月廿饼者，即当□命。但散处尚有合同一纸，须□陈君划诺，俟各节蒙允，祈左右电沪，（电云：上海沈家湾严复，念元照允）后即当奉寄。其电费当与船票等同时缴还也。烦上渎神，深藉□爱，伏惟昭察。即颂道安，不庄。严复上状，七月初五。

——《严复全集·书信》卷 8 第 100—101 页

复严复函。

复　严　复　　　　　　　　　　　　　　　　陈宝琛

幼陵仁兄大人足下：

累得手书，嘱延蒙师。弟于此事身阅其难，盖吾乡宿士率囿于科举之学，无论为旧为新皆不适用。其二三翘楚非为学堂所罗致，则亦素笔于四方，故悁心喜书殊难其选。无已，则略熟经传著称学究之，则有高秀才尊达、周秀才敬廉，拟于二人中择以应，而合同原稿既未得睹，又点从行询之子修，答以遗失，请足下为开示条格寄来，即可与商定也。世兄年龄几何？前闻又点言，似欲求通小学者，高孝仁篆籀或于六书有门径耶？别且十年，卷葹拔心，恨不相见，以罄积思。书来，似又将北涉，如能过家上冢之假，惠然为数日之谈，欲就正处甚多，不独离索之也，手此奉复，即颂安。弟宝琛顿首。

——《严复集·补集》第 371 页

9 月 12 日（八月初三日）　六女勤贞生。

六女勤贞（敏修）生，侧室刘宜人出[1]。——《闽县陈公宝琛年谱》第 80 页

[1] 后适林崇墉（孟工）。

九月　易顺鼎罢官后到福州，与公及王允晳、陈书等时相唱和。公诗见《沧趣楼诗文集》第 69—71 页，易诗见《琴志楼诗集》第 893—904 页。

九月，乘船之福建。在福州，与陈宝琛、王允晳、陈书等闽中诗人诗钟雅集，唱和叠韵。在闽所作诗刻《魂而续集》。[乙巳]春，在福州，五月别闽，回九江省父。

——《琴志楼诗集·易顺鼎年谱简编》第 1579 页

12 月 7 日（十一月初一日）　与易顺鼎、沈小沂同登福州乌石山邻霄台，叠韵

酬唱数首。有诗"冬日同实甫兵备顺鼎沈小沂舍人兆祉游邻霄台"（又题"十一月朔日同登邻霄台有作"），见《沧趣楼诗文集》第69页。易诗"和伯潜阁学同登邻霄台韵"，见《琴志楼诗集》第894页。

和伯潜阁学同登邻霄台韵

易顺鼎

中原望闽山，道远不可至。一朝列御寇，欻若乘六气。昔年登赤嵌，亲剔红毛字。孤云将片影，又向沧海坠。全生流离馀，邂逅得庄惠。藏之濠梁间，亦是天所置。先生薄时荣，此事殆非伪。却回千载目，顾我沟中弃。峨峨邻霄台，八海在揽撮。摩挲朱赵题，慷慨起衰瘵。遗徽信难沫，壮略曾几试。更念穷塞游，因风讯边帅。谓太夷。

——《琴志楼诗集》第894页

12月22日（十一月十六日） 冬至前后再同易顺鼎屡有唱和，公诗见《沧趣楼诗文集》第72—73页，易诗见《琴志楼诗集》第893—904页。

冬，同易实甫（顺鼎）、沈小沂（兆祉）登邻霄台。实甫，张孝达弟子，公使赣时旧友。时实甫弃官隐于庐山，于三峡桥头筑楼而居，名曰"琴志门"。悬一联曰："三闾大夫胡为至于此，五柳先生不知何许人。"与陈散原友善，时有唱酬。我割台湾以后，犹潜渡冀饷刘永福军，着有《丁戊之间行卷》及《东西南北魂集》。时方客督幕，公约之过听水斋，叠韵唱酬，实甫并与诗钟之会。

——《闽县陈公宝琛年谱》第81—82页

陈伯潜阁学招同沈君小沂王君幼点林君惠亭郑君稚星游乌石山薛老峰访李阳冰般若台题篆并观朱子题名还饮师范学堂山楼即席赋赠阁学

易顺鼎

学士还家将廿载，朱颜不逐沧桑改。螺洲江上比南村，乌石山前观左海。山楼饮我时方冬，手摩危石攀奇松。高台不见阳冰篆，斜日同登薛老峰。坐中闽客皆瑰异，碧山词人有新契。幼点工词。微云女婿文忠孙，惠亭为文忠公孙，又阁学女夫也。旧雨朋侪太夷弟。稚星，苏龛弟也。苏龛一字太夷。沈侯与我同客闽，谈瀛论学尤纵横。栋梁华夏资英少，绵蕝东南仗老成。独我平生百无俚，倦游尚慕佳山水。行脚今逾四十年，放眼重看九万里。衣冠却忆上京游，回首兰成射策秋。已嗟朝士贞元尽，岂意遗音正始留。东山丝竹苍生事，河汾将相中朝侍。带草真看似不其，簪花可惜无如是。酒阑烛跋意苍茫，送客疏灯照上方。请烦健笔黄涪叟，更继题名朱紫阳。

——《琴志楼诗集》第893—894页

"叠韵奉酬见和之作"，即题为"叠前韵实甫见和"，见《沧趣楼诗文集》第70页。

再叠前韵答伯潜阁学

易顺鼎

少壮能几何，老大忽已至。误用曾公言，平生信运气。优胜而劣败，不解竞争字。群彦登于天，小人合渊坠。微躯得生存，犹是造物惠。学士敬爱客，尊酒为我置。似怜凉血真，差胜热心伪。名篇更瑰壮，凡语皆唾弃。追维京华日，曾接鞭与镫。卅年阅梦幻，四海成调瘵。一身岂足慨，万境要全试。怀旧且高歌，匡时望连帅。

——《琴志楼诗集》第 895 页

冬日陈丈弢庵招陪易中实兵备沈小沂内翰郑稚星孝廉林惠亭翰林登邻霄台晚饮山楼即事　　易顺鼎

浮生身著脚，在家是客，随分说登临。这回归侣俊，小扣船舷，海色澹诗襟。名蓝步款，再逢地、分占冬心。谈正熟、主人情重，呼唤踏霜岑。

幽寻。风吹雨打，几片摩崖，倚荒寒还恁。断送了从来才笔，惟是苔侵。江山损尽平居眼，放斜阳、红入双林。僧去也，残枭夜火同斟。

——《琴志楼诗集》第 897—898 页

"再叠韵奉和实甫同年"，即题为"实甫再叠见和示长至三叠之作再叠奉答"见《沧趣楼诗文集》第 71 页。

三叠韵答弢庵阁学　　易顺鼎

左海有名山，风引不易至。蓬莱隔海望，时见吐光气。何期瑶嬛游，得问元亭字。凤巢九重门，更拾梦痕坠。嗟余官柳州，无命谥文惠。生还仍饥驱，感荷驿骑置。文章虽小道，要在除一伪。恭闻论别裁，似不我遐弃。匡庐云峰幽，昔憩使星镳。余亦恋五老，筑庐养痾瘵。牙弦忝同操，谢屐约再试。但恐朝廷征，闻謦思旧帅。学士尝为南洋会办大臣。　　——《琴志楼诗集》第 898 页

"和实甫同年"，即"次韵答实甫"见《沧趣楼诗文集》第 73 页。

简弢庵阁学用其赠洪荫之原韵　　易顺鼎

廿载还家鬓未霜，煎茶卧听绕羊肠。山谷诗："煎成车声绕羊肠。"禁中颇牧垂垂老，诗里坡涪句句香。可便一楼依嵲岏，鼓山峰名。尚容三味契沧浪。千章手种连云树，知比扶桑日影长。　　——《琴志楼诗集》第 899 页

12 月 23 日（十一月十七日）　在天心阁与叶在琦赏雪唱和，公诗见《沧趣楼诗文集·十一月十七日天心阁雪中吟集肖韩视长至次韵见怀之作三叠前韵》第 71—72 页。

是年　林纾来函。

致陈宝琛　　林　纾

沧趣先生足下：前寄《吟边燕语》一卷，想已收到。兹《滑铁庐续记》亦由日本寄来，谨以一册奉呈。枚师赙款续收三十五两，已交翁杏楼司马□闽。杏楼贫甚，恐为先手。纾已移杏楼，以何日还者，请先生以何日并入前款生息也。

啸桐诗扇,纾已读千遍矣。《湖上赠豫生》五古及《伤时感逝老尚书》一首,传遍都下,二百年来,竟无此手。京兆[1]尤佩服到十二分也。匆匆赴书课,不及专书,幸乞示复为盼。即请吟安。纾顿首。

　　——《传统中国研究集刊·林纾致陈宝琛逸札释证》第12、13合辑第242页

[1] 京兆:沈瑜庆,时任顺天府尹。

《鹭江报》第69期"诗界搜罗集"栏登载林辂存作"宿沧趣楼呈主人陈伯潜阁学"。

是年文

张蕢斋学士墓志铭　　　　　　　　　　——《沧趣楼诗文集》第396—403页

是年诗

十一月十六日望耕亭晚眺追怀枚如丈　　　——《沧趣楼诗文集》第66页

实孚生日留饮话及恂予　　　　　　　　——《沧趣楼诗文集》第67页

次肖蜕留别韵送入都　　　　　　　　　——《沧趣楼诗文集》第68页

俶玉以索荔莆田诗征和摘山寺新熟百颗以饷并致鼓山泉一器即次其韵

　　　　　　　　　　　　　　　　　　——《沧趣楼诗文集》第68页

俶玉以丹午所寄莆荔三百分饷赋谢因讯特舟直州

　　　　　　　　　　　　　　　　　　——《沧趣楼诗文集》第68页

雨后入鼓山　　　　　　　　　　　　　——《沧趣楼诗文集》第69页

仲昭以书告窆兼将入都访求遗稿怆赋　　——《沧趣楼诗文集》第69页

冬日同易实甫兵备顺鼎沈小沂舍人兆祉游邻霄台

　　　　　　　　　　　　　　　　　　——《沧趣楼诗文集》第69页

叠前韵酬实甫见和　　　　　　　　　　——《沧趣楼诗文集》第70页

实甫再叠见和并示长至三叠之作再叠奉答　——《沧趣楼诗文集》第71页

十一月十七日天心阁雪中吟集肖韩视长至次韵见怀之作三叠前韵

　　　　　　　　　　　　　　　　　　——《沧趣楼诗文集》第71页

实甫四叠前韵因及匡庐感念旧游四叠奉和并为石鼓之约

　　　　　　　　　　　　　　　　　　——《沧趣楼诗文集》第72页

次韵答实甫　　　　　　　　　　　　　——《沧趣楼诗文集》第73页

冬夜同行陀看月邻霄台寄怀嘿园日本　　——《沧趣楼诗文集》第73页

郑友其大舅招饮偕寒亭观旧植梅　　　　——《沧趣楼诗文集》第74页

1905 年(乙巳　光绪三十一年)　58 岁　上海、福州

上海绅商等发起抵制美货运动。(5.10)

中国同盟会在日本东京成立,推孙中山为总理。(8.20)

清廷停科举,诏准自明年始,所有乡会试一律停止。(9.2)

载泽、戴鸿慈、端方、尚其亨、李盛铎五大臣出洋考察宪政。(12.11)

孙中山撰《民报发刊词》,揭示三民主义。(11.26)

《中日会议东三省事宜条约》签订。(12.22)

1 月 2 日(甲辰十一月二十七日)　与易顺鼎再唱和。作五古"二十七日玉尺山房吟集实甫归有五叠之作五叠赋答",见《沧趣楼诗文集》第 263 页。原注:《琴志楼诗集》作"十一月廿六日玉尺山房诗集实甫同年归有四叠之作四叠奉正"[1]。

弢庵阁学招同叶肖韩锺蔚若林惠亭三太史叶芾棠何肖雅两同年王又点郑稚星两孝廉及诸公集光禄坊郭园作诗锺之会欢宴竟日四叠前韵呈阁学及诸公

易顺鼎

福地称瑶嬛,今日我始至。檀栾花竹间,盎然有春气。真山在庭中,光禄吟台字。园中一石绝大,刻"光禄吟台"四字,南宋时擘窠书也。何年蓬莱股,恰傍阑槛坠。惟天于此邦,抑独慈且惠。千龄无兵燹,诸老善布置。主人郭仲起上舍,即春如侍郎昆弟,其先德兼秋先生,极好风雅,手僻此园。吾尝评闽诗,佳处不容伪。正如建溪茶,足使双井弃。风流接尊俎,俊逸谢衔辔。味苦皆回甘,骨瘦要非瘵。玉梅立墙角,红萼已欲试。复恐花笑人,诗律严于帅。

——《琴志楼诗集》第 899—900 页

[1] 据王飚校点《琴志楼诗集》附录年谱简编,此时易已离闽。

"实甫同年三叠前韵因及匡庐感念旧游五叠奉答并为石鼓之约"即"实甫四叠前韵因及匡庐感念旧游四叠奉和并为石鼓之约",见《沧趣楼诗文集》第 72 页。

弢庵先生五叠前韵感念匡庐旧游并为鼓山听水楼之约枨触余怀

不能自已亦五叠奉答

易顺鼎

昔游三峡桥,实后我公至。徘徊不忍去,意若感灵气。弃官便筑楼,日蹰

金井字。桥阴石上宋刻金井两字。木石皆化龙，龙从龙背坠。听雷虎溪上，水声如雷。惜少修与惠。自怜数把骨，例向空山置。如何披发言，信誓成虚伪。草堂曾奉母，痛哭养早弃。沧桑十五年，隙驷岂停辔。愚公万里外，话旧使人瘵。公亦有山楼，幽绝笻可试。飞梦已先登，一峰立如帅。

——《琴志楼诗集》第 900—901 页

"寄实甫同年独游鼓山憩听水斋叠韵见怀"即"八叠寄和实甫独游石鼓听水楼见怀之作"见《沧趣楼诗文集》第 76 页。

去闽日游鼓山访国师喝水两岩小憩听水楼寄别弢庵阁学八叠韵

易顺鼎

入山不见山，非雨疑雨至。海上叠一海，谛观乃云气。日出大如盆，近可辨王字。万松作龙盘，时有清露坠。孰令余升天，得非笱将惠。梯磴渐周历，川渚始错置。泠然弹指间，现象皆虚伪。灵岩转深窈，凡境益扫弃。听水不见水，使我缓归辔。吾爱陈夫子，采芝托称瘵。安能从之游，苦茗常共试。题诗纪岁月，闽峤方易帅。

——《琴志楼诗集》第 903 页

鼓山之游琴姬侍焉而诗不及琴琴以为慊因九叠示琴兼
寄呈弢庵先生求备山中故事

易顺鼎

咄哉听水楼，今乃挟汝至。顿令穷途人，足吐万古气。昔年山楼额，中有一琴字。何期便得汝，疑胜香扇坠。余筑室庐山，以其山高水深颜楼曰"琴志"。后十三载得姬名琴，人多疑楼名为姬设。生平过好粉，坐此惭下惠。而又犯绮语，自甘泥犁置。安能饰边幅，迫使哀乐伪。凤思五湖櫂，尽取万事弃。置之山水间，恍若碧城嬖。天女色本空，维摩病非瘵。听水楼楹联亦有色空语。入山约偕隐，聊欲于此试。但保玉箫妍，韦皋何必帅。

——《琴志楼诗集》第 904 页

2 月 3 日（甲辰十二月三十日） 黄懋谦除夕过岁寒楼诗，公用"东坡题杭州厅壁"韵唱和，诗见《沧趣楼诗文集·和嘿园除日过岁寒楼次东坡题杭州厅壁韵》第 67 页。

正月 任福建高等学堂（由全闽大学堂调整、更名）监督。

福建高等学堂监督叶在琦在任内病重，光绪三十一年，由全闽师范学堂监督陈宝琛兼任。宣统元年陈宝琛调京任宣统帝太傅，由陈培锟继任监督。

——《福建教育史》第 262 页

陈衍自鄂归闽，易顺鼎将去闽，招饮酒楼。陈衍诗"正月自鄂归闽实甫去闽之鄂弢庵招饮酒楼实甫有诗留别次韵"，见《陈石遗集》第 328—329 页。

4 月 7 日（三月初三日） 《申报》报道：在福州设幼儿园。

福州。螺洲陈弢庵阁学退居林下,热心教育,现在山尾设幼儿园专课幼童。延绅士家妇女为女师,如保每[母]之意每一师领三童训课,之外兼事抚育,洵学界中能言培本者矣。　　　　　　　　　　　——《申报》1905 年 4 月 7 日

4 月 18 日(三月十四日)　郭曾炘[1]等闽省京官联名奏请建筑本省铁路,举公总办全省铁路事宜。

闽省京官呈请自办本省铁路一事,闻福建同乡京官署礼部右侍郎郭曾炘等,联名六十九员,曾在商部具呈恳请代奏,大致称福建省民穷财乏,向资各省转输,必得开通铁路以维生计。查福建铁路最关紧要者有三,一接江西,一接广东,一接浙江。现在本省绅士因外人近来颇有觊觎之心,情愿合力筹集资本兴筑境内各处铁路。拟请援照江西京官前奏准派前任藩司李有棻为总办之成案,公举乡望最孚,在籍前内阁学士降五级调用陈宝琛总办福建全省铁路事宜,以为南洋各岛商民之望。如蒙奏准,将来本省铁路所有招股、勘路、兴工等事准令该员随时商同地方官,呈请大部酌核办理。至陈宝琛既办铁路,责任重大。绅民观听所在可否奏明请旨开复降调处分,以资董率而一事权等语。此呈未递之前已由陈玉苍侍郎同[向]振贝子陈说,当蒙贝子允准,遂即据呈代表。

　　　　　　　　　　　——《申报》1905 年 4 月 18 日

筹办福建铁道

福建之京官及在籍绅士,筹集巨资敷设本省之铁道,举前内阁学士陈宝琛为总办。现已上奏,即日开工矣。　　　——《申报》1905 年 3 月 31 日

[1] 郭曾炘:字春榆,号匏庵,见前。

五月　易顺鼎又将去闽,再度酬唱,为其送行。易顺鼎留诗"去闽游鼓山访国师喝水岩小憩听水楼寄别弢庵阁学八叠韵","鼓山之游琴姬侍焉而诗不及琴琴以为慊因九叠寄呈弢庵先生求备山中故事",见《琴志楼诗集》第 903—904 页。公有和"八叠寄和实甫独游石鼓山憩听水楼见怀之作",见《沧趣楼诗文集》第 76 页。

余以乙巳五月去闽,濒行时,携姬人游鼓山,留诗与弢庵、木庵两诗老唱和。

　　　　　　　　　　　——《琴志楼诗集》第 1484 页

实甫又将去闽,行前独游鼓山听水斋,有见怀之作。公迭韵和之,以送其行。

　　　　　　　　　——《闽县陈公宝琛年谱》第 82 页

沈瑜庆调任广东按察使,归途寄公绝句。

陈文忠游粤,主公甚赏之。归途寄绝句曰:"满岁平亭有颂声,西江万目属韦平。独怜绿净亭中月,曾照论诗过四更。"

　　　　　　　　——《涛园集·沈敬裕公年谱》第 180 页

9月15日（八月十七日）　陈书卒，年六十八岁。所著《木庵居士诗》，收录多首与公唱和诗作，见《木庵居士诗》。

陈衍《海日楼诗集序》：陈弢庵太傅少作不存稿，自里居与先伯兄唱和，始存其稿，至今殆千首。
——《沈曾植集校注》第16页

伯兄既逝，弢庵亦复出山，在都数年，有作则必商于余。
——《石遗室诗话》卷1第11页

9月25日（八月二十七日）　商部尚书载振、张亨嘉等京官奏，福建绅士筹款筑本省铁路立案，请派令公总理。

奏商部折，福建铁路公举陈宝琛总理由。八月二十七日奏：为福建绅士筹筑本省铁路提案，公举大员总理，呈请奏咨立案，恭折仰祈圣鉴事。窃臣部于光绪三十一年七月间，接据福建通省京官光禄寺卿张亨嘉、四品京堂郑叔忱、翰林院编修林开謩等、内阁中书杨廷玑等、外务部郎中傅嘉年、吏部主事陈应涛等、户部员外郎李毓芬等、礼部员外郎林灏深等、兵部员外郎魏秀琦等、刑部主事邓心蕃等、工部郎中许枝藩等呈称：窃维闽省地僻民稠，生产郁积，全赖转输利便，以发山泽之所藏，以补耕作之不足。近年以来，奸商勾引外人动指数府之矿地归其专办，坐使利权日失。夫矿与路本相辅而行，欲杜盗矿之阴谋，莫若自行筹款建筑铁路，上为国家挽久远之利权，下为绅民免身家之琐累。惟是筹办伊始，责重事繁，非有信望凤孚乡间推重之员，不克胜任。查有降五级调用、前内阁学士兼礼部侍郎衔陈宝琛，家世通显，学粹品端。家居二十年措办学务、商务具见成效。凡闽省之经商于东南洋各岛、家拥厚资者，平昔均服其为人。若闻该绅总理铁路事宜，必能感奋输诚，力顾梓桑之公益，具于筹集股款一事，绝无阻碍。厦门为通商口岸，拟先行筹筑为干路之首段，再行陆续接建，期与广东、江西、浙江路线交通，以广商利。现在各省先后公举总理，自行筹筑，均奉旨允准在案。今福建事同一律，应请据情代奏，请旨定夺各等语。臣等窃维福建一省与各国通商最早，土产沃饶，外人垂涎。尤甚往昔风气未开，士民惑于风水之说，恒不免故步自封。今该省绅士张亨嘉等眷顾乡间，力图挽救，呈请自办铁路。臣等复查该省路线不特与江西、广东、浙江等处壤地交接，商运必多裨益，且于该省矿产亦可藉路线，以谋自保，洵属深有关系。其公举降五级调用，前内阁学士兼礼部侍郎衔陈宝琛总理该省铁路。查该员归田以后颇能潜心实业，既据该省绅士等合词呈请前来，可否仰恳天恩，俯念路政商权事关紧要，准将降五级调用、内阁学士兼礼部侍郎衔陈宝琛派令总理该省铁路事宜。所有专集华款，及勘路、购地兴工各要端，均责成该绅等妥速筹办。禀呈臣部详窃奏明切实办理，以一事权并遵照臣部奏定章程办理。三年后果有成效，仍援照江西等省奏案，奏明酌予奖励。如旷久无功，亦即由臣部奏撤差使，以重路务。除由该绅等拟具详细章程、绘图贴说呈部再行奏明外，所有福建绅士筹办全省铁路并请派员总理先行立案缘由，理合恭折具陈，伏乞皇太后、皇上圣鉴，谨奏。光绪三十一年八月二十七臣载振、臣陈璧、臣唐文治、臣顾肇新。　　——中国第一历史档案馆藏-录副奏折-03-7143-011

亦见《光绪朝东华录》第 5400—5401 页

《申报》1906 年 1 月 20 日

　　清季自分省自办铁路之议起，福建适有翁某与法人魏池欲乘机揽办闽路，闽之留日学生函电交驰，请商部勿许，福建京官遂议自办。光绪三十一年七月张亨嘉等呈商部请办闽省铁路公司，公举陈宝琛为总理。八月二十七日商部据以入奏，奉旨依议。　　——《交通史路政篇》第 5557 页

允准筹备成立"商办福建全省铁路有限公司"，被推举为总理。

　　闽省沟通南北，为交通要道。矿路等权，久为各国所垂涎，尤以日、德两国为最。七月间闽省京官张亨嘉等呈请自办铁路，以为福建地僻民稠，生产郁积，全赖转输利便，以发山泽之藏，以补耕作不足。近年以来，奸商勾结外人，劝指数府矿地归其专办。矿路相辅而行，欲杜盗矿之阴谋，莫若自行筹款，建筑铁路，上为国家挽久远之利权，下为绅民免身家之遗累。闻闽、浙、皖、赣四省均有此议，各选本省人为总理，以司其事，闽省即推公为总理。奉旨依议。兴建铁路本公素志，乃拟定章程，定名为"福建全省铁路有限公司"，规定专招华股。凡华人侨居外洋各岛者，但查实确系华人，亦得与股。如有为外国人代购股票及将股票转售抵押外国人者，概不予承认，以杜外国掌握股票而盗实权。又规定凡附股之人，不论有无官职，皆为股东，应得各项利益一律从同。又议筹公款为招股保息，以坚众信。凡完地丁一两、粮米一石者，各加收二百文，仍照数给予股票应得红利，按年归还该地方官，以为办学及各项公益之用。公谓：路线必以通商口岸为起点，拟定先由厦门对岸之嵩屿至漳州，由东石经由安海至泉州，一面由福州至马尾，即漳厦、泉东、福马三段。选遣学生分赴东西洋，专习路学。所需器材尽先采用中国产品。后四省铁路学堂成立于上海，民国后并入南洋公学，亦即今日交通大学之前身也。一面聘请本国工程师进行修筑，并建议四省公立一铁路学堂，以拟向各埠倡募股款。由漳厦先行着手，以嵩屿至江东桥一线为嚆矢。　　——《闽县陈公宝琛年谱》第 82—84 页

10 月 1 日（九月初三日）　《申报》报道："闽商拟办福厦铁路"。

初一日北京电云,福州绅士陈宝琛拟与同乡京官筹集华款八亿两,兴筑一铁路自福州以至厦门,计长六百华里。有法国某运动家从中阻挠,陈绅仍不少改其初意。

——《申报》1905年10月1日

10月7日(九月初九日) 《申报》报道:"法商注意于福厦铁路之敷设",意在有阻止。

福建绅士陈宝琛与督办闽浙路矿大臣张振勋主张敷设福州厦门间六百华里之铁道,其经费计八百万两,拟仿江西铁路章程办理。现有留在福州之法国商人,陈说此路之种种妨害,意在阻止陈、张二人之计划云。译《大阪每日新闻》。

——《申报》1905年10月7日

九月 林纾来函。

致陈宝琛
林 纾

沧趣先生执事:得书知清恙已愈,喜慰万状。前有密函,乞录马说,此书用保险寄闽,想已接到,碧栖[1]及纾盼此甚切,务乞拨冗作一详细折略寄京,或寄碧栖亦可。闽中学务,得廷寄后如何[2]?宗伯南归,先生可引以为助,闽人弱极,故子隐肆其无赖至此。至□□有人欲有所言,此事碧栖知之。纾以为"不去庆父,鲁难未已"。此獠不得浙帅,意是行贿未至。前一年有人贡某邸至四万金,仍不得复原官,是人至气晕而死。子隐能□□金如此人否,乃妄想如是耶。大抵以君子遇小人,□君子无倖;以小人遇贪得无厌之小人,则小人亦无倖。局外观棋,为之叹息久之。郑宸丹[3]先生上疏后,竟于十三日以病身故。临终对其家人言:恨不见畏庐一面。意托孤也。病革中,纾□至,已不能言。纾观其三子,长者方七岁,然哭甚哀。纾见之,惨不可耐,解三十金出而付之,当日即令拜纾为师。拟百日后引归,与纾幼子阿御同读。其馀恤孀之费,则同令弟仲勉先生,令弟当日亦助五十金。凡十人立一义会。每月应助之款簿之。每人值月收款送其家。至外间朋友伙助,则当署以□缄。想公念及宸丹先生上疏之为闽人,又重以平日之友谊,□必所助可勿言矣。秋坡信来,言闽清之局□先生为之吹嘘,感不可言。唯小樵既不自爱,则必与代者为仇,秋坡雅不欲。纾以为秋坡累重,不可一日无馆。可否烦先生在省中学界上为安置一席。□□与纾同学,读书颇多,必不负公所托。且我公奖进同辈,不遗馀力,故纾敢意渎如是,幸公恕之。有无新作,嗜之如胠矣。近体十馀首已读万遍。令侄孙想□□欲夺去,纾决不允,已藏之矣。所寄《本纪》四卷,幸乞赐览。此外尚有新译五种,续续呈闽。匆匆奉复,恭请大安。世晚林纾顿首。

——《传统中国研究辑刊·林纾致陈宝琛逸札释证》第12、13合辑第245页

[1] 碧栖:王允皙,字又点、幼点,号碧栖,见前。

[2] 得廷寄后如何:《德宗实录》卷 548 光绪三十一年八月戊午:"前奉天府府丞郑叔忱奏,《历陈闽省学务情形请饬多筹经费扩充学堂添派学生出洋》一折。著崇善按照所陈各节,实力通筹,以广造就"。

[3] 郑宸丹:郑叔忱,字宸丹,福建长乐人,光绪年进士,奉天府丞兼提督学政。

11 月 6 日(十月初十日)　赴沪参与闽浙皖赣四省铁路公会事,先至厦门,初十夜渡鼓浪屿,住二妹芷芳处,有诗"十月初十夜鼓浪屿月中",见《沧趣楼诗文集》第 78 页。

十月,公遂有厦门之行。初十夜,月下渡鼓浪屿。

——《闽县陈公宝琛年谱》第 84 页

11 月 8 日(十月十二日)　与林纾电拨海军经费购米运闽平粜。

北京电:陈宝琛、林纾请就海军特别费挪十万,在芜湖购米运闽平粜归商会摊还。
——《申报》1905 年 11 月 8 日

11 月 17 日(十月二十一日)　到上海,晤郑孝胥、严复、陈三立等。有诗"沪上逢几道有试酬之""题几道江亭饯别图""次韵和伯严",见《沧趣楼诗文集》第 78、79 页。

晤陈伯潜。
——《郑孝胥日记》第 2 册第 1018 页

至上海晤严几道。时严在沪以卖文为活,公颇劝其早作归计。又晤陈伯严,自赣中一别已廿四年,亦丰颐瘦损、白发渐生矣。

——《闽县陈公宝琛年谱》第 84—85 页

11 月 21 日(十月二十五日)　致函王孝缉,林炳章。

致 王 孝 缉　　　　　　陈宝琛

彦和[1]内侄足下:厦轮行六日始于廿二日抵沪。日内与皖、浙诸君晤面[2],参合众论,详考办法,略有端绪,现在此候陈贻堂。计自鄂来尚须数日,"海晏"若到,恐不及附之归,则回里当在初五后,始意但期三礼拜,今且逾月。堂事得诸君坐镇,当均就范。新班已入堂否,惟三牧坊通学一班尚未招考,为急急耳。近日彼处亦妥帖否,念极。日使议辽事,日来已开讲,旬前里中纷纭,沪上全无影响,报馆诸人询及,辄为失笑。二十在此读书尚好。堂上及令叔均安健。省中近有甚事,便中示及。匆匆未及作家书,希告令姑母知之。两儿在堂能受教否,望常督其勉学为托。手此,即问文祺。琛顿首,十月廿五日。

翼翁、恒弟均此遥候。
——上海图书馆藏手稿

[1] 彦和:王孝缉,字彦和、研禾。福州东文学堂毕业,1923 年任福建教育厅长。王仁堪

四子。

[2]与皖、浙诸君晤面：1905年11月(十月)由厦门到沪,参加闽浙皖赣四省铁路会议。

11月21日(十月二十五日)　致函林炳章。

致林炳章
陈宝琛

惠婿足下：厦轮六日始抵沪,日内与皖、浙诸君讨论路事[1]。粗有眉目,尚在候陈贻堂。恐自鄂来尚须数日,"海晏"到,未必能归,转眼便逾月矣。微宇何尚未行,季直[2]已晤催,恐其事忙不受迫促,闻诗孙[3]极窘,非有润笔,亦难催就。旭拟改请苏庵书。此两碑年内皆难镌成,不独鄙也。步溪[4]本与子洛约"海晏"定归,如网事急待,则由局电文昌里旭庄处催之。否则亦候与鄙人同归。所差仅数日,谅无妨事。望即通知维淮,并告其家,并子洛也。学务近议如何,路公有何宗旨,其于林□必有所牵缠,有便草复数语寄旭处。匆匆未作家书,即以此纸示舍间可也。此问近祉。琛顿首,十月廿五日。

家二叔葬期[5]似在初旬,恐归不及事矣。　　　　　　——上海图书馆藏手稿

[1]讨论路事：1905年11月(十月)在上海讨论闽浙皖赣四是省路事。

[2]季直：张謇,字季直,号啬庵,生于江苏南通。甲午恩科状元。近代实业家,教育家。

[3]诗孙：何维朴,字诗孙。见前。

[4]步溪：刘鸿寿,原名濂,字步溪,见前。

[5]二叔承塾,字孝载,号子顺,工部郎中,卒于1905年8月6日(光绪三十一年乙巳七月初六日)。

11月22日(十月二十六日)　与郑孝胥、王仁东、赵凤昌等参观吴淞渔业公所、复旦公学,晤马相伯。

偕陈宝琛、郑孝胥、王仁东、赵凤昌、樊芬、王季樵、王勋臧、刘步溪等参观江浙渔业公司。苏堪所策渔业事尽同,晚约诸君饮。

——《张謇年谱》第244页

与陈伯潜、王季樵、郑苏龛、王旭庄、刘步溪、赵竹君、樊时薰,同往吴淞察视渔业公所。苏堪所策渔业事尽同,晚约同人于一枝香小饮。

——《张謇日记》第560页

季直邀赴吴淞观渔业屋界,遂观复旦学校,同行者陈伯潜、王、樊时勋、赵竹君、王旭庄、刘步溪等。在复旦晤马相伯。

——《郑孝胥日记》第2册第1018页
亦见《清末民初宋派文人群体活动年表》第196页

11月25日(十月二十九日)　在沪商议闽浙皖赣四省铁路公会事,晤陈三立,

有诗唱和。公诗"次韵和伯严"，见《沧趣楼诗文集》第 78 页。

沪上赋呈弢庵阁学师　　　　　　　　　　陈三立

瘴峤深藏听水楼，长成松竹数春秋。自凝道气驯饥鹊，偶式游车问喘牛。
灯火笙歌千虑进，阴阳儒墨一尊收。海涯重见缘传法，瓠落门生亦白头。

——《散原精舍诗文集》第 170 页

11 月 26 日（十月三十日）　出席上海三山会馆欢迎会。

三山会馆作欢迎会，为陈伯潜铁路事。

——《郑孝胥日记》第 2 册第 1019 页

12 月 1 日（十一月初五日）　姚永概[1]在一家春西菜馆招饮，陈三立、严复、夏
曾佑等同席。

赴姚永概一家春招饮，严复、陈宝琛、夏曾佑、李德膏、仲华、孟皋等同席。

——《陈三立年谱长编》中册第 707 页

晴。……邀幼老、弢庵、伯严、穗卿、光炯、仲华、孟皋与一家春番菜馆。

——《慎宜轩日记》下第 970 页

[1] 姚永概：字叔节，安徽桐城人。师从吴汝纶治学九年。曾任桐城中学总监、安徽高等学
堂总教习、安徽师范学堂监督（校长）、北京大学文科学长。北京正志学校，聘姚永概为教务长。

12 月 6 日（十一月初十日）　全闽学会在福州东街文昌宫簪堂（今福州一中正
门）成立，举公为会长。翌年改名为"福建教育总会"。

光绪三十一年（1905 年），陈宝琛等省绅认为，福建推行新学已三年有馀，
但省创办的学堂仍屈指可数。此时在省城热心教育的绅士，常常集会议论教
育弊端，认为学务繁重，"不可无联合商榷之机关况全省地博，所以谋改良教
育，而补佐教育行政者，不可不详为研究。"为此发起组织"闽省学会"，并于 11
月 10 日假东街文昌宫簪堂召开成立大会。与会者有翰林、进士、举人、留日人
士及省高等学堂、师范学堂教习四五十人，公举陈宝琛、郭曾炘为会长。……
光绪三十二年，……闽省学会改名福建教育总会，并力促各府州县成立教育分
会。据光绪三十三年统计，全省已设立教育会分会 16 所，拥有会员 647 人[1]。

—— 转引自《福建教育史》第 255—256 页

[1] "福建教育总会"资料源于《福建教育总会一览》第 1 页、《第一次教育统计图表》第 2 页。

福建教育总会在陈宝琛的领导下，在福州创办初等小学堂和两等小学堂 36
所，并推动各分会在全省城乡举办初等教育。

福建教育总会还开展多层次、多形式的教育活动，以振兴福建的近代教
育。如在福州开办法政讲习科和教育讲习科，培训政法人员和在职中小学师

资；捐资设立全闽公学，接纳被教会学校迫害的退学学生；兴办幼稚园，开展学前教育，"是为闽省幼稚园之始"；设立宣讲所，组织通俗教育宣讲活动；设立调查部和全省小学教员会，对教育工作进行调查研究和学术探讨；定期召开全省教育联合会，交流办学经验，推动全省各级各类教育的发展。

　　——《福建师范大学学报·庄明水：福建近代教育奠基人》1996 年第 8 期

12 月 7 日（十一月十一日）　约浙路代表刘锦藻、皖路代表李经方、赣路代表陈三立及郑孝胥等，商议成立闽浙皖赣四省铁路公会，并致电商部呈请，十三日得商部电复。

　　伯潜约至一品香，议闽、浙、皖、赣四省铁路联会事。

　　——《郑孝胥日记》第 2 册第 1019 页

　　赴一品香，议闽浙皖赣四省铁路公会事，并偕陈宝琛等致电商部，请立此会。

　　商部复陈阁学等请立闽浙皖赣四省铁路公会电："洪真电悉。路政繁要，筹款、勘路、购料、兴工，均宜详细研究，俾臻画一。所请联合四省就沪设立总会，自是当务之急，希即公拟妥章，呈部核夺。商部。元"

　　——《申报》12 月 12 日

　　案："真"即十一日，陈宝琛致电商部；"元"即十三日，商部回复。四省铁路公会之议，闽路代表陈宝琛，浙路代表刘锦藻，皖路代表李经方，赣路代表陈三立。　　——《陈三立年谱长编》中册第 707 页

12 月 13 日（十一月十七日）　夜与郑孝胥同登轮返福州。

　　夜，同六姨、荫孙、聪曾登船，士可、立村来送，伯潜亦登船，送者甚夥。夜半展轮。　　——《郑孝胥日记》第 2 册第 1020 页

12 月 16 日（十一月二十日）　抵福州。

　　午刻，抵马尾。　　——《郑孝胥日记》第 2 册第 1020 页

12 月 19 日（十一月二十三日）　抄录两江总督、闽浙总督关于日本留学生事电文示郑孝胥。

　　夜，雨。伯潜钞示江督、闽督三电，为日本留学生事。

　　——《郑孝胥日记》第 2 册第 1020 页

12 月 22 日（十一月二十六日）　林炳章致函郑孝胥求书写林则徐祠堂御祭碑文；侄懋鼎自英国返闽，访郑孝胥。

　　林炳章来求书文忠公祠御祭碑文。林字惠亭，衡福之子，陈伯潜之婿也。

陈懋鼎徵宇来,陈由伦敦使署参赞回闽,尚未入京。

——《郑孝胥日记》第 2 册第 1021 页

12 月 30 日(十二月初五日)　约郑孝胥在范公祠内师范学院晤郭曾炘、叶在琦等。

> 午后,应伯潜之约于范公祠内师范学院,晤郭春榆、肖莱、南云、叶肖韩、何肖雅等。　　　　　——《郑孝胥日记》第 2 册第 1022 页

是年　旧病复发,作诗有感孺慕之怀。见《沧趣楼诗文集》第 77—78 页。

> 病虐,忆儿时曾患此疾,光禄公闻之,自城中遄归,亲临问视。作示妇诗云:“十年疟再发,无复阿爷来。”永慕之情,溢于言表。

——《闽县陈公宝琛年谱》第 82 页

林纾来函。

致 陈 宝 琛　　　　　　　林　纾

沧趣先生史席:前奉一笺,未蒙示复,盼甚。闽高等学堂亦归先生调度,此闽士之庆。唯先生又腹得几许愁烦矣。福州闻又设立高等小学堂一区,想此时教习尚在未定,荐者必多。纾有挚友谢秋坡[1],学问淹雅,人已中年,甚有阅历。在吾乡亦甚知名,或能胜此一席。先生衡鉴在胸,爱才如命,定能物色得之。若可以充选者,幸赐收录。此事权专在公,纾特知公平日善于容人,故敢为作曹邱也。寄上译稿两卷,幸为削政。徵宇已归,必能以海外闻见告公。家庭聚首,为乐已极。纾在此亦无日不接仲勉先生也。匆匆即请讲安。世晚纾顿首。

——《传统中国研究集刊·林纾致陈宝琛逸札释证》第 12、13 合辑第 240—241 页

[1] 谢秋坡,名颂品。福建侯官人,光绪举人。

林纾来函。

致 陈 宝 琛　　　　　　　林　纾

沧趣先生教下:去冬得书,备悉一切。开春伏唯道履绥和为颂。沈京尹无日不念先生。前十馀日与唐畏之参议商酌,请诸振贝子,起先生赞助商政。畏之托京尹撰稿凡千馀言,盛道先生品行干济。纾击节叹赏其工。嗣贝子告之庆邸,邸转告之东朝,乃大怫。闻江苏人传说,东朝但云:“我不用是人也。”而畏之诸人则不提及此,亦不得确凿消息。纾太息不已,已复狂笑。中国大势似疢疾人病瘵,万无更瘳之日。先生不出,亦大佳事。即出,亦但挥热泪,无益于大局。夜中读张溍《艮岳记》,再三反复,若蒙重忧,几于不能寐。悲哉,悲哉。朝中忌讳日深,蒙古亲王元旦中刺客死,而执政以东朝春秋高,不欲以凶事进告,但模糊赐金治丧。及翁弢夫学士论列,始行明发。方今俄人煽诱蒙

· 439 ·

古,而政府复置刺客不理,适足以主蒙古之心。诸如此类,令人且愤且笑。大学堂本已腐败,更经荣华卿[1]主持,竟同盗贼之行。添置家具,以稍近洋式者皆斥为悖叛之物。斥之可也,乃并将物价吞噬不还,工艺局奔诉无所。长沙、寿州[2]皆荏弱不任事,瞠目不敢遽决,尤妙在借此以倾学堂,并常月经费亦不开发。新正,各执事人无一钱到手。燮老[3]累辞,又以温语留之。此等举动,又是颊上添毫之刚毅。乃大政出其掌握,宁复可望?王仁和[4]极力谋复制艺,趣礼部具疏草。纾走告春榆:"八股原与策论无所轩轾,顾科举不除,终为学堂沮力,不在八股之复与不复。唯天下恶八股已深,公当极力痛驳其不可。"未知春能有此力量否?综而言之,东朝之意,以学堂为敷衍外人之具,非真欲国民开化也。午庄[5]制军及夏中丞均为铁宝臣[6]所中,然恩寿、诚勋[7]罪恶滔天,均置不问。同罪异罚,满汉之界益分。政府之不恤人言,真亘古所未有。即恩惠堂之秽恶,宫中亦已知之。庆邸福晋代子妇、妇翁缓颊,因得无事。去年南海佛照楼落成,闻糜内帑四百馀万犹不止,另以二百馀万属计臣筹之。庆邸得一百四十五万,李玛亦八十馀万,到工者不及十分之一。此均沈京兆见告者。纾自恨不官而偏在此,所闻所见,节节伤心。顾以无食不得去。私计明年一、二班学生能卒业,则另图一馆南下,耳根较为清静。近译得小说二部[8],约二十四万字,四月间出版,必以一分呈阅。即请大安。阅后付丙。世晚纾顿首。

——《福建文史》2011年第4期第9—10页

[1] 荣华卿:荣庆,字华卿,蒙古正黄旗。曾任刑部部尚书,管学大臣。

[2] 长沙、寿州:张百熙,字埜秋,湖南长沙人。孙家鼐,字燮臣,安徽寿州人。

[3] 燮老:孙家鼐,字燮臣。号蛰生、容卿、澹静老人,安徽寿州(今淮南寿县)人。咸丰状元,光绪帝师。内阁学士、工部侍郎,署工部、礼部、户部、吏部、刑部尚书。京师大学堂(今北京大学)首任管理学务大臣。卒后谥曰"文正"。

[4] 王仁和:王文韶,浙江仁和人,见前。

[5] 魏光焘,字午庄,河南邵阳人,监生。官甘肃按察使、布政使,两江总督,闽浙总督,湖广总督。

[6] 铁良,字宝臣,满洲镶白旗。监生,官户部尚书,陆军部尚书。

[7] 恩寿,字艺堂,满洲镶白旗,官陕西巡抚。诚勋,字果泉,江宁将军。

[8] "近译得小说二部":当指《撒克逊劫后英雄略》和《斐州烟水愁城录》两书,林纾于是年8月为两书撰序。

是年诗

二十七日玉尺山房吟集实甫归有五叠之作五叠赋答

——《沧趣楼诗文集》第263页

1906年(丙午　光绪三十二年)　59岁

南昌教案。南昌民人愤毁教堂,杀伤英法教士。(2.25)

芦汉铁路全线通车,定名京汉铁路。(4.16)

中英签订《续订藏印条约》。(4.27)

清廷宣布"预备仿行宪政"。(9.1)

同盟会萍浏醴起义。(12.4)

上海及江浙绅商设立"预备立宪公会",推郑孝胥为会长,张謇、汤寿潜副会长。(12.16)

1月1日(乙巳十二月初七日)　七弟宝璜卒,年四十四岁。

　　弟宝璜殁于福州。　　　　　　　　　　　　——《闽县陈公宝琛年谱》第85页

1月17日(乙巳十二月二十三日)　《申报》报道:请公出任铁路总办。

　　初十日,闽省京官请陈宝琛为铁路总办。　——《申报》1906年1月17日

2月5日(正月十二日)　致函陈之麟。

致 陈 之 麟　　　　　　　　　　　　　　　陈宝琛

　　芷汀宗兄大人阁下:连日收接雄谈,欣悉足下热心乡事,锐意肩承,实深感佩。此次同乡东续之论,闽路以福厦为嚆矢,去秋到厦,博咨舆论,合议漳州至嵩屿一段,商旅最盛,故拟筹款先办此段,自此而近接潮汕,远通粤汉,一面由泉、兴造至福州,而皆以漳州为起点,只因勘路工程师招而未至,与官中商筹保息开办之款尚未就绪,故章程遂迟迟未即呈部。日内正为此忙碌。计下月当可呈请商部核准,随手开办招股矣。阁下所虑爪哇一带漳泉侨商,为张侍郎捷足招入粤股,弟意近来各省多严办省界,而此路之易于获利,漳泉人知之尤深。该埠既多与阁下有戚谊,望先致函令亲,告以闽路志在必成,弟意即在多招吾乡人入股,以保自有之利权。如有能独任五十万两者,并须照章立为请奖,且延其协理路事也。弟此间所筹就绪后,尚须到沪,与三省自办者会商一切,约计三、四月间可以到厦入漳一视,谅彼时所延勘路工师亦可至矣。再此奉教,借重宏才。今日适有酬应,未及造谈。海澄何日可到? 未行以前能再一

· 442 ·

叙否？手此，即颂近祉。□世弟宝琛顿首[1]，十二日。

　　　　　　　　　——《历史文献·陈宝琛遗墨》第 16 辑第 91—92 页

[1]"去秋到厦……"。《闽县陈公宝琛年谱》第 737—738 页：1905 年"十月，公遂有厦门之行，初十夜，月下渡鼓浪屿"。此信当为 1906 年初。

3 月 20 日（二月二十六日）　访郑孝胥。

　　陈伯潜、王又点来。　　　　　　　　　——《郑孝胥日记》第 2 册第 1035 页

3 月 21 日（二月二十七日）　郑孝胥来访。

　　过伯潜，谈及铁路。伯潜言："有漳州人欲揽办漳厦九十里之路，请设分局，将来兼管行车，惟红利于总局，路之盈亏由彼自理。此事意如何商酌？"余曰："总局可与立包办合同，定十年之限，照本息赎回。"王又点曰："此事须与京官商之。"余曰："不可。京官不能做主，徒梗议耳。且公既督办路政，何议之有？"伯潜又曰："吾欲就铁路所筹之款，略拨以办学务。"余曰："不可。股东以公私于学务而侵蚀其资本，且公何有擅拨之权乎？"陈、王皆默然而罢。

　　　　　　　　　　　　　　　　——《郑孝胥日记》第 2 册第 1035 页

3 月 23 日（二月二十九日）　郑孝胥设宴邀公及严复、王允晳、高梦旦。

　　夜，宴伯潜、幼陵、又点、梦旦。　　　——《郑孝胥日记》第 2 册第 1036 页

　　二月　聘用正太铁路洋员二人勘察漳厦铁路。作"漳州道中"，诗见《沧趣楼诗文集》第 79 页。

　　送长男懋复赴日本留学。作七古"送复儿游学日本"，见《沧趣楼诗文集》第 80 页。

　　二月，公借用正太铁路洋员二人，自福州勘路至漳州。公过漳州，见全闽上腴之地卅年后犹未全苏，为据鞍骋望，感叹久之。

　　男懋复游学日本。初离亲侧，不无依恋，有诗送之。

　　　　　　　　　　　　　　　——《闽县陈公宝琛年谱》第 85 页

3 月 25 日（三月初一日）　请郑孝胥等商议四省会议合办铁路学堂。

　　伯潜请至铁路公所会议四省合办铁路学堂。

　　　　　　　　　　　　　　　——《郑孝胥日记》第 2 册第 1036 页

4 月 2 日（三月初九日）　与王允晳、李宣龚[1]同访郑孝胥。

　　伯潜、又点、拔可来。　　　　——《郑孝胥日记》第 2 册第 1037 页

[1]李宣龚：字拔可，号观槿，晚号墨巢，室名硕果亭，福建闽县人。光绪举人，官至江苏候补知府。入民国，任商务印书馆经理，兼发行所所长。近代诗人，收藏家。

4 月 3 日（三月初十日）　离沪返闽。

伯潜、又点行。　　　　　　　　　　——《郑孝胥日记》第 2 册第 1037 页

4 月 12 日(三月十九日)　致函郭曾炘。

致 郭 曾 炘　　　　　　　　　　　　　　　　　　陈宝琛

　　春榆亚兄年世大人阁下：经月之聚，人事纠葛，不能时领教言。别后益增怅惘。到沪晤颖生诸君，知执事过沪入都，即虑归计之不决。顷奉手笺，弥□气结。吾乡事事落人后。弟里居逾廿年，不能有所补救，处此竞争之世，坐视陷□夙夜疚心，气类之孤，方幸得呼将，仍而又不如所顾，固不独学务一端也。早致函电速驾，兆待仲起帐事稍有归宿，俾公归耳目较净，近甫少安，而公又已电复之。藩唐本代办，此来当即真。弟自正月即辞绝学务监督，近仅因学生毕业事一到彼处，但苦两学堂无人替肩，不能专心路事，梦旦亦决不肯归，而弟首夏又须到厦，若再无人援手，则南洋招股亦不能放心径行。迂拙之性唯我兄能鉴之也。勘路工司从正太借得二法人，日内可到，先勘福管一段，下月即因到厦门，将漳路细为勘绘，以便估工募股。嵩屿起点处已为美商永租为降洋油池，如系必需之地，先多一番劳费。自去秋至今，因无的款迟迟设局，近则福、厦两局均须开设，勘路招股保息之费均须预筹，与四省合设一学堂，不日亦开办。去岁方伯以练兵欲加随粮捐，弟力阻之，最后与言留为铁路保息之用。近制府欲整顿盐务，为练兵筹款。闽盐西路之私即由官运，剥商以肥官已非一日，如果从缉私下手，商不病而课亦丰，督藩合意愿行文起实将其议，不知鹿公能不为局员所尼否。日来正与子翔、声甫诸君商议，求一无弊之策，以赞其成。路政、学务亦须分用，有此两项基础稍立，便可放胆招股矣。学会已设小学堂三十馀所，捐款未齐，经费不足，诚恐难于为继。闽学堂六千之款昨晤藩已催其速兑，中已一半属于海关。高耕虞事前月藩以财政覆称款已分拨他用，容再商之。公既不肯归，则路事学会两端须仗公在京主持，张、陈两同年公事较繁，恐不能常到议事处。前月寄呈会馆一函，尚未得复，未知如何。手此奉复。敬请台安。姻年小弟宝琛顿首，三月十九日[1]。

　　　　　　　　　　——《历史文献·陈宝琛遗墨》第 16 辑第 95—96 页

[1] 公于 1903 年 12 月主持创办全闽师范学堂。1905 年 3 月筹办铁路，并于 11 月赴上海商讨路事。此函当作于 1906 年 4 月 12 日。

三月　在上海，严复有诗"喜弢庵至"。

喜 弢 庵 至　　　　　　　　　　　　　　　　　　严 复

　　丈夫出处岂身谋，猿鹤难分乐与忧。伏枥觉忘千里志，入山已作卅年游。如闻饮啄皆前定，且喜谈谐得自由。耳目聪强腰脚健，于公此外更何求。

也却天未丧斯文,大义孤危孰与存。壹点才华见真性,总来辛苦为黎元。陆沈震旦终须复,天纵儒童待汝尊。但道蕃蓏今好在,未领流涕忆芳孙。

更带狂气浅金银,望眼东南极八闽。旧说明珠长被褐,彩欣吴雅出扶轮,勿言地脉伤镌凿,竚看云軿走隐蔽,瓢裂亦须忧众举,果然一气转洪钧。

弢庵学士总理全闽铁路承成奉呈复□。　　——《严复翰墨》第49—50页

至杭州,晤张曾敭,留三宿返闽。有诗“杭州留赠小帆世丈”见《沧趣楼诗文集》第79页。高向瀛作“陈弢庵阁学游杭信宿归闽,两见沪上。赋呈长句即次阁学旧题京口三山画幅韵”。

至杭州晤张小帆(曾敭)中丞。公出都后,宣南旧友惟小帆两度宦闽,得以晤聚。不见又已七年,七年之中,风云万变,相对唏嘘。留三宿而别。

——《闽县陈公宝琛年谱》第85页

陈弢庵阁学游杭信宿归闽两见沪上赋呈长句

即次阁学旧题京口三山画幅韵　　高向瀛

忆昔放船苕霅间,从公南北登诸山。新桃嫩柳倏三易,把袂黄浦惊春寒。西湖再过半陈迹,林公遗碣犹螭蟠。武林门巷足罗雀,丁卯避地成僧间。刘庄精整胜官舍,宾朋佳日同游观。西陵税官今宿草,转漕我复辞追攀。塔楼风铎试省忆,龙井一掬长镌肝。旧游俯仰已如此,感时老泪宁能乾。去年过家招听水,山斋信宿疏镫残。深谈颇亦参国论,借箸岂恤时流姗。江湖踪迹幸不忘,天缘人事蕲无悭。夜深月白动离绪,淞波万顷奔毫端。

——《还粹集》卷一第18—19页

有港商吴某致电商部愿认办漳厦九十里,商部电告公就近与吴相商。公访知据实复告商部吴实无力承办。

(漳厦铁路)奏准后,闽人乃组织公司招股兴办。三十二年三月借用正太铁路洋员嘉隆的尼等二人,自省城勘路至漳州,参合舆论,由厦门对岸嵩屿入手,可以上通省垣,下接掌漳潮。自漳以西,矿产富有尤为侨商资本家所注意。规划既定,而港商吴梓材者自请于商部右丞王清穆,愿划漳厦九十里归其认办,谓已集股本二百万。王许之。四月,吴又电部请先立案。商部电告陈宝琛就近商吴。陈访知吴虽漳人而旅居香港,家仅中资,前此与林丽生伙办潮汕之路,阳[佯]认股二十五万,实无一为已资,且声言已全卸某某,而犹永享发起人之利益,疑犹是潮汕故智。遂据实函电复部,谓吴果有巨股,尽可并入公司合力兴办。部复如议。是时厦之绅商由言安海至泉州设路之利者。吴因电请承办泉州至安海六十华里之路,托言已集巨,复股散还可惜。商部又商于陈宝

琛,陈复博访港厦各商及太仆卿张振勋,皆明其为诳,而泉绅叶崇禄、林云龙等,复自认募招泉股,据以复部。自是遂有先办滨海三路之议。三路者:漳州至嵩屿、泉州至东石、福州至马江也。 ——《交通史路政编》第5557页

4月24日(四月初一日) 《申报》报道:公拟在沪设立四省铁路学堂,应铁路建设所需。

陈阁学拟在上海设立四省铁路学堂。

陈宝琛阁学拟在上海设立闽、赣、皖、浙四省铁路学堂,招集学生一百名专习铁路工程。各事三年毕业,再办出洋留学三年,得有毕业文凭,以备将来充当铁路工程师,并分派各路管理各事。免致借材外域诸多窒碍等情。呈请商部奏明立案 ——《申报》1906年4月24日

6月14日(闰四月二十三日) 致函林绍年[1]。

致 林 绍 年
陈宝琛

赞虞仁兄大人阁下:衰懒久未奉书,而伟抱嘉谟,时蒙心曲。啸桐桂林来,询悉忠勤弥劲,望实俱隆,无任慰颂。宝琛与公别逾十年,百念灰冷。此岁于乡里学务勉效心力,京僚不察,误以路政相属,不特学非所用,百绪茫然,而闽路之工巨费艰,倍难措手。自冬徂夏,两涉厦、沪,详询博采,略将章程拟出。顷经厦、粤绅商雅求至再,复有增改,兹先寄呈。严电乞于公暇核定指示,至为感盼。此举全恃群策群力,弟夏秋间当亲至南洋劝募,而内地必须树之先声。爰苍力任提倡于粤东,优先股外,尚谋广为募集。公睠念维桑,必愿以大力相助。兹乘族孙长侯西行之便,先寄优先股收条五十号,募簿一册,及招股收条二百号备用,到里后再将章程改定寄呈。琐渎清神,为乡里祷祝无量。长侯久于龙州,颇习边事,近得依宇下,尤望时与陶成也,来粤已七八日,与涛园夜谈辄过子丑。今日赴港、厦门有数日之留,即回省矣。匆匆手布,敬请勋安,诸唯惠鉴,不备。弟宝琛顿首,闰月廿三日。

——《历史文献·陈宝琛遗墨》第16辑第102页

[1] 林绍年,字赞虞,福建闽县人,同治进士,历任云南巡抚兼署云贵总督、广西巡抚,光绪三十二年(1906)入值军机。

闰四月 至广州,在沈瑜庆按察使司绿净亭,两人同坐论诗唱和。沈瑜庆作《绿净亭图》序。

光绪乙巳,余由京尹改粤臬,官舍倒坏,谋捐资修葺。雪澄廉访语我,吴维允丈权此篆时,亦有是议,以挑运烦费中辍。余公馀颇思以良法收纳污秽,星工挖坑,以渣填坑,土覆之,平以石碾。铺草,雨后剪荐成茵,穿树为长廊,属亭

名"绿净"，中一堂榜曰"论思"。费不及千金，觉向者之枯朽，亦可因为高下之用也。陈弢庵师傅客游，甚赏之，归途寄题绿净亭二绝。朱古微侍郎学署，仅一墙之隔，赠联云："一宿林宗必扫地，谪居元九故为邻。"宴集吟咏，极一时之盛。余去粤三载，雪澄真除此席，踵修斋舍，补植花竹。视前增胜，余未之见也。兹以绘图属题，香火因缘，丧乱之馀，感慨系之。叙缘起以归雪翁，兼呈朱、陈两侍郎，求正和焉。丙辰七月廿八日。

——《涛园集（外二种）》第 103 页

沈瑜庆 4 月 23 日（三月十九日）调任广东按察使，1906 年 7 月 6 日（光绪三十二年五月十日）离职。　　　　　　　——《清季职官表》第 888 页

至广州，住沈爱苍（瑜庆）廉署，署中绿净亭新成。与爱苍同坐论诗，不觉夜午。　　　　　　　　　　　　——《闽县陈公宝琛年谱》第 85 页

7 月 19 日（五月二十八日）　与闽浙总督崇善联衔"奏陈闽省设立师范学堂先后办理情形折"，折称：

折称："因思造就高等学生，必先从小学、中学层延而上，庶几各生学术整齐，教授管理方能划一，然办理中小学堂，又必须先培初级、优级师范之才。"

——《福建师范学堂一览》第 9 页

7 月 26 日（六月初六日）　署理两广总督岑春煊奏，"保举降调内阁学士陈宝琛贤才请旨择用"。

奏为敬举贤才，恭折仰祈圣鉴事。窃惟时势艰危，求才最急，人才效用及时最难，新进非无异才，然须培养以待其成；或历试始见其效，偶破格录用，辄疑为资轻。是以起用旧人最为天下属望。伏见降调内阁学士兼礼部侍郎衔陈宝琛，于光绪初年以建言受知，洊擢崇班，曾膺重寄，臣弱冠登朝，正值建言诸臣响用之时，读其奏章，伟其识议，其后诸臣或驯至通显树立勋业，或因事见用，实不副名，又未尝不叹建言者之未必皆能自践所言。独陈宝琛奉差南洋，未久即以忧归。旋因荐人□吏，议不出迹，其居官、居乡本末无一玷缺，名誉最为完全。迄今二十馀年，旧人零落殆尽，在朝列者十仅一二。而陈宝琛久居田里，以耆旧宿望为中外交章论荐，叠奉旨吏部带领引见，迄未就征，无汲汲富贵之心，海内愈为推服。臣查其获咎，本属因公，且同案被议者诸人皆已蒙恩复用，陈宝琛独以此蒙累，公论惜之。臣去年曾举群言登之荐牍，以为可备顾问之选，时与陈宝琛犹未识面也。比以潮厦铁路接轨事由闽至粤，乃得延见，留驻旬日，朝夕深谈，语及时局艰虞，忠爱之诚，溢于词色。於中西政教得失，及目前应办各事，指陈深切，条理精密，均可见之施行。臣尤服其器量之沉毅，持

议之和平,盖得之多年阅历,忧患之馀,非复从前敏锐之习。窃叹其进德之猛,深喜所见,更胜所闻。臣当喜诵明臣邹元标之言,以为大臣与言官异,言官风裁踔厉,至为大臣则护持大体,不当如少年时。今见陈宝琛益思所言,如有契合也。昔汉文帝之于贾谊,宋仁宗之于苏轼,皆欲留以有待老其才而后用之。谊不幸无年,轼复遭党禁,后世咸以不竟其用为憾。陈宝琛幸际圣明,故非谊、轼二臣可比。年将六十,志力尚健,及今进用犹不为迟。倘再阅岁时,恐精华销沮,不克收其效矣。比年朝廷励精图治,破格求贤,各省举行新政,犹须得人。而□如陈宝琛之才望,使得内参朝议,必能通达常变,不患□疏;或使外膺疆寄,必能兴革利害,力回俗弊。宋臣范仲淹荐人多取在谪籍者,谓不及时进用,则将沦废终身。臣见闻既真,敢援此义,敬举所知,以备采择。应如何特予召用之处,伏候圣裁。理合专折具奏,伏乞皇太后、皇上圣鉴训示,谨奏。光绪三十二年六月初六日。 ——中国第一历史档案馆藏录副奏折03-5463-116

9月12日(七月二十四日) 致函林绍年。

致 林 绍 年　　　　　　　　　　　陈宝琛

　　赞虞我兄大人阁下:月前奉到台电,于路事极承远注。顷得粤函,知公倡任多股,以率寅僚,敬佩无似。比谂勋祉日隆,慰如所颂。弟此行于粤、厦两地集股仅四十馀万。路本不敷尚远,总须亲赴南洋招集侨商,方有端绪。可自厦归省后,学务丛积,既须略为清理,而上海四省学堂监督未定,致未开办,尚须到沪一议。即当轴所筹公款,虽见允而未实行,亦宜届时催询,冀有藉手。坐是之故,非节边不克,南捐过缓至此,殊用悒然。襄复台电言多股公票之无碍,系申明拟定章程之本意,但招股须顺人情,各地办法亦不尽一律,尊处商情若患,主一股一票,于事亦无不可。公□注重在股主有无,不在票之分合。是惟自端察□而行耳,兹寄上收条廿本,计二千张,末次呈部章程及经理处专章五纸,报告十纸,请察入。闻公专交雁潭经理,闽股局中更有何人,乞开示,以便填送照会。琐凑,至抱不安。西林调云贵,粤事又一变局。报纸谓公称痰谒假,确否至念。五月间与子久[有]同舟,在里亦多晤谈,公有此令子真可羡也。近与实孚联姻,于公亦有连矣。拉杂奉布。敬请勋安。弟宝琛顿首,七月廿四日。　　　　　　——《历史文献·陈宝琛遗墨》第16辑第102—103页

七月 受命总办漳厦铁路,黄乃裳赴南洋为招股先行部署。

　　七月,陈宝琛受命总办漳厦铁路,南渡招股,黄先行为之部署。

　　　　　　　　　　　　　　　　——《黄乃裳与南洋华人》第46页

9月18日(八月初一日) 在上海访郑孝胥

陈伯潜来。　　　　　　　　　　　——《郑孝胥日记》第 2 册第 1057 页

9 月 19 日（八月初二日）　郑孝胥来访，偕子懋复回访郑孝胥。

过伯潜、梦旦。……伯潜携其子来谈。

——《郑孝胥日记》第 2 册第 1057 页

9 月 24 日（八月初七日）　张謇来访。

复谒陈伯潜前辈。　　　　　　　　　——《张謇日记》第 578 页

晤陈宝琛。　　　　　　　　　　　——《张謇年谱》第 260 页

9 月 27 日（八月初十日）　郑孝胥设宴践行。

又与觇西、少庭同饯伯潜于清和花嫒嫒家。

——《郑孝胥日记》第 2 册第 1058 页

10 月 8 日（八月二十一日）　致函郭曾炘。

致郭曾炘　　　　　　　　　陈宝琛

　　春榆仁兄年大人阁下：前从令亲陈君奉到手楮。忽忽数月，海□轮转，音敬多疏，至以为歉。闻公新与编定官制之役，贤劳为念。畏庐书来，谓闽学全仗大力热心，卒以获济。贤者随地抒其利物之怀，不独一二人之中心悦服也。省城学会虽立，而基宇未固，缺漏尚多。弟复奔走事，未能两顾，深以废坠为惧。承嘱招考学生，仅报数名，吾乡人惮于远游，兼虑开学无准期，故多观望。助费二千圆已拨由兑局径汇尊处，请为代收。此间盐、钱、当三项，至今尚未尽就绪。瘠乡筹款之难，可窥一斑。路事章程得荷诸公正定，已邀部准。粮、盐两款如能应手，方有所藉手，以为开办并招股之资。所苦为数无多，不能如各省之储为路本。大府奏咨时尚望公与诸君子力赞其成也。弟到沪涉旬即归。月底赴厦，顺即放洋，稍历群岛，须两三月才可回省。夏间吴、陈诸人所谋不遂，颇迭□泄，忽不审有碍否。成败视此一行，总当不惜心力，尽其在我。望公有以教之。闽电拒丁督，乃林獬[1]、蒋筠辈所为，弟在沪见报纸，归询友惠诸君，无一知者，最后乃电政府，用绅学界而不署名，公当知其不至如是。嗣后有公电署名到京，务请询后以定真赝，至要至要。令亲专笺收□招股之事，近始招致入局，月下事□简，□□□则□□办矣。敬请台安。姻年小弟陈宝琛顿首，八月廿一日。　　　　——《历史文献·陈宝琛遗墨》第 16 辑第 94 页

[1] 林獬：林白水，字少泉，号宣樊，福建闽县人。毕业于早稻田大学，报人。

八月　黄乃裳宣传革命，清廷欲予惩治，得公为之解脱。

　　八月……清廷驻星总领事以黄在海外宣传革命，欲报闽浙总督松寿予惩，幸得陈宝琛为之解脱。　　　　　——《黄乃裳与南洋华人》第 46—47 页

10月20日(九月初三日) 张謇告郑孝胥,学部照会公等八人为头等谘议官。

季直言,学部照会己到,所奏辟头等谘议官八人,二等谘议官二十五人,刘若曾、陈宝琛、张謇、郑孝胥、汤寿潜[1]、王树枬、梁鼎芬、严复皆头等。

——《郑孝胥日记》第2册第1061页

[1] 汤寿潜:字蜇先、蛰仙,浙江萧山人。光绪进士。安徽青阳知县。八国联军入侵游说两江总督刘坤一、湖广总督张之洞实行"东南互保"。曾发动旅沪浙江同乡抵制英美侵夺苏杭甬铁路修筑权,倡议集股自办全浙铁路。任"浙江全省铁路公司"总理,总理全浙铁路事宜。与张謇、郑孝胥等人联合江、浙、闽绅商200馀人,成立"预备立宪公会",任副会长,敦促清廷早日立宪。

10月29日(九月十二日) 郑孝胥邀入"预备立宪公会"[1]。

与陈伯潜书,邀入会。 ——《郑孝胥日记》第2册第1062页

[1]《郑孝胥日记》(第2册第1061页),1906年10月21日(九月初四日)记:"诣公会,会议改会名曰预备立宪公会"。"入会"当指"预备立宪公会"。

11月9日(九月二十三日) 为路事至广州,访丘逢甲。晚丘逢甲回访。丘作"陈伯潜学士以路事来粤相晤感赋"。

闻陈伯潜先生来函索书,午后,伯潜先生来,晚往答拜。

——《丘逢甲集》第924页

陈伯潜学士以路事来粤相晤感赋二首 丘逢甲

三十年来万事非,天涯沦落识公迟。横流沧海无安处,故国青山有梦思。铸铁屡闻成错字,造车此是出门时。他乡同纵登高目,斜日黄龙上大旗。

台岭岧峣海气昏,贞元朝士几人存?秋江漠漠鱼龙夜,上界沉沉虎豹尊。分野直疑连鬼宿,买山何处觅公墩?乾坤整顿关吾辈,先遣南车走越门。

——《丘逢甲集》上编第544页

九月 为修建铁路筹款,启程赴南洋,初至广州,有《广州杂诗》,见《沧趣楼诗文集》第82页。期间旧病复发。十月至南洋爪哇、息力。十一月十五日抵缅甸,十二月二十二(祀灶前一日)自巴达威亚(今雅加达)至茂物,除夕在三宝垄守岁。至次年七月终归闽。一路所见所闻均有诗作,见《沧趣楼诗文集》第83—97页。公南洋之行详见《闽县陈公宝琛年谱》。

公以铁路募集股款事,十月远游南洋。初至广州,有《广州杂诗》。过汕头,有董仲容者名元亮,甲申尝在公江宁戎幕,时宰潮阳。闻公至汕,倍道来会。与公别已十有五年,公赠诗有句云:"造车同轨知何日,命驾兼程见子心。"

渡七洲洋,风浪中梦见光禄公命呈近诗,因成一律,有"终胜相公老忧畏,耄年航遍大瀛寰"之句。谓此行虽劳苦,以视李鸿章以耄耋之年奉使赴俄,遂

历聘八国,犹稍胜耳。

　　林鸿懋、苏郁文二生从往爪哇视学,舟中作诗示之云:"醵金通道细事耳,何日黉舍翘才英?"虽身涉重洋,犹时以教育人才为念。

　　抵息力,已届隆冬,犹需纨扇,并日浇冷水以消酷热。住近笕泉,彻宵声响。息力为南洋各国商贾荟萃之地,五方杂处,咿嗄作语,了不易办。陈金钟为甲必丹时,不许闽人为娼,至今赖之。邱菽园(炜蓁)者当地名士,其地各家皆以货殖称雄,而斯人年年北望,独坐诗贫。公有《息力杂诗》以纪此游。

　　至槟榔屿。屿有义冢,葬闽之客死者,在峇抵眼东。开路导泉,筑亭其侧,盖李君丕耀所建,廿年前曾丐公为记。亭有李君石像,没十稔矣。游极乐寺,景色颇似鼓山。其主持妙莲方丈,廿年前曾来闽请经,得与公晤,故留诗谂之。有句云:"何期六十陈居士,听水椰林海色间。"蛇莓山乃西人潴水处,俗呼石流水。民间爨洗,均抱瓮汲取焉。

　　过海珠屿。该地水壃处处,渔庄居民皆以摸蛤捉鱼为业。

　　自威雷斯雷乘火车至大白蜡。白蜡处处产锡,山石皆为玉色,西人锯磨以制器、布地。石山左转有洞,供老子,榜曰"老君岩"。洞内钟乳长至丈寻。去老君岩数里,山洞益奇,曰"南道院",亦供老子。俯偻而进,持炬而行。行约百武,忽漏日光,下有清泚游鲦。扣石辄渊然作响,洪若钟鼓,纤若琴竽。蛮荒得此,殊为意外,作长古一首以纪之。

　　过吉隆馆故甲必丹叶来宅。叶盖土人拥以平乱者,既因惠潮客民不协,质成于英,地遂英属。其地山木蔓生,据云能去鸦片毒,号"中兴树"。复自吉隆乘火车返威雷斯雷,约八百里。　　　　——《闽县陈公宝琛年谱》第87—89页

　　福州。闽中铁路开办已久,集股仅二三十万金,总办陈弢庵阁学现已出省,前往南洋一带招集华侨股本。　　　　——《申报》1906年11月10日

11 月 21 日(十月初六日)　闽浙总督崇善为请照会荷使电饬爪哇荷官照料陈宝琛事致电外务部。

　　收署闽浙总督崇善致外务部电,十月初六日。

　　陈前阁学宝琛月内前赴爪哇视察,并招路股。彼处苛待华旅,乞钧部照会荷使电饬该埠荷官照料,至感。善叩敬。

　　　　——中国第一历史档案馆藏综合类电报档 2-04-12-032-1371

12 月 4 日(十月十九日)　张謇、王清穆、王同愈联名复函。

复陈宝琛　　　　　张謇、王清穆、王同愈

伯潜先生阁下:顷奉环云,知合办车桥厂一节蒙表同情,甚荷。此事本拟

联合闽浙苏皖赣五省举办，现惟赣省尚未见复。原拟资本贰拾万两，以五省计之，各四万两。设赣从缓议，则每省各五万两。资本既属匀摊，则将来分认成货、分派馀利一律平均，最为允当。既承俯诺，一切商订处尚多，执事一时或未能来沪，应另行委任何人代表之处，即候台裁。专此奉复，敬颂道安。张謇、王清穆、王同愈同顿首。

——《张謇全集》第 2 册第 180 页

12 月 9 日（十月二十四日）　叶在琦于 1906 年（光绪三十二年）十月卒，年四十二；于 1909 年（宣统元年）二月坿葬城北祖茔。作"叶肖韩侍御墓志铭"，见《沧趣楼诗文集》第 431—432 页。

12 月 13 日（十月二十八日）　因赴南洋，请郑孝胥作为闽路代表。

四省铁路合办，伯潜请余为闽路代表人。

——《郑孝胥日记》第 2 册第 1068 页

12 月 14 日（十月二十九日）　郑孝胥受托，作为闽路代表，与张謇、汤寿潜、李经方等商讨四省铁路合办筹款事。

季直谈大兆事，同至一家春商办车桥厂，由江浙、闽、皖、赣四省铁路筹款二十万合办。伯潜托余为代表，至者季直、蛰先、澄如、伯行、芷生，唯江西未到。

——《郑孝胥日记》第 2 册第 1068 页

十月　过吉隆坡有诗"吉隆车中口号"见《沧趣楼诗文集》第 87 页。

过马来亚槟城，参观鹤山极乐寺，有诗"极乐寺留谂妙莲方丈"见《沧趣楼诗文集》第 85 页。该诗后镌刻于极乐寺。

12 月 16 日（十一月初一日）[1]　预备立宪公会第一次会议于上海举行，受邀为会员。

本会为中国内地最早组织之政治性团体。……当时之会长为张謇，副会长为郑孝胥、张元济。……会员主要网罗东南各省即江苏、浙江、福建、广东等地朝野名士计二百七十四人。兹试举其主要人物如下：……陈宝琛：内阁学士，皇帝师傅……。

本会之主义最为稳健，少急进破坏分子。平素主张君主立宪。

——《一九一二年中国之政党结社》第 113—114 页

[1]《辛亥革命浙江史料选辑》"预备立宪公会郑孝胥第一次开会报告词"（第 203 页）云："恭读七月十三日上谕，有曰：'使绅民晰国政以预备立宪'，故本会定名为'预备立宪公会'。今日乃光绪三十二年十一月初一日，为预备立宪公会第一次开会之日。"

12 月 30 日（十一月十五日）　离印尼，乘轮渡缅甸海。

十一月十五日，自威雷斯雷附舟渡缅甸海。自公之出已三阅月，酷热犹似夏时。行尽西南,转而西北,遥望滇边,不免故国之思矣。

——《闽县陈公宝琛年谱》第 88 页

梁鼎芬陛见,面劾奕劻、袁世凯,上折请召见录用公及王先谦、吴兆泰三人。

十五日陛见,先生面劾庆亲王奕劻袁世凯,兼奏大事八条。又力陈大难削以后,所以民安稼穑、士知礼仪之故:一由于任用清正大臣,一由于优容直臣。太后闻而嘉许,以为不谬,德宗手书其语,以示枢臣。既退,先生随上折,请追录已故直臣兵部左侍郎黄体芳等十二人。又附片请召见录用前国子监祭酒王先谦,内阁学士陈宝琛,御史衔吴兆泰等三员。

附片:……前内阁学士陈宝琛,英敏忠勤,在翰林时,最有名望,家居二十年,栽植后生,成就甚众,殚心时事,不辞劳瘁,近闻游历外洋,查察强国要政,各埠华侨,皆敬其人,欢迎于道,中外所仰,卓然经世大才。……以上三员,忠悃不衰,精力皆健,恳请皇太后皇上特旨饬来京预备召见,听候录用。臣尝读书论世,往往见古之圣君贤相用人之法,既当其才,又得其时,故能群贤汇进,赞成盛治……黄体芳诸臣,今则已矣,虽奉隆恩于身后,未能效力于生前,惟王先谦、陈宝琛、吴兆泰三员,及今擢用,尚有图报之时,谠论嘉谋,必不负国,恳请皇太后皇上采纳施行,天下幸甚。谨附片具陈,伏乞圣鉴,谨奏。

——《梁节庵先生年谱》第 220—222 页

亦见《申报》1907 年 1 月 20 日

是年　创办府立东城小学堂。1915 年为福建省立第一小学(今福建省福州实验小学)。

创办福建官立商业学堂(初为黄乃裳先生赞助的福州青年会书院),任首任监督,创办女子师范传习所,后为福州女子初级师范学堂。参与创办的观澜书院改为观澜小学堂。

次年(1906 年),福州官立商业学堂成立,陈(宝琛)被命为该学堂监督,这是福建近代第一所中等商业学校。同年,陈宝琛在全闽师范学堂附设女子师范传习所,后又在福州创办福建女子职业学堂,两校均由其妻王眉寿任监督,这是福建最早设立的官立女子职业学校。

——《福建师范大学学报·庄明水:福建近代教育奠基人》1996 年第 8 期

亦见《福建教育史》第 284、286 页

是年诗

漳州道中　　　　　　　　　　　　　　——《沧趣楼诗文集》第 79 页

杭州留赠小帆世丈　　　　　　　　　　——《沧趣楼诗文集》第 79 页

广州杂诗　　　　　　　　　　　　　　　——《沧趣楼诗文集》第 82 页

仲容别十五年矣适宰潮阳闻余过汕倍道来会感赠

　　　　　　　　　　　　　　　　　　　——《沧趣楼诗文集》第 83 页

七洲洋风浪中梦先公命呈近诗　　　　　——《沧趣楼诗文集》第 83 页

舟中示林鸿懋苏郁文二生从往爪哇视学　——《沧趣楼诗文集》第 83 页

息力杂诗　　　　　　　　　　　　　　——《沧趣楼诗文集》第 85 页

槟榔屿李丕耀所建义冢亭二十年前赏乞余记亭有李石像没十祺矣

　　　　　　　　　　　　　　　　　　　——《沧趣楼诗文集》第 85 页

极乐寺留谂妙莲方丈　　　　　　　　　——《沧趣楼诗文集》第 85 页

蛇莓山西人潴水处俗呼石流水　　　　　——《沧趣楼诗文集》第 85 页

海珠屿　　　　　　　　　　　　　　　——《沧趣楼诗文集》第 85 页

自威雷斯雷乘火车至大白蜡书所见　　　——《沧趣楼诗文集》第 86 页

白蜡处处产锡山石皆作玉色西人锯磨以制器布地

　　　　　　　　　　　　　　　　　　　——《沧趣楼诗文集》第 86 页

石山左转有洞供老子像榜老君岩　　　　——《沧趣楼诗文集》第 86 页

去老君岩数里山洞益奇曰南道院亦供老子　——《沧趣楼诗文集》第 86 页

吉隆车中口号　　　　　　　　　　　　——《沧趣楼诗文集》第 87 页

馆故甲必丹页来宅页盖土人拥以平乱者既因惠潮客民不协质成於英人遂
隶英时有演说革命者援此晓之　　　　　——《沧趣楼诗文集》第 87 页

山木蔓生能去鸦片毒人称中兴树　　　　——《沧趣楼诗文集》第 87 页

自吉隆车行至威雷斯雷近八百里　　　　——《沧趣楼诗文集》第 88 页

十一月十五夜舟行缅甸海　　　　　　　——《沧趣楼诗文集》第 88 页

乡人以缅伶侑觞即席口占　　　　　　　——《沧趣楼诗文集》第 88 页

1907 年(丁未　光绪三十三年)　60 岁

惠州七女湖举事,旋失败。(6.2、9.1)

秋瑾被捕遇害。(7.15)

日俄签订第一次协定及密约。(7.30)

张之洞、袁世凯为军机大臣。(9.4)

同盟会发动钦廉防城起义。(9.1)

修订法律大臣沈家本奏进《法院编制法》。(9.9)

诏设谘政院。溥伦、孙家鼐为总裁。(9.20)

1 月 1 日(丙午十一月十七日)　公历元旦抵缅甸。在缅甸作"缅侨叹"等诗,见《沧趣楼诗文集》第 89—94 页。在华人温旭初双谿寄庐为其所藏董其昌、恽寿平书画册留题七绝"温旭初出示董恽书画册[1]留题双谿寄庐",诗见《沧趣楼诗文集》第 90 页;与王汉宗同宿极乐寺,作七绝"宿极乐寺",并为王汉宗所编族谱题跋。两诗均见《沧趣楼诗文集》第 90—91 页。

[1] 董其昌(字玄宰)书,恽南田(字寿平)画。

抵缅甸,乡人以缅伶侑觞。竹琴泥鼓,多靡靡之音。适值公历元旦,晨起观西人操兵。湖亭驯象,缅王所俸,予以食,则跪其地。有大光塔,七宝雕嵌千龛万佛,备极华丽。海澄苏学书、邱子安两君并生长缅甸,以兴教育才倡其乡人。苏尤习缅地图志,曾作竹枝词数十首,有诗见投。公答诗以勉之。

在缅,见缅侨多愁苦,皆潮汕乡民,无田可耕,乃至于此,非不思归,而积瘵难餍乡里之望。吏胥又狠如豺虎,中伤剽劫,甚至以冢中骸骨相要挟,上吁亦徒托空文,难收实效。公为作《缅侨叹》。有温旭初处士者,性好书画,筑有双溪寄庐,双流合响,四树连阴,地甚幽雅。出所藏董恽书画册乞题,为题一绝。夜宿极乐寺,有王汉宗者同宿寺楼,编有族谱,求公跋尾。公嘉其身在异邦,犹存家礼,不失本原,留诗赠之。　　　　——《闽县陈公宝琛年谱》第 89—90 页

1 月 2 日(丙午十一月十八日)　《北洋官报》报道:南洋招股,"华侨认股之踊跃"。

福建铁路总办陈弢庵阁学前往南洋招股。近日有信回闽,详述各岛华商认股极形踊跃。如槟榔屿胡子春自认四十万圆,代募三十万圆,小吕宋宋炳记行代募六十万圆,仰光某号自认五十万圆,新嘉坡吴世奇、林云龙各认二十万圆。其馀小股不胜枚举云。

——《北洋官报》第 1238 册,光绪三十二年十一月十八日

1月11日(丙午十一月二十七日)　七女生。

七女南贞[1](熏琴)生,侧室刘宜人出。——《闽县陈公宝琛年谱》第 85 页

[1] 后适何家,公师何翙卿后人何心儒。

丙午十一月　逗留爪哇四旬,在泗水末,谒孔庙;途中胫肿复作;夜梦张佩纶,均有诗作"泗里末谒孔子庙"、"海南百果相续多中土所无纪以绝句"、"胫肿复作夜梦蒉斋",见《沧趣楼诗文集》第 93、94 页。

泗里末谒孔子庙。庙本文昌宫改作,遇孔子生卒日皆辍市,司仪陪祭,俱仿国内制度。其地百果相续,多中土所无。如芒及,芳甘带酸,其性寒;红毛丹,色味俱似荔枝,或云即其种也。又有色拉生于土中,蛇皮色紫,细嚼,其味清脆;毛鲁孤,细棱如玉,可以醒酒;木瓜一岁便结实,黄蜡可以酿蜜;麻芷姑,形圆而味甘润;流连,滑腻如脂,而臭恶几不可近,嗜之者则视同拱璧。又有蛮加占毕兰,亦其类也。

胫肿复作。夜梦蒉斋,得诗一首曰:"魂何来此岂其仙?驾海乘风路万千。地下相思应更苦,天南独客有谁怜?馀生病瘴归犹及,穷岁幽忧死尚贤。三岛十洲粗一览,与君恨不卅年前。"

在爪哇仅作四旬之留。其地明初尚为我藩属,今已归荷兰。河流委折,轨道纵横,虽亦有讥察之苦,而无桴鼓之惊。新败麻厘,左耆武屹伏,右威亚齐宁。荷虽小国,而能航海万里,拓地南溟,其为政有足多者。爪哇王,旧称巡栏,都梭罗,乾隆初,王族自相攻,荷为调人,加封一史丹,都喏架,始得相安。齐梁间佛教南暨,波罗蜜多大塔缭垣五层,表面皆刻神迹,上环龛像,三匝始及塔心。石像已多残毁,疑回教徒所为。隔溪蜜多佛塔,工亦精绝,前数年暹罗王过此,舍银钱五十万,仅扶起佛像三尊。喏架有波罗万丹寺,未及往观。而荷宫园中列石像数十,皆自彼及蜜多移来,惜阙史乘,其间兴废难以祥考。中土所贵燕窝,爪哇人家多有之。屋梁上雪白如匏。荷税燕窝最严,山洞燕多者,岁加租数倍。

——《闽县陈公宝琛年谱》第 90—92 页

1月19日(丙午十二月初六日)　致函二弟宝瑨。

致 陈 宝 瑨

陈宝琛

仲弟足下:行时一书计已早达。粮捐部拟议驳。肖韩[1]函谓吾弟有函详

述。省中未接到，想又缓矣。兄在仰光发一电，曾商诸同人否？南来两月，仅
到新嘉坡、槟榔屿、仰光、白蜡、吉隆五处。新嘉坡、槟榔屿、仰光、白蜡、吉隆五
处、坡、屿开埠式百馀年，或近百年，馀三埠裁三五十年耳，而（英人）极意经营，
皆在二十年以内，我弃人取，赤县神州之内，且不暇顾，何论域外，可叹可恨！
顷又回坡，明后日到爪哇，全岛分噶罗巴、三宝垄、士里莫井里汶多处，皆《瀛寰
志略》所已载，但今昔情形异耳。归期须灯节后方回坡，正月尾方到厦。抵省
恐须二月矣。此行仿佛微妙如□。各埠绅商款待极厚，然近来生理极淡，加以
粤路所招之股，至今风潮未息，吾闽亦受惩羹吹齑之累，总须急成一路，以示信
于外洋，始可望大股之集。目下所已募者近二百万元，且看爪哇全岛何如。此
邦人侨居最久，与中国痛痒绝不相关，适有视学一事，冀可两顾。近年中朝方
知有南洋各岛，而以为募股劝捐之善地，而不知其已成弩末。且国威不振，官
爵亦不足以动人募捐，徒取辱耳。兄此行不可为例也。赞虞[2]有信到闽，昨方
接到，舟中作答，望即饬送勿延为幸。此问岁祉！兄琛拜手，十二月初六夕。
侄侄均佳，沐侄当有进境。念念。

　　　　　　　　——《历史文献·陈宝琛致弟宝瑨手札》第 14 辑第 176—177 页
[1] 肖韩：叶在琦字，福建闽县人，光绪进士，以翰林院侍郎任全闽大学堂监督。
[2] 赞虞：林绍年，字赞虞，见前。
致函林绍年。

致 林 绍 年　　　　　　　　　　　　　　　　陈宝琛

　　赞虞仁兄大人阁下：前在途次，闻公入参枢密，庆庙堂秉正之有人，喜桑
梓下情之得达。匆匆未及修贺，亦意公恂恂如畏，必有疏辞。顷从省局邮到惠
书，知并奏请出洋，亦未获命。小阳望后即已首涂，伏惟书接宠光，讦谟辰告，
无任额颂。枢垣故事，新进未易有所建白，故勋望如湘阴，而压于恭邸，机智如
仁和，而怵于高阳。然非所论于建官立政之维新，与两宫所以图治任人之至
意，矧以公之明识清操，上酬特达，下厌具瞻，其自处必非流俗人之所能窥测。
宝琛老无能为，居乡惟祷祝多得好官，俾获为太平幸民，既所望于公者，又系乎
天下之大耶。南来两月，所历新嘉坡、槟榔屿外，仰光、白蜡、基隆三处，华侨亦
皆数万人，中隔缅甸、暹罗，故迥远于中国。英人经营不及三十年，或才十数
年，航路车轨尚未具备，与法占越南同一用心，而英印缅并一，尤占优势。滇桂
皆公旧治，筹边之略久瞭于胸，但仰光数万侨氓商会未立，学堂未开，而犹用其
应付缅人之故智，与英人相角逐，多恐其渐归淘汰。公能商之外部，为派一贤
达之领事随时保护，兼可结其内向，将来轨道大通，滇人旅缅者亦日益众也。

路股因内地风气未开,故先求助于海外。此行所募约近二百万元,准拟先开一路,核实办理,以示大信而劝将来,方能通筹全省。近来各埠生意固逊,亦受粤路风潮之影响,诸侨征羹吹□。吾闽适承其后,故事倍而功半。宝琛残废之年,为桑梓任劳,无所惜惮,但冀内外一气,协力维持,匡所不逮,得公主持其间,吾闽之幸,非独宝琛之幸也。顷先回新嘉坡,候轮赴噶罗巴,原拟回省度岁,而处处留滞,爪哇全岛学堂四十馀所,兼往阅视。正月内尚未卜能回厦否也。幸工程师已到,此时可开手测量,比归即购地接连兴工矣。舟中稍暇,手此奉布,敬请台安,并颂岁厘。弟宝琛顿首[1],十二月初六日。

————《历史文献·陈宝琛遗墨》第 16 辑第 103—104 页

[1] 丙午十二月,1907 年 1 月 19 日。南洋途中。

2 月 4 日(丙午十二月二十二日)　祀灶前一日,自巴达威亚(今印尼雅加达)至茂物。2 月 12 日(丙午除夕)至三宝垄。有诗见《沧趣楼诗文集·三宝垄守岁》第 92 页。

　　自缅甸复至南洋群岛。舟行南海,过苏门答腊群岛,日行两山间。荷属文岛待华佣最虐,被诱卖者称为猪仔。有湘、桂两生皆以诸生罹诸毒苦,故公诗有"月午西风吹密箸,分明文岛豕啼声"之叹。

　　祀灶前一日,自巴达威亚至茂物。因湿淫伤足,留滞万隆。赖乡人情厚,日数馈药,偃卧信宿得强起,附火车而行。自南齐下吉乘驷车至卡里巴丹,路百转千盘,又多石子,未能放辔飞驰。至三宝垄已届岁除,即留守岁。

————《闽县陈公宝琛年谱》第 90 页

2 月 20 日(正月初八日)　总署收署闽浙总督崇善电。

　　收署闽督致军机处请代奏电,正月初八日。

　　船政百端困难,业经先后奏陈,请归南北洋会同办理在案,接袁督[1]函称北洋万难兼顾,自属实在情形,惟船政费绌用紧,百计罗□[掘]殆有岌岌不可终日之势,循是以往,即使苟且敷衍,不但徒糜公帑,万一因费竭停办,日、法两国涎视已久,乘机进步,必以租借为名,揽我全厂,握我海权,不独□□一隅之害,官断不能停办不可,与其事后谋应付之方,不如事前为统筹之策。再四筹维,非招商承办,官方必有匮乏之一日,亦非有才望大员督理,具闻仍不足以孚商信而协机。兹查有南洋闽商□运使衔胡国廉资本富足,办事热心,平日缱怀宗国,企望富强,实为海外侨商之冠。前在□□由岑督[2]招致,已办□、惠二府矿务,种植,各实业两粤、汉、福建各铁路先后认设,亦皆巨万。现经善电约来闽,筹商承办船政事宜,据该商呈称,整顿船政专靠制船必难支持,且厂需注重煤、铁购之外，洋利源先已外溢。惟有将福建煤、铁矿产以及铁沙河，由船政遵照商部矿律归其办理、采买。以采煤、炼铁为主，辅以造船。胡国廉情愿首先自行认股二百万元，此外，再招的股将全省煤、铁各矿□□开办，但开办之始，诚恐□力不及，请依照外洋政府补助商厂之例，以原有闽海关协□每月二万两照旧认拨，一俟得有利息之后，即由该员呈办停拨，并请奏定二十四年为限，限内不得收回，俾得从容布置，以纾商力，二十四年以外，政府继可收回，但须计算成本，给还至开办之后所得利息，以十分之二报效公家。如有官定造船工程，仍先尽官工提前办理。其建、邵、汀三府矿产现归法国人承办者，俟其期满作废，仍归船政承办。惟督办大员须得南洋华商信赖之人，号召乃易为力等语。福建矿产富饶，因于资本无人承办，遂至外族窥觊，今该员以保全船政之故，兼及煤、铁各矿□此巨资已保国权，又兴实业，名为商办，仍请钦派大员督理。名为商厂，仍先尽国家义务，是中国官商□□之团结。船政十年来之大转机所陈各节有利无害，办理最昭乎允，且国家提倡商务自应力与维持，查有在籍前内阁学士兼礼部侍郎衔陈宝琛体大思精，能任艰巨，现总理福建铁路，赴南洋群岛招股，着有成效。以闽省之□路股本难招集，该前学士向以胡国廉为臂助，登高一呼，应者如響，其为商民所信服，已可慨见，且铁路、船厂用煤用铁，均有互相维系之质，点该二员于办路已经联络一气，必能相与有成，可否仰恳天恩，将调前内学士兼礼部侍郎衔陈宝琛开复，原官原衔督办船政大臣，并将盐运使衔胡国廉赏给四品御衔，作为会办船政以资镇蹑，而□扩充出自圣裁如蒙谕允，即请明降谕旨俾一观听至胡国廉。南洋巨商，所有自认及代招各股概无洋股在内，亦不至再以费绌中止，其详细章程俟奉旨允准后，再由各该员会议奏咨办理。善为统筹船政，保全矿权，提倡实业起见，诚知非胡国廉无此雄厚之力，不能举重若轻，非陈宝琛无此肆应之才，难以对内对外。是以不揣冒昧披沥上陈，伏乞代奏请旨。善叩阳。

　　——中国第一历史档案馆藏综合类电报挡 2 - 04 - 12 - 033 - 0014

[1] 袁督：直隶总督袁世凯。

[2] 岑督：两广总督岑春煊（已于光绪三十三年 1907 年病危）。

正月　福建优级师范学堂成立，任学堂监督。

　　光绪三十三年（1907 年）正月，在福建师范学堂的基础上增设优级师范选科，并改校名为福建优级师范学堂，俗称福建两级师范学堂，这是一所具有大学专科程度，以培养中学教师为目的的学校，是福建省近代第一所公立的高等师范学校。

福建优级师范学堂监督为陈宝琛,副监督林炳章。

——《福建教育史》第 264,266 页

由闽省教育总会创办的福建女子职业学堂,该校于光绪三十三年(1907年)开学,招收女生 80 人,分为本科二级、预科一级,由王眉寿兼任学堂监督。

——《福建教育史》第 286 页

黄乃裳筹款支持修建漳厦铁路。

1907 年 2 月黄乃裳从南洋筹资百馀万元支持陈宝琛修建漳厦铁路。

——《闽清县政协文史资料·近代伟人黄乃裳"民主革命家、爱国侨领"》第 386 页

三月 乘坐英邮轮归国,有诗"归乘英邮船戏作"、"舟中忆爪哇之游杂述八首",见《沧趣楼诗文集》第 94—96 页。

乘英邮船归国,舟中戏成一绝句:"半年出入浪花中,炼就心情似海童。百万斛舟新赁得,舵楼卧嘌打头风。"在舟无俚,忆念爪哇之游,观乡知道,颇有所感,成《杂述》八首。

——《闽县陈公宝琛年谱》第 92 页

4 月 17 日(三月初五日) 返抵福建。《申报》报道公在南洋募款。

陈弢庵阁学远涉异地募捐铁路经费,曾志前报。兹阁学已于初五日旋闽,招募经费颇见裕,如其已收者约有二百馀万,已至厦门石码等处兴筑二百馀里之用费矣。

——《申报》1907 年 4 月 26 日

7 月 18 日(六月初九日) 漳厦铁路第一段嵩屿至江东桥开工。

四月,铁路公司成立之始,各股东有主先修漳厦者,有主先修泉东者,二说相持数月,路线不定。总理陈宝琛因请总工程师陈庆平、副总工程师王迥澜亲往查勘。由嵩屿至漳州,复由漳州折回石尾,越同安至泉州,再由泉州而五陵、而东石,周厉全路,复估工程。陈总理又亲自嵩屿、东石两处调查,客货以漳厦在所必先,而工程遂定。漳厦一线凡分二段,第一段嵩屿至江东桥,光绪三十二年四月开测,三十三年四月呈报购地测量情形,先就十里开工,以为模范。

漳厦路第一段由嵩屿至江东桥二十八公里,光绪三十三年六月初九日开工。

——《交通史路政编》第 5575、5579 页

7 月 23 日(六月十四日) 在上海,李宣龚约午饭。

李拔可约至一枝香午饭,晤古微、伯潜、幼点、惠亭、子有等。饭毕游愚园、张园,晚甚凉。返,邀客饮于雅叙园,严又陵、林子有、高啸桐、梦旦皆至。

——《郑孝胥日记》第 2 册第 1101 页

7 月 24 日(六月十五日) 郑孝胥来访。

答拜朱曼伯寿镛,未晤。遂诣伯潜,逢林访西,遂至九华楼饭。

——《郑孝胥日记》第 2 册第 1101 页

8 月 15 日(七月初七日)　六月初漳厦铁路正式开工,在厦门总办事处主持召开第一次正式股东会议,商办福建全省铁路有限公司宣布正式成立。见《福州文史资料选辑》第 11 辑第 139 页。

8 月 21 日(七月十三日)　抵厦门,在二妹芷芳林寓鼓浪屿菽庄花园西楼,小住数日,有诗"七月十三夜厦门寓楼作"见《沧趣楼诗文集》第 97 页。

七月,返抵厦门,宿林氏妹之西楼。林氏本居台湾,甲午后始内徒。妹婿镜帆旋殁于疫。妹时年甫四十,自课诸子。公来共谈家事,辄至夜午。门外风涛叫啸,与妹课子声如相应答。　　——《闽县陈公宝琛年谱》第 93 页

予前以筹设铁路至厦,妹居之西楼,谈家事辄至月午。诸甥自塾归,就旁诵日所授书,妹不时训饬之,语至凄厉,门外风涛叫啸声若相答,情景历历,时妹甫四十也。　　——《沧趣楼诗文集·林氏妹六十寿序》第 376 页

9 月 5 日(七月二十八日)　致函二弟宝瑨

致 陈 宝 瑨　　　　　　　　　陈宝琛

仲弟手足:有自京归者谓弟仓差甚忙[1],而兄老不愿仕,亦为路事所奔走,可自笑也。《南游草》数十篇聊当采风[2],不足言诗。顷桂舫广文入都之便,托带三十本。前耀华[3]佌行时亦带廿本,可以分致(同乡)熟好,请其指正。朝局纷纭,不知如何。壶不愿行[4],即入朝亦何济? 路事初有眉目,而怡堂遽殉,生此烦黫。日内又嫁女于王十四[5],匆匆不及多赘。随粮捐督顶奏后,奉朱批"度支部知道"。兄既面托苏坂,又有电致,当不至再驳否。弟晤李肖瑜,能再一托,更好。诸稿均寄议事处矣。此问近祉! 兄琛拜手,七月廿八日。

此次学生中,吾乡有二人,一为登佛子葆卿,一为平表叔之子林某。

——《历史文献·陈宝琛致弟宝瑨手札》第 14 辑第 177 页

[1] 陈宝瑨中进士后,派充户部仓场监督。

[2]《南游草》:公南游得诗甚伙,1907 年以活字版刊印。此信当作于是年七月二十八日。

[3] 耀华佌:耀华疑振华笔误。

[4] 壶:张之洞,号壶公。

[5] 王十四:王孝总,王仁堪子,大排行十四,福建武备学堂、日本振武学堂毕业,历任政务院参议,警察厅督查长,驻温哥华、旧金山领事馆随习领事,福仁川领事馆副领事,福建省图书馆馆长,娶公三女娴贞(师孟),曾入同盟会。

七月　南洋之行,募得铁路股款一百七十馀万元。

公南洋之行,计为铁路募得股款一百七十馀万元。决定先办漳厦间铁路九十华里。沿线地势平坦,惟多溪流,先后架桥四十一座,筑涵洞五十九个,工程艰巨。于七月开工,工程师全用国人。 ——《闽县陈公宝琛年谱》第93页撰写"福建全省铁路路线说帖",刊《东方杂志》。

<h2 style="text-align:center">福建全省铁路路线说帖　　　　　陈宝琛</h2>

定线之缘起:福建全省铁路公词之发起,其初定之干线曰"福厦",见于同乡京官之原呈与商部之原奏。鄙人承乏以后,恐路线过长,一时股分难集,初次原定漳厦、福马海岸二线。有人欲包办漳厦不成,则创为东石至泉州之一线,直禀商部,另行集股承办。部议不准,饬将所集股款充入本公司,于是复有泉东之说。遂定漳厦、泉东、福马三海岸线,集股六百万元,咨部有案。究之彼欲承办泉东者,部饬将所集股充入本公司,则亦徒托空言。而由泉至五陵之三十里,实在我全路干线之内,不过东石至五陵四十里之枝路,为后来所加入耳。此福建铁路三海岸线之所由定也。

全路开办之先后:福建之铁路,既以全省为范围,则其经营次第,不能不规乎久远。故漳厦为下游之起点,福马为上游之尾间;则漳厦为下游入手之基,而福马必与上游直干相属,此不易之说也。他日财力充足,分头并举,则由福马而接上游,亦为正办。今既未办上游,自不能遽办福马。然今日之办下游,又有二说:曰先漳厦,曰先泉东。诚以此二路者,固皆下游之海岸线也。故今日福建铁路路线之宜研究者,则又在乎漳厦、泉东之先后。

漳厦、泉东二路先后之意见,甲之说曰:路工之起点必近于通商码头,厦门为商港,虽属海岛,而岛之对岸有嵩屿可通陆,三十里至石尾,又六十里折入漳州,共九十里。进出口之货多,沿路村庄多富足,是近厦便。此主先漳厦者也。乙之说曰:东石至五陵四十里,折入干路三十里,达泉州共七十里,路平且短,行客至伙。施工易而见效速,以后招股愈易,推广不难,是获利可预券。此主先泉东者也。……。

漳厦、泉东二路之说比较,夫甲乙二说,相持数月,路线不定,起点莫从。现工程师全体到厦,时日虚縻,尤为可惜。若不及早定议,何以塞股东之望,而尽办事人之责乎?股东会既未成立,在厦各董亦但求有益于大局,并非有成见于其间。鄙人责无旁贷,因请总工程师陈怡堂君、副总工程师王有谷君,亲往查勘。由嵩屿至漳州,复由漳州折回石尾,越同安至泉州,再由泉州而五陵,而东石,周历全路,覆估工程。鄙人又亲至嵩屿、东石两处,调查客货,研究理由,而得甲乙二说之比较。……

决议……漳厦干也，东石枝也。厦门为通商口岸，则路线之起点不能不在嵩屿。既不能飞越海岸，而由内地兴工，则嵩屿至石尾之三十里为枝，而实为干也。……今再将漳厦之宜先者分析言之：起点于嵩屿，在厦门之对海，与通商口岸相接，便一；工料起卸较易，便二；沿路之村庄富足，便三；客不必少而货加多，便四；嵩屿到厦一苇可航，人必乐于趁车，便五；石马小轮之利渐移，则石马码头且将自移于石尾，便六；路线稍长，便七。有此七便，则不必废经而行权也明矣。是则今日之先办一路，不能不以漳厦为入手也。

徐论：抑又闻之。今日之先办一路，固福建全省织路之基础。上下游全路之告成，虽以俟之他日，而下手之始，必须为后来筹推广之方。漳厦之路通，则上可以直达上游，节节为之，成一段之路，即立段之基。下可以近接龙岩，开矿山未发之藏（龙岩多佳矿，路矿之相需为利，识者皆能言之）。远抵汀州，夺汕头客货之利（汀客货之来厦者，必直下汕头，航而之厦，路通则径至厦门矣）。再下遵海而南，可以接人粤干。是则待乎异日股东会之决议，而鄙人尤不能不慎于谋始也。

况今日先办之一路，所争者为全路之起点耳。路线之必起点于通商之口岸，不易之义也。由嵩屿起点，则推之上下游而皆通；由东石起点，则限于泉州之一府。如谓由泉州再行推广，愈大则糜费愈多。盖以东石离厦太远，转运起卸，多此百十里海程之转折，实不足为点之地故也。即日泉东成后，再由嵩屿起点，则两番之开办费，如车厂、机器厂、材料厂安设，须有两处，而车辆亦两套，其为数更不赀矣。　　——《东方杂志》第 4 年第 7 期第 144—150 页 1907 年
亦见《交通史路政篇》第 5564—5567 页

9 月 25 日（八月十八日）　　陈衍妻萧道管病逝[1]，作挽诗，《沧趣楼诗文集》未收。

余丁未八月丧妻；弢庵有诗挽先室人云"鸾龙一泪已伶俜，潘鬓秋来又损青。鹣鸟平生惟比翼，鲲鱼从此剩长醒。检书睹茗成追忆，割俸营斋自写铭。无可奈何还强慰，《南华》元自有真经。自注：石遗来告悼亡，距哲兄木庵之殁才三载耳。"　　——《石遗室诗话》卷 2 第 38 页

九月六日，在本寓受吊，陈弢庵年丈、柯巽庵抚部逢时，皆远寄挽诗。
　　——《陈石遗集·侯官陈石遗先生年谱》卷 5 第 2003 页

[1]《陈石遗集·侯官陈石遗先生年谱》卷 5 第 2000—2002 页。

9 月 30 日（八月二十三日）　　致函二弟宝瑨。

致 陈 宝 瑨

陈宝琛

仲弟如面：实孚世叔有数函致弟而不得复，盖其三郎欲诹吉冬间完娶，急

于大侄女送回也[1]。弟已决意否？兄思儿女婚嫁得了便了，兄之次女今秋王十四自日本归，即就螺洲草草完事，明岁亦拟为复儿完娶[2]。以年来事繁体惫，不免为老而传事之计，吾弟沐侄完姻后[3]，诸侄女多未定聘，长者已届笄年，自以遣嫁为正。明年花甲[4]即多一坦腹东床也。实丈云，前函至为切实。急于盼复，故嘱兄催成之，幸勿延宕。匆匆，手讯近祉！兄琛手泐，八月廿三日。

——《历史文献·陈宝琛致弟宝瑨手札》第 14 辑第 177—178 页

[1] 实孚：邵积诚字，见前。

[2] 陈懋复娶邵积诚女。

[3] 沐侄：陈懋解，见前，娶李宣龚(拔可)妹。

[4] "明年花甲"：二弟宝瑨六十岁为 1908 年(光绪三十四年)。

秋　林则徐孙林贺峒[1]卒，为其遗集《味雪堂遗集》作序。见《沧趣楼诗文集》第 309—310 页。

予少与君同学，予乡举之岁，君亦以优行贡成均，同舟车入都。中岁游粤，复与君共晨夕者两阅月。晚犹岁一再聚于沪上，密洽不减少壮。君自推星命，谓丁未不利，予之不信，不图是秋至沪，已不及见也。

——《沧趣楼诗文集·味雪堂遗集序》第 309—310 页

[1] 林贺峒，字访西。福建侯官人，同治十二年举人，林则徐长孙，广东韶州知府，著有《味雪堂遗稿》。

10 月 29 日(九月二十三日)　六十寿辰，陈启泰书联祝贺，公答诗报谢，"伯平同年不通问二十四年矣书联见贶有瀛洲旧侣成耆之语感赋报谢"，诗见《沧趣楼诗文集》第 99 页。林纾亦寄文为寿，作诗答谢"谢琴南寄文为寿"，诗见《沧趣楼诗文集》第 98 页。

陈启泰者，公戊辰同年，亦宣南旧侣，直谏有声，光绪初年云南报销一案，即陈公首发其奸。公壬午出都后，未通音问已二十四年。时方巡抚江苏，因公六十大庆，书联相贶，有"瀛台旧侣成耆宿"之语，公报之以诗，有句云"党籍累君迟假节，陆沉愧昔让先鞭"，盖陈亦清流中人。得公诗后，复叠韵寄和，遂往来酬唱，并坚约公作吴门之游。公再寄两章，有句云"一诺敢渝嵇吕驾，九原犹梦祖刘鞭"，谓黄斋也。陈与黄斋交亦笃，晚且结为儿女姻亲。黄斋长子志沧，乃其婿也。

——《闽县陈公宝琛年谱》第 94 页

沧趣先生六十寿序　　　　　　　　林　纾

纾居京师六年，每得沧趣先生赐书及诗，恒张之壁间，乐其意趣闲旷，游心于山水清淑之区，用以陶写性情，纳灵含粹，契乎道真矣。

顾先生又未尝屏乡里之事而勿治也。闽学之立，凡闽子弟之沈僿辨慧者，咸见淑于先生之门。又建筑闽厦铁道，历游南洋诸岛，励勉侨民，俾之出资助蕆路事。虽奔走烟瘴，不鸣其劬。先生其可谓心乎国家矣。

当壬午、癸未间，先生以阁部立朝，疏草一出，传抄几罄万纸，一时台谏景附，昌言无隐，而先生独能言人所不敢言。余座主宗室宝公[1]亟称先生之直。先生之不克居朝，即基于此。然则士固得官而后始有以益国家耶。观先生之兴学建路于乡里之间，忠规密谟，固无灭壬午、癸未间立朝之风概。馀事乃及于诗歌，则信乎退而不忘其共进，而无规于名矣。

先生年六十，晨及日中接宾客，夜了公事。所为诗体，近临川而清靖沈远，挹之无穷，临川未能过也。夫先生以六十之年，敏事劬学乃类于少壮，其渐履大耋，特意中事。余尝谓以奇寿属恒人，亦徒緜亘其日月而已，于世胡益。先生抱忠爱之志，百挫无馁，务求益民然后已。此宜天予修龄，俾造福吾乡里耳。今年九月二十三日为先生六秩荣寿，纾即用此为颂。至于明诏更起，先生赞助新政，此事自属之时宰，初无关于先生之进退，纾不为先生祝也。

——《畏庐文集》第 23 页

[1] 宝公：宝廷。

11 月 16 日（十月十一日）　莅临福州闽路公会，长叹闽路认股"杯水车薪，无济于事矣！"

同年（1907 年）11 月 16 日（光绪三十三年十月十一日）在福州城内东大街浙江会馆召开"闽路公会"，各界人士到会者达三千多人，陈宝琛号召海内外同胞继续募股，但认股总额只有四万馀股，每股五元计二十馀万元。还不够修建三公里铁路。陈宝琛面对苍天，喟然长叹："杯水车薪，无济于事矣！"1908 年10 月，漳厦铁路第二段（由江东桥至漳州）长十七公里线路因股款不足而停止定测。

——见《福州文史资料选辑·方琪：陈宝琛与漳厦铁路》第 11 辑第 139 页

12 月 3、4 日（十月二十八、二十九日）　《大公报》连载"胡子春请闽侨收回福建铁路问题传单保全大局说"，驳投资者质疑，赞闽路建筑公"硕德重望，力任其难"。

鄙人日昨传阅《福建商办铁路有限公司怪现象之问题》，究其自来，云是仰光商会发来传单，末载南洋七州府华商某某等问请阁学陈公复云，不禁为之瞿然惊、慨然叹、窅然悲也。

呜呼，吾闽侨人心胡至此哉？今日寇在门庭，瓜分祸亟；台湾覆辙，可为寒心。即使闽省中外并力同心，尚恐难以图存，况自相攻击、开门揖盗乎？是速之亡也。近来海外同胞称为爱国志士者，非日以合群团体为口头禅乎？夫所谓合群团体，凡我国民皆须明者竭其智，富者出其财，贫者出其力，无分彼此，一志协谋，而后庶务兴、百事举，以守则固，以战则胜。救国良谟，无逾于此。

闽省铁路，阁学陈君宝琛以硕德重望，力任其难，跋涉风涛，出洋招股。鄙人感其诚、嘉其志，私喜同乡尚有此热心公益之人，乃为竭力襄赞，共成此举，是亦地方之幸福也。窃意同胞诸君子当各谅陈公频年劳苦，各出才能，分任艰巨。凡有创办未臻妥善，为之平和商榷，次第改良，务使与大局有益无损，方尽个人天职，亦鄙人深望于诸君者也。今传单问题，自表面观之，何尝不理直气壮？然迹类挟嫌，非出诚恳，有非鄙人所忍闻者，敢为诸君子释其疑焉。

天下事往往有多数人经年合全力谋之而后成者，以少数一二言败之而有馀。今闽厦铁路公司虽幸成立，而股款未缴，一旦见此，恐股东观望，有碍大局非浅，是不可者一也。

大凡中国人情，有财力者多畏事，有能干者又不肯任事。况创办之事，人多畏难，不乐相就，故用人一道，亦殊不易。为问当日组织公司之时，漳、泉二府所称才智之士，谁肯力负责任者？是不能不先用其耳目所及之故旧亲友，亦人情之常也。至于南洋华商中果有熟识路政及才干子弟，吾众股东亦可举荐录用。用人之际，苟有才能，虽异邦外省方将罗致之，况乎在籍之人耶？又谓商办公司执事人，不容外省插足，以此咎用郑君为坐办，岂知《商办章程》"招股无分省界"，用人即无分省界。林丽生为潮汕铁路坐办，非吾闽省人乎？此又何说也？总之，用人观其能与不能耳，不必问其何省何府人也。如果有能，虽疏必录；如果不能，虽亲必黜。吾协理、董事、股东，皆有用人改良之责，如有不当，尽可更置，总理亦不敢独违众议。今动分府界、省界，何所见之不广也？是不可者二也。

传单称厦门开股东会，举协理不举总理，目陈公为专制；又谓陈公为前经福建京官公举之总理，非商办铁路之总理，以相诘责。虽然，此中有隐情焉，不可不为之曲谅也。陈公本奉旨为闽省铁路督办，故尽心竭力，组织成此公司，名望素著，实为我闽绅中不可多得者。

大局未定，所有官民上下交接之事尚多，非陈公莫能坐镇。无论公举何人，未必遽胜其任。故陈公宁隐忍不避怨谤，俾诸事一手办妥，于心始安。不然，中道遽易生手，更张纷纭，必至贻误大局。不独无以对一己，亦将何以对股东耶？有始无终之事，愚者不为，而谓陈公之贤为之乎？设当时即令股东公举，亦必同举陈公；即陈公力辞厥任，亦必合众挽留。夫人情不甚相远也，今诸君子热心爱国，岂居陈公后？问谁能出身任劳怨、历险阻，集款办公，及事就绪即甘居局外者？况举事一有不当，大局将至不可收拾，此中为难，诚有非事外人所能知者。诸君论人，亦曾反己自思乎？是不可者三也。

传单欲举鄙人为总理，虽蒙诸君子厚爱，然非深知予者。鄙人自来于路政素未讲求，且经商南洋，兼营矿务，日不暇给，安能分身归国办理铁路？……俾陈公始终其事，顾全大局，则鄙人受赐多矣。以后总理行事，倘有不洽舆情，各股东尽可纠正，即异日功成身退，公司犹当议酬前劳，用昭激励。今未有过举即群起而攻，不亦令作事者短气灰心乎？是不可者四也。

——《大公报》1907 年 12 月 3、4 日

12 月 9 日（十一月初五日）　致函王仁东。

致 王 仁 东

陈宝琛

旭弟足下：久不奉问，懒亦忙也。顷得手书，聆悉种切。闽路自鄙南游，认股已达二百馀万，而因粤路风潮，间致疑沮，故七月开会之后，仅收至百七十馀万元。五月开工，已筑十馀里，专待铁轨测绘，年内可毕。明春即分段筑路，期以己酉之春可以成此九十里之路，并中间有一座大桥也。近因浙路以筹为拒，福州学界亦发起开会，四出招股，似此更足以鼓舞侨商，且公司业已成立，断无中止之理。惟事杂言咙，扰者万端，耐烦忍辱，此是鄙人命宫带来魔障，须徐徐自了之也。苏浙来约为后劲，自当惟命。报纸谓有转圜，又谓英催甚紧，究竟何如，然坐此可使贤奸大播于众，亦国之福。学堂虚左至久，而足下坚拒不受，皖局亦遂变迁。访者事出仓猝，遂急延子仁主之，其所布置，视访者较有实际。终以先定规模太阔，碍未收缩。□□拟再集议及之。公所书记已延郭幼安为之，兰石先生之孙也。伯平相隔，不觉二十六年。联中有“瀛洲旧侣成耆宿”之语有感于中，辄成一律，即已报谢。顷来书并有和作，适回村携之舆中，复叠一首寄答其意，足下得见之否。书中已以“硁硁自守”作足下考语，不愠之否。鄙廿馀年不出里门，中间仅两至沪、一至宁，不意此两年直如飞鸟，自南洋归后，又三至厦。顷复当往，月底可归。平老约作吴游，岁晚恐不克赴。春融到沪，与足下共载何如。筱帆是否莅任，或谓晋人亦拒之，当不其然。笃论秋瑾之狱，即蛰仙亦以为当杀也[1]。少如丈近体甚惫，窃为之虑。五少奶恐难即行，当将函示之。手复，即请台安。宝琛顿首。十一月初五日。

——《赵凤昌藏札》第 423—425 页

[1] 秋瑾于 1907 年 7 月被杀害。蛰仙：汤寿潜，见前。

12月16日(十一月十二日) 署理江苏巡抚陈启泰遵旨专折荐公,请量材擢用。

九月,有朝旨,以振兴国势,必先简拔人才,朝廷侧席求贤,全赖内外臣虚心访荐,着京内外各部院督抚等公同访求,祥慎甄择,不苟官阶大小及有无官职,如确知有才堪大用及各擅专长者,即行切实举荐,以备任使。陈启泰因专折荐公云:"查有降调内阁学士陈宝琛,从前侍直讲帷,早邀知遇,迄来时事日棘,尤为物忘所归。闽省学务、路政,赖其主持。虽海外侨人,亦莫不输诚翕服。今年甫六十,精力强壮如初,可胜艰巨之任。"并谓:"曾与互以道义相抵,而确信其平生;以文字相知,藉识其行谊。洵足表率群伦,为时桢干。倘荷擢用,必有可观。"
　　　　　　　　　　　　　　——《闽县陈公宝琛年谱》第95页

署理江苏巡抚陈启泰奏,遵旨保荐将调内阁学士陈宝琛等,表异群伦,请量材擢用。

奏陈启泰遵旨保陈宝琛等请量材擢用由。十一月二十五日:署理江苏巡抚、布政使臣陈启泰跪奏,为遵旨荐举人才,胪陈事实恭折仰祈圣鉴事。窃前奉内阁钞出光绪三十三年九月十三日奉上谕朕钦奉慈禧端佑康颐昭豫壮诚寿寿钦献崇熙皇太后懿旨,振兴国势,必先简拔人才,朝廷侧席求贤,全赖内外臣工虚心访荐,著在京大学士、各部院尚书、侍郎、都御史、副都御史,在外各省督、抚率同藩、学、臬三司公同访求,详慎甄择,不拘官阶大小,及有无官职,如确知有才堪大用及各擅专长者,即行切实荐举,以备任使,等因,钦此。臣跪诵之下钦佩莫名,伏惟搜揭幽仄者,国家求治之心而进引贞良者,臣子效忠之职不有贤俊,曷济时艰。方今学术日新,治理亦日亟过执之儒,拘滞鲜通,未必周知世变,英多之士奇异自喜,又或动薄古人,欲求其能本末兼赅、明体连用者,盖戛戛乎其难之。况臣愚陋,谬摄疆符,何足以言知人之哲。日来遵饬藩、学、臬三司悉心访荐,亦皆谦之未遑。顾念朝廷求贤若渴之诚,深惟大臣以人事君之义,敢不详慎甄择,敬举所知。查有降调内阁学士陈宝琛,从前侍直讲帷,早邀知遇,迄来时事日棘,尤为物望所归,闽省学务路政,赖其主持,虽海外侨人亦莫不输诚翕服。今年甫六十,精力强壮如初,可胜艰钜之任。……。特举数人,胪陈事实,仰答明诏,谨恭折具陈,伏乞皇太后、皇上圣鉴,谨奏。光绪三十三年十一月二十五日,奉硃批,吏部知道,钦此。
　　　　　　——中国第一历史档案馆藏录副奏折03-5493-050

《申报》报道:"苏抚黔抚同日奏保人才"。

廿三日,署苏抚陈启泰奏遵旨保荐人才,查有内阁学士陈宝琛、翰林院编修袁嘉毂、度支部郎中晏安澜,均堪大用。其苏省同僚容留心察访数月后续行

保举云云。奉旨吏部知道。　　　　　　　　　　　——《申报》1908 年 1 月 5 日

十二月　沈瑜庆倡议并捐资修建福州西湖宛在堂，有诗唱和，公诗"爱苍倡修宛在堂诗龛见寄二律奉和""出郭勘宛在堂旧址因泛舟绕湖归过李忠定祠西湖书院"，见《沧趣楼诗文集》第 97、98 页。

> 福州西湖宛在堂，祀明以后诗人，岁久堂圮，公创议修建，寄千金为倡。有诗，陈文忠和之。　　　　　　——《涛园集·沈敬裕公年谱》第 192—193 页

> 吾乡小西湖，有宛在堂，在水中央，小孤山开化寺之旁。……癸丑里居数月，与何梅生、王又点、龚愒庵诸人为觞咏之集，一日集林雪舟寒碧楼下，谋修复之，即以命题赋诗。……"捨"韵谓沈爱苍宦粤，闻堂圮，捐资千金。"者"韵谓西湖、乌石山胜处，多由陈弢庵监督修理，惜今已出山。……是岁冬月，余复至都，爱苍亦在，因商诸弢庵，拨款兴工，由林惠亭料理。适林惠亭主水利局，濬湖修堤，重建澄澜阁，此堂于次年落成。　　　　——《石遗室诗话》卷 21 第 319—320 页

> 出郭勘宛在堂旧址，因泛舟绕湖。湖为林文忠公则徐所浚，已八十馀年，屡议疏治，迄未果行，年来患旱益甚。庚子春，谢枚如先生曾觞公兄弟于宛在堂，自是未作湖游，不知堂圮何时。归过西湖书院，王文勤公初建致用书院于此，植梅其中，后移乌石山，此院遂虚，今改为蒙学。李公祠修于丁酉，寻复被水，墙圮大半，池荷已尽。　　　——《闽县陈公宝琛年谱》第 93—94 页

是年　何藻翔[1]赠梁鼎芬诗，有句称公"东南物望朱陈好，风节文章许并论。"

> 何藻翔《邹崖诗集》，寄赠梁节庵按察："一夜风雷震九阍，天狐避座已惊魂，那将谢表陈封事，甫见庞眉动至尊。（原注：召见，面劾庆王。）臣以直传宁国福，官容病免亦天恩。东南物望朱（原注：蓉生）陈（原注：伯潜）好，风节文章许并论。"　　　　　　　　　　　——《梁节庵先生年谱》第 246 页

[1] 何藻翔：字梅夏，号邹廷，广东顺德人，光绪进士，兵部主事、参与组建强学会，总理衙门章京，外务部主事。入民国，广东通志馆总纂、学海堂学长。著《邹崖诗集》，1985 年线装版。

为福建优级师范学堂撰写训联"温故知新可以为师，化民成俗其必由学"，作为学堂办学"本旨"。

捐资成立"全闽公学。"

> 教会办福州鹤龄英华书院学生，因反对学校无理处分学生，决定全体退学。为了免使学业中断，学生具书请求教育总会另行设立学校。会长陈宝琛"悯其志，自行捐款三百元，又移拨公款二千元，折价乌麓神光寺为校地"，成立全闽公学，接收学生 200 馀人，开设中学堂的有关课程，但以英算为主。后因游学之需，"兼课东文"，改名为游学预备学校，未几，又改为官立中等商

业学校。 ——《福建教育史》第 257 页

是年诗

西历元日观西人操兵 ——《沧趣楼诗文集》第 88 页

湖亭驯象缅王所俸也予以食则跪 ——《沧趣楼诗文集》第 89 页

大光塔 ——《沧趣楼诗文集》第 89 页

海澄苏学书邱子安并生长缅甸而以兴教育才倡其乡人苏尤习缅地图志尝
为竹枝词数十首有诗见投因答其意 ——《沧趣楼诗文集》第 89 页

缅侨叹 ——《沧趣楼诗文集》第 90 页

温旭初出示董悍书画册留题双谿寄庐 ——《沧趣楼诗文集》第 90 页

宿极乐寺 ——《沧趣楼诗文集》第 90 页

王汉宗同宿寺楼求跋所编族谱 ——《沧趣楼诗文集》第 91 页

舟行南海日在两山间苏门答腊东群岛也 ——《沧趣楼诗文集》第 91 页

自巴达威亚至茂物 ——《沧趣楼诗文集》第 91 页

病足信宿万隆留谢诸乡人 ——《沧趣楼诗文集》第 91 页

迟明发万隆车中作 ——《沧趣楼诗文集》第 92 页

自南齐下吉乘驯车至加里巴丹 ——《沧趣楼诗文集》第 92 页

三宝垅守岁 ——《沧趣楼诗文集》第 92 页

泗里末谒孔子庙 ——《沧趣楼诗文集》第 93 页

海里百果相续多中土所无纪以绝句 ——《沧趣楼诗文集》第 93 页

胫肿复作夜梦蒉斋 ——《沧趣楼诗文集》第 94 页

归乘英游船戏作 ——《沧趣楼诗文集》第 94 页

舟中忆爪哇之游杂述八首 ——《沧趣楼诗文集》第 94 页

七月十三夜厦门寓楼作 ——《沧趣楼诗文集》第 97 页

爱苍倡脩宛在堂诗龛见寄二律赋和 ——《沧趣楼诗文集》第 97 页

出郭勘宛在堂旧址因泛舟绕胡归过李忠定祠西湖书院

——《沧趣楼诗文集》第 98 页

谢琴南寄文为寿 ——《沧趣楼诗文集》第 98 页

伯平同年不通问二十四年矣书联见贶有瀛洲旧侣成者之语感赋报谢

——《沧趣楼诗文集》第 99 页

叠韵答伯平见和 ——《沧趣楼诗文集》第 99 页

伯平复叠韵以坚游吴之约再酬两章并答来书

——《沧趣楼诗文集》第 100 页

1908 年(戊申　光绪三十四年)　61 岁

黄兴等起事,钦州起义。(3.27)

清廷颁布《钦定宪法大纲》。(8.27)

光绪帝去世,庙号德宗。慈禧命以载沣子溥仪继位,并承继同治,兼祧光绪皇帝。由摄政王载沣监国;次日,慈禧去世。(11.14、11.15)

定明年改元宣统。(11.18)

溥仪即位于太和殿,行登基大礼。(12.2)

定光绪帝谥号为景皇帝,庙号德宗。(12.8)

王文韶卒,年七十九。黄绍箕卒,年五十五。

1 月 19 日(丁未十二月十六日)　两广总督张人骏奏荐前内阁学士陈宝琛等员。

　　……再前内阁学士陈宝琛,福建闽县人。学问淹通,敦尚气节,前为讲官,于政治得失,人才贤否,民生休戚,遇事建言,多蒙朝廷采纳。历充江西考官、学政,虚心简拔,一时知名之士,多出其门。光绪十年,因奏保前广西抚臣徐延旭、云南抚臣唐炯,被议左迁。自此回籍家居,益殚心经世之学,于中西法政靡不探讨研究,窥见本原,每念时事日艰,辄忧形于色。身居草野,心存君国,其忠爱之忱,有足多者,窃谓陈宝琛久官京秩,其人品望学识,本在圣明洞鉴之中。虽曾获咎于前,而一眚之微,不足为终身之玷。方今需材孔亟,圣主侧席求贤。如陈宝琛之才识过人,守正不阿,实为难得之选。该员现在福建本籍总理商办铁路,如蒙天恩,量加擢用,臣知必能竭力效忠,有裨时局。若其贪庸不职,臣愿坐滥举之罪。谨附片具陈,伏乞圣鉴训示,谨奏。光绪三十四年正月二十四日奏。朱批"览"。

——中国第一历史档案馆朱批奏折 04-01-12-0659-206

亦见录副奏片 03-5497-118

　　电三(北京):粤督张人骏奏保吴道镕、陈如岳、陶劭学、陈宝琛。奉旨吏部知道。

——《申报》1908 年 2 月 29 日

1月23日（丁未十二月二十日） 致函王仁东。

致王仁东
陈宝琛

　　旭弟足下：前函稽复，令侄孙归，又奉惠书，疑鄙有出山之意，殆以臞庵一荐耶，答臞诗见之否，兹奉和。兄赠二首，即次元韵，希为削正。厦路由嵩屿造成十里，明春分段并举，后年桥成，可达漳州。藉路自隐，烦劳所不敢辞，终胜壶公之郁郁居政地也。苏浙路事似有转圜，皖、赣无外侮，何亦梦如乱丝。鄙若离开，闽之成败，正未可知，故亦不能行。明年二、三月间当到沪与各省联合，将学堂重加整顿，并入苏晤臞庵耳。足下摄符之信确否？手复，即颂岁厘。五少奶此轮行。琛顿首。十二月二十日[1]。　　——《赵凤昌藏札》第 426 页

[1] 公于 1908 年春到上海，函云"明年二、三月间当到沪"，此信当作本年。

1月27日（丁未十二月二十四日） 广西巡抚张鸣岐遵旨荐举公等。

　　广西巡抚臣张鸣岐跪奏：

　　……查有降五级调用、前内阁学士兼礼部侍郎衔陈宝琛，志虑忠纯，践履笃实，才猷练达，经济□深，早岁敭历清要，遇事敢言，凡所陈奏，不免有过激之处，亦因幸际盛朝，乃获上陈议论，其忠诚耿直之忱，当为圣明所曲谅。及后归里垂二十年，立身行事，卓然不苟，士夫奉为矜式。每念时艰日亟，益究心于中外经世之学，期有以上裨国计、下益民生，于兴立学堂及地方公益各事，尤肯实力提倡。所□福建省城高等学堂，成绩昭著，最为闽人士所称道。闽省铁路，外人垂涎已久。陈宝琛倡议联合绅商，鸠集巨股，自行兴筑。复亲历南洋各埠，召集华侨，痛陈利害，诚恳肫挚，无不为之感动。不及一年，集股至数百万。闽路根基藉以稳固。其见识才略，皆足以匡时。倘假以事权，必能本其尽力桑梓之热忱，为国家宏济艰难，赞襄盛业。……以上三员率同藩、学、臬三司公同采访，闻见皆同。用敢据实荐举。应如何破格擢用之处，伏候圣裁，谨恭折具陈，伏乞皇太后、皇上圣鉴训示，谨奏。吏部知道。光绪三十三年十二月。

——中国第一历史档案馆朱批奏折 04 - 01 - 12 - 0659 - 127

亦见录副奏片 03 - 5499 - 049

2月2日（正月初一日） 作七古"戊申元日示两弟[1]"，诗见《沧趣楼诗文集》第 100 页。

　　函请张曾敭将《南游草》代呈张之洞，并附"戊申元日示两弟"。

致张曾敭
陈宝琛

　　壶公久未见拙诗，闻其论诗推苏庵为当代第一，确否，乞以《南游草》呈正。虽粗俚伤雅，却语语真实，可抵游记，能得其指南，老境或有所进，时局日新月

异，里居鈔见寡闻，不敢妄有论陈。前以苏、浙事亟，通电一次，恐岁久密码无存，亦但寥寥数语，当不责其疏简耶。晤时乞致惓惓。再请台安。侄又顿。

　　去年海南逢岁朝，鼓钲爆竹声通宵，昨夕村沽集昆仲，雨止卧听风潇潇。家居两纪尊行尽，病足无诣非宣骄，高春始兴诧晴旭，亭午晻暧旋调刁。亲朋相过例吉语，天运如此吾何微？畏寒怀土积成癖，幸免冒冻趋大朝。却怜吾鬓十年长，髦及苦说今管萧。上林全树讵汝借，捉置矧更朋鸾枭。慈仁寺前列坐处，卅载追忆真春韶。辛巳元日与壶公、黄斋、再同集顾祠散步松下竟日。似闻双松历劫在，吾道硕果宁终消？仲行之官叔不出，且共谈易听水之山寮。戊申元日示两弟。　——《近代史所藏清代名人稿本抄本》第 1 辑第 106 册第 67—69 页

[1] 二弟宝瑨，三弟宝璐。

4 月 9 日（三月初九日）　闽浙总督松寿奏荐举公等。

　　再降五级调用、前内阁学士陈宝琛去官回籍，已二十馀年。宿望老成，士林推重，其人品学术，久在圣明洞鉴之中，无俟奴才为之胪举。惟奴才莅闽已逾一载。每问地方公事，接见陈宝琛与共商榷。闻其言论，并熟查其为人，觉其学识纯正，深有功于地方学务，及一切公益之举，有不能不为心折者。谨略为皇太后、皇上陈之。查办理学务，以从师范入手为不易之定法，陈宝琛有见于此，当光绪二十九年，即商请前兼署督臣崇善筹拨公款，就省城乌石山福建师范学堂，以备各小学堂教习之选；经费不足，则募捐以成之迄今。递年扩充规模日成，肄业生徒至千馀人，先后由各科毕业者已六万馀人。全省开办学堂教员无缺之虑，皆于此基之。光绪三十二年，改设提学使司，经前兼署督臣崇善聘订为学务公所议长，兼充闽省教育会会长，与学司姚文倬悉心区划，力求整顿学务，遂日有进步。自近日风气渐开，竞尚新学，而邪说诐辞，里间煽惑。少年无议之士，一入其中，往往志悖行乖，干犯法纪，世道人心之害，莫甚于此。陈宝琛为闽学之领袖，首以端士习、遏邪说，为劝学之宗旨，其德望既足服人，而严正恳挚之诚，尤为诸生所感悦。即有一二不率教者，亦俯首就范，而莫敢妄为。论者谓各省学界风潮迭起，隐患滋深，而闽独晏然者，由陈宝琛化导之力居多。前年经京外绅士公举奏派为全省铁路总理，以路款难筹，亲赴南洋各岛募股，侨民半多闽籍，闻风响应，不数月集股至百数十万。漳厦一段铁路得以施工开办，而各岛侨民学堂，亦经其指导改良，使与内地联络一气。此事于侨民向背关系尤巨，非特有裨学务已也。陈宝琛本具济时之才，磨练久资阅历，其在籍所行诸事，实能有功地方，力时风气。奴才闻见既确，不敢不据实上陈。应如何邀恩擢用之处，出自逾格鸿恩，谨附片具陈，伏祈圣鉴训示，谨奏。

光绪三十四年四月十九日硃批,吏部知道,钦此。

——中国第一历史档案馆朱批奏折 04-01-12-0662-066

亦见录副奏片 03-5503-016

4月14日(三月十四日) 到上海,夜访郑孝胥。

夜,陈伯潜来谈。 ——《郑孝胥日记》第 2 册第 1137 页

4月15日(三月十五日) 午后郑孝胥来访未遇。夜郑孝胥邀宴,座有高而谦、王寿昌、严复、柯鸿年。

午后,过伯潜,不遇。……夜,宴伯潜、子益、子仁、又陵、贞贤于花如兰家。

——《郑孝胥日记》第 2 册第 1137—1138 页

4月22日(三月二十二日) 陈启泰邀约,自上海赴苏州[1],住三日。作“访伯平吴门”七绝五首,前此有七律“叠韵答伯平见和”一首、“伯平复叠前韵以坚游吴之约再酬两章并答来书”七绝二首,诗见《沧趣楼诗文集》第 99—100、102 页。

过驯鸥园张佩纶故居,晤张次子仲昭作“过驯鸥园留别仲昭”五古二首,诗见《沧趣楼诗文集》第 104 页。

赴苏州,应陈公伯平之约。伯平精于书法,惜三宿即别,未及与共深论。话及当日诸同年,谅俱已白发盈颠,湘中尚有黄董腴(自元)、龚省吾、张子镕等三人。伯平出示董腴新寄小像,闻近得一雄。修髯丰颊,未改当年。

——《闽县陈公宝琛年谱》第 96 页

过驯鸥园,乃黄斋故居,原欲规为终隐之地,修葺未竣,遽归道山。园有双栝,乃六朝时物。黄斋与公屡有“名园共醉”之约,终未克践,今来睹物思人,倍增凄怆。其哲嗣仲昭新自京归,墓田已营,遗稿待编,闻公至苏,亲往迎迓。至此乃尽出所得先稿,请公编订。 ——《闽县陈公宝琛年谱》第 97 页

[1] 公三月二十五日到南京前曾赴苏州,“住三日”,故暂系是日。

4月24日(三月二十四日) 致电复端方。

伯潜复午帅电云:“廿五中车来。” ——《郑孝胥日记》第 2 册第 1139 页

4月25日(三月二十五日) 自苏州到南京,端方派人到车站迎接,晚至两江总督署,与郑孝胥、程志和、吴瓒、陈三立、夏敬观、杨锺羲、李瑞清、饶士端同观《华山碑》三搨本,并作题跋,又观恽南田画册。作诗“金陵晤陶斋赋赠”“题陶斋宝华盦图”“题陶斋雪夜评碑图图后有天发神谶拓本”,见《沧趣楼诗文集》第 103、105 页。

自苏州遂至金陵,晤端方(陶斋)。卅年不见,棋局几变。陶斋嗜金石书画,收藏甚富,有《华山碑》原拓本三通,因作《宝华盦图》,又作《雪夜评碑图》。

后有吴《天发神谶碑》拓本，并请公题跋。　　——《闽县陈公宝琛年谱》第 96 页

　　《汉华山碑题跋》："光绪三十四年三月，新建程志和、吴瑔、夏敬观、义宁陈三立、辽阳杨锺羲、临川李瑞清、南城饶士端、闽县郑孝胥、陈宝琛同观。"（《汉华山碑题跋年表图版》）张謇《柳西草堂日记》三月十八日："实华庵者，陶帅得世间最有名之华山碑三本聚于一室，故名。而屋则新建之欧式也。"

　　　　　　　　　　　　　　　　　　——《陈三立年谱长编》中册第 805 页

　　午帅使金文珊至火车迎伯潜。夜，到署，出《华山碑》关中、商丘、四明三本共观之，又观恽南田画册。　　——《郑孝胥日记》第 2 册第 1139 页

4 月 26 日（三月二十六日）　端方请午饭，公示诗五首。

　　午帅邀伯潜午饭，座有张幼樵之子，名仲炤，新自京来。……伯潜示诗五首。

　　　　　　　　　　　　　　　　　　——《郑孝胥日记》第 2 册第 1139 页

4 月 27 日（三月二十七日）　陈三立至南京，陪同登鸡鸣寺，同游者有杨锺羲、吴瑔。陈三立有诗，作行书折扇面呈公。中午偕赴饶士端半山寺招饮，同席有程志和、李瑞清、夏敬观。餐后郑孝胥来，同赴鉴园，端方亦至，摄影留念，泛舟至俞明震宅观牡丹，夜复饮于船上。

　　陈三立《行书折扇面》题识："戊申三月二十七日陪同沧趣阁学师登鸡鸣寺，辽阳杨子勤太守、吴康伯观察亦同游，归得此作无能状，以录呈诲定。门人三立"。　　　　　　　　　　　　　　——《摇曳丹青》第 197 页

　　午后，至半山寺，饶桢庭士端宴陈伯潜于此。陈伯严复邀至吴园，午帅亦来。泛舟至俞恪士宅观牡丹，夜，饮船上。

　　　　　　　　　　　　　　　　　　——《郑孝胥日记》第 2 册第 1139 页

　　陪侍陈宝琛往游鸡鸣寺，杨锺羲、吴瑔同游。中午偕赴饶士端半山寺招饮，尚有程志和、李瑞清、夏敬观等同席。午后，郑孝胥复至，先生遂邀众人同赴鉴园，端方亦至，于是弃步登舟，摄影留念。众人泛舟至俞明震宅观牡丹，夜复饮于船上。　　　　　　　　——《陈三立年谱长编》中册第 805—806 页

溪舲春影图集者为弢庵阁学师陶斋尚书苏堪提刑乐庵工部康伯梅痴剑丞三
　　观察子勤桢庭两太守暨余凡十人　　　　　　陈三立

　　大者鲲鹏小斥鷃，各乘天运相遨嬉。披襟散发对风物，猥肯龌龊同酰鸡。江南况饶山水窟，当春草树交芳菲。闽峤丈人命游屐，诏以弟子从其师。探历桥渠越蝶坂，众峦殊壑笼朝曦。钟山气变最葱蒨，辇道策蹇穿烟霏。卅间石像未剥蚀，布列犀象争瑰奇。孝陵惨澹数百载，龙盘走势犹见之。归途折入半山寺，溪泉□□鸣城陴。缘坡构架蔽丛木，小憩腰脚醒肝

　　　　　　　　　　　　　　　　· 475 ·

脾。万古一墩俯樵牧,尚想倔强蹲孤罢。啼鸦引步蜂蝶伴,鉴源在眼觞榼随。顿出荦确就夷坦,缀英紫翠环参差。临流有会骋逸兴,横舸取影嵌玻璃。主客次第昵篙桨,澜漪荡漾山风吹。尚书干略匡时危,吾师汪汪千顷陂。郑卿锋棱敛颊颐,玩世工部霜雪髭。余子各负□腾姿,各毗狂狷各瘠肥。孤生折泄号□散,更倒洞壑供点嗤。万牛不博径寸效,身手惭与群贤跻。凌烟生面待蓝本,渴羌但解浆流匙。纪游饯别夕阳里,一霎胜趣难摹追。

　　　　　　　　　　　　　　　　　　　——《散原精舍诗文集》第 232 页

　　还金陵,陪侍陈宝琛金陵游宴。……九月,于沪上参加全国商办铁路公会成立大会,参与调停中国公学风波,颇与陈宝琛、郑孝胥等游宴,月中还金陵。

　　　　　　　　　　　　　　　　　　——《陈三立年谱长编》中册第 797 页

4月28日(三月二十八日)　晨郑孝胥来,与陈三立同送至下关登火车返上海。

　　至下关送别陈宝琛返沪上,又偕郑孝胥过李瑞清、夏敬观剑丞。

　　　　　　　　　　　　　　　　　　——《陈三立年谱长编》中册第 806 页

　　晨,过伯潜,同至暨南学堂,送至下关登火车。

　　　　　　　　　　　　　　　　　　——《郑孝胥日记》第 2 册第 1139 页

春　听水第二斋落成,在永泰(永福)小雄山。林纾有文"听水第二斋记",见《畏庐文集》第 60—61 页。沈瑜庆、黄懋谦、王允晳均有诗。公诗"听水第二斋落成幼点嘿园同赋",见《沧趣楼诗文集》第 101 页,沈诗见《涛园集》第 54 页。

　　弢公听水第二斋落成,同嘿园、又点作诗见忆。昨伯严书来,言陪赴白门宴集,苏戡于陶斋坐间评其诗为国朝第一,若疑其推让异于平日者。余方有官谤,未敢置辞,还质弢公,当有品第。

　　听水斋竹有实,第二还当胜第一。碎叶劲节亚洪涛,怒笋伏流更横逸。主人老气凌秋高,二客才源倒峡溢。春风楼外记悬瀑,千里生徒起居悉。巡行归咤山头白,嘿园去年游庐山归,言公督学时所营之春风楼圮。未至休暮辋川笔。又点约游庐山,屡愆约。有锡重评第二泉,螺洲总恋千头橘。由苏沪径归。寄我新诗一味清。筤筜趵突当前失。故山自笑猜猿鹤,客坐底用谈胶漆。着我吟身坐两斋,晚岁相从较诗律。徐州教授管是非,少谷山人妄甲乙。在山更比出山忙,投檄江南老乘驲。　　　　　——《涛园集》第 54 页

　　于永福小雄山得元末王用文(翰)友石山房遗址,其子孟扬(偁)读书处。因之筑"听水第二斋"。其地幽潭密竹,面对飞瀑,声如壑雷,较之鼓山为尤胜也。

　　　　　　　　　　　　　　　　　　——《闽县陈公宝琛年谱》第 95—96 页

陈宝琛（弢公）听水第二斋落成于本年春，因作有《听水第二斋落成同幼点嘿园同作》《次韵答幼点因怀爱沧》等诗，其赴金陵而与陈、郑同在端方座上，即本年三月二十五日至二十八日之行，而郑孝胥之评先生诗亦当作于此数日间。

——《陈三立年谱长编》中册第 807 页

听水第二斋记　　　　　　林　纾

龙泉山在大小妃山之东，有小雄洞，山水越出，前汇于小雄溪。溪石正在白，作玉色，矫立倚伏，岩翠倒入照影寒慄，石路宛曲，直通岩局，则元王用文友石山房故址在焉。今阁部螺江陈公筑听水第二斋于此，公旧有斋于石鼓之国师岩，斋成榜以今名，别于石鼓也。余再至方广，乃未游龙泉。

比者公被朝命至京师，出所影图八方视余。乱筱业篁，盘岩折磴，齐籞翼然。凌出万绿之表，飞瀑千尺，湍白溅沫，下趋荡为烟云者，或即所谓仙岩二龙潭耶。余目眩神夺太息公之优游于林泉者二十六年，全闽之山水若专于公之身。今苍赤环起而累公，公其尚能眠狋萝薜，摩弄松栝，屏世事于弗顾，吾固知公之不忍为此也。

昔者温公居洛十五年，久不审有枚卜之事。今公之沈寂于乡党，贬素自立，去温公家居之年，增其十有一焉。乌知乎朝廷念公旧日谏辅之勋，优诏征公，公虽甚有爱于其斋，固将勉起为朝廷来也。

夫沦放林壑之间，贱者之事也。余三年居杭，南北诸山，履屐靡所不至，而吾乡龙泉胜概乃不一窥吾足。今当储买山之钱归，就公斋之次结团焦而居，其又洗耳听公居朝之忠概，且必风鲤如前二十六年时，则余山居之乐，宁有穷欤。既以意为图赠公，与公所影者无一似焉。因为记，伸其作图之意，所记初不属图也。闽县林纾记。

——《畏庐文集》第 60—61 页

5 月 3 日（四月初四日）　晨，郑孝胥来访，夜赴郑宴。

晨，过伯潜、又点、子益、梦旦，呢厂账房、立宪公会。……夜，宴伯潜、又点、陀龛、幼陵、子益、子仁、贞贤于一枝香。

——《郑孝胥日记》第 2 册第 1140 页

5 月 4 日（四月初五日）　邀郑孝胥，郑以目疾未来。

午后，至日辉账房。刘厚生、陈伯潜招局，以目痛，皆不赴。

——《郑孝胥日记》第 2 册第 1140 页

5 月 5 日（四月初六日）　郑孝胥来访，午后同往日晖厂、张园。

过伯潜。午后，诣日晖厂，伯潜亦来观。同过张园，游人甚盛。

——《郑孝胥日记》第 2 册第 1140 页

5月6日（四月初七日） 乘轮离沪。

伯潜坐长春丸行。 ——《郑孝胥日记》第2册第1141页

《大公报》报道：仍继任福建铁路股东会总理。

光绪三十四年据此公司呈报,是年收入股款合之去岁合计百七十万元,各工则由嵩屿至江东桥左岸,首段工程计五十六里,凡土石各工均经先后招人承揽,而嵩屿车站及机房料场等亦先后告成,机车料场均已备就。其已成铺轨之路足以通车者计十里。盖以闽路不用洋员,在路员司皆调自京汉、正太、汴洛,工匠亦无熟手,故先就十里开工,以为模范,而一面则分班测量全路,并钻验码头及江东桥之路底。是夏,第一段测竣,绘图、购地已经包办,秋间码头、江东桥图式均成。接测第二段,总理其事者,始为工程师陈庆平,未几陈故,乃以副工程师王回澜代之,虽中间以董事会持改聘洋员之议,聘英人辛克兰为工程顾问,旋示谢绝。是年七月举行第二次股东正式会,总理陈宝琛,协理胡国廉、叶崇禄均继任焉。 ——《大公报》1911年6月24日

5月11日（四月十二日） 铜井以沧趣阁诗一册赠叶昌炽。

铜井来谈极久。携赠陈伯潜前辈沧趣阁诗一册,皆游历汉南诸岛之作。

——《缘督庐日记抄》第576册第759页

5月18日（四月十九日） 闽浙总督松寿奏公在籍行事,有功地方,请予擢用。

闽浙总督松寿奏：前内阁学士陈宝琛宿望老成,士林推重。历充闽省学务公所议长,兼教育会会长,铁路总理。其在籍所行诸事,实能有功地方,力持风气,据实上陈,请予擢用。下吏部知之。

——《德宗景皇帝实录》卷590第804页

四月 严复至沪,作"借韵题听水第二斋"五首

借韵题听水第二斋　　　　　　　　　　严　复

梦想南阳八百桑,风云事业入祠堂。公今二纪亲田亩,知有舰棱不忍忘。

乡里追随近卅年,一尊相对各华颠。不妨磨洗装风景,六十流光下水船。

涌泉别业聊中隐,公先于鼓山有听水斋。友石新墩占小雄。山名。元王孟敷之父读书处,友石山房旧址。他日漫郎作永乐,两山官征将无同。

陀龛腹笥蚕相似,又点词源锦不如。二子相从老湖海,元龙豪气未教除。

世事从伊海变田,我曹欢笑尽前缘。相逢吉语无多感,但说诗功胜旧年。

——《严复全集》第8卷第19页

晤严几道。几道少公五岁,已渐就衰老。时方从事译作,介绍西学,有诗见赠。公依韵答之,仍劝其早作归计。 ——《闽县陈公宝琛年谱》第96—97页

在上海观元王蒙名画《青卞隐居图》，并题跋，此画前后题识者有：朱祖谋、郑孝胥、罗振玉、金城、冒鹤亭、叶恭绰、吴湖帆等。

　　光绪戊申四月游沪，得从平等阁观此神品；余家旧藏山居图，他日当携来就质也。闽县陈宝琛识。　　　　　　　　　　　　——原画藏上海博物馆

郑孝胥录"丁叔雅示蝯叟书册""二月又至南京"诗，为公作行书折扇面。

郑孝胥《行书折扇面》题识："戊申四月与弢盦先生相见于南京、上海，游燕累日，行复别矣，孝胥"。　　　　　　　　　　——《摇曳丹青》第 215 页

6 月 23 日（五月二十五日）　严复与郑孝胥谈，陈衍评论在京诗人，以郑为第二，陈三立第三，公第四，无第一。

　　又陵言：叔伊在京出诗人榜，无第一，以余为第二。评云，"恨无长篇，否则可为第一。"伯严第三，伯潜第四，易实甫第十，馀人不能详；高啸桐能一一记之。　　　　　　　　　　　　——《郑孝胥日记》第 2 册第 1146 页

7 月 12 日（六月十四日）　同门人林行陀等避暑于小雄山斋（听水第二斋）。有诗"六月十四日同林行陀方策六李子新钟惺西郭芸屏李石芝王彦和陈易园逭暑小雄山斋"，诗见《沧趣楼诗文集》107 页。

　　同门人林行陀、方策六、李子新、钟惺西、郭芸屏、李石芝、王彦和、陈易园等逭暑小雄山斋。诸子多出公门下，彦和则可庄先生哲嗣，公内侄也。行陀有远祖，四百年前曾题字石上，今尚可睹。　　——《闽县陈公宝琛年谱》第 97 页

7 月 13 日（六月十五日）　参与发起组织中国商办铁路总会。

《发起中国商办铁路总会》："浙闽皖赣四省铁路公司发起中国商办铁路总会启云，敬启者铁路事体大，各省商办公司均属创举，尤应声气相通得失互鉴，以收维持补助之效，前者闽皖浙赣四省铁路奉旨归商自办，即经集合同志于上海地方设立公所，藉资研究，即于光绪三十一年十一月间呈由商部奏准立案，原定章程有以后凡有自办铁路省分可以随时入会之条。开办以来，如民有展期、材料、免税事件，均经敝公所会同苏路呈邮、商两部奏，奉俞旨施行。商办各路均沾利益，其明效也。现在各省商办之路日多一日，其中闳纲细目彼异此殊，尤应分别调查，期秋驾之速成补冬官所未记。查欧美各国常开铁路发公会，不论何国何路均派员前往研究，凡以交换知识观善而摩敝公所取法，于是拟合全国商办各路本年九月初一日就上海开一联合总会，研究一切并以后常年办法，贵公司谅表同情，届时或贵总协理亲临或派员莅会，始于筚路终臻同轨之期，依若辅车弥盼扶轮之雅，暂定简章送请察阅，如邀认可先乞电音。陈宝琛，孙传机，汤寿潜，陈三立同顿首"　　　　——《神州日报》7 月 14 日

送二弟宝瑨赴云南就任曲靖府知府,作"送仲勉之官云南",见《沧趣楼诗文集》第 107 页。

弟仲勉之官云南,公有诗赠行。　　　　　——《闽县陈公宝琛年谱》第 98 页

七月　重新主持游学预备学堂。南洋募股归来,改游学预备学堂为官立中等商业学校[1],由督院奏咨立案。

[1] 见 1907 年是年条。

8 月 30 日(八月初四日[1])　致函二弟宝瑨。

致 陈 宝 瑨
陈宝琛

仲弟手足:别后计程,初三当到香港,适家中开屉,见执照,携来见询,急传电梅孙转达,今日得复电住鸿安栈为慰。兹由日本轮保险寄港,托梅孙转交。到日望电复以慰。(此极要件,沿途最好随身,否则亦放在随身箱内,到省无此,不能接印也。)铁路局只用"路局"二字可到也。子益已升交涉使。此时或尚在蒙自。季渚父子均在河内[2],兄当电托其招呼。弟到海防,有商家可托,且即有火车,谅不致阻滞,最要。法领事或税司必须招呼,免生留难。匆匆不尽所言。即问旅祉! 兄琛拜手。八月初四夜

　　　　　——《历史文献·陈宝琛致弟宝瑨手札》第 14 辑第 179 页

[1] 陈宝瑨于光绪三十四年(1908)赴云南就任曲靖府知府。此信为其离闽赴任时作,即 1908 年 8 月 30 日(八月初四日)。

[2] 季渚父子:魏瀚,字季渚,见前。

夏　端方为公作埃及石刻拓本团扇面。

端方《埃及石刻拓本团扇面》题识:"壬午夏别弢庵大兄,今二十七年矣,戊申三月辱过我白下,追抚今昔,感刿风义,特拓在埃及所得五千年古刻奉鉴,即以留别。弟端方"

　　　　　——《摇曳丹青》第 58 页。

9 月 9 日(八月十四日)　携家人游永泰南溪,至小雄山斋,有诗记游"八月十四夜携家泛南溪晨至小雄山斋晚归诗以纪之",诗见《沧趣楼诗文集》第 108 页。

八月十四夜,携家泛南溪,至小雄山斋。晨去晚归。近小雄山数里处有山曰"兔峰",其形酷肖,有诗纪游。　　——《闽县陈公宝琛年谱》第 745 页

9 月 16 日(八月二十一日)　闽浙总督松寿奏请公兼管全闽高等学堂。

在籍翰林院编修林炳章,经前署督臣崇善聘充福建全省高等学堂监督,奏准免扣资俸在案。兹查林炳章经邮传部尚书陈璧荐举进京所遗高等学堂监督之职,查有师范学堂监督、前降调内阁学士陈宝琛,望重资深,品端学博,堪以延聘兼管。林炳章应即交卸高等学堂监督,赴京供职。据福建提学使姚文倬

详请奏咨前来,奴才复核无异,除咨部外,理合附片具陈,伏乞圣鉴。谨奏。光
绪三十四年八月十七日。　　　　——《政治官报》第 320 期 1908 年 9 月 16 日
　　　　　　　　　　　　　　　　　亦见《大公报》1908 年 9 月 17 日

9 月 20 日(八月二十五日)　　至沪参加并主持全国商办铁路公会成立大会。
《神州日报》报道:"商办铁路大会记事"。

　　　　驻沪、闽、皖、浙、赣,于本年三月发起全国商办铁路大会曾经函告各省公
司,并颁发章程等情已见前报。兹赁屋于虹口爱而近路均益里。昨日特开大
会,到会者为苏路总理王丹揆,闽路总理陈伯潜,书记王子仁,浙路总理汤蛰
仙,书记钟璞岑,赣路总理陈伯严,书记刘三安,陕路公司代表于右任,李孟符,
川路公司代表施子谦,豫路公司代表王搏沙,潮汕公司代表张公善,同蒲公司
协理崔文徵,皖公司坐办兼代表宝希文。午后一时开会,由陈伯潜阁学述开会
大意,谓全国商办铁路应有一总机关,相观而善,庶几得友助扶持之益。荷承
各公司赞成此举,至所欣幸。汤蛰仙京卿谓诸公如有对于路事增损规划事宜,
愿开高见。旋议得先将四省公所有章程,印刷分送各代表,由各代表研究增损
后,再开会一次,以便议决章程,分配职员,及以后办事方针。又议粤路梁总理
现已首途赴会,滇路代表月初亦可抵沪,拟定第二次会期为初五日上午,众赞
成。又议此会为闽皖浙赣四省公所发起,今开大会,不能仍前名称,汤京卿谓
日后此会必须咨部奏请立案,应改为奏准商办铁路公会,众赞成。旋议初三日
分送原有章程,初五日复行开会,以便修改斟酌,及时讨论对于路事有益之举,
以远道各代表来此或有未知公所从前内容,不能临时议决事件也。四时散会。
　　　　　　　　　　　　　　　　　　　——《神州日报》9 月 21 日
访郑孝胥,取宝廷诗,郑邀明日饮宴花酒。

　　陈伯潜、王又点来,伯潜取竹坡侍郎诗去。偕稚辛至南洋路,遂入愚园。
返诣立宪公会,伯潜亦来。……约伯潜等廿七夜在花如兰处。
　　　　　　　　　　　　　　　　　——《郑孝胥日记》第 2 册第 1159 页

9 月 22 日(八月二十七日)　　郑孝胥宴请花酒。

　　夜,宴伯潜等于花如兰家。　　　　——《郑孝胥日记》第 2 册第 1159 页

9 月 23 日(八月二十八日)　　陈三立来沪相晤。公题三立诗卷七律一首,见
《沧趣楼诗文集》第 109 页。

　　陈宝琛《题伯严诗卷》　　　　——《陈三立年谱长编》中册第 825 页

9 月 24 日(八月二十九日)　　约郑孝胥夜饮宴花酒。

　　夜,赴伯潜之约于身云小榭,座有红云别墅,求转局,乃缥缈楼养女也,在

清和坊一弄。　　　　　　　　　　　　——《郑孝胥日记》第 2 册第 1159 页

八月　二弟宝瑨之官云南。见《闽螺江太傅陈公年谱》手稿本。

9 月 25 日(九月初一日)　郑孝胥为题董其昌卷子七古一首"弢庵嘱题董元宰[1]书迹卷子",见《海藏楼诗集》第 180—181 页。

为伯潜题董香光卷子七古一首。　　　——《郑孝胥日记》第 2 册第 1159 页

弢庵嘱题董元宰书迹卷子　高江村所藏,号"金沙帖"　　　郑孝胥

书家变法法益奇,近代惟有杨少师。鸿堂著录信具眼,晋唐格辙如儿嬉。鲁公清真未险绝,独取米老吾犹疑。又闻香光晚年语,甘从公权背献羲。始知避滑必就涩,自讽所短非吾欺。诸城继作欲变董,持比登善防浇漓。卷中刘石庵跋语。坚实板鞭谁办此,笔前未免惭疲羸。区区分别皆妄凿,强向故纸评妍媸。弢庵多艺书尤擅,我亦学步聊追随。何当掷笔睨天际,胸无古人任自为。

　　　　　　　　　　　　　　　　　——《海藏楼诗集》第 180—181 页

[1] 董其昌,字玄宰,避康熙(玄烨)讳,故改元宰。

9 月 26 日(九月初二日)　与张謇等赴狄楚青约会,听辜鸿铭说浚浦局工程司奈格作弊情形。

夜,赴狄楚青之约于商馀雅集,听辜鸿铭说浚浦局工程司奈格作弊情形,席间有伯潜、季直、吴彦复、陈子言等。　　——《郑孝胥日记》第 2 册第 1160 页

9 月 29 日(九月初五日)　参加全国商办铁路公会第二次大会,被推选为正会长。《神州日报》报道:"商办铁路公会第二次大会记事"。

昨日商办铁路公会开第二次大会,场所仍在虹口均益里本会。到会者,粤路总理梁震东君,职员金冠臣君,苏路总理王丹揆君,闽路总理陈伯潜君,职员王子仁君,赣路总理陈伯岩(严)君,职员刘三安君,浙路汤总理亦扶病莅会,已不能久坐,请浙公司董事孙问清君代述意见,又职员钟璞岑君,皖路会办孙季筠君,坐办宝希文君,晋路协理崔文徵君,职员陈励如君,川路代表施子谦君,陕路代表于右任君,李孟符君,汴路代表王搏沙君,滇路代表吴诗孙君,潮汕公司代表张公善君。午前八时开会。先由陈伯潜君言公会应议草案,已分送各处,请宣示意见及以后公会办事章程。旋由大众议决各件。并议公会成立之日起,应将前有之四省公所消灭,投票举定正副会长。正会长为陈伯潜君,副会长为王丹揆君、汤蛰仙君,旋由正副会长推荐宝希文君为庶务长,钟璞岑,刘三安为调查员兼书记,李孟符君为编辑员。又议定公会开支预算各公司每月摊派一百元,开办费一百元,公司离上海较远者,按季先纳,较近者,按月先纳,明年大会之期定于八月中旬,凡公司成立在后,均请陆续入会。旋又议定公会

内容各件。四时散会。是日由会所备西餐宴饮莅会诸公。此次莅会远道如山西、四川、广东、潮州、云南各总理代表，皆系专为赴会而来，又有新宁铁路公司总理陈宜禧君来电，谓时期匆促，不及赴会，一切均从众议，公会成立务请列名，云云。合之共得十三公司，此次大会实为上海创举，记者深为路事前途贺也。

——《神州日报》9 月 30 日

《神州日报》报道："商办铁路大会续闻"。

　　商办铁路公会第二次记事，已见昨日。兹悉当日各公会总代表商定议案十一条。如各路接轨章程及拟刊公会月报等事，以尚未咨部核准，故暂未刊印；宣布昨公会职员集议公会章程，及咨部文牍，不日尚须开各路代表谈话会，鉴定章程文件。并续议未尽事宜。　　　　——《神州日报》10 月 1 日

10 月 5 日（九月十一日）　约郑孝胥、梁鼎芬、蔡乃煌、陈三立、王存善等招宴洋务局，作诗钟。

　　夜，赴伯潜之约于洋务局，晤梁星海、蔡伯浩、陈伯严、王子展等，作诗钟。

——《郑孝胥日记》第 2 册第 1161 页

　　夜，赴陈宝琛洋务局招饮，并作诗钟，郑孝胥、梁鼎芬、蔡乃煌、王存善等同集。　　　　　　　　　　　——《陈三立年谱长编》中册第 829 页

10 月 7 日（九月十三日）　郑孝胥招饮花酒，王允皙、陈三立、梁鼎芬、王仁东等同席。

　　雨。赴厂。归至花如兰家召客，伯潜、又点、星海、伯严、庸生、旭庄、子仁、贞贤、怡泉皆在座。席罢，星海邀至红冰馆；复为曾敬怡、志赞羲邀至朱小二宝家。十二点过乃返。　　　　——《郑孝胥日记》第 2 册第 1161 页

10 月 8 日（九月十四日）　王仁东设宴饯行，郑孝胥、梁鼎芬、陈三立等同席。

　　先赴王仁东花如兰家招饮，又招饮于燕春楼，为陈宝琛饯行，来赴者为郑孝胥、梁鼎芬、王仁东等。　　　　——《陈三立年谱长编》中册第 829 页

　　遂赴旭庄之约于花如兰家，又为伯严邀至燕春楼，又为星海、赞羲邀至朱小二宝家，各题一诗一联而去。席散，遂至二点。伯潜明日坐"海容"归闽矣。

——《郑孝胥日记》第 2 册第 1161 页

10 月 9 日（九月十五日）　乘"海容"轮离沪返闽。

　　陈宝琛此次至沪，先生曾偕梁鼎芬为治寿。梁节庵《题陈师傅听水斋十首》之四云："弢叟前辈六十生日自斋来沪，同伯严治酒为寿，幼点偕行。"（《节庵先生遗诗》卷六）。据《闽县陈公宝琛年谱》，其六十在光绪三十三年（1907），但此年八、九月间陈宝琛至沪（可观《郑孝胥日记》），而本年沪行则与王允皙偕

行,且梁鼎芬专程往会(陈宝琛作《节庵闻余至沪自焦山来会出示乞病纪恩诗次韵为赠》一诗),则"六十生日"当为梁氏误记。

——《陈三立年谱长编》中册第 829 页

10 月 19 日(九月二十五日) 《东方杂志》第 5 年第 9 期"文苑"栏刊"爱苍倡修宛在堂诗龛见寄二律赋和""谢琴南寄文为寿""次韵答幼点""次韵答几道"和"题伯严诗卷"诗,均署陈宝琛,见《沧趣楼诗文集》第 97、98、101、103、109 页。

10 月 24 日(九月三十日) 张人骏面保公破格擢用。

张相国日前召见,面保晋藩丁宝铨、闽路总理陈宝琛,均请破格擢用。

——《申报》1908 年 10 月 24 日

九月 梁鼎芬自焦山来沪会公。梁有诗"上海喜晤陈伯潜前辈",公有诗"节庵闻余至沪自焦山来会出示乞病纪恩诗次韵为赠","次韵节庵见赠"。见《沧趣楼诗文集》第 109 页。

公在沪时,梁节庵(鼎芬)自焦山来会。梁为李文公鸿藻之甥,因劾李鸿章而得罪,遂隐居江南。以美髯称,故公诗有"人惊髯美疑真老"也。

——《闽县陈公宝琛年谱》第 98 页

九月,陈弢庵至上海,先生自焦山往会,有赠答诗。梁节庵遗诗卷五《上海喜晤陈伯潜前辈赋赠》:"天意江湖著此翁,回思二十二年中,良辰一笑还能待,诗卷相思岂有穷,浅浅黄花添细雨,垂垂白发对西风,尊前飞动宁无寐,久坐寒窗漏未终。"

——《梁节庵先生年谱》第 249 页

11 月 14 日、15 日(十月二十一、二十二日) 光绪帝、慈禧太后先后去世,作"大行皇帝哀辞""大行太皇后哀辞",见《沧趣楼诗文集》第 110—111 页。"大行皇帝哀辞"后刊《东方杂志》第 5 卷第 12 期,署陈宝琛。

12 月 12 日(十一月初八日) 林智衔[1]十一月庚寅卒,作"林君容安墓志铭",见《沧趣楼诗文集》第 435—436 页。

[1] 林智衔,门人福建师范学堂同事陈柏棠父。宣统元年(1909 年)四月入葬。

12 月 27 日(十二月初六日) 陈璧奏请派公为邮传部路政头等顾问官。

邮传部陈璧奏请派陈宝琛为该部路政头等顾问官,奉旨允准。

——《大公报》1908 年 12 月 27 日

是年诗

元日视两弟　　　　　　　　　　——《沧趣楼诗文集》第 100 页
听水第二斋落成幼点嘿园同赋　　——《沧趣楼诗文集》第 101 页
次韵答幼点因怀爱苍　　　　　　——《沧趣楼诗文集》第 101 页

卷四

辅佐幼主

1909—1931 年

1909 年(己酉　宣统元年)　62 岁

那桐在军机大臣上学习行走。(1.2)

袁世凯开缺回籍。(1.9)

万国禁烟会在上海召开。(2.1)

张之洞与德、英、法等国订立湖南、湖北省内粤汉铁路、川汉铁路借款草约。(6.6)

派南洋大臣、两江总督张人骏为南洋劝业会会长。(8.7)

中日订立《间岛协约》。(9.4)

京张铁路建成。(9.25)

各省咨议局开幕。(10.14)

张之洞卒,年七十三。(10.4)

1月4日(戊申十二月十三日)　为乌程汤太夫人作墓志铭,见《沧趣楼诗文集·清封夫人谢节母汤太夫人墓志铭》第481—483页。

1月16日(戊申十二月十三日二十五日)　《东方杂志》第5卷第12期"文苑"栏刊"陈伯潜诗四首、大行皇帝哀辞、大行太皇太后哀辞"。"哀辞"见《沧趣楼诗文集》第110—111页。

1月27日(正月初六日)　黄闿生求郑孝胥介绍于公。

　　黄闿生来,求作书介绍于陈伯潜。　　——《郑孝胥日记》第3册第1175页

2月2日(正月十二日)　广西巡抚张鸣岐再次奏举荐公等[1]。

　　广西巡抚臣张鸣岐跪奏:就为敬举贤臣上备任使,恭折仰祈圣鉴事,臣闻自古帝王平治天下,惟在用人。我朝圣承御极之初,无不侧席求贤,虚怀征访。或起诸废籍而加之柄用,或拔自疏□而寄之股肱。三百年来,硕辅盈朝,贤臣辈出。明良之美,复绝千古。我皇上冲龄践阼,监国摄政王亲裁万机,于上枢部诸臣尽心翊赞,于下亲贤央辅,固已比隆前古而媲美先朝矣。然今日之时局,一守成而兼创业之时局也。图治之艰倍于畴昔,非多得贤臣进用,未足上分宵旰之忧劳。臣窃见前内阁学士兼礼部侍郎衔陈宝琛,昔充讲官,于政治得

失,人才贤否,民生休戚,屡有论列,多蒙先朝嘉纳,后缘事降谪,家居二十馀年,益殚心经世之学,江湖魏阙,忠爱肫然。其人品学识累经中外臣工保荐,早在圣明洞鉴之中。……之数臣者,皆为先朝所常用之人,而皆未竟其用,殆将老其才以遗我皇上者也。夫国家需才之殷,莫过于今日,而求才之难,亦莫过于今日。老成而迂钝者无论矣。即或识解闳通,而更事既多,难免急进取,新进而浮嚣者无论矣。没即或志趣纯壹,而持论过激,又多达于事情。求其才识开朗,怀抱忠贞,学有本原,力足奋发,能不怠于进取,而又不遂于事情,如陈宝琛等者,殆难其人。伏维我皇上临御伊始,首颁明诏,期九年立宪于必成,昭天下臣民以共守。数月以来,纶音叠布,因民生之日困而责牧令以尽心,念物力之维艰而训臣工以节俭,孜孜求治,薄海同钦。顾为政在人,使上有圣主,而下少良臣,谁与奉宣上德,此所以旁求俊乂,不能不切望于朝廷者也。臣待罪疆圻,涓埃莫报,夙夜筹度,惟此以人事君之义,庶几辅佐新政。臣夙知陈宝琛、赵启霖、梁鼎芬、汤寿潜、魏瀚皆忠于国家而淡于营利。当此大局阽危之日,决非臣子苟安之时。可否仰恳饬下闽浙总督、两广总督、湖南巡抚、浙江巡抚臣,各就所在,责以大义,分别敦促驰诣朝廷,听候召见。察其才能,量加起用。臣度陈宝琛等必能以未获竟用于先朝者,勉效驰驱,而报之于我皇上。若起用之,后有不能举职者,臣甘与之同罪。所有敬举贤臣缘由,谨恭折具陈。伏乞皇上圣鉴训示,谨奏。宣统元年正月十二日。

——中国第一历史档案馆奏折 04-01-13-0440-013

[1] 见本编 1908 年 1 月 27 日(光绪三十三年丁未十二月二十四日)条目。

2月12日(正月二十二日) 与林炳章等成立禁烟去毒社,任总经理,由官款补助,设立支社,与官立禁烟局互相联络。

闽督松寿奏,窃维闽省禁烟一事曾于上年六月将禁吸、禁种分别筹办。……又得前在籍绅士林炳章、陈宝琛先后设立"禁烟去毒社",首为提倡劝戒。由官筹款补助经费并商该绅等推广支社与官立禁烟局互相联络。

——《申报》1909 年 5 月 28 日

福州去毒社自开办禁烟以来颇有效力。上月二十二日,侯官县属桐口乡分设支社一所,邑宰苏国香大令偕同该社总经理陈弢庵阁学暨社员数人赴该乡与会,一时父老均表欢迎。

——《大公报》1909 年 2 月 28 日

3月4日(二月十三日) 高凤岐[1]卒,作挽联:"新政正求言,失此方闻真可恨;沉疴犹枉札,规君褊性最相宜。"见《中国对联故事总集·挽联编·名人卷》卷3第75页,并为墓志铭书丹。上年春公至沪,曾有诗"寄高啸桐",见《沧趣楼诗文集》

第 110 页。

[1] 高凤岐：字啸桐，号愧室，福建长乐人，见前。

3 月 5 日（二月十四日）　奉旨入京，预备召见。入都前有诗"入都拜别先茔""海天阁成属有北行留别山中诸子""旭庄以圭庵留别诗褾成长卷诗孙画其后丈许去秋属题约桃花开时来会适余北行感赋一章即以志别"，三诗均见《沧趣楼诗文集》第 112—113 页。行前在乌石山巅建海天阁甫告成。

命前礼部右侍郎朱祖谋[1]、前内阁学士陈宝琛、前署黑龙江巡抚程德全来京豫备召见。　　　　——《德宗景皇帝实录》附《宣统政纪》卷 8 第 148—2 页

亦见《翁斌孙日记》第 35 页（二月十九日）

《郑孝胥日记》第 3 册第 1180 页（二月二十日）

宣统元年二月十四日奉旨："前内阁学士陈宝琛着来京预备召见。钦此。"

——《沧趣楼诗文集》第 877 页

十四日奉旨宣召朱祖谋、陈宝琛、程德全来京召见，据内廷人云，此事系由摄政王及张、世两中堂在三所密议多次。闻所拟宣召者尚不止此三员。预料数日中尚有应召来京者。惟此外究系何人一时尚难预料。

——《大公报》1909 年 3 月 9 日

春，陈弢庵阁学被荐还朝。阁学自甲申罣误，退居里中，兴学有年。啸桐丈与张坚伯鸣岐督部至契，怂恿之，奏保阁学及朱古微侍郎。

——《陈石遗集·侯官陈石遗先生年谱》卷 5 第 2008 页

公于乌石山之阳筑"岁寒楼"，最后建"海天阁"于其巅。甫告成而公将有北行，有诗留别山中诸子。　　——《闽县陈公宝琛年谱》第 99 页

[1] 朱祖谋：字古微，号彊村，浙江吴兴人，光绪进士，礼部、吏部侍郎，广东学政。

公居乡 20 年，致力教育培养后进不遗馀力。

公里居逾二十年，致力于教育事业，培养后进不遗馀力，故门墙特盛。诚如公诗所云："昔年童冠尽缨绅"矣。　　——《闽县陈公宝琛年谱》第 126 页

3 月 12 日（二月二十一日）　是日，叶在琦[1]葬于福州城北董湾山，作"叶肖韩侍御墓志铭"。见《沧趣楼诗文集》第 431—432 页。

[1] 叶在琦，字肖韩，见前。

3 月 19 日（二月二十八日）　到厦门，为建筑漳厦铁路大桥，将赴南洋招股[1]。

漳厦铁路拟建大桥一座，只因款项不敷，各股董已将承包各洋商婉言辞却，并电催陈（宝琛）总办迅速到厦商办一切。闻拟先往南洋招足股本后再议桥工。日前陈总办业已到厦，不久当往南洋从事招股。

——《大公报》1909 年 3 月 19 日

[1]报载消息,未见公此时段赴厦记载,此次招股计划并未实行。

3月25日(闰二月初四日) 派充礼部总理礼学馆事宜。

奉派会同礼部总理礼学馆事宜,兼综纂订。

——《闽县陈公宝琛年谱》第99页

奏请特简大员会同该部总理礼学馆事宜,兼综纂订。得旨着派前内阁学士陈宝琛。 ——《德宗景皇帝实录》附《宣统政纪》卷9第167页

亦见《申报》1909年4月1日

闰二月初四日军机大臣钦奉谕旨:"礼部奏请特简大员,会同该部总理学馆事宜,兼综纂订等语,着派前内阁学士陈宝琛。钦此。"

——《沧趣楼诗文集》第877页

命前内阁学士陈宝琛总理礼学馆。 ——《近代中国史事日志》第1327页

4月2日(闰二月十二日) 礼学馆开馆,派充总理礼学馆事。

初四日奉谕旨:"礼部奏:礼部开馆,酌拟凡例,开单进呈,并拟派提调一节,着依议。又片奏:请特简大员,会同该部总理礼学馆事宜,兼综纂订等语,着派前内阁学士陈宝琛。钦此。"余戏谓稚辛曰:伯潜将为叔孙通矣。

——《郑孝胥日记》第3册第1183页

4月19日(闰二月二十九日) 北上途中过上海,郑孝胥来访。

陈伯潜来。饭后,过泰安栈访陈伯潜,致季直一书及白振民文曰《质盦集》者。至雅叙园,晤伯潜、惠亭、又点等。伯潜云,即入苏州,明日入南京,返沪搭初三海轮赴津。 ——《郑孝胥日记》第3册第1186页

列名福建咨议局预备会议发起人。

福建咨议局议案预备会启(续)……

发起人:潘炳年、陈宝琛、郑锡光、林炳章、陈培锟、于君彦、罗臻禄、杨廷纶、王允皙、邵继全、程树德、孙葆瑢、刘崇佑……

——《申报》第1909年4月19日

4月20日(三月初一日) 严复闻公至上海。

戣庵至申。 ——《严复全集·日记》第8册第567页

4月21日(三月初二日) 郑孝胥雅叙园宴请,王允皙、严复等同坐。

夜,宴陈伯潜、严又陵、王又点、林庆孙于雅叙园。

——《郑孝胥日记》第3册第1187页

按:郑孝胥4月19日日记"陈伯潜……即入苏州,明日入南京,返沪搭初三海轮赴津。"(《郑孝胥日记》第3册第1186页),似未行。

4 月 23 日（三月初四日）　严复饯行，郑孝胥、陈三立等同席。

饯弢莽[庵]等。　　　　　　　　——《严复全集·日记》第 8 册第 567 页

于沪上赴严复招饮，郑孝胥、陈宝琛等同席。

——《陈三立年谱长编》第 851 页

晚，应严又陵之约，晤弢庵、伯严等，弢庵以余劝不赴妓院。是夕，召妓身云小榭金媛媛、赵香玉等，皆弢所尝诣也。柯贞贤呼缥缈楼，遂转局。

——《郑孝胥日记》第 3 册第 1188 页

4 月 28 日（三月初九日）　抵北京。召见养心殿，奏派礼学馆大臣。有诗"三月初九日召见养心殿"，见《沧趣楼诗文集》第 113 页。上"谢奉召来京并派总理礼学馆事宜折"。见《沧趣楼诗文集》第 877 页。

至北京，召见养心殿。　　　　——《闽县陈公宝琛年谱》第 99 页

亦见《申报》1909 年 4 月 29 日

4 月 29 日（三月初十日）　开复前降调处分。

开复前内阁学士兼礼部侍郎衔陈宝琛降调处分。

——《德宗景皇帝实录》附《宣统政纪》卷 11 第 221 页

亦见《申报》1909 年 5 月 10 日

宣统元年三月初十日，奉上谕："前内阁学士兼礼部侍郎衔陈宝琛，着开复降调处分。钦此。"　　　　　　——《沧趣楼诗文集》第 878 页

亦见《东方杂志》第 6 卷第 5 号 1909 年 6 月 12 日

《北洋官报》1909 年 4 月 30 日

4 月 30 日（三月十一日）　上"谢开复降调处分折"，折见《沧趣楼诗文集》第 878 页。

京师近信：此次征召朱祖谋、程德全、陈宝琛三员，开单原有八员，其外五员为，张謇、汤寿潜、郑孝胥、王先谦、梁鼎芬。梁、王二员为庆邸所删，张、汤、郑三员为南皮所删。　——《郑孝胥日记》第 3 册第 1191 页（三月廿一日）

5 月 1 日（三月十二日）　摄政王召见，嘱速编《大清通礼》[1]。

摄政王优待陈阁学：新派礼学馆大臣陈宝琛日昨进京。召见深以责任重大，不克胜任为辞，摄政王优礼有加，饬速到差任事。

——《大公报》1909 年 5 月 1 日

前内阁学士陈宝琛此次开复□官，并蒙派充礼部礼学馆总办，已志本报闻，日前摄政王召见云：现在预备立宪之时，凡百政务与前不同，礼部现正编礼之际，头绪纷繁，凡礼制不备者，亟宜厘定。今汝已调派礼学馆，可期速编

《大清通礼》,并参酌东西洋各国规制,冀合时宜。陈阁学遵命而退。

——《申报》1909 年 5 月 10 日

[1]《大清通礼》:清乾隆二十一年钦定,五十卷,来保等撰。

5 月 2 日(三月十三日) 旅沪闽商黄镛是日卒,后作"黄君玉山墓志铭",见《沧趣楼诗文集》第 438—439 页。

5 月 10 日(三月二十一日) 礼学馆闰二月开馆,是日到馆。

礼部奏礼学馆于本年闰二月开馆。总理内阁学士臣陈宝琛即于三月二十一日到馆,与臣等规画修书次第。拟先以一年期内详校通礼原书集。

——《申报》1910 年 1 月 28 日

5 月 12 日(三月二十三日) 与礼部尚书溥良[1]会商修订《大清通礼》事宜。

礼部礼学馆总办陈宝琛,现以修订《大清通礼》事宜,与立宪制度关系重大,日前与礼部溥尚书会商云,现在礼学馆办公人员不敷,请添派委员,以期从速告成。溥尚书亦以为然。即由陈阁学于日前添调熟悉礼学者十馀员,俟该委员到馆后即将修订事宜举办。 ——《申报》1909 年 5 月 12 日

亦见《大公报》1909 年 6 月 15 日

[1] 溥良:字玉峰,宗室,满洲正蓝旗,礼部尚书,后改察哈尔都统。

5 月 21 日(四月初三日) 派充宪政编查馆一等咨议官。

选派京外各员充宪政编查馆一二等咨议官(计唐景崇、严修、张亨嘉、沈家本、唐文治、陈宝琛、孙宝琦等六十四人)。

——《近代中国史事日志》第 1330 页

宪政馆拟派一、二等咨议官衔名清单。

吏部左侍郎唐景崇、学部左侍郎严修、丁忧礼部右侍郎张亨嘉、法部右侍郎沈家本、丁忧农工商部左侍郎唐文治、内阁学士吴郁生、内阁学士陈宝琛,……以上三十七员拟派为一等咨议官。 ——《申报》1909 年 5 月 28 日

6 月 4 日(四月十七日) 访严复。

杨度、赞虞、弢庵来。 ——《严复全集·日记》第 8 册第 567 页

开始纂修《大清通礼》。

礼部礼学馆总办陈宝琛,日前到馆。已将纂修《大清通礼》事宜开办。闻陈到馆时先将古礼及国朝所定之礼节则例诸书,调查采取,以便纂修此书之用。昨已将各礼书调集矣。 ——《申报》1909 年 6 月 4 日

6 月 5 日(四月十八日) 闽浙总督松寿奏公在闽办学力图公益,请酌予奖叙。

再,福建师范学堂监督、绅士陈宝琛于光绪二十九年在籍创筹斯堂,缔造

经营,不遗馀力。自开课以后,躬自驻堂督率各校员,认真管理,教□昕夕,勿懈用能,成效卓著,群材奋兴。现在闽省教育日渐发达,论者咸谓非陈宝琛提倡之功不及此。且先后在堂六年,并未开支薪水,尤见廉洁自持,力图公益。陈宝琛现已蒙恩特召,开复前在内阁学士任内降调处分,并钦派礼学馆总纂大臣。其学问才识,早在圣明□鉴之中。惟其造就师资勤劳,著于桑梓。奴才未敢埋没该学士,官秩较崇,应如何酌予奖叙之处,出自天恩,非奴才所敢□拟。谨附片具陈,伏乞圣鉴训示,谨奏。

陈宝琛着交部议叙。

——中国第一历史档案馆,附片 04-01-38-0199-034

7 月 6 日(五月十九日)　上"极情民情困苦,请撙节财用,禁止私捐疏"折[1]。

[1] 原折未见,转引自《陈宝琛与中国近代社会·郑家驹:陈宝琛的理财思想》,第 210 页。

7 月 12 日(五月二十五日)　《东方杂志》第 6 卷第 6 期"文苑"栏刊"拜别先冢",署陈宝琛,见《沧趣楼诗文集·入都拜别先冢》第 110 页。

7 月 17 日(六月初一日)　松寿为公奏请奖叙,奉旨交部议叙。上"谢交部议叙折",见《沧趣楼诗文集》第 878—879 页。

奉硃批:"陈宝琛着交部议叙。钦此。"

——《沧趣楼诗文集》第 878—879 页

闽浙总督松寿以公曾充福建师范学堂监督,奏请奖叙。奏批交部议叙。

——《闽县陈公宝琛年谱》第 99 页

亦见《政治官报》1909 年 7 月 17 日

7 月 24 日(六月初八日)　为闽路加征粮捐,咨请度支部奏明照案展办获准。

兹准总办福建铁路事宜绅士陈宝琛以各属试办粮捐一年限满,现在铁路需款紧要,咨请奏明展办前来,比饬财政局查明,妥议详办去后,旋据该局司道详称:此项捐款专为补助铁路经费而设,办理经年已据各属先后征解钱六万馀串。又卸事各员征存未解钱二万二千馀串,其已征未解及民欠未征者,均不在内。现在察核民间□纳尚属相安。目下铁路已经兴工,在需款,未便遽行停止,有碍已成之局。自应照案展办,仍俟铁路告成□行停止等情……

——《申报》1909 年 7 月 24 日

六月　初至北京,寓南横街,与张之洞、沈瑜庆、易顺鼎、严复、张曾敭等时相过从,有诗"畏庐爱苍招集江亭""湖楼酒坐呈孝达相国""访旧七首"等,见《沧趣楼诗文集》第 114—118 页。新营寓宅,作"寓斋杂述"五言八首,见《沧趣楼诗文集》第 118—120 页。

林畏卢(纾)、竹坡壬午试闽时所得士，沈爱苍、文肃公子，皆公旧友，时均在都下，闻公来，招饮于江亭。

易实甫时亦在都，得钦廉兵备道，有诗赠别，公次韵送之[1]。

张公孝达时在军机，与公睽隔近三十年，知公来，延在刹海湖楼酒坐，共谈往事，不胜唏嘘。

公去国卅年，重来京辇，历访旧游，沧桑已易。回首前尘，良深感喟，得访旧诗七首：一、《慈仁寺松》，寺烬已近十载，虬松两三，旧姿犹昔，曩日同游，多已作古，惟孝达仅存矣。二、《法源寺桤》，劫后犹存，新植牡丹，纷纷黄紫，所爱双桤，交翠依然，为之相对永日。三、《崇效寺楸》，老干犹花，根节繁稠，惟朴公图卷已失，昔年题记不可复见，廊阶默坐，为之怅然。四、《龙树寺槐》，寺虽幸免兵火，而僧逐佛移，墙摧物换，时方斥资重建，瓦砾匝地，灰尘蔽天，绕槐三叹，无复旧观。五、《极乐寺海棠》，盖公旧日禊游之地，不知花萎何年，或云辇至贵家，不得复见，立对斜阳，寒噤不止。六、《南北泊荷花》，南泊已渐淤，往北泊，则旱摧潦败，花亦殆尽，当日柳翁、圭盦携手之处，破船僵岸；蒉斋、可庄醉吟之地，诗记徒存。欲行不忍，回顾频频。七、《天宁寺菊》，盖当年选花购菊之所，今则客断僧稀，惟馀塔上数铃。

到京三月，始营寓斋。得一道咸间故家遗宅，挈婿居焉。地偏屋老，槐桧犹存。辟墙东为园，筑榭便坐，种竹莳花，凿井钟菜。沈爱苍、严几道、张小帆时俱在京，每相过从。

　　　　　　　　　　　　　　——《闽县陈公宝琛年谱》第100—101页

陈文忠奉诏入都，寓南横街，公晨夕过从，相与论诗。

　　　　　　　　　　　　——《涛园集·沈敬裕公年谱》第196页

[1] 易顺鼎诗"己酉送春后五日出都将之官岭南感怀留别四首"见《琴志楼诗集》第1087页；公诗"次韵答实甫见赠即送备兵钦廉"，见《沧趣楼诗文集》第114页。

8月22日(七月初七日)　　福建铁路公司召开第三次股东会，仍被举为主持总理。以遥领不便，推陈炳煌[1]为驻局总理。

[1] 陈炳煌：字东耀、东垣，福建海澄人，光绪举人。

同年7月，陈宝琛借以在京做官不能兼顾铁路事务为由，辞去总理职务，推荐广东知府陈炳煌接替，但股东们未予应允。同年8月22日，在厦门召开第三次股东会议，陈宝琛被举为福建铁路公司驻京总理，陈炳煌为驻局(省)总理。股东会后，陈宝琛向清政府请假两个月，到厦门办理移交，对各项工作仍做了一番布置，并给股东们一封长信，请他们继续认股，以完成漳厦铁路第一段工程,但响应者寥寥无几,效果甚微。后由股东会议决,经清政府邮传部批准,向广东交通银行借款五十万元,才完成第一段收尾工程和购买车辆、轮船等设备。此后陈宝琛……很少过问漳厦铁路的事了。

——《福州文史资料选辑·方琪:陈宝琛与漳厦铁路》第 11 辑第 139 页

福建铁路纪要,宣统元年:是年六月,该路总理陈宝琛,以在京遥领未便,推广东知府陈炳煌暂代主持,准之。七月,开第三次正式股东会,仍举陈宝琛为主持总理,陈炳煌为驻局总理,道衔黄猷炳、林云龙、杨明简、叶崇禄,四品卿衔胡国廉为协理。陈宝琛于十月十二日奏请给假二月,归闽整理路事。

——《邮传部路政统计表·宣统元年第三次上路政纪要》第 10—11 页
转引自《中国近代铁路史》第 997 页

公入京后,仍为福建全省铁路公司驻京经理。以遥领不便,推陈炳煌暂代主持召开第三次股东会,重推经理。众仍推公。为续筹股款事,乞假两月回籍规画,经商由广东交通银行借银五十万元,将业已动工尚未完成之工程限期完成。

——《闽县陈公宝琛年谱》第 102 页

8 月 23 日(七月初八日)　致函端方。

致　端　方

陈宝琛

匋斋仁兄世大人阁下:别来半月。旌麾莅止,壁垒一新,甚盛甚盛。门人梁鸿志[1],退庵先生之曾孙,林颖叔先生之外孙也。志趣隽上,文采优赡,本截取知县,已分广东,复入大学堂,预备科毕业,其笃志力学,不苟仕进,为时所难,特以一言先容,俾遂识韩之愿,幕府为人才冀北,若得退随左右,得所取裁,当为旧家成就一佳士,试之何如?沈丹曾两郎(觐平、觐宸)均托宇下,谨厚可念。入谒时并望进而教之。手此,敬颂任喜,顺请勋安。世弟陈宝琛顿首。七月初八日

——《东方早报·上海书评》2015 年 5 月 24 日"爱居阁谭屑·为旧家成就一佳士"

[1] 梁鸿志:字众异,祖籍福建长乐,京师大学堂毕业,曾任北洋政府秘书长。抗战时期任日伪"维新政府"行政院长,抗战胜利后被判处死刑。梁章钜曾孙、林寿图外孙。

9 月 8 日(七月二十四日)　侄懋鼎署外务部右参议,次日上谢恩折"谢侄懋鼎署外务部右参议折",折见《沧趣楼诗文集》第 879 页。

宣统元年七月二十四日内阁奉上谕:"外务部右参议着陈懋鼎署理。钦此。"

——《沧趣楼诗文集》第 879 页

9 月 9 日(七月二十五日)　有某枢臣奏保派充海军顾问官。

海军处办理清划海线事宜,曾志前报。现已将筹办各情,分咨各省,略称

洵□两大臣奉派查办海军所有应行清划海线。如北洋、南洋、闽洋、粤洋一带，均归查勘。应由各省调派熟悉洋面人员随同指点，引导其粤洋与越南领海交界地方，又闽洋与台湾领海交界地方，又北洋与朝鲜领海交界地方，尤须认真清划、绘图，申报海军大臣。会议核定特旨开复内阁学士陈宝琛不日将补阁学之缺，闻因某枢臣保其熟悉海军事宜，俟补缺后，派充海军顾问官。

——《申报》1909 年 9 月 9 日

10 月 4 日（八月二十一日） 张之洞卒，灵柩运归南皮，作七古"送张文襄公归榇""祭张文襄公文""张文襄公墓志铭"，见《沧趣楼诗文集》第 121、475，477 页。嘱弟宝璐代撰墓志铭，见陈宝璐《艺兰室文存》第 30—31 页。作挽联：以经天纬地为文，新法旧经，持世恐无人可代；有注海倾河之泪，近忧远虑，窥微早识病难为。见《闽侯历代楹联选》第 145 页，亦见《今传是楼诗话》第 267 页。与梁鼎芬及张子君立谋划辑刊其遗著。

张公之洞病呕血卒，予谥文襄，将归榇南皮，公有诗送之。其子以铭请，公嘱弟叔毅代作一首以应。文见《艺兰室文存》（陈宝璐），未入《沧趣楼诗文集》。

——《闽县陈公宝琛年谱》第 102 页

张香涛之丧，既归南皮，先生与香涛子君立（权）、仁侃，谋辑刊其遗著，设广雅书局于地安门内，由许同莘、王司直（孝绳）商榷遗书体例，就先生及陈弢庵质正。

——《梁节庵先生年谱》第 261 页

是日，监国摄政王亲临视疾。（大学士、王世续以视疾请。王至，谓公曰：中堂公忠体国，有名望，好好保养。公曰：公忠体国，所不敢当。廉正无私，不敢不勉。王出，陈师傅入，问曰：监国之意若何。公无他言，第叹曰：国运尽矣，盖冀一悟而未能也。）

——《张文襄公年谱》第 233 页

南皮临终遗折，实先生手定，事见《苍虬阁诗》。

——《花随人圣庵摭忆》第 75 页

其［张之洞］遗疏中有"不树党援，不殖私产"之语，闻为弢老所加。弢老"送张文襄公归榇"诗云："太行蜿蜒送公处，卅载岂意重随肩。对谈往往但微叹，此景追味滋涕涟。"又挽联云"窥微早识病难为"，语外亦有所指也。

——《今传是楼诗话》第 267 页

许宝蘅赞公撰张之洞祭文，"气苍情郁，的是名作"。

近日阅近人文字，触目多疵，类似陈弢庵祭南皮相国文，气苍情郁，的是名作。 ——《许宝蘅日记》第 2 册第 467 页 1913 年 12 月 25 日

10 月 9 日（八月二十六日） 《申报》报道，将补缺政务处[1]。

陈宝琛、王锡蕃两阁学俱将补缺政务处,各宪现有奏调。

　　　　　　　　　　　　　　　　　　——《申报》1909 年 10 月 9 日

[1] 此则未见有后续信息证实。

10 月 22 日(九月初九日)　梁鼎芬以张之洞丧至京,招集与陈曾寿、潘清荫、伍铨萃、江孔殷等于广化寺,为重阳之会,有诗唱和并怀陈三立,诗见《沧趣楼诗文集·九日节庵招集广华寺同陈仁先曾寿潘吾刚清荫伍叔葆铨萃江霞君孔殷感和节庵并怀伯严江南》第 121 页。

　　己酉秋,节庵以文襄之丧至都,九日招集广化寺仁先斋中[1]。

　　　　　　　　　　　　　　　　　　——《沧趣楼诗文集》第 229 页

[1] 1930 年(庚午)所作"仁先以梁文忠公鄂臬乞病并在讲筵两次谢折装卷属题"题识。

　　梁节庵招集陈仁先(曾寿)、潘吾刚(清荫)、伍叔葆(铨萃)、江霞君(孔殷)与公同游广化寺。　　　　　　　　——《闽县陈公宝琛年谱》第 101 页

　　九日(重阳)先生招陈戣庵、潘吾刚(清荫)、伍叔葆(铨萃)、江霞君(孔殷),集广化寺陈仁先(曾寿)斋中,为重阳之会,戣庵有和先生诗。

　　　　　　　　　　　　　　　　　　——《梁节庵先生年谱》第 260 页

10 月 24 日(九月十一日)　《大公报》载"漳厦铁路由官办之耗"。

　　邮部查悉,漳厦铁路现今股本告罄,不易再招,各董事亦均无志振作,闻有停办之耗。惟该路于将来海军转运甚有关系,未便听其遽尔停止,拟即商之陈宝琛总理,由部协款督办,以期早日告成,免致前功尽弃。

　　　　　　　　　　　　　　　　　　——《大公报》1909 年 10 月 24 日

10 月 27 日(九月十四日)　与林纾、梁鼎芬、陈衍、沈瑜庆等宴于张曾敭居。

　　偕陈宝琛、梁鼎芬、陈衍、沈瑜庆宴于张曾敭居。

　　　　　　　　　　　　　　　　　　——《贞文先生年谱》卷 1 第 42 页

11 月 5 日(九月二十三日)　林纾作沧趣楼校诗图团扇面,祝公寿辰。

　　林纾《沧趣楼校诗图团扇面》题识:"己酉九月廿三日写沧趣楼校诗图,为沧趣老人寿,世晚林纾识于宣南春觉斋。"　　——《摇曳丹青》第 78 页

11 月 6 日(九月二十四日)　沈瑜庆宴林纾、梁鼎芬、于式枚等于公寓所。

　　沈瑜庆宴梁鼎芬、于式枚与先生[林纾]于陈宝琛寓斋。

　　　　　　　　　　　　　　　　　　——《贞文先生年谱》卷 1 第 42 页

11 月 7 日(九月二十五日)　懋鼎补授外务部右参议。次日上谢恩折"谢侄懋鼎补授外务部右参议折"(九月二十六日)。

本月二十五日内阁奉上谕:"外务部右参议着陈懋鼎补授。钦此。"

——《沧趣楼诗文集》第 880 页

亦见《北洋官报》1909 年 11 月 11 日

11 月 10 日(九月二十八日) 《大公报》报道:"陈学士有帝师之望"。

内廷人云,摄政王[1]日前与某枢臣提及礼学馆总理陈宝琛学士人极老成,学问渊博,拟派入南书房行走,以便预备皇上典学事宜。

——《大公报》1909 年 11 月 10 日

[1] 载沣:光绪帝弟,满洲镶白旗人,1908 年(光绪三十四年)授摄政王。

11 月 19 日(十月初七日) 《申报》报道:"请派典学进讲员之先声"。

闻政界人言,礼学馆总理陈宝琛,枢府亦有奏请派在南书房行走恭授皇上典学之说。 ——《申报》1909 年 11 月 19 日

11 月 24 日(十月十二日) 为漳厦铁路增募股款请假二月回籍。上"闽路续筹招股乞假两个月回籍规画折",折见《沧趣楼诗文集》第 880 页。

11 月 30 日(十月十八日) 《大公报》载:"陈阁学之宦途风味"。

陈阁学宝琛自奉命入都,充礼学馆差事后,日以无所事事为恨。近自张文襄公逝世,益觉了无兴味,故于月前请假出京,日昨业已回闽,闻将不复出山矣。

——《大公报》1909 年 11 月 30 日

12 月 2 日(十月二十日) 访郑孝胥,示新作。离京返闽。

陈伯潜来访,示新作各体诗一卷,是夕即归闽。

——《郑孝胥日记》第 3 册第 1217 页

12 月 3 日(十月二十一日) 《大公报》报道:"新《大清通礼》之核定"。

闻日前由礼学馆提调陈宝琛学士晋谒枢府,提议编订《大清通礼》事宜[1],闻陈宝琛提调意见以《大清通礼》关于新制者甚多,如接待各国专使、钦使,互通庆吊,及将来各国皇帝、亲王莅止中国等事,均所不免。一切礼节于邦交国关系切要,必须参酌合宜。惟此项考证,以现在伍廷芳、李盛铎、钱恂等均出使新回,于各国现行礼节必极娴熟,拟即奏派其襄赞一切,各枢臣亦以为然。

——《大公报》1909 年 12 月 3 日

[1] 提议应在请假归闽之前。

十月 请假回福州,携家人入永泰小雄山听水第二斋,作五古"谒假过家入小雄山留题听水第二斋"一首,见《沧趣楼诗文集》第 122 页。

谒假过家,入小雄山,至听水第二斋,未遑留宿,匆匆即去。

——《闽县陈公宝琛年谱》第 102 页

为冒广生《盘山游草》题诗,见《沧趣楼诗文集》第 120—121 页。

是年,先生手书《戊申诗卷》,初题《盘山游草》,后改《盘山集》,再改是题。诗共五十四首,长赋一首。手书工整苍劲,先生以"得意之作"自况。

……此卷名流题咏甚多,兹选陈弢庵(名宝琛)、梁节庵两诗,陈诗云:"文采绳绳水绘园,江湖断句匹兰荪。偶然飞鞚凌盘谷,便欲题诗满蓟门。道丧风骚愁歇绝,官闲邱壑与温存。定光塔际凭阑客,卅载重提旧梦痕。"

——《冒鹤亭先生年谱》第 154—155 页

为冒鹤亭《盘山诗卷》题七律一首,跋云:"鹤亭仁兄大人出示《盘山游草》,忆乙[己]卯[1]三月信宿山中,恍如隔世,感题奉正。宣统元年十月,闽陈宝琛。"

——《文汇报·张伯驹启功题冒鹤亭〈盘山诗卷〉》2017 年 1 月 26 日

[1] 1909 年前乙卯应为 54 年前,此处应为己卯;诗见《沧趣楼诗文集》第 120—121 页。《冒鹤亭先生年谱》记此诗在《戊申诗卷》。

12 月 25 日(十一月十三日)　致函二弟宝瑨。

<h3 align="center">致 陈 宝 瑨</h3>

陈宝琛

仲弟如握:到京后人事缠绕,未寄一书,亦未得吾弟一书,询之佺佺,亦久无书。近体何似? 官事顺手否? 眷属均安否? 万里西南,无从询悉,深用驰系。兄此来恍如隔世[1],朝市人物,举目皆非。私意犹冀时局可为,及见南皮郁郁成病[2],继起无人,益以外患日棘,内忧将作,深悔多此一出。然进退行藏固自有道,拟于礼学馆修书过半后[3],再自审度。近因铁路局渔股涸,请假两月,归为经画。此不过暂假过家,非有深意。假满仍回京,与出处无涉。所虑海外华侨累函劝我出洋招股,如辞不脱,则多请假一两月耳。弟骤见邸抄,必以为疑,故特布闻。一妾两女尚留京寓未带回。京寓赁灵清宫许宅,即玉苍旧所居也[4]。佺佺再署参议,而得真除,近体亦坚实,又得一子[5],今岁喜事连连,可为家庆。复娶妇后与其六哥同作东游生[6],此时世兄亦无以教之,只好听其游学,过此以往,民穷财尽,我家所食者盐务,亦有必变之象,不能不虑及之也。弟本缺如何? 李制府曾晤及,并托赞如[7]游扬,不愿调首,但愿久任,不知于意有合否。兄与佺言,滇总太远,如有机会能调内地,见面既易,音问亦便,未知弟意如何。定兴问及[8],兄答以土药税骤绌,缺极清苦,谅不至此耶。来函详及为盼。爱苍留京一年,近始得放黔藩[9],虽较滇稍近,而缺瘠,恐不能自给,无论还债,日内亦当出京。半年来,隔日必一面,论诗至洽,此才在吾闽亦不易得也。子益[10]不日当入京。此在"新铭"船中所书,到沪适有闽轮,即晚乘之归,在家两日即赴厦,旋又入漳,今日始回厦,由厦付邮,经安南行十数日,亦可达滇矣。到厦后粗为部署,拟于二十后回省。腊半北行。匆匆先报平安。即问近祉! 兄琛拜手,十一月十三日厦门发。

眷爱均吉。

——《历史文献·陈宝琛致弟宝瑨手札》第 14 辑第 179—180 页

[1] 1908 年(光绪三十四年)慈禧去世,次年奉旨来京,奉派会同礼部总理礼学馆事宜,故有"恍如隔世"之感。陈宝瑨亦前一年之官云南。

[2] 南皮:张之洞,直隶南皮人。见前。

[3] 礼学馆修书:1909 年(宣统元年)奉派会同礼部总理礼学馆事宜,见前。

[4] 玉苍:陈璧字,福建闽县人,光绪三年进士,历任内阁中书、御史、度支部侍郎、邮传部尚书。

[5] (懋鼎)"又得一子":陈统,懋鼎次子,燕京大学研究生,早卒。

[6] 复:陈懋复,字幾士,长子;六哥:陈懋师,字容民,六弟宝瑄长子,大排行六。两人于1906 年时留学日本。

[7] 赞如:林绍年,见前。

[8] 定兴:鹿传霖,直隶定兴人,见前。

[9] 沈瑜庆:号爱苍。1911 年 10 月 30 日任贵州布政使。见前。

[10] 子益:高而谦字。见前。

是年 为《铜官感旧图》题辞,作"题章价人直州寿麟铜官感旧图曾文正靖港之败自沉以殉章摭出之"。诗见《沧趣楼诗文集》第 115 页。末署:"曼仙同馆属题先德铜官感旧图,闽县陈宝琛"。见《铜官感旧图题咏册校订》第 277—278 页。

夫人王眉寿创办福州女子初级师范学堂。

同年[1907 年]陈宝琛支持其夫人王眉寿创办女子师范传习所,1909 年传习所改名福州女子初级师范学堂,并附设幼稚园。全闽师范学堂是福建省第一所也是唯一设有全科的师范学校。

——庄明水《福建近代教育奠基人——陈宝琛教育思想探微》,

《福建师范大学学报(哲学社会科学版)》1996 年第 2 期第 119 页

[陈宝琛]直至那拉后死后,始得起复,简放山西巡抚。未及到任,旋改派在懋勤殿行走。陈宝琛经此挫折后,一改少年时的崖岸自高,自号弢庵,取韬光养晦之意。 ——《伪满宫廷杂忆》第 41 页

是年文

叶肖韩侍御墓志铭	——《沧趣楼诗文集》第 431—433 页
林君容庵墓志铭	——《沧趣楼诗文集》第 435—436 页
黄君玉山墓志铭[1]	——《沧趣楼诗文集》第 438—440 页

清封夫人谢节母汤太夫人墓志铭　　　　——《沧趣楼诗文集》第 481—483 页

祭张文襄公文　　　　　　　　　　　——《沧趣楼诗文集》第 475 页

祭张安圃同年文　　　　　　　　　　——《沧趣楼诗文集》第 475—476 页

谢奉召来京并派总理学馆事宜折　　　　——《沧趣楼诗文集》第 877 页

谢开复降调处分折　　　　　　　　　——《沧趣楼诗文集》第 878 页

谢交部议叙折　　　　　　　　　　——《沧趣楼诗文集》第 878—879 页

谢佺懋鼎署外务部右参议折　　　　　——《沧趣楼诗文集》第 879 页

谢佺懋鼎授外务部右参议折　　　　　——《沧趣楼诗文集》第 880 页

闽路续筹招股乞假两个月回籍规画折

　　　　　　　　　　　　　　——《沧趣楼诗文集》第 880—881 页

[1] 此墓志铭作于 1909 年或 1910 年。

是年诗

海天阁成属有北行留别山中诸子　　　　——《沧趣楼诗文集》第 112 页

入都拜别先冢　　　　　　　　　　——《沧趣楼诗文集》第 112 页

旭庄以圭庵留别诗褾成长卷诗孙画其后丈许去秋属题约桃花开时来会适
余北行感赋一章即以志别　　　　　——《沧趣楼诗文集》第 113 页

三月初九日召见养心殿　　　　　　——《沧趣楼诗文集》第 113 页

畏庐爱苍招集江亭　　　　　　　　——《沧趣楼诗文集》第 114 页

次韵答实甫见赠即送备兵钦廉　　　　——《沧趣楼诗文集》第 114 页

湖楼酒坐呈孝达相国　　　　　　　——《沧趣楼诗文集》第 114 页

题章价人直州寿麟铜官感旧图曾文正靖港之败自沉以殉章掖出之

　　　　　　　　　　　　　　——《沧趣楼诗文集》第 115 页

访旧七首　　　　　　　　　　　——《沧趣楼诗文集》第 115 页

寓斋杂述　　　　　　　　　　　——《沧趣楼诗文集》第 118 页

潘莲巢焦山画轴为袁珏生翰林励准题　——《沧趣楼诗文集》第 120 页

题冒鹤亭农部广生盘山游草　　　　——《沧趣楼诗文集》第 120 页

九日节庵召集广化寺同陈仁先曾寿潘吾刚清荫伍叔葆铨萃江霞君孔殷感
和节庵并怀伯严江南　　　　　　　——《沧趣楼诗文集》第 121 页

送张文襄公归榇　　　　　　　　　——《沧趣楼诗文集》第 121 页

谒假过家入小雄山留题听水第二斋　　——《沧趣楼诗文集》第 122 页

1910 年(庚戌 宣统二年) 63 岁

陆润庠由体仁阁大学士改为东阁大学士,戴鸿慈为协办大学士。(1.3)

广州新军起义,旋失败。(2.12)

光复会在东京成立总会,推章炳麟、陶成章为正、副会长。(11.21)(3.10)

汪兆铭、黄复生谋刺载沣,事泄被捕。(3.31)

英、德、法、美四国银行团成立。(5.23)

资政院行开院;各省咨议局第二届开会。(10.3)

1月4日(己酉十一月二十三日) 江浦县学训导周家禄于十一月二十二日卒。次年三月葬。作"周君彦昇墓表",见《沧趣楼诗文集》第 454—457 页。

1月12日(己酉十二月初二日) 作为商办福建铁路公司总理与广东交通银行总办陈炳煌共同签署《闽路公司承借交通粤行款项合同》,以解闽路建设资金缺乏。

> 本路资金纯属华款,并未订借外债。宣统元年因股款不继,向广东交通银行借五十万元,约明以粮、盐两捐作抵,匀期五年摊还。宣统元年已还十万元,旋经邮传部咨饬盐粮道将已收未解之款抵拨在案。
>
> ——《交通史路政编》第 5629—5630 页

2月9日(己酉十二月三十日) 北返途中,除夕至南京,晤见陈三立,久谈,主客均有诗。公诗"除夕至金陵伯严有诗见及因答其意",见《沧趣楼诗文集》第 122—123 页,陈三立"除日喜闻沧趣师由沪车夜至",见《散原精舍诗文集》第 295 页。

> 除夕至金陵,晤陈伯严,有诗。 ——《闽县陈公宝琛年谱》第 102 页
>
> 是年,胡朝梁[1]写先生诗竟,赋诗寄呈……
>
> 林纾《诗庐记》:"方今海内诗人之盛,过于晚明,而余所最服膺者,则君[胡朝梁]之乡人陈伯严、吾乡陈橘叟、郑太夷而已。伯严为橘叟高弟,而君又亲受业于伯严,庐则太夷颜之。凡余所交,君皆师之友之,宜其穷年治诗而不已……独橘叟幽峭縣远,清而不癯,枯而能膏,气肃而声悲,古遗民之诗也。"
>
> ——《诗庐诗文钞》附录
>
> 转引自《陈三立年谱长编》第 889 页

[1] 胡朝梁,字子方、梓方,号诗庐,江西铅山人,早年肄业于震旦、复旦二校,曾助林纾翻译西方小说。游于陈三立门下,称诗弟子。著有《诗庐诗钞》《诗庐文钞》。

2 月 10 日(正月初一日) 樊增祥招邀瞻园,作诗钟。缪荃孙、徐绍桢、夏寿田、陈毓华、陈三立、王仁东、张彬等同集。有诗,见《沧趣楼诗文集·次韵答樊山布政元日瞻园吟集见赠》第 123 页。此后数日均有小饮,阅画并作诗钟。陈三立诗作"元日用樊山午诒唱酬韵纪兴",见《散原精舍诗文集》上第 295 页。

赴樊增祥瞻园诗钟招邀,缪荃孙、陈宝琛、徐绍桢、夏寿田、陈毓华、陈三立、王仁东、张彬等同集。 ——《陈三立年谱长编》第 890—891 页

接周莲舫信、陶子霖信、丁秀甫信。闻陈伯潜前辈往拜之未晤。樊山招诗钟,伯潜、固卿、午诒、仲恂、伯严、旭庄、篁楼同作。

——《艺风老人日记》第 2249 页

2 月 12 日(正月初三日) 徐绍桢公园招饮,缪荃孙、樊增祥、王仁东、陈三立、李瑞清、王瓘等同席。

徐固卿公园招饮,伯潜、樊山、旭庄、孝禹、伯严、闻生、梅庵同集。

——《艺风老人日记》第 2249 页

2 月 13 日(正月初四日) 缪荃孙约,与夏寿田、樊增祥、徐绍桢、王仁东、陈三立等赴图书馆阅画,并小饮。

约伯潜、午诒、樊山、固卿、旭庄、伯严、梅庵、仲恂赴图书馆阅画并小饮。

——《艺风老人日记》第 2249 页

2 月 21 日(正月十二日) 在京,溥仪召见。

正月十二日,召见军机陈宝琛。 ——《申报》1910 年 2 月 22 日

礼学馆陈阁学宝琛前曾请假回籍修墓,现已事竣。日昨有电致政府,内称刻抵南京,小作勾留,不日即当启程北上。 ——《大公报》1910 年 2 月 24 日

亦见《北洋官报》《政治官报》1910 年 2 月 22 日

岁初 致函盛宣怀。

致 盛 宣 怀

陈宝琛

杏苏宫保世叔大人阁下:日前酒坐,获接教言,知住屋经公购定,猥承惠允,从容觅徙,不相督催,盛情可感。时以客多,未罄所言,次晨趋谒,又未获晤,至用耿耿。侄久居乡土,习于冬燠,去冬幸得假归,顷值新寒,已不自胜。窃计编纂之后,明岁春夏当可卒业,则进退绰然,免为桑下之恋。故月前一闻斯议,造询不遇,辄以语阍者,凤辱知爱,区区腹心,敢以私布,惟公谅之。赁金仍当按月奉缴,刿感无似。日来骤寒,尊体有所苦否?念极。伏维称卫不宣。

世小侄陈宝琛顿首。十六晨。　　　　　　——《盛宣怀实业朋僚函稿》第 73 页

3 月 12 日（二月初二日）　温肃招同访慈仁寺，作七古"二月二日温毅夫招同访松旧慈仁寺"，见《沧趣楼诗文集》第 133 页。

4 月 9 日（二月三十日）　以硕学通儒选为咨政院议员。

硕学通儒议员揭晓

学部咨政院遵章选定硕学通儒议员，共三十人。业于前日榜示揭晓。第一款清秩劳乃宣，浙江候补四品京堂六十七岁、……陈宝琛，福建候补内阁学士六十二岁。　　　　　　　　　　　　　——《申报》1910 年 4 月 9 日

4 月 11 日（三月初二日）　补授内阁学士兼礼部侍郎衔。次日上谢恩折，见《沧趣楼诗文集·谢授内阁学士兼礼部侍郎衔折》第 881 页。

以前内阁学士陈宝琛为内阁学士兼礼部侍郎衔。

——《德宗景皇帝实录》附《宣统政纪》卷 33 第 583 页

亦见《沧趣楼诗文集》第 881 页

补授内阁学士，兼礼部侍郎衔。具折谢，中有句云："贾谊之对宣室，非复少年；苏轼之值禁林，永怀先帝。"为时传诵。

——《闽县陈公宝琛年谱》第 103 页

亦见《北洋官报》《政治官报》1910 年 4 月 11 日

4 月 20 日（三月十一日）　《国风报》1910 年第 1 卷第 7 期刊"楼居杂诗"，署弢庵。诗见《沧趣楼诗文集·沧趣楼杂诗》第 63 页。

春　胡思敬与赵熙、曾习经、陈衍、罗惇曧等在京结访古诗社，次年陈衍招公入社。

庚戌之春，予在京与赵尧生、曾刚父、陈石遗、罗掞东诸君结访古诗社。月必数会，每会必游，游必有诗，凡前朝遗迹荒烟蔓草人所不到之区，吟眺搜访殆遍，亦一时盛事也。次年辛亥，石遗招陈伯潜、郑苏龛、林畏庐入社，皆福建人；刚父招温毅夫、潘若海入社，皆广东人。予宦游累载所交海内知名之士，闽、粤人居多。　　　　　——《退庐全集·题松筠庵话别图》卷 6 第 9—10 页

5 月 8 日（三月二十九日）　长孙缦[1]生，懋复长子。

[1] 缦：号赓孙，福州协和大学毕业，福建企业贸易公司经理、国民政府福建财政厅代厅长。见《若霖公次房景亮公直系简谱》第 16 页。

5 月 9 日（四月初一日）　与侄懋鼎分别以"硕学通儒""部院衙门官"，与吴士鉴、劳乃宣等十人钦选为资政院议员。

谕内阁：前奉先朝谕旨，设立资政院，以为上下议院之基础。圣谟宏远，

薄海同钦。朕御极以来，日以继志述事为务。晶宜经降旨，将该院院章暨各项选举章程厘定颁布，责成内外臣工切实筹办。本年九月初一日为第一次开院之期。所有单开各项钦选议员宗室王公世爵：着魁斌、载功、讷勒赫、载瀛、载润、溥敦土、全荣、寿全、载铠、载振、毓盈、载燕、盛昆、庆恕为议员；满汉世爵：着希璋、黄懋澄、志钧、荣全、荣塾、延秀、曾广鉴、存兴、李长禄、敬昌、刘能纪、胡祖荫为议员；外藩王公世爵：着博迪苏、贡桑诺尔布、色凌敦鲁布、色隆托济勒、勒旺诺尔布、特古斯阿勒坦呼雅克图、朋楚克车林、多尔济帕拉穆、达木党苏伦、那彦图、索特那木札木柴、巴勒珠尔拉布坦、司迪克、那木济勒错布丹为议员；宗室觉罗着定秀、世珣、荣普、成善、景安、宜纯为议员。各部院衙门官：着奎濂、陈懋鼎、赵椿年、锡煆、荣凯、毓善、刘道仁、文哲珲、张缉光、李经畲、林炳章、庆蕃、顾栋臣、何藻翔、陈善同、刘泽熙、魏联奎、赵炳麟、俨忠、胡骏、王璟芳、文溥、吴敬修、柯劭忞、荣厚、胡礽泰、汪荣宝、刘华、长福、曹元忠、吴纬炳、郭家骥为议员；硕学通儒：着吴士鉴、劳乃宣、章宗元、陈宝琛、沈家本、严复、江瀚、喻长霖、沈林一、陶葆廉为议员。自应先期召集，以备举行。着以本年八月二十日为召集之期。所有该院议员，均即遵照定期一律齐集将开院以前应有事宜妥行准备。该议员等须知此次召集资政院为中国前此未有之创举，即为将来成立国会之先声。务期竭尽忠诚，恪守秩序，克担义务，代表舆情，用副朝廷实行立宪循序程功之至意。将此通谕知之。

——《德宗景皇帝实录》附《宣统政纪》卷 34 第 604—605 页

亦见《申报》1910 年 5 月 10 日

钦选宗室王公世职等资政院议员（宗室王公世爵、满汉世爵、外藩王公世爵、宗室觉罗，计为魁斌、载润、载振、荣全、曾广鉴，贡桑诺尔布、那彦图、定秀等，共四十八人，各部院衙门官为奎濂、陈懋鼎、陈善同、赵炳麟、柯劭忞、汪荣宝等三十二人，硕学通儒为吴士鉴、劳乃宣、陈宝琛、沈家本、严复、江瀚、陶葆廉等十人），定本年八月二十日（9.23）为召集之期，九月初一日（10.3）为第一次开院之期。

——《中国近代史事日志》第 1356 页

5 月 10 日（四月初二日）　冒广生招邀与吴重熹[1]、何润夫[2]等集崇效寺看牡丹。

四月，先生招邀同人集崇效寺看牡丹，同看者有陈弢庵、徐花农、吴仲怿（名重熹）、何润夫、阔普安甫（名通武）等人，约而未至者延子澄（名清）。寺中丁香树为王渔洋、朱竹垞手植，先生与陈弢庵、何润夫徘徊"西来阁"甚久，后各有诗。先生作《四月二日招同人集崇效寺看牡丹何润夫副宪首成七律一章依韵答和》。张振卿(名英麟)以叠润夫韵出视,先生复作《振卿总宪叠润夫韵见示依和二首》。

——《冒鹤亭先生年谱》第 161—162 页

[1] 吴重熹:字仲怡,山东海丰人,同治举人,福建按察使、江宁、直隶布政使、河南巡抚、邮传部侍郎。

[2] 何润夫:何乃莹,字润夫,山西灵石人,光绪进士,顺天府尹、左副都御史。

5 月 15 日(四月初七日)　派充考试举贡阅卷大臣。

派吏部尚书李殿林、吏部左侍郎唐景崇、礼部右侍郎郭曾炘、学部左侍郎宝熙、内阁学士署法部右侍郎王垿、内阁学士陈宝琛为考试举贡阅卷大臣。

——《德宗景皇帝实录》附《宣统政纪》卷 34 第 612 页

5 月 28 日(四月二十日)　举贡会考,在试院作诗呈吏部尚书李殿林、学部尚书唐景崧,诗见《沧趣楼诗文集·四月二十夜试院赋呈李荫墀唐春卿二尚书》第 124 页;后刊于 1910 年 8 月 15 日《国风报》第 1 年第 19 号,署弢庵。

四月　御史江春霖[1]以参纠奕劻被斥,乞假归养亲,送行者众多。作"送江杏村归养",见《沧趣楼诗文集》第 124 页。

[1] 江春霖:字杏邨、仲默,福建莆田人,光绪进士,监察御史。

清末造重用满人,以谋中央集权。举军机处、海陆军、财政、外交诸重任,均以皇宗亲贵掌之。时事既日非,言官中若赵启霖、江春霖、胡思敬、赵熙、陈田数人,皆直言极谏,先后罢斥引退相继去。方庆王奕劻将引其党某为军机大臣,江春霖特疏纠参,疏上,逐回原衙门行走。春霖旋假归养母,都下赋诗送行者甚众。陈弢庵七律后二联用事为最切。

——《石遗室诗话》卷 7 第 112—113 页

《国风报》1910 年 5 月 29 日第 1 卷第 11 号"文苑"栏刊林纾诗"梅阳归养图送江侍御"及公等诗作。

6 月 16 日(五月初十日)　与郭曾炘等同列内阁奏派验放大臣名单。

邸抄:初十日……内阁奏派验放大臣,派出恭王都凌阿、郭曾炘、陈宝琛。

——《大公报》1910 年 6 月 17 日

五月　福建铁路因经费困难,决定将嵩屿至江东桥一段,先行通车营业。公旋亦辞去总经理。见《闽县陈公宝琛年谱》第 103 页。

7 月 8 日(六月初二日)　再次派充考试拔贡阅卷大臣,评阅与东西洋游学生廷试试卷,作诗和宝熙并呈唐景崧,诗见《沧趣楼诗文集》第 125、126 页。诗怀邓承修,见《沧趣楼诗文集》第 138 页。

派吏部尚书李殿林、学部尚书唐景崇、理藩部尚书寿耆、学部左侍郎宝熙、署法部右侍郎王垿、礼部左侍郎张亨嘉、大理院卿定成、内阁学士陈宝琛,为考试拔贡阅卷大臣。　　　　——《德宗景皇帝实录》附《宣统政纪》卷 37 第 654 页

再与东西洋游学生廷试校士之役。　　——《闽县陈公宝琛年谱》第 103 页

与陆润庠[1]等同列阅卷大臣派出名单。

派出阅卷大臣陆中堂、徐中堂、李殿林、唐景崇、寿耆、张英麟、宝熙、绍昌、毓隆、陈宝琛、刘若曾、锡钧。　　　　——《大公报》1910 年 8 月 29 日

[1] 陆润庠:字凤石,江苏元和人,字凤石,同治状元,东阁大学士,辛亥后留毓庆宫为溥仪师傅。

7 月 9 日(六月初三日)　各省选拔生在学部考棚分场开考。于试院作"六月再与校士之役瑞臣侍郎见和四月闱中作叠韵奉酬并呈春卿尚书",见《沧趣楼诗文集》第 125 页。

礼部奏准各省选拔生自六月初三日起在学部考棚内分场考试。

　　　　　　　　　　　　　　　　　——《大公报》1910 年 7 月 1 日

7 月 30 日(六月二十四日)　观莲节,在什刹海酒楼眺望白莲,缅怀张之洞,有诗,见《沧趣楼诗文集·什刹海酒楼望水南张文襄宅后旧种白莲》第 125 页。

观莲节,什刹海酒楼凭栏望。水南张文襄宅后,旧种白莲。去年与文襄同坐,曾约花时再饮于此。惜文襄已不及待,为惆怅久之。

　　　　　　　　　　　　　　　　　——《闽县陈公宝琛年谱》第 103 页

8 月 15 日(七月十一日)　派充拣选大臣。

吏部奏派拣选大臣,派出唐景崇、胡惟德、陈宝琛。

　　　　　　　　　　　　　　　　　——《大公报》1910 年 8 月 16 日

8 月 20 日(七月十六日)　闽浙总督许应骙"上度支部暨闽京官拒邻土入境电",并吁请公等禁止"邻土"烟苗入闽。

闽督真电准邻土一律通行固属维持税厘,惟闽省烟苗尽拔必禁邻土进口,方有以塞群喙。……林侍郎转郭、张侍郎、陈阁学暨同乡诸公均鉴:禁止邻土,现奉部驳复经闽督两次电部坚持年等亦迳电度支部吁请禁烟关键在此一举,请同乡京僚迅速签呈,力争保全桑梓大局,切盼年禄。鳌光、章锟纶同叩。

　　　　　　　　　　　　　　　　　——《大公报》1910 年 8 月 20 日

8 月 23 日(七月十九日)　与黄懋谦[1]同游西山翠微、庐师诸寺,怅怀旧友,有诗见《沧趣楼诗文集·七月十九日同嘿园游翠微庐师诸寺》,留西山十日,续作"龙泉庵坐月示嘿园"等多首,均见《沧趣楼诗文集》第 127—128 页。

庚戌七月在翠微寺成诗一首。……三十年前是庚辰,正是清流党发扬蹈

历之时，别有探胜寻幽、壁上留题的韵事。及至旧地重来，偶斋已恒化多年，对景怀人，不免凄然泪下。

——《晚清民国史事与人物：凌霄汉阁笔记》第330页

七月十九日，同嘿园（黄懋谦）游翠微、庐师诸寺，坐秘魔崖下。曩曾与偶斋（宝廷）、壶公（张之洞）、黄斋，再同听吴少懒弹琴于此。庐师寺崖石衮广，僧于其腰届以短墙。墙内为洞，祀庐师。偶斋题诗四五首，皆书于墙。纵横墨沜，凌乱无隙，已渐漫漶。宿龙泉庵，夜起观月。过大悲寺，观秋海棠。又重过卧佛、碧云二寺。计留西山十日，月下听松，雨馀观瀑，颇尽游兴。

——《闽县陈公宝琛年谱》第103—104页

弢老此诗，题为《七月十九日同默园游翠微庐师诸寺》，诗中之"后生"，即指默丈也。清流四谏与翁叔平不甚洽，然观翁此诗于竹坡殊致钦挹。弢老诗则开口便沉痛，以下"洗悲""伤心""掩泪""皓首"，备极感怆。盖此时四谏唯弢老仅存，听琴者亦唯壶公尚在。此则并关掌故，不止名士墨缘，故可宝惜。

——《花随人圣庵摭忆》第483—484页

[1] 黄懋谦，字嘿园，福建侯官人，宣统元年（1909）拔贡，历任学部普通司行走、京师大学堂监学、教育部主事、政事堂主事。陈宝琛三女瑜贞适黄懋谦子黄孟起。

8月26日（七月二十二日） 鹿传霖卒，次年作"东阁大学士鹿文端公墓志铭"，见《沧趣楼诗文集》第392—396页。

8月28日（七月二十四日） 和诗酬宝熙，诗见《沧趣楼诗文集·七月廿四日复同瑞臣校阅优生试卷四叠场字韵见示仍用前韵酬之》第129页。

9月5日（八月初二） 访郑孝胥。

晚，弢庵来谈，诵诗数首。 ——《郑孝胥日记》第3册第1274页

9月23日（八月二十日） 资政院预备会议，宣布钦定议员名单，被推选为第四股理事。

上午九点三十分，议员到院者一百五十四人，议长伦贝子、副议长沈侍郎同时入场就坐。陈宝琛坐位八十二，陈懋鼎为四十八，林炳章为五十七，严复为八十四。议长依资政院议事细则第五条，命秘书官以抽签的办法将议员分为六股，陈宝琛和严复被分在第四股，陈懋鼎和林炳章分在第二股。经过推选，第四股股长为庄亲王，陈宝琛为理事。中午十二点散会。

——《申报》1910年9月30日

八月 重游西山戒坛、潭柘二寺，有诗六首示黄懋谦、林志钧，寄黄国瑾，见《沧趣楼诗文集·重游戒坛潭拓二寺得诗六首示嘿园宰平因寄菫腴》129—131页。

重游西山戒坛、潭拓二寺，嘿园、宰平（林志钧）从。甲申恭亲王奕䜣罢政后，常居于此。王有集唐诗十六首尚留僧壁。戒坛之胜在松，云是辽金时遗物。三松或立、或卧、或空心，姿态各异，惜恒化已廿年。乃寻观音洞，洞深未穷其底。登极乐峰，峰后复有一洞，谓通浑河，今已泥封。遂游岫云寺，门外双松交翠，升阶则娑罗、银杏，犹似昔游。出寺左转，石径坦直，夹湍有亭，新加丹垩。幸在香会之前，得免拥挤，可留过中秋。朝夕探陟，峰回路转，则黑龙潭在焉。潭虽小而不涸，水味甘洌。记囊与可庄、伯熙（盛昱）同游，题记犹在洞石间。与前游者仅董腴健在矣。　　　　——《闽县陈公宝琛年谱》第 104—105 页

法部侍郎沈家本奏报《修正刑律草案》，交宪政编查馆核议，编查馆参议、江宁提学使劳乃宣[1]逐一批驳，交资政院议决，引起礼、法之争，争论焦点在于无夫奸应否入律定罪。作《新刑律无夫奸罪说》，支持礼教派劳乃宣。见《沈家本评传》第235—308 页。

宪政编查馆员因考核新刑律互相争执，已志前报。现礼学馆陈宝琛阁学对于劳乃宣所持之谬见颇表同情，其党徒并怂恿其专折条陈此事。日昨劳乃宣、沈林一、陈宝琛于资政院议员召集时，均得推选股长、理事。闻事前已暗中运动数日，故得此次之结果，皆所以为将来反对新刑律树党植援之地步。

——《申报》1910 年 10 月 2 日

法部廷尚书[2]、大理院刘若曾[3]、阁学陈宝琛及劳乃宣、沈林一等均极力反对新刑律，刻正联合研究逐条辩驳，以便会衔奏请更正。

——《申报》1910 年 11 月 28 日

陈阁学新刑律无夫奸罪说　　　　　　　　　　陈宝琛

新刑律草案于无夫奸罪之宜规定与否，或主礼教，或张法理，互相非难，未有定说。窃谓法律之范围固不能与礼教同论，而法律之适用不能不以事实为衡斟酌。夫国情民俗而革损益于其间，有时舍理论而就事实，亦立法之公例也。则试就此罪规定之有无，论其事实之利害如左[4]：

主无夫奸罪不必规定之说者，谓此事非法律所能为力，不关规定之有无。然而按之今日之中国则殊不尔。中国于无夫奸之为罪，深入人心，虽非纯藉法律之力，而究因律有明文。乡曲细民益知兹事之不可犯，是于道德之外，多一法律以为后盾，未始非无形之辅助也。夫使中国旧律所本无，则人情相与淡忘，诚亦无所关系，以数千年固有之律法，一旦革除之，谨饬之士不知律意所在，或且疑为诲淫；无知之氓莫明法理之原，遂直视为弛禁。甚谓国家崇尚新法，贞节不重，佻达无伤，一歧百误，隄决流倒，有非首议之人所能预料者。盖

社会之情形，率原于历史之沿袭，不藉其历史以为引导，遽以新理想行之，必与其社会不相副；与社会不相副之法律，无益有害。故无夫奸之规定在中国，有之无赫赫之功，无之则滋烈烈之害者，从来之国情民俗使之然也。

顾或谓奸罪之有无，在乎礼教及舆论。去刑律之规定，而责实礼教，养成舆论，使人怀耻而不怀刑，其收效有在于刑律外者。观于法律无罚浮浪之科条，而在乎强制劳动，亦无禁高利贷之效果，而在乎经营经济，其理均也。独是礼教舆论与刑律相为更迭之际，不能不视其速率之迟速以为权衡。夫以中国数千年圣经贤传之渐渍，犹有逾礼教越畔阳奉而阴违者，礼教舆论之为功缓而难见如此。当此礼教舆论之力未有加于前时，而先自抉其藩篱，荡瑜僭越之风岂可复遏。窃恐当法律甫革之时，遂无馀地以事礼教之修明。舆论之成立，而一瞬之间一落千丈，于法律则明纵之，而欲以礼教舆论逆挽之，不亦难乎？彼浮浪之害，中材所知；重利之为，无赀不达。固可无事严防，徐图他策，又其强制劳动，补助经济之法，强行扼要，功到效随。奸罪既人情易纵，教化又远效难期，以彼例此，情事殊矣。

或谓中国旧律有规定之文，而此事无地蔑有，则反为比例，岂必因而增加不知罪名，著之于律，即有形格势禁之益。无论何等之奸，不畏人言，而畏捉获，即其明证。假于律无文，则虽直系尊亲亦属无权监察。强者公然无忌，弱者苟且阴行，将何以待之。本律于贩卖猥亵之书画或物品者，加以制裁，亦曰能引起奸罪害风俗耳，此之予人以犯奸之机会，较之何如。凡害个人利益、社会治安者，刑法所禁。奸有夫之妇，以其损害本夫也而罚之，至无夫妇女，本人与其亲属不各有名誉之关系乎，不以此为损害，则必先破名节之见而后可，名节不足重，而后损名节为无伤，则试问亿万人之心理，其果以名节为无关荣辱重轻乎。况夫门风家法亲族谊有攸关。中国方行家族制度，害一人名誉，即害及一家，即谓中国异日终须脱去家族制度，然亦非三数年内之所能利便乎，此犹就个人利益言也。至于因奸而犯他罪，妒争诱拐，甚而断杀，其害社会治安，无夫奸与有夫奸等，而无夫奸律无正条，则犯者尤易，因而致犯他罪者，较有夫奸必多。与其以他罪罚之，何如以罚奸罪防之，犹合于刑期无刑之义也。不然，则社会之纷扰淆乱，实害丛生，是去一罪名而生种种罪名之事实也，岂立法政策所宜出此。

或谓按之法理，法律不罚此等非行，与不罚泥饮惰眠等。不知泥饮惰眠，自适己事，与犯罪无密切之关系。然而学堂规则犯此，未有不加以制裁者，则以其有妨秩序也。国家设法律，与学堂定规则，用意有以异乎。

　　或又谓法律不能罚人之为非行,犹之不能罚人之不为善举。慈善事业,美事也,而不为者法律不能强;犯奸,恶行也,而法律不能禁。不知慈善事业人所乐为,无待法律之策其后;奸僻之事,众所易犯,不能无赖法律之遏其流。况中国旧峻其防,骤事弛张,横决尤甚,则以无夫奸罪与法律不相响应者。理论虽高,按之事实,有罅漏矣。

　　今议者之意,若以法律革新,宁同勿异,此条若仍吾国之旧,新律必贻外人之讥。抑闻西人有言,泰西各国法律多同,良由于宗教之无大异。其立法家尝谓,今耶教之精神与旧来之习惯而为一,则法律与国教正属息息相关,非谓拔本塞源,一切为舍己从人之计。其论泰西所以于无夫奸无规定之故,半因于婚姻年龄制限太过,又其婚姻皆属自由,如必纲密秋荼,势将人多得罪。乃彼方且权时适变,而为宜民通俗之谋;吾乃胶柱鼓弦,以蹈削足适履之病。使其所关非巨,则亦从众何伤。顾方今新律犹未颁行,时流言论之间已有礼教不为我设之概,则以此等新说持之有力故也。若于礼教有关之地,概从改革,定为宪章,以国力行之,则亦何所不至。当局者似不能不为慎微虑远之思也。

　　以上皆就无规定之弊害言之。若其主张法理以相胜者,知必更有二说:

　　一曰强制法无惯习,谓言中国无夫奸之宜规定者,以法律可本惯习也。抑知由惯习而为法律者,皆属于任意法(民法),无属于强制法(刑法)者。夫自来定惯习之标准,或以由于人民之确信及永续行之者,或以由于主权者与裁判官之认定,未闻其区别强制法与任意法也。吾国人民于无夫奸之为非法,确信而惯行之,已非一日矣。旧律定之地方长官成据以成谳,亦既为主权者与裁判官认定矣,备此条件而更合于公秩良俗,即可以为规定新刑律之根源。论者泥于刑法中无有惯习者,从惯习之文,遂谓惯习为任意法(民法)之所,独不知民法揭从惯习为法文,刑法则采取惯习为法意。民法以一地方之惯习为惯习,故以明文揭之以杜争;而刑法则以一国之惯习定为律文,之后凡受治此法律者,无不悉受制裁,固不必以明文著矣。且强制法之或原于惯习,固信而有征也。英兰有娶妻之姊妹为乱伦之律(此律于一九零七年始经议会决议删除。);而法国则凡本夫于家内蓄妾者,其妻犯奸不许告诉。此非二国之特别惯习乎,而何以皆规定之刑法中也。果谓强制法只有法理而无惯习,则宜各国刑法之规定必属同一,何以又自为差互乎。若谓此非关于惯习之不同,而由于法理根据之差异,则吾国无夫奸之律,刑法史上固有确不可易之根据在,岂能摧陷而扫除之也。

　　一曰法律非道德,以谓无夫奸之规定,道德家言也。道德事项不规定于法律之中，诚以道德领域与法律范围，有若鸿沟之不相逾越。特是道德领域之大小，与法律范围之大小，果以何者为衡。夫制定法律，必斟酌国民程度以为损益，以西国之民教育之普及，职业之发达，又有公园及种种娱乐场之疏荡其心志，而踰越道德、非礼苟合之事犹有所闻。若以教育未普及，职业未发达，种种娱悦心志之艺术营造之未设备，而遽以此事让之道德之领域，则以不侵道德范围之法律，适以破道德之范围，法律即不任过，立法者之胶柱，不职其咎乎。故法律与道德区域之大小，实不可不准诸时地事物之蕃变；国民程度未至也，不得不缩小道德之领域，以扩充法律之范围。或者日后吾国文明发达、德育日进，有无事此条规定之希望，而今尚非其时也。

此外若更进他说，则谓情欲自由非可强抑，果充其说，则似有夫奸之规定亦可无庸，而各国初未敢尽弛其闲者，可知情欲自由，不可无制限矣。他若刑法有幼年奸之规定，民法有婚姻年龄之制限，何尝不以法律干涉情欲乎。固知外国所以无无夫奸之规定者，盖出于彼族之习惯，而非有确不可易之情理存也。惟是无夫奸之规定固不可无，然亦不可无种种之制限：（一）必待亲告，始论其罪；（二）亲告人在未嫁之女限于其直系亲族在，寡妇则限于其夫之直系尊亲族；（三）直系尊亲族纵容者，后虽告诉不为理；（四）相奸者必同罪；（五）犯后而直系尊亲许为婚姻者，不论其罪。

盖（一）以保全家门名誉，（二）及（三）以杜挟嫌告讦与藉端索诈之弊，（四）与旧律之和奸男女同罪，合与新学理之必要的共同正犯双方处罚亦不背，（五）既为婚姻，则奸罪可不论，而直系尊亲固可不行告诉也。他如无夫奸与中国礼教之关系，及规定于刑律中为能收回裁判权与否之关系，劳提学说帖中言之綦详，兹不复赘。

新刑律之争论，陈弢庵阁学既作平议上诸馆，而论者于无夫奸罪一端尚多异辞，阁学复作此说，以裁之法律，本乎公理非可参以私意，今付印以质诸公论。其是非当共见也。庚戌仲冬劳乃宣识。

——《新刑律修正案汇录》第30—34页

陈阁学读劳提学及沈大臣论刑律草案平议

劳提学及沈大臣两说帖，其最后争点在和奸及子孙违犯教令二条。兹谨就管见所及，开陈如左：

一　犯奸一条，当以劳提学所论为允，此不特与中国礼教有关系而已。以今日中国情形言之，此条有万不可不加入者，盖欧洲所以不能罪无夫奸者，彼别自有故：一则欧洲社会本系个人制度，事事以自由独立为重，与吾国之探家族制者不同；一则欧洲男女婚姻年龄较中国为迟，所以不设此条者，彼固有所不得已。何者，立一法而势不能行，不如不立之为愈。若吾国则自昔妇女以贞节为主，有犯者世以为诟病，是惯习本与欧洲不同。夫法律不能与惯习相反者，立法上之原则也。此所以欧洲不能行，而独能行于吾国也。抑又闻之，世界法律各有系统，绝不相袭。英国法系与罗马法系几于无一相似，故世人常以英国为守旧之人种，不闻以英为非文明国也。中国之刑法在世界上本为独立一种法系，其所长即在注重伦常礼教，与他国法律异趣。改良刑律，止可择吾国旧法之不合于理者，去之而已，不当一一求合于外国法律而没［设］。吾国固有文明法之不合于理者，虽数千年相沿之旧律，如诬告子孙、外孙、工人［?］及擅杀子孙，或不论罪，或从轻减。悖理逆情，而犹自托于伦常，改之可也。法之合乎理者，虽外国无可援之例，不妨自吾国创之，如无夫奸之类是也。况贞节之俗，良俗也。既为良俗，当保守之不暇，而忍弃之耶。比自欧化输入，女学遍设。放诞者往往藉口文明，隐抉藩篱，醇朴之风盖略尽矣。今纵不能挽回，奈何复从而奖励之也。法律即不能代表教育，亦当辅教育之力所不及。此法一除，恐不十年而女德之堕落，如水就下，是女界藩篱之溃，自此次之草案始。后世读史，追论当时之立法，必有任其咎者。《春秋》书作邱甲用田赋，恶乎其始也。窃愿立法者之无为祸始也。

但劳提学所拟之条文，则有未尽善者。原文云：待其尊亲属及本夫之告诉，始论其罪。夫所谓"及"者，谓尊亲属与本夫俱可告诉也。尊亲属之范围，定于草案八十二条，并外祖父母亦包含在内。果尔，则虽有夫之妇，其父母固得告诉，即外祖父母亦得告诉也。又如寡妇犯奸，本系夫家之事，而女家之父母乃出首告奸，有是理乎；未嫁之女犯奸，其父母尚无言，而外祖父母乃从而告发之，有是理乎。其与国中惯习亦相反矣。不特此也。草案二百八十二条二项有本夫事前纵容，事后得利，而私行和解者，虽告诉不为审理云云，所以防藉告奸以索诈，立法之意至为深远。今加入无夫奸而无专条以防之，亦恐不无流弊。如父母纵容己女行奸，翁姑纵容寡媳行奸，然后藉告诉以索诈，亦事所常有，法律固不能不先事豫防也。窃谓有夫之妇，止许本夫亲告；本夫出外未归，止许夫之直系尊属控告；无夫者如系未嫁之女，止许其直系尊属亲告；寡妇之奸，止许其夫之直系尊属亲告。女家父母尚不可许，况外祖父母乎。

拟就二百七十八条条文，改正如左：凡和奸处四等以下有期徒刑，其相奸者亦同。

又草案二百八十二条二项，拟改如左：第二百七十八条之罪，未婚者待其直系尊属之告诉;已婚者待其本夫之告诉,夫死或出外,待其夫之直系尊属告诉,始论其罪。若直系尊属本夫、夫之直系尊属,事前纵容,或事后得利,而私行和解者,虽告诉不为审理。

二 子孙违犯教令一条,原为教孝而设,旧律自不容全行删去。但劳提学所拟条文亦有可议者数端,举之如左:

一 原文"奉养有缺"一语,已见于新律三百三十九条。凡遗弃尊亲属者,处无期徒刑,或二等以上有期徒刑,律文不为不重。处以拘役,反为宽纵。至但云祖父母、父母,设有曾祖父母,岂不罣漏,似不如直系尊属之包括。

二 原文如"祖父母、父母代为求请减少期限,或宽免者听"云云,原以为旧律有呈请释回之例。然与新刑律原理相反。盖刑事与民事异者,民事凡原告已与被告和解,即可将原案取回。欧洲谓之"不干涉主义",至刑事则一经呈送,便系提起诉讼,必经裁判官判断之后,始能了结,不许私人任意取回,谓之"干涉主义"。既设此律,自应不许呈请宽免,则其告诉必较慎重,亦不至因些少违犯,或受人谗拘,迟有伤恩之举,似两得之。

三 尊属教令范围颇广。盖凡人性质不齐,难保其必出于正当。旧律注云可从而故违,亦即防此。拟加入"正当"二字,以示制限。至如何谓之"正当"属于裁判官之认定。

四 原文"屡次触犯,处一等有期徒刑",似又过重。拟改为四等至五等有期徒刑。因新律三百十六条殴打父母未伤之罪,不过处三等至五等有期徒刑,若止于触忤其刑,自不宜在殴打之上。拟改正条文如左:凡子孙违反直系尊属正当之教令者,处拘役;因而触忤者,处四等至五等有期徒刑,但必得直系尊属之亲告,始论其罪。

以上二条就实际言之,无夫之奸,子孙违犯,大都顾全体面,其控告公庭者,百无一二,但不能因是而谓此法可除。盖论中国今日情形,存此二条,似亦无甚裨益。然果猝行删除,则举国人民误会立法深意,必谓朝廷改袭西制,妇女不必贞节,子孙无取顺从。驯至家庭之爱日漓,婚姻之道滋苦。其害受于风俗人心,他日噬脐,悔将无及。事有似小而实大、似迂而实切者,此类是也。刍荛之言,伏惟采择。宪政编查一等谘议官陈宝琛谨议。

新刑律之议沈大臣与劳乃宣所论,各有异同。陈弢庵阁学作平议上诸馆其果能折衷悉当否乎,未敢知也。爰复付印,以质当世。庚戌八月,劳乃宣识。

——《新刑律修正案汇编》第27—30页

[1] 劳乃宣,号玉初,韧叟,浙江桐乡人。同治进士,江宁提学使,学部副大臣。

[2] 廷杰,满洲正白旗,光绪进士,奉天府尹,热河都统,法部尚书。

[3] 刘若曾,字仲鲁,号沂庵。直隶盐山人,光绪进士,太常寺卿。

[4] 原书为直排,故曰"如左",即"如下",下同。

10 月 4 日(九月初二日)　出席资政院议事会议,被推定为副股员长、广西擅批禁烟案特任审查股员。

初二日为资政院第一号议事之期。是日一点三十分钟开议议员到者一百五十七人,政府委员到者七人,普通旁听者十六人,外国旁听者六人,报界旁听者十人。……副议长提议广西咨议局全体退职,应按照议事细则第十八条临时改正议事日表。缓举各股员先行提议广西事件,于是推定特任审查股员十八人,庄亲王、瀛贝勒、……陈宝琛、严复、李榘、许鼎霖……。

——《申报》1910 年 10 月 10 日

10 月 7 日(九月初五日)　继续出席资政院议事会,当选陈情股副股员长。

初五日议事。本日下午一时二十分开会,议员到者一百五十六人。秘书长承命报告广西禁闭土膏店违反议案,致咨议局议员全体辞职事件。……议长宣告请各股员报告昨日选举专任股员之结果,由各股长呈正式报告。选举其结果如下:预算股员长刘泽熙、副股员长许鼎霖、法典股员长润贝勒、副股员长汪荣宝、税法公债股员长李榘、副股员长闵荷生、陈请股员长赵炳麟、副股员长陈宝琛、惩戒股员长睿亲王……。　——《申报》1910 年 10 月 13 日

10 月 11 日(九月初九日)　重阳节,陈曾寿招邀梁鼎芬等集广化寺。去岁九日梁鼎芬曾集广化寺,有诗张之洞。本年九日并无记载有诗。

陈仁先招先生与陈弢庵集京师广化寺,述张文襄去年今日事,先生感而有诗。

按先生诗题称"文襄去年今日事"一语,未明所指。文襄卒于上年八月廿一日,先生来京送葬,重九日,招弢庵等集广化寺仁先斋中,弢庵和先生诗,有"名蓝思旧生天阔"之句,注谓"文襄常来此",岂即指此而言耶?又据陈仁先《苍虬集》卷二,寄怀陈弢庵即题听水斋图诗:"邀筋重九辰,破寂一洒扫,先朝双白发,心苦诗愈好。"自注云:"是岁九日,约弢庵先生节庵先生饮广化寺中,皆有诗。"即指庚戌九日之会,今弢庵《沧趣楼集》中,除去岁己酉九日和先生之作外,本年无重九诗。又按《苍虬集》卷三,有诗题云:"节师见予九日诗,寄语曰,岂忘庚戌重九耶,何诗中未及之,盖是秋节师入都?张文襄之丧,予以九日邀同陈弢老集于十刹海广化寺,凄然相对,二老皆有诗,刘松庵为图记之,念忽忽八载矣,感赋长句奉寄以志哀",所云"忽忽八载",盖指民国六年丁巳,回溯

宣统庚戌而言也。 ——《梁节庵先生年谱》第 263—264 页

10 月 19 日（九月十七日） 资政院议事，被选审查各省咨议局关系事件为特任股员。

易议员宗夔言：各省咨议局关系事件之特任股员须由各股选举，不由议长指定。议长遂询特任股员人数，众决十八人，议长又询用票举抑指定，卒以一百零四人之多数，决定投票选举审查各省咨议局关系事件特任股员十八人，如左雷奋、于邦华、赵炳麟、许鼎霖、劳乃宣、魏联奎、高凌霄、周廷励、陈宝琛、汪荣宝、周廷弼、王璟芳、沈林一、易宗夔、汪龙光、罗杰。……。

——《申报》1910 年 10 月 25 日

10 月 20 日（九月十八日） 资政院审查国会陈情书，受指定为议案起草员。

十八日资政院"振兴外藩实业案"特任审查员开审查会议，其结果皆谓理藩部提出此项议案并无办法，只是人云亦云。……第二件亦议决会议皆于二十日由股员长委托张政报告，当审查国会陈请书时，陈宝琛云：速开国会一事，汪荣宝反对特甚，赵炳麟谓：无论钦选、民选，总宜和衷共济，均以国事为重，陈宝琛亦极然其说。拟于二十日上午借财政学堂合钦选、民选议员开一会议，以便从长计议，及审查报界陈请书时，赵炳麟、陈宝琛均云不论有无事实，不得登载一条，万万无此道理，自应交出会议，以便再交法典股详细审查。

——《申报》1910 年 10 月 27 日

旋由议长指定伯潜、竹垣、九香、季兴、庸生及余为具奏案起草员，散会后与伯潜、竹垣诸公商略折稿大意，抵暮而回。 ——《汪荣宝日记》第 161 页上"请罢新政疏"。

（疏云：）我国初练新军，岁一会操，费至百万之外，用之大臣供账者，十之三四，入直贪吏私囊者，十之六七。徒夸形式，以炫外人，外人岂可欺哉！[1]

[1] 原疏未见，转引自《陈宝琛与中国社会·郑家驹：陈宝琛的理财思想》第 214 页。

10 月 22 日（九月二十日） 资政院讨论国会问题，议长指定与赵炳麟、许鼎霖、孟昭常等同为速开国会奏案起草员。

（资政院）旋讨论国会问题，经三数人演说之后，即付表决，满场一致，无不起立，拍手喝采，声震屋瓦。余以得意之极，大呼大清国万岁！今上皇帝陛下万岁！大清国立宪政体万岁！众和之，楼上旁听之内外国人亦各和之，此为开议以来第一次有声有色之举矣。旋由议长指定伯潜、竹垣、九香、季兴、庸生为具奏案起草员。散会后，与伯潜、竹垣诸君商略折稿大意，抵暮而回。

——《汪荣宝日记》第 161 页

10 月 23 日（九月二十一日）　八女生。

八女容贞（师颂）[1]生，侧室林安人出。

——《闽县陈公宝琛年谱》第 102 页

[1] 师颂后适林绍年幼子林葆锋。

《国风报》1910 年第 1 卷第 26 期"文苑"栏刊"七月十九日同默园游翠微卢师诸寺"、"龙泉庵坐月示默园"、"大悲寺秋海棠"、"二十夜雨过对月"、"重过卧佛碧云二寺"、"八月初十日同默园宰平游戒坛潭柘二寺"（《沧趣楼诗文集·重游戒坛潭柘二寺示嘿园宰平因寄菫腴》）六首，署弢庵。各诗见《沧趣楼诗文集》第 127—129 页。

10 月 25 日（九月二十三日）　溥伦嘱汪荣宝邀约与曹汝霖、章宗祥、胡礽泰、许鼎霖、雷奋商酌奏稿。

叙斋贝子[1]约本日晚饭后见顾，属特邀润田、仲和、伯屏。六时后，仲和、伯屏先来，留晚饭，随后久香、伯潜、季兴、贝子均至，商榷数四。据庸生稿另拟一通，用其意而变其词，定稿后贝子略谈本院开办历史及连日设法令速开国会情形，十二顷各散。　　　——《汪荣宝日记》第 162 页

[1] 叙斋贝子：溥伦，字彝庵，号叙斋。爱新觉罗氏。乾隆帝五世孙，贝勒衔固山贝子，时任资政院总裁、农工商部尚书、纂拟宪法大臣。

10 月 29 日（九月二十七日）　姚永概[1]来访。

访陈伯潜阁学，小谈。　　　——《慎宜轩日记》下第 1167 页

[1] 姚永概：字叔节，安徽桐城人。光绪解元，江西安福知县、湖北竹山知县等职。1894 年师从吴汝伦，前后九年。

10 月 30 日（九月二十八日）　资政院表决速开国会问题，推举公等十人谒见军机。

……汪荣宝发言大意约分四段（一）政府不明外国历史不知会议性质，故我辈小有争议，彼即视为嚣张，望诸君对于小问题宁少让步，至大问题乃以死力争之。（二）会场虽有争议，不可存意见，并详举历史上党争之害。（三）国会问题宜使政府知其利己，并宜使政府知国会之利，迥胜于资政院。（四）资政院可开国会，亦即可速开国会，并无烦难，其论甚为明通。最后，牟琳倡言，今日应即由议员中选出若干人谒见军机。众意推举十人名氏列下：那亲王、庄亲王、润贝勒、汪荣宝、赵炳麟、陈宝琛、许鼎霖、雷奋、籍忠寅、李文熙。

——《申报》1910 年 10 月 30 日

11 月 2 日（十月初一日）　《国风报》1910 年第 1 卷第 27 期刊"送昀谷太守[1]之官四川"，署陈宝琛，见《沧趣楼诗文集·送杨昀谷增举改官入蜀》第 125 页。

[1] 昀谷太守：杨增荦，字昀谷，号松阳山人，江西南昌人。光绪进士，四川候补知府，广东署法院参事。

11 月 3 日（十月初二日） 游狮子窝，观红叶。有诗，见《沧趣楼诗文集·十月二日狮子窝观红叶》第 131 页，亦见《闽县陈公宝琛年谱》第 105 页。

11 月 16 日（十月十五日） 厦门铁路局股东大会，坚辞总理职，股东以继任无人，再三慰留。

> 厦门铁路股东大会纪略（福建）
>
> 本月十五日为厦门铁路局第六届周年开会之期，股东到者甚多。先由郑坐办代理总理陈宝琛辞职甚力，众股东以继任无人，再三慰留，次由各股东提议办法，均以招股续建完全商办为宗旨。至于股款除外洋已招若干万外，尚需若干万，刻下无从议诀[决]。俟南洋代表回厦再议乃散会，唯该县今日开车，每日所收车费不过二十元，因沿途所经皆小镇市非大码头，若达漳州则客货云集矣，以此各股东尤于招股续建深为注意云。 ——《申报》1910 年 12 月 1 日

11 月 19 日（十月十八日） 那桐等提"筹办蒙古教育建议案"，为提案"赞成议员"。

> 那亲王等谨提出为提议筹办蒙古教育建议案事宜，……提议议员喀尔喀亲王、……，赞成议员，庄亲王、振将军、……赵炳麟、陈宝琛、易宗夔、李长禄……。 ——《大公报》1910 年 11 月 19 日

11 月 29 日（十月二十八日） 雪中访陈衍，同赵熙、杨增荦（昀谷）登陶然亭。作"雪中过石遗招同尧生昀谷登陶然亭"，诗见《沧趣楼诗文集》第 131 页。陈衍诗"十月二十八日弢庵阁学招同尧生侍御昀谷太守冒雪饮酒家遂登江亭联句暮归复放言二十八韵"，见《陈石遗集》第 178—179 页。

> 雪中陈石遗招同尧生（赵熙）、昀谷（杨增荦）登陶然亭，联句。
>
> ——《闽县陈公宝琛年谱》第 105 页

12 月 10 日（十一月初九日） 楼家信等招饮，公与缪荃孙同席。

> 楼家信、秉衡信、张文远、曹麟一、王轩郑招饮，陈伯潜、潘□□、刘蘷六亦同席，菜佳。 ——《艺风老人日记》第 2335 页

12 月 13 日（十一月十二日） 资政院第二十三次会议，被选"赦国事犯案"查案特任股员。

> 易宗夔倡议拟改议事日表，以拟"赦国事犯案"改作第一号。众赞成。省略朗读。议长谓：此事关系重大，拟设特任股员十八人查此案。人名如下：庄亲王、润贝勒、胡礽泰、汪荣宝、长福、章宗元、陈宝琛、陈树楷、胡家祺、江谦、文

龢、陈敬第、胡柏年、易宗夔、李文熙、牟琳、书铭、吴怀清。

——《申报》1910 年 12 月 23 日

亦见《大公报》1910 年 12 月 15 日

12 月 17 日（十一月十六日）　资政院特任股员会讨论昭雪戊戌冤狱，指定与胡礽泰起草奏稿。

午刻赴院，以《请旨宣布杨庆昶[1]恭缴景庙手诏及昭雪戊戌冤案具奏案》，又《请赦国事犯具奏案》开特任股员会。余起述景庙手诏发见之来历及手诏之内容与此时宣布之必要，请众赞成具奏，多数可决。旋论国事犯之区别，余主张以不背立宪政体宗旨者为在应赦之列，其余姑俟诸将来。陈议员树楷、易议员宗夔均主张不分党派，笼统乞恩，免招反动，寻议决具奏。股员长庄亲王指定牟议员琳、陈议员宝琛、胡议员柏年诸君起草，遂散会。

——《汪荣宝日记》第 177 页

[1] 杨庆昶：杨锐子。

12 月 22 日（十一月二十一日）　《大公报》刊《资政院议员陈宝琛等提议宣布杨庆昶所缴景庙手诏并昭雪戊戌冤案》。

12 月 23 日（十一月二十二日）　资政院（十一月十四日）会议讨论剪发易服议案，多数通过议案，与劳乃宣等二十人反对。

资政院会议剪辫易服之大解决。

资政院剪发、易服议案，业于初八日经特任股员审查，由股员长庄亲王于十四日开会时报告审查结果。略谓查议员罗杰倡议案所陈不剪辫之六害，及周震鳞陈请书所言应剪之五理由。两案主旨皆以中国辫发妨碍运动，朝廷整军经武非剪除辫发、改制礼服不足以灿新天下之耳目。改除骄奢之习惯，其于辫发之利害得失大都恺切详明，而其扼要之端……军咨处会同内阁政务处核议时，有请付表决者。……收票后，秘书官检察票数经议长宣告赞成者一百零二人，得最多数。反对者仅二十人，……议长遂命秘书长将赞成者按名宣读毕又宣读反对者。硕学通儒议员中劳乃宣、喻长霖、陈宝琛俱在反对之列。

——《申报》1910 年 12 月 23 日

亦见《大公报》1910 年 12 月 17 日

各地士民纷纷剪发，《申报》称公等"宜知愧矣"。

近日京内外人士群以剪辫为除旧布新之必要。而以军界、学界实行最力，官界次之。据确实调查，在本京如禁卫军大率次第剪尽，京师法政学堂、财政学堂、闽学堂、湘学堂等亦均剪去大半。……近海军大臣萨镇冰军门亦经剪去，以示提倡。……天津两级师范附属小学堂谢基贤等，又民立第一小学堂宁潜骘等，均纷纷剪除。日昨中五区分署巡官马骥云巡长、温有庆、魏国祥巡警，马化麟、刘玉山、李莲舫等亦同时将辫发剪去。冀开警界剪发之风。唐山路矿、两厂机器工匠近来剪发不易服者已达一百馀人之多。我国下等社会风气之开通于此可见一斑。如陈宝琛、汤鲁璠、王用霖辈宜知愧矣。

——《申报》1910 年 12 月 5 日

12 月 26 日(十一月二十五日) 资政院会议，受指定起草弹劾军机案。

十一月二十五日下午二时半资政院开第二十八次会议，入席后伦议长起言弹劾军机案，昨日已有上奏饬宪政馆速定。……二十四日上奏是编定内阁官制，而内阁何日成立尚不可知。故此弹劾决难中止。若既经表决，无故取消，是本院全无意识，此非面子问题，实与本院前途大有关系也。籍忠寅谓：前日并非取消问题，请议长指定起草员，议长询全院，尚须讨论否，众答谓：勿庸讨论，即可指定起草员。随由议长指定六人，李文熙、陈敬第、江谦、陈善同、陈宝琛、俨忠。江谦谓：虽指定六人，将来仍须全院联合会议议长首肯。而弹劾案又活矣。

——《申报》1911 年 1 月 3 日

12 月 29 日(十一月二十八日) 在资政院提出请明降谕旨昭雪杨锐等提案，《沧趣楼诗文集·在资政院请昭雪杨锐等提案文》第 295 页。

充资政院议员。上请昭雪杨锐等提案文。请明降谕旨，将杨锐之子杨庆昶所缴德宗景帝手诏宣布中外，昭示万世，并纂入实录，以成信史。至杨锐等竭忠致身，沉冤未白，请降旨昭雪，援照许景澄等例开复原官，加恩赠恤，以慰幽魂，而餍众论。又争议新刑律草案数事。

——《闽县陈公宝琛年谱》第 105 页

陈宝琛议请宣布德宗手诏

资政院议员陈宝琛前日提议奏请，宣布杨庆昶所缴景庙手诏，并昭雪戊戌冤狱。其请议书略云，比年以来朝野上下汲汲于筹备宪政，促开国会，固由时会所趋，而变法图强之宗旨，则我德宗景皇帝十数年前实造其端，乃事势牵阻，使吾仁孝英断之圣主，不能伸其志而永其年。此天下臣民所同为恸慕者也。戊戌八月之事，不知者非以为先帝求治之太急，即以为新进诸臣献谋之，甚至以风影之谈，妄测宫廷，积成疑议，幸而杨锐奉有先帝手诏，于孝钦显皇后顾念人心、慎重变法之至意，与先帝承志不违、委曲求全之苦心，皆已昭然若揭。此诏去年秋间由杨锐之子杨庆昶，呈由都察院恭缴。外间多能传诵，并闻当时杨锐等复奏，亦复仰赞孝治，谓变法宜有次第。是先帝所以任用诸臣，与诸臣所以恪承诏旨者，皆在于妥筹变法之良策，而必以不拂慈意为指归。于素所规画者，且不免踌躇，审顾愿出万金。岂有感激酬知，而反悖逆，自甘为危害两官之举者？其为取嫉贵近，致遭诬陷，情迹显然，一二小人又故作张皇巧行，构间狱词未具，遽予骈诛，在小臣邂逅蒙冤，亦史册所常见。所可痛者，是非失实，不但有累先帝用人之明，且使我两官至孝至慈皆无由大白于天下。此则在天之灵长留隐憾，而尤为天下臣民所不可忘者也。窃以为非明降谕旨，将杨庆昶所缴诏书宣布，无以彰先帝仁孝之真；非援据先帝手诏，以昭雪被罪诸臣之冤，无以服人心而作士气。应请交议长候公决后照章具奏，请旨施行。

——《申报》1910 年 12 月 31 日

是年　清室选溥仪师傅，荐杨锺羲自代，未果。

庚戌间清室选师时，"太傅"尝举杨自代，有阻之者，不果行。……一日，锦瞻设宴款师，"太傅"推杨首座，杨君逡巡称不敢，"太傅"曰尊师也，吾何能僭。众益钦其谦德。　　　——《晚清民国史事与人物：凌霄汉阁笔记》第 130 页

荐丁传靖为礼学馆纂修。

宣统二年，朝廷召试举贡，丹徒丁君闇公以江苏首选上计，及礼部试报罢，士论惜之。予方长礼学馆，荐为纂修，稿多待君而定。

——《沧趣楼诗文集·丁君闇公墓志铭》第 441 页

写赠陆润庠七十双庆寿言。

元和相国七旬双庆寿言　　　　　　　　陈宝琛

早岁吟梅，耆英佳话；令辰蓄艾，良相仁功。

——《元和相国（陆润庠）七秩双庆寿言》第 86 页

是年文

清诰授光禄大夫体仁阁大学士赠太保张文襄墓志铭

——《沧趣楼诗文集》第 477—481 页

东阁大学士鹿文端公墓志铭　　　——《沧趣楼诗文集》第 392—396 页

谢授内阁学士兼礼部侍郎衔折　　　　——《沧趣楼诗文集》第 881 页

周君彦昇墓表　　　　　　——《沧趣楼诗文集》第 454—457 页

是年诗

除夕至金陵伯严有诗见及因答其意——《沧趣楼诗文集》第 122—123 页

次韵答樊山布政元日瞻园吟集见赠　　——《沧趣楼诗文集》第 123 页

送江杏村归养　　　　　　　——《沧趣楼诗文集》第 124 页

顾鹤逸画山水卷子为曹君直舍人题　——《沧趣楼诗文集》第 124 页

四月二十夜试院赋呈李荫墀唐春卿二尚书——《沧趣楼诗文集》第 124 页

文文忠师画山水小帆同年属题　　　　——《沧趣楼诗文集》第 124 页

六月再与校士之役瑞臣侍郎见和四月闱中作叠韵奉酬并呈春卿尚书

　　　　　　　　　　　　　　　　　——《沧趣楼诗文集》第 125 页

送杨昀谷增犖改官入蜀　　　　　　　——《沧趣楼诗文集》第 125 页

十刹海酒楼望水南张文襄宅后旧种白莲　——《沧趣楼诗文集》第 125 页

题何润夫云山别墅春宴图云山别墅者三晋朝士淀园直庐祁文瑞所题额庚寅辛卯间文恪与其乡人欲归复之择地下斜街筑屋种树润夫实董其役庚子毁后重构今且十年予既谂废兴之由益感念文恪为赋长句

　　　　　　　　　　　　　　　　　——《沧趣楼诗文集》第 126 页

再叠前韵答瑞臣　　　　　　　　　　——《沧趣楼诗文集》第 126 页

七月十九日同嘿园游翠微庐师诸寺　　——《沧趣楼诗文集》第 127 页

龙泉庵坐月示嘿园　　　　　　　　　——《沧趣楼诗文集》第 126 页

大悲寺秋海棠　　　　　　　　　　　——《沧趣楼诗文集》第 126 页

二十夜雨过对月　　　　　　　　　　——《沧趣楼诗文集》第 127 页

重过卧佛碧云二寺　　　　　　　　　——《沧趣楼诗文集》第 127 页

自西山归瑞臣见示三叠之作依韵再和　——《沧趣楼诗文集》第 127 页

昀谷写赠西山游草赋此为报　　　　　——《沧趣楼诗文集》第 129 页

七月廿四日复同瑞臣校阅优生试卷四叠场字韵见示仍用前韵酬之

　　　　　　　　　　　　　　　　　——《沧趣楼诗文集》第 129 页

重游戒坛潭柘二寺得诗六首示嘿园宰平因寄董腴

　　　　　　　　　　　　　　　　——《沧趣楼诗文集》第 129—131 页

十月二日狮子窝观红叶　　　　　　　——《沧趣楼诗文集》第 131 页

雪中过石遗招同尧生昀谷登陶然亭　——《沧趣楼诗文集》第 131—132 页

刘少泉大令以胡石查农部画卷属题画后有王文敏书胡王故潘文勤师客癸酉师主京兆试余与分校二君又同为榜中人感赋一绝

　　　　　　　　　　　　　　　　　——《沧趣楼诗文集》第 132 页

陶斋招为东坡生日节庵新至信宿即归陶斋有诗索和

　　　　　　　　　　　　　　　　　——《沧趣楼诗文集》第 132 页

1911 年(辛亥　宣统三年)　64 岁

　　广州黄花岗起义,七十二烈士葬黄花岗。(4.27)

　　清廷成立皇族内阁,奕劻出任皇族内阁总理大臣,那桐、徐世昌为协理大臣。(5.8)

　　谕设弼德院、军咨府。(5.8)

　　清廷宣布铁路国有(5.9)。四川等省掀起保路运动。(5—6 月)

　　盛宣怀与英、法、德、美四国银行团签订湖广铁路借款合同。(5.20)

　　武昌起义,各省响应,宣布独立。(10.10)

　　皇族内阁辞职,袁世凯任内阁总理大臣。(11.1)

　　福州光复,闽浙总督松寿自杀。(11.8)

　　袁世凯责任内阁成立。(11.16)

　　监国摄政王载沣退位。(12.6)

　　1 月 3 日(庚戌十二月初三日)　资政院会议。汪荣宝承股长庄亲王委托,向全体议员报告审查戊戌冤案结论。

　　　　为审查报告事,本股股员于十一月十六日、十九日开会审查,得议员陈宝琛提议,奏请宣布杨庆昶所缴景庙手诏,并昭雪戊戌冤狱一案。(略,见前1910 年 12 月 29 日"陈宝琛议请宣布德宗手诏")

　　　　　　　　　　　　——中国第一历史档案馆资政院档案 520 - 6

　　　　　　　　　　　　转引自《陈宝琛年谱》第 296—297 页

　　1 月 19 日(庚戌十二月十九日)　端方为苏东坡生日于宝华庵宴集同人,与陈衍、梁鼎芬、陈曾寿等出席。端方索和,作"陶斋招为东坡生日之会节庵新至信宿即归陶斋有诗索和",见《沧趣楼诗文集》第 132 页。

　　　　端午桥为东坡生日之会,宴集同人,先生暨陈弢庵、陈仁先俱与焉[1]。

　　　　　　　　　　　　——《梁节庵先生年谱》第 261 页

　　　　十二月东坡生日,梁节庵按察适至,端匋斋尚书招集宝华庵。至者王书衡推丞式通、陈弢庵阁学、柯凤孙提学劻态、林畏庐学博、刘申叔孝廉、劳玉初京卿乃宣、陈仁先侍御曾寿、傅治芗学部岳棻、陈士可参事、李柳溪侍郎、缪筱珊京卿荃孙、于晦若侍郎式枚、李文石兵备。

——《陈石遗集·侯官陈石遗先生年谱》卷 5 第 2013 页

[1] 端方邀与苏轼生日宴集,《梁节庵先生年谱》作 1909 年十二月,《侯官陈石遗先生年谱》作 1910 年十二月。今从《侯官陈石遗先生年谱》。

1 月 25 日(庚戌十二月二十五日) 以原衔充补汉经筵讲官[1]。

本月二十五日翰林院奏请派充经筵讲官,奉朱笔圈出"内阁学士陈宝琛着以原衔充补汉经筵讲官。钦此"。 ——《沧趣楼诗文集》第 881—882 页

[1] 此条未见《宣统政纪》。

1 月 26 日(庚戌十二月二十六日) 上"谢充经筵讲官折"。折见《沧趣楼诗文集》第 881—882 页。

2 月 1 日(正月初三日) 访郑孝胥,示以诗稿。

陈伯潜来,示余诗稿一卷。 ——《郑孝胥日记》第 3 册第 1306 页

2 月 3 日(正月初五日) 郑孝胥访公与公婿林炳章于临清宫。

步访伯潜、惠亭于临清宫,谈至午乃返。

——《郑孝胥日记》第 3 册第 1306 页

2 月 5 日(正月初七日) 罗惇曧招饮四印斋。邀陈衍、赵熙[1]、曾习经、胡思敬、林纾、温肃、林思进、冒广生、梁仲毅[2]等,至者五人,郑孝胥寄诗,林纾绘图。

人日,掞东先生招公同陈弢庵、赵尧生、曾刚甫、胡瘦唐、林畏庐、温毅夫、林山腴、冒鹤亭、梁仲毅诸先生,集所居四印斋,至者五人。苏戡丈新自关外至,因以人日题诗寄草堂分韵。此后每集皆畏庐丈绘图,以饷主者。

——《陈石遗集·侯官陈石遗先生年谱》卷 5 第 2014 页

[1] 赵熙:字尧生,四川荣县人,光绪进士,翰林院编修,掌教四川东川书院、凤鸣书院、国史馆协修、纂修。

[2] 梁仲毅:疑为梁鸿志,字众异。见前。

辛亥年。春与陈弢庵丈、郑苏堪、胡瘦唐、赵尧生、罗瘿公、潘若海、冒鹤亭、陈石遗、林畏庐诸君为游春之会,会必有诗,畏庐为图。

——《温文节公集·檗庵年谱》第 25 页

2 月 6 日(正月初八日) 约郑孝胥等二十人来作诗钟。

午后,赴伯潜之约作诗钟,耳圆、黄阵、阳万三唱,终已十点。食毕散归,已十二点。是日客座约二十人。 ——《郑孝胥日记》第 3 册第 1307 页

2 月 11 日(正月十三日) 与郑孝胥同至火神庙[1]。

与伯潜同至火神庙。　　　　　　　——《郑孝胥日记》第 3 册第 1307 页

[1] 火神庙：道教正一派宫观，在北京地安门外。

2 月 18 日（正月二十日） 赵尧生邀约广和居，在座有郑孝胥、林纾、陈衍、罗惇曧、温肃、潘若海、冒广生。

赴赵尧生之约于广和居，伯潜、琴南、叔伊、琰东、毅夫、鹤亭、若海皆在座。

——《郑孝胥日记》第 3 册第 1308—1309 页

二十日，赵尧生邀饮于广和居，先生赴之，同席者有陈弢庵、林琴南、陈石遗、郑苏堪、罗瘿公、温毅夫、潘若海等。　　——《冒鹤亭先生年谱》第 169 页

2 月 20 日（正月二十二日） 刘世珩[1] 招饮。

刘聚卿招饮，陈伯潜、王筱康、端仲纲、胡瘦篁、杨印伯、徐庄楚同席。

——《艺风老人日记》第 2356 页

[1] 刘世珩：字聚卿，安徽贵池人，光绪举人，江苏候补道、度支部左参议，刘瑞芬子。

2 月 24 日（正月二十六日） 杨寿枢[1] 招饮，缪荃孙、陈梦陶、姜筠、朱益藩、吴士鉴、袁铭孙、赵剑秋等同席。

杨荫伯招饮，陈伯潜、陈梦陶、姜颖生、朱艾卿、吴纲垒、袁铭孙、赵剑秋同席。

——《艺风老人日记》第 2358 页

[1] 杨寿枢：字荫伯，又作荫北，江苏金匮人，光禄寺少卿，奕劻内阁制诰局局长，北洋政府参政院参政。

3 月 2 日（二月初二日） 访郑孝胥。

劳玉初、伯潜、陆闰生、刘幼云来。　　——《郑孝胥日记》第 3 册第 1310 页

同日赴宋育仁招饮，劳乃宣、端方、于式枚、喻长霖、何润甫、张君立、缪荃孙同席。

宋芸子招饮，劳玉初、端午桥、陈伯潜、于晦若、喻志韶、何润甫、张君立同席，主人候客不齐不入席。　　——《艺风老人日记》第 2359 页

温肃招同访慈仁寺，作七古一首“二月二日温毅夫御史招同访松旧慈仁寺”见《沧趣楼诗文集》第 133—134 页。刊于《国风报》1911 年 4 月 19 日第 2 卷第 8 期“文苑”栏，题“辛亥二月毅夫侍御招同访松旧慈仁寺”。同期刊“己酉三月访松之作附录”，署弢庵。见《沧趣楼诗文集·慈仁寺松》第 115 页。

温肃作“游慈仁寺偕陈弢庵林畏庐陈石遗郑太夷赵尧生胡漱唐曾蛰公冒鹤亭林山腴罗瘿公潘弱父同赋畏庐为图”。

二月二日，应温侍御毅夫（肃）之招，同访松于旧慈仁寺。寺中三松皆后补种，亦二百年矣。同治初，祁文端（寯藻）养疴寺中，戒公和尚筑毗卢阁于寺后

最高处,以镜摄西山影,文端为书额,阁已久废。寺旧有窑变观音及傅雯指画佛像巨幅,亦俱无存。 　　　　　　　　　　——《闽县陈公宝琛年谱》第 106 页

3 月 4 日(二月初四日) 乔树枬[1]招饮,劳乃宣、胡思敬、陈曾寿、何介石、潘季玉缪荃孙同席。

　　乔茂轩招饮,劳玉初、陈伯潜、胡瘦篁、陈仁先、何介石浙江、潘季玉同席。 　　　　　　　　　　　　　　　——《艺风老人日记》第 2360 页

[1] 乔树枬:字茂轩,四川华阳人,进士,学部左丞、川路总公司驻京经理。

3 月 11 日(二月十一日) 邸抄:清廷内阁奏派验放大臣,与顺王、张英麟、卓凌阿同为派出大臣。见《大公报》1911 年 3 月 11 日。

3 月 15 日(二月十五日) 花朝,与陈衍、郑孝胥、罗惇曧集花之寺,有诗"花朝集花之寺",见《沧趣楼诗文集》第 134 页。刊于《国风报》1911 年 5 月 9 日第 2 年第 10 期"文苑"栏,题"辛亥二月望日瘿公招集花之寺赋此",署弢庵。

　　花朝集花之寺。是日荫寒,扃佛僧去,荒寂无人。西山在望,水竹天然,信步所之,追怀往昔,几疑梦幻。 　　——《闽县陈公宝琛年谱》第 106 页

　　过陈叔伊,同赴罗琰东之约于花之寺,夜饮广和居。 　　　　　　　　　　　　　　　——《郑孝胥日记》第 3 册第 1312 页

3 月 20 日(二月二十日) 林琴孙自绥远来,约郑孝胥来,座晤林琴孙。

　　夜,赴伯潜之约,于座晤林琴孙。自绥远城来。 　　　　　　　　　　　　　　　——《郑孝胥日记》第 3 册第 1312 页

3 月 23 日(二月二十三日) 郑孝胥邀集陶然亭,法源寺诗社雅集,并摄影,照片见《冒鹤亭先生年谱》扉页。到者温肃、曾习经、冒广生、罗惇曧、胡思敬、陈衍、赵熙、林纾、林思进、梁鸿志、潘之博,江庸未至。晚聚饮广和居。有诗,"苏盦招集江亭时瘦唐将假归",见《沧趣楼诗文集》第 134—135 页。

　　遂至陶然亭,赵尧山亦至。是日集者有:胡瘦篁、温毅夫、曾刚甫、罗掞东、潘弱盦、林山腴、冒鹤亭、陈弢庵、林畏庐、陈石遗、梁众异,唯江翊云未至。 　　　　　　　　　　　　　　　——《郑孝胥日记》第 3 册第 1313 页

　　二十三日,郑苏龛招游江亭,到者有陈弢庵、林琴南、陈石遗、曾刚甫、胡漱唐、赵尧生、罗瘿公、温毅夫、潘弱海、林山腴、梁众异(名鸿志)以及先生,凡三十人,并摄影。江亭即今日陶然亭,是为"法源寺诗社雅集"。先此之前,陈石遗、赵尧生、胡漱唐、曾刚甫、罗瘿公等人倡议成立诗社,规定每逢人日、花朝、上巳之类,选定名胜地,各人携带茶叶、果饼,分纸与各人,即兴作诗,五七律、绝、古近体悉听尊便,"坐送斜阳足馀味",天黑则聚饮广和居等地,其盛况可想

而知。下一次集社须预先制定地点，汇交前集之诗，互相评品，交流作诗心得，引以为趣事。主人则轮流担任。　　　　　　　——《冒鹤亭先生年谱》第 171 页

亦见《百年斯文》第 221 页

4 月 1 日（三月初三日）　林思进邀南河泊（苇湾）修禊雅集，晚饮于广和居。有诗"苇湾禊集"，见《沧趣楼诗文集》第 135 页。刊于《国风报》1911 年 5 月 28 日第 2 卷第 12 期"文苑"栏，题"辛亥上巳禊集南河泊"，署弢庵。

苇湾禊集，荷尚未花，而旧时游侣都已凋谢。俯仰之间，感慨系之。

——《闽县陈公宝琛年谱》第 106 页

三月，林山腴召集同人修禊于南河泊。南河泊旧称苇湾，列席者与前略同。……是晚仍聚饮广和居。……先生作"三月三日山腴招苇湾修禊"。

——《冒鹤亭先生年谱》第 172 页

4 月 11 日（三月十三日）　赁住盛宣怀购下恭慎公[1] 灵清宫[2] 旧宅东第，西第尚空，许宝蘅是日偕人看屋。

肯哉来，偕访爽夫，同至灵清宫看房子，本为恭慎公旧第，去年南仲叔来，售于盛杏孙官保，官保仍为出租，东第为陈弢庵赁住，西第尚空，租价四十六两，若独居嫌大，合居又难得人，故不能定。

——《许宝蘅日记》第 1 册第 340 页

[1] 恭慎公：清代谥"恭慎"有特登额、许庚身两人，不知谁氏。

[2] 灵清宫：处北京灵境胡同，又称临清宫。

4 月 12 日（三月十四日）　缪荃孙宴请。

约陈伯潜前辈，宋芸子、苏厚庵、徐梧生、曹君直、王扞[?]郑、傅子乡、张稻生小饮聚贸堂。　　　　　　　——《艺风老人日记》第 2369 页

4 月 13 日（三月十五日）　冒广生邀集公及林纾、曾习经、温肃、罗惇曧、林思进、潘之博、梁鸿志等于城东夕照寺，兼拜其先人冒辟疆生日。各人均有诗。午后访郑孝胥，以"江亭""南河泊"二诗示郑，郑以二诗皆佳，"江亭"尤善[1]。三十八年后，冒再次召集，当年集者大半已下世

三月十五日先生招集夕照寺，兼拜巢民先生生日，巢民先生生明万历辛亥（一六一一），距今宣统辛亥（一九一一），恰三百年。到者有陈弢庵、林琴南、曾刚甫、温毅夫、罗瘿公、林山腴、潘若海、梁众异。各人亦有诗。先生复以巢民先生手书及小印，座客传玩。　　　　——《冒鹤亭先生年谱》第 172 页

农历三月十五日，先生作《金缕曲·戊子三月十五日同人酿饮停艇听笛拜先巢民征君生日兼祝余七十六岁初度至者二十二人黄君璧往年在夕照寺故事

写作图同人各附题咏漫成此解并寄赵尧生林山腴蜀中李拔可海上》。……（注云：光绪辛亥，在北京万柳堂，同社诸公有此盛集中，今卅八年，陈弢庵、陈石遗、郑太夷、林琴南、胡漱唐、曾刚甫、温毅夫、潘若海、罗掞东，大半下世，存者仅赵尧生、林纾、林山腴，与仆三人[2]。七十岁时，流寓海上，复借李拔可同年家之墨巢举行一次，兹为第三次矣。）

——《冒鹤亭先生年谱》第 482—483 页（民国三十七年）

午后，伯潜来，示《江亭》《南河泊》二诗，皆佳，《江亭》尤善。

——《郑孝胥日记》第 3 册第 1316 页

[1] 二诗"苏龛招集江亭时瘦唐将假归""苇湾褉集"，见《沧趣楼诗文集》第 134—135 页。

[2] "存者仅赵尧生、林纾、林山腴，与仆三人"：林纾此时已故，故云"与仆三人"。赵熙后于 1948 年去世。

4 月 16 日（三月十八日） 郑孝胥来访。

股疖稍愈，出视伯潜、士可。 ——《郑孝胥日记》第 3 册第 1316 页

4 月 19 日（三月二十一日） 访郑孝胥。

九点，起草毕。伯潜、仍珠、尧生来，邱幼荷来，冒鹤亭来。

——《郑孝胥日记》第 3 册第 1317 页

4 月 21 日（三月二十三日） 宴请郑孝胥、冒广生等于积水潭高庙，为胡思敬送行，夜饮西安楼。作"送胡瘦唐归江西"，诗见《沧趣楼诗文集》第 136 页。郑孝胥作"弢庵招集积水潭"，见《海藏楼诗集》上第 216 页。陈衍"弢庵先生招游积水潭"，见《陈石遗集》第 187 页。林纾"陈伯潜先生招游净业湖憩西涯弥日集者九人先生嘱余作图纪之"，见《畏庐诗存》上卷第 3 页。曾习经"弢庵先生招游净业寺"，见《蛰庵诗存》。冒广生作"二十三日陈弢庵阁学招饮积水潭践漱唐南归余时方游翠微山中却寄"。

午后，赴伯潜之约于积水潭高庙，在德胜门西，即李西涯故居。庙为普济寺，有厅曰静鸥斋，面潭带城。缘堤绕出其北，至汇通祠。门外积石临水，南望甚旷，胜于北望。又东，至净业寺，此水又名净业湖。是夜归，饮西安门外西安楼。 ——《郑孝胥日记》第 3 册第 1317—1318 页

弢庵招集积水潭　　　　　　　　　　郑孝胥

弢庵被征晚入朝，海内相贺仰名德。日下特开礼学馆，大事先援天下溺。中古以降家天下，三纲五常有误释。纷纷聚讼见已小，去圣万里犹面壁。叔孙自谓知变，两生抱古吾益感。周监二代尚博采，墨守一孔岂为得？诸儒读书亦云广，所患淑世乏高识。夷之墨者欲见孟，道有不同孰能直？先生用意酌宇宙，软语当使众喙息。却怜结习终未除，长避路尘亲水石。西涯一角真冷地，

泽畔行吟暂闲适。与游不必尽朝士，眷眷遂至夕阳匿。袁丝藉福今俱老，安能随俗矜枉尺！

——《海沧楼诗集》第 216 页

弢庵先生招游积水潭　　　　陈　衍

陶江下接螺女洲，楞岩东望沧趣楼。拿舟趁潮便来往，抱村廿里青如油。竭来京国浣尘土，云水荡气嗟无由。北城十刹傍荷荡，西涯一角居上游。南洼苇湾积潦耳，大通二闸喧东流。芦芽短长水深浅，聊此闲话销烦忧。由来诗人珍小景，烟波不必随白鸥。寒郊常暮投金濑，柳子钴鉧连愚邱。沧浪构亭北碕上，涪翁着眼浮鼻牛。沧江万顷信可念，有此三五嵚崎历落之人不？

——《陈石遗集》第 187 页

陈伯潜先生招游净业湖憩西涯弥日集者九人先生嘱余作图纪之

林　纾

春寒草未茸，春尽气犹肃。萧寺面塘水，流润上丛木。陂田抵阜尽，柳势因隈曲。虽无潇湘心，颇有镜湖渌。西涯吾两至，物候历荷菊。浏览初若忘，沉吟忽有触。梧门近莫接，况乃溯怀麓。沧趣风素高，举世礼耆宿。兹乡吾所爱，掇拾入横幅。

——《畏庐诗存》上卷第 3 页

弢庵先生招游净业寺　　　　曾习经

临流台殿影参差，碧瓦朱栏自一时。已倦春游花正发，未知哀乐鬓先丝。烹鱼溉釜能生忆，去轸抽琴欲致辞。旧是承平觞咏地，百年寥落到今兹。

——《蛰庵诗存》

二十三日，陈弢庵为胡漱唐饯行，招饮积水潭。"在德胜门西，即李西涯故居。庙为普济寺，有厅曰静鸥斋，面潭带城。缘堤绕出其北，至汇通祠。门外积石临水，南望甚旷，胜于北望。又东，至净业寺，此水又名净业湖。日斜归，饮西安门外西安楼。"是日，先生偕友人游翠微山，未赴。照例社规，须补作诗，先生作《二十三日陈弢庵阁学招饮积水潭践漱唐南归余时方游翠微山中却寄》。

——《冒鹤亭先生年谱》第 173 页

5 月 7 日（四月初九日）　夜与郑孝胥共饮于广和居。

夜，饮广和居，与伯潜入城。　　　——《郑孝胥日记》第 3 册第 1320 页

5 月 8 日（四月初十日）　官制改革，裁撤旧内阁。内阁学士裁缺，仍食原俸。

裁撤旧设之内阁，军机处，及会议政务处，旧设内阁大学士协办大学士，仍序次于翰林院，裁内阁学士以下官。　　——《近代中国史事日志》第 1386 页

本月初十日内阁奉上谕"现已降旨裁撤旧设内阁，其内阁学士以下裁缺各员，均食原俸，听候分别改用。钦此。"　　——《沧趣楼诗文集》第 882 页

内阁裁撤。自内阁学士以下裁缺各员,均食原俸,听候分别改用。

——《闽县陈公宝琛年谱》第 107 页

5 月 9 日(四月十一日) 上《谢裁缺候改用折》,见《沧趣楼诗文集》第 882 页。

5 月 12 日(四月十四日) 与林纾、陈衍、高向瀛同游西山,有诗"灵光寺忆竹坡示畏庐石遗""同颖生龙泉庵坐月",见《沧趣楼诗文集》第 137—138 页。陈衍"秘魔崖书竹坡先生题字后示畏庐",见《陈石遗集》第 188 页。林纾"四月十四日同陈弢庵石遗高颖生游翠微山薄暮至龙王堂庑下坐月",见《畏庐诗存》卷上第 3 页。

五月,弢庵招畏庐游西山秘魔崖。寻宝竹坡先生题字。三人同题名于其后,公[陈衍]有诗纪之。

——《陈石遗集·侯官陈石遗先生年谱》卷 5 第 2015 页

与畏庐、石遗同游灵光寺。岩石间见竹坡题名。畏庐、石遗均竹坡弟子,弥增怀旧之念。同妹婿高颖生龙泉庵坐月。此庵劫后幸完,松寿柏古。去秋曾一再至,准拟长夏藉作逃暑之地。颖生持茗芽共就龙泉掏水煮饮。

——《闽县陈公宝琛年谱》第 107 页

弢庵先生"题石"诗云:"岩腰已渍题名墨,池水应怜绉面人。约略老坡眠食地,却从榛莽吊晁秦。"自注:"并示石遗、畏庐。"盖两君均竹坡典闽试所得士。

——《今传是楼诗话》第 181 页

5 月 13 日(四月十五日) 晨起大风,与林纾等游狮子窝。林纾作"十五日晨起大风以肩舆跨山游狮子窝"。有句:"沧趣老人感前迹,三十年事悲哀凉。风停茶罢雨亦止,题名浣墨污僧墙。"见《畏庐诗存》卷上第 4 页。

访郑孝胥。

王梧冈、伍崇学、曾伯厚、陈佐清、张根仁、徐惺初、屠翰甫、陈伯潜、吴祥叔来。

——《郑孝胥日记》第 3 册第 1321 页

5 月 14 日(四月十六日) 派充廷试留学生阅卷大臣,宿文华殿,因念邓承修,作"阅游学廷试卷宿文华殿西厢怀邓铁香鸿胪同治甲戌殿试予为收掌官邓以御史监试"七律一首,见《沧趣楼诗文集》第 138 页。

阅东西洋游学生廷试卷,宿文华殿西厢,因念邓鸿胪承修(铁香)不置。邓甲戌殿试任监试,与公同在此殿,甲申后赴越勘界,归遂乞退,已久作古人矣。

——《闽县陈公宝琛年谱》第 107 页

邸抄:廷试游学生阅卷大臣为陆润庠、陈宝琛、于式枚、张德彝、李经方、刘廷琛。

——《申报》1911 年 5 月 15 日
亦见《大公报》1911 年 5 月 16 日

5 月 16 日（四月十八日）　邀宴严复、郑孝胥、萨镇冰、严复、陈星耀、高尔谦。

夜，赴陈伯潜之约，座中晤萨鼎铭、严幼陵、陈星耀、高子益。

——《郑孝胥日记》第 3 册第 1321—1322 页

伯潜请。　　　　　　　　　　　　　——《严复集·日记》第 1508 页

5 月 18 日（四月二十日）　新内阁总理与弼德院奏请派充弼德院顾问。

昨日新内阁总理与弼德院长会商，谓院中所设顾问，于行政前途最关重要。各国充任是职者必须洞达世务，学识优深，始克获选。我国组织伊始必简，政治、学术两有经验者方于宪政有神，不蹈向日虚名之诮。拟以京内外大员开列衔名，奏请钦选派充。闻已列名者如李殿林、伍廷芳、陈宝琛、严修、于式枚、沈家本、张人骏、陈夔龙等共有四十名之多，日内即行奏请充任。

——《申报》1911 年 5 月 18 日

访郑孝胥。

伯潜来谈。　　　　　　　　　　——《郑孝胥日记》第 3 册第 1322 页

四月　林纾招泛舟通河，作五古"畏庐招泛通河"，见《沧趣楼诗文集》第 137 页。

畏庐招泛通河。昔曾秋日泛舟于此，有图为记。兹值初夏，依稀江景，如在故乡。　　　　　　　　　——《闽县陈公宝琛年谱》第 107 页

6 月 7 日（五月十一日）　汪康年邀，坐有严复、端方、宝熙、罗振玉等。

汪穰卿请，坐有端午桥、吴仲怿、宝瑞臣、陈伯潜、曹觉生、罗叔韫。

——《严复集·日记》第 5 册第 1508 页

6 月 8 日（五月十二日）　任典礼院正院长。

典礼院官制，礼部改为典礼院，已志前报。近闻其官制之编制业已决定设正副院长各一，正院长以陈宝琛补授，副院长则为郭曾炘侍郎。不日当可发表。

——《申报》1911 年 6 月 8 日

6 月 14 日（五月十八日）　邀宴郑孝胥于福全馆，坐有端方、王孝绳等。

赴弢庵之约于福全馆，座有志伯、虞赞希、午帅、司直。

——《郑孝胥日记》第 3 册第 1325 页

陶斋约福全馆会晤陈伯潜、志伯与郑苏堪，又看陶氏两学堂，陪张季直、许九香同饮。　　　　　　　　——《艺风老人日记》第 2386 页

载泽宴请[1]。

泽公招饮，陈伯潜、窦子敬、康步崖、云海秋、许久香[2]公请。观陶斋女学。

——《张謇日记》第 651 页

[1] 据缪荃荪日记,此次约者为端方。《张謇日记》则称宴请主人为载泽。

[2] 许九香:许鼎霖,字九香,江苏赣榆人,光绪举人,内阁中书、庐州知府、安徽道员,入民国,江苏省议会议员。

6月15日(五月十九日) 郑孝胥来访。

晨,过弢庵、惠亭,谈久之。　　　　　　　　——《郑孝胥日记》第3册第1325页

6月18日(五月二十二日) 补授山西巡抚,次日上谢恩折,折见《沧趣楼诗文集》第883页。作七律一首"出抚山西忆张文襄公行时三十年矣",诗见《沧趣楼诗文集》第139页。

山西巡抚丁宝铨、因病乞休。以内阁学士陈宝琛为山西巡抚。未到任以前,以布政使王庆平暂行护理。

　　　　　　　——《德宗景皇帝实录》附《宣统政纪》卷54第983页

　　　　　　　　　　　　亦见《清季职官表》第588页

　　　　　　　　　　　　《申报》1911年6月19日

　　　　　　　　　　　　《大公报》1911年6月20日

五月二十二日,内阁奉上谕:"山西巡抚着陈宝琛补授。钦此。"

　　　　　　　　　　　　　——《沧趣楼诗文集》第883页

补授山西巡抚。时庆亲王奕劻当政,苞苴公行。公将之任,例往谒辞。门者索门包甚巨,公严拒之。次月遂有开缺以侍郎候补之命。同日派在毓庆宫授皇帝读。

　　　　　　　　——《闽县陈公宝琛年谱》第108页

五月二十三日奉旨:陈宝琛未到任以前,山西巡抚着王庆平暂行护理。

　　　　　　　　　　　——《北洋官报》1911年6月19日

《真光报》刊文"弄巧成拙之陈宝琛"。

某报载闽函云:近据由京回闽者,此次陈宝琛谋得晋抚计费八万馀金,及将请训时,又梗于某邸门包,未曾议妥。当由其婿林某向邸中婉商许久,始允以一万两赏个面子,陈骤闻之,颇不乐,盖未知其能败事也。林极力劝谏,陈终固执不允,乃仅送以一百两。越三日命下,闻晋抚缺,改受师傅矣。陈嗒然痛恨莫可奈何。当陈授晋抚时,曾屡电到闽,促其故旧赴晋。由是陈之戚族,纷纷离闽者不下百馀人,外此闽绅及各学校教员,前曾倚陈之权势者,如杨廷纶辈,台纷辞差赴晋,又不下数十人。更有各省道府,以至佐杂,纷纷运动改省山西。及陈改授之命下,皆懊丧不置,非特陈失巨金,即其亲友亦所费不贵矣。现陈任师傅,每月不过得薪俸八百两,而耗费则甚巨。如赐御膳一次,至少须耗百二十两。至蒙赏紫禁城骑马,例耗银六百两。又毓庆宫太监,例耗六百

两,其他犹未计及,以一年所获计之,恐必亏空不少,且陈年老无才,即升授侍
郎尚书,亦必不得优缺,眼看此八万馀金付之东流,永无收回之日,故陈名虽升
迁,实则大受损失,现在都中,终日郁郁不乐,殊可怜也。

——《真光报》1911 年第 10 卷第 7 期

严复用公癸巳江乡韵赋诗,遂作"次韵答几道即以赠别",见《沧趣楼诗文集》第
26—27 页,严复再次公韵。

弢庵巡抚山西,用癸巳江乡赠答韵　　　　　　严　复

我公龙章兼凤姿,民望久属天子毗。中间卅年隐乡里,孝友政外奚为为。
闽江上下两听水,图史花竹争纷披。成章更与逮小子,横舍一一分级差。帆风
忽踔万千里,亲见蛟鳄行蹜跊。侨流忠爱良未衰,喟喟内向能抚谁? 归来报告
千万语,读者思卧闻者疑。属闻圣朝恤五典,宣室昨者重受釐。河东由来股肱
郡,阴曀待子开清曦。用人行政柄未坠,愿采荃蕙毋蓍施。吁磋乎,运当阳九
想骨鲠,何异伏暑怀冰湛渐。幸令可治勿卤莽,疾革卢扁犹庸医。

——《严复集·诗文》第 379 页

追忆癸巳原作,次弢庵韵　　　　　　　　　严　复

傅粉搔头骄弄姿,粲粲门子多夸毗。得车十乘遽如许,奇衣妇饰臣能为。
相将捷径作窘步,磋尔粲紃同昌披。或苏复上或中颐,气力亦自分等差。攀跻
缘附各有态,风常怜蛴蛴怜爱。人才国运同盛衰,狂澜欲挽他谁? 意者物穷
势必反,贞元相嬗吾无疑。一朝清明皇极正,不肖诛殛贤受釐。譬彼晏温风雨
晦,岂少一旦回晴曦。蕙兰薜荔自我佩,任户要艾家蓍施。浦莲薏苦方堪思,
忽见梅花点流渐。茯苓小草共臭味,不必早计求国医。

——《严复集·诗文》第 379—380 页

6 月 19 日(五月二十三日)　已授山西巡抚,礼学馆总理改由于式枚接任。

上谕:陈宝琛现已授山西巡抚,着派侍郎于式枚总理礼学馆事宜。

——《国风报》第 2 年第 16 期 1911 年 7 月 6 日

6 月 20 日(五月二十四日)　访郑孝胥。

陈伯潜来。

——《郑孝胥日记》第 3 册第 1326 页

6 月 21 日(五月二十五日)　访那桐。

早进西苑,巳正散值。到三姑太太处拜寿,拜客十家,午正归。郑苏龛、陈
伯潜来谈。

——《那桐日记》下册第 692 页

6 月 22 日(五月二十六日)　郑孝胥来访,未遇。

诣洵、朗贝勒,于式枚,李经方,陈伯潜,皆未晤。

——《郑孝胥日记》第 3 册第 1327 页

6 月 23 日(五月二十七日)　中午那桐约便酌。溥仪今日入学,与陆润庠、伊克坦同为溥仪授读。

早进西苑,巳正二刻散值。午刻约陈伯潜、张季直、世伯轩、徐菊人、端午樵、伦叙斋便酌,申初散去。天甚热。(注:溥仪今日在毓庆宫入学读书,派陆润庠、陈宝琛授读,并派伊克坦教习国语、清文。)

——《那桐日记》下册第 692 页

6 月 25 日(五月二十九日)　汪荣宝与曹汝霖同作东宴请,同席有端方郑观应、张謇、郑孝胥、林炳章、李景秌、杨度、陆宗舆、胡礽泰等。

本日假润田家,与润田同作主人,请陶斋、伯潜、季直、苏龛、蕙亭、孟鲁、皙子、闰生、伯屏。二时顷散。　　　　——《汪荣宝日记》第 217 页

五月　沈瑜庆来函。

致 陈 宝 琛　　　　　　　　　　　　沈瑜庆

弢老吾师姻世大人赐鉴:连、张、龙三子,各持公书来。就中连为旧人物,张极俊爽,龙次之。门下多才,曷胜钦佩。连已如愿奉母赴官,张充藩署科员,龙派主计员。此间颇需才,略有知识者,不患投闲置散。惟薪水微薄,发财无其事也。弟到此经年,为簿书所困,偶有所作,皆率意应酬,无一语足为公与伯严道者,虚劳责望,我心滋愧。满拟量移展觐,奉教有日,复拜新命,自惭非分。想公亦惜其久别,而虑其负重也。舍甥曾仰丰,蒙允与徵宇合谋位置,甚感。记壬寅岁在清江,先姊扶病携家相托,逾月即病故官廨,彼时此子年方十四,送入学堂,次年带之入都,肄业五城。王少泉又挈之往天津,幸而卒业,于兹十年矣。吃苦励志,文字志节,皆醉心于东汉。凭虚摸索,精进如此,殊为可异,故驰电为公言之。兹接其来函,陈义过高,阿舅不敢迫视,考列最优等,不愿引见得官,但求为川汉粤汉铁路工程师,自食其力,鄙意不做官可也,不引见则废君臣之义矣。林子庄少女,亦中西学俱佳者,与伊年岁相若,前数年为之说合,有成议矣。近闻炳南兄弟云,其妹留东洋,学医已数年,颇有不嫁意。似此以节相高,不仕不嫁,并废夫妇之伦矣。公主持礼学,人士所宗,凡此畸节异行者,必轨之大中至正。鄙人相隔较远,压力无及。徵宇、步溪,其家所自出;畏庐、少泉,其授业之师(不能为《儿女英雄传》之邓九公耶);惠亭、朗溪,爱妹之情,似不应听无父无母之孤男少女,沦落不偶。倘能劝其引见完娶,弟可不负亡姊垂危之托(引见费婚费,弟任之,其读书全无师承,公与几道、畏庐罗之门下,可

一日千里也)。严光中妇,旷代美谈,谅热肠者不忍漠视也。至铁路局面,公为甸斋言之,必不难分一席,以赡其夫妇。望推爱合谋见复,以释鄙念。近来新旧痕迹太重,张文襄洋翰林之说,颇有辟而外之之意。融洽之者,其在公乎?后生心醉东学,中东人反间之计。闻此次粤乱,各省世家子弟,残杀甚多。雨亭之弟,香雪之子,皆在其内,确否?公与朱艾卿、刘幼云诸君,当延揽后进,扶国家元气,挽青年厄运,勿令载胥及溺也。投荒之人,干预朝事,并干涉及贵衙门,尤不知量耳。专此,敬叩暑安。　　　　　——《涛园集》第221—222页

6 月 28 日(六月初三日)　学部原拟奏派与张元济同为中央教育会副会长,因外简晋抚,改派唐文治、傅增湘。

学部奏派张謇为中央教育会会长,张元济、傅增湘[1]为副会长。于上月二十四日已见明。查学部拟派之时,曲折颇多,盖原意本拟奏派张謇为会长,陈宝琛、张元济为副会长。乃陈忽然外简山西巡抚,于是学部致电上海高等实业学堂监督唐蔚芝侍郎,请其承任副会长一席,唐复电力辞……乃昨日降旨其副会长二人中有傅增湘。　　　　　——《申报》1911 年 6 月 28 日

[1] 傅增湘:字沅叔,别署双鉴楼主人、藏园居士等,四川江安人。光绪进士,翰林院庶吉士。入民国任教育总长。中国近代著名藏书家,一生藏宋金刻本一百五十种,四千六百馀卷;元刻本善本数十种,三千七百馀卷;明清精刻本、抄本、校本更多,总数达二十万卷以上。

7 月 1 日(六月初六日)　致函盛宣怀,附“闽路咨文”。

致 盛 宣 怀　　　　　　　　　　　　陈宝琛

杏公世叔大人阁下:闽路咨呈底稿,先以奉正,明日当趋诣面聆教言,何时得暇,拟于电话请示时刻。专此先达,敬请勋安。侄宝琛顿首。廿二。

附:闽路咨文

为咨呈事:案照闽路漳厦一线,延长九十中里,原定股额三百万元,前经宝琛亲赴南洋,周历群岛,招集华侨股本,并内地商股已交之款,仅百七十馀万元。先行开办首段五十六里工程,原冀股款可以续招,即行接筑二段,乃展转数年,意见之各持,事机之不顺,兼值宝琛奉召来京,遂致谣诼繁兴,招股日形阻滞。不得已于前岁腊月向交通粤行息借银洋五十万元,以铁路所抽保息之粮盐捐,及公司厂屋材料作押,藉供赶完已开各工之用。现在五十六里路线,均已铺轨通车,开办营业,而二段工程卒以无款中止。至交通借款仅还过十万元,其馀虽经展限,又已届期。迭经通告南洋各属重招新股,以清债务,而图扩充。近据复称,各埠市景变更,糖业锡矿多有失败,暂时势难兼顾。宝琛智尽能索,欲任其废弃,则已成为可惜,欲筹其继续,则非力之所能。伏读光绪三十

四年五月十七日上谕,近来官办各路,皆能克期竣工,成效昭著。而绅商集股,请设各公司,奏办有年,多无起色,坐失大利,尤碍交通。着邮传部遴委妥员分赴各路,确实勘查各路工程,应分几年造竣。公司股本能否按年接济,一面妥拟办法,严定期限。倘所集股资不敷尚巨,或各存意见,推诿误工,以致未能依限完竣,即由该部会同该管督抚另筹办理,并将该省所举承办人员差使,查照商部历次奏案撤销等因,钦此。又读宣统三年四月十一日上谕,干路均归国有,定为政策,除枝路仍准商民量力酌行外,其从前批准干路各案,一律取销等因,钦此。查闽路漳厦工程,前承大部派员勘查,据称路线平直,工亦坚固,各项布置亦尚得宜。唯工艰费巨,款项业将不继,已由公司呈部暂行设法筹款接济,并准奏明有案。是闽路办法之困难,早邀洞鉴。近自干路国有之议定,中外人心益多顾虑,续招新股,愈复为难。虽漳厦原属分枝,而商力实所未逮。宝琛新奉恩命,授读内廷,凡一切差使,例应开除,即亦难以兼管。拟请大部遵照前次谕旨,先将宝琛闽路总理差使撤销,迅予派员莅厦暂行接管,并会同闽浙总督另筹办理,以维路工,以符奏案。但宝琛尤有请者,闽路创办之始,原特海外侨商集成巨款以应工需,复由宝琛筹办粮盐两捐以资保息。自股款不继,已开各工势难中辍,遂有前年借债之举。现虽勉完五十六里工程,开办营业,路线过短,入款有限,尚不足以敷行车养路之费。益以路成已久,枕木之抽换,石子之补填,及工款薪费之蒂欠,在在均需的款,而债期又迫,何以抵还。宝琛勉强支拄,复已经年竭蹶,情形难以枚举。今若仍归商办,则担荷过重,必非商力所能胜。若收为国有,则大部方经营全国干路之未遑,区区漳厦一路,何敢重劳荩虑;亦恐海外侨商误会惊疑,致多纷扰。宝琛既有所见,自应妥筹善后,使官商两无不便,冀有以副大部逾格维持之意,慰各股东始终委任之殷。窃念闽路补救事宜,以眼前之收束为要图,而日后之扩充则犹有待。闽路二段工程,测量虽毕,原未开工,自宜缓举。所最急者,一为交通粤行四十万元之债务,一为行车养路按月津贴之要需,一为包工项下保固馀款,及在差人员留存薪俸之付给,一为本届未发及按年应发股息之保存。统计粮、盐两捐,递年应解公司之款,如果按期清缴,应付正自有馀。乃粮捐项下粮户无不随正并完,各属并不随正并解,挪移侵蚀,直无实数可稽。而惠安、海澄、邵武、宁化、清流、归化、连城七县则竟分文未缴。至盐捐一项,亦复积欠甚多,遂使公司保息无着。历年发息半取资于股本,而去春所发之股息,且须于借款抵注银行应扣之债息,又须划本贴偿。至今年应发之股息、应还之债额,则直无款可拨。种种阻碍,受祸无形。若不速为清算,划清款项,分别办理,则借款别无可抵,即公司立有破产之虞,匪唯失信于银行,且何以谢股东责望之情,与捐户勉输之意。但公司函电交驰,毫无效力。非由大部派员清理,并咨明闽浙总督,责成该管司道经理,则亦徒托空言。查粮捐原案年可收钱二十万串,自光绪三十四年上忙开办起,至宣统二年下忙止,计三年除已解外,约短解钱四十万串。加以本年应收之款,以之抵还四十万债款,尚有赢馀,此清理债务之办法也。公司现办车务,经宝琛极力裁减,现计各项开支月约银洋五千元以内,客货收入月约三千元,不敷计二千元左右。而养路添置材料各费,尚须月二千元,大约每月若有的款四千元,尽资应付。查盐捐原案,年可收钱五万串,适如此数,现除已解外,自光绪三十三年开办起,至宣统二年止,计四年约短解钱八万串,加以本年应收之款,溢额尚多。此项盐捐系就部定各省盐觔加价普加四文,以二文留备外销之内,划出一文以供路用,自可永远收解,以之专储闽路补助之费,尤为可恃。此确筹津贴之办法也。闽路现欠包工保固馀款,并各员存薪,统计约二万元。此属薪工项下即照公司破产律办理,亦应先期扫数清还,且为数无多,尤非经常之费可比。前条豫算养路添置材料款额稍为充溢,宜酌量缓急,匀拨摊还,无须另筹的款。至本年未发及递年应发之股息,如果粮捐项下经收如数,则按年支付自有定额。唯望大部并闽浙总督加意维持,所以慰华侨内向之心,而坚闽路公司之信者;揆之国家劝工兴商之政策,亦复有裨。此支给工薪保存股息之办法也。以上办法,就闽路应得之款以应公司各项之需,先求其可以自存,庶大部接管以后,不至重累公家。或公司继起有人,亦可藉纾商力。应请大部速予派员莅厦接管经理,并召集股东开会,布告暂行由部接收。准中外股东另招股款,仍归商办情形,并径咨闽浙总督札饬福藩司、盐法道,将铁路粮盐两捐清算明白,切实收解,由部派专员随时接洽,以重路政,闽路幸甚,宝琛幸甚。所有闽路办理困难,宝琛碍难兼管,应将闽路总理差使撤销,并由部派员暂行接管,仍准举商承办缘由,相应备咨。为此咨呈大部,伏候察夺施行。须至咨呈者。右咨呈邮传部。   ——《盛宣怀实业朋僚函稿》第74—78页

邮传部大臣盛宣怀等奏,福建铁路公司总理陈宝琛,应行开去差使,并举员接管兼筹善后事宜。

奏邮传部折。福建铁路公司应举员接管等由:闰六月初六日太子少保、邮传大臣臣盛宣怀等跪奏,为福建铁路公司应行举员接管,并筹善后事宜。恭折仰祈圣鉴事。窃查福建铁路前于光绪三十一年七月经该省同乡京官、光禄寺卿张亨嘉等公举前内阁学士、今候补侍郎陈宝琛承充总理,呈请商部奏准立案。嗣经该侍郎亲赴南洋各岛招集华侨股本百七十馀万元,复咨请闽浙总督

援照各省已办成案,筹办粮盐两捐,以为保息。一面按照商律召集股东,组织公司,公举总协理、董事查账各员。该侍郎仍被举为公司总理。因就漳厦一线先将首段开工,历经咨呈臣部有案。宣统元年二月臣部派员莅厦勘察。据委员复称,已开各工路线平直,工程坚固,一切布置亦尚得宜。惟款业将不继。其时适该侍郎奉召来京,仍为驻京总理。商由臣部交通粤行息借银洋五十万元,约明以保息之粮、盐两捐作抵。现准该侍郎咨称,首段五十六里虽已完工,开车营业,而路线过短,客货所入不足以供行车养路之用。至交通银行借款除已还十万元外,尚短四十万元。原拟备抵之粮、盐两捐,欠解约四十馀万元,益以本届收入,以之抵还债款,并补助行车,尚为有赢无绌。宝琛现奉恩命入直内廷,碍难兼任他差,自应呈部奏明,开去闽路总理差使,先行举员由部电派,暂行接管,仍准该公司召集股东会,另举总理承充。但公司善后事宜,自应预为清理。拟请由部奏明饬下。闽浙总督将欠款四十万元由闽路粮捐清算明白,按月拨解交通粤行以清债务。其盐捐一款,专充补助公司管业之赀。仍按月认解若干,分别责成福建财政局、盐法道如期拨付等情。请为分别奏咨前来臣部。查陈宝琛总理闽路颇著成绩,观因入直内廷碍难兼顾,所请开去总理差使,委系实在情形,应由臣部咨请闽浙总督转饬该公司,召集股东会另举总理接充,至现办漳厦一线集股百七十万元,开车达五十六里,尚以股款不敷,而粮、盐两捐又解不如额,致须借款接济。今该侍郎咨称就闽路应得之款,应公司各项之需,先求可以维持,庶还款有着,不至重累公家,即接办有人,亦可稍纾商力。且系奏准有案,断难任其延欠。拟请旨饬下闽浙总督责成福建财政局、盐法道会同该公司承办人员将历年欠解之粮、盐两捐,迅速清理,照案按期移拨,以重部款而维路政。所有该侍郎应行开去闽路总理差使,并举员接管兼筹善后事宜缘由,理合恭折具奏,伏乞皇上圣鉴训示,谨奏。宣统三年闰六月初六日邮传大臣臣盛宣怀、左侍郎臣汪大燮(差)。

——中国第一历史档案馆藏录副奏折 03-7567-033

7月6日(六月十一日) 于式枚、缪荃荪等约于会贤堂。

晦若、柳溪约会贤堂,晤陈伯潜前辈,荣相、幼云、梧生、春暡、瑞丞[臣]同席。

——《艺风老人日记》第 2393 页

《申报》刊载:"陈宝琛为礼教功臣"。

陈宝琛已简出山西巡抚,不日即将出京,然恐以后更无人能维持礼教也。前日往谒学部侍郎于式枚,谓礼教为我国宗教,数千百年遵守不易,虽其间盛衰兴亡不同,非礼教之过,实政治之改革与否所致。自近日新教繁兴,一般新学家往往菲薄礼教,专讲自由,不知泰西人之所谓自由,仍礼教中之自由也。而若辈误会自由,视礼法为赘瘤,恐礼教前途将来有不堪设想者。今欲保存国粹,凡新刑律与礼教极有关系之处,勿任法律馆一概抹煞,则一发千钧,或于世道人心所系非小。闻于侍郎亦极表同情,陈乃欢跃而去。

——《申报》1911 年 7 月 6 日

7 月 9 日(六月十四日)　隆裕皇后召庆亲王商讨宣统帝典学事宜。《申报》刊载:"陈侍郎改简帝师原因"。

十四日隆裕皇太后特召庆亲王入内筹商皇上典学事宜,饬将关于典学时一切必须妥慎筹划,其所派毓庆宫师傅陆中堂久有成议,陈侍郎宝琛系太后特赏。故次日监国即面奉懿旨,着降旨颁示天下。

陈侍郎前简晋抚行有日矣,后忽改简帝师,不特外间莫名其妙,即侍郎亦殊出意外。是日午刻正在接见亲友,娓娓言出京事。俄由家丁自外送来一函,拆视毕,伯老忽喜形于色。客叩其故,始知又有毓庆宫师傅之命,闻改命之原因,甚为复杂。前命抚晋一事,阁臣奏保初不之及,监国特赏其人,故加擢用。迨简择师傅时,太后先已想及,监国尤素钦其学识,故遂定议。然一方面又有某阁臣先向监国面陈其词,令阁亦隽妙,谓陈某学识冠绝一时,然责办行政事宜,稍觉用违其长;若置诸师傅之位,最为适当。监国甚韪其言,故决意改简。至陈伯老之欣然色喜者,固亦以避去喧嚣,专任讲授为得计也。所闻如是,特未知是否为此事之真相耳。

——《申报》1911 年 7 月 16 日

陈宝琛得授帝师原因,又一说则谓当奉旨之前,监国与庆、那、徐三大臣协商数次,最后提及鹿相当日之面奏及遗折,始决意以陈为副师傅,盖定与[兴][1]曾密保其品学优纯也。

——《大公报》1911 年 7 月 24 日

[1] 定兴:鹿传霖,见前。

7 月 10 日(六月十五日)　离山西巡抚任。见《清季职官表》第 588 页。

以侍郎候补充汉经筵讲官,与陆润庠、伊克坦同派充毓庆宫授宣统皇帝读。次日上谢补授侍郎、毓庆宫授读折。谢折见《沧趣楼诗文集》第 883 页。

辛巳。谕内阁,监国摄政王面奉隆裕皇太后懿旨:皇帝冲龄践祚,寅绍丕基。现当养正之年,亟宜及时典学,以裕圣功而端治本。着钦天监于本年七月内选择吉期,皇帝在毓庆宫入学读书。着派大学士陆润庠、侍郎陈宝琛授皇帝读。其各朝夕纳诲,尽心启沃,务于帝王之学、古今中外治乱之原,详晰讲论,随事箴规。当此世界大通,文明竞进,举凡数十年来通行之宪政、发明之学理,尤当按切时势,择之务精,语之务详。仍不外乎孔子格致诚正修齐治平之要旨,庶几弼成日新之德,即以培成郅治之基。皇帝读书课程,及毓庆宫一切事宜,由监国摄政王妥为照料。至于国语清文,乃系我朝根本,着派记名副都统伊克坦随时教习,并由监国摄政王一体照料。

——《德宗景皇帝实录》附《宣统政纪》卷55第996—997页

亦见《螺江陈氏家谱·谕旨》第223页

又谕:陆润庠着开去禁烟大臣差使,山西巡抚陈宝琛着开缺,以侍郎候补,都察院副都御史伊克坦着开缺以副都统记名。

——《德宗景皇帝实录》附《宣统政纪》卷55第997页

隆裕太后[1]命溥仪入学,派与陆润庠、伊克坦在毓庆宫授读,伊克坦教授满语。公授《孝经》《礼记》《左传》、唐诗等。

七月,宣统帝始入学。授读汉文者,大学士陆润庠及公。授国语亦即满文者,满文翻译进士出身现任副都统伊克坦。每日入宫进讲。

——《闽县陈公宝琛年谱》第108页

六月十五日内阁奉上谕“山西巡抚陈宝琛着开缺以侍郎候补。钦此。”同日上谕“监国摄政王面奉隆裕皇太后懿旨,皇帝在毓庆宫入学读书,着派大学士陆润庠、侍郎陈宝琛授皇帝读等因。钦此。”——《沧趣楼诗文集》第883页

隆裕皇太后懿旨,派大学士陆润庠,山西巡抚陈宝琛(改以侍郎候补)授皇帝读书,并派副都御史伊克坦教习国语清文。

——《近代中国史事日志》第1392页

新晋抚陈宝琛尚未出京。忽又改派毓庆宫授读要差。所遗晋抚一缺改简苏藩司陆钟琦升补。据闻陆自署苏抚后,运动巡抚之缺不遗馀力,此次晋抚缺出,政府某大老即乘机奏保。因监国属意于陈宝琛,故遂致触望。现陈既改简,乃仍以某大老之所保荐者调升,此中曲折实陆初料所不及。

——《大公报》1911年7月14日

[1] 隆裕皇太后,满族镶黄旗人,叶赫那拉氏。慈禧太后侄女。1889年(光绪十五年)立为皇后。三十四年立溥仪为帝,改元宣统。尊为皇太后,徽号隆裕,垂帘听政。民国元年(1912)初,即以其名义降懿旨宣布清帝退位。

7月11日(六月十六日) 每月赏给养廉银八百两,着在紫禁城内骑马。

谕内阁:大学士陆润庠等,现在毓庆宫行走,差务重要。着加恩陆润庠每月赏给养廉银一千两,陈宝琛每月赏给养廉银八百两,伊克坦每月赏给养廉银六百两。以宗人府府丞朱益藩为都察院副都御史,候补三品京堂许秉琦为宗人府府丞,以江苏布政使陆钟琦为山西巡抚,直隶提法使齐耀琳为江苏布政

使,山西劝业道翁斌孙为直隶提法使。命侍郎陈宝琛在紫禁城内骑马。旌表未婚守志、江苏四品荫生候选中书科中书陆家振继妻徐氏。

——《德宗景皇帝实录》附《宣统政纪》卷 55 第 1000 页

六月十六日,内阁奉上谕:"侍郎陈宝琛着加恩在紫禁城内骑马。钦此。"

——《沧趣楼诗文集》第 884 页

十六日　召见内阁总协理大臣、陆中堂、陈宝琛、伊克坦、荣中堂、邹嘉来、吴凤岭。

——《申报》1911 年 7 月 12 日

7 月 12 日(六月十七日)　溥仪召见。上《谢赏紫禁城骑马折》,折见《沧趣楼诗文集》第 884 页。

十七日　召见内阁总协理大臣陆中堂、陈宝琛、伊克坦。

——《申报》1911 年 7 月 13 日

7 月 14 日(六月十九日)　毓隆[1]招宴于庆会楼。

晚再应少岑庆会楼之招,陈伯潜、徐花农、陈石遗、刘少岩、曹揆一同席。

——《艺风老人日记》第 2397 页

[1] 毓隆:宗室,满洲正蓝旗,光绪进士,安徽学政。

7 月 15 日(六月二十日)　与缪荃孙、于式枚、宝廷、王学樵、宋育仁等在张之洞子张权处晚饭同席。

晦若亦来,同往张君立处,晚饭,陈伯潜前辈,宝侍郎、王学樵、宋芸子同席。

——《艺风老人日记》第 2397 页

7 月 17 日(六月二十二日)　《申报》报道:"廷琛[1]争不过宝琛"。

十五日,隆裕皇太后论摄政王皇上及时典学师傅之席允宜慎选,陆润痒[庠]品学优纯,当居首席。其馀如陈宝琛、刘廷琛等亦皆负师傅之资望,宜于两人中慎择其一。复召庆亲王入宫取决,王谓刘廷琛虽薄负时誉,据外间传说,则系内行多亏、道德缺乏之人,恐不足以裕圣功而端治本,臣以为不如陈宝琛。太后与摄政王均称善,制曰"可"。于是旨下。

——《申报》1911 年 7 月 17 日

陈伯潜侍郎前日忽由山西巡抚授为毓庆官师傅。先是因与彼到任,已拟调京官若干人。又电致闽省,调取若干人,或令先来京,或令迳至山西,百计设法改为知府。今侍郎既改命,而此君则不能复变为翰林矣。

——《申报》1911 年 7 月 17 日

李殿林[2]此次不得皇上师傅之任,坊间纷传谓陈宝琛系皇太后特简,故李遂落后。兹经详细采访,则其内容有大不然者,缘李向为监国师傅,甚为监国敬礼,监国以此次皇上总师傅之资格既有陆润庠,不欲将李置其下,故副师傅一席,适因庆邸保荐陈宝琛,遂以命之。　　　　——《申报》1911 年 7 月 19 日

陈宝琛得授帝师原因,又一说则谓当奉旨之前,监国与庆、那、徐三大臣协商数次,最后提及鹿相当日之面奏及遗折,始决意以陈为副师傅,盖定[兴]与曾密保其品学优纯也。　　　　——《申报》1911 年 7 月 24 日

[1] 廷琛:刘廷琛,字幼云,江西德化人,同治进士,山西学政、袁世凯内阁学部副大臣。

[2] 李殿林:字云墀,山西大同人,同治进士,广西、江苏学政,兵部、礼部、吏部侍郎,吏部尚书,协办大学士。

7 月 21 日(六月二十六日)　《申报》报道:"皇上典学预备详纪"。

陆、陈两师傅于十六日谢恩,召见时监国以两大臣为今上师傅起立致敬,并命移坐分庭抗礼。陆、陈两师傅固辞不获,遂坐谈。陆师傅自谓学识浅陋,不敢僭充授读之任,监国未答,随顾陈师傅谓,汝之学问固素优者,当有所见,并即商议课程及授课时间。嗣议定每日午前六时入内授课。及十七日,两师傅谢养廉与朝马恩召见时,则又以皇上冲龄,典学当节劳固养,因改自八钟起闻。皇上好学甚,且能作径尺大字,前年之冬南书房翰林即有获赏者,此次赠英皇加冕礼,亦有皇上御笔云。

此次选择师傅阁臣原保五人,一为陆中堂,一为陈侍郎,一为刘院使仲鲁,一为劳从学玉初,馀一未详;陆以资格胜且早有成议,陈侍郎则由特简也。

毓庆宫陪读人员关系至为重要,监国意欲择品行优良、长于古今中外学术治术,具有根底者,方可充任。日前陆、陈两师傅召见时,嘱令延访堪胜陪读人员,开学荐闻。陆中堂颇属意赵侍御启霖、邹太史福保、汪参议荣宝;陈侍郎则属意李侍郎家驹、达侍郎寿、章院副宗祥诸公。监国并提及张殿撰謇及汤运司寿潜两人,闻陆海军廞、洵两大臣以今上典学伊始,除文学外,尤须参以军事教育,谓世界各国元首无不躬环甲胄,亲列戒行,现值国家整军经武之际,尤尝[当]培养圣功,以植尚武始基,日前曾将此商之军谘大臣涛、朗两贝勒,深表同情;遂同谒监国,请于陪读人员中加入知兵大员,随时启迪圣心,并请陆、陈两师傅于进讲时间取中外历史关于武功者,反复讲授。体操一门亦须列入逐日功课中。监国甚韪其议。　　　　——《申报》1911 年 7 月 21 日

7 月 27 日(闰六月初二日)　溥仪召见。

闰六月初二日,召见内阁总协理大臣、陆中堂、陈宝琛、伊克坦。

　　　　——《申报》1911 年 7 月 28 日

7 月 29 日(闰六月初四日)　与陆润庠、伊克坦同上奏,拟定溥仪授读时间、课

程等事。

系为初二日特旨召见，饬订皇上典学逐日课程并进讲时间、分时授读各事，遵即会订缮折具奏。当日荷蒙监国将该原奏进呈隆裕太后御览，如有更订，再候懿旨，敬谨遵办。　　　　　——《大公报》1911 年 8 月 1 日

8 月 1 日（闰六月初七日）　侄陈懋鼎授外务部左参议。次日上"谢侄懋鼎授外务部左参议折"，见《沧趣楼诗文集》第 884—885 页。

本月初七日内阁奉上谕："陈懋鼎着转补外务部左参议。钦此。"
　　　　　——《沧趣楼诗文集》第 885 页

8 月 2 日（闰六月初八日）　补授正红旗汉军副都统。

以候补侍郎陈宝琛为正红旗汉军副都统。
　　　　——《德宗景皇帝实录》附《宣统政纪》卷 57 第 1020 页
　　　　　　　亦见《申报》1911 年 8 月 3 日
　　　　　　　《内阁官报》1911 年 8 月 10 日

闰六月初八日，奉旨："正红旗汉军副都统，着陈宝琛补授。钦此。"
　　　　　——《沧趣楼诗文集》第 885 页

8 月 3 日（闰六月初九日）　上"谢授正红旗汉军副都统折"，见《沧趣楼诗文集》第 885 页。

8 月 6 日（闰六月十二日）　《大公报》报道："三师保瞻仰毓庆宫"。

日前，陆、陈、伊三师保曾由内务府继、奎[1]两大臣带领至毓庆宫，仰瞻良久而退。闻其原因，系为毓庆宫现今正在装点陈设，监国深恐内务府承办一切，或有失宜之处，致于皇上典学诸多妨碍，故特奏明皇太后，准予陆、陈、伊三师保先行进宫，敬谨查勘，以期措置咸宜。闻该三师保之进宫，此系第一次云。
　　　　　——《大公报》1911 年 8 月 6 日

[1] 继、奎：继禄，工部、吏部侍郎；奎俊，字乐峰，满洲正白旗，瓜尔佳氏，吏部、刑部尚书、总管内务府大臣。

8 月 9 日（闰六月十五日）　汪荣宝来访，不遇。

六时许访陈伯潜，不值。　　　　——《汪荣宝日记》第 225 页

8 月 13 日（闰月十九日）　赴冒广生庆丰楼召饮，缪荃孙、陈衍、曹元忠等同席。

晚冒[鹤]亭少岑庆丰楼之招，陈伯潜、徐庄楚、陈石遗、刘少若、曹揆一同席。
　　　　　——《艺风老人日记》第 2405 页

8 月 14 日（闰六月二十日）　充任弼德院顾问大臣，侄懋鼎兼任弼德院参议。

添铸弼德院印信,从弼德院院长荣庆等请也。颁给弼德院《大清会典》一部。派镶红旗蒙古都统载振、大学士陆润庠、前广州将军增祺、正红旗汉军副都统陈宝琛、候补侍郎丁振铎、姚锡光、前吏部右侍郎沈云沛、广州将军诚勋、前江宁将军清锐、前礼部右侍郎朱祖谋,充任弼德院顾问大臣;内阁总理大臣奕劻,协理大臣那桐、徐世昌,外务大臣梁敦彦,民政大臣善耆,度支大臣载泽,学务大臣唐景崇,陆军大臣荫昌,海军大臣载洵,司法大臣绍昌,农工商大臣溥伦,邮传大臣盛宣怀,理藩大臣寿耆,宗人府宗令世铎,内务府大臣奎俊、继禄,兼任弼德院顾问大臣;以翰林院侍读学士景援、编修施愚、陈云诰,学部郎中恩华,陆军部郎中陶葆廉,前署直隶天津府河捕同知张一麐,为弼德院参议。内阁法制院参议吴廷燮、外务部左参议陈懋鼎、学部左参议林灏深、农工商部左参议诚璋,兼任弼德院参议;翰林院撰文田智枚为秘书长。

——《德宗景皇帝实录》附《宣统政纪》卷57第1027—1028页

亦见《申报》1911年8月18日

授正红旗汉军副都统,充弼德院顾问大臣,并迭受恩赐,赏穿带缍貂褂,派充实录馆副总裁。

——《闽县陈公宝琛年谱》第108页

弼德院人物考。

陈宝琛,福建,翰林院。光绪初年已任阁学,与张文襄、张佩纶、吴大澂、黄体芳、刘恩溥、邓承修、宝廷等号称"清流党"。好陈时务,抨击权贵,声震海内。甲申中法之役,并有论列,乃出为帮办南洋军务大臣,与张佩纶帮办闽浙、吴大澂帮办北洋,同称三帮办大臣者也。时年少气盛,至南洋与曾忠襄议论不合,极抵牾。旋以忧归。忠襄奏军事,于陈极致贬损。后以保徐延旭督师偾事坐落职。家居几三十年,于地方公事多所纠益,充本省学堂总办、铁路经理。今尚初政,以张文襄在枢府所荐,与朱祖谋、程德全同内召,充学馆总纂;旋补阁学,充资政院议员、山西巡抚,未之任,改以侍郎候补,充毓庆宫行走;旋补副都统。自复出后,深自抑晦,无激昂慷慨之词矣。

——《大公报》1911年8月26日

8月15日(闰六月二十一日) 上"谢充任弼德院顾问大臣侄懋鼎兼任弼德院参议折",折见《沧趣楼诗文集》第886页。

8月24日(七月初一日) 陈衍招饮,同席有缪荃孙、毓少丞,曹元忠等。

石遗招饮,酒菜均佳,毓少丞、曹揆一、陈伯潜同席。

——《艺风老人日记》第2407页

8月27日(七月初四日) 邀郑孝胥同赴严复约请。

午后，……伯潜来邀，同车往赴严幼陵之约，归至巳十一点。

——《郑孝胥日记》第 3 册第 1339 页

8 月 28 日（七月初五日） 郑孝胥来访公与公婿林炳章。

十一点，过伯潜、惠亭。

——《郑孝胥日记》第 3 册第 1339 页

8 月 30 日（七月初七日） 邀陈衍、林志钧、程树德[1]等游十三陵。

七月七夕，弢庵都统招同林宰平志钧、程郁庭树德、施蓼观书游十三陵。

——《陈石遗集·侯官陈石遗先生年谱》卷 5 第 2016 页

[1] 程树德，字郁庭，福建闽县人。光绪举人，日本法政大学法律科毕业，历任国史馆协修、法典编纂会纂修、福建法政学堂教务长、国务院法制局参事和帮办、北京大学、北平大学、清华大学教授等职。

8 月 31 日（七月初八日） 同陈衍、程树德、林志钧等游北山沟沟岩，夜宿端方斋归来庵。作七古"同石遗郁庭蓼观宰平游沟沟岩中途阻雨宿白鸽墩归来庵陶斋所营也"，见《沧趣楼诗文集》第 139 页。陈衍作"同弢庵都统游明陵次日将往沟沟崖大雨不果"，见《陈石遗集》第 190 页。

同石遗、郁庭（程树德）、蓼观、宰平游北山沟沟岩，中途阻雨，宿白鸽墩归来庵。庵主端方时在汉南。

——《闽县陈公宝琛年谱》第 108 页

9 月 1 日（七月初九日） 夜宿归来庵，河流甚涨，"仰翻栲栳作舟，使数土人凫水，肩而行"。

是夜宿端匋斋所筑山楼，大雨忽倾盆，两夜一日乃止，将游沟沟崖不果。第三日，公[陈衍]有事须下山。河流甚涨，无舟不得渡。携仆由一铁道轨木达彼岸。半道颇惴惴。弢文诸人仰翻栲栳作舟，使数土人凫水，肩而行。至则满身泥滓矣。

——《陈石遗集·侯官陈石遗先生年谱》卷 5 第 2017 页

9 月 8 日（七月十六日） 溥仪召见。

七月十六日，召见内阁总协理大臣、伦贝子、泽公、陆中堂、陈宝琛、伊克坦。

——《申报》1911 年 9 月 9 日

招宴缪荃孙、唐椿仰、乔茂轩、喻长霖、柯劭忞、张文远、刘廷琛。

……陈伯潜招饮，唐椿仰、乔茂轩、喻志韶、柯凤孙、张文远、刘幼云同席。

——《艺风老人日记》第 2411 页

9 月 10 日（七月十八日） 溥仪今日起在毓庆宫入学，与陆润庠同为溥仪授读，伊克坦教习国语、清文。

早进西苑，巳正散值。今日皇上典学之始，百官补服一日，无礼节，各学堂、住户、铺户挂龙旗。

——《那桐日记》第 698 页

内廷人士记其仪式:

是日黎明,陆凤石、陈伯潜、伊仲平三师傅先入内廷伺候,监国办事后约八句钟恭请皇帝入毓庆宫,至先圣位前行礼,旋请皇上入座,监国带领三师傅及哈哈子弟参见礼毕,有太监口传懿旨:勉励皇帝典学及谕饬三师傅尽心启沃等语。皇帝退位受旨,乃复入座,监国及三师傅亦就座。总师傅陆相国进讲皇帝典学与国家关系之大义。圣听天覃,于陆师傅演讲之语似能领会,且与三师傅均有蔼然亲敬之意。

——《大公报》1911 年 9 月 13 日

溥仪六岁开始读书,地点在毓庆宫。教汉文的师傅有陈宝琛、陆润庠、徐坊、朱益藩、梁鼎芬,教满文的师傅是伊克坦。……学习的主要课程除十三经外,还加一些辅助教材,如《大学衍义》《朱子家训》《庭训格言》《圣谕广训》《大清开国方略》等。……每天的满、汉文功课有:

一满洲蒙古功课:……。

二汉书功课:

生书六刻,大小字二刻,下座五分钟;膳前熟书五刻、用膳二刻;用膳后升座,或批折或作诗或作论,均以五刻钟为准;膳后熟书二刻,下座五分钟;读《唐诗》或古文,均以一刻为准,读《大学衍义》二刻。以上均毕,下书房,共计二十五刻十分。

——《逊清皇室轶事》第 136—137 页

每天上午,陈宝琛、朱益藩教溥仪读汉文,由毓崇(贝子溥伦之子)、溥杰(醇王载沣次子,他在我以后到宫内伴读)伴读,下午则由庄士敦教溥仪英文。

——《文史资料选辑·溥佳:1924 年溥仪出宫前后琐记》第 35 辑第 248 页

宫内在近支王公子辈中为溥仪挑选伴读,决定让我和毓崇(我侄子毓崇,是从溥仪开始读书时,就成为伴读的)伴读汉文,溥佳伴读英文。溥仪还专门发了一道上谕,给我们以"内廷行走,赏紫禁城骑马"的待遇。自此,除夏历逢二放假外,我天天都能见到溥仪,直 1924 年他被驱逐出宫,才告结束。

伴读的书房是在毓庆宫。过去,光绪小时曾在这里念过书,再早则是嘉庆皇帝的寝宫。由于溥仪的老师陆润庠、徐坊、梁鼎芬均已去世,当时只剩下陈宝琛和朱益藩来教汉文,时间定在每天上午。下午的英文课由溥佳伴读,老师是英国人庄士敦。

记得我参加伴读上的第一堂课,是陈宝琛领读《尔雅》,他讲解了一阵以后,便让毓崇带着我们一块念。由于师生关系特殊,老师从未叫单个学生起来背书,或者回答问题,最多只能是在"群鸦噪晚风"式的朗读之后便算完事。总之,实际上是能记多少算多少。在溥仪下课回养心殿之后,经常是太监张谦和大声朗读,让溥仪听一听就算是温功课了。

溥仪生性好动,学习不甚专心。一次因为他嘻嘻哈哈,陈宝琛便正颜厉色地加以规劝,随口念了《论语》中的一句话:"君子不重则不威……"溥仪则顽皮地接声念出:"学则不固主忠信"的下句来,弄得陈宝琛啼笑皆非。

　　　　——《中国新闻社六十年佳作·溥杰:毓庆宫伴读轶事》第 65—66 页

王式通[1]父王蕴斋七十寿辰,撰寿联。

午后到江苏馆祝王蕴斋年伯寿。……又弢庵赠联运:眷侣神仙,吴中偕隐;文章政事,日下扬名。　　　　——《许宝蘅日记》第 1 册第 361 页

[1] 王式通,又名王仪通,字书衡,山西汾阳人,原籍浙江绍兴。光绪进士,历任编书局、学务处等职。

9 月 11 日(七月十九日)　宣统典学移至西苑。陆、陈、伊三师傅入内进讲。

宣统典学移至西苑,由陆、陈、伊三师傅入内进讲。

　　　　——《大公报》1911 年 9 月 15 日

9 月 20 日(七月二十八日)　访郑孝胥。

伯潜来。　　　　——《郑孝胥日记》第 3 册第 1346 页

9 月 23 日(八月初二日)　招约郑孝胥、严复、陈衍。

午后,赴陈伯潜之约,几道、石遗在座。

　　　　——《郑孝胥日记》第 3 册第 1346 页

9 月 24 日(八月初三日)　郑孝胥来访。

过弢庵、惠亭,坐久之而返。　　　　——《郑孝胥日记》第 3 册第 1346 页

9 月 28 日(八月初七日)　访郑孝胥,示绝句五首。

陈伯潜来,示绝句五首。　　　　——《郑孝胥日记》第 3 册第 1347 页

10 月 6 日(八月十五日)　裕隆太后赐席,邀郑孝胥来寓共餐。

陈伯潜以电话约往其寓午饭,以得太后赐席,出以共食。

　　　　——《郑孝胥日记》第 3 册第 1348 页

10 月 14 日(八月二十三日)　访郑孝胥。被推举为帝国宪政实进会会长。

陈伯潜来。　　　　——《郑孝胥日记》第 3 册第 1350 页

帝国宪政实进会开会,陈宝琛被推举为会长,于邦华、姚锡光为副会长,主要成员有赵炳麟、陶葆廉、陈树楷、毓善、康咏、施愚、陈善同、劳乃宣、王式通、喻长霖等。　　　　——《大公报》1911 年 10 月 20 日

10 月 19 日(八月二十八日)　郑孝胥来访。

午后,过端仲纲、伯潜、惠亭,均不遇。……闻武昌今日进攻,匪败退入城。

——《郑孝胥日记》第 3 册第 1350 页

10 月 21 日(八月三十日) 郑孝胥来访,出示梁鼎芬来电陈十项朝事,望公与林绍年同奏陈。

过伯潜谈,示余梁星海来电,陈十事,使伯潜、赞如以言于朝,所言皆不急。

——《郑孝胥日记》第 3 册第 1351 页

八月 湖北革命军起义。袁世凯起任内阁,议推派公南下议和,辞却。陈衍来访于临清宫,晤力钧,知袁世凯允出山。

闻湖北兵变,督、藩署毁,张彪阵亡,瑞帅登兵轮。

——《郑孝胥日记》第 3 册第 1349 页(10 月 11 日)

八月,武昌难作,大局日危,袁世凯方起任内阁,议派有声望者数十人,南下议和,以先君预,辞焉。

——《沧趣楼诗文集·诰授光禄大夫晋赠太师特谥文忠太傅先府君行述》第 593 页

武昌革命军起。……惟有请今上逊位,惜无人敢奏。……摄政王起用袁官保世凯。一日命车访弢丈,途遇洵贝勒便衣坐马车上,扬扬意得甚。至临清宫,晤力轩举,方自载洵处来,询知袁公允出山。

——《陈石遗集·侯官陈石遗先生年谱》卷 5 第 2017 页

10 月 30 日(九月初九日) 溥仪召见。

初九日,召见内阁总协理大臣、□贝勒、陆中堂、陈宝琛、伊克坦、裕芳、尹庆举。

——《申报》1911 年 11 月 2 日

11 月 17 日(九月二十七日) 袁世凯面请分电各省父老代表来京讨论时局。

袁世凯面请陆润庠、陈宝琛、唐景崇等,分电各本省乡父老协勉代表,务必克日来京讨论时局。如有意见尽可请求凯必力任解决。

——《申报》1911 年 11 月 17 日

九月 作“瀛台侍直七月至九月得十六首”,见《沧趣楼诗文集》第 140 页。

有《瀛台侍直》诗十六首,纪七至九月侍直时闻见。上下直憩于随安室。南斋翰林直卢在万善殿西厢。海晏楼为慈禧太后所建,以款女宾者,命张文达(之万)书额。文达请改为海宴,不听。戊申十月大事均在西苑,若有先兆。公亭午下直,阁臣已先退,平章大计,只在俄顷。退食自公,遂无馀事。帝亲书吉语,分赐同直诸臣。公得“永保平安”四字。九月晦,驾还宫矣。

——《闽县陈公宝琛年谱》第 109 页

作“净师别于鼓山二十馀年矣顷复相遇抚今感旧赋呈”,见《沧趣楼诗文集》第

141 页。

公自于听水斋与净名道人别逾廿载,不意复于王城相遇。抚今感昔,为赋一律。
　　　　　　　　　　　　　　——《闽县陈公宝琛年谱》第 110 页

上"危亡在即披沥直陈折",折见《沧趣楼诗文集》第 886 页。

次子懋侗赴日本游学。

公以危亡在即,请摄政王下谕自责,另行组织内阁,参照各立宪国通制,负完全责任。初,内阁改制,以奕劻为内阁总理。至是改命袁世凯组阁,颁布宪法信条,命唐绍仪南下议和。时孙文已在南京就临时大总统职。

遣男懋侗赴日本游学。　　——《闽县陈公宝琛年谱》第 109—110 页

12 月 3 日(十月十三日)　访严复。

停战三日,伯潜来谈。　　　　　　——《严复集·日记》第 1512 页

12 月 8 日(十月十八日)　十月中旬,内阁总理大臣袁世凯派唐绍仪为全权代表南下议和。袁提议公为福建省议和代表,以年老推辞,推严复自代。

那天,锡拉胡同袁邸的客厅济济一堂,在座的除了二十位代表以外,还有秘书、随员等。其中熟人很多,年纪最长的是陈宝琛(伯潜)。他是福建闽侯人,曾任山西巡抚,是新近奉召回京的。不多时,袁世凯着便服出来,见到陈,很客气地说:"这番和议是朝廷大事,所以请老世叔出来。"并希望他"为国宣劳。"陈则谦逊了几句:"近来岁数大了些,身体也不是很好,还是请严又陵(复)去,要好得多了。"

——《辛亥革命回忆录·冯耿光:荫昌督师南下与南北议和》第 6 集第 311—312 页

12 月 13 日(十月二十三日)　严复汉口来信。

致 陈 宝 琛　　　　　　　　　　　　　　　严　复

弢公执事:

别后于十九早动身,车到新郑,适有碰坏车头卧道,以六时工力始得移开通轨,廿一早始得抵汉入寓。此间气象自是萧索,舆论于北军之焚烧汉口,尚有馀痛,民心大抵皆向革军。

复于廿二下午过江,以师弟情分往见黎元洪,渠备极欢迎,感动之深,至于流涕。黎诚笃人,初无意于叛,事起为党人所胁持,不能摆脱,而既以为之,又不愿学黄兴、汤化龙辈之临难苟逃,此其确实心事也。私觌处所不在武昌,而在青山之瓼呢厂,党人有名望者约二三十在彼。谈次极论彼此主旨,语长不及备述。约而言之,可以划一如左[1]:

党人亦知至今势穷力屈,非早了结,中华必以不国,故谈论虽有辨争,却无

骄嚣之气,而有忧深远虑之机。

党人虽未明认君主立宪,然察其语气,固亦可商,惟用君主立宪而辅以项城为内阁,则极端反对。

党人以共和民主为旨,告以国民程度不合,则极口不承;问其总统何人为各省党人所同意者,则以项城对,盖彼宁以共和而立项城为伯理玺得,以民主宪纲箝制之,不愿以君主而用项城为内阁,后将坐大,而至于必不可制。此中之秘,极耐思索也。

无论如何下台,党人有两要点所必争者:一是事平日久,复成专制,此时虽有信条誓庙,彼皆不信,须有实地箝制;二是党人有的确可以保全性命之方法,以谓朝廷累次失大信于民,此次非有实权自保,不能轻易息事。

若用君主,则冲人教育必从新法,海陆兵权必在汉人之手,满人须规定一改籍之制。

以上皆复以二时许之谈所得革党者。至明晨坐洞庭船至沪,到沪如何,尚未可知。然以意测之,大抵相合。以党人代表始皆已至武昌,至十八日因龟山开炮击破武昌,咨议局各有戒心,乃群赴沪,彼等在此之议已有眉目也。人多不便多写,知关忠系,先此草报,书不能悉。敬颂道安。弟复再拜廿三晚。

——《严复集·书信》第502—503页

[1] 原信直行书写,故作"如左"。

12月19日(十月二十九日) 太原新军起义,山西巡抚陆钟琦与其子陆光熙死难。撰挽联:"忠孝一门,风世有人增国重;山河在望,殉官无分愧君多。"

致函冒鹤亭。

致 冒 鹤 亭 陈宝琛

手示读悉,挽文烈联无限感喟,佩服之极。弟数日前已送去,不及就正方家,姑录之以博一哂。下句特一人私言耳。钝宧仁兄。陈顿首。忠孝一门,风世有人增国重;山河在望,殉官无分愧君多。 ——《冒广生友朋书札》第165页

12月29日(十一月初十日) 毓庆宫授读暂停。各省代表南京开会选举孙中山为中华民国临时大总统。

隆裕皇太后召见三师傅,谕以时局危迫,毓庆宫授读可暂行停止。三师傅遂失声含泪叩头,皇太后亦含泪起立。 ——《大公报》1912年1月4日

冬 严复致函

致 陈 宝 琛 严 复

快雪时晴,惟道体安善。今日近局盼早降。

宋稿十七帖新见，能见借数日不？如可，望带来。手上，弢庵师傅台座。复再拜。

　　赞老中尚在陵，今日回京未？　　　　——《严复全集·书信》卷 8 第 101 页

是年　四男懋蒙[1]生。侧室刘宜人出。

[1] 懋蒙：1911 年生，幼殇。

曾习经招饮崇效寺，公有诗"曾刚甫招饮崇效寺花前"，见《沧趣楼诗文集》第136 页。

　　曾刚甫（习经）招饮崇效寺。寺旧有"红杏青松园"，闻现在杨荫伯处，将归诸君，尚未遑也。　　　　　　　——《闽县陈公宝琛年谱》第 110 页

为清宣统刻本《闽诗录》署签。见《全闽诗录》第一册扉页。

张亨嘉卒，吴曾祺撰墓志铭，公书丹。

是年文

在资政院请昭雪杨锐等提案	——《沧趣楼诗文集》第 295 页
谢充经筵讲官折	——《沧趣楼诗文集》第 881—882 页
谢裁缺候改用折	——《沧趣楼诗文集》第 882 页
谢授山西巡抚折	——《沧趣楼诗文集》第 883 页
谢开缺以侍郎补并派毓庆官授读折	——《沧趣楼诗文集》第 883—884 页
谢赏紫禁城骑马折	——《沧趣楼诗文集》第 884 页
谢侄懋鼎授外务部左参议折	——《沧趣楼诗文集》第 884—885 页
谢授正红旗汉军副都统折	——《沧趣楼诗文集》第 885 页
谢充任弼德院顾问大臣侄懋鼎兼任弼德院参议折	
	——《沧趣楼诗文集》第 886 页
危亡在即披沥直陈折	——《沧趣楼诗文集》第 886—888 页

是年诗

祁文恪诗卷为何润夫题	——《沧趣楼诗文集》第 133 页
瑞臣属题两峰上元夜饮图摹本	——《沧趣楼诗文集》第 133 页
二月二日温毅夫御史招同访松旧慈仁寺	
	——《沧趣楼诗文集》第 133—134 页
花朝集花之寺	——《沧趣楼诗文集》第 134 页
苏盦招集江亭时瘦唐将假归	——《沧趣楼诗文集》第 134 页
苇湾禊集	——《沧趣楼诗文集》第 135 页
法源寺丁香开酬赵尧生	——《沧趣楼诗文集》第 135 页

1912 年(壬子　民国元年)　65 岁

中华民国建立,孙中山在南京就任临时大总统。(1.1)

清廷接受《皇室优待条件》,宣统帝溥仪退位[1](2.12)

孙中山向参议院辞任,荐袁世凯自代。(2.13)

南京参议院选袁世凯为第二任临时大总统。(2.15)

袁世凯指使曹锟北京"兵变",在北京就任正式大总统。(2.29、3.10)

临时参议院议决临时政府迁往北京,参议院亦被迫迁京。(4.2)

陈焕章、沈曾植、梁鼎芬等在上海成立孔教会。(10.7)

[1] 隆裕皇太后颁发《清帝退位诏书》等诏书三道,宣布清帝退位。惟皇室仍居紫禁城,用"宣统"年号,人事、宫规亦多依旧,直至 1924 年,溥仪被逐出紫禁城。

1 月 22 日(辛亥十二月初四日)　着赏穿带膆貂褂。上"谢赏穿带膆貂褂折"[1],作七律"赏穿带膆貂褂感赋",折及诗分别见《沧趣楼诗文集》第 888、143 页。

[1]《沧趣楼诗文集》未载上谢恩折月日,当系赏赐后次日。下折同。

　　赏毓庆宫行走大学士陆润庠、正红旗汉军副都统陈宝琛、正蓝旗汉军副都统伊克坦、总管内务府大臣景丰,穿带膆貂褂。并命伊克坦在紫禁城内骑马。

　　　　　　　　——《德宗景皇帝实录》附《宣统政纪》卷 69 第 1261 页

　　本月初四日,内阁奉旨:"陈宝琛着赏穿带膆貂褂。钦此。"

　　　　　　　　　　　　　　　　　　——《沧趣楼诗文集》第 888 页

　　　　　　　　　亦见《内阁官报》1912 年 1 月 25 日(十二月初七日)

2 月 1 日(辛亥十二月十四日)　派充实录馆副总裁,次日,上"谢派充实录馆副总裁折",折见《沧趣楼诗文集》第 888 页。

　　命正红旗汉军副都统陈宝琛为实录馆副总裁官。

　　　　　　　　——《德宗景皇帝实录》附《宣统政纪》卷 69 第 1279 页

　　本月十四日,内阁奉旨:"陈宝琛着派充实录馆副总裁。"

　　　　　　　　　　　　　　　　　　——《沧趣楼诗文集》第 888 页

　　　　　　　　　亦见《内阁官报》1912 年 2 月 2 日(十二月十五日)

2月15日(辛亥十二月二十八日) 　与宝熙等同访张曾敭、劳乃宣于涞水,有诗"十二月二十八日同瑞臣楼樵访小帆韧叟于涞水再叠苍字韵"[1],见《沧趣楼诗文集》第143页。

[1] 此前有"劳韧叟卜居涞水赋诗留别次韵奉和"、"得韧叟涞水书叠前韵为答并柬小帆",见《沧趣楼诗文集》第142页。

　　劳玉初(乃宣)、张小帆两君自国变后相率去京,卜居于畿西之涞水,地迩崇陵。奉安时,小帆曾临哭于此廿八日。公与瑞臣、楼樵同往访之。

　　用元遗山《甲午除夕》韵,次和宝瑞臣见示守岁诗,有"钟簴无惊鼎逐迁,故忧薪积火终燃"之句。　　　　　　　　——《闽县陈公宝琛年谱》第110—111页

2月17日(辛亥十二月三十日) 　除夕。和宝熙守岁诗"瑞臣见示守岁感赋用遗山甲午除夕韵次和",见《沧趣楼诗文集》第144页。

辛亥十二月 　许珏[1]来函。

上陈伯潜侍郎 　　　　　　　　　　　　　　　　许　珏

　　前月中旬晋谒,备聆麈教。忧国之诚,溢于言表,无任钦佩。月杪到京再谒,妄拟一陈管蠡之见。适值公无暇,未得瞻对为怅。君主共和,南北各持一见,然系政体之争,尽可释甲投戈,各行其是,安用涂炭生灵。今且迫协朝廷,妄求逊位。此殆奸人觊觎神器,藉以恫喝国务大臣。天潢近戚,唯阿曲从。四维不张,灭亡将见。幸蒙藩效忠军界,抵抗稍缓须臾。现距停战之期,不过数日,解决之策,尚无所闻。北望舸楼,忧心如捣。前曾拟一说帖,呈递内阁。兹谨录稿恭呈钧览。虽已成偏安之局,较之共和逊位,所保全者尚多,且持此应付各国赔款外债,均不落空。在我尚占先著。惟此稿呈递已逾半月,未闻阁意云何。环顾今日,正色立朝,志扶危局,在帝左右朝夕纳诲者,惟钧座一人。用敢冒渎上陈,傥蒙采择,造膝进言,冀于大局挽回万一,不胜悚惶待命之至。

　　　　　　　　　　　　　　　　　——《复庵遗集·书札五》第11页

[1] 许珏:字静山,晚号复庵,江苏无锡人,光绪举人,出使美、西、秘大臣参赞、出使意大利大臣。

2月23日(正月初六日) 　严复来函。

致陈宝琛 　　　　　　　　　　　　　　　　　　严　复

　　伻来取书,今将至父[1]《文集》四册呈上,中无《李文忠墓志》,意是他人执笔,但第四册最后有事略九首,□观也。此上橘叟师傅台座。复顿首,正月初六。

　　　　　　　　　　　　　　　　——《严复全集·书信》卷8第103页

[1] 至父:挚甫,吴汝纶字。

2 月 24 日（正月初七日）　《申报》报道：民国成立，与陆润庠有辞宣统师傅意，隆裕太后慰留。

　　闻陆润庠、陈宝琛两人自共和宣布后，本有辞职之意。清太后特派人慰留，并谓皇上冲龄正当求学。政权虽让，尊号仍存，务望念受国恩，始终教导云云，陆、陈乃止。

　　　　　　　　　　　　　　　　　　　　——《申报》1912 年 2 月 24 日

　　清帝逊位，改国名为中华民国。孙文辞临时大总统职，由袁世凯继任，定都北京，颁布清室优待条件，规定清帝辞位后，尊号不废，中华民国以外国君主礼相待；辞位后，仍暂居宫禁。或谓公曰："可以退矣。"公曰："吾起废籍，傅冲主，不幸遭奇变，宁恝然遗吾君，苟全乡里，名遗老自诡耶？"遂不去。有《述怀》诗示子侄。

　　　　　　　　　　　　　　　　　——《闽县陈公宝琛年谱》第 110 页

2 月 29 日、3 月 1 日（正月十二、十三日）　北京兵乱，清宫止行礼，作七律"正月十二三夜纪事"，正月十三日续作"次韵楼樵[1]正月十三日因兵乱止行礼感赋"见《沧趣楼诗文集》第 145 页。与实录馆同人摄影留念。

　　夜，京中兵乱，披围戒备非常，谕旨行礼。有诗纪事。实录馆同人摄影留念，有诗。

　　　　　　　　　　　　　　　　　——《闽县陈公宝琛年谱》第 111 页

　　2 月 29 日晚间北京发生兵变，肆行劫掠，放火烧屋，制造不安，实系袁世凯授意曹锟部下发动者。其后 3 月 2 日及 3 月 3 日分别在保定与天津亦有类似兵变。袁之所以如此，其用意在不能南下就总统职，恐离开其北洋兵力老巢也。

　　　　　　　　　　　　　　　　　　　　——《宣统事典》第 159 页

[1] 楼樵：徐坊，字梧生，号楼亭樵客，原籍山东临清，京师图书馆副监督，民国后为毓庆宫行走，溥仪汉文师傅，谥忠勤。鹿传霖婿。

3 月 6 日（正月十八日）　复函劳乃宣。

复劳乃宣　　　　　　　　　　陈宝琛

　　韧公左右：顷奉手书并和沈盦一律，典雅冲和，读之神往。十二之变，起于扣饷，剪发亦由缴刺而成，此军为小站宿练得力之队，故须难于伸。次日遂蔓延尤效，辇下精华顿尽，四郊亦多歧祸，津、保其显著者。日来责言群起，洋兵日夕巡行，恐为干涉之渐。黎电有派兵北来之说。闻武昌日来亦有变，或可中止。其遣去堵防潼关之军，亦是第三镇，或不要倒戈耶。嫂谅无事。沈盦处衣物小有损失，其太夫人在津，想亦住租界，当无妨也。因有此变，各军队复电要南京许袁速即就北组织临时政府，连九衢人踪稀少，市易均停，今晨稍复。禁中唯西华门可出入。弟上直照常。来人急发，匆匆草布，馀容续陈。即颂吟祉。弟琛顿首[1]，十八午后一钟。　　——《历史文献·陈宝琛遗墨》第 16 辑第 115 页

　　[1]"十二之变":1912年2月29日(正月十二日)北京兵变。此函当作于1912年3月6日(正月十八日)。

3月11日(正月二十三日)　致函劳乃宣。

致 劳 乃 宣
陈宝琛

　　韧老足下:两奉手书,率未报,日以为歉。晤沈盦,当知近状。数日来报纸更详。《中国日报》《亚细亚日报》尤善挟发,静公[1]处当见之。清容此时未始不悔,而已授柄于人,不知补牢之策又将安出。南党北来,意在除旧布新,胁之以兵,为千馀人之位置,临时政府移设南苑,正防冲突,都下之安危,旬月间当略可睹。至财政、兵队,南北统一,从何下手。外人眈眈作壁上观,专视奕秋有无高着矣。沈盦谓公料量稽事,已有眉目,至慰。兵乱虽定,而人心陷溺,甚于焚坑,闽在海偶,尤同化外。平陂往复,未知几历年所。弟一时固不能遽归,即归亦恐无地可避世也。逐日犹照常上直,报中所载移居云云,全无影响。现仅开西华一门出入,馀均扃鐍,况郊坰耶。惠读佳什,朴老沉雄,耐人寻味。沈盦谓静丈有苍字韵四律,想酬唱正乐,无任神往。敬请道安!　听顿首,廿三日[2]。

——《历史文献·陈宝琛遗墨》第16辑第113页

　　[1]静公:又作静丈。张曾敭,号渊静。

　　[2]1912年2月北京兵乱,此函当作于此时,1912年3月11日(正月二十三日)。

二月　《穆宗实录》编纂告成。

　　壬子二月间京师稍靖,馆员在京者移书世伯轩,多方筹维,卒能续成全稿。始终其事者为副总裁宝瑞臣熙、郭春榆曾炘两侍郎,而总裁陈宝琛则后来增派者也。馆舍初在东华门内国史馆之北,自穆宗实录告成,馆舍即移为别用,光绪中会典馆政务处皆即其地。

——《近代史资料·徐世昌年谱卷下》总70号第13页

4月5日(二月十八日)　朱益藩母贺太夫人卒,作挽联"有子皆为一姓臣,母仪足可对天下;归家曾无二日病,仙游不肯往人间",见《末代帝师朱益藩》第226页;撰墓志铭,见《沧趣楼诗文集》第445—447页。

5月6日(三月二十日)　致函劳乃宣。

致 劳 乃 宣
陈宝琛

　　韧老坐下:不奉书瞬又逾月。前于静丈函中呈质数诗,当荷鉴正。一春以来,上下内外底蕴毕露,宁置重器于危险,而不肯憾其权利之私,适以资夫田父渔人之利。伊犁、片马警耗频闻,南满亦将发难。而日来举国皇皇,于借款之中梗,其致此之由,则以六国责言于其签约之外,私借比款以餍同盟会。势非监督,不足取信,自侮人侮,自伐人伐,理固不爽。总统[1]此时焦灼特甚,不知总理[2]又有何妙策也。骑省请急,一月到汴修墓。报纸谓其近志已决,并称其去冬力劝东朝退政,厥功甚伟[3],所谓功成□[名]退耶。又有疑其先断旧朝关系,备为第二任总理,则又所谓怀抱国家思想者,亦不敢断其必不然也。惟九重益处于孤危之地,恐不能久安其居。日来正搭凉棚,数日内如得休暇,尚拟就公与静丈一谈。特须视天气如何,不敢豫必耳。日本人一宫氏以《朝日新闻》见示,内有记遗老数则,公与拙存皆与焉,容托人译出寄览。其人盖服膺旧学者,甚致景行之慕也。手此,敬颂道安。橘顿首,三月二十日。

——《历史文献·陈宝琛遗墨》第 16 辑第 115—116 页

[1]总统:袁世凯,1912 年 3 月—1916 年 6 月北洋政府总统。

[2]总理:唐绍仪,1912 年 3 月—1912 年 6 月北洋政府总理。

[3]"称其去冬力劝东朝退政,厥功甚伟":袁世凯劝隆裕退位。此函当作于 1912 年 5 月 6日(三月二十日)。

5 月 10 日(三月二十四日)　访张曾敫、劳乃宣于涞水村居,作七绝三首"三月廿四日再访小帆韧叟涞水村居",见《沧趣楼诗文集》第 147 页。

再访小帆、玉初于涞水村居。　　　——《闽县陈公宝琛年谱》第 111 页

5 月 13 日(三月二十七日)　报刊报道,福建人士将推公等主持福建事务,取代"湘人"。

《太平洋报》言,"闽人将推翻湘人,而以陈宝琛、高凤谦、柯鸿年、郑孝胥等执行政务。若果实行,则同盟会必以炸弹相待"云云。

——《郑孝胥日记》第 3 册第 1416 页

四月　所居临清宫寓斋海棠盛开,侄陈懋鼎(徵宇)有诗。

伯父临清宫寓斋海棠盛开同薑斋墨园四月　　　　陈懋鼎

风廊晴院充燕姬,海棠信与大第宜。修态横生看不足,半酣娇红犹胜肉。见说年芳不待人,岂惜琼筵照高烛。墙头野鸟争繁英,主人尽室方避兵。兵锋不及臣门里,邂逅花时宾客喜。可怜早出恒暮归,酌酒追欢复馀几。自开至残总相亲,炉煞僧房专好春。绿阴一庭剩怊怅,嗟尔东西南北人。

——《槐楼诗钞》第 48 页

7 月 5 日(五月二十一日)　致函劳乃宣。

致 劳 乃 宣　　　　陈宝琛

韧叟我师坐下:书来逾旬,偷颓稽答,至用愧恧。大作五古理完气足,幽燕老将,神勇无匹,读之令人意壮。一宫自涞水归,一晤而别。于公极致拳拳,

得此亦足以答其意矣。评世外人诗,适合于三十年前谢丈枚如之言,其为序,有曰"岂其脱离人境,而有不忍于人世者耶"云云,疑亦气类之感,非有托名者也。新政府成立半年,四方益复多故。处处索饷而反对借债,且以国民捐输变,时有所闻,外债遂因以中梗。清容、子西互相利用,而至于衅终。天随体弱,内事亦少经验,暂以承乏,实属意楚金,特尚非其时,故先回翔三岛间耳。清容当自有深心。惟目下需款至急,而资本团感怀观望。须看个人信用如何矣。美举总统风潮亦甚剧烈[1],康、梁固早见及,闻实有电招梁,故胡攻击甚力,粤于各行省中最涸,乱祸尚未艾也。久不作诗,但有次韵二律,别纸求教,即请道安。橘顿首,五月廿一日。

——《历史文献·陈宝琛遗墨》第 16 辑第 117 页

[1]"美举总统风潮亦甚剧烈":指美国是年总统大选。此函当作于 1912 年 7 月 5 日(五月二十一日)。

六月 端午后与陈衍、林纾等同游西苑。林纾有诗"陈弢庵招游西苑",见《畏庐诗存》卷上第 10 页。陈衍有文"游西苑记"见《陈石遗集》第 474—478 页。陈衍病中为删定诗稿。

初愈,弢庵丈邀游西苑,周行南北海诸胜处。……病中为弢丈删定诗稿,存六百首。 ——《陈石遗集·侯官陈石遗先生年谱》卷 6 第 2020 页

伯兄既逝,弢庵亦复出,在都数年,有作则必商定于余。今年六月,复以全稿属去取。病中尚为圈点数册,约存六百首,劝刊行之。

——《石遗室诗话》第 1 卷第 12—13 页

为橘叟删定诗稿毕书廿八字 陈 衍

又向京尘聚一回,眼看深浅换蓬莱。推敲字句商题字,似为君诗特地来。

——《陈石遗集》第 200 页

8 月 13 日(七月初一日) 致函劳乃宣。

致 劳 乃 宣 陈宝琛

韧老吾师坐下:奉廿七日手书并赐读题鹊山寒食图二绝,清新凄婉,逼真遗山,佩服佩服。津门三宿,仅晤吉卿、清弼、赞虞诸公,馀暑多在医院,与舍亲闲谈,喜其病已十愈六七矣。菊人太保称疾寓津,未及往访。近闻已往青岛[1]。此行忽而中止,均动人疑,或更东为吊客,未承认之先,未审如何接待耳。国会未集之先,恐难遽望统一。纷纭似此,自非数年所能定。惟人不我待,与汉与楚,岂能长为壁上之观。鄙疑孙、黄未必果来,即来亦无甚关系。主者无所往而不用其手段也。沈厂尚未得晤。近得幼云青岛书,则家业荡然,至有事畜之忧,晦若已到,

彼复回津取行李矣。涞既足雨，何复有害稼之虫。近畿则霪潦为患，淹没无算，颇类同治季年。静文仍多见否，病后宜常疏散，公幸有以广之。敬请道安。橘顿首，七月朔日。　　　　　　　——《历史文献·陈宝琛遗墨》第 16 辑第 116—117 页

[1] "菊人太保称疾寓津，未及往访。近闻已往青岛"：徐世昌在 1912 年袁世凯任大总统后隐退青岛。此函当作于 1912 年 8 月 13 日（七月初一日）。

8 月 20 日（七月初八日）　《申报》报道：漳厦铁路员工薪水过高，以致铁路入不敷出。

厦门嵩屿铁路自开办后，总办陈宝琛、工程师王幼谷，每月各支薪金六—八百元，公司内所有人员非亲则友，月支薪洋自数十元以至一二百元不等，以致建筑累年糜款四五百万，成路仅三十里，尚不能达漳州境。上年开车后，日仅收洋三四十元，不敷养路费用。近因轨坏停驶，经某工师往勘，以枕木平放泥上未铺碎石，前月大雨后所有枕木多被水所浸蚀，或陷入泥土中以致车不能行。现正在修筑。　　　　　　　　　——《申报》1912 年 8 月 20 日

9 月 1 日（七月二十日）　次孙继[1]生，懋复次子。

[1] 继：号壬孙，清华大学就读，北京私立中国大学、福建师范大学任教。见《若霖公次房景亮公直系房简谱》第 16—17 页。

9 月 23 日（八月十三日）　亡友高凤歧诞日，与卓孝复[1]至林纾寓所致祭。林纾作"八月十三日愧室生辰余以酒脯祀之春觉斋三年矣是日陈弢庵卓毅斋咸集为礼"，见《畏庐诗存》卷上第 24 页。

[1] 卓孝复：字芝南，号毅斋，福建闽县人，光绪进士，浙江岳常丰道。

9 月 25 日（八月十五日）　天中节作七律和温肃诗"天中节赐纱卷次温毅夫御史韵"，见《沧趣楼诗文集》第 148 页。

天中节赐纱卷，毅夫有诗，次韵和之。——《闽县陈公宝琛年谱》第 111 页

9 月 27 日（八月十七日）　致函劳乃宣。

致 劳 乃 宣

陈宝琛

韧公我师坐下：前奉手书，以沈盦诣前，计能详述近事，遂稽作答。旬日以来毫无善象，而节前累夜风传戒严，奉天侦捕宗社党[1]，报纸所传，不尽有据。新得小借款敷衍目前熙熙之象，视旧官僚盖有过之矣。闽以彭某暴戾无人理，省议会遣代表来京陈诉。现请岑带兵镇抚，而同盟会复出阻拒，地方能不糜烂为幸。前此所传交阃失守，皆讹谣也。承示数诗，清刚拔俗，服膺不置。迩来心绪苦恶，此事遂废。梧生属题鹊山寒食图，以珠玉在前，辄用阁笔，至今尚未交卷。秋深气爽，清兴定复不浅。浏[渊]静常过从否。俄国革命亦起，观

日本乃木大将临终之言，则彼国亦不能无事。然三良之风，后见于衰季，究可以维人纪于不堕也。福曾到涞，当可晤接。手泐，敬请道安。橘顿首，八月十七日。

——《历史文献·陈宝琛遗墨》第 16 辑第 116 页

[1]宗社党：清末民初满族贵族组成的政党，对抗辛亥革命，宗室皇族良弼、毓朗、溥伟、载涛、载泽、铁良等秘密于 1 月 19 日以"君主立宪维持会"名义发布宣言，要求隆裕太后坚持君主政权，反对共和，密谋打倒内阁总理大臣袁世凯，1 月 26 日，同盟会彭家珍炸死良弼。在京满族权贵惶恐不安。2 月 12 日，清宣统帝宣布逊位。宗社党遂告解散。

10 月 28 日(九月十九日)　与陈衍、黄懋谦同游京郊西山秘魔崖，宿狮子窝。有诗"展重阳同石遗嘿园宿狮子窝因过秘魔崖"，见《沧趣楼诗文集》第 151 页。陈衍作"九月十九日与弢庵同游狮子窝次日至秘魔崖两处景物迥异"，见《陈石遗集》第 203 页。

11 月 7 日(九月二十九日)　夜大风，不寐，作七古"九月二十九日夜大风不寐作"，见《沧趣楼诗文集》第 152 页。

12 月 16 日(十一月初八日)　《庸言》第 1 卷第 2 号"诗录"刊"展重阳同石遗嘿园宿狮子窝因过秘魔崖"，署陈宝琛，见《沧趣楼诗文集》第 151 页。

12 月 22 日(十一月十四日)　妹婿刘鸿寿长至日(十一月十四日)自福建来北京，有诗唱和"步溪以长至雪夜来都有诗次和"，见《沧趣楼诗文集》第 152 页。

妹婿刘步溪(鸿寿)长至日自闽来都，时方大雪，有诗唱和。

——《闽县陈公宝琛年谱》第 112 页

冬　二弟仲勉云南曲靖知府弃官回乡，有诗"得仲勉书寄答其意"，见《沧趣楼诗文集》第 152 页。

得仲勉书，知已弃官回乡，寄诗以答。　——《闽县陈公宝琛年谱》第 112 页

是岁，大学士陆润庠卒[1]。以前国子丞徐坊为毓庆官授读，后又命朱益藩同在毓庆官授读。朱，公壬午所得士也。

——《闽县陈公宝琛年谱》第 112—113 页

[1]陆润庠卒于 1915 年(乙卯八月十五日)，《闽县陈公宝琛年谱》作 1912 年"是岁，大学士陆润庠卒"，误。

有诗赠林纾："次韵畏庐石遗唱酬之作"、"叠擔韵答畏庐"，见《沧趣楼诗文集》第 144、154 页。

致弟宝瑨二函。

致 陈 宝 瑨
陈宝琛

仲弟如面：前达一笺当已入览。嫂氏[1]元旦书来，谓弟除夕到家，但言归

橐无所赢。顷琴孙津门来函[2]，则谓辎重尽失，是否传闻之误，系念之极。戊申之秋弟行时[3]，兄望其早归，不意弟归，兄转留滞都下，益信万事皆天，非人所能意必矣。所幸近体差健，过此尚有相聚之日。盖世味饱谙，世变亦已悬揣六七，乐□无□□为听天由命。月前都下兵变焚掠[4]，市廛固一洗而空，京僚中亦有破耗者，幸而获免，已出望外。日昨辞解副都统本缺，专功授读之差，借此息交绝游，稍节浮费。经此番变乱，两宫不敢遽离楚卫，远驻郊坰，旧客进内较便。惟惠亭归后又须拉人同住，珍午[5]因组织国务，南北正在攘争，故全眷仍在大连湾。佺女归省，当知其详矣。南北虽有统一之名，而竞夺权利，纷纷不知何时可已。闽事尚少纷扰，不知究竟如何。弟归后，何□旧交益希。想亦不多进城。昨见陆相[6]之封翁所著《世补》[7]一医书，学理极精，特寄一部，以供翻览，亦可以遣闷数月。近体如何，来函务详及之。佺佺移居尚无□期。草草，即问近好！□□月二日。

　　　　　　——《历史文献·陈宝琛致弟宝瑨手札》第 14 辑第 180—181 页

[1] 嫂氏：陈宝琛夫人王眉寿。

[2] 琴孙：周学基字，广西临桂人，光绪进士，翰林院庶吉士，浙江富阳、诸暨知县，浙江乡试同考官。

[3] 戊申之秋弟行时：光绪三十四年戊申(1908)二弟宝瑨之官云南，有诗赠别。

[4] "月前都下兵变焚掠"：1912 年 2 月，袁世凯就任临时政府大总统，不欲南下就任，唆使北洋军第三镇(师)在北京哗变。此信作于 1912 年。

[5] 张元奇，字珍午，福建侯官人，见前。

[6] 陆相：陆润庠，字凤石，江苏元和人，见前。

[7] 《世补》：《世补斋医书》，清陆懋宗著，分正、续共 9 集，1884 年刊印。

致 陈 宝 瑨
陈宝琛

　　仲弟如握：别三年馀，而世变至此。弟得归休，兄义牵情缚，不能遽老田园，团圞乐聚。南望无限神往。闻吾弟在官亦甚刻苦，归费自亦不赀，途次无遇险否。家中向恃蔗业为用度，固知其非长策，不料夺之之骤。兄不能归，亦不能顾。熏、侗两儿不知艰难，又未成立。此后宜急将门面收束，从事治生。弟与叔毅当时常提撕之。惠亭归后，珍午拟来同居。渠现兼署学部首领，闻当调长民政。徵佺二月初当迁入新居（东城马大人胡同）[1]，现在筹备处，间数日必一来谈，藉知新政府情形也。匆匆见布，馀容续函。即询近祉！兄琛拜手，十二日。

　　珍午眷仍在大连湾，局定后再来此[2]。

　　　　　　——《历史文献·陈宝琛致弟宝瑨手札》第 14 辑第 181—182 页

[1] 徵侄：徵宇,陈懋鼎,见前。

[2] 公于宣统元年(1909)奉旨来京,到写此信时已三年馀,其间辛亥革命爆发,清帝逊位,即信中所谓"世变至此"。此信当作于1912年。

是年 《名人书画集》第一集(澂秋馆藏),上海商务印书馆珂罗版出版。

是年文

朱母贺太夫人墓志铭	——《沧趣楼诗文集》第445—447页
祭李忠定公文	——《沧趣楼诗文集》第473—474页
谢赏穿带膆貂褂折	——《沧趣楼诗文集》第888页
谢派充实录馆副总裁折	——《沧趣楼诗文集》第888—889页

是年诗

赏穿带膆貂褂感赋	——《沧趣楼诗文集》第143页
十二月二十八日同瑞臣楼樵访小帆韧叟于涞水再叠苍字韵	
	——《沧趣楼诗文集》第143页
瑞臣见示守岁感赋用遗山甲午除夕韵次和	——《沧趣楼诗文集》第144页
正月十二十三夜纪事	——《沧趣楼诗文集》第145页
次韵楼樵正月十三日因兵乱止行礼感赋	——《沧趣楼诗文集》第145页
次韵瑞臣春望	——《沧趣楼诗文集》第145页
答小帆用苍字韵见寄	——《沧趣楼诗文集》第146页
题何润夫养园图用卷中祁文瑞旧韵	——《沧趣楼诗文集》第146页
次韵和匏庵宝录馆同人摄影偶志之作	——《沧趣楼诗文集》第147页
三月廿四日再访小帆韧叟涞水村居	——《沧趣楼诗文集》第147页
天中节赐纱卷次温毅夫御史韵	——《沧趣楼诗文集》第148页
得幼云青岛书却寄	——《沧趣楼诗文集》第148页
次韵畏庐石遗唱酬之作	——《沧趣楼诗文集》第148页
黄忠端东坡后游赤壁图为黎露苑编修湛枝题	
	——《沧趣楼诗文集》第149页
力轩举医隐庐	——《沧趣楼诗文集》第149页
题可庄楷书册子	——《沧趣楼诗文集》第150页
哭司直	——《沧趣楼诗文集》第150页
鹅房观获示轩举	——《沧趣楼诗文集》第150页
展重阳同石遗嘿园宿师子窝因过秘魔崖	——《沧趣楼诗文集》第151页
华卿协揆侨居天津感念去岁赏秋海棠用同馆天字韵见寄依和	
	——《沧趣楼诗文集》第151页

1913年(癸丑　民国二年)　66岁

宋教仁在上海遇刺身亡。(3.20)

袁世凯与英、法、德、日、俄五国银行团签订《善后借款合同》。(4.26)

李烈钧在江西宣布独立,沿江各省纷起讨袁,二次革命失败。(7.12、9.12)

同盟会改组为中国国民党。(8.25)

孔教总会在山东曲埠成立,推康有为为会长,陈焕章为主任干事。(9.27)

1月13日(壬子十二月初七日)　三弟宝璐卒于里第,年六十五。作诔文《亡弟叔毅哀辞》,见《沧趣楼诗文集》第471—473页。陈三立撰挽联并撰墓志铭,见《散原精舍诗文集》上册第354页、下册第1008—1010页;沈曾植作"陈叔毅比部挽辞",见《沈曾植集校注》上册第536—537页。

　　弟叔毅暴疾,殁于里第。叔毅治古文辞垂四十年,尤肆力于经,顾不轻著述。通籍后见政俗陵替,祸乱将作,遂绝意仕进。公家居逾廿稔,兄弟相师友。公被征纂礼书,叔毅以礼教于世綦重,劝公赴召。期三年,书成而归。前月书来,愤慨时事,谓将与沪上诸君子集会读经。公心韪之,读其书而悲,不谓遽以是为诀别也。讣闻,公为文以诔之。　　——《闽县陈公宝琛年谱》第112页

　　陈宝璐卒于里居,为作挽诗,后又撰墓志铭。

　　　　　　　　　　　　——《陈三立年谱长编》中册第990页

　　叔毅耽经学,汉、宋兼采;能散体文,能诗,极少作。以庶常改官部曹,闭门乡居,累岁不入城。弢庵哀辞所谓"不名一编,不出一廛"者也。

　　　　　　　　　　　　——《石遗室诗话》第5卷第73页

1月14日(壬子十二月初八日)　致二弟宝瑨函。

致陈宝瑨　　　　　　　　　　　　　　　　　　陈宝琛

　　仲弟足下:昨接虞电,骇恸欲绝。顷得复电,知叔病才两日[1],遽尔不救。其平日少行动,湿痰停滞,时为之虑。加以丁此时世,亦一致病之由。不意三年之别,遂成永诀。痛哉痛哉!弟万里生还,犹有一年之聚,然亦何以为情。迢迢南北,白头兄弟,只我两人[2],兄自知宽譬,不贻弟忧,弟亦当自保重也。

联句当即撰寄。诔文则久不操翰，心如眢井，不知能成否[3]。自昨请假五日，以自抒哀。陆凤老又正以衰病乞休[4]，故不能久假。讣稿拟就寄回，弟为酌之。一切尚须弟为主持，沐侄想早到家。草草先达，馀俟函来再复，即希远照。兄琛拜手，腊初八夕拜上[5]。

　　　　　　　　　　——《历史文献·陈宝琛致弟宝瑨手札》第 14 辑第 182 页

[1] 三弟宝璐于 1913 年 1 月 13 日在福州去世，次日公在京得噩耗后即作此信。

[2] 兄弟六人，此时四人均已去世。仅存公与宝瑨两人。

[3] 诔文"亡弟叔毅哀辞"，见《沧趣楼诗文集》471 页。

[4] 陆润庠，字凤石，见前。

[5] 此信当作于壬子十二月初八日，1913 年 1 月 14 日。

1 月 16 日（壬子十二月初十日）　《庸言》第 1 卷第 4 号"诗录"刊"中秋对月"，署陈宝琛。诗"次韵枚如丈中秋对月"见《沧趣楼诗文集》第 39 页。

1 月 24 日（壬子十二月十八日）　致函二弟宝瑨。

致　陈　宝　瑨　　　　　　　　　　　　陈宝琛

　　仲弟鉴：初八夕所发一缄，当已入览。得来书，果因服破药变证。盖其中气本虚，尚不如吾两人习劳而健也。然总因多食，气滞伤胃而起。此等病吾辈须切戒而豫防之。兄请假五日，而慰视者不绝，徒增愁怆。近又辰出未归，必（心）灰气索。挽联先寄回备用（佺佺拟）。诔文不审能卒成否。心井甚枯竭，且一搁笔则百端交集，枕上构思则通夕不寐，故屡辍也。开吊五七，其十一耶？何不迟些。布溪、熏儿开正必归[1]，沐侄已赴浦否？其妇已向愈否？所延何医，抑弟自诊？亦不可过于慎葸。闽款借尚未成，珍午苦矣。匆匆先布，即问近履！兄琛拜手，十二月十八日[2]。

　　讣文"清"字或单抬，或平抬，可与诸侄酌定。官衔之下可加"礼学馆顾问官"。　　　——《历史文献·陈宝琛致弟宝瑨手札》第 14 辑第 182—183 页

[1] 布溪：刘鸿寿字，亦称步溪。见前。

[2] 此信当作于 1913 年 1 月 24 日。

2 月 1 日（壬子十二月二十六日）　致函张曾敭、劳乃宣，附"叔毅三弟哀辞"。

致张曾敭、劳乃宣　　　　　　　　　　　　陈宝琛

　　静丈、韧公同鉴：归来两月，迄未奉问，意兴灰懒，当在鉴中。本拟年假后再就一谈，日来复因例赏络绎廿九立春，须入谢，兼有筹议裁节经费之事，未能抽身，只好俟之开正矣。两宫均安，惟三殿三海须移交，尚留乾清门内可以暂住，或不至遽迁颐园。然国会议员已略可睹，正式推举，能否稳固，正未可知。

借款之艰滞,外族之伺便,在在危机。二公村居,乐得不闻不见也。元和如愿得太保,称疾辞差,欲为照料,已如所请。惟其所荐之人,尚需考察。功课由鄙与仲平分任,宁迟勿滥,仍属望于韧公也。琛初七日突得叔毅电讣,茹痛不已。时以元和正在乞身,不敢言归,仅请短假五日。此七闽读书种子也,不独寒门之不幸。九月来书,语即极痛,宜其不永。摘录以呈[2],公当亦悲其志而惜我辈之又弱一个耶。渠读韧公诸论议至忻慕,若得数言以光素旌,感且不朽。新作哀词并以呈正。匆匆草布,敬请均安。宝琛顿首,二十六日[1]。

　　　　　　　　——《历史文献·陈宝琛遗墨》第 16 辑第 107—108 页

[1] 陈宝璐 1913 年 1 月 13 日(十二月初七日)病逝。壬子十二月二十九日立春。此函当作于 1913 年 2 月 1 日(壬子十二月二十六日)。

[2] 附件《亡弟叔毅哀辞》,见《沧趣楼诗文集》471 页,兹略。

《庸言》第 1 卷第 5 号刊"大悲寺秋海棠",署陈宝琛,诗见《沧趣楼诗文集》第 127 页。

壬子十二月　释敬安[1],字寄禅,号八指头陀,十月初二日圆寂,北京各界人士于是月发起追悼,列名发起人,作挽联:"槁木此心,尘海梵天何所住;昙花一面,山游诗社竟无缘。"见《古今联语汇选》第四册。

　　昨日有追悼寄禅法师之会,吾亦在发起人之列(吾未到),其发起人(百馀人)之复杂,亘古未有也。最古董之清帝师傅陈宝琛,最暴乱之白愈桓、仇亮皆与焉。——《宝贝,你们好吗?——梁启超给孩子们的 400 馀封家书》第 31 页

[1] 释敬安:俗名黄读山,字福馀,法名敬安,字寄禅,湖南湘潭县人。少以孤贫出家,致力诗文,得王闿运指授,入"碧湘诗社"。曾于宁波阿育王寺剜臂肉燃灯供佛,并烧二指使骈,自号八指头陀,曾任浙江天童寺方丈。辛亥革命后,当选为中华佛教总会会长,时湖南等地发生寺产纠纷,应众邀入京请愿,到京卒于法源寺。

2 月 4 日(壬子十二月二十九日)　立春,邀林纾同食宫中赐春饼。林纾有诗。

旧历小除夕橘叟招余食内颁春饼即席感赋　　　　　　　　林　纾

　　双匮黄封出紫宸,先生留飧尚方珍。才知明日逢除夕,坐想东朝对旧臣。竟有剪灯今夜话,可堪回首隔年春。眼中祖腊分明在,捡取馀怀对酒醇。

　　　　　　　　——《畏庐诗存》卷上第 11 页

2 月 6 日(正月初一日)　清室赏戴花翎,上谢恩折,见《沧趣楼诗文集》第 889 页。

　　宣统五年正月初一,钦奉谕旨:"朕钦奉隆裕皇太后懿旨,陈宝琛、伊克坦均着戴花翎。钦此。"

　　　　　　　　——《沧趣楼诗文集》第 889 页

　　　　　　　　亦见《溥仪文存》第 7 页

2 月 12 日（正月初七日）　九女京贞（师周）[1]生，侧室刘宜人出。

——《闽县陈公宝琛年谱》第 113 页

[1] 师周后适张佩纶孙张允侨（子美）。

2 月 15 日（正月初十日）　林纾赠诗"人日后三日上橘叟癸丑"，作"次韵答畏庐人日见寄"，见《沧趣楼诗文集》第 154 页。

人日后三日上橘叟　　　　　　　　　　林　纾

模糊醉里过人日，醒后方知非故林。许久离家原左计，不曾从宦岂慰心。固言乱世无佳节，幸就诗翁学苦吟。一事却增劳悴感，柳条又长御河阴。

——《畏庐诗存》卷上第 12 页

2 月 16 日（正月十一日）　严复六十寿辰，作诗致贺。《庸言》第 1 卷第 6 号"诗录"刊"寿几道六十"，署陈宝琛。见《沧趣楼诗文集》第 153 页。

2 月 21 日（正月十六日）　致函林绍年。

致 林 绍 年　　　　　　　　　　　　陈宝琛

赞兄大人阁下：去蜡以先弟叔毅之丧，辱荷手书慰存，吉谊深情，衔感无既。其时适因凤相称疾辞差，未便请假暂归，满拟例假期内赴津一领教言，藉倾积愫。人事羁绊，因循未果。明日又须入直矣。珍午不俟的款自随，遽尔任事，卒岁异常危险，因炸弹而中央方勉筹三十万以应急，而迭电辞职，未审是何用意，或谓其已到沪，殊不确也。一省如此，南而粤、赣，北而山、陕，其欲统一似尚难望。垂成之国会，未来之政府，先声所播，亦略可睹。近日辇下又一夕数惊，人心之不靖可知。私忧切切，则以东朝自旧腊即患肝郁，多服凉破之药，近更多所感触，日来颇有险象，万一不讳，后顾不堪设想。今夕内务府总管三人均直宿禁中，不敢出也。公何时移居，春兄近常晤否。草草手此，敬请春安，唯鉴不宣。弟期宝琛顿首[1]，正月十六夜。

——《历史文献·陈宝琛遗墨》第 16 辑第 105—106 页

[1]"去蜡以先弟叔毅之丧"。"东朝自旧腊即患肝郁"。宝璐 1913 年 1 月 13 日（壬子十二月初七日）去世。此函当作于 1913 年 2 月 21 日，正月十六夜。

2 月 22 日（正月十七日）　隆裕太后去世，总理丧仪。作七律"大行隆裕皇太后哀辞"，见《沧趣楼诗文集》第 155 页。

清太后隆裕，自去冬患水肿，诞日勉强出御，甚憔悴。……至翌日午前二时逝世，是日申刻入敛，暂安皇极殿。三时各国务员入吊，清室派世续、景澧、绍英、陆润庠、陈宝琛、伊克坦、那王、博公、睿王、溥伦总理丧仪。

——《申报》1913 年 2 月 24 日

清隆裕太后薨。民国大总统袁世凯亲缠黑纱志哀,通令全国下半旗一日,文武百官服丧二十七日。　　　　　　——《闽县陈公宝琛年谱》第113页

致函张曾敭、劳乃宣。

致张曾敭、劳乃宣　　　　　　　　　　　　　　　陈宝琛

静丈、韧叟均鉴:日前车归甚早,赵联书就候寄。意今日假满,当入直矣。而昨午东朝忽病笃,至夜丑正晏驾。仓率间,请三贵妃出与瑾贵妃同保护圣躬,解除三四年积怨。瑜贵妃人极严明,内事如肯作主,当尚无虑。然来日悠悠,思之心悸也。自去蜡见太医院所开方,皆凉破极重之剂,即以为忧,属为世相言之,并请陆相入诊,而卒以是损耗正气。初十后,遂日以剧。外间未知,疑议纷起。现与相恭理丧礼之列,日须三次进内今日申刻殓奠,安皇极殿,昏昏逐队,不知所为。二公如有所见,幸以见示。草此先布,即请道安。橘顿首,十七日。　　　　　　——《历史文献·陈宝琛遗墨》第16辑第107页

3月6日(正月二十九日)　　梁鼎芬来函,并赠崇陵祭馀羊果,作七古"节庵自梁格庄以崇陵祭馀羊果见饷感赋",见《沧趣楼诗文集》第155页。

致陈宝琛　　　　　　　　　　　　　　　　　　梁鼎芬

鼎芬每日午祭,先帝□以延前随班行礼,分得祭品羊一果二,敬寄闽县陈师傅钧座。鼎芬再拜,宣统癸丑正月二十九日梁格庄上。(梁鼎芬读书印)

　　　　　　——《浙江图书馆馆藏名人手札选》第197页

梁节庵自梁格庄以崇陵羊果见饷。时方主办光绪陵寝事,为清室所授崇陵陵工大臣。　　　　　　——《闽县陈公宝琛年谱》第113页

自崇陵还京,以祭馀羊果赠陈弢庵,弢庵报以长篇古诗。

　　　　　　——《梁节庵先生年谱》第304页

3月22日(二月十五日)　　缪荃荪晤公长子懋复,谈宫中事。

诣沈子培,晤陈伯潜之世兄谈宫中事,甚悉。

　　　　　　——《艺风老人日记》第2575页

3月27日(二月二十日)　　子懋复与郑孝胥谈此事[1];王仁东以公作"叔毅哀辞"示郑。

陈幾士言,应桂馨[2]事连洪水之、段芝贵。……旭庄示伯潜所作《叔毅哀辞》。　　　　　　——《郑孝胥日记》第1458页

[1] 指1913年3月20日宋教仁被刺案。

[2] 应桂馨:名夔丞,字桂馨,原名义衡,又名秉钧,浙江鄞县人。中国近代上海青帮头子,宋教仁案的凶手之一。后被袁世凯刺杀。

铁路同人会诗钟，陈衍、沈瑜庆、梁鼎芬、易顺鼎、黄懋谦等在公处雅集。

　　癸丑二月二十日铁路同人会诗钟之局，到者约二十馀人，而余与节庵、石遗、涛园、默园则在弢老处小集。一在西城，一在东城，相距极远，乃以电话传题，飞骑送卷，互相阅定，从来诗钟会无此热闹者。……弢老一卷云，"诗有前身彭泽澹，策惟举首广川醇。"字字的当。

　　　　　　　　——《庸言·易顺鼎：诗钟说梦》第 1 卷第 11 号 1913 年 5 月 1 日

3 月 28 日（二月二十一日）　妹婿刘鸿寿访郑孝胥，示公及懋鼎、严复唱和诗作。

　　刘步溪来，示伯潜、徽宇、幼陵所作唱和诗。

　　　　　　　　　　　　　　——《郑孝胥日记》第 3 册第 1358 页

4 月 1 日（二月二十五日）　致函劳乃宣。

致 劳 乃 宣　　　　　　　　　　　　　　　　　　　陈宝琛

　　韧公坐下：初旬奉到手书，并读大作，彭泽襟怀，昆山格调，冶而为一。欲和未果，乃并稽于笺复，负疚已甚。东作方兴，近畿均极望雨，尊处何如，念念。廿七日卯时，梓官奉移，午正开车，五点半可到。公与静老驾轻就熟，当能斟酌时刻前到迎接。青长袍褂摘缨想均豫备矣。星海已先往，弟恭送同车一宿而返。绕奠在廿八卯刻，礼成即将开车，匆匆一晤，多恐不能尽言。又虑公与静丈均须回涞，近处或无住宿之所也。先此手布，馀容面谈。即请道安。橘顿首[1]，二月廿五日。

　　静丈并乞致意。　　　　——《历史文献·陈宝琛遗墨》第 16 辑第 110 页

　　[1] 隆裕太后 1913 年 2 月 22 日（正月十七日）病逝。3 月灵柩暂停河北易县梁各庄行宫。此函作于 1913 年 4 月 1 日。

4 月 8 日（三月初二日）　郑孝胥作公弟宝璐挽诗。

　　作《陈叔毅挽诗》。　　　　　　　——《郑孝胥日记》第 3 册第 1459 页

4 月 9 日（三月初三日）　梁启超招集万牲园修禊，有诗征和，公未赴，但分韵作七古一首，诗见《沧趣楼诗文集·梁卓如招集万牲园修禊未赴有诗征和分韵得此字》第 156 页[1]。

　　[1] 诗中有"病里伤春又上巳"句；易顺鼎《琴志楼诗集》有"癸丑三月三日修禊万牲园作歌""万牲园分韵得减字""癸丑上巳饮冰招集万牲园之畅观楼修禊赋诗，余拈韵得十五咸，因用全韵依次押并禁重字"三首（第 4 册第 1268—1272 页）。故此则录入本年是日。

　　是年上巳，梁卓如招客三贝子园[1]修禊，山人[2]与焉。耳其名久矣，及闻其言论，乃大失望，都人奉之若山斗，而山人始终疏之。

　　　　　　　　　　　　　　——《郭则沄自订年谱》第 39 页

[1] 三贝子园：北京动物园前身。

[2] 山人：郭则沄，字养云、蛰云，号筱陆、啸麓，晚号龙顾山人。福建侯官人。郭曾炘子。光绪进士。武英殿协修、浙江温处道、署理浙江提学使。入民国，曾任国务院秘书长。

4月12日（三月初六日） 林纾来函。

致 陈 宝 琛 林 纾

崇陵已叩谒，张在初都统，将引纾于午祭时，随内务府大臣入拜，纾以无职小臣，未便越礼，只哭拜于殿门之外，卫士骇然，纾已不能恤之矣。犬马之情，得以少伸。亦至陵次，恭视工程，果已动土，庀材不少，但未知能否接济，得以蒇事。在茅屋得七古一首，尚未修削，容日呈政。惜梁鼐（鼎芬）不至，不能周览。未知鼐公仍在端否，明日当往候。衣帽奉缴，以昨日始归，忽病嗽不止也。沧趣先生教下。纾顿。

——《林纾诗文选》第 289 页

三月 北京《震旦》杂志第 3 期刊"携子登高"，署"畏庵"，见《沧趣楼诗文集·挈复儿登邻霄台》第 66 页。

招林纾、陈衍、力钧、黄懋谦同游西海子。林纾作"游西海子记"。

赴陈宝琛招。与陈衍、力钧同游西海子，为文记之。

——《贞文先生年谱卷二·林畏卢先生学行谱记四种之一》第 2 页

游西海子记 林 纾

癸丑之春，陈橘叟招余及陈石遗、力香雨、黄默园游西海子，西海子即太液池之旧名。禁中人称瀛台为南海，蕉园为中海，五龙亭为北海。北海多佛寺，且荒悄，遂弗至。至琼华岛，即所谓中海也。登金鳌玉蝀桥，三海尽于一瞭。而恼木汗所建之白塔，隆然高表琼岛之巅，其侧即承露盘则辽后洗妆楼之故址也。明杨文贞、李文达均有记，严分宜"赐游广寒殿诗"序谓：金人载艮岳之石，自汴至燕。每石一准粮若干，俗呼"折粮石"。绕过承光殿，入琼岛，果见其石，杂立位置天成，因太息辽、金、元、明诸朝之经营，殊弗类颐和苑专成于阉寺之手也。磴敧松古，径道回复，绿荫四周，旷燠咸称，乃独以西域胡神狞秽妖厉之形，侍以猛虎，殿于其上，则风景尽矣。南折向瀛台，瀛台一曰"趯"台。旧有昭和殿，馀不见。忆涵元殿者，或即昭和之更名。康熙庚申，益于水边堆叠奇石，种植花树。今自殿后循阑干入山洞中，曲折回绕，即出。水上曰"牣鱼亭者"，仄径可通之。殿后唯瀛台抱水，非桥莫达。余至时，见桥之南北，均有卫士直庐。闻崇陵居此时，东朝令拆去桥板，漏不尽一刻，瀛台与仪鸾殿隔绝消息矣。殿凄寂无人，黄幔四垂。左右两配殿中，凝尘径寸，想见当日崇陵不豫，宫嫔屏息莫至，为可悲也。归途经紫光阁，驰道修广，入林荫而尽明。武宗筑以阅射者,名曰"平台"。台废改为紫光阁。康乾间,为受俘及宴见属国陪臣之所。树荫池影,苍翠万状,今昔历历成为陈迹矣。呜呼,离官别苑,易代而生。人之咨叹者,特资为诗料、撼其古怀而已。余则目击盛衰,今复亲谒涵元之殿,一一怀想,当时悲从中来,有不能自己者。游后经月,而太泄池光,尚隐隐于梦中照余枕席也。

　　　　　　　　　　　　　　　——《畏庐续集·游西海子记》第 60—61 页

5 月 10 日(四月初五日)　　致函劳乃宣。

致 劳 乃 宣　　　　　　　　　　　　陈宝琛

　　韧老兄事:剪灯深谈,行驾远送,此景犹悬梦寐。奉手书,知公与静丈□春定兴归以月朔,正鄙人持伞抠衣出入右掖之时。此雨近畿颇遍麦陇,不嫌过迟否。都下尚自安帖。借款事,俄、日复不在列,其用心固如报纸所言,监督自不得免,第稍变其名耳。然亦国民之不自监督,有以召之,人心至此,不陆沉神州不止。闽则军队皆湘人,正挟旅籍,要求议员专额,日内危险至极,亦无可如何也。一官房次郎[1]来此两月馀,住苏州胡同神田寓宅。旬日后当回本国。昨已代达尊意,渠拟于晚时策马奉访,以致积慕,意公旬日内必不外出耶。谢总兵事,略能撮写数行,以餍其意,先行寄下,至盼至盼。其国本月孔子教会,一官氏方合同志倡立中文学社,顷尚未成,似未定名,容再询之。手此奉复,即请道安。弟琛顿首,四月五日[2]。

　　　　　　　　　　　——《历史文献·陈宝琛遗墨》第 16 辑第 112—113 页

　　[1] 一官房次郎:日本大正-昭和时代政治家。笃信孔孟之学,辛亥后,游历中国各处,曾拜访劳乃宣。任大阪《朝日新闻社》驻北京通信员。

　　[2] 劳乃宣 1912 年 12 月以病请辞,住河北涞水,1913 年 10 月应德国传教士卫礼贤(Richard Wiheim)邀请移居青岛,一官房次郎曾往拜访。此函当作于 1913 年 5 月 10 日(四月初五日)。

5 月 16 日(四月十一日)　　《庸言》第 1 卷第 12 号刊陈衍《石遗室诗话》,有公诗讽林纾译事,并刊丁传靖诗"呈弢庵年丈"。

　　近寓都门,畏庐日以译小说得多金,又喜赌麻雀。弢庵因和诗讽之云"读书博簺等伤性,多文虽富君勿贪。"各用博进故事,而命意相似。

　　　　　　　　　　　　　　　——《石遗室诗话》卷 5 第 72 页

呈 弢 庵 年 丈　　　　　　　　　　　丁传靖

　　海内清光沧趣楼,一林霜橘对高秋。儿童走卒知司马,烟雨灵山老邱侯。宣室鬼神虚此召,贞元朝士渺无俦。一官未称擎天手,误却鳌峰几度游。

　　　　　　　　　　　　——《庸言》第 1 卷第 12 号 1913 年 5 月 16 日

5 月 19 日(四月十四日)　　与林纾、陈衍、高向瀛同游翠微山。

同陈宝琛、陈衍[1]、高向瀛游翠微山。　　——《贞文先生年谱》卷2第2页

[1]据《侯官陈石遗先生年谱》，陈衍是年三月已离京回闽，至十一月始到都。《贞文先生年谱》："四月十四日，同陈宝琛、陈衍、高向瀛游翠微山。"疑误。此条暂作此日。

弢庵阁学招游翠微香山诸寺以谢之　　　　　　　　高向瀛

　　缨绂坠世纲，秉心思邱樊。西山有游约，怀旧销魂□。谓郑宸丹。佳人听水翁，国老今兰荪。拜疏惜夜暮，退食嫌尘喧。嘉招山泽游，笑谢朝市奔。郊坰恣吟眺，清和犹春温。坡平林夹蹬，寺暗月到门。题壁犯疏雨，连舆凌朝曛。悬崖听琴处，俯仰怜争墩。

　　翠华临幸地，悽结循颓垣。某塔是谁代，某洞为何源。卅载身所历，一一皆巢痕。寺僧数乔木，如逢辽金元。佛像见馀爇，庚年多烦冤。此来乐山林，兼识情性敦。喜愠固无累，祸福诚知根。二叟先告归，畏庐、石遗。贱子且忘言。江鸥久浩荡，泥爪偶然存。感激吐深衷，远怀湖上尊。

　　　　　　　　　　　　　　　　　　　　——《还粹集》卷二第13—14页

5月20日(四月十五日)　超社同人在沈瑜庆寓吟集，沈及梁鼎芬、沈曾植(未到)，陈三立、樊增祥、王仁东、缪荃孙等为《听水斋图》题诗。

寄怀陈弢庵师傅京师　　　　　　　　　　　　　　沈瑜庆

　　佳处茅庵冷闭关，未妨取次听潺潺。源清岂有流能浊，中岁还山晚出山。
　　经事无妨置两斋，春风鹿洞与濂溪。诸生讲学差同异，独有论诗脱径蹊。
　　补救何从启沃新，玉泉供养老吟声。为言冲主须强相，调护甘盘旧学人。
　　依旧黄封出大官，头纲八饼赐龙团。臣家亦有君谟谱，忍向江湖理钓竿。
　　落成示我寄怀诗，第二源头更出奇。已怯樊江喧午枕，谁知更有陆沉悲。
　　多时谏果却回甘，世味炎凉已饱谙。一壑暮年专不得，相韩家世独怀惭。
　　星奔同轨幸随同，上食山陵礼未终。又见成连刺船去，曹溪一勺拜宗南。
前月孝定皇太后奉移，弢公属节庵驰书，约赴京叩谒。嗣与节庵先后南归，明日节庵又戒行，赴梁格庄百日祭也。
　　呼吸清空气自高，参与太史与离骚。浪翁水乐无凡响，万里天风上海涛。

　　　　　　　　　　　　　　　　　　　　　　——《涛园集》第67—68页

　　赴沈瑜庆寓所超社第五集，题陈宝琛《听水斋图》。

　　十五日，同人集于涛园沈家湾寓馆，闻公(沈曾植)还澄江未回。诗题为题陈弢庵《听水斋图》，不限韵。次日，同人又公请健老于樊园，集期太密，各有疲意。下次第六期，尚未定日也。持静两书均未见。书收到。复上艺风先生台安。植。

　　　　　　　　——《艺风堂友朋书札·沈曾植第四十七函》第187页

沈曾植有《陈弢盦侍郎听泉图》(《海日楼诗注》卷五)，社作有：沈瑜庆《超社第六集梁节庵属题听水第二斋图寄怀陈弢庵师傅京师》(《涛图诗集》)、瞿鸿禨《涛园作社集题听水斋图即怀陈弢庵师傅》(《悔馀生诗集》卷一)、陈三立《涛园宅超社第六集题听水斋图寄怀弢庵师》(《散原精舍诗续集》卷上)、梁鼎芬《题陈师傅听水斋图十首》(《节庵先生遗诗》)、樊增祥《题弢庵听水斋照片十幅》(《樊山外集》卷五)、王仁东《题陈师傅听水斋第二斋图》(《完巢剩稿》)、吴士鉴《题陈弢老听水斋图即以寄怀超社第五集》(《含嘉室诗集》卷五)。

——《沈曾植年谱长编》第 381 页

陈弢庵侍郎《听泉图》　　　　　　　　沈曾植

潮音仿佛来天上，水大何因遍世间。证到闻根圆彻处，万波无动一波还。
倒挂银河浣六虚，万雷声转阿香车。道人正有安心法，静写蒙泉进讲书。
斋前秀竹万竿齐，舍后春流涨曲溪。静扫鸡鸣庵里地，打钟相讯鬼阇黎。
诗来水乐官声在，琴罢大风海色苍。白日再中云复旦，扁舟安稳返家乡。

——《沈曾植集校注》上册第 594—596 页

陈宝琛听水第二斋筑于光绪三十四年，林纾所见照片为八张，并为绘图；超社众人所见梁鼎芬携归者为照片十张。

——《陈三立年谱长编》第 1016—1017 页

涛园宅超社第六集题听水斋寄怀弢庵师　　　　陈三立

前后听水斋，凤醉涛园咏。梁髯日下还，示图抉幽复。天门琅嬛窟，众象迭相孕。石𪩘篁万竿，嵌影作瘦硬。泻瀑酣笙竽，晨夕满卧听。吾师一往怀，久与鱼鸟盟。伏居三十载，读易泯悔吝。草堂聚英灵，抱古寄孤兴。馀事把吟毫，百家归韵胜。世议起安石，强诀狗九聘。緜蕞文太平，微哂待季孟。最后置讲幄，耆德薄海庆。循廊睨横流，俄顷移大柄。拍手复人国，简策斯未信。岁历驰义和，维斗落槛阱。一寸启沃心，九天以为正。称罍道齐桓，耿耿临千圣。退庐灯火繁，合眼家林映。泉声洗噩梦，泪点晓枕凝。倚伏自关天，出处安若命。作痴从卧游，馈楉领霜鬓。

——《散原精舍诗文集》上册 367—368 页

听水第二斋记　　　　　　　　　　　林　纾

龙泉山在大小妃山之东，有小雄涧，山水越出，前汇于小雄溪。溪石正白，作玉色，矫立倚伏，岩翠倒入照影寒慄，石路宛曲，直通岩局，则元王用文友石山房故址在焉。今阁部螺江陈公筑听水第二斋于此，公旧有斋于石鼓之国师岩，斋成榜以今名，别于石鼓也。余再至方广，乃未游龙泉。

比者公被朝命至京师，出所影图八方视余。乱篠业篁，盘岩折磴，齐箬翼然。凌出万绿之表，飞瀑千尺，湍白溅沫，下趋荡为烟云者，或即所谓仙岩二龙潭耶。余目眩神夺太息公之优游于林泉者二十六年，全闽之山水若专于公之身。今苍赤环起而累公，公其尚能眠狎萝薜，摩弄松栝，屏世事于弗顾，吾固知公之不忍为此也。

昔者温公居洛十五年，久不审有枚卜之事。今公之沉寂于乡党，贬素自立，去温公家居之年，增其十有一焉。乌知夫朝廷念公旧日谏辅之勋，优诏征公，公虽甚有爱于其斋，固将勉起为朝廷来也。

夫沦放林壑之间，贱者之事也。余三年居杭，南北诸山，履屐靡所不至，而吾乡龙泉胜概乃不一窥吾足。今当储买山之钱归，就公斋之次结团焦而居，又洗耳听公居朝之忠概，且必风鲠如前二十六年时，则余山居之乐，宁有穷欤。既以意为图赠公，与公所影者无一似焉。因为记伸其作图之意，所记初不属图也。闽县林纾记。

——《畏庐文集》第60—61页

寄怀陈师傅弢庵先生即题《听水斋图》　　　　陈曾寿

太白何晱晱，独与残月晓。钟鼓梦西清，如见颜色槁。昔我见公初，堂堂送张老。仓皇临夜半，流涕看遗草。平生无党援，死友心能表。张文襄公遗疏，弢庵先生增"不树党援，不事生产"八字。千回郁结意，并世复谁道。清酌陈哀辞，奠罢自焚稿。我时赞几筵，相视何凄悄。萧寺隔重湖，僧房颇静窈。邀筋重九辰，破寂一洒扫。先朝双白发，心苦诗愈好。是岁九日，约弢庵先生、节庵先生饮广化寺中，皆有诗。别来无岁月，合眼金华杳。似闻退休馀，不忍怀鱼鸟。幽幽听水斋，修竹插天杪。披图意空多，征题情慰少。初阳上金茎，昔昔风露早。来日自舒长，论语半部了。闲居三十年，洗耳事幽讨。再出坐子房，伤哉为绮皓。翻然恣翔翔，目极孤鸿娇。

——《苍虬阁诗集》第53—54页

题陈师傅《听水斋图》十首　　　　梁鼎芬

闽县陈师傅命题听水斋所拍照图，时自梁格庄归，携回上海，招同人同观，明日涛园主社，因以为题。林前辈游西湖归，将登泰山，散原殇于樊园花下，此图请樊前辈首唱，乙庵和之，善化相公、子修、州斋、完巢、则书同题。癸丑四月十四日梁鼎芬记。

阅尽千花带泪归，欧公知事与心违。人间亦有王官谷，我欲题诗表圣衣。

器之铁石昔曾闻，袖手关河日已昏。第一清闲公占尽，在山泉水出山云。

摇曳天风挂白龙，千忧万念一时空。世人那解来听此，二寸荒苔得鹿踪。

海屋添筹已六年，词人幼点菊花前。凭栏想见诗怀远，此地重来独怅然。

自注：弢叟前辈六十生日，自听水斋来沪，同伯严治酒为寿，幼点偕行。

　　静坐能窥造化原，世同螳雀日相喧。后山弟子知名久，今夜初逢黄默园。

自注：是日涛园南来，默园新识。

　　抱膝龙川今见之，水心君举各为诗。此中耿耿无能发，杰句高情欲待谁。

　　山中岁月最闲长，酷暑何曾到竹旁。留得几人心不竞，尽将忧愤化清凉。

　　千年治乱事如丝，独坐空山料理时。识得阴阳消长故，天心留作帝王师。

　　朝阳一凤在高冈，风雨蓬莱久未记。沧海近来无好梦，月因恋阙未还乡。

自注：初夏病榻追怀昔年南横街与公连墙，如隔世矣。

　　万竹清风世上无，君思难舍舍江湖。朝衣微温铜仙露，晚月东华又一图。

——《节庵先生遗诗》第 219—220 页

题听水斋照片十幅　　　　　　　　　　　　　　樊增祥

　　弢庵随地写真容，水石亭台面面通。自是画家无好手，江山摄入画图中。

　　一卧闽江二十年，飘萧鹤发老苍烟。只因孝惠招黄绮，劝听宫莺莫听泉。

　　平时浅渚坐垂纶，钓得磻溪寸寸鳞。今日沜鱼更流涕，垂髫天子是门生。

　　泉石山中作玉声，听泉不辨出山行。只须不染昆仑派，纵出山来也自清。

　　老恋君恩也念归，白螺江口旧渔矶。红尘不隔烟波梦，夜夜寋裳入翠微。

　　当年书剑客南皮，为说君家住建溪。身在泉声山色里，一方螺匾暑田师。

庚寅岁，张文襄师语余如此。

　　风满溪亭翠满裾，琅玕万个翠粝然，梁家竹井题诗后，又见丹渊第一图。

　　鼓山亭子置兜铃，烽火春来满福汀。幸是家山不归去，不然声杂鼓鼙听。

　　玉河呜咽绕皇城，不是溪流自在声。每日金鳌桥上过，晚风残月不胜情。

　　移朝改朔每含悽，日历官门似旧时。此是清朝师傅像，大书宣统五年题。

——《樊樊山诗集》第 1909—1910 页

涛园作社集题《听水斋图》即怀陈弢庵师傅　　　　瞿鸿禨

　　洞鳞濡沫忘海角，旧雨班荆欢一握。诸儒弦诵聚鲁中，五星珠纬传闽学。沧趣先生间何阔，长安日远地难缩。梁髯示我听水图，天风海涛生尺幅。火急催题苦急就，心重言长慊未足。云从泥蟠龙在野，衡流衣裛蛇走陆。艰贞问道守空同，寋产沃心贲岩筑。身轻不忍恋江湖，寐短聊堪梦邁轴。君实终无独乐时，少文唯纵卧游目。我昔车驱马江上，尘踪不到王官谷。纵公博物见船官，峨艑龙骧凌万斛，闳规矩制驰域外，石画桓桓伟文肃。将凭周德延九鼎，岂谓汉家丁百六。天意苍茫竟蔫鹑，神州披攘优争鹿。强饮千殇不解愁，应命江头杜陵哭。

——《沈曾植集校注》上册第 598 页

题陈师傅《听水斋第二斋图》　　　　　王仁东

愁云扰扰瞻帝京，海壖踯躅悲吞声。离离禾黍窟狐鬼，独留一柱支天倾。忆公盛年侍经讲，抗疏久负直臣名。乞归田里修子职，脱屣轩冕鸿毛轻。为崱峰头作重九，幽栖小筑初经营。约我看山兼听水，竹笕细溜声玱玲。别来瞥眼瞬十稔，山斋第二俄顷成。一官我尚恋鸡肋，远招偕隐联鸥盟。归软未赋公速出，简书敦迫趋王程。宁知乾坤有反覆，身侪日月同亏盈。疏广忍言乞骸骨，苟叔竭力加忠贞。萧然柴立讲帷晓，想见毵毵霜鬓清。一身安危系天下，在山出山宁异情。长林修竹故无恙，泉流瀄瀄循除鸣。明年还家祀黄石，许我拏舟江干迎。

——《沈曾植集校注》上册第599页

题陈弢庵师傅《听水斋图》　　　　　吴庆坻

儒臣垂白梦攀天，回首沧江廿七年。谁识心肝如铁石？画师只解画飞泉。退食金鳌黯澹春，梦中岩壑镜中身。白头老监犹相识，此是先朝折槛臣。移山填海百无成，话到同光涕泪倾。金水桥边清浅水，玱纵犹答佩珂声。

——《沈曾植集校注》上册第599页

题陈弢老《听水斋图》即以寄怀超社第六集　　　　　吴士鉴

弢老嶔奇人，直声动朝右。风概薄云道，骖靳颂南叟。沧趣缔幽复，廿载淹林薮，诗篇娇南来，循籀不去口。晚幸共朝列，忘年引为友。聚议耻道谋，厕席从公后。巍望桓博陵，旧学竺耆耇。徙倚万善花，指点瀛台柳。书屋敞补桐，睿姿方启牖。海水倐群飞，四隳惊解纽。公最毳毳思，贞心百不朽。王官有岩栖，猨鹤空相守。棽然未曾芟，松桂讵真诱。展图迹已陈，息壤盟终负。而我滞海壖，别公两年久。乡梦落龙泓，琴筑奏清浏。郁纡不得申，蹃蹋亦自丑。微吟无远音，怅望倚南斗。　　　　——《沈曾植集校注》上册第599页

5月21日（四月十六日）　日人宗方小太郎[1]来访。

午后三时与辻至西城访陈宝琛，谨厚之君子人也。革命以来，守节不渝，小心翼翼奉侍宣统帝，与世续并称为清末之双璧。谈话移时归。

——《宗方小太郎日记》第948页

[1] 宗方小太郎，字大亮，日本肥后人。日本海军省间谍。历游北方各省，曾协助著名间谍荒尾东方斋（荒尾精）在上海开办日清贸易研究所，培养间谍多名。甲午中日战争中潜入威海卫军港侦察，暴露行踪后逃脱。所作《中国大势之倾向》《对华迩言》，对甲午战争及战后日本侵华曾起重要作用。

6月9日（五月初五日）　前法部侍郎沈家本卒，为沈遗像题句："研经治律几能兼，硕果秋官见此髯。"见《沈家本评传》第200页。

五月　陈衍寄示游记及诗,作"石遗寄示雨中小雄山观瀑游记并诗率和二绝",又五古"寄和石遗登海天阁诗",诗见《沧趣楼诗文集》第 158—159 页。陈衍文"小雄山观瀑记"见《陈石遗集》第 476—477 页。

五月六日,施蓼观邀招游龙潭,……入小雄口,疏雨来,须臾甚雨,涧石上始揭终硋,昏黑乃至小雄山,止殴庵丈所筑听水第二斋。衣履毛发无一干处矣,然大雨,瀑尤可观。

——《陈石遗集·侯官陈石遗先生年谱》卷 6 第 2022 页

陈石遗自闽寄示《雨中小雄山观瀑》游记及诗,又《登海天阁》诗,得知阁尚无恙。阁左右罅出泉,瀹茶甚甘。故公和诗及之。

——《闽县陈公宝琛年谱》第 113 页

7 月 27 日（六月二十四日）　孙女荷[1]生,懋侗女。

[1] 荷:南开大学肄业。

8 月 1 日（六月二十九日）　《庸言》第 1 卷第 17 号"诗录"刊"任公仁兄招集万生园修禊以病未赴有诗征和分韵得此字补赋奉正",署陈宝琛,见《沧趣楼诗文集·梁卓如招集万牲园修禊未赴有诗征和分韵得此字》第 156 页。

8 月 10 日（七月初九日）　《宪法新闻》杂志刊"失题",署"陈宝琛"。《沧趣楼诗文集》未收此诗。

失　题　　　　　　　　　陈宝琛

翠微禅梦了无痕,小话红尘宿水邨。萧瑟中年俱短鬓,艰难一见又离尊。

寥天闻雁愁回首,长日看棋懒闭门。可爱新霜三百橘,南中风物有馀温。

——《宪法新闻》1913 年第 15 册

9 月 16 日（八月十六日）　《庸言》第 1 卷第 20 号"诗录"刊梁鼎芬诗"题陈师傅听水斋图"十首,樊增祥"殴庵前辈照象十幅署曰听泉图节庵携至上海属题十诗并以奉怀"。

10 月 2 日（九月初三日）　为吕珮芬作"吕君殴庐墓志铭",见《沧趣楼诗文集》第 421—424 页。

10 月 19 日（九月二十日）　沈瑜庆访郑孝胥谈及公欲刻诗集,书法家赵世骏[1]愿为书写。

爱苍来,谈及殴庵将刻诗,江西赵声伯愿为之写本。赵工褚书,余未见之。

——《郑孝胥日记》第 3 册第 1487 页

[1] 赵世骏:字声伯,号山木,江西南丰人,书法与鲁琪光齐名。

10 月 22 日（九月二十三日）　溥仪八岁作诗祝公六十六岁寿辰。

陈宝琛生日,溥仪作四言贺诗一首祝寿。据考证,此为溥仪所作第一首诗,时溥仪八岁。四言诗为:松柏哥哥,终寒不凋;训予有功,长生不老。

——《宣统事典》第165—166页

亦见《溥仪文存》第9页

10月26日(九月二十七日)　《大公报》"文苑"栏刊"柬黄幼瞻丈",署弢庵。见《沧趣楼诗文集·幼瞻丈病间过留饮小楼》第66页。

无意从君廿载游,风涛中著数椽楼。手栽稚树成乔木,眼看新沙替旧洲。文字童年劳强记,典型前辈不多留。经过迟莫休辞数,正藉深杯与写忧。

——《大公报》1913年10月26日

11月16日(十月十九日)　《庸言》第1卷第24号"诗录"栏刊陈衍"辛亥岁暮怀人诗三十二首·陈弢庵、郑太夷"诗:"沧趣忠经当获麟,海藏义不废君臣。王齐反手如疑孟,孔子还闻叹蜡宾。"

12月5日(十一月初八日)　致林绍年两函。

致林绍年　　　　　　　　　　　　　　　　　陈宝琛

赞公坐下:日昨奉复一缄,当已入览。十三以前从者能入都,则十四晨同车行,食宿皆当代筹,并车马亦已托雇。春老能早来,亦可同住,迟则恐有人插入也。扫榻以待,专盼复示,何日何车至,当遣车奉迎。虞祭亦用蟒补,公处当有貂朝裙披肩,乞带借一光。升祔太庙,弟须陪祀耳。手此,敬请道安。弟琛顿首,初八日。　　　——《历史文献·陈宝琛遗墨》第16辑第105页

12月6日(十一月初九日)

致林绍年　　　　　　　　　　　　　　　　　陈宝琛

赞公坐下:昨又寄一函近日当到。顷后□手示种种读悉,住处只在梁格庄。十五卯时行迁真礼,十六申时奉安。随即虞祭,雇车即以备随时往返之用。弟等必须十四日到。若公但送奉安,十五午刻到,原□不可。但十五、十六两日无专车,但挂三等车于寻常客车之次,亦虑拥挤,弟已代公取来头等票一张,跟人三等一张,均系十四第一次上午八点卅分开。务于十三晚车来宿,数客可以同行。弟与同直四人共一公所有,厢房一间可留为公与春榆兄同住。公如厌嚣,到彼再觅静处,先以此为稳着也。尚有一间凤老已为蔚爱、紫东说定。但彼由青岛来,须十五方到。春兄因开名稍晚,仅领得十四日第二次车票十点开,亦是头等车。颂垣托何人觅住处,何时来此,决何日往返,须早留意也。尊复,即请道安。弟琛顿首[1],初九夜。

——《历史文献·陈宝琛遗墨》第16辑第105页

[1] 隆裕去世后与光绪同停灵梁各庄行宫。崇陵 1913 年修缮。1913 年 12 月 13 日(十一月十六日)举行奉安大典。此两函作于 1913 年 12 月 5、6 日(十一月初八、初九日)。

12 月 15 日(十一月十八日)　与沈瑜庆江亭看雪,作七古一首,见《沧趣楼诗文集·十一月十八日同爱苍看雪江亭作》第 159 页。沈诗"同陈橘叟江亭看雪兼柬陶庵默园",见《涛园集(外二种)》第 74 页。

同沈爱苍看雪江亭。　　　　　　　　　　——《闽县陈公宝琛年谱》第 114 页

同陈橘叟江亭看雪兼柬陶庵默园　　　　　　　　　沈瑜庆

西山寒色侵窗棖,觑眼浩浩重关扃。并载耸肩冲冻出,尖叉冷峭谁当听?旧题年月暗尘壁,劫后好事如晨星。昨者旌斾照原隰,珠襦玉匣藏神灵。彤帷雨泪洒阳燠,光景似塞衔悲人。痛定伛偻拨灰话,过市对酌倾空瓶。二客后至赴盛集,遥想宣劝杯无停。禁体号令严白战,主人拥被君当醒。当时入地报分寸,关心丰歉烦明廷。梦寐恍惚那忍说,瑞应屏绝还讲经。高寒天上试回望,玉戏切莫忘江亭。侔色揣称隔梅讯,故乡花事谈伶俜。

——《涛园集(外二种)》第 74 页

恭送奉安崇陵之次日沈涛园十二丈与吾伯父看雪
于陶然亭以诗属和感成长句　　　　　　　　　　陈懋鼎

江亭冬日例看雪,传自前辈承平时。时穷物极百事换,此乐未许后生知。丈人立朝光绪始,与我诸父同趋墀。昨者相从扈先帝,临穴雨泣天为悲。同云千里作阴晦,大地一夕成琉璃。城隈寺门午乍启,二老车辙忽在斯。匍匐恩义事粗了,措意荒寂犹忘疲。龙门清赏渺天上,阳春高曲诧我为。我如寒云顽且痴,两纪坐阅长安棋。颇凭栏槛揽萧瑟,亦解白战交酒卮。佛龛火冷老僧死,北望不见天王旗。周原忍使出螟螣,神灵请命皇穹慈。勤民旧尹必有喜,矧曾与国持旌麾。吾曹何惜伍舆隶,且愿来岁麦两歧。西山于人无今昔,晤对偏爱冠帻敬。墙阴积素行迹绝,尚可十日供君诗。晚来寒甚勿坚卧,起听鹤语尧年思。

——《槐楼诗钞》第 58 页

12 月 18 日(十一月二十一日)　陈衍赴京任教,下榻公寓。

陈衍赴都过沪,与相晤。

案:《郑孝胥日记》十一月二十一日:"叔伊是夜由津浦铁路赴京。"

——《陈三立年谱长编》第 1055 页

九月,京师大学堂两电要任文科讲习。……遂许之。……十一月至都,下榻陈弢老寓。　　　——《陈石遗集·侯官陈石遗先生年谱》卷 6 第 2023 页

12 月 25 日(十一月二十八日)　三孙絜[1]生,懋复三子。

[1] 絜,号矩孙,燕京大学毕业,1949年前曾任中共北京市委秘书、延安中共中央编译部编译员、闽浙赣区党委社会部长。见《若霖公次房景亮公直系简谱》第17—18页。

是年　为汤定之绘纪念王仁堪在镇江政绩《中冷泉图》题首。

　　许宝蘅《为王彦和题中冷泉图》诗注:"可庄先生守镇江,有惠政,殁后二十年,郡人追思祠祀于中冷泉上,汤定之为绘图,樊樊山作祠堂记,赵剑秋书之,陈韬庵题首,郑苏戡赋诗,彦和装成一册属题。

——《许宝蘅先生文稿》第48页

卢榕林因公及林绍年介绍,过上海结交陈三立。

　　癸丑余归自故京,道出春申,应樊园之集,因乡先贤陈太傅弢庵师、林文直健斋介,纳交于散原丈。　——《兴邑上迳总局重修族谱·兴国曾氏五修族谱叙》

俛懋鼎在临清宫公寓,有诗。

临清宫寓斋坐中与平斋匏庵薑斋惠亭话闽事平斋将赴闽惠亭甫来京

陈懋鼎

　　去年涉冬得归省,辽鹤翩然顾间井。今年送客及秋高,落尽鱼龙江海静。故乡一见难久亲,惟喜去来多故人。白面书生谋耕织,三世长者知衣食。忍教曹邻思王风,身是天民强尽力。操锼过墟空叹嗟,颍尾卜筑休当家。匏、薑方居津。登台望乡意已奢,桑梓不剪为龙沙。"桑梓其剪为龙沙乎?"郭璞语。亟须贤相用贤牧,水种新秧山种茶。
——《槐楼诗钞》第58页

陈衍"书沧趣楼诗后",评公诗品。

　　时世变易,昔之诗人为清者,今各为其所自有矣,沧趣先生则断断为清有者也。先生往者退居三十年,诗益阶,有作为与木庵先兄商榷之。先兄没,余偶归里,必以质余。旧岁同在都门,先生尚为清帝师傅,哀平生所为诗,使余删存圈点。为删数十首,存六百首。往往先生在坐,余操不律,存一首,必再三问果可存乎,密圈一句,则若色然以喜。岂余之臧否果足据乎,何虚怀之至于此也。与寒兄弟文字性情狎习之久,痛痒所在,知之较他人亲切耳。余屡劝先生以诗付梓,久之谦让未决。余曰:"吾闽诗学,至有清而衰,先生清诗人之最后劲也,不为己诗计,独不为清诗生色计乎?"若诗之工力品格,余诗话之详矣。不复著云。
——《陈石遗集》第530页

林纾来函。

致陈宝琛

林　纾

　　大作自是叟之本色,荆公有此纤绵,无此温厚也。叟年六十有六,纾年六十有二,然叟诗有悲慨之音,却无哀㤞之语,殆为寿征。纾犬马之债未完,故亦

不见衰蚍,此其天意,欲留遗老耶,抑尚有蚕丝未吐耶? 可发一笑。此复橘叟
先生。纾顿首。　　　　　　　　　　　　　　　——《林纾诗文选》第 282 页

是年文

亡弟叔毅哀辞　　　　　　　　　——《沧趣楼诗文集》第 471—473 页

吕君弢庐墓志铭　　　　　　　　——《沧趣楼诗文集》第 421—424 页

谢赏戴花翎折　　　　　　　　　　——《沧趣楼诗文集》第 889 页

是年诗

次韵答畏庐人日见寄　　　　　　——《沧趣楼诗文集》第 154 页

大行隆裕皇太后哀辞　　　　　　——《沧趣楼诗文集》第 155 页

节庵自梁格庄以崇陵祭馀羊果见饷感赋　——《沧趣楼诗文集》第 155 页

文文肃震孟致刘练江职方永澄手札十通为露苑题

　　　　　　　　　　　　　　　——《沧趣楼诗文集》第 156 页

梁卓如招集万牲园修禊未赴有诗征和分韵得此字

　　　　　　　　　　　　　　　——《沧趣楼诗文集》第 156 页

题韧叟滏麓归耕图　　　　　　　——《沧趣楼诗文集》第 157 页

观王文成书游庐山开先寺闻瑞卿都谏亦往白鹿因简诗题后

　　　　　　　　　　　　　　　——《沧趣楼诗文集》第 157 页

题文衡山自书西苑诗十首　　　　——《沧趣楼诗文集》第 157 页

黄忠端画报国寺前后庭四松应天郊坛左右各一漳浦杨抟九孝廉携以入都
属题　　　　　　　　　　　　　——《沧趣楼诗文集》第 158 页

石遗寄示雨中小雄山观瀑游记并诗率和二绝

　　　　　　　　　　　　　　　——《沧趣楼诗文集》第 158 页

寄和石遗登海天阁诗　　　　　　——《沧趣楼诗文集》第 159 页

十一月十八日同爱苍看雪江亭作　——《沧趣楼诗文集》第 159 页

次韵徐梧生　　　　　　　　　　——《沧趣楼诗文集》第 160 页

1914 年(甲寅　民国三年)　67 岁

袁世凯颁布《中华民国约法》。(5.1)

国民党改组为中华革命党。(7.8)

第一次世界大战爆发,北洋政府宣布局外中立(7.25、8.6)。

日本对德宣战,进兵胶州湾,侵占青岛。(8.23、9.2)

1 月 21 日(癸丑十二月二十六日)　严复来函。

致 陈 宝 琛　　　　　　　　　　严　复

橘叟侍席:

一昨美人义理寿[1]缄言,此番回华拟为久驻寓公。欲累月寻求,难得一相宜可居之屋。其所谓相宜者,其地段处崇文门大街之西、皇城之东、有园亭花石之所。求复面商左右,意满人旧家中或有此项屋宇,欲以典押数年者,用以相告等语。此缄末此将近一月,经复嘱一旗人代为领觅,然尚未得当。

昨有缄来,又询曾否奉告左右。窃意其中或别有用意也。迩来雪后奇寒,复患喘咳颇剧,不能出门奉访,今特疆[疆]起以此书达候教,专覆前途,望察照施行,千万! 此请冬安。小弟复顿首再拜,大寒。

　　　　　　　　　　——《严复全集·卷八·书信》第 103 页

　　　　　　　　　　亦见《严复翰墨》第 67—69 页

[1] 义理寿,Irving Van Gillis,美国驻华公使馆海军武官。

2 月 6 日(正月十二日)　清室赏给文职头品顶戴,并食头品俸。上谢恩折。见《沧趣楼诗文集》第 890 页。亦见《闽县陈公宝琛年谱》第 114 页。

宣统六年正月十二日,奉谕旨:"陈宝琛、伊克坦著加恩赏,给文职头品顶戴,并赏食头品俸。钦此。"　　　　　　——《沧趣楼诗文集》第 890 页

2 月 9 日(正月十五日)　严复来寓诗钟局吟集。

临清宫诗钟局。　　　　　　　　——《严复集·日记》第 1518 页

2 月 10 日(正月十六日)　宣统生日,上乾清宫行礼,受太保衔。

昨为清宣统寿诞,仍升乾清宫受礼。世续迁太傅、陆润庠、陈宝琛、伊克坦

给太保衔。　　　　　　　　　　　　　　——《申报》1914 年 2 月 10 日

2 月 15 日（正月二十一日）　《庸言》第 2 卷第 25、26 号合刊"诗录"刊"石遗寄示登海天阁见怀之作奉酬左壁乳泉甚甘君未必知也"，署陈宝琛，见《沧趣楼诗文集·寄和石遗登海天阁诗》第 159 页。"石遗寄示大雨宿听水第二斋绝句及小雄山观瀑记奉答二首"，署陈宝琛，见《沧趣楼诗文集·石遗寄示雨中宿小雄山观瀑游记并作诗奉和二绝》第 158 页。

2 月 20 日（正月二十六日）　溥仪赏黄绢对联一副："龙蛇走遍老蔓藤，蝌蚪摹传古鼎铭"。见《溥仪文存》第 11 页。

严复来访。

交译稿与卫。到临清宫弢庵处，晤汪沤客。

——《严复集·日记》第 1516 页

2 月 22 日（正月二十八日）　严复赴临清宫诗钟吟集。

晨占卦，得"观之无妄"。临清宫诗钟会。　——《严复集·日记》第 1516 页

2 月 25 日（二月初一日）　宗方小太郎游福州鼓山涌泉寺，至听水斋用餐。

是日将游鼓山之涌泉寺。午前十时乘小火轮离台南，十一时达山麓，上岸，雇山轿上山。一行有：名和中将及海军士官十馀人、前岛、乡田、足立等数人。入闽山第一门，过东际桥，磴道蜿蜒，愈入佳境。满山之松，翠绿欲滴，两侧巨岩绝壁上古今人之题字甚多。十二时半过半山亭，午后一时到达听水亭，开行厨午餐。亭在系间断崖之下，林泉幽邃，甚可观赏，陈宝琛之别墅也。……。

——《宗方小太郎日记》第 981 页

二月　福建漳厦铁路交交通部代管。签订"闽路公司承借交通粤行款项合同"。

闽路定议先修漳厦，……光绪三十二年开工修筑嵩屿至江东桥一段工程，而各股东所认之股款未能如期缴交，致建筑将及三年，需时颇久。……卒因款项不足，中途停工。民国成立，闽省所收路捐，叠经公司呈请照拨，仅准月拨三千圆以资助。……股东迭次开会议决，金以商办既难维持，应请部收国有。

——《交通史路政编第十三册》第 5567 页

福建漳厦铁路由交通部收管。　　　——《闽县陈公宝琛年谱》第 114 页

漳厦铁路近由省呈请交通部收归国有，交通部以一时筹款难，拟暂行由部接管，已经呈明大总统批准。　　　——《大公报》1914 年 3 月 13 日

胡朝梁来访，读陈三立题《听水斋图》诗。

胡朝梁"于弢庵师傅席上读散原师题听水斋图诗依韵赋一首呈二师"：弢

翁水斋图,散师有题咏。就翁写读之,字字幽且琼。吐纳备天机,万象意中孕。岂如寒酸子,苦语夸涩硬。吾庐集众作,沉寥寄视听。谁欤压万流,师主词坛盟。提掖到孤微,有教乃无吝。读诗未读图,已发泉林兴。入春过上元,花事况日胜……我游二师间,穷途得归命。追随发长谣,独抚将衰鬓。

——《陈三立年谱长编》第 1066 页

铅山胡子方朝梁,陈伯严诗弟子,自号诗庐,诗以外无第二嗜好也。尝为人鞠使观剧,自午至酉,万声阗咽中,攒眉搜肠,成五言古一篇,和其师散原"题听水第二斋韵"者。入官署治文书外,日抱其新旧诗稿如束笋,诣所知数里外,商量不勚。其为诗专学山谷,七言律诗中二联,多兀傲平仄,然其笔端实无丝毫俗韵,殊可喜也。

——《石遗室诗话》第 240—241 页

台湾郑如兰[1]卒于辛亥年七月,是年葬于新竹,作墓志铭,墓志铭《沧趣楼诗文集》未收。

郑香谷墓志铭
陈宝琛

公郑氏,讳如兰,字香谷,号芝田,其先同安人。祖讳崇和,字谕庵,授徒台北竹堑,因徙家焉。既没,崇祀乡贤。父讳用锦,字勤亭,遂入籍,为淡防厅附学生。世居新竹北城外水田庄。勤亭公早卒,公赖继母张太夫人抚之成立。公少而儁异,捧册入塾,日记诵倍常童。既长,文誉大起。受知于提学道丁公日健,补博士弟子员,旋拔优等补增广生。屡赴秋闱不第,常侥得复失。公处之怡然,未尝有不平之意见诸词色。公事母孝,太夫人嫠居数十年,奉之如一日。光绪十三年,新竹官绅为公佥请孝友,礼部题准如例;邑中人谋为公建坊,公力拒不许。初,公伯父用钟以善居积,致赀巨万,有弟二人:用锡、用钺,俱以读书起家,一邑称望族,至公业益大。性俭约,衣服饮食无以异于平人,有急每就谋于公。公一一为之区画周至,皆厌其意乃已。一方遇有大役,吏其土者,或束手不知为计。公辄倾巨金为倡,里中富人闻公出,皆鸠赀恐后,故事无不举,如修桥、筑路之役,不可胜数,至今人人能指其地言之。会濒岁多事,如澎湖岁饥、嘉义地震、全台水灾,公皆以身任之。或规之曰:"公如是,独不为子孙计耶?"公曰:"所以为富人者,为其积而能散也。若徒为一身计,则一守财虏耳,虽多何为?且吾癖于爱人,人亦复爱吾之子孙,所得不愈多耶?是即所以为之计也。"闻者大服。公既负一邑之望,凡有司至者,皆礼先焉;然敛抑己甚,从未尝有所干求请托。人以是颂其仁者,亦无不服其介云。公待人曲有恩意,家有田园数千顷,受券而佃者,常百馀人,务使人人皆有生生之资,不以输纳为病,故无一人稍觖望者。公既淡于进取,自乙未之后,割台议成。遂捐弃世务,邀二三知己为真率之会。所居北郭园颇有花木之胜，日与宾客吟咏其中。诗成，辄削其草。东瀛名士，往往觅其片纸以去。今所存者，有《偏远堂吟草》若干卷。公卒于辛亥年七月，年七十有七。娶陈夫人，有贤德，晚岁好佛，先公数月卒，年六十有七。子二：长安柱，翰林院待诏，钦加道衔；次神宝，由国学生捐升同知衔。孙三：肇基，由监生捐升同知，安柱出；次邦瑞；三幼未名，神宝出。曾孙一鸿源，肇基出。安柱等将以大正三年[2]二月初一日，葬公于新竹双溪大崎之原穴。乙辛辰戌，先期来请铭，铭曰：

　　大道既远富为仁痈，毫毛之损丛刺在躯。哲人大观与众殊趋，勇于公义怯于身图。吾力虽惫，吾意则愉。我铭其幽讯诸士夫，贞石可泐，令名不渝。

——上海图书馆藏碑拓片

[1] 郑如兰，字香谷，号芝田，淡水厅竹堑（今台湾新竹）人。光绪十五年（1889）因办理团练有功，授候选主事，赏戴花翎，后加授道衔。有诗集《偏远堂吟草》一卷。

[2] 1895 年后台湾用日本纪年。大正三年为 1914 年。

4 月 7 日（三月十二日）　与林绍年、叶苕棠、林灏深等同游石经山云居寺，有诗见《沧趣楼诗文集·三月十二日同赞虞颂垣朗溪游石经山云居寺次日有上方之游而余先归》第 160 页。

　　同赞虞（林绍年）、颂垣、朗溪游石经山云居寺，次日将作上方之游。公迫于晨课先归，未及同往。　　　　　　　——《闽县陈公宝琛年谱》第 114 页

5 月 10 日（四月十六日）　赴袁励准发起陶然亭雅集，同席王闿运等四五十人。

　　午至陶然亭公宴，见前辈四十五人，设七席，后照相。陈伯潜太保来已将散，又留，别设一席。散又将夕。　　——《湘绮楼日记》第 31 册第 14 页

　　陶然亭雅集之俪启。

　　王壬秋为清末钦赐检讨，年逾八秩，精神矍铄，在吾国文学界素颇称著。此次来京由袁励准发起，遍邀前清翰苑中人于前日（十日）上午十时萃集北京城南陶然亭，为文酒之会，王赋五古一篇，传观索和韵押十灰，诗中用"圣、清"两字加以双抬诗，用蝇头小字书成楷法，与会者计五十馀人，陈弢庵于在京翰林中科分最老，而为清室师傅须入宫，至钟鸣三下始到。

——《申报》1914 年 5 月 16 日

春　得诏命与郭曾炘陆润庠勘定《德宗本纪》。

　　有诏命文安[1]公会同陈宝琛、陆润庠勘定《德宗本纪》。历朝本纪由史官笔之，兹以国史馆裁，即以实录馆人员兼任纂辑，曰勘定者，即昔之稿本总裁也。

——《郭则沄自订年谱》第 40 页

[1] 文安:郭曾炘,谥文安。见前。

6月5日(五月十二日) 《庸言》第2卷第6号"诗录"刊"甲寅上巳前一日月华贝勒招赏所植庭梅同赋",见《沧趣楼诗文集·月华贝勒招赏庭梅》第160页。

6月28日(闰五月六日) 力却赵尔巽[1]拟聘出任清史馆总阅。

清史馆设置总裁赵次珊。此次来京其始对外宣言,此行不过因总统之私谊而来,清史馆总裁一席尚不肯就,继由总统再三相劝,已于日前正式承认就职,不日即可着手组织。闻赵意,于总裁之下设一总阅以总其成,有聘陈弢庵出任之说,惟陈以事忙却之甚力,大约郭曾炘颇有此席之希望。

——《申报》1914年6月28日

[1] 赵尔巽:字公镶,号次珊,奉天铁岭人,汉军正蓝旗。同治进士,翰林院编修。湖南巡抚、户部尚书、盛京将军、湖广总督、四川总督。1914年任清史馆总裁,主编《清史稿》。

7月8日(闰五月十六日) 郑孝胥收到弟孝柽寄来公照片。

稚辛寄来伯潜、梧冈照片。 ——《郑孝胥日记》第3册第1522页

夏 与伊仲平、徐梧生、徐榕生[1]同作齐鲁之游,登泰山,过济南、青岛。在济南晤张应麟,在青岛晤刘廷琛。均有诗。见《沧趣楼诗文集》第161—163页,

作齐鲁之游。与伊仲平及徐延旭子梧生、榕生兄弟同登泰山。公十龄即有望岳诗,至是始得凌绝顶,见登封遗迹。经宿处乃前月玉初所寓,壁有毅夫题诗,知二君均曾过此。雨止俯视,则云海连山,欻作泉百道。后山尤幽峭,岩顶结庐,乘以盘磴。上有古峡,水流不断,景色极佳。闻东转尤胜,未及往也。下山谛玩松态千换,对松有小筑,占断山绿。崩岩当水,博跃益猛。石亭小坐,回看五松,尚有三存。随涧南下,路回涧避,足蹑乱石,水浅可揭。陟岗,则见广坪石经,字明灭可睹。泉出其巅,下与涧合,旁有小庵,因留宿焉。踰岭而西,有龙潭,潜渊无底,下注万仞,盖北来所仅见。因念故乡三迭泉不置。

过济南,同张振卿(应麟)前辈雨中泛舟大明湖,乃公儿时随布政宦游之地。不见六十年,小沧浪馆犹觉眼熟。湖心古亭,布政公咸丰己未重修,历下亭碑记,何绍基所书,现犹完好。

过青岛,晤刘廷琛(幼云)。时欧洲构兵,岛亦戒严。

——《闽县陈公宝琛年谱》第114—115页

[1] 伊仲平:伊克坦,字仲平,瓜尔佳氏,满洲正白旗人,光绪进士,翰林院编修、左副都御史、毓庆宫行走、溥仪满文师傅;徐梧生:徐坊字;徐榕生:徐埴字,山东临清人,徐延旭子。

7月9日(闰五月十七日) 溥仪命裁减宫内官员。

溥仪命裁减宫内官员。内务府原有官员一千零五十五人,裁去二百七十

二人。上驷院、武备院、奉宸苑裁并内务府管理。圆明园裁并颐和园管理。

——《宣统事典》第 167 页

闰五月　薛绍徽（陈寿彭妻）《黛韵楼诗集》雕版四册，为第一、二两册题签："甲寅闰月镵黛韵楼诗集陈宝琛题"。见《黛韵楼诗集》。

7 月 25 日（六月初三日）　严复连致两函。

致 陈 宝 琛　　　　　　　　　　严　复

复启。弢兄师傅台座：

兰吟[1]接到，闻发唱日期处所尚未定，鄙意欲作一东道，以拾五元交尊庖治具，即在尊斋发唱。至于日期应请公与□斋、墨园等商择，因有在津者，不审彼何日可到也。渐热，伏惟珍卫，不宣。弟复顿首。可行与否，望赐答。六月初三。

——《严复全集·卷八·书信》第 104 页
亦见《严复翰墨》第 70 页

[1] 兰吟：当指诗钟吟集。

7 月 29 日（六月初七日）

致 陈 宝 琛　　　　　　　　　　严　复

经宿伏惟，体中安善。呈上席资五餅，祈付尊庖代办。上弢公师傅台座。复再拜，六月七日。

——《严复全集·卷八·书信》第 104 页
亦见《严复翰墨》第 75 页

六月　与旅京同里十六人，集为晋安耆年会。林纾作"晋安耆年会序"。与会者均已五六十岁以上。

集同里陈宝琛、傅嘉年、叶苪棠、曾福谦、林孝恂、李寿田、严复、卓孝复、郭曾炘、陈衍、力钧、李宗言、张元奇、孙宝瑠、郑孝柽，与己十六人，为晋安耆年会，袭宋司马光居洛阳所为耆英会故事也。——《贞文先生年谱》卷 2 第 17 页

晋安耆年会序　　　　　　　　　　林　纾

余客长安十四年，今六十有三矣，而同里陈公宝琛、傅公嘉年、叶公苪棠、曾公福谦年皆长余。而陈公年最高，则六十有七。其去张昌年、张景元尚少三岁，而强健如壮年。余为集，林公孝恂以下十一人合陈、傅、曾、叶四公与余为十六，其中有未满六十者皆与焉，名曰晋安耆年会。会中诸公均长德君子，乱馀又幸得长聚于京师，虽未届富文，然以懿量德素卜之，均可同臻于大耋。方今俗尚污，惊少年多蹇，纵其视敦尚古谊者，往往恣其谲丑，敬长之道，既弛而弗行。吾辈尤宜聚讲道德，叙礼秩，为子孙表式。若纾者行不加修，而业日荒落，幸得追随诸贤之后，领受绪论用自磨治，则馀年之获以进德者，均诸公之所

· 589 ·

赐矣。既为之图且识会之缘起,授吾子孙永永藏之。甲寅六月林纾序。

　　陈宝琛字伯潜,又字弢庵,号橘叟,年六十七岁。傅嘉年,字莲峰,年六十七岁。叶蒂棠,字颂垣,年六十五岁。曾福谦,字伯厚,年六十五岁。林孝恂,字伯颖,年六十三岁。李寿田,字叔芸,年六十二岁。……严复,字几道,年六十二岁。卓孝复,字芝南,年六十岁。郭曾炘,字春榆,年六十岁。陈衍,字叔伊,号石遗,年五十九岁。力钧,字香雨,号医隐,年五十九岁。李宗言字畲曾,年五十七岁。张元奇字君常,号薑斋,年五十五岁。孙宝瑄,字幼毂,号石叟,年五十五岁。郑孝柽,字稚星,年五十一岁。

——《畏庐续集·晋安耆年会序》第11—12页

题林畏庐《晋安耆年会图》　　　　严　复

　　长笑昌黎说霜菊,苦言晚何须好。微生蜂蝶幸遭逢,复云婉娈死相保。纾也壮日气食牛,上追西汉摛文藻。十年大学拥皋比,每被冬烘笑头脑。虞初刻露万物情,东野受才逊雄鸷。兴来铺纸写云山,双管生枯兼润燥。自言得法自吴墨井王石谷,定价百金酬译藁,文章艺事总延年,六十容颜未枯槁。苦遭恶俗不相放,儿童项领欺华皓。归来洛社聚耆英,抵制少年老吾老。岂知世运久更新,肮脏人生苦不里。君看画里十三人,一已墓门将宿草。林君伯颖已于七月化去。不如及早竖降旗,成功者退循天道。更将此意向橘叟会长,渠指岁寒松合抱。

——《严复集》第2册388页

8月31日(七月十一日)　访严复,严交来三子严琥[1]八字和照片。

　　弢庵晚来谈,付以琥之八字,照片。　　——《严复集·日记》第1519页

[1] 严琥(叔夏)后娶公外甥女林慕兰,即台湾辜振甫夫人严倬云、作家严停云(华严)姐妹的父母。

9月19日(七月三十日)　浙江归安金焘卒,丙辰年八月葬于乌程先茔。作"金君沁园墓志铭",见《沧趣楼诗文集》第426—427页。

9月30日(八月十一日)　郑孝胥收到弟孝柽寄来公游泰山诗[1]。

　　稚辛寄来弢庵《游泰山诗》。　　——《郑孝胥日记》第3册第1532页

[1] 即《沧趣楼诗文集·登岱同伊仲平徐梧生榕生兄弟》第161—162页。

10月16日(八月二十七日)　晋安耆年会公饯张元奇。

　　耆年会公饯张珍午,欢饮李心冶,在陈宅。

——《严复集·日记》第1519

10月25日(九月初七日)　招陈衍、林纾等人游玉泉山,登妙高塔。公有诗,见《沧趣楼诗文集·九月七日游玉泉山登妙高塔》第163页。林纾、陈衍作同名"游

玉泉山记"。陈文见《陈石遗集》第 564—565 页。

九月七日，同弢庵丈游玉泉山别馆。

——《陈石遗集·侯官陈石遗先生年谱》卷 6 第 2024 页

九月初八日[1]，赴陈宝琛招游玉泉山。 ——《贞文先生年谱》卷 2 第 17 页

游玉泉山记　　　　　　　　　　林　纾

甲寅九月，橘叟招游玉泉山。方余游颐和苑，时苑中已见妙高塔矣。是日命车出西直门十二里至海甸，又十一里及静明园外，得券始入观园。盖埒全山而据其胜者也。……橘叟、石遗、林仲枢、宰平兄弟登塔，余止小亭之下，老柏敷阴畞许，坐阶石上，东望昆明湖……。方康乾殿盛，畅春、圆明二苑，水石台殿花木之位置多文人为之属稿。独颐和苑罄天下财力拘诸阉人之手，视二祖之经营既远，况又以土木胎天下之乱。自戊戌讫辛亥，宇内无宁日。今余登兹峰而望昆明，楼殿存而时代非，能无动今昔之悲耶！橘叟诗笔深入临川之室，必有诗纪其胜。余不恒为诗，但为之记。时重阳前日，同游者九人，橘叟最健。

——《畏庐续集·游玉泉山记》第 61—62 页

[1] 日期误，今据陈衍年谱及林纾文。

11 月 9 日（九月二十二日）　请严复饭。

到陈宅饭。接丁太电，由闽来。　　　　——《严复集·日记》第 1519 页

11 月 10 日（九月二十三日）　六十七岁寿辰，缪荃孙来访。

伯潜生日。寄丁太快信一封，付款 350 元。

——《严复集·日记》第 1519 页

拜江叔海、马积生、陈伯潜、郭春榆、李经畲、陆中堂、郭□、念敏、杨惺吾。

——《艺风老人日记》第 2764 页

11 月 14 日（九月二十七日）　访缪荃荪。

陈伯潜、梁心海、杨味云来。　　　　——《艺风老人日记》第 2766 页

11 月 19 日（十月初三日）　缪荃荪来访。

拜江叔海、陈弢庵。　　　　——《艺风老人日记》第 2767 页

11 月 24 日（十月初八日）　宴请缪荃孙、顾麟臣、柯劭忞、乔树枏、梁鼎芬、张君立、江瀚等。

陈弢庵招饮，顾麟臣、柯凤孙、乔茂轩、梁心海、张君立、江叔海同席，菜极佳。

——《艺风老人日记》第 2768 页

是年　11 月四孙纮[1]生，懋侗长子。

[1] 纮：号甲孙，北京辅仁大学、燕京大学就学，英国剑桥大学留学。历任福建省银行香港

分行经理,中国银行香港分行高级副经理、南洋商业银行董事兼总经理、中国银行董事会董事兼香港分行顾问,第五届全国政协委员兼广东省人大代表,第六、七、八届全国人大香港地区代表,香港特别行政区第一届政府推选委员会委员。

懋蒙殇。

是岁,男懋蒙殇。 ——《闽县陈公宝琛年谱》第 116 页

摄政邸大部园子由郭则沄拟名,公书额。

时国务卿、左右丞,以退瞩楼为治事之所,参议则于颐年堂,以集灵围摄政邸为政事堂公所,其四院之后乐堂,山人所栖止也。更西为园,有涵万阁、晚晴簃诸胜,其名皆山人所拟,而弢师书额。 ——《郭则沄自订年谱》第 42 页

与沈瑜庆、陈衍、王允皙、何振岱等修葺福州小西湖宛在堂,堂成,增祀林则徐、林寿图、叶大庄、谢章铤等。陈衍作"重建西湖宛在堂记"。

福州浚小西湖,兼修湖上诸名胜。林惠亭炳章董其事,并重建宛在堂。

初,公[陈衍]曾与何梅生、王又点诸人议修此堂,资无所出,沈爱苍丈由江西布政使任上,捐饼金一千圆,存陈弢庵丈当铺生息,至是拨用。堂成。

——《陈石遗集·侯官陈石遗先生年谱》卷 6 第 2025 页

吾乡小西湖有宛在堂,在水中央小孤山开化寺之旁。

癸丑里居数月,与何梅生、王又点、龚愒庵诸人为觞咏之集。一日集林雪舟寒碧楼下,谋修复之。是岁冬月,余复至都,爱苍亦在,因商弢庵,拨款兴工,由林惠亭料理。适惠亭主水利局,浚湖修堤,重建澄澜阁。此堂于次年落成。

——《石遗室诗话》卷 21 第 319 页

与林纾共同鉴赏宫中借出董其昌《江山万里图》等书画真迹。林纾有诗纪事。

题退思斋画影 林 纾

沈君集画成画史,开卷即见吴道子。吴生云辇貌天帝,画苑馀事乃剩此。自唐及宋均名笔,宣和御墨尤观止。景阳宫里轴五百,蠹蟬饱袄澄心纸。陈伯潜为余言景阳藏五百馀轴。道君长卷仍幸存,筠从州上人长已。髯松细笔貌毛君,芦花十顷斜阳紫。人间竟得餍尘眼,螺江太保取诏旨。梅花道人更奇警,玄宰长江写万里。以上诸轴皆伯潜假从景阳宫者,吴仲圭二长卷精妙无伦,而香光之《长江万里图》墨气尤非近人所能梦见。周臣亦有《长江万里图》,均同时假得者。饱观竟日未临摹,胡敢蝇头书纸尾。宁似塞翁简遗逸,真本丹黄恣描拟。伯几真迹最珍异,林峦秀出涵烟水。贞居别字亦伯雨,收藏不后英光米。黄君号与贞居同,赏鉴名家差可拟。假君纸本恣君临,细皴突过龙眠李。嗟馀简率无可道,四圣源难探祖祢。吴生拓本果见赐,问津或可从此始。

——《畏庐诗存》卷上第 27—28 页

《小说月报》1914 年第 5 卷第 8 期刊"江亭吟集赋似太夷社主"，署弢庵。

《文艺杂志》1914 年第 9 期刊"题何梅叟养园图用卷中祁文端原韵"，见《沧趣楼诗文集·题何润夫养园图用卷中祁文端旧韵》第 146 页；"三月廿四日再访渊韧二叟涞水村居"，见《沧趣楼诗文集·三月廿四日再访小帆韧叟涞水村居》第 147 页；"壬子正月十二十三夜纪事"，见《沧趣楼诗文集·正月十二十三夜纪事》第 145 页；"次和沈乙庵守岁感赋用遗山甲午除夕韵（辛亥）"，见《沧趣楼诗文集·瑞臣见示守岁感赋用遗山甲午除夕韵次和》第 144 页；"次韵奉和韧叟吾师归耕滏麓出都感赋之作即以送行（辛亥）"，见《沧趣楼诗文集·题韧叟滏麓归耕图》第 157 页。均署陈宝琛。

《文艺杂志》1914 年第 10 期刊"和净师原韵辛亥"，见《沧趣楼诗文集·净师别于鼓山二十馀年矣顷复相遇抚今感旧赋呈》第 141 页；"中秋对月"，《沧趣楼诗文集·次韵枚如丈中秋对月》第 39 页；"十一月十六日望耕亭晚眺怀枚如丈"，见《沧趣楼诗文集》第 66 页；"鼓山觅竹坡题句不得怆然有赋"，见《沧趣楼诗文集》第 9 页。均署陈宝琛。

《文艺杂志》1914 年第 12 期刊"长乐谢枚如先生八十寿序"。见《沧趣楼诗文集》第 320—322 页。署陈宝琛。

是年文

谢赏给文职头品顶戴并赏食头品俸折　　——《沧趣楼诗文集》第 890 页

金君沁园墓志铭　　　　　　　　　　——《沧趣楼诗文集》第 426—427 页

是年诗

月华贝勒招赏庭梅　　　　　　　　　——《沧趣楼诗文集》第 160 页

三月十二日同赞虞颂垣朗溪游石经山云居寺次日有上方之游而余先归

　　　　　　　　　　　　　　　　　——《沧趣楼诗文集》第 160 页

登岱同伊仲平徐梧生榕生兄弟　　　　——《沧趣楼诗文集》第 161 页

不见明湖近六十年过济南同张振卿前辈雨泛饮于湖榭

　　　　　　　　　　　　　　　　　——《沧趣楼诗文集》第 162 页

过青岛晤刘幼云属题潜楼读书图时欧洲拘兵岛亦戒严

　　　　　　　　　　　　　　　　　——《沧趣楼诗文集》第 163 页

姚叔节解元属题张亨甫先生题寄按公石田画卷

　　　　　　　　　　　　　　　　　——《沧趣楼诗文集》第 163 页

题邓铁香鸿胪遗墨　　　　　　　　　——《沧趣楼诗文集》第 164 页

日本提出二十一条要求。（5.9）

筹安会宣告成立，杨度为理事长，孙毓筠为副理事长，严复、刘师培等四人为理事，鼓吹帝制。（8.14）

袁世凯僭帝号，改国号为中华帝国，以明年为洪宪元年。（12.12）

唐继尧、蔡锷等通电各省宣布独立，举蔡锷、李烈钧为护国军总司令讨袁。（12.25）

陆润庠卒，年七十五。（9.23）

2 月 6 日（甲寅十二月二十三日）　超社吟集。

　　超社廿六集，子培、弢庵、篁楼、子姓、伯年、贻叔同席，题为《题林文忠公手札》。
　　　　　　　　　　　　　　　　——《艺风老人日记》第 2789—2790 页

2 月 19 日（正月初六日）　年假结束，毓庆宫开学。清宫旧例，每月逢二日（初二、十二、二十二日）无课，假日温书，每年除夕日封笔至初五为年假。是日开学首日依例赏各师傅宫中所藏朱锭与御墨等。见《宣统事典》第 167—169 页。

2 月 26 日（正月十三日）　溥仪生日，赴乾清宫贺寿。

　　今日（阴历正月十三日）为清宣统帝十岁寿辰。定黎明时由清帝先向瑾、瑜二太妃行礼，礼毕驾返乾清宫受贺。……清太傅陆润庠、陈宝琛、伊克坦等定清晨七时向清帝致贺。闻清帝极优礼师傅，已先期嘱内侍传陆、陈诸太傅称老先生等，祝贺实不敢当。
　　　　　　　　　　　　　　　　——《申报》1915 年 3 月 2 日

3 月 25 日（二月初十日）　《小说月报》第 6 卷第 3 期刊"留别豫生"、"检箧斋手札怆然有感"，署陈宝琛，见《沧趣楼诗文集》第 60、61 页。

5 月 20 日（四月七日）　世续约那桐在东兴楼宴请，与陆润庠、伊克坦等同席。

　　晚赴世伯轩东兴楼之约，同席者陆凤石、陈伯潜、伊仲平、徐梧生、继子受、增寿臣等，亥正归。
　　　　　　　　　　　　　　　　——《那桐日记》第 800 页

5 月 27 日（四月十四日）　同黄懋谦、林志钧游上方山，至兜率寺，作七古三首，归后作"四月十四日同嚖园宰平游上方山至兜率寺"、"览一斗泉憩华严洞归过十方院白牡丹正盛开"、"晨循摘星陀游云水洞"、"自上方归柬赞虞"诸诗。诗见《沧趣楼诗文集》第 164—166 页。

　　同嘿园、宰平游上方山，至兜率寺。公尝言畿南诸山以房为最。房即上方，峻而且阔，宛然如室，故以房名。其入口处，绝壁重重，宛转入山，则两边皆峭壁插天，中通一道，宽不数武，湮其半如沟，山泉占之。壁数武一转，公诗所谓"折盘开阖路几绝，数武一换山阴阳"也。如是两三里，乃上石磴，约三百级，铁炼界之，旁则飞流争道矣。云梯庵为上方门户，登兜率门，则两峰壁立，中砌石级，铁锁高垂，三转至毗卢顶。由梯下瞰，陡落百尺，两崖削壁。夏雨时梯半以上皆云，环梯皆为悬瀑，云梯峭绝，行必猿引。故公诗云："云梯猿引犹能上，宕洞蛇引幸免创。"幸后有微径，石钟乳嵌空，松萝倒挂。有泉淙淙，则一斗泉也。南下一洞，曰"华严"，泛茗小憩。归过僧院，院名"十方"，白牡丹方盛开，异香扑鼻。阴洞盖谓云水洞，篝火深入，行五六日犹莫究其源。今洞径荒塞，可游仅至九洞。公等晨循摘星陀折旋斜上，忽双崖中豁，下磴得洞。一洞犹隐隐见影，二洞即黯黑无光。入三洞，倏高广，燎炬犹不见顶，但见雪山危坠，断塔横陈，扣石能作众响，笑语辄作洪膺。而燎光瑟缩，不敢复进矣。

　　　　　　　　　　　　　　　——《闽县陈公宝琛年谱》第 116—117 页

　　弢庵嗜游山，今夏同默园、宰平游上方山，至兜率寺，有诗示二子。

　　　　　　　　　　　　　　　——《石遗室诗话》卷 17 第 264 页

四月　沈云沛[1]、沈卫[2]招与樊增祥、郭曾炘等宴赏牡丹于浦信铁道公馆。

　　四月，沈雨人侍郎云沛、沈淇泉编修卫，招同陈弢丈、樊山、春榆、沈观、珏生曼仙、小麓……诸先生，宴赏牡丹于浦信铁道公所。雨人为袁总统至契，以不赞成共和被摈。闲住京师，仅督办浦信铁路。罗致各省异种牡丹千馀本，环列广庭，纵横数百步满焉。夜张数百光电灯，其中花气与酒气与灯光相荡晃，赏牡丹者殆未曾有也。　——《陈石遗集・侯官陈石遗先生年谱》卷 6 第 2026 页

[1] 沈云沛：字雨人，江苏海州人，光绪进士，吏部右侍郎。

[2] 沈卫：字友霍，号淇泉，晚号兼巢老人，浙江秀水人。光绪进士，陕西学政。

为平湖葛毓珊小影题咏，《沧趣楼诗文集》未收此诗。

平湖葛毓珊先生小影　　　　　　　　　陈宝琛

　　晚达君登郎署日，屏居我梦国门年。无缘展觌怀幽赟，谁分通家见后贤。

　　温厚故知诗有教，风神犹喜画能传。避兵终见中兴盛，生世蹉跎要得天。

　　荫梧贤友奉其大父毓珊先生三十岁遗照属题，同治间所作也。乙卯四月。

闽县陈宝琛。

> ——《葛稚威先生行略年表合辑·平湖葛毓珊先生小影题咏》第 135 页
> 亦见《中华历史人物别传集》

6 月 17 日（五月初五日） 端午日，应孙雄请，作翁同龢遗墨卷子跋，见《沧趣楼诗文集·翁文恭公遗墨卷子跋》第 483—484 页。

7 月 10 日（五月二十八日） 《东方杂志》1915 年第 12 卷第 7 号"海内诗录"栏刊"浴佛日写双松为石遗诗老寿"，署陈宝琛。《沧趣楼诗文集》未收。

浴佛日写双松为石遗诗老寿　　　　　陈宝琛

开过丁香又牡丹，风光好处尽情看。诗心却在慈仁址，三两髯翁共耐寒。

柏视雄文（石遗论定）石谷图十年。　　　　——《东方杂志》1915 年 7 月 10 日

7 月 12 日（六月初一日） 漱芳斋听戏，有诗，见《沧趣楼诗文集·六月初一日漱芳斋听戏》第 166 页。亦见《闽县陈公宝琛年谱》第 118 页。

大典筹备处文武官吏群赴东单牌楼五条胡同相邸祝寿演剧。清室师傅陈宝琛亦在座。京师名角齐集，合唱《大登殿》。孙菊仙扮皇帝，百官请圣人登宝座，菊仙谦让，立坛下，连称"不敢，不敢"。说白曰："自从清室退位，从前皇帝已经没有了。现在民国，并无皇帝。将来皇帝，尚未出现。我何人！我何人！我何敢！我何敢！"忽指徐世昌曰："哈！现在谁个是你的皇帝？"转指陈宝琛曰："哈！现在谁个是你的皇帝？"退三步，将须一捋，大声曰："哈！我又是谁个的皇帝？"宝琛倚席掩泪不止。归赋"淑芳斋观剧有感"三绝句。

弢老本集题为"六月初一日淑芳斋听戏"，……第二首注云，壬申大婚礼成，元和癸酉始来京。实则指元和骂东海。（成禺再记）。

> ——《洪宪记事诗本事簿注》第 16—17 页

逊政后，值太妃诞辰，犹于漱芳斋传戏。陈伯潜太傅纪诗，有云："相公亦是三朝老，宁见椒风受册时。"谓元和陆文端同治癸酉入都，不及见壬申大婚典礼。又云："凝碧池边几泪吞，一般社饭味遗言。史家休薄伶官传，犹感缠头说报恩。"则谓谭鑫培怀恩辞赉，故特美之。

> ——《十朝诗乘·德和园及宫中剧本》卷 24 第 1019 页

姚永概来访。

访辟疆及弢庵先生。

> ——《慎宜轩日记》下第 1292 页

8 月 10 日（六月三十日） 《东方杂志》1915 年第 12 卷第 8 号"海内诗录"栏刊"游上方山至兜率寺示默园宰平"，见《沧趣楼诗文集·四月十四日同嘿园宰平游上方山至兜率寺》第 164 页；"归自上方寄赞虞侍郎"，见前《沧趣楼诗文集·自上方归

柬赞虞》第 166 页;均署陈宝琛。

8 月 22 日(七月十二日)　沈瑜庆云,袁世凯欲封宣统为王,柯鸿年曾告公,密劝宣统出国,公不以为意。

爱苍言,袁世凯召伦贝子告清室曰:欲封宣统皇帝为王,柯贞贤言,春间尝告弢庵,"宜密劝帝潜赴外国";弢庵谓"当无害",不以为意。

——《郑孝胥日记》第 3 册第 1575 页

9 月 23 日(八月十五日)　陆润庠卒于北京。撰挽联:"来日大难,及此全归天所笃;个臣又弱,公然后死责安辞。"见《中国对联故事总集·挽联编·名人卷》卷 3 第 75 页。

10 月 9 日(九月初一日)　作"王君石琴墓志铭",见《沧趣楼诗文集》第 424—425 页。

10 月 15 日(九月初七日)　游玉泉山登妙高塔,作七律"九月七日游玉泉山登妙高塔",亦题作"乙卯秋登妙高峰",见《沧趣楼诗文集》第 163 页。

游玉泉山,登妙高塔,有诗。　——《闽县陈公宝琛年谱》第 116 页

以玉泉山登高诗言,弢庵"乙卯秋登妙高峰"一律最佳。……盖光绪初年,弢老曾与张蒉斋、宝竹坡为登高之会,故诗中有思旧语。绝岛战声,则指日本方取胶州,与德军战也。　——《花随人圣庵摭忆》第 60 页

10 月 16 日(九月初八日)　溥仪赐黄绢匾一面:"温仁受福,若金作砺"。见《溥仪文存》第 16 页。

10 月 19 日(九月十一日)　姚永概[1]与胡朝梁[2]来访。

诗庐同访陈弢老。　——《慎宜轩日记》下第 1311 页

[1] 姚永概:字叔节,安徽桐城人。见前。

[2] 胡朝梁:号诗庐。见前。

12 月 30 日(十一月二十四日)　政事堂奉策令:与伊克坦均给予一等嘉禾章。

十二月三十日政事堂奉策令,陈宝琛、伊克坦均给予一等嘉禾章。徐坊、袁励准均给予二等嘉禾章。　——《申报》1916 年 1 月 3 日

亦见《政府公报》1915 年 12 月 31 日

是年　毓庆宫授课。溥杰、毓崇陪读。

我九岁的时候,他们想出一条促进我学业的办法,给我配上伴读的学生。……得到这项荣誉的有三个人,即溥杰、毓崇(溥伦的儿子,伴读汉文)、溥佳(伴读英文,从我十四岁时开始)。

对我影响最大的师傅首先是陈宝琛,其次是后来教英文的英国师傅庄

士敦。

　　"有王虽小而元子哉!"这是陈师傅常微笑着对我赞叹的话。他笑的时候,眼睛在老光镜片后面眯成一道线,一只手捋着雪白而稀疏的胡子。

——《我的前半生》第 64 页

　　宣统帝年事渐长,诸师傅格于君臣之义,未便严加管教。乃命皇弟溥杰及溥伦子毓崇在毓庆宫伴读,效成王有过则挞伯禽故事,藉资约束焉。

——《闽县陈公宝琛年谱》第 116 页

侄懋鼎在临清宫寓集诗牌,呈公。

临清寓室集诗牌同黄默园并呈伯父　　　　　　　　陈懋鼎

　　流年滞迹露仍霜,劳燕交飞坠此乡。休旁荒台笑辞汉,空留醒眼止沉湘。松萝气聚根难独,鹿马才多论不常。孤冷支机长在斗,碧城无路太凄凉。

　　桑落微寒动坐思,试从学道定群疑。车雷回转犹山立,镜水分明得洞窥。高远鸟情天尽处,虚闲鱼意海通时。贫家生事非田里,短简聊收故老遗。

　　忧思终老定情痴,桑海三过故道悲。观大事前端岂远,回天意外转生疑。贫人从得衣珠度,群动行犹水镜欺。闲里灵明收已尽,坐来寒鸟落空枝。

　　事由天定亦人为,鱼鸟同群道正宜。闲里从稀生客过,寒来还动故山思。犹馀远意悲黄落,真坐端犹学白痴。遗老试求东观外,官庭传信得凭诗。

　　曲尽群情镜里眉,通观殊信墨悲丝。黄庭学得真灵定,白泽图收意趣奇。过客高车从访事,故人远道正传诗。微生端已凭天动,沙鸟前头坐立宜。

　　罗雁钓鱼意爽然,秋人素手坐张弦。俗言犹共君房发,旧笔疑因节信传。玉羽自来止鸡树,石心莫待动龙泉。桑门院宇将终老,一集聊从结白莲。

　　良夜清怀足自供,临轩星暗露华浓。重楼春闭仍归燕,一剑秋鸣似是龙。次第琴台寻雅约,经营盘谷息劳踪。丹书底用浮丘解,宁结禅扃对雪峰。

　　言笑来同梧树前,将家宾雁动经年。一回人海秋如旧,终夕归心月共悬。院静晚芳从老去,宇宽云羽自冥然。垂头坐积思亲意,莫信红颜待石田。

　　卧数千帆目力穷,鼓机争历浪花中。南冠何计成随会,带草如闻笑小同。不奈知希绚忽绝,方将愁破酒休空。深心那共欢尘往,惜取年芳发旧丛。

　　吟边长此独醒乡,眼冷燕台大路荒。枯碧难留湘女迹,劳机仍在汉阴傍。凉房斗帐围孤晓,净壁银灯吐寸光。马耳名声随所笑,不能辞懒但休狂。

——《槐楼诗钞》第 65—68 页

前清武状元南安黄培松[1]六十寿辰,赠诗祝贺。

　　铠青飞鞭出午门,记陪张宴庆抢元。岭南廿稔资雄镇,辇下重来话旧恩。

善饭将军犹未老,周庐卫士□谁存。海波不作黄园巩,耄耋从容属一樽。菊三
仁兄大人年大人六十寿。年愚弟陈宝琛顿首百祝。

　　　　　　——福建师范大学图书馆藏原件,转引自《陈宝琛年谱》第 365 页
[1] 黄培松,字贤礼,号菊三,福建南安人,光绪武状元,入民国,任福建护军使,封培威将军。
七侄懋丰妻弟吴涛丈人。

《暨南杂志》1915 年第 2、3 期"文苑"栏刊南游诗:"息力杂诗""缅侨叹""海南
百果相续多中土所无纪以绝句";署陈宝琛,见《沧趣楼诗文集》第 84、90、93 页。

是年文

王君石琴墓志铭	——《沧趣楼诗文集》第 424—425 页
翁文恭公遗墨卷子跋	——《沧趣楼诗文集》第 483—484 页

是年诗

九月七日游玉泉山登妙高塔	——《沧趣楼诗文集》第 163 页
四月十四日同嘿园宰平游上方山至兜率寺	——《沧趣楼诗文集》第 164 页
览一斗泉憩华岩洞归过十方院白牡丹正盛开	
	——《沧趣楼诗文集》第 165 页
晨循摘星陀游云水洞	——《沧趣楼诗文集》第 165 页
自上方归柬赞虞	——《沧趣楼诗文集》第 166 页
沈曜禅画梅册盛季莹所藏节庵每叶有赞	——《沧趣楼诗文集》第 166 页
六月初一日漱芳斋听戏	——《沧趣楼诗文集》第 166 页
秋深寄内	——《沧趣楼诗文集》第 167 页
吴柳堂御史围炉话别图为仲昭题	——《沧趣楼诗文集》第 167 页

1916 年(丙辰　民国五年)　69 岁

孙中山在上海发表《讨袁宣言》。(5.9)

袁世凯自撤帝号,复称大总统。(3.22)

南方各省宣布独立。(4—5月)

陈其美在上海遇刺身亡。(5.18)

袁世凯卒,黎元洪继任总统。(6.6)

段祺瑞任国务总理。(6.29)

蔡锷卒,年三十四。盛宣怀卒,年七十二。黄兴卒,年四十二。

1月1日(乙卯十一月二十六日)　元旦,清室例向北洋政府祝贺新年,为撰贺辞。

> 岁纪更始,清廷照例致书公府举行庆祝。一月一日,特派世续亲诣公府呈递贺书,并闻此次贺书系陈师傅之手书,其字句之间大费斟酌。
>
> ——《大公报》1916 年 1 月 3 日

1月8日(乙卯十二月初四日)　北洋政府外交部向政事堂转陈奉给勋章谢悃。

> 外交部奏陈宝琛等奉给勋章,据情转陈谢悃,由政事堂奉批令悉,此令。洪宪元年一月八日国务卿陆征祥。　　——《政府公报》1916 年 1 月 9 日

1月19日(乙卯十二月十五日)　与醇亲王等商议,拟裁并宗人府,撙节内务府费用。

> 前清醇亲王日前曾会同陈、伊、徐三师傅,世、绍、景三大臣在南书房会议,拟将宗人府銮舆卫御前大臣处一律归并内务府统辖,以节经费。……改并后估计每年节省经费约七十多万元。　　——《大公报》1916 年 1 月 19 日

1月21日(乙卯十二月十七日)　读林研忱藏黄道周《石斋逸诗》手稿。题七律"题研忱丈所藏石斋逸诗墨迹",并跋。后又将此册呈溥仪浏览,并征名流题辞。诗见《沧趣楼诗文集·题研忱丈所藏石斋逸诗墨迹》第175页,跋未收录。郑孝胥1918年2月3日日记有各名流题辞记载。

题黄石斋先生逸诗跋　　　　　　　　　　　陈宝琛

先生与倪文正论书，主遒媚加之浑深，是册盖造乎极矣。造次颠沛中，诗心笔势，不改其素，真天人哉！册藏吾村将二百年，无有知者。今秋，研忱表叔携来京师，始见于世。桑海馀生，得以休暇，焚香静坐，与先哲相晤对，何其幸也。敬题一律，以志仰止。乙卯大寒，闽县后学陈宝琛。　　——《黄石斋先生逸诗》1920 年石印本

3 月 6 日（二月初三日）　五男懋需生。

男懋需，字泽信，号须士，侧室刘宜人出。

——《闽县陈公宝琛年谱》第 118 页

3 月 11 日（二月初八日）　梁鼎芬馈赠崇陵雪泉及玉菌。作"二月八日节庵寄饷崇陵桥下雪泉"为谢，见《沧趣楼诗文集》第 168 页。又作"题节庵惠寄玉菌"，见《沧趣楼诗文集》第 169 页。

梁节庵以崇陵桥下雪泉及玉菌寄饷。陵工竣后，梁亦入宫，在毓庆宫授读。

——《闽县陈公宝琛年谱》第 118 页

二月，梁鼎芬以崇陵桥下雪泉、玉菌寄陈弢庵，弢庵有诗为谢，并有题先生葵花画扇次韵诗。　　　　——《梁节庵先生年谱》第 330 页

3 月 12 日（二月初九日）　缪荃孙致函。

发陈伯潜前辈信，寄《闻过斋集》。　　——《艺风老人日记》第 2974 页

3 月 14 日（二月十一日）　致函二弟宝瑨。

致 陈 宝 瑨　　　　　　　　　　　　　陈宝琛

仲弟手足：莲弟到京，询悉吾弟体胖发白，腰脚尚强，登山相地，不亚曩昔，深以为慰。然叶戏辄过夜分，窃以为不可。老年习劳筋骨，以活气血，是有益之事，但不宜烦思虑、耗精神。兄除旬日一赴诗钟，局外极少用心，故粗健也。时局稍定，首夏清和，海波最平，可以出游。先到西湖一眺览，由沪乘浦火车两宿即到京。沐在工次，亦及顺路。兄届中伏可放暑假旬馀，拟为嵩洛之游。弟来当与偕矣。布溪今日由沪登车，计后日当到，想其不能久留。日来天气尚寒，花开尚早，恐不及待。近以滇蜀兵事，亟亟召集立法院。惠亭其将来乎？十一祠堂春祭，族长已否定局？去岁太不成事，不能无所惩创。生事者既已认罚，似仍以叙齿为顺，不宜久虚其位，不知众议如何。陀庵归后，常见之否？女婿银行亏空之款，如何得了？樵琴失察。门丁获咎，恐不止于失官。宦海风波诚不可测，陀庵不为知事为幸也。手此，即问近安！兄琛拜手，二月十一日[1]。　　——《历史文献·陈宝琛致弟宝瑨手札》第 14 辑第 183 页

[1] "滇蜀兵事"：当指民初护国战争。1915 年 12 月蔡锷、唐继尧宣告云南独立反袁，次年

1 月蔡率护国军入川,攻克叙州,护国战争全面展开。此信当作 1916 年 3 月 14 日。

4 月 5 日(三月初三日) 与罗惇曧、罗惇曼兄弟修楔二闸。

公[陈衍]自于三月三日行,是日,拨东、敷庵兄弟与陈弢丈诸人修楔二闸。不得与矣。 ——《陈石遗集·侯官陈石遗先生年谱》卷 6 第 2028—2029 页

4 月 21 日(三月十八日) 王仁东访郑孝胥,出示王孝绳照片及长信,裱成长卷,有公及沈曾植题诗。

旭庄来,示司直病院中影片及一长信,裱成长卷,有弢庵、子培诗,仍求余题之。 ——《郑孝胥日记》第 1606 页

4 月 30 日(三月二十八日) 函复劳乃宣。

致 劳 乃 宣 陈宝琛

韧庵老兄大人坐下,前月奉手教,并承赐佳什,大贤望治之心,如万斛泉源不择地涌出,读之顿为神王。入夏清和,杖履想益爽健,著述多暇,无任驰仰。此间春云万变,近且愈演愈奇。人人有不可终日之忧,益以近畿苦旱,连及晋、豫。钱荒粮贵,祸机四伏,殆无可幸,不知何以善其后耳。公长夏能为人海之游否。一山致艾卿书,谓当复来,艾卿行后,南鸿遂断。闻潜楼亦已回岛,公处近通问否。艾卿以幼子病假归,抵家则已愈。拟挈眷来此,下月内当可到也。望后曾一至津,视渊静聪强如昔,榕生则仍客徐州,偶一来都,匆匆多未得面。手此奉布,敬请道安,唯鉴不具。小弟琛顿首[1],三月廿八日。 ——《历史文献·陈宝琛遗墨》第 16 辑第 111 页

[1] "艾卿以幼子病假歸,抵家則已愈。儗挈眷來此"。朱益藩 1916 年 3 月请假接家眷来京。此函当作于 1916 年。

5 月 10 日(四月初九日) 访严复。

晴暄。弢来。 ——《严复集·日记》第 1522 页

5 月 11 日(四月十日) 缪荃孙来访。

拜张君立、李一山、樊云门、陈伯潜、柯凤孙、庄思缄、杜子良。 ——《艺风老人日记》第 2949 页

5 月 16 日(四月十五日) 张权招饮西山十刹海。

张君立招饮于可园亭,壶林石楚楚有致,平台看西山十刹海,水光一片,佳境也,陈伯潜前辈、云门、茂轩、凤孙、子封、瑞丞[臣]同席。 ——《艺风老人日记》第 2950 页

5 月 23 日(四月二十二日) 自青岛至京。

弢庵岛(青岛)至。 ——《严复集·日记》第 1522 页

四月 复江瀚[1]函。

去年四月间袁氏帝政业已失败,其时清廷败类亦颇有意图蠢动者,故一时有复辟之谣。时江叔海先生(瀚)深以此种传说实非清廷之福,曾致书于清师傅陈宝琛,请其劝皇室速即声明以明清室心迹,免引起世人疑惑。旋陈师傅复一函,兹纪其原文如下:

复 江 瀚　　　　　　　　　陈宝琛

叔海仁兄世大人阁下:日昨奉到惠教,当经传示同人,苾虑深长,咸为钦佩。天命靡常,禁中久已安之若素况扰攘困穷,于斯为极。国之存亡,且不可知,自非至愚,孰敢萌侥幸之想者。报纸风传少数人之游说,不成事实,断不至为其所动而亦无从。先为之防,宣示则迫于越权,自明或反滋疑议。筹商再四,颇难措词,惟有率其静默之常,以自远于瓜李,庶副盛意。未识有当否?(下略)世小弟宝琛顿首
　　　　　　　　　　　　　　　　　　　——《大公报》1917 年 7 月 6 日

[1] 江瀚:字叔海,号石翁,室名慎所立斋,福建长汀人。近代教育家。河南布政使、京师图书馆馆长。手订《京师图书馆暂定阅览章程十八条》成为我国首份由中央政府部门正式批准颁布的图书馆法规。曾受聘山西大学毛诗教授、故宫博物院维持会会长、京师大学校文科学长。著有《慎立斋稿》、《北游》、《东游》、《片玉碎金》等。

6 月 10 日(五月初十日)　《东方杂志》1916 年第 13 卷第 6 期"文苑"栏刊"秋深寄内"署陈宝琛,见《沧趣楼诗文集》第 167 页。

7 月 3 日(六月初四日)　北洋大总统策令:给予九等嘉禾章。

补六月二十九日大总统策令:章欧阳、云孙家……陈宝琛……均给予九等嘉禾章,此令。
　　　　　　　　　　　　　　　　　　　　　——《申报》1916 年 7 月 3 日

7 月 12 日(六月十三日)　《大公报》报道:"清室会议解优待费办法"。

清室办事处大臣醇亲王、伦贝子、伊、陈、徐三师傅、世、绍、耆三大臣于日昨在南书房会议,闻系前总统任内所欠清室优待费共计六百万两,应否加入预算,及是否仍向现政府催请各办法。　——《大公报》1916 年 7 月 12 日

8 月 2 日(七月初五日)　郑孝胥致函。

波多博来,言今夕入北京,求为介绍以谒于陈弢庵,即作一简与之。
　　　　　　　　　　　　　　　　　　——《郑孝胥日记》第 3 册第 1621 页

8 月 28 日(七月三十日)　日本人波多博携公照片访宗方小太郎。

晴。前午波多来访,本日从北支那归来也,送来殷汝骊之信和陈宝琛的照片。海军大野熊雄、斋藤中佐信至。寄军令部信。
　　　　　　　　　　　　　　　　　　——《宗方小太郎日记》第 1069 页

9 月 10 日(八月十三日)　《东方杂志》第 13 卷第 9 期"文苑"栏刊"青岛题潜楼

读书图"。见《沧趣楼诗文集·过青岛晤刘幼云属题潜楼读书图时欧洲构兵岛亦戒严》第163页,署陈宝琛。

9月11日(八月十四日) 作梁鸣谦子梁伯通六十寿序。见《沧趣楼诗文集》第330—332页。

中秋节"清室颁发节赏"银一千两。

清室端康瑾贵妃因中秋在迩,例须颁赏,特于昨日赏给清帝师傅陈宝琛、伊克坦银各一千两,太傅世续银四千两,大臣绍英银一千两,孝龄银七百两。各大臣得赏后均于昨早入内谢恩。 ——《大公报》1916年9月11日

9月15日(八月十八日) 访严复。

馀热。弢来。 ——《严复集·日记》第1523页

9月24日(八月二十七日) 与黎元洪分别推荐朱益藩、梁鼎芬为毓庆宫行走。

丙辰年,毓庆宫授读徐坊病故,追谥太子少保,予谥忠勤。八月二十七日朱定园师与梁节庵同派毓庆宫行走,朱为陈师傅所荐,梁为黎黄陂所荐。先有柯凤孙劲态者,醇邸以其口音不清晰;邵越千荐熙俊甫彦,陈、伊两师傅以其名节已亏,阻之。 ——《许宝蘅日记》第4册第1419—1420页(1945年7月9日)

10月2日(九月初六日) 《大公报》报道:"梁节庵已任清师"。

清师傅缺职,已聘定的朱艾卿君,然朱君来京尚需时日,又添派梁节庵君。昨闻梁君入内,在南书房与陈、伊两帝师会议分任课学,当议定由梁君进讲《左传》。 ——《大公报》1916年10月2日

10月4日(九月初八日) 由京至津。见《大公报》1916年10月6日。

10月7日(九月十一日) 波多博送来郑孝胥合摄相片。

波多送来与弢庵合照相片 ——《郑孝胥日记》第3册第1628页

10月15日(九月十九日) 北洋政府大总统令:授六等文虎章。

十月十一日大总统令……又令,陈宝琛给予六等文虎章。

——《申报》1916年10月15日

10月19日(九月二十三日) 六十九岁诞辰。

弢庵生日。黎氏(黎元洪)生日。 ——《严复集·日记》第1524页

10月20日(九月二十四日) 致函劳乃宣。

复劳乃宣
陈宝琛

柔坚先生坐下:得中秋惠函,敬悉道体康绥,侨居静谧,深慰驰仰。弟自楼樵之病,即兼代其课程,两月以来,仲平亦病,至今未愈。每日自辰至未始能出休。幸贱躯尚粗适。近数日来节庵入直,午后得憩息矣。先已宣召朱艾卿,不日当至。三

人同直,益可分劳,实始愿所不及。先举凤孙,正与尊意暗合。邸虑其口吃,故改而征朱也。楼樵眷枢暂尚未回定兴。闻近况颇窘,榕生已橐笔出外,遗箸恐亦不多。仲昭秋初来函,谓八月当谒孔林,顺来都门,至今未至,不知曾至曲阜否。到必诣公也。近局纷纭益甚,乱机将发,未审结束如何。旬日前到津哭林文直,获晤二张回年,并皆安健,念公不置。近新有所作否。手此敬叩起居,不尽所言。弟宝琛顿首,九月廿四日。　　　　　　——《历史文献·陈宝琛遗墨》第 16 辑第 113—114 页

[1]"旬日前到津哭林文直",林绍年卒于 1916 年。此函当作于 1916 年。

九月　严复来函。

致 陈 宝 琛　　　　　　　　　　　　　严 复

经宿伏惟,太保安稳。奉时表一事,璩儿赴英所购,示时刻甚准,系旧用者,以将卅年兄事袁丝之意。祈哂纳。上橘叟大兄太保台座复再拜。(严复印)复再拜。　　　　　　　　　　——《严复全集·卷八·书信》第 104 页

亦见《严复翰墨》第 74 页

11 月 4 日(十月初九日)　《德宗景皇帝本纪》书成,授太保,赏御书匾额。上谢恩折"谢授太保并赏御书额折"。见《沧趣楼诗文集》第 890—891 页。

宣统八年十月初九日,钦奉谕旨"世续等奏恭纂《德宗景皇帝本纪》告成一折,陈宝琛、郭曾炘专司复辑,倍著勤劳。陈宝琛授为太保,并赏给御书匾额一方,等因。钦此。"　　　　　　　　　　——《沧趣楼诗文集》第 890 页

清《德宗实录》成。授公太保,并赏给御书匾额一方。

——《闽县陈公宝琛年谱》第 118 页

11 月 10 日(十月十五日)　《东方杂志》1916 年第 13 卷第 11 期"文苑"栏刊"题章直州铜官感旧图"见《沧趣楼诗文集·题章价人直州寿麟铜官感旧图曾文正靖港之败自沈以殉章掖出之》第 115 页;同期刊"次韵奉酬完巢老弟"[1],《沧趣楼诗文集》未收。署陈宝琛

次韵奉酬完巢老弟　　　　　　　　　　　陈宝琛

大患吾侪正有身,异于禽兽始为人。忧来老我难归隐,书至知君又食新。未死发肤终自惜,平生肺腑几相亲,乱棋半局须看竟,万一残年作幸民。

——《东方杂志》1916 年 11 月 10 日

[1]完巢:王仁东,号完巢。

11 月 20 日(十月二十五日)　复函劳乃宣。

复 劳 乃 宣　　　　　　　　　　　　　陈宝琛

韧公坐下:仲昭来京,奉到手教,询悉视履胜常,至慰驰仰。承示古诗二章,

雅音选理,读之惟恐其尽,"孔雀东南飞"不能专美矣。仲昭出示大作蒉斋墓表,大气盘旋,行所无事,视鄙作墓志,直有上下床之别,铭引德慧术智,立论尤极谛当。惟文末一段,虽经解释,而蒉斋平日于谕旨掩饰取巧一语,至为痛心。弟与相处有年,深知其事,君交友无一不出以诚,见事之警敏,诚为过人,而其疏□偏激,则以为至拙,而时时规之,功名不终,卒亦坐此。陶楼先生之评目,似尚未知其深。公文所以信今传后,可否为易数语,以免读者误会滋疑。仲昭欲言之而不敢,幸公鉴之也。君直礼仪序,珠玉在前,为之阁笔,成当奉正。艾卿到京已半月,节庵寓居后门外延福寺胡同,聚谈常念公。仲平病几危,不上直将三月,艾卿至为疗之,近愈八九矣。赞虞殁于奎乐峰[1]之后,同是内廷旧臣,故无所避,直字乃出邸意,官书存目,托查未全。容续复,敬请道安。弟琛顿首[2],十月廿五日。

　　附录旧作"祭蒉斋"文一篇,检其手札诗五首呈正,横岭侧峰,就弟所见者言之,备公参观,幸教之。　　——《历史文献·陈宝琛遗墨》第16辑第114页

[1]奎乐峰:瓜尔佳·奎俊,字乐峰,见前。1916年9月2日病殁。

[2]"赞虞殁于奎乐峰之后"。此函当作于1916年11月20日(十月二十五日)。

《大中华》第2卷第11期刊"陈宝琛给予六等文虎章"。

11月24日(十月二十九日)　为内侄王彦和岳母作"陈母萨太宜人七十寿序"。见《沧趣楼诗文集》第367—369页。

12月10日(十一月十六日)　《东方杂志》第13卷第12号"文苑"栏刊"题太夷海藏楼图"见《沧趣楼诗文集·题苏戡海藏楼图卷》第136页,署陈宝琛。

12月22日(十一月二十八日)　作曹君直《礼仪》序[1]。见《沧趣楼诗文集》第298—299页。

　　[1]《礼仪》:曹元忠著,南林刘氏求恕斋民国五年刻本。曹元忠,号君直,江苏吴县人。

12月26日(十二月初二日)　与世续、梁鼎芬等百馀人,联名呈请议会将清室优待条件加入宪法。

　　世续、陈宝琛、梁鼎芬等百数十人联名呈请议会,将优待清室条件加入宪法(25日)。　　——《申报》1916年12月26日

12月29日(十二月初五日)　宴请姚永概、王彦和、彦功兄弟等。

　　夕赴陈太保之招,得见王彦和行四、彦功十四,皆可庄之子,并吴博泉同年。　　——《慎宜轩日记》下第1379页

　　十二月　进呈宣统林纾撰《左传撷华》[1]。林纾"《左传撷华》序"见《畏庐三集》第12—13页。

　　尝进所评《左传撷华》,上读而善之,询君行宜风貌,知其善画,君因恭绘两

箧以进,上亲书"烟云供养"四字赐之。

　　　　　　　　　　——《沧趣楼诗文集·林君畏庐七十寿序》第 346 页

　　清太傅陈宝琛以先生[林纾]所撰《左传撷华》,进逊帝。逊帝读而善之。询其行谊风貌,知更善画,先生又绘两箧以进。十二月,逊帝书"烟云供养"春条赐之。　　　　　　　　　　　　——《贞文先生年谱》卷 2 第 24 页

[1]《左传撷华》:林纾评选,后于 1921 年(民国十年)由商务印书馆铅印出版。

是年　男懋昆赴美留学。

　　遣男懋昆随公[内]侄王彦功赴美游学。

　　　　　　　　　　　　　　——《闽县陈公宝琛年谱》第 118 页

　　先生体质强健,虽垂老步履尚佳。闻近古稀。犹眷姬妾。据其戚某君云,一日先生与妾举白画之宣,既毕。步行坵亩,妾急夺门追呼,促其增衣,先生漠不为意,殆其异秉。故获克享高年也。

　　　　　　　——《华报·六六居士:闲话橘洲老人(二)》1935 年 3 月 9 日

　　前广东提学使于式枚[1]卒于沪。作挽联:"满腹史才甘槁卧,一暝世事断知闻。"见《中国对联故事总集·挽联编·名人篇》第 75 页。

　　黄秀烺[2]在福建晋江故乡建古檗山庄,为书正门匾额"古檗山庄"。

[1] 于式枚:字晦若,广西贺县人,光绪进士,兵部主事、广东提学使、出使考察宪政大臣、礼部、学部侍郎。

[2] 黄秀烺:字猷炳,福建晋江人,幼失怙恃,随兄经商。为菲律宾巨富。光绪二十五年回厦门开设炳记商行,1912 年拨 25 万银元,在祖地檗谷村建"古檗山庄",1913 年动工,1916 年竣工。

是年文

　　曹君直礼议序　　　　　　　　　　——《沧趣楼诗文集》第 298 页

　　马通伯老子注序　　　　　　　　　　——《沧趣楼诗文集》第 299 页

　　梁君伯通六十寿序　　　　　　　　——《沧趣楼诗文集》第 330 页

　　陈母萨太宜人七十寿序　　　　　　——《沧趣楼诗文集》第 367 页

是年诗

　　二月八日节庵寄饷崇陵桥下雪泉　　——《沧趣楼诗文集》第 168 页

　　谢节庵惠寄玉菌　　　　　　　　　　——《沧趣楼诗文集》第 169 页

　　题节庵葵花画扇次韵　　　　　　　——《沧趣楼诗文集》第 169 页

　　次韵答旭庄　　　　　　　　　　　——《沧趣楼诗文集》第 169 页

　　钱文端陈群夜访授读图　　　　　　——《沧趣楼诗文集》第 170 页

1917 年(丁巳　民国六年)　70 岁

黎元洪免段祺瑞国务总理职,黎段府院之争。(6 月)

丁巳复辟,旋失败。(7.1、7.12)

段祺瑞马厂誓师,讨伐张勋,段复任国务总理。(7.2、7.12)

北洋政府宣布对德、奥宣战。(8.14)

非常国会在广州成立护法军政府,推孙中山为军政府大元帅。(8—9 月)

俄国十月革命爆发。(11.7)

《蓝辛-石井协定》订立。(11.2)

1 月 1 日(丙辰十二月初八日)　《中国实业杂志》1917 年第 8 卷第 1 期"文苑"栏刊"迟明发万隆车中作"、"自基隆车中至威雷斯雷近八百里"、"十一月十五夜舟行缅甸海"、"自巴达威亚至茂物",署陈宝琛。见《沧趣楼诗文集》第 92、88、91 页。

1 月 30 日(正月初八日)　缪荃孙接到公祝寿诗纸。

接陈伯潜寿诗纸。　　　　　　　　　　　　——《艺风老人日记》第 3034 页

奕劻病逝,家人求谥,与伊克坦、朱益藩商议谥"密"。

庆亲王奕劻病逝后,家人呈递遗折求谥。内务府大臣代拟谕旨,谥之曰"哲",溥仪不允,认为奕劻官至清朝内阁总理大臣,却贪赃误国以至断送大清天下,不能予谥或给恶谥。"为此特命臣陈宝琛、臣伊克坦、臣朱益藩往上书房谕之"。与三师傅商议后,溥仪决定予谥"密",意在"追补前过"。

　　　　　　　　　　　　　　　　　　　——《末代帝师朱益藩》第 21 页

2 月 4 日(正月十三日)　灯社吟集。

灯社吟集。注:灯社,以陈宝琛为社长的诗钟社。

　　　　　　　　　　　　　　　　　　　　——《严复集》第 5 册第 1524 页

2 月 8 日(正月十七日)　由津至京。见《大公报》1917 年 2 月 9 日。

2 月 10 日(正月十九日)　宗方小太郎接到问安名帖。

午前波多来访。伊集院大佐信至。接梁鼎芬、陈宝琛、芳泽、殷汝骊、谷钟秀、柴田源一大尉、斋藤季治郎寄来之问安名刺。——《宗方小太郎日记》第 1084 页

2 月 15 日(正月二十四日)　是年与夫人王眉寿同寿届七十,正月开始征集祝寿诗文。缪荃孙撰寿诗。

撰陈伯潜前辈寿诗。　　　　　　　　——《艺风老人日记》第 3038 页

《东方杂志》第 14 卷第 2 期刊"节庵以崇陵祭馀羊果见寄感赋",见《沧趣楼诗文集·节庵自梁各庄以崇陵祭馀羊果见饷感赋》第 155 页,署陈宝琛。

正月　劳乃宣言:有德人代表其王室愿助溥仪复辟,且欲与清室缔婚,公斥为荒唐。

劳乃宣自青岛来书,谓有德人代表其王室愿助清室复辟,且欲与清室缔婚。公斥为荒唐,盖公固不欲假手外人,致失自主之权也。

——《闽县陈公宝琛年谱》第 119 页

2 月 22 日(二月初一日)　沈瑜庆向郑孝胥出示所作寿文。

爱苍来,示所作弢庵寿文。　　——《郑孝胥日记》第 3 册第 1648 页

3 月 1 日(二月初八日)　《东方杂志》第 14 卷第 3 期刊"王君墓志铭",署陈宝琛。见《沧趣楼诗文集·王君石琴墓志铭》第 424—425 页。

3 月 12 日(二月十九日)　缪荃孙作寿诗,礼学馆公送寿屏,姚永概作序。

写陈伯潜寿诗。　　　　　　　　——《艺风老人日记》第 3043 页

陈弢老七十,馆中公送寿屏,属为序一篇。

——《慎宜轩日记》下第 1353 页

3 月 15 日(二月二十二日)　郑孝胥代王仁东撰寿联。

代旭庄作送伯潜夫妇寿联云:"典学方勤,默相黄发;嘉名肇锡,巧协齐眉。"陈夫人乃旭庄之姊,名曰眉寿,其父子恒三叔所命也。

——《郑孝胥日记》第 3 册第 1651

3 月 22 日(二月二十九日)　姚永概撰七十寿诗。

作弢庵太保七十寿诗。　　　　——《慎宜轩日记》下第 1354 页

二月　为陈衍在闽所居筑"听雨看山又一楼"书扁。

二月,于所居后屋辟"匹园",建皆山楼。……"听雨看山又一楼",属弢庵丈书之。公[陈衍]寓书弢庵丈云:"此联套先生听水第二斋联句调。"

——《陈石遗集·侯官陈石遗先生年谱》第 2031 页

于敝庐后面,辟一小园,字之曰"匹"……生平喜听雨,春秋则好楼居,喜游山,尤喜楼上看山。游山劳,看山逸,而听雨看山,又童时居鳌峰坊于麓山楼习惯也。"又一楼"云者家中已有一楼,所谓具体而小者也。此联实套弢庵《听水第二斋》联句来,句云:"听泉看竹无馀事,擅壑专邱又一斋。"余楼成已过初夏,

非栽种花木时，尚好前院花竹过稠，就近迁移，可以无恙。高寻丈者约数十本，亦足敷衍三径矣。"移花分竹"一联，乞弢庵太保书作楼前联，弢庵书似黄。"皆山"楼扁，乞苏堪书，似苏也。 ——《石遗室诗话》卷28第439—440页

3月25日（闰二月初三日） 郑孝胥作祝寿七律一首。

作弢庵寿诗七律一首。 ——《郑孝胥日记》第1653页

3月29日（闰二月初七日） 郑孝胥为写寿屏。

为弢庵写寿屏。 ——《郑孝胥日记》第1654页

三月 陈三立、林纾等友好纷作寿诗、寿序，见附录"陈弢庵先生七十寿言集"。

陈宝琛妻七十，受陈宝琛乡人且获列门墙者之托，为作寿文，又作寿诗。

陈三立《陈太保弢庵七十生日寿序》（《诗文集》册下页1115）

胡朝梁《陈太保七十双寿序》（丁巳三月）："维岁丁巳九月二十又三日，为侯官太保陈公七十令辰，而公配王夫人亦于同年三月寿七十。海内名公硕德，咸制文为寿，朝梁得读其草矣，独义宁陈先生寄文最早，而朝梁未之见。义宁为公壬午乡试所取士，而朝梁学文于义宁。义宁尝称道公德量为不可及，比年获侍公，公亦谓义宁诗古文辞并世罕与伦比。前后辈推许之雅、相知之深，求之今日，岂多见哉。"（《诗庐诗文钞》）

——《陈三立年谱长编》1163页

弢庵师傅七十生日　　　　　　　　　　　陈三立

名德从来万口传，今逢赐杖上尊前。回天孤抱侵宵漏，启圣殷忧压讲筵。身系苞桑神所劳，梦亲听水道弥坚。诗心自续无穷世，纪盛看摹石鼓篇。

——《散原精舍文集》第541页

林纾撰公寿文。

上　太　保　书　　　　　　　　　　　　林　纾

太保阁下：闻伯严寿文用册页写成，甚别致可取，纾意亦仿效之。文前作小画三桢，一为沧趣楼，一听水斋，一听水二斋。寿文用红丝之格细写，裱成册页，附图，后用木板夹之，迟数日即动手矣。鄙意仍用骈文，惟工夫甚大，须半月脱稿。

——《林纾诗文选》第295页

林纾致臧荫松函。

致　臧　荫　松　　　　　　　　　　　　林　纾

……又陈太保骈体寿文一篇，吾颇惬怀，拟排印六十张以分亲友，因同乡索之者众，苦无以应。好名之事，吾所不为，今不得已而为此，吾兄幸勿笑。文稿明日誊清寄呈。即询日安。弟纾顿首。

……送上螺江太保寿文稿二纸,讹字尚稀,不加圈甚善。

——《文汇报·艾俊川:从林纾致臧荫松书札看'林蔡斗争'前后》2015 年 11 月 13 日

[1] 臧荫松:字硐秋,安徽宿松人。

4 月 11 日(闰二月二十日)　赴增寿臣庆和堂宴请。

晚赴增寿臣庆和堂之约,同席陈伯潜、朱艾卿、伊仲平、世伯轩、耆寿民,亥刻散。

——《那桐日记》第 845 页

5 月 13 日(三月二十三日)　与梁鼎芬、朱益藩均坚持张勋复辟非时所宜。

与陈宝琛、梁鼎芬在毓庆宫议论张勋提出的复位之事,坚持复辟非时所宜。

——《末代帝师朱益藩》第 89 页

6 月 15 日(四月二十六日)　《东方杂志》第 14 卷第 6 期"文苑"栏刊"叠韵答樊山腊八日见赠",见《沧趣楼诗文集·叠前韵和樊山腊八日见赠》第 171—172 页;"再叠答匏庵见和并柬君常熙民",见《沧趣楼诗文集·再叠答匏庵并柬珍午熙民》第 173 页;均署陈宝琛。

6 月 16 日(四月二十七日)　张勋 6 月 14 日入京,强迫解散国会,入宫见溥仪,二十七日复觐见溥仪奏请复辟。公叮嘱溥仪谦逊应答。

四月二十七日前两江总督兼摄江苏巡抚、现任民国长江巡阅使张勋入觐。廿七日,复晋见,奏请复辟。公以改制以来,军阀混战,迄无宁日,已民怨沸腾,既各省督军由张勋代奏有拥戴之忱,宜可许之。

——《闽县陈公宝琛年谱》第 119 页

陈师傅再三嘱咐道:"张勋免不了要夸赞皇上,皇上切记,一定要谦逊答之,这就是示以圣德。"　　　　——《我的前半生》第 97 页

第二天陈宝琛、梁鼎芬见了我,笑眯眯地说张勋夸我聪明谦逊,我又得意了。

——《我的前半生》第 98 页

7 月 1 日(五月十三日)　丁巳复辟。张勋拥溥仪即帝位,与王士珍、梁敦彦、刘廷琛、袁大化、张镇芳及公七人为议政大臣。

五月十三日,勋遂奉帝即位。设内阁,以张勋、王士珍、梁敦彦、刘廷琛、袁大化、张镇芳及公七人为议政大臣,张勋之参谋长万绳栻(公雨)及曾任冯国璋幕僚之胡嗣瑷(晴初)为阁臣,授徐世昌、康有为为弼德院正副院长,各省督军为总督、巡抚、都统各有差。翌日,勋复请谕,禁亲贵干政。亲贵闻之,欲推醇亲王与勋理论。公以辛亥酿国祸,即起于王公亲贵之干政,现犹欲争权,可谓胡涂已极,劝上勿听。部署甫定,忽段祺瑞率师入京,声明讨逆。张勋寡不敌众,惶遽无措,一时新贵四散,张则遁入荷兰使馆。公乃与王士珍共拟退位诏

书，略以："朕以幼冲，深居宫禁，本无丝毫私天下之心，惟据以救国救民为词，不得已允如所请。昨又据陈各省纷纷称兵，又将以政权之争致开兵衅。年来我民疾苦，何堪再罹干戈？朕断不肯私此政权，使生灵涂炭。着王士珍会同徐世昌迅速通牒段祺瑞，商办善后事宜。"诏未及发，而段祺瑞讨逆通电已有："该逆张勋忽集其凶党，迫众从同，挚康有为闯入宫禁，强为推戴。清帝弓身冲龄，岂能御此强暴？竟遭诬胁，实可哀怜。"冯国璋通电亦云："张勋玩冲人于股掌，遗清室以至危。"于是用徐世昌议，由民国大总统令发布内务部声明、以准清室内务府函称"前奉隆裕皇太后懿旨，因全国人民倾心共和，特率皇帝将统治权公诸全国，并议定皇室优待条件，永资遵守。本无私政之心，岂有食言之理？不意七月一日张勋率领军队入宫盘踞，矫发谕旨，擅更国体，违背先朝懿训。冲入深居宫禁，莫可如何，此中情形当为天下所共谅"等语，此次张勋叛国矫挟，肇乱天下，本共有见闻。兹据咨达各情，合亟明白布告。将复辟罪责，集中于张勋一身，于清室反力为开脱。盖复辟之谋酝酿已久，徐世昌本清室太傅，与袁世凯交谊甚深，民国后任国务卿，实为袁谋主。袁将僭帝号，乃引退寓居天津，见袁称帝失败，北洋系四面楚歌，与张勋密商，不如还政于清。袁死后归榇彰德，各省军事首脑多往祭奠，即由徐主持决议复辟。旋张勋集各省督军会议徐州，欲先结外援。徐返津后，亦遣陆宗舆赴日接洽。嗣闻徐要求日人支持其为议政王，张大不怿。适欧战胜负久不决，徐说段祺瑞以参战易取日本贷款，而国会及黎元洪总统又不愿，于是有所谓府院之争。张勋藉调停之名，率师北上，因北洋元老徐世昌、冯国璋、段祺瑞等在徐州会议时均无异言，自谓大事已定，不复措意于冯、段，而一意独揽大权，仅予徐以弼德院空衔，致招徐怒，嗾段起兵，而自招败局。

——《闽县陈公宝琛年谱》第 119—122 页

亦见《申报》1917 年 7 月 3 日

餐后访琴初，晤刘幼云、陈贻重、陈仁先。读复辟诏书，列誓九条，以张绍轩（勋）、王聘卿（士珍）、陈弢庵（宝琛）、梁崧生（敦彦）、刘幼云（廷琛）、袁行南（大化）、张馨庵（镇芳）七人为议政大臣，以雷朝彦（震春）为陆军部尚书，梁崧生为外务部尚书，张馨庵为度支部尚书，朱经田（家宝）为民政部尚书，琴初约明日到传心殿办事。

——《许宝蘅日记》第 2 册第 597 页

《松涛老人自叙》：丁巳四月，各省又谋独立，督军或专使群集徐州，推勋主盟。勋于是提兵北上，调停国事。五月十三日复辟，诏授勋为议政大臣兼北洋大臣直隶总督。

《丁巳复辟记》略云：十二日晚，张赴同乡会之招，往会馆观剧，至十二钟始归。归后,以电话约王士珍、江朝宗、吴炳湘、陈光远四人至,散坐院中。……张语毕,以一言断之曰:"此事余志在必行,诸君赞同,则请立即传令开城,放余天坛兵队入内,否则请各归布置,决一死战。"王、江等皆唯唯,遂开城调兵,遍布各处。张及诸人均入宫,吁请皇上登殿。是时召见者:文臣有刘廷琛、胡嗣瑗、陈曾寿、章梫、陈毅[1]、商衍瀛、顾瑗、张镇芳;武臣有张勋及其部下四统将。某某颂[诵]登极诏,布告天下。此诏乃伯兄所拟也。设议政大臣,以张勋、王士珍、陈宝琛、梁敦彦、刘廷琛、袁大化、张镇芳充之,以胡嗣瑗、万绳栻为阁丞。恢复宣统元年官制,授各部尚、侍。外务部尚书梁敦彦,左侍郎李经迈,右侍郎高而谦,度支部尚书张镇芳,左侍郎杨寿楠、右侍郎黄承恩,陆军部尚书雷震春,左侍郎田烈文、右侍郎崔祥奎,民政部尚书朱家宝,左侍郎吴炳湘,右侍郎张志潭。学部尚书沈曾植,左侍郎李瑞清、右侍郎陈曾涛,海军部尚书萨镇冰。法部尚书劳乃宣,左侍郎江庸、右侍郎王乃征。农工商部尚书李盛铎,左侍郎钱能训、右侍郎赵椿年。邮传部尚书詹天佑,左侍郎阮忠枢、右侍郎陈毅。理藩部尚书贡桑诺尔布。以张勋为直隶总督,冯国璋为两江总督,陆荣廷为两广总督,馀各省督军皆改授巡抚。　　——《沈曾植年谱长编》第 451 页

[1] 陈毅,字诒重,光绪进士,邮传部左参议。

自袁世凯殁后,张勋以长江巡阅使兼安徽督军,坐镇徐州,即与康有为等勾结,阴谋复辟。其计划在北上前,已经预定。自各省督军独立,张以调人入京,通电各省取消独立,皆翕然听命。张自谓能指挥各督军也,遂实行复辟。六月三十日(夏历五月十二日)夜邀陆军总长王士珍、步军统领江朝宗、警察总督吴炳湘、十二师长陈光远等,告以复辟之谋,并令开城遣其定武军入城。王等不敢反对,议遂定。是日晨三时,偕王、江、吴、陈及刘廷琛、沈曾植、万绳栻等数十人,入清宫奏请复辟。并即发布上谕。……复辟既成,改五色旗为黄龙旗,官制仿宣统初年,授徐世昌为太傅,瞿鸿禨升充为大学士,周馥、张人骏为协办大学士,张勋、王士珍、陈宝琛、梁敦彦、刘廷深、袁大化、张镇芳为内阁议政大臣,万绳栻、胡嗣瑗为内阁阁丞,并以梁敦彦、朱家宝、张镇芳、雷震春、萨镇冰、沈曾植、劳乃宣、詹天佑、李盛铎、贡桑诺尔布等分任外务、民政、度支、陆军、海军、学、法、邮传、农商、理藩等部尚书。徐世昌为弼德院院长,康有为为副院长,张勋为直隶总督、北洋大臣,留京办事。冯国璋为两江总督、南洋大臣,另授各省总督巡抚都统提督各官衔。　　——《梁燕孙先生年谱》

——转引自《梁节庵先生年谱》第 336 页

忆是年七月一日,予侵晨得众异电话,告已复辟,君即诣津。予告林季武,

同坐小车诣天安门觇动静,仅见禁卫车、武服兵弁来往指拨而已。折而走临清宫,诣弢老家,则老人已退直,茗叙,若为不知者。已而言:"今日复辟事,皆张少轩所为。渠出二劝进表,其一冯华甫领衔,其一陆荣廷领衔,云皆款洽,无疑义。"予等默然。老人叩予意,予恭敬答言:"事恐不成,行且糜烂。"弢老闻亦默然。其后飞机掷弹乾清宫,予复冒暑往视弢老,则已咨嗟太息,知不可为。

——《花随人圣庵摭忆》第 582 页

张及诸人均入宫,吁请皇上等殿。是时朝见者:文臣有刘廷琛、胡嗣瑗、陈曾寿、章梫、陈毅、商衍瀛、顾瑗、张镇芳,武臣有张勋及其部下四统将,⋯⋯设议政大臣,以张勋、王士珍、陈宝琛、梁敦彦、刘廷琛、袁大化、张镇芳充之。

——《近代史资料•冷汰:丁巳复辟记》1958 年总第 18 号第 113—114 页

7 月 2 日(五月十四日) 张勋复辟后,与各议政大臣、尚书至上书房,拟旨数道。

五时出门到啸麓家,同到东华门入传心殿小坐,到上书房,诸议政大臣、诸尚书均集,拟旨数道,醇亲王亦至,嘱拟旨封张勋为忠勇王,冯国璋、陆荣廷为一等公,经世太保递上,传谕俟冯、陆有电来再办,醇王又拟派载涛、载□为禁卫军司令,经余向刘幼云陈说力争方撤消,上赐午膳,烦扰不能下咽,各部尚书、侍郎均用旧人,私意窃不谓然,午后二时方散。访仁先于法华寺,询近日内廷情形,余以为止有悲观,偕仁先出城归寓。

——《许宝蘅日记》第 2 册第 597 页

一日午前六时,梁鼎芬、陈宝琛、江朝宗、陈光远邀王士珍入公府见黎总统,告以复辟事。黎谓:从前项城欲行帝制,所以加以反对,为恐国家因是启分崩之始,今兹对于复辟所见亦然。梁鼎芬当谓此来不过通告一切详情,未便细谈。黎当即送梁等出府,并云事已至此,生死惟命。

——《大公报》1917 年 7 月 2 日

在那些日子里,没有达到政治欲望的王公们,大不高兴。张勋在发动复辟的第二天做出一个禁止亲贵干政的"上谕",使他们十分激怨。醇亲王又成了一群贝勒贝子们的中心,要和张勋理论,还要亲自找我做主。陈宝琛听到消息后,马上嘱咐我说:"本朝辛亥让国,就是这般王公亲贵干政闹出来的,现在还要闹,真是糊涂已极! 皇上万不可答应他们!" ——《我的前半生》第 101 页

严复来函。

致 陈 宝 琛 严 复

橘叟阁老钧座:

昨承教诲,快慰无极。比者□□重光,薄海称庆,复辟上谕,辞旨悱恻,定

武通电，历指共和□痛，可以悬诸国门。诚使从此国家永息胶扰，则吾侪小人须臾无死，以观德化之□，宁非至幸，惟鄙陋之愚，所不能已于长虑却顾者，则以为立国之道与用兵异，迅霆不及掩聪，于以取一时之胜利则有馀，而以奠磐石之安则不足。是以目前大局虽若底定，而献酬群情，弥纶万方，安反侧而固根本，为事无穷，且非急起直追，恐无及耳。辛、壬以来，变亦亟矣，顾扼要而谈，则新故□□之争已耳。此五洲历史公例，民物进化情状莫不皆然。近今百年，发动尤烈。方其兴也，号为向明矣，而暴民恣睢，人欲横肆，随以用事。譬如水然，每流汇趋，演进荡决，蛟鳄百怪，翔舞并下，漂瀎破坏，刿目惊魂，而踰时之后，畅流千里，故革命之事，方于其时，突起并兴，诚无人理也。迨从既往而观之，则人心不死，往往自为反补（颇）偏以循轨道，及是之时，故者虽亦□□精，而新者常胜，此进化必经之阶级也。是故治水之功，当利于疏凿，而堤壅□挽，欲使荆扬之水返于梁益者，势所不能，为之且败。今议政诸公，诚欲为救国振民之业，□以期所戴之安者，于前言不可不三复也。故今日□争，既复辟矣，而继今所刻不容缓者，扎实立宪而已。朝廷明降德音，首议宪法，次集国会，务使南北之民，知此事名复旧制，实则不过使元首之位定于一尊，而无继续选举总统之烦扰，于以休养生息，遏乱萌，至于其馀，则与共和国体等耳。

夫国会非不知其为聚讼捣乱之媒，然必不可畏而埋之远之，且宜进而成之，使为完全真实民意机关，于□宣嚣滞，视进退，此在选举法之议造与奉行耳。再者即日责任内阁矣，则首揆握兵，乃至不得已一时之权计，而万万不可□□。然窃计今日之局，必宪法、国会、阁制三者以次完全产出，而后可以言安，不然，无论形势□何赫耀，皆厝火积薪而卧其上也，其□□破坏，特早晚耳。吁，其危哉！感左右知爱，而复辟立宪，又居恒所大顾，用是惓惓之诚，不敢终默，馀俟面乃尽。此颂俟福。弟复叩头，五月十四日。

本日阅英文报，其攻击定武不遗馀力，且言大局之必无究竟，为不怿者久之。定武□□外交一面，似稍大意，此亦今日要害，不可不□□疏通之。国中反对，似所不免，然其组合实力，至少亦须月馀，最好有法先有以消弭之，乃胜算也。匆匆又及。张勋五月十三日复辟次日作书。

——《严复集·书信》第 503—505 页

上奏恳辞议政大臣任命。

奏为时艰责重，自揣衰庸，万难胜任。恳请天恩收回成命，恭折仰祈圣鉴事。本月十三日奉上谕："陈宝琛授为议政大臣。钦此。"闻命之下，惶无措，伏念时局艰危至于此，极我皇上不忍生民之益深益热，勉徇诸臣之请，复正大位，自宜遴选通才，挽回劫运，臣以悬车之年，重听善忘，衰疲日甚，滥竽讲殿，尚恐弗胜。况事变至殷，枢务至重，强不，是犹望秋驾于驽，责栋梁于杇蠹也。臣不足不足惜，如国家何无已。沥恳天恩收回成命，俾得专心进讲，以免戾。臣不胜屏营，乞皇上圣鉴。谨奏。宣统九年五月十四日。

——《内阁官报》1917 年 7 月 4 日（五月十六日）

7 月 7 日（五月十九日） 讨逆军逼近北京，同王士珍、张勋商议调张作霖入关"勤王"。

讨逆军逼近北京城，复辟已成绝望挣扎的时候，陈宝琛和王士珍、张勋商议出了一个最后办法，决定拟一道上谕给张作霖，授他为东三省总督，命他火速进京勤王。张作霖当时是奉天督军，对张勋给他一个奉天巡抚是很不满足的。陈师傅对张作霖这时寄托了很大的希望。这个上谕写好了，在用"御宝"时发生了问题，原来印盒的钥匙在我父亲手里，若派人去取就太费时间了，于是，陈师傅当机立断，叫人把印盒上的锁头索性砸开，取出刻着"法天立道"的"宝"。（这道上谕并未送到张作霖手里，因为带信的张海鹏刚出城就被讨逆军截住了。）我对陈师傅突然变得如此果断大胆，有了深刻的印象。

——《我的前半生》第 102 页

林纾来函。

上 陈 太 保

林 纾

太保钧鉴：外兵已动，张徐州似有急檄，按治罪魁，公府金壬，都已逃净，在当轴为自取，在藩镇为逼协，万非佳兆。然下走生平迷信，终以鬼神为有据，彼蜂目虎吻者，虽无渐台之祸，然身败名裂，然天下唾骂。而其人生时固狡狯绝伦者也，何以竟为伪楚之举动，是固景庙在天之灵，有以掊击之，使之倾倒谬乱，不终其篡窃耳。至于某某者，屏伪王爵而不受饮若礼佛，似有清操，乃入西苑，即图窃据，非常暗弱如刘璋，脆稚如刘盆子，忽为群小所动，尽反其平生之矫厉欺人者，谓非天夺其魄耶？又是景庙之灵，使之拂乱耳。昨日得确信，王聘卿部勒都下，诸军使之勿动。且令宣誓，静俟外间举动，一时或无恐耳。知关悬令，敬此奉白。名心印。

——《林纾诗文选》第 291 页

7 月 10 日（五月二十二日） 许宝蘅呈所拟稿（退位诏书），转呈载沣、世续。

七时入内，将昨稿呈陈弢老转呈醇邸、世太保阅定，另一稿闻恽功甫所草，决定用余稿，因王聘老未到不能发。　　——《许宝蘅日记》第 2 册第 598 页

7 月 11 日（五月二十三日） 入宫见溥仪。段祺瑞军队夜入城，张勋、徐世昌陈说逊政谕旨请缓发。

· 616 ·

八时入内，聘老、弢老俱到，定武使人陈说请将逊政谕旨缓发，东海处亦嘱缓发，十一时遂归。耐寂来谈，曼仙来。夜闻今夜段军入城，将作围攻之计，又闻定武已允解卸武装，各处电话甚多，终不得确实消息。夜闻火车声不断。

——《许宝蘅日记》第 599 页 7 月 11 日

7 月 17 日（五月二十九日）　王国维在 16、17 日连致两函罗振玉。

致 罗 振 玉 王国维

雪堂先生有道：……报纸记北方情形惟在军事一面，而寀叟等踪迹均不一一纪，惟一纪陈、伊二师傅一投缳，一赴水，不知信否。黄楼赴荷使署[1]，报言系西人迎之，殆信。又言其志在必死，甚详，此恰公道。三百年来乃得此人，庶足饰此历史。馀人亦无从得消息。此等均须为之表章，否则天理人道均绝矣。专肃，敬请道安，不一。永观顿首，廿九日。

永已十日不出，昨有事一往哈园。外事无所闻，惟闻玉老似未赴京，乙老之世兄随侍往耳。又申。再启者：

近数日事想于报中见之，此次取巧之人自以为得意，然实无利益可言。冯觊正位而仍不敢行；黎卫队有变仍往奔使馆；段之总理，则党人已证明其伪造黎命，云南已发电鸣其罪；进步党人欲加入段阁，然亦逡巡不敢。浙江叒叒，畏内变猝发，他省恐亦不免。试问此种结果何一非自取之？徐世昌入京，外间有总统之说，亦非无因，生民之祸不知何底耳。北征诸公报上不载一字，不知究竟如何。专此，再请道安，不一。永观再拜，晦日。

[1] 札云"黄楼赴荷使署"，指张勋在复辟失败后逃入荷兰使馆。

——《王国维全集》第 15 卷第 310—311 页

7 月 18 日（五月三十日）　段祺瑞入京，瑜太妃派公与世续等同段政府商谈"北京善后问题"。

闻段总理本定于昨日晚十时乘专车晋京。其未晋京以前，京中一切军务俱由东路司令管理。旋又改于今日（十四日）入京。……又闻瑜太妃为向民国政府申诉，被迫复辟，并急欲向民国政府议商，保全优待等问题。昨已派定世续、陈宝琛并某贝子等三人为代表，有即日函请政府当局定期会晤之说……。

——《申报》1917 年 7 月 18 日

复辟失败，以《孟子》"天将降大任"语劝导溥仪。

在张勋失败后，他（陈宝琛）总是翻来复去地给我讲《孟子》里的这一段："故天将降大任于斯人也，必先苦其心志，劳其筋骨，饿其体肤，空乏其身，行拂乱其所为，所以动心忍性，曾益其所不能。"——《我的前半生》第 121—122 页

8月18日（七月初一日） 二弟宝瑨与七弟宝璜将来京看望。

陈仲勉及其弟莲生来访，将入京视伯潜。

——《郑孝胥日记》第3册第1680页

8月20日（七月初三日） 徐桐求书吴汝纶撰先人墓碑。

谒徐相，言及其先人墓碑乃吴至[挚]甫先生作，今求陈弢庵师傅书、张君立篆额。 ——《贺葆真日记》第420页

8月31日（七月十四日） 郑孝胥得郑孝柽函云：北京城内人心不靖，谣言甚多，公似不知溥仪游历（日本）事。

得稚辛书，言北京人心不靖，谣言甚多。车驾游历事，弢庵若不知之，颇疑幾士妄语云云。 ——《郑孝胥日记》第3册第1681—1682页

七月 录"雨后游旸台山宿金山寺""题画菊寿左子异提刑"诗，作行书折扇面。

陈宝琛《行书折扇面》题识："丁巳孟秋，陈宝琛"。钤印：朱文"铁石道人"。

——《摇曳丹青》第194页

9月25日（八月初十日） 沈曾植致函沈曾桐，请与公及柯劭忞商议如何应对近期时局。

恒侯驱策以天府，众星环拱于垣外，此着一下，全局通灵，请弟与弢、凤[柯劭忞]密切商之。闻弢主缓，然藉此正可表天人退让之言。

——《沈曾植年谱长编》第469页

10月21日（九月初六日） 内藤湖南[1]来华，欲见中国"耆宿"，罗振玉介绍见公及梁鼎芬、劳乃宣、沈曾植诸人。

内藤湖南自日本启程来中国

《罗振玉致王国维札》九月七日（10月22日）：湖南昨夕启行，得意之至。然弟逆料，此行不过多见我邦耆宿数人，得古书数卷而归。政治调查，必无结果。然我耆宿果能为之开导，令彼邦觉悟平日所说之背谬，亦大佳，是在乙老辈之启发耳。渠此行，弟为介绍伯潜、节庵两傅，韧、潜、乙三君。彼诚能多见诸君，亦佳事也。 ——《沈曾植年谱长编》第456页

[1] 内藤湖南：内藤虎次郎，字炳卿，号湖南，日本汉学家。秋田师范专科学院毕业，记者。著有《燕山楚水》。多次来华，1907年后任东京帝国大学教授，以研究清史知名，被喻为"内藤学"，为日本"京都学派"的主导奠基者。

10月24日（九月初九日） 陈曾寿忆及1910年庚戌重阳集于十刹海广化寺，感赋长句。[1]

节师见予九日诗寄语曰岂忘庚戌重九耶何诗中未及之盖是秋节师入都吊

张文襄之丧

予以九日邀同陈弢老集于十刹海广化寺凄然相对二老皆有诗刘松庵为
图记之今忽忽八载矣感赋长句奉寄以志哀　　　　　陈曾寿

　　庚戌重九那可忘？置酒萧凉广化寺。愁对先朝两白发，写图题句供流涕。是时新遭相公丧，隔湖第宅喧哀吹。江山雕疏老成殂，桓公此座当谁继？九原可作应痛绝，大荒披发今何在？玄阴凝沍日暂开，绮皓天留资倚畀。国门徐生竟重入，访旧仍返西州骑。岁寒堂上作端午，玉盘角黍曾分赐。岂知遁窜复人间，去天万里题糕字。我皇广渊齐圣祖，天降殷忧岂无意。蹉跎小忠甘九死，回潮万事空馀泪。怀贤念乱数佳辰，嗼宵一雁心相寄。

　　　　　　　　　　　　　　——《苍虬阁诗集》第 101—102 页

　　[1] 张之洞逝于 1909 年，1909 年九月初九日与陈宝琛集十刹海，有诗。"忽忽八载"即是年。

10 月 26 日（九月十一日）　朱益藩为溥仪代拟贺公寿诗。

　　为溥仪代拟赐陈宝琛七十寿诗一首。　　——《末代帝师朱益藩》第 90 页

11 月 1 日（九月十七日）　缪荃孙来访。

　　拜张君立、陈伯潜。　　　　　　　　——《艺风老人日记》第 3097 页

11 月 5 日（九月二十一日）　缪荃孙赠寿联。

　　傅沅叔来借示双藏金记，……送联与弢庵。

　　　　　　　　　　　　　　——《艺风老人日记》第 3098 页

11 月 6 日（九月二十二日）　七十寿辰，那桐先一日来寓拜寿。

　　陈伯潜太保七旬赐寿，明日约余晚饭，今日余往辞谢并先期拜寿。

　　　　　　　　　　　　　　——《那桐日记》第 859 页

11 月 7 日（九月二十三日）　七十寿辰，设寿宴。清室赏珊瑚朝珠、白玉如意，并赏对联、匾额、福寿字等，银一千五百两，诸皇妃亦有赏赐。由内务府臣荣铨赍送到寓。上"谢七十生辰恩赏折"，有句："敬典溯成皇赐额，愿清芬无忝先臣；说经准《大学》修身，庶晚节稍酬圣主。"折见《沧趣楼诗文集》第 891—892 页。友朋纷纷寄赠寿文、寿联等[1]。溥仪另赏对联一副。

　　公七十生辰。清室赏瑚朝珠一盘、御书"保衡锡祜"匾额、"召奭稽谋尊寿考，甘盘旧学重师资"对联，及福寿字等。　　——《闽县陈公宝琛年谱》第 123 页

　　　　　　　　　　　　　　　　　　亦见《溥仪文存》第 24 页

　　有一次在书房里，陈师傅忽然对我说，他无意中看到两句诗"老鹤无衰貌，寒松有本心"。他想起了自己即将来临的七十整寿，请求我把两句诗写成对

联,赐给他做寿联。看我答应了,他又对他的同事朱益藩说:"皇上看到这两句诗,说正像陈师傅,既然是皇上这样说,就劳大笔一挥,写出字模供皇上照写,如何?"

——《我的前半生》第69—70页

弢庵七十。 ——《严复集·日记》第1525页

袁重墨来。十时到治艿寓,代写赠弢庵太傅七十寿诗。

——《许宝蘅日记》第613页

陈宝琛七十寿诗。参见《海日楼诗注》卷八《寿陈弢庵太保》。

——《沈曾植年谱长编》第457页

沈曾植作祝公七十诞辰诗三首

编年诗《寿陈弢庵太保》三首。 ——《沈曾植年谱长编》第457页

朱怀辙来,与陈师父拜寿。 ——《艺风老人日记》第3098

橘叟七十生辰,次其六十见赠韵奉呈　　　严　复

惟天日未丧斯文,东汉仲举称三君。立朝正色若在眼,学士直声天下闻。一木支倾疑可哂,每说先朝涕先陨。即今浴日望重光,悄悄忧心还觏闵。可怜风雪困梨楂,南行未辨莼鲈槎。但羡君家有贤子,能谱南陔补白华。

乞言上寿数到我,泥金笺帖书成鸦。壮日盛名亦何有?张翰生前一杯酒。惟祝殷忧启圣明,中兴不信无耆耇。西山红叶犹满林,清泉白石堪盟心。洛社群英谁祭酒,同听太傅醉翁吟。 ——《严复集·诗文》第405页

陈弢庵太保七十寿诗　　　沈瑜庆

先帝亲擢骨鲠臣,当时朋党忧积薪。一落江湖三十载,不用岂谓秦无人?蹙国方信瞻言重,晚召非复少年身。曲江老成言请念,夷甫误国骨作尘。昔日黑头今黄耇,往者执简兹垂绅。正色凤为权贵惮,虚怀要使侪辈亲。师臣易地各有取,克己天下终归仁。向师秦誓海违塞,降神周颂歌生申。万劫不改晚逾健,一老告存时所珍。退直不遑日中昃,论诗还以宵达晨。双星远祝齐眉寿,十年常问末学津。春秋佳日如有便,酒狂重来吐车茵。

——《涛园集》第109页

寿陈弢老及其配王夫人七十初度　　　陈曾寿

遗直今黄发,贞元世几迁?如编周季略,莫记伯阳年。贾疏先忧切,桓经晚遇偏。不应採芝叟,长作武夷仙。

岩筑孤臣老,龙潜圣学深。行藏关运会,位置费天心。丰羽存商皓,斟玄备傅箴。恭闻执业语,欢喜为沉吟。

偕老同裒褐,传家只礼诗。人称献之姊,王可庄太守之姊。德劭仲弓儿。去

国违尊酒，攀天系梦思。遥醵海棠宴，还约菊花期。公所居海棠极盛，王夫人三月
生，公以九月生。
——《苍虬阁诗集》第 93—94 页

寿弢庵太保七十
郑孝胥

馀生海角望中兴，帝座扶持赖有人。德望卅年来畎亩，艰危孤立此君臣。
清吟谢客应争席，细楷涪翁愈逼真。自是天公眷忠义，依然相敬见如宾。
——《海藏楼诗集》上第 277 页

[1] 七十寿辰，陈三立、严复、林纾、沈瑜庆、陈衍、宝熙、劳乃宣、林开暮、郭则沄、康有为、梁
启超等百馀位亲朋好友、社会名流赠有祝寿诗、文、联。详见附录《陈弢庵先生七十寿言集》（陈
懋复等辑，民国六年 1917 年京华印书局印制与民国六年福建修志局抄本合订）。

11 月 8 日（九月二十四日）　晚徐世昌宴请，那桐、朱益藩、梁鼎芬、伊克坦、世
绍、耆三、增崇同席。

晚赴徐菊仁之约，同座陈、朱、梁、伊四师傅，世绍、耆三、内府增寿臣，戌刻
散。
——《那桐日记》第 859 页

12 月 2 日（十月十八日）　由京至津。见 12 月 3 日《大公报》。

12 月 3 日（十月十九日）　由津至京。见 12 月 4 日《大公报》。

12 月 12 日（十月二十八日）　妹婿高向瀛五十初度生辰，重修环翠楼成，为作
寿序，并寄诗祝贺。序见《沧趣楼诗文集·高颖生妹婿五十寿序》第 351—352 页；
诗"颖生重茸环翠楼成寄题"，见《沧趣楼诗文集》170 页。

高颖生妹婿五十初度，适重茸环翠楼成，作诗贺之。环翠楼者，君曾祖筑
以藏书。君大父弃官归养，读书其中垂四十年。君国变后，屏迹里间，佣以书
肆以自给，兼庀斯楼，足擅闽山之胜。　——《闽县陈公宝琛年谱》第 119 页

岁丁巳十月，余五十初度，适重修环翠楼成，陈文忠公自京寄一诗落之，并
序以为寿。序中略言："君运丁阳九，身世观渊明差近，自题其楣，有'埋名甘市
隐，绝俗爱楼居'之句，毋亦慨乎八表同昏，无是非毁誉之可言。脊脊大乱，且
未有止，不啻托赁舂偾牛以自隐，匪独蝉蜕嚣埃而已。宜其诗之气悽而声激
也，云云数语，实获我心。"兹故节录卷首，即以作余之诗评也可。戊寅上元向
瀛自记。
——《还粹集》第 1 页（1938 年 2 月 14 日，戊寅正月十五日）

12 月 13 日（十月二十九日）　沈瑜庆及夫人郑氏六十生日，以"年家世旧，而
夫人又先君中表，相知垂四十年"，撰寿序"沈涛园中丞六十双寿序"寄上海，见《沧
趣楼诗文集》第 332—335 页。

六年丁巳六十岁：十月，公及郑夫人均六十生日，成鹄等撰启征文，海内
名流多以诗文为寿。陈弢庵先生自撰书寿序寄沪。
——《涛园集（外二种）》第 231 页

12月15日（十一月初二日） 《东方杂志》第14卷第12期"文苑"栏刊"题伯严诗卷"，署陈宝琛。见《沧趣楼诗文集》第109页。

12月27日（十一月十四日） 溥仪赏王时敏手卷。

宣统八年十一月十四日的记录

赏陈宝琛"王时敏晴岚暖翠阁手卷"一卷。　　——《我的前半生》第69页

12月31日（十一月十八日） 《大公报》刊"再叠答匏庵见和并柬君常熙民"，署陈宝琛。见《沧趣楼诗文集·再叠答匏庵并柬珍午熙民》第172页。

是年 成多禄[1]作"陈弢庵太保见访"。

陈弢庵太保见访　　　　　　　成多禄

故国犹开旧讲筵，帝师风节世争传。天留硕果同清味，蒙惠福橘。人比黄花斗晚妍。京洛风尘偏此日，衣冠文武是何年。从容杖履头如雪，白傅相逢一惘然。　　　　　　——《成多禄集》第225—226页

[1] 成多禄，吉林人，原名恩令（龄），字竹山，号澹堪，室园名榆庐、澹园等。隶汉军正黄旗。

是年文

沈涛园中丞六十双寿序　　　　——《沧趣楼诗文集》第332—335页

高颖生妹婿五十寿序　　　　——《沧趣楼诗文集》第351页

谢七十生辰恩赏折　　　　——《沧趣楼诗文集》第891页

是年诗

颖生重葺环翠楼成寄题　　　　——《沧趣楼诗文集》第170页

次韵樊山喜雪诗　　　　——《沧趣楼诗文集》第170页

叠前韵和樊山腊八日见赠　　　　——《沧趣楼诗文集》第171页

再叠答匏庵并柬珍午熙民　　　　——《沧趣楼诗文集》第172页

1918 年(戊午　民国七年)　71 岁

段祺瑞北洋政府与日本寺内正毅内阁签订"西原借款"。

段祺瑞、徐树铮等组织安福俱乐部。(3.10)

直系吴佩孚攻占长沙、衡山。(4.3)

南方国会推岑春煊为主席总裁;北京国会举徐世昌为大总统。(7.16、9.4)

第一次世界大战结束。(11.11)

瞿鸿禨卒,年六十八(4 月)。沈瑜庆卒,年六十(10.6)。

1 月 20 日(丁巳十二月初八日)　腊八日和答樊增祥诗,见《沧趣楼诗文集·叠前韵和樊山腊八日见赠》第 171 页。

2 月 1 日(丁巳十二月二十日)　《大公报》刊"寿几道",见《沧趣楼诗文集·赠几道》第 153 页,署陈宝琛。

2 月 3 日(丁巳十二月二十二日)　将《石斋逸诗》呈溥仪,溥仪题词"浩气英光"。与梁鼎芬、宝熙、严复等均有题诗或题语。作"题研忱丈所藏石斋逸诗墨迹",见《沧趣楼诗文集》第 175 页。

> 同乡孙筠葭蔼者来访,持《石斋逸诗》册子求题,为林研忱秉诚所藏,弢庵进呈御览,上擘窠书"浩气英光"四字,弢庵题一律,星海题二绝句,宝熙题五律三首,严复题五绝二首,内藤虎跋一则,伊克坦、朱益藩题语二则。石斋自记之:"可以不存矣,而犹存之,谓之逸诗。"凡五言律八十二首,七言律五十首,五、七言绝句一百六十八首,古诗十一首,共三百十一首,皆顺治丙戌婺源兵败被执时所作也。小楷精纯沉着,弢庵以为造极之作。
>
> ——《郑孝胥日记》第 3 册第 1708 页

2 月 4 日(丁巳十二月二十三日)　立春,作"青松图",并题诗:"秋老严霜落九霄,寒城木叶下萧萧。谁知岁晚空山里,百尺青松独不凋。戊午春日为任公文坛作,宝琛题于沽上。"深圳市博物馆藏,转引自《陈宝琛年谱》第 390 页。

2 月 16 日(正月初六日)　毓庆宫开学,溥仪赏各师傅。

> 毓庆宫开学。溥仪赏摄政王、各大臣、各师傅。溥仪向载沣、载润、溥伦、

世续、徐世昌、陈宝琛、伊克坦、朱益藩、梁鼎芬、绍英、耆龄和毓崇依例颁赏,每人端砚一方,朱墨四笏。　　　　　　　　——《末代帝师朱益藩》第22—23页

3月8日(正月二十六日)　《大公报》刊"谢节庵寄玉菌",署橘叟,诗见《沧趣楼诗文集·谢节庵惠寄玉菌》第169页叟;同日刊"涛园表姑丈六十",《沧趣楼诗文集》未收。

涛园表姑丈六十　　　　　　　　　　　陈宝琛

　　淞波绕屋冬不冰,寿人一月三称觥,埙篪迭奏琴瑟好,那管户外鸡虫争。平生心事付泡影,留命苦盼黄河清。渊明勋裔且孤愤,仍世旌铖情可胜。有园故山重归隐,久卧江海瞻舻稜。昨来辇下问安否,面骨瘦并诗峻嶒。开天遗事尽在眼,为我感旧伤颓龄。风霜百试验贞脆,岁晏相守寒松青。汉家阳九会有极,祝公老寿如逢明。　　　　　　——《大公报》1918年3月8日

3月31日(二月十九日)　严复作信熊育锡,称陈三立、张元济与公"学问行谊"令人心服。

与熊纯如书　　　　　　　　　　　　严复

　　复平生诗友之中,其学问行谊,性情识度,令人低首下心,无闲言者,此人而已。然亦有不满意者,则其为人太过,坐此致不永年,真可痛也。馀则已去者,如郭侍郎、吴冀州、君家季廉,其犹在者,则陈太保、陈伯严、海盐张菊生,寥寥数公而已。且其仁虽皆各具新识,然皆游于旧法之中,行检一无可议。　　　　　　　　　　　　　　　　——《严复集》第三册684页

4月8日(二月二十七日)　为丁传靖[1]妻刘孺人作圹铭。见《沧趣楼诗文集》第484—485页。

[1] 丁传靖,字秀甫,号闇公,江苏丹徒人,副贡生。清宣统二年由公荐为礼学馆纂修。

4月17日(三月初七日)　《大公报》刊"游上方山至兜率寺示默园宰平",见《沧趣楼诗文集·四月十四日同嘿园宰平游上方山至兜率寺》第164页,署橘叟。

5月1日(三月二十一日)　以甥女林慕兰八字付严复,与严三子严琥(叔夏)定亲。

　　伯潜带林家八字,照片来。　　　　　　——《严复集·日记》第1526页

三月　瞿鸿禨卒于沪,年六十八岁。撰挽联:"姚崇称应变才,忍看今日域中,十事开元思相业;白傅有感伤作,留揭他年墓表,一篇长庆哭诗人。"见《中国对联故事总集·挽联编·名人篇》第75页。

5月12日(四月初三日)　同林纾公祭江春霖[1]。

公祭江杏村侍御文　　　　　　　林纾　陈宝琛

　　维戊午故历之四月三日,愚弟陈宝琛林纾谨以时馐之馔,再拜致奠于故侍

御史江君杏村之灵曰：呜呼！龙比得名，晚夏末商，节抗龙比，鲜有不亡。竟免于亡，圣恩洋洋。鲠言正议，世称梅杨。梅杨有君，名动九闉。翰林起家，世议文章。既涉霜台，谠议始昌。崇陵上宾，薄海惋怆。受命监国，唯摄政王。手定王仪，君疏特详。惟时诸贵，甫脱褓襁。乳口论证，嗷音引吭。干儿义孙，互结死党。君首论劾，辩畅激壮。道子喑畏，元翰怅惘。廷旨切责，斥君狂憨。君感国恩，即蹶犹起。当涂之谶，攻踣项氏。退顾南山，进备东市。下笔凛然，震慑神鬼。司马称疾，永宁内徙。弥天大祸，机兆以此。当断不断，颓运斯圮。三州连帅，奸比侣据。怀谖迷国，非贿莫饫。君发其奸，照烛计数。七疏不馁，王曰庸絮。还尔凤池，趣君之去。君念梅杨，梅花怒开，老母倚门，盍归乎来。流水抱村，落花扑杯。萝曼深深，一径苍苔。奉母读书，优哉悠哉。沧桑之感，一恸万古。老作冬郎，愿乖杜甫。举目萧寥，金风铁雨。瞑然化去，上与天语。呜呼哀哉，绵亭峨峨，涵江欲波，南望祭君，伤如之何。桂旗掣风，骖螭驾鳌。神弦之曲，代以离骚。尚飨。

　　　　　　　　　　　　　　　　　　　　　　——《畏庐三集》第 70 页

[1] 江春霖：字仲默，号杏村，福建莆田人，光绪进士，武英殿纂修、国史馆协修、江南、新疆、四川诸道监察御史。

5 月 30 日（四月二十一日）　《大公报》刊"藜观倅婿傲居蒙泉山馆以泉水寄饷予始饮此泉实咸丰丁巳今六十年矣赋谢"，署橘叟，见《沧趣楼诗文集·藜观傲居蒙泉山馆以泉水寄饷》第 182 页。

　　高向瀛作"施藜观新居蒙泉山馆索诗即用橘叟谢饷山泉韵"，用公诗韵，公诗"施藜观傲居蒙泉山馆以泉水饷"见《沧趣楼诗文集》第 182 页，标注庚午 1920 年，疑误。

　　蒙泉日夜听琮琮，环翠岚光隔几重。居处久安流水静，往还常觉说诗浓。俗尘扑尽寻真赏，明月招来胜素封。只在此山君莫笑，海天一阁踞高峰。

　　　　　　　　　　　　　　　　　　　　　　——《还粹集》卷三第 5 页

6 月 28 日（五月二十日）　张元济来访。

　　午后出门，拜陈伯潜、玉苍。均见。

　　　　　　　　　　　　　　　　——《张元济全集·日记》第 6 卷第 376 页

7 月 13 日（六月初六日）　梁鼎芬六十寿辰，有诗祝贺。见《沧趣楼诗文集·梁节庵六十寿诗》第 174 页。

7 月 24 日（六月十七日）　致函二弟宝瑨。

致 陈 宝 瑨

　　　　　　　　　　　　　　　　　　　　　　　　　　　　　　陈宝琛

仲弟手足：书来如获奇珍。并询五五[1]，得详悉动定，欣慰之极。吾两人禀赋亦非异人，幸在少年时习勤而无纵欲，家教之效及老始觉。兄健啖如昔，惟鉴于涛园之伤胃，即节庵今春亦因肠病濒危[2]，故宁戒之豫，而一切补药养品概不敢服，惟恃元气以自养，无自窒其生机耳。弟于此处亦宜稍留意。时局较之去岁，又坏数倍，南北之战，笃而言之，祗冯、段之争耳[3]。各树徒党，加以政客之挑拨，买报馆、买议员、买军队、买胜仗。所恃者有外债可借，以磅[镑]价折现银一万，始实得六千馀，加以仲用扣息，不过得半者之数，将来还款于欧战平息、磅[镑]价涨起之后，每一万须偿万二三千。而当局漏脯充饥，悍然不顾，且有利而为之者。一年以来，已添借外债二万万以上（每月军费政费须二千馀万），其势犹未有止。且军队愈添愈伙，督军愈惯愈骄。不知者以藩镇为比，安能望藩镇耶！闻之李最号忠顺者[4]，此外有威令能行者否？实做成上下交征、不夺不餍之世界。纵使统一，亦何以善其后？况银行、矿产诸实业，均拱手而授之外人，以求为石晋。欧战定后，其援均沾之例来者恐接踵也。而目前之患，即是下月国会开后，举总统为一难关[5]。两边均有军队，所谓两鼠斗于中，勇者胜也。此即大局之真相。旧臣遗耇或以天下瞀瞀为机会，我则虑失一片烂泥之无从着手，且环顾亦未得其人，则仍是为人所利用，徒自蹈危机也。吾闻之自顾吾围，我早持此论，尝以语惠亭，冀其可达于督军[6]，不意其笃信《说文解字》注，而拔鳌弧先登。现已成骑虎之势。若各路之兵逡巡不进，则孙军支拄终难见功。现龙新招之兵有数千南下至徐，新招十旅则以拱护近畿，以备不虞[7]。奉军专扼车路，未必真个攻粤，旁观臆测，大约如此。我不虑粤之侵逼，而以土匪充斥，鸿嗷遍地为忧。兵革不息，工商失业，益以岁歉米贵，人何以堪？盐主开放，部意已无可回旋。能勉延时日，终于必变，鄙族戚友中恃此事畜者不下数十家，骤如失乳之婴，何能恃施济众，念之怵然。都下因现银提作军饷，中、交两行银票跌至五成馀。官民交困。吾闻之未发军用票，凯士之功不小。闻电灯被人弊混，公司诉讼不胜，吃亏甚大，确否？世界如此，无一事可为也。择婿甚难，以近日子弟真知德育者少。故披沙拣金，难于一遇，当为留意。《杜诗》已收到。鼓山柱联，是否须切弥勒，或可泛说？刘妾自弟行后[8]，即不服药，近体似已转，除偶尔感冒外，却无杂病，且亦耐劳，其幼子皆自豢之也。弟今岁亦七十，明岁兄如未归，弟能再来，当多住数时，亦望世事之就绪矣。因五五明晨行，草草交其带回，可以畅言无忌。除家人外，勿示他人为幸。十一侄媳安抵津寓，沐时有来京，笃谨颇为主者所重[9]。可喜之极。伫寓均安。匆复，即讯暑祉！兄琛拜手，六月十七夕[10]。

曹叔彦元弼（苏州人）当代经学家也。其集刻成，可针时病，兄新得之，以寄熏，俾坚其信。吾弟有暇，可取一览。其书存古学堂折后固已先言之矣。

——《历史文献·陈宝琛致弟宝瑨手札》第 14 辑第 183—185 页

[1] 五五：男仆名。

[2] 沈瑜庆，字涛园，见前；梁鼎芬，字星海，号节庵，见前。于是年去世。

[3] 冯、段之争：1917 年 5 月，黎元洪在直系军阀支持下免去段祺瑞国务总理职务。段愤而去天津，唆使皖系并联络奉系宣布独立，谋以武力倒黎。7 月，黎下野，直系冯国璋以副总统代理总统，与把持北洋政府的段祺瑞争夺剧烈。

[4] 闽之李：福建督军李厚基。

[5] 1918 年 9 月 1 日，安福国会选举徐世昌为总统。

[6] 督军：李厚基；惠亭：林炳章，公婿，时署福建财政厅长。

[7] 孙军：孙传芳军队，孙时任第二十一混成旅旅长，后任长江上游警备总司令兼第二师师长、福建军务督理；龙：龙济光，1917 年任两广巡阅使，率军攻打广州，兵败，依附段祺瑞。

[8] 刘妾：公侧室刘宜人，河南人。

[9] 十一侄媳：侄懋解（见前，大排行十一）妻李氏，李宣龚（拔可）妹。沐，懋解乳名，时为葫芦岛水利工程师，住天津。

[10] 此信作于戊午六月十七日，1918 年 7 月 24 日，时宝瑨七十岁。

六月　与郭曾炘、卓孝复、张元奇、林开謩、王允晳、黄懋谦相约游戒坛、潭柘寺，有诗，见《沧趣楼诗文集·六月望后匏庵芝南诊午贻书幼点嘿园约为戒坛潭柘之游予先一日至三宿而归》第 176 页。

六月望后[1]，匏庵（郭曾炘）、芝南、诊午、贻书[2]（林开謩）、幼点、嘿园诸同乡，约为戒坛、潭柘之游，乃公旧游之地，不来倏已八年。公先一日至。北院衰深，对松独坐，甚得闲趣。有偃松称卧龙，最奇，公见辄写之。前游宿处，乃恭亲王罢政时所营，今王孙溥儒（心畬）居之。月下相对，共听松风，明月绕东登阁，俯视烟埃，忽飞霄挟雨而至，刹那亦止，而止凉生。翌晨，蹁岭到潭拓寺。殿左银杏高十数丈，康熙临幸时傍生一株，乾隆临幸时复生二株，皆数丈，寺僧称为"帝王树"。徘徊树下不觉竟日。

——《闽县陈公宝琛年谱》第 123—124 页

[1] 望后：此条当在 7 月 23 日—26 日（六月十六日—十八日之间）。

[2] 林开謩，字贻书，福建长乐人，光绪二十一年进士，授编修，河南学政、江西提学使。辛亥革命后不复出，久居北京。

8 月 11 日（七月初五日）　严复来函。

致陈宝琛　　　　　　　　严　复

南昌熊冰，字艾畦，托为转求太保法书，渠尚有诗数首在纸卷中。呈政也。

此上,橘叟太保台座复再拜,复再拜。七月初五。

——《严复全集·卷八·书信》第 107 页

亦见《严复翰墨》

8 月 23 日(七月十七日) 张元济来访,谈及有正书局曾借内府书画事。

又访曾雯生、王叔鲁、叶玉甫、许吕肖、袁观澜、陈伯潜、邵仲威、裴子、蒋竹庄。裴子似患肺疾,属抄药方。陈伯潜谈及有正书局曾借内府书画,余言,闻张效彬言,蒙垂问,今正筹办。 ——《张元济全集·日记》第 6 卷第 395 页

介绍日本人长井江衍访沈曾植,复由沈介绍给王国维。

日本长井江衍由陈宝琛介绍访公(沈曾植)。

《王国维致罗振玉札》七月十七日(8 月 23 日):昨有日人长井江沂来访,此君甚狂,历诋林浩卿辈。……乃弢庵师傅介绍至寐叟处,寐叟复介绍至敝处者。 ——《沈曾植年谱长编》第 461 页

8 月 31 日(七月二十五日) 致函二弟宝瑨。

致 陈 宝 瑨

陈宝琛

仲弟鉴:日前得电后立复一函,何日可到。来电谓有函,尚未到也。兄前闻珍午[1]有与黄五郎议婚之事,即对嘿园[2]言我处言在前,须问弟,决不做,信来,再与张议。不意弟电来后,召嘿来,则答以"太迟了"。已将张议达于乃济夫妇,恐其已定张家。不如径由家中就近与商云云。兄因其前此曾露珍午许其就近谋差(可辞库仑),近又盛称徐为总统,珍必秘书长或总长[3],求□求援,俗情不过尔尔,执柯亦与有光。顷渠送乃济夫人复伊信来,始知伊信到后,乃济亦有信到家云(乃济究竟忠厚,兄故欲结此婚):"张、陈俱是好亲,惟陈议在前,须先向螺洲当面问仲[4],如无意,即托默弟介绍张处"云云(以上乃济致其夫人函)。乃济夫人曾饬女仆到螺面问弟,弟答以"不送到库完姻,我即答应;须请嘿园致信作保,我亦通知大老爷(即兄)"云云。以上乃济夫人致嘿园函语。是弟致兄函即为此节。前此所云送库,盖一时断难告假,须俟三年期满,方能假归。今既丁生母忧,完娶亦须俟服满之后(在库现已近一年),则待至二十七个月,即是其满任之期,正可归娶,无庸要约。据其信中云:已携庚帖往,婚若能合,即从权回帖。是来电所云即定,盖已定矣。其函托嘿园为其子名澂者向珍午商量,当是其第四子。(四郎,兄未见,似不如其五郎。)闻珍午已许之,是乃济两门好亲均已遂意,而吾弟亦了向平之愿,慰极。来函未到,先此驰复。即问近祉!兄琛拜手,七月廿五日。

吾乡甚危险,奈何?望其能无事。此间情形,有报纸数张寄惠亭交熏,可

取阅。 ——《历史文献·陈宝琛致弟宝瑨手札》第 14 辑第 185—186 页

[1] 张元奇,字珍午,见前。次子用宽,字容川,陆军贵州学校毕业,娶陈宝瑨次女榕贞。

[2] 黄懋谦,字嘿园,福建侯官人,见前。

[3] 徐为总统:徐世昌于 1918 年 10 月任北洋政府大总统,张元奇未任秘书长或总长。

[4] 仲:仲勉,陈宝瑨字,时居螺洲家中。

9 月 6 日(八月初二日) 《大公报》刊"小雄山斋",署弢庵,见《沧趣楼诗文集·谒假过家入小雄山留题听水第二斋》第 122 页。

9 月 14 日(八月初十日) 溥仪颁中秋节赏,到毓庆宫谢赏。

溥仪颁"中秋节赏"受赏者共 13 人,其中宝熙、郭曾炘、袁励准、绍英、耆龄等 5 人到养心殿谢赏,那彦图、载泽、溥伦、载润、陈宝琛、伊克坦、朱益藩、梁鼎芬等 8 人到毓庆宫谢赏。据耆龄日记载"上赏中秋节赏一千元"。

——《末代帝师朱益藩》第 23 页

9 月 18 日(八月十四日) 《民国日报》刊时评"徐世昌谒陈宝琛"。

徐世昌做总统,要先关照清室一声,此已奇闻矣。然苟老实关照清室一声,犹未奇也。而托陈宝琛代为关照,此尤奇之奇者矣!

徐殆为辞行乎? 十馀年拜飏丹墀之奴,一旦背主以去,其涕泣哀恋之情,何如乎? 不然,则或有"臣今为总统,庶竭驽钝"之辞矣。

——上海《民国日报》第 959 号 1918 年 9 月 18 日

9 月 25 日(八月二十一日) 沈曾植致弟曾桐函。

致沈曾桐 沈曾植

君勉南归,述言具悉。兄自五月初感时行,病数日,愈后乃久不复原。肝极肾逆,不能受补,终日惘惘,如在梦中。不能观书,亦不能握管,夜眠惊悸,强以佛号自持。洋医谓为心房衰弱,服其药颇见效,然药性不过三四钟而尽,病仍如旧,几有料理行装之想。最后或投天王补心丹改丸为剂,凉药居然有效,出于望外。近循此路进行,乃稍稍有生机矣。龙王庙市,百戏具陈,窃意古物商家,宜以力劝朝元为主,通明鹄立,天泽情通,近局既极从容,远势弥形稳密。桓侯驱策以天符,众星环拱于垣外,此着一下,全局通灵,请弟与弢、凤密切商之。闻弢主缓,然藉此正可表天人退让之言。恶龙者多谓决不能行,政客多持此论。兄不谓然,且即彼不能行,我言之,亦可对于天下万世。强聒不舍,一人言之,三五人言之,不有得于此时,亦有得于来日也。外情复杂,今年未敢望如愿,稍缓至明岁亦佳。彼美娇妒,似须预作疏通。南已化于里宁,此固天下公恶也。忽忽不能反复,弟可就一山详谈之,南海学说颇为江左欢迎,鼎臣周旋

通州，不若周旋万木也。秘阁亭及旧岁交七侄零件，交六弟带回为盼。五弟近祉。东轩老人泐。八月廿一日

案，桓侯借为张勋。弢、凤谓陈宝琛弢庵、柯劭忞凤孙。南海、万木即康有为。鼎臣，徐铉字，此代称徐世昌。通州指张謇，时徐世昌请张氏调停南北争端，张复电辞之（参照《张謇全集》第一卷《复徐世昌电》）。

——《沈曾植年谱长编》第468—469页

10月13日（九月初九日） 梁鼎芬邀约集觉生寺遥集楼。十年后重阳（戊辰，1928年）曾有诗回忆此游，见《沧趣楼诗文集·过觉生寺观华钟庭中盘松亦数百年物也戊午九日节庵招集其下》第218页。

招陈弢庵等集觉生寺遥集楼有诗。　　——《梁节庵先生年谱》第348页

是年 为《张文襄公全集》戊午刊本署签："张文襄公电稿六十六卷陈宝琛题"。旅京者盛行"击钵"、"折枝"唱和。

还京以来，乡先辈旅京者盛行折枝之戏，每岁首以五言诗两句为限字，每唱人限三联，于元夕张灯集唱，即以春灯为彩，谓之"灯社"。盖陈弢庵丈执牛耳，山人亦从文安入社。是岁，文安公有句云"悲来歌哭皆成泪，否极蓍龟不告祥"，一时传唱，后足成七律，所感深矣。　　——《郭则沄自订年谱》第49页

乡先辈道、咸间官京朝者倡为钵集，督部公[1]实主之，先后选刊至十二集，按察公[2]及文安公兄弟[3]皆为与焉，迫山人入社，盖四世矣。宣统初，陈弢庵丈再入都，倡为折枝，钵集遂废，山人深惜之，至是始得再举。以乡人乐此者较罕，故不限乡籍……先后来集者至六七十人，亦一时之极盛也。后选刊社作为《蛰园击钵吟》二卷。　　——《郭则沄自订年谱》第52页（1919年）

[1] 督部公：郭柏荫，字远堂，道光进士，广西、湖北巡抚，署湖广总督。郭则沄曾祖。

[2] 按察公：郭式昌，字谷斋，咸丰举人，署浙江按察使。郭则沄祖父。

[3] 文安兄弟：郭曾炘，郭则沄父，见前。郭曾程，号南云，光绪进士，郭曾準，号少莱，光绪进士。

《文艺杂志》第13期"文录"栏刊"分省补用知县王君墓志铭"，见《沧趣楼诗文集·王君小希墓志铭》第428—429；"掌安徽道监察御史叶君墓志铭"，见《沧趣楼诗文集·叶肖韩侍御墓志铭》第431页；均署陈宝琛。

是年文

林竹坪表兄八十寿序　　——《沧趣楼诗文集》第328页

清副贡丁君妻刘孺人圹铭　　——《沧趣楼诗文集》第484—485页

是年诗

叠前韵和樊山腊八日见赠　　——《沧趣楼诗文集》第171页

1919 年(己未　民国八年)　72 岁

巴黎和会开会,签订《凡尔赛和约》。(1.18、6.28)

南北和议在上海举行。(2.20)

北京学生爱国示威游行,五四运动爆发。(5.4)

曹汝霖、章宗祥、陆宗舆免职。(6.10)

孙中山改组中华革命党为中国国民党。(10.10)

1月1日(戊午十一月三十日)　严复三子严琥娶公甥女林慕兰。

琥在阳崎玉屏山庄娶妻,台湾林氏。天雨,然亲友至者不少,约三十席。

——《严复集》第 5 册第 1528 页

1月8日(戊午十二月初七日)　二弟宝瑨七十寿辰,自幼兄弟读书赐书楼下,画松寄贺,作七绝二首,见《沧趣楼诗文集·仲勉今腊亦七十矣写楼前松寄之六十年前同读书其下也并题二绝》第 178 页。

弟仲勉七十寿辰。公以储藏百年旧纸写赐书楼前松寄之。忆六十年前共读书其下,如在目前。松不甚高,凭楼可越松顶而望澄江。

——《闽县陈公宝琛年谱》第 124 页

1月21日(戊午十二月二十日)　大寒。作"《凤岗忠贤刘氏族谱》序"。

《凤岗忠贤刘氏族谱》序　　　陈宝琛

吾闽著始,类皆唐季避兵徙自中州。凤岗刘氏,再传即簪绂相袭,文武并茂,绵绵连连,迄于有宋,五忠八贤光暎史乘,庙祀勿替,何其盛也。积千馀载,世愈三十,散处州郡殆数万家,而支别厘然,昭穆不紊。旧谱修于嘉庆以前,及今又百馀年。子英总长,倡其族人,重加纂辑,既成而征序于予。予继周官太宰,以九两系邦国之民,五日宗,以族□民。古重古法,一族之人咸受成于宗子,生相爱,死相哀,贫富不相悬而有以相剂。故公刘之诗曰:"君之宗之。"《记》曰:"尊祖故敬宗,敬宗故收族。"后世有族而无宗,同居一里视若行路,而况迁徙流转,散之四方哉。世教陵夷,至今日极矣。变而加厉者,且举数千年家族数千年家族之说而尽废之,其祸不至率兽食人,人相食不止。子英此举,无亦慨夫宗法之不易复行,而本追远之心,存收族之义,抑五忠八贤之泽历久未沫,固非邪世之所能乱轶。吾故乐书之,以为末俗告也。戊午大寒,闽县陈宝琛谨序。

——《凤岗忠贤刘氏族谱》

1 月 31 日(戊午十二月三十日)　除夕,溥仪写"有秩斯祜"春条,交公奖赐林纾,林有诗"戊午除夕皇帝御书有秩斯祜春条赐举人臣纾纪恩一首"。

　　除夕,清逊帝书"有秩斯祜"春条颁赐。先生撰诗纪之,曰:"螺江太保鸣驺至,手捧天章降筚门。耀眼乍惊新御墨,扪心隐触旧巢痕。一身何补皇家事,九死能忘故主恩? 泥首庭阶和泪拜,回环恪诵示儿孙"。

——《贞文先生年谱》卷 2 第 29 页

2 月 15 日(正月十五日)　郑孝胥收到山西巡抚丁宝铨[1]遗折,拟加封请代奏。

　　邹紫东使其子应欢送来丁蘅甫遗折,使余加封以寄伯潜,托代递。

——《郑孝胥日记》第 4 册第 1770 页

[1] 丁宝铨,字衡甫,号默存,江苏山阴人,光绪十五年进士,山西按察使、布政使、巡抚。卒谥恪敏。

2 月 16 日(正月十六日)　郑孝胥来函,并丁宝铨遗折。

　　作书与伯潜,寄丁遗折。　　　　　——《郑孝胥日记》第 4 册第 1770 页

2 月 26 日(正月二十六日)　致电郑孝胥。

　　得北京来电,云:"丁恤谥恪敏。琛。"乃弢庵所发也,即令小才送与陈容民。

——《郑孝胥日记》第 4 册第 1771 页

2 月 28 日(正月二十八日)　郑孝胥得来函,抄寄上谕一道。

　　得伯潜手书,抄寄上谕一道,云:"钦奉谕旨,前山西巡抚丁宝铨,持躬谨慎,练达老成。由部曹荐升监司,历任巡抚,宣力有年,克勤厥职。兹闻溘逝,轸惜殊深。著加恩予谥恪敏。应得恤典,该衙门察例具奏,以示笃念荩臣至意。钦此。宣统十一年正月二十五日。"伯潜注云,恤典照例,即是谕赐祭葬。

——《郑孝胥日记》第 4 册第 1772 页

3 月 4 日(二月初三日)　由庄士敦教授溥仪英文。

　　宣统帝始习英文,延英人庄士敦来毓庆宫授读,并命载涛之子溥佳伴读。庄为英苏格兰人,得牛津大学文学硕士,历任香港总督府秘书及威海卫行政长官,来亚洲已二十馀年。因李鸿章子经迈推荐,经民国代向英使馆交涉延聘者。

——《闽县陈公宝琛年谱》第 125 页

我的父亲和中国师傅们"引见"雷湛奈尔德·约翰·弗莱明·庄士敦先生

的日子，是一九一九年三月四日，地点在毓庆宫。

> 陈宝琛本来是我唯一的灵魂。不过自从来了庄士敦，我又多了一个灵魂。
>
> ——《我的前半生》第 122 页

3 月 15 日（二月十四日） 《东方杂志》第 16 卷第 3 期"文苑"栏刊"六月十九日戒坛纪游四首"，署陈宝琛，见《沧趣楼诗文集·六月望后匏庵芝南珍午贻书幼点嘿园约为戒坛潭柘之游予先一日至三宿而归》第 176 页。

4 月 3 日（三月初三日） 张元奇[1]六十寿辰，作"张君薑斋六十寿序"，见《沧趣楼诗文集》第 340—342 页，并有集兰亭诗四首称祝。

[1] 张元奇，字贞午、珍午、君常，号薑斋。见前。

> 巳刻往祝贞午丈寿，壁悬屏联，诗至多，以陈弢庵先生集兰亭诗四首为最自然，且以朱拓公园中兰亭石本裁下联合，殊可佩也。
>
> ——《翁斌孙日记》第 134 页

应王允晳请，为梅兰芳曾祖母陈夫人八十寿辰撰寿联："及闻法曲唐天宝，犹集名流晋永和。梅郎婉华为其曾母八十称觞，都下名士多有赠句，碧栖以请，感而拈此。"署听水老人。见《中华历史人物别传集》第 62 册第 717 页。

4 月 15 日（三月十五日） 《东方杂志》第 16 卷第 4 期"文苑"栏刊"次韵逊敏斋[1]落花诗四首"，署陈宝琛，见《沧趣楼诗文集》第 180 页。

[1] 逊敏斋主人：载泽，爱新觉罗氏，初名载蕉，字荫坪。满洲正黄旗。康熙六世孙。光绪三年袭封辅国公，光绪二十年晋镇国公。1905 年和戴鸿慈、徐世昌、端方、绍英出国考察，是为"五大臣出洋"。归，上"奏请宣布立宪密折"，奏请仿行德例，改行君主立宪政体。

> 有《次韵逊敏斋主人（载泽）落花诗》四首。虽以次逊敏斋主韵为题，实即用公乙未《感春》原韵，大抵皆哀清亡及自悲身世之意，亦为时传诵。
>
> ——《闽县陈公宝琛年谱》第 124—125 页

> 壬子、癸丑间，静安有"颐和园曲"七古，颇为一时传诵，盖学梅村体者，见《观堂集林》中。殁之前为人书扇，中有"委蜕大难求净土，伤心最是近高楼"之句，死志之决，即此可知。都下报纸多以为录李义山作，人以诗工，亦不暇考，实则乃摘录陈弢庵先生诗也。近见弢老为华阳乔君书扇，并识之云："己未次韵泽公'落花'之作，静安致命前一日，取其后二首为人书扇。相感之深，弥益于痛，传者乃误以为玉溪之诗，何淄渑之不辨耶？"
>
> ——《今传是楼诗话·陈宝琛诗误为李商隐诗》第 30—31 页

吴宓《空轩诗话·陈宝琛前后落花诗》为此诗笺注：宓按此四诗，似咏辛亥鼎革及以后事。

王静安先生国维自沉前数日,为门人谢国桢字刚主书扇诗七律四首,一时竞相研诵。四首中二首为唐韩偓致尧之诗。馀二首则闽侯陈弢庵太傅宝琛之《前落花诗》也。……又陈太傅《感春》及《后落花诗》,同韵同体,旨意亦类似,故并录之,且各以意为之笺注。……《前落花诗》四首。宓按王静安先生书扇者即此诗之第三第四首,但所书与原稿微有不同。写时当由记忆。故未能尽确欤? 原题为《己未民国八年作次韵逊敏斋主人别注泽公落花》四首。

——《吴宓诗话》第 197 页

5 月 20 日(四月二十一日) 《大公报》刊"次韵逊敏斋落花诗四首"。见《大公报》1919 年 5 月 20 日。

5 月 26 日(四月二十七日) 作郑孝胥六十寿文,见《沧趣楼诗文集·郑苏盦布政六十寿序》第 338—339 页。

由余寿平处送来寿屏一匣,乃同乡送余六十寿文,弢庵作文,贻书所书。

——《郑孝胥日记》第 1784 页

为夔州知府潘炳年作"潘耀如同年墓志铭"。见《沧趣楼诗文集》第 430—431 页。

5 月 27 日(四月二十八日) 夜与朱益藩、庄士敦、耆龄深谈。见《末代帝师朱益藩》第 23 页。

四月 为夔州知府潘炳年作"潘耀如同年墓志铭"。见《沧趣楼诗文集》第 430—431 页。

5 月 31 日(五月初三日) 严复来函。

致 陈 宝 琛 严 复

橘叟大兄太保执事:

客冬于十月拜别,到津抵沪,皆有滞留。而肺疾虽沿途觅医,不徒无效,乃以加剧。嗣于十一月初七至闽,苦被族□迎归阳崎居住,所居者即损轩前营之玉屏山庄也。十一月杪,儿子取妇,十二月初又以贱诞,累经俗嬲,而精气乃愈不支。十九日用新妇言,移居郎官巷,至廿一日喘欬大作,神识瞀乱,昏不知人,昼夜危坐床褥……

……之庆,惟公执柯,吾不知何用为谢。然亦有所不足,以儿子身居婿乡,渥蒙令媚夫人之爱,则未免诗饰过差,损志业而长骄惰。惟公寓书乡关,或以婉词微讽,谓其于女及婿皆当节爱抑慈,庶他日分手洒然,不至牵肠疾首耳。

西湖宛在堂诗龛所列,当涛园祭诗时,尚不过三十二人,乃今则四十四人矣,与东床皆与其列,见之黯然。闽中风气全非,士类殆尽,何必云天下,只此一隅,已足伤神欲绝尔。此请道安,弟复顿首。(严复印)己未端午前二。

——《严复全集·卷八·书信》第 107—108 页

亦见《严复翰墨》第 70—71 页

夏 郑孝胥为公临流沙坠简作隶书折扇面。

郑孝胥《隶书折扇面》题识:"己未夏日临流沙坠简。弢庵先生教正,孝胥"。

——《摇曳丹青》第 218 页

7 月 22 日(六月二十五日) 缪荃孙交公信。

交陈伯潜信、赵次山信,并销假。 ——《艺风老人日记》第 3300 页

8 月 15 日(七月二十日) 《东方杂志》第 16 卷第 8 期"文苑"栏刊"夏日小雄山斋作",见《沧趣楼诗文集·六月十四日同林行陀方策六李子新锺惺西郭芸屏李石芝王彦和陈易园逭暑小雄山斋》第 106 页;"第二听水斋落成",见《沧趣楼诗文集·听水第二斋落成幼点嘿园同赋》第 101 页,均署陈宝琛。同期刊"题林文忠公京师伊犁两日记",《沧趣楼诗文集》未收。

题林文忠公京师伊犁两日记 陈宝琛

雍容犹见盛世风,颇牧难知在禁中。一种巢痕终古泪,玉堂劫后倍思公。

万里终归许国身,君思端不负孤臣。寸丹洒编天山雪,却付西荒肖蜡人。

——《东方杂志》第 16 卷第 8 期 1919 年 8 月 15 日

10 月 2 日(八月初九日) 请加拨福建赈灾款。

陈宝琛等请加闽赈案决加拨五千元。 ——《申报》1919 年 10 月 2 日

10 月 3 日(八月初十日) 宗方小太郎致函。

致北京陈宝琛书。 ——《宗方小太郎日记》第 1157 页

10 月 12 日(八月十九日) 与朱益藩、耆龄[1]同看蜀石经。

至健之寓看所藏蜀石经 ——《末代帝师朱益藩》第 24 页

[1] 耆龄,字九峰,满洲正黄旗,道光举人,江西布政使,江西、广东巡抚,闽浙总督,谥恪慎。

10 月 14 日(八月二十一日) 晚耆龄宴请,朱益藩、柯劭忞等同席。

耆龄福全馆晚宴,请新聘西席唐汀镜孝廉。陈宝琛、朱益藩、柯劭忞等人同席。 ——《末代帝师朱益藩》第 24 页

10 月 30 日(九月初七日) 托黄懋谦购扇,请郑孝胥题写近诗。

拔可、黄默园来。默园云,弢庵托购扇,使余写近诗。

——《郑孝胥日记》第 4 册第 1802 页

九月 游云岗山石窟寺作七古"云岗山石窟寺",见《沧趣楼诗文集》第 179 页。

游云岗山石窟寺。寺中凿石为窟,十窟鳞比,其中之佛高者百寻,小者径

寸,魏疏、郦注俱有记载。兹已强半剥泐矣。

——《闽县陈公宝琛年谱》第 124 页

《东方杂志》第 16 卷第 10 期"文苑"栏刊"武州石窟寺"。同年 11 月 29 日亦刊
于《大公报》。

11 月 28 日(十月初七日)　出席北京福建同乡会,与刘冠雄、陈箓、郭则沄三
人被推负责转达政府,对福州学生被日本领事馆警士击伤提出抗议。

京中对于福州事件[1]之态度:福州学生被日人击伤一案,系在十六日发生。
当时学生伤者五名,中有一名受伤最重,腿骨俱断,其时动手之凶犯有日本领
事馆之警士数名,颇有嫌疑。事后福州民气激昂,官场交涉未了。忽于二十三
日有日本兵舰嵯峨丸开到福州,商民愈愤,闽督李厚基一面以急电报告政府,
一面对于日领提出抗议。……福建同乡会于昨日(二十八)下午四时在车子营
福建会馆开紧急会议。到者一百馀人,如陈宝琛、郭曾炘、陈璧、李兆珍、张元
奇等皆到会。刘冠雄、陈箓、郭则沄三人亦以同乡资格出席。首由陈箓报告外
交经过情形,并谓政府业已提出抗议云云,……最后林长民君起谓此次事件实
为全国所共愤,应请刘、陈、郭三位负责转告政府,对于国人轨内行动勿得妄行
干涉,致惹起意外风潮云云。刘、陈、郭三人皆承诺转达当局。

——《申报》1919 年 12 月 1 日

[1] 1919 年 11 月 15 日,日本驻福州领事馆为破坏抵制日货运动,派出便衣警察和浪人,殴
打表演爱国新剧的学生。16 日,又打死打伤学生多人,制造了一起严重的流血事件。《申报》此
报道写于 11 月 29 日。

12 月 8 日(十月十七日)　郑孝胥录赠所作"海藏楼杂诗六首""丁衡甫属题傅
青主书卷""题符山堂图卷二首""丙辰秋分""寄题杭州樟亭""题杜于皇像二首"诸
诗楷书折扇面。

郑孝胥《楷书折扇面》题识:"录乙卯、丙辰、己未所作,敬乞弢庵先生正句,
己未十月十七日,孝胥"。　　　　　——《摇曳丹青》第 216—217 页

12 月 15 日(十月二十四日)　《东方杂志》第 16 卷第 12 期"文苑"栏刊"为张仲
昭题吴柳堂御史围炉话别图"、"题邓铁香鸿胪遗墨",署陈宝琛。见《沧趣楼诗文
集》第 167、164 页。

12 月 30 日(十一月初九日)　六男懋随生。

男懋随[1](立鸥)生,侧室刘宜人出。　　——《闽县陈公宝琛年谱》第 125 页

[1] 陈懋随,字泽贞,号时士,又号立鸥。四川国立东北大学政治外交系毕业,美国加州伯克
利大学语言系博士研究生,澳门华南大学法律博士。曾在外交部任职。美国加州外语学院副教

授,加州州立大学教授中国语文学和日本语文学。2000 年卒于旧金山。

是年　作"题陈仁先诗卷",见《沧趣楼诗文集》第 179 页,陈曾寿作"次韵弢庵师傅见赠"。

次韵弢庵师傅见赠　　　　　　　　　　　　陈曾寿

无私听水两高斋,张文襄晚以"无私"名斋,用《蜀志》"水鉴无私"之义。落落清流见傑魁。金鉴千秋天不愁,岩香一树晚应开。酬恩敢替先臣泽,负国常存未死哀。漫浪诗篇忍终古,深心还被散樗材。　　——《苍虬阁诗集》第 119—120 页

是年文

郑苏龛布政六十寿序　　　　　　　——《沧趣楼诗文集》第 338 页

张君薑斋六十寿序　　　　　　　　——《沧趣楼诗文集》第 340 页

潘耀如同年墓志铭　　　　　　　——《沧趣楼诗文集》第 430—431 页

是年诗

仲勉今腊亦七十矣写楼前松寄之六十年前同读书其下也并题二绝

　　　　　　　　　　　　　　　——《沧趣楼诗文集》第 178 页

云岗山石窟寺　　　　　　　　　　——《沧趣楼诗文集》第 179 页

题陈仁先诗卷　　　　　　　　　　——《沧趣楼诗文集》第 179 页

次韵逊敏斋主人落花四首　　　　　——《沧趣楼诗文集》第 180 页

赠朱聘三　　　　　　　　　　　　——《沧趣楼诗文集》第 181 页

张勇愁树屏遗像　　　　　　　　　——《沧趣楼诗文集》第 181 页

1920 年（庚申 民国九年） 73 岁

直皖军阀开战,皖系段祺瑞、徐树铮失败。（7.12、7.17）

孙中山、伍廷芳等在广州重组军政府。（11.3）

易顺鼎卒,年六十三。

梁鼎芬卒,年六十一。（1.3）

1月3日（十一月十三日） 梁鼎芬卒于京师寓所。病重期间公与伊克坦、朱益藩先后前往看视。梁卒后,葬梁格庄崇陵北侧山上。撰挽联:"八表何之,魂魄故应依帝所;卅年相爱（望）,衰残犹及送公归。"见《闽侯历代楹联选》第145页。梁表侄余樾园为作梁格庄会葬图,与郑孝胥、曾习经皆有诗。"梁格庄会葬图为余樾园题",见《沧趣楼诗文集》第189页。亦见《大公报》1920年1月3日。

十三日,陈太保来视问,仅言有天二字。……延至夜十二钟时,遂弃世。

今年正月病假期满,先生尚未复原,屡次上折,请开去毓庆宫行走之职。……"谢再赏假两个月折":…… 自赏假以来,臣陈宝琛、伊克坦、朱益藩每来问病,皆传述上意,慰问有加,……臣满拟得托皇上洪福,得以早全,尽心办事,竭力当差,随陈宝琛、伊克坦、朱益藩三臣之后,同心共事,圣学早成,臣死亦瞑目矣。 ——《梁节庵先生年谱》第354、356、357页

1月8日（己未十一月十八日） 严复交来重修旧岐尚书庙捐簿一册。

付伯勋交刘子英心组缘簿二册,38及39。付贞贤一册。388号退回。付弢庵一册,399号。 ——《严复集·日记》第1535页

1月20日（己未十一月三十日） 耆龄、荣铨[1]邀请晚宴。

耆龄与荣铨（字赞希）在首善二厂所设晚宴"公请"载涛、溥绪、陈宝琛、朱益藩诸人。 ——《末代帝师朱益藩》第24页

[1] 荣铨:满洲正黄旗人,举人,浙江按察使,布政使。

1月31日（己未十二月十一日） 赴梁宅祭梁鼎芬。为耆龄改定挽梁挽联。

陈宝琛、朱益藩、耆龄等在梁鼎芬宅"上祭"。陈宝琛在夜间改定耆龄挽梁

之联:"论定盖棺,孤忠惟有荃能察;义均从葬,遗魂长同树不凋"。

——《末代帝师朱益藩》第 24 页

2 月 1 日(己未十二月十二日) 严复请耆年会同人雅集。

请耆年会。

——《严复集》第 5 册第 1536 页

2 月 16 日(己未十二月二十七日) 复函劳乃宣。

复 劳 乃 宣 陈宝琛

韧叟吾师坐下:不奉闻,将再朞。衰懒无所逃罪,亦闻见无一可意。操翰辄复废然也。月前承惠玉照,顷复捧读手书,深喜精神矍铄,不减曩时。天心否泰,于此卜之。恭邸属事,商之世相、寿民,均谓宜再具一折,自陈病状,请宽予假期,即可照前办准,无须牵引前案,乞为转覆。此间时事度皆公所已闻。中山甘为宗英之傀儡,托于镇静,以免为所倾。月前谣传毫无影响,盖即彼党藉此制人,以益张其势力。然债台日高,祸机四伏,其何以久。区区愚虑,惟思有以肃禁卫,备非常耳。今岁讲筵增英文课程[1],节公去后可不补人[2]。岁暮例假,正访公涞水之时,恨无五日暇,奉诣一倾所怀。静公[3]岁必一再见,神明尚不衰也。匆匆手复,即请道安,并颂岁厘。弟琛顿首,十二月廿七日。

次君英特可喜。近何作,仍侍侧否。

——《历史文献·陈宝琛遗墨》第 16 辑第 110 页

[1] "今岁讲筵增英文课程":溥仪 1919 年四月开始由庄士敦教授英文。此函当作于 1920 年 2 月 16 日。

[2] 梁鼎芬,字节庵。1 月 3 日去世。

[3] 张曾敭,号渊静。见前。

2 月 17 日(己未十二月二十八日) 吊唁奎绍襄子媳。

奎绍襄有子媳之丧,陈宝琛、朱益藩、耆龄均往吊唁。

——《末代帝师朱益藩》第 24 页

正月 严复来函。

致 陈 宝 琛 严 复

数日不面,伏惟兴居万福。顷作《刘耕云[1]六十寿诗》一律,颇惬意。敬以呈示法家,以为何如? 看毕可交刘家人,属其寄闽也。并颂弢公太保台安,弟复顿首。(严复印)

——《严复全集·书信》卷 8 第 108 页
亦见《严复翰墨》第 70 页

[1] 刘瀛,字耕耘,闽县人,光绪进士,山西大同知府。妹婿刘鸿寿(刘濂)兄。

春 溥仪赐赠北京西郊钓鱼台[1]。此后逢春秋佳日,常邀在京门人、同乡、友好,宴集赋诗。

　　　钓鱼台在京西郊,清室赐公汤沐之地。

——《闽县陈公宝琛年谱》第 126 页

　　[1] 钓鱼台又名望海楼,溥仪将清室产业钓鱼台赐公确切年份,未见《宣统政纪》等史料记载。《钓鱼台备忘录》作 1920 年左右。清朝末年,钓鱼台已是一座荒废的园林。公喜其有林木泉石之胜,将旧园重新修葺以为游观之所。新茸斋室,名'青青簃'。公时住北京西城灵境胡同,春秋佳日常招宾客聚集于此吟诗欢宴,题咏成册《陈太傅钓鱼台赐庄图咏册》,许宝蘅署笺篆书"陈太傅钓鱼台赐庄图咏"十字,册内周愈绘钓鱼台主要景点"养源斋图""潇碧轩图"两幅。册中题咏者十七人,计诗词十九首,多作于 1920 至 1921 年。樊增祥《钓鱼台歌并序》、裴维侒《弢庵太保招饮钓鱼台故址》、《咏钓鱼台松》、《陈伯潜太保招饮平秩门外望海楼钓鱼台》、张元奇《十一月初六日弢庵丈约同匏庵挈斋毅斋碧栖嘿园游钓鱼台并序》、邓容《望海楼》、郭则沄《雪后季友召集钓鱼台呈弢庵太傅》、郑孝胥《弢庵太傅边过钓鱼台赐第》《将诣北京怀钓鱼台》、林纾《五月六日陪螺江太保及诸公游钓鱼台赐庄》、《越四日太保再招集钓鱼台时座上有翠云居士者日本老画师也》、林志钧《侍听水师游钓鱼台》等。陈衡恪 1921 年诗并序称:"弢庵太老师招饮望海楼,出观古画名迹,同座有日本画家鉴赏家小田切、井土、小室诸君,畅叙尽饮,即席赋呈"。本日,公邀请里中及门百三十二人宴集钓鱼台,裴维侒:《游钓鱼台诗序(望海潮)》云"辛酉三月二十日,陈伯潜太保招饮平秩门外望海楼钓鱼台,旧苑重新,台榭补茸,杂花初发,奇松郁如,惟古藤一本最巨,盖前代物。"《陈太傅钓鱼台赐庄图咏册》今藏中国历史博物馆。见《钓鱼台备忘录》第 32—33页,亦见《古都艺海撷英·钓鱼台赐庄图咏》)。

　　　北京钓鱼台今为迎宾馆,在民国初年,犹是清室产业,曾为沧趣老人别墅,称为"赐庄"。六十年前闽人之在京者,自清末鳌峰书院、高等学堂、师范学堂之前后及沧趣门者,共百三十二人,公谒于此。老人有长句一首云:"故山一别十三春。犹有从游载酒人。佳日池亭俨图画,昔时童冠尽缨绅。纵观寒木须时栋,暂对清尊远世尘。胜集金元遗迹在,如斯风义定谁伦?"台建于金源[元]之世,水木清华,堂宇宏丽,有养源斋,为金以后历代帝王驻跸之地。乙丑岁,外舅方晚读纠林仲枢、李次贡、尤和生、张云蔚、郭枫谷、陈吉庐及予等八人为谷社,第七集又借此地,曾钓一巨鳞,即席烹之。予得绝句三首之一云:"一壑能专故自佳,山庄又见此安排。潭光林影清如许,试问何如听水斋?"盖沧趣老人,在光绪中期休居在里,于福州之石鼓山筑听水斋,并于永春之方广岩筑第二听水斋,固早已专一壑矣。

(陈声聪《兼于阁诗话》卷一)　　——《沧趣楼诗文集·附录二》第 659—660 页

3 月 29 日(二月初十日)　朱益濬[1] 卒,撰挽联:"一掌障封疆,举世尽君,何处能容移国盗;寸心悬禁庑,孔怀有弟,不堪重读望京诗。"见《末代帝师朱益藩》第91 页。

[1]朱益濬:字辅源,号纯卿,江西莲花厅人,光绪进士,湖南提学使,署湖南巡抚。朱益藩长兄,谥文贞。

4月9日(二月二十一日) 梁鼎芬百日祭,到梁宅拜祭。

九时半到梁宅,今日梁文忠百日祭也。陈太保师适到,谈论甚久。陈师极赏议林纾,谓其自负太甚,其实所作文不脱小说习迳;又不明时事,不谙掌故,实不足取。又论其所画亦甚恶劣。皆甚切当者也。下午由梁宅到署,傍晚归。

——《余绍宋日记》第715页

4月12日(二月二十四日) 福建旅京人士因"福州事件[1]"对日本提出抗议,抵制日货。因事未到会,派外交部秘书沈觐冕代表出席。

闽案最近情势:旅京闽人之愤慨日人方面坚不让步:本月八日旅京福建各界人士,复在车子营福建会馆开第六次大会,继续讨论闽案办法。到会者有陈宝琛、郭曾炘、李兆珍、陈璧、江瀚等二百馀人。是日本邀陈箓到会说明。陈因事未到,派外交部秘书沈觐冕代表。二时开会。首由沈报告此案双方谈判之真相,及外交当局决定之方针。最后谓陈次长今后交涉之方针。……尤以李兆珍、郭曾炘为最愤慨,陈璧、江瀚亦有主张。对于日本之对案,均主极力抵抗。而诸人对于提倡国货一层尤表同情。 ——《申报》1920年4月12日

[1]参见1919年12月1日条。

八月 访庄士敦于京郊香山樱桃沟,留宿庄别墅乐静山斋,作七绝二首,"志道英人庄士敦君留宿。樱桃沟卜筑处",又作"志道乐静山房落成赋赠"五古一首。见《沧趣楼诗文集》第182—183,186—187页。

庄士敦师傅曾遍历中国各省,遍游中国名山大川,于汉学颇有研究,用《论语》"士志于道"意,自号"志道"。营别墅于京西香山之樱桃沟,名曰"乐静山斋"。公往访,因留宿焉。时筑室尚未竣事,宿帐庐中。方当盛暑,而洞壑生寒,深宵拥褐,听水潺潺,几疑身在故山。

庄士敦樱桃沟乐静山斋告成。见林薄中错置数亭,下坡蓦洞,水石晶莹。去秋留宿之处,月光皎皎,甚得野趣。 ——《闽县陈公宝琛年谱》第127页

10月14日(九月初三日) 致函劳乃宣。

致 劳 乃 宣

陈宝琛

韧公坐下,别将两月,三奉手书。示以诗馀,宠以心画。感佩之极。德儒蔚礼贤[1]自译中籍多种,特开书院,专治中学,夙有所闻。其罗致高贤,实吾道剥极复来之机,向尝私疑圣经贤传之译行海外者,未必能尽其精深,则以中西文兼通之难其人,而中学遂无由悉输于西土。今蔚氏既能为我国语文,公再为

阐抉而匡正之,庶几微言大义炳然于八表,亦不朽盛业也。惟相去益远,会觌良难,思之惘惘。静公独处荒村,亦太凉踽。津宅未定,不审为何。弟月来积受寒湿,痰嗽眩晕,下直即疲乏思卧,致稽作答,近始稍振。未能从沈、楼二君同前,当期诸中旬耳。图卷已将旧诗录入,月前归途,复得四绝句,并录于后,俚质聊以纪实。乞赐教正。勤肃碑文必当践诺。刘舍人未来,公所嘉许,深用饥渴。手复,敬请道安。弟宝琛顿首[2],九月初三日晨。

——《历史文献·陈宝琛遗墨》第 16 辑第 111 页

[1] 蔚礼贤即卫礼贤。卫礼贤(Richard Wilhelm 1873—1930)德国人。1897 年德占胶澳后来华传教。取名卫希圣,字礼贤。汉学家。1900 年 5 月创办"德华神学校"(Deutsch-chinesische Seminar)。1901 年春天建"礼贤书院"(Richard-Wilhelm-Schule)。辛亥革命后与康有为在青岛组织尊孔文社。在劳乃宣指导下将《论语》等古籍译成德文。著有《实用中国常识》、《老子与道教》、《中国的精神》、《中国文化史》等。1920 年离山东。

[2] 此函当作 1920 年。

10 月 15 日(九月初四日)　张元济来访。

本日雇汽车拜客。到张庚楼、方甘士、林宰平……陈弢老见、陈玉苍见……。

——《张元济全集·日记》第 7 卷第 235 页

10 月 16 日(九月初五日)　福全馆宴请张元济等。林开暮、郑孝柽、严璩、高凤谦同座。

陈弢老约在福全馆午饭。到。同座者为林贻书、郑稚星、严伯玉、梦旦。

——《张元济全集·日记》第 7 卷第 235 页

10 月 20 日(九月初九日)　邀约朱益藩、张权等在钓鱼台聚谈。

重阳节,陈宝琛约朱益藩以及君立、菊农、诒书、耆龄等在钓鱼台聚谈。

——《末代帝师朱益藩》第 26 页

12 月 28 日(十一月十九日)　同耆龄在钓鱼台看雪,有诗,见《沧趣楼诗文集·十一月十九日同濩斋钓鱼台看雪》第 183 页。

十一月十九日,同濩斋看雪于此。　——《闽县陈公宝琛年谱》第 126 页

十一月　为高向瀛生圹题墓门,高作"生圹告成感题"。

生圹告成感题
高向瀛

不书时代不称官,系县留名志所安。乞得临清陈太保,太保京寓为临清官。墓门数字与人看。

百年亦有几多时,峻节沈冥底足悲,妻妾无知甘寂寞,相将同穴待归期。

——《还粹集》卷三第 8 页

是年 游仰山寺。清室赐御书"苹藻重赓"匾额。

游仰山寺,登妙高峰。寺外五峰环拱,以妙高为最胜,可东望京华。四十年前同治帝患天花,中官曾衔诏祷祝于此。

重游泮水。清室赐御书"苹藻重赓"匾额。

——《闽县陈公宝琛年谱》第 125、126 页

庄士敦在《紫禁城的黄昏》一书中谈及公。

我的资深同仁陈宝琛,在全国享有盛名,尊称"太保",后又成为"太傅"。1919 年,他七十二岁,举止优雅,精力旺盛,集著名诗人、秀美的书法家和杰出学者于一身。他是南方福建省人,当他用方言与同乡交谈时,我很难听懂。但他的北京话几乎十分纯正。

年轻时,他才华出众,仕途蒸蒸日上。1868 年,他考取进士,官阶迅速晋升,后来却如梁鼎芬一样,触犯了太后。于是,他以为母亲服丧为名,被迫退隐,二十馀年里追求自己生来喜爱的诗词、书法和学术。他有两处山庄,其中一所坐落在福州附近的鼓山,我很熟悉。他在鼓山的山庄,潜心治学,非常愉快。他不时收到文人朋友和官员的邀请。聚在一起时,他们秉烛谈诗,兴致勃勃,一直谈到夜阑。他向往白云流水,诗中大多倾诉了这一畅想。

1908 年太后晏驾,陈宝琛勉强复出,任山西巡抚。然而,宫廷很快决定,皇帝当时虽刚刚五岁,但已到读书年龄。当摄政王提议(确切说是隆裕太后提议)陈宝琛任帝师时,他欣然放弃巡抚一职,接任帝师。同时任命的还有两人,一是陆润庠,一是伊克坦。

1911 年,陈宝琛等几位帝师的教书责任并非繁重,但他也绝非皇帝的保姆。因为,身为资深帝师,他已成为内廷一员,要为朝政拿出意见。不过,他没有参与 1912 年革命后达成的和解安排。

我进宫出任帝师时,陈宝琛上任已近八年之久,亲眼看着皇帝从六岁长到十四岁。我无法奢望在中国国学方面与其成为文友,但我很快发现,我们都爱山。我们在宫里任教期间,他虽年事已高,但总是与我结伴出行,去观京城附近的一些山中美景。当然,爬山时,他完全有理由乘车坐轻轿,代替步行。我俩都喜欢的一个去处是西山的僻静山谷樱桃沟。承蒙徐世昌总统的美意,我在山里有了一别墅,后来又归我所有。山谷里,分布着许多寺庙,其中供奉着不知名的神仙。1920 年中秋时节,陈宝琛初次来到这一仙境般的山谷,为资纪念,特赋诗一首,这首诗的墨迹正显示陈宝琛纯熟的书法功底。在中国,书法艺术位居所有艺术之首,陈宝琛的书法属秀美一派,与其两位朋友——康有

为和郑孝胥大不相同。在西方人看来，其书法墨迹正代表本人气质秉性。不过，我有几位"现代派"友人从中看出，他的墨迹独缺雄健气势，一定是其性格所致。我也看出陈宝琛身上的一个缺憾：革命后，他未能力陈改进皇室事务的经营。他知道里面弊端重重，但没有尽其所能，施加影响，消除弊病。不过，鉴于他在人生暮年，唯独出于效忠君王、尊奉儒家学说之情，而放弃在故乡青山碧水间享受了二十年的欢欣和宁静，这一切就都可以宽恕了。

——《紫禁城的黄昏》第 154—157 页

李宗祎、李慎溶著《双辛夷楼词》印行，题辞卷末。

晤日人诸桥辙次[1]，作笔谈。

诸桥：顷谒林博士，闻山游未回，先生日来闻亦出游，非与林君偕耶？言重惭惶，不嫌恶札，当以奉正。

陈：舍甥林熊祥，暑假后方能东渡。著作行箧中有之否？他日乞以一部见惠。从前有竹添进一郎曾一晤。三十四、五年前曾来此，游蜀。栈峡雨。壬午在高□。

诸桥：鄙人回闽矣。

陈：尚未印行。

诸桥：有馆森鸿字渐，在台湾，先生识其人否？

陈：二十年前识之。

诸桥：先生回国仍在高等师范学校否？

陈：彼此同之。

诸桥：入夜不外出否？

——《东瀛遗墨：近代中日文化交流稀见史料辑注》第 168 页

[1] 诸桥辙次：日本神田人。《大汉和辞典》编纂人。

是年诗

蘩观僦居蒙泉山馆以泉水寄饷	——《沧趣楼诗文集》第 182 页
题刘云樵封翁草书陶诗	——《沧趣楼诗文集》第 182 页
志道英人庄思顿君留宿樱桃沟卜筑处	——《沧趣楼诗文集》第 182 页
志道乐净山房落成赋赠	——《沧趣楼诗文集》第 186 页
仰山寺	——《沧趣楼诗文集》第 183 页
妙高峰	——《沧趣楼诗文集》第 183 页
十一月十九日同蔗斋钓鱼台看雪	——《沧趣楼诗文集》第 183 页

1921年(辛酉 民国十年) 74岁

四国银行团成立。(1.18)

非常国会选孙中山为非常大总统。(4.7)

中国共产党第一次代表大会召开。(7月)

施肇基、王宠惠等出席太平洋会议。(10.5)

严复卒,年六十七。(10.27)

1月5日(庚申十一月二十七日) 入宫进讲《通鉴辑览》。

晴。早4时起,书大"福""寿"字十八张。8时上课,同溥杰、毓崇共读《论语》、《周礼》、《礼记》、唐诗,听陈(宝琛)师讲《通鉴辑览》。

——《溥仪日记全本》第99页

1月14日(庚申十二月初六日) 溥仪召见。与朱益藩、耆龄在清室内务府值班房深谈。

溥仪召见后,陈宝琛、朱益藩、耆龄在清室内务府值班房深谈。

——《末代帝师朱益藩》第26页

1月23日(庚申十二月十五日) 赴江西会馆朱益濬开吊仪式。(参见1920年3月29日条。)

朱益藩在城郊江西会馆为其兄朱益濬主持开吊仪式。陈宝琛等均到场。

——《末代帝师朱益藩》第26、227页

2月4日(庚申十二月二十七日) 郑孝胥函,与李经迈联名举金梁、载涛请查清皇室产业。

草致内务府世伯先中堂、绍越千都护、耆寿民阁学、师傅陈伯潜太保、伊仲平都护、朱艾卿宗丞书,与李季皋联名举金梁、涛贝勒清查皇室产业。自写公函,用宣纸全幅如受卷状,家小七使呈陈太保。

——《郑孝胥日记》第4册第1857页

自癸亥(1923年)七月孝胥展觐回,颇思自见,抵书陈太傅宝琛等,举前知府金梁任清理京、奉皇产,谓可得巨资,充内帑。宝琛约北来,商办法。是年冬,孝胥复至,则主立裁内务府,锐减民国岁支皇室经费四分之三,群讶其大言操切,无一赞成。　　——《胡嗣瑗日记·附录二　甲子蒙难纪要》第 153 页

2 月 9 日(正月初二日)　张曾敭卒,作"张小帆中丞墓志铭",见《沧趣楼诗文集》第 403—405 页。

函致二弟宝瑨。

致 陈 宝 瑨　　　　　　　　　　　　　　　　　　　陈宝琛

仲弟新喜:高甥、黄婿先后至,详述吾弟起居复旧,并能出门,与家书所言符合,此是半年来一大喜事。兄新年七十有四不足异,而有同岁之老妻[1],少一岁之老弟[2],颇以称豪。要皆先人留贻之泽。念此益当自加培养,以承馀庆。兄每日均子初睡,卯初兴,三餐有常,步履如故,尚能跪拜,此亦不腐不蠹之理。但不喜用心,故于文字辄因循退缩,看书亦掩卷即忘。惟于儿时之事悉能记忆,不审吾弟新愈之后眠食一切是否复原,精神腰脚近复何似。兄所得力者戒饮五十年,近且连茶亦戒,又不用心於博弈。自不知医,而守徐灵胎之教,不服补药以助长,故气体亦少所偏毗。弟素服鹿角胶,去冬仍照服否? 兄意老年多阴亏便燥,切不宜过于偏阳,迟眠最伤阴。竹戏断不可过子初。此间有李星冶酷好此道,其精力亦实过人。然每年必输二三千金,后生面诙而背笑之,盖久战自不及少壮也。大抵筋骨宜少劳,而心神宜常逸。兄近得钓鱼台一墅[3],在平则门外三里许,退直辄偃息其中。回旋一二千步,内有松、桧、柏共百三十株,虽隆冬犹极苍翠。新学以空气为养生之助,城中自不如郊野之清旷。兄少小体并不坚实,而老转健,未始非中岁村居之效。弟於天气晴和,或缓步江壖,或度阡陌,过华严精舍,携一短僮,唯意所适,比兄之尚须出郭寻幽,更省便矣。兄尚有一事可为吾弟消闲遣闷,则兄三十年来心愿尚未还也。族谱至今未修近百年[4]。兄屡提议而未卒办,拟于两年内成之。旧谱已详派系,祇须将各条钞出查添,先就近分查汇集,一面登报访采。弟能总其成,兄当令复儿邀同陀庵、钟英共司其事。兄任筹款,亦不空享此大年。弟然之否? 手此即颂新釐。兄琛拜手,元月二日。

　　　　　　　　　——《历史文献·陈宝琛致弟宝瑨手札》第 14 辑第 191 页

[1] 夫人王眉寿。

[2] 二弟宝瑨少公一岁。

[3] 钓鱼台:北京西郊,1920 年溥仪作为皇室产业,赐公为别墅,详见 1920 年春和本年 4 月 27 日注。

[4]《螺江陈氏族谱》,陈若霖《陈氏重修族谱》,同治十二年(1873)木活字本。后公主持重

修,成于1933年。

3月4日(正月二十五日)　为宝熙母八十诞辰作祝寿诗文,陈三立请郑孝胥等列衔,文《沧趣楼诗文集》未收。

与陈邦瑞书 沈曾植

久未奉教,驰企。宝瑞臣太夫人八旬寿庆,弢老作诗文,欲得公列衔。原信奉阅,可开示否?此请瑶甫仁兄大人台安。弟曾植顿首。廿五日。(上博藏)

与郑孝胥陈邦瑞余诚格刘世珩书 沈曾植

昨接宝瑞臣信,其太夫人八旬寿庆,陈弢老为寿文,欲请诸公台衔,以为光宠。特此布达。原呈阅竟掷下,台衔开示为荷。请书左方。苏戡、瑶圃、寿平、聚卿仁兄大人台安。弟期植顿首。(上博藏)　　——《沈曾植年谱长编》第499页

3月5日(正月二十六日)　溥仪传旨,预备召见。

溥仪传旨,醇亲王载沣、庆亲王载振、贝勒载洵、贝勒载润、贝子载藩、贝子溥伦、镇国公载泽、太保世续、太保陈宝琛、师傅朱益藩、内务府大臣耆龄等10人"诣太极殿预备传见"。至5月25日又添派贝勒载涛和内务府大臣绍英。太极殿为皇贵妃传见之所。　　——《末代帝师朱益藩》第27页

3月9日(正月三十日)　沈曾植交陈夔龙公题"松寿堂诗话图"。

公(沈曾植)以陈宝琛题《松寿堂诗话图》交陈夔龙。

《花近楼诗存五编》[1]卷二《辛酉集·正月晦日乙庵同年交到陈弢庵太保题松寿堂诗话图感酬一律即步其韵寄正》。　——《沈曾植年谱长编》第509页

[1]《花近楼诗存》:陈夔龙著,共八编,集作者自1912—1927年16年间作品。五编二卷分别为"庚申集(1920)"、"辛酉集(1921)"刊行于壬戌(1922)五月。

3月30日(二月二十一日)　溥仪召见,与朱益藩、耆龄在内务府值班房深谈。

溥仪召见后,陈宝琛、朱益藩、耆龄在内务府值班房深谈。

——《末代帝师朱益藩》第27页

4月27日(三月二十日)　与福建同乡及门弟子一百馀人燕集钓鱼台。有诗"里中及门百三十二人谦集钓鱼台","次韵答周沈观",见《沧趣楼诗文集》183、184页。

本日,公邀请里中及门百三十二人宴集钓鱼台,裴维侒:《游钓鱼台诗序(望海潮)》云"辛酉三月二十日,陈伯潜太保招饮平秩门外望海楼钓鱼台,旧苑重新,台榭补茸,杂花初发,奇松郁如,惟古藤一本最巨,盖前代物"。《陈太傅钓鱼台赐庄图咏册》今藏中国历史博物馆。见《钓鱼台备忘录》第32—33页,亦见《古都艺海撷英·

· 648 ·

钓鱼台赐庄图咏》。

里中及门弟子一百三十二人燕集钓鱼台。

——《闽县陈公宝琛年谱》第 126 页

三月　作"赠诸桥辙次[1]"。

先游曲阜后崇安，圣里贤乡取次看。若更入闽登石鼓，水云亭外试盘桓。

[解说]：此诗见《诸桥辙次博士的生涯》(诸桥辙次纪念馆编，大修馆，1992 年)57 页所载照片。注明为"辛酉三月"作，当是 1921 年所写。此诗原件，现存新泻县下里村诸桥辙次纪念馆。

——《东瀛遗墨：近代中日文化交流稀见史料辑注》第 170 页

[1] 此诗《沧趣楼诗文集》未收。

春　李鸿藻后人以家藏名贤手札出售，其中多为张佩纶信札，公得其半，赠佩纶子张志潜。

李文正公与先公之交，海内共知也，志潜求先翰于其嗣符曾侍郎，不可得。既镂版矣，辛酉春间，其家忽以名贤手札售诸市肆，弢师得其半，其间先公之书为多，举以归志潜。　　——《涧于集·书札后序》第 1 页

为唐文治[1]编刻《十三经读本》撰序。

与施君省之议刻《十三经》。……并请陈太傅弢庵宝琛撰序，命上海刻字铺朱文记经刊。　　——《唐文治自述》第 76 页

[1] 唐文治：字颖侯，号蔚芝，晚号茹经，江苏无锡人。光绪进士，农工商部左侍郎兼署理尚书。潜心从事教育事业。曾任"上海高等实业学堂"及"邮传部高等商船学堂"监督，创办私立无锡中学及无锡国专。

5 月 29 日(四月二十二日)　晚，奎绍襄宴请，朱益藩、耆龄等同席，观赏郎世宁《骏马图》。

陈宝琛、朱益藩、耆龄等赴奎绍襄约同晚餐，并观赏皇室藏郎世宁所绘《骏马图》。　　——《末代帝师朱益藩》第 27 页

6 月 1 日(四月二十六日)　赴醇亲王府，与载沣等商议溥仪婚事。

载沣在醇亲王府召集载振、载泽、载润、载洵、载涛、溥伦、陈宝琛、朱益藩、绍英、耆龄等人商议溥仪大婚事项。　　——《末代帝师朱益藩》第 27 页

6 月 25 日(五月二十日)　绍英、耆龄会贤堂宴请。

绍英、耆龄在会贤堂"恭请"陈宝琛、朱益藩诸人。

——《末代帝师朱益藩》第 27 页

六月　作费念慈《归牧集》序，见《沧趣楼诗文集·费屺怀诗序》第 311—312 页。

8月22日(七月十九日) 同袁励准游京郊西园,夜宿秀峰寺,听涛玩月。有诗见《沧趣楼诗文集·七月十九日同珏生游厚斋将军西园园在京西成子山宝瑞臣恩咏春先至夜宿秀峰寺》第187页。

> 同珏生(袁励准)游厚斋(丰升阿)将军西园。园在京西成子山,宝瑞臣已先在。前夕有雨,出郭始见微阳。公至稍后,水塔园中主宾延伫已久。周历馆宇,不觉日晡,遂往就双峰宿。秀峰寺听涛玩月,归纪以诗。

——《闽县陈公宝琛年谱》第127—128页

8月25日(七月二十二日) 华侨联合会今晚欢宴林熊征[1]。

> 台湾华侨林熊征君,热心于南洋华侨商业,……近已回国。于前星期抵沪,华侨联合会李登辉、许冀公二君,拟于今夕假座大东旅社,邀请林君暨旅沪华侨及各界要人宴饮藉联交谊。林君略历列左:林熊征君、字薇阁、原籍福建漳州,渡台已五世矣。台湾林本源家,拥有经济界最大之势力,为亚东首富。……君年仅三十四岁,学问经验俱极渊博,性情温和、谦恭爽直,毫无骄傲之气。喜谈实业教育,救济贫困已输巨资。在台湾遍设博爱医院、并资助青年留学者四十馀人。……君之太夫人,为宣统废帝师傅陈宝琛之妹。渠夫人系前清邮传部尚书盛宣怀之第五女公子。 ——《申报》1921年8月25日

[1] 林熊征:字薇阁,号肇权,出生台湾板桥,林维源长孙,二妹婿林尔康侄。

9月7日(八月初六日) 溥仪赏"福寿"字。与朱益藩、耆龄三人继而往内务府值班房谈话。

> 溥仪在毓庆宫接受陈宝琛、朱益藩、耆龄等人行礼并面赏福寿字各一幅,陈等三人继而往内务府值班房谈话。 ——《末代帝师朱益藩》第28页

10月1日(九月初一日) 溥仪生母瓜尔佳氏卒,随溥仪赴醇王府行礼。

> 瓜尔佳氏于上一日自杀身亡,溥仪亲临醇王府行礼,载洵、载涛、陈宝琛、朱益藩、伊克坦、耆龄等扈从。 ——《末代帝师朱益藩》第28页

10月6日(九月初六日) 与朱益藩等商议,应付溥仪索要刊载溥仪生母自杀京中各报。

> 因北京各报多载瓜尔佳氏自杀事件,载沣乃亲往神武门检查并扣留了大部分报纸。溥仪未见送呈则派人坐等,按日索要,并于是日召见内务府大臣查问究竟。为应付局面,陈宝琛、朱益藩、绍英、耆龄同赴醇王府商议对策。

——《末代帝师朱益藩》第28页

10月8日(九月初八日) 与朱益藩、耆龄同为逝者"送库"。

陈宝琛、朱益藩、耆龄"久谈"，下午同往醇王府为逝者"送库"。

——《末代帝师朱益藩》第 28 页

10 月 18 日（九月十八日）　访张元济。

陈伯潜、陈仲恕来。　　　　　——《张元济全集·日记》第 7 卷第 271 页

10 月 26 日（九月二十六日）　晚，耆龄郭曾炘濮斋宴请，与朱益藩等与席。

为健之饯行，耆龄在濮斋设晚宴，陈宝琛、朱益藩等与席。

——《末代帝师朱益藩》第 28 页

10 月 27 日（九月二十七日）　林纾七十寿辰，作"林君畏庐七十寿序"，见《沧趣楼诗文集》第 345 页。

是月，为林畏庐先生七十生日。……越日，海内耆旧名宿，如康有为、陈宝琛、樊增祥、陈衍、左绍佐、周树模、陈三立、柯劭忞、郭曾炘、严复、马其昶、姚永概、王树枏、傅增湘、张元奇、王允晳、卓孝复、高向瀛、王式通、王葆心、李宣龚、孙雄、罗惇曧、秦树声、三多、江瀚、朱益藩、徐世昌，皆各投诗文为先生寿。

——《贞文先生年谱》卷 2 第 50—51 页

严复卒于福州郎官巷寓所，撰挽联："游学最早，识几独先，坐看沧海横流，□史剩归文苑传；卅载知交，经年小别，一恸故邱正首，遗书忍展鼓山诗"，见《名人名家联集(57)·陈宝琛联集》。12 月 20 日葬于福州阳崎鳌头山之阳。秋初曾寄诗于公。撰"严君幾道墓志铭"，云："予交君逾四十年，比岁京居，尤密洽。君归经年，秋初犹以鼓山诗寄予，而交遂毕于此耶？悲夫！"见《沧趣楼诗文集》第 406—409 页。

10 月 28 日（九月二十八日）　晚，内务府在朱益藩宅"公请"。

清室内务府在朱益藩私宅设晚宴"公请"陈宝琛。

——《末代帝师朱益藩》第 28 页

十月　为张佩纶作"张篑斋诗集序"，见《沧趣楼诗文集》第 306 页。

12 月 7 日（十一月初九日）　《申报》报道："旅京闽人力争海后滩案"。出席福建旅京同乡会。

福建旅京同乡会为海后滩交涉问题，昨日上午十一时正在车子营福建会馆开会，到会者陈宝琛、陈璧、李鼎新等百馀人。

——《申报》1921 年 12 月 8 日

12 月 10 日（十一月十二日）　劝阻溥仪拟在宫内安装电话。

溥仪拟在养心殿安设电话机，载沣嘱陈宝琛和朱益藩以不合祖制相机规劝。次日两位师傅劝驾奏效，溥仪取消了安设电话的计划。

——《末代帝师朱益藩》第 29 页

12 月 19 日(十一月二十一日) 劝阻溥仪次日游山。

陈宝琛、朱益藩、健之、耆龄应庄士敦之邀聚餐,得知溥仪拟于次日游山,陈、朱乃商定五更入直,坚决劝阻,溥仪有感于陈、朱多年恩谊,果然收回成命,取消游山计划。　　　　　　　　　　　　　——《末代帝师朱益藩》第 29 页

12 月 23 日(十一月二十五日) 与朱益藩、耆龄聚晤,作射覆游戏。

陈宝琛、朱益藩、耆龄等下午聚会戏以射覆。

——《末代帝师朱益藩》第 29 页

12 月 28 日(十一月三十日) 孙女椿[1]生,懋复女。

[1] 椿:广西大学肄业。曾任香港南洋银行副经理。

是　年 许同莘编撰《张文襄公年谱》,草创于辛酉以前,商务印书馆于 1944 年 5 月刊印,署"闽陈宝琛阅定。无锡许同莘谨编"。

此书草创于辛酉以前,以蒐採綦难,屡作屡辍。及脱稿,则公凤昔交游与夫门生故吏,已多物化,犹幸殁庵陈公,竹君赵先生[1]皆享大年。得以就正。陈公并审定义例而阅定前三卷文字。　　　　——《张文襄公年谱·凡例》第 1 页

陈师傅屡为同莘言请抑奄宦事云,公心苦,主于斡旋。余性憨,近于率直。两人言事类如是。同莘编遗集成,见而欣然。欲作序发挥此意而不果也。宫廷之际人所难言。不幸而始终其事,故晚年咏史,有"调停头白范纯仁"之句。

——《张文襄公年谱》第 28 页

[1] "竹君赵先生":赵凤昌,字竹君。

作七绝"刘氏妹画松",诗见《沧趣楼诗文集》第 184—185 页。劳乃宣乡举重逢溥仪赐题词,作"劳韧叟乡举重逢拜御书丹心黄发之赐寄贺"七绝三首,见《沧趣楼诗文集》第 185 页。

劳乃宣(韧叟)乡举重逢,御书"丹心黄发"四字以赐。公与劳君同膺乡举与同治乙丑,惟同举而不同科。浙补辛酉,而闽补甲子,故公贺诗及之。

——《闽县陈公宝琛年谱》第 127 页

为傅增湘抄补《天禄琳琅书目》题诗,诗见《沧趣楼诗文集·题傅沅叔藏元椠通鉴初印本》第 184 页。

傅增湘(沅叔)以鉴别版本有名于时。曾钞补《天禄琳琅书目》两部,端方所藏百纳宋本《通鉴》亦为所得。近又以所藏元椠《通鉴》初印本出示,公为题诗。

惠州李绮青[1]著《倦斋吟稿》印行,与朱益藩均有题笺。

[1] 李绮青,字汉珍,号倦斋老人,惠阳县人。光绪进士。著有《草间词》、《听风听水词》、《倦

斋诗文集》。

　　为陈衍《元诗纪事》署签。

　　是年文

张蒉斋诗集序　　　　　　　　　　——《沧趣楼诗文集》第 306 页

费屺怀诗序　　　　　　　　　　　——《沧趣楼诗文集》第 311 页

茹茶轩文集序　　　　　　　　　　——《沧趣楼诗文集》第 312 页

陈君香雪七十有二寿序　　　　　　——《沧趣楼诗文集》第 342 页

林君畏庐七十寿序　　　　　　　　——《沧趣楼诗文集》第 345 页

刘氏妹六十寿序　　　　　　　　　——《沧趣楼诗文集》第 371 页

林氏妹六十寿序　　　　　　　　　——《沧趣楼诗文集》第 375 页

张小帆中丞墓志铭　　　　　——《沧趣楼诗文集》第 403—405 页

严君幾道墓志铭　　　　　　——《沧趣楼诗文集》第 406—410 页

　　是年诗

里中及门百三十二人谯集钓鱼台　　——《沧趣楼诗文集》第 183 页

为刘氏妹画松　　　　　　　　　　——《沧趣楼诗文集》第 184 页

次韵答周沈观　　　　　　　　　　——《沧趣楼诗文集》第 184 页

题傅沅叔藏元椠通鉴初印本　　　　——《沧趣楼诗文集》第 184 页

劳韧叟乡举重逢拜御书丹心黄发之赐寄贺——《沧趣楼诗文集》第 185 页

董季友属题其母杨太夫人麻姑载酒画帧　——《沧趣楼诗文集》第 185 页

赠铿臣族弟　　　　　　　　　　　——《沧趣楼诗文集》第 186 页

七月十九日同珏生游厚斋将军西园园在京西戍子山宝瑞臣恩咏春先至夜
宿秀峰寺　　　　　　　　　　　　——《沧趣楼诗文集》第 187 页

1922 年(壬戌　民国十一年)　75 岁　上海

第一次直奉战争爆发,吴佩孚、张作霖举兵互攻,张作霖败退山海关。(4.28——5月)

孙中山下令北伐,决定向赣、湘出发。(1.15)

徐世昌辞任大总统。(6.2)

孙中山改组中华革命党为中国国民党。(8 月)

溥仪大婚,黎元洪派代表致贺。(12.1)

何维模卒,年八十一。沈曾植卒,年七十三。世续卒,年六十九。

1 月 7 日(辛酉十二月初十日)　清《德宗实录》全书告成,加太傅衔。疏请撤销,改谥曾祖陈若霖。上"沥情恳恩请以所得恩典给曾祖若霖予谥折",折见《沧趣楼诗文集》第 892 页,亦见《螺江陈氏家谱·御赐碑文》第 231——234 页。

宣统十三年十二月初十日,钦奉谕旨:"《德宗景皇帝实录》全书告成,副总裁官太保陈宝琛著赏加太傅衔。钦此"　　　　——《沧趣楼诗文集》第 892 页

清室以《德宗实录》全书告成,加公太傅衔。公疏请撤消,回授曾祖尚书公追谥,蒙予谥文诚。仍加公太傅。　　　　——《闽县陈公宝琛年谱》第 128 页

若霖公为丈之曾祖,历身通显,未得追谥。丈任德宗实录副总裁。书成晋爵太傅,丈上疏辞,请为若霖公追谥,始得追谥"文诚"。

——《华报·谦叟:闲话橘洲老人(八)》1935 年 4 月 3 日

《德宗实录》写本告成,文安公偕陈弢庵太傅、宝沈盦侍郎率同馆赍赴皇史宬,尊藏如制。　　　　——《郭则沄自订年谱》第 57 页(1923 年)

1 月 9 日(辛酉十二月十二日)　曾祖陈若霖加恩予谥文诚。

内务府奉上谕:原任刑部尚书陈若霖著加恩予谥文诚,著钦此。

——《螺江陈氏家谱·谕旨》第 225 页

朕惟册府铭勋,思旧求魏征之笏;宪司执法,制文勒戴胄之祠。赵宋旌忠,陈莹中久而予谥;李唐教孝,郭英乂终遂陈情。尔原任刑部尚书陈若霖制行肫良,从公笃棐[1],起家词馆,校东观之秘文;改秩都官,清西曹之积牍。佐仁庙

恤刑之治，屡著平反；知秋官倚重之才，特迟常调。初膺观察，旋擢提刑。历四省之外，台有疑狱，必资定谳；荷九重之心，简牵吏议，每与原情。既而遍历疆圻，久提节钺。碑留去后，中原思羊傅之勋；像祀生前，边徼[2]感葛侯之惠。迨宣宗之初政，念司寇之需贤。内擢冬卿，寻掌邦禁。披白云之旧稿，耆年益矢小心；进黄册之由词，属吏咸知老手。集越悬车之岁，屡陈乞病之章。才祖饯于东门，遽归神于奎宿。郭镇列爽鸠之祀，于公高驷马之门。七叶蝉嫣安世，亦刑官后裔；十年起沃褒成，是博士曾孙。朕日亲者傅，追眷劳臣，饰终之礼虽优，易名之典犹阙。告肖其行谊。谥曰"文诚"。於戏，百年而论定，非因冲人。旧学而有加，极一字之荣褒，为前代太常所未议。峻兹鸿惠，阐尔幽光。

——《螺江陈氏家谱·奏折》第 227—229 页

[1]"棐"同"榧"、"菲"、"篚"。

[2]"徼"同"邀"。

致函二弟宝瑨。

致 陈 宝 瑨　　　　　　　　　　　　陈宝琛

　　仲弟手足：复儿来此，询悉起居胜前，深慰远念。兄近来较不畏寒，隔岁人来，皆谓气色视前为胜。腰脚亦未就衰。既无服饵之方，又乏调摄之术。殆所谓天养者欤？实录馆前晨进书，兄十数年之心愿幸而获偿。此盖布政公积诚所致[1]。往日趋庭时，闻严亲道及，幸留耄耋之身，成之于桑海之后。星相家皆谓兄此运极佳。其即此耶？吾弟闻之当亦同此喜也。照例有御制碑文，将来撰书刊立祠墓，墓碑字亦可换题"刑部尚书陈文诚公"。但须俟方向有利之年方可诹吉豫备。祠堂神主则随时可改题加入"追谥文诚"四字。是否？酌之。谕旨钞寄，可呈立叔一阅。竹生、小山、培□、伊浩[2]，并可传观。元旦似可报喜於宗祠，以后如何办法，随时函商可也。十年以来，国害民祸日深一日。中央之困苦，至于今岁为极。年底如无借入之款，官饿兵变，何以为国？而政客一流方以学说、政说鼓煽国民，利用学子劫制政府，徒为渔人所利，闻吾闽亦患财匮。所谓顾瞻四方，蹙蹙靡骋者，若皆为今日作也。食则各国至今日亦皆乱机四伏。战祸恐尚未休。其学者至倾心于孔孟之书，以为是真文明，自认欧西为春秋战国时代。全球大势亦将潜转。但不知何时大定耳。夜窗无事，手此以当面谈。即颂岁釐！兄琛拜手，十二月十二夜[3]。

——《历史文献·陈宝琛致弟宝瑨手札》第 14 辑第 192 页

[1] 布政公：公祖景亮，字孔辅，号弼夫，云南布政使。

[2] 皆公族人。

[3] 修《德宗景皇帝实录》，辛酉年十二月全书告成，清室加公太傅衔，公疏请撤销，回授曾祖、刑部尚书陈若霖追谥，旋予谥"文诚"，仍加公太傅。此信作于《实录》书成进呈时，即1922年1月9日(辛酉十二月十二日)。

1月22日(辛酉十二月二十五日)　清室为筹过年经费，拟变卖宫中器物，与朱益藩、伊克坦、宝熙、耆龄、袁励准六人奉旨验看宫内陈设。

　　陈宝琛、朱益藩、伊克坦、宝熙、耆龄、袁励准等6人奉旨验看宫内陈设，核定设标价目，为筹过年经费而准备变卖国宝。——《末代帝师朱益藩》第29页

1月24日(辛酉十二月二十七日)　得家书知王夫人疾终。清室赏给"闽峤女宗"匾额，赏一千元治丧。

作挽联悼夫人："同时耄年人，可怜南北相望，到死未能谐凤愿；无穷来日事，莫道幽明永隔，此心总不异平生"。见《闽侯历代楹联选》第146页。

　　得家书，知王夫人疾终螺洲里第。　　——《闽县陈公宝琛年谱》第128页

　　先妣王夫人，同邑文勤公女孙，辛亥后，留里中，庀家事，辛酉十二月病卒，蒙赏给"闽峤女宗"匾额，赏一千元治丧。

——《沧趣楼诗文集·诰授光禄大夫晋赠太师特谥文忠太傅先府君行述》第589页

1月26日(辛酉十二月二十九日)　朱益藩报知清室内务府王夫人去世。

　　陈宝琛夫人谢世，朱益藩最先报知清室内务府。

——《末代帝师朱益藩》第29—30页

1月28日(辛酉十二月三十日)　致函二弟宝瑨。

致 陈 宝 瑨
陈宝琛

　　仲弟手足：廿二日尚书公得旨予谥，兄方寄函报知，谁料此函未到，嫂氏竟不及见[1]。兄之赋命穷落，有此愉快之事，造物即加以挫抑，而室人适受其殃。实则耄耋之年，浊世亦何足恋，仍是生者难过耳。兄近体颇健，自知宽譬，复儿日夕在侧，备受恩勤。其天性似尚不得乍当大事，吾弟幸常提命之，不必过哀，藉免疏忽。新年人多鲜暇，开吊是否四、五七，兄本拟开正即请假南归，亲友以天气过冷，劝俟元宵后，则拟于十四日在京开吊，事毕即行。但请假是否获准，临时当再电闻。顷将帖底拟出，五服中有堂侄辈及侄孙辈，名均未悉，电询候复，专俟排刻，不至浮沉否，至念。讣底先寄回。服制此间考订较详，家中有《读礼通考》、《刑案汇览》两书中均有服制图，可印证不误。闻吊期尚远，发讣元宵边不迟也。兄若得请假归，相见不远。门内高年惟吾两人，彼此各自珍重。侄侄昨已由沪回，连日在此也。天寒事多，幸餐卫加意。草草不赘。兄琛拜手，除夕。

——《历史文献·陈宝琛致弟宝瑨手札》第14辑第192—193页

[1] 嫂氏:王眉寿。

2 月 8 日(正月十二日)　致函二弟宝瑨。

致 陈 宝 瑨
陈宝琛

仲弟如面:顷得手书,方详嫂氏病状,脉硬颧赤,疑有外感。又疑是胃瘤溃决。仲良专认为旧疾,不以为意,误恐在此。兄之不敢专信西医,以西医精者亦少也。事已至此,有数存焉,亦复何言? 兄日夕与诸友忙分讣开吊事,藉此散悲。十六开吊,廿日假满进内,面请赏假一个月南旋,谅可得请。日来直奉风潮稍缓[1],春融后能否免祸,则视其趋势之何如矣。如可行,则廿二三可首涂,已托仲昭探"新济"船期,即他船亦可,拟携两仆,并有友人同行,无足虑也。讣底前寄回,因有误,复将刻本续寄,中惟子"立叔"误作"祖元",堂侄妇亦应鳃麻,烦即更正。御笔乃"女宗",非"礼宗",前函已及。开吊城客在乡既不便,则另期拟借耿庄,既便交通,亦属适中之地,(须豫筹布置,并托惠亭相度,陀庵能帮忙否?)否则借城外寺观,拟小住,不入城,免多淹留也。已发七单,似无须每七走单。登报更可不必。讣文俟兄决行电到后再刻(大小不拘,从宜从俗),大抵总在六七前后。政界有往来者即应分讣,否则可已则已。铭旌借安圃名极妥[2]。悼启、哀辞此间均未作。拟稍迟为编一事略。途中无事,则为文以抒哀。(或托叔伊作诔[3],何如?)十日来日间忙于俗事,夜又不敢著想,以致失眠。故作一联(当带回)后,无一字落纸也。儿辈少不更事,有老弟为之主持,较可放心。恩赐治丧银千元当带回应用(扁[匾]亦带归),有急需时可先筹拨。兄眠食照常,可慰远念。复儿未另谕,并以此纸示之。余事忆及再函谈。十二夜兄琛复[4]。

——《历史文献·陈宝琛致弟宝瑨手札》第 14 辑 193—194 页

[1] 直奉风潮:第一次直奉战争 1922 年 4 月底爆发,奉军大败,6 月底双方停战议和,奉军退至关外。

[2] 安圃:张人骏号,张佩纶侄,同治七年进士,历任山东布政使、两广总督、两江总督。

[3] 陈衍,字叔伊,号石遗,福建侯官人,光绪八年举人,曾入张之洞幕宾。

[4] 此信作于 1922 年,月日不详。据年谱长编正月二十九日已回福建过沪,故此函当为正月十二日,1922 年 2 月 8 日。

2 月 15 日(正月十九日)　致函张志潜。

致 张 志 潜
陈宝琛

仲昭二弟足下:承电知"新济"停修,"飞鲸"须廿九、三十开,鄙急盼南旋[1],俟假内料理就绪即回。以时局云谲后诡,不知胡底,目下尚可暂离,过此

657

恐风鹤日甚,难于抽身。故昨电请代查招商之外尚有何轮先开,俾可早行。无已,亦只可守候"飞鲸"矣,费神已深铭感,万勿纡驾浦口相候,无任盼祷。即颂时祉。年小兄宝琛顿首。正月十九日。　　　　　　——上海图书馆藏手稿

[1] 1922 年 1 月 24 日(辛酉十二月二十七日)得家书知王夫人疾终,准备返乡治丧。

2 月 16 日(正月二十日)　请假获准返闽治丧。见《末代帝师朱益藩》第 30 页(2 月 20 日)。

2 月 20 日(正月二十四日)　准备返乡治丧。伊克坦、朱益藩、绍英、耆龄"公请"饯行。

伊克坦、朱益藩、绍英、耆龄"公请"陈宝琛为之饯行。陈已于 16 日当面向溥仪请假并获准返乡省亲。　　　　　　——《末代帝师朱益藩》第 30 页

2 月 23 日(正月二十七日)　离京回闽。

陈宝琛离京。　　　　　　　　　　　　——《末代帝师朱益藩》第 30 页

2 月 25 日(正月二十九日)　回闽途中过沪,郑孝胥迎至海藏楼,与郑同访沈曾植,住张志潜宅。

至火车站迎弢庵,同至海藏楼,过子培,遂至张仲昭宅。

——《郑孝胥日记》第 4 册第 1898 页

郑孝胥、陈宝琛来。　　　　　——《沈曾植年谱长编》第 511 页

2 月 26 日(正月三十日)　乘"福州丸"轮船回福州,李经方、郑孝胥、郑垂父子及日人小方宗太郎等送行。

风雪。往送弢庵登"福建丸",于舟中晤秦子质、左子异、日本海军司令吉田增次郎。　　　　　　　　——《郑孝胥日记》第 4 册第 1898 页

雪。午前九时与波多至大阪商船"福建丸"送别清室太傅陈宝琛归福州。李经迈、郑孝胥父子亦来送别。十时握别,归。

——《宗方小太郎日记》第 1218 页

2 月 27 日(二月初一日)　李宣龚送郑孝胥公所作"严君幾道墓志铭"。

拔可送来弢庵所作严幼陵墓志铭。　——《郑孝胥日记》第 4 册第 1898 页

二月　乞假归里,安葬夫人于君竹山墓域。以曾祖追谥告于祠堂,自营生圹,门镌一联:"冰渊晚节期无忝,桑海馀生会有涯。"

春,乞假归里,葬王夫人于君竹山墓域。公亦自营生圹,树石基,门镌一联曰:"冰渊晚节期无忝,桑海馀生会有涯。"可以见公志矣。

以尚书公追谥告于祠庙。　　　　——《闽县陈公宝琛年谱》第 128 页

同陈衍、林炳章、黄懋谦等游石鼓山。陈衍有诗"恒斋度支使招同弢庵太傅并

惠亭嘿园健安雅扶谦宜诸君游石鼓惠亭有诗次其韵”、“弢庵太傅出示游石鼓至听水斋诗次韵奉和”。并作《一品夫人王夫人哀诔》,见《陈石遗集》第330—331、701—702页。

二月,费叔迁度支使名毓楷,苏州人,屺怀编修念慈子。招同弢庵丈并惠亭、墨园诸君游石鼓。有诗次惠亭韵。弢庵丈示公游石鼓诗次韵和之。弢庵丈悼亡归里营葬,公[陈衍]为作王夫人诔文。乞弢庵丈书一联云:“地小花栽俭,窗虚月到勤。”一时传为勤俭联云。

——《陈石遗集·侯官陈石遗先生年谱》卷7第2039—2040页

弢庵太傅出示游石鼓至听水斋诗次的奉和　　陈　衍

不倚危栏又几年,沧浪谁喻大乘禅。江山无恙将沉陆,南北相望总各天。余出公处,公出余处,四十年若避面,然惟中间在都聚两三年耳。吃饭和诗都朗健,经丘寻壑尚轻便。二疏勇退香山老,可似专墩赌墅贤。

——《陈石遗集》第331页

恒斋度支使招同弢庵太傅并惠亭嘿园健安雅扶谦宜诸君游石鼓惠亭有诗次其韵　　陈　衍

长松夹磴伫佳招,况共香山白傅邀。昨暮雨声妨蜡屐,晓晴天气称饧箫。行厨满载僧蔬屏,负弩前驱伏莽消。岩洞旧游探略遍,倚楼拄笏更来朝。

去年道子董卿负佳招,今日长房缩地邀。曾何桓伊三弄笛,敢悭吾衍一吹箫。登临君竟扶藜健,醉饱宾思谏果消。扉履资粮东道主,趁潮林浦待明朝。

——《陈石遗集》第330页

4月12日(三月十六日)　妹婿高向瀛诗作送公还京。

三月既望拜螺洲文诚公墓下感作即送弢庵太傅还朝　　高向瀛

门馆肃遗像,景行平生思。庆基延杲仍,上冢刚及期。沉阴得开霁,春江舟倭迟。溪桥缘草径,绿水湖田滋。月池缭周垣,入门临丰碑。霜松森就列,想见两观仪。深书大司寇,东家义在兹。闻人满天下,宁能容清时。宰木九十年,一诚终主知。绳武今谁属,曾孙鹤发姿。去山一纪强,帝座需扶持。捧敕归江乡,焚黄盛典垂。易名旷代恩,酹酒含凄悲。故老羡矍铄,谓真吾皇师。妇孺望须眉,如接天颜怡。世运虽尚否,人心无可疑。舆榇行有日,誓墓跪有辞。一身家国重,在天式凭之。孤愤郁草莽,岂独怀旧私。膴膴北园路,白日方西驰。

——《还粹集》卷三第9页

4月20日(三月二十四日)　返京途中,抵上海。仍住张志潜处。晚张元济、高凤谦、李宣龚设宴,郑孝胥作陪。

雨。陈伯潜到沪，寓张仲昭处，即往视之。夜，张菊生、梦旦、拔可之约，陪伯潜。

——《郑孝胥日记》第 4 册第 1904 页

4 月 21 日（三月二十五日） 在张志潜寓。同人公宴。同座有何维朴、王秉恩、沈曾植、秦炳直、余肇康、陈重威、左孝同、朱祖谋、王乃徵、章梫、刘锦藻、张元济、沈琬庆、卞綍昌、李经迈、黄懋谦、张志潜、刘承幹、陈宝瑨[玙]等。

与郑垂访日人宗方小太郎。

公宴伯潜于仲昭寓中。……伯潜来。

——《郑孝胥日记》第 4 册第 1904 页

赴张志潜寓所，同人公宴陈宝琛、何维朴、王秉恩、秦炳直、余肇康、朱祖谋、左孝同、郑孝胥、王乃征、章梫、卞綍昌、李经迈、张元济、李宣龚、沈琬庆、陈宝瑨[玙]、黄懋谦、刘翰怡在座。

《求恕斋日记》略云：谷雨节卯时。荫。午刻至张仲炤处，公宴陈弢庵。名宝琛，闽县人。同治戊辰翰林。现为皇上总师傅。昨日自福建来，明日即须北上也。到者为何诗孙、王雪岑、沈子培、陈容民、秦子质、余尧衢、朱古微、左子异、郑苏戡、王聘三、章一山、卞薇阁、李季皋、张菊生、李拔可、沈次裳文肃公第七子，名琬庆、本生父亲。共三席。馀陪者为陈莲生、名宝玙，现为鄞县地方审判厅长，弢庵之弟也。黄默园，福州人，癸卯举人，随弢庵来者。散后，与子培、子异、菊生、拔可小谈片时，三时后返家小憩。

《海日楼绝笔楹联题咏》陈宝琛跋：去春过沪犹两晤公，入冬而赴至。

——《沈曾植年谱长编》第 511 页

午前陈宝琛、郑垂来访。陈翁昨天从福州抵沪，明天将北上云。

——《宗方小太郎日记》第 5414 页

4 月 22 日（三月廿六日） 与郑垂同乘日轮"福建丸"北上，郑孝胥等送行。

与大七同上大阪公司"福建丸"送伯潜行。

——《郑孝胥日记》第 4 册第 1904 页

阴晴无常。午前七时到达丰阳馆。与吉田司令官、北冈和久保田两位武官同车至大阪商船"福建丸"送陈宝琛翁的北归。会郑孝胥、李经迈、张元济等。八时握别，归。 ——《宗方小太郎日记》第 5414 页

4 月 28 日（四月初二日） 抵北京。朱益藩、耆龄来寓，告宫中近事。

晚，陈宝琛返京。朱益藩、耆龄立往陈寓告以宫中近事。

——《末代帝师朱益藩》第 33 页

4 月 29 日（四月初三日） 与载洵、载涛、朱益藩、绍英、耆龄向溥仪提出为安

全计,皇后和淑妃暂居别宫。

载洵、载涛、陈宝琛、朱益藩、绍英、耆龄觐见溥仪,提出迎接皇后和淑妃"暂居别宫"以避战祸。溥仪主张"镇定",未采纳。

——《末代帝师朱益藩》第33页

5月2日(四月初六日)　奉旨派查大内字画。

增派陈宝琛清查大内字画。　——《宣统事典》第192页

继续清查大内字画,陈宝琛亦奉旨加入。是日所见有恽寿平画扇面一册,"花卉山水均妙绝"。　——《末代帝师朱益藩》第33页

5月4日(四月初八日)　晤许宝蘅。

十一时,……晤弢庵师傅及铨叙局旧僚。

——《许宝衡日记》第3册第876页

5月6日(四月初十日)　派查清室财产。

溥仪派陈宝琛、李经迈、绍英、耆龄、宝熙清理皇室财产。

——《宣统事典》第192—193页

5月11日(四月十五日)　张元济来函,商借《汉书》。

发信,陈弢老借《两汉》。　——《张元济全集·日记》第6卷第289页

病重,溥仪不听宫中人劝阻,出宫来寓看望。

溥仪欲出宫探视陈宝琛,陈自9日起病。朱益藩力劝不听。只好通知禁军护卫,并与绍英、耆龄随扈。陈病势颇重。　——《末代帝师朱益藩》第33页

我因为宣统要见我,故今天去看他的老师庄士敦,问他宫中情形。他说宣统近来颇能独立,自行其意,不受一帮老太婆牵制。前次他辫子剪去,即是一例。上星期他的先生陈宝琛病重,他要去看他。宫中人劝阻他,他不听,竟雇汽车出去看他一次,这也是一例。

——《胡适日记全集》第3册第585页1922年5月27日

5月14日(四月十八日)　入住医院。见下文6月14日致二弟宝瑨函。

5月25日(四月二十九日)　出院。见6月21日致张志潜信。

病愈。与朱益藩、耆龄久谈。

病愈。朱益藩、耆龄来探视,"握手谈甚久"。

——《末代帝师朱益藩》第33页

三月—五月　还京后忽得大病,经德人克礼[1]治愈,有诗致谢,见《沧趣楼诗文集·病起赋谢克医师君有声沪上前岁归与欧战近来京师始与余相识岂佛家所谓缘耶》第188—189页。

自闽还京，忽得大病，延德人克礼诊治。克礼医师原有声沪上，因归与欧战，近甫来京。经其诊视，沉疴以起，有诗谢之。

——《闽县陈公宝琛年谱》第 129 页

[1] 克礼(Paul Krieg)：北京德国医院医生，曾兼德国驻华使馆医官。

陈三立为三弟宝璐作墓志铭，见《散原精舍诗文集》下册第 1007—1010 页。

应陈宝琛之请，为作其弟陈宝璐墓志铭。

——《陈三立年谱长编》下册第 1257 页

6 月 14 日(五月十九日)　病初愈，致函二弟宝瑨。

致陈宝瑨　　　　　　陈宝琛

仲弟惠览：兄此病非轻，始由于乍脱棉袄，自觉中寒，服表散药两剂，不意将数月所受之积懑尽乘之而发，在乡五十日，而有四旬之阴雨，益以人事之纷扰、饮食之淆杂，固自知必病。不意遂濒于危。中间热甚，神昏者数日，幸而方寸尚有微明。方众医争执之顷，颇有所闻。自分必死，不欲熟好者任其咎，决计就西医。大妹、贻书均不谓然。迁延两日，始于十八午入克礼医院，克礼先以为可治，眷属亦冀其言之售也，入院后渠先以药针护心脏，而敷药于胸背，盖亦如吾医之注重心包络也。逐日用针用药，日有微瘥，至半月后始照常通便，舌苔渐退净，饮食始知味，其法少食多顿。至十六日能步出屋外，始令出医院。克礼亦自喜其奏效之速，以为老年人元气难于速复，而羡兄禀赋之厚也。归寓后亦照其顿数，两饭三粥一面，食鸡、鱼、鸡子之外，加以青菜，每晨则服燕窝一瓯，已二十余日矣。兄平日不讲卫生，经此颇自憬悟。日来已完全无病，但疲弱不能久坐，藉此谢客，并须静养涉旬，始敢销假；或须再缓，亦未可知。吾弟所戒劳□食□，所不敢忘。当入医院时万念俱空，专意构遗折。一面召二子惟恐不及，然犹援西医之言以宽其忧，未始非灵府之明，事后乃一字不记。行□述之，始如梦觉，是亦一可怪也。行年及拟布政公易箦[1]之岁，死亦正得其时。今天又假以馀龄，来日愈难，祸福正未可知，所谓行百里者半九十也。时事当于报纸见之。兄归寓始得阅报，在病院真理乱不知矣。复儿归为详询一切。吾弟近多入城否？暑伏炎歊，村居较为清爽，沧趣楼三面透风，最宜消夏，羲皇上人之乐，兄不能享，愿吾弟披襟当之。博场围坐，人气逼不可耐，切宜慎之。病中林子有遗以机器所制麦精[2]，食之而美，意吾乡尚未有此，乘便寄回两缄。试尝之，如可口，较易寄也。佺侄自春半后出京未回，或云在沪，或云在杭，亦各有所见耳。病中所服并未服各方附回，以资考索。十五日朱开病象颇详也。草草，即讯颐祉！兄琛拜手，五月十九日。

上尚参汁、莲子粉，以两匣分寄并尝，何如？

——《历史文献·陈宝琛致弟宝瑨手札》第 14 辑第 194—195 页

[1] 布政公易箦：祖父布政公陈景亮，嘉庆十五年庚午(1810)生，云南布政使，光绪十年甲申(1884)卒，寿七十五岁。是年恰公七十五岁。

[2] 林子有：林葆恒，福建闽侯人，林则徐侄孙，留学美国，宣统进士，授编修。

6 月 21 日(五月二十六日)　致函张志潜。

致 张 志 潜

陈宝琛

仲昭二弟年大人足下：别未兼旬，忽遭危疾，累承函问，关爱之深，直同骨肉，感极而涕。此行劳顿尚不自觉，而久客北土，南中卑湿，益以弥月之阴雨固，自知必病，不料如是之剧耳，就医德院，二十九日出院，又涉旬精神渐复，腰脚浸健，数日内当销假入直。旷职日久，寝食难安，惟来日益难，衰朽馀生，有何裨补，竭吾心力而已。季皋[1] 何日北来，日用延竚。久旱直逼夏至，二麦无收，大秋亦正可虑，吾民何辜，亦降之厉耶。复儿过沪上谒。草草附陈，敬颂道祺。宝琛顿首，五月廿六日[2]。

——上海图书馆藏手稿

[1] 季皋：李经迈，字季皋，李鸿章子，袁世凯内阁署邮传部副大臣。

[2] 1922 年 2 月陈宝琛告假回闽治丧。归来大病，经德医治愈。此函当作于是年。

7 月 6 日(闰五月十二日)　清室内务府"公请"公等。

清室内务府在会贤堂"公请"陈宝琛、朱益藩诸君。耆龄于席间被溥仪召见，退而分别致书陈、朱。　　——《末代帝师朱益藩》第 34 页

7 月 11 日(闰五月十七日)　与朱益藩、耆龄在毓庆宫谈话。

陈宝琛、朱益藩在毓庆宫与耆龄会谈，内容据耆龄日记载："昨看《关同大岭晴云图》有宝笈重编玺，劾裹漏注，应改"。　　——《末代帝师朱益藩》第 35 页

8 月 2 日(六月初十日)　与朱益藩等商议抵制国会议员取消优待清室议案。

国会议员屡屡有人提出反对继续优待小朝廷的议案，陈宝琛、朱益藩、绍英、耆龄、朱汝珍等"长谈"筹商抵制之策。　　——《末代帝师朱益藩》第 35 页

8 月 17 日(六月二十五日)　致函康有为。

致 康 有 为

陈宝琛

长素仁兄先生坐下：

别后风云万变，音敬多疏。今春过沪匆匆，未获趋谒高斋，一聆麈论，至用疚歉！顷奉赴[1] 函，知公亦有悼亡之赋。老年失助，此味亲谙，况夫人之相从患难，措挂险艰，有壮夫烈士所难能者，公又何以为情耶？然浊世得大解脱，固已含笑西归，数月来常用自譬，今且持以慰公。邮呈素幛一悬，乞为代荐灵帷，

聊伸鄙悃。肃此奉唁,伏希为道自玉,不尽所言。愚弟期陈宝琛顿首。六月廿
五日。　　　　　　　　　　　　　　　　——《康有为往来书信集》第 298 页

[1] 赴:同讣。

8 月 28 日(七月初六日)　　与朱益藩、耆龄宫内谈话。

　　陈宝琛、朱益藩、耆龄在宫内会谈。　　　　——《末代帝师朱益藩》第 35 页

8 月 31 日(七月初九日)　　溥仪毓庆宫召见。

　　溥仪在毓庆宫召见载沣、载洵、载涛、陈宝琛、朱益藩、绍英、耆龄、宝熙。

　　　　　　　　　　　　　　　　　　　　——《末代帝师朱益藩》第 35 页

9 月 29 日(八月初九日)　　王国维致罗振玉函。

致 罗 振 玉　　　　　　　　　　　　　　　　王国维

　　雪堂亲家有道:……螺江[1]之件当遵交诵清,转托赵月川带津……专肃,
敬请道安,不一。国维再拜,初九日。

　　　　　　　　　　　　　——《王国维全集》第 15 卷第 533—534 页

[1] 螺江:指陈宝琛。

10 月 7 日(八月十七日)　　玉渊潭宴客。

　　陈宝琛在玉渊潭宴客,衡永(副督护)、朱益藩、魁廉(前清道台)、朱汝珍等
12 人与席。　　　　　　　　　　　　　　——《末代帝师朱益藩》第 36 页

10 月 9 日(八月十九日)　　王国维致罗振玉函。

致 罗 振 玉　　　　　　　　　　　　　　　　王国维

　　学堂先生亲家有道:前上一书,想达左右,辰维起居多胜为颂。息侯南来
曾晤及,……。螺江之件拟托息侯带上,渠月底当北归也。……专肃,敬请道
安,不具。国维再拜。十九日。　　　——《王国维全集》第 15 卷第 534—535 页

[1] 息侯:金梁。

10 月 19 日(八月二十九日)　　随溥仪赴广化寺行礼。

　　溥仪赴广化寺行礼,那彦图、载泽、溥伦、陈宝琛、朱益藩、耆龄、宝熙随扈。
往返一小时。　　　　　　　　　　　　　——《末代帝师朱益藩》第 36 页

八月　　应鳌峰书院门生霞浦陈宝龄请,为其父陈珠琇撰墓表[1]。

陈珠琇君墓表　　　　　　　　　　　　　　　陈宝琛

　　君讳珠琇,字蕴辉。先世自同安迁浙平阳,再迁霞浦龙亭,遂为霞浦人。
考讳玉玑,为商致饶。君业儒,以孝友闻,常常周人急,里有善举,必助成之不
少吝。光绪丙戌十月初四日卒,春秋四十有八,远近莫不惜之。配刘宜人,早
世。继配朱宜人。生丈夫六,女子一,孙六人,曾孙三人。自君之卒,家政主于

朱宜人者有二十年，以勤约率其家人，而特重于课子。宝意、宝龄、宝奕，先后补弟子员，复遣宝龄贞笈鳌峰从予游。科举既罢，则徙县城，俾诸孙得肄业学堂，今莘莘趾相接矣。盖君以学行型于其家，至宜人而始张之也。以辛酉正月初二日卒，享寿八十有五。宝龄不忍没其亲，具状来请表墓，予辞以老病，而请益坚。既衰其诚，则为揭君之行谊与宜人之恒其德以诚君志者，以见昌炽之有由，亦俾世所勖焉。赐进士出身诰授光禄大夫建威将军赏戴花翎赏穿带膁貂褂太傅衔太保毓庆宫授读镇雒通家愚弟闽县陈宝琛拜撰并书。

——霞浦县陈珠琇墓碑

[1] 陈珠琇墓位于霞浦县牙城镇雉溪村马宅自然村后山坡，墓碑左镌"中华民国十一年壬戌仲秋之月"。

撰"志社"匾额，悬于福州大庙山红砖楼，俗称"诗楼"，曾是福州诗人聚集地。今福州四中校园内。

为纪周书联："纪周仁弟雅属，摄衣丈室参耆宿，放浪万里求蓬莱。壬戌八月陈宝琛，钤印。"现存漳州市云霄县博物馆。

11 月 8 日（九月二十日）　与林纾请挪海军特别费十万，购米运闽平粜。

北京电：陈宝琛、林纾请就海军特别费挪十万，在芜湖购米运闽平粜。归商会摊还。
——《申报》1922 年 11 月 8 日

11 月 9 日（九月二十一日）　陈三立七十寿辰，贺客甚多。作松图写赠，并作七绝"松图写赠伯严老弟七十双寿"，诗见《沧趣楼诗文集》第 264 页。

七十寿辰，来贺及诗祝者甚夥。……陈宝琛《松图写赠伯严世老弟七十双寿》。（《沧趣楼诗文集》页 264）

案：陈宝琛此图为上海工美拍卖有限公司 2002 年春拍作品，诗后署"写赠伯严世老弟七十双寿。壬戌大寒。宝琛。"本年大寒在十二月五日[1]，当是后来补祝。
——《陈三立年谱长编》第 1264 页

[1] 壬戌年大寒，在是年十二月初五，公历 1923 年 1 月 21 日。

11 月 10 日（九月二十二日）　五孙缋[1]生，懋复四子。

[1] 缋：号穆孙，北京大学经济系毕业，中国人民志愿军英文翻译，中国社会科学院西非洲研究室主任、副研究员、译审。见《若霖公次房景亮公直系简谱》第 20 页。

11 月 11 日（九月二十三日）　七十五岁生辰。

11 月 19 日（十月初一日）　溥仪大婚将届，授太傅[1]。

陈宝琛：授太傅；朱益藩：授少保；庄士敦：赏头品顶戴；荣源：赏穿辅国公补服；文绮：赏给御前头等侍卫。
——《溥仪文存》第 42 页

现届举行大婚典礼,允宜酌加懋赏:陈宝琛着授为太傅,朱益藩着授为太保,庄士敦着商给头品顶戴,绍英着赏加太保衔,宝熙着赏戴花翎,袁励准着赏穿戴膆貂褂,朱汝珍着赏给头品顶戴,郭曾炘着赏加太子太保衔,荣铨、奎珍均着赏给头品顶戴。钦此。宣统十四年十月初一日。

——《末代帝师朱益藩》第 38 页

[1] 去年十二月《德宗实录》告成,已加太傅衔。

11 月 22 日(十月初四日) 与朱益藩访耆龄,深谈。

陈宝琛、朱益藩访耆龄,三人深谈。 ——《末代帝师朱益藩》第 38 页

11 月 24 日(十月初六日) 内务府在临清宫寓所设晚宴,公请陈子砺、温肃、胡嗣瑗。

清室内务府在陈宝琛家设晚宴"公请"陈子砺、温肃、胡嗣瑗。

——《末代帝师朱益藩》第 38 页

11 月 28 日(十月初十日) 耆龄来访。

耆龄先后访谈陈宝琛、朱益藩。 ——《末代帝师朱益藩》第 38 页

12 月 1 日(十月十三日) 溥仪大婚,册封荣源女婉容为皇后,端恭女文绣为淑妃。林纾绘呈四镜屏,溥仪颁赐"贞不绝俗"四字。溥仪择最忠清室、卓有才干的遗老"留京备用",公荐郑孝胥、罗振玉、王国维、柯劭忞、温肃、朱汝珍等人。郑为懋勤殿行走,罗等在南书房行走。

宣统帝大婚,册封荣源女婉容为皇后,端恭女文绣为淑妃。

宣统帝大婚时,各地遗老纷来祝贺。帝乃择其最忠清室、卓有才干者,留京备用。公因荐郑孝胥在懋勤殿行走,罗振玉等在南书房行走。郑在清时,以中书舍人为丞江南,曾随使日本,督防粤边。辛亥以议铁路入都,授湘藩,未及赴任而国变作,遂筑楼沪上,以鬻书自给。与公本有世谊,素有诗酒往还。罗振玉者,字叔言,浙江上虞人,清末曾任学部参事,辛亥东渡,己未归国,在大连开设墨缘堂古玩铺,因而结识日本朝野名流,从事复辟活动。公以宣统帝时有意整理内府珍秘,而罗以鉴定名家故,荐使参加鉴定古葬器之役。他如罗之姻亲、时任清华大学教授王国维,以修《新元史》闻名之柯劭忞,丁巳任副都御史之温肃及末科榜眼之朱汝珍等,均以学术知名,足为南斋生色。

——《闽县陈公宝琛年谱》第 129—130 页

清逊帝行大婚礼。臣纾恭绘四镜屏以进。皇帝顾太傅臣陈宝琛,以臣纾十谒崇陵,忠事先皇帝,御书"贞不绝俗"四字,颁赐臣家。

——《贞文先生年谱》卷 2 第 55 页

郑孝胥是陈宝琛的同乡,在清朝做过日本神户的领事,做过一任广西边务督办。陈宝琛和庄士敦两位师傅过去都向我推崇过他。……我和郑孝胥第一次见面是在民国十二年夏天,他从盘古开天辟地一直谈到未来大清中兴,谈到高兴处眉飞色舞,唾星乱飞,说到激昂慷慨处,声泪俱下,让我大为倾倒。我立即决定让他留下,请他施展他的抱负。　　　　──《我的前半生》第 158 页

罗振玉到宫里来的时候,五十出头不多,……由于升允的推荐,也由于他的考古学名气,我接受了陈宝琛的建议,留作南书房行走,请他参加了对宫中古彝器的鉴定。和他前后不多时间来的当时的名学者,有他的姻亲王国维和以修元史闻名的柯劭忞。陈宝琛认为南书房有了这些人,颇为清室增色。当然,罗振玉在复辟活动方面的名气比他在学术上的名气更受到我的注意。

──《我的前半生》第 199─200 页

12 月 6 日(十月十八日)　与朱益藩、耆龄等筹商挽留载沣,继续"照料"宫中事务。

大婚是幼帝成年的标志,载沣拟遵祖制辞去"照料"之职,不再干预宫中事务。……陈宝琛、朱益藩、绍英、耆龄等立即筹商了挽留载沣的办法。

──《末代帝师朱益藩》第 39 页

12 月 7 日(十月十九日)　与朱益藩、耆龄共商溥仪婚后清室大计。

上午,陈宝琛、朱益藩与耆龄在宫内谈;下午,绍英、耆龄、宝熙同访陈宝琛、朱益藩,再商溥仪大婚后的清室大计。　　──《末代帝师朱益藩》第 39 页

12 月 12 日(十月二十四日)　溥仪慰留载沣。

溥仪在毓庆宫召见载沣,温语慰留,请辞"照料"之议遂息。此为陈宝琛、朱益藩、绍英、耆龄所定办法。　　　　──《末代帝师朱益藩》第 39 页

12 月 18 日(十一月初一日)　晚与那彦图、朱益藩等作射覆游戏。

那彦图、贡桑诺尔布、陈宝琛、朱益藩、耆龄等,相约当晚以射覆为戏。

──《末代帝师朱益藩》第 39 页

十一月　书联"是处园林可行乐,眼前尊酒未宜轻。壬戌仲冬陈宝琛,钤印。"曾外孙黄章谊家藏。

是年　致函二弟宝瑨。

致 陈 宝 瑨　　　　　　　　陈宝琛

仲弟青览:次媳来京,接手书又已数月,乱事未已,乡曲亦不能安居。闻弟移住靡常,近已归否? 深以为念。近日气体如何? 兄病愈一月后眠食即照常。入冬晨起上直,亦不畏寒。见者皆谓气色胜于去年。或者脏腑一经荡涤,

无所留滞，故滋养之品一无所试，无论药剂也。大婚时[1]，各省遗臣多有贡献，兄代备乾隆御铭如意一柄、沈绍安漆瓶一对[2]，大妹[3]亦进田黄图章一对，银相架一具，各赏福、寿字两方、画一幅，昨已寄回。复儿当能检呈。徵宇夏间因怀英病，自沪回寓。近闻其赴厦就道尹[4]，当有信禀。闻海程一昼夜，弟能就养否？厦属通商码头当较少风鹤，胜于省垣也。叔毅葬期是否明春？墓志写成，先交石印，恐刊就不及撝也。弟阅之何如？手此，即颂近祉！兄琛拜手。二妹[5]年内回省否？

——《历史文献·陈宝琛致弟宝瑨手札》第 14 辑第 195—196 页

[1] 1922 年溥仪大婚，12 月迎皇后入宫。

[2] 沈绍安：福州著名老店，制作手工艺品脱胎漆器，在世界博览会上多次获奖。

[3] 大妹：陈伯芬，适刘鸿寿。

[4] 怀英：陈懋鼎子，陈宝瑨孙。

[5] 二妹：陈芷芳，适台湾淡水林尔康。

邀陈衍钓鱼台，陈衍作"雪后弢庵太傅招集钓鱼台"。见《陈石遗集》第 343 页。

《铁路协会会报》1922 年 116 期刊"吴柳堂御史围炉话别图为张仲昭侍读题"，署弢庵，见《沧趣楼诗文集》第 167 页。

无锡许珏撰《复庵遗集》[1]印行，卷首刊手书"故出使义国大臣许君像赞"。

故出使义国大臣许君像赞 陈宝琛

于穆许君，谋国远图，揆度得失，献纳计谟。曰师《周官》，行人之掌，五物辨异，为书以上。天地闭革，时晦道亡，兰荪无并，陵阿是藏。悽悽硕人，扶世翼教，志瓒貌丰，惟忠惟孝。闽县陈宝琛敬题。宝琛私印。

——《复庵遗集》第 9 页

[1]《复庵遗集》：许同范等编，民国十一年铅印本。

是年文

"沥情恳请以所得恩典给曾祖父陈若霖予谥折"

——《沧趣楼诗文集》第 892 页

是年诗

黄忠端画所见古松为长卷作记七章载集中杨抟九孝廉尝携报国寺四松应天郊坛二松来京予题有诗后九年又出台东西九松属题盖先德所藏已分为二中更豪夺近始索回案诸原记尚缺包山以下三章不知落谁手矣

——《沧趣楼诗文集》第 188 页

病起赋谢克礼医师君有声沪上前岁归与欧战近来京师始与余相识岂佛家

京汉铁路工人大罢工。(2.7)

孙传芳率北军抵福州。(4.12)

孙中山通电讨伐陈炯明。(5 月)

清宫大火,大量文物被焚。(6.26)

清室裁撤宫内太监。(7.16)

日本关东大地震。溥仪以古玩赈灾。(9.1、9.8)

曹锟贿选总统。(10.5)

张勋卒。(9.12)

1 月 28 日(壬戌十二月十二日) 耆龄来访。

耆龄先后访谈朱益藩、陈宝琛。 ——《末代帝师朱益藩》第 40 页

2 月 4 日(壬戌十二月十九日) 致函二弟宝瑨。

致 陈 宝 瑨 陈宝琛

仲弟青及:昨函达。十二日恩旨计已达。觅礼应焚黄告于庙、墓,《通礼》或《吾学录》[1]均有焚黄告庙一条可斟酌行之,弟然之否?刘铁侠以刑部公手据借用岵农先生银两次,共一千二百两,托贻书来说多次,兄以未见原据为言。经贻书酌定以六万元还清。然总须验明手据。复儿归时事多,未及函致吾弟。顷渠(铁侯)来电谓据已认,催即拨款。是否已经吾弟认明笔迹?侄辈恐皆未及见,如果确实无疑,则由公款提出六万元,了此积欠。此信到家,恐已逼年,彼之中落,亦可伤也。梁内阁[2]被人攻击,党祸之烈如此,国尚可为乎?匆匆不及多赘。(侄尚在沪。)即颂岁祉!兄琛拜手,十二月十九日。

——《历史文献·陈宝琛致弟宝瑨手札》第 14 辑第 196 页

[1]《吾学录》,初编二十四卷,清吴容光撰,录丧礼、贡举、封典等礼仪。

[2] 梁内阁:1921 年 12 月至 1922 年 1 月梁士诒任内阁总理。

2 月 26 日(正月十一日) 与绍英、耆龄、朱益藩等商议加严紫禁城门禁及其他补救措施,以防溥仪随意出宫。

端康、敬懿和荣惠三位太妃，先传载沣继见溥仪，询问前一日夜间所传"溥仪携溥杰出宫不知何往"根由。此事虽属误传，却惊动了紫禁城。当晚，绍英、耆龄、宝熙进谒载沣后又约陈宝琛、朱益藩、商衍瀛小酌，商严门禁及其他补救措施，却"未得要领"。 　　　　　　　　　　　　——《末代帝师朱益藩》第 41 页

3 月 20 日（二月初四日） 翰林院编修黄彦鸿[1]卒，1925 年（乙丑）秋葬于福州城西牛头崙。作墓志铭，见《沧趣楼诗文集》第 433—435 页。

[1] 黄彦鸿，字芸淑，福建侯官人。光绪进士，翰林院编修，军机章京。黄濬（秋岳）父。

3 月 30 日（二月十四日） 派充实录馆总裁，上谢恩折，见《沧趣楼诗文集》第 893 页。

宣统十五年二月十四日，奉谕旨："陈宝琛着派充实录馆正总裁。钦此。"
　　　　　　　　　　　　——《沧趣楼诗文集》第 893 页
清室派充实录馆正总裁。 　　　——《闽县陈公宝琛年谱》第 129 页

4 月 10 日（二月二十五日） 致函张志潜。

致 张 志 潜
　　　　　　　　　　　　　　　　　　　　　　　　陈宝琛

仲昭二弟年大人足下：中旬得书，备承爱注，极感挚情。半年来医药纠缠，明知无济，此去得大解脱，洵可作亦如观。惟重幼满，前侗儿夫妇去秋已来京，不能不资其照料矣。衰朽馀生，丁此时局可忧可怖之事，有百倍于比者，不敢为此悒悒，以重友朋之忧也。春寒特甚，以阴雨时多，日来始暄晴。贱驱觕适，前月以事请假两日，上直初无间断，政客作用报纸煽谣，往往以毫无风影之事，流播远近，固知不足以惑智者，而巢燕涸鱼，危窘日甚，亦不能无将压之惧耳。复儿函欲来省，以叔毅葬期[1]少俟，若乘"宁兴"北来，日内当过沪奉谒矣。廷重弟月前来唁，匆匆返津，次日往谢不及为歉。草草奉复。即颂时祉，惟照不具。宝琛顿首。二月廿五日。 　　　　　——上海图书馆藏手稿

[1] 叔毅葬期：宝璐卒于 1913 年 1 月 13 日（壬子十二月初七日）。1923 年 3 月 14 日癸亥二月十四日始下葬。

二月 陈衍选编《近代诗钞》由上海商务印书馆出版，收公诗百馀首。
陈衍有诗"沧趣老人有亡姬之戚诗以唁之"，见《陈石遗集》第 345 页。

4 月 22 日（三月初七日） 钓鱼台修禊，到者二十馀人。

二时到钓鱼台，陈太傅别业，俗名望海楼，高宗时修建，有松柏百馀树，有亭有池，有坐落四五所，太傅领自内府，理斋、六桥、黄山、啸麓、治芗、颖人、书衡约展修禊，到者廿馀人，六时馀散。 　　——《许宝蘅日记》第 938 页

4 月 30 日（三月十五日） 耆龄来访。

牡丹开花之季，耆龄先后访谈陈宝琛和朱益藩。

　　　　　　　　　　　　　——《末代帝师朱益藩》第 41 页

5月9日（三月二十四日） 国会议员李燮阳、邓元提出取消优待清室议案，与载沣、朱益藩商议因应之方。

日前传国会议员李燮阳、邓元要求追究溥仪参与张勋复辟一事并取消优待清室条件的议案将付讨论，载沣、陈宝琛、朱益藩、绍英、耆龄、宝熙商议了因应之方。 ——《末代帝师朱益藩》第41页

三月 为林纾编《文微》[1]署签。

[1]《文微》：潜江朱氏悟园辑，甲子四月开雕，乙丑六月刊成。

5月19日（四月初四日） 郑孝胥录复汪甘卿函，并抄寄刘骧业，请刘转致公和庄士敦，论皇室善后事。

复汪甘卿书曰："得廿六日手书，备悉一一，已示一山兄。昨在翰怡处会议此事，有可着力者姑各尽力，究恐无益。大抵俟彼族催迁，皇族惟有以索还历年所欠经费为抵抗第一步，以颐和园保护难周为抵抗第二步。能于王、聂、冯三处疏通同意，则彼族驱逐之举或难实行。此为苟延之下策。至自行清理财产，乃切已[己]持久之计；今则置若不急。虽有智者，不能善其后矣。诸公愦愦如故，一旦祸发，何以处皇上！此仆所为腐心丧气者也。"录稿寄刘五原，使示弢庵及庄士敦。 ——《郑孝胥日记》第4册第1948—1949页

5月22日（四月初七日） 子懋复赏给乾清门头等侍卫。上"谢子懋复赏给乾清门头等侍卫折"。

宣统十五年四月初七日，奉谕旨："陈懋复着加恩赏，给乾清门头等侍卫。钦此。" ——《沧趣楼诗文集》第893—894页

5月30日（四月十五日） 夜招高向瀛戒坛寺看月，有诗见《沧趣楼诗文集·四月十五日夜与同颖生看月戒坛寺》第190页；高有诗赋谢。

四月，同高颖生妹婿看月戒坛寺，有诗。

——《闽县陈公宝琛年谱》第130页

弢老招为戒坛潭柘之游感赋即谢 高向瀛

间阔平生迹甚疏，看山南北每运舆。廿年腰脚输强健，四海沧桑感起居。结伴松泉天听及，是日请假一天。对谈月夜梦痕馀。莫凭游览供身世，心眼常舒胜读书。 ——《还粹集》卷三第10页

6月7日（四月二十三日） 王国维致罗振玉函，谓"访弢老"不值。

致罗振玉 王国维

雪堂先生亲家有道：顷接手书，敬悉一切。维谢恩时，奉每日进来入直之谕，子勤亦奉常常进来之谕。即出与二傅及瑞老言之，而三老均不在意，仍谓

俟温[1]到再定入直办法。午后往访戣老决此事,不值。次早因即入内,而南斋斋官监等似以此举为多事。因素无人到。告以面谕,则谓指将来言之。出神武门时遇朱师傅下轿,告以遵谕进内而同列者皆未来,不入列则违谕,入则无所事事,请示办法。朱亦谓面谕系指将来言之,现可不必进内,维即请其代奏明此事。维思面谕之意或当如朱傅所说,如仍日日往南斋,则二傅及同列间感情必大生阻隔,故自昨日后即不复往,往亦无所事事也。鸣九、子勤皆不往。专肃,敬请道安不一。国维再拜,廿三日。

——《王国维全集》第 15 卷第 546—547 页

[1] 温肃。

7 月 6 日(五月二十三日) 长子懋复向郑孝胥谈宫中失火[1],公夜二时入宫。

　　陈幾士来谈宫中灾状:火作时,上自以电话传涛贝勒,涛往勘影戏未归,乃传王怀庆。怀庆呼聂宪藩、薛之珩同入。至神武门,门者已奉谕,候怀庆至,乃启门。影戏散,涛赶入宫。英公使、意公使之夫人皆从武官以汽车来救火,彼等初疑有乱,欲以车载上出奔。戣庵入宫已二点钟。次日,王怀庆语人,极称上明断。

——《郑孝胥日记》第 4 册第 1955 页

[1] 6 月 26 日晚 9 时许,紫禁城建福宫突然起火。烧毁房屋三四百间,延寿阁、广生楼、吉云楼、凝辉楼里存放珍贵藏品全部烧毁,包括全部藏文大藏经、数千件大小金佛与金质法器等,以及嘉庆以来各国各省进贡珍宝。后经查明,此为太监偷盗宝物后放火灭迹所为,次月除各太妃各留 20 名太监外,将其馀所有太监全部驱逐赶出紫禁城。

8 月 4 日(六月二十二日) 录落花诗书折扇面,赠亲家吴郁生,落款:"次韵逊敏斋落花旧作写奉郁生亲家吟正,癸亥六月二十二日弟陈宝琛。"钤印,朱文、白文各一。(作者家藏。)

参见 1919 年 4 月 5 日。

六月 为唐文治作"唐蔚芝侍郎《十三经本》序"。见《沧趣楼诗文集》第 297—298 页。

8 月 15 日(七月初四日) 暑假期满,15 日开课。

　　北京各报刊出"清室近事志闻",清室毓庆宫行走的陈宝琛、朱益藩因暑假期满,定于 15 日早七时进内,开学授课。 ——《末代帝师朱益藩》第 41 页

8 月 19 日(七月初八日) 郑孝胥偕子郑垂来访,托向溥仪代为进呈诗扇。

　　夜,与小七同过戣庵,谈至十时,托戣庵代为进呈诗扇。

——《郑孝胥日记》第 4 册第 1959 页

8 月 20 日(七月初九日) 访郑孝胥。

弢庵来,因雨延至印书局谈久之。上命十一日入对,弢云,以是日醇王入宫,恐事冗,拟明日请改期。　　　　　　——《郑孝胥日记》第 4 册第 1960 页

8 月 21 日(七月初十日)　电话告郑孝胥,仍十一日入宫见溥仪。

午后得弢庵电话,云:"期不改"。夜,赴津田之约,坐有日参赞池部政次及海军大尉冈野俊吉。池部与弢庵甚习,居闽久,能为闽语。

——《郑孝胥日记》第 4 册第 1960 页

8 月 22 日(七月十一日)　入内晤郑孝胥与朱益藩,留郑在懋勤殿共饭。召对后,又同至同和居用饭,并至钓鱼台。

七时,以马车至神武门,入至内务府朝房,晤绍英、宝熙、耆龄、荣源,又晤弢庵及朱师傅益藩。陈、朱留余在懋勤殿共饭。午刻召对,至二时半始下。弢庵约至同和居饭。遂同至钓鱼台,有松二百馀株,亭榭胜绝;傍晚乃去。

——《郑孝胥日记》第 4 册第 1960 页

8 月 24 日(七月十三日)　立村邀与郑孝胥午饭,告郑昨日溥仪语:"郑孝胥殊不老,闻其言论,使我气壮,惜不常见。"送郑孝胥南返上海。

立村邀午饭,弢庵亦至,谈昨日上语弢庵:"郑孝胥殊不老。闻其言论,使我气壮。吾目中未尝见如此人,惜不常见耳。"弢庵、立村皆送余至车站。

——《郑孝胥日记》第 4 册第 1960 页

8 月 29 日(七月十八日)　郑孝胥由子郑垂转来诗二首。

以二诗寄弢庵,令小七转交。　　——《郑孝胥日记》第 4 册第 1961 页

七月　《学衡》1923 年第 20 期"文苑·文录"栏刊"清故资政大夫海军协都统严君墓志铭",见《沧趣楼诗文集·严君几道墓志铭》第 406 页。

9 月 7 日(七月二十七日)　郑孝胥寄来二诗。

作"钓鱼台""汤山"二诗以寄弢庵。　——《郑孝胥日记》第 4 册第 1962 页

9 月 12 日(八月初二日)　张勋卒于天津。作挽联:"矫俗矢孤行,为国忘身,一节愚忠堪不朽;埂洪翻横决,连兵穷岁,九原遗恨讵能瞑。"并为墓志铭题字,见《中华历史人物别传集》第 72 册第 112 页。

9 月 17 日(八月初七日)　陈三立长子陈衡恪[1]病卒,作挽诗七律,见《沧趣楼诗文集》第 191 页。

长子衡恪病卒于金陵散原精舍。　　——《陈三立年谱长编》第 1279 页

[1]陈衡恪:字师曾,江西义宁人,陈三立长子。

10 月 26 日(九月十七日)　郑孝胥绘松一幅贺公寿辰。

写松一幅以寄弢庵,弢庵廿三日生日,七十六岁矣。

　　　　　　　　　　　　　　——《郑孝胥日记》第 4 册第 1968 页

九月　为陈之麟[1]父贵宗作八十寿序,见《沧趣楼诗文集》第 344 页。

为堂弟宝璇[2]书曾祖陈若霖家训:"常存厚道以培家运;勿因小忿而失至亲。赠族弟竹生。文诚公遗训与竹生八弟,癸亥九月宝琛敬识。"

[1] 陈之麟:字芷汀,福建海澄人,光绪举人,襄佐建筑漳厦铁路,入民国,任福建省财政厅厅长、汇丰银行经理。

[2] 宝璇:叔父承鋆长子,号竹生,国学生,日本早稻田大学毕业。

11 月 21 日(十月十四日)　玉渊潭宴客。

陈宝琛玉渊潭宴客,朱益藩与席。　　　　——《末代帝师朱益藩》第 41 页

11 月 25 日(十月十八日)　为成多禄自订年谱撰序,见《沧趣楼诗文集·成澹堪集跋》第 316 页。《成多禄集》第 5—6 页,题识:"宣统癸亥十月十八日,闽县陈宝琛同在京师。"

12 月 8 日(十一月初一日)　溥仪传旨:溥杰、溥佳、毓崇罢伴读。

溥仪传旨,溥杰、溥佳、毓崇罢伴读,均在内廷行走。自此溥仪毓庆宫读书开始了新阶段,陈宝琛、朱益藩的教授方式随之改变。

　　　　　　　　　　　　　　——《末代帝师朱益藩》第 42 页

12 月 22 日(十一月十五日)　随溥仪赴醇王府探视其祖母刘佳氏。

溥仪携婉容和文绣出宫赴醇亲王府省视祖母刘佳氏。陈宝琛、朱益藩、耆龄等随扈。　　　　　　　　　　——《末代帝师朱益藩》第 42 页

12 月 27 日(十一月二十日)　以郑孝胥十九日函转呈溥仪。

小七来书,云十九日以沪信示弢庵,二十日弢以信呈上览。

　　　　　——《郑孝胥日记》第 4 册第 1977 页(1923 年 12 月 30 日)

12 月 31 日(十一月二十四日)　郑孝胥得郑垂函,告公来手书云:溥仪接见郑后"极致倾倒",待郑来京。郑复函"即当遵命北上"。

巳刻得小七信,弢庵手书云:"主人晤接后,极致倾倒,以为任重致远,舍是莫属。近正整顿家居,于左右举无所言,欲待驾来商榷待办,且意足下之必来。前对次君略言大意,晨间复经面谕,用特奉闻。即请行安。两恕,廿一夕。"即复曰:"顷奉手书,部署数日后即当遵命北上。将行时,先发一信乞代陈。敬请茞安。两恕,廿四日。"以快信寄去。

　　　　　　　　　　　　　　——《郑孝胥日记》第 4 册第 1977 页

冬　何振岱来京,赁居南池子,时来进谒,常以墓铭、寿序何代笔。

当时北京政府尽管各省军阀割据,政治不出国门,但社会风尚仍宴安麻木,达官要人、豪门大贾每于红白之事,遍请名流(注重前清科甲出身的遗老)撰寿、诔及墓铭之文,陈宝琛当时被认为文章司命。因此陈的笔墨生涯最为兴隆,每篇润笔500以至1000元不等,由陈并书,则加一半,并另加磨墨费一成。故昂其值,以抬高其声望。陈此时年垂80,精力就衰,不耐构思,勉强下笔,辄患失眠。陈的门下士,如举人、进士、翰林以及名士之流,车载斗量,顾陈眼界甚高,对彼曹所作的文字,都不惬意,闻何到京,喜出望外,由是捉刀之劳务,便落到了何身上了。

——《福建文史资料·故友何振岱生平事略》第19辑第212—213页

1923年后旅居申江。……居沪不久,应故人柯鸿年邀往北京课徒。时吾乡陈太傅宝琛,于先生极为器重。陈宝琛名重国中,请他写寿序、铭文等极多。此种应世文章,陈常请先生代笔。今先生的《我春室文集》中,凡注"代"者,皆先生为陈宝琛捉刀代笔之作。

——《何振岱日记·附录二·叶可羲:何梅叟先生传》第647页

亦见《文史资料选编·文化编·叶可羲:忆怀先师何振岱先生》第53页

郭曾炘父子游钓鱼台。

冬日雪后,侍文安公游钓鱼台。台为金、元名迹,今属弢庵太傅,盖董季友觞客于此。

——《郭则沄自订年谱》第58页

是年 林纾来函。

上陈太保书

林 纾

太保钧座:

纾窃览列史有化家为国者,无所谓化国为家。三国入晋,其君尚可自全;至六朝五季,一经易姓,即不堪问。南北两齐,亲支都尽,实无馀地以处寓公。我隆裕皇太后以马邓之仁,行唐虞之事,人民咸戴,故七庙无惊,而诸陵报响如故。且筹皇室经费,供奉内廷。一则圣祖仁宗厚泽在民,一亦秉政者多清室旧臣。虽夺门变生,亦未闻有移宫之议。故秘殿珍品,均尚宝藏。此特目前之安,非复久长之计。后来执政不必尽属旧人。老成终有凋谢之日,彼党人者家庭尚欲革命,则视旧君之处故宫,又岁糜巨帑,此不待问而知其必行榴剪者,如何如何。

方今总内廷出入者为世中堂。其人为太平宰相,则有馀望;力支残局,纾实未敢深信。何者皇帝既已让政,则宫庭制度不能不力加撙节;撙节之后,尚不知收局至何田地。乃闻宫中趋走小珰,尚有二千馀人。明知宫殿深严,不能不加防护，亦难保不无头须之事。且据此一端，糜费已不堪言。宫省事秘，遵照旧时故事，为数断非草野贱之所得知。

天下事逐情生，费随事广，若能省事，费胡从广。管子有言，俭则伤事，侈则伤贷。今日大政不属皇上，即崇俭，岂复伤事。所患以让政之皇家，仍遵盛时之用度，则伤贷必矣。试观今日各署薪俸至数月不发，军中欠饷索者嚣然。就此两事而观，则皇家经费实危如朝露。若不再行撙节，以为天家体制，所关不惟宝玦王孙有路隅之泣，即宫中日用宁堪问耶。当日尚有台谏可参末议，今议者何人。

我公师保之尊，本不宜与及琐事，然皇躬关系，实悬诸师保之一言。纾意宜上书皇太妃，痛陈事局之危。一切烦费痛加剷除，群奄亦分别发遣至听信与否，则我公之责已尽，亦不生后来史氏之间言。果能节缩虚糜，即返退处东周，尚堪自立，其馀变局，谁则知之。

纾猥贱馀生，本无置啄之地；顾念九世农夫，不会蹈及缧绁，此天恩也。纾又身领乡荐，既为我朝之举人，即当如孙奇逢征君，以举人终其身，不再谋仕民国。计自辛亥已后，凡九度恭谒崇陵。虽大雪弥天，而衰老之年，仍跪起丹墀之下，不敢忘敬。岂此报恩，亦自尽其犬马恋主之心而已。今日忍无可忍，故昧死上言。明知积重之势，非我公一力所能挽回；然尚有伊、朱二公皆心乎王室，若能合疏痛陈，尚有几微之望，所惜梁文忠逝矣。呜呼，节省特一末事，大局正不可知。为今日计，但求处顺安，常不至坠入窭乡，勿出禁中宝玩，向市贾易钱，以供御厨之用。此亦所以存旧时之国体。是否有当，伏乞鉴纳。临楮不胜呜咽之至。

　　　　　　　　　　　　　　　　　　　——《畏庐三集》第 31—32 页

是年文

是年诗

1924 年(甲子　民国十三年)　77 岁　北平

中国国民党在广州举行第一次代表大会,确定联俄、联共、扶助农工三大政策。(1.20—1.30)

国民政府在广州成立(7.1),国民革命军出师北伐。(7.9)

江浙军阀爆发齐卢战争。皖系卢永祥失败赴日。(9.3)

第二次直奉战争爆发,直系主力被消灭。(9.15、10.31)

冯玉祥发动北京政变,曹锟去职。(10.24)

溥仪被逐出宫,移居醇亲王府,旋入日本使馆。(11.5)

张作霖入京,冯玉祥败走,段祺瑞任临时执政。(11.24)

孙中山离粤北上。(11.13)

林纾卒,年七十三。(10.9)

1月8日(癸亥十二月初三日)　郑孝胥抵京,访郑。

十时过天津。二时半到京。叕庵来。

——《郑孝胥日记》第 4 册第 1978 页

1月9日(癸亥十二月初四日)　约郑孝胥晚饭。

叕庵约晚饭,晤耆寿民、贻书。幾士来,云明日赴沪。

——《郑孝胥日记》第 4 册第 1978 页

王国维致函罗振玉。

致 罗 振 玉　　　　　王国维

雪堂先生亲家有道:顷接快信,敬悉一切。惟时已在晚膳后,故拟于明日午后访螺江陈述此事也。素帅所见极是,想此间亦无异词,此种事内面当较对山辈为稳健也。……。专肃,敬请道安,不一。国维再拜,初四日灯下。东事甚可虑,此次不敬事件实为彼中从来所未有,即最近丽人所为,究不知真相如何。若果爆发,则世界皆受其祸矣,如何如何! 又申。

——《王国维全集》第 15 卷第 550—551 页

1月10日(癸亥十二月初五日)　访郑孝胥。王国维来访。

弢庵来。贻书来。梦旦来书，言缩印《四库全书》事，以书示弢庵，且言："此举宜由皇室发起"。

——《郑孝胥日记》第 4 册第 1978 页

1 月 11 日（癸亥十二月初六日） 邀宴郑孝胥于庆和堂，庄士敦、朱益藩同席。

奏保金梁、佟济煦、袁金凯，及发印《四库全书》。弢庵邀饭于庆和堂，庄志道士敦、朱艾卿皆在坐。

——《郑孝胥日记》第 4 册第 1978 页

1 月 12 日（癸亥十二月初七日） 邀郑孝胥晚饭，晤何振岱、刘崇佑[1]等。

遂诣弢庵晚饭，晤梅生、刘崧生、健庵、雅扶、陶庵。

——《郑孝胥日记》第 1978

[1] 刘崇佑：字厚诚，号菘生，福建侯官人，举人。日本明治法政学堂毕业。曾任福建省咨议局副议长。宣统三年，与林长民联合创办私立福建法政专门学校和福建政法专门学校附中并任董事长。该校是当时全国 3 所私立法政大学之一。

1 月 13 日（癸亥十二月初八日） 作贺成多禄六十寿辰诗。

寿成澹堪六十　　　　　　　　　　　　　陈宝琛

人海论交澹最难，十年僧舍借蒲团。一庭花木观新意，满席图书结古欢。
商略谷音诗律老，过从洛社酒杯宽。翠微拣得高栖处，且共苍松守岁寒。

——《成多禄集》第 516 页

王国维致函罗振玉。

致 罗 振 玉　　　　　　　　　　　　　王国维

雪堂先生亲家有道：前日复一书，想达左右。前函事已面陈螺江矣。高密入都，报纸谓有少府之命，而顷晤紫阳则云无之，惜访息侯不值，不能知其详也。据螺江言，高密此来全须息侯为之计划，不知究如何。……专肃，敬请道安，不一。国维再拜，腊八日灯下。 ——《王国维全集》第 15 卷第 551—552 页

[1]《王国维全集》原注，高密借指郑孝胥，紫阳借指朱益藩。息侯：金梁。王国维 1 月 9 日和 1 月 13 日两函所述应为郑孝胥被荐见溥仪之事。

1 月 14 日（癸亥十二月初九日） 与朱益藩、耆龄在宫中久谈。溥仪有意起用郑孝胥，改革宫中制度。

陈宝琛、朱益藩、耆龄在宫内久谈。此前一个时期都关心人事变动问题。溥仪有意起用郑孝胥，改革宫中机制、制度。 ——《末代帝师朱益藩》第 42 页

1 月 16 日（癸亥十二月十一日） 夜招饮郑孝胥，日公使芳泽谦吉等同席。

夜，弢庵复召饮，坐有日本芳泽公使及有野、吉田、实相寺等。

——《郑孝胥日记》第 4 册第 1979 页

王国维致函罗振玉。

致 罗 振 玉　　　　　　　　　　　王国维

　　雪堂先生亲家有道：前晚一函，想达左右。昨奉书，敬悉一切。顷阅报纸，见彼方公府秘书厅函件，剪附尊览。高密于此事已栽一大跟兜[1]，稍有人心必须自退以谢天下，加以天怒人怨，恐不久即不能站脚。日碑亦必随之而倒。故前日素意俟其自败，不必加功。维意或令心畲入城一次，面陈一切，素答如此。此甚老成之见，亦是自留馀地。窃意高密减政之策不期实行，但以掩人耳目，其大计画既败，则亦自必求去。对素言"不行则去"，素即赞之。目下急务在善后之策。元气大伤之后，外御风寒，内调肺腑，在在为难。库书一项将来只有公开一法，以免攘夺，此则高密所断送者也。专肃，即请道安。永观顿首。

[1] "高密于此事已栽一大跟兜"似指 1 月 16 日《北京日报》及《东方日报》报道议员李燮阳等因郑孝胥为内务府大臣，欲逼皇宫移宫事。日碑，西汉金日碑，此处指金梁。

——《王国维全集》第 15 卷第 552—553 页

1 月 17 日（癸亥十二月十二日）　电话告郑孝胥溥仪预备召见，入见前先来寓。

　　入内，预备召见；弢庵电话云：请先过其寓。既而绍越千来电话云："顷奉上谕，改明日。"弢留食面。　　　　——《郑孝胥日记》第 4 册第 1979 页

1 月 22 日（癸亥十二月十七日）　王国维致函罗振玉。

致 罗 振 玉　　　　　　　　　　　王国维

　　永丰先生有道：前日得手教，敬悉一切。高密视天下事太易，终必失败。而近日晤面三次，见其兴味颇豪，然反对之者亦益烈。以所传闻言之，则上次登报提案等事亦个中人所指使，而高密所得之恐嚇信亦非一次，则公墙壁之喻犹为未尽矣。高密既定二十日南归，明正上旬末再来[1]。公此次不入都甚合机宜，下旬中尚能一命驾乎？专肃，即请道安，不一。观顿首，十七日。

[1] "高密既定二十日南归，明正上旬末再来"，郑孝胥应召清理皇室产业，于癸亥年十二月初三到京。二十日返沪。　　　——《王国维全集》第 15 卷第 553—554 页

1 月 25 日（癸亥十二月二十日）　与金梁等至火车站送郑孝胥南返上海。

　　九时登火车，弢庵、息侯，楫先、昆三、小八、文虎、十五、微姊皆来站送行。

——《郑孝胥日记》第 4 册第 1980 页

2 月 3 日（癸亥十二月二十九日）　乡举重逢，清室赏给紫缰及御书"示我周行"匾额等。上谢恩折。

　　宣统十五年十二月二十九日，钦奉谕旨："内务府代奏郭曾炘等呈称耆臣乡举重逢，吁恩恩施一折，太傅陈宝琛早列词垣，入赞讲幄，辅弼勤劳，现届重

宴鹿鸣,允宜特沛恩施,以光盛典。陈宝琛著加恩,赏用紫韁,并赏给御书匾额一方,用示崇儒重道、嘉惠耆臣至意。钦此。"

——《沧趣楼诗文集·谢乡举重逢赏用紫韁并赏给御书匾额折》第 894 页

亦见《闽县陈公宝琛年谱》第 130 页

2 月 5 日(正月初一)　元旦立春,有诗书感。见《沧趣楼诗文集·甲子元日立春书感》第 193 页。

甲子新年元日立春,盖潜在难觐之事,有诗纪之。

——《闽县陈公宝琛年谱》第 130 页

2 月 14 日(正月初十日)　郑孝胥抵北京,来访。

二时至京,……访立村、博泉、弢庵。——《郑孝胥日记》第 4 册第 1983 页

2 月 15 日(正月十一日)　访郑孝胥。

弢庵来,留午饭。——《郑孝胥日记》第 4 册第 1983 页

2 月 16 日(正月十二日)　访郑孝胥,告郑已有旨派在懋勤殿行走。晚邀饮郑及罗振玉、王国维、金梁等。

弢庵来,云已有旨:着在懋勤殿行走。南书房太监朱义福录钞上谕送来。改折稿,自书之。博泉来。赴弢庵约晚饭,罗叔问、李子庚、王静安、金息侯、佟楫先皆在坐。——《郑孝胥日记》第 4 册第 1983 页

陈宝琛本来是溥仪唯一尊敬的人,自从郑孝胥当了懋勤殿行走以后,溥仪认为郑有才气,有魄力,于是把复辟地希望寄托在郑孝胥身上,认为陈宝琛迂腐不堪,过于小心谨慎,不足与图大事。与郑孝胥同时进宫的罗振玉,也是陈宝琛引进的人。……罗振玉和郑孝胥同时为陈宝琛所推荐,郑任懋勤殿行走,罗任南书房行走,……而那些王公大臣是望尘莫及的。

——《伪满宫廷杂忆》第 41 页

2 月 18 日(正月十四日)　晚偕甥刘骧业访郑孝胥。

夜,弢庵、午原来。——《郑孝胥日记》第 4 册第 1984 页

2 月 21 日(正月十七日)　日本公使芳泽谦吉约郑孝胥午饭,赠柯劭忞博士学位,公与溥增湘在座。

日本公使芳泽谦吉约午饭,日政府赠柯凤孙以博士学位,是日授以博士文凭,弢庵、傅沅叔[1]皆在座。——《郑孝胥日记》第 4 册第 1984 页

[1] 傅沅叔:傅增湘,字沅叔。见前。

2 月 22 日(正月十八日)　与郑孝胥同入宫见溥仪。

入神武门,晤弢庵,同至诗本。弢庵进见,既下,复召孝胥进见,赐观宋本

《白孔六帖》、初印《康熙字典》、皇后及淑妃小照,及王国维进呈杂著曰《观堂艺林》。恰传膳,上命侍膳,陈肴于大炕几,下接二案,设垫对坐。

——《郑孝胥日记》第 4 册第 1984 页

2 月 25 日(正月二十一日)　连日电话嘱郑孝胥,溥仪感冒,不必入宫。

　　斝庵连日电话嘱余"不必入内",云"上感冒二日,顷初愈"。……赴汪甘卿之约于志赞羲宅中,晤斝庵、瑞臣、毅夫、仲泉及三六桥、虞际唐,虞乃泰宁镇总兵,驻守东陵。　　　　　　　　　　——《郑孝胥日记》第 4 册第 1985 页

2 月 27 日(正月二十三日)　与郑孝胥在宫内久谈。赴英古斋邀约于福兴居,晤郑及袁励准、林开暮。

　　入内,与斝庵在诗本谈良久。萧新之入请诊,出云:"上感冒,头痛、微嗽。"……赴英古斋之约于福兴居,晤金拱北、袁珏生及斝庵、贻书。

——《郑孝胥日记》第 4 册第 1986 页

2 月 28 日(正月二十四日)　与郑孝胥在宫内久谈。

　　入内。闻上犹患头晕,未至前殿,命内监传旨云:"可勿来,候愈再召。"与斝庵谈良久乃出。　　　　　　——《郑孝胥日记》第 4 册第 1986 页

3 月 2 日(正月二十七日)　赵尔巽约郑孝胥于东华门清史馆,公与柯劭忞、宝熙、杨锺羲等在坐。

　　赴赵次山之约于清史馆,从乾清门外转至东华门,坐有斝庵、凤孙、瑞臣、子勤、仍珠。　　　　　　　　——《郑孝胥日记》第 4 册第 1987 页

3 月 3 日(正月二十八日)　溥仪派郑孝胥为总理内务府大臣,加恩赏戴头品顶戴,并畀以全权。载沣请删去"全权"二字,溥仪不允。载沣电话致庄士敦,并召公入宫劝说,仍未果。

　　息侯来,云:"今晨八点入内。上七点即出,已询二次。即召见,奏对约二刻。复召佟济煦入对。出逢斝庵。至板屋,内务府堂官皆在,写履历与之。闻今日必有旨下。"诣斝庵,斝出示录谕,云:"宣统十六年正月二十八日,钦奉谕旨:特派郑孝胥为总理内务府大臣,畀以全权,以资整顿。钦此"。又钦奉谕旨:"郑孝胥加恩赏戴头品顶戴。钦此。"斝云:初奉朱谕为"总理内务府全权大臣",摄政王请改,除去"全权"二字,上不允。摄政以电话致庄士敦寓中,召斝复入,乃劝移"全权"二字于下。意系荣仲泉言于上,非有"全权"不可,故上执之甚坚,庄士敦闻摄政电话召斝,顿足云:"此必沮郑之入",劝斝勿从其意。

——《郑孝胥日记》第 4 册第 1987 页

3 月 4 日(正月二十九日)　访郑孝胥,借给一品补服。约郑来晤。

弢庵来,见借一品补服。······赴弢庵之约。

——《郑孝胥日记》第 4 册第 1987—1988 页

3 月 5 日(二月初一日) 为日本使官吉田伊三郎[1]书室名。

"静远斋",吉田仁兄取诸葛忠武语名斋,属书似正。甲子二月朔日。七十七叟陈宝琛。钤印。   ——2019 年苏富比香港春拍"吉田收藏民初书法"

[1] 吉田伊三郎,日本京都人,毕业于东京帝国大学法科。1921 至 1926 年,任驻中国大使馆参事官。1926 年受命为全权公使、国际联盟会议日方代表。9.18 事变后,国际联盟组建李顿调查团,团员包括英、美、法等五国代表,吉田为日方代表,1932 年,随此团赴华调查。

3 月 6 日(二月初二日) 访郑孝胥。

弢庵来。   ——《郑孝胥日记》第 4 册第 1988 页

3 月 10 日(二月初六日) 晨访郑孝胥。

晨,弢庵来谈。   ——《郑孝胥日记》第 4 册第 1989 页

3 月 12 日(二月初五日) 访郑孝胥。

弢庵来。   ——《郑孝胥日记》第 4 册第 1989 页

3 月 24 日(二月二十日) 郑孝胥来访,遇林纾等。

过弢庵,遇琴南、楫先。   ——《郑孝胥日记》第 4 册第 1991

3 月 29 日(二月二十五日) 郑孝胥入宫,与公久谈。

入内,与弢庵谈久之。   ——《郑孝胥日记》第 4 册第 1991

4 月 2 日(二月二十九日) 郑孝胥晤公与庄士敦。

于诗本晤弢庵及庄士敦。   ——《郑孝胥日记》第 4 册第 1992

4 月 3 日(二月三十日) 访郑孝胥。

弢庵来。   ——《郑孝胥日记》第 4 册第 1992 页

4 月 5 日(三月初二日) 访郑孝胥。

弢庵、楫先来。   ——《郑孝胥日记》第 4 册第 1992 页

4 月 6 日(三月初三日) 赴三贝子园豳风堂修楔之会。

阅《甲子修禊图》,是年修禊于三贝子园豳风堂,主人为曹理斋、王书衡、郭啸麓、黄秋岳四君,题名者郑苏戡孝胥、宋铁梅小濂、樊樊山增祥、郭春榆曾炘、林贻书开誉、陈弢庵宝琛、徐敬宜鼐霖、傅沅叔增湘、朱小汀彭寿、宗□□威、林宰平学衡、何□□炤、关颖人赓麟、庄思缄蕴宽、赵剑秋椿年、陆彤士增炜、陈□□宪弼、朱定国师益藩、黄默然懋涵、罗复堪惇曧、高阆仙步瀛、关吉符霁、周泊园树模、袁珏生励准、曹缦葊经沅、邓寿暇镕、李释戡宣倜、陈仲骞任中、夏蔚如仁虎、沈砚斋瑞麟、周养庵肇祥、吴向之廷燮及余卅三人,有樊、周、何、周、四君可园分韵诗,

原藏理斋家，后流出市间，为钱井畏所得，乞啸麓补图并题词云……。

——《许宝蘅日记》第 4 册 1485 页（1946 年 12 月 24 日）

4 月 11 日（三月初八日）　佟楫先邀赴庆和堂宴请，升允、朱益藩、王国维同席。

楫先邀饭于庆和堂，升吉甫、弢庵、艾卿、寿民、王静安在座。

——《郑孝胥日记》第 4 册第 1993 页

4 月 12 日（三月初九日）　郑孝胥与绍越千同宴日人服部于东兴楼，公与朱益藩等在座。

入内，与绍越千同宴日本服部□□于东兴楼，弢庵、艾卿、寿民、珏生、仲泉皆在座。　　　　　　　　　　　　　——《郑孝胥日记》第 4 册第 1993 页

4 月 15 日（三月十二日）　访郑孝胥。

弢庵、贻书、立村、君庸来。　　　——《郑孝胥日记》第 4 册第 1994 页

4 月 17 日（三月十四日）　郑孝胥来访并午饭。

过弢庵午饭。　　　　　　　　　——《郑孝胥日记》第 4 册第 1994 页

5 月 6 日（四月初三日）　与何振岱同访崇效寺驯鸥园。

寺[崇效寺]有驯鸥园，甲子四月初三日，曾同弢老来观。

——《何振岱日记》第 6 页（1926 年 5 月 6 日丙寅三月二十五日）

5 月 7 日（四月初四日）　访郑孝胥。

弢庵来。　　　　　　　　　　　——《郑孝胥日记》第 4 册第 1998 页

5 月 9 日（四月初六日）　载沣邀与朱益藩入宫谈保存古物事。

摄政王入宫，邀陈、朱二傅至上书房谈保存古物事，惟希望彼不相逼而已。

——《郑孝胥日记》第 4 册第 1998 页

5 月 10 日（四月初七日）　入宫遇郑孝胥，郑求去，溥仪不允，说端午节后再议。

入内，于诗本逢洵贝勒及陈、朱二傅。召见，陈不能整顿之状，求去；上不许，曰：“过端午节再议此事。若即去，适坠彼等计中矣。”

——《郑孝胥日记》第 4 册第 1998 页

5 月 11 日（四月初八日）　与郑孝胥谈借款事。

赴董季友之约，弢庵言：“荣仲泉[华]为借款事颇不悦”。

——《郑孝胥日记》第 4 册第 1999 页

5 月 19 日（四月十六日）　与郑孝胥同观梅兰芳演《洛神》。

与弢庵同至开明戏院观梅兰芳演《洛神》。

——《郑孝胥日记》第 4 册第 2000 页

5 月 22 日（四月十九日） 郑孝胥以诗相示。

以诗示弢庵、寿民。 ——《郑孝胥日记》第 4 册第 2000 页

5 月 24 日（四月二十一日） 王国维致函罗振玉。

致 罗 振 玉 王国维

永丰先生有道：前晚返舍，昨改前文，至今日上午缮就。午后三时访上公，告以日碑告公之言。上公[1]始惊，谓今日当上偕庄[2]赴颐园，得非此事？出示文稿，渠谓此时无用，必疑为二叔或绍[3]、耆[4]指使。反令后日不能进言，须俟节后再看光景。又谓螺江意未动，而上意益坚，须再想法，且看今日回内与否。观因此事发生，谈半时许即出。……。专肃，即请道安，不一。观顿首，廿一日。

[1] 上公：指荣源，溥仪岳父。

[2] 庄：庄士敦。

[3] 绍：绍英，马佳氏，字越千，满洲镶黄旗人，官京师大学堂提调、度支部尚书、内务府大臣。

[4] 耆：耆龄，爱新觉罗氏，满洲正红旗人，马兰镇总兵，内务府大臣。

——《王国维全集》第 15 卷第 555—556 页

5 月 25 日（四月二十二日） 王国维致函罗振玉。

致 罗 振 玉 王国维

雪堂先生亲家有道：……今晨内直，见朱珏[1]又泣，谓欲求退，又谓事由于庄，而庄得颐差则由李愿[2]，而楫犹谓昨事庄初不与闻，恐为其所蒙蔽矣。昨日内中又将各门木栏尽行截去，门阶本稍高，则铺以土坡，欲以练习自行车，此种用意亦可窥见。朱珏与维行至乾清阶间，指示阶石一块，长至一间屋，喟然太息，言外有无限之意。大约此辈亦已有所闻，至此不必责高密诸人，不能不归咎螺江矣。刻拟往访太真[3]，或与之同往螺江所，而紫阳方在假中，今日恐未必上去，其风度真不可及也。上公前日有函致维，附上请察收。专肃，即请道安，不一。维再拜，廿二日。

[1] 朱珏，即朱义力，逊清室南书房太监。

[2] 李愿，唐朝李晟之子，此借指李鸿章之子李经迈。

[3] 太真，东晋温峤字太真，此借指温肃。

——《王国维全集》第 15 卷第 558—559 页

5 月 28 日（四月二十五日）　王国维致函罗振玉。

致 罗 振 玉　　　　　　　　　王国维

　　雪堂先生亲家有道：昨晚想与令媛等安抵津寓矣。自分手后，往紫阳处，以正请客不得见，复折而诣螺江，告以日碑之言及在禁中所闻，强聒至两小时，螺江仍辨其诬。最后乃告以此种消息宁信其有，则有备无患，既有所闻，不敢不告。螺江乃谢，然未必有觉悟也。

　　晚饭后至楫处长谈，楫亦与螺江同。最后谓日碑所言皆有理由，然不能见诸事实。想紫阳见解亦必如此，故亦不复访紫阳矣。荣[1] 处昨晚已作函致之。今晨凤老来，出示一文，甚佳，拟明日上，即令冯友为之招呼一切。最可异者，自廿一日至昨日已四日，而螺江、紫阳迄未会面，人无心肝乃至于此。螺江谈及张乾若一事，乃云彼政府中与此间关切者有此议，其款拟向英赔款中运动。然则其见解正与高密同耳。专肃，敬请道安，不一。观顿首，廿五日。

[1] 荣，指荣源。

[2] 凤，指柯劭忞。

——《王国维全集》第 15 卷第 559—560 页

5 月 29 日（四月二十六日）　王国维致函罗振玉。

致 罗 振 玉　　　　　　　　　王国维

　　雪堂先生有道：……刻楫先又来，谓螺江以去就争幸园事，又诣外傅[1] 陈说厉害，外傅自知不合，故亦有劝上之语，故决不致有他事。即节后事，邸亦允许照办，绝无他故，属函知公云云。看来风信稍平，得力恐全在外间二文。以凤[3] 之高年直前，恐当上必应感动，其坠车时，想上必闻之。其文亦有情致可通。专肃奉闻，并请告素师为感。敬请道安。观顿首，廿六日

[1] 外傅，指庄士敦。

[2] 邸，指载沣。

[3] 凤，指柯劭忞。

——《王国维全集》第 15 卷第 560—561 页

5 月 30 日（四月二十七日）　王国维致函罗振玉。

致 罗 振 玉　　　　　　　　　王国维

　　永丰先生有道：……昨晚访丹邸[1]，知虽坠车，一无所伤。面对二刻馀，温语稠叠，又谓此谣造自日碑。秘之。盖螺江已尽以观前日之语尽以上闻。并令转告津沽，谓前文因情节太长，不能加批，但出游并无此事，可令放心，郊外亦不再往。语甚切实。并谓以后有所见，不妨随时陈述，甚所乐闻。并问及素与公，

且下至观。可证螺江已尽将一切陈述。绝不似螺江之訑云。最后又问雄事甚久。可知丹邱此文,其力不亚于廿四日之文。而螺江对丹邱又斤斤自表襮,并为高密辩护,而昨令楫告观转达之言尤为荒谬,丹邱亦深鄙之。高密[2]事事卤蛮灭裂,独其批评螺江之言乃为得之。无可为善,亦不足为恶。此人以后殆不必挂诸齿颊矣。专肃,敬请道安,不一。观顿首,廿七日。

[1] 丹邱,清朝柯维桢自号小邱丹,此借指柯劭忞。

[2] 高密,指郑孝胥。

——《王国维全集》第 15 卷第 561—562 页

6 月 2 日(五月初一日) 访郑孝胥。

　　弢庵、午原来。　　　　　　　　　　——《郑孝胥日记》第 4 册第 2002 页

6 月 7 日(五月初六日) 访郑孝胥。

　　夜,雨。弢庵、楫先来。　　　　　　——《郑孝胥日记》第 4 册第 2002 页

6 月 9 日(五月初八日) 访郑孝胥。

　　弢庵来。　　　　　　　　　　　　　——《郑孝胥日记》第 4 册第 2003 页

6 月 12 日(五月十一日) 与郑孝胥夜谈。

　　夜,弢庵来谈。　　　　　　　　　　——《郑孝胥日记》第 4 册第 2003 页

6 月 18 日(五月十七日) 访郑孝胥。

　　弢庵来。　　　　　　　　　　　　　——《郑孝胥日记》第 4 册第 2004 页

6 月 20 日(五月十九日) 访郑孝胥。

　　弢庵来,言"旨将下,须具谢折"。　——《郑孝胥日记》第 4 册第 2004 页

6 月 23 日(五月二十二日) 访郑孝胥。

　　弢庵来,示王叔用、章子山、叶柏皋等公函,论郑、金求去之事。

　　　　　　　　　　　　　　　　　　　——《郑孝胥日记》第 4 册第 2004 页

6 月 26 日(五月二十五日) 访郑孝胥。

　　弢庵来。　　　　　　　　　　　　　——《郑孝胥日记》第 4 册第 2005 页

6 月 29 日(五月二十八日) 郑孝胥来访。

　　入内,未召。过弢庵。　　　　　　　——《郑孝胥日记》第 4 册第 2005 页

五月 为袁励准作"《毘陵袁氏族谱》序",见《沧趣楼诗文集》第 485 页。

7 月 14 日(六月十三日) 郑孝胥来访。

　　视弢庵,腰痛未能下床。　　　　　　——《郑孝胥日记》第 4 册第 2007 页

7 月 18 日(六月十七日) 郑孝胥、林开暮同来访,谈溥仪购汽车昨游西山。

　　与贻书同过弢庵,闻上购汽车二乘,昨游西山八大处,归过弢庵,语之曰:

"今日始睹真山耳。" ——《郑孝胥日记》第 4 册第 2007 页

7 月 23 日（六月二十二日） 郑孝胥来访。

又过弢庵，遇楫先，闻上昨又幸西山，夜九时半还宫。

——《郑孝胥日记》第 4 册第 2008 页

7 月 24 日（六月二十三日） 与林葆恒同访郑孝胥。

弢庵、子有来，以袍褂、朝珠借与子有。

——《郑孝胥日记》第 4 册第 2008 页

7 月 25 日（六月二十四日） 奏请溥仪召见陈三立。

入内，召见陈、郑、林葆恒，奏请召见陈三立，上许之。……使小七以电话语陈彦和："即日作书告伯严。" ——《郑孝胥日记》第 4 册第 2008 页

陈宝琛、郑孝胥、林葆恒于宣统召见时，奏请召见先生，宣统许之。

《郑孝胥日记》六月二十四日："……"（略，见前）

案：本年正月十日，郑孝胥至京，正月十二日被溥仪召见，正月十八日派为"总理内务府大臣"。 ——《陈三立年谱长编》第 1290 页

夏 上年十月为成多禄自订年谱撰序，成今年甲子夏作诗六首。

上陈弢庵太傅六首 成多禄

癸亥十月，病中蒙太傅往顾并题年谱稿，情意殷殷，感而欲泣，因赋长句六章。前章则写素怀，末章则兼呈畏庐老人。畏庐亦屡来视疾者也。

旧学重开日月光，甘盘风节自堂堂。天将大笔尊燕国，人以高轩识李郎。吾道呻吟皆至语，名山著作岂终藏。铁函野史埋幽井，冲斗犹生作作芒。

新赐名园地一区，画墙春水绿于湖。留将老眼看苍莽，抽得闲身入画图。名教乐随行处有，官阶崇到本朝无。我来载咏遗山句，万壑松风一酒壶。

早年严厉晚温醇，明道伊川备一身。不独门墙尽桢干，即论风骨亦天人。家山再起丹心远，帝学方成白发新。赖此诗书存一发，焚坑何处不赢秦。

辽海归来感暮天，茂陵萧瑟卧秋烟。时乖敢谓庸送误，世忘偏邀老辈怜。活到兴亡留剩泪，乞来文字补馀年。螺江序与安溪砚，一样藏箱世世传。

病榻依依似护婴，一寒一暖尽关情。华颠得此可无恨，青眼相看犹再生。古柏十围垂荫远，寒潭百尺澈心清。天怜幽草知公意，珍重斜阳一段晴。

一老争夸却聘书，文章意气近何如。思君独策荒陵塞，爱友频停曲巷车。执手与公同慰藉，偷生于我更唏嘘。艾年渐识安心法，一卷南华百虑除。

——《成多禄集》第 329—331 页

8 月 5 日（七月初五日） 郑孝胥访冯恕，公在座。

赴冯公度之约,坐有王懋轩、志赞羲、孜庵、艾卿、越千。

——《郑孝胥日记》第 4 册第 2010 页

8 月 11 日(七月十一日) 访郑孝胥,告十四日将游西山。

孜庵来,言十四将游西山。　　　——《郑孝胥日记》第 4 册第 2010 页

8 月 13 日(七月十三日) 邀郑孝胥晚饭,李子秋等在座。

孜庵邀晚饭,李子秋、林清畬、黄默园皆在座。

——《郑孝胥日记》第 4 册第 2011 页

8 月 22 日(七月二十二日) 访郑孝胥。

孜庵来。　　　　　　　　　　——《郑孝胥日记》第 4 册第 2012 页

8 月 24 日(七月二十四日) 黄彦鸿姐、丁则良[1]祖母黄太淑人卒,为作墓志铭,见《沧趣楼诗文集》第 447—448 页。

[1] 丁则良,出生北京,祖籍福建闽侯。历史学家;清华大学历史系毕业,先后执教西南联大、云南大学、清华大学和东北人民大学(今吉林大学);曾任吉林大学历史系主任、校务委员会委员。1957 年被错划右派,不甘受辱,自沉于北京大学未名湖,年仅 42 岁。著有《丁则良文集》,译著《朝鲜近代史》、《东方各国近代史》。

8 月 25 日(七月二十五日) 访郑孝胥。

孜庵来,示圆明园田亩估价清单二份。

——《郑孝胥日记》第 4 册第 2012 页

8 月 28 日(七月二十八日) 晤郑孝胥。

入内,召见,赐膳。退晤孜庵。　　——《郑孝胥日记》第 4 册第 2012 页

8 月 31 日(八月初二日) 郑孝胥来访。

过孜庵,遇林子有。　　　　　　——《郑孝胥日记》第 4 册第 2013 页

9 月 8 日(八月初十日) 访郑孝胥。

孜庵来。　　　　　　　　　　——《郑孝胥日记》第 4 册第 2014 页

9 月 13 日(八月十五日) 罗振玉托代奏乞假南书房行走。

予以中秋三日奉恩命,熟筹进退,颇有顾虑,意欲肯辞,商之升吉甫相国。相国谓义不可辞,然方寸仍不能无虑。乃先作书致螺江陈太傅,请先代奏,以京旗生计会须料理,以后拟半月在京供职,半月乞假理会事,预为日后求退地。螺江许之,乃以八日入都具折谢恩,蒙赐对、赐餐,谕京旗事不必每月请假,务留京供职,且谕令即检查审定内府古彝器。既退,谒陈、朱两傅。螺江太傅谓所托已代奏,朱傅谓南斋现已有六人,事务至简,已代为恩辞,今既入谢,以后不必案日入直,即可返津也。

——《雪堂自述》第 50—51 页

　　前学部参事罗振玉国变后举室东渡，留日本西京七年，资市易中国金石书画，与彼都豪士文人往复，获博古名。久之，或传所售类赝鼎，殊不足信。己未（1919 年）春归国，寓天津，言于皇室内务府，自愿守崇陵，请给栖止。所司因无此事例，难曲从。是年冬，师傅梁鼎芬卒，有谓振玉觊继其任，又谋值南斋，限于阶资，卒均弗果。实则振玉志在悉发内藏，立图书馆、博物馆，曾具说帖于诸师傅及内务府大臣，诸公瞿然有慢藏之恐，噤未置答，更浼前大学士升允封奏密陈，亦留中不报。　——《胡嗣瑗日记·附录二　甲子蒙难纪要》第 152 页

　　甲子（1924）八月，（罗振玉）乃拜后命，为入直南斋之殿。甫就列，立请偕（王）国维检察内府古器。旋又推袁励准及国维先同检察养心殿陈设，首选出散氏盘，觅工精拓，播传遐迩。众初疑此盘久佚，今忽重睹人间，哗然。瑰宝充牣宫中，无识与不识哆口奔相告，盗憎主人之祸，其来岂遽无因哉！

　　　　　　　　　　　　——《胡嗣瑗日记·附录二　甲子蒙难记》第 153 页

9 月 17 日（八月十九日）　溥仪召见。

　　入宫。与弢庵、仲泉同召对。　　　　——《郑孝胥日记》第 4 册第 2015 页

9 月 18 日（八月二十日）　访郑孝胥。

　　弢庵来，言恭亲王昨来京，今日午后入觐。

　　　　　　　　　　　　　　　　——《郑孝胥日记》第 4 册第 2015 页

9 月 23 日（八月二十五日）　溥仪养心殿召见，与朱益藩俱赐膳。

　　召见养心殿，与陈、朱二傅俱赐膳。　——《郑孝胥日记》第 4 册第 2016 页

八月　郭曾炘七十寿辰，撰实录馆同人序言。

　　秋八月，文安公七十生日。……是岁即于三条巷宅设戏彩之堂，略具音樽，都下名流枉赠诗文者甚多，辑为四册。实录馆同人序言为弢庵太傅所撰，而郑太夷书以隶法，文安公尤喜之。　　——《郭则沄自订年谱》第 58—59 页

9 月 29 日（九月初一日）　访郑孝胥。

　　弢庵来。　　　　　　　　　　——《郑孝胥日记》第 4 册第 2017 页

10 月 3 日（九月初五日）　访郑孝胥。

　　弢庵来。　　　　　　　　　　——《郑孝胥日记》第 4 册第 2017 页

10 月 7 日（九月初九日）　郑孝胥、曹经沅等赴西山登高，见秘魔崖宝廷、翁同龢及公题诗，已"题名狼藉"。曹经沅有诗。

　　曹纕蘅、向仲坚、杨士廉以汽车邀偕稚辛赴西山登高，……逾涧至正果寺，秘魔岩下读宝竹坡先生、翁叔平及弢庵诗，墨痕未尽，然题名狼藉，不过数年尽矣。　　　　　　　　　　——《郑孝胥日记》第 4 册第 2018 页

西山杂诗五首录一　　　　　　　　　　　　　　　　曹经沅

严复题诗抵碎金，重来拂拭费沈吟。螺江风义高当代，宿草难禁感旧心。
秘魔岩、灵光寺等处见弢师题石，皆追念宝竹坡侍郎之作也。

——《借槐庐诗集·曹经沅遗稿》第 8 页

10 月 10 日（九月十二日）　访郑孝胥。

弢庵来。　　　　　　　　　　　　　　——《郑孝胥日记》第 4 册第 2018 页

10 月 14 日（九月十八日）　林纾卒（10 月 9 日），访郑孝胥示撰挽林纾联："由
侠入儒，晚节独能怀故绛；因文见道，诸家元不废虞初。"

弢庵来，诵其挽林琴南联云"……"（略，见前）。

——《郑孝胥日记》第 4 册第 2019 页

亦见《闽侯历代楹联选》第 146 页

10 月 15 日（九月十七日）　请郑孝胥书写扇面。

弢庵以扇索录诗，并求写松。　　——《郑孝胥日记》第 4 册第 2019 页

10 月 18 日（九月二十日）　郑孝胥来，郑赠画扇。

赴弢庵之约，以画扇与之；坐中有罗君，八十五岁，未身衰。

——《郑孝胥日记》第 4 册第 2019 页

10 月 19 日（九月二十一日）　郑孝胥作贺公重宴鹿鸣诗。

弢庵先生重宴鹿鸣　　　　　　　　　　　　　　　　郑孝胥

少年高弟人争羡，佳话重提赴鹿鸣。今日老成见麟凤，晚途忠节称科名。
雪叶席上读秋榜，灵境斋中举寿觥。尽道风流胜前辈，眼前天子是门生。

甲子九月奉贺弢庵先生重宴鹿鸣。孝胥。

作弢庵重赴鹿鸣寺诗。　　　　　——《郑孝胥日记》第 4 册第 2019 页

10 月 21 日（九月二十三日）　七十七岁寿辰，适奉乡举 60 年。郑孝胥来贺。
成多禄作贺寿诗八首。

至弢庵寓拜生日。　　　　　　　——《郑孝胥日记》第 4 册第 2020 页

贺陈太傅七十七岁寿兼重宴鹿鸣八首　　　　　　　成多禄

琼楼玉宇逼高寒，八代文章重一韩。人以优龙尊苦县，天将孤凤作甘盘。
君心尚觉回天易，阅世方知再造难。九老诗歌千叟宴，一时争向画图看。

赐醴重开白兽樽，瀍闽气象杖朝尊。文成内相龙蛇笔，世有清芬驷马门。
大疏至今摇海岳，直声当日震乾坤。揭来霁月光风表，无复浑金璞玉痕！

霓裳高咏记群仙，又是长安放榜天。名字早登天宝篆，笙簧偏在迩英筵。
座中座客诗如海，门下门生雪满颠。往事成尘堪一笑，十联锦绣御屏前。

经纶转被文章掩,恩遇曾超侍从班。三晋云山持节去,两江风雨誓师还。

隋唐几见忠贞节,伊吕真堪伯仲间。晚遇艰难科第早,前身或恐是文山。

耆英水石自风流,瘦策宽鞭喜独游。百道泉声潭柘雨,一团松色戒台秋。

寻山竟忘来时路,听水如登故国楼。学佛学仙都莫问,函关老子跨青牛。

高卧东山自古今,不知人世几升沉。峻嶒颇有孤生感,萧瑟难为再起心。

不信偏安成岁月,故将绝学补高深。引年谁识天公意,要向河清际会寻。

鹤貌松心日老苍,一联巍焕仰天章。螺江字学兼欧褚,闽海诗传轶宋唐。

蕴藉平生桓沛国,峥嵘当代鲁灵光。钓鱼台下开芳宴,想见壶中日月长。

苏黄在望敢言诗?宏奖风流世岂知。卑视万流偏爱我,抗希三代自成师。

及人菽帛皆温语,出世松乔有古姿。重宴琼林应有兴,为公再进插花辞。

——《成多禄集》第 346—348 页

10 月 22 日(九月二十四日)　访郑孝胥。

弢庵来。　　　　　　　　　——《郑孝胥日记》第 4 册第 2020 页

10 月 25 日(九月二十七日)　访郑孝胥。

弢庵来。停战及吴佩孚免职令皆宣布,又以吴佩孚为青岛垦荒督办。电话、电报、火车皆复初。　　　　　——《郑孝胥日记》第 4 册第 2021 页

10 月 28 日(十月初一日)　访郑孝胥,征求保护皇宫之策,郑言请英、日协助,派兵驻神武门。

弢庵来,咨宫中保护之策;余曰:"试求英、日二国,得数十人驻神武门,足矣。"　　　　　　　　　——《郑孝胥日记》第 4 册第 2022 页

10 月 29 日(十月初二日)　晤郑孝胥。

过何梅生,晤弢庵、贞贤。　　——《郑孝胥日记》第 4 册第 2023 页

11 月 3 日(十月初七日)　鹿钟麟军围清宫[1]。日人来访,表示可出兵护卫皇宫。

[1]溥仪清宫被逐,详见以后条目。

鹿军围守行朝,与商代以警察,彼坚持不可。……乃于撤兵第一日商之陈太傅,请于上令警察随从,往谒太妃。又越日,予与陈师傅密商,谓撤兵亦至危,非速移使馆不可。议定,由陈师傅借英文师傅庄士敦汽车赴北府,迎上微行,赴使馆界。先至德国医院小憩,后至日本使馆。日本芳泽公使(谦吉)乃通电其国政府,并以电话报驻京各国使馆,公使夫人亲洒扫馆楼,并命书记官池部君(政次)常川照料。翌日,公使复遣池部君往迓皇后,鹿钟麟抗不放行,公使复亲往,乃不敢再阻。当皇上出北府时,风霾大作,官道中不辨行人,故沿路

军警皆无知者,遂得安稳出险。　　　　　　　　——《雪堂自述》第53—54页

　　日本竹本大佐往访弢庵,云:"如官中有警,可遣兵入卫。"弢庵来。

　　　　　　　　　　　　　　　——《郑孝胥日记》第4册第2025页

　　今日当先请国会议决各项应办之事,第一将宣统逐出,每年四百万两优待费取消,以二百万分于旗人以资生活,以二百万办学校、兴工厂,以图自强。

　　　　　　　　　　　——《冯玉祥日记》第1册第645页(11月3日)

　　越日,鹿钟麟即率兵入宫,逼改优待条件,迫迁乘舆,立限答复。内务府大臣绍英在内,手草复文,允移宫,馀俟派员再议。文交出,即扈驾出幸醇亲王府,后妃亦随往。鹿军露刃环视,竟莫敢谁何,为十月朔又九日。

　　　　　　　——《胡嗣瑗日记·附录　甲申蒙难记》第154页

11月5日(十月初九日)　　冯玉祥废除辛亥年所订《清室优待条件》,限时令溥仪出宫。

　　余言,步兵当急移于城外,并即日请宣统出宫,以免段芝泉来后重生枝节。

　　　　　　　　　　　——《冯玉祥日记》第1册第646页(11月4日)

　　非逐清室出宫不可,所有禁女,一律解放。

　　　　　　　　　　　——《冯玉祥日记》第1册第647页(11月5日)

　　初六召见,议幸荷兰使馆。庄士敦以为可,而避有与谋之嫌;荣源语多阴阻。上初意甚决,后亦稍顾虑,使荣告朱益藩,朱复沮之。及载涛入见,以为时机未至;万一有急,彼必能出上于险。上信之,遂辍不行。今补记于此。　　以汽车迎刘午原,同至日本兵营,晤竹本多吉,谈有顷。忽杨苏拉来报:冯军三百馀人入宫,神武门已闭,宫中消息不通。竹本询有何策,余曰,"可电至段祺瑞。"午原请兼告罗振玉,乃草二电,托竹本以日军军用电发之。过神武门,兵塞,不可入。使杨苏拉往探宫中情状。过弢庵,已出。至多竹山处小坐。绕地安门,适遇十数车出门北行,望车中似为帝后,被冯军押出禁城。驰归,得志赞羲电话,云已幸北府。杨苏拉亦来报。旋得午原自日营来电话"请即来",复诣日营,晤弢庵。顷之,朱艾卿、朱聘三、王静庵皆来,言被迫出宫之状。上云:"今日七时至八时,望设法来救。"弢庵等先去,余与竹本密谋以医生往视上,称疾移入病院,或可脱险。竹本遣副官中平常松同访村田医生。约六时半,驰至北府,上出视,初欲即行;见弢庵、泽公、忻贝子、绍越千、庄士敦、醇王、溥杰、载涛等皆在,议久之,皆沮止勿出,遂退。归,得午原电话云:"天津回电已到,云已于三时电致冯、胡、孙,沮其暴举。"五鼓,复拟电云:"天津段督办鉴:得复电,感泣。昨午后三点钟,冯军押皇上出宫,送至醇王府,派兵监禁。现在只求

自由居住，勿视同罪人，以伤忠义之气。望公再致电冯等，许上移居东交民巷，暂避意外危险。实为万幸！孝胥百叩。"天明，送竹本求代发。

——《郑孝胥日记》第 4 册第 2025—2026 页

《大公报》报道，"国务院改订优待条件，通电全国"。

各报馆均鉴：民国建国十有三年，清室仍居故宫，于原订优待条件第三条，迄未履行，致民国首都之正中，存有皇帝之遗制，实于国体民情多所抵牾。爰于十一月五日，与清室溥仪商定修订优待条件，其文曰：今因大清皇帝欲贯彻五族共和之精神，不愿违反民国之各种制度，仍存于今日，特将清室优待条件修正如左：第一条，大清皇帝从即日起，永远废除皇帝尊号，与中华民国国民在法律上享有同等一切之权利；第二条，自本条件修正后，民国政府每年补助清室家用五十万元，并特支出二百万元开办北京贫民工厂，尽先收容旗籍贫民；第三条，清室应按照原优待条件第三条，即日移出宫禁，以后得自由选择住居，但民国政府仍负保护责任；第四条，清室之宗庙、陵寝永远奉祀，由民国酌设卫兵妥为保护；第五条，清室私产归清室完全享有，民国政府当为特别保护。至一切公产应归民国政府所有。商议完毕，溥仪已于本日移出宫禁，政府亦令行地方长官妥为保护。特此电闻。国务院启。

——《大公报》1924 年 11 月 7 日

到了次日，北府的门禁突然加严，只准进，不准出。后来稍放松一点，只许陈、朱两师傅和内务府大臣出进，外国人根本不许进。这一下子，北府里的人又全慌了神，因为既然国民军不把洋人放在眼里，那就没有可保险的了。后来两个师傅分析了一下，认为历来还没有不怕洋人的当局，王正廷既向三国公使做出保证，料想他不会推翻。大家听了，觉得有理，我却仍不放心。

——《我的前半生》第 172 页

直奉战起。吴佩孚以大军出山海关，命冯玉祥将偏师出古北口。冯遂乘虚倒戈入京，幽总统曹锟，通电主和。十月九日，片面废除清室优待条件，限宣统帝即日离宫。公闻变，衣冠立神武门外，不得入。闻帝已赴醇亲王府，乃奔赴。至则北府已有冯军围守，严查出入人等，势甚险恶。未几，张作霖与冯决裂，段祺瑞复出执政。北府门前冯军撤去。势似稍缓。忽郑孝胥、罗振玉及庄士敦先后至，谓据外报载称，冯军将再次有不利于清帝之举，且事不在远。公素主稳健，本欲静以待动，至是亦以事迫，不得不从罗、郑等人之议。

——《闽县陈公宝琛年谱》第 131 页

驾临醇亲王府，诸臣闻警奔赴，孝胥亦随众入。上问："前日犹称冯玉祥向

· 695 ·

我，意不恶，何一旦变至此？"孝胥默无以对。随派贝勒载润等五人与国民军商办善后，而鹿钟麟已调兵一营围邸四周，名为保护，实监视，入见者一一受讯察，向夕即断出入。方事之亟，振玉附列国车往天津，比闻变回，上驻北府三日矣。派办善后诸员惶遽无措，太傅陈宝琛忧危甚，急切莫可与谋者。密遣其甥刘骧业往商日使馆竹本武官，称上偶违和，召日军医，偕骧业乘馆车来诊，至则拟请上微服，与该医同乘出，驻日兵营再商进止。竹本慨诺。车抵邸门外，围军睹使馆日章小旗，不敢问，得径入。适亲贵载泽等在府，力以危词尼行，醇亲王亦不允冒险，谋因不遂。

——《胡嗣瑗日记·附录二 甲子蒙难记》第 154—155 页

11 月 6 日(十月初十日) 溥仪签署《修正清室优待条约》，暂居醇亲王北府。公等欲见溥仪，不得入。

弢庵等至北府，皆不得入。 ——《郑孝胥日记》第 4 册第 2026 页

11 月 7 日(十月十一日) 与朱益藩入见溥仪。

弢庵及朱今日入见，庄士敦不得入。闻旃寺火，疑有内哄。奉天宪兵四十人入京。 ——《郑孝胥日记》第 4 册第 2026 页

昨晚段芝泉来电称，此次逐清室出宫，乃系不伦，恐不符民意。我复电曰：此次之举，除复辟馀孽之外，无不大声欢呼，务请不必过虑。

——《冯玉祥日记》第 1 册第 650 页

11 月 8 日(十月十二日) 郑孝胥来晤，以段祺瑞电托公呈溥仪。溥仪居醇王府，军警守卫，严限出入，唯公与朱益藩得入。

晤弢庵、立村、午原，以段二次来电托弢庵带呈上览。闻刘之龙已来京，冯玉祥赴天津。奉军将入京。 ——《郑孝胥日记》第 4 册第 2026 页

溥仪出宫后暂居北京十刹后海北河沿醇亲王府，大门由鹿钟麟派来的军警守卫，严限出入。据曾任清室总管内务府大臣的金梁的是日日记载："至北府，仍被阻。唯陈、朱两师傅得入，即近支皇族亦不任出入也。"

——《末代帝师朱益藩》第 43 页

11 月 9 日(十月十三日) 郑孝胥与日本池部大尉来访，欲以信鸽送入醇亲王府，公未允。

池部来。中平大尉邀过其居，即往。偕诣弢庵，欲以信鸽托送入醇府，弢有难色，遂携归。 ——《郑孝胥日记》第 4 册第 2027 页

11 月 10 日(十月十四日) 王公旧臣商讨"营救"溥仪，与载沣、朱益藩等均反对郑孝胥父子、罗振玉等建议请日军出兵，外军介入。

10 日下午,大书房内真是坐无隙地,王公和遗老旧臣们开始商讨如何积极营救溥仪的办法。郑孝胥还有他的儿子郑禹,都极力主张效申包胥哭秦廷的办法,向日本使馆请求派军队保护溥仪离开北府到东交民巷避难。郑氏父子的意见当时即遭到我父亲和载泽以及陈宝琛、朱益藩等人的反对。他们认为日军来到之后,如果和这里驻守的冯军冲突起来,不仅溥仪要受到很大的危险,还有醇王的一家也不堪设想了。郑氏父子听罢,露出很不满意的神气,不待会终,就悻悻然而去了。众人研究了许久,最后决定:大家尽一切力量分头向各方面急急营救。……就以执遗老旧臣之牛耳的陈宝琛、朱益藩来说,他们的意见大体与王公方面的相同,不主张请求外兵强把溥仪挟出北府。

——《文史资料选辑·溥佳:1924 年溥仪出宫前后琐记》第 35 辑第 258、260 页

溥仪被逐出宫之后,到北府暂时容身。以载沣为首的王公大臣们,乱成一团,一筹莫展。为溥仪出谋划策,进入日本使馆,逃往天津的主要角色,是郑孝胥与罗振玉。至于郑孝胥、罗振玉怎样成为溥仪的亲信,则完全是由于陈宝琛的引进。

——《伪满宫廷杂忆》第 38 页

访郑孝胥。

楫先来,云"昨夜诣北府,兵已减少,以警察代之。"此信不确。袁珏生来,陈仲炯来。弢庵、叔言、午原来。　　——《郑孝胥日记》第 4 册第 2027 页

11 月 11 日(十月十五日)　访郑孝胥。

弢庵来,言今日金息侯、朱聘三、胡适之入见,息侯请辞[赐]五十万,并申言自设图书馆,上嘉许之。……竹本与冯玉祥之参谋段某为友,劝令救上;段云,当细思之。　　——《郑孝胥日记》第 4 册第 2027 页

11 月 14 日(十月十八日)　郑孝胥入醇亲王府见溥仪。与内廷旧臣议联名致书张作霖求助,郑起草,公手书。

诣行在,请见。袁励准言:日医川田之友町野,今为张作霖参谋,欲摄政以书致张,求助皇室。议师傅及内廷诸臣联名致书,命孝胥起草,宝琛手书,励准持交川田,使托町野致张。……小七闻王静安云,公使团将派军队驻屯行在。

——《郑孝胥日记》第 4 册第 2027 页

金梁往醇王府觐见溥仪,再度提出他的主张……他主张立即发表宣言,使中外咸知:以民国政府给的优待岁费开办平民工厂和平民学校,连皇室"应得私产","亦当捐充教育、慈善、文化各项事业之用";"倘能发表宣言,昭示中外,使人人皆知天下为公,别无他意,然后复我自由,再谋游学,托内事于忠贞之士,图其大者远者,一旦有机,立即归国。……"对于金梁的主张溥仪是赞成

的,但载沣、陈宝琛、朱益藩坚决反对。所以,宣言未能发出。

——《末代帝师朱益藩》第 43 页

11 月 21 日(十月二十五日) 访郑孝胥。

弢庵来。……《晨报》夜出传单,云段祺瑞明日入京。

——《郑孝胥日记》第 4 册第 2028 页

11 月 22 日(十月二十六日) 邀郑孝胥等晚饭。

弢庵邀晚饭,晤梁秋水、金巩伯、刘崧生、王述勤等。

——《郑孝胥日记》第 4 册第 2028 页

11 月 23 日(十月二十七日) 访郑孝胥。

弢庵来。 ——《郑孝胥日记》第 4 册第 2028 页

11 月 24 日(十月二十八日) 段祺瑞入京执政,通知庄士敦照常前往溥仪处授课。

合肥入京后,即将醇王府之驻兵撤去,并通知英教师庄士敦君,照常前往溥仪处授课。 ——《大公报》1924 年 11 月 25,26 日

报纸列阁员名,以交通属余。多竹山、弢庵、叔言、静安、柯燕舲、冯叔莹、孙保滋、陈彦和、白坚甫等皆来。 ——《郑孝胥日记》第 4 册第 2029 页

11 月 25 日(十月二十九日) 访郑孝胥。

弢庵、叔言、静安来。 ——《郑孝胥日记》第 4 册第 2029 页

11 月 26 日(十月三十日) 访郑孝胥。

弢庵、叔言、静安、景明九来。 ——《郑孝胥日记》第 4 册第 2029 页

11 月 28 日(十一月初二日) 清室内务府致函民国内务部,不承认被迫签字的《修正清室优待条件》。见《末代帝师朱益藩》第 44 页。

11 月 29 日(十一月初三日) 与庄士敦同奉溥仪入德国医院,旋移至日使馆。

十一月三日,遂与庄士敦同奉帝暂避德国医院,立遣庄士敦赴英及荷兰使馆先容,为避居之计。庄去未返,而郑孝胥踵至。乃定避居日使馆之议。时大风暴作,黄沙蔽天,孝胥侍车几不能前,遂入日本兵营,公亦踵至。旋又移日使馆,郑后作《风异图》纪其事,公为题一绝。 ——《闽县陈公宝琛年谱》第 131 页

越十月二十五日,我敬懿皇贵太妃、荣惠皇贵太妃自宫内移驻东城兵马司大公主府。陈宝琛密启上,当诣两太妃问安,可明告段祺瑞,饬属沿路警备,如期往返,示不疑,有机庶可离危地。上许照行。守卫者亦若信无他去意,声言须就东城驻跸,赁得喜鹊胡同前祭酒盛昱意园。宝琛与英文师傅庄士敦计,借请上临视赁宅,便驰入使界,方可策安全。计定,于十一月初三日,准用庄士敦

汽车，陪上坐，醇邸令管事张文志伴宝琛车后扈。经喜鹊胡同口，不入，更南行。文志怪问，宝琛绐以南去另有宅须看。且至东交民巷，庄车疾驱东口，宝琛挥车尾随，止德国医院门外。先入语院长迪博尔，出迎上，暂息贵宾室。谕文志不还北府，文志立以来车走，欲归请邸座来速驾。当是时为假馆事，宝琛前令刘骧业往商日公使，又遣庄士敦分叩英、荷两公使。庄傅与英、荷议，难立定，骧业先返云：日公使现往俄馆商协定未回，竹本武官请上先幸兵营，俟芳泽公使归，奉迎入使馆。属无车不克即行。孝胥是午诣北府，闻驾莅东城，寻至意园不值，途遇宝琛之仆，导来德医院，因以所乘马车奉上往日使馆。至则芳泽偕夫人避正楼，扫除肃上入。是日，大风霾，昼晦，军警熟视不能辨路人，故坦行无阻。坐定，泥沙犹染御衣，芳泽云："陛下今日真蒙尘矣。"即电告其国政府，并通知驻京各国使馆，派书记官池部政次常川伺应。次日，振玉至馆，见宝琛，谀称太傅是举非预料所及，可谓功在社稷矣。宝琛愀然曰："上蒙难至是，试问社稷安在，老朽尚有功耶？"振玉面赪不答。

——《胡嗣瑗日记·附录二　甲子蒙难记》第 155 页

弢庵、叔言来。昨报载李煜瀛[1]见段祺瑞争皇室事，李怂言："法国杀路易十四，英国杀君王事尤数见。外交干涉，必无可虑。"张继出告人曰："非斩草除根，不了此事。"《平民自治歌》有曰："留宣统，真怪异，唯一汙点尚未去。"余语弢庵曰："事急矣！"乃定德国医院之策。午后，诣北府，至鼓楼，逢弢庵之马车，曰："已往苏州胡同矣。"驰至苏州胡同，无所见，余命往德国医院。登楼，唯见上及弢庵，云庄士敦已往荷兰、英吉利使馆。余定议，奉上幸日本使馆。上命余先告日人。即访竹本，告以皇帝已来。竹本白其公使芳泽，乃语余曰："请皇帝速来。"于是大风暴作，黄沙蔽天，数步外不相见。余至医院，虑汽车或不听命，议以上坐马车；又虑院前门人甚众，乃引马车至后门。一德国人持钥，从一看护妇，引上下楼，开后门，登马车。余及一僮骖乘。德医院至日使馆有二道，约里许，一自东交民巷转北，一自长安街转南。余叱御者曰"再赴日使馆！"御者利北道稍近，驱车过长安街，上惊叫曰"街有华警，何为出此！"然车已迅驰。余曰："咫尺即至。马车中安有皇帝？请上勿恐！"即转南，至河岸，复奏上曰："此为使馆界矣。"遂入日使馆，竹本、中平迎上入兵营，弢庵亦至。方车行长安街，风沙悍怒，几不能前。昏晦中入室小憩，上曰："北府人知我至医院耳，庄士敦、张文治必复往寻，宜告之。"余复至医院，摄政王、涛贝勒皆至，因与同来日馆。廷臣奔视者数人。上命余往告段祺瑞，命张文治往告张作霖。归，作函使小七往致之。入夜风定，星斗满天。大七、小七往日馆进呈果饵。日本公使芳

泽以所居大楼三间为上内寝。 ——《郑孝胥日记》第 4 册第 2030—2031 页

[1] 李煜瀛：字石曾，河北高阳人，法国巴黎大学研究生物学，参加辛亥革命，创办中法大学，组织赴法勤工俭学。李鸿藻子。

11 月 30 日(十一月初四日)　张作霖反对溥仪入日使馆。郑孝胥起草答张函交公呈览，公览后即付朱益藩，载沣、载涛等皆主从张意，先归北府，郑孝胥谓"万不可动"。内务府致函各国使节，通报"逼宫"。不承认《修正清室优待条件》。

　　上不省，且意苦使馆之拘束。庄士敦来，未数语，上复召，即至日馆。庄士敦适自张作霖寓中来，张怒庄以上适日馆，斥责甚厉，且云："他使馆犹可，何故独往日馆！"庄愤甚。上云："顷张作霖之参谋日人町野等三人来见，张问皇帝入日使馆是何意，予谕曰：当以书答之。郑孝胥可即草答。"余出，起草讫，交弢庵呈览。此时王爷、涛贝勒及廷臣来者二十许人，涛贝勒、朱艾卿皆求阅草，余语弢庵："当先呈览。"弢竟以付朱，余遂先去。摄政及涛等求上从张作霖意，再归北府；余请上万不可动。 ——《郑孝胥日记》第 4 册第 2031 页

　　清室内务府致函各国驻京公使，通报"逼宫"及不承认《修正清室优待条件》。
——《末代帝师朱益藩》第 44 页

　　上既平安出险，群不逞纵设诡谋，已苦力有难及。于是贵近诸臣，佥以当时民国优待条件，经通告各与国有案，冯玉祥此次纵兵迫毁约，去帝号，实自背立国信条，中外皆不之许，应受分现执政段祺瑞暨驻京各国公使，俾传报政府，声明决不认此片面强劫行为。得旨：内务府照办。时内务府衙门被民军封占，就后门外官房立公所，办善后。闻国民党拥孙文抵京，绍英因集议，谓孙文十年前来京，我邸座宴之那相花园，孙文演说两宫让德，宜受民国优待，上下交成其美，实世界革命史所绝无等语。为英在座所亲闻，盍趁其再来，公函请践前言，复旧约。振玉等交口赞同，先由府顾问商衍瀛属草，众不谓可，少保朱益藩另具稿，咸无异词，决伺文入京日缮发，兼馈酒食。各直省在京官绅呈争优待者，更日有所闻。孝胥顾扬言与段执政凤好，必能致其复优待，乌用是纷纷藉藉为。实缩手来尝出一策，振玉独心甚之。俄有妄人[1]，直谓今日之变，正坐存尊号耳，拥虚名，被实祸，何如自动取消，所向一无罣碍。昌言不已，竟被上闻。前侍郎陈毅闻之志〈之〉恚甚，著说力斥其诬罔，附和者稍敛迹。而都门忽有传单攻孝胥，孝胥不及辞上，一夕逸去。
——《胡嗣瑗日记·附录二　甲子蒙难记》第 156—157 页

[1] 指罗振玉。

　　乙丑(1925 年)后上元一日，与太傅陈宝琛同被召对，因闻振玉面告自消

尊号事，披沥痛言其弗可。略云：……。上云："所言极透辟，顾汝明白乃尔，代绍英草致孙文函何耶？"嗣瑗茫然未知所答，陈宝琛接言："内务府议致孙文函，为朱老师手稿，时胡嗣瑗未到，无从浼其代庖。"因述经过情况，上诒曰："罗振玉何为言是？"宝琛已闻昨争自消尊号事，遂据实奏闻。蒙温谕：嗣瑗可放心，决不受人愚弄，此去事毕速来，当仍可在此见面。感悚辞出，宝琛送出庭中立谈，虽小别，颇依依，一再遵旨速来为属。

——《胡嗣瑗日记·附录二　甲子蒙难记》第 160 页

12 月 1 日（十一月初五日）　张作霖怒溥仪入住日馆，载涛告张"皆郑（孝胥）一人之谋"。访郑孝胥。

柯凤孙及筵矜来言："昨日涛贝勒在筹备处云，张作霖怒驾幸日使馆之举，我告以皆郑一人之谋，且极言郑之奸恶。"凤孙欲同过段祺瑞，求其排解于张，余谢不往，柯遂自往谒段。弢庵来。　——《郑孝胥日记》第 4 册第 2031 页

12 月 2 日（十一月初六日）　访郑孝胥。

弢庵、叔言、静安来，叔言就此起草，拟与执政宣布逼移之状。

——《郑孝胥日记》第 4 册第 2031 页

12 月 3 日（十一月初七日）　溥仪召见。

召见，上、后并坐，与陈、庄同对。　——《郑孝胥日记》第 4 册第 2032 页

12 月 14 日（十一月十八日）　郑孝胥来函。

寄弢庵书及《行在起居规则》。　——《郑孝胥日记》第 4 册第 2033 页

12 月 21 日（十一月二十五日）　《时报图画周刊》第 231 期刊"宣统迁出清宫后之摄影"，宣统师傅聚议情形照片，右陈宝琛、中朱益藩、左庄士敦。见 1924 年 12 月 21 日《时报图画周刊》。

是年　侄懋鼎从公讲席，呈公二绝。

从伯父乞讲席所馀朱挺为读《易》之用呈二绝　　　　陈懋鼎

万卷堂中几剩残，金台客岂恋长安？两间君德存师道，永保先心一寸丹。
举宗廷献赞先臣，遗下韦编塞塞身。若问修三居士意，六经注我墨磨人。

——《槐楼诗钞》第 123 页

是年文

郭春榆掌院六十寿序　　　　　　　　——《沧趣楼诗文集》第 335 页
毗陵袁氏族谱序　　　　　　　　　　——《沧趣楼诗文集》第 485—486 页
丁母黄太淑人墓志铭　　　　　　　　——《沧趣楼诗文集》第 447—449 页

是年诗

1925 年（乙丑　民国十四年）　78 岁　北平、天津

孙中山病逝。(3.12)

溥仪由日本使馆潜入天津日租界，后入住张园。(2.24)

上海"五卅惨案"。(5.30)

广东军政府改组，中华民国政府成立，汪精卫任主席。(7.1)

1 月 17 日（甲子十一月二十三日）　郑孝胥得十五日来函，谓溥仪急于东游，而段祺瑞坚持先议定条件，并得日、英、荷使节同意。溥仪处于两难，请郑回京议决。

得弢庵十五日手书，云："日来上意急于东游，而段坚欲先将条件议定。日使亦以为言，且合英、荷二使忠告。是行至处于两难。上以此事非足下即来与之辩论议决，则行计无由定，再三命即函请。亟盼玉趾早临。公虽劳，其能已乎！孙病尚不至遽殂，张暂未归。李、孙同城，终不相下，恐即衅端。守府年命，正未可知也。"
　　　　　　　　　　　　　　　　——《郑孝胥日记》第 4 册第 2037 页

林纾去世百日，门人请拟私谥，告以"贞文"二字。

既卒之百日，门人会而私谥曰贞文。先生捐馆舍越百日，义胄谨会同门于北京城西龙泉禅院，莅者五十七人，相与追综先生生平，议尊古事拟私谥。……谥始定，按清太保陈宝琛笺复曰，"清白守节曰贞，道德博闻曰文。"……昨晤弢庵太傅，曾谈及此，弢公意以贞文二字，确当无论。
　　　　　　　　　　　　　　　　——《贞文先生年谱》卷 1 第 1 页

1 月 18 日（甲子十一月二十四日）　郑孝胥由子郑垂电复刘骧业云：事宜缓应；并函复公。

复午原电云："元、养二电，弢老函，均悉。事势转缓，宜以缓应。已函详。垂。敬。"复弢庵书，保荐柯绍忞议条件，并陈不能来京之状。
　　　　　　　　　　　　　　　　——《郑孝胥日记》第 4 册第 2037 页

1 月 22 日（甲子十一月二十八日）　郑孝胥得来电，复电，"劝稍缓"。

得弢庵"敬密"电，乃由拔可译来，再录巧电。复电云："巧电未到，顷得敬

密始悉。已函详,候复定议。劝稍缓。" ——《郑孝胥日记》第 4 册第 2038 页

1 月 24 日(正月初一日) 乙丑新年,溥仪在日使馆受贺,遗老排班行礼。郑孝胥来函。

春节。溥仪在日本驻京公使馆内受贺,遗老旧臣排班受礼。

——《末代帝师朱益藩》第 44 页

致弢庵书。 ——《郑孝胥日记》第 4 册第 2039 页

2 月 5 日(正月十三日) 溥仪二十一岁生日,接待皇室、遗老入日本使馆献礼祝贺。

昨日(五日)为溥仪二十一岁寿辰。上午八时顷,其族人及遗老等,先后至日本公使馆内庆贺、并各进如意及其他之贵重礼物多品。由陈宝琛接待,传达溥仪意旨,谓本人亦属平民,今日祇可作普通之酬应。惟因房屋狭隘,不能容集多人所有过此到来之来宾、祇能略事招待……。

——《申报》1925 年 2 月 11 日

2 月 18 日(正月二十六日) 胡嗣瑗告郑孝胥:溥仪派人持溥仪信赴东京,意欲日本邀溥仪访日,信经罗振玉润色。公事后方获悉。

昨日日本报登路透社电云:上将以阳历三月初幸日本,……。琴初谈:北京此次派陈怡仲及升吉帅之子叔秉持上致日本皇太子书赴东京,意欲使日政府即迎上赴东京,而不令芳泽知之。怡仲不敢投书。日人诘以奉上谕否,乃诡称上海、天津遗老使二代表来谢使馆之优待;不得当而返。其书乃朱品三起草,而叔蕴润色之者。怡仲将行时,弢庵乃知之。叔蕴等迎合上意,几贻笑柄如此。

——《郑孝胥日记》第 4 册第 2041 页

(罗振玉)遂密求上亲书致日本天皇,使升允子际彪赍往,并属持其父手札,分投在东故人,度能得日皇室及政府同情,芳泽乃无从作梗。苦心设计如是。上持重,未遽谕所请,第谕;际彪年事轻,虑难胜任。振玉不悟,谓陈毅遇事敢直言,丞荐毅挈际彪同去。毅则曰:"险难不敢辞,顾称上命以出,倘彼方不受,我何以为地?亲书尤不可轻用,但以沽上旧臣感其善护圣躬,推毅等代表往谢,相机以众愿上东游,微示之意,庶行否皆无伤大体。"上闻,乃听行。……而芳泽已得外省电问,愕诘陈太傅,太傅力证非上旨。毅等归,更晤谢芳使,一如在束[东]京所云,疑始冰释。

——《胡嗣瑗日记·附录二 甲子蒙难纪要》第 157—158 页

2 月 23 日(二月初一日) 溥仪自北京日本使馆移往天津日租界,入住大和旅馆,后迁入宫岛街张园。公于次日到天津。

清帝于前日晚八时乘火车赴天津,后妃亦于昨日行,日本使馆已于昨日通知政府,并有声明书发表,措辞甚浑妙,陈太傅亦追随出京。

——《许宝蘅日记》第 1054 页(2 月 25 日)

北京电:溥仪(二十三)夕八点十分出京,住津大和旅馆。妻妾今晨八点行,陈宝琛等今申行,日使馆有声明书通知政府。

——《申报》1924 年 2 月 25 日

2 月 24 日(二月初二日)　溥仪迁入张园。公亦移居天津,赁屋英租界,仍每日入园进讲,力主静以待时,戒轻动。

清帝以使馆非久居之地,用罗振玉议,由日人护送移居天津日租界内张园,园为前驻武昌第八镇统制张彪原出租作游乐场用者。公旋亦移居天津,赁屋于英租界内,仍每日入园进讲。宣统帝既移天津,以后行止颇费斟酌。公力主遵时养晦,静以待时,戒勿轻动。　　——《闽县陈公宝琛年谱》第 132 页

溥仪来津后之行动:清废帝溥仪来津,次日上午即移住日租界之张园。盖彼不习惯于旅馆之生活,随侍者有罗振玉父子。复有其妻妾及侍女四名,仆婢数名。罗氏父子形影相逐。溥仪至张园内,观园内情景,甚于快活。

——《大公报》1925 年 2 月 26 日

《大陆报》记路透电:上于初一夜四时乘汽车赴津,从者二人,仅携一篑,寓大和旅馆,不日将移居已屋。日本公使宣告:上已赴津。各报略同,且云:后初二日带行李行。陈宝琛亦以初二午后来津。

——《郑孝胥日记》第 4 册第 2042 页(2 月 25 日)

2 月 26 日(二月初四日)　电告郑孝胥:溥仪促郑来津。

得弢庵天津来电,云:“主人促来,同行。橘。”

——《郑孝胥日记》第 4 册第 2043 页

3 月 1 日(二月初七日)　郑孝胥到天津,与郑同入张园,溥仪召见。

弢庵、午原、小七自北京来。午后,复召见,与陈宝琛同对。

——《郑孝胥日记》第 4 册第 2043 页

3 月 3 日(二月初九日)　与刘骧业、郑孝胥、孝柽午饭。

弢庵、午原、稚辛在店午饭。　　——《郑孝胥日记》第 4 册第 2043 页

3 月 6 日(二月十二日)　溥仪在天津设立“行在办事处”。

溥仪传谕,即日成立天津“行在办事处”,下设总务、收支、交涉、庶务四处。

——《末代帝师朱益藩》第 45 页。

3 月 7 日(二月十三日)　郑孝胥张园见溥仪,公在。

诣在行。弢庵、楫先来。　　　　　　　　——《郑孝胥日记》第 4 册第 2044 页

3 月 8 日(二月十四日)　郑孝胥张园召对,与公同赐膳。

诣在行。召对,与陈宝琛同赐膳。　　——《郑孝胥日记》第 4 册第 2044 页

3 月 9 日(二月十五日)　与郑孝胥、刘骧业同入张园见溥仪,同赐膳。

午原来,同诣行在,谢派差恩,与陈宝琛、王乃徵、陈曾寿同赐膳。

——《郑孝胥日记》第 4 册第 2044 页

3 月 11 日(二月十七日)　随溥仪夫妇赴日本驻津领事吉田茂宅晚宴。

夜,日本吉田领事迎上及后至其宅中晚宴,宝琛、孝胥、骧业从。

——《郑孝胥日记》第 4 册第 2044 页

3 月 12 日(二月十八日)　与郑孝胥、刘骧业等同晚宴,侄懋解同席。

上感冒,未召见。与淮生、恂[洵]叔、大七同至新园浴,弢庵、午原亦来,遂同至国民店晚饭,并延凤之。　　——《郑孝胥日记》第 4 册第 2044 页

溥仪在张园会议讨论赴日事宜。

报载:逊帝溥仪近在张园,态度颇为镇静。陈宝琛、罗振玉、庄士敦、朱益藩诸人随侍左右,前日上午九时曾开会议一次,讨论:(一)决定离津赴日之行期;(二)一切用款绝不向民国政府支付分文,由各亲王及各遗老分担;(三)由某地方官员沿途照料赴日。前途三项问题业经溥仪同意,至搭轮船亦经随时指定,行动极为秘密云云。　　　　　　　——《末代帝师朱益藩》第 45 页

3 月 13 日(二月十九日)　由津至京。见 1925 年 3 月 15 日《大公报》。

3 月 14 日(二月二十日)　前日(12 日)张园御前会议再度溥仪讨论访日问题,与载沣等力持不可,行期或恐因此停顿。

报载:前晚载沣微服来津,通行者仅随仆一人,抵津后亦下榻张园。昨晨九时,师傅陈宝琛、朱益藩、庄士敦及重要遗老约十馀人齐集张园,讨论溥仪行止。当时主要分为两派:(甲)赞成溥仪离津赴日,其理由……。(乙)反对溥仪离津赴日,其理由(一)乘孙中山已逝世向政府交涉优待条件存废问题较为便利。(二)俟平政院诉讼问题解决以后。(三)出洋川资为体面不能不向民国政府追索。(四)刻下排清团体异常剧烈,天津租界亦极安全,无妨蛰伏一时再作打算。讨论结果,溥仪偏重于甲说,载沣则偏重于乙说,行期或恐因此停顿云。　　　　　　　　　　　　　　　　——《末代帝师朱益藩》第 45—46 页

3 月 17 日(二月二十三日)　郑孝胥夜来访。

夜,过弢庵谈,遇李星野[1]先生。　　——《郑孝胥日记》第 4 册第 2045 页

[1]李星野:原名邴,字星野、星冶,湖南沙京人,同治举人,天津、开封知府,入民国,北洋政

府参议院参议、安徽省长。

3 月 18 日（二月二十四日）　访郑孝胥。

弢庵来。　　　　　　　　　　　　　　　——《郑孝胥日记》第 4 册第 2045 页

二月　陈曾寿为作小窗幽幔折扇面。

陈曾寿《小窗幽幔折扇面》题识："绝绝相逢感鬓华，小窗幽幔互风沙。晚妆倭堕惊奇夜，晓梦纷纭坠绮霞。正使滔滔移节序，何妨定定住天涯。歌唇街雨平生恨，影静心苏倚此花。乙丑春二月赴行在，假榻词盦见盆中海棠感赋写奉弢庵年伯大人教。陈曾寿"　　　　　　　——《摇曳丹青》第 97 页

3 月 27 日（三月初四日）　由津至京。见 1925 年 3 月 29 日《大公报》。

4 月 1 日（三月初九日）　溥仪取消赴日之议。

流落津门之溥仪：溥仪现已打消赴日之议。其最大原因，则由于经济与外交之不顺手。溥仪身边实仅剩五六万元，到日本后非以卖古董过日不可。有几位遗老谓，在外国卖物过活，殊失体面。故极力谏阻勿行。又因陈宝琛访芳泽公使，探询溥仪万一到日，日政府如何接待。芳泽谓日皇多病，不能亲自接见，毫无表示欢迎之意。故溥仪益难成行。　——《大公报》1925 年 4 月 1 日

4 月 8 日（三月十六日）　由津至京。见 1925 年 4 月 10 日《大公报》。

4 月 16 日（三月二十四日）　由京至津。见 1925 年 4 月 17 日《大公报》，亦见 1925 年 4 月 18 日《申报》。

4 月 30 日（四月初八日）　陈衍七十寿辰，作"陈君石遗七十寿序"，见《沧趣楼诗文集》第 347 页。次年（1926 年 3 月）刊于《国学专刊》第 1 卷第 1 期创刊号，题"石遗室三兄七十寿序"。

5 月 10 日（四月十八日）　由津至京。见 1925 年 5 月 11 日《大公报》。

5 月 20 日（四月二十八日）　由京至津。见 1925 年 5 月 21 日《大公报》。亦见 1925 年 5 月 21 日《申报》。

7 月 8 日（五月十八日）　代表清室与北京民国政府代表杜锡珪谈判恢复清室优待条件。

清室与民国政府谈判恢复《清室优待条件》等问题，双方各以陈宝琛与杜锡珪[1]为代表。　　　　　　　　　　　　　——《宣统事典》第 206 页

[1] 杜锡珪：字慎臣，福建闽县人，江南水师学堂毕业，北洋政府海军总长、代理国务总理。

为实现"复号还宫"，主张与民国政府交涉，与代国务总理杜锡圭等谈判，无结果。

1927 年溥仪被逐出宫以后，就被日本驻北京公使馆接入馆内，继而又送

到天津日本租界,以"保护"为名长期豢养,就是为了时机到来加以利用。陈宝琛则主张与民国政府交涉,而实现"复号还官",为此他曾亲自出马于1926年7月间跟当时的代国务总理杜锡圭等谈判,[1]但无结果,紫禁城还是回不去。

> ——胡嗣瑗:清室驻津办事处《办事纪要》未刊手稿

转引自《社会科学战线·王庆祥:陈宝琛与伪满洲国》1996年第2期第183页

[1]据《宣统事典》,应为1925年7月8日。

7月10日(五月二十日) 晚至天津。见《申报》1925年7月12日。

为万绳栻[1]题:"万君雨求题所持扇扇合画芍药杜鹃二花",署弢庵,见《沧趣楼诗文集·李子申画芍药杜鹃便面》第195页。刊于《铁路协会会报》1925年第152—153期。

> 李直绳来,万公雨来,皆求书扇。李子申为公雨画芍药、杜鹃于便面,皇室侍从自弢庵以次皆以细字题诗,公雨复以索题,乃为书四语曰:"看到将离娄尾,不如归去斜阳。八骏瑶池命驾,相从太乙东皇。"
>
> ——《郑孝胥日记》第4册第2056页

[1]万绳栻,字公雨,号蹊园,生于江西南昌。辛亥后任江北镇守署军事处处长。曾参与张勋复辟,授内阁阁丞。

7月11日(五月二十一日) 与郑孝胥同诣张园,为溥仪进讲《纪事本末》。

> 弢庵来,同诣行在,九时召对,进讲《纪事本末》,自"秦二世元年"起,陈宝琛、胡嗣瑗皆列坐。……晚,赴郭石琴之约于意界四马路郭筱陆[1]宅中,有日本坂西、镰田二客,淮生、午原、释戡、筱陆皆在坐,弢庵先去。
>
> ——《郑孝胥日记》第4册第2056页

[1]郭筱陆:郭则沄,号啸麓(筱陆)。见前。

7月12日(五月二十二日) 郑孝胥入张园进讲,与朱益藩列坐。郑孝胥来访,晤子懋复、孙缊[1]。

> 诣行在。九时,于园内小亭召对,进讲,陈宝琛、朱益藩皆列坐,至十一时乃退。……与弢庵同车至所居福荫里,晤幾士及其子缊,年十六岁,在上海南洋公学。 ——《郑孝胥日记》第4册2056—2057页

[1]缊:长孙,懋复长子,号赓孙,福州协和大学毕业,民国政府福建省财政厅代厅长。

7月16日(五月二十六日) 与郑孝胥同入张园进讲毕,溥仪赐膳。

> 弢庵来,同诣行在。进讲毕,赐膳。 ——《郑孝胥日记》第4册第2057页

7月18日(五月二十八日) 访郑孝胥。

> 夜,弢庵来。 ——《郑孝胥日记》第4册第2057页

五月　为《梦仙诗稿续集》[1]署签。

[1]《梦仙诗稿续集》:(清)孙云撰,民国 13 年出版,铅印本。

7 月 28 日(六月初八日)　编刊《澂秋馆印存》,罗振玉题署并作序。《澂秋馆吉金图》1927 年成,亦罗振玉序。

乙丑夏,既编古彝器为《吉金图》,复集古录印为《澂秋馆印存》,以予粗明此学,命为之序。　　　　　　　　　　——《澂秋馆印存·罗振玉序》第 2 页

7 月 29 日(六月初九日)　由京至津。见 1925 年 7 月 31 日《大公报》。随溥仪赴日领事私宅晚宴。

晚,霁。日本有田领事、冈本副领事邀上及后赴其私宅夜宴,陈宝琛、郑孝胥、刘骧业从。　　　　　　　　　　——《郑孝胥日记》第 4 册第 2059 页

7 月 30 日(六月初十日)　访郑孝胥。

弢庵来。午刻,登津浦快车。　　　　——《郑孝胥日记》第 4 册第 2059 页

夏　8 月和 10 月为美国葛思德选购中文古籍[1]。

1925 年 8 月和 10 月葛思德(Guion Moore Gest,1864—1948)首次支付了两笔各 1 万美元购书经费,所购的图书是由宣统皇帝的老师陈宝琛挑选的。……1926 年 2 月 13 日,麦吉尔大学(McGill University)正式成立了葛思德中文研究图书馆,首批馆藏书共有 232 种,共计 8 千册。

——《东学西渐:北美东亚图书馆 1868—2008·

普林斯顿大学东亚图书馆和葛思德文库》第 138 页。

[1] 葛思德与义理寿(Irrin Van Gorder)与公保持联系,并受邀参加公葬礼。

9 月 1 日(七月十四日)　由京至津。见 1925 年 9 月 2 日《大公报》。访郑孝胥。

弢庵来。　　　　　　　　　　——《郑孝胥日记》第 4 册第 2062 页

9 月 2 日(七月十五日)　晤郑孝胥,谈黄贻楫事。

弢庵谈黄贻楫雯川事。　　　　——《郑孝胥日记》第 4 册第 2062 页

9 月 3 日(七月十六日)　由津至京。见 1925 年 9 月 5 日《大公报》。

9 月 12 日(七月二十五日)　昨夜来天津。

弢庵昨夜来津。　　　　　　　　——《郑孝胥日记》第 4 册第 2063 页

9 月 14 日(七月二十七日)　厦门团长张曜擅杀乡民,乡人托公等在京闽同乡,向执政府鸣冤,请求查办。

张曜被南洋华侨告发　林仲馥案已获重要嫌疑人。

厦门通信:张毅部第一师第四团团长张曜,以擅杀角尾乡民郑宝臣被人

告发,张毅下令缉捕张曜逃厦。事后角尾合乡及郑之戚党控诉于张毅。郭春坊亦由南洋三宝垄送电张毅,指张曜挟嫌杀郑,请予伸雪。同时郭并电北京闽同乡陈宝琛,托其讼之于执政府。一面通电南洋各埠,为郑鸣冤。南洋各埠华侨,亦群电北京,请查办张曜,执政府乃由秘书厅电周荫人请予澈究。

——《申报》1925 年 9 月 14 日

9 月 15 日(七月二十八日) 访郑孝胥阅祝寿文。

　　弢庵来观寿文。 ——《郑孝胥日记》第 4 册第 2063 页

9 月 16 日(七月二十九日) 郑孝胥来访。

　　过弢庵。 ——《郑孝胥日记》第 4 册第 2063 页

9 月 17 日(七月三十日) 李直绳邀在徐汀蔼家晚饭,郑孝胥、林葆恒在座。

　　李(直绳)先生邀过徐汀蔼家晚饭,坐有弢庵、子有。

——《郑孝胥日记》第 4 册第 2064 页

七月 为歙县许际唐《疑庵诗》作序,见《沧趣楼诗文集·疑庵诗序》第 486—487 页。

9 月 19 日(八月初二日) 赴张园,溥仪宴请日本司令官吉冈等,与郑孝胥在座,宴罢摄影。

　　诣行在。上宴日本司令官吉冈、小泉及渡参谋、吉田译官、陈宝琛、郑孝胥,适醇亲王自京来。是日,酒肴、器具皆华制,而略仿日本进食之式。食毕,摄影于张园。 ——《郑孝胥日记》第 4 册第 2064 页

9 月 22 日(八月初五日) 佟济熙邀忠信堂用餐,坐有郑孝胥、庄士敦、刘骧业。

　　佟楫先邀至忠信堂饭,坐惟庄士敦、弢庵、午原。

——《郑孝胥日记》第 4 册第 2064 页

9 月 24 日(八月初七日) 由津至京。见 1925 年 9 月 25 日《大公报》。

9 月 29 日(八月十二日) 约晚饭于寓所。坐有郑孝胥、陈衍、郭则沄、刘骧业、李兆珍[1]。

　　弢庵约至其寓晚饭,坐有叔伊、筱陆、午原、李星野先生。

——《郑孝胥日记》第 4 册第 2065 页

[1] 李兆珍:学名邴,字星冶(野),福建长乐人,同治举人,汝宁、开封知府,安徽巡按使,入民国,安徽省长。

9 月 30 日(八月十三日) 赴郭则沄约作诗镡,号栩楼吟集。

　　夜,赴郭啸麓之约,号"栩楼吟集",弢庵、叔伊、琴初、立之在坐,新晤刘樵

山、杨味云、任仲文：作诗钟,"年、带"第二字,漫书云"使年绛县推星历,如带
黄河载誓书。"　　　　　　　　　　　　——《郑孝胥日记》第 4 册第 2065 页

10 月 3 日(八月十六日)　赴忠信堂郑孝胥宴请。

诣行在,进讲。宴客于忠信堂,至者李星冶先生、弢庵、刘子英、林子有、郭
筱陆、淮生、钟英、恂叔。　　　　　　　——《郑孝胥日记》第 4 册第 2066 页

10 月 15 日(八月二十八日)　《申报》报道:"故宫图书馆之陈列",展出公等借
去书画底册。

故宫图书馆,内分 1 图书,2 史料两部。图书分置五处,以文渊阁(藏四库
全书)为图书部第一处;昭仁殿(藏天禄琳琅)为第二处;摛藻堂(藏四库全书荟
要)为第三处;景阳宫内御书房为第四处,(此处在内东路未开放)。以上四处
图书陈设,一仍其旧均不更动,藉存真相。其散在各宫殿之图书,均集中于寿
安宫,是为第五处。……此外朱益藩、陈宝琛、袁励准等借去不还书、画底册,
亦陈于此。坑上陈列溥仪与大陆中国、实业、盐业等银行押款合同及押物单。
官中珍贵古玩、历朝皇后金册、均已抵押。　　——《申报》1925 年 10 月 15 日

八月　冒广生来京,晤公及并林开暮、李宣龚等人,同游碧云寺、西山、香山等
京郊名胜。冒作"送弢庵太傅举家赴行在所"。

八月,先生北上,晤林诒书(名开暮)、李拔可、陈弢庵、郑稚辛(名孝柽)、吴
董卿、诸贞壮、李释戡(名宣倜)、卓芝南、君庸等人,并两两三三游碧云寺、香
山、西山、玉泉山、卧佛寺等名胜。先生作"送弢庵太傅举家赴行在所"。
　　　　　　　　　　　　　　　　——《冒鹤亭先生年谱》第 241 页

陈衍中秋后回闽,路过天津,晤公与李兆珍、郭则沄等盘桓两日。

中秋后,挈公荆眷航海归里。至津与李星冶巡使兆珍、弢庵丈、郭筱麓先
生诸人盘桓两日。夜四鼓,弢庵丈同车送登舟。
　　　　　　——《陈石遗集·侯官陈石遗先生年谱》卷 7 第 2049 页

10 月 20 日(九月初三日)　俄国人谢米诺夫欲见溥仪,公劝勿见,以免招忌。

升允为俄人白党首领谢米诺夫请见,上以询陈宝琛;陈以上方韬晦,恐招
忌,宜勿见。上重其人,欲约会于法国兵营,若不期而遇者。孝胥谓陈:"苟不
能止上勿往,不如筹一谨密之策。否则,上必密往见之;后遂不复咨谋矣。"
　　　　　　　　　　　　　　　　——《郑孝胥日记》第 4 册第 2068 页

10 月 24 日(九月初七日)　林葆恒欲其弟聘公女,求郑孝胥为媒[1]。

答访林子有,其弟将聘弢庵之女,求余为媒。
　　　　　　　　　　　　　　　　——《郑孝胥日记》第 4 册第 2069 页

[1] 八女容贞(师颂)后适林绍年子、林葆恒弟林葆锋。参见本编1910年10月23日条。

10月26日(九月初九日) 赴李律阁[1]约,林葆恒、李宣龚及侄懋解在坐。

夜,李律阁约饭,弢庵、子有、凤之、拔可皆在。

——《郑孝胥日记》第4册第2069页

[1] 李律阁:著名实业家,富商。在京有赛马场等。

10月30日(九月十三日) 王揖唐邀饭。重九日次韵郑孝胥诗,见《沧趣楼诗文集·次韵苏龛九日作》第196页。

王揖唐邀饭于百花村,坐惟陈弢庵、邓守瑕、曹纕蘅。弢庵和韵诗云:"人间何世更商声,忍死终思见太平。丛菊再开非故土,迷阳弥望奈吾行。桑田海水相更迭,蝉翼千钧有重轻。一昨澄漪亭子上,西山犹对晚松明。"

——《郑孝胥日记》第4册第2070页

11月1日(九月十五日) 赴李兆珍晚饭。

李星野先生邀晚饭,食酒蒸鲤鱼,坐惟弢庵及马□□。

——《郑孝胥日记》第4册第2070页

11月3日(九月十七日) 张乾若[1]邀晚饭,同坐朱益藩、杨锺羲、宝熙、溥侗。

张乾若邀至忠信堂晚饭,坐惟弢庵、朱艾卿、杨子勤、宝瑞臣、侗厚斋。

——《郑孝胥日记》第4册第2071页

[1] 张乾若:张国淦,字乾若,号石公,四川蒲圻县人。光绪举人,1904年授内阁中书,1906年任宪政编查馆馆员。曾任黑龙江省抚院秘书官、调查局总办、财政局会办等职。后以"参议"随唐绍仪参加南北议和,任国务院铨叙局局长、国务院秘书长、总统府秘书长、内务次长、教育总长。

11月4日(九月十八日) 与赵尔巽共同署名为盛宣怀夫人庄氏[1]作"庄氏六十寿辰公启征文"。

盛庄太夫人六十大庆征文公启

敬启者:据盛恩颐、重颐、升颐昆仲函称:"本年旧历九月十八日为家慈六十正寿庆辰,恩颐等即在沪寓敬谨称觞。循莱綵之仪文,祝萱闱之纯嘏。伏念家慈嘉言懿行,善德福缘,不徒乡里所交推,抑亦遐迩所共许。唯此平生之表现,端资文字之传扬。兹拟遍乞海内名公巨卿、耆儒硕彦,锡以介寿引年之宏著。不论诗文、联语、骈句、单辞,珠玉盈篇,琳琅耀目,但经宠饰,悉所欢迎。爰谨借重鸿名,为各界征文之举。附具事实,仰候鉴裁。倘蒙同意允行,匪唯恩颐等叨藉光荣,即家慈亦感切隆施于靡既矣"等语。同人等对于盛庄太夫人凤所钦仰,对于杏荪宫保尚书暨其世兄辈均有交情。兹值太夫人周甲悦辰,自宜作为文章导扬懿美，相应奉恩当代□云词笔，燕许文坛，摛华封三祝之忱，晋天保九如之颂。庶几锦屏张处，尽成璀璨之光华；绣幡颁来，都是吉祥文字。其为宠幸，宁有涯涘。肃此布达，敬颂台祺，诸希惠照。

（具名人赵尔巽、陈宝琛，诸公照单全列。）同人公启。

附呈事实一通。　　　　　　　　　　　　　　　　——《盛宣怀档案》

[1] 盛宣怀夫人庄氏同治丙寅九月十八日（1866 年 10 月 26 日）生，民国丁卯年八月二十五日（1937 年 9 月 27 日）卒。六十寿辰征文现系于此年。

与刘骧业夜访郑孝胥。

夜，弢庵、午原来。　　　　　　　　　　——《郑孝胥日记》第 4 册第 2071 页

11 月 6 日（九月二十日）　郑孝胥持公八女容贞[1] 年庚送林葆恒。

为弢庵持其女年庚送至林子有处。　　——《郑孝胥日记》第 4 册第 2071 页

[1] 参见本年 10 月 24 日条目。

11 月 8 日（九月二十二日）　访郑孝胥。

弢庵来。　　　　　　　　　　　　　——《郑孝胥日记》第 4 册第 2071 页

11 月 9 日（九月二十三日）　生日，成多禄作"寿陈太傅""福橘相遗"七律两首。

寿 陈 太 傅 　　　　　　　　　　　　　　　　成多禄

房州两载驻征鞍，行馆秋灯九月寒。乱世豺狼皆地上，全家鸡犬自云端。汉廷疏傅真元老，鲁殿灵光旧讲官。待得琼林重宴日，笙簧醽醁赐金銮。

——《成多禄集》第 399 页

陈太傅以福橘橄榄相遗赋此为谢 　　　　　　　　　　成多禄

甘分闽海贡馀时，穿出烽烟果亦奇。少者先尝同腊酒，老人所赐即商芝。如闻憔悴吟边颂，颇有缠绵谏后思。问讯来禽与青李，全盘消息倘能知？

——《成多禄集》第 399 页

11 月 27 日（十月十二日）　溥仪张园召见。

赴行在，召见陈宝琛、庄士敦、郑孝胥。

——《郑孝胥日记》第 4 册第 2074 页

11 月 28 日（十月十三日）　郑孝胥来访。与郑同往张园为溥仪进讲。

过弢庵。诣行在，进讲。……弢庵、楫先来。萧新之居戈登路洋楼；为庄士敦觅居，久不定，余议：请月与萧百五十元，使别觅近依行在之屋，而以戈登路楼屋居庄士敦。弢庵、楫先以此策为言，上可之。

——《郑孝胥日记》第 4 册第 2074 页

11 月 29 日(十月十四日) 往张园。胡嗣瑗和罗振玉积不相能,奉溥仪旨,与郑孝胥同往胡宅慰留。

诣行在,辍讲。罗振玉上折辞职。午后,张园来电话云:"召,来见。"即赴行在,上命往劝胡嗣瑗。胡与罗振玉不相能,故求去。即偕陈宝琛同往胡宅,传旨慰留。 ——《郑孝胥日记》第 4 册第 2074 页

11 月 30 日(十月十五日) 访郑孝胥。

弢庵来。 ——《郑孝胥日记》第 4 册第 2074 页

林长民[1]参与郭松龄反奉之役,中流弹身亡。撰挽联:"委身邪世伤非命;怀旧儒门惜此才"。见《历代闽侯楹联选》第 144 页。

[1] 林长民,字宗孟,福建闽侯人。林徽因父,林觉民兄。早稻田大学毕业,创办福建政法专门学校。辛亥后为临时参议院秘书长,参与草拟《中华民国临时约法》。参与组织共和党担任干事。曾被推为众议院议员、秘书长。1925 年 11 月 24 日,参与反奉时兵败身亡。

12 月 1 日(十月十六日) 访郑孝胥。

弢庵来。 ——《郑孝胥日记》第 4 册第 2075 页

12 月 4 日(十月十九日) 与胡嗣瑗同拟张园办事规则,由郑孝胥酌定。

弢庵、琴初拟办事规则,使余酌之。 ——《郑孝胥日记》第 4 册第 2075 页

12 月 7 日(十月二十二日) 溥仪命与郑孝胥、胡嗣瑗、刘骧业同往见日本人佃信夫。

上命陈宝琛、郑孝胥、胡嗣瑗、刘骧业同见日人佃信夫。顷之,复命入对。日本领事有田在坐,佃信夫不悦,面称上不诚意,彼不能罄其所言,遂辞退。……弢庵、午原来。 ——《郑孝胥日记》第 4 册第 2076—2077 页

12 月 9 日(十月二十四日) 日本政友会山本、加藤约晤于公宅。

诣行在。日本政友会山本、加藤约晤于弢庵宅中,谈至十一点乃去。山本为政友会总务,加藤为田中之秘书。田中将出任内阁,二子皆要人也。 ——《郑孝胥日记》第 4 册第 2077 页

12 月 11 日(十月二十六日) 询问郑孝胥溥仪支票提款事,郑答"胥不与闻"。

弢庵一日讯余曰:"闻劝上提支票不发,有之乎?"余曰:"上用款事,胥不与闻。" ——《郑孝胥日记》第 4 册第 2077 页

12 月 16 日(十一月初一日) 邀郑孝胥晚饭。

弢庵邀晚饭,晤张弧岱衫。 ——《郑孝胥日记》第 4 册第 2079 页

12 月 22 日(十一月初七日) 访郑孝胥,告直军动态。

弢庵来,云:"闻直军午前自梅厂退至北仓,午后又稍进至汉沟。"市人颇

震恐。　　　　　　　　　　　　　　　　——《郑孝胥日记》第 4 册第 2081 页

12 月 23 日（十一月初八日）　溥仪张园召见，命往询日本领事，访日有无危险；罗振玉力主溥仪访日本。

> 上召见，云："已命陈宝琛诣日领事，询其有无危险。"许鲁山来，云："罗叔言力言宜赴日本。明日将与吉甫同请对，切言之。"

　　　　　　　　　　　　　　　　　　——《郑孝胥日记》第 4 册第 2081 页

12 月 31 日（十一月十六日）　访郑孝胥。

> 弢庵来。　　　　　　　　　——《郑孝胥日记》第 4 册第 2082 页

罗振玉介绍黑龙会成员佃信夫，怂恿溥仪召见；公以为军部、黑龙会均不可信任，予以阻止。

> 我把陈宝琛、郑孝胥找来，要听听他们对这件事的看法，陈宝琛说："不管日本司令部也罢，黑龙会也罢，做事全不负责任。除了日本公使和总领事，谁的话也别听！"我考虑了一下，觉得他们的话很有道理，便不想再向总领事要求离津了。　　　　　——《我的前半生》第 239—240 页

是年文

李君石遗七十寿序　　　　　　　　——《沧趣楼诗文集》第 347 页
雷公泉理六十双寿序　　　　　　　——《沧趣楼诗文集》第 348 页
疑庵诗序　　　　　　　——《沧趣楼诗文集》第 486—487 页

是年诗

和仁先词宪海棠　　　　　　　　　——《沧趣楼诗文集》第 195 页
秦子质来津奔问因同入都　　　　　——《沧趣楼诗文集》第 195 页
李子申画芍药杜鹃便面　　　　　　——《沧趣楼诗文集》第 195 页
过张忠武宅同惜仲篪园韵　　　　　——《沧趣楼诗文集》第 195 页
次韵苏盦九日作　　　　　　　　　——《沧趣楼诗文集》第 196 页

1926 年(丙寅　民国十五年)　79 岁　天津、北平

北京临时政府改组,段祺瑞下野离京。(4.20)

蒋介石就任国民革命军总司令,誓师北伐,北伐军克复武汉,吴佩孚、孙传芳先后败退。(6.4、7.9、10.10)

张作霖组织安国军政府,就任陆海军大元帅。(6.18)

清室遗老将抵押盐业银行之故宫文物,以 140 万元售予日本大阪山中会社。(10.15)

国民政府迁都武昌。(12.7)

张謇卒,年七十六。曾习经卒,年六十。

1 月 3 日(乙丑十一月十九日)　郑孝胥约明日忠信堂晚饭。

约弢庵明日忠信堂晚饭。　　　　　——《郑孝胥日记》第 4 册第 2083 页

1 月 4 日(乙丑十一月二十日)　郑孝胥忠信堂宴请,林葆恒、郭则沄、侄懋解在坐。

夜,宴弢庵、子有、啸麓、淮生、夙之、恂叔于忠信堂。

　　　　　　　　　　　　　　　——《郑孝胥日记》第 4 册第 2083 页

1 月 8 日(乙丑十一月二十四日)　郑孝胥醉春楼宴请。

夜,宴星野先生、弢庵、刘墨犀、王允恭、陈淮生于醉春楼。

　　　　　　　　　　　　　　　——《郑孝胥日记》第 4 册第 2083 页

1 月 9 日(乙丑十一月二十五日)　邀郑孝胥晚饭。

弢庵邀晚饭。　　　　　——《郑孝胥日记》第 4 册第 2083 页

1 月 14 日(乙丑十二月初一日)　溥仪来函问候。

致 陈 宝 琛　　　　　　　　　　　　　　　　溥 仪

敬问陈师傅安好。久未晤面,极为想念。近日天气骤寒,外间感冒甚多,尚祈时加珍摄,以慰余怀。京都各事如何?亟念。几时返津?尚望函复。朱艾卿师傅处望致意。乙丑十二月一日书。　　　——《溥仪文存》第 71 页

1 月 15 日(十二月初二日)　致函二妹陈芷芳[1]。

致 陈 芷 芳　　　　　　　　　　　　　　陈宝琛

　　二妹青览：久不通问，远念兴居，时以佳胜为颂。兄在津又将一年，世局纷纭，迄未大定，兄不能归，仲弟与吾妹何时可以团聚，思之惘然。闽垣景日萧索，而台穀丰收，日币腾贵，潭府一时尚可侨居，但生意万不可做。闻芷汀、鉴侯皆经亏折，文甥官债一案，有无着落，日使屡以西原借款为言，不知曾附入否，各报宣传收回租界，而厦友来函又以叔臧之子谋收鼓浪屿为不顺舆情者，究竟如何。天津比界本无建筑，故借之以发端，此当事者手段也。复儿来此半年，岁暮须归。草草即讯颐祉。兄琛拜手，腊月二日。——上海图书馆藏手稿

[1] 承裘次女芷芳，适台湾板桥林尔康。

1 月 29 日（乙丑十二月十六日） 溥仪张园召见。邀约郑孝胥晚饭。

　　见肖丙炎、郑孝胥、陈宝琛、庄士敦。

　　　　　　　　　　　　　　　——《溥仪日记全本·召见日记簿》第 109 页

　　弢庵约晚饭。　　　　　　　　——《郑孝胥日记》第 4 册第 2085 页

1 月 30 日（乙丑十二月十七日） 溥仪张园召见。

　　见肖丙炎、郑孝胥、胡嗣瑗、济煦、陈宝琛、庄士敦。

　　　　　　　　　　　　　　　——《溥仪日记全本·召见日记簿》第 109 页

2 月 1 日（乙丑十二月十九日） 郑孝胥忠信堂宴请。

　　夜，宴客于忠信堂，至者李先生、弢庵、春榆、子英、墨犀、子有、啸麓、午原、子长。　　　　　　　　　　　——《郑孝胥日记》第 4 册第 2086 页

2 月 3 日（乙丑十二月二十一日） 溥仪张园召见。

　　见肖丙炎、佟成海、陈宝琛、朱益藩。

　　　　　　　　　　　　　　　——《溥仪日记全本·召见日记簿》第 109 页

2 月 4 日（乙丑十二月二十二日） 溥仪张园召见。

　　见肖丙炎、哈锐川、陈宝琛、朱益藩。

　　　　　　　　　　　　　　　——《溥仪日记全本·召见日记簿》第 109 页

2 月 5 日（乙丑十二月二十三日） 溥仪张园召见。

　　见陈宝琛、朱益藩。　　——《溥仪日记全本·召见日记簿》第 109 页

2 月 6 日（乙丑十二月二十四日） 溥仪张园召见。

　　见肖丙炎、陈宝琛。　　——《溥仪日记全本·召见日记簿》第 109 页

2 月 9 日（乙丑十二月二十七日） 溥仪张园召见。

　　见肖丙炎、陈宝琛。　　——《溥仪日记全本·召见日记簿》第 109 页

2 月 11 日（乙丑十二月二十九日） 溥仪张园召见。邀郑孝胥晚饭。

见肖丙炎、郑孝胥、陈宝琛、郭曾炘、庄士敦。

——《溥仪日记全本·召见日记簿》第 109 页

戣庵邀晚饭。　　　　　　　　　——《郑孝胥日记》第 4 册第 2087 页

2 月 12 日（乙丑十二月三十日）　溥仪张园召见。

见溥杰、毓峻、肖丙炎、郑孝胥、陈毅、济煦、庄士敦、铁良、袁大化、陈宝琛、刘骧业、荣源、润良、有田总领事、佐分利。

——《溥仪日记全本·召见日记簿》第 109 页

2 月 13 日（正月初一日）　丙寅元日,致函二弟宝瑨。

致陈宝瑨
陈宝琛

元旦开笔,我两人同增一岁矣。去春函来,连闰十三月,竟未作复。兄之懒,且甚于弟。犹幸一年中所为,与弟宗旨都不相悖。至战端将开,嘱东渡者益日抬,但江东一党至是而升而恭,皆以见机而作,不俟终日相责,幸公为其所存,始终安居张园。园为张彪之园,在日界。日界保护居民,视他界为周密,而上曾于前数岁赈其地震灾,为款颇巨,甚为所感[1]。故出宫时日使馆亦乐于容纳也[2]。圣躬近甚发达,报纸常登其多病,甚至谓为肺病,纯是讹谣,偶有感冒,亦即旋愈。近出水珠[3],未匝旬即平复。此间冬燠无雪,水珠亦是温气蕴结发出。春间可免他病矣。兄眠食如旧,惟拜跪诸欠自然,血不荣筋所致,然亦不敢浪服补药,恐转有损。自七月移居天津,楼阶上下,日辄四五次,藉以实下。时或微喘以气管有痰也。此外视前尚无所减。夜睡五六小时。向无午睡。所差胜者,犹能作细楷耳。咸侄来时[4],谓弟尚入城为愉女看病,精力不衰,但体丰硕过于兄,故稍苶哉。我两人置顾皆八十,寿考皆逾於先世三传,殊不自意及此。幸各颐养,以为相见地也。时局不至剥极,无望复来。目下日归于赤化。此劫恐在所必历,亦断不能久。我辈留命以俟之耳。在此两三日,必与凤之夫妇相见[5],其家规整肃,儿女均聪谨可喜。两年来负弟相伐之托,亦以未遇佳子弟。故不知里中有议者否。念念。专此顺颂新釐！兄琛拜手。儿女随叩。

——《历史文献·陈宝琛致弟宝瑨手札》第 14 辑第 196—197 页

[1] 日本关东地震,溥仪曾捐款振济。

[2] 1924 年冯玉祥废除清室优待条件,限溥仪即日离宫。溥仪乃入日本使馆避居。

[3] 水珠：天花。

[4] 咸侄：陈懋咸,三弟宝璐次子。

[5] 凤之夫妇：凤之。侄懋解字,夫人李氏,陈衍(石遗)妹,见前。

2 月 14 日（正月初二日）　溥仪张园召见。

见肖丙炎、郑孝胥、赵月修、济煦、谢介石、陈宝琛、乐泰、载涛、载泽、载润、溥侗溥忻、溥佳、宝熙、耆龄、衡永。

——《溥仪日记全本·召见日记簿》第 109 页

2 月 15 日(正月初三日)　成多禄新年作诗寄怀,次韵和之。见《沧趣楼诗文集·次韵澹庵新正见怀》第 197 页。

正月,成澹庵[堪](多禄)有诗见怀,次韵和之。

——《闽县陈公宝琛年谱》第 132 页

新年三日寄怀陈弢庵太傅　　　　成多禄

巢燕依然恋帝阍,桥鹏久未听天津。偶逢正朔初三日,苦忆中朝第一人。芝草引年终为汉,桃花避地不知秦。銮舆预计宜回狩,鸿渚公归或此春。

——《成多禄集》第 412 页

2 月 16 日(正月初四日)　王揖唐、曹经沅锦江村宴请,郑孝胥、胡嗣瑗、阚铎[1]在坐。

与胡琴初同赴楫唐、缦葊之约于锦江村,弢庵及阚霍初俱在作坐。

——《郑孝胥日记》第 4 册第 2088 页

[1] 阚铎:字霍初,号天水,安徽合肥人,日本东亚铁路学校毕业,北洋政府交通部秘书临时参政院参政院参政,"九一八"事变后伪满奉天铁路局局长。

2 月 18 日(正月初六日)　溥仪张园召见。

见肖丙炎、迟云鹏、陈宝琛、济煦。

——《溥仪日记全本·召见日记簿》第 110 页

2 月 19 日(正月初七日)　人日,作"人日栩楼吟集分韵得瑞字并呈匏庵",见《沧趣楼诗文集》第 198 页。

2 月 20 日(正月初八日)　溥仪张园召见。

见肖丙炎、佟成海、郑孝胥、陈宝琛。

——《溥仪日记全本·召见日记簿》第 110 页

2 月 22 日(正月初十日)　溥仪张园召见。

见肖丙炎、郑孝胥、陈宝琛、王国维。

——《溥仪日记全本·召见日记簿》第 110 页

2 月 26 日(正月十四日)　溥仪张园召见。

见溥杰、荣源、恒煦、肖丙炎、载涛、郑孝胥、徐良、陈宝琛、日本司令部付官长汤浅政雄、吉田通太郎、谢介石。——《溥仪日记全本·召见日记簿》第 111 页

2 月 27 日(正月十五日)　溥仪张园召见。

见溥杰、肖丙炎、刘骧业、陈宝琛。

——《溥仪日记全本·召见日记簿》第 111 页

2 月 28 日(正月十六日) 溥仪张园召见。

见肖丙炎、刘骧业、陈宝琛、吉田通太郎、川岛浪速[1]。

——《溥仪日记全本·召见日记簿》第 111 页

[1] 川岛浪速,别号风外山人,长野县松本人。川岛芳子养父。1882 年入东京外国语学校专修汉语。1886 年来中国,于上海、东北等地搜集情报,策动满蒙独立运动。曾参与谋刺张作霖。著有《对华管见》。

3 月 2 日(正月十八日) 溥仪张园召见。

见肖丙炎、郑孝胥、荒木五郎、陈宝琛。

——《溥仪日记全本·召见日记簿》第 111 页

3 月 3 日(正月十九日) 溥仪张园召见。

见肖丙炎、济煦、郑孝胥、铁良、陈宝琛、庄士敦。

——《溥仪日记全本·召见日记簿》第 111 页

3 月 4 日(正月二十日) 溥仪张园召见。

见肖丙炎、济煦、陈宝琛、谢介石、陈懋解。

——《溥仪日记全本·召见日记簿》第 111 页

日本正金银行北京支行经理为处理钓鱼台财产虚假抵押事,致函总经理室东洋课。

宣统皇帝老师陈宝琛从废帝取得之别墅,因原系皇室所有,恐在国民党当政期间有被没收之虞,曾于去年年底,由其女婿台湾之林熊祥,亲自来本店恳求将陈氏财产伪装已交本店充作贷款抵押。本店因原本不愿予以办理,乃对之婉言拒绝。据称,之后他又通过芳泽公使同小田切董事谈及此事。后来,由于陈氏为搜集有关(房地照等)契据而有所拖延。以致时隔很久未再次向本店提出申请。小田切董事对此亦几乎有所遗忘。但于昨日他竟又旧话重提,本店托词周旋说:"万一此种招法可行,亦需请公使助一臂之力,始能有望,且本店如无公使馆委托,碍难转请总行核示。"之后经公使馆有野翻译官同芳泽公使商量后,要本店务必将此事报请贵课核示。

对该翻译官于去年 12 月曾要求本店可否按对朗贝勒家所办之(虚假抵押)贷款同样予以解决一事时作答说:"因朗贝勒乃系与公使馆有关系人员之一,又系本店之较大额储户,故此当时始予应允。其后,虽曾有提出同样申请者,已均被一一拒绝。陈氏虽与本店有个人交谊,但因其存款往来无几,究应可否给予同样解决,难以预料。总之,此事可向总行请示后再议"

　　上述申请,如可予关照,可否援照朗贝勒之先例(参照大正十三年十二月六日敝函)办理,请于日内火速见复为荷。大正十五年三月四日。

——《日本横滨正金银行在华活动史料》第 466 页

3 月 6 日(正月二十二日) 溥仪张园召见。

　　见肖丙炎、杨履瑞、陈宝琛、刘骧业。

——《溥仪日记全本·召见日记簿》第 111 页

3 月 7 日(正月二十三日) 诣张园进讲,溥仪赐膳。

　　诣在行,进讲。与陈宝琛同召对,赐膳。

——《郑孝胥日记》第 4 册第 2091 页

　　见肖丙炎、郑孝胥、徐良、济煦、陈宝琛。

——《溥仪日记全本·召见日记簿》第 111 页

3 月 8 日(正月二十四日) 溥仪张园召见。

　　见肖丙炎、刘骧业、陈宝琛、聂宪藩、济煦、谢介石、张梦潮、张梦渭、张梦范、张梦津、张梦渊、张梦汾、润麒、陈懋需、陈懋随。

——《溥仪日记全本·召见日记簿》第 111 页

3 月 10 日(正月二十六日) 溥仪张园召见。

　　见肖丙炎、郑孝胥、陈宝琛。 ——《溥仪日记全本·召见日记簿》第 112 页

3 月 12 日(正月二十八日) 溥仪张园召见。

　　见荣源、肖丙炎、济煦、胡嗣瑗、刘骧业、陈宝琛、罗振玉、小泉司令、杜参谋长、金子参谋、吉田通译官、谢介石。

——《溥仪日记全本·召见日记簿》第 112 页

3 月 13 日(正月二十九日) 溥仪张园召见。

　　见肖丙炎、陈宝琛、薛之珩。 ——《溥仪日记全本·召见日记簿》第 112 页

正月 为杨锺羲《雪桥诗话馀集》作序,见《沧趣楼诗文集》第 308—309 页。

3 月 14 日(二月初一日) 溥仪张园召见。

　　见肖丙炎、郑孝胥、济煦、陈宝琛、袁大化、谢介石。

——《溥仪日记全本·召见日记簿》第 113 页

3 月 16 日(二月初三日) 溥仪张园召见。

　　见肖丙炎、济煦、郑孝胥、陈宝琛、海军中佐蒲田静三司令。

——《溥仪日记全本·召见日记簿》第 113 页

3 月 18 日(二月初五日) 溥仪张园召见。

见荣源、肖丙炎、济煦、金子参谋、铁良、陈宝琛。

——《溥仪日记全本·召见日记簿》第 113 页

3 月 19 日(二月初六日) 溥仪张园召见。

见荣源、肖丙炎、郑孝胥、陈宝琛、许家福。

——《溥仪日记全本·召见日记簿》第 113 页

3 月 23 日(二月初十日) 溥仪张园召见。

见肖丙炎、郑孝胥、周良騵、陈宝琛、铁良、吉田通太郎通译官、渡久雄参谋长、升允、工藤铁三郎[1]。 ——《溥仪日记全本·召见日记簿》第 114 页

[1] 工藤铁三郎:日本人,早稻田大学毕业,日本浪人。日本陆军省和外务省嘱托,溥仪在满洲国时的侍卫处长。满洲国陆军中将。因其忠心,溥仪赐名工藤忠。

3 月 25 日(二月十二日) 溥仪张园召见。

见荣源、肖丙炎、郑孝胥、刘骧业、陈宝琛、济煦、李士奎、金子参谋、重松俊章[1]。 ——《溥仪日记全本·召见日记簿》第 114 页

[1] 重松俊章:日本东京帝国大学"东京文献学派"创立者白鸟库吉学生。九州帝国大学法文学部教授。

3 月 27 日(二月十四日) 溥仪张园召见。

见肖丙炎、郑孝胥、济煦、陈宝琛、铁良、李士奎、诸玉璞、毕庶澄。

——《溥仪日记全本·召见日记簿》第 114 页

3 月 28 日(二月十五日) 溥仪张园召见。

见荣源、肖丙炎、陈宝琛、袁大化、升允、铁良。

——《溥仪日记全本·召见日记簿》第 114 页

3 月 30 日(二月十七日) 溥仪张园召见。

见肖丙炎、郑孝胥、济煦、三多、陈宝琛、李藻麟。

——《溥仪日记全本·召见日记簿》第 114 页

4 月 2 日(二月二十日) 溥仪张园召见。

见肖丙炎、济煦、郑孝胥、胡嗣瑗、三多(胡嗣瑗代见)、李准、吴忠本、陈宝琛、高田司令、渡参谋长、金子参谋、三野参谋、吉田通译官、渡濑二郎、毕庶澄、杨清臣、李士奎。 ——《溥仪日记全本·召见日记簿》第 114—115 页

4 月 4 日(二月二十二日) 温肃代梁惠吾邀至其别业看花。

诣行在。温毅夫代粤人梁惠吾邀弢庵至其别业看花,约琴初、公雨、子申、潞园及余作陪,其地名佟家楼,有圃六十亩,周之以渠,植柳为楂,对门为激碧园,亦粤人陈祝龄别业。陈复邀过其居。——《郑孝胥日记》第 4 册第 2094 页

4 月 9 日(二月二十七日)　溥仪张园召见。

见肖丙炎、郑孝胥、商衍瀛、陈宝琛、三多(景方昶代见)、景方昶、济煦。

——《溥仪日记全本·召见日记簿》第 115 页

4 月 10 日(二月二十八日)　溥仪张园召见。

见肖丙炎、济煦、吴宗禹、徐良、陈宝琛、段治乾。

——《溥仪日记全本·召见日记簿》第 115 页

郑孝胥来访。

过羢庵，交叶蒲荪书。　　　　——《郑孝胥日记》第 4 册第 2095 页

4 月 11 日(二月二十九日)　溥仪张园召见。

见荣源、肖丙炎、郑孝胥、陈宝琛、济煦。

——《溥仪日记全本·召见日记簿》第 115 页

3 月　《国学专刊》1926 年 3 月第 1 卷第 1 期刊"石遗三兄七十寿序"，见《沧趣楼诗文集·陈君石遗七十寿序》第 347 页。

4 月 12 日(三月初一日)　溥仪张园召见。

见荣源、肖丙炎、济煦、郑孝胥、胡嗣瑗、王乃澄、陈宝琛、赫立德、潘尔瑞、存耆、刘维霖(胡嗣瑗代见)、张宗昌、李士奎。

——《溥仪日记全本·召见日记簿》第 115 页

4 月 13 日(三月初二日)　溥仪张园召见。

见肖丙炎、陈宝琛、刘骧业。　——《溥仪日记全本·召见日记簿》第 115 页

4 月 16 日(三月初五日)　郑孝胥阅公诗。

阅羢庵诗。　　　　　　　　——《郑孝胥日记》第 4 册第 2097 页

4 月 17 日(三月初六日)　郑孝胥来视公疾。

视羢庵疾，已愈。　　　　　——《郑孝胥日记》第 4 册第 2097 页

4 月 18 日(三月初七日)　溥仪张园召见。郑孝胥来访，还公诗。

见荣源、肖丙炎、陈宝琛、王怀庆。

——《溥仪日记全本·召见日记簿》第 116 页

诣行在。还羢庵诗。……羢庵来。　——《郑孝胥日记》第 4 册第 2097 页

4 月 21 日(三月初十日)　溥仪张园召见。

见荣源、恒煦、肖丙炎、郑孝胥、陈宝琛。

——《溥仪日记全本·召见日记簿》第 116 页

4 月 22 日(三月十一日)　郑孝胥邀至忠信堂晚饭。

夜,约弢庵、病山、新之、明久、叔蕴、琴初、毅夫、楫先至忠信堂晚饭。

——《郑孝胥日记》第 4 册第 2097—2098 页

4 月 23 日(三月十二日) 溥仪张园召见。

见肖丙炎、郭曾炘、济煦、陈宝琛、张学骥、王廷桢、载涛、润良。

——《溥仪日记全本·召见日记簿》第 116 页

4 月 25 日(三月十四日) 溥仪张园召见。

见肖丙炎、济煦、郑孝胥、柯劭忞、陈曾寿、陈宝琛、单世奎。

——《溥仪日记全本·召见日记簿》第 116 页

4 月 27 日(三月十六日) 溥仪张园召见。

见肖丙炎、济煦、郑孝胥、陈宝琛、朱益藩。

——《溥仪日记全本·召见日记簿》第 116 页

4 月 28 日(三月十七日) 溥仪张园召见。

见肖丙炎、郑孝胥、载润、济煦、张国淦、陈宝琛、朱益藩、荣源、李景林。

——《溥仪日记全本·召见日记簿》第 116—117 页

4 月 29 日(三月十八日) 郑孝胥来访。

过弢庵。 ——《郑孝胥日记》第 4 册第 2098 页

4 月 30 日(三月十九日) 溥仪张园召见。

见肖丙炎、陈宝琛、许荣勋(济煦代见)。

——《溥仪日记全本·召见日记簿》第 117 页

5 月 1 日(三月二十日) 溥仪张园召见。

见肖丙炎、济煦、朱汝珍、袁励准、陈宝琛、许家禄、刘凤池、李书文。

——《溥仪日记全本·召见日记簿》第 117 页

5 月 2 日(三月二十一日) 溥仪张园召见。

见肖丙炎、陈曾寿、王乃澄、济煦、陈宝琛。

——《溥仪日记全本·召见日记簿》第 117 页

5 月 5 日(三月廿四日) 溥仪张园召见。访郑孝胥,示郑诗稿一册。

见肖丙炎、陈宝琛、荣源、迟云鹏。

——《溥仪日记全本·召见日记簿》第 118 页

弢庵来,又示诗稿一册。 ——《郑孝胥日记》第 4 册第 2099 页

5 月 7 日(三月二十六日) 溥仪张园召见。郑孝胥阅公诗。

见肖丙炎、济煦、郑孝胥、赵月修、陈宝琛、铁良、刘骧业、伟功、江藤荣吉、润良。

——《溥仪日记全本·召见日记簿》第 118 页

诣行在。召见陈宝琛、郑孝胥、铁良，赐膳。……又为弢庵阅诗一本。

——《郑孝胥日记》第 4 册第 2099 页

5 月 8 日（三月二十七日）　溥仪张园召见。

见肖丙炎、郑孝胥、陈宝琛。　——《溥仪日记全本·召见日记簿》第 118 页

5 月 12 日（四月初一日）　溥仪张园召见。

见肖丙炎、郑孝胥、钟麟同之子钟培英、济煦、陈宝琛、连璋、荣源。

——《溥仪日记全本·召见日记簿》第 118 页

5 月 13 日（四月初二日）　溥仪张园召见。

见荣源、肖丙炎、济煦、郑孝胥、陈宝琛、存耆、刘凤池、美国司令官康诺尔、美国司令部白特副官。　——《溥仪日记全本·召见日记簿》第 118—119 页

5 月 15 日（四月初四日）　溥仪张园召见。

见荣源、肖丙炎、济煦、郑孝胥、胡嗣瑗、陈宝琛。

——《溥仪日记全本·召见日记簿》第 119 页

5 月 17 日（四月初六日）　溥仪张园召见。

见肖丙炎、景方昶、陈宝琛、刘凤池、全荣。

——《溥仪日记全本·召见日记簿》第 119 页

王国维致函罗振玉。

致 罗 振 玉　　　　　　　　　　王国维

雪堂先生亲家有道：前接赐书，敬悉一切。小山[1]赴津，因欲俟其归后，询悉近状再行致书，又恐公即有沪行，是以先复。袁、朱均未见及。毅夫来此，想已返津，亦未见。一切事诚沈闷异常，然亦非人力所能为。珏生议论，进城即可闻之。凤老对螺江辈议论甚激烈，然亦是世间常态。维素于此辈无厚望，亦无厚责也。……。专肃，敬请道安，不一。维再拜，初六日。

[1] 小山，缪荃孙字。　　　　　——《王国维全集》第 15 卷第 579—560 页

5 月 18 日（四月初七日）　溥仪张园召见。

见肖丙炎、济煦、陈宝琛、刘骧业、载沣、载瀛、刘凤池、毕翰章、恒煦、高木陆郎。　——《溥仪日记全本·召见日记簿》第 119 页

5 月 19 日（四月初八日）　溥仪张园召见。

见肖丙炎、郑孝胥、胡嗣瑗、济煦、陈宝琛、刘凤池。

——《溥仪日记全本·召见日记簿》第 119 页

5 月 20 日（四月初九日）　溥仪张园召见。访郑孝胥，诗稿二册请郑阅定，谈张之洞论学[1]。

[1] 参见 1926 年 6 月 24 日，何振岱日记。

见肖丙炎、济煦、郑孝胥、铁良、陈宝琛。

——《溥仪日记全本·召见日记簿》第 119 页

戣庵来，复以诗稿二册请为阅定，因言"南皮在广东日，偶谈为学之晚得，谓汉学不若宋学之有用，诸史不若《左传》之有用，诗则杜不若韩，而白乐天尤有用。" ——《郑孝胥日记》第 4 册第 2101 页

5 月 22 日(四月十一日) 溥仪张园召见。

见肖丙炎、济煦、郑孝胥、朱煜勋(胡嗣瑗代见)、陈宝琛、谢介石。

——《溥仪日记全本·召见日记簿》第 120 页

5 月 23 日(四月十二日) 入张园，遇郑孝胥。

有顷，戣庵来园，亦云叔言[1]往拜，又主不见谢[米诺夫]。……戣庵来。

——《郑孝胥日记》第 4 册第 2102 页

[1] 叔言：罗振玉。见前。

5 月 24 日(四月十三日) 溥仪张园召见。

见肖丙炎、济煦、郑孝胥、陈宝琛、刘骧业、毓彭、存耆、毕翰章、刘凤池、内田康哉、铁良、有田八郎、船津辰一郎、高桥君平、小野得一郎、稻田龙吉、山井格太郎、江口定条。 ——《溥仪日记全本·召见日记簿》第 120 页

5 月 25 日(四月十四日) 溥仪张园召见。

见恒煦、肖丙炎、济煦、郑孝胥、陈宝琛、王式、迟瑛、胡嗣瑗、丸山丰有留重利。 ——《溥仪日记全本·召见日记簿》第 120 页

5 月 26 日(四月十五日) 清室北京办事处朱益藩来函。

致陈宝琛

朱益藩

太傅夫子钧席：昨日接津电，如前函已达，承命具稿，谨拟一通，振笔疾书，意在详明，稍觉冗长，旋与同事斟酌一过。因须王公列名，适今日北府太福晋周年晬经，遂袖呈醇邸及两贝勒阅过。故本日未能送津，然此系草创，乞与陈、景、胡诸公细加删润。呈览后发还缮就，仍行送津封发。缘有抄附之件，一时缮写不及也。王公及现在当差人员外，津门旧臣如吕尚书、升吉帅、袁中臣、王聘老、张安师、铁将军、丁厚老、陈诒翁，均应请其列名，不嫌其多。沪上诸公应否列入，幸熟商见示。代表似不可少，然其人极须郑重遴派。鄙意桓、起处或劳恺、邹一行最妙，议定后请命指派。总之，此际紧要关头，自应大众出全力，以赴事机，未可大意。徐辈尚在，后来登台者人亦复杂，桓起即有美意，亦恐惑于众咻不能自坚。桓前年在京情形大略可睹，起则误在护宪，到底恐将来

立足不牢已基于此,不独目前作茧自缚也。肃此,祗叩钧安。愔、明、诒诸公均此。受业名心印,十五。

涛府喜分,遵谕合送。

再,鄙意尚有欲陈者数事:一曰桓、起来津事各纷冗或自引嫌,未必来觐车驾,固不可请,亦不可讽之使来。如意在周到,派人劳问足矣,亦不必有所以贵予(食物尚可);一曰善后诸事宜由臣工接洽磋商,上不必亲自与人交涉,须留有转圜馀地;一曰上若派人向各处有所接洽,须预与办事诸臣说明,不可瞒过众人,别有主张,或因人自告奋勇,随令分头前往。办法不一饯,必至误事,幸于造膝时详言之。

再,昨晚接愔兄函,匆匆阅过即挥数字付来员。其后复取阅之,卫戍所拟三层与赤党修改五条有何差别,而烦作函道谢,促阁议通过乎?始基已错,下面疏不好办。为今之计,只有与延陵接近之人详细解释,谓王所拟未尽合事理,□延陵改弦易辙耳。日来拟再访卫戍详言之,但其忙冗太甚,每不能尽其辞,看文件又粗心,与武人打交道真费事也。函稿经邸阅过,以为妥协,已允大众;列名,当差人员开往一单,如更有人,不妨加入。王公名单已托涛开送矣。匮三面写就,送请钤室。孙处有无别项物事,奏子在京,可常回转交。肃此,再叩钧安。明老、愔兄不另作复。名心印,十五。

——《末代帝师朱益藩》第48—49页

5月28日(四月十七日)　溥仪张园召见。

见肖丙炎、济煦、郑孝胥、胡嗣瑗、陈宝琛、荣源、张学骥。

——《溥仪日记全本·召见日记簿》第120页

何振岱作函。

予作与弢老书。　　　　　　　　　　　——《何振岱日记》第26页

5月　《国学专刊》1926年5月第1卷第2期刊"南游草丙午九月至丁未二月",多首诗作,"广州杂诗"、"仲荣别十五年矣适宰潮阳闻余过汕倍道来会感赋"、"七洲洋风浪中梦先君命呈近诗"、"舟中示林苏二先生从爪哇视学"、"息力杂诗",署陈宝琛。分别见《沧趣楼诗文集》第82—84页。

6月2日(四月二十二日)　溥仪张园召见。日本领事有田八郎以"清室复辟"意见密告郑孝胥,请转告公。

见肖丙炎、佟成海、济煦、陈宝琛、润良、田德山。

——《溥仪日记全本·召见日记簿》第121页

日本领事有田八郎请过其居,密言:"外间颇传有复辟之说,鄙见原为旁观

之论：自古革命者必害王室，今中国王室犹获安全；若复辟再败，则王室必受其害，一也；历观近代各国，由君主改为民主者易，由民主改为君主者难，二也。愿君熟思，试为陈太傅言之。" ——《郑孝胥日记》第 4 册第 2103 页

6 月 3 日(四月二十三日) 溥仪张园召见。

见肖丙炎、佟成海、郑孝胥、胡嗣瑗、朱益藩、陈宝琛、吉田忠太郎、参谋七部第一部长、陆军少将、荒木贞夫、陆军步兵少佐、原田熊吉。

——《溥仪日记全本·召见日记簿》第 121 页

6 月 5 日(四月二十五日) 溥仪张园召见。

见肖丙炎、佟成海、郑孝胥、济煦、陈宝琛、朱益藩。

——《溥仪日记全本·召见日记簿》第 121 页

6 月 6 日(四月二十六日) 自津至京，次日晚访何振岱，告将于五月初一(6 月 10 日)出京。

晚，陈弢老来谈，昨日自津来京云，初一日出京，顷去。

——《何振岱日记》第 31 页(6 月 7 日)

6 月 12 日(五月初三日) 溥仪张园召见。

见肖丙炎、佟成海、郑孝胥、胡嗣瑗、张徵乾、袁大化、陈宝琛、济煦、溥侊、毕翰章。 ——《溥仪日记全本·召见日记簿》第 121 页

诗贺陈夔龙七十岁寿辰。

庸庵尚书仁兄年大人七十赐寿 　　　　　　陈宝琛

畿量棠芨似年时，江汉滔滔亦旧治。节府尽如公坐镇，神州何遽盗潜移。集成海上追晞发，酒献天中却介眉。清健松筠新赐榜，古稀能少纪恩诗。年宗弟宝琛顿首拜祝。 ——《贵阳陈庸庵尚书七秩寿言寿诗》第 2 页

亦见《中华历史人物别传集》第 74 册第 731 页

6 月 13 日(五月初四日) 溥仪张园召见。

见荣源、肖丙炎、佟成海、济煦、郑孝胥、胡嗣瑗、景方昶、陈宝琛、贡桑诺尔布、钟世铭、丹巴达尔斋。 ——《溥仪日记全本·召见日记簿》121—122 页

6 月 15 日(五月初六日) 溥仪张园召见。

见肖丙炎、济煦、陈宝琛、恒煦。

——《溥仪日记全本·召见日记簿》第 122 页

6 月 16 日(五月初七日) 溥仪张园召见。

见恒煦、肖丙炎、佟成海、郑孝胥、胡嗣瑗、景方昶、陈宝琛、载泽、溥侗、济煦、荣源、毓彭。 ——《溥仪日记全本·召见日记簿》第 122 页

6 月 17 日(五月初八日) 溥仪张园召见。

见肖丙炎、佟成海、郑孝胥、胡嗣瑗、陈宝琛、陈懋艮。

————《溥仪日记全本·召见日记簿》第 122 页

6 月 18 日(五月初九日) 溥仪张园召见。

见肖丙炎、佟成海、陈宝琛、荣源。

————《溥仪日记全本·召见日记簿》第 122 页

6 月 21 日(五月十二日) 溥仪张园召见。

见肖丙炎、佟成海、济煦、陈宝琛、景方昶、荣源。

————《溥仪日记全本·召见日记簿》第 122 页

6 月 22 日(五月十三日) 溥仪张园召见。赴万绳栻招饮,有诗和胡嗣瑗,见
《沧趣楼诗文集·次韵愔仲五月十三日公雨酒座感赋》第 201 页。

见恒煦、肖丙炎、佟成海、胡嗣瑗、毓廉、黄树成、胡先春、载涛、溥佶、庄士
敦、香港监督鹿亚德鹿亚德夫人、毕庶澄、陈宝琛。

————《溥仪日记全本·召见日记簿》第 123 页

万公雨设酒见招。愔仲有诗纪丁巳年事,公雨、愔仲均丁巳阁丞,故公诗
有句云:"几日钧天馀恍惚,当时孤注固然疑。一编传信烦追记,委折微君恐尠
知。"朱祖谋(古微)侍郎,宣统初元与公同被征召,未出,隐居沪上,著《彊村丛
书》,以倚声自遣,已年届古稀,寄诗寿之。

————《闽县陈公宝琛年谱》第 133—134 页

何振岱得郑孝胥两信,作复公与魏瀚各一信。

午后稚辛[1]来谈云:苏堪来京,住西安饭店五十二号。入谈,受两信出,
一复弢老,一复魏季渚[2]。 ————《何振岱日记》第 38 页

[1] 郑孝柽:字稚辛。

[2] 魏季渚:魏瀚,字季渚。

6 月 24 日(五月十五日) 溥仪张园召见。

见肖丙炎、济煦、陈宝琛、刘凤池、包文渊。

————《溥仪日记全本·召见日记簿》第 123 页

何振岱访郑孝胥,郑评骘同代诗人,谈公初年诗染陈龚习气,晚年大佳。

往苏戡,行至公园前催至西安饭店坐谈。苏云:不见两年矣,体气很好很
好。问皇帝学问,云:每日强请讲《通鉴纪事》,已四十七本。晴初[1]为讲《大
学衍义》,两日即止。上多病,其意度足笼罩未见之各武官;时事甚熟;劝学拳
不听。言次,茶房进豆酪烧饼,予云,已用早点,君乃自食,且谈云:弢老初年,

诗染陈龚习气，尘土多而蹊径大熟，不严删之，恐为全诗之累；晚年大佳，字足意足，略略吐言，笔又瘦硬，较南皮为胜。仁先[2]诗清，而言禅理处，则野狐禅也，笔未挺，骨亦未坚，其初年诗言理者多不佳；夏敬观[3]则多隔膜；秋岳[4]多渣滓言无奇矣；众异[5]则肆无忌惮，妄自尊大，如"四海知予霜满鬓"之类，可笑。高涤庵却有内心，惟一下笔则陈言相因。问予多作诗否？曰：去年约近百篇。曰：多为人乎？曰：皆自为之。曰总是自为之好。曰南皮晚语弢老云：有新作学问方法否？曰：无之。曰：《左传》有用，宋学有用，诗则白香山有用。谓香山骨里与韩同，其面　多不可学，可选三成。

　　　　　　　　　　　　　　　　　　　　——《何振岱日记》第 40—41 页

[1] 晴初：胡嗣瑗。

[2] 仁先：陈曾寿。

[3] 夏敬观：字剑丞、盥人、缄斋，晚号映庵，江西新建人。近代江西派词人。晚寓上海。

[4] 秋岳：黄濬。

[5] 众异：梁鸿志。

6 月 26 日（五月十七日）　溥仪张园召见。

　　见陈宝琛。　　　　　　　　　——《溥仪日记全本·召见日记簿》第 123 页

6 月 27 日（五月十八日）　溥仪张园召见。

　　见肖丙炎、济煦、胡嗣瑗、罗振玉、陈宝琛、庄士敦。

　　　　　　　　　　　　　　　　——《溥仪日记全本·召见日记簿》第 123 页

6 月 28 日（五月十九日）　溥仪张园召见。

　　见肖丙炎、济煦、劳健、陈宝琛。

　　　　　　　　　　　　　　　　——《溥仪日记全本·召见日记簿》第 123 页

6 月 30 日（五月二十一日）　溥仪张园召见。访郑孝胥。

　　见肖丙炎、陈宝琛、毕翰章、胡毓坤、刘凤池、郑孝胥。

　　　　　　　　　　　　　　　　——《溥仪日记全本·召见日记簿》第 124 页

　　弢庵、午原来。　　　　　　　　　——《郑孝胥日记》第 4 册第 2107 页

7 月 1 日（五月二十二日）　约郑孝胥晚饭。

　　弢庵约晚饭。　　　　　　　　　——《郑孝胥日记》第 4 册第 2107 页

7 月 2 日（五月二十三日）　溥仪张园召见。

　　见肖丙炎、济煦、郑孝胥、陈宝琛、载洵、佟成海、毕庶澄、哈锐川。

　　　　　　　　　　　　　　　　——《溥仪日记全本·召见日记簿》第 124 页

何振岱接公来信。

……羿老信来。　　　　　　　　　　　　　　　　——《何振岱日记》第 52 页

7 月 4 日（五月二十五日）　郑孝胥共宴庄士敦。

夜，与羿庵共宴庄士敦。　　　　　——《郑孝胥日记》第 4 册第 2107 页

7 月 5 日（五月二十六日）　溥仪张园召见。

见肖丙炎、佟成海、陈宝琛。　——《溥仪日记全本·召见日记簿》第 124 页

7 月 6 日（五月二十七日）　溥仪张园召见。

见肖丙炎、陈毅、陈宝琛、庄士敦。

——《溥仪日记全本·召见日记簿》第 124 页

7 月 7 日（五月二十八日）　溥仪张园召见。

见荣源、肖丙炎、佟成海、胡嗣瑗、迟云鹏、王敬珪、陈宝琛。

——《溥仪日记全本·召见日记簿》第 124 页

7 月 8 日（五月二十九日）　溥仪张园召见。

见肖丙炎、佟成海、济煦、胡嗣瑗、陈宝琛、刘凤池、包文渊、阎泽溥。

——《溥仪日记全本·召见日记簿》第 124 页

7 月 11 日（六月初二日）　溥仪张园召见。

见肖丙炎、济煦、溥忻、铁良、陈宝琛。

——《溥仪日记全本·召见日记簿》第 125 页

7 月 12 日（六月初三日）　溥仪张园召见。

见肖丙炎、济煦、陈宝琛。　　——《溥仪日记全本·召见日记簿》第 125 页

7 月 13 日（六月初四日）　溥仪张园召见。

见肖丙炎、陈宝琛、溥佶、王廷桢。

——《溥仪日记全本·召见日记簿》第 125 页

7 月 15 日（六月初六日）　溥仪张园召见。

见肖丙炎、佟成海、济煦、陈宝琛、景方昶。

——《溥仪日记全本·召见日记簿》第 125 页

7 月 17 日（六月初八日）　溥仪张园召见。

见肖丙炎、济煦、胡嗣瑗、陈宝琛。

——《溥仪日记全本·召见日记簿》第 125 页

7 月 19 日（六月初十日）　何振岱来访，留午饭，刘骧业、王遹勤在座。

至羿老家刘五［午］原、王遹勤在座。羿老留午饭，饭后归。

——《何振岱日记》第 54 页

7月23日(六月十四日)　约许宝蘅陪王懋宣到郭则沄家,论清室事,同坐仅郭及胡嗣瑗。谈及盂鼎故事[1]。

到顾家祝渔溪丈七十寿。到啸麓家,弢庵太傅约陪王懋宣,论清室事,同座仅晴初、啸麓,朱艾师亦作主人,因昨日奉召赴津诊脉未到。弢老谈及盂鼎一段故事,可资喝噱。弢老之先德咸丰间官陕西时,吴子苾[2]为方伯,岐山出盂鼎,估人谋运致吴,道出某地,为陈介卿所遮留,搜其行李得鼎,强以五百金易之,估人不得已,仅以拓本致吴,吴暴怒而无如何,后以器重难携,仍留陕中,至左文襄入觐,以告潘文勤,后始命健儿辇以致潘云。　　　　——《许宝蘅日记》第 3 册第 1140 页

[1] 盂鼎故事,参见本编1927年十月。

[2] 吴子苾:吴式芬,字子苾,号诵孙,山东海丰人,道光进士,咸丰元年陕西布政使。

7月26日(六月十七日)　吴佩孚向日本要求引渡溥仪与公。

吴佩孚请向日本当局要求,引渡溥仪、陈宝琛。以陈书宣统十八处为证(25 日下午)。　　　　——《申报》1926 年 7 月 26 日

7月29日(六月二十日)　作"跋畏庐致陈献丁书九通长卷",见《沧趣楼诗文集》第 487 页。何振岱代笔作函。

饭后写与弢老信代。　　　　——《何振岱日记》第 57 页

8月3日(六月二十五日)　溥仪张园召见。

见肖丙炎、济煦、刘凤池、陈宝琛、包文渊。

——《溥仪日记全本·召见日记簿》第 126 页

8月4日(六月二十六日)　溥仪张园召见。

见肖丙炎、佟成海、济煦、陈宝琛、朱益藩、刘维霖(胡嗣瑗代见)、载涛。

——《溥仪日记全本·召见日记簿》第 126 页

8月5日(六月二十七日)　溥仪张园召见。

见肖丙炎、陈宝琛、朱益藩。——《溥仪日记全本·召见日记簿》第 126 页

8月8日(七月初一日)　与日本正金银行北京支行订立抵押钓鱼台契约。

钓鱼台抵押日本正金银行北京支行契约

第一条　陈宝琛(以下简称甲)与横滨正金银行(以下简称乙),甲乙双方于本日缔结金钱借贷契约(以下简称"附带"契约)。对按该契约借到之北京通用大银元 20 万元,及将属于甲所有之地照交乙作押一事,乙方同意按下列条款执行。

第二条　前条之存款期间至大正十七年八月八日止,乙方对此存款按年息 8 厘,即 100 元付利息 8 元。在甲方按此项附带契约归还借款之一部或全部时,本存款即随之相应减少,并将借款利息与存款利息两者相抵。

第三条　甲乙双方得随时根据某一方之行为,将按此项附带契约所放贷款与本项存款相抵结清。

第四条　甲在按此项附带契约第三条办理"抵押权设定"时,应根据乙之要求提出下列契据:

陈氏钓鱼台赐庄右坐落阜成门外望海楼西郊基地三十七亩五分四厘三毫所有契据共计四件如下:

(1) 宣统帝手谕一道。

(2) 京师警察厅批准立案批示一件。

(3) 京师地方审判厅发给所有权登记证明书一件。

(4) 宛平县发给缴纳房地契一件。

甲将前列抵押物品交乙时,应即向乙索取保管证。

第五条　本契约及附带契约,乃系甲以其财产及利益恐有受侵犯之虞而恳请签订者,乙方愿无偿按其所请办理。故此两项契约如有字义不明时,应本此精神届时。另外,甲应偿还乙为订立此项契约负担的一切费用。并约诺在任何情况下,决不为乙加添任何麻烦或损害。

第六条　本契约书缮制两份,由当事双方各执一份。

正金北京支店副经理 xxxx

陈宝琛　大正十五年八月八日

　　　　　　　　　　——《日本横滨正金银行在华活动史料》第 466—467 页

8 月 10 日(七月初三日)　溥仪张园召见。

见肖丙炎、济煦、陈宝琛、溥佳。

　　　　　　　　　　　——《溥仪日记全本·召见日记簿》第 127 页

8 月 14 日(七月初七日)　《北洋画报》12 期刊"逊帝与陈宝琛合影于天津张园"照片。见《北洋画报》1926 年 8 月 14 日。

8 月 15 日(七月初八日)　光绪庚辰科武状元黄培松卒,丙寅十一月葬于福州,作"黄君菊三墓志铭",见《沧趣楼诗文集》第 410—412 页。

8 月 16 日(七月初九日)　溥仪张园召见。访郑孝胥。

见肖丙炎、济煦、郑孝胥、胡嗣瑗、陈宝琛。

　　　　　　　　　　　——《溥仪日记全本·召见日记簿》第 127 页

弢庵来。　　　　　　　　——《郑孝胥日记》第 4 册第 2112 页

8 月 17 日(七月初十日)　郑孝胥来访。

过弢庵。　　　　　　　　——《郑孝胥日记》第 4 册第 2112 页

8月19日(七月十二日) 溥仪张园召见。

见肖丙炎、郑孝胥、陈宝琛。——《溥仪日记全本·召见日记簿》第127页

8月20日(七月十三日) 溥仪张园召见。郑孝胥来访,胡嗣瑗在坐。

见肖丙炎、郑孝胥、胡嗣瑗、陈宝琛、李士奎。

——《溥仪日记全本·召见日记簿》第127页

过弢庵,逢琴初于坐。 ——《郑孝胥日记》第4册第2112页

8月21日(七月十四日) 溥仪张园召见。

见恒煦、肖丙炎、郑孝胥、胡嗣瑗、陈宝琛、叶尔恺、佟成海、包文渊。

——《溥仪日记全本·召见日记簿》第127页

8月22日(七月十五日) 溥仪张园召见。

见肖丙炎、佟成海、郑孝胥、胡嗣瑗、袁大化、陈宝琛。

——《溥仪日记全本·召见日记簿》第128页

8月23日(七月十六日) 溥仪张园召见。

见肖丙炎、佟成海、郑孝胥、胡嗣瑗、袁大化、陈宝琛。

——《溥仪日记全本·召见日记簿》第128页

8月24日(七月十七日) 溥仪张园召见。

见肖丙炎、佟成海、郑孝胥、胡嗣瑗、袁大化、陈宝琛。

——《溥仪日记·召见日记簿》第128页

8月25日(七月十八日) 邀郑孝胥等晚饭。

弢庵招晚饭,王雪澄及其子叔抚、叶柏皋、李直绳、罗叔蕴、商云汀、李子申、胡琴初皆在坐。——《郑孝胥日记》第4册第2113页

8月29日(七月二十二日) 溥仪张园召见。

见肖丙炎、佟成海、郑孝胥、胡嗣瑗、袁大化、陈宝琛。

——《溥仪日记全本·召见日记簿》第128页

8月31日(七月二十四日) 溥仪张园召见。

见肖丙炎、济煦、袁大化、陈宝琛、王秉恩、朱益藩。

——《溥仪日记全本·召见日记簿》第128页

9月1日(七月二十五日) 溥仪张园召见。

见肖丙炎、济煦、胡嗣瑗、陈宝琛、吉田通译官、长谷部、三野丸山。

——《溥仪日记全本·召见日记簿》第128页

9月2日(七月二十六日) 溥仪张园召见。访郑孝胥,与郑同往火车站送郑弟孝柽等。

见荣源、肖丙炎、济煦、郑孝胥、胡嗣瑗、陈宝琛、存耆。

——《溥仪日记全本·召见日记簿》第 128 页

羰庵来。……送稚辛、承铤、云回至火车站，羰庵亦来。

——《郑孝胥日记》第 4 册第 2114 页

9 月 3 日（七月二十七日）　溥仪张园召见。

见荣源、肖丙炎、郑孝胥、胡嗣瑗、万绳栻、陈宝琛、康有为、徐良。

——《溥仪日记全本·召见日记簿》第 128 页

9 月 4 日（七月二十八日）　溥仪张园召见。

见荣源、肖丙炎、陈宝琛。　——《溥仪日记全本·召见日记簿》第 128 页

9 月 6 日（七月三十日）　金焘（沁园）子绍城[1]卒于上海。为撰墓志铭。见《沧趣楼诗文集·金君鞏伯墓志铭》，第 443—444 页。

[1] 金绍城，字鞏北，一字拱北，号北楼，浙江南浔人，实业家，善画。

9 月 7 日（八月初一日）　溥仪张园召见。访郑孝胥，告溥仪欲退还日本所让地址。

见肖丙炎、胡嗣瑗、陈宝琛、升允、铁良。

——《溥仪日记全本·召见日记簿》第 129 页

羰庵来，言上欲退还日本所让地址，孝胥谓，如需款急，不若向正金押之。

——《郑孝胥日记》第 4 册第 2114 页

9 月 8 日（八月初二日）　访郑孝胥。

羰庵来。　　　　——《郑孝胥日记》第 4 册第 2114 页

9 月 9 日（八月初三日）　溥仪张园召见。

见肖丙炎、陈宝琛、广寿、爵善、万绳栻。

——《溥仪日记全本·召见日记簿》第 129 页

9 月 10 日（八月初四日）　溥仪张园召见。

见肖丙炎、张宪、王秉恩、陈宝琛。

——《溥仪日记全本·召见日记簿》第 129 页

9 月 12 日（八月初六日）　溥仪张园召见。

见肖丙炎、袁励准、陈宝琛、康有为、荣源、毕庶澄、常之英、吴忠本、毕翰章、张宗昌。　　——《溥仪日记全本·召见日记簿》第 129 页

溥仪在天津张园接见陈宝琛及康有为，奉系军阀毕庶澄、毕翰章等人。

——《宣统事典》第 209 页

早八时馀起。10 时召见袁励准。11 时早餐，并见哈锐川。12 时接见康

有为,至1时康辞去。陈(宝琛)师傅来见。2时馀休息。3时,鲁军军长毕庶澄及其内弟、旅长常之英来谒,5时辞去。少顷吴忠本至,托之南下时代向吴佩孚慰问。6时,毕翰章来谒,6时(馀)辞去。余在园内散步,适(郭布罗)容源至,稍谈,余即入室休息。　　　　　　　　——《溥仪日记全本》第104—105页

9月13日(八月初七日)　溥仪张园召见。

见肖丙炎、济煦、郑孝胥、王秉恩、叶尔恺、陈宝琛、存耆、徐良。

——《溥仪日记全本·召见日记簿》第129页

9月14日(八月初八日)　溥仪张园召见。

见毓峻、肖丙炎、郑孝胥、胡嗣瑗、陈宝琛、济煦、康有为、李士奎、聂晋礼、存耆、恒煦、冈本副领事、弓野司法总办、暹罗国文部大臣、文部大臣夫人、侍从、毕翰章。　　　　　　——《溥仪日记全本·召见日记簿》第130页

9月15日(八月初九日)　溥仪张园召见。

见肖丙炎、济煦、郑孝胥、存耆、陈宝琛、佐治亲王、司礼部哈尔塞、掌船部史彭纳、驻津英国司令部希资、驻津英国总领事克尔。

——《溥仪日记全本·召见日记簿》第130页

9月16日(八月初十日)　溥仪张园召见。

见肖丙炎、冯恕、陈宝琛、陈曾寿、袁大化、济煦、叶尔恺、刘凤池、荣源、溥佳。

——《溥仪日记全本·召见日记簿》第130页

9月18日(八月十二日)　商务董事会特别会议,讨论公等股东来电。

主持商务董事会特别会议。……(二)北京股东陈宝琛等来电,请规定先生(张元济)办事名义,即电复以已就本会职权范围所及公推先生(张元济)为主席董事。　　　　　　　　　——《张元济年谱》第277页

9月25日(八月十九日)　赴顾宅点主。

十一时过孟平,同到顾宅,陪点主,林贻书、林朗溪裏题,陈弢老正题,陪客为梁用弧、孟嘉、孟平及余,十二时一刻行礼,陪宴,二时散。

——《许宝蘅日记》第1153页

9月28日(八月二十二日)　晤郑孝胥。

夜,复至李先生处晚饭,晤弢庵。　　——《郑孝胥日记》第4册第2117页

9月29日(八月二十三日)　溥仪张园召见。

见肖丙炎、陈毅、景方昶、陈宝琛。

——《溥仪日记全本·召见日记簿》第132页

9月30日(八月二十四日)　访郑孝胥。

弢庵来。　　　　　　　　　　　　——《郑孝胥日记》第 4 册第 2117 页

9 月　《国学专刊》1926 年 9 月第 1 卷第 3 期续刊《南游草》诗作。"极乐寺留
谂妙莲方丈"、"海珠屿"、"自威雷斯雷乘火车至大白蜡书所见",见《沧趣楼诗文集》
第 85—86 页。

10 月 1 日(八月二十五日)　溥仪张园召见。

见肖丙炎、陈宝琛。　　　　　　——《溥仪日记全本·召见日记簿》第 132 页

10 月 2 日(八月二十六日)　溥仪张园召见。

见肖丙炎、铁良、荣源、陈宝琛。

　　　　　　　　　　　　——《溥仪日记全本·召见日记簿》第 132 页

10 月 3 日(八月二十七日)　溥仪张园召见。

见肖丙炎、郑孝胥、陈宝琛、荣源。

　　　　　　　　　　　　——《溥仪日记全本·召见日记簿》第 132 页

10 月 4 日(八月二十八日)　溥仪张园召见。

见肖丙炎、陈宝琛。　　　——《溥仪日记全本·召见日记簿》第 132 页

10 月 5 日(八月二十九日)　溥仪张园召见。

见肖丙炎、郑孝胥、胡嗣瑗、济煦、陈宝琛。

　　　　　　　　　　　　——《溥仪日记全本·召见日记簿》第 132 页

10 月 8 日(九月初二日)　约郑孝胥重阳节登高,同作东。

弢庵谈:九日之约,欲同作主人。　——《郑孝胥日记》第 4 册第 2118 页

10 月 9 日(九月初三日)　溥仪张园召见。

见肖丙炎、佟成海、陈宝琛。　——《溥仪日记全本·召见日记簿》第 132 页

10 月 11 日(九月初五日)　溥仪张园召见。

见肖丙炎、佟成海、郑孝胥、济煦、陈宝琛。总理大臣、子爵清浦奎吾、前递信
大臣、男爵藤村义郎、前大藏次官西野元、陆军步兵中佐土肥原贤二、医学博士大森
宪太、金子坚太郎、子爵息金子武麿、三井物产株式会社员岩井光次郎、清浦子爵随员
藤塚警部补。　　　　　　——《溥仪日记全本·召见日记簿》第 132 页

10 月 12 日(九月初六日)　溥仪张园召见。

见肖丙炎、佟成海、胡嗣瑗、济煦、陈宝琛、乐泰。

　　　　　　　　　　　　——《溥仪日记全本·召见日记簿》第 133 页

10 月 13 日(九月初七日)　溥仪张园召见。

见肖丙炎、佟成海、万绳栻、陈宝琛。

　　　　　　　　　　　　——《溥仪日记全本·召见日记簿》第 133 页

10月14日(九月初八日) 溥仪张园召见。郑孝胥及日本清浦奎吾子爵等来访。见肖丙炎、佟成海、胡嗣瑗、毓璋、陈宝琛。

——《溥仪日记全本·召见日记簿》第133页

至弢庵寓中,日本清浦奎吾子爵,藤村、池田二男爵,坂西中将等来访,清浦以诗集求为批评。　　　　——《郑孝胥日记》第4册第2119页

10月15日(九月初九日) 约郑孝胥等十九人重阳节至李氏园登高,均有诗。郑孝胥"九日召集客集李氏园登高"见《海藏楼诗集》第337页。《申报》刊公和郑孝胥初九日登高诗,署陈弢庵,公诗见《沧趣楼诗文集·九日李氏园次苏龛韵》第202页,个别文字略异。

九月,同人集李氏园。苏龛有诗,次韵和之。因忆仲勉。

——《闽县陈公宝琛年谱》第124页

偕弢庵约客至李氏园登高,来者十九人。客散后,与弢庵、立之同登小丘,下坐茅亭,水际丛芦,夕照甚丽,徘徊久之乃去。

——《郑孝胥日记》第4册第2119页

九日李园登高和海藏　　　　　　　　　陈弢庵

商飚又拂鬓蓬来。林薄萧寥起百哀。异地得朋皆[聊][1]可醉,残年能赋亦[本]非才。中原羹沸民谁主?旷野弦歌俗且猜。有弟故山方竚立,烽烟南望首频回。　　　　　　　　　　——《申报》1926年10月30日

[1] 方括弧内系《沧趣楼诗文集》文字。

九日召集客集李氏园登高　　　　　　　　郑孝胥

闲却西山那忍来,登临正动九秋哀。忧中有乐难忘酒,老去行吟苦费才。兵气入南天不吊,太微移舍世空猜。一丘一水饶萧瑟,尽恋斜阳晚未回。

——《海藏楼诗集》第337页

10月17日(九月十一日) 溥仪张园召见。

见肖丙炎、佟成海、郑孝胥、陈宝琛、周登皞、赵俊卿。

——《溥仪日记全本·召见日记簿》第133页

《鞠部丛谈校补》[1]即将于11月半出书。《申报》刊王式通作序,公署检,樊增祥题跋。

此书为五十年来梨园信史。顺德罗瘿公遗作。闽县李释戡校补,陈弢庵、郑太夷署检,樊樊山题跋,王书衡作序。　　——《申报》1926年10月17日

[1] 《鞠部丛谈校补》:罗瘿公遗编,李释戡校补,樊增祥题跋。

10月18日(九月十二日) 公将日内返京。

闻弢老十四五来京。　　　　　　　　——《何振岱日记》第93页

10 月 21 日(九月十五日)　公将明日午后来访。

……大年在座云：叕老明日午后当来。　　——《何振岱日记》第 94 页

10 月 22 日(九月十六日)　到北京,电话约何振岱来灵境胡同京寓,何呈文稿。

午后二时风未止,灵境电话来请,遂往。半途遇大年,同往。遇客久坐,谈呈文稿,食面。又谈,顷辞。　　——《何振岱日记》第 94 页

10 月 29 日(九月二十三日)　是日,七十九寿辰,何振岱来祝寿,未晤及。

五时,同澹兄往叕老家拜寿,各留一片而去。　　——《何振岱日记》第 96 页

10 月 30 日(九月二十四日)　何振岱到德医院看望,谈吴虞坝诗。公云："吴诗为君邀入正路,何其幸也。"

起已八时半。食粥毕,欲出,涤来即去,予到大年处索寿屏款,因同往德医院看叕老,阅一律,又谈吴虞坝诗。叕老云：吴诗为君邀入正路,何其幸也。

——《何振岱日记》第 96 页

11 月 5 日(十月初一日)　何振岱至灵境胡同来访,黄懋谦在座。

即往灵境,至则大年已在座。入叕老室,墨园在,叕老以药两小瓶给予,遂出。　　——《何振岱日记》第 99 页

12 月 1 日(十月二十七日)　溥仪张园召见。

见肖丙炎、胡嗣瑗、张徵乾、陈宝琛、刘凤池。

——《溥仪日记全本·召见日记簿》第 137 页

12 月 5 日(十一月初一日)　溥仪张园召见。

见肖丙炎、胡嗣瑗、陈宝琛、张海鹏、朱益藩、景方昶。

——《溥仪日记全本·召见日记簿》第 137 页

12 月 7 日(十一月初三日)　溥仪张园召见。

见肖丙炎、胡嗣瑗、陈宝琛。　　——《溥仪日记全本·召见日记簿》第 137 页

12 月 14 日(十一月初十日)　溥仪张园召见。

见肖丙炎、陈宝琛、朱益藩、载泽。

——《溥仪日记全本·召见日记簿》第 138 页

12 月 15 日(十一月十一日)　郑孝胥来访。

过叕庵。　　——《郑孝胥日记》第 4 册第 2127 页

12 月 16 日(十一月十二日)　溥仪张园召见。

见荣源、肖丙炎、郑孝胥、朱益藩、陈宝琛。

——《溥仪日记全本·召见日记簿》第 138 页

12 月 20 日(十一月十六日)　溥仪张园召见。

见荣源、肖丙炎、宝熙、陈宝琛、载涛、载泽、载瀛。

——《溥仪日记全本·召见日记簿》第 138 页

12 月 26 日(十一月二十二日) 侄懋鼎娶妇。

……到聚寿堂贺陈微宇娶妇,何寿芬嫁女。

——《许宝蘅日记》第 3 册第 1164 页

是年 朱益藩函致公及景方昶、胡嗣瑗,介绍广信太守关榕祚请觐溥仪。

致陈宝琛、景方昶、胡嗣瑗 朱益藩

太傅夫子、明久前辈、愔仲仁兄钧鉴:

敬启者,前广信太守关六笙同年榕祚,辛亥以后侨寓敝省,与藩书问往还,间来京师,每见必深谈。其拳拳皇室之意始终不渝。塾[熟]于奇门青岛[鸟]之学,别有心得。兹因延陵挈之北来,无便入觐,藉伸瞻恋之忱。伏乞照拂一切,代为陈明,务祈赐见,无任祷企。馀容别叙。肃此,祗请直安。益藩顿首上,初七。

——《末代帝师朱益藩》第 52 页

辑成《澄秋馆藏古封泥》,印行。

许宝蘅追述是年赵尔巽入京,至天津诣张园请觐并为父兄请匾事。

赵次珊督部尔巽自癸丑入都,为清史馆长,未尝诣宫门。丙寅年上在天津,忽诣张园请觐,经陈弢老为之先陈,赐予召见。见后陈奏其父鲁斋殉难于阳谷,其弟季和殉难成都,呜咽流涕,乞赐恩恤,上颔之。退后,弢老与愔仲进见,上谕赵尔巽之父死事,可赐匾额,弢老奏可予"世笃忠贞"四字。上曰赵尔丰死于成都,固可谓"世笃忠贞",若赵尔巽亦可包涵在内乎? 文忠悚然,遂改拟四字。丁卯,督部卒,大元帅张作霖为乞恩,未允。 ——《许宝蘅日记》第 4 册第 1414 页(1945 年 6 月 1 日)

成多禄作"乞弢老画松"。

乞弢老画松 成多禄

苏戡贻我苍松句,拔地参天画最奇。不是天留听水老,更何人敌海藏诗。种桑难竟山河感,惜木能无际会思。同此风霜同此墨,请公放笔一为之。

——《成多禄集》第 429 页

《晨报星期画报》刊公作"佳联":"人世殆难开口笑,肚皮终不合时宜。"

沧趣老人当三十前放归故里时,不免忧愁感愤。一日乡人请题弥勒佛龛联,老人即书七言一对云:(略),前者寄托胸襟,用典又复切题,洵妙品也。

——《晨报星期画报》1926 年第 2 卷第 62 期

是年文

雪桥诗话馀集序 ——《沧趣楼诗文集》第 308 页

1927 年(丁卯　民国十六年)　80 岁

上海工人三次武装起义,蒋介石发动"四一二"政变。(4.12)

南京国民政府成立。(4.18)

国民党宁汉分立。汪精卫武汉发动政变"反共"。(7.15)

中国共产党领导南昌起义。(8.1)

康有为卒,年七十。(3.31)王国维卒,年五十一。(6.2)

1 月 6 日(丙寅十二月初三日)　与载涛、载泽、载瀛三邸发函请张作霖送还圣容[1]。

据清室驻津办事处《办事纪要》载:"十二月初三日,准朱少保专信。略言涛、泽、瀛三邸访张作霖,由其秘书长任毓麟代见,面递请送还圣容节略,作霖批著警察总监查明分别送还云云。又江瀚来言,须我与一公函,渠即持此开会公决,如多数主张交还,即可定期办理云云。函已交京办出,列名者:三邸、陈太傅及办事处同人。一面并已催促陈总监,双管齐下,庶几有济,等语。由嗣瑗入对面陈,退即手函复之,交来人。"　　　　——《末代帝师朱益藩》第 53 页

[1] 1 月 9 日故宫博物如数送还。据清室驻津办事处《办事纪要》载:"朱少保电报报告,本日午前会同涛、泽、瀛、润四邸,谨将故宫博物院运去圣容六十一轴,如数请回,照旧供奉寿皇殿矣。本处随即上闻。"见《末代帝师朱益藩》第 53 页。

何振岱以陈元凯诗呈公。

以陀庵诗送递灵清宫见弢老,看郑叔问[1]初刻诗,看改七轩画放翁极似形容颐出,诸君皆题诗。　　　　——《何振岱日记》第 120 页

[1] 郑叔问:郑文焯,字俊臣,号小坡、叔问,奉天铁岭人,隶正黄旗汉军籍。光绪举人,内阁中书。工诗词,通音律,擅书画,长于金石古器之鉴。著有《大鹤山房全集》。

1 月 10 日(丙寅十二月初七日)　自京来津。溥仪张园召见。

见肖丙炎、济煦、胡嗣瑗、陈宝琛。

　　　　——《溥仪日记全本·召见日记簿》第 140 页

弢庵自京来。　　　　——《郑孝胥日记》第 4 册第 2129 页

1 月 13 日(丙寅十二月初十日)　溥仪张园召见。郑孝胥来访。

见肖丙炎、郑孝胥、胡嗣瑗、陈宝琛、张学骥、润良。

——《溥仪日记全本・召见日记簿》第 140 页

过弢庵。

——《郑孝胥日记》第 4 册第 2130 页

1 月 14 日(丙寅十二月十一日)　奉派赴奉天变卖旗产[1]。

溥仪派陈宝琛赴奉，变卖旗产，作赴日留学经费。（十三日下午一钟）

——《申报》1927 年 1 月 14 日

[1] 未见其他记载证实。

1 月 18 日(丙寅十二月十五日)　溥仪张园召见。

见荣源、肖丙炎、袁大化、陆裕光、陈宝琛。

——《溥仪日记全本・召见日记簿》第 140 页

1 月 19 日(丙寅十二月十六日)　溥仪张园召见。

见肖丙炎、铁良、袁大化、刘凤池、杨云峰、彭希镜、升允、陈宝琛。

——《溥仪日记全本・召见日记簿》第 140 页

1 月 21 日(丙寅十二月十八日)　溥仪张园召见。

见肖丙炎、济煦、郑孝胥、胡嗣瑗、陈宝琛。

——《溥仪日记全本・召见日记簿》第 141 页

1 月 22 日(丙寅十二月十九日)　苏轼生日，郭宗熙邀集于郭则沄寒碧簃，有诗，见《沧趣楼诗文集・郭侗伯招饮喊寒碧簃拜东坡生日分韵得孤字》第 205 页。

郭侗伯集拜东坡生日于郭啸麓斋中，弢庵携《苏斋图》共观，王麓台、孙少迁、罗两峰各作一图，题者甚多，取坡公"鹤南飞"绝句拈韵赋诗，余得"游"字。

——《郑孝胥日记》第 4 册第 2131 页

郭侗伯(宗熙)招饮，集寒碧簃拜东坡生日。

——《闽县陈公宝琛年谱》第 134 页

是岁东坡生日，调白[1]招弢庵、太夷诸老及同社饮寒碧簃，山人以有事赴都，未与。

——《郭则沄自订年谱》第 63 页

[1] 调白：郭宗熙，字侗伯。一作桐伯，号臣庵、三焦山人。光绪进士。日本法政大学毕业。

1 月 23 日(丙寅十二月二十日)　溥仪张园召见。

见肖丙炎、郑孝胥、李士奎、陈宝琛、朱益藩。

——《溥仪日记全本・召见日记簿》第 141 页

1 月 24 日(丙寅十二月二十一日)　溥仪张园召见。约晤郑孝胥。

见肖丙炎、胡嗣瑗、陈宝琛、朱益藩。

——《溥仪日记全本·召见日记簿》第 141 页

夜,赴弢庵之约。 ——《郑孝胥日记》第 4 册第 2131 页

1 月 25 日(丙寅十二月二十二日) 偕子懋复访郑孝胥。

弢庵、几士来。 ——《郑孝胥日记》第 4 册第 2131 页

1 月 27 日(丙寅十二月二十四日) 溥仪张园召见。

见毓峻、肖丙炎、胡嗣瑗、陈宝琛、刘凤池、毕庶澄、周雪亭。

——《溥仪日记全本·召见日记簿》第 141 页

1 月 31 日(丙寅十二月二十八日) 溥仪张园召见。

见肖丙炎、济煦、胡嗣瑗、罗振玉、陈宝琛、景方昶、王敬晋、毓彭(胡嗣瑗代见)、刘凤池。 ——《溥仪日记全本·召见日记簿》第 142 页

2 月 1 日(丙寅十二月二十九日) 溥仪张园召见。

作七律"除夕",见《沧趣楼诗文集》第 205 页。

在津,除夕有诗云:"通宵爆竹似平时,八十衰残不自知,何意蜷居一楼地,适来罗拜五男儿。君臣义在难归老,弟妹情长奈远离。混一车书终可待,天心人事正推移。"盖公深信人心厌乱,但勤修厥德,必有天与人归之日,所以力主审慎,切戒轻举。 ——《闽县陈公宝琛年谱》第 132 页

见毓峻、肖丙炎、济煦、胡嗣瑗、景方昶、陈宝琛、存耆、润良、润麟、恒煦、李士奎、荣源。 ——《溥仪日记全本·召见日记簿》第 142 页

2 月 2 日(正月初一) 元日作七律次韵胡嗣瑗,见《沧趣楼诗文集·次韵愔仲丁卯元日》第 206 页。

愔仲元旦有诗,今年亦五十矣。自丁巳相知,回首已逾十载。满地横流,正未知何地乃能安处,故和诗及之。 ——《闽县陈公宝琛年谱》第 135 页

2 月 6 日(正月初五日) 赴郭则沄诗钟约,与郑孝胥均有句。

赴郭啸麓之约作诗钟,"朱、海"第一字,弢庵有句云:"海图裋褐怜残绣,朱字筌篪识旧诗。"余句云:"朱丝喻直繄谁信,海水惊寒只自知。"初[1]云:"朱丝自信平生直,海水焉知此日寒。"又句云:"海燕一双怨秋夜,朱楼百尺看横风。"弢联宜改作"移残绣"、"辨小诗"。 ——《郑孝胥日记》第 4 册第 2133 页

[1] 胡嗣瑗,号晴初。

2 月 7 日(正月初六日) 溥仪张园召见。

见溥杰、肖丙炎、胡嗣瑗、陈宝琛、刘凤池、毕翰章、钟凯、赵俊卿。

——《溥仪日记全本·召见日记簿》第 144 页

2 月 8 日(正月初七日)　溥仪张园召见。

见溥杰、肖丙炎、胡嗣瑗、陈宝琛、周登皞、胡国英(溥杰代见)、中山荣。

——《溥仪日记全本·召见日记簿》第 144 页

2 月 10 日(正月初九日)　溥仪张园召见。

见溥杰、肖丙炎、佟成海、郑孝胥、陈宝琛、庄士敦、存耆。

——《溥仪日记全本·召见日记簿》第 144 页

2 月 11 日(正月初十日)　溥仪张园召见。

见溥杰、肖丙炎、胡嗣瑗、景方昶、陈宝琛、庄士敦。

——《溥仪日记全本·召见日记簿》第 144 页

2 月 13 日(正月十二日)　与郑孝胥、佟济煦同宴请庄士敦并其友。

夜,与叔庵、楫先同宴庄士敦并其友白佳厄德甫得。

——《郑孝胥日记》第 4 册第 2134 页

2 月 14 日(正月十三日)　溥仪生日,张园召见,行礼贺寿。

见溥杰、乐泰、恒煦、肖丙炎……胡嗣瑗、陈宝琛、林葆恒、姚宝来、万绳栻。

——《溥仪日记全本·召见日记簿》第 144 页

诣行在,贺万寿者百馀人,西人来者二十馀人。召见,分班行礼,惟大臣十二人加恩行一跪九叩首礼。年内廿一日已奉召,元旦及万寿节罢行礼矣。……上与诸臣复同摄影,已,赐膳乃散。

——《郑孝胥日记》第 4 册第 2134 页

赴张园庆寿,在楼下分班行礼。午初在楼前摄影。上正坐,近臣及诸旧臣两行侍立,如去年例。旋赐寿谯。《实录》本定今日进呈,以护照请领不及,经叔老面奏,暂缓起运。

——《郖庐日记》第 6 页

何振岱同郑孝柽等来,留晚餐。

予同郑仆曲折查得仁和里廿号投刺入,螺庵出至阶前相近给车钱与郑仆归,入坐定,甚喜,适有粥,遂共食,食后螺为讲胡氏《通释》数处,饭后再讲。稚辛来即去,五时回郑寓,六时同稚辛至叔老家。席间主宾只四人。

——《何振岱日记》第 136 页

2 月 16 日(正月十四日)　溥仪张园召见。

见溥杰、肖丙炎、胡嗣瑗、袁励准、陈良士、陈宝琛、朱益藩、刘凤池、庄士敦、康有为、徐勤、徐良、润良、张梦潮、张梦渭、张梦范、张学诗、张学毅。

——《溥仪日记全本·召见日记簿》第 144 页

2 月 17 日(正月十五日)　自津回京。

因弢老即日回京，且连日多同席，故未往拜。此来同乡、熟人如星冶、资颖皆未及往，他乡人更无论矣。

——《郋庐日记》第 8 页

2 月 20 日（正月十九日） 灵清宫宅灯社雅集。

早餐毕即赴灵清宫灯社之期。此次发唱，弢老分数极多，得第一标，至为高兴，同人亦兴高采烈。……唱毕，与弢老、熙民、季武复纵谈久之。

——《郋庐日记》第 11 页

2 月 21 日（正月二十日） 与郭曾炘赴石岱霖、蒋乃时招，途中谈溥仪行止。

晚赴贞贤之招，未终席。复偕弢老同年赴总布胡同石岱霖、蒋乃时二君之招。……弢老车中询及津埠能否安居，余谓一时侪无恐，须看上海变局如何。又云，或劝迁大连，则与京师隔绝，皇产清理益难，而从此皆贫甚不能远涉。亦有主寓辽者，宣明面目又殊不耐看，真所谓麑麑麋聘矣。

——《郋庐日记》第 13—14 页

2 月 24 日（正月二十三日） 王树枏撰、成多禄书公八十寿辰重宴琼林序。

闽县陈太傅弢庵年伯八十寿辰重宴琼林序

王树枏　成多禄

岁在疆围单阏元月二十三日[1]，为闽县太傅弢庵年伯八十寿辰，又值明年为重宴琼林之岁，恭逢盛事，树枏谨与成太守澹堪捧献一言，以道公介福之盛。其所以致此者，殆有天焉，非偶然尔也。窃尝谓人生于世，凡帝王之事业，贤圣之功能，皆可以人力为之，以求至乎其极；独寿夭之数，则命之自天有，非人力所能强致者。故《书》之言寿曰"天寿"，《诗》之言寿曰"天保"。古之善祷其君若臣者，莫不祈之于天，以献其日月冈陵之颂。

我朝选士二百馀年，每科登进之数，至不可算，而进士之重与琼林宴者，仅二十馀人，盖非妙年登第而又获享遐龄者，不能与此。故溧阳相国史文靖公值乾隆庚辰设进士琼林宴，高宗命公重赴，以昭盛典。自兹以降，相国嵇麟庭、蔡次明诸公相继以高年踵行故事，传为美谈。而公以胜朝耆老殿承诸公之后，其操心之危，虑患之深，以视诸公遭遇承平赐饯赐宴，以志熙朝之瑞事者，盖不无盛衰之感焉。虽然，天之生才，不限于治乱兴亡之世，当开创之初，则生周、召、望、散，以启兴主之运，及其末也，列国则有孟、荀，秦末则有申、伏。其隐持世教以式靡俗者，厥功盖尤伟焉。我公遭逢世变，琐尾流离，持危扶颠，从容启沃，其所以保护圣躬者，实有合于蒙难艰贞之义。而天又假公以大年，与我国同休戚，则将来受天之祐，由耄耋以至期颐，其降大任以增益其所不能者，盖未有极也。

吾读《大易》,至"剥"之"上九"曰:"硕果不食,君子得舆,小人剥庐"。硕果者,阳之象也;舆者,众民之象也;庐者,国家之象也。当剥极之时,小人之剥,丧国家至于不可收拾,而究至失其所,复求一容身之地而不能。君子以孤阳处群阴之上,以俟天心之复。盖阳无可尽之理,剥极则复,故有不食之象焉。今公所遭之时,与所居之地,亦今世之硕果也。承剥庐之馀,而以一身系天下之望,于以知天下之寿公者,所关至巨,非第一重宴恩荣已也。

　　甘肃、新疆布政使　年愚侄王树枏顿首拜撰。

　　黑龙江绥化府知府　晚生成多禄拜书。

北京史树青先生提供手件。　　　　　　　　——《成多禄集》第598—600页

[1] 公生日为九月二十三日。

溥仪张园召见。夜访郑孝胥。

　　见肖丙炎、郑孝胥、陈宝琛、王怀庆、白荫奎。

　　　　　　　　　　　——《溥仪日记全本·召见日记簿》第145页

　　夜,彀庵来。　　　　　　　　——《郑孝胥日记》第4册第2135页

2月25日(正月二十四日) 郑孝胥来访。

　　过彀庵。　　　　　　　　　——《郑孝胥日记》第4册第2135页

2月27日(正月二十六日) 溥仪张园召见。

　　见肖丙炎、胡嗣瑗、陈宝琛、庄士敦、瀛女士(皇后前侍读英人)、霍殿阁、刘凤池。　　　　　　　　　——《溥仪日记全本·召见日记簿》第145页

3月1日(正月二十八日) 溥仪张园召见。

　　见肖丙炎、郑孝胥、陈宝琛。——《溥仪日记全本·召见日记簿》第146页

3月4日(二月初一日) 溥仪张园召见。

　　见肖丙炎、济煦、郑孝胥、万绳栻、罗振玉、铁良、陈宝琛、张兆钾。

　　　　　　　　　　　——《溥仪日记全本·召见日记簿》第146页

3月5日(二月初二日) 致函张志潜。

致 张 志 潜　　　　　　　　　　　　　　　　　陈宝琛

仲昭年老弟惠览:客冬来书,稽复至今。兵氛变幻无常,沪渎日在风鹤中。初望足下北来恐不可必也。安兄元旦尚剧谈一时许,不意三日病遂沉重[1],身后清贫,幸足下与远伯及贵族人某致赙,当可了此丧事。津居月必一再晤,痛逊(?)益难为怀。复儿过沪,当可晤教。手此,藉问起居,不尽所言。景明久托乞,《涧于集》书牍一部,舍侄懋咸亦愿得之,渠亦壬寅末契也。宝琛顿首。二月二日。

自我交公，干枝一周。曩忧厝火，今痛横流。卅年离索，复聚风沤。曾未再幕，弃我不留。林中之游，籍咸最昵。大阮已矣，贵寿公极。贵而能贫，寿且好德。正毙若休，俟清何日。公常言命，我谓适然。归来一噫，执者非天。世实丁此，身何有焉。无奈孤愤，郁兹寸丹。正旦诣公，剧谈移晷。拭目开襟，奋髯抵几。不期半旬，梦呼起起。公自解发，孑然后死。孟看垂尽，公之生朝。欲待壶樀，相慰后凋。典刑倏渺，异路未遥。倘念昔者，歆此酒觳[2]。

——上海图书馆藏手稿

[1] 安兄三日病遂沉重：张人骏（安圃），1927 年，民国十六年丁卯卒于天津。

[2] "祭张安甫同年文"，见《沧趣楼诗文集》第 475—476 页。

3 月 9 日（二月初六日） 溥仪张园召见。晚赴张鼎臣约。

见肖丙炎、郑孝胥、陈宝琛、庄士敦、润麟、张学毅、有田总领事、白井副领事、小崛寅次郎、岛田二郎、太原要、小宫山繁。

——《溥仪日记全本·召见日记簿》第 146 页

张鼎臣约晚饭，坐有弢庵、升吉甫、罗叔蕴。

——《郑孝胥日记》第 4 册第 2136 页

3 月 11 日（二月初八日） 溥仪张园召见。约郑孝胥晚饭，出示藏画。

见肖丙炎、许荣勋、陈宝琛、许柄榛。

——《溥仪日记全本·召见日记簿》第 146 页

弢庵约晚饭，食熊掌。……观弢庵所藏文休承花卉长卷，徐文长题其首云："文博士墨宝"；文徵明《江南春图》卷，有沈石田题诗；王石谷《仿石田雪景》长卷；皆佳。

——《郑孝胥日记》第 4 册第 2137 页

3 月 12 日（二月初九日） 访郑孝胥。

弢庵来。

——《郑孝胥日记》第 4 册第 2137 页

3 月 13 日（二月初十日） 溥仪张园召见。《实录》将于十五日进呈。

见肖丙炎、陈宝琛、张学诗、张学毅。

——《溥仪日记全本·召见日记簿》第 146 页

《实录》馆裕、李两提调录弢老来信，传谕，《实录》诸书于十五日早进呈，前一日运津。

——《邴庐日记》第 41 页

3 月 15 日（二月十二日） 溥仪张园召见。《德宗景皇帝实录》十四日押运天津。

见肖丙炎、济煦、郑孝胥、万绳栻、陈宝琛、恒煦。

——《溥仪日记全本·召见日记簿》第 147 页

午后郅臣来，言渠亦于十四早车押箱赴津。箱先运㱡老寓，咸、同二朝《实录》，清室委员会向惺吾索取，已付之。现所运仅装七箱。与约是日到㱡老处会面。

——《邴庐日记》第 44—45 页

3 月 16 日（二月十三日）　郭曾炘与梁鸿志同车自京赴津。

申正同赴车站，遇惺吾，即同上车。……众异以于是日赴津，对座间谈，车中尚不岑寂。至新站下车。熙民、次耕、群一已在津寓相候。群一言㱡老已函托其派兵到站招呼，当照办。

——《邴庐日记》第 45 页

3 月 17 日（二月十四日）　《德宗景皇帝实录》已运至津。

午饭时电询㱡老，知书箱已运到。㱡老传语，晚间潞庵处同席，可不必来，因复约熙民、次耕、群一手谈。

——《邴庐日记》第 46 页

3 月 18 日（二月十五日）　溥仪张园召见。与郭曾炘、宝熙等恭呈溥仪《德宗实录》、《圣训》、《宣统政纪》。

见乐泰、肖丙炎、胡嗣瑗、宝熙、裕隆、荣绪、王溥、李经畲、陈宝琛、景方昶、梨湛枝、郭曾炘、温肃。

——《溥仪日记全本·召见日记簿》第 148 页

诣行在。《德宗景皇帝实录》告成。正总裁陈宝琛，副总裁郭曾炘、宝熙及提调、馆员，赍书进呈。上亲行礼，作字。

——《郑孝胥日记》第 4 册第 2137 页

晨起即赴张园。瑞臣及裕、李诸君已先到。瑞臣于昨晚赶来也。午初与瑞臣、郅臣、惺吾并奉传见，㱡老亦在座次。上慰劳数语，即下午正呈进。各书计《实录》一百三十五函、《圣训》二十九函、《本纪》十八函，另《宣统政纪》十三函。由㱡老持第一函率同馆诸人至台阶下，交辅国乐将军，忘其名。接捧至中堂，明久、琴初立案畔启袱恭陈，退至阶下，同行三跪九叩，礼毕，两旁侍立。上至案前展阅首卷，亲行三跪九叩礼，各退野次，不能具礼，如斯而已。随毅夫、潞庵率同收掌供事开箱捧出各函陈设案。上又命瑞臣及余率两提调同排次，上亦在案前指点其《政纪》十三函另陈于堂右长案上。事毕，至传达处午饭，方散。

——《邴庐日记》第 46—48 页

3 月 19 日（二月十六日）　赴刘冠雄[1]招。

下午熙民、群一来同赴资颖之招，同席有㱡老、星治、子有、芷卿、慎丞及沄儿。至亥正散。

——《邴庐日记》第 48 页

[1] 刘冠雄：字敦诚，号资颖，福建闽县人。福建船政学堂毕业，英国格林威治皇家海军学院留学，北洋水师靖远舰帮带、大副。1912 年任南京临时政府海军部顾问。北洋政府时期授予海军上将军衔，历任海军总长、福建省都督、闽粤海疆防御使等，后定居天津。

3 月 20 日（二月十七日）　溥仪张园召见。

见肖丙炎、济煦、郑孝胥、陈宝琛、润麟。

　　　　　　　　　　　　　——《溥仪日记全本·召见日记簿》第 149 页

3 月 21 日(二月十八日)　溥仪张园召见。

见肖丙炎、济煦、许荣勋、陈宝琛、刘凤池、商衍瀛、润麟。

　　　　　　　　　　　　　——《溥仪日记全本·召见日记簿》第 149 页

3 月 22 日(二月十九日)　溥仪张园召见。

见肖丙炎、济煦、郑孝胥、胡嗣瑗、刘凤池、冯恕、陈宝琛、溥侗、李士奎、朱益藩、载涛、润麟。　　　　——《溥仪日记全本·召见日记簿》第 149 页

3 月 23 日(二月二十日)　溥仪张园召见。

见肖丙炎、陈宝琛、袁大化、朱益藩、胡若愚、张学毅。

　　　　　　　　　　　　　——《溥仪日记全本·召见日记簿》第 149 页

3 月 24 日(二月二十一日)　溥仪张园召见。

见肖丙炎、陈宝琛、毕翰章、溥佳。

　　　　　　　　　　　　　——《溥仪日记全本·召见日记簿》第 149 页

3 月 26 日(二月二十三日)　郭曾炘来访。

连日报载金陵事。已证实南军掠及外侨死伤不少。回溯八十年前，白门定约之时，碧眼儿亦不盛衰之感也。此场大劫，将来究竟如何，且观其后。……旋到弢老处，略谈张园事，及津埠将来情形。——《邴庐日记》第 57 页

3 月 27 日(二月二十四日)　何振岱来访。

午刻往北池子庄宅，未起。闻弢老在寓，急返。谈次出曾诗见示。遂去，送至车前。　　　　　　　　　　　　　　——《何振岱日记》第 151 页

3 月 28 日(二月二十五日)　何振岱来访，公示以宜园墨，云皆赝品。

廿五早看诗，往候弢老，坐谈，示以宜园墨，云皆假也。

　　　　　　　　　　　　　　　　——《何振岱日记》第 151 页

3 月 31 日(二月二十八日)　赴广和居之约，又赴福建会馆榕社吟唱。次日赴津。

顺道出城，赴广和居湘衡之约。同席为弢丈、向之、贻书、师郑、阄公、守瑕、午原，皆至熟人。痛饮畅谈而散，旋赴会馆榕社之期。榕社新改每月朔望，以弢老明日赴津，提前于今日下午。阴寒有风，炉火重装，尚形瑟缩。作诗三唱极酣。散已子初矣。　　　　　　　　　　——《邴庐日记》第 64 页

4 月 1 日(二月二十九日)　溥仪张园召见。昨日康有为卒，门人徐良请清室予谥，溥仪有意赐恤，与郑孝胥均予劝阻。

见肖丙炎、杨锺羲、存耆、荣源、陈宝琛、毕翰章、郑孝胥。

——《溥仪日记全本·召见日记簿》第 150 页

张园电话云："弢庵已来。"即诣园，召见陈宝琛、郑孝胥。报言，康有为以廿八卒于青岛，上欲赐恤，陈宝琛谏，谓康宗旨不纯，且有"保中国、不保大清"之说；郑孝胥奏曰："德宗贲志抑郁以终，实受康有为之害。戊戌之狱，他日当付朝议定之。"上然之。

——《郑孝胥日记》第 4 册第 2139 页

康有为去世，他的弟子徐良求我赐一谥法。按我起初的想法，是要给他的。康有为去世前年，常到张园来看我，第一次见到我的时候，曾泪流满脸地给我磕头，向我叙述当年"德宗皇帝隆遇之恩"，后来他继续为我奔走各地，寻求复辟支持者，叫他的弟子向海外华侨广泛宣传"欲救中国非宣统君临天下，再造帝国不可"。他临死前不久，还向吴佩孚以及其他当权派呼吁过复辟。我认为从这些举动上看来，给他谥号是很应当的。但是陈宝琛出来反对了。这时候在他看来，分辨忠奸不仅不能只看辫子，就连复辟的实际行动也不足为据。他说："康有为的宗旨不纯，曾有保中国不保大清之说。且当年忤逆孝钦太皇太后（慈禧），已不可赦！"胡嗣瑗等人完全附和陈宝琛，郑孝胥也说光绪当年是受了康有为之害。就这样，我又上了一次分辨"忠奸"的课，拒绝了赐谥号给康有为。据说后来徐良为此还声言要和陈、郑等人"以老拳相见"哩。

——《我的前半生》第 259 页

1927 年，康有为病故，他的门人徐良来到天津，要求溥仪赐给康有为谥号。陈宝琛、郑孝胥等人认为戊戌变法事机不密，致使光绪帝一蹶不振，幽死瀛台。追源祸始，康有为实开其端，不应予谥。溥仪采纳了陈、郑的意见。徐良大为气愤，声称要和陈宝琛、郑孝胥以老拳相见。

——《伪满宫廷杂忆》第 19 页

4 月 2 日（三月初一日）　溥仪张园召见。郑孝胥来访。

见肖丙炎、胡嗣瑗、铁良、陈宝琛、钟培英。

——《溥仪日记全本·召见日记簿》第 150 页

过弢庵谈。

——《郑孝胥日记》第 4 册第 2139 页

4 月 4 日（三月初三日）　王揖唐邀往海光寺禊集。

丁卯天津海光寺禊集，余实为主之，以颜光禄"曲水诗序"分韵，京津耆宿，强半来会，如陈弢庵、李星冶诸老，均年逾八十以上，……弢老分得"缠"字，即席成诗云："临河循例会群贤，海上羁栖又一年。积雪涉春都作水，连阴逢雾似关天。相从携酒同登阁，有兴褰裳与刺船。岁岁祓除兵未寝，可堪南望战氛缠。"腹联海藏极称之,以为置之宋贤集中,亦仅见之佳句。

——《今传是楼诗话》第 290 页

4 月 5 日(三月初四日) 溥仪张园召见。

见肖丙炎、济煦、胡嗣瑗、万绳栻、陈宝琛、苏锡麟、铁良、任祖安。

——《溥仪日记全本·召见日记簿》第 150 页

4 月 6 日(三月初五日) 《北洋画报》刊辛酉年诗作墨迹,署陈宝琛。诗见《沧趣楼诗文集》第 183—184 页。

"陈宝琛手书直幅","辛酉年诗作里中及门百三十二人谯集钓鱼台"

——《北洋画报》第 26 期第 3 版 1927 年 4 月 6 日

4 月 7 日(三月初六日) 溥仪张园召见。

见肖丙炎、济煦、陈宝琛、赵尔巽、张彪、钟培英、希资、柏喀特、聂罗、布肯拿、葛路内兆居、陈毅。 ——《溥仪日记全本·召见日记簿》第 150 页

4 月 8 日(三月初七日) 溥仪张园召见。

见肖丙炎、济煦、胡嗣瑗、陈宝琛、王式、李准、张兆钾、张数、张桂、有田总领事、白井副领事、万绳栻。 ——《溥仪日记全本·召见日记簿》第 150 页

4 月 9 日(三月初八日) 溥仪张园召见。

见肖丙炎、陈宝琛、万绳栻、景方昶、吉田通译官、古城胤秀、张学毅。

——《溥仪日记全本·召见日记簿》第 151 页

4 月 11 日(三月初十日) 溥仪张园召见。

见肖丙炎、胡嗣瑗、陈宝琛。 ——《溥仪日记全本·召见日记簿》第 151 页

4 月 14 日(三月十三日) 溥仪张园召见。

见肖丙炎、济煦、胡嗣瑗、陈宝琛、载润、钟培英、欧尔德。

——《溥仪日记全本·召见日记簿》第 151 页

4 月 15 日(三月十四日) 溥仪张园召见。

见荣源、肖丙炎、济煦、陈宝琛、王怀庆、高田司令官、吉田通译官、苏锡麟、阎泽溥。 ——《溥仪日记全本·召见日记簿》第 151 页

4 月 16 日(三月十五日) 早车自津至京,下午赴会馆榕社例会。

下午赴榕社例会,弢老适早车自津来,作诗二唱,极酣。

——《邴庐日记》第 74 页

4 月 22 日(三月二十一日) 晨,何振岱至灵境胡同公寓,与郑孝柽、成多禄、丁传靖、林开暮同访宣武门昭忠祠,观赏古松,谒顾炎武祠;出至法源寺,在广和居午饭后,往龙泉寺听僧弹琴,阅罗两峰画。由何陪返寓,取曾氏行状。有诗"同澹庵

阉公访松旧慈仁寺三松萎其一矣"，见《沧趣楼诗文集》第 211 页。

六点起，……到灵境，茇老正食粥。写联句送朱氏嫁女句云："苇岸蓼澹，彝□雅致，葱汤麦饭，薇国高风"。少顷，稚辛、成多禄、丁阉公、林贻书同行。予与茇老同车，车中谈郭氏乡愿事，极可笑。出宣武门至昭忠祠，即旧报国慈仁寺也。康熙时王渔洋有双松歌，赠吾里许天玉，其松乾隆时已不见，今所见之三松，又枯其一松者，则乾隆时补栽也。一松偃盖，殊有姿势，玩赏久之。大殿所供皆忠臣木主。所谓窑变观音者不知归何处矣。旁有顾先生祠，道光间张石洲、何子贞诸公所建，后人重新之，有僧护，却不见芜葳，坐僧房中吃茶，稚辛给钱一元，出至法源寺，丁香已三分开，徘徊周视，至客堂饮茶，出至广和居午饭……归至茇老处，取曾氏行壮归。　　——《何振岱日记》第 159—161 页

4 月 23 日（三月二十二日）　郭曾炘询问康有为谢折，公谓未见。

赴承梅耆年会之招，归甫亥正。座间询茇老南海谢折，谓未之见，又云其中有指斥那拉后，此外尚多庞杂语，则又似曾见之者，不知何故讳言之。然南海遗嘱刊印二千馀分分散，则此稿终将发现也。此君究竟何流人物，前数次日记但据传闻，谬有推崇之语，尚待参考也。　　——《邢庐日记》第 84—85 页

4 月 24 日（三月二十三日）　邀客钓鱼台，至者六十馀人。与家人及里中友人合影，并有题诗、附跋[1]。

与家人及里中友人在北京钓鱼台合影，并题诗："台池树木幸犹完，七载[2]风波一指弹。多感友好念衰朽，尊前留作画图看。"附跋："丁卯三月二十三日，里中友人复觞于钓鱼台，并邀匏庵、杼疏二老，犹子懋咸、儿子懋侗、懋艮随侍，儳影纪事，为题一绝。宝琛。"

　　——中国银行（香港）《大音希声风范永存-深切缅怀陈纮先生》封三 2009 年

[1] 诗、跋《沧趣楼诗文集》未收。

[2] 七载：1921 年（辛酉）三月二十日，公曾在钓鱼台邀里人友人百馀人。

晴。茇庵门下午刻在钓鱼台，为其预祝，邀作陪客。沅叔亦约午饭，遂先到石老娘胡同。沅叔外出未回，王少溥住其家，出来招呼。因与言出城应局，恐回来不早，可代向沅叔致谢。出城车路甚难行，未初入席。至者六十馀人，散后入城。　　——《邢庐日记》第 85 页

4 月 28 日（三月二十七日）　溥仪张园召见。

见肖丙炎、陈宝琛。　　——《溥仪日记全本·召见日记簿》第 152 页

4 月 30 日（三月二十九日）　溥仪张园召见。

见肖丙炎、胡嗣瑗、景方昶、陈宝琛、有田总领事、加藤外松、白井副领事、

江藤荣吉、海军主计大尉大谷茂、海军中尉木下康夫、海军主计少尉今井朝男、润麟、张学毅。 ——《溥仪日记全本·召见日记簿》第 152 页

三月 为郭曾炘作"《匏庵诗存》序",见《沧趣楼诗文集》第 307—308 页。

成澹庵约同城西看花,顺游诸刹。有诗"澹庵约同城西看花顺游诸刹即次其韵""题画二首",见《沧趣楼诗文集》第 207—208 页。

5月2日(四月初二日) 溥仪张园召见。郭曾炘评赞严复译作。

见肖丙炎、陈宝琛、刘继霖(胡嗣瑗代见)、润麟、张学毅、溥杰、溥任。

——《溥仪日记全本·召见日记簿》第 152 页

嘿园来言已就津门军署秘书,并代慎臣交来所得松雪砚拓本长幅属题。作《题几道临晋人帖手迹诗》。……丁巳岁在瘝垫堂[1]论渔洋诗,几道有手书见和,七古一章尚悬斋壁。几道书翰皆取法乎上,故其所译书并择精语详,雅驯可诵,当代学人殆无其匹。偶题四绝,以橘叟前题押真韵,亦全用此韵。吾乡击钵吟例也。 ——《郧庐日记》第 95—96 页

[1] 瘝垫堂:严复寓。

5月3日(四月初三日) 溥仪张园召见。

见溥杰、溥任、肖丙炎、陈宝琛、商衍瀛。

——《溥仪日记全本·召见日记簿》第 152 页

5月4日(四月初四日) 何振岱抄文挂号寄公。

大风,拟往崇效寺,不果。抄文写信与殁老,挂号。寄殁老函,文在内。冒风至牡丹畦食点心。 ——《何振岱日记》第 164 页

5月9日(四月初九日) 溥仪张园召见。

见溥任、肖丙炎、济煦、胡嗣瑗、陈宝琛、载涛、毓善、吴锡宝。

——《溥仪日记全本·召见日记簿》第 153 页

5月10日(四月初十日) 溥仪张园召见。

见溥任、肖丙炎、胡嗣瑗、景方昶、陈宝琛、载涛。

——《溥仪日记全本·召见日记簿》第 153 页

5月11日(四月十三日) 《北洋画报》第 86 期刊照片"今春废帝溥仪廿二岁寿辰与遗老名流合影于天津张园",与朱益藩、华世奎、郑孝胥、康有为等在列。见《北洋画报》1927 年 5 月 11 日。

5月12日(四月十二日) 溥仪张园召见。

见溥任、肖丙炎、济煦、罗振玉、林葆恒、陈宝琛、铁良、润良、张学毅。

——《溥仪日记全本·召见日记簿》第 153 页

5 月 13 日(四月十三日)　郑孝胥来访,公往访郑。

晤弢庵、琴初、信之、毅夫、楫先、熙民。过弢庵、罗叔韵、子经、李星野先生。弢庵来。　　　　　　　　　　　　　　——《郑孝胥日记》第 4 册第 2144 页

5 月 14 日(四月十四日)　溥仪张园召见。

见溥任、肖丙炎、郑孝胥、胡嗣瑗、景方昶、陈宝琛、万绳栻、存耆。
　　　　　　　　　　　　——《溥仪日记全本·召见日记簿》第 153 页

5 月 15 日(四月十五日)　至京,赴榕社会期。晤郭曾炘。

今日为榕社会期,闻弢老已至京,扶病前往一谈,作诗三唱。归尚未甚晚。
　　　　　　　　　　　　　　　　　　　　——《邴庐日记》第 108 页

5 月 17 日(四月十七日)　赴耆年会招,与郭曾炘、郑孝柽久谈。

傍晚赴季友耆年会之招,席散与弢老、雅辛纵谈许久始归。
　　　　　　　　　　　　　　　　　　　　——《邴庐日记》第 112 页

5 月 20 日(四月二十日)　郭曾炘至京寓作折枝吟。

午后赴秋岳甥招在灵清宫陪弢老作折枝吟。座中皆榕社人,作三唱方散。
　　　　　　　　　　　　　　　　　　　　——《邴庐日记》第 115 页

5 月 25 日(四月二十五日)　溥仪张园召见。访郑孝胥。随溥仪夫妇返津。

见溥任、肖丙炎、王式、陈宝琛、存耆、朱汝珍、加藤总领事、白井副领事、佐藤领事。　　　　　　　——《溥仪日记全本·召见日记簿》第 154 页

弢庵来。　　　　　　　　　　——《郑孝胥日记》第 4 册第 2145 页

溥仪夫妇昨偕陈宝琛回津。　　　　　　——《申报》1927 年 5 月 26 日

5 月 26 日(四月二十六日)　郑孝胥与弟孝柽来访。

与稚辛同过弢庵。　　　　　　——《郑孝胥日记》第 4 册第 2145 页

5 月 28 日(四月二十八日)　溥仪张园召见。

见溥任、肖丙炎、郑孝胥、陈宝琛、张学毅。
　　　　　　　　　　　　——《溥仪日记全本·召见日记簿》第 154 页

5 月 29 日(四月二十九日)　溥仪张园召见。

见溥任、肖丙炎、济煦、胡嗣瑗、陈宝琛。
　　　　　　　　　　　　——《溥仪日记全本·召见日记簿》第 154 页

6 月 1 日(五月初二日)　溥仪张园召见。

见肖丙炎、济煦、郑孝胥、陈宝琛、载涛、毕翰章。
　　　　　　　　　　　　——《溥仪日记全本·召见日记簿》第 155 页

6 月 2 日(五月初三日)　王国维自沉昆明湖。投湖前一日为人书扇,题有七

律两首,乃公"次韵逊敏斋主人落花诗四首"之三、四两首。王揖唐《今传是楼诗话》五十二有记载,参见本编卷四 1919 年 4 月 15 日。公得知此事,为之唏嘘。后来在为门人题扇时,加识语。

6 月 3 日(五月初四日) 溥仪张园召见。

见肖丙炎、济煦、郑孝胥、胡嗣瑗、陈宝琛、罗振玉、景方昶、钟培英、刘凤池、吉田总领事、白井副领事、存耆。

——《溥仪日记全本·召见日记簿》第 155 页

6 月 8 日(五月初九日) 溥仪张园召见。

见肖丙炎、济煦、郑孝胥、陈宝琛、存耆、孔宪章(荣源代见)。

——《溥仪日记全本·召见日记簿》第 156 页

6 月 10 日(五月十一日) 溥仪张园召见。

见肖丙炎、郑孝胥、陈宝琛、铁良、存耆、吉田通译官、丸山参谋、河野悦次郎[1]。

——《溥仪日记全本·召见日记簿》第 156 页

[1] 河野悦次郎,日本间谍。曾任战前太原日特务机关长。

6 月 11 日(五月十二日) 溥仪张园召见。

见肖丙炎、陈宝琛。 ——《溥仪日记全本·召见日记簿》第 156 页

6 月 12 日(五月十三日) 溥仪张园召见。应万绳栻招饮于张勋别业,有诗。见《沧趣楼诗文集·五月十三日公雨招饮张忠武别业有诗次和》第 208 页。

见肖丙炎、济煦、郑孝胥、陈宝琛、舒远隆、舒远洪、存耆、润麟、邓㵥、希资、白喀特、威斯㵥特克德、山梨半造、铃木贞一、松岛德二、加藤繁信、中岛比多吉、毕翰章、贾斯巴立、谢格林、诺伯力、达布拉作。

——《溥仪日记全本·召见日记簿》第 156 页

五月十三日,应万公雨之招,饮于张勋别业。

——《闽县陈公宝琛年谱》第 135 页

6 月 13 日(五月十四日) 与郭则沄邀约请郑孝胥。

晚,赴弢庵、啸麓之约。 ——《郑孝胥日记》第 4 册第 2148 页

6 月 15 日(五月十六日) 溥仪张园召见。

见肖丙炎、济煦、郑孝胥、胡嗣瑗、陈宝琛。

——《溥仪日记全本·召见日记簿》第 157 页

6 月 17 日(五月十八日) 溥仪张园召见。郑孝胥来访。

见肖丙炎、郑孝胥、陈宝琛、宪贞、钱骏祥。

——《溥仪日记全本·召见日记簿》第 157 页

过弢庵。　　　　　　　　　　　　——《郑孝胥日记》第 4 册第 2149 页

6 月 18 日（五月十九日）　溥仪张园召见。访郑孝胥,不遇。

见肖丙炎、郑孝胥、陈宝琛、朱益藩、润麟。

——《溥仪日记全本·召见日记簿》第 157 页

弢庵、叔蕴、楫先皆来而不遇。　　　——《郑孝胥日记》第 4 册第 2149 页

6 月 19 日（五月二十日）　溥仪张园召见。

见肖丙炎、郑孝胥、王廷桢、朱益藩、陈宝琛、克弟秦。

——《溥仪日记全本·召见日记簿》第 157 页

6 月 20 日（五月二十一日）　溥仪张园召见。

见肖丙炎、景方昶、陈宝琛、沈继贤、朱益藩。

——《溥仪日记全本·召见日记簿》第 157 页

6 月 21 日（五月二十二日）　访郑孝胥,郑作公八十寿文。

作弢庵八十寿文。弢庵来。　　　——《郑孝胥日记》第 4 册第 2149 页

6 月 22 日（五月二十三日）　溥仪张园召见。

见肖丙炎、济煦、胡嗣瑗、陈宝琛、存耆。

——《溥仪日记全本·召见日记簿》第 158 页

6 月 23 日（五月二十四日）　郑孝胥奏请设立书局编清史,以公为提调。

诣行在,召见。询日领事约谈情形;曰:臣以为宜及今日闲暇之际,将本
朝列圣治国大事编为专书,而以前朝制度附于卷末,使成比例,以昭我朝上迈
千古之绩。上自为总纂,而择诸臣使任分纂。……此书果成,则四海万国皆知
我清功德自东周以后无能及者,……圣意如以为然,请即饬陈宝琛为提调,设
书局,选人才,先拟凡例进呈。上曰:"此事当办。汝可先告陈宝琛。"候弢庵来
园,语以奏对情形。　　　——《郑孝胥日记》第 4 册第 2149—2150 页

6 月 26 日（五月二十七日）　郭曾炘来访。

晴。饭后往吊胡迟圃及曾履川嗣母之丧。因弢老昨入都,顺路至灵清宫,
与弢老、夷傲畅谈甚久始归。　　　　　　——《邴庐日记》第 142 页

6 月 29 日（六月初一日）　赴榕社会期。

下午赴榕社会期,余与熙民值会,弢老适在京,作三唱,甚酣。

——《邴庐日记》第 147 页

7 月 1 日（六月初三日）　访郑孝胥。

弢庵来。　　　　　　　　　　　——《郑孝胥日记》第 4 册第 2151 页

7 月 3 日（六月初五日）　溥仪张园召见。

见肖丙炎、佟成海、郑孝胥、陈宝琛、铁良、袁大化、张学毅。

——《溥仪日记全本·召见日记簿》第 158 页

7 月 4 日（六月初六日） 溥仪张园召见。

见肖丙炎、佟成海、胡嗣瑗、景方昶、陈毅、陈宝琛、舒远隆、舒远洪、润麟、张学诗、张学毅、张以孝、张以礼、张以智、荣源、润良。

——《溥仪日记全本·召见日记簿》第 158 页

7 月 6 日（六月初八日） 溥仪张园召见。

见肖丙炎、济煦、陈宝琛。　——《溥仪日记全本·召见日记簿》第 159 页

7 月 7 日（六月初九日） 溥仪张园召见。

见肖丙炎、郑孝胥、陈宝琛、刘凤池。

——《溥仪日记全本·召见日记簿》第 159 页

7 月 8 日（六月初十日） 郭曾炘录陈元凯诗，陈随公旅居津门后，感愤世变，宿疾复发，遂逝。

灯下录昨所作陀庵诗序。陀庵天资卓荦，博涉群书，自幼时既有神童之誉。……癸亥再至京师，则久病之后，颓然老翁。……余偶出论国朝诗家绝句相示，君见之甚喜，互举所闻印证，怂恿赓续成之。君凤依族父太傅公，诗学亦得自亲炙者为多。太傅既扈从徙居津门，君益茫然无所向，感愤世变，宿疾复发，遂以奄逝。　　——《邴庐日记》第 150—151 页

7 月 9 日（六月十一日） 溥仪张园召见。日本领事召见后访公和郑孝胥，告将随时保护溥仪行止。

见荣源、肖丙炎、济煦、郑孝胥、陈宝琛、加藤总领事、白井副领事、沈继贤（济煦代见）。　　——《溥仪日记全本·召见日记簿》第 159 页

日本总领事加藤及副领事白井来致其政府之意，召见加藤、白井。加藤、白井又访陈宝琛、郑孝胥，告云：其政府乘舆所至，不加劝阻，唯随时保护而已。

——《郑孝胥日记》第 4 册第 2151—2152 页

7 月 14 日（六月十六日） 郑孝胥视腰疾，有句拟送宝熙生日"竹所清风齐子固，伯坚生日协神宗"[1]。

视弢庵腰痛。弢庵云："拟送宝熙六十生日句云：'竹所清风齐子固，伯坚生日协神宗。'宝为宗室，其生日与德宗同为六月廿八日。自喜典切，而苦于'协'字未安。"使余更为易之。夜起，思得"诞"字，似无以易。

——《郑孝胥日记》第 4 册第 2152 页

[1]《沧趣楼诗文集》未录。

7 月 15 日(六月十七日)　李兆珍[1]卒,为李遗像题词。见《中华历史人物别传集·星冶先生哀启》第 68 册第 7 页。

[1] 李兆珍,字星冶,见前。

7 月 19 日(六月二十一日)　溥仪张园召见。

见肖丙炎、郑孝胥、景方昶、陈宝琛。

——《溥仪日记全本·召见日记簿》第 159 页

7 月 21 日(六月二十三日)　溥仪张园召见。访郑孝胥。

见乐泰、肖丙炎、济煦、胡嗣瑗、铁良、李孺(胡嗣瑗代见)、朱益藩、陈宝琛。

——《溥仪日记全本·召见日记簿》第 160 页

弢庵来。　　　　　　——《郑孝胥日记》第 4 册第 2153 页

腰疾复发。

阅报载李星老于十七日逝世当非讹传。……傍晚微宇来云,刘资颖亦于昨日逝世。渠此次往津旬日,于近事无所得,所谈皆往事。又云弢老腰疾复发,日来略愈,尚未赴园。大约张园事,迄无善策,以耄年迁此艰屯,固不能有好怀也。

——《郱庐日记》第 162、163 页

7 月 22 日(六月二十四日)　溥仪张园召见。

见肖丙炎、李孺、载润、朱益藩、陈宝琛。

——《溥仪日记全本·召见日记簿》第 160 页

接津信,言弢老已赴园矣。　　——《郱庐日记》第 164 页

7 月 23 日(六月二十五日)　溥仪张园召见。

见肖丙炎、济煦、郑孝胥、载润、朱益藩、张梦潮、陈宝琛。

——《溥仪日记全本·召见日记簿》第 160 页

7 月 25 日(六月二十七日)　溥仪张园召见。

见肖丙炎、郑孝胥、陈宝琛。——《溥仪日记全本·召见日记簿》第 160 页

7 月 27 日(六月二十九日)　溥仪张园召见。

见溥杰、肖丙炎、济煦、郑孝胥、陈宝琛、商衍瀛、润良、润麟。

——《溥仪日记全本·召见日记簿》第 160 页

六月　为林铁尊(鸥翔)《半樱词》署签:"半樱词　丁卯六月　陈宝琛"。

7 月 30 日(七月初七日)　溥仪张园召见。

见溥杰、肖丙炎、济煦、郑孝胥、陈宝琛、润麟。

——《溥仪日记全本·召见日记簿》第 160 页

7 月 31 日(七月初八日)　访郑孝胥。

弢庵来。   ——《郑孝胥日记》第 4 册第 2154 页

8 月 2 日(七月初五日)   溥仪张园召见。郑孝胥作送寿屏。

见肖丙炎、陈宝琛、铁良、周登皞、张学毅。

                 ——《溥仪日记全本·召见日记簿》第 160 页

至文美斋定染宣,作送弢庵寿屏。 ——《郑孝胥日记》第 4 册第 2154 页

8 月 4 日(七月初七日)   溥仪张园召见。

见肖丙炎、陈宝琛。   ——《溥仪日记全本·召见日记簿》第 161 页

8 月 5 日(七月初八日)   在京,郑孝胥、郭则沄共宴公与胡嗣瑗等于莹园。

与郭啸麓共宴琴初、弢庵于莹园,客十七人,堂深风善,灯月尤丽,入夜乃散。

                 ——《郑孝胥日记》第 4 册第 2154 页

8 月 7 日(七月初十日)   与刘骧业同访郑孝胥。

弢庵、午原来。   ——《郑孝胥日记》第 4 册第 2154 页

8 月 10 日(七月十三日)   宴请胡嗣瑗、润朗。

弢庵等公宴琴初及润贝勒,邀至张勋宅晚饭。

                 ——《郑孝胥日记》第 4 册第 2155 页

8 月 12 日(七月十五日)   昨日自津至京,赴榕社雅集。

饭后出城访群一,未遇。与若卿略谈,旋赴榕社之期。弢老于昨日来,熙民晚车至。天气过热,仅作二唱散。   ——《邴庐日记》第 183—184 页

8 月 13 日(七月十六日)   郭曾炘谈论丁传靖作祝寿文。

座间与履川论黄报登阁公所作弢老寿文,虽气格不高,而措语极得体,布局亦好。   ——《邴庐日记》第 184 页

8 月 14 日(七月十七日)   赴榕社吟集,为刘子达祝寿。

今日榕社合社同人每人出资半圆,为孟纯补祝。到者二十余人,作诗三唱。弢老亦到。徵宇寿孟纯一诗,极有意致。   ——《邴庐日记》第 185 页

8 月 22 日(七月二十五日)   郑孝胥为书寿屏二幅。

书弢庵寿屏二幅。   ——《郑孝胥日记》第 4 册第 2156 页

8 月 25 日(七月二十八日)   郭曾炘作公寿诗。

晴。改定弢老寿诗,尚有斟酌。   ——《邴庐日记》第 190 页

七月   作林绍年"《林文直公奏议》序"。见《沧趣楼诗文集》第 301—302 页。

8 月 27 日(八月初一日)   与郑孝胥、朱益藩游廊坊胜芳古镇。

弢庵、朱艾卿皆[偕]游胜芳归。   ——《郑孝胥日记》第 4 册第 2157 页

8 月 30 日(八月初四日)   访郑孝胥。

弢庵、贻书、楫先来。　　　　　　　　——《郑孝胥日记》第 4 册第 2157 页

8 月 31 日（八月初五日）　郑孝胥来寓晚饭。

夜,赴弢庵寓饭。　　　　　　　　　　——《郑孝胥日记》第 4 册第 2157 页

9 月 1 日（八月初六日）　见溥仪。

"早八时馀起。十时召见袁励准。……陈师傅来见。"从这仅存的一九二七年的一页日记中,可以看出当时我的日常生活和接见的人物。

——《我的前半生》第 209 页

9 月 3 日（八月初八日）　郑孝胥松竹楼宴请,坐有林开謩、王揖唐、胡嗣瑗、林葆恒、陈启泰等。

宴弢庵、贻书、揖唐、琴初、立之、子有、楫先、伯平于松竹楼。

——《郑孝胥日记》第 4 册第 2157 页

9 月 5 日（八月初十日）　郭曾炘改黄履川[1]代撰祝寿文。

履川来交代撰弢老寿文,孟纯、君坦同来,共午饭。……灯下改履川所作弢老寿文。

——《邴庐日记》第 197—198 页

[1] 黄履川:福建闽侯人,福州船政学堂后学堂毕业,北洋海军将官。

9 月 8 日（八月十三日）　三子懋民[1]完婚。

旋到聚贤堂弢老第三郎止士结婚。弢老于结婚之先即回本宅,未及晤。

——《邴庐日记》第 199 页

[1] 懋民,娶潘氏。见《若霖公次房景亮公直系简谱》第 25 页。

9 月 9 日（八月十四日）　郭曾炘陪同赴东兴楼午饭,赴林志烜处拜寿。

东兴楼午饭,陪弢老,尚有己酉拔贡数人。晚出城,赴大井胡同仲枢处拜寿。弢老亦到。　　　　　　　　　　　——《邴庐日记》第 199 页

9 月 11 日（八月十六日）　赴东兴楼郑孝胥约,朱益藩、宝熙等在坐,饭后至福建会馆榕社雅集吟唱。

晴。午前至二条小坐,即赴东兴楼之约。所请者弢傅外,有艾卿、瑞臣,皆庚戌同阅卷者,又有林杼疏,乃陪客。……旋赴车子营会馆榕社之约。社中诸友,以余生日,循例聚资。每人六角已减从前之半。洽社亦有加入者,适弢老在京,故到者尚多。弢老兴殊不浅,鼓勇共作三唱,直至丑初方散。

——《邴庐日记》第 200—201

9 月 12 日（八月十七日）　赴耆年会约会。

是日约耆年会同人,到者有弢老、芝老、立沧、熙民、杼疏、贞贤、幼庸、稚

辛、承梅、伯南。惟贞贤因病未愈,未入席先去。畅谈至亥初散。

——《郋庐日记》第 201 页

9 月 13 日（八月十八日） 晚,宴请载泽、朗润、朱益藩、宝熙、郭曾炘等。

晚赴弢老之约,同席为泽公、润贝子、艾卿、瑞臣诸公,归途月色甚佳,不胜玉宇琼楼之欢。

——《郋庐日记》第 202 页

9 月 15 日（八月二十日） 《许宝蘅日记》记是时清室遗老存者仅公与樊樊山、柯劭忞等数人,"寥如晨星"。

善先来。十一时到院,航空次长赵来谈航空军官级事。三时到局,四时到府。……铁庵、治芗、善先、觉先来谈,一时后散去。左笏卿丈年八十一,八十以上老者张安圃制军、冯蒿庵中丞、李新野、刘伯鲁、赵次山及笏丈,凡六人,皆于今年去世,今存者樊樊山（八十二）、陈弢庵（八十）、柯凤孙（七十九）,寥如晨星矣。

——《许宝蘅日记》第 3 册第 1204 页

9 月 19 日（八月二十四日） 八十寿辰将届,清室赏双眼花翎顶戴,"琼林人瑞"匾额。上谢折,见《沧趣楼诗文集·谢八十生辰恩赏折》第 895 页。并有诗"恩荣周甲蒙赐御书琼林人瑞扁额感赋",见《沧趣楼诗文集》第 210 页。

宣统十九年八月二十四日奉上谕:太傅陈宝琛由戊辰科进士历事三朝,启沃朕躬,兼职训护,年登大耋,已届蕊榜周甲之期,著加恩赏戴双眼花翎,并亲书"琼林人瑞"匾额赐之,以示朕尊宠师儒至意。钦此。

——《螺江陈氏家谱·谕旨》第 235 页
亦见《溥仪文存》第 82 页

宣统十九年八月二十四日,奉谕旨:"太傅陈宝琛,由同治戊辰科进士历事三朝,启沃朕躬,职兼训护,年登大耋,已届蕊榜周甲之期,著加恩赏,戴双眼花翎,并亲书'琼林人瑞'匾额,以示尊宠师儒至意。钦此。"

——《沧趣楼诗文集》第 895 页

恩荣周甲,清室赏戴双眼花翎及御书"琼林人瑞"匾额。

——《闽县陈公宝琛年谱》第 135 页

弢庵示《纪恩诗》,以明岁戊辰,重宴琼林,赐匾并赏戴双眼花翎。

——《郑孝胥日记》第 4 册第 2159 页（9 月 22 日）

八月 《澂秋馆吉金图》编成刊行,作"《澂秋馆吉金图》跋",见《沧趣楼诗文集》第 319—320 页。罗振玉作序。

先君癖嗜金石……儿子懋复觅工俱南,尽旧藏,并模全形,印为《澂秋馆吉金图》,以飨众求,并以明先君搜集之勤与欲然不遽问世之意。其古玺印别自为谱。罗君叔言谓可与吴氏《双虞壶斋谱》抗行,亦当有以广其传也。岁在丁卯秋八月闽县陈宝琛识于沽上寓楼。　　　——《沧趣楼诗文集》第 319—320 页

　　光禄公癖嗜金石,随侍布政公关中储署时,所得最伙,洎随宦山左,续有所益。家居后常以未足所好为憾。里中既少同嗜,又乏拓工,欲著录辄不果。中间,吴恪斋（大澂）曾专使来拓金文,始闻于世。三十馀年手泽缄局,未忍检视。公奉召北来,忽忽又十馀稔。目睹内府珍秘近且横遭劫夺,而荒江老屋犹什袭保持,世患无涯,何敢贪天自幸？因令儿子懋复觅工俱南,尽拓旧藏,并橅全角,印为《澄秋馆吉金图》以餍众求,而明先志。其古钵印则别自为谱,罗叔言谓可与吴氏《双虞壶斋谱》抗衡,亦当踵刊行世。

　　　　　　　　　　　　　　　　　　——《闽县陈公宝琛年谱》第 136 页

9 月 26 日（九月初一日）　为朱益藩临王羲之四帖引首题"宝笈梦痕"四字,并系七绝一首。诗《沧趣楼诗文集》未收。

题朱益藩临右军四帖　　　　　　　　　　陈宝琛

　　辛酉、壬戌间,奉敕捡校内府书画,此盖乾嘉时禊宝剩纸也。定园[1]取以临帖,予题其端而系以诗曰：想见先朝御玺时,共号如亲藏经遗。知君试笔应凄洈,风日东廊不再窥。宣统丁卯九月朔陈宝琛。　　　——上海图书馆馆藏

[1] 定园：朱益藩号定园。

榕社会期雅集。

　　是日榕社会期,……饭后到二条,遇劳少麟,谈稍久即出城,赴车子营会馆。……。闻弢老重遇恩荣宴,已得旨赏双眼翎。此外锡赉则未详。

　　　　　　　　　　　　　　　　　　　　　——《邴庐日记》第 213 页

9 月 29 日（九月初四日）　约郑孝胥来寓晚饭,悬郑作寿文同宾客观赏。

　　弢庵约至寓中晚饭,悬余所作寿文使宾观之,杨子勤极称善。

　　　　　　　　　　　　　　　　——《郑孝胥日记》第 4 册第 2160 页

10 月 2 日（九月初七日）　《国学专刊》1927 年 10 月第 1 卷第 4 期续刊《南游草》诗作："石门左转有洞供老子像榜老君岩"、"去老君岩数里山洞益奇曰南道院亦供老子"、"吉隆车口号"、"自吉隆车行至威雷斯雷近八百里"、"馆故甲必丹叶来宅叶盖土人拥以平乱者既因惠潮客民不协质成于英遂隶英时有演说革命者援此晓之"、"十一月十五日夜舟行缅甸海"、"山木蔓生能去鸦片毒人称中兴树"、"乡人以缅伶侑觞即席口占"、"西历元日观西人操兵"、"湖亭驯象缅王所俸也予以食则跪"、"大光塔"、"海澄苏学书邱子安并生长缅甸而以兴教育才倡其乡人苏龙习缅地图志尝为竹枝词数十首有诗允投因答其意",均署陈宝琛,见《沧趣楼诗文集》第 86—

89 页。

10 月 4 日(九月初九日) 重阳日,有诗次韵郑孝胥。见《沧趣楼诗文集·次韵苏龛丁卯元日》第 210 页。

10 月 5 日(九月初十日) 幼梅交郭曾炘代缮蛰园诸友送公寿屏。

> 早晨幼梅来,面交代缮蛰园诸友送弢老寿屏八幅,即留同午饭。
>
> ——《邴庐日记》第 220 页

10 月 6 日(九月十一日) 朱益藩为溥仪代拟赐公寿诗。朱"进呈恭拟赐陈师傅寿诗片"。

> 恭拟赐陈师傅寿诗一章,请钦定后用白绢书就,届期面赐。扁联底本一并贲呈,如蒙早日发下,在京装裱,尤妙。馀事由胡嗣瑗面陈。谨请圣安。臣益藩谨上。十一日。 ——《末代帝师朱益藩》第 55—56 页

10 月 9 日(九月十四日) 邀郑孝胥、高向瀛等于松竹楼用餐,内侄王彦功、彦超兄弟,侄懋豫、懋咸,子懋复在坐,诸人皆来津祝寿。

> 弢庵邀饭于松竹楼,晤高颖生,王彦功、彦超兄弟,及叔毅之子用刚、虚谷及几士,皆来津为弢庵祝寿者。 ——《郑孝胥日记》第 4 册第 2161 页

10 月 14 日(九月十九日) 拟留津过寿日后返京。

> 下午杨疏来,言弢老为津门一班人留在津过寿日,拟二十四日回京。几士已改二十五日款客,惟二十三日仍在备席,同乡熟人及戚好是日亦可往凑热闹也。 ——《邴庐日记》第 228 页

10 月 15 日(九月二十日) 溥仪张园召见。

> 见肖丙炎、郑孝胥、陈宝琛、张志潜、景方昶。
>
> ——《溥仪日记全本·召见日记簿》第 162 页

10 月 16 日(九月二十一日) 溥仪张园召见。八十寿辰,张园诸老作寿诗。郭曾炘接黄懋谦电索郭前拟祝寿文稿。

> 见溥任、肖丙炎、济煦、胡嗣瑗、陈宝琛、袁大化、徐勤、徐良、白井副领事、蜂须贺正氏、荻尾和市郎。 ——《溥仪日记全本·召见日记簿》第 162 页
>
> 又接嘿园电,索前所拟弢老寿文稿,以张园诸公互相退让,竟未成篇,艾卿着急,托嘿园来取以塞责。然余原稿虽经弢老阅过,因后段不惬意置之,前数日弢老即托人来询,屡改终不惬,而几士、嘿园又嘱组南来索,以时日过迫,至在踌躇。接电后知无可推托,即就沄儿案头默写,并草草将后幅改定送嘿园,终未十分妥帖也。 ——《邴庐日记》第 230—232 页

10 月 18 日(九月二十三日) 八十寿,清室赐御书"台衮崇厘"匾额[1]及对联、

福寿字、御制寿诗。有诗见《沧趣楼诗文集·恩荣周甲蒙赐琼林人瑞额感赋》第210 页。上"谢八十生辰恩赏折"见《沧趣楼诗文集》第 895 页。拟明日赴京,二十五日觞客。许宝蘅、郑孝胥、郭曾炘等来祝寿。

[1]《螺江陈氏家谱》:1927 年(八十岁)"恩荣周甲,清室赏戴双眼花翎记御书琼林人瑞扁额"。九月,公八十寿。清室赐御书"台衮崇厘"匾额、"尊礼元臣扶玉杖,久亲旧学拜丹书"对联、福寿字等,及赐御制七律寿诗。

十一时到院,三时出局,出访幼芝新居不遇,过治芗谈,同到陈太傅宅祝其八十寿,八时后归。　　　　　　　——《许宝蘅日记》第 3 册第 1208 页

夜,过弢庵寿筵。　　　　　　　——《郑孝胥日记》第 4 册第 2161 页

座师陈宝琛八十,曹经沅贺寿诗云,门下士中最服膺者为先生诗与郑文焯词。　　　　　　　——《陈三立年谱长编》第 1351 页

陈弢庵先生八十　　　　　　　　　　曹经沅

声名四谏冠当时,硕果天留作帝师。春去虞渊犹捧日,老来桔槔尚观棋。雷伊姓字乡山仰,铁石心肠妇孺知。公自号铁石道人。门下胜流吾独愧,樵风词笔散原诗。　　　　　　　——《借槐庐诗集》第 85 页

弢庵八十　　　　　　　　　　杨锺羲

四诗尊圣制,三宴祝臣年。恩遇光前史,艰难属后贤。天心觇剥复,日赞协经权。不遘遵时贼,安知道力坚。

闽海论耆献,梁村与竦村。遭时有隆替,学派至今存。建德乡何托,横经世久尊。愿闻腾化术,株守谢山樊。

忆昔南游日,还山已十年。种松都偃盖,小草亦华颠。名冠登瀛籍,书成践阼篇。晴窗閒点笔,犹自擅蚕眠。

晚玷荐贤中,相期不苟同。但怀齐物志,难竟济世功。帝德天行健,臣心地道终。后扬凭至计,嘉颂尚能工。　　——杨锺羲《圣遗先生诗·丁》第 16 页

午后赴灵清宫拜弢老寿,遍观壁间寿文寿诗。弢老二十四晚车方来,定二十五觞客。然今日客来者亦不少,核疏留共芝老、立沧、季友手谈,至亥正方散。前弢老寿诗,核疏以"旻"字庙讳遍告于众,并令君坦挖改作"雯",则杂入十二文韵。　　　　　　　——《邴庐日记》第 235 页

10 月 19 日(九月二十四日)　自津至京。

10 月 20 日(九月二十五日)　昨晚回京,赴贵太妃府谢恩。今日命觞谢客,午后来客应接不暇。

巳初即赴灵清宫,因弢老于昨日回京,今日命觞谢客也。到时适弢老将赴

贵太妃府谢恩,已套车矣。略坐谈片刻,即在彼与枍疏为之接待宾客,上半日来客甚稀,至申酉纷至沓来,应接不暇。那、贡二王、泽公、瀛、润两贝勒,忻贝子皆到。戌初筵席尚未尽散,以道远夜间戒严多盘诘先归。

——《邴庐日记》第245—246页

五时到陈太傅处,太傅因清帝赐寿,前日在津,昨日回京,今日宴客,八十老翁周旋应客,精神过人。　　　　　　——《许宝蘅日记》第1208页

10月22日(九月二十七日) 　约请耆年会社友。

午后燮侄来,为曹君元弼托代求樊山、弢老书学会堂联。是日蛰园第八十二社课。直会为师郑、巽庵、子威及沄儿。惟师郑因路远,夜间戒严未到。社友到者有樊山、彤士、徵宇、仲云、迪庵、莘仙、寿芬、颖人、吉府、孟纯、君坦、尚不算少。樊山亦以夜警,先期电嘱早集早散。仍作二唱。首唱为瘦菊,限盐韵,为沄儿所拟。余以弢老耆年会之约,草草作一唱,即赴灵清宫,偶谈及诗题。弢老言从前缾集曾作过,亦系此韵。尚记得欧斋先生二句云:"笑指南山当酒案,不知夜箭一星炎"。缾吟题韵同者已少,而数十年前往事,适于弢老寿辰觞客之日发明之,不可谓非吟坛瑞事也。在灵清宫复晤樵岑。

——《邴庐日记》第247—249页

10月23日(九月二十八日) 　榕社、洽社社友吟补祝寿。

今日榕社、洽社诸友在车子营会馆吟,为弢老补祝。

——《邴庐日记》第247—249页

九月 　作王母林夫人(王仁堪夫人)寿序。

诰封淑人、貤封夫人王母林夫人八秩寿序 　陈宝琛

可庄之林夫人五十之岁,予尝为文叙述两家旧谊、京居情事及居京状。天时人事之变嬗,俛仰间盖三十年。夫人八十,予亦八十矣。方夫人六十时,就养武昌司直已宰县受代,坐客甚盛;及七十留滞都下,门生世旧犹多寿以诗文。今里居又七八年。倚彦和、彦芸掌教卖医以养,无岁无风鹤之警,而夫人殊泰然神明益强,固诞辰将届,诸子负米四方群归洗腆,彦功亦自海外假旋,佥以为能言夫人者莫予若,乞所以侑爵。予虽衰疲,忍拒之耶。夫人之自苏归也,仅司直有室,彦和未冠,彦强甫成童,彦诚九龄,彦功、彦芸以次少二岁,彦超在襁褓两三月耳。夫人环顾绕膝,如涉大海之无津涯,孰敢必其有今日者。彦和既从予治学务,诸子由家塾而学堂而游学海东西,各能以所学为世用,而不惑于邪诐,不诱于势利,温温然无失其家之风。矩夫人担荷之重,盖至是始释也。夫人有所不为而后可以有为,礼失伦敦,世之危其身以忧其亲者趾相接,菽水

之甘鼎钟不与易此。夫人所由神弥恬、体亦弥固欤。犹忆,彦超就学澄衷学堂时夫人挈一媪渡沪,僦小屋堂侧,以严其朝夕。其于诸子蒙养之豫可知。今孙辈亦有学成而归、娶妇生子者,家法之继承引以益长。夫人一身而关键衰盛,为王氏所不可少之人。予前言为有征矣。羁身北海,上不获手仇一舣,而犹能操翰濡墨以庚续三十年前之作,夫人其亦谓之蹶然乎。丁卯秋九月,姻侍生陈宝琛顿首拜撰并书。

——《王苏州配林太夫人寿言集》第 21—22 页

王母林太夫人八旬寿序　　　　　　　陈宝琛等

夫骑鹏作赋,掇状头者,不必有高明协趣之姝;挽鹿为车,乐台背者,每难得文献传家之望。乃若西河琼想,东海菁年。扇母氏之祎容,究天人之窕望。丹青之响,待厉甘泉;黄发之期,俾先世室。如我王太夫人者,庶独贤于今日,有必跂于大齐者焉。太夫人工习箴纫,性赋娴窈。髢不云鬓,服之瀚绤,伊川水澈,用诞其秀冀畦风。古求签曰:贞年二十,归于可庄先生。结褵既行,附萝得所,谁为褰修。增姻娅之企羡,是真佳妇;动君甥之称扬,实佐君子。束衿整缨,用式姆姥。益以虔恭中馈,贞吉含章。香馀蘋藻之芬,韵答珩璜之奏。先生则唦擩究天人之道真,翼绰元化。入崔儦室者,须读五千卷;从支公游者,辄下二百籤。既而记织登科,名题金帖。芙蓉人镜,固言应占梦之奇;忠孝神仙,郑獬实焚香所赐。人方以为却诡射策,只拜龙友之功;而孰知敏中大魁,仍出鸳交之助。盖其家藏香璧,妙压珠英。太夫人眼识龙宾,手调蛾绿。每值兰台之给札,辄和松节以策勋。自夫五色奏乎胪云,三接承夫晋日。内而金莲撤炬,便殿修文;外而玉尺提衡,轺车累岁。太夫人絜荇藻于扶筐,绣山云于法服。男钱女布,岁时之综画有条;让梨推枣,家衖之指挈若定。友党悦服,德音昭回。慨自建章是营,皇舆败绩。委王恭于京口,夺苏轼之迤英。群飞刺天,一麾出守。润州为江海都会,妖獝萌滋。先生撤隼旟以宵巡,奉虎符以察暴。或有题会稽之鸡篝、丛祠之火者,太夫人脱瑱秉烛,示以雍容。遂能戢铁甍之江涛,留金山之钉。带俗移政,美远近承,风内助之懿,尤驰诵矣。洎夫江沍秋生,薁砧春谢。紫芝人远,黄鹄歌沈。太夫人经以免身,髻而就蓐。苖兰芽于身后,萎梁木于生平。重以黄口靡依,白头待养。含霜负雪,留化石之身;仱苦停辛,藉捋茶之手。督彦武兄弟清治遗牍,曰:"勿使散失,此汝父一生政绩也,"乐法才百城表率,庸无坠泪之碑;王庆籍一世清人,宜受正衾之诿。荣哀交尽,律度靡愆。既返梓间,克勤菱教,以省会积俗浮嚣,欲成七始之华,必焠三徙之节。请于周太夫人,卜宅螺江,为永居计。方山对面,如敞云屏;橘洲萦前,时垂嘉实。即此田园水竹之趣,已于封胡羯末,为宜善地;既迁高甍大起。

自兹十年之间,太夫人励断机之教,授纳楹之书。凌晚操于冬菘,暖朝晖于慈竹。卒使鸾凤并举,笙磬同音。堂构各传其家学,阶庭京国灵花,卜胜福草含嘉。颂桓鼍之阃德,宁止沛国诸生;奉陶母为女宗,岂限长沙人士。鼎养之盛,举世荣之。今岁丁卯,太夫人八秩开筵,天眷贞门,永锡老福,而板舆怡悦。宝琛凤附通门,亲闻惠问。每忆蜀缣承恩,花砖平步。招贤馆内,劳五夜之机丝;食客堂前,散两宫之脂泽。方谓清心顾娘,爱玩司徒;长对兰尊,齐呈椒颂。岂知延乡接里,独女扶宫。温玉开庭,丛兰秀砌。班惠姬之嫩范,早宣《女诫》七篇;宣文君之高年,仍授《周官》六礼。今日序逢九月,喜满一家。锡九天玉杖,聊酬中岁辛劬;披一品仙衣,犹是儒风俭素。凡兹训迪之勤,留贻之厚,皆太夫人躬植而食其报者,益叹乎沂公百花头上之诗征,孝伯万岁楼边之惠政。其相映发光大者,未有艾也。期颐非远,百岁开南岳之觞;翟茀以从,大家有东征之赋。爰陈方雅,以告宾筵。是为序。姻侍生陈宝琛顿首拜撰。姻侍生郭曾炘顿首拜书。

——《王苏州配林太夫人寿言集》第23—26页

10月26日(十月初二日) 溥仪张园召见。

见毓峻、肖丙炎、袁大化、陈宝琛、毓彭。

——《溥仪日记全本·召见日记簿》第163页

10月27日(十月初三日) 溥仪张园召见。

见肖丙炎、济煦、许荣勋、陈宝琛、赵恩臻、毓彭。

——《溥仪日记全本·召见日记簿》第163页

10月28日(十月初四日) 溥仪张园召见。

见毓峻、肖丙炎、许荣勋、陈宝琛、袁行宽、存耆、张学毅、日本众议院议员栅濑军之佐、柏田忠一、山谷德治郎、富田等平、长峰与一、意濑德藏、众议院书记官大池真、众议院主事井上海人、白井副领事。

——《溥仪日记全本·召见日记簿》第163页

10月30日(十月初六日) 溥仪张园召见。

见肖丙炎、胡嗣瑗、陈宝琛。 ——《溥仪日记全本·召见日记簿》第164页

11月2日(十月初九日) 溥仪张园召见。

见肖丙炎、陈宝琛。 ——《溥仪日记全本·召见日记簿》第164页

11月3日(十月初十日) 溥仪张园召见。

见肖丙炎、陈宝琛、朱益藩。 ——《溥仪日记全本·召见日记簿》第164页

11月7日(十月十四日) 溥仪张园召见。

见溥杰、肖丙炎、陈宝琛、那彦图、朱益藩、景方昶、润良。

——《溥仪日记全本·召见日记簿》第 164 页

11 月 10 日（十月十七日）　溥仪张园召见。

见肖丙炎、陈宝琛、润麟。　——《溥仪日记全本·召见日记簿》第 164 页

11 月 11 日（十月十八日）　溥仪张园召见。

见肖丙炎、济煦、景方昶、陈宝琛、万绳栻、荣源。

——《溥仪日记全本·召见日记簿》第 164 页

11 月 12 日（十月十九日）　溥仪张园召见。郭曾炘用公庚戌闱中唱和韵作诗。

见肖丙炎、济煦、陈宝琛、润麟。　——《溥仪日记全本·召见日记簿》第 164 页

为陈文虎题学堂书画会册子用弢老庚戌闱中唱和韵。此韵贺弢老重与鹿鸣宴曾一用之。　　　　　　　　　　——《邴庐日记》第 267 页

11 月 15 日（十月二十二日）　溥仪张园召见。

见肖丙炎、陈宝琛。　　　——《溥仪日记全本·召见日记簿》第 166 页

11 月 16 日（十月二十三日）　溥仪张园召见。

见肖丙炎、济煦、胡嗣瑗、陈宝琛、毓崇、张学毅、润麟。

——《溥仪日记全本·召见日记簿》第 166 页

11 月 20 日（十月二十七日）　赴福建会馆榕社吟集。

新馆开会，未能赴。闻弢老与芝老议决，仍留次赣董事暂维现状。下午弢老车子营会馆吟集之约，作诗二唱已交，亥正弢老兴致不衰，同人亦勉徇其意，又作一唱，归已丑初矣。　　　　　　——《邴庐日记》第 273 页

11 月 22 日（十月二十九日）　灵清宫宴请。晚赴樊增祥约。

晴天。午后赴彦强灵清宫之约。同席有弢老、朗溪、欋辛诸君，散后至皇城根。晚祭毕出城赴樊山之约。有弢老、贻书、沅叔、阆公、治节，甚快。

——《邴庐日记》第 273—274 页

十月　以散盘拓本赠黄葆戉并题跋尾。

诸 家 跋 尾　　　　　　　　　　　　　　　陈宝琛

此盘乾隆中叶出土。嘉庆十四年，江督阿林保购以充贡，世间遂勘拓本。相传燬于咸丰庚申淀园兵火。甲子三月，内务府检查养心殿陈设，得之库中。初疑为赝，耆寿民少保以所藏旧拓本校之而信。上遂命拓五十本，分赐诸臣。此纸为试拓之本，故留予处。盘在扬州时，阮文达尝翻沙铸二器：一藏阮氏家庙，一藏北湖祠塾。楮寇之乱，藏祠塾者流徙入泰州，归萧山任氏，上虞罗叔蕴

参事,曾从借拓;藏家庙者,近为长沙某氏所得,以为真器,重价鬻诸海外,不知真者固仍在大内也。以赠蔼农吾友,幸鉴藏之。丁卯十月,宝琛识于沽上。

——《东方杂志》第 27 卷第 2 期 1930 年 1 月 25 日

11 月 24 日(十一月初一日) 车子营吟集。

午后赴灵清宫吟集,因弢老值会,故移车子营吟席于本宅作二唱,已亥正,弢老尚有馀兴,而座客皆有去志,遂即分散。 ——《邴庐日记》第 274—275 页

11 月 25 日(十一月初二日) 晚,邀约郭曾炘、樊增祥、柯劭忞等同席。

晚赴弢老之约。同席为樊山、凤孙、叔澥、师郑、竹山、书衡、阎公、栘疏,席罢,樊山与弢老纵谈三十年前旧事,滔滔不竭。至一时许,座客皆有倦容,始散。然此境殊不易得也。 ——《邴庐日记》第 275 页

11 月 27 日(十一月初四日) 晨,赴津。

闻弢老早晨赴津,到站车已开,在站候第二次慢车,方行,亦良苦矣。

——《邴庐日记》第 276 页

11 月 29 日(十一月初六日) 溥仪张园召见。郑孝胥来访。

见肖丙炎、济煦、郑孝胥、郭宗熙、胡嗣瑗、陈宝琛。

——《溥仪日记全本·召见日记簿》第 167 页

访弢庵、立之。弢庵来。 ——《郑孝胥日记》第 4 册第 2166 页

11 月 30 日(十一月初七日) 溥仪张园召见。

见恒煦、肖丙炎、郑孝胥、陈宝琛、存者、润良、润麟、荣源。

——《溥仪日记全本·召见日记簿》第 167 页

12 月 2 日(十一月初九日) 溥仪张园召见。

见肖丙炎、郑孝胥、胡嗣瑗、景方昶、陈宝琛、宝熙。

——《溥仪日记全本·召见日记簿》第 167 页

12 月 5 日(十一月十二日) 溥仪张园召见。

见肖丙炎、陈宝琛、润良、润麟。

——《溥仪日记全本·召见日记簿》第 167 页

12 月 7 日(十一月十五日) 溥仪张园召见。夜同胡嗣瑗等饮于市楼。有诗,见《沧趣楼诗文集·次韵愔仲十一月十五夕月蚀同子申饮市楼》第 211 页。

见肖丙炎、佟成海、陈宝琛、润麟。

——《溥仪日记全本·召见日记簿》第 167 页

十一月十五日夕月蚀,同子申、愔仲饮于市楼,有诗。

——《闽县陈公宝琛年谱》第 137 页

12 月 8 日(十一月十六日)　溥仪张园召见。

见肖丙炎、济煦、郑孝胥、于咸麟、万绳栻、陈毅、罗振玉、袁大化、陈宝琛、润良。　　　　　　　　　　　——《溥仪日记全本·召见日记簿》第 167 页

12 月 10 日(十一月十七日)　溥仪张园召见。

见肖丙炎、郑孝胥、陈宝琛。　——《溥仪日记全本·召见日记簿》第 167 页

12 月 11 日(十一月十八日)　溥仪张园召见。邀约郑孝胥、孝柽、梁鸿志至鹤鸣园晚饭。

见肖丙炎、张永汉、陈宝琛、朱益藩、新井司令官、吉田通译官、徐良、伍庄。
　　　　　　　　　——《溥仪日记全本·召见日记簿》第 167—168 页

羧庵约至鹤鸣园晚饭,坐惟稚辛及梁众异。
　　　　　　　　　　　　——《郑孝胥日记》第 4 册第 2167 页

12 月 13 日(十一月二十日)　溥仪张园召见。

见肖丙炎、郑孝胥、胡嗣瑗、景方昶、陈宝琛、朱益藩、溥儒、润麟。
　　　　　　　　　　——《溥仪日记全本·召见日记簿》第 168 页

12 月 15 日(十一月二十二日)　溥仪张园召见。

见肖丙炎、朱益藩、陈宝琛、陈懋复。
　　　　　　　　　　——《溥仪日记全本·召见日记簿》第 168 页

12 月 16 日(十一月二十三日)　溥仪张园召见。在张勋宅为日本坂西利太郎饯行。

见肖丙炎、郑孝胥、陈宝琛、坂西利八郎、多田骏、朱益藩、润麟。
　　　　　　　　　　——《溥仪日记全本·召见日记簿》第 168 页

羧庵为坂西利太郎饯行,约至张勋宅会饮。
　　　　　　　　　　　　——《郑孝胥日记》第 4 册第 2167 页

12 月 17 日(十一月二十四日)　由津至京,周登晞邀饭,有事未就席。

旋同复熙民晚饭之约,与立沧、季友、次耕手谈,至夜散。羧老昨由津来,未就席,有事先散。　　　　　　　　——《郋庐日记》第 291 页

12 月 18 日(十一月二十五日)　赴洽社会期吟集。

洽社会期,石芝作东约羧老,因亦见邀,君坦来,若卿自城外来坐,谈极久,出城至会馆已傍晚矣,作一唱散。　　　——《郋庐日记》第 292 页

12 月 19 日(十一月二十六日)　郭曾炘邀晚饭。

晚饭并邀羧老,谈甚畅。　　　　　　——《郋庐日记》第 292 页

12 月 24 日(十二月初一日)　赴车子营福建会馆榕社例会吟集。

复同赴车子营榕社例会。叕老适在京，作三唱方散。灯社题叕老选羽翼怀商老柴荆学土宜十字，皆社句也。　　　　　　　——《邴庐日记》第 294 页

12 月 30 日(十二月初七日)　溥仪张园召见。

见肖丙炎、郑孝胥、陈宝琛。——《溥仪日记全本·召见日记簿》第 169 页

是年　陈衍有诗"寄叕庵太傅天津"，见《陈石遗集》第 392 页。

《辽东诗坛》1927 年第 21 期刊北京"待晓庐主人"撰日文"现代支那诗界人物·听水斋主人陈宝琛"。

高向瀛次韵公诗。

螺江太傅赐诗宠行次韵寄谢　　　　　　　　　　　　高向瀛

一笑何来山泽曜，杖朝元老自清脥。沧桑情话馀生几，湖海胸怀绝世无。云山日犹胆天子气，章逢殊愧小人儒。谒林登岱还心乡，取道济南，阻兵未果。万里归程七尺躯。　　　　　　　　　　——《还粹集》卷三第 19 页

函谢郭曾炘为二弟宝瑨作寿文。

致 郭 曾 炘　　　　　　　　　　　　　　　陈宝琛

匏庐亚兄年大人阁下：累读迭均之作，旨瞻辞丰，再三鼓而气不衰竭，一何神勇。亦思追蹑，望而却步矣。承赐仲弟寿文，言依于质，后幅引屈翁山之论，精粹无匹，一二语抵人千万，而亦夫子自道也。其诊病特勤恳，可否为颊上添毫，以肖其人。感谢之极，谨奉缴以备缮寄。望后驾准来津否？弟月杪方能到京。祇请道安。熙民已来。弟宝琛顿首[1]，十三日。

大作纯是变雅，时实为之，与几道可伯仲也。昨乘假期游津访友，藉以散闷。星冶、颂垣送之登车，车开乃载以来留作夜谭。来教故亦稽复，下午钟局，公当早到。再罄匆匆。手此，即请匏公同年晨安。弟琛顿首，十三卯刻。

　　　　　　　　　　——《历史文献·陈宝琛遗墨》第 16 辑第 92—93 页

[1] "承赐仲弟寿文。……望后驾准来津否？"1919 年十二月陈仲勉七十寿辰，尚未到津。1928 年陈仲勉八十寿辰。此信当为 1927 年末。郭曾炘卒于 1928 年 11 月 24 日。

是年文

林文直公奏议序　　　　　　　　　　——《沧趣楼诗文集》第 301 页

匏庵诗存序　　　　　　　　　　　　——《沧趣楼诗文集》第 307 页

澄秋馆吉金图跋　　　　　　　　　　——《沧趣楼诗文集》第 319 页

金君巩伯墓志铭　　　　　　　　　——《沧趣楼诗文集》第 443—444 页

谢赏戴双眼花翎并赏给御书琼林人瑞匾额折

　　　　　　　　　　　　　　　　——《沧趣楼诗文集》第 895 页

1928 年 (戊辰　民国十七年)　　81 岁　天津、北京

谭延闿任南京国民政府主席。(2.7)

日本在山东济南残杀我方交涉员蔡公时等人,是为"五三济南惨案"。(5.3)

张作霖出京,在皇姑屯被炸身亡。(6.4)

蒋介石任国民政府主席兼陆海空军总司令。(10.10)

张学良东北易帜,北洋政府覆灭。(12.29)

1 月 9 日(丁卯十二月十七日)　晤郑孝胥。

视叕庵。　　　　　　　　　　　　　——《郑孝胥日记》第 4 册第 2169 页

1 月 11 日(丁卯十二月十九日)　溥仪张园召见。

见肖丙炎、佟成海、郑孝胥、陈宝琛。

——《溥仪日记全本·召见日记簿》第 170 页

1 月 14 日(丁卯十二月二十三日)　溥仪张园召见。

见肖丙炎、佟成海、陈宝琛、温肃。

——《溥仪日记全本·召见日记簿》第 170 页

1 月 17 日(丁卯十二月二十五日)　在北京。

君坦言到灵清宫,知叕老已来京。　　　　——《邴庐日记》第 310 页

1 月 18 日(丁卯十二月二十六日)　郭曾炘与周登皞同来访。

熙民来,与同乘车至灵清宫访叕老。谈甚久。　——《邴庐日记》第 311 页

1 月 21 日(丁卯十二月二十九日)　溥仪张园召见。

见肖丙炎、郑孝胥、陈宝琛、张学毅、张学诗、润良。

——《溥仪日记全本·召见日记簿》第 171 页

丁卯十二月　溥仪赏金一千元。

档案中尚存"丁卯十二月"的赏单,⋯⋯该单标明:赏陈宝琛洋一千元。朱益藩一千元、胡嗣瑗八百元、景方旭五百元、杨锺羲二百元、温肃二百元、佟济煦四百元、升允五百元、罗振玉三百元。　　——《末代帝师朱益藩》第 56 页

万绳栻出示《戊辰岁朝图》征题,立成一绝句:"毒去德乃升,玄黄空血战。大师

自安禅,静看风云变。"诗《沧趣楼诗文集》未收。

丁卯腊杪,余五十岁生日,同直诸公载酒过寓斋相叙,席间万果敏公出《戊辰岁朝图》征题,图上有黄龙蜿蜒空际,老僧托钵仰视,作招之欲下状,取咒水龙归钵意,公立成一绝曰:(略)同座多能诗者,各极意求胜,终不若公诗之简切。

——《温文节公集》卷 3

转引自《沧趣楼诗文集》第 605—606 页

1 月 23 日(正月初一日)　溥仪写春条赐诸遗老。作七律"戊辰元日谕止行礼亲笔书大吉条分赐诸臣",见《沧趣楼诗文集》第 212 页。

见毓峻、肖丙炎、许荣勋、济煦、荣源、润麟、润良、存耆、舒远隆、舒远洪、陈宝琛、张梦潮、霍殿阁、吉田通译官、新升司令官、三野参谋、鹫津参谋长、加藤总领事、白井副领事、加藤司法领事。

——《溥仪日记全本·召见日记簿》第 172 页

元日,谕止行礼。帝亲笔书大吉春条,分赐群臣。

——《闽县陈公宝琛年谱》第 137 页

元旦,诣行园叩贺。凡来贺者,上各赐以大吉春条,皆临时濡笔,内侍捧以下,鸾龙络绎,墨渖犹未干也。陈弢丈、郑太夷、郭诃白与山人皆有纪恩之作,上微闻之,翊日命各录以进。　——《郭则沄自订年谱》第 65 页

1 月 24 日(正月初二日)　溥仪张园召见。

见肖丙炎、谢介石、陈宝琛。　——《溥仪日记全本·召见日记簿》第 172 页

1 月 25 日(正月初三日)　约郑孝胥、何振岱、柯鸿年晚饭,次子懋侗在坐。

弢庵招晚饭,坐中惟梅生、贞贤、愿士。

——《郑孝胥日记》第 4 册第 2171 页

1 月 27 日(正月初五日)　溥仪命罗振玉约日本冈崎铁首与郑孝胥明日在公寓会晤。

诣行在,进讲。敕在传达处午饭。命罗振玉约日本人冈崎共谈,罗约定明日午后在陈宝琛寓中会晤。　——《郑孝胥日记》第 4 册第 2171 页

1 月 28 日(正月初六日)　与郑孝胥晤日本大本教冈崎铁首于寓所,冈崎劝溥仪东游,由大本教教会接待。

在弢庵寓中晤冈崎铁首及张弧之甥潘医生,冈崎为日本大本教会员,其主教出口王仁三郎,以宗教联合为主义,劝上东游,其教会当任招待。

——《郑孝胥日记》第 4 册第 2171 页

1 月 29 日(正月初七日)　溥仪张园召见。

见溥杰、溥任、肖丙炎、郑孝胥、陈宝琛、张学毅、舒远隆、舒远洪、润麟。

———《溥仪日记全本·召见日记簿》第 172 页

诣行在,召见陈宝琛、郑孝胥。　　———《郑孝胥日记》第 4 册第 2171 页

2 月 1 日(正月初十日)　郭曾炘等到津。林葆恒约晚饭。林开謩来访,郭曾炘、周登皞到栩楼小坐,同车赴林葆恒约。

到津仅戌初,子有已有电约晚饭,贻书先赴弢老寓,余与熙民到栩楼小坐,即同车赴子有处。　　———《邴庐日记》第 319 页

2 月 2 日(正月十一日)　溥仪张园召见。夜与郑孝胥、胡嗣瑗、郭曾炘合宴于松竹楼,因病甫愈,未到。

见溥杰、溥任、郑孝胥、郭曾炘、周登皞、陈宝琛、林开謩、朱益藩、王廷桢、润良、黄文谦、徐良。　　———《溥仪日记全本·召见日记簿》第 173 页

夜,与弢老、琴初、地山合宴于松竹楼。

———《郑孝胥日记》第 4 册第 2172 页

傍晚同赴松竹楼饭馆,主席为弢老、苏龛、琴初、地山,惟弢老因病甫愈,未到座。客约七八人,皆冰社熟人也。　　———《邴庐日记》第 320 页

2 月 3 日(正月十二日)　溥仪张园召见。

见溥杰、溥任、肖丙炎、许荣勋、济煦、载瀛、朱益藩、陈宝琛、润良、溥佳。

———《溥仪日记全本·召见日记簿》第 173 页

2 月 4 日(正月十三日)　溥仪生日,与遗老旧臣至张园祝寿。傍晚返京。

旋赴张园贺圣诞,熙民与沄儿随到。是日到者约百人,上下奉谕,概不行礼,仍循例备筵席,先后入座。……申初同熙民同赴车站,弢老、贻书亦到。余与弢老在二等车,贻书、熙民仍在三等车。戌时二刻到京。

———《邴庐日记》第 321—322 页

2 月 5 日(正月十四日)　灵清宫灯社诗钟吟唱。

晨兴即到灵清宫,灯社开唱,社友三十馀人,皆已入座,余到已稍晚,幸尚及发唱。是日弢老备早、晚二餐,并携来松花白鱼及多年陈酒,吟坛诸君兴致皆佳。秩序尤整,为往年所无。皆次赣布置,南首吉庐组南帮忙,唱至子正后方毕。弢老仍得头标。　　———《邴庐日记》第 322—323 页

2 月 8 日(正月十七日)　诗钟吟局。

策六、仲劭约吟局,陪弢老作三唱散。　　———《邴庐日记》第 324 页

2 月 9 日(正月十八日)　周登皞约赴耆年会。晚赴津。

午间赴熙民耆年会之约,有弢老在座,弢老痰疾尚未痊愈,因晚车赴津,席

散即先归。 ——《邴庐日记》第 324 页

2 月 10 日(正月十九日) 溥仪张园召见。

见溥杰、溥任、荣源、肖丙炎、济煦、郑孝胥、胡嗣瑗、陈宝琛、存耆。

——《溥仪日记全本·召见日记簿》第 174 页

2 月 11 日(正月二十日) 郑孝胥闻公言:张园将出售,清室如不购,即须迁出,议尚未定。

戣庵云:"张彪之子告胡琴初,彼等将以张园出鬻,已有愿出价三十万元者。上如不购,即须迁徙。"上意欲移居已购井上医院屋内;此屋颇狭,如购邻地添盖,则需八万元,议尚未定。 ——《郑孝胥日记》第 4 册第 2173 页

2 月 16 日(正月二十五日) 溥仪张园召见。

见肖丙炎、陈宝琛、存耆、润良、润麟。

——《溥仪日记全本·召见日记簿》第 174 页

2 月 17 日(正月二十六日) 溥仪张园召见。

见肖丙炎、郑孝胥、陈宝琛、徐良、黄文谦。

——《溥仪日记全本·召见日记簿》第 174 页

2 月 19 日(正月二十八日) 晨自津到京,与郭曾炘同访林志钧。

午后到鲍家街与宣甫拜寿。遇熙民、嘿园、戣老,戣老今日早车来。遂同到宰平处。 ——《邴庐日记》第 337 页

2 月 21 日(二月初一日) 赴榕社例会吟集。

下午赴榕社例会,戣老亦到,作二唱,散。 ——《邴庐日记》第 341 页

2 月 22 日(二月初二日) 李景铭[1]约诗钟吟唱。

石芝约今日诗局,……下午风稍小,石芝复连电来促,勉强赴之,作一唱与戣老先散。 ——《邴庐日记》第 342 页

[1] 李景铭:字石兰、石芝,福建侯官人,光绪进士,度支部员外郎,民国财政部赋税司司长

2 月 24 日(二月初四日) 赴门人在宋仲宅宴,郭曾炘、卓孝复[1]、林志钧作陪。

午后摊饭已习以为常。戣老门下在宋仲宅公谯老师,邀余与芝南、贻书作陪,散后顺途至景山后小坐即归。 ——《邴庐日记》第 343 页

[1] 卓孝复,字凌云、芝南,号巴园老人、毅斋,福建侯官人,久客京师。光绪进士,浙江岳长丰道。

2 月 26 日(二月初六日) 洽社会期吟集,在公寓。

今日洽社会期,昨梅南已预约熙民在戣老处,复有电来催,不得已应之,作

一唱归。 ——《邴庐日记》第 344 页

2 月 29 日（二月初九日） 溥仪张园召见。访郑孝胥。

见肖丙炎、郑孝胥、许震、陈宝琛、陈曾寿。

——《溥仪日记全本·召见日记簿》第 175 页

弢庵来。 ——《郑孝胥日记》第 4 册第 2175 页

3 月 2 日（二月十一日） 溥仪张园召见。

见肖丙炎、郑孝胥、徐植、陈宝琛、张学羲。

——《溥仪日记全本·召见日记簿》第 175 页

3 月 3 日（二月十二日） 溥仪张园召见。

见肖丙炎、济煦、郑孝胥、陈宝琛。

——《溥仪日记全本·召见日记簿》第 175 页

3 月 4 日（二月十三日） 溥仪张园召见。

见肖丙炎、陈宝琛、宋易（景方昶代见）。

——《溥仪日记全本·召见日记簿》第 175 页

3 月 5 日（二月十四日） 溥仪张园召见。

见肖丙炎、陈宝琛、加藤总领事、白井副领事、存耆。

——《溥仪日记全本·召见日记簿》第 175 页

3 月 8 日（二月十七日） 溥仪张园召见。

见肖丙炎、济煦、陈宝琛、李西。

——《溥仪日记全本·召见日记簿》第 176 页

3 月 11 日（二月二十日） 溥仪张园召见。

见肖丙炎、济煦、郑孝胥、陈宝琛、高继宗、朱益藩、清水泰次[1]、藤田福太郎、玉泉大梁、内田泉之助、丸山二郎、白泽清人、矢野真、盐谷温[2]、佐佐木护邦、桥本增吉[3]、杉本直治郎、竹内松治、加藤虎之亮[4]、白井副领事。

——《溥仪日记全本·召见日记簿》第 176 页

[1] 清水泰次：日本研究中国明代社会经济史学者。

[2] 盐谷温：号节山，日本著名中国学家，中国俗文学研究开创者。著有《中国文学概论讲话》、《唐宋八大家文新钞》、《中国小说研究》等籍。

[3] 桥本增吉："东京文献派"创立人东京帝国大学白鸟库吉学生。

[4] 加藤虎之亮：字子弴，号天渊。日本著名学者。

3 月 12 日（二月二十一日） 溥仪张园召见。

见肖丙炎、郑孝胥、陈宝琛、朱益藩、存耆、希资、博尔克德、伍德海、壁堪

那、戈尔登尼。 ——《溥仪日记全本·召见日记簿》第 176 页

3 月 13 日(二月二十二日) 溥仪张园召见。

见肖丙炎、郑孝胥、陈宝琛、谢介石、载涛、毓善、毓嶟、毓崧、毓惨、朱益藩、刘宝题、润麟。 ——《溥仪日记全本·召见日记簿》第 176 页

3 月 14 日(二月二十三日) 溥仪张园召见。

见肖丙炎、郑孝胥、陈宝琛、袁大化、朱益藩、毓崇、张学诗、润良、润麟。 ——《溥仪日记全本·召见日记簿》第 176 页

3 月 15 日(二月二十四日) 溥仪张园召见。

见肖丙炎、郑孝胥、陈宝琛、朱益藩、徐良、李谦。 ——《溥仪日记全本·召见日记簿》第 176 页

3 月 16 日(二月二十五日) 溥仪张园召见。访郑孝胥。

见肖丙炎、济煦、陈宝琛、朱益藩。 ——《溥仪日记全本·召见日记》第 177 页

过弢庵。 ——《郑孝胥日记》第 4 册第 2176 页

3 月 17 日(二月二十六日) 溥仪张园召见。夜同王仁堪幼子王彦功访郑孝胥。

见肖丙炎、李准、李恒、朱益藩、陈宝琛。 ——《溥仪日记全本·召见日记簿》第 177 页

夜，弢庵及王十四来，可庄之幼子也，在美国五年，又游欧洲三年。 ——《郑孝胥日记》第 4 册第 2176 页

3 月 18 日(二月二十七日) 溥仪张园召见。郑孝胥松竹楼宴请，座有陈曾寿、胡嗣瑗、杨锺羲、王彦功。

见肖丙炎、郑孝胥、济煦、胡嗣瑗、陈宝琛。 ——《溥仪日记全本·召见日记簿》第 177 页

夜，宴陈仁先、弢庵、琴初、子勤、十四(彦功)、楫先于松竹楼。 ——《郑孝胥日记》第 4 册第 2176 页

3 月 19 日(二月二十九日) 溥仪张园召见。约郑孝胥晚饭。

见肖丙炎、郑孝胥、胡嗣瑗、陈宝琛、祁勒纳、存耆、包文渊、沈继贤。 ——《溥仪日记全本·召见日记簿》第 177 页

弢庵约晚饭。 ——《郑孝胥日记》第 4 册第 2177 页

3 月 21 日(二月三十日) 溥仪张园召见。与王彦功访郑孝胥。

见肖丙炎、陈宝琛。 ——《溥仪日记全本·召见日记簿》第 178 页

戣庵、彦功又来。　　　　　　　　　　　——《郑孝胥日记》第 4 册第 2177 页

二月　撰联祝萨镇冰七十寿辰。

戈楼左海尊者德，歌吹南溪祝寿康。

昇[鼎]铭仁兄二十年前即长海军，近以振恤兵灾，督工南港，风餐水宿，三历寒暑，尸祝之声，洋溢乡党。兹值七十生辰，书此为寿。戊辰二月，八十一叟陈宝琛，时在沽上。　　　　　——《福建省少数民族古籍丛书·蒙古卷》

3 月 22 日（闰二月初一日）　自津至京，赴榕社诗钟吟集。

饭后访子勤，适自津回京，戣老亦同来，旋访鹤亭未遇。即出城赴榕社之会，梅南、寿芬迎面语云，戣老已有电话即到矣。今日两位老人心中畅快，诗兴必倍增。……。少顷戣老亦到，作二唱，兴犹不浅，复勉陪作一唱，散已过子矣。

——《邴庐日记》第 358 页

3 月 23 日（闰二月初二日）　赴周登皞东兴楼约。

午间，赴熙民东兴楼之约，陪润贝勒、陈、朱两师傅，及杨隣葛名下桂、史两秘书，大抵系接洽皇产事，然无结果。　　　　　——《邴庐日记》第 359 页

3 月 25 日（闰二月初四日）　车子营福建会馆合社（榕社、洽社）诗钟吟集。

旋到车子营会馆合社吟集，因戣老敦约，特奉陪做作三唱，散。

——《邴庐日记》第 360 页

3 月 26 日（闰二月初五日）　陈璧卒，往吊唁。晚董元亮[1]招饮。

电话来报，玉苍逝世。若卿来。饭后往哭玉苍，遇熙民、戣老、子雅、策六。……晚应季友之招，亦陪戣老也。　　　　　——《邴庐日记》第 360 页

[1] 董元亮，号季友，福建闽县人，光绪举人，民国海关道尹。

3 月 27 日（闰二月初六日）　赴桐珊邀。

旋赴桐珊之招，陪戣老、瑞臣同席。　　　　　——《邴庐日记》第 362 页

3 月 28 日（闰二月初七日）　郭曾炘来访。樊增祥春华楼宴请，同席有郭曾炘、林开謩、守瑕、丁传靖、冒广生父子，约诸人明午至灵清宫寓所。

晴。上午赴子雅藕香榭之招席，散往吊玉苍接三，遇燕孙。顺道访戣老，来客甚多，未久坐。以樊山有约尚早，出城先赴若卿处，清谈一时许，至春华楼樊山所约，为戣老、贻书、守瑕、阊公、鹤亭父子，谈极畅，戣老约同席诸人明午至宅。

——《邴庐日记》第 363 页

3 月 29 日（闰二月初八日）　寓所招饮，昨同席诸人外，添周登皞、黄懋谦；下午赴津。

午前赴戣老之约，昨同席诸人外，惟添熙民、嘿园。……戣老今日下午旋

津托带诗集一部致苏戡。弢老得《匏庐集》,逢人称道,闻之极不安,诗之造诣吾自知不特,不敢希踪前人,即在近人中亦下中之列。弢老以诗中所云多其意中语,遂一味揄扬,恐反招吹毛之谤也。　　　　——《郮庐日记》第 363—364 页

3 月 30 日(闰二月初九日)　溥仪张园召见。访郑孝胥。

　　见肖丙炎、济煦、陈宝琛、存耆、张学诗。

　　　　　　　　　　　　　——《溥仪日记全本·召见日记簿》第 179 页

　　弢庵来。　　　　　　　　　　——《郑孝胥日记》第 2177 页

3 月 31 日(闰二月初十日)　溥仪张园召见。

　　见肖丙炎、郑孝胥、胡嗣瑗、陈宝琛。

　　　　　　　　　　　　　——《溥仪日记全本·召见日记簿》第 179 页

4 月 1 日(闰二月十一日)　溥仪张园召见。访郑孝胥。

　　见肖丙炎、景方昶、陈宝琛、温肃、袁金铠、郭宗熙。

　　　　　　　　　　　　　——《溥仪日记全本·召见日记簿》第 179 页

　　弢庵、楫先来。　　　　——《郑孝胥日记》第 4 册第 2178 页

《北洋画报》第 175 期刊"陈宝琛太傅为梁节庵写松便面",并画像一幅。

4 月 2 日(闰二月十二日)　溥仪张园召见。

　　见肖丙炎、济煦、陈宝琛、徐良、梁元。

　　　　　　　　　　　　　——《溥仪日记全本·召见日记簿》第 179 页

4 月 3 日(闰二月十三日)　溥仪张园召见。

　　见肖丙炎、陈宝琛、徐源泉、张学毅。

　　　　　　　　　　　　　——《溥仪日记全本·召见日记簿》第 179 页

4 月 4 日(闰二月十四日)　溥仪张园召见。

　　见肖丙炎、陈宝琛、郑孝胥、神田、小仓知正、润麟。

　　　　　　　　　　　　　——《溥仪日记全本·召见日记簿》第 179 页

4 月 5 日(闰二月十五日)　溥仪张园召见。

　　见肖丙炎、济煦、胡嗣瑗、陈宝琛、汤浅政雄、吉田通译官、张学毅。

　　　　　　　　　　　　　——《溥仪日记全本·召见日记簿》第 180 页

作"闰花朝集栩楼分韵得中字"七律一首。见《沧趣楼诗文集》第 214 页。

　　闰月花朝,集栩楼分韵赋诗。公来京廿载,已三闰花朝矣。公有诗感慨出仕廿载。　　　　　　——《闽县陈公宝琛年谱》第 137 页

　　此赐银五佰圆治丧,命济煦传旨;即恳济煦复命恳辞,并乞陈宝琛代陈下情。上不允,济煦奉旨复来,乃受赐。　　——《郑孝胥日记》第 4 册第 2178 页

4月7日（闰二月十七日）　溥仪张园召见。

见荣源、肖丙炎、济煦、陈宝琛、桂瑞麟、张学毅。

——《溥仪日记全本·召见日记簿》第180页

4月8日（闰二月十八日）　溥仪张园召见。

见肖丙炎、济煦、陈宝琛、张学毅、润麟。

——《溥仪日记全本·召见日记簿》第180页

4月10日（闰二月二十日）　溥仪张园召见。

见肖丙炎、济煦、毓峻、陈宝琛。

——《溥仪日记全本·召见日记簿》第180页

4月11日（闰二月二十一日）　溥仪张园召见。

见肖丙炎、陈宝琛、吴郁生、张学骥、张学毅、严仁曾、润麟。

——《溥仪日记全本·召见日记簿》第180页

4月12日（闰二月二十二日）　溥仪张园召见。

见肖丙炎、吴郁生、陈宝琛。——《溥仪日记全本·召见日记簿》第180页

4月13日（闰二月二十三日）　溥仪张园召见。

见毓峻、肖丙炎、胡嗣瑗、陈宝琛、广寿、爵善、张学毅。

——《溥仪日记全本·召见日记簿》第180页

4月14日（闰二月二十四日）　自津抵京。见次日《炳庐日记》。

4月15日（闰二月二十五日）　郭曾炘、林开暮同来访。

与贻书同到灵清宫晤发老，发老昨早来，谈极久。发老云，吴铧若前数日到张园。顺途至景山后，傍晚归。　　　　——《邴庐日记》第374—375页

4月17日（闰二月二十七日）　与黄懋谦、郭曾炘、高赞鼎同出郊看花。

因前日嘿园有陪发老出郊看花之约，昨晚接迪庵电话，今晨七钟以汽车来同到灵清宫会齐。　　　　　　　　——《邴庐日记》第375页

4月18日（闰二月二十八日）　与郭曾炘等游黑龙潭大觉寺，作七律一首，见《沧趣楼诗文集·闰二月二十八日同匏庵稚辛季友梅生迪庵嘿园午原游黑龙潭大觉寺》第215页。

即与刚儿乘车顺途至梅生处，同车到灵清宫，俟同游诸人齐，出城已巳正矣。先到黑龙潭小坐，旋到大觉寺，杏花已落尽，近寺间有十数株尚开，可想其盛也。到寺已有雨，冒雨登寺后，高处赏雨，尚不恶。

——《邴庐日记》第376页

同游黑龙潭大觉寺，同樊山香山归见讯，均际匏庐，乌似桐珊仁兄方家正

之。戊辰闰二月宝琛。　　　——《朵云四季(97)》中国书画(一)第 43 号拍品

闰二月廿八日,同匏庵、稚辛、季友、梅生、迪庵(高赞鼎)、嘿园、午原游黑龙潭大觉寺。　　　——《闽县陈公宝琛年谱》第 137 页

闰二月　为李宣龚题、林纾绘"双辛夷楼填词图",作七绝二首。见《沧趣楼诗文集·李次玉双辛夷楼填词图畏庐所绘为拔可题》第 214 页。

作张锡恭[1]著"《茹荼轩文集》序",见《沧趣楼诗文集》第 312—313 页。

溥仪赏一千一百元。

档案中尚存戊辰闰二月份的赏单,记载着赏给陈宝琛和朱益藩各 1 100元,赏给胡嗣瑗 1 000 元,赏给景方旭 900 元,赏给佟济煦 800 元,赏给温肃和杨锺羲各 300 元。　　　——《末代帝师朱益藩》第 56 页

[1] 张锡恭,字闻远、殷南,号炳烛,江苏娄县(今上海)人。

4 月 21 日(三月初二日)　托林开暮持游黑龙潭大觉寺诗交郭曾炘,嘱索和。

贻书持弢老游黑龙潭、大觉寺七律诗,弢老嘱转致索和也。

　　　——《郋庐日记》第 379 页

4 月 22 日(三月初三日)　郭曾炘作黑龙潭大觉寺和诗。午与林开暮至灵清宫小坐,与林赴陈璧宅点主。晚林开暮约晚饭。

早晨枕上次韵和弢老诗,极草草:"绝顶登临即阆风,天留奇景待诗翁。战场又长春芜绿,佛界能逃劫大红。辽鹤相寻馀梦语,潭龙已徙寂神功。出郊载车随车雨,且喜氛霾一洗空。"次联初稿系"分明池水思凝碧,容易花时过落红"……午时至灵清宫小坐,即同贻书、至玉苍家裏题主。题主正宾为弢老。……旋应贻书晚饭之约,与弢老同散后与竹山印伯阎公仲云手谈一局,与仲云同车归。　　　——《郋庐日记》第 380—381 页

4 月 23 日(三月初四日)　溥仪张园召见。

见溥杰、溥任、肖丙炎、陈宝琛。

　　　——《溥仪日记全本·召见日记簿》第 181 页

4 月 24 日(三月初五日)　溥仪张园召见。

见溥杰、溥任、肖丙炎、济煦、景方昶、陈宝琛、存耆、司令官贾斯巴里、总指挥欧里萨、参谋长欧里欧、陆军中尉贝尔船尼、军医沙家瑞斯、粮台官门作尼、陆军大尉皮格里达、陆军中尉皮器欧器、陆军少尉贝克欧尼、陆军少尉雷达的、陆军少尉格尔达。　　　——《溥仪日记全本·召见日记簿》第 181 页

4 月 25 日(三月初六日)　溥仪张园召见。

见溥杰、溥任、肖丙炎、陈宝琛、荣源、润良、润麟、李谦(荣源代见)。

——《溥仪日记全本·召见日记簿》第 181 页

4月26日(三月初七日) 溥仪张园召见。

见溥杰、溥任、肖丙炎、陈宝琛、吴忠本、李谦、张学毅。

——《溥仪日记全本·召见日记簿》第 181 页

4月27日(三月初八日) 溥仪张园召见。

见肖丙炎、济煦、胡嗣瑗、景方昶、陈宝琛、润麟。

——《溥仪日记全本·召见日记簿》第 181 页

4月28日(三月初九日) 溥仪张园召见。

见肖丙炎、陈宝琛、包文渊(荣源代见)、荣源。

——《溥仪日记全本·召见日记簿》第 181 页

《北洋画报》刊"陈宝琛太傅手跋陈向元留别泰宁父老书"墨迹。

向元吾宗肄业保定时,常携诗就质于予,中间相暌有年,而闻其笃于故旧。去岁镇守泰宁以保护陵寝自任。所藏祭器经前任掠卖大半,则收合其馀,簿录而归于所司。令观其留别父老书,所谓不乱携一物,不妄伐一树,盖信而有征,而所自勉之十箴十戒为不虚矣。君方盛年,能循是以往,所造乌可量耶。丁卯仲冬,宝琛。 ——《北洋画报》第 183 期 1928 年 4 月 28

4月29日(三月初十日) 溥仪张园召见。

见荣源、肖丙炎、陈宝琛、存耆、朱益藩。

——《溥仪日记全本·召见日记簿》第 181 页

5月2日(三月十三日) 溥仪张园召见。

见肖丙炎、胡嗣瑗、陈宝琛、朱益藩、润麟。

——《溥仪日记全本·召见日记簿》第 181 页

5月3日(三月十四日) 溥仪张园召见。

见肖丙炎、济煦、胡嗣瑗、陈宝琛、荣源、章士钊、徐良、李谦、白井副领事。

——《溥仪日记全本·召见日记簿》第 181 页

5月4日(三月十五日) 溥仪张园召见。

见肖丙炎、陈宝琛、王式。 ——《溥仪日记全本·召见日记簿》第 181 页

5月5日(三月十六日) 溥仪张园召见。

见肖丙炎、济煦、胡嗣瑗、包文渊、陈宝琛、王怀庆。

——《溥仪日记全本·召见日记簿》第 181 页

5月7日(三月十八日) 溥仪张园召见。

见肖丙炎、陈宝琛、包文渊、陈绍唐。

　　　　　　　　　　　　　　——《溥仪日记全本·召见日记簿》第 181 页

5 月 8 日(三月十九日) 溥仪张园召见。

见肖丙炎、胡嗣瑗、陈宝琛、润麟。

　　　　　　　　　　　　　　——《溥仪日记全本·召见日记簿》第 182 页

5 月 9 日(三月二十日) 八女容贞(师颂)适林绍年子、林葆恒弟林葆锋。

弢丈第八女公子许配林文直幼子,今日送妆,请客。下午到彼贺喜,晤众异仲枢诸人。　　　　　　　　　　——《郑庐日记》第 393 页

5 月 11 日(三月二十二日) 郭曾炘来访。

旋到弢丈处,与弢丈、徵宇畅谈一刻许。　　　　——《郑庐日记》第 394 页

5 月 12 日(三月二十三日) 溥仪张园召见。下午赴郭曾炘寓诗钟吟集。

见肖丙炎、陈宝琛、润麟。　——《溥仪日记全本·召见日记簿》第 183 页

下午约弢老、晴初、子甲、峻丞、侗伯、子有、佩丞、又尘、公雨、味云、立之诸君在寓作诗钟二唱。　　　　　　　　——《郑庐日记》第 394 页

5 月 13 日(三月二十四日) 溥仪张园召见。

见肖丙炎、济煦、广寿、爵善、聂晋礼、陈宝琛。

　　　　　　　　　　　　　　——《溥仪日记全本·召见日记簿》第 183 页

5 月 14 日(三月二十五日) 溥仪张园召见。

见肖丙炎、胡嗣瑗、载涛、陈宝琛、存耆、徐良、林宝锋、吉田通译官、三野参谋。　　　　　　　——《溥仪日记全本·召见日记簿》第 183 页

5 月 15 日(三月二十六日) 溥仪张园召见。

见济煦、陈宝琛。　　　　——《溥仪日记全本·召见日记簿》第 183 页

5 月 18 日(三月二十九日) 溥仪张园召见。

见肖丙炎、济煦、载润、陈宝琛、补英达赖、张学毅。

　　　　　　　　　　　　　　——《溥仪日记全本·召见日记簿》第 183 页

5 月 20 日(四月初二日) 溥仪张园召见。赴林葆恒宴请,餐后下棋两局。

见恒煦、肖丙炎、济煦、胡嗣瑗、张叔、李士奎、陈宝琛、刘骧业。

　　　　　　　　　　　　　　——《溥仪日记全本·召见日记簿》第 183 页

晚赴子有之招,陪弢丈晚餐后复手谈,两局散。　——《郑庐日记》第 399 页

5 月 21 日(四月初三日) 溥仪张园召见。

见肖丙炎、济煦、存耆、沈继贤、陈宝琛、贾斯巴里、皮气雅、荣源、白井副领事、张学诗、张学毅。　——《溥仪日记全本·召见日记簿》第 184 页

5月23日(四月初五日) 溥仪张园召见。

见肖丙炎、济煦、万绳栻、陈毅、谢介石、陈宝琛、工藤铁三郎。

——《溥仪日记全本·召见日记簿》第184页

5月24日(四月初六日) 溥仪张园召见。访郑孝胥,约晚饭,曹经沅在坐。

见肖丙炎、陈宝琛、谢介石。 ——《溥仪日记全本·召见日记簿》第184页

弢庵来,弢庵约至其对门共和春晚饭,坐有缨蘅。

——《郑孝胥日记》第4册第2184页

5月25日(四月初七日) 溥仪张园召见。郑孝胥来访,费毓楷[1]在坐。

见荣源、肖丙炎、济煦、胡嗣瑗、郑孝胥、陈宝琛、存耆、舒远隆、舒远洪、润麟。

——《溥仪日记全本·召见日记簿》第184页

遂诣弢庵,谈久之,于坐晤费叔迁。 ——《郑孝胥日记》第4册第2184页

[1] 费毓楷:字叔迁。苏州人。费念慈次子。

5月26日(四月初八日) 溥仪张园召见。

见肖丙炎、郑孝胥、陈宝琛。 ——《溥仪日记全本·召见日记簿》第184页

5月28日(四月初十日) 溥仪张园召见。下午访郭曾炘。

见肖丙炎、郑孝胥、景方昶、载润、陈宝琛、武同文(荣源代见)、董耀青(荣源代见)。 ——《溥仪日记全本·召见日记簿》第184页

下午……弢老来。 ——《邴庐日记》第401页

5月29日(四月十一日) 访郑孝胥。

弢庵来谈。 ——《郑孝胥日记》第4册第2185页

5月30日(四月十二日) 溥仪张园召见。

见肖丙炎、郑孝胥、胡嗣瑗、陈宝琛、存耆、载润。

——《溥仪日记全本·召见日记簿》第184页

去年题商界义园招款,催索甚急,不得已援弢老以笔墨为代价之例,嘱沄儿代书楹联扇面。 ——《邴庐日记》第402页

5月31日(四月十三日) 溥仪张园召见。

见肖丙炎、胡嗣瑗、陈宝琛、存耆、刘骧业。

——《溥仪日记全本·召见日记簿》第184页

6月1日(四月十四日) 溥仪张园召见。

见肖丙炎、济煦、郑孝胥、陈宝琛。

——《溥仪日记全本·召见日记簿》第185页

6月2日(四月十五日) 溥仪张园召见。

见肖丙炎、袁大化、铁良、陈宝琛、陆荣廷。

　　　　　　　　　　　　　　——《溥仪日记全本·召见日记簿》第 185 页

6 月 7 日(四月二十日)　溥仪张园召见。

　　见毓崚、肖丙炎、济煦、郑孝胥、胡嗣瑗、陈宝琛、存耆、新井司令官、吉田通译官、古城胤秀、溥任、荣源。　　——《溥仪日记全本·召见日记簿》第 185 页

6 月 14 日(四月二十七日)　溥仪张园召见。

　　见毓崚、肖丙炎、济煦、郑孝胥、陈宝琛、存耆、溥杰、溥任。

　　　　　　　　　　　　　　——《溥仪日记全本·召见日记簿》第 186 页

6 月 15 日(四月二十八日)　与郑孝胥谈,日本人谋杀张作霖者事。

　　弢庵云,谋杀张作霖者为杨宇霆、常荫槐,乃张岱衫所言。余曰:"杨、常何利而为此? 必日本人故布此语耳。"且云,同谋者有日本人,曰美良。

　　　　　　　　　　　　　　——《郑孝胥日记》第 4 册第 2187 页

6 月 16 日(四月二十九日)　溥仪张园召见。

　　见毓崚、肖丙炎、济煦、郑孝胥、陈宝琛、存耆、溥伒、载涛、溥任、润麟。

　　　　　　　　　　　　　　——《溥仪日记全本·召见日记簿》第 186 页

6 月 17 日(四月三十日)　溥仪张园召见。同时觐见有日本贵族院议员坂西利八郎及日本军人等。

　　见毓崚、肖丙炎、陈宝琛、海军少将第二遣外舰队司令向田金一、第九驱逐舰司令町田进一、海军军部出任兼参谋第二遣外舰队司令部附柴田源一、第二遣外队参谋柳本柳作、第二遣外舰队机关长大久保永、第二遣外舰队参谋越智孝平、吉田通译官、贵族院议员坂西利八郎、帝国美术院会员、东京学校教员结城素明、渡边晨亩、福马谦造、白井副领事、存耆、溥任。

　　　　　　　　　　　　　　——《溥仪日记全本·召见日记簿》第 186 页

6 月 18 日(五月初一日)　溥仪张园召见。

　　见肖丙炎、郑孝胥、任祖安、升允、袁大化、陈宝琛。

　　　　　　　　　　　　　　——《溥仪日记全本·召见日记簿》第 186 页

6 月 20 日(五月初三日)　溥仪张园召见。

　　见肖丙炎、济煦、载润、陈宝琛、润麟、溥任、白井副领事、乐秦。

　　　　　　　　　　　　　　——《溥仪日记全本·召见日记簿》第 186 页

6 月 21 日(五月初四日)　溥仪张园召见。

　　见肖丙炎、郑孝胥、徐良、溥杰、曾琦、靳荣禄、陈宝琛、舒远隆、舒远洪、溥任。

　　　　　　　　　　　　　　——《溥仪日记全本·召见日记簿》第 187 页

6月23日（五月初六日） 溥仪张园召见。

见肖丙炎、济煦、陈宝琛、景方昶、溥杰、润良。

——《溥仪日记全本·召见日记簿》第187页

6月25日（五月初八日） 溥仪张园召见。

见肖丙炎、陈宝琛、载润、许兰洲、溥任。

——《溥仪日记全本·召见日记簿》第187页

6月26日（五月初九日） 溥仪张园召见。

见肖丙炎、郑孝胥、陈宝琛、溥杰、包文渊、境田驹藏、福山三霍、白井副领事、润良、溥任、荣源。 ——《溥仪日记全本·召见日记簿》第187页

七孙繁（伯时）[1]生，懋晋长子。前已有六孙紫，字协和，懋侗次子。

[1] 繁：北京清华大学、哈尔滨工业大学研究生毕业，上海工业大学教授、工业自动化系主任、电机与控制工程研究所所长、国务院学位委员会电工学科评议组成员、欧洲电力电子学会国际指导委员会委员。

6月29日（五月十二日） 溥仪张园召见。

见肖丙炎、郑孝胥、王式、荆嗣佑、溥任、陈宝琛、溥杰。

——《溥仪日记全本·召见日记簿》第187页

6月30日（五月十三日） 作七律"竹醉日徯园招饮"，和胡嗣瑗韵。见《沧趣楼诗文集》第216页。

五月十三竹醉日，徯园招饮。 ——《闽县陈公宝琛年谱》第137页

清宫"月例清单"载公每月薪水五百元。

奉　谕批定堂司各官每员每月薪水清单：

毓庆宫行走	陈宝琛	五百元
毓庆宫行走、管理办事处事宜	朱益藩	五百元
管理办事处事宜	载润	三百元
	宝熙	三百元
善后会办事宜	袁励准	一百元
	柯劭态	一百元
	朱汝珍	一百元
	罗振玉	一百元

——《末代帝师朱益藩》第56—57页

7月2日（五月十五日） 何振岱得来函，并楷书谢章铤赠言。作七律"为何梅生书枚如丈赠言感题"，诗见《沧趣楼诗文集》第216页。何振岱《觉庐诗存》卷首录

此诗,并有注语。

戣老来信,赠诗一首,并为书先谢师赠言,楷书精好,可保存也。

——《何振岱日记》第 178—179 页

先谢师所书赠言,癸亥年至旧京遗失,至以为憾。因乞螺洲陈太傅为录写一通,又承题后一诗,敬裁于此。先师赠言时,年七十有九。太傅书时,则在戊辰夏初,年亦八十有二也。 ——《诗人何振岱评传》第 55 页

7 月 3 日(五月十六日) 溥仪张园召见。

见荣源、肖丙炎、济煦、郑孝胥、陈宝琛、溥杰、溥任、溥优、远山猛雄[1]、境田驹藏。 ——《溥仪日记全本·召见日记簿》第 188—189 页

[1] 远山猛雄:溥仪日文老师。

7 月 6 日(五月十九日) 溥仪张园召见。

见肖丙炎、郑孝胥、胡嗣瑗、陈宝琛、高田丰树、吉田通译官、存耆、白井副领事、溥杰、溥任、润麟。 ——《溥仪日记全本·召见日记簿》第 189 页

7 月 7 日(五月二十日) 溥仪张园召见。伯才言欲求公与郑孝胥书法,救济滞京同乡。

见肖丙炎、郑孝胥、胡嗣瑗、陈宝琛、载润、华世奎、朱益藩、溥杰、溥任。

——《溥仪日记全本·召见日记簿》第 189 页

伯才来言,欲求戣、苏二老为沪上某商书寿屏,以便进行救济同乡,闲散京官求书尚不难,救济二字谈何易乎,大抵同乡滞京无以度日者犹有数百家也。

——《邴庐日记》第 428—429 页

7 月 8 日(五月二十一日) 溥仪张园召见。

见肖丙炎、朱益藩、郑孝胥、载涛、陈宝琛、王孝总、刘骧业、溥任、新井司令官、西村琢磨、川添长太郎、贵志正雄、蟹江冬藏、小泉黄次、远山久大、田中文三、林田仁介、吉田通译官。 ——《溥仪日记全本·召见日记簿》第 189 页

7 月 9 日(五月二十二日) 溥仪张园召见。

见肖丙炎、郑孝胥、胡嗣瑗、景方昶、陈宝琛、载涛、载润、朱益藩、沈继贤(溥杰代见)、溥杰、溥任、润麟、远山猛雄。

——《溥仪日记全本·召见日记簿》第 189 页

7 月 11 日(五月二十四日) 溥仪张园召见。

见肖丙炎、郑孝胥、景方昶、陈宝琛、高田丰树、吉田通译官、润麟、八田宗吉、萩原英、溥杰、溥任、润良、远山猛雄。

——《溥仪日记全本·召见日记簿》第 189 页

7月14日（五月二十七日） 溥仪张园召见。

见肖丙炎、陈宝琛、刘宝题、关麟书、溥杰、溥任、白井副领事、吉田谦一郎、大阪朝日新闻社秘书天野德三、朝日新闻社长务取缔役下村宏、大阪东京朝日新闻记者久佳悌三。 ——《溥仪日记全本·召见日记簿》第189页

7月15日（五月二十八日） 溥仪张园召见。

见毓峻、郑孝胥、陈宝琛、溥任。

——《溥仪日记全本·召见日记簿》第189—190页

夏 同人约为词社，公每集必作。

是夏，复与同人约为词社，仍七日一集，与是集者，周熙民师、陈止存丈、……。每集皆命题限调，于次集汇录之，公推数人以五色笔评点，虽不尽协四声，要必合于红友《词律》。渐而社外和作纷投，若铜山洛钟之应。……而陈弢庵太傅每集必作，山人萃录成帙，先后乞朱彊村、夏闰枝二公选定，刊为《烟沽渔唱》四卷。初，社名仍从"冰社"，芷升欲易为"须社"，示河清之有待，同人皆曰善，遂从之。 ——《郭则沄自订年谱》第65—66页

公以癸卯陈酿饷癸卯同年。

弢庵太傅丈招饮，出癸卯年所储陈酿饷客，座间温毅夫、胡愔仲、陈苍虬、郭调白及山人，皆癸卯同榜进士，因笑曰："何癸卯同调之多也。"又举杯曰："以癸卯酒饷癸卯人，亦佳话也，诸君不可无诗。"酒边谈及丁巳旧事，不胜感慨。山人诗有云："白头太傅今吕端，隋珠在手无轻弹。螺江家酿喜新致，云泉归梦同飞攀。"即纪是事。 ——《郭则沄自订年谱》第66—67页

7月18日（六月初二日） 溥仪张园召见。

见肖丙炎、郑孝胥、陈宝琛、王孝总、溥侗、溥杰、溥任、润麟、远山猛雄。

——《溥仪日记全本·召见日记簿》第189—190页

召见陈宝琛、王孝总、溥侗。 ——《郑孝胥日记》第4册第2190页

7月20日（六月初四日） 溥仪张园召见。

见恒煦、肖丙炎、济煦、胡嗣瑗、陈宝琛、耆龄、金梁、载涛、溥杰、张学诗、溥任、润麟、远山猛雄。 ——《溥仪日记全本·召见日记簿》第190页

7月24日（六月初八日） 溥仪张园召见。

见肖丙炎、郑孝胥、陈宝琛、王孝总、载润、溥任、溥杰、润麟、远山猛雄。

——《溥仪日记全本·召见日记簿》第190页

7月25日（六月初九日） 溥仪张园召见。

见肖丙炎、济煦、胡嗣瑗、陈宝琛、王孝总、载润、法国司令员狄欣、美国参谋长

牛继乐、天津常关关长欧思本、溥杰、溥任、远山猛雄、润麟。

　　　　　　　　　　　　　——《溥仪日记全本·召见日记簿》第 190 页

何振岱得来函。

　　得弢老手书。　　　　　　　　　　　　　　——《何振岱日记》第 181 页

7 月 26 日(六月初十日)　溥仪张园召见。

　　见肖丙炎、济煦、郑孝胥、陈宝琛、载涛、溥任、谢介石(溥杰代见)、溥杰、润麟、万绳栻、远山猛雄。　　——《溥仪日记全本·召见日记簿》第 190 页

7 月 27 日(六月十一日)　溥仪张园召见。

　　见肖丙炎、陈宝琛、广寿、爵善、万绳栻、谢介石、润良、润麟、溥杰、溥任、远山猛雄。　　　　　　——《溥仪日记全本·召见日记簿》第 190 页

聘请何振岱为孙陈纮[1]授业。

　　陈纮来受业,弢老之孙也。　　　　　　　　　——《何振岱日记》第 181 页

[1] 陈纮,字甲孙,次子懋侗子,公四孙。燕京大学毕业,留学英国剑桥大学,城市大学硕士。1949 年后曾任中国银行香港分行高级副总经理、第五届全国政协委员。

7 月 28 日(六月十二日)　溥仪张园召见。

　　见肖丙炎、陈宝琛、载润、万绳栻、吉田通译官、溥杰、溥任、润良、润麟、远山猛雄。　　　　　　——《溥仪日记全本·召见日记簿》第 190 页

7 月 29 日(六月十三日)　溥仪张园召见。郭曾炘赴灵清宫,贺懋艮子满月。

　　见肖丙炎、郑孝胥、陈宝琛、溥杰、溥任、吉田通译官、陆军步兵中佐小泉慕次(未见)、陆军步兵大尉石井民惠(未见)、陆军步兵大尉本池政敏(未见)、陆军步兵大尉高久伸一(未见)。　　——《溥仪日记全本·召见日记簿》第 190 页

　　旋赴灵清宫弢老叔子止士生男[1]弥月,特为汤饼,来者皆亲戚,无外客。

　　　　　　　　　　　　　　　　　——《邴庐日记》第 444—445 页

[1] 止士生男:懋艮子,七孙繁(伯时)。生于 1928 年 6 月 26 日。见前。

7 月 30 日(六月十四日)　溥仪张园召见。

　　见肖丙炎、郑孝胥、陈宝琛、溥杰、溥任、润麟、远山猛雄。

　　　　　　　　　　　　　——《溥仪日记全本·召见日记簿》第 190 页

7 月 31 日(六月十五日)　访郑孝胥,谈胡嗣瑗求去。

　　弢庵来,谈琴初求去;余谓,宜赏川资千元,给假一月。

　　　　　　　　　　　　　　　——《郑孝胥日记》第 4 册第 2192 页

8 月 1 日(六月十六日)　溥仪张园召见。

　　见肖丙炎、郑孝胥、景方昶、陈宝琛、李思浩、费毓楷、王孝总、谢介石、溥

杰、溥任、润麟、远山猛雄。　　——《溥仪日记全本·召见日记簿》第 190 页

载瀛等函告孙殿英上月盗发清东陵。

致 陈 宝 琛
载瀛等

　　弢庵太傅阁下,敬启者：本月十三日由衡亮生(永)交来其戚友、现任遵化知事蒋起隽私函,惊悉东陵有盗发情事,尤以裕陵、普陀峪之东陵为最。惨痛莫可名言。当即托人介绍于十四日同到卫戍总司令部,面见其总参谋长朱君绶光,求其加派队伍前往保护,并速行惩办匪徒,允即照办。是日晚间接其电话云：已派定兵队出发矣。十五日清晨,复同谒商总指挥震,未及晤面,仍拟继续接洽。日内有人述称：珠襦、玉盌已见人间。刻正多方侦察,俟有端倪及办法,即行赴津上闻。兹将蒋知事原函附寄,统祈代陈为叩。溽暑诸惟珍摄,万万,不庄。定园同坐致候。载瀛、载泽、溥忻、宝熙同启。六月十六日酉刻十七晚到　　　　　　　　——《东陵盗宝·克诚：东陵盗案汇编》第 1 页

8 月 2 日(六月十七日)　溥仪张园召见。

　　见肖丙炎、陈宝琛、胡嗣瑗、溥杰、溥任、润麟。

——《溥仪日记全本·召见日记簿》第 190 页

8 月 3 日(六月十八日)　溥仪张园召见。

　　见荣源、肖丙炎、济煦、郑孝胥、胡嗣瑗、景方昶、陈毅、陈宝琛、袁大化、王孝总、载润、铁良、溥杰、溥任、载涛、载振、溥锺、溥锐、润良、润麟。

——《溥仪日记全本·召见日记簿》第 191 页

8 月 4 日(六月十九日)　溥仪张园召见。

　　见荣源、肖丙炎、济煦、郑孝胥、胡嗣瑗、景方昶、陈宝琛、增崇、存耆、载润、润良、润麟、溥杰、溥任、张琨、林葆恒、罗振玉、万绳栻、张鹤(溥杰代见)、陈毅、载涛、载振、溥锐、耆龄。　　——《溥仪日记全本·召见日记簿》第 191 页

与朱益藩致函张学良吊唁张作霖[1]。

[1] 参见 8 月 24 日条。

8 月 5 日(六月二十日)　溥仪张园召见。与耆龄、胡嗣瑗等谈。

　　见荣源、肖丙炎、济煦、郑孝胥、胡嗣瑗、景方昶、万绳栻、耆龄、陈宝琛、王孝总、李儒、载振、溥锐、际彪、刘骧业、张琨、塔思哈、定安、陈毅、张学骥、袁大化、罗振玉、张鹤、溥杰、溥任、宝熙。

——《溥仪日记全本·召见日记簿》第 191 页

　　上自闻报之日起,即在高宗纯皇帝、孝钦显皇后神位朝夕祭奠,并变服减膳,俨同闻讣,在津诸臣及近支王、贝勒,咸集行礼。退与弢老、琴初、鸣九、袁

杏南、郑苏戡谈。　　　　　　　　　——《东陵盗宝·耆寿民日记》第 70 页

8 月 6 日(六月二十一日)　溥仪张园召见。

见荣源、肖丙炎、济煦、郑孝胥、胡嗣瑗、景方昶、陈毅、宝熙、耆龄、徐良、鲁郁彤、费毓楷、陈宝琛、王孝总、刘骧业、载润、谢介石、联堃、罗振玉、张琨、张绍香、际彪、加藤总领事、白井副领事、李儒、载振、溥锐、溥杰、溥任、润良、润麟、舒远隆、恒煦、载涛、张鹤(溥杰代见)、新井司令官、吉田通译官、溥忻。

　　　　　　　　　——《溥仪日记全本·召见日记簿》第 191 页

8 月 7 日(六月二十二日)　陈夔龙、陈三立等为东陵被盗事致电胡嗣瑗。拟请领衔致电北洋政府当局,要求严办。

胡琴初鉴:东陵惨案,眦裂魂飞。应由南北遗臣,合词电请北平当局,从严拿办,以寒贼胆;力为保护,以慰人心。拟请发老领衔,由津酌发。不胜切祷,并乞代请圣安。陈夔龙、夔麟、秦炳直、余肇康、朱祖谋、王乃征、王秉恩、陈三立、喻长霖、章梫、黄以霖、叶尔恺、吴庆焘同叩(养)。此电转呈发老钧酌。

　　　　　　——《东陵盗宝·克诚:东陵盗案汇编》第 4 页

8 月 8 日[1]**(六月二十三日)**　为东陵被盗,与朱益藩等七十五人联名致电阎锡山。

致 阎 锡 山　　　　　　　　　陈宝琛等

惊闻东陵被匪军发掘,以裕陵、定东陵情形最惨。中外骇痛,物论哗然。惟贵总司令执法如山,除恶务尽。如此巨案,必不稍宽。合词切恳严饬已获重犯迅即归案讯究;逸犯务期悉数弋获,尽法惩治,以伸冤愤。一面加派得力军队驻陵专任保护,以慰群情。立盼施行,不胜悲悚迫切之至。陈宝琛、朱益藩等七十五人同叩(漾)　　——《东陵盗宝·克诚:东陵盗案汇编》第 3 页

[1] 原书误作"阳历七月二十一日"。

8 月 9 日(六月二十四日)　溥仪张园召见。

见荣源、肖丙炎、济煦、郑孝胥、胡嗣瑗、载润、陈宝琛、罗振玉、万绳栻、际彪、溥杰、溥任、朱益藩、铁良、润良、润麟、载振、溥锐、舒远隆、远山猛雄。

　　　　　　　　　——《溥仪日记全本·召见日记簿》第 191—192 页

8 月 10 日(六月二十五日)　溥仪张园召见。

见荣源、肖丙炎、济煦、郑孝胥、胡嗣瑗、景方昶、载涛、陈宝琛、王孝总、万绳栻、罗振玉、万和寅、金方觉、王怀庆、朱益藩、溥杰、溥任、润麟。

　　　　　　　　　——《溥仪日记全本·召见日记簿》第 192 页

8 月 11 日(六月二十六日)　溥仪张园召见。

见毓崚、肖丙炎、济煦、郑孝胥、胡嗣瑗、金方觉、载振、溥锐、陈宝琛、溥任、溥杰、润良、润麟、载涛、荣源。　　——《溥仪日记全本·召见日记簿》第192页

8月12日（六月二十七日）　溥仪张园召见。

见肖丙炎、济煦、郑孝胥、胡嗣瑗、陈宝琛、包文渊、溥杰、溥任、王孝总、狄伯义、润良、润麟、商衍瀛、谢介石、舒远隆。

——《溥仪日记全本·召见日记簿》第192页

8月14日（六月二十九日）　阎锡山复电。

复陈宝琛

阎锡山

陈弢庵先生转朱陈诸先生钧鉴：漾代电诵悉，东陵被掘，至深骇诧。获犯已电请中央派大员讯办，并由敝军遣派得力军队前往保护矣。特复。阎锡山（寒）。　　　　　　——《东陵盗宝·克诚：东陵盗案汇编》第4页

8月15日（七月初一日）　溥仪张园召见。

见肖丙炎、胡嗣瑗、溥杰、溥任、载涛、陈宝琛、肖方俊、王孝总、吉田通译官、驻津日本军参谋三野友吉、驻津日本军参谋河野悦次郎、载振、溥锐、聂宪藩、薛之珩、润麟、沈维贤、谢介石、远山猛雄。

——《溥仪日记全本·召见日记簿》第192—193页

8月16日（七月初二日）　溥仪张园召见。

见肖丙炎、胡嗣瑗、陈宝琛、溥杰、溥任、白井副领事（郑孝胥、胡嗣瑗、王孝总代见）、泽村幸夫（同前三人代见）、沈继贤、远山猛雄。

——《溥仪日记全本·召见日记簿》第193页

8月17日（七月初三日）　溥仪张园召见。

见肖丙炎、胡嗣瑗、郑垂、李准、李涛、溥任、陈宝琛、刘骧业、溥侒、溥绪、润麟、李士奎、溥杰、远山猛雄。　　——《溥仪日记全本·召见日记簿》第193页

8月19日（七月初五日）　溥仪张园召见。

见肖丙炎、温肃、溥任、陈宝琛、朱益藩、朱煜勋、溥杰。

——《溥仪日记全本·召见日记簿》第193页

8月20日（七月初六日）　郭曾炘晚来访，谈及东陵事。

早车同侨民赴津，务观未行，送至车站。午正抵老站，到栩楼，即电询弢老，知尚在园未回寓。群一来。傍晚访弢老，略谈发陵事及张园目下情形。归寓次耕亦来即留共晚饭。　　　　——《邴庐日记》第457—458页

8月21日（七月初七日）　诣张园。郭曾炘在张园以陈懋鼎诗示郑孝胥，公在坐。

在园晤太夷,以微字诗示之。……弢老亦在坐。

——《邴庐日记》第 459,460 页

8 月 22 日(七月初八日)　与朱益藩、陈夔龙等致电阎锡山。

致阎锡山电　　　　　　　　　陈宝琛等

太原阎总司令鉴:寒电诵悉,闻中央已电交北平贵总部组织高等军事裁判,严究此案,极仰毅力主持。报载孙殿英为现行正犯,马福田为从犯,均有确实供证。应请电饬严密指拿,并谭温江归案究治,以寒贼胆,而慰人心。不胜恳盼。陈宝琛、朱益藩、陈夔龙等同叩(齐)。

——《东陵盗宝:克诚:东陵盗案汇编》第 5 页

8 月 23 日(七月初九日)　溥仪张园召见。电话嘱郭曾炘明日入园。

见肖丙炎、济煦、郑孝胥、王孝总、商衍瀛、陈宝琛、载润、张鹤、毕堪能、谢立、溥杰、溥佺、溥任、舒远隆、润麟、远山猛雄。

——《溥仪日记全本·召见日记簿》第 194 页

接弢老电话,嘱明早入园。　　　　　　　　　——《邴庐日记》第 460 页

8 月 24 日(七月初十日)　与朱益藩收到张学良函谢溥仪吊唁张作霖并送挽幛。

陈宝琛和朱益藩受到东三省保安总司令张学良的亲笔签名信。事由张作霖被日本关东军炸毙,为稳定东北政局,直到 6 月 21 日张学良才宣布发丧。溥仪闻讯即命师傅陈宝琛和朱益藩给张少帅写了慰问信并送去御笔挽幛以尽悼念之电,于是就收到张学良的回信。少帅尊称陈宝琛为"弢老"、朱益藩为"艾老",以敬重的口气写道:"素谂先生德望高崇,海内敬仰,尚祈时颁训诲,俾作准绳,是私心所祷祝者耳。"　——《末代帝师朱益藩》第 57—58 页

复陈宝琛朱益藩　　　　　　　　　张学良[1]

弢老、艾老先生阁下:接诵大函,猥以先君弃养,辱承唁慰,并赐挽幛,拜领隆施,不胜感激。伏惟杖履优游,起居佳畅,至惬颂私。良痛遭大故,方兴陟岵之悲;断任仔肩,益懔临渊之戒。邦家多难,凤夜殷忧。素谂先生德望高崇,海内钦仰,尚祈时颁训诲,俾作准绳,是则私心所祷祝者耳。肃此复谢,祗请崇安! 诸维荃照不备。制张学良拜启。

[1] 1928 年 8 月 4 日,张作霖葬礼在奉天城"大元帅府"举行,前清逊帝溥仪令其老师陈宝琛(字弢庵)、朱益藩(字艾卿)给张学良写了封唁函,并送去溥仪的亲笔挽幛。8 月 24 日,张氏以此函致谢。

——《金风玉露:张学良赵一荻合集·第一部》第 373 页

亦见《团结报》1991 年 12 月 18 日

8 月 26 日（七月十二日） 溥仪张园召见。

见肖丙炎、郑孝胥、刘宝题、陆宗舆、溥杰、溥任、润麟、陈宝琛、刘骧业。

——《溥仪日记全本·召见日记簿》第 194 页

8 月 30 日（七月十六日） 溥仪张园召见。

见肖丙炎、胡嗣瑗、陈宝琛、李士奎、溥杰、溥任、加藤总领事、白井副领事、日本驻屯军参谋长有野学、日本公使馆汉文参赞鹫津钤平、润麟、远山猛雄。

——《溥仪日记全本·召见日记簿》第 194 页

8 月 31 日（七月十七日） 溥仪张园召见。

见胡嗣瑗、金方觉（溥杰代见）、陈宝琛、溥杰、刘骧业（溥杰代见）、徐良（溥杰代见）、张学诗、润麟、远山猛雄。

——《溥仪日记全本·召见日记簿》第 194—195 页

9 月 2 日（七月十九日） 溥仪张园召见。阎锡山复电。

见肖丙炎、济煦、溥杰、溥任、金方觉、润麟、陈宝琛、郑孝胥。

——《溥仪日记全本·召见日记簿》第 195 页

日界宫岛街张园载先生并转溥诚诸先生鉴：庚电诵悉，此案业奉中央命令组织高等军法会秉公审理，已将大电转致严切办理矣。特复。阎锡山冬印。

——《东陵盗宝·克诚：东陵盗案汇编》第 5 页

9 月 4 日（七月二十一日） 与周登皞同车自津至京，傍晚郭曾炘来晤。

晴熙民自津来，略谈津事，并知弢老亦同车来。据云前赴东陵，诸公报告定西陵已奉安，……傍晚往贺，晤弢老，言黄质斋允中有书致南政府，书论东陵事，颇痛切。

——《郋庐日记》第 471—472 页

何振岱到钟贤家来晤。

闻弢老来，遂至南湾子钟贤家晤谈，十二点去。

——《何振岱日记》第 189 页

9 月 5 日（七月二十二日） 何振岱来访，见公子懋复、侄懋咸、甥刘骧业。

八时乘电车至灵境晤弢老，幾士、虚谷皆稍稍谈，又晤爱其[1]，自福州来，观所作"踏莎行"词三首；欲抄未肯，记得两首。为絃调弦，归至公园……。

——《何振岱日记》第 189 页

[1] 幾士：长子懋复；虚谷：侄懋咸，三弟宝璐子；爱其：甥刘骧业，妹婿刘鸿寿子。

9 月 6 日（七月二十三日） 约会馆吟集钓鱼台。作七律一首，诗见《沧趣楼诗文集·七月廿三日钓鱼台作》第 217 页。

弢老约会馆吟集。午饭后即往，人多，仅作二唱，散。

　　　　　　　　　　　　　　　　——《郋庐日记》第 472—473 页

　　七月廿三日，至钓鱼台，有诗。　　——《闽县陈公宝琛年谱》第 138 页

9 月 7 日（七月二十四日）　郑孝柽泰丰楼宴请，郭曾炘及同乡旧友十馀人在坐。

　　午饭后赴稺辛泰丰楼之约，有弢老及同乡旧友十馀人。微宇见示叠前韵呈弢老诗。
　　　　　　　　　　　　　　　　　　　　——《郋庐日记》第 473 页

匏丈以原韵题呈家伯父诗后叠韵奉会七月　　　　　陈懋鼎

旧事重谈若列眉，昆明灰冷愧前知。当阳倘及君纲正，昧旦宜为弈业师。
达孝惟承先志重，诡随曾惜功相卑。牡丹时节墙匼泪，忍舍人天福德基。
　　　　　　　　　　　　　　　　——《槐楼诗钞》第 137 页

9 月 8 日（七月二十五日）　溥仪张园召见。

　　见肖丙炎、陈宝琛、溥杰、溥杰、载涛。

　　　　　　　　　　　　——《溥仪日记全本·召见日记簿》第 196 页

9 月 10 日（七月二十七日）　溥仪张园召见。耆龄二十五日自东陵回，晨来访。

　　见肖丙炎、济煦、胡嗣瑗、联堃、袁励准、景方昶、温肃、陈毅、陈宝琛、载泽、
溥伒、宝熙、耆龄、溥侗、恒煦、罗振玉、万绳栻、载涛、载润、载振、朱益藩、润麟、
舒远隆、张梦潮、溥杰、溥任。　　——《溥仪日记全本·召见日记簿》第 196 页

　　晨访琴初、诒重、弢老，琴初未见，归后稍休。

　　　　　　　　　　　　——《东陵盗宝·耆寿民日记》第 79 页

9 月 11 日（七月二十八日）　奉谕派议两陵善后办法。晚宴请耆龄等于松竹楼。

　　诣张园，奉谕派议毓彭罪名[1]及两陵善后办法，派出者：载涛、载泽、载
润、载瀛、溥伒、陈宝琛、朱益藩、耆龄、宝熙、陈毅、胡嗣瑗、景方昶。……晚弢
老约饭于松竹楼。　　　　　　　　——《东陵盗宝·耆寿民日记》第 79 页

[1] 毓彭：毓彭盗卖两陵金银器。

　　辰正随各堂诣张园，有谕派议毓彭之罪及东西两陵善后办法，派出者：涛
贝勒、泽公、瀛贝勒、润贝勒、伒贝子、陈太傅、朱师傅、耆寿老、宝瑞老、胡晴初、
景明九、南斋（方昶）。　　——《东陵盗宝·徐榕生：东陵于役日记》第 98 页

七月　录父承袭祖训示孙陈纮："忠孝只嘉名，非愚无以尽实际；聪明原美质，
守正方不入歧途。戊辰七月男宝琛敬录以示纮孙。"见《大音希声风范永存——深

　　　　　　　　　　　　　　　　797

切缅怀陈纮先生》中国银行(香港)2009 年印。

侄懋鼎诗作呈公。

侍谈太傅伯父闻无逸斋中有"儆变罪己"之语且以草问愤言

猥达睿听感悚交并次前诗韵敬呈伯父并谂匏丈七月　　　　　陈懋鼎

忆从负宸仰尧眉,戴罪偷生只自知。金鉴久藏惭弼德,懋鼎旧兼官弼德院参议。玉音交儆见尊师。直教实至文方著,将谓天高听总卑。率土不应先帝忘,十年茹苦护丕基。
　　　　　　　　　　　　　　　　　　　　——《槐楼诗钞》第 135 页

匏丈以意有未尽次韵见质再章奉会并寄伯父　　　　　陈懋鼎

自收京后几伸眉,心有金銮凤烛知。漫拟浮湛将得当,敢嗔流俗不相师。老臣归国春非旧,嗣主康功服始卑。愿托骚人归窘步,明堂虽毁见初基。
　　　　　　　　　　　　　　　　　　　　——《槐楼诗钞》第 137 页

函赞郭曾炘与侄懋鼎唱和诗作,工力悉敌,始终不懈。

致　郭　曾　炘　　　　　陈宝琛

匏庐亚兄同年足下:承示与微宇叠均之作,工力悉敌,始终不懈,而数十年兴衰已事非,公亦无能了如指掌者,此亦一诗史也。入之续集,可以信今传后。闻默园已归,诗社较不寂,并可分次贡之劳。南中人至,携来新橘,奉上数十枚,留饤春盘,察入为幸。即颂吟安。弟宝琛顿首[1],二十日。
　　　　　　　　　　　　——《历史文献·陈宝琛遗墨》第 16 辑第 93 页

[1]《槐楼诗钞》1928 年(戊辰),二月至十一月间陈懋鼎(微宇)与匏庐多有叠韵作。郭曾炘卒于 1928 年 11 月 24 日。

9 月 14 日(八月初一日)　柯鸿年卒,作"柯君贞贤哀诔并序"。见《沧趣楼诗文集》第 491—493 页。

9 月 15 日(八月初二日)　京津传闻,因恐清室财产被没收,将溥仪赠品托名卖与日本。

陈宝琛恐有人想没收其财产,将溥仪赠送之钧可鲁,托名卖与日人。(十三日下午)　　　　　　　　　　　　　　——《申报》1928 年 9 月 15 日

9 月 16 日(八月初三日)　郑孝胥来访。

过林子有、陈弢庵谈。　　　　　　　——《郑孝胥日记》第 4 册第 2197 页

9 月 17 日(八月初四日)　郑孝胥来访。

又过弢庵。　　　　　　　　　　　　——《郑孝胥日记》第 4 册第 2197 页

9 月 19 日(八月初六日)　溥仪张园召见。

见肖丙炎、济煦、胡嗣瑗、陈宝琛、景方昶、溥任。

　　　　　　　　　　　　——《溥仪日记全本·召见日记簿》第 197 页

9 月 21 日（八月初八日）　溥仪张园召见。

　　见肖丙炎、胡嗣瑗、陈宝琛、溥任。

　　　　　　　　　　　　——《溥仪日记全本·召见日记簿》第 197 页

9 月 23 日（八月初十日）　　溥仪张园召见。

　　见世榕、肖丙炎、胡嗣瑗、陈宝琛、溥任、荣源。

　　　　　　　　　　　　——《溥仪日记全本·召见日记簿》第 197 页

9 月 25 日（八月十二日）　　溥仪张园召见。

作柯鸿年"澹园诗评""澹园居士像赞"[1]，见《沧趣楼诗文集》第 489—490 页。

[1] 诗评与像赞分别见于《澹园遗稿》卷末与卷首。

　　见肖丙炎、胡嗣瑗、魁璋、溥忻、恒圻、安龄、载润、陈宝琛、载涛、溥任。

　　　　　　　　　　——《溥仪日记全本·召见日记簿》第 197—198 页

9 月 26 日（八月十三日）　　溥仪张园召见。

　　见肖丙炎、陈宝琛、刘骧业。　——《溥仪日记全本·召见日记簿》第 198 页

9 月 28 日（八月十五日）　　中秋，杨寿枏邀集在莹园赏月，分韵得"宵字"赋七律一首，见《沧趣楼诗文集·中秋味云招集莹园赏月分韵得宵字》第 217 页。

　　中秋日，公赴味云（杨寿枏）召集莹园赏月。九日复集，分韵赋诗。

　　　　　　　　　　　　　——《闽县陈公宝琛年谱》第 138 页

9 月 29 日（八月十六日）　　郭曾炘读击钵吟稿，忆旧年健将笔阵纵横，各极其才思，极一时之盛；今日风流云散，不胜感叹。

　　饭后无事，捡来尘架，己酉冬荔社钵吟稿数册，其时芟老正宣召来京，赞老、涛园并在京，几道亦时来，当时健将如畏庐、石遗、绎如、梅贞、松孙、仲沂、心衡、徵宇……外籍则实甫、鹤亭偶亦参入，笔阵纵横，各极其才思，大都以造意为主，不以隶事为能，与今之稊园、蛰园风气廻别。洵为闽派正宗，亦可谓极一时之盛，曾几何时，地塌天崩，风流云散。今在京者惟余与熙民、寿芬、徵宇、朗溪数人。芟老客津，石遗归里，绎如近赴上海，馀则皆隔世人矣。

　　　　　　　　　　　　　　——《郋庐日记》第 494—495 页

9 月 30 日（八月十七日）　　桔棋请何振岱介绍往天津竭见公。

　　桔棋来求一绍介出往津见芟老。　　　——《何振岱日记》第 199 页

10 月 2 日（八月十九日）　　溥仪张园召见。

　　见肖丙炎、济煦、胡嗣瑗、陈宝琛、陈毅、载润、载泽、载瀛、溥忻、宝熙、载

涛、袁大化、白井副领事（胡嗣瑗代见）、朱益藩、溥杰、润麟、远山猛雄。

——《溥仪日记全本·召见日记簿》第 198 页

10 月 3 日（八月二十日） 溥仪张园召见。

见肖丙炎、胡嗣瑗、陈宝琛、谢介石（溥杰代见）、溥杰、朱益藩、润麟、荣源。

——《溥仪日记全本·召见日记簿》第 198 页

10 月 4 日（八月二十一日） 闻何振岱未行,甚喜。

桔荪来云,蕤老闻予未行,甚□[喜]。 ——《何振岱日记》第 204 页

10 月 7 日（八月二十四日） 溥仪张园召见。

见荣源、肖丙炎、溥杰、润麟、陈宝琛、润良。

——《溥仪日记全本·召见日记簿》第 199 页

10 月 9 日（八月二十六日） 溥仪张园召见。

见肖丙炎、胡嗣瑗、商衍瀛、陈宝琛、溥杰、溥任、润麟、荣源。

——《溥仪日记全本·召见日记簿》第 199 页

10 月 10 日（八月二十七日） 溥仪张园召见。

见荣源、肖丙炎、陈宝琛、王孝总、溥杰、溥修（溥杰代见）、润良、润麟。

——《溥仪日记全本·召见日记簿》第 199 页

八月 作袁励准"《恐高寒斋诗》序"。见《沧趣楼诗文集》第 490—491 页。

10 月 14 日（九月初二日） 溥仪张园召见。

见肖丙炎、胡嗣瑗、溥杰、润麟、远山猛雄、刘骧业、陈宝琛、溥任、荣源。

——《溥仪日记全本·召见日记簿》第 199 页

10 月 17 日（九月初五日） 溥仪张园召见。

见肖丙炎、胡嗣瑗、陈宝琛、金湛霖、荣源、溥杰。

——《溥仪日记全本·召见日记簿》第 199 页

10 月 19 日（九月初七日） 溥仪张园召见。

见肖丙炎、胡嗣瑗、徐良、陈宝琛、荣源、溥杰、溥任、润麟。

——《溥仪日记全本·召见日记簿》第 200 页

10 月 20 日（九月初八日） 溥仪张园召见。

见肖丙炎、胡嗣瑗、陈宝琛、荣源、溥杰、润麟。

——《溥仪日记全本·召见日记簿》第 200 页

10 月 21 日（九月初九日） 重阳节,复集莹园[1],作七律一首,诗见《沧趣楼诗文集·九日集莹园分韵得"客"字》第 217 页

[1] 参见本年 9 月 28 日条。

10 月 22 日（九月初十日） 溥仪张园召见。

见肖丙炎、济煦、金湛霖、贡布诺尔布、陈宝琛、溥杰、荣源、万绳栻、吉田通译官（溥杰代见）、官地静（溥杰代见）、福岛德一（溥杰代见）、吉冈祥（溥杰代见）、德田弥作（溥杰代见）、生田目彻（溥杰代见）、井上熊藏（溥杰代见）、原田文男（溥杰代见）、新名泰（溥杰代见）、木下文吉（溥杰代见）、川添长太郎（溥杰代见）、林一造（溥杰代见）、下田龙荣门（溥杰代见）、绪才重人（溥杰代见）、润麟。

——《溥仪日记全本·召见日记簿》第 200 页

10 月 23 日（九月十一日） 电告何振岱来访，四孙纮来就何受业。

闻弢老电话欲来，甲孙来受书。 ——《何振岱日记》第 226 页

10 月 24 日（九月十二日） 自津到京。何振岱来访。

八时乘电车往灵境晤弢老，李次贡在座。看弢老新填词四阕。借抄不肯，因试记之，记得两首。 ——《何振岱日记》第 226 页

10 月 25 日（九月十三日） 何振岱为陈纮改作业，公以此撰词四阕。词《沧趣楼诗文集》未见。

甲孙来受书，为改一文，弢老以此撰词四阕，以小楷书于高丽棉纸上，款字尤细。八十一岁老人，精神目光如此，真可叹羡！此帧当珍藏之。

——《何振岱日记》第 229—230 页

戊辰九月十三吴徵麒[1]卒，十月葬福州城外，作"吴君郁生墓志铭"，见《沧趣楼诗文集》第 440—441 页。

[1] 吴妻为林则徐孙女，次女绥如嫁公次子懋侗。

10 月 26 日（九月十四日） 邀何振岱、郑孝柽晨同往西山看红叶，归途已五时。子懋复、侄懋咸及钟贤陪同。有诗见《沧趣楼诗文集·重阳后五日同樨辛梅生狮子窝观红叶憩秘魔崖咸侄复儿从》第 218 页。

弢老使人来请，遂往。稚辛已至，食面。雇两汽车往西山看红叶。予同弢老、稚辛一车，幾士、虚谷、钟贤一车。至西山饭店，食点心。雇藤骄，偕往狮子窝。越灵光寺东行，山路多碎石。约十数里。望山头有红树，既至舍舆小歇，后行。踰岭，至张家望山堂，即狮子窝也。拾级而登，南望可见卢沟桥，东循坏廊，行数十，有亭亦将圮矣。俯眺颐和园之昆明池，一泓水耳。（山麓为北新庄）。山麓澧亲王墓在焉。数百里内，此地树木为最葱郁。玉泉山一塔，翘然在望，……右转一门□张太监墓。都人呼人，每以名字一字加于姓上，太监有名德，此人呼其父为大得张，子为小得张。旁有小寺。出寺门往秘魔崖，望楼台层叠。林树掩映，有红如朱砂者，有浓若胭脂者，色

极灿烂，惜不能多。至崖，诸君皆看旧题。弢老有忆偶斋诗，情思黯然。亦有偶斋自题五言短古，书迹不俗，似胜于诗。西山八大处，以此处最胜。门前旧有泉，兹已枯。丙寅秋，予同秋泉来。下山循途，往觉生寺，寺规制宏敞，前院左边塌圮，第二院庭中一松，高只丈许而夭矫盘崛□极翔舞，枝干四射，皆有小挂支云。惜未带笔，无从描摹。……归途已届五时许。车至灵境口分途。

——《何振岱日记》第 230—233 页

重阳后五日，同稚辛、梅生游狮子窝，观红叶，憩秘魔崖。咸侄、复儿从。六年前，公曾游此，僧房题字，重来犹在。遂过觉生寺，观华严钟。钟故在万寿寺，乾隆时移此。庭中盘松亦数百年物。戊午重阳，梁节庵曾招同人集此松下，亦十年矣。

——《闽县陈公宝琛年谱》第 138 页

闻弢老前日到京，昨接请客柬，似系耆年会也。 ——《邴庐日记》第 518 页

10 月 27 日（九月十五日） 约耆年会。

傍晚遣渠辈归，即赴弢老耆年会之约，两接续不止，畅谈至亥正方散。

——《邴庐日记》第 519 页

10 月 28 日（九月十六日） 会馆合社同人诗钟吟集。明日赴津。

饭后赴会馆合社同人设局，为弢老预祝作三唱，散。弢老明日赴津。

——《邴庐日记》第 520 页

10 月 29 日（九月十七日） 何振岱、郭曾炘来访。自京赴津。

蝯庵来，同往灵境谒陈太傅。 ——《何振岱日记》第 235 页

10 月 30 日（九月十八日） 溥仪张园召见。

见肖丙炎、胡嗣瑗、陈宝琛、包文渊（溥杰代见）、溥杰、润麟、荣源、溥侗（溥杰代见）、恒煦（溥杰代见）。 ——《溥仪日记全本·召见日记簿》第 200 页

10 月 31 日（九月十九日） 溥仪张园召见。

见肖丙炎、陈宝琛、刘骧业、溥杰、润麟、陈绍唐（溥杰代见）。

——《溥仪日记全本·召见日记簿》第 201 页

11 月 2 日（九月二十一日） 张园晤郑孝胥、耆龄、胡嗣瑗等，饭后长谈。

晨诣张园，晤苏堪、弢老、琴初、诒重、继先，同饭长谈。午后上传明日来见。

——《东陵盗宝·耆寿民日记》第 83 页

11 月 3 日（九月二十二日） 溥仪张园召见。

见肖丙炎、载涛、载瀛、载泽、陈宝琛、荣源、润麟。

——《溥仪日记全本·召见日记簿》第 201 页

李宣龚诗祝寿辰。

寿弢庵太傅　　　　　　　　　　　　李宣龚

老至能为少主臣，此时一发系千钧。心悬日月重霄迥，梦改风泉万壑新。四海犹言元祐政，百年长健义熙身。回思黻佩承平际，名德无讥有几人？——《硕果亭诗》卷上第 78 页

11 月 13 日（十月初二日）　溥仪张园召见。

见肖丙炎、胡嗣瑗、陈宝琛、溥杰。

——《溥仪日记全本·召见日记簿》第 202 页

11 月 17 日（十月初六日）　郭曾炘致函，附宝瑨八十岁寿文。

接津信即复信，并附致弢老信及仲勉寿文。　——《邠庐日记》第 535 页

11 月 20 日（十月初九日）　溥仪张园召见。至火车站迎郑孝胥抵天津[1]。

见肖丙炎、胡嗣瑗、万绳栻、陈宝琛、溥杰、荆育瓒（溥杰代见）、荣源、润麟。

——《溥仪日记全本·召见日记簿》第 202 页

火车至四点抵津，伯平遣汽车来迎。弢庵、楫先来。

——《郑孝胥日记》第 4 册第 2210 页

[1] 是日郑孝胥自日本经上海抵天津。

11 月 21 日（十月初十日）　郑孝胥来访。

过女景、伯平、吴蔼宸、陈向元、弢庵、琴初。

——《郑孝胥日记》第 4 册第 2210 页

11 月 22 日（十月十一日）　溥仪张园召见。邀郑孝胥食蟹。

见肖丙炎、郑孝胥、陈宝琛、溥杰、润麟、溥任。

——《溥仪日记全本·召见日记簿》第 202 页

弢庵邀食蟹，晤丁闿公、李子申。　　——《郑孝胥日记》第 4 册第 2210 页

11 月 24 日（十月十三日）　溥仪张园召见。

见肖丙炎、胡嗣瑗、金方觉、陈宝琛、溥杰、润麟、远山猛雄。

——《溥仪日记全本·召见日记簿》第 203 页

11 月 25 日（十月十四日）　袁金铠（洁珊）六十寿辰，作寿诗："致泽为心世罕逢，读君讲义契儒宗。鲁邹秉礼流风在，丰镐生才间气钟。史局校文殊蕴藉，军咨言变尽从容。要因澹泊成宁静，闻达何能恩伏龙"。见《中华历史人物别传集》第 81 册第 652 页。《沧趣楼诗文集》未收。

11 月 26 日（十月十五日）　郭曾炘得来函，寄回二弟宝瑨寿文。

接弢老信，寄回勉丈寿文稿，似尚惬意。末段引翁山语尤极承称许。惟谓

其于为人诊病主勤恳，嘱再为颊上添毫，当即添入数语。

———《郦庐日记》第 541 页

11 月 30 日(十月十九日) 晤郑孝胥，告成多禄卒于吉林。

晤弢庵、叔蕴。弢庵言，多竹山卒于吉林。

———《郑孝胥日记》第 4 册第 2211 页

12 月 1 日(十月二十日) 溥仪张园召见。

见肖丙炎、郑孝胥、胡嗣瑗、陈宝琛、徐观臮、溥杰。

———《溥仪日记全本·召见日记簿》第 203 页

12 月 5 日(十月二十四日) 访郑孝胥。

弢庵来。 ———《郑孝胥日记》第 4 册第 2211 页

12 月 6 日(十月二十五日) 溥仪张园召见。

见肖丙炎、陈宝琛、毕堪那、英国白参谋长、溥杰、溥任。

———《溥仪日记全本·召见日记簿》第 203 页

12 月 10 日(十月二十九日) 溥仪张园召见。

见肖丙炎、济煦、胡嗣瑗、陈宝琛、溥杰、溥任、荣源。

———《溥仪日记全本·召见日记簿》第 204 页

十月 致何振岱函，何代作"王君锦铨家传"。见《沧趣楼诗文集》第 487—489 页。

致 何 振 岱
陈宝琛

梅生我兄：两奉手书，并代作两文，感极。王传系书屏之用，本家求添长十数行，断鹤续凫可笑，不能不徇其请。查其商业，十数年来，浸以致饶。近且屡襄善举。孙辈均善营运创业，当亦含笑于身后矣。振举甚凡，以备采用，昨樵琴来函，已由后见寄。□□处奉商，想已面语之矣。草草，即请道安。宝琛顿首。初八。(续作词一阕，附呈指正，□爱不敢藏丑，能予削正为幸。今日苏堪可到商务印书馆□□)

———《近代中国·陈昌强：致何振岱书札》第 19 辑第 362 页

12 月 12 日(十一月初一日) 溥仪张园召见。

见肖丙炎、济煦、万绳栻、陈宝琛、溥杰。

———《溥仪日记全本·召见日记簿》第 204 页

费叔迁来，云大连之行将作罢，乃陈、胡阻之也。

———《郑孝胥日记》第 4 册第 2212 页

12 月 13 日(十一月初二日) 自津至京。

12 月 14 日（十一月初三日）　赴樊增祥泰丰楼约请,丁传靖、王式通、杨锺羲、林开暮等同席。

晚樊山电约泰丰楼,有弢老、闿公、书衡、子勤、贻书。晤谈甚畅,弢老、闿公皆昨自津来。　　　　　　　　　　　　——《邴庐日记》第 551 页

12 月 16 日（十一月初五日）　约郭曾炘等灵清宫诗锺吟集。

午后赴灵清宫,弢老约吟集,作三唱,散。弢老明早车回津。

——《邴庐日记》第 551—552 页

12 月 17 日（十一月初六日）　自京至津。（见 12 月 16 日条）

12 月 22 日（十一月十一日）　填词"锦缠道·冬至",见《沧趣楼诗文集》第 275 页[1],后录呈何振岱。

[1]《陈宝琛年谱》第 527 页,有此词题识"梅生方家正之,戊辰冬至后九日陈宝琛写呈"。《沧趣楼诗文集》未见。

12 月 23 日（十一月十二日）　溥仪张园召见。郑孝胥来访,谈清室存款汇业银行事。

见肖丙炎、郑孝胥、景褆、胡先春、陈宝琛。

——《溥仪日记全本·召见日记簿》第 205 页

过林芷馨、王揖唐,又过弢庵,谈汇业银行事。银行停闭,有皇室存款三十万。揖唐云,可助设法。　　　——《郑孝胥日记》第 4 册第 2213 页

12 月 28 日（十一月十七日）　溥仪张园召见。

见肖丙炎、郑孝胥、陈宝琛、溥杰。

——《溥仪日记全本·召见日记簿》第 205 页

12 月 31 日（十一月二十日）　与郑孝胥共宴日本驻天津领事等人。

与弢庵共宴日领事加藤、田代司令官、新井、松本、吉田。

——《郑孝胥日记》第 4 册第 2214 页

冬　作张之洞《思旧集》序。

《思旧集》序　　　　　　　　　陈宝琛

张文襄公薨后十三年,高泽畲[1]布政校刊其《思旧集》成,以公故交存者仅宝琛,属为之序。是集盖公病中所手定,忆及当日情况,举笔辄心痛不能下数年矣,而泽畲犹留工以待,能终默耶? 予以宣统元年暮春,始与公同朝,其时国事已濒危,而公在政地,四海睒睒属望。未几,公以争近属典军不得,称疾不视事将十旬,初犹冀负扆之一悟,而卒莫之省,则益忧患,寝以成疾。一日趣求竹坡父子及黉斋、再同遗诗,自是闭阁谢客。予语筱帆同年:"君家相公,其为范

文子乎。"公素不服药,至是中、西药杂进,月馀遂不起。集中若刘仙石先生、谢麐伯前辈遗稿,皆凤留公处,馀亦多取诸箧中,最后益以数家,黄斋诗未哀就,不及呈,再同诗已写呈,公加墨而不及选,其本流转厂肆,予犹见之。公之惓惓于师友,虽幽忧督病中犹不忘,平生如此,而坐视君国之沦胥,驯至道尽文丧,其茹恨九原,又当何如!此予所积不忍言者,卒言之,以塞泽畬之请。而泽(畬)[畬]之抱持收拾于丧乱之馀,以副公之諈诿,其于公,亦可谓无负哉!戊辰岁暮闽县陈宝琛。　　　　　　——《张之洞全集》第 12 册附录四第 10788 页

[1] 高泽畬:字霖霨,直隶天津人,举人,湖北提学使、布政使。

是年　任传藻作七律复呈公。

复呈陈弢庵太傅　　　　　　　　　　　　　　任传藻

海内何人可拟公,大廷早岁见孤忠。式时道德群争仰,馀事文章老更工。鲁殿崔巍真国瑞,帝师康健沃春风。许参座末堪归告,曾溯渊源拜教宗。壬午家大人受知于公。　　　　　　　　　　　——《剑庐诗存》第 20 页

是年作"荫评叠落花前韵四首索和己未及今十年矣感而赋此",见《沧趣楼诗文集》第 266 页。吴宓在《空轩诗话·陈宝琛前后落花诗》一文评论。第一首评曰:此首总叙辛亥革命以来中国之情形。第二首评曰:此首指民国十三年冯玉祥以兵逼清帝出宫。第三首评曰:此似言中国各派军阀之混战兴灭。第四首曰:此首似言清帝居津,及作者忠爱之意。见《吴宓诗话》第 197—198 页。

《南光》1928 年第 1 卷第 3 期刊"侯官陈伯潜师傅宝琛七尺联"书法:"遥想人天会方丈,广收草木续离骚。"

《辽东诗坛》1928 年第 39 期刊"文小坡冷红簃填词卷子",署"陈宝琛弢庵"。见《沧趣楼诗文集》第 205 页。

是年文

吴君郁生墓志铭	——《沧趣楼诗文集》第 440—441 页
王君锦铨家传	——《沧趣楼诗文集》第 487—489 页
澹园诗评	——《沧趣楼诗文集》第 489—490 页
澹园居士像赞	——《沧趣楼诗文集》第 490 页
恐高寒斋诗序	——《沧趣楼诗文集》第 490 页

是年诗

戊辰元日谕止行礼亲笔书大吉春条分赐诸臣

　　　　　　　　　　——《沧趣楼诗文集》第 212 页

春寒　　　　　　　　　——《沧趣楼诗文集》第 213 页

1929年(己巳　民国十八年)　82岁　天津、北平

蒋桂战争爆发。(3.26)

中东路武装冲突,中俄激战。(5.27)

溥仪自张园迁出,入住前驻日公使陆宗舆私宅"乾园"(后改名"静园")。(7.9)

南京国民政府与苏联签订《中苏伯力会议议定书》。(12.22)

王允晳卒,年六十三。曾广钧卒,年六十四。梁启超卒,(1.19)年五十七,郭曾炘卒,年七十四。陈毅卒(4.30)。

1月1日(戊辰十一月二十一日)　溥仪张园召见。

见肖丙炎、陈宝琛、步兵队第一中队长古田龙山、驻屯军司令员春山雄一、铃木繁二。　　　　　　　　　　　　——《溥仪日记全本·召见日记簿》第205页

1月2日(戊辰十一月二十二日)　溥仪张园召见。

见肖丙炎、胡嗣瑗、陈宝琛、奥田乙治郎、袁大化、溥杰、加藤总领事。

　　　　　　　　　　　　——《溥仪日记全本·召见日记簿》第205页

1月3日(戊辰十一月二十三日)　日本领馆有为溥仪命相者,与郑孝胥商觅人翻译命相没者言。

召见,询吉林事。日领馆有命相者,为上批年运至三十岁,命觅人译之。与弢庵商,以属王子长。　　　　　　——《郑孝胥日记》第4册第2215页

1月4日(戊辰十一月二十四日)　郭曾炘卒。两日前尚有一函寄津。为撰墓志铭"郭文安公墓志铭",见《沧趣楼诗文集》第412—415页。

寄津快信,并附弢老书。……午后接弢老书,并惠福橘四十枚。信适未封,即附笔致谢。　　　　——《邴庐日记》第561页(戊辰十一月二十二日)

为先公成主,乞弢傅鸿题,朱艾卿、宝沈盦襄题,陪者六人亦皆编检。

　　　　　　　　　　　　——《郭则沄自订年谱》第68页(1928年十二月)

上颁赐祭文。碑文乞弢傅为先公志墓,沈盦丈书丹,李惺吾篆盖。

　　　　　　　　　　　　　　　——《郭则沄自订年谱》第68页

1月5日(戊辰十一月二十五日)　溥仪张园召见。

见肖丙炎、陈宝琛。　　　　　　　——《溥仪日记全本·召见日记簿》第 205 页

致函二弟宝瑨寿辰,作"自题画松"七绝两首,见《沧趣楼诗文集》第 222 页。

致 陈 宝 瑨
陈宝琛

仲弟大庆:别又逾年。闻吾弟视听步履不减于前,吾两人自少习劳,至老均收家庭教育之效,故不在尽学体操也。生辰在即,兄不能归,特请于上御书"福寿"二字以赐;兄画一松,题两截句,童年读书松下,风景如在目前。沐佺属兄代购字画献寿,适遇有吴山尊《戊辰岁朝图》,翛然田园之乐,笔墨亦不俗,急为致之。计至戊辰弟开八秩寿筵,兄若幸陪家谶,则会榜重逢矣[1],以此为券,所谓老当益壮也。佺佺日内南还上海,如遇轮便,初二、三当抵里,率其诸弟上祝,桔红酒酽,南望神驰。手此遥颂寿釐!兄宝琛拜手,十一月廿五日[2]。

——《历史文献·陈宝琛致弟宝瑨手札》第 14 辑第 197—198 页

[1] 会榜重逢:公于同治七年(1868)年会榜成进士。作此信时恰六十年。

[2] 此信当作于戊辰十一月二十五日,1929 年 1 月 5 日。

1 月 7 日(戊辰十一月二十七日)　溥仪张园召见。

见肖丙炎、胡嗣瑗、陈宝琛、荣源。

——《溥仪日记全本·召见日记簿》第 206 页

1 月 13 日(戊辰十二月初三日)　溥仪张园召见。

见肖丙炎、郑孝胥、徐植、陈宝琛、溥杰、恒煦(溥杰代见)。

——《溥仪日记全本·召见日记簿》第 206 页

1 月 17 日(戊辰十二月初七日)　二弟宝瑨八十寿辰,溥仪赐御书"凌寒竹健"匾额一方、如意一柄、尺头两件,上谢恩折。折见《沧趣楼诗文集·谢弟宝瑨八十生辰恩赏折》第 896 页。

1 月 25 日(戊辰十二月十五日)　冒广生到京,应邀与樊增祥等夜饮,均有诗,公诗《沧趣楼诗文集》未收。

是冬,先生返抵北京,……先生招邀陈弢庵樊樊山夜饮,樊首先成诗,先生作《腊月十五日雪中招饮弢庵樊山诸公夜饮次樊山韵》,时贺履之(名良朴)在座,亦作《鹤亭招饮樊山赋诗十首索和步原韵》。后贺出视其新作《江山秋霁长卷》,陈、樊均已题诗,先生后作《题贺履之画〈江山秋霁长卷〉》。

——《冒鹤亭先生年谱》第 272 页

1 月 29 日(戊辰十二月十九日)　东坡生日,作词"瑞鹤仙·戊辰东坡生日用梅溪体嘉庆戊辰,是日戊辰,诸公以先十日庚子题名苏斋图中,图藏予处",见《沧趣楼诗文集》第 277 页。

溥仪张园召见。

见肖丙炎、朱益藩、郑孝胥、溥杰、润麟、载润、陈宝琛。

——《溥仪日记全本·召见日记簿》第 208 页

1 月 31 日(戊辰十二月二十一日) 溥仪张园召见。约郑孝胥食白鱼。

见肖丙炎、朱益藩、陈宝琛。 ——《溥仪日记全本·召见日记簿》第 208 页

弢庵约食白鱼。 ——《郑孝胥日记》第 4 册第 2218

2 月 7 日(戊辰十二月二十八日) 溥仪张园召见。

见恒煦、肖丙炎、郑孝胥、费毓楷、祁友鼎(恒煦、济煦代见)、陈宝琛、广寿、爵善、溥杰、润麟。 ——《溥仪日记全本·召见日记簿》第 208 页

2 月 8 日(戊辰十二月二十九日) 访郑孝胥。

召见,拟旨一道。弢庵来谈,求写游日本诸诗。

——《郑孝胥日记》第 4 册第 2219 页

2 月 9 日(戊辰十二月三十日) 除夕,与胡嗣瑗唱和,作"和愔仲除夕即用其韵";又作"菩萨蛮"三首,分咏馈岁、别岁、守岁,见《沧趣楼诗文集》第 218、277—278 页。

《北洋画报》1929 年 4 月 13 日第 305 期刊:"陈宝琛墨迹(本埠春和大剧院春节赠彩纱灯之一种)"。署:"菩萨蛮三首,分咏别岁、新岁、守岁[1],戊辰除夕宝琛"。词见《沧趣楼诗文集》第 277—278 页。

[1]《沧趣楼诗文集》第 277—278 页,题"馈岁、别岁、守岁"。

胡愔仲除夕有诗,公用韵和之。 ——《闽县陈公宝琛年谱》第 138 页

2 月 13 日(正月初四日) 溥仪张园召见。

见肖丙炎、郑孝胥、胡嗣瑗、贡布诺尔布、陈宝琛。

——《溥仪日记全本·召见日记簿》第 209 页

2 月 15 日(正月初六日) 溥仪张园召见。

见肖丙炎、郑孝胥、陈宝琛、溥侗、恒煦、溥杰、溥任。

——《溥仪日记全本·召见日记簿》第 209 页

2 月 16 日(正月初七日) 溥仪张园召见。作词"玉烛新己巳人日集栖白庼",有句云:"仰壁上英光,中兴名笔。厅前悬曾、左、李三公楹联。"见《沧趣楼诗文集》第 278 页。

见肖丙炎、济煦、郑孝胥、陈宝琛、刘骧业、溥杰、润麟、远山猛雄。

——《溥仪日记全本·召见日记簿》第 209 页

2 月 17 日(正月初八日) 溥仪张园召见。

见肖丙炎、济煦、郑孝胥、陈宝琛、刘骧业。

——《溥仪日记全本·召见日记簿》第 209 页

2 月 18 日(正月初九日)　溥仪张园召见。

见肖丙炎、郑孝胥、陈宝琛、溥杰、润麟、远山猛雄。

——《溥仪日记全本·召见日记簿》第 209 页

2 月 19 日(正月初十日)　溥仪张园召见。

见肖丙炎、郑孝胥、陈宝琛、李升培、润麟、溥杰、远山猛雄。

——《溥仪日记全本·召见日记簿》第 209 页

2 月 20 日(正月十一日)　溥仪张园召见。与郑孝胥、万绳栻、杨寿柟等合请李子申等于杨寿柟宅。

见肖丙炎、郑孝胥、罗振玉、金梁、赵国圻、陈初、陈宝琛、溥杰、毓廉、景嘉。

——《溥仪日记全本·召见日记簿》第 209 页

与羖庵、公雨、言仲远、杨味云等合请李子申等于味云宅中。

——《郑孝胥日记》第 4 册第 2223 页

2 月 22 日(正月十三日)　邀约郑孝胥、罗振玉、朱益藩等晚饭。

羖庵约晚饭,坐有李西、罗叔蕴、朱艾卿等。

——《郑孝胥日记》第 4 册第 2223 页

2 月 25 日(正月十六日)　曹经沅迁新居,广和居宴请,樊增祥、冒广生、王书衡、宗子威、黄懋谦等同席。作"和缬蘅移居",见《沧趣楼诗文集》第 223 页,并刊于《国闻周报》1929 年第 6 卷第 12 期。曹、樊、宗均有诗。曹经沅有"叠韵呈听水师并柬樊山丈"。

上元后一日,曹缬蘅招饮,邀之陈羖庵、樊樊山以及先生等人。宗子威作《缬蘅同年元宵后一日陪陈羖庵太傅樊山老人夷傲鹤亭剑秋嘿园》。曹缬蘅、宗子威皆为己酉会试同年,同考官为陈羖庵。

——《冒鹤亭先生年谱》第 273 页

缬蘅觞客新居,坐皆耆硕,羖庵老人诗即席先成,云:"论都喋喋任西东,人海犹藏一粟中。倦圃宦游真意在,山薑诗韵胜流同。冷摊居近书常足,彦会身闲酒不空。铜狄摩挲还醉此,梦馀如对霸城翁"。……忍堪和诗中有"犹龙老子都还健"之句,自注:"谓软脚之陈、樊诸老也,"

——《今传是楼诗话》第 385 页

叠韵呈听水师并柬樊山丈己巳　　　　　　　　曹经沅

筋力新来十倍强,西山长对鬖青苍。清流旷世思元祐,大集题名比会昌。

· 811 ·

老恋风城犹作客,倦看蚁穴竞称王。春曹旧事公能说,我亦曾选佛山场。旧藏《春曹话旧图卷》,师为题诗。　　　　　——《借槐庐诗集·曹经沅遗稿》第 95 页

亦见《国闻周报》1929 年第 6 卷第 12 期

缠蒻招陪听水樊山两老人于广和居余以事未至和韵奉呈　　黄　濬

深杯契阔十旬强,杯底悬惊鬓影苍。汴肆劫馀剩丰乐,韩门句妙得文昌。君为听水老人门生。喜闻铺啜尊鲵齿,嫩见衣冠拜蚁王。料与旧京添故实,春风行约醉千场。　　　　　——《国闻周报》1929 年第 6 卷第 12 期

2 月 28 日(正月十九日)　宴请郑孝胥、溥伟、戴瀛、戴泽、溥杰等忠信堂晚饭。

弢庵约至忠信堂晚饭,坐有贡[恭]王、瀛贝勒、泽公、溥杰。

——《郑孝胥日记》第 4 册第 2225 页

3 月 2 日(正月二十一日)　溥仪张园召见。

见肖丙炎、陈宝琛、溥杰、荣源、润麟、溥任、远山猛雄。

——《溥仪日记全本·召见日记簿》第 210 页

3 月 5 日(正月二十四日)　溥仪张园召见。访郑孝胥。

见肖丙炎、毓廉、郑孝胥、包文渊、陈宝琛、祺诚武、荣源。

——《溥仪日记全本·召见日记簿》第 210 页

弢庵来。　　　　　——《郑孝胥日记》第 4 册第 2225 页

3 月 20 日(二月初十日)　溥仪张园召见。

见肖丙炎、陈宝琛、荣源。　　——《溥仪日记全本·召见日记簿》第 212 页

3 月 23 日(二月十三日)　溥仪张园召见。

见肖丙炎、陈宝琛。　　——《溥仪日记全本·召见日记簿》第 212 页

3 月 24 日(二月十四日)　溥仪张园召见。

见肖丙炎、陈宝琛、林开謩、徐良、翰宾礼。

——《溥仪日记全本·召见日记簿》第 212 页

3 月 25 日(二月十五日)　溥仪张园召见。

见肖丙炎、孙韬、陈宝琛、林开謩、谢喆牲、黄树成、恽宝仁。

——《溥仪日记全本·召见日记簿》第 212 页

3 月 27 日(二月十七日)　溥仪张园召见。

见肖丙炎、济煦、陈宝琛、白井副领事。

——《溥仪日记全本·召见日记簿》第 212 页

3 月 29 日(二月十九日)　溥仪张园召见。

见肖丙炎、陈宝琛、徐勤、任祖安、广寿、爵善、太田外世雄。

　　　　　　　　　　　　　　——《溥仪日记全本·召见日记簿》第 213 页

3 月 31 日(二月二十一日)　溥仪张园召见。

　　见肖丙炎、陈宝琛、陈毅、宝熙。

　　　　　　　　　　　　　　——《溥仪日记全本·召见日记簿》第 213 页

4 月 1 日(二月二十二日)　溥仪张园召见。

　　见毓峻、肖丙炎、陈宝琛、新井司令官、吉田通译官、陈毅、济煦。

　　　　　　　　　　　　　　——《溥仪日记全本·召见日记簿》第 213 页

4 月 4 日(二月二十五日)　《申报》报道北平大学农学院接收钓鱼台陈宅[1]。

　　农大派员接收钓鱼台,将陈宝琛所悬之日本旗落下,移送陈宅悬挂。(三日下午九钟)　　　　　　　　　　——《申报》1929 年 4 月 4 日

[1] 公前已与日本正金银行北京支行订立抵押合同,以 20 万银元抵押钓鱼台。故钓鱼台悬挂日本旗。参见 1926 年 3 月 4 日条和 8 月 8 日条。《世界日报》1 月 10 日曾刊登为租赁钓鱼台作为教职员宿舍一事,北平大学农学院代理院长董时进致函国立北平大学校办公处函,请代为接洽。

4 月 5 日(二月二十六日)　溥仪张园召见。

　　见肖丙炎、陈宝琛。　　　　——《溥仪日记全本·召见日记簿》第 213 页

4 月 6 日(二月二十七日)　溥仪张园召见。

　　见肖丙炎、陈宝琛。　　　　——《溥仪日记全本·召见日记簿》第 214 页

4 月 11 日(三月初二日)　溥仪张园召见。

　　见肖丙炎、济煦、陈宝琛、荣源。

　　　　　　　　　　　　　　——《溥仪日记全本·召见日记簿》第 214 页

4 月 15 日(三月初六日)　作七古"赠郑苏龛",贺郑七十寿辰。见《沧趣楼诗文集》第 219 页。

　　郑苏龛今年七十。十年前公曾有文寿其花甲,时尚隐居沪上,以鬻字自给。郑工于八法,尤长于诗,壬戌后留直懋勤殿,遂与公朝夕相处,时有唱酬。值其寿辰,以诗贺之。　　　　　　——《闽县陈公宝琛年谱》第 138 页

　　弢庵寄赠七古一首。　　　　——《郑孝胥日记》第 4 册第 2230 页

4 月 16 日(三月初七日)　溥仪张园召见。

　　见肖丙炎、陈宝琛、祺诚武、肖方骏、荣源。

　　　　　　　　　　　　　　——《溥仪日记全本·召见日记簿》第 214 页

4 月 18 日(三月初九日)　溥仪张园召见。

见肖丙炎、陈宝琛、伊鼎（济煦代见）、肖方骏、溥任。

——《溥仪日记全本·召见日记簿》第 214 页

4 月 29 日（三月二十日） 溥仪张园召见。夜,赴郑孝胥与万绳栻、吉田胜雄合宴日人小仓正恒等。

见肖丙炎、郑孝胥、郑垂、陈宝琛、太田外世雄、小仓正恒、久岛精一、吉田胜雄、香川修一、中目悟、溥任。 ——《溥仪日记全本·召见日记簿》第 215 页

诣行在。召见郑孝胥、陈宝琛、郑垂、小仓正恒及久岛、香川、中目、吉田胜雄、太田外世雄,摄影而退。……夜,与万公雨、吉田胜雄合宴小仓正恒等于福禄林,王楫唐、曹润田、陆润生、丁问搓士源、金伯平、陈弢庵、大木、野崎、太田、海军大佐津田静枝皆在坐。 ——《郑孝胥日记》第 4 册第 2232 页

4 月 30 日（三月二十一日） 郑孝胥来访。

过弢庵,谈久之。……费叔迁来,言杨毓珣将出洋,愿为费介绍于万福麟、戢翼翘、邹作华诸人;余语之曰,且与弢庵言之。

——《郑孝胥日记》第 4 册第 2232、2233 页

5 月 3 日（三月二十四日） 溥仪张园召见。

见肖丙炎、郑孝胥、陈宝琛。 ——《溥仪日记全本·召见日记簿》第 215 页

5 月 5 日（三月二十六日） 溥仪张园召见。

见肖丙炎、济煦、郑孝胥、陈宝琛、郑垂。

——《溥仪日记全本·召见日记簿》第 216 页

5 月 7 日（三月二十八日） 溥仪张园召见。

见肖丙炎、郑孝胥、陈宝琛、载瀛、载泽、和钧、郑垂。

——《溥仪日记全本·召见日记簿》第 216 页

三月 作"族子陀庵[1]诗序",见《沧趣楼诗文集》第 314 页。

[1] 陀庵:陈元凯,族侄,见前。

5 月 10 日（四月初二日） 与万绳栻、丁传靖、杨寿枏约郑孝胥于杨宅。

赴弢庵、公雨、阉公、杨味云之约于味云宅中。

——《郑孝胥日记》第 4 册第 2234 页

5 月 11 日（四月初三日） 溥仪张园召见。

见肖丙炎、郑孝胥、陈宝琛。 ——《溥仪日记全本·召见日记簿》第 216 页

5 月 13 日（四月初五日） 郑孝胥约松竹楼晚饭。

诣行在。宝瑞臣来。太田约至忠信堂食素菜,晤天津公立学校长矢泽千太郎,其人尝在福州为教习,与弢庵熟;求余书匾,诺之。……夜,约弢庵、侗

伯、味云、仲远、缫蘅、希民、阆公、子有、季武至松竹楼晚饭。

——《郑孝胥日记》第 4 册第 2234 页

5 月 14 日（四月初六日）　溥仪张园召见。命与郑孝胥同阅载瀛、载涛东陵善后奏折。

见肖丙炎、郑孝胥、陈宝琛、载泽、载瀛、和钧、刘维霖（济煦代见）。

——《溥仪日记全本·召见日记簿》第 216 页

诣行在。命与陈宝琛阅载瀛、载泽奏东陵善后一折，准借拨五万元试办。

——《郑孝胥日记》第 4 册第 2234 页

5 月 18 日（四月初十日）　溥仪张园召见。

见肖丙炎、郑孝胥、商衍瀛、陈宝琛。

——《溥仪日记全本·召见日记簿》第 216 页

5 月 19 日（四月十一日）　溥仪张园召见。

见肖丙炎、郑孝胥、商衍瀛、万绳栻、陈宝琛。

——《溥仪日记全本·召见日记簿》第 217 页

5 月 24 日（四月十六日）　溥仪张园召见。

见肖丙炎、郑孝胥、陈宝琛。　——《溥仪日记全本·召见日记簿》第 217 页

5 月 26 日（四月十八日）　蒲子雅托郑孝胥求题画松。

陈向元来，为蒲子雅求题戣庵画松。——《郑孝胥日记》第 4 册第 2235 页

5 月 31 日（四月二十三日）　溥仪张园召见。

见肖丙炎、济煦、郑孝胥、万绳栻、陈宝琛、郑垂。

——《溥仪日记全本·召见日记簿》第 217 页

6 月 5 日（四月二十八日）　溥仪张园召见。

见肖丙炎、郑孝胥、万绳栻、陈宝琛、荣源。

——《溥仪日记全本·召见日记簿》第 218 页

6 月 10 日（五月初四日）　访郑孝胥。

戣庵来。　　　　　　　　——《郑孝胥日记》第 4 册第 2237 页

6 月 13 日（五月初七日）　溥仪张园召见。

见肖丙炎、郑孝胥、温肃、陈宝琛、郑垂。

——《溥仪日记全本·召见日记簿》第 218 页

6 月 27 日（五月二十一日）　溥仪张园召见。访郑孝胥，溥修托向郑荐入商务印书馆。邀郑晚饭。

见肖丙炎、朱益藩、郑孝胥、陈宝琛、溥任。

——《溥仪日记全本·召见日记簿》第 219 页

戣庵来,言溥修托言:贫甚,欲得苏戡为荐入商务印书馆。夜,赴戣庵约晚饭。　　　　　　　　　——《郑孝胥日记》第 4 册第 2239 页

6 月 28 日(五月二十二日)　溥仪张园召见。

见肖丙炎、朱益藩、郑孝胥、万绳栻、陈宝琛、溥佳。

——《溥仪日记全本·召见日记簿》第 219 页

7 月 9 日(六月初三日)　溥仪自张园迁入静园。溥仪在静园召见。

宣统帝自张园迁居静园。园为陆宗舆产,在协昌里,亦属日租界。

——《闽县陈公宝琛年谱》第 139 页

诣行在,上已幸新宅,召见,……有顷,戣庵来,余语之曰:"宜速传旨:已定淑妃居西楼。尚防有变,必争之。"　　——《郑孝胥日记》第 4 册第 2241 页

7 月 11 日(六月初五日)　邀郑孝胥晚饭。

戣庵邀晚饭。　　　　　　　　　——《郑孝胥日记》第 4 册第 2241 页

7 月 14 日(六月初八日)　溥仪静园召见。

见肖丙炎、陈宝琛、载润。　　——《溥仪日记全本·召见日记簿》第 221 页

7 月 16 日(六月初十日)　改清室致南京国民政府电稿数字,溥仪不许,乃改一字发出,次日谕旨申饬,以后拟稿奏定,须溥仪签字后乃准发出。

前日致南京政府电稿,戣庵欲改数字,上不许;戣庵遂改一字发去,次日乃奏。上下手谕申饬办事处,并饬以后拟稿奏定后,须签字乃准发。上意,拟稿有未是处,许诸臣力争,不许擅改后奏。此实办事处之疏忽。手谕中有"胆大荒谬"语,仍命将原谕缴上。　　　　——《郑孝胥日记》第 4 册第 2242 页

7 月 23 日(六月十七日)　溥仪静园召见。

见肖丙炎、郑孝胥、陈宝琛。　——《溥仪日记全本·召见日记簿》第 221 页

7 月 27 日(六月二十一日)　溥仪静园召见。

见肖丙炎、万绳栻、陈宝琛、黄树成、郑垂、载涛、载润、载泽、载瀛、全荣、白井副领事、远山猛雄、溥任、荣源、朱益藩。

——《溥仪日记全本·召见日记簿》第 222 页

8 月 2 日(六月二十七日)　溥仪静园召见。

见肖丙炎、郑孝胥、陈宝琛、郑垂、冈本总领事、白井副领事、溥任。

——《溥仪日记全本·召见日记簿》第 222 页

8 月 3 日(六月二十八日)　昨日,溥仪、郑孝胥欲起诉东陵被盗事,载涛、朱益

藩认为起诉必败，公持两端。

　　诣行在。召见，上谕云："昨日，载涛等痛劾郑孝胥不可恃，因寿皇殿[1]欲用律师起诉，则党人益怒，天津将不可居。朱益藩和之，亦认为起诉必不可胜。岂知朕意明知不胜，不惜败诉，以盈逆党之恶。陈宝琛则持两端，醇亲王更以为危。彼等不足与语，或将以辞职力争，何以处之？"

——《郑孝胥日记》第 4 册第 2244—2245 页

[1] 寿皇殿：清代停放帝后灵柩宫殿，指东陵。

8 月 4 日（六月二十九日）　溥仪静园召见。

　　见肖丙炎、万绳栻、陈宝琛、张学诗。

——《溥仪日记全本·召见日记簿》第 222 页

8 月 5 日（六月三十日）　郑孝胥七十寿辰，作祝寿七言。刊于《申报》、《国闻周报》第 6 卷第 19 期"采风录"。《沧趣楼诗文集》未收。

　　闽县郑苏戡先生孝胥，骚坛领袖，人伦楷模。今岁七十初度，一时胜流，赋诗为寿。琳琅满目，美不胜收。陈弢庵前辈宝琛七古一篇，允推冠军。侯疑始毂尝为余言，弢老为诗，言中有物，字无泛用，语无虚设，洵笃论也。诗云：君昔避世淞江边，我专以文今十年。遗黎倒悬难未已，荧惑犯斗还播迁。楼居感愤起赴阙，五载羁绁北海壖。朝婴夕侧启命沃，分我讲舌随之肩。未明待漏午始退，挥洒百纸神犹闲。春花秋月肯放过，健步远瞩颜渥丹。昨者渡海观日出，诗笔涤向华严端。高吟散郁动三岛，六钧传视谁能弯。我惭弟畜越周甲，晚及唱酬终力屡。凤闻翁山论臣靡，造物报人报其天。靡也胸中宇泰定，虽极耄老其天全。报以寿耇岂偶尔，此理取证蒙庄言。君曰吾自师邹峄，善养吾气常浩然。斯语君尝以期我，集义无馁同勉旃。　　——《申报》1929 年 8 月 5 日

8 月 8 日（七月初四日）　填"贺新郎立秋日蒙赏秋叶饼，与愔仲同赋"，见《沧趣楼诗文集》第 282—283 页。后刊《北洋画报》第 412 期第 3 版。

　　陈宝琛氏最近手书词翰。　　　　　　——《北洋画报》1929 年 12 月 19 日

8 月 10 日（七月初六日）　溥仪静园召见。

　　见肖丙炎、胡嗣瑗、陈宝琛、郑垂、新板狂也署长。

——《溥仪日记全本·召见日记簿》第 223 页

8 月 15 日（七月十一日）　溥仪静园召见。

　　见肖丙炎、郑孝胥、胡嗣瑗、陈宝琛、郑垂、柯昌泗、杨宗翰。

——《溥仪日记全本·召见日记簿》第 223 页

8 月 16 日（七月十二日）　溥仪静园召见。

见肖丙炎、郑孝胥、胡嗣瑗、陈宝琛、武田秀三、林廷琛。

——《溥仪日记全本·召见日记簿》第 223 页

8 月 18 日(七月十四日) 溥仪静园召见。

见肖丙炎、郑孝胥、沈继贤、郑垂、陈宝琛、远山猛雄、武田秀三。

——《溥仪日记全本·召见日记簿》第 223 页

8 月 20 日(七月十六日) 溥仪静园召见。

见肖丙炎、郑孝胥、武田秀三、陈宝琛、郑垂、溥任。

——《溥仪日记·召见日记簿》第 223 页

8 月 26 日(七月二十二日) 与郑孝胥、万绳栻共宴日本人白本、矢泽、野崎及王揖唐等于百花村。

与弢庵、公雨共宴白本、矢泽、野崎、揖唐、岱三于百花村。

——《郑孝胥日记》第 4 册第 2247 页

9 月 1 日(七月二十八日) 溥仪静园召见。郑孝胥来访,公将返京。

见肖丙炎、郑孝胥、胡嗣瑗、陈宝琛、宝熙、郑垂。

——《溥仪日记全本·召见日记簿》第 224 页

过弢庵,将入北京,托带五十元以赠溥修。

——《郑孝胥日记》第 4 册第 2248 页

9 月 5 日(八月初三日) 郑孝胥为蒲子雅题公画松卷。

为蒲子雅题弢庵画松卷。 ——《郑孝胥日记》第 4 册第 2248 页

9 月 13 日(八月十一日) 溥仪静园召见。

见肖丙炎、济煦、郑孝胥、陈宝琛。

——《溥仪日记全本·召见日记簿》第 226 页

9 月 14 日(八月十二日) 郑孝胥来访。

往视弢庵,晤黄默园。弢云,墨园为张鸣岐介绍求见。

——《郑孝胥日记》第 4 册第 2249—2250 页

9 月 16 日(八月十四日) 溥仪静园召见。

见肖丙炎、郑孝胥、远山猛雄、陈宝琛、钟岳、荣源。

——《溥仪日记全本·召见日记簿》第 226 页

9 月 17 日(八月十五日) 作"宽孙世讲画梅得自庭训顷将南游手书画便面为别赋谢即以赠行己巳中秋"。诗后题跋:"王元章号煮石山农,画梅以缯幅短长为得米之差"。见《沧趣楼诗文集》第 267 页。亦见《大亚画报》1929 年 10 月 5 日第 184 期刊"陈弢庵赠洪幼宽南游诗"。

9 月 18 日(八月十六日) 访郑孝胥。

弢庵来。 ——《郑孝胥日记》第 4 册第 2250 页

9 月 23 日(八月廿一日) 溥仪静园召见。

见肖丙炎、郑孝胥、陈宝琛、钟岳。

——《溥仪日记全本·召见日记簿》第 227 页

9 月 26 日(八月二十四日) 溥仪静园召见。

见肖丙炎、济煦、郑孝胥、胡嗣瑗、远山猛雄、林步随、陈宝琛、溥任。

——《溥仪日记全本·召见日记簿》第 227 页

八月 公此时月薪一千元。

按留在档案中的一份薪水清单记载,此时陈宝琛月薪一千元,朱益藩为八百元,宝熙为六百元,袁励准、柯劭忞、朱汝珍、罗振玉各为二百元。

——《末代帝师朱益藩》第 59 页

10 月 11 日(九月初九日) 李宣偁与郑孝胥、曹经沅等重阳饭罢登高。

赴李释戡之约,至者弢庵、揖唐、纕蘅、岱衫、啸麓,饭罢登台,逢张远伯、志潭。 ——《郑孝胥日记》第 4 册第 2253 页

10 月 12 日(九月初十日) 访郑孝胥,告明日赴京。

弢庵来,言明日入京。 ——《郑孝胥日记》第 4 册第 2253 页

10 月 13 日(九月十一日) 自津入京。参见 10 月 12 日条。

10 月 24 日(九月二十二日) 郑孝胥、胡嗣瑗、万绳栻共同宴请祝寿,朱益藩等出席。

与胡琴初、公雨合请弢庵祝寿,明日弢庵八十二岁生日;客至者朱艾卿、李子申、林季武、林子有、周希民。 ——《郑孝胥日记》第 4 册第 2255 页

10 月 25 日(九月二十三日) 八十二岁寿辰,溥仪赐联语"老圃黄花标晚节,仙洲丹橘拥高门"、文绮、如意等,作诗谢恩"臣宝琛八十二岁生辰蒙御书老圃黄花标晚节仙洲丹橘拥高门联语并如意文绮以赐感悚恭纪",诗见《沧趣楼诗文集》第 221 页。郑孝胥来祝寿。

八十二岁生日,蒙御书"老圃黄花标晚节。仙洲丹橘拥高门"联语。并文绮、如意之赐。 ——《闽县陈公宝琛年谱》第 139 页

亦见《溥仪文存》第 102 页

过弢庵祝生日。 ——《郑孝胥日记》第 4 册第 2255 页

10 月 26 日(九月二十四日) 约郑孝胥松竹楼晚饭。

弢庵约至松竹楼晚饭。 ——《郑孝胥日记》第 4 册第 2255 页

九月 为柯鸿年《澹园遗稿》签署,撰"柯君贞贤哀诔并序",见《沧趣楼诗文集》第491—492页。

为岭南著名文史学者冼玉清[1]女士手书一幅,题识:"龙山会九日谦集云在山房,玉清女士粲正。己巳季秋宝琛沾上作。钤印。"见《岭南艺萃-广东省人民政府文史研究馆藏名家书画精品集》。词见《沧趣楼诗文集·龙山会九日集饮味云寓斋》第283页。

[1] 冼玉清:号西樵山人,广东南海人,岭南大学毕业,岭南大学教授、文物所所长。1949年后任中山大学教授、广东省文史研究馆副馆长、省政协常委。

11月12日(十月十二日) 访郑孝胥。

　　弢庵来。

　　　　　　　　　　　　　　　　　　——《郑孝胥日记》第4册第2257页

11月13日(十月十三日) 郑孝胥邀与刘骧业等松竹楼晚饭。

　　弢庵、午原、希民、墨园同来,邀至松竹楼晚饭。

　　　　　　　　　　　　　　　　　　——《郑孝胥日记》第4册第2257页

11月30日(十月三十日) 《北洋画报》刊溥忻画作"溥雪斋为六不将军陈向元作泰宁去思图";"陈宝琛氏题泰甯去思图墨迹"。诗《沧趣楼诗文集》未收。

　　雪斋为图志去思,纪其事者郑太夷。我初识子甫弱冠,廿载拔出京尘缁。偏师试手四战地,三月曷由殚厥施。斯民直道岂殊古,饥渴易餍情可悲。即今陵户重芟葛,犹话戒禁松揪遗。侨居咫尺过我数,自署斋牓有不为。古灵瓜山数先正,一水洄溯吾师师。丈夫穷达不失己,守定邪世谁能移。五箴十戒初志在,要知实至名自归。己巳初秋,为向元宗六兄属题。八十二叟宝琛。

　　　　　　　　　　　——《北洋画报》第404期第3版 1929年11月30日

12月18日(十一月十八日) 溥仪静园召见。

　　见肖丙炎、济煦、远山猛雄、郑垂、陈宝琛、广濑、德色赖托布、吴兆麟、溥任。

　　　　　　　　　　　　　　——《溥仪日记全本·召见日记簿》第229页

12月22日(十一月二十二日) 溥仪静园召见。

　　见肖丙炎、济煦、谢介石、陈宝琛、郑垂。

　　　　　　　　　　　　　　——《溥仪日记全本·召见日记簿》第229页

为朱羲胄《贞文先生年谱》(《林畏庐先生学行谱记四种之一》)署签:"贞文先生年谱,己巳冬至,陈宝琛书"。见《贞文先生年谱》卷首。

《辽东诗坛》1930年第53期刊"己巳冬至奉题靖陶仁兄看云楼觅句图",《沧趣楼诗文集》未收。

己巳冬至奉题靖陶仁兄看云楼觅句图　　　　　陈宝琛

　　八表同昏正此时,柴桑心事少人知。刹那万变图难尽,写入诗中亦一奇。

文正诗编盥读亲，苏斋评点墨如新。清门原与常人别，自享千金远世尘。

——《辽东诗坛》1930 年第 53 期

是年　作七律送温肃赴香港讲学，见《沧趣楼诗文集·送毅夫教授香港大学》第 221 页。

温毅夫，甲辰翰林，丁巳任左副都御史，遂留直南斋。屡疏陈公忠耿，请帝委心任之。兹膺香港大学之聘，讲授中国哲学，将离津去港，公有诗送之。

——《闽县陈公宝琛年谱》第 138 页

同丁传靖、胡嗣瑗观菊罗氏园，作五古一首；诗见《沧趣楼诗文集·同阁公憺仲观菊罗氏园》，第 221—222 页；作钓鱼台画松七绝二首，画永定门松五绝一首，分别见《沧趣楼诗文集》第 222—223 页。《辽东诗坛》1929 年第 51 期刊"罗园观菊"，署陈弢庵。

同丁阁公、胡憺仲观菊罗氏园。　　——《闽县陈公宝琛年谱》第 140 页

自画钓鱼台养源斋外松，漫题二绝。

出永定门里许，有松横偃，予立道旁。画以传之，并自题曰："不惜道途老，终伤气类孤。年来兵马过，天幸免樵苏。"亦自况也。

——《闽县陈公宝琛年谱》第 138—140 页

致函何振岱。

致 何 振 岱　　　　　　　　　　陈宝琛

梅生仁兄足下：得手书，碌碌未复，又已数日，想著述益赡，至用驰仰。改本张序，弥益坚栗，读之味美于回，感荷之极。小孙纮今岁十五，欲令从学，俾稍知涂径，以端其始末，未知可容纳否？积雨成晦，旧京如何？望而却步。草草奉讯，敬颂暑安。宝琛顿首。初九日。

——《近代中国·陈昌强：致何振岱书札》第 19 辑第 359 页

《广智馆星期报》刊前撰"金北楼先生墓志铭"。见《沧趣楼诗文集·金君鞏伯墓志铭》第 443 页。引自《全国报刊索引》。

《辽东诗坛》1929 年第 47 期刊"六月七日再和逸塘叠韵见酬之作"，署陈弢庵，《沧趣楼诗文集》未收。

六月七日再和逸塘叠韵见酬之作　　　陈宝琛

赓酬近趁去来风，不比香山要驿简。衰壮对形宜力绌，喝于相应幸声同。卜居何事谋詹伊，家祭无言告阿翁。今日谪家祭。蓦地催诗云似墨，公虫万户仰龙公。　　　　　　　　　　——《辽东诗坛》1929 年第 47 期

《辽东诗坛》1929 年第 50 期刊"和樊山纪梦用杜陵梦李白韵见寄"二首，署陈

弢庵宝琛。《沧趣楼诗文集》未收。

和樊山纪梦用杜陵梦李白韵见寄　　　　　　陈宝琛

其　一

甫白千载人,一梦亦芳恻。魂交相耶因,或且吹以息。与君星五终,离合颇能忆。老来转密比,天意浩莫测。僧清输韩豪,岂但鬓鬓黑。奇肱车许载,瞬息飞不翼。御风无行地,旦旦望颜色。无为役心神,相视各意得。

其　二

兜卒[率]迟我归,趾离道君至。逍遥无何有,解后不自意。故山绕行窝,佚老谈何易。无心云一出,着体花不坠。焉得树背谖,亦自嘲远志。觉来了真妄,孰者为丰瘁。太上故忘情,德人例无累。有味诗中言,无穷身外事。

　　　　　　　　　　　　　　——《辽东诗坛》1929 年第 50 期

约集礼学馆同人为蓬山话旧。

岁己巳,同馆前后辈约为蓬山话旧之集,于时公年八十有二,以巨人长德领袖群彦。窃谓天戹公于中岁,而假之以大年,俾以硕果系贞元剥复之运,盖非偶然也。　　　　——《沧趣楼诗文集·傅增湘:沧趣楼文存序》第 617 页

是年文

是年诗

1930 年(庚午　民国十九年)　83 岁　天津、北平

蒋、桂、冯、阎中原大战。(5—11 月)

张学良出兵入关,阎、冯败退下野。(9—10 月)

1 月 2 日(己巳十二月初二日)　致函二弟宝瑨。

致 陈 宝 瑨　　　　　　　　　　　　　　　　　　　　　陈宝琛

　　仲弟手足:久不通书。闻吾弟起居如恒,兄之眠食亦不减去岁,每晨辨色而作,自信习勤之效。岁云暮矣,转眼与弟各加一龄。八十三四之弟兄,为先世所仅见,故每遇拂意之遭,辄以自解,弟谓何如? 前寄山药想尚常服,兄亦晨食四五寸。近日添葡萄汁(亦舶来品),临睡半杯,比葡萄酒为佳。此外别无养生之术。惟行在年来经费极绌,自备资斧,久且不继,所恃卖文鬻字,时有润资,可供半年之用。复儿日以乞骸为劝,然不能恝然也。时局纷纭,迄未有定。小张堕入彀中[1],东土亦难完净,南中侈言收回租界,而居人惟恃租界为苟安,真所谓人间何世矣。草草奉讯,复儿当能细述。即颂颐祉! 兄琛拜手,腊月初二日[2]。
　　　　　　　　　　——《历史文献·陈宝琛致弟宝瑨手札》第 14 辑第 198 页

[1] 小张:疑指张学良。

[2] 此信当作于己巳十二月初二日,即 1930 年 1 月 2 日。

1 月 4 日(己巳十二月初五日)　溥仪静园召见。

　　见肖丙炎、远山猛雄、陈宝琛、费毓楷。

　　　　　　　　　　　　　　——《溥仪日记全本·召见日记簿》第 230 页

1 月 5 日(己巳十二月初六日)　郑孝胥与溥修同来访。

　　溥修来访,同过弢庵,方作诗钟。夜,幾士来访,云明日乘长沙丸赴沪归闽。
　　　　　　　　　　　　　　　　——《郑孝胥日记》第 4 册第 2265 页

1 月 6 日(己巳十二月初七日)　代族侄陈元凯[1]请郑孝胥为所著《身云室诗录》[1]署签。

　　弢庵嘱书《身云室诗录》题字,乃陈陀盦所著也。……弢庵、楫先来。
　　　　　　　　　　　　　　　　——《郑孝胥日记》第 4 册第 2265 页

[1] 陈元凯：号陀盒,见前。《身云室诗录》一卷,陈元凯著,民国十八年(1929 年)铅印本。

1 月 10 日(己巳十二月十一日) 溥仪静园召见。

见溥修、肖丙炎、郑孝胥、陈宝琛、冯云卿（溥修、济煦代见）、沈继贤、袁大化、袁金铠。 ——《溥仪日记全本·召见日记簿》第 231 页

1 月 12 日(己巳十二月十三日) 溥仪静园召见。

见肖丙炎、胡嗣瑗、徐良、陈宝琛、载泽、志林、张梦潮。

——《溥仪日记全本·召见日记簿》第 231 页

1 月 16 日(己巳十二月十七日) 约郑孝胥忠信堂晚饭。

弢庵约忠信堂晚饭。 ——《郑孝胥日记》第 4 册第 2266 页

1 月 18 日(己巳十二月十九日) 东坡生日,郑孝胥宴请公及胡嗣瑗、林葆恒、黄懋谦等,作生日词[1]。

宴弢庵、琴初、立之、立庵、子有、墨园于松竹楼,作东坡生日,各取东坡小令作生日词。 ——《郑孝胥日记》第 4 册第 2266 页

[1] 己巳东坡生日词,《沧趣楼诗文集·听水斋词》未见。

1 月 19 日(己巳十二月二十日) 昨日东坡生日,填"减字木兰花"。

用坡韵赋《更漏子》一阕,改未定;琴初填《定风波》,弢庵填《减字木兰花》[1]不用韵,子有集坡词亦填《减字〈兰〉》。……弢庵、希民来。

——《郑孝胥日记》第 4 册第 2266—2267 页

[1] "减字木兰花",《沧趣楼诗文集·听水斋词》未见。

1 月 20 日(己巳十二月二十一日) 溥仪静园召见。

见肖丙炎、郑孝胥、胡嗣瑗、陈宝琛、朱益藩、费毓楷。

——《溥仪日记全本·召见日记簿》第 231 页

1 月 22 日(己巳十二月二十三日) 溥仪静园召见。

见肖丙炎、陈宝琛、阎泽溥。 ——《溥仪日记全本·召见日记簿》第 232 页

1 月 27 日(己巳十二月二十八日) 约郑垂晚饭。

弢老约大七晚饭,坐有夏友兰。 ——《郑孝胥日记》第 4 册第 2268 页

1 月 29 日(己巳十二月三十日) 溥仪静园召见。

见毓峻、肖丙炎、济煦、陈宝琛、舒远洪、溥任、陈懋需、费毓楷、润良、荣源、舒远隆。 ——《溥仪日记全本·召见日记簿》第 232 页

1 月 30 日(正月初一) 居天津,作七律"庚午元旦",有句云："民劳得勿真思汉,居陋犹堪托避秦。"见《沧趣楼诗文集》第 224 页。刊《国闻周报》1930 年第 7 卷第 6 期和《辽东诗坛》1930 年第 57 期。友朋多有唱和,曹经沅"次沧趣老人元旦诗

韵"、郑孝胥"海藏见除夕庵元日之作即次其韵"、章士钊"次韵夕老元旦诗"。亦刊《国闻周报》1930年第7卷第6期。

和夕庵元日韵 郑孝胥

蟪蛄未可言时命,那识人间秋与春。不惮冰霜成苦节,依然日月见常新。行歌莫复悲从径,著论犹思效《过秦》。海内名流凭屈指,却嗟行在盛诗人。

——《海藏楼诗集》第382页

海藏见除夕庵元日之作即次其韵 王揖唐

桑田沧海寻常事,袖手凭栏又一春。病起顽躯惊未老,时移旧腊常翻新。飞扬世竞骄汤武,肥瘠谁犹问越秦。安乐窝中闲抵掌,还馀几个九分天。

次沧趣老人元旦诗韵 曹经沅

康济平生微尚在,要令天下尽同春。世情鲁酒骎骎薄,华事元部簇簇新。几见长绳能系日,极知三户可亡秦。岁朝酬唱远循例,转觉吾侪是辛人。

次韵夕老元旦诗 章士钊

老年看历倍情亲,重以佳吟答好春。料得桃源知有汉,不言天凤足亡新。岁时随意荆楚,肥瘠关心到越秦。余荫叨从严仆射,草堂不拜更何人。

致何振岱 陈宝琛

敬贺梅生仁兄姻大人新厘,附呈拙作一律,伏乞教正。弟宝深再拜。

五年无此好风日,八十三翁喜献春。爆竹彻宵喧梦甚,桃符比户照盹新。民劳得勿真思汉,居陋犹堪托避秦。却为乡邦忧乱兆,开门节度亦无人。

庚午元旦即事,梅生诗家正之。宝琛呈稿。

——《近代中国·陈昌强:致何振岱书札》第19辑第361页

1月31日(正月初二日) 溥仪赐午膳。

诣行在。赐陈宝琛、郑孝胥、胡嗣瑗、萧丙炎、济煦、郑垂午膳。

——《郑孝胥日记》第4册第2269页

2月1日(正月初三日) 郑孝胥作"和夕庵元旦韵"。

和夕庵《元旦诗》。 ——《郑孝胥日记》第4册第2269页

和夕庵元旦韵 郑孝胥

蟪蛄未可言时命,那识人间秋与春。不惮冰霜成苦节,依然日月见常新。行歌莫复悲从径,著论犹思效《过秦》。海内名流凭屈指,却嗟行在盛诗人。

——《海藏楼诗集》下第382页

2月3日(正月初五日) 约郑孝胥夜饭。章士钊访郑孝胥,郑以和公元日诗及自作"夜起庵"二诗示章。

章行严来，示《除夕》长古及《和弢庵元旦》、《夜起庵》二诗。弢庵约夜饭。

——《郑孝胥日记》第 4 册第 2269 页

2 月 5 日（正月初七日） 溥仪静园召见。赴杨寿枏人日会饮。

见肖丙炎、陈宝琛、徐良。 ——《溥仪日记全本·召见日记簿》第 233 页

夜，赴杨味云宅作人日会饮，与弢庵同车归。

——《郑孝胥日记》第 4 册第 2269 页

2 月 6 日（正月初八日） 邀郑孝胥食白鱼。

弢庵邀食白鱼，甚美。 ——《郑孝胥日记》第 4 册第 2270 页

2 月 9 日（正月初十日） 溥仪静园召见。

见肖丙炎、郑垂、陈宝琛、朱益藩、罗振玉、王季烈、夏瑞符、杨锺义、狄伯义、马天英、吉田通译官、吉冈参谋、溥任。

——《溥仪日记全本·召见日记簿》第 233 页

2 月 20 日（正月二十二日） 溥仪静园召见。

见肖丙炎、胡嗣瑗、陈宝琛、郑垂、徐良、溥任。

——《溥仪日记全本·召见日记簿》第 235 页

2 月 22 日（正月二十四日） 溥仪静园召见。

见肖丙炎、陈宝琛、李西、周登皞、毓廉、毓崇、溥任。

——《溥仪日记全本·召见日记簿》第 235 页

2 月 27 日（正月二十九日） 溥仪静园召见。

见肖丙炎、郑孝胥、陈宝琛、郑垂。

——《溥仪日记全本·召见日记簿》第 235 页

正月 是月临清宫灯社，侄懋鼎作七律和元旦诗两首。

临清宫灯社呈伯父次元旦诗韵正月 陈懋鼎

尚书宾国十二纪，景庙临轩四十春。是处烟花如不改，于今灯月且弥新。离忧未必甘哀郢，受寂犹堪诡剧秦。留与大年专柱下，归陈五德复何人。

叠元旦韵呈伯父 陈懋鼎

去岁春光臣里恋，北来又见一番春。意长早道家犹国，命在纵教旧转新。失路平原思荐戴，得时百越会亡秦。开门节度非难事，只待乾坤护吉人。

——《槐楼诗钞》第 145 页

2 月 28 日（二月初一日） 陈仲炯、陈介山借公宅宴客。

陈仲炯、陈介山借弢庵宅宴客，坐有林芷磬、王子长、刘午原。

——《郑孝胥日记》第 4 册第 2272 页

3月13日(二月十四日) 郑孝胥来访,观公题张维屏画。

夜,过弢庵,观所题张维屏《重游洴水图》。

——《郑孝胥日记》第 4 册第 2274 页

3月14日(二月十五日) 与郑孝胥、万绳栻东兴楼宴客。

夜,与弢庵、公雨宴客于东兴楼,主客共十八人。

——《郑孝胥日记》第 4 册第 2274 页

3月16日(二月十七日) 溥仪静园召见。

见肖丙炎、郑孝胥、胡嗣瑗、陈宝琛、夏瑞符、徐良、陈怀道(胡嗣瑗代见)、溥任。

——《溥仪日记全本·召见日记簿》第 237 页

3月19日(二月二十日) 以六女勤贞画示郑孝胥,求题一诗。郑题诗"题弢庵第六女敏修所作山水"。

弢庵来,示其第六女所画《雪影山水》,求题一诗。

——《郑孝胥日记》第 4 册第 2274 页

题弢庵第六女敏修所作山水　　　　郑孝胥

画笔诗心秀气钟,含毫不待守南宗。螺江娇女闲调粉,夺得清湘雪后峰。

——《海藏楼诗集》下第 384 页。

3月22日(二月二十三日) 溥仪静园召见。

见肖丙炎、济煦、郑孝胥、胡嗣瑗、陈宝琛、郑垂、沈继贤、夏瑞符。

——《溥仪日记全本·召见日记簿》第 237 页

3月27日(二月二十八日) 溥仪静园召见。郑孝胥邀厚德福晚饭。

见肖丙炎、郑孝胥、胡嗣瑗、徐良、陈宝琛、德色赖托布、吴兆麟、色丹巴勒珠尔、哈拉巴勒丹、吉田通译官、吉冈参谋、润良。

——《溥仪日记全本·召见日记簿》第 237—238 页

……遂至厚德福,招弢庵、费地山、夏友兰、黄道敏、杨夔彝、林清翕、胡琴初、陈向元晚饭;罢,与向元步行归。　　——《郑孝胥日记》第 4 册第 2275 页

3月29日(二月三十日) 胡嗣瑗约中原酒楼晚饭。

向元去,余与溥(仲兰)、夏(友兰)至中原酒楼,胡琴初约晚饭,弢庵亦来。

——《郑孝胥日记》第 4 册第 2275 页

3月31日(三月初二日) 溥仪静园召见。

见肖丙炎、郑孝胥、胡嗣瑗、陈宝琛、李西。

——《溥仪日记全本·召见日记簿》第 238 页

4月3日(三月初五日) 访郑孝胥,邀郑孝胥父子松竹楼晚饭,林葆恒、佟济

熙在坐。

　　羧庵来，邀同大七、五丁至松竹楼晚饭，坐有林子有、佟楫先及其子志彬，
今夕赴长崎留学。
　　　　　　　　　　　　　　　　　　　——《郑孝胥日记》第 4 册第 2276 页

4 月 8 日（三月初十日）　同林葆恒、何振岱等旸台山看杏花，孙陈纮从。有诗
"清明后三日同季友栗斋熙民梅生子有宰平策六次贡幼实述勤吉庐看杏花旸台纮
孙从"，见《沧趣楼诗文集》第 224 页。并刊于《辽东诗坛》1930 年第 56 期，署羧庵，
题"清明后三日旸台观杏花忆及匏庐前游"。

　　清明后三日，同季友、栗斋、熙民、梅生、子有（林葆恒）、宰平、策六、次贡
（李景堃）、幼宝、述勤、吉卢看杏花于旸台山，纮孙从。公北来二十载，游展已
五至旸台。今来适值花时，枝头烂漫，尤以管家岭为最。山南大工一带亦擅胜
场，惜未及往。
　　　　　　　　　　　　　　　　　　——《闽县陈公宝琛年谱》第 140 页

　　和陈曾寿"仁先于直庐检得景文诚[1]遗茗分啜同人有诗纪事感痛辄和"。诗见
《沧趣楼诗文集》第 227 页。

　　[1] 景文诚：景方旭，贵州兴义人，光绪进士，河南乡试副考官，与杨锺羲、温肃、王国维四人
同被任命南书房行走。谥文诚。

　　陈仁先于直庐检得景文诚遗著，分啜同人，有诗纪事。景翁素有茶癖，亲
点分啜，不期已作古二年。翁擅书法，手临真草，椟藏未忍检视，仁先思旧，发
匦搜索，无意中得此。饮之，俨若见故人精爽临于其上。仁先有诗纪其事，辄
和一首。
　　　　　　　　　　　　　　　　　　——《闽县陈公宝琛年谱》第 141 页

　　景文诚公入直行园常以茶囊自随公逝后三年予于公所治事之案得所临晋
人行楷一

　　束遂与悟仲分存之又遗乌龙茶二瓶试啜之馀感叹不已与羧庵年丈悟仲作
诗纪

其事并为之图　　　　　　　　　　　　　　　　　　陈曾寿

　　春明残梦官焙香，廿年江海真淡忘。泪销凤烛滴不尽，复此莲勺霑恩光。
从龙帷幄几人在？零落走散殊可伤。与君对直岁月久，惟有景老同廻翔。眉
庞须磔语言直，入直常自携茶囊。当年草牍连案几，即今不忍窥遗藏。我来拂
尘辨手迹，争宝片纸如琳琅。箧留双瓶贮佳茗，海南风味乌龙强。试煎小啜遣
长昼，洗涤烦浊生微凉。清严如见故人面，致身晚节真堂堂。逍遥坐食愧何
补，膳癖文字沉膏肓。苦吟漫追双井黄，正坐车声绕羊肠。
　　　　　　　　　　　　　　　　　　——《苍虬阁诗集》第 198—199 页

　　旸台之游后致函何振岱。

致 何 振 岱

陈宝琛

梅兄足下：昨到万生园，海棠全未吐萼，连日向霁，禊晨当可出游。弟今年来津，始知仁先犹在都也。铿臣寿文，已否动笔？十年前，曾寿以诗，冗沓已甚，姑录呈览，不值一哂。旸台之游，必有佳章，乞便中惠示为盼。敬颂著安，不尽所言。宝琛顿首。初二夕。

——《中国典籍文化·陈昌强："谢陈二公墨迹合并"的文献价值》288 年第 4 期

4 月 16 日（三月十八日） 溥仪静园召见。

见肖丙炎、胡嗣瑗、陈宝琛、郑垂。

——《溥仪日记全本·召见日记簿》第 239 页

4 月 22 日（三月二十四日） 溥仪静园召见。

见肖丙炎、济煦、胡嗣瑗、陈宝琛、郑垂、任教习。

——《溥仪日记全本·召见日记簿》第 239 页

4 月 26 日（三月二十八日） 溥仪静园召见。

见肖丙炎、济煦、陈宝琛、郑垂、德色赖托布、吴兆麟。

——《溥仪日记全本·召见日记簿》第 240 页

5 月 2 日（四月初四日） 溥仪静园召见。

见肖丙炎、陈宝琛、何冠英、夏瑞符。

——《溥仪日记全本·召见日记簿》第 241 页

5 月 6 日（四月初八日） 溥仪静园召见。

见肖丙炎、王继兴、沈继贤、陈宝琛。

——《溥仪日记全本·召见日记簿》第 241 页

5 月 8 日（四月初十日） 溥仪静园召见。

见肖丙炎、陈宝琛、吴兆麟、溥忻、毓崇、费毓楷。

——《溥仪日记全本·召见日记簿》第 241 页

5 月 16 日（四月十八日） 自京至津，访郑孝胥。

弢庵自京归，来谈。 ——《郑孝胥日记》第 4 册第 2284 页

5 月 17 日（四月十九日） 溥仪静园召见。

见肖丙炎、郑孝胥、陈宝琛、王季烈、郑垂、任教习。

——《溥仪日记全本·召见日记簿》第 242 页

5 月 19 日（四月二十一日） 邀郑孝胥在寓晚饭，同坐惟胡嗣瑗、溥儒。

弢庵约至其寓晚饭，坐中惟胡琴初、溥心畬。

——《郑孝胥日记》第 4 册第 2284 页

5 月 23 日(四月二十五日)　溥仪静园召见。

见肖丙炎、郑孝胥、胡嗣瑗、陈宝琛、车林瑞多布、沈继贤、郑垂、朱益藩。

——《溥仪日记全本·召见日记簿》第 243 页

5 月 24 日(四月二十六日)　溥仪静园召见。

见肖丙炎、郑孝胥、胡嗣瑗、陈宝琛、郑垂、朱益藩。

——《溥仪日记全本·召见日记簿》第 243 页

5 月 25 日(四月二十七日)　邀郑孝胥晚饭。

弢庵邀晚饭,晤郭侗伯、朱艾卿。　——《郑孝胥日记》第 4 册第 2285 页

5 月 26 日(四月二十八日)　溥仪静园召见。

见肖丙炎、郑孝胥、胡嗣瑗、陈宝琛、朱益藩、郑垂、沈继贤。

——《溥仪日记全本·召见日记簿》第 243 页

5 月 28 日(五月初一)　郑孝胥松竹楼宴请,同坐有郭宗熙、梁鸿志、胡嗣瑗、林葆恒等。

夜,宴弢庵、仲业、侗伯、新之、友兰、众异、立之、子申、琴初、子有、向元于松竹楼。　——《郑孝胥日记》第 4 册第 2285 页

5 月 29 日(五月初二日)　溥仪静园召见。

见肖丙炎、郑孝胥、林葆恒、陈宝琛、郑垂、徐良、毓崇、广濑。

——《溥仪日记全本·召见日记簿》第 243 页

5 月 31 日(五月初四日)　溥仪静园召见。

见肖丙炎、郑孝胥、胡嗣瑗、陈宝琛、郑垂。

——《溥仪日记全本·召见日记簿》第 244 页

6 月 8 日(五月十二日)　溥仪静园召见。

见肖丙炎、郑孝胥、陈宝琛、沈继贤、润良。

——《溥仪日记全本·召见日记簿》第 244 页

6 月 10 日(五月十四日)　溥仪静园召见。

见肖丙炎、胡嗣瑗、陈宝琛、郑垂、润良、毓崇。

——《溥仪日记全本·召见日记簿》第 244 页

6 月 15 日(五月十九日)　郑孝胥约东兴楼晚饭。

约弢庵、仲业、耆寿民、陈仁先、絜先、农先、李子申、夏友兰、佟楫先至东兴楼晚饭。　——《郑孝胥日记》第 4 册第 2287 页

6 月 16 日(五月二十日)　溥仪静园召见。

见肖丙炎、郑孝胥、胡嗣瑗、陈曾寿、罗远芳(胡嗣瑗代见)、陈宝琛、徐良、

杨圻、朱益藩。　　　　　　　　　——《溥仪日记全本·召见日记簿》第 245 页

6 月 19 日（五月二十三日）　溥仪静园召见。

见肖丙炎、郑孝胥、陈宝琛、郑垂、德色赖托布、吴兆麟、赵桂林、毓崇、润良。

——《溥仪日记全本·召见日记簿》第 245 页

6 月 25 日（五月二十九日）　约郑孝胥晚饭。

弢庵约晚饭。　　　　　　　　　——《郑孝胥日记》第 4 册第 2288 页

五月　陈曾寿为作山居折扇面。

陈曾寿《山居折扇面》题识："拟烟客大意，弢庵年伯大人教，庚午夏六月，曾寿"

——《摇曳丹青》第 98 页

五月下旬，张鸣岐[1]栅楼招饮。有诗作"次韵奉答韩斋招饮见示之作"，署弢庵《沧趣楼诗文集》未收；王揖唐"韩斋招陪听水老人即席有诗索和次韵奉酬"，均刊《国闻周刊》1930 年第 7 卷第 26 期。张鸣岐"庚午夏五下浣假栅楼觞听水老人即席赋呈兼呈同座诸公"，刊《辽东诗坛》1930 年第 58 期。

[1] 张鸣岐，字健伯、坚白，号韩斋，山东海丰人，光绪举人，广西布政使、广西巡抚、两广总督。

次韵奉答韩斋招饮见示之作　　　　　　　　　　陈宝琛

作凉一雨快樽前，诚感功兼及旱田。乐酒别来翻此地，盍簪劫后孰非天。兵戈比岁无宁日，旄钺当时故盛年。挂壁大弨应自惜，肯教过雁骇虚弦。

——《国闻周刊》1930 年第 7 卷第 26 期

韩斋招陪听水老人即席有诗索和次韵奉酬　　　　王揖唐

猛忆嬉春在眼前，池莲又见叶田田，隔宵喜雨浑忘暑，百里瞻星正烛天。佳话待传真率会，遗音未坠永嘉年，短衣射虎非吾事，错被旁人说控弦。

——《国闻周刊》1930 年第 7 卷第 26 期

庚午夏五下浣假栅楼觞听水老人即席赋呈兼呈同座诸公　　张鸣岐

文酒追随廿载前，蓬莱清浅几成田。再陪杖履惭偷活，得集朋尊亦赖天。却暑竟偿霖雨愿，老人本期雨后再集，昨适雨，故及之。洗兵可见太平年。山河大地从何觅，魄月如钩正下弦。　　　　　——《辽东诗坛》1930 年第 58 期

作五绝一首贺朱益藩七十诞辰。诗《沧趣楼诗文集》未收。

本性无时改，苍颜与岁深。慈仁钟梵寂，犹自有双林。

庚午五月写为定园少保年世老弟七十寿，八十三叟陈宝琛。星文敬录。

——原件见江西九江滕王阁展厅

为严复侄严瑜出示严复 1921 年录李白《梁甫吟》长卷题诗并跋[1]："吾友严夫

子,天才绝等伦。但论精八法,亦足废千人。老病终邱首,溪山入战尘。可能持斗酒,沃酹橘花晨。瘤橿老人遗墨,伯敬世讲嘱题庚午五月八十三叟宝琛。"见《今晚报》2013 年 1 月 3 日。

[1] 卷长 1 600 毫米,宽 250 毫米。另有郑孝胥、崔斯哲、柯璜、陈衍题诗。2012 年 12 月 1 日,严复侄孙严明在建于天津北洋水师学堂旧址的解放军军事交通学院"严复与北洋水师学堂"学术研讨会上,向"严复与北洋水师学堂纪念馆"捐赠该长卷。

为朱益藩作立轴《松寿延年》图,题识:"庚午夏五月写,为定园少保年世老弟七十寿,八十三叟陈宝琛。"又题:"本性无时改,苍颜与岁深。慈仁钟梵寂,犹自有双林。"见《陈宝琛年谱》第 544 页。

[1] 朱益藩:字定园,见前。

6 月 27 日(六月初二日)　溥仪静园召见。

见肖丙炎、郑孝胥、陈宝琛、夏瑞符。

——《溥仪日记全本・召见日记簿》第 246 页

7 月 1 日(六月初六日)　溥仪静园召见。

见肖丙炎、陈宝琛、远山猛雄、佐藤领事、费毓楷、荣源、润良。

——《溥仪日记全本・召见日记簿》第 246 页

7 月 8 日(六月十三日)　郑孝胥夜东兴楼宴请。

夜,宴弢庵、溥偁、楫唐、仁先、友兰、絜先、纕蘅、琴初于东兴楼,为黎元洪宅中之别院,中为歌台,高爽闳丽,为酒楼之冠。

——《郑孝胥日记》第 4 册第 2289 页

7 月 15 日(六月二十日)　宴请樊增祥、冒广生、王晋卿等。

夏,陈弢庵招饮,樊樊山、王晋卿等人出席,先生作《庚午六月二十日陈弢老招饮樊山先生有诗弢老和之余亦继作》。

——《冒鹤亭先生年谱》第 286 页

7 月 19 日(六月二十四日)　荷花生日,冒广生十刹海宴请,同坐有樊增祥、朱益藩、曹经沅、柯劭忞、何振岱等,作"鹤亭招饮十刹海作荷花生日有诗次和",并词"齐天乐观莲节鹤亭集十刹海,樊山成《荷花生日》七律八首,瞬已经月。忆辛亥遇闰,再闰则须辛巳矣,戏作闰荷花生日",诗、词见《沧趣楼诗文集》第 226、288 页。1956 年六月二十四日荷花生日,冒广生追忆昔年招饮唱和,"攲枕惘然"。诗亦刊《辽东诗坛》1930 年第 61 期,署陈弢庵。

冒鹤亭(广生)招饮于十刹海,作荷花生日。

——《闽县陈公宝琛年谱》第 141 页

是夏，陈弢庵将返回天津，先生为之挽留，作荷花生日招饮，作《荷花生日觞客于十刹海酒楼到者二十五人赋呈诸公》，诗云：'十刹金台靡孑遗，金陵十庙亦无基。遥怜玄武湖边路，可有荷花生日诗。望裹水风环佩拟，劫馀佣保姓名知。西涯岂必干人事，坐觉心头有盛衰。'陈弢庵作《鹤亭招饮十刹海作荷花生日有诗次和》。樊樊山诗成八首，先生作《樊山先生赋荷花生日诗至八首书来督和勉成四首》。又作《前诗成后樊山先生以为少再成四首》。时座者还有柯凤荪、王晋卿，与陈、樊皆年逾八十，堪为豪举。

——《冒鹤亭先生年谱》第 286—287 页

[1956 年]农历六月廿四日为荷花生日，先生'忆己巳岁(今按应作庚午，详见本谱一九三〇年七月。)在京师招客饮於积水潭(按：即十刹海)，到者三十馀人，(按：应作二十五人。)陈弢庵赋词纪事，樊樊山赋七律八章，惊才绝艳，吾勉和之。今二十八年(按计算应是二十七年)，陈、樊暨客凤荪、王晋卿诸公无一存者。闻积水潭亦已浚深，无一柄亭亭绿盖矣，欹枕惘然。'

——《冒鹤亭先生年谱》第 586 页

晚到十刹海赴冒广生之招，弢老、樊山、朱师傅在座。

——《何振岱日记》第 267 页

六月二十一日觞客十刹海楼，弢师、樊丈谈广雅故事，相与感叹。越三日，疚斋[1]招作荷花生日，率成一诗柬同坐 曹经沅

沙堤高柳挂斜阳，来为明荷举一觞。久乱典型存正始，暂归傭保识新昌。用弢师诗意。种莲人渺朱甍在，思旧书成宿草荒。坛坫巍然馀二老，肯辞烂醉百千场。

——《借槐庐诗集·曹经沅遗稿》第 107 页

[1] 疚斋，冒鹤亭号。

7 月 22 日(六月二十七日) 溥仪静园召见，赐膳。

见济煦、肖丙炎、郑孝胥、胡嗣瑗、陈曾寿、章梫、陈宝琛、毓运、吉冈参谋、吉田通译官、润良、毓崇、溥任。 ——《溥仪日记全本·召见日记簿》第 249 页

诣行在，大雨。赐陈宝琛、郑孝胥、胡嗣瑗、陈曾寿、章梫、济煦午饭。

——《郑孝胥日记》第 4 册第 2290 页

7 月 28 日(闰六月初三日) 溥仪静园召见。

见肖丙炎、郑孝胥、陈宝琛。——《溥仪日记全本·召见日记簿》第 249 页

7 月 30 日(闰六月初五日) 溥仪静园召见。郑孝胥来访。

见肖丙炎、郑孝胥、陈宝琛、沈继贤。

——《溥仪日记全本·召见日记簿》第 249 页

过叕庵，谈福州事。 ——《郑孝胥日记》第 4 册第 2291 页

8 月 2 日(闰六月初八日) 溥仪静园召见。

见肖丙炎、郑孝胥、胡嗣瑗、陈宝琛、耆龄、费毓楷、后藤副领事、郑隉敳、田尻领事、广濑、远山猛雄、新坂署长。

——《溥仪日记全本·召见日记簿》第 250 页

8 月 5 日(闰六月十一日) 溥仪静园召见。

见肖丙炎、郑孝胥、胡嗣瑗、陈曾寿、陈宝琛、郑垂、郑隉敳、毓崇、费毓楷、溥任。 ——《溥仪日记全本·召见日记簿》第 250 页

8 月 8 日(闰六月十四日) 溥仪静园召见。

见肖丙炎、陈宝琛、溥熏、郑垂。

——《溥仪日记全本·召见日记簿》第 250 页

8 月 10 日(闰六月十六日) 张一桐宴请。

张一桐请裹题，与叕庵、张伯远、顾寿人、李符曾同席。

——《郑孝胥日记》第 4 册第 2292 页

8 月 12 日(闰六月十八日) 何振岱到天津来访，留影，在公寓晚饭。

……(午饭后)到叕老处食八果面包、鸡面。与叕老谈。而佟济煦来请照相，遂于阶前同叕老照影。晤苏堪。是晚，叕老谈吴维允事甚详。……在叕老家晚饭，一夜不成睡。 ——《何振岱日记》第 272 页

8 月 13 日(闰六月十九日) 同何振岱在天瑞楼晚饭。次日晨何返京。

同叕老车至天瑞楼晚饭，归寓与老人谈至十一点。几士复来，谈至二点，始睡。五点诣太夷辞行，谈颇畅。未及大雨旋□。八时辞叕老行。九时二十五分开车，十二时到京。 ——《何振岱日记》第 273 页

8 月 15 日(闰六月二十一日) 溥仪静园召见。日本驻津领事馆电话告静园，有日本十八人欲见溥仪及公和郑孝胥。

诣行在。日本领事馆电话告静园云：细田谦藏等十八人已来，欲觐见，且谒陈、郑；谕令明日十一时来见。 ——《郑孝胥日记》第 4 册第 2293 页

8 月 16 日(闰六月二十二日) 溥仪静园召见。夜与郑孝胥同宴请日本人细田谦藏等十六人，及日本记者。

见肖丙炎、郑孝胥、陈宝琛、郑垂、西村聪、姊崎观一、细田谦藏、平野彦次郎、姊崎岩藏、大桥太郎、片冈静男、川又武、喜多川武夫、佐藤德四郎、佐野厚、白本丰、多田罗准一、中原政一、滨中清、比嘉俊成、皆川常造、山田修次、渡部实一、小川大舜、费毓楷、溥佳。 ——《溥仪日记全本·召见日记簿》第 251

诣行在。召见日本东京女子高等师范学校教授正五位勋六等,细田谦藏、大东文化学院教授平野彦次郎及文化学院学生十六人,赐茶,摄影而罢。召见《大阪每日新闻》编辑顾问、东亚调查会专任理事栖崎观一,《大阪每日新闻》记者、《东京日日新闻》记者西村聪。夜,宴细田、平野、琴初、伯平、楫先于东兴楼,与弢庵同作主人。 ——《郑孝胥日记》第 4 册第 2293 页

8 月 17 日(闰六月二十三日) 溥仪静园召见。

见肖丙炎、李准、陈宝琛、费毓楷、李思浩。

——《溥仪日记全本·召见日记簿》第 251 页

8 月 18 日(闰六月二十四日) 王允晳逝后致函何振岱。

"闰荷花生日"作"齐天乐",题识:"观莲节鹤亭集饮十刹海,樊山成'荷花生日'七律八首,瞬已经月。忆辛亥六月遇闰,再闰则须辛巳矣,戏作闰荷花生日"。见《沧趣楼诗文集·听水斋词》第 288 页。

致 何 振 岱 　　陈宝琛

手教备承夸奖,得勿以老耄而舍我乎?不自量度,复戏成闰荷花生日一阕,仍以就正。初二三,当到京面请指谬,无庸赐复。幼点十三日[1]作古,美才可惜,足下有所闻否?梅兄执事。琛顿首。

——《近代中国·陈昌强:致何振岱信札》第 19 辑第 363 页

[1] 王允晳卒于闰月二十一日,公历 8 月 15 日。

8 月 19 日(闰六月二十五日) 溥仪静园召见。

见肖丙炎、郑孝胥、胡嗣瑗、孙韬、陈宝琛。

——《溥仪日记全本·召见日记簿》第 251 页

8 月 20 日(闰六月二十六日) 溥仪静园召见。

见肖丙炎、郑孝胥、陈宝琛、郑垂、润良。

——《溥仪日记全本·召见日记簿》第 251 页

8 月 22 日(闰六月二十八日) 郑孝胥来访。

过弢庵。 ——《郑孝胥日记》第 4 册第 2294 页

闰六月 为山东登莱青胶道徐世光[1]墓志铭书丹,柯劭忞撰文,袁励准篆盖;作行状题后。

徐贞惠先生行状题后 　　陈宝琛

强出治河不受旌,黄冠心事最分明。子孙清白能传德,里党馨香为易名。诚可格神宁异教,老犹济物见平生。年时循发凉镫侧,始觇肝肠记一倾。乙卯夏秋交始见君于青岛。 ——《贞惠先生逝世三周纪念征文启不分卷》

[1] 徐世光,字友梅,号健庐、素一,河北天津人。光绪举人,青州府、济南府知府,兖沂曹济道、济东泰武临道督粮道、登莱青胶道、东海关监督。徐世昌弟。私谥“贞惠”。晚年致力慈善事业,任中国红十字会会长。撰有《濮阳河上记》。1929 年(己巳)去世,1930 年(庚午)闰六月葬。墓志铭及行状系葬月。

8 月 24 日(七月初一)　以王允晳临终遗书示郑孝胥。

弢庵示王又点临终与弢书,但言己之念弢而已;余言,又点破秉清气,故习染虽深,而清气不灭也。　　——《郑孝胥日记》第 4 册第 2294 页

8 月 25 日(七月初二日)　王允晳去世,作《水龙吟·碧栖临殁,手书见寄,捧读感痛,为赋〈水龙吟〉一阕哭之。庚午七月二日》,并为《碧栖词》署签。词见《沧趣楼诗文集·听水斋词》第 288 页。

丈殁年垂七十矣,殁时遘小病,众谓无恙,而自知解脱,晨作一书,致弢庵先生诀别。盖丈以庚申出都,与弢老情谊敦笃,而疏懒无一字,至是忽庄写累纸。弢老晚年常作词,遂亦以词挽之。题为:碧栖临殁,手书见寄,捧读感痛,为赋“水龙吟”一阕哭之。庚午七月二日。　　——《花随人圣庵摭忆》第 595 页

林季武访郑孝胥,言王允晳返福建后与公不通问十年,公寄诗词亦不作答,故“将死而愧”。

林季武来,言王又点、梁众异、李释戡等于段祺瑞之攻张勋,皆求在前敌功,及又点归闽,与弢庵绝不通问者十年,弢庵寄与诗词亦不答,故将死而愧耳。
——《郑孝胥日记》第 4 册第 2294 页

何振岱来访,出示王允晳闰月二十一日来信,王即于是日去世。

到弢老家,弢老方卧,闻予来,即起,出王又点信见视[示],信系闰二十一夕所书。又点即以是夕亡,亦奇也。又点聪明通文字,理不胜欲,婪于所得,投身要人,多为所侮,而居然不较,此可怪叹也。弢老又说其文孙某未回里云。
——《何振岱日记》第 275 页

8 月 30 日(七月初七日)　何振岱来访,出示王允晳信。

到弢老处,出又点信奉之看,弢老称点尚好。宰平亦至,约初九请酒,遂定。
——《何振岱日记》第 275 页

9 月 1 日(七月初九日)　上午何振岱、林志钧先后来,两人在公寓宴请,座客有冒广生、李释堪、溥叔明、溥儒及懋复。

至弢老家,与幾士谈。顷之宰平来。十一时诸客先后至,一时上席。至者鹤亭、释堪、贻书、溥叔明、心畬、幾士,推弢老上座。菜不甚佳。予与宰平各费七元五角,共十五元。三时遂散。　　——《何振岱日记》第 276 页

9月2日(七月初十日) 访何振岱,以所改词示何。

承淇来取弢老所写扇去。午后予到市场买纸,过秀明斋中,看某氏手书,饮西茶,归遇弢老来,以所改词见示,予谓还是不改者好。谈顷,弢老去卖砚者来。

——《何振岱日记》第 276 页

9月7日(七月十五日) 何振岱记录公谈吴维允[1]事。

记弢老所谈吴维允事。吴维允,吾州某科第二名举人。为人朴实方正,能为草书,官教谕。是时沈文肃到马江船政已有年所。某钦差以维允为提调凡十年,事无废弛,因寅忌之。弢老将入京,有施文波者文肃请也,谓弢老曰:"公到京必晤李中堂鸿章,须为言,此间吴提调当去之,其人横甚,多营私也。"一日弢老至维允家就谈,入其门萧淡无华饰,只兰花数十盆而已。维允月薪银三百两,而朴俭如此。知其非华士也。询之他人,皆云其作事认真,惟认真,故多所取忌。弢老既入京,李文忠果以吴为问,弢老曰:"是好人,能办事。"文忠驰札令吴益加意整理,吴不以此禀明船政大臣,而自为文告所属,以奉文忠命为言,当局恶其倚文忠势侵,亦思有以中之。于是吴始名安坐位矣。初吴有盐业,为人攘去,至是复强以还之,向之索债,不堪其扰,病吐血,而逼者不已。会弢老南返。张南皮督粤,招为粤游。酒次有某名士问吴于弢老,弢老为述其故。南皮曰:"吾欲办水师学堂,有此人才,吾当借用之。"弢老力赞其成,遂电告董元度,令邀吴来粤;吴稍迁延,又电速。吴既至,南皮待之厚。凡办水师十馀年,功绩懋著,署理臬司二年,皆南皮力也。

——《何振岱日记》第 278 页

[1] 吴维允为公七侄懋丰夫人吴珠瑞祖父,见前。

溥仪静园召见。

见肖丙炎、陈宝琛、耆龄、郑垂、任教习、荣源。

——《溥仪日记全本·召见日记簿》第 252 页

9月9日(七月十七日) 邀郑孝胥晚饭。

弢庵邀晚饭。

——《郑孝胥日记》第 4 册第 2296 页

9月11日(七月十九日) 溥仪静园召见。

见肖丙炎、济煦、郑孝胥、胡嗣瑗、陈宝琛、陈懋复、郑垂、吉田通译官、吉冈参谋。

——《溥仪日记全本·召见日记簿》第 252 页

9月14日(七月二十二日) 溥仪静园召见并赐宴。

见肖丙炎、郑孝胥、陈宝琛、定安、庄士敦、牛进、徐良、郑垂。

——《溥仪日记全本·召见日记簿》第 253 页

诣行在。赐宴庄士敦、钮淇德、陈宝琛、郑孝胥、徐良、郑垂。陈幾士来。

——《郑孝胥日记》第 4 册第 2296 页

9 月 15 日(七月二十三日)　溥仪静园召见。

见肖丙炎、郑孝胥、陈宝琛、朱益藩、荣源。

——《溥仪日记全本·召见日记簿》第 253 页

9 月 16 日(七月二十四日)　何振岱得公信。

得弢老书。　　　　　　　　　　　　——《何振岱日记》第 283 页

9 月 17 日(七月二十五日)　溥仪静园召见,赐午膳。

见肖丙炎、济煦、郑孝胥、胡嗣瑗、陈宝琛、朱益藩、郑垂、刘永平。

——《溥仪日记全本·召见日记簿》第 254 页

旨行在,进讲《论语》。赐陈宝琛、朱益藩、郑孝胥、胡嗣瑗、郑垂午膳。

——《郑孝胥日记》第 4 册第 2296 页

9 月 19 日(七月二十七日)　何振岱寄公信。

寄弢老快信。　　　　　　　　　　　——《何振岱日记》第 284 页

9 月 25 日(八月初四日)　与郑孝胥、胡嗣瑗共宴耆龄等于东兴楼。

夜,与弢庵、琴初共宴耆寿民、费地山、溥仲业、陈絜先、夏友兰、萧新之、李子申、林子有于东兴楼。　　——《郑孝胥日记》第 4 册第 2297 页

9 月 26 日(八月初五日)　邀郑孝胥午饭。

弢庵邀午饭。　　　　　　　　　　——《郑孝胥日记》第 4 册第 2297 页

10 月 2 日(八月十一日)　溥仪静园召见。

见肖丙炎、胡嗣瑗、商衍瀛、郑垂、陈宝琛、钱澄、吴少香、润良。

——《溥仪日记全本·召见日记簿》第 256 页

10 月 7 日(八月十六日)　下午访何振岱,晚归。

午后三时,弢老来谈文,晚始出。　　　——《何振岱日记》第 291 页

10 月 10 日(八月十九日)　何振岱来访。

到弢老处,看郭尚先临唐碑。　　　　——《何振岱日记》第 292 页

10 月 11 日(八月二十日)　江宁提学使陈伯陶庚午八月二十日卒,撰挽联:"解组海桑先,高躅山尘侔邴管;移书陵寝事,义声励世迈唐林"。见《中华历史人物别传集》第 74 册第 283 页。

作"陈文良公墓志铭",见《沧趣楼诗文集》第 416—418 页。

10 月 12 日(八月二十一日)　赴津。

弢老赴津。　　　　　　　　　　　　——《何振岱日记》第 292 页

10月14日（八月二十三日）　溥仪静园召见。郑孝胥夜宴公及陈曾寿、胡嗣瑗、陈启泰等。

见肖丙炎、郑孝胥、胡嗣瑗、陈宝琛、沈继贤、林宝华、陶祖椿、广濑。

——《溥仪日记全本·召见日记簿》第257页

夜，宴弢庵、仲业、仁先、絜先、琴初、友兰、向元、蔼宸、伯平于东兴楼。

——《郑孝胥日记》第4册第2300页

10月20日（八月二十九日）　溥仪静园召见。

见肖丙炎、郑孝胥、陈宝琛、林葆恒、刘骧业、沈继贤、费毓楷、荣源、阎泽溥。

——《溥仪日记全本·召见日记簿》第258页

八月　为门人郑玉书母作"郑母洪太夫人墓表"。见《沧趣楼诗文集》第449—451页。

10月22日（九月初一日）　溥仪静园召见。

见肖丙炎、郑孝胥、胡嗣瑗、陈宝琛、徐良。

——《溥仪日记全本·召见日记簿》第258页

10月28日（九月初七日）　溥仪静园召见。

见肖丙炎、郑孝胥、胡嗣瑗、陈宝琛、郑垂、吴少香。

——《溥仪日记全本·召见日记簿》第258页

10月30日（九月初九日）　重九，陈曾寿邀与朱益藩、郑孝胥、胡嗣瑗等雅集。陈曾寿、曹经沅有庚午九日诗。

重九邀弢庵太傅定园少保苏堪愔仲子申君任及强志弟集苍虬阁

陈曾寿

羁绁相从一举觞，风天凄黯作重阳。飘萧寒气争摇落，冷澹秋容有故常。江寺寻僧惊旧梦，前两岁重九皆在焦山。天涯有弟即吾乡。尊前诸老看犹健，还起疏慵引兴长。

——《苍虬阁诗集》第200页

庚午九日约客江亭登高阻雨未果晚集城南酒肆赋呈同坐　　曹经沅

肯负尊前九日期，江亭未上也题诗。尽饶朝士酬佳节，每忆廊僧话盛时。岁闰共惊寒到早，霜严似怨客归迟。听水师期未至，致书疚斋，有"西山霜叶恐不我待"之语。登高能赋谈何易，说与群儿恐不知。

——《借槐庐诗集·曹经沅遗稿》第98页

10月31日（九月初十日）　礼学馆纂修丁传靖卒，作"丁君阉公墓志铭"，见《沧趣楼诗文集》第441—443页。《庠声》1933年第18期刊"清副贡丁君阉公墓志铭"，署陈宝琛。

秋　函邀陈曾寿到天津,并推荐为婉容师傅。

　　陈曾寿在上海卖字画,卖诗文,生活比较优裕。1930 年秋季,接到陈宝琛从天津来信,说已向溥仪推荐他担任婉容后的师傅,每月束脩五百元,敦促他早日北上。同年冬季,陈携全眷到了天津,我亦随行。

——《伪满宫廷杂忆》第 46 页

11 月 1 日(九月十一日)　下午访何振岱,致前代作润笔。

　　弢老来云,前文甚佳,送润笔。有王炅者,郑锡光之婿,来求作郑赞;冒鹤亭来。弢老先去四点矣。
——《何振岱日记》第 298 页

11 月 2 日(九月十二日)　曹经沅、冒广生、何振岱招游香山。作七律"重九后三日梅生鹤亭缬蘅招游退谷",见《沧趣楼诗文集》第 228 页。

　　重九后三日,何梅生、曹缬蘅(经沅)、冒鹤亭招游退谷。旧曾与壶公、黄斋、再同披榛莽而得其地。石罅有古桧一株,乃前游所未见。鹤亭本约集戒坛寺观红叶,以雨雪改集于此。
——《闽县陈公宝琛年谱》第 141 页

　　"重九后三日,先生同陈弢庵、何梅生、曹缬蘅游香山,陈弢庵作《重九后三日梅生鹤亭缬蘅招游退谷》,诗云:'香山抵作雪山看,延目晴岚入寿安。卧佛阅人殊未倦,退翁专壑可胜寒。前游如梦承平旧,(原注:旧与壶公、黄斋、偶斋、再同披榛莽得此。)宿约频移命啸难。(原注:鹤亭本约戒坛观红叶,以雨雪不果。)犹及残年见严桧,(原注:石罅、古桧,前游所未见。)风林况尚有余丹。'人谓'比者旧京益沦边塞,居人意兴萧索,匪惟冒雪入寿安,即江亭(今陶然亭)登高,亦恐吟人无此豪举也。'后陈弢庵曾致先生书,有'不知霜林能我待否?'之语。"
——《冒鹤亭先生年谱》第 290 页

　　九时车来,坐到弢老处十时曹、冒来,予同贻书、弢老一车到香山香云旅馆午饭,饭后到寿安山退谷某寓,予与贻书先出,至卧佛寺,即返。
——《何振岱日记》第 299 页

11 月 3 日(九月十三日)　午后访何振岱,曹缬衡、冒广生、(李)十三俱在座。

　　午后弢老来,曹、冒、十三俱在座。
——《何振岱日记》第 299 页

11 月 5 日(九月十五日)　邀何振岱等在寓夜饮。

　　夜饮于弢老家,笠沧、一季、友三。
——《何振岱日记》第 299 页

11 月 7 日(九月十七日)　何振岱来,缴交所作文,留午饭。

　　作文缴文,弢老处留午饭。
——《何振岱日记》第 299 页

11 月 8 日(九月十八日)　杨树达来访。

　　谒陈弢庵先生。此老当清同治朝与张幼樵(佩纶)、张文襄(之洞)号为清流,今二张早逝,巍然独存。日前闻先生来京,特往修谒。年八十四矣,精神甚健。问及余《汉书》著述。盖林宰平曾介余于先生,有所称述也。又问及葵园先生及黄敬舆先生(自元)后人,黄乃先生同治戊辰进士同年也。

——《积微翁回忆录》第53—54页

11月9日(九月十九日) 溥仪静园召见。

见肖丙炎、胡嗣瑗、林宝华、梁宝奎、陶祖椿、陈宝琛。

——《溥仪日记全本·召见日记簿》第259页

11月11日(九月二十一日) 溥仪静园召见。

见肖丙炎、陈宝琛。 ——《溥仪日记全本·召见日记簿》第259页

11月19日(九月二十九日) 见肖丙炎、胡嗣瑗、李准、陈宝琛、夏瑞符。

——《溥仪日记全本·召见日记簿》第261页

九月 为同年魏乃勷(吟舫)[1]遗稿作序,见《沧趣楼诗文集·延寿客斋遗稿序》第310页,文末署"庚午九月闽陈宝琛序沽上"。

[1]魏乃勷,字吟舫,山东德州人。同治进士,江南道监察御史。有《延寿斋遗稿》。

11月22日(十月初三日) 溥仪静园召见。

见肖丙炎、胡嗣瑗、陈宝琛、商衍瀛、雍涛(商衍瀛代见)、许以栗(商衍瀛代见)、郑垂、吉田通译官、宫田修、瓜生喜三郎、毓崇。

——《溥仪日记全本·召见日记簿》第261页

11月24日(十月初五日) 溥仪静园召见。

见肖丙炎、吴少香、陈宝琛、郑垂、于化臣(郑垂代见)、陶祖椿、毓崇。

——《溥仪日记全本·召见日记簿》第261页

11月26日(十月初七日) 溥仪静园召见。

见肖丙炎、陈曾寿、陈宝琛、孟效曾(陈曾寿代见)。

——《溥仪日记全本·召见日记簿》第262页

12月1日(十月十二日) 溥仪静园召见。

见肖丙炎、陈宝琛、林宝华、吴少华、梁宝奎。

——《溥仪日记全本·召见日记簿》第262页

12月5日(十月十六日) 访何振岱。

弢老来。 ——《何振岱日记》第302页

12月6日(十月十七日) 何振岱来访。

到弢老处,抄所作"画马七古"。 ——《何振岱日记》第302页

12月12日(十月二十三日) 何振岱来访,留午饭。

· 842 ·

到弢老处午饭。　　　　　　　　　　　　——《何振岱日记》第 304 页

12 月 15 日（十月二十六日）　访何振岱。

弢老来谈。　　　　　　　　　　　　　——《何振岱日记》第 304 页

12 月 18 日（十月二十九日）　返京后十馀日，至津。

弢庵自京来。　　　　　　　　　——《郑孝胥日记》第 4 册第 2308 页

归打坐，甲孙来讲书。　　　　　　　——《何振岱日记》第 304 页

12 月 19 日（十月三十日）　溥仪静园召见。

见肖丙炎、郑孝胥、胡嗣瑗、陈宝琛、荣源、刘骧业。

　　　　　　　　　　——《溥仪日记全本·召见日记簿》第 263 页

12 月 22 日（十一月初三日）　溥仪静园召见。

见肖丙炎、郑孝胥、陈宝琛、郑垂。

　　　　　　　　　　——《溥仪日记全本·召见日记簿》第 263 页

12 月 24 日（十一月初五日）　郑孝胥夜阅公己巳、庚午（1929、1930）诗稿。

夜四鼓，磨墨，阅弢庵己巳、庚午诗稿。

　　　　　　　　　　　　——《郑孝胥日记》第 4 册第 2309 页

12 月 25 日（十一月初六日）　溥仪静园召见。

见肖丙炎、胡嗣瑗、陈宝琛。　——《溥仪日记全本·召见日记簿》第 263 页

冬　邀陈曾寿、万绳栻、胡嗣瑗、杨锺羲、佟济煦、刘骧业等人在寓鉴赏家藏书画。

陈曾寿全家迁到天津以后，……过几天，陈宝琛派家人送来两张请柬，约陈曾寿和我到他家晚餐。那天在座的有万绳栻、胡嗣瑗、杨锺羲、佟济煦、刘骧业等人。肴馔是福建味，样样都精美可口。席终，陈宝琛叫刘骧业（陈的外甥）拿出家藏旧书画请大家鉴赏，精品不少。当看到一件王烟客的山水长卷时，佟济煦说，这是上赏的，原来要赏郎世宁的《百骏图》，陈太傅认为太珍贵了，不敢接受，才改赏了这件烟客长卷。这一天，我既饱了口福，又饱了眼福。

　　　　　　　　　　　　　　　——《伪满宫廷杂忆》第 53 页

是年　三弟宝璐次子懋咸自江宁来京探望，作七古一首，并视宝璐长子懋豫。诗见《沧趣楼诗文集·咸侄自江宁来省感作并视豫侄》第 230 页。

侄懋咸自江宁来省。懋咸字虚谷，叔毅次子，领壬寅乡荐。会科举制度废，改学法律，历任法院推事、庭长等职，现方供职南京最高法院，今年已五十矣。幸兵休道通，远来省视，故作诗示之，并视其兄懋豫。

　　　　　　　　　　　　　　——《闽县陈公宝琛年谱》第 141 页

《辽东诗坛》1930年第58期刊公诗"次韵奉和樊山聚饮城南酒肆之作",署弢庵。《沧趣楼诗文集》未收。

次韵奉和樊山聚饮城南酒肆之作 　　　　　　　陈宝琛

　　老至诗名未肯低,城南会饮即新题。羹材晚尚留盆菊,食料生知欠雍蘁。牢落耆英寻洛社。从容友议补云溪,与君频续东华梦。俛仰彭殇已可齐。匏庵殁暮辄忆及之。　　　　　　　　　　——《辽东诗坛》1930年第58期

　　《蜜蜂》书刊(画刊)1930年第1卷第9期刊"陈弢庵(宝琛)书屏","因天下之智者不在智而在愚,穷天下之辨者不在辨而在讷,伏天下之勇者不在勇而在怯。丹林仁兄□属,戊辰七月八十一翁陈宝琛"。

　　公词集《听水斋词》,多作于辛亥以后,今据《闽县陈公宝琛年谱》暂系于是年。

　　公少时好为词,已久辍不作。既来沽上,见天津流人文士设有诗社,月再三集,集则拈题限调,寄朱疆邨侍郎沪上评第甲乙。公初未入社,因触宿好,乃又稍稍为之。数年中得四十馀首,裒成一帙,题曰《听水斋词》,今刊附《沧趣楼诗集》之末。　　　　　　　　——《闽县陈公宝琛年谱》第142页

是年文

是年诗

清明后三日同季友栗斋熙民梅生子有宰平策六次贡幼实述勤吉庐看杏花

1931 年(辛未　民国二十年)　84 岁　天津、北平

日本侵略东北,"九一八"事变。(9.18)

蒋介石辞去国民政府主席,林森继任。(12 月)

樊增祥卒,年八十六。

溥仪潜赴东北(11.10)。

1 月 3 日(庚午十一月十五日)　溥仪静园召见。

见肖丙炎、郑孝胥、溥佑、陈宝琛。

——《溥仪日记全本·召见日记簿》第 264 页

1 月 4 日(庚午十一月十六日)　溥仪静园召见。郑孝胥来访谈陈与三求助事。

见肖丙炎、陈宝琛、陈懋需。——《溥仪日记全本·召见日记簿》第 264 页

过弢庵谈陈与三,示其二信,求助甚急。

——《郑孝胥日记》第 4 册第 2310 页

1 月 8 日(庚午十一月二十日)　溥仪静园召见。告郑孝胥,已资助陈与三旅费。

见肖丙炎、济煦、胡嗣瑗、苏锡麟、陈宝琛。

——《溥仪日记全本·召见日记簿》第 265 页

弢庵言,已为陈与三乞船票,又与二十元,请余助其行。

——《郑孝胥日记》第 4 册第 2310 页

1 月 12 日(庚午十一月二十四日)　溥仪静园召见。

见肖丙炎、郑孝胥、胡嗣瑗、陈宝琛、荣源、广濑。

——《溥仪日记全本·召见日记簿》第 265 页

1 月 15 日(庚午十一月二十七日)　溥仪静园召见。

见肖丙炎、郑孝胥、陈宝琛、张梦潮。

——《溥仪日记全本·召见日记簿》第 266 页

1 月 19 日(庚午十二月初一日)　溥仪静园召见。

见肖丙炎、郑孝胥、陈宝琛、溥伒。

——《溥仪日记全本·召见日记簿》第 266 页

1 月 21 日(庚午十二月初三日) 溥仪静园召见。

见肖丙炎、陈曾寿、陈宝琛。——《溥仪日记全本·召见日记簿》第 266 页

1 月 23 日(庚午十二月初五日) 何振岱来访。

晨到弢老,希民在座。 ——《何振岱日记》第 311 页

1 月 25 日(庚午十二月初七日) 何振岱来视病。

到弢老处视病。 ——《何振岱日记》第 311 页

2 月 1 日(庚午十二月十四日) 何振岱到德国医院看望,遇朱益藩、次子懋侗。

至德院看弢老,遇朱师傅、愿士等。 ——《何振岱日记》第 312 页

2 月 3 日(庚午十二月十六日) 何振岱同秀明、成淇到德国医院看望。

午后同秀明、成淇至德院看弢老。 ——《何振岱日记》第 312 页

2 月 5 日(庚午十二月十八日) 立春[1]前病入德国医院,在病院作七绝一首。诗见《沧趣楼诗文集·自题画松立春日病院作》第 232 页。

[1] 辛未年立春在 2 月 5 日。

2 月 15 日(庚午十二月二十八日) 郑孝胥来视病。

视弢庵,犹在卧榻。 ——《郑孝胥日记》第 4 册第 2315 页

2 月 16 日(庚午十二月二十九日) 除夕日,溥仪赐公及朱益藩、胡嗣瑗各一千元。

奉上谕,元旦及万寿节均罢朝贺。赐陈、朱、胡、陈各一千元,佟六百元,夏四百元。 ——《郑孝胥日记》第 4 册第 2315 页

2 月 17 日(正月初一) 元日,溥仪传谕免贺,因病未到静园贺礼。

宣统辛未正月元旦,子初,迎灶神。子正,祀神。爆竹声澈晓不断。黎明向祖先孝妣位前行礼后诣园传谕:免贺,明日再见。到者卅馀人,陈宝琛尚不能来。 ——《直庐日记》第 1 页

2 月 18 日(正月初二日) 溥仪静园召见。

见胡嗣瑗、陈曾寿、陈宝琛、大崎、池田、内田桑原。

——《溥仪日记·召见日记簿》第 268 页

陈宝琛来见,与陈曾寿同入见,行三叩礼,承谕:汝貌较丰腴,陈曾寿气色亦好。……接陈曾畴廿八函,已见袁金铠、陈宝琛,送阅温肃、李芬各一函。

——《直庐日记》第 2—3 页

2 月 19 日（正月初三日）　乾隆帝忌辰，未到静园。胡嗣瑗作函请与日本人高山、李芬约谈贷款事。

为高宗纯皇帝忌辰，陈宝琛未来。作函与请，与日人高山及李芬约期来会，接洽贷款事宜。　　　　　　　　　　——《直庐日记》第 3 页

何振岱得公来信。

得羡老信。　　　　　　　　　　　　　　　——《何振岱日记》第 322 页

2 月 20 日（正月初四日）　派人送交温肃等进奉四百元汇票呈溥仪。

陈宝琛派人送温肃等进奉四百元汇票（正金银行）来，即交宝绪往取。
　　　　　　　　　　　　　　　　　　　　——《直庐日记》第 4 页

2 月 21 日（正月初五日）　午后邀胡嗣瑗来寓，与高山山本等洽谈清室向日本贷款、委托调查农垦事；山本又言，日本大本教会欲扩充为亚洲教会，拟拥戴清帝为盟主，并迎溥仪前往驻跸，答以兹事体大，须查明情况再作答复。

传谕：本日为王爷生辰，须亲临其宅，不办事、不进讲等。因宝绪取温肃等进奉四百元来，即检同来函交张宏志递上，得旨款赏收，可传谕嘉奖。午后回寓，陈宝琛邀过其寓，与日人高山山本及李芬、林荣等会谈。高山带翻译陈姓、谢姓，据言三四日内便归国，以议会休会期间办事较易着手。前云代皇室贷款日金二百五十万元，以一百五十万元拨归皇室收用，以一百万拨为农垦经费，此事已经通讯接洽数次，当可办到，但要求得一皇室家庭顾问与委托调查农垦书，当答以委托调查农垦，自可照允，至家庭顾问须请旨定夺。山本又言，其国大本教会规模宏大，其教主志愿欲扩充为亚细亚洲教会，拟戴大清皇帝为盟主，现已构造宫殿，迎驾前往驻跸等语。当答以此事所关尤巨，须先明白该教宗旨及成立以来经过情形，方可酌请进止，再为答复，非立谈可决也。彼允将其教中刊布书籍择要寄请研究。坐谈约四刻馀钟乃散。

　　　　　　　　　　　　　　　　　　　　——《直庐日记》第 5—7 页

2 月 22 日（正月初六日）　胡嗣瑗与陈曾寿同入静园，告溥仪昨晤高山山本所谈各节，退下后胡呈阅所拟答复高山稿，并加送公。公请胡、陈两人同点阅王允晳诗词稿。

与陈曾寿同入对，陈明昨晤日人高山山本所谈各节。因言彼意欲得充家庭顾问，一恐其资格不称，二恐范围太广太泛，万一另生支节，不易应付，拟由处（天津办事处）奏聘为名义顾问，另函委托调查农垦事宜，较为稳妥。得旨：极是，即可照办。退下，拟稿交溥修缮之，呈请阅定，加函送陈宝琛转交。陈宝琛以其乡人王允晳诗词稿嘱与陈曾寿同点阅。　　——《直庐日记》第 7—8 页

3月1日(正月十三日) 溥仪生日,到静园出席寿宴,饭后摄影。

为万寿圣节,到园较[后]遵谕停止行礼。到者凡九十二人,共开席九桌,亦有未入座者。饭后,上出,率同诸臣摄影,日本司令香椎暨参谋、翻译共四人亦在列。陈宝琛今日亦到,照相后先退,晚车入京。 ——《直庐日记》第22页

3月6日(正月十八日) 午后访何振岱。

弢老使田昆来云午后来。午后三时,弢老来谈李、刘、林事。李言刘于高以求成隙,复谗之,高以语 刘滋卿解之。李翰如来,以客在,去。弢老来乃偕去。 ——《何振岱日记》第325页

3月7日(正月十九日) 何振岱到德国医院看望。

晨往德院晤弢老,稍谈即辞出。 ——《何振岱日记》第326页

3月14日(正月二十六日) 樊增祥去世,撰挽联:"与湘绮、越缦相颉颃,著述等身,吏干不为文字掩;有石庵、苏斋之老寿,承平和梦,京居犹及见闻征。"见《樊山老人哀挽录》。

3月15日(正月二十七日) 《华报》刊诗作"以八十三岁小影寄山中诸子":"雪刺盈颠额瘿生,衰残百事一无成。回思积翠楼中夜,共听松风坐月明。"署:沧趣老人。《沧趣楼诗文集》未收。

3月18日(正月三十日) 何振岱来访,以郑孝胥诗示何,嘱何续作朱某像赞。

九时半诣弢老家,方憩卧而起。示海藏诗,以朱某像赞两句属续。 ——《何振岱日记》第329页

3月21日(二月初三日) 上午何振岱来访,下午在东厂复遇何。何为公两孙纮、继授课。

早十时到弢老处,……弢老方写李铭三行,休息。予到启宇处送其母寿式元。食点心,阅林文忠公与其祖冰如书,详尽之极。复出,则弢老方卧,又至启处。顷人来唤,同启适入,谈至午归。……予到东厂遇弢老,谈两三语,以未支薪遂出。归而李释堪已在东屋,送爽籁阁画谱三本见借,为改一诗送之去,钛[纮]、继在北屋,为说书,继作一文,其语不吉,令自改。去后看画。 ——《何振岱日记》第330页

3月24日(二月初六日) 由京赴津。何振岱送行。

闻陈宝琛本日早车由京回津。 ——《直庐日记》第54页

八时,送弢老赴津。 ——《何振岱日记》第331页

3月25日(二月初七日) 溥仪静园召见。今日销假。

见肖丙炎、溥杰、陈宝琛、润麟、郑垂、郑禹、周登皞。

　　　　　　　　——《溥仪日记全本·召见日记簿》第 272 页

诣行在。召见陈宝琛、郑垂、郑禹。 ——《郑孝胥日记》第 4 册第 2320 页

本日陈宝琛销假。 ——《直庐日记》第 55 页

3 月 27 日(二月初九日) 约胡嗣瑗谈高山关于日本贷款来往事。

　　晨起,陈宝琛约过一谈,告以周登皞昨偕李芬来言,高山有讯,要求再给价款委任书,而原讯日文看不明了。因答以须原信交林榮译出细看,再酌。……陈宝琛又约过一谈,见高山来讯译文,所事恐多流弊,不可率办。

　　　　　　　　——《直庐日记》第 57、59 页

3 月 28 日(二月初十日) 约胡嗣瑗来寓与周登皞、李芬会话,周、李候时不至。

　　陈宝琛原约三时许在其寓与周登皞、李芬会话,候过四钟不至。

　　　　　　　　——《直庐日记》第 60 页

3 月 29 日(二月十一日) 溥仪静园召见。午后约周登皋、李芬商谈日本贷款事。

　　见溥杰、肖丙炎、胡嗣瑗、陈宝琛、润麟、毓崇、溥任。

　　　　　　　　——《溥仪日记全本·召见日记簿》第 272 页

　　与陈宝琛同入对,陈明致东北政委会、河北官产处各函稿,得旨:甚是;并以昨单应赏各人如何分别等差,面请进止,承交汇业银行。日经理原田致醇邸书一件,奉谕:可带下与律师等同阅之。因将廿七日开庭,该行呈请延期,我方代理律师执不可,法庭允一星期内再传各节——陈奏而退。午后回寓,谨书昨交金笺二幅讫。周登皞、李芬至陈宝琛宅,约往会话,当将高山来函可疑之处,一一指驳,语颇严切。李芬允去函诘问,俟复到再商。

　　　　　　　　——《直庐日记》第 61—62 页

3 月 31 日(二月十三日) 晚约胡嗣瑗、溥修来寓,饮罢同至小广寒观剧。

　　晚间,陈宝琛招饮,酒颇醇美。溥修自京回,同集陈宅,酒罢,过小坐,又拉往小广寒观剧。 ——《直庐日记》第 63 页

4 月 1 日(二月十四日) 与郑孝胥等在河野照相馆摄影。

　　与弢庵、仲业、琴初、仁先、友兰、楫先、大七同至河野摄影。

　　　　　　　　——《郑孝胥日记》第 4 册第 2320 页

　　午后二时,郑孝胥约同陈宝琛、陈曾寿、溥修、郑垂、夏瑞符、济煦至河野照像馆摄影。 ——《直庐日记》第 64 页

4月2日(二月十五日) 溥仪静园召见。

见溥杰、肖丙炎、胡嗣瑗、陈宝琛、吉田通译官、江崎、荣源、润麟。

————《溥仪日记全本·召见日记簿》第 273 页

济煦取官产处昨解九百零一元六角七分来,朱益藩专足送到手函一件,宝熙、袁励准分购笔墨各一色,附有清单,价共九十三元四角。午后与陈宝琛同入对。分别面进讫。 ————《直庐日记》第 65 页

4月4日(二月十七日) 郑孝胥之孙与醇亲王邸结亲,今日采礼,公未至。

闻郑孝胥之孙与醇邸结亲,本日纳采,礼节极苟简,陈宝琛未来。

————《直庐日记》第 67 页

4月5日(二月十八日) 访胡嗣瑗。

陈宝琛来。……向陈宝琛借得大帽绒领,备照一衣冠小像。

————《直庐日记》第 68、69 页

4月6日(二月十九日) 溥仪静园召见。明返京。

召见陈宝琛、郑孝胥。 ————《郑孝胥日记》第 4 册第 2321 页

陈宝琛来请假,明日回京。 ————《直庐日记》第 69 页

4月8日(二月二十一日) 清明后两日,挈家与何振岱等上午到大觉寺,游旸台山、塔院、松亭、大工等地,作七律一首,见《沧趣楼诗文集·辛未清明后二日复游旸台山南塔院松亭大工一带花开正盛》第 233 页。亦刊《辽东诗坛》1931 年第 67期,署陈弢庵。同期刊公诗"题画二首",署陈弢庵,见《沧趣楼诗文集》第 208 页。

胡嗣瑗约明晨来晤。

清明后二日,复游旸台山、南塔院、西峰寺、大工一带,盖前游所未到,仍挈家同往,花正盛开。 ————《闽县陈公宝琛年谱》第 142 页

承蕙同来,命车同深至弢老处,陈、沈、林等老幼十八人三汽车。我等一车同出西直门。十时至大觉寺食点心。辛夷花盛开,同弢老照一相,遇周息之,至后山照相,催轿至塔院、松亭、大工有宏光塔,甲子年为醇王所析。

————《何振岱日记》第 333—334 页

电话约陈宝琛,明晨往晤。 ————《直庐日记》第 74 页

4月9日(二月二十二日) 晨,胡嗣瑗来。同何振岱等广和居午宴。晚林开謩招饮丰泽园,胡嗣瑗、朱益藩、宝熙、杨锺羲同席。

弢老来,又有两客,广和居菜甚佳。弢老书一诗,谈至四时,借以某年谱三本。 ————《何振岱日记》第 334 页

晨诣陈宝琛,久坐,乃知昨往北山看杏花,尚不觉辛苦,今日始欲就克利诊

视,拟不住院也。……晚赴林开謩丰泽园之约,同座有陈宝琛、朱益藩、宝熙、杨锺羲诸公,与益藩晤谈杨崇祺案,闻宝熙颇观望,不肯出力,恐未必能了此事耳。

——《直庐日记》第 74、75 页

4 月 10 日(二月二十三日)　电话问胡嗣瑗,前日胡大工看花游事,告胡明晚回津。

陈宝琛电话问游事,一一告之;且语以明晚车回津。

——《直庐日记》第 79 页

4 月 11 日(二月二十四日)　访胡嗣瑗,示大工看花诗。访何振岱,请代为文。

叕老来,以某氏征文略二本属代为文。　——《何振岱日记》第 335 页

陈宝琛晨过久谈,示"大工看花"七律,中有句云:"地偏留得多年树,花晚捱过几夜风",可谓郁纡善感。

——《直庐日记》第 79 页

4 月 12 日(二月二十五日)　曹经沅东兴楼宴请,公首席,同座有何振岱、(李)十三、放园、学衡等;以王允晳诗稿请何整理。

纕蘅招饮东兴楼,叕老首席,其馀十三、放园、学衡等等。谈正肆,叕老复以又点诗稿授予理之。　　——《何振岱日记》第 335 页

4 月 14 日(二月二十七日)　何振岱来访,为四孙陈纮授读。

复到叕老处,值其会客。少候以章联并十元奉之,求书。又一小照,在大觉寺照者,遂归。……归为纮说书。叕老来,带所书对十字,谈顷去。

——《何振岱日记》第 336 页

4 月 17 日(二月三十日)　与何振岱同出访客并午饭。

叕老十一时始来,同车至李家一路谈张、周事。既至,客有柯、王、二溥、朱、杨。予托请客,驰往乐处,午饭后至吴处,四时归。

——《何振岱日记》第 337 页

4 月 19 日(三月初二日)　自京至津。甥刘骧业昨自日本返国。朱益藩托交胡嗣瑗一函,述杨崇祺案和解大略。傍晚胡嗣瑗来访。

陈宝琛自京回,交到朱益藩一函。言杨案商量和解大略,似须再与律师详酌也。……向晚过陈宝琛一坐。知刘骧业昨已归自日本,今晚可来津。夜往奎德社观剧,感触甚多,一时归。刘骧业来,不值。　——《直庐日记》第 96 页

何振岱为次孙陈继改文。

午后吴来,而继以两文来,即时改付之。　　——《何振岱日记》第 338 页

4 月 20 日(三月初三日)　刘骧业晨访胡嗣瑗久谈,告胡日人渡边晨亩与荣源散布流言,云上年售出清室手卷,公朋分私吞,故今年展品由渡边经手,不许刘过

问。胡、刘诣静园,与公同入见溥仪。近午赴李园春禊集饮,晚约胡到寓,与刘骧业三人小饮。

  晨起,刘骧业即来久谈。此次渡边晨亩到津,与荣源合谮之,并在外流言,略云上年售去手卷,以日币折成中币,乾没大半,与陈宝琛朋分,故今年交出展览画品,迳由渡边经手,不许骧业过问,因此近日所领画卷,未敢着手求售;又云,在东晤谢米洛夫,知其所谋似有进展之望各等语。余极意慰解之。到园后,刘骧业亦来,与陈宝琛同入见颇久。近午赴李园同社春禊集饮,到者九人,视往年萧索多矣,为之感叹。酒罢撮影,并涉园一周而归,已申初三刻。小憩,不觉睡至薄暮,乃起。陈宝琛约过其寓,与刘骧业三人小饮,纵谈比日各事,愤悒百端。夜十钟冒雨归舍。 ——《直庐日记》第97—98页

4月21日(三月初四日) 溥仪静园召见。何振岱代为作文。

  见陈宝琛、刘骧业。 ——《溥仪日记·召见日记簿》第274页

  为弢老作文。得弢老书。 ——《何振岱日记》第338页

4月22日(三月初五日) 溥仪静园召见,刘骧业同召见。

  见肖丙炎、陈宝琛、刘骧业、溥任。

     ——《溥仪日记全本·召见日记簿》第274页

  陈宝琛、刘骧业入见,骧业先退。传谕赏日本陆军大臣南次郎字一幅,命臣代书请宝,交骧业赍往日京交领。立即代写,缴进讫。宝琛退。语不肖费毓指事,似上意恐办理操切,别酿事端,云云。此次对费一再为留馀地,诚非得已,乃更虑其操切,但有愧疚而已。因请宝琛推堪始末,主持了事,非狂愚所敢与闻矣。 ——《直庐日记》第103页

4月24日(三月初七日) 溥仪手谕:追问费毓楷吞没珠串,命酌量主持。胡自请解除职务,致函托代奏,并缴纳办事处牙章。下午访胡嗣瑗,胡以函未缮毕,未见。

  近午,钦奉手谕一道,以追问费毓楷吞没珠串一事,严加诘问,颇虑根究不已,激成事端,叮咛至再。实则承办此事,自愧手段太松,并随时陈候圣裁,未敢率行当断。近两日,伏闻上意力主宽缓,已决由陈宝琛酌量主持。律师是否与费毓楷续有晤谈,均未问及。满拟入对时,将林棨前两日所述情形详晰陈达,以欠安未得宣召,突奉严谕云云,惟有悚疚。渐闻费毓楷利用荣源一味设辞恐吓,讫[其]意兼以倾不肖也,我知旨矣。若不引去,则诡变更复难穷耳。当对内侍云:如得对,自可面详;否,当具折复奏。旋传谕:毋庸具折,俟见时再说,等因。午后退归小憩,细思戚畹如此糊涂,不顾一人利害,非我即日解除

职务,无以执谗口而息狡谋。因详细草致陈宝琛一函,并封上办事处牙章,托
为代奏缴纳。下午宝琛见过,以缮函未毕,谢未之见。灯下函乃缮毕,共计十纸。

——《直庐日记》第 106—108 页

4 月 25 日(三月初八日) 胡嗣瑗遣子秉诒持函与牙章来见,并见溥仪求去。
胡闻荣源藉珠串事串通费毓楷挑除异己,逼其去职。

晨,遣儿子秉诒持函并牙章往见陈宝琛,面投得复后,允即入告。……傍
晚归,知陈宝琛退直即来过,不值,约晚间便饭,赴之,夏瑞符、郑垂同坐,溥修
期而未到。上躬仍未大安,传谕陈宝琛明日见。已将不肖原函、牙章缴上矣。
闻林棨本日到处,谓昨日费毓楷来晤,据云荣源已向上说好,不再追问珠串事;
荣源并欲自来与律师面洽,云云。棨以素与荣源未通往来,谢之。究竟是何内
容,殊不可晓也。嗟乎! 奸人勾结,后患方长,不肖纵得离差,此心岂容恝置哉?

——《直庐日记》第 108—109 页

4 月 26 日(三月初九日) 溥仪静园召见。

见肖丙炎、陈宝琛、陈曾寿、郑垂、德川义宽、大桥正次、大田万吉、桑原镰助。

——《溥仪日记全本·召见日记簿》第 275 页

志琮、溥修、李孺、夏瑞符、陈曾寿、曾矩陆续来集。诸人先去,曾寿兄弟留
后,述午前入对,以不肖离职,深系上怀,有"患难君臣,直同骨肉,万无去理,但
自愧数年相处,仍不能事事推诚,而一向进取苦心,亦未得尽为人谅"等谕,言
次至于垂泪。伏闻愈增焦悚。惟荣源藉费毓楷事,转欲为排除异己之资,狼狈
为奸,无情无理,臣再与相持,不去则若辈更不知演出何等奇闻,非特办事牵制
多端,穷于措手已也。因更与曾寿剖晰言之,相与太息不已。

——《直庐日记》第 109—111 页

4 月 27 日(三月初十日) 溥仪静园召见。傍晚传谕胡嗣瑗,明日静园候见。
夜与陈曾寿、曾矩兄弟同劝胡明日务须到静园候见。

见肖丙炎、陈曾寿、陈宝琛、郑垂。

——《溥仪日记全本·召见日记簿》第 275 页

午后,命陈姬挈忠儿出观杂剧,独坐心绪潮涌,排遣无从。强出过西湖饭
店,贺孙多巘娶儿妇,与林棨相值。据云:费毓楷昨来奔告,胡某辞差所事,少
顷即可了结等语,足见荣源与之通同一气,专以诈财朋分为事,可恨可怕。回
寓,乃知陈宝琛适见过,不值。……傍晚陈宝琛又来传谕:明日务到园候见。
夜间陈曾寿、曾矩复来,曾寿所传上旨与宝琛同,并力劝明日非出不可。因语
以日间所言,若辈窥伺百端,即出,如何应付? 曾寿拟明晨先到园入见陈之,谆

嘱随后必到。　　　　　　　　　　　　　——《直庐日记》第112—113页

4月28日（三月十一日）　溥仪静园召见，谕劝胡嗣瑗勿萌去志。

见肖丙炎、胡嗣瑗、陈曾寿、陈宝琛、郑垂、尚其英、任教习。

——《溥仪日记全本·召见日记簿》第275页

十一时到园，陈宝琛、陈曾寿已先在。同被宣入对。承谕：汝之苦心已全明白。万勿再萌去志。若真去，则群小气焰愈高，于本事亦极不可。昨已饬荣源与费毓楷明订分期交回珠串条件，俟呈上再与卿等酌定，等因。不肖一再陈明乞退苦衷，坚不见许。……陈宝琛后退下。传谕：臣与陈曾寿往留夏瑞符迟一日行，明晨来园，豫备召见。饭后，遵往瑞符寓所传旨，并为之电话告知朱益藩，传谕其家十三日（4月30日）早车乃回京。陈宝琛亦过瑞符处慰譬移时，渐窥瑞符此行一时未必来行朝矣。　　——《直庐日记》第113—116页

4月29日（三月十二日）　溥仪静园召见。与胡嗣瑗同赴日本驻津总领事桑岛主计公馆，贺日本天皇生日。

见肖丙炎、胡嗣瑗、陈曾寿、陈宝琛、郑垂、夏瑞符。

——《溥仪日记全本·召见日记簿》第275页

到园较早，独坐温《孟子》两篇。陈曾寿、陈宝琛先后来，同入见，承谕：荣源与费毓楷所订条件尚未呈上，急急遂下，同宝琛赴日本总领事桑岛主计公馆，贺其天皇天长节，主人敬酒点，略谈即出。——《直庐日记》第116—117页

4月30日（三月十三日）　溥仪静园召见。园中转北京电话，胡嗣瑗来告耆龄病故，同深感怆。

见肖丙炎、胡嗣瑗、陈曾寿、陈宝琛、鲁郁彤、任教习、郭欧、熙克仁、普路莫、袁大化、林开暮。　　——《溥仪日记全本·召见日记簿》第275页

下午得园中转来北京电话，耆龄本日午刻病故，更为悲咤百端。即过陈宝琛告之，同深感怆。　　　　　　　　　　　　——《直庐日记》第124页

5月1日（三月十四日）　午后赶赴浙江义园祭张佩纶侄张人骏，到时灵柩适出大门。

中饭后赴浙江义园祭张文贞公，送祭席一桌。文贞及长公子伯讷京卿并长孙妇灵柩共三具，均于两钟许起运，至东站上车。公子允恺、允靖、公孙象昱均来津料理一切。余候送启行后乃归。在义园晤华世奎谈颇久，陈宝琛于文贞柩出大门时适赶到，垂涕目送，不后不先，亦可异也。

——《直庐日记》第125页

5月2日（三月十五日）　溥仪静园召见。与袁大化、陈曾寿、林开暮同观赏清

宫藏唐玄宗及宋人墨迹卷子。

奉传宣，六钟到园。传膳，蒙赏观唐玄宗、欧阳修、司马光、陆游诸人墨迹卷子，袁大化、陈宝琛、陈曾寿、林开謩同坐，八钟退下。

——《直庐日记》第 127—128 页

5 月 4 日（三月十七日）　访胡嗣瑗。

陈宝琛来，未饭即去。溥修请假回京。陈曾寿写示《春尽日赋落花简自玉黾主人》一首，可谓深情若揭。坐雨无事，次均和之。

次韵苍虬春尽日赋落花见简一首　　　　胡嗣瑗

可堪茵溷听悠悠，无尽芳心但贮愁。劫算玉尘须有数，泪酬筝语竟谁由。思量客去空高阁，隐约家居近御沟，许醉霜红秋更好，未应恨逐海西流。

原　　作　　　　陈曾寿

风信番番付谬悠，闲庭开落只供愁。亦知轻命难酬顾，可奈同心不自由。梦里楼台存息壤，尊前涕笑此鸿沟。落红一片犹难惜，才尽蓬山第一流。

——《直庐日记》第 130—132 页

5 月 5 日（三月十八日）　作"次韵仁先春尽日赋落花诗"并示胡嗣瑗。诗见《沧趣楼诗文集》第 233 页，陈曾寿诗见 5 月 4 日条。

陈仁先有春尽日落花诗，公次韵和之。

——《闽县陈公宝琛年谱》第 769 页

陈宝琛写示《春尽日落花和均》一律，几于变徵亡音。

——《直庐日记》第 138 页（5 月 6 日）

5 月 7 日（三月二十日）　入静园请假。胡嗣瑗以清室赏夏瑞符银一千元，托到京转交夏。

陈宝琛入见请假，明日赴京。回寓后，蒙派内侍颁赏臣银币一千元，又赏夏瑞符，与臣同，即交臣转发瑞符祗领。……作与夏瑞符函，并封赏款费过陈宝琛，托其便交。

——《直庐日记》第 142—143 页

5 月 8 日（三月二十一日）　自津返京。

郑孝胥父子自上海回京。陈宝琛入京。　　——《直庐日记》第 146 页

5 月 9 日（三月二十二日）　晨以马车接何振岱来寓，林开謩、次贡在座。晚何为公次孙陈继、四孙陈纮授课。

早殁老以马车来接，贻书在座，少顷次贡亦来，谈至十二时辞出，至启宇寓，不值。出过次贡家。……晚为陈二生说书。　　——《何振岱日记》第 344 页

5 月 12 日（三月二十五日）　派车接何振岱来寓，商榷所作；同到崇效寺看花。

返至广和居,林开誉作东。何为陈纮授课。饭后回寓。

题画后,欲同岚君看牡丹,而弢老之马车来,遂往看所为文。揖予命商榷之。食面后同到崇效寺,林、董已先至。楸花盛开,牡丹才馀二分。然寺中之意较公园佳甚。复看智朴上人之《青松红杏图》,盖盘山风物也。返至广和居,贻书作东。午饭后同返之灵境,遇启宇,又同行至南池子分去。……而纮已在,为说书,改一词,晚饭畴来。 ——《何振岱日记》第 345 页

5 月 13 日(三月二十六日) 午前途遇何振岱,马车送归;下午访何。致函李宣龚。

(午前)赴华师,遇于途,折回,遇弢老,马车送予归。(午后)弢老来谈,既去,予同岚君之公园,欲看灯。 ——《何振岱日记》第 345 页

致 李 宣 龚
陈宝琛

碧栖遗著经梅生、仁先删定,间有讹字不得原本,无从校正。望足下再为细勘。板式标题诸希酌定。复儿当能面详一切。即颂拔可同年着祉。宝琛顿首[1],三月廿六日。 ——《历史文献·陈宝琛遗墨》第 16 辑第 98 页

[1] 王允晳于 1930 年闰六月去世。此函当作于 1931 年三月廿六日

5 月 14 日(三月二十七日) 在李宣偶家午宴,与王式通同作东,到者有何振岱,宝熙,陈叔通、汉第兄弟。

午前欲雨,到李十三家,王式通同作东,集者弢老、宝熙、叔通、仲恕以海棠画轴送李家。饭后予乘仲恕马车到其家,所栽月季绝佳,赠予六朵,带归。

——《何振岱日记》第 346 页

5 月 15 日(三月二十八日) 何振岱为整理文字至晚;孙纮、继至何寓受课。何至公寓晚饭。

为弢老调一文字至晚。……纮来受业;继来,改四诗。予自录文毕,赴弢老处晚饭,谈至十时归行至公园始有车。 ——《何振岱日记》第 346 页

5 月 19 日(四月初三日) 《中华画报》1931 年第 1 卷第 13 期,刊"陈宝琛先生扇面"。

5 月 21 日(四月初五日) 自京至津。赠胡嗣瑗《澂秋馆吉金图》。

夜归,知陈宝琛自京回。……得陈宝琛赠所印《澂秋馆吉金图》一部,计二册,皆其家藏器云。 ——《直庐日记》第 178—179 页

5 月 22 日(四月初六日) 与胡嗣瑗同诣静园觐见溥仪,入对未毕,日本前文部大臣水野铼太郎等来。胡叠韵公落花诗答陈曾寿。

陈宝琛来,同入对。……奏对未毕,适日本前文部大臣水野铼太郎、议员

守屋荣夫、横山助成由日领馆带领来见,匆匆先退,陈宝琛留侍。……宝琛退下,传知日使馆所寄手卷尚未到。　　　　　　　——《直庐日记》第 179—180 页

5 月 23 日(四月初七日)　胡嗣瑗抄叠韵"落花"诗,赠答陈曾寿。

(抄)叠落花韵答君任见怀之作

非仙非侠两悠悠,易送妍华伫费愁。绝世妆梳馀想像,斜阳巷陌几经由。难寻旧姓缯彤史,賸写廻肠过白沟。簪髻何来人第一,微吟正字压才流。

　　　　　　　　　　——《直庐日记》第 184—185 页

5 月 24 日(四月初八日)　访胡嗣瑗,胡闻郑孝胥言,杜月笙托代表来静园,进呈康、乾两帝御制诗文集,求赐杜氏宗祠匾额,进书溥仪赏收,郑孝胥为之先容,胡以为干求非分,公亦大为诧异。

到园,闻郑孝胥言:陈增荣将自充杜月笙代表,本日来园请安,进呈《圣祖御制诗文集》全部、《高宗御制诗文集》四套,意在为杜月笙求宗祠扁也,云云。此辈因缘干求非分。窃不谓然。增荣旋来,孝胥为之先容,得蒙召对,进书赏收。陈宝琛来,知之,亦大诧,而无可如何。　　——《直庐日记》第 185—186 页

5 月 25 日(四月初九日)　晚,赴萧丙炎招饮,与胡嗣瑗同车归。

晚间萧丙炎招饮,九钟半与陈宝琛同车归。　　——《直庐日记》第 188 页

5 月 27 日(四月十一日)　溥仪静园召见。

见肖丙炎、陈宝琛。　　　——《溥仪日记全本·召见日记簿》第 277 页

5 月 28 日(四月十二日)　胡嗣瑗奉旨拟杜祠题词。晚寓中宴请温肃、李孺、杨寿枏、周学渊、陈曾寿、郑孝胥等。

遵拟杜祠扁字,奉旨圈定"耀此声香",即函知朱益藩代写。……因陈杜某求扁不敢苟同之所以然,遂及刘承幹本年五十生日如出特恩,诚为异数,论其资格、年岁亦非臣下所能擅请。得旨:昨据陈宝琛言可予一扁,即拟字来,可也。

　　　　　　　　　　——《直庐日记》第 192 页

5 月 29 日(四月十三日)　约郑孝胥、胡嗣瑗、温肃等寓中晚饭。

弢庵约晚饭。　　　　　——《郑孝胥日记》第 4 册第 2327 页

晚间为太高祖考生辰摆供,集饮陈宝琛宅,温肃、李孺、杨寿枏、周学渊、陈曾寿、郑孝胥、萧丙炎同坐。夜九钟散归。　　——《直庐日记》第 198 页

5 月 31 日(四月十五日)　陈曾寿宅诗钟吟集。胡嗣瑗得公细书扇面。

下午至陈曾寿宅钟集,余写扇二叶备奖。头一次曲情六唱,第二次节仙七唱。积分以余为最多,得陈宝琛细书扇面。归已十二时半矣。

　　　　　　　　　　——《直庐日记》第 201 页

6月2日(四月十七日) 陈曾寿宅诗钟吟集。

约陈宝琛诸人十九在陈曾寿宅钟集,购扇面数页,觅人书画以为奖品。

——《直庐日记》第 204 页

6月5日(四月二十日) 与郑孝胥共宴罗振玉、温肃、万绳栻等于东兴楼。

与弢庵共宴叔蕴、毅夫、公雨、默园、笠士、楫先于东兴楼。

——《郑孝胥日记》第 4 册第 2328 页

6月7日(四月二十二日) 溥仪静园召见。

午后与陈曾寿先退直,时陈宝琛当在处[1]候见也。

——《直庐日记》第 212 页

[1] 处:清室天津办事处(承办事务处)。

6月8日(四月二十三日) 派人问胡嗣瑗疾。

陈宝琛派人来问疾。 ——《直庐日记》第 212 页

6月9日(四月二十四日) 溥仪静园召见。访胡嗣瑗。

见肖丙炎、陈宝琛、广寿、爵善。

——《溥仪日记全本·召见日记簿》第 278 页

趋直,乃知陈宝琛昨亦未到。……陈宝琛来见。

——《直庐日记》第 214、215 页

6月10日(四月二十五日) 溥仪静园召见,公未到。

与陈曾寿同入对。……陈宝琛未来。 ——《直庐日记》第 217、219 页

6月13日(四月二十八日) 溥仪静园召见。

见肖丙炎、陈曾寿、陈宝琛、后藤副领事、最上政三、官泽乱勇、佐藤谦之辅、多田满长、冈田春夫、武谷甚太郎。

——《溥仪日记全本·召见日记簿》第 278 页

为女向胡嗣瑗索书条幅。午后杨树楠宅诗钟吟集。

陈宝琛女公子索书条幅,黄同武求书屏幅,分交陈宝琛、陈曾寿代收讫。午后……至杨树楠宅诗钟之会,四钟后客始到齐。拈题密桑三唱、北门四唱,晚饭后十一时乃毕,积分余第三、陈宝琛第一、温肃第二,余得书三种、拓片一件。

——《直庐日记》第 223 页

6月14日(四月廿九日) 溥仪静园召见。请假,明日入京。

见肖丙炎、陈宝琛、张溙。 ——《溥仪日记全本·召见日记簿》第 278 页

弢庵来,明日入京。 ——《郑孝胥日记》第 4 册第 2329 页

陈宝琛请假,明日入京。奉交赏朱益藩银五百元,即托陈宝琛带去。……午后回

寓,赶撰溥偁挽联,即以竹布书之,封托陈宝琛便寄。

——《直庐日记》第 224—225 页

6 月 15 日（四月三十日）　自津至京。

陈宝琛入京。 ——《直庐日记》第 227 页

四月　陈曾寿为作苍松折扇面。

陈曾寿《苍松折扇面》题识:"羧庵年伯大人诲正,辛未夏四月,愚侄陈曾寿。" ——《摇曳丹青》第 99 页

6 月 16 日（五月初一日）　上午何振岱来访。

九时到羧老处,羧老方偃卧,遽起,示予顾锡爵文,似不知文者之所为,谈陈伯陶诗有夸张处,又言某老为寿赞之非体例,云某某之罪在必诛之列。

——《何振岱日记》第 355—356 页

6 月 21 日（五月初六日）　佟济煦面缴清室办事处吉林解款馀款三百元。午与何振岱同赴李宣偁宴,李宣龚同席,晚与何同赴曹经沅席。

济煦交所提吉林解款来,入对面缴。接承办处函复汇款九百收到,奕元等系各赏一百元,去款多出三百元,即交陈宝琛带回等因,即呈览。

——《直庐日记》第 236—237 页

雨,午赴李席,拔可来。同羧老车归至我家。晚赴广和居出衡席。

——《何振岱日记》第 356 页

6 月 22 日（五月初七日）　广和居公请李宣龚。

西城广和居公请拔可。予述正谊书院事,不觉过言。同羧老至巷口。

——《何振岱日记》第 357 页

6 月 23 日（五月初八日）　自京赴津。何振岱送至东站。

午后四时至东站送羧老。 ——《何振岱日记》第 357 页

6 月 24 日（五月初九日）　溥仪静园召见。午后与胡嗣瑗同访温肃。

见肖丙炎、胡嗣瑗、陈宝琛。——《溥仪日记全本·召见日记簿》第 279 页
陈宝琛自京回,交到戴涛等缴还多领三百元,一同入对缴讫。……午后同陈宝琛访温肃,以所书各件交收。 ——《直庐日记》第 240—241 页

6 月 25 日（五月初十日）　昨交胡嗣瑗《陈衍年谱》一部。

昨由陈宝琛交到《陈衍年谱》一部,无端诬搆之事,连篇不休,亦可谓怪物矣。……为陈宝琛书便面,备明日钟集奖品。——《直庐日记》第 242—243 页

6 月 26 日（五月十一日）　溥仪静园召见。约胡嗣瑗等午后诗钟吟集。

· 861 ·

见肖丙炎、郑孝胥、陈宝琛、郑垂、哲进森、鄂(欧)登科。

——《溥仪日记全本·召见日记簿》第 280 页

下午陈宝琛约为诗钟之会,拈题三唱,至饭后十二时半乃毕。余书扇为陈宝琛所得,积分则陈曾寿第一也。 ——《直庐日记》第 244 页

6 月 27 日(五月十二日) 溥仪静园召见。与胡嗣瑗、温肃、章梫陪溥仪午膳,各得赏玉佩。杨树达呈所著书,为书楹帖:"能言奇字世已少,屡获新篇喜可涯。"

见肖丙炎、郑孝胥、胡嗣瑗、陈曾寿、陈宝琛、温肃、章梫。

——《溥仪日记全本·召见日记簿》第 280 页

温肃、章梫来,与陈宝琛同陪上午膳,两人各得赏玉珮。……晚间,词社一百集,在杨树枬宅,外请陈宝琛、陈止存诸人,郭则沄以与陈宝琛避面不至,且从臾,社中人多不至,亦大可叹。作诗钟一唱乃散。 ——《直庐日记》第 248 页

陈弢庵先生为余书楹帖来。句云"能言奇字世已少,屡获新篇喜可涯"。余曾以所著书呈先生,故下语云然也。 ——《积微堂回忆录》第 57 页

6 月 28 日(五月十三日) 晚与郑孝胥、胡嗣瑗、陈曾寿共宴载涛、溥忻于东兴楼。陈曾寿有诗。

与弢庵、琴初、仁先共宴涛贝勒、忻贝子于东兴楼。

——《郑孝胥日记》第 4 册第 2331 页

晚间与陈宝琛、郑孝胥、陈曾寿同作主人,请戴涛、溥忻饭于东兴楼。

——《直庐日记》第 248—249 页

五月十三日同弢庵年丈苏堪憻仲酒集 陈曾寿

因循果决失原齐,惭愧钧天梦未迷。万有一疏诚死罪,本难自信况天憪。贯轮终欲师飞卫,守树何曾负跛奚。岁月惊心三五过,衔杯安得醉如泥?

——《苍虬阁诗集》第 205—206 页

6 月 30 日(五月十五日) 胡嗣瑗来访,招张志潜晚饭。

下午过陈宝琛宅,招陪张志潜晚饭。以任凤苞乞周伟画扇面,并润笔十元交陈曾寿代收讫,曾寿面交所画山水、便函,即求陈宝琛书所作诗。

——《直庐日记》第 253 页

7 月 1 日(五月十六日) 书扇面,录自作七古诗。

陈宝琛写昨扇交来,作蝇头细书,录自作七古长篇,致为难得。

——《直庐日记》第 254 页

7 月 2 日(五月十七日) 请假。长媳邵氏(懋复夫人、邵积诚女)在福州去世,胡嗣瑗前来慰问。

陈宝琛请假。闻其长子妇在籍新逝。……饭后退直,诣陈宝琛慰问。……曾寿热退,病已好十之六七,出批点陈宝琛诗稿,属再翻阅一过。

——《直庐日记》第 255、256 页

7 月 3 日(五月十八日)　销假。郑孝胥来慰唁。

过弢庵,方丧其冢妇。　　　　　　——《郑孝胥日记》第 4 册第 2331 页

陈宝琛销假。　　　　　　　　　　　　　——《直庐日记》第 256 页

7 月 7 日(五月二十二日)　大雨,未入直。

冒大雨入直,陈宝琛未来。　　　　　　　——《直庐日记》第 260 页

7 月 9 日(五月二十四日)　代人向胡嗣瑗索书。

陈宝琛代人索书便面四分之一,送润笔五元,即为写之。……夜坐成五月十三饮酒一诗。

(抄)五月十三日同弢龛太傅苏戡少府仁先侍郎饮集赋呈三公

胡嗣瑗

白日昭昭十五期,主恩犹许共流离。几人赍志天难信,此举无名国当疑。抶败孰穷囊成智,偷生还忍剑头炊。心摧骨折都何补,满目山河尽一吷。

——《直庐日记》第 263—264 页

7 月 13 日(五月二十八日)　溥仪静园召见。访胡嗣瑗。

见肖丙炎、郑孝胥、陈宝琛。　——《溥仪日记全本·召见日记簿》第 281 页

陈宝琛来见。　　　　　　　　　　　　——《直庐日记》第 268 页

五月　《国立北平图书馆馆刊》第 5 卷第 3 期"新书介绍"介绍《澂秋馆吉金图》[1]。署陈宝琛家藏,孙壮编次。

[1]《澂秋馆吉金图》1927 年上海商务印书馆出版。

7 月 15 日(六月初一日)　代人向胡嗣瑗索书。

陈宝琛为人索写便面二件,致润十元,即写交讫。

——《直庐日记》第 272 页

7 月 16 日(六月初二日)　示五月十三日饮集诗。诗《沧趣楼诗文集》未见。

陈宝琛写示十三日饮集诗,手缮张宗昌,蒙赐答墨敕,即呈览钤宝交下。

——《直庐日记》第 272 页

7 月 17 日(六月初三日)　胡嗣瑗代写字幅赏赐英司令,公与陈曾寿,各为其写五月十三日诗[1]。

承谕,英司令牛进回国在即,即代写字幅赏之,遵备绢写唐人五律一首缴进讫。午后回寓,因以便面索陈宝琛、陈曾寿各写五月十三七律;当有馀地,录

863

鄙作于后。 ——《直庐日记》第 274 页

[1]五月十三日、六月初二日《直庐日记》均记载本年竹醉日诗,《沧趣楼诗文集》未见。

7 月 20 日(六月初六日) 与胡嗣瑗同至陈曾寿宅探其子病。

陈曾寿以其子发病,请假一日。……午后同陈宝琛至陈曾寿家,视其子病已渐平复。兼晤徐仁钊。 ——《直庐日记》第 276—277 页

7 月 21 日(六月初七日) 代人向胡嗣瑗索书。

陈宝琛为人索书便面三,致润十五元,即为写成两件。

——《直庐日记》第 277 页

7 月 22 日(六月初八日) 胡嗣瑗交所写扇面一页。

午后回寓,暍甚,强写扇面一页,即并昨书两页,送交陈宝琛讫。

——《直庐日记》第 278 页

7 月 23 日(六月初九日) 溥杰自日本归。晚访胡嗣瑗,拟明日往北戴河避暑。

闻溥杰本日归自日本,船抵塘沽,改乘火车,下午一两点钟可到,闻到时醇邸来会。傍晚陈宝琛亦来见,有明日赴北戴河避暑说。

——《直庐日记》第 280 页

7 月 24 日(六月初十日) 访胡嗣瑗,北戴河计划避暑作罢。交胡溥儒画山水册,代为索题。

陈宝琛来,以战耗颇亟,车路恐有阻滞,北戴河之行作罢。……陈宝琛交溥儒画山水册,代为索题。

题心畬王孙山水画册
胡嗣瑗

孤啸能回万壑哀,西山一往费诗才。谁知绝代丹青手,更写天荒地变来。
鲸帆万里试乘风,一嶂平收指顾中。为遣天骄识鸑鸾,奇情挥吐海云红。

——《直庐日记》第 281—282 页

7 月 25 日(六月十一日) 溥仪静园召见。

见溥杰、肖丙炎、胡嗣瑗、陈宝琛。

——《溥仪日记全本·召见日记簿》第 282 页

饭后同陈宝琛入对。 ——《直庐日记》第 283 页

7 月 28 日(六月十四日) 请假回京。

陈宝琛来请假,本日晚车回京避暑。力劝晚车太热,不如早车或夜车较好,不能从也。 ——《直庐日记》第 286—287 页

7 月 29 日(六月十五日) 在京。何振岱来访。

八时至叕老处，叕老已上车，见予至，遂下，云正欲往予家，遂入谈子有事，又及文直事，而萨又植来，宰平来，梅南、希民来，予遂去。

——《何振岱日记》第 363 页

7 月 30 日（六月十六日） 访何振岱。

九时叕老来谈□士旧事。 ——《何振岱日记》第 364 页

8 月 3 日（六月二十日） 访何振岱，以周家禄诗稿示何。

叕老来两次，以周家禄诗稿见示。 ——《何振岱日记》第 364 页

8 月 7 日（六月二十四日） 胡嗣瑗接本日来函。

归寓，接陈宝琛本日京函，附到刘骧业日本书。 ——《直庐日记》第 301 页

8 月 8 日（六月二十五日） 接何振岱至东兴楼，吴氏宴请。何归寓为孙陈纮授课。胡嗣瑗向溥仪陈述公函各节。

午刻叕老以马车由东兴楼来接，吴氏请酒，客五人。予言有忿时之意，既不悔之。《易》云："礼有恭"，此后常记此两句。至秀处教琴。归，高稔来催寿文。甲孙说书。 ——《何振岱日记》第 365 页

入对，陈明陈宝琛来函各节，并请早日筹拨东陵六月应领各款，俾宝铭有可着手。得旨：甚是。 ——《直庐日记》第 301 页

8 月 10 日（六月二十七日） 何振岱来访。

早到叕老处，看朱寿所著笔记。 ——《何振岱日记》第 366 页

8 月 13 日（六月三十日） 昨返津，今销假。溥仪静园召见。夜郑孝胥来访。何振岱为陈纮授课。

见溥杰、肖丙炎、陈宝琛。 ——《溥仪日记全本·召见日记簿》第 283 页
夜，过叕庵。 ——《郑孝胥日记》第 4 册第 2335 页
陈宝琛昨夕自京回，今日销假。写昨诗[1] 就质宝琛，宝琛亦写新作见示。
（抄）六月二十一日集栖楼为欧阳文忠公生日感赋（略）。

——《直庐日记》第 309 页

[1] 昨诗：《欧公生日七古一首凡二十韵》，见《直庐日记》8 月 12 日。

纮来受书。 ——《何振岱日记》第 366 页

六月 为美国哈佛大学哈佛燕京图书馆书楹联："文明新旧能相益，心理东西本自同"；横匾"学者山渊"，均未署款。前者今仍悬于聚会厅（Common Room），后者悬于阅览室。

8 月 14 日（七月初一日） 何振岱得来信。

叕老寄一书来。 ——《何振岱日记》第 366 页

8 月 15 日(七月初二日) 在胡嗣瑗宅写陈曾寿诗稿。

陈宝琛在余书案为陈曾寿写诗篇,遂未事事。 ——《直庐日记》第 313 页

8 月 16 日(七月初三日) 晚东兴楼宴请载涛、溥杰,郑孝胥、胡嗣瑗作陪,公婿林炳章子[1]自法国回归,在坐。

弢庵约至东兴楼晚饭,晤林惠亭之子,字孟公,初自巴黎归。

——《郑孝胥日记》第 4 册第 2335 页

七钟,赴东兴楼,因陈宝琛招饮,陪溥杰也。 ——《直庐日记》第 315 页

[1] 林炳章子:林崇塘,见前。

8 月 18 日(七月初五日) 刘骧业自日本归,云日本"有利用(溥仪)之意",郑孝胥父子一味高兴。胡嗣瑗意需谨慎。

刘骧业归自日本,昨夕由北京来,……又言客儿近事,似东邻有利用意,或可有所举动,亦未可知。但彼人直云一切皆为我忙,有倭将某某不日可来接洽等语。余意此事宜迎宜拒,关系甚大,非预先通盘计划,临时必不能因应适宜,来将是否代表其政府行为尤不可不加审度。倘贸贸然落其掌握,则后患真有有不能言、不忍言者。郑孝胥父子对此一味高兴,却是可忧耳。

——《直庐日记》第 317—318 页

8 月 19 日(七月初六日) 访胡嗣瑗。

陈宝琛来见。 ——《直庐日记》第 320 页

8 月 20 日(七月初七日) 胡嗣瑗为公长妹伯芬[1]七十寿辰代向溥仪求赐匾。

[1] 长妹:适刘鸿寿(字布溪、步溪),刘骧业母。《刘氏妹七十寿序》云:"上在宫中时,尝亲作'女有士行'榜书以旌其贤。近以骧甥与负羁继,新有御书'能劳有继'扁额之赐。"见《沧趣楼诗文集》第 374 页。

因陈明章棪来函为刘锦藻本年七十生日乞恩,郭则沄进《殿本五经》一部、《朱子全书》一部,亦因本年五十生日,乞为代求褒赏。又陈宝琛胞妹、刘骧业之母本年七十生日,可否一体推恩,均候进止。得旨:可,均赏匾额各一方,郭则沄书赏收。……陈宝琛、刘骧业来,未见。 ——《直庐日记》第 322—323 页

8 月 21 日(七月初八日) 长妹刘氏匾额由胡嗣瑗拟,溥仪圈定,赏"能劳有继"匾一方,朱益藩代写。

拟刘骧业之母扁字,蒙圈"能劳有继";刘锦藻扁字,蒙圈"凤池耆硕";郭则沄扁字,蒙圈"德颂清芬"。即函致朱益藩代写寄津,请宝发领,付邮快递。

——《直庐日记》第 324 页

8 月 22 日(七月初九日) 溥仪静园召见。访郑孝胥,郑作"刘母七十寿诗"。

胡嗣瑗、陈曾寿在东兴楼公请溥杰，公等作陪。

  见溥杰、肖丙炎、郑孝胥、陈宝琛、郑垂、徐良、江亢虎。

        ——《溥仪日记全本·召见日记簿》第 284 页

  召对，赐观纯皇帝临《怀素千文》及行书《贤首经》，作《刘母七十寿诗》，乃午原之母，彧庵之妹。彧老来。   ——《郑孝胥日记》第 4 册第 2336 页

  郑孝胥、郑垂昨归自京，今日销假，均见；陈宝琛来见。……晚间与陈曾寿公请溥杰，约陈宝琛、郑孝胥、志琮、万绳栻、郑垂、万嘉鹏、周伟诸人作陪，借座东兴楼，共费二十四元七角。   ——《直庐日记》第 326 页

8 月 23 日（七月初十日） 傍晚约胡嗣瑗来商榷所作"刘氏妹七十寿序"，见《沧趣楼诗文集》第 373—375 页。

  闻前交下书画簿可免开送衡永等收阅，盖陈宝琛昨日有所献替也。……余傍晚回寓陈宝琛又约过一谈，以所作刘母七十寿言见商，词义简重，信非时手所能也。   ——《直庐日记》第 328 页

8 月 24 日（七月十一日） 胡嗣瑗为公长妹作祝寿诗。

  作刘母陈太夫人七十寿诗。   ——《直庐日记》第 329 页

8 月 25 日（七月十二日） 胡嗣瑗送公妹刘氏寿幛、寿诗，托寄北京。

  送刘母寿幛、寿诗条，托陈宝琛寄京。   ——《直庐日记》第 333 页

8 月 26 日（七月十三日） 溥仪为前一日淑妃文绣出走事郁怒于怀，入静园慰解。

  到园，与郑孝胥详说淑妃[1]事利害，应付苟不得法，必至横生枝节，更难收拾，渠亦颇领悟，不似昨日之颠顶矣。闻入见，颇有责难，而上怀郁怒，仍未能解。陈宝琛来见，闻亦不得要领。……午后三时乃退直。接朱益藩快函，附刘陈夫人、刘锦藻扁额各一方，刘母扁即请宝封交陈宝琛代领。

        ——《直庐日记》第 333—335 页

  [1]淑妃，额尔德特·文绣，蒙古族，满洲鄂尔德特氏，端恭女，1922 年入选皇妃。1931 年 8 月 25 日借口外出散心，随带一名太监，往国民饭店。聘请律师，要求与溥仪离婚，经过双方律师两月磋商，签订和解议案：一、自立约起，双方完全脱离关系；二、溥仪付给文绣 5.5 万元终身生活费；三、允许文绣带走常用衣物和用品；四、文绣返回母亲家居住永不再嫁；五、双方互不损害名誉；六、文绣撤回诉状，今后不得再提出诉讼。其时旧历九月十三日。至此，文绣获得自由。

8 月 27 日（七月十四日） 晚，自津返京。与郑孝胥、胡嗣瑗商议溥仪与淑妃离婚事。

  为余生日，晨起，向祖先位前行礼毕，即趋直。郑孝胥云：昨夕林棨等至

其寓,告以接洽情形,因思彼所要求另住,给以用度,每月驾临若干次各节,尽可一一承认,彼当无可再说,我辈当担任行之,如不合上意,即自请惩处,亦所甘愿,已命郑垂电告林榮等照允等语。鄙意所见亦自有理,但答应何可过于容易,宜分出步骤,方免别生支节。陈宝琛意与余同,旋入对,陈明律师接洽经过大略,并郑孝胥所说电知林榮允许彼方所提条件。……退下,见郑垂在处与陈宝琛对谈,大有握拳透爪之势。……陈太傅本日晚车入京,托致朱益藩一函。

——《直庐日记》第 336—340 页

与弢庵、琴初议淑妃事,皆以允其给宅别居为收束之良策。《大公报》记行在捐产充赈之举,印屋图于左,且曰:"天下谁能继者!"

——《郑孝胥日记》第 4 册第 2337 页

8 月 28 日(七月十五日)　访何振岱,谈妹婿刘鸿寿事。

弢老来谈步溪事。　　　　　　　　　　——《何振岱日记》第 369 页

8 月 29 日(七月十六日)　胡嗣瑗接今日快函,告朱益藩拟请太妃赴津解纷,胡即电告朱"所拟缓行"。

到园……入对,一一陈明。得旨:至万不得已时只可听其成讼。承交阅京中尹小阮来函,附到通讯稿,稿内已知淑妃索款五十万之说,尹某表示关切,意在抽丰。蒙谕:可酌复,告以经过实情,所需有款即寄。接陈宝琛本日快函,谓朱益藩拟请太妃莅津解纷,但见报彼索五十万,与在津所闻迥殊,近状如何,得信即电朱决进止。立由电话告知益藩,彼方态度不妙,所拟缓行。旋详致陈宝琛、朱益藩共一函,又手复尹小阮函,均交邮快递。

——《直庐日记》第 345—346 页

朱益藩提出让荣惠和敬懿两太妃去津调解之议未被采纳。

——《末代帝师朱益藩》第 66 页

8 月 30 日(七月十七日)　何振岱来访。

至灵境看弢老所作刘文[1],爱其[2]送龙眼膏一罐。

——《何振岱日记》第 370 页

[1]"刘氏妹七十寿序",文见《沧趣楼诗文集》第 373—375 页。

[2]爱其:刘骧业字。见前。刘鸿寿子。

8 月 31 日(七月十八日)　致胡嗣瑗函,附有关东陵盗墓案文稿。

入直,接陈宝琛函,附周仁寿书,抄寄唐文治等为昭西陵被发案呈张学良、于学忠、王树常公文稿,请其从严缉究,并修复已毁工程。

——《直庐日记》第 350 页

《申报》报道"樊樊山先生之最后遗作"

　　恩施樊山先生增祥,为一代宗匠,主持骚坛数十年,不幸以中风疾殂,享寿八十有六。先生生平所为诗,除已刊省外,有二万馀首之多。其最后遗作,实为客冬所作之丹青影歌,为齐白石、林实馨两画师赋。……先生在客岁重阳日,曾应曹经沅约赴天津登高,到律徒。陈弢庵、夏寿田诸先生以先生年高。为之登报增加直例,有樊尚书语。清室忽函各报,声明伪冒,先生郁郁不乐者累日。而其最钟爱之孙女又撄病夭折,先生痛之。自此胃纳顿减,思想亦趋悲观。未几,又跌伤足,愈而复跌。然犹不废吟咏。后罹中风不语症,医药罔效,遂溘然长逝。即以不语,故无遗嘱。而最后遗作、丹青则中风不语前淹滞病榻时所作也。

——《申报》1931 年 8 月 31 日

9 月 1 日(七月十九日)　胡嗣瑷复函。

　　到直庐,手复陈太傅函,请其径答周仁寿转致唐文治诸人表示慰谢。

——《直庐日记》第 353 页

9 月 5 日(七月二十三日)　胡嗣瑷接自京来信。

　　接陈宝琛京信,属代拟复周仁寿函。　　　——《直庐日记》第 370 页

9 月 6 日(七月二十四日)　林志钧广和饭庄宴请。曹经沅复请至丰润园。

　　午就宰平之约于广和饭庄。予先至,弢老亦至,视予以荀生所作。纕蘅复请同弢老至丰泽园。　　　——《何振岱日记》第 371 页

9 月 7 日(七月二十五日)　何振岱来访。

　　改文自抄毕,送弢老处缴。　　　——《何振岱日记》第 371 页

9 月 8 日(七月二十六日)　昨夕自京至津,与胡嗣瑷详谈近事,出示致刘骧业所得三电,催公赴东北。刘意持慎重;胡认为"极是"。午后载涛等往见淑妃商谈,公与胡嗣瑷在静园候载涛谈毕始归。

　　昨夕陈宝琛归自京来,与谈连日近事,说话极多,出示刘骧业所得日人某奉天、大连三电,趣其前往。刘意持重,极是。郑垂请假,明日入京。午刻载涛、广寿、爵善自京来,又与详述交涉情形。当约林棨、林廷琛到处定明两钟许往见淑妃,届时二林陪三公先至张士骏宅,同行抵法人庞纳富所。淑妃一人出见,律师相率退出,坐谈约五刻馀。余与陈宝琛在直庐候至五钟,涛邸等五人方回。据云,淑妃见时痛哭,历述宫中苦境。　　——《直庐日记》第 379—380 页

9 月 9 日(七月二十七日)　溥仪静园召见。

　　见肖丙炎、郑孝胥、胡嗣瑷、陈曾寿、陈宝琛、张学骏、载涛、广寿、爵善。

——《溥仪日记全本·召见日记簿》第 287 页

9月11日（七月二十九日） 以所作林葆恒文寄示何振岱。

弢老寄所为子有文来看。 ——《何振岱日记》第372页

七月 商务印书馆印行《陈弢庵先生小楷扇集》。《扇集》收录团扇、折扇面共九件。前言："陈宝琛字伯潜，号弢庵，福建闽县人，同治戊辰进士。官内阁学士。里居三十馀年，复起为内廷师傅。平生风节文章照耀海内。书法逼真初唐，得褚河南、薛少保神髓。现年八十有四，尚能作蝇头细楷。得者珍之。此便面一册，为先生书与德配王夫人者。夫人为王文勤公孙女，可庄殿撰女兄，能诗工书。平日与先生极唱随之乐云。"

9月12日（八月初一日） 日本有迎溥仪返东北之说，胡嗣瑗以为先探明日方真相，再定行止。

志琮来，言昨见张鸣岐，谓闻某国人有迎驾还乡之说，语似有因，宜注意。

——《直庐日记》第397—398页

何振岱复函。

午后写复弢老信。 ——《何振岱日记》第372页

9月13日（八月初二日） 溥仪静园召见。淑妃事，胡嗣瑗云："志琮（淑妃胞兄）所言最宜措意，所谓无谋人之心，而使人疑之，尤危道也。"

见肖丙炎、郑孝胥、陈宝琛、徐良、克赖外纳巴铁、张学毅。

——《溥仪日记全本·召见日记簿》第288页

陈宝琛来，云刘骧业昨夕自京来，见报知大谢已到，闻谢介石亦来，且馈郑孝胥台湾土物，不审何所云云也。余因告以志琮所言最宜措意，所谓无谋人之心，而使人疑之，尤危道也。宝琛入对，当已具言之。

——《直庐日记》第398—399页

9月16日（八月初五日） 静园入对。为卓君庸父撰墓志铭[1]。

见肖丙炎、郑孝胥、胡嗣瑗、陈宝琛、张学毅。

——《溥仪日记全本·召见日记簿》第288页

卓君庸寄其父墓志来求书，弢庵撰文，字约四分许，与邹志相若。

——《郑孝胥日记》第4册第2341页

衡永由京来，交到宝熙上月廿五日函，……广寿、爵善来，交来朱益藩初四手函，约初八后可来津。与陈宝琛同入对，谨以朱、宝两函呈览。

——《直庐日记》第405—406页

[1] 卓君庸，名定谋，福建闽县人，书法家；父卓孝复，见前。墓志铭《沧趣楼诗文集》未收。

9月17日（八月初六日） 溥仪拟派刘骧业、郑垂去大连。

召见,商派刘骧业、郑垂往大连。　　——《郑孝胥日记》第四册第 2341 页

9 月 18 日(八月初七日)　胡嗣瑗送来对联,求为其兄写七十寿联。

午后回寓,签题对联各一件,分送陈宝琛、郑孝胥,求写家兄七十寿联。

——《直庐日记》第 414 页

9 月 19 日(八月初八日)　溥仪静园召见。因九一八事变,溥仪命刘骧业赴大连。郑孝胥来访。写胡嗣瑗兄寿联。

见肖丙炎、陈曾寿、张学毅、陈宝琛、郑垂、刘骧业。

——《溥仪日记・召见日记簿》第 288 页

日本《日日新闻》送来号外传单云:"夜三时二十三分奉天电云:中日交战。"此次战事起于八月七日,即西历九月十八日。召见刘骧业、郑垂,命刘骧业先赴大连。作字。过弢庵谈,预料战事恐复成日俄之战。……大七(郑垂)往询日领馆,云:昨日军已占奉天,华军自退,长春亦有战事。

——《郑孝胥日记》第 4 册第 2341 页

陈太傅送大兄寿联来,犒使一元。　　　　——《直庐日记》第 418 页

9 月 20 日(八月初九日)　胡嗣瑗午后入静园,溥仪谕"九一八"事变后应如何应对时局,与公等细商,预为筹划。

见报沈阳、安东、营口、长春同时均为日军袭而据之,奉军一无拒抗。……午后召复入对,承谕:关外之变是否影响到我,尚不可知,但不能不先有筹画,应与陈宝琛等各抒己见,以备采择等因。臣因陈:此事如何蜕化,殊不可测,万一影响到我,诚宜先定自处之方,以免临时失措。承谕:郑孝胥谓可许以尽量移民杂居,境内一律开放,其说可行否? 臣对:可行不可行,此时尚说不到,须俟该地管辖权已为我有,对内对外方能发布政见,至地方主权如何转移,恐中间层折正多,决不能简决,到题便到题矣,先看就地军民趋向,是否对我有几分把握,再决对外迎拒。承谕:可与陈宝琛等细商,明日候宣具复。

——《直庐日记》第 418—420 页

朱益藩早车到津,针对刚刚发生的"九一八"事变,溥仪传谕:"关外之变是否影响到我,当不可知,但不能先有筹划,应与陈宝琛等各抒所见,以备采择,等因"。

——《末代帝师朱益藩》第 66 页

9 月 21 日(八月初十日)　与朱益藩、郑孝胥、陈曾寿根据溥仪谕旨"各抒己见",公以为时机尚早,此时尚难定策。

陈宝琛、朱益藩、郑孝胥、陈曾寿先后到处,传上昨谕,详细会商。孝胥云:须看变化,不能预定办法。朱益藩认为非机会,不可轻有表示。陈宝琛以为时

机尚早;陈曾寿谓俟糜烂不可收拾时,或许有办法出来。大都无具体研讨,郑孝胥入对颇久,其馀诸人候至午后未宣,陆续散去。

——《直庐日记》第 420—421 页

9 月 22 日（八月十一日） 何振岱代作周文[1]未成。

作周文未成,录其事迹问叕老。 ——《何振岱日记》第 375 页

[1] 当指"周君彦昇墓表",见《沧趣楼诗文集》第 454—457 页。周家禄,字彦昇,故江浦县学训导。

9 月 24 日（八月十三日） 溥仪静园召见。晚邀饮胡嗣瑗于寓斋。

见肖丙炎、胡嗣瑗、陈宝琛、溥修。

——《溥仪日记全本·召见日记簿》第 288 页

晚间,陈太傅约饮寓斋。 ——《直庐日记》第 430 页

9 月 25 日（八月十四日） 何振岱得来信并汇款一百元。

叕老来一信。……叕老汇一百元来。 ——《何振岱日记》第 375 页

9 月 26 日（八月十五日） 胡嗣瑗来访,借去张之洞、张佩纶尺牍六册。

晨出,过陈太傅宅投刺。……夜归,摆供,陈太傅假阅《张文襄与张学士佩纶尺牍》六巨册,阅竟五册。 ——《直庐日记》第 431、434 页

9 月 27 日（八月十六日） 溥仪静园召见。为杨揆一[1]母点主。

见肖丙炎、郑孝胥、胡嗣瑗、陈宝琛、张学毅。

——《溥仪日记全本·召见日记簿》第 288 页

午后至杨夔彝处,为其母淑人襄题神主,点主者为螺江陈太傅,又一襄题则郑少府孝胥也。……灯下阅《张文襄尺牍》第六册未竟,困极遂就寝。

——《直庐日记》第 435、438 页

杨揆一请叕庵点主,设席于致美斋,余及琴初为襄题。

——《郑孝胥日记》第 4 册第 2342 页

[1] 杨揆一:别名齐虎,号默庵,湖北鹤峰人,县庠生,留学日本,汪伪湖北省长。1946 年以汉奸罪被处决。

9 月 28 日（八月十七日） 自津回京。

阅《张文襄尺牍》六册毕。陈太傅本日赴京。 ——《直庐日记》第 440 页

9 月 29 日（八月十八日） 何振岱来,缴周家禄墓表。胡嗣瑗接匿名信云,刘翰怡《续皇朝通典》欲得溥仪作序,托章梫赂公及胡,胡拟作函章梫质问究竟。

八点半至叕老处,缴周家禄墓志[1]。 ——《何振岱日记》第 376 页

接一匿名信,略言刘翰怡之《续皇朝通典》欲得赐序,托章一山赂陈太傅二

竿、略公一竿,竞以集事;如未受,宜剖白,勿使庸奴厚诬令誉等语。突如其来,无从索解。当函章梫质问之。 ——《直庐日记》第442页

[1] 周家禄墓志铭,已于1912年由顾锡爵作,此文当为墓表。见《沧趣楼诗文集》第454页。

9月30日(八月十九日) 奉天、吉林、哈尔滨皆被日军占领。溥仪接到熙洽吉林来信云:"勿失时机,立即到'祖宗发祥地'主持大计。"日本报纸刊有沪报评论云,若迎溥仪北上主持伪满,大为可虑之语,至为不安。公以为唯局势混沌不分,贸然从事,"只怕去时容易回时难"。访何振岱。

九月三十日下午,日本天津驻屯军司令部通译官吉田忠太郎来到静园,说司令官香椎浩平中将请我到司令部谈一件重要的事情。……到了海光寺日本兵营,……香椎介绍说,他是关东军参谋板垣大佐派来朝见我的,名叫上角利一。……罗振玉恭恭敬敬地给我请过安,拿出一个大信封给我。这是我的远支宗室,熙洽写来的。……他在信里说,他期待了二十年的机会,今天终于来到了,请我勿失时机,立即到"祖宗发祥地"主持大计,还说可以在日本人的支持下,先据有满洲,再图关内,只要我一回到沈阳,吉林即首先宣布复辟。 ——《我的前半生》第266页

同郑孝胥入对。……适日司令部翻译官吉田忠太郎来见。承谕:据该员报告,奉天、吉林、哈尔滨皆已宣布独立,或者更有变化。……日报已登出奉天由袁金铠等独立,为委员制;吉林为熙洽,哈尔滨为张景惠,独立又系长官制;面目各殊,一若毫不相谋也者。日报并译沪报评论,有"日若迎今上归王满洲,大为可虑之语",不肖心窃惴惴矣。 ——《直庐日记》第443—445页

报言,奉天将独立,而迎帝归盛京。 ——《郑孝胥日记》第4册第2343页(9月28日)

头一个表示反对的是陈宝琛,追随他的是胡嗣瑗、陈曾寿。我颇不耐烦地直摇头:"熙洽的信,决不会说谎。"

八十四岁的陈宝琛听了我的话,样子很难过,怔了一阵之后,很沉痛地说:"天与人归,势属必然,光复故物,岂非小臣终身之愿?唯局势混沌不分,贸然从事,只怕去时容易回时难!" ——《我的前半生》第269页

弢老来谈某叟之趋时。 ——《何振岱日记》第376页

10月1日(八月二十日) 昨日午后溥仪赴日司令部,傍晚召郑孝胥入对,有所商议。胡嗣瑗事后问郑,郑含糊以应。

报载黑龙江亦告独立,是否属实,无从取证。闻昨午后驾临日司令部,向夕,宣郑孝胥来,似有所谋议。顷晤孝胥,语多影响,但云两三日后上必召公面

详,云云。心窃危之,而孝胥意自得也。　　　　　　　　——《直庐日记》第 446 页

10 月 2 日(八月二十一日)　日人证实东北三省独立属实,策划溥仪北上,郑孝胥父子力主胡嗣瑗等随行,怒言"今日但问去不去,更无他事可以预商"。公自京致函胡嗣瑗附京中有关剪报。

到处,晤郑孝胥,忽云事机越说越像,恐公须准备随行。余谓彼方来意云何,在此尚有置喙余地,若草率东去,落人掌握,岂复能容我忖量去就耶?孝胥云:此局恐非行不可,在此在彼,直无区别,如再顾虑,只好不去。余云:论者皆主不去,固未免专看一面,纵使可去,岂事前一无商榷,我辈惟知盲从瞎跑,万一发生意外,谁任其责?孝胥怒云:今日但问去不去,更无他事可以预商,公有所欲言,公自言之,我已许相随东行,如遇危难办,一拼耳,断不能退缩怯。其卤莽灭裂之慨溢于言表,余知不可理喻,但云俟见上,当尽吾所欲言而已。济煦归自京,带交陈宝琛函,附笺京中各报,登载此事者,已大书特书不一书,可悚然矣。闻昨下午吉田忠太郎又来,不知所云为何,后藤副领事来,则传其外部意,日内须加意保护起居,并称东三省独立属实,非谣言。其告郑垂有云,据闻将来或将先迎驾至洮南,吉、黑略定,再取奉天等语。口齿分明,而郑孝胥尚一味吞吐其辞,何也?许兰洲来见,闻已面保人才,以备任使,行迹如此,特欲我辈懵然,真愧愤欲死。陈曾寿到处,但俯首抄书,嘿不一问,一若绝不相干也者。岂余固得狂易之疾耶?求如景方昶、陈毅往日遇事无大小,无不开诚相洽,渺矣,不可复得矣!　　　　　　　　——《直庐日记》第 447—450 页

10 月 5 日(八月二十四日)　何振岱欲来访,未果。

欲诣弢老,既出,复返。　　　　　　　　——《何振岱日记》第 377 页

10 月 6 日(八月二十五日)　自京抵津。溥仪静园召见。

见肖丙炎、郑孝胥、胡嗣瑗、陈宝琛、纽湛德、郑垂、宪真、远山猛雄、徐良。
　　　　　　　　——《溥仪日记全本·召见日记簿》第 289 页

陈宝琛自京回,同余入见。　　　　　　　——《直庐日记》第 460 页

10 月 7 日(八月二十六日)　溥仪静园召见。英司令官牛进偕庄士敦见溥仪,溥仪留庄及公与郑孝胥、郑垂父子陪膳。次日胡嗣瑗日记称:闻陈宝琛言,昨夕陪膳时,郑孝胥又大谈其开放政策,公斥曰:"国非我有,慷他人之慨。"郑仍强辨不已。郑本日日记则称"弢庵八十四岁矣,固宜为此语。"

见肖丙炎、济煦、郑孝胥、陈宝琛、徐良、郑垂、纽湛德、庄士敦、宪真、后藤副领事。　　　　　　　　——《溥仪日记全本·召见日记簿》第 289 页

英司令官牛进偕庄士敦来见,留庄陪膳。……接魁陞、文榮函报留都陵庙

均未受日兵侵及，但守卫两陵兵警皆散，无人负责，诚恐土匪盗斫树株，已函维持会，未必遽能兼顾。欲雇人看守，又苦一无经费等语。陈宝琛来云，其族侄某自吉林来函，知罗振玉前去，未得要领，彼都在客军手中，一切意存观望。又出周登皞之子自南京来函，殆为彼间当事间接传话，以外谣日盛，欲我通电自明，想见其中不足，动辄疑虑他人。在我可云夜行者自信不为盗，岂能禁犬之不吠耶？无端通电，其谓之何？　　　　　——《直庐日记》第461—462页

闻陈宝琛言，昨夕陪膳时，郑孝胥又大谈其开放政策，言之津津，庄士敦报以冷语云，若然，人得毋谓之卖国耶？孝胥不服，宝琛则曰：国非我有，亦慷他人之慨。孝胥并强辩不已。此人其有心疾矣。刘骧业今晚车回京治装，约初二来，初三晚即登舟云。　　　　——《直庐日记》第464页（10月8日）

诣行在，召见庄士敦、陈宝琛、郑垂、徐良。吴蔼宸来，论近日时局骤变，人心亦将转变。……召庄士敦、陈宝琛、郑孝胥、郑垂，赐膳，命孝胥诵《洛神赋》两段于收声机中。今年为民国之二十年，今日为阳历十月七日，更三日则彼所谓"双十节"。彼以"双十"为国庆，适二十年亡矣，此诚巧合，天告之也。民国亡，国民党灭，中国开放之期已至。谁能为之主人者？计亚洲中有权力资格者，一为日本天皇，一为宣统皇帝。然使日本天皇提出开放之议，各国闻之者其感念如何？安乎？不安乎？日本皇帝自建此议，安乎？不安乎？若宣统皇帝则已闲居二十年，其权力已失；正以权力已失而益增其提议之资格，以其无种族、国际之意见，且无逞强凌弱之野心故也。吾意，共和、共产之后将入共管，而不能成者，赖有此一人耳。此事果成，诚世界人类之福利，种族、国际之恶果皆将消灭于无形之中。视举世之非战条约、苦求和平者，其效力可加至千百倍。孔孟仁义之说必将盛行于世。愿天下有识者抚心平气而熟思之。此语已语庄士敦、吴蔼宸，惟癹庵闻之谓慷他人之慨。癹庵八十四岁矣，固宜为此语，正以他人徒有慷慨而不能自为故耳。——《郑孝胥日记》第4册第2344页

10月8日（八月二十七日）　刘骧业访胡嗣瑗，告昨有日人见公，转致袁金铠语。饭后与胡同入见溥仪。

晨起，刘骧业即过谈，知有日人野口某者，昨见陈太傅，转致关东袁某［袁金铠］语，但已相隔数日，近未得函电，报载其自白一说，与所属转达者，颇有异同，不审彼中近局有无变更云云。骧业决计东游，取道奉、吉，因属注意吉事，并商略到彼，择晤一二人，能由浅入深，说以利害最要。到奉后，骧业旋来。……庄士敦来一坐，英、美之不能为中国张目，谈次已略见一斑。举昨接魁文函告各节，与刘骧业具言之。谋到奉托彼中有力者注意保护。饭后同陈

宝琛入见，陈明魁陞等函报各事，拟交刘骧业到奉商，托彼人办理，并所谈吉事，宜加一番措置各情形，均蒙嘉许。　　　　　　——《直庐日记》第463—466页

10月9日（八月二十八日） 胡嗣瑗托转函。公求书函。

曹经沅来晤，有托转陈太傅求书两纸条，即交讫。

　　　　　　　　　　　　　　　　　　　　　　——《直庐日记》第469页

10月10日（八月二十九日） 家有祀事，未入值。

陈宝琛以家有祀事，未入值。　　　　　　——《直庐日记》第470页

八月 傅增湘招饮同馆四十人集藏园，有诗，见《沧趣楼诗文集·傅沅叔招饮集同馆四十二人会饮藏园即席赋呈》第234页。

八月，傅沅叔前辈招同馆四十人集于所居藏园，以留馆编检为限。与集者弢庵太傅年辈俱尊，是年八十，邢冕之检讨年最少，科亦最晚，是年四十有九，咸署名于册，宴罢摄影而散。是为《蓬山话旧》第一集，弢傅有诗，同人依韵和之，山人未用其韵，后以沅叔之请，复为作《蓬山话旧图》，并以骈俪文记之。

　　　　　　　　　　　　　　　　　——《郭则沄自订年谱》第72—73页

《青鹤》杂志刊所作林葆恒寿序，《沧趣楼诗文集》未收。

林子有提学六十寿序　　　　　　　　　　　　陈宝琛

光宣朝名德大臣著声清鲠，敭历中外，始终持一节者，数吾闽林文直公，而承家忠孝，无忝所生，则公之仲子子有提学为可称也。文直公以直谏出守昭通，为滇边恶地，念君会试近，不听随行，君试后只身诣官所，逾两年始复应试。试毕仍赴滇。自是文直公涖陕监司，以至专圻，君皆随侍，前后六年，至甲辰始一试汴闱。旋又就公于滇，洎公移黔、移桂、入直枢府、复出抚豫，君未尝离左右。公再内召，督仓场、贰民政，君乃以道员分发直隶京津，移暑可起居，犹比邻也。让政议起，文直公遽移疾去，君方署提学使，遂弃官，奉公居津，侍养以终。当事屡强起之，谢不往，匿迹市廛，资以事畜，二十年于兹矣。君通达治体，明于当世之务，随宦多所赞助，世以比陶勤肃之有拙存公子。顾不获及壮盛之年，出所蕴蓄以济时艰，而弊弊焉役心神于计范之业，世之不足以用君，与君之不能为世用，不重可惜耶。曩岁乘舆播迁，君自津奔问，献巨金供扉履，六七年来朝请行园无虚月，上嘉其笃棐，亦数有咨询，君之善于继述固如此。文直公捐馆舍十有五年，而穉男弱女皆已昏嫁，诸孙亦学成能自立。君筑庐奉母，宾敬相警，家范肃然，暇则填词赋诗以自陶写。予过之，辄叹羡，予交文直公于六十年前，今君适六十，新移所业于沪上，无由接杯酒。君弟予之女夫，来乞言，因就所知缀为篇，犹忆会葬崇陵时，公坚不与余同逆旅。心异之，君踪

至,侍恻竟夕,礼毕亟护公归。盖视听于形声之表,予之知君始此。伦敦纲绝之会,而遗此乔木世臣,其不食之硕果哉。辛未仲秋陈宝琛。

　　　　　　　　　　——《青鹤》第一卷第 9 期 1933 年 3 月 16 日

10 月 11 日(九月初一日)　销假。

　　陈宝琛销假。　　　　　　　　　　　　　　　——《直庐日记》第 471 页

10 月 12 日(九月初二日)　溥仪召见,赏日本贵族议员赤池浓等午膳,饭后始召公入坐,与日人共谈,甥刘骧业任翻译。约胡嗣瑗晚饭。

　　见肖丙炎、郑孝胥、远山猛雄、陈宝琛、徐良、郑垂、刘骧业、吉甫森、马赛、司蜜斯、子爵大河内辉耕、子爵土岐章、男爵渡边汀、中村纯九郎、青木周三、赤池浓、八田嘉明、山崎龟吉、书记官山本秋广、书记官光吉信一、张学毅。

　　　　　　　　　　——《溥仪日记·召见日记簿》第 290 页

　　正午,赏日本贵族院议员赤池浓等同膳,饭后乃宣陈宝琛入坐,刘骧业下午见,乃知商衍瀛已赴辽,远山猛雄已赴日。……陈宝琛约晚饭,刘骧业同坐,商定通讯办法。饭罢,骧业十钟即登舟,适与赤池浓等同舟行。

　　　　　　　　　　　　　　　　——《直庐日记》第 474 页

　　日本贵族院议员大河内辉耕、土岐章、渡边汀、中村纯九郎、青木固三、赤池浓、八田嘉明、山崎龟吉及随员山本秋广、光吉信一来谒见,赐午膳。大河内、土岐、中村、青木请上论诗句意见,语甚多,渡边次之,郑垂为传译。日员退而骇曰:"上英睿非常,而屈居于此,惜哉! 复请摄影而退。"赤池告郑垂曰:"今日成绩至佳。"中村七十九岁,三十年前尝在福州。至陈弢庵所居,坐中以奏,上召陈宝琛之共谈,中村以百岁为祝。

　　　　　　　　　　——《郑孝胥日记》第 4 册第 2345—2346 页

张元济来函。

致 陈 宝 琛

　　　　　　　　　　　　　　　　　　　　　　　　　　　张元济

　　津馆转呈天津英租界耀华里九十三号。请照缮。张元济,20/9/2。弢庵世伯大人尊右:久疏笺椟,时切依驰。前者世兄过沪,交到旧历嘉平朔日赐函,知先后所呈先文忠公《横浦文集》及影印宋本《汉书》均蒙鉴察,并奉颁手书扇箑,宠幸无似。只以雠校事繁,积尘盈几,致稽肃谢,罪歉良深。阑暑新凉,伏维体候聪强,潭居纳福,定符跂颂。侄蛰处读书,夙疴渐愈。所印百衲本正史顷又成宋绍兴本《后汉书》、《三国志》,宋庆元本《五代史记》、元本《辽史》、《金史》,共五种,仍以罗纹纸本各检一部,属天津商务分馆赍呈邸第,何以寄北平? 乞询明拔翁为幸。仰乞鉴蘦。嗣后续印告成,当再寄奉。专肃申谢,敬请崇安。诸祈垂

察。世愚侄二十年九月二日。　　　——《张元济全集·书信》第 2 卷第 408 页

10 月 14 日（九月初四日）　胡嗣瑗、郑孝胥来寓晚饭。

晚间为先妣刘太夫人诞辰摆供。赴陈太傅宅夜饭。

——《直庐日记》第 478 页

弢庵约晚饭。日本宣言拒绝他国干涉。

——《郑孝胥日记》第 4 册第 2346 页

10 月 16 日（九月初六日）　溥仪谕：徐良代金梁传语，彼中（日方）推戴已归一致，但究属空话，不可信。胡嗣瑗以为溥仪赴东北行止，仍须与日方切实商洽，万不得已亦得少缓。

承谕：徐良属代金梁传语云：彼中推戴已归一致，究属空话，不可信。欲派该员前往慰问在事各员，果能一致明白表示，再商行止等因。臣请此事如上意已定，务切戒该员慎密，不但关系大局成败，即其个人利害亦不可不知，庶免浮动害事。言次乃知远山猛雄赴东京，苏锡麟赴热河，均有所接洽云。……近午又奉宣入见，知徐良顷来，言渠到日司令部，闻本庄派上角者到津，备迎驾入奉；谓事如发动，行多不便，宜先离津，或暂驻大连，再定入奉迟速日期，较为稳便。该员辽行已暂中止。臣因论在津备与彼人交涉条件，退步较宽，但临时窥伺者多，戒行不免窒疑。窃意徐良往往言过其实，万不得已亦得少缓数日，候刘骧业辈报告，一面与该司令部切实面商，总以疾徐中度为妙。至领馆必须接洽，或临行再派员与之说明，免生枝节。若竟不辞而去，则万不可。均蒙采纳。又论内部须筹备，勿率勿泄。承谕：所虑极是，行期一定，汝必相随。臣对：不敢退避，但兹事体大，非臣愚所能担负，尚宜密定得用人员，以备疏附先后。承谕：实苦人少，当再思之。……回寓，接到刘骧业大连邮片，略言至旅晤张宗昌，知学良极意羁縻之，尚未甘心为所用，但对奉日近事均不了了。

——《直庐日记》第 479—482 页

10 月 18 日（九月初八日）　应郑孝胥约，与费地山、胡嗣瑗等至小广寒观剧，东兴楼晚饭。

约费地山、修仲业、胡琴初、陈仁先、絜先、周君适、佟楫先同至小广寒观剧，复至东兴楼晚饭，弢庵亦至。　　——《郑孝胥日记》第 4 册第 2347 页

10 月 19 日（九月初九日）　郑孝胥约中原酒楼作重阳节聚会。

约弢庵及昨夕座客同至中原酒楼登高会，赋一绝曰："登高已复七重阳，从径壶餐岁月长。何事与人说时命，残年犹遣待苍苍。"

——《郑孝胥日记》第 4 册第 2347 页

10 月 20 日（九月初十日）　溥仪静园召见。

见肖丙炎、胡嗣瑗、陈宝琛、赵月修、郑垂、徐良、宪真。

——《溥仪日记全本·召见日记簿》第 291 页

10 月 21 日（九月十一日）　胡嗣瑗得刘骧业邮片云，罗振玉、谢介石促溥仪赴奉天；诣公同阅刘邮片。

回寓，得刘骧业邮片，罗振玉、谢介石已于初七由奉来津促驾，属留意；又云魁陞尽室避地，则沈垣近状可想，即诣陈宝琛同阅。

——《直庐日记》第 494—495 页

10 月 22 日（九月十二日）　约郑孝胥、胡嗣瑗等老白安利晚饭。

叕庵约至北安利晚饭，至北安利，候良久不至，乃去。

——《郑孝胥日记》第 4 册第 2347 页

何振岱来，同访陈曾寿。

到叕老处看报。墨来，同出，归；同懿至老白安利。郭来，墨为主，大馥[1]亦在。同郭至仁先家，为上一琴弹一出，与二人谈，归至六时，到叕老处，同车至老白安利，王子良补予二十元，食毕叕老车送予归。——《何振岱日记》第 381 页
[1] 叶大馥。

10 月 23 日（九月十三日）　溥仪静园召见。午后同何振岱至墨园[1]宅。
[1] 墨园：疑黄懋谦，字嘿园、默园。

见肖丙炎、郑孝胥、胡嗣瑗、陈宝琛、后藤副领事、张学毅、宪真、郑垂、宪原、宪基。　　——《溥仪日记全本·召见日记簿》第 291 页

（午后）闻叕老以车来接，又过叕老，不值。归三时，至墨园宅，叕老已在座，谈蒋御史事。　　——《何振岱日记》第 381 页

10 月 25 日（九月十五日）　明午自津到京。

灵境使人来告，叕老明午至。　　——《何振岱日记》第 382 页

10 月 26 日（九月十六日）　何振岱至北京车站迎接，未接到。下午派车接何到灵境胡同。

到车站接叕老。冷甚，依墙避风，至十二点半归，车未来也。饭后写信。四点叕老以马车来接。先买鸭包送之，费三元，又送墨园一元二角。微宇说易事、时事。客来，予食包二枚、麦片一碗，天黑先归。

——《何振岱日记》第 382—383 页

10 月 27 日（九月十七日）　座师文祥逝后二十三年，作"文文忠师祠生日作"七律一首，见《沧趣楼诗文集》第 236 页。

10 月 28 日（九月十八日） 何振岱派人送文呈公。

使人缴文于弢老处。 ——《何振岱日记》第 383 页

10 月 30 日（九月二十日） 派人送何振岱润笔五十元[1]。子懋复以《澂秋馆吉金图》赠杨树达，由林志钧代致。

午后弢老送我周家润五十元，竟减一半，殊出意外。

——《何振岱日记》第 384 页

陈幾士见赠《澂秋馆吉金图》，林宰平代致。宰平云：陈君见余所著书，因以此赠；幾士，弢庵先生之子也。 ——《积微翁回忆录》第 58 页

[1] 当指"周君彦昇墓表"润笔，见本年八月十八日条。

11 月 2 日（九月二十三日） 生日，何振岱携子敦畴来祝寿，遇林志钧。

同畴到弢老处拜寿，遇宰平。 ——《何振岱日记》第 385 页

11 月 3 日（九月二十四日） 日人土肥原偕金梁来津，诱胁溥仪赴东北成立伪组织。载沣及公等遗老均坚持不可。

日军于占据辽吉以后，即欲在华北造成一新局面，将张学良实力铲除净尽，期达其宰割东三省之目的。此项消息，早成公开之秘密。果也，本月三日，土肥原偕金梁到津，不及五日即有天津之变。……土肥原与金梁到津后，金梁之唯一任务即在怂恿溥仪返沈，成立其所谓明光帝国。而土肥原则除与金梁共同诱胁溥仪外，尚有一大任务、即结合一般亲日派，谋在华北创造新局面是也。金梁行踪诡秘，住于法租界新华利里九十三号其姻亲处，另于日租界北洋饭店设立秘密机关，曾晋谒溥仪数次，均以返沈复辟为请。并出其所谓天皇手谕。谓如肯出关，组织明光帝国，则日本天皇决以全力保护。虽其左右颇有附和者，但溥仪之父载沣及遗老陈宝琛、郑孝胥等均坚执不可。以是此事迄未实现。 ——《申报》1931 年 11 月 12 日

11 月 5 日（九月二十六日） 得知土肥原至天津密见溥仪，甘言诱劝溥仪赴东北。立即从北京返天津，下午访郑孝胥，入静园。陈曾寿上奏溥仪须慎重，请召公及胡嗣瑗商议。陈曾寿草奏并附片，请溥仪召陈宝琛、胡嗣瑗、郑孝胥等集议裁定。溥仪召集"御前会议"，与郑孝胥就溥仪是否去东北两人激争，公主不能去，郑主必须去。

弢庵自北京来，下车即访余，询近状。

——《郑孝胥日记》第 4 册第 2350 页

（陈曾寿草奏）系拟与日本议订约款大纲：一、用人行政之权，完全自主，日本不得干涉。二、训练新军如需用日本教练官时，由我自由聘僱；只司教练

之事,不干涉统率调遣之权。三、两国订攻守同盟之约,无论对民国或俄国或欧美任何国有战事时,两国协同作战到底,利害共之。四、尊重历来已订条件,关于东三省铁路及一切悬案双方开诚商议,以共存共荣为主旨。以上四条,大意如此。请上召陈宝琛、胡嗣瑗、郑孝胥等集议裁定。

——《苍虬阁诗集·局中局外人记》第 442—443 页

这天是十一月五日,静园里开了一个别开生面的"御前会议"。……在这次会议上,陈宝琛和郑孝胥两人展开了激烈的辩论。

"当前大局未定,轻举妄动有损无益。罗振玉迎驾之举是躁进,现在起驾的主意何尝不是躁进!"陈宝琛瞅着郑孝胥说。

"此一时彼一时,时机错过,外失友邦之热心,内失国人之欢心。不识时务,并非持重!"郑孝胥瞅着陈宝琛说。

"日本军部纪事热心,可是日本内阁还无此意。事情不是儿戏,还请皇上三思而定。"

……
——《我的前半生》第 282 页

土肥原到天津见溥仪的消息,第二天在报纸上刊登出来了。这时陈宝琛在北京,见报,立刻赶回天津,连家也不回,直接找郑孝胥证实了消息,便到静园见溥仪。溥仪恰恰接到了刘骧业从东京发来的电报,日本军方认为溥仪出山的时间未到。溥仪只好把会见土肥原的情况告知陈宝琛,并决定开一次"御前会议"商讨一下。"御前会议"是十一月五日召开的。陈宝琛、郑孝胥、胡嗣瑗、袁大化、铁良五人出席。在会议中,陈宝琛和郑孝胥两人就是否去东北这件大事展开了激烈的辩论,一个主张不能去,一个主张必须去。溥仪始终没有表示态度,但他对陈宝琛认为是"忠心可嘉,迂腐不堪",对郑孝胥则认为是唯一可靠的人。
——《伪满宫廷杂忆》第 63—65 页

11 月 6 日(九月二十七日) 溥仪静园召见。

见肖丙炎、郑孝胥、胡嗣瑗、陈宝琛、郑垂、林宝华、吉田通译官、新坂署长。
——《溥仪日记全本·召见日记簿》第 292 页

刘骧业自东京来电云,日本军部认为时机尚未成熟。行期改缓。

大兄[1]言:刘午园[2](陈宝琛之甥)自东京来一电云,闻日本军部言,时机尚未成熟。上阅之,行期改缓。 ——《苍虬阁诗集·局外局内人记》第 443 页

[1] 大兄指陈曾寿。此处日记为陈曾植所记。

[2] 刘午园:刘骧业,号午园。

11 月 7 日(九月二十八日) 溥仪静园召见。

见肖丙炎、郑孝胥、胡嗣瑗、陈宝琛、陈曾寿、郑垂、林宝华、张学毅、吉田通译官、新坂署长、润良、毓崇。　　——《溥仪日记全本·召见日记簿》第 293 页

嘱子懋复以《澂秋馆吉金图》[1]二册赠何振岱。

幾士以金石拓二本见赠，又属题金石。　　——《何振岱日记》第 386 页

[1]《澂秋馆吉金图》1927 年印行，罗振玉序。见 1927 年八月条。

11 月 8 日(九月二十九日)　佟济煦自沈阳来电云，东北一切已妥，溥仪又决意速行。

大兄言：佟济煦自沈阳来电言，一切预备已妥，专候驾临宣布。上意又决速行。命大兄、晴初(胡嗣瑗)条奏应办事宜，撰拟登极诏。

　　——《苍虬阁诗集·局中局外人记》第 443 页

11 月 10 日(十月初一日)　夜，郑孝胥来访。溥仪在日本军人护送下，登日船潜赴东北。

过琴初，又过弢庵。……八时，上至船，从者祁继忠、赵秉武、李英超，有日本曹长诹访绩帅步兵十人从。……夜，至塘沽。　——《郑孝胥日记》第 2351 页

11 月 11 日(十月初二日)　胡思瑗闻悉溥仪已去东北，随行仅郑孝胥、郑垂父子；公不知情。

晴初以电话致园中，索取通行证。午送来。大兄来寓，同至晴初处略坐。晴初、大兄赴园，予归稍憩，至求志里。傍晚，大兄归，知上已行，随扈者只郑孝胥、郑垂父子耳。昨日，郑垂不送通行证来，盖恐诸人阻扰。虽陈弢老(陈宝琛字弢庵)亦不知也。上留有二谕：一命胡嗣瑗、夏瑞符随后即往；一命大兄照料园中善后事宜，与日人接洽，随后护送皇后前往。

　　——《苍虬阁诗集·局外局内人记》第 444 页

11 月 19 日(十月初十日)　《北洋画报》1931 年第 705 号刊"溥仪之师陈宝琛"像。

11 月 22 日(十月十三日)　《申报》报道："溥仪出关前之秘幕"。

北平通信：此次溥仪被土肥原、金梁、郑孝胥等挟走关外，日人将以之为东三省独立之主角，固已毫无所疑。惟溥仪个人之意志如何？……溥仪平日脾气极大。虽其师傅陈宝琛、郑孝胥等稍拂其意，亦即加以斥骂，陈等辄叩首泣谏，然终不见听也。溥仪与日人往来甚密。好食日本之生鱼片及正宗酒，又极力模仿西洋之气习，西服革履。操一知半解之英语。自以为得意。……东省事变后，日方派一名影山者住其家，为之守宅，举凡往谒者皆须得其同意。月初土肥原到津，偕金梁、郑孝胥及郑子郑垂等，怂恿溥仪出关。事为载涛、陈

宝琛所闻，力持不可，谓日本此举不过欲借以恐吓南京政府使其软化，断非真意扶助。如果上当，将来非常危险，不如暂时避往北平，以策安全。一方并与平当局商量，拟伺机挟溥仪来平，以免为日方所包围。平当局亦赞成其说，已为觅定东交民巷美使馆旁之房屋备溥仪居住，并允派专车去津迎接。讵为土肥原、金梁等所知，于是运用手段以送礼为名暗置炸弹，以相恐吓。溥仪果入计中，惊惶无措。适八日便衣队起事，枪炮声大作。金梁、土肥原、郑孝胥父子等认为机会已至，乃以装甲汽车迎溥仪，伪言津市将大乱，日租界将成炮火之焦点，计不若早避，先赴英租界日领事官邸，以谋安全。溥仪于惊惶错乱中，遂被其挟走矣。翌日，由日领官邸登日舰赴大连，郑孝胥父子亦从之。

——《申报》1931 年 11 月 25 日

　　宣统帝自出居天津以来，初犹寄望于恢复清室优待条件。适民国政局动荡不定，政地亦屡屡易人，当政者席不暇暖，殊无暇及此，故迄无成就。罗振玉则建议东渡，以取外援，公斥为鲁莽乖戾。郑孝胥又上用武人、用客卿之策，资助失意军阀，如张宗昌等，及白俄谢米诺夫、奥贵族阿克第、英记者罗斯之流，所费不赀，亦无所成。公每叹息谓："苏龛，苏龛，真乃疏忽不堪；慷慨，慷慨，岂非慷他人之慨？"会九一八事变后，日军占据东三省，派土肥原来津诱胁清帝赴旅顺。郑孝胥劝帝从其请，勿失良机。公时适有事在都，闻讯即遄返津沽，欲加谏阻。帝知公忠而病其迂腐，乃阳集诸遗臣御前议。公与孝胥至动色力争，面斥其但使私图，罔顾君上利害。实则帝意已早决，翌日秘不告公，遂与孝胥父子潜附日轮至营口。

——《闽县陈公宝琛年谱》第 143—144 页

　　未几而津变起，郑太夷父子奉帝幸大连，山人欲有所陈而入对不及，耿然忧之，赋《摘果行》，见集中。闻苍虬已赴行在，亟寄以诗，有句云："士不辱名况天位，所争成败非速淹。"又云："孤臣力微九庙系，安知再造非建炎。"嗣闻事机急切，时苍虬条举必当坚持者数事，上以授太夷，使秉此为鹄。迨议定，而此数事曾未言及，于是满洲新局成，上遂为执政矣。时汪衮甫归自东瀛，居都下，感愤时事，颇有故国之思。山人屡过深谈，至是复相与欷歔累叹。衮甫曰："异时有编纲目者，必大书曰'帝为满洲国执政，清亡。'是大清不亡于辛亥，而亡于今日也。"山人不敢置一词，然自是寸怀灰槁，有闭户著书之志矣。

——《郭则沄自订年谱》第 73 页

12 月 4 日（十月二十五日）　陈曾植来访。

　　夜，至彀老处，适几士（陈懋复，陈宝琛之子）自大连归，带来大兄、晴初各一函。

——《苍虬阁诗集·局外局内人记》第 446 页

12 月 10 日(十一月初二日) 溥仪到东北后手书密谕胡嗣瑗、陈曾寿,并向公密为转达。

上派随侍齐济忠至连,手书密谕:胡嗣瑗、陈曾寿:久未见卿等,殊为殷念。朕于四五日内移住肃邸,再拟召见卿等。尚有多言须面谈者,愿少安勿虑。一切事机,朕自能权其重轻,度其利害,而有适宜之办法也。卿二人可各作大和服一袭,以备应用。陈师傅处,望先秘代达。予均安,勿远念。望自珍摄,以安予心。嗣后予有未用"所其无逸"宝者,则书此签(另有画圈的签押)以证。 ——《苍虬阁诗集·局外局内人记》第 447 页

12 月 23 日(十一月十五日) 何振岱在柳园遇林志钧,欲同访公,未果。

午后四时到柳园看残雪。遇宰平,欲同往弢老,不果,分去。

——《何振岱日记》第 394 页

12 月 24 日(十一月十六日) 何振岱来访。

到弢老处。留午饭。 ——《何振岱日记》第 394 页

是年 手书对联"立脚怕随流俗转,留心学到古人难。八十四叟陈宝琛,钤印。"陈若霖直系后人陈困家藏。

林葆恒编撰《闽词征》[1]刊印,与郑孝胥分别题签,其卷五收录公词作 16 首。

[1]《闽词征》:林葆恒辑,六卷,闽县林氏切盦民国二十年(1931)铅印本。

是年文

族弟铿臣七十寿序	——《沧趣楼诗文集》第 359 页
刘母曾太淑人六十寿序	——《沧趣楼诗文集》第 361 页
杨母陆太淑人五十寿序	——《沧趣楼诗文集》第 362 页
江年嫂林太淑人八十寿序	——《沧趣楼诗文集》第 364 页
刘氏妹七十寿序	——《沧趣楼诗文集》第 373 页

是年诗

自题画松立春日病院作 ——《沧趣楼诗文集》第 232 页

林文忠公自云贵乞病归手书家塾楹语公曾孙蔚章重装属为题识

——《沧趣楼诗文集》第 232 页

梁退庵先生青灯有味似儿时遗照为公曾孙鸿志题

——《沧趣楼诗文集》第 232 页

辛未清明后二日复游旸台山南塔西峰寺大工一带花开正盛

——《沧趣楼诗文集》第 233 页

次韵仁先春尽日赋落花 ——《沧趣楼诗文集》第 233 页

卷五

清流子遗

1932—1935 年

1932 年(壬申　民国二十一年)　85 岁　北平、旅顺

国际联盟满洲调查团成立,以英国人李顿为团长。(1.21)

日本进攻上海,"一·二八"事变,十九路军奋起抵抗。(1.28)

南京国民政府宣布迁都洛阳。(1.30)

日本操纵成立伪满洲国,溥仪任执政,年号大同。(3.9)

十九路军赴福建围剿中共苏区。(6月)

国民政府宣言迁回首都。(11月)

1月8日(辛未十二月初一日)　致函张元济。

致 张 元 济　　　　　　　　　　　　　　　　陈宝琛

菊生仁兄大人:执事违德滋永,音敬久竦,叠荷惠存,益深感念。足下洁身市隐,脩然物外,诵先思古,抱残缺以惠来学。前拜印本文忠公《横浦集》之赐,顷复举影印百衲本《二十四史》见畀,百朋之锡愧乏,琼报时用歉然,弟蛰居海滨,衰颓日甚,惟眠食犒适,勉自撑拄耳。闻仁先言,从者胃疾复作,近已平否,无任悬系。复儿南旋,令躬叩起居,并附呈手书,便面以博粲正。并谢□□劲忙,久未答复□□。草草不尽所言。敬请道安,惟鉴不备。弟宝琛顿首。廿年十二月朔。

　　　　　　　　　　　　　　　　　　　　　　　　——《张元济全集》

1月15日(辛未十二月初八日)　溥仪由旅顺大和饭店旅馆移居肃王府[1]。

现已定初八日迁居肃邸。一二日内即召入见。

　　　　　　　　　　——《苍虬阁诗集·局外局内人记》第449页

[1] 肃亲王善耆,宗室,满洲镶白旗人,清末奕劻内阁民政部大臣、理藩大臣。

1月18日(辛未十二月十一日)　溥仪密谕公与胡嗣瑗、陈曾寿仍维持驻津办事处。

上派随侍贲密谕来。谕陈师傅、胡嗣瑗、陈曾寿仍维持驻津办事处,一切便宜行事。陈、胡安心甚妥勿虑,定期即召来,勿萌退志。后有"梦寐之间,思见卿等"及"相见匪遥"语。陈弢老将赴旅顺请安。大兄草一奏稿,拟交弢老代递。

　　　　　　　　　　——《苍虬阁诗集·局外局内人记》第449页

（陈曾寿奏文）……苟建新国，除请我皇上复位外，岂有他途。然此机会至巧亦至危。或启我中兴之机，或蹈彼朝鲜之辙，是在我之所以自处者耳。为今之计，宜先设法脱目前之羁绊，复在津之自由，然后相机善为应付，使彼见我无汲汲之意，乃不致启其轻侮之端，庶可免挟制之危，退可有回旋之地，……使内而国人，外而列强，皆晓然于皇上所处之地位，超然独立，并非日人之傀儡，无所疑猜然后人心所向，列邦共认，中兴大业，庶肇于兹。

此奏因大兄次日奉上电召，遂未用，拟到后看情形面奏。

——《苍虬阁诗集·局外局内人记》第450—451页

1月24日（辛未十二月十七日） 乘日轮"济通丸"赴旅顺，子懋复、甥刘骧业陪同，陈曾寿托带一奏上溥仪，请召胡嗣瑗。

陈弢老赴旅顺，大兄托带一奏，陈明未能即动身赴召之故，并请召晴初。

——《苍虬阁诗集·局外局内人记》第451页

1月25日（辛未十二月十八日） 抵旅顺，住星浦大和馆，溥仪召见。邀郑孝胥午饭，告郑南京政府正召开"国难会议"，邀载涛等参加。中日在沪即将有一役。

陈几士来云：弢庵、午原同乘济通丸来，今在星浦大和馆，邀往午饭；遂与大七同往。弢殊健，适小七亦来。日斜，弢等赴旅顺。夜，得行在电话，命郑垂明日赴旅顺。弢言，南京开"国难会议"，邀载涛、达寿、宝熙、衡钧、段祺瑞、王揖唐、陈三立等。林棨赴南京未回。报言，上海增兵二万，将与日战。日本有占领南京之说。反日会有人至日使重光宅中放火未成。

——《郑孝胥日记》第4册第2361页

1月26日（辛未十二月十九日） 向溥仪建议派使赴日本商订条约，郑垂以为不可。

大七自旅顺归，云陈宝琛奏谓："宜命使赴日本，谒日本政府商条约"。上询郑垂，对曰："不可。日本政府未议及此，而我先言之，徒为所轻；若以私往叩，彼必不答。"报言，蔡廷锴兵二万防上海，日内将战。

——《郑孝胥日记》第4册第2361页

1月27日（辛未十二月二十日） 郑孝胥假口旅顺大和旅馆日本人须作会场，迫迁出移入大连南方旅社。

（公）乃于十二月丞赴旅顺，犹思谏劝。时帝已入日人及郑、罗等掌握，不令多见外人。公至，仅得在肃王府一见，欲有所陈，亦多不能达，仅谓帝曰："若非复位以正系，何以对列祖列宗在天之灵？"旋郑孝胥即假口旅邸须作会场，迫公返京。

——《闽县陈公宝琛年谱》第144页

　　陈曾寿、胡嗣瑗回到天津以后,陈宝琛带着长子陈幾士、外甥刘骧业来到大连。郑孝胥怪他不该突然而来,去旅顺未必见得着溥仪。陈宝琛表示,此来只尽自己之心,若不得见,也无可如何。于是不顾郑孝胥的阻拦,直接到旅顺肃王府。门卫日本人见是陈太傅来了,并不留难,立刻见着了溥仪。陈宝琛叮嘱溥仪静以观变,等候时机,不要轻信郑孝胥的欺罔之言。当日下榻旅顺大和旅馆。郑孝胥和郑垂来大和旅馆对陈宝琛说,日本人将在旅馆开会,不能容留旅客,催促陈宝琛立即离开旅顺。陈宝琛去肃王府向溥仪告辞,郑孝胥父子已经把他的行李装上了汽车,立逼陈宝琛上车去大连。原来日本关东军参谋板垣征四郎从沈阳来,已经住进了大和旅馆。——《伪满宫廷杂忆》第 69—70 页

　　我到旅顺的两个月后,陈宝琛也来了。郑孝胥这时成了关东军的红人。……他和关东军的交易接近成熟的时候,看见威望超过他的"帝师"出现在大连,立刻引起了他的警惕,他生怕他这位同乡会引起日本人更大的兴趣,急忙想撺陈回去。所以陈宝琛在旅顺一共住了两宿,只和我见了两面,就被郑孝胥借口日本人要在旅馆开会给送走了。　——《我的前半生》第 296—297 页

1 月 29 日(辛未十二月二十二日)　郑孝胥来访。

　　弢庵至蒯若木宅,往晤谈;弢询昨事,告以辞总统而已[1]。
——《郑孝胥日记》第 4 册第 2362 页

[1] 1 月 28 日淞沪战起。郑孝胥、罗振玉代表溥仪与日本板垣征四郎会谈"联合三省为满蒙自由国"问题,板垣提出推举宣统为大总统。溥仪以为,"若举总统,则不能就"。见是日《郑孝胥日记》。

1 月 30 日(辛未十二月二十三日)　溥仪派人到大连"召见",告坂垣怂恿其出任"满蒙共和国"总统,公痛陈不可。离旅顺回津前,向溥仪告别一再叮嘱:"若非复位以正统系,何以对待列祖列宗在天之灵?"

　　过了两天,溥仪又派人到大连召见陈宝琛,告知他,坂垣来,提出要建立"满蒙共和国",怂恿溥仪出任"总统"。陈宝琛表示坚决反对,劝溥仪不要为郑孝胥的甜言蜜语所动摇。要求溥仪立即电召胡嗣瑗、陈曾寿来旅顺,以备咨询。陈宝琛最后说:"臣风烛残年,恐未能再来,即来,也恐未必能见,愿皇上保重!"
——《伪满宫廷杂记》第 70 页

1 月 31 日(辛未十二月二十四日)　郑孝胥来访[1]。

　　至南方旅社视陈弢庵。　　　——《郑孝胥日记》第 4 册第 2363 页

[1] 郑访谈情况见 2 月 4 日录《局外局中人记》。

2 月 1 日(辛未十二月二十五日)　乘济通丸离大连南返。郑孝胥到码头送

别,船已启行,不及见。

至埠头欲送弢庵,济通丸已开。　　　　——《郑孝胥日记》第 4 册第 2363 页

因溥仪既已离津去东北,仍居天津已无意义,移家回北京。

移家回京。公之迁津,本为行负羁绁之意。今宣统帝既已他去,独滞津门更无意义,故仍回京寓。　　　　——《闽县陈公宝琛年谱》第 145 页

陈曾寿赴旅顺,行前赋诗"将之大连留别弢庵年丈",见《苍虬阁诗集》第 208页。有诗次韵:"次韵仁先将之大连留别并示愔仲","以丁巳藏酒分饷仁先有怀愔仲",见《沧趣楼诗文集》第 237、236 页。

时胡愔仲已在大连。公归后,以丁巳藏酒分饷仁先。因怀愔仲,有诗云:"开瓮难忘造酿年,酌君今夕且酣眠。国人刻意薰丹穴,术者公言幸奉天。此局倘非孤注博,故乡合有一成田。崎岖最念人从后,可许持荷寒日边?"公之心事从可见矣。　　　　——《闽县陈公宝琛年谱》第 144 页

将之大连留别弢庵年丈　　　　　　　　陈曾寿

贪天已罪况居奇,辛苦弥缝敢息机。肝胆何缘分楚越,云龙自古赖凭依。食箪卧席从捐弃,奇计常谈孰是非。傅德保身念年事,临歧郑重更沾衣。

　　　　——《苍虬阁诗集》第 208 页

弢庵年丈以丁巳酒寄饷与愔仲对饮感怀赋寄排律十四韵　　　　陈曾寿

隔海传佳酿,当筵剖尺鳞。不期丁巳酒,还饷戊寅人。予与愔仲皆戊寅生。荏苒年光逝,飘飘涕泪新。开尊思旧侣,发瓮触前尘。元老讦谟切,临缄慰望频。情随千里重,味识远年醇。无补虚承惠,多歧莫致身。同云天若醉,苦雾海迷津。坐困悲鱼服,持危愧蠹臣。蒙皮能噬主,假翮但依邻。疾或杯蛇误,酸因肆犬嗔。居然成背已,一任诮迂辛。覆辙堪重迹,穷冬望好春。终怀濡首戒,阳位复艰屯。　　　　——《苍虬阁诗集》第 407 页

大兄[陈曾寿]东行。

晨八钟,同君适及孙仆上长山丸。……十一钟开船[1]。

　　　　——《苍虬阁诗集·局外局中人日记》第 456 页

[1] 陈曾植录自陈曾寿 1932 年 2 月 1 日日记。

陈曾寿接溥仪电召去旅顺,行前走访陈宝琛,有《留别弢老》七律一首:"贪天已罪况居奇,辛苦弥缝敢息机。肝胆何缘分楚越,云龙自古赖凭依。食箪卧席从捐弃,奇计常谈孰是非。傅德保身念年事,临歧郑重更沾衣。"这首诗的起句"贪天已罪况居奇"即是指郑孝胥而言。　　　　——《伪满宫廷杂忆》第 71 页

2月3日(辛未十二月二十七日)　刘骧业向陈曾寿谈公谒溥仪情形。致函胡

嗣瑗。

　　刘午园来谈弢老谒上情形。饭后雇汽车至旅顺。至肃邸入觐，不知为乐为悲[1]。

　　　　　　　　　　　　　——《苍虬阁诗集·局外局内人记》第456页

[1] 陈曾植录自陈曾寿2月3日日记。

致 胡 嗣 瑗　　　　　　　　　　　　　　陈宝琛

　　自玉足下：肖旭昨行，寄函计已入览。汪函昨晡始到，与日前面谈略同，而言甚切至明了，恐后时不足以动上听，定园亦嗟叹同之，并由邮致，当阅及。此函发后原田[1]交来午[2]函，盖十九、廿三致豚儿者，于从者行止殊惓惓，以十馀年聚精会神之所规划，而坏于一二人之手，无怪其愤愤，节抄备览。坂西[3]已过大连南去，尚未北来，已询旅馆矣。鄙客腊一行，为君为友，不能不尽吾心，临行晤渔仲[4]，苦口言之，归后犹致函，盖以六十馀年之世旧深交，知其短处，虑其自用以误事，而为之惜羽毛也。彼于足下尚不至媢嫉以恶，特过信其子急于亮功，遂为居奇垄断者所利用。事势至此，岂有不自悔恨，以图补救，特恐狃于负气不肯认错，如王荆公，公宜怜之矜之，勿勉其短而激成之。况同舟遇风，正宜协力以图后效，固非计较短长时也。公谓然否。草草即请茞安。橘顿首，廿七日。

　　闻三省所主各异，若坚持不就，则连鸡之栖亦不相下，不能久也，当就范遥揣有雷否，小儿带回衮[5]笺，另函请公议，或先呈览，何如。

　　　　　　　　　　　　　　　　　　——上海图书馆藏手稿

[1] 原田，日人。

[2] 刘骧业，号午原，陈宝琛外甥。见前。

[3] 坂西，坂西利八郎，日本特务，曾任北洋政府军事顾问。

[4] 渔仲：郑孝胥，下文"特过信其子急于亮功"，指郑垂。

[5] 汪荣宝，字衮甫，太玄。

2月4日(辛未十二月二十八日)　陈曾植悉公抵津，来访。谈赴旅顺情形。

　　闻弢老归，往坐。谈其赴旅顺情形如下：

　　弢老十八日到连，暂憩大和旅馆，约苏庵来见。苏庵怪弢老未先电告，言仓卒赴旅，恐难入见。欲先通一电话至旅。弢老辞之。言此来只尽己之心，若不得见，亦无可如何。遂行。到行在，门卫日人闻弢老来，颇表敬意，立为传达召见。是夜宿旅顺之大和旅馆。次日，又入见。第三日，苏庵父子来，言日欲在大和旅馆开会，旅客均不能容留，催弢老行。弢老言本拟即行，已命幾士、午园（刘骧业）赴连换金票，俟其返即动身也。遂见上陛辞，上嘱至连后稍缓归津。返旅馆,则苏庵父子不待几士、午园归,已代将行李上车矣。弢老至连,适与几士、午园错过。及二人由旅复返连,乃知非日人开会,实坂垣将到,恐弢老参预,故立促行也。逾日,上派人召弢老复入见。知坂垣见上,言拟建满蒙共和国,请上为总统。上未允。弢老痛陈其不可,请上坚持。临辞言:臣风烛馀年,恐未能再来;即来,亦恐未必能见。愿上珍重。悽然而行。至连,苏庵来,神气不似前此之高兴。言此事是罗叔言办坏,将从此不管。弢老责之言:"汝随上来,不离左右,此事岂罗一人之责? 此时乃言不管,何以对上?"渠默然无辞。弢老遂归。　　　　　　——《苍虬阁诗集·局外局内人记》第451—452 页

　　陈宝琛这次旅顺之行,知道溥仪在郑孝胥挟持之下,已经成为日本关东军笼中之鸟了。自己完全无能为力,只好把希望寄托于求神问卜。他听说天津郊区有一座关帝庙,求签很有灵验,准备去求个签问问吉凶。这时正是隆冬季节,北风刮得呼呼叫,家里人拦不住他,劝他派个人去代求,他生气了,说是"代求则不诚,不诚则不灵",一定要亲自去,而且为了避人耳目,连双套紫缰马车都不肯坐。家人拗他不过,只好雇了两部人力车,由陈几士跟随,一路寻问,找着了关帝庙,求得了一个签,上面写道:

　　"祖亲积德几多年,源远流长庆自然,但使勤修无倦已,天须还汝旧青毡。"

　　陈宝琛恭恭敬敬地把签文抄了下来,带回家,指着"旧青毡"三字对家人解释说:"沈阳是本朝的丰镐旧都,'旧青毡'这个签很不坏。"家里人只好同声附和着说"是个上吉签",陈宝琛似乎得到了很大的安慰。

　　　　　　　　　　　　　　　　　　　　　　——《伪满宫廷杂忆》第 70 页

辛未十二月　冒广生在南京填词"齐天乐"送曹经沅北返,并致候公"新来健否"。

　　冬,曹缨蘅北返,先生作《齐天乐·鸡鸣寺送缨蘅北归》,词云:"天津桥上匆匆别,襟前酒痕犹注。我向江南,君留蓟北,万水千山云树。相望正苦,道一舸西湖,去寻诗侣。数遍归舟,江头日日唱迎汝。鸡笼山雪四霁,故人来不速,携上高处。槛外台城,楼前幕府,值得才人词赋。残年倦归,欢祇送君行,不随君去。傥见陈(弢庵)樊(樊山),问新未[来]健否。"

　　　　　　　　　　　　　　　　　　　　——《冒鹤亭先生年谱》第 302 页

2 月 6 日(正月初一日)　壬申元旦。函致郑孝胥。10 日郑得元日函。

　　得弢庵元旦书。　　　——《郑孝胥日记》第 5 册第 2365 页(2 月 10 日)

2 月 20 日(正月十五日)　上元日与汪荣宝、曹经沅、黄懋谦同游琉璃厂,作七古一首忆旧,诗见《沧趣楼诗文集·壬申上元同衮甫缨衡默园游厂肆》[1]第 239 页。

辛亥曾为宝熙题罗氏《上元夜饮图》，刊于《国闻周报》第 9 卷第 9 期。署弢庵。同期刊有汪荣宝"壬申正月十五日陪听水老人游火神庙列肆明日赋呈"署太玄。

上元，同衮甫、缦蘅、嘿园游琉璃厂。辛亥公题罗氏上元夜饮图，有句云："但愿年年灯月里，论诗说画度元宵[2]"忽忽已廿有一年，因得句云："廿有一番度元夕，未忘夜饮两峰图[3]。"　　　　——《闽县陈公宝琛年谱》第 145 页

[1] 上海图书馆藏"致曹经沅书"手稿作"壬申上元同游厂肆有作"。

[2]《沧趣楼诗文集·瑞臣属题罗两峰上元夜饮图摹本》133 页。

[3]《沧趣楼诗文集·壬申上元同衮甫缦衡默园游厂肆》第 239 页。

壬申正月十五日陪听水老人游火神庙列肆明日赋呈　　　汪荣宝

钜海烽烟照夕明，旧都庙市尚春声。江河浩荡师儒在，风日暄妍杖履轻。闲向尘嚣搜古逸，略从丧乱见承平。集中傥有斜川记，衰钝何期附姓名。

　　　　——《国闻周报》第 9 卷第 9 期 1932 年 3 月 3 日

壬申上元日陪听水师过海王村书肆归途赋呈并柬太玄默园　　　曹经沅

六十年前踏软尘，惟公及见会昌春。欷歔洛蜀当时事，想象欧梅一辈人。撰杖门生今渐老，烧薪陈籍世谁珍。马行灯火还无恙，空巷争看垫角巾。

　　　　——《借槐庐诗集·曹经沅遗稿》第 127 页

2 月 24 日（正月十九日）　汪荣宝、曹经沅招饮广和饭庄。作七古一首，诗见《沧趣楼诗文集·衮甫缦衡正月十九日招集西长安街广和饭庄广和居旧庖也》第 239 页，注："予初居南半截胡同，与子愚先生斜对门，诗孙[1]时为中书舍人，自后三徙，皆近广和居。"

[1] 诗孙：何维朴。见前。

衮甫、缦蘅招集西长安街广和饭庄，广和居旧庖也，犹存旧时宣南风味。公曩居南半截胡同，与广和居相近。　　——《闽县陈公宝琛年谱》第 145 页

民国廿一年壬申（一九三二年）汪荣宝和曹经沅邀请陈宝琛往广和饭庄饮宴，宝琛不胜感慨，作七古一首。　　　　——《听雨楼丛谈》第 81 页

陈曾植致曾寿函云：东北三省实权操于日本顾问之手，毫不能自主，曾寿电询公及胡嗣瑗伪满洲国成立情况。

又上大兄函，将交仲业（溥修）带去。

共和执政，名既不正；而三省实权操于日本顾问之手，间接听其军人指挥，毫不能自主，岂成一国家体制？何苦甘为牺牲？想上必不允。但恐为"终身"二字所动，请力破其妄。自己无实在立足之地，而信他人许我终身。三尺童子，岂受此愚乎？

旋接大兄电,公司(系伪满"共和国"的隐语)来,转螺(陈宝琛,时称陈为螺江太傅)、愔(胡嗣瑗,别号愔仲)至晴初处商量,去一电询之:"公司定货否?盼复。"

——《苍虬阁诗集·局外局内人记》第 453 页

2 月 26 日(正月二十一日) 陈曾植得陈曾寿、胡思瑗函称:日本亟欲成立伪满洲国,溥仪已派郑孝胥、罗振玉赴奉天拒绝。请先告公及胡嗣瑗。

日来公司之说甚紧,居停(指溥仪)已派郑、罗赴奉拒绝一切。好在意坚。惟以后麻烦,不易对付耳。可先告螺、愔。俟郑、罗返,再将详情函告也。

——《苍虬阁诗集·局中局外人记》第 453 页

2 月 27 日(正月二十二日) 陈曾寿来函及家书。陈曾植接曾寿致胡嗣瑗函云:溥仪已被坂垣胁迫接受"执政"名义,嘱即转告公。

得弢老、愔仲、强志、升儿、巽女函。

——《苍虬阁诗集·局中局外人记》第 462 页

致 胡 嗣 瑗

陈曾寿

愔仲仁兄同年左右:自提出大总统后,上极力拒绝。旋派罗、郑、上角赴奉晤坂垣,面尽一切。乃郑一味敷衍,不传本意,毫无结果。昨日坂自来,改为"执政"名目,避去"共和"字样。势在必行。加以威胁。寿与郑父子不免冲突。上不得已,乃允其暂行执政。俟议会议定国体,或为君主,再加审慎,度德量力,以定去就。若民主,则立即辞退。属其将此意宣言之。渠亦允若。惟此局面。明是骗局。但不允则危机立见。其错在离天津,此乃必至之果。叔言此时颇持正论,而已无及,但顿首自咎而已。上属以经过情形转告,属勿过懊恼。请即转告太傅[陈宝琛]。 ——《苍虬阁诗集·局外局内人记》第 454 页

3 月 4 日(正月二十八日) 陈曾寿致函。

致弢老、孝怀函。 ——《苍虬阁诗集·局中局外人记》第 463 页

3 月 7 日(二月初一日) 陈曾植得陈曾寿、胡嗣瑗函,胡函乞秘告公,胡"不受(伪满)任何名位,即空名亦不受"。

接大兄函,晴初函。晴初函中亦言不受任何名位,即空名亦不受,但以白衣追随左右云云。又言曹、汪未必即来,而夫己氏(似指郑孝胥)已短之彼方(指日本),遂闻彼方有于此二人不甚赞成之说。乞与弢丈(陈宝琛)秘言之。

——《苍虬阁诗集·局外局内人记》第 456 页

3 月 28 日(二月二十二日) 陈曾寿来函。

入见。语及夫己氏(似指坂垣[1]),上甚怒。命拟一稿。仲业来,复同入

见。得戕老、惝仲、强志、升儿、巽女函。

——《苍虬阁诗集·局中局外人记》第 462 页

[1] 应为郑孝胥。

4 月 8 日(三月初三日)　什刹海禊集,作七古"壬申上巳禊集什刹海分韵得楼字";陈曾寿藏宋徽宗画"红牡丹",作七律"仁先以红正芍药索和"。两诗均见《沧趣楼诗文集》第 240 页。

上巳,禊集什刹海。

陈仁先藏有宋徽宗画红牡丹巨幅,近作正红芍药诗见寄索和,依韵答之。

——《闽县陈公宝琛年谱》第 145 页

4 月 9 日(三月初四日)　郑孝胥托人致公函。

吴蔼宸来,托携书致戕庵。　　　　——《郑孝胥日记》第 5 册第 2376 页

4 月 16 日(三月十一日)　访许宝蘅。

陈戕老来访。　　　　　　　　　——《许宝蘅日记》第 1383 页

5 月 9 日(四月初四日)　郑孝胥得初一来函。

得戕庵初一手书。　　　　　　——《郑孝胥日记》第 5 册第 2382 页

5 月 10 日(四月初五日)　郑孝胥复函。

复戕庵书。　　　　　　　　　——《郑孝胥日记》第 5 册第 2382 页

5 月 25 日(四月二十日)　入北京德国医院割治额瘤,作七古一首"四月二十日割额瘤",见《沧趣楼诗文集》第 240 页。

公额生瘤已有年所,初但一粟,渐乃隆起,盥洗为梗。有以希运禅师为比,称为肉珠者,名虽美,而疣实赘。虑不割,且将自溃,乃毅然赴院割治。恐家人劝阻,一日晨起自赴医院,比家人闻知,已割去矣。

——《闽县陈公宝琛年谱》第 145—146 页

6 月 4 日(五月初一日)　致函林葆恒。

致 林 葆 恒　　　　　　　　　陈宝琛

韧庵二兄足下:得书知太华之游,继以雁宕,胜情胜具,衰朽羡极而妒矣。观杏诗□佳,何不并两山游草见示耶?墓志是月樵先生否,瑞安[1]之文敢不敬书,但示以尺寸行款,纸格则厂肆可代办也。仁先已行,近状无甚变易,颖生曾为十日之留,过沪如晤及,当叙述其目见。草草手复,即颂时祉。宝琛顿首,五月初一日。　　　——《历史文献·陈宝琛遗墨》第 16 辑第 117—118 页

[1] 瑞安:黄体芳,字漱兰,浙江瑞安人,同治进士,翰林院编修、江苏学政、兵部左侍郎、左都御史。见前。

7 月 13 日(六月初十日) 郑孝胥得来函。

得弢老、吴蔼宸手书。 ——《郑孝胥日记》第 5 册第 2395 页

7 月 18 日(六月十五日) 朱益藩电告刘廷琛[1]7 月 5 日卒,请代递公奏请饰终之典。

他(刘廷琛)在 1931 年与朱益藩结为儿女亲家,1932 年 7 月病逝于青岛。朱益藩写道:"昨与弢师通电,闻台从不日东行,适青岛人来,赍到潜楼遗疏一件,兹封上,伏希吉便带往代递。饰终之典,易名为荣,论其资劳,当非过望,幸公为赞成之。……" ——《末代帝师朱益藩》第 68 页

[1] 刘廷琛:字幼云,号潜楼,江西九江人,光绪进士,翰林院编修、陕西提学使、京师大学堂监督、学部副大臣。

7 月 27 日(六月二十四日) 致函林葆恒。

致林葆恒 陈宝琛

韧盦姻□二兄足下:雁宕游草,读之神往,洵乎得山水之助,放园昨亦来谈及,恨不能□□以从也。胡志纸已送来,命作上月内写缴。目眵指僵,不知能否如愿。闻子质同年今年八十[1],何日生辰。在闽相契至深,虽荒芜不能无以抒意,欲向其世兄取一事略为望如其谥。游不之升则为询公梨山办案详情,并在粤最后战事,此皆生平所不能忘者,亦欲为记其事也。专托专托。衰貌日益疲苶,额创近已脱痂。在津月馀,昨方到京晤季韬,学业至勤可看。草布,即颂跂祺。宝琛顿首,六月廿四日。

——《历史文献·陈宝琛遗墨》第 16 辑第 118 页

[1] 秦炳直,字子质,湖南湘潭人。光绪举人,福州知府、江西按察使、广东提督。"闻子质同年今年八十,"又云"额创近已脱痂"。此函当作于 1932 年 7 月 27 日(六月二十四日)。

年中致函曹经沅。

致曹经沅 陈宝琛

缥蘅仁弟足下:不见又三月矣[1]。得手书并揖公自序凡例,及先传正蒙善俗之刻,不独诵芬,实裨世教,衰朽急于观成,属为填讳,俤即以"世愚弟"署款。揖公乡举似在庚子以后,与舍间有年契也。手复,即颂日祉!宝琛顿首,初五日。揖公并候。 ——《历史文献·陈宝琛遗墨》第 16 辑第 89 页

[1] 1932 年 3 月初曹经沅去东北。"不见又三月"指是年中。揖公:王揖唐。

8 月 2 日(七月初一日) 郑孝胥得来函。

得弢庵书。 ——《郑孝胥日记》第 5 册第 2398 页

8 月 11 日(七月初十日) 函告胡嗣瑗,在京晤日人,均以"前此措注(指策划

溥仪潜赴东北成立伪满)之非"，复辟"不能不资外力，但究以中[国]人为主，必须划清界限，"僻处东北一隅，受人保护，更非长策；奉系军队皆思返东北，亦宜早为策划，毋以资敌，流为寇贼；闻郑孝胥次子郑禹曾对人说不甘为傀儡，似较胜其兄郑垂。信函附有剪报二则。

致 胡 嗣 瑗

陈宝琛[1]

珏公鉴：

得"焦"书，知已上直。伏维帷幕宣勤，无任驰跂。在都晤东人，皆自谓前此措注之非，彼此均患乏才，代者当知所变计。来津知璧孙赳日首途，随访子韩，则以父病为辞，谓须入京一视，热退即踵至。实则鄙先晤衮父，即谓其遣人就商衮甫(不敢入京)，谓无益于事，有损于己，沮之矣！以告璧孙，是晚已行。幸有蔡法平先发其端，或当收效，然亦太迫促也。原田谓卯生于小磯[2]颇稔，是暂时宜缓令东去，幸询酌之。

佩瑜、达泉(杨敬宸子鹤千)连晤数次，皆谓北方已有动机，急欲赴长，面取进止。另纸两分，皆杨所开。丁因足发湿疮，致稽时日，而日来汪、张已起纠纷，杨即虑张去而代者较费事也。末次政太郎与本庄雅故，亦欲趁此时商办。两人中丁甚沉稳，杨较勇往，乞先上陈，此节亦不能不资外力，但究以中人为主，必须划清界限，如果南下收京，则视僻处一隅受人保护者，难易较然，尤宜豫策安全。来见时(末次供给川资)俾尽其说，加以讨论，断非仓卒所能定之也。北直如有变局，奉系皆成客军，将士思归，亦宜早为策划，毋以资敌，流为寇贼，幸与秉钧者商之。

让予(郑孝胥之子，名垂，时为伪国务院秘书官)归伪服务否？炎佐(郑孝胥次子，名禹，亦为伪国务院秘书官)似较胜于兄，闻对人言，亦不甘为傀儡。盛格仍在长春否？可托楫先(佟济煦之字，任溥仪的"宫内府"警务处长)一查。渠资斧无多，久待恐不能归，幸代我时其缓急也。复儿因瘗其妇[3]，下旬始可到。日来为俗事所窘，日无闲趣。仲业临发，草草代面。即颂勋祉，季、焦兄均候。橘顿首，七月初十夜。[4]　　　　　　——《溥仪私藏伪满秘档》第57—58页

[1] 以下致胡嗣瑗各函，均见《溥仪私藏伪满秘档》第57—119页。作信日期除明显舛误加注订正外，均据《秘档》所定公历，附换算农历。信中涉及人物有用隐喻暗称者，今仅就所知写出本名，有关史事亦就所知略加撮述。凡加()处均为原稿中已有，或是原稿注释。

[2] 小磯：小磯国昭，日本军人，关东军参谋长，1944—1945年日本首相。

[3] 长媳邵氏卒于1931年6月(民国二十年辛未五月)。

[4] 信附有剪报二则。

8月18日（七月十七日）　郑孝胥得来函。

得弢庵、霭宸书。　　　　　　　　　　——《郑孝胥日记》第5册第2401页

8月19日（七月十八日）　郑孝胥复函。

复弢庵、霭宸、费地山书。　　　　　——《郑孝胥日记》第5册第2401页

8月21、22日（七月二十日、二十一日）　致函胡嗣瑗，谈及时局及伪满人事；又云：外甥刘骧业受人排挤急欲求去。刘向为公与溥仪同日人之间翻译，避亲不欲自陈，请胡便中向溥仪进言挽留；占卦俟政局更新，秋后北上谒溥仪。

致 胡 嗣 瑗　　　　　　　　　　　　陈宝琛

珏公足下：

仲[1] 回奉，手书具悉一一。鄙于十二晨，再宿而返。已知于、王互调，留（汉代留侯张良，此处暗指张学良）虽辞职，而不离京，然士心已涣，饷源亦竭。至欲贩卖宫中古物。日来以道路谨哗，又登报申辨，政局之乱可知。玉[2] 虽阳狂，终不免嫌于其旧部也，故出之于津。我之局势能转，则彼中之坚者，皆可收而用之。热又警告，以地势论，恐非铁车飞机所易奏效。吕应时需，似为先务，他尚可缓。全权后到，有无变化，只好静以待之，勿先内讧。璧为钳所愚，倾倒孝侯（于学宗之字，1932年任河北省政府委员兼主席），专攻渔仲。实则雾恶浮于其父，如竟有所系援以自固，恐非黜陟之所能及，替人亦实难。无已，则煦（煦治，伪满财政部长）犹可采之，舆论（惠孙亦称之）尚为允治，不知上意如何？翟文选为省长，以清正名，不慊于留而去。日前谈及私产一节，犹为不平。现因避乱京居，不入政界，似可罗致。关东人才，平日耳熟者，尚有数辈，特留犹留此，暂难招徕也。

前函附致李岳生，续开一折，秋后已入蹇卦[3]。蹇，难也，险在前也。滨江水灾示警，反身修德，正应卦象，想已上呈，实望几暇玩《易》以顺天心。鄙于月内俗事粗了，尚拟秋后趋赴左右，以遂瞻就之微忱。彼时政局更新，当有端倪矣。草布，敬请茞安，目眵日甚，下笔直不成字。并候焦、季两兄均安。橘顿首，七月二十日。

　　　　　　　　　　　　　　　　　——《溥仪私藏伪满秘档》第59—60页

盛格仍在长否？托楫先查之。

闻孝同言，午（刘骧业，陈宝琛外甥，曾给溥仪当日文翻译）急欲求去，故立电八字以止之。据原田云：伊与参谋极稔，此时正多商洽之事，即使自揣不合时宜，亦当少忍，以济艰难之局。伊亦病褊急，益以拙讷，然其心术，实有可信，十数年来奔走，不遗馀力，为主人亦半为鄙所感动，此固众目所共见；而疾鄙者，并亦排之，谓伊去则鄙无亲信之舌人，以行其志。而伊以鄙故亦始终不灰

其心，即自旅顺归，至今犹初志也。此亦主人所鉴及，可与患难，不可共安乐，勾践所以见轻于范蠡。主人心地最厚，迥非其比。况今不敢谓即安乐之时，用舍进退，所关至巨。鄙避亲不欲有所陈。献替之便，当为及之。廿一日晨又顿首。

——《溥仪私藏伪满秘档》第 59—60 页

上驻日使馆，任刘骧业充舌人，振玉虑难为己用，且所谋方避陈宝琛，更恐漏言生阻力。知谢介石与万绳栻暱，时客津无所事，邀绳栻合词荐于上，冀取刘骧业代之。……而上任骧业如故。

——《胡嗣瑗日记·附录二　甲子蒙难纪要》第 157 页

[1] 仲：疑为"渔仲"，郑孝胥。

[2] 玉：吴佩孚，字子玉。

[3] 秋后已入蹇卦：《周易·蹇卦》："《象》曰：蹇，难也，险在前也。见险而能止，知矣哉！"

9 月 3、4 日（八月初三、初四日）　函询胡嗣瑗日本陆军大将武藤信义接任关东军司令后表现，郑孝胥致人书有收京相见之语，即"思专恃回纥以为己力"（指返回北京依靠日本实现复辟），本拟秋间赴东北见溥仪，但考虑到"彼（指郑孝胥等）名必我居，功必我立者"不能容纳，故尚思"静候时日"始能决定。向胡嗣瑗推荐"声名尚好"之曾[增]韫，自称前因误荐徐延旭遭谪居二三十年，望胡慎选用人。附函云：外甥刘骧业相从效忠清室，熟悉日本情况，而为人排挤，刘因而求去，望胡对刘"痛切指导"。

致 胡 嗣 瑗　　　　　　　　　陈宝琛

愔公足下：

焦、陶先后交来惠函，聆悉一是。虚谷[1]（武藤信义，1932 年 9 月，被任关东军司令官兼第一任驻伪满大使）新至，有无表现？而江涨成灾，寇氛屡警。国联会议，不日且起纠纷，险难满前，蹇蹇匪躬，正其时矣！夜起（即夜起庵之简称，伪满国务总理郑孝胥之别号）致人书有收京相见之语，是否堂廉确有此计划？然其答蔼辰书，则不著一字，岂得自译传，即思专恃回纥以为己力耶？长沙、令威意固注此，诚得内外交之互应，日后可免责报之奢，目前易收归附之效，而馈铎等等，亦不能不先有所资，彼用力易且不贻对方以口实，致列强之责言，当亦其所乐为。来教所谓宜左右之，免与趣旨相背，诚为要义。秋凉本思趋往瞻觐。为此，又须入都静察些时，亦须题旨准定，方有遵循。彼名必我居，功必我立者，于群荣群立，断不容纳，非主人与虚谷皆有此意，谋断以成，或致岐见错出，自相矛盾，故须言之于豫也。

朱子乔曾拟出关办赈，而为人所阻，可惜。翟君尚住旧京，如欲用之，当劝其东归。闻曾[增]子固[2]（名辐，清代曾任新民府知府）宦辽，声名尚好。近在北满营业，如起以抚绥灾地，安辑杂居，或当胜于武健之吏。鄙为徐小山[3]谪罢二三十年，今又以不识面之人用耳为目，以公等朝夕左右，以人事君为第一义，故言之以备考察。备夹袋。季兄久值枢垣，又浙人，当较详知之也。

目昏日甚，亟须到京配镜，作书直不成字；上颚仅存两齿，近又动摇，亦须拔尽另补。月内如尚壮健，当可趋前奉晤。小女昨始随婿南下，承惠感媿。词屏已得三幅，能得暇藻就，迟早不拘。惶恐惶恐。顺颂荩安，季兄并候。弟名心印。八月初三日。

    ——《溥仪私藏伪满秘档》第60—61页

效坤被刺[4]，陶公气为之沮。定园一函，属觅便人托带，查子涵尚无行期，兹托"每"代寄。

午甥涉世本浅，性复褊狷。旧时体制多所未谙，特取其素性爱好，相从效忠，出于诚悃，虽屡挫而志不渝，其见赏于公者，亦即以此。自去岁奉派，往还频数，随鄙奔问旅顺，而不得见。谕传保全之意，令勿灰心。此次幸得瞻仰，又为"同"所排，其于"壁"本亦至稔，想亦积薪居上，所谓黯褵正不能无少些也。其悻悻求去，以视挟客制主，患失无所不至者自不可同日语，然此等小丈夫之所为，交友尚不可，何况事君？且当此险艰满前，尚非晋文返国之时，岂可自比介之推，已作函晓之。其于邻人派别最明晰，首尾贯串，多事之秋，似不可舍之使去。晤时乞痛切指导之，弟东去恐尚需时也。报谓虚[5]十日后方入见，此时想尚无动静耶。草草，再颂日祉。弟又顿首，初四晨。

    ——《溥仪私藏伪满秘档》第61—62页

[1][5]虚谷：武藤信义，字虚谷。时由日本陆军教育总监调任关东军司令官，后兼日本驻伪满首任全权大使。

[2]增子固：增辐：字子固，蒙古镶黄旗人，满清最后一任浙江巡抚。附生出身。奉天府尹、湖北、直隶按察使、布政使、浙江巡抚。

[3]徐小山：徐延旭，字晓山。见前。

[4]效坤被刺：张宗昌，字效坤，1932年9月3日被刺于津浦铁路济南站。

9月16日（八月十六日）　致函胡嗣瑗介绍日人坂西来见。

致 胡 嗣 瑗
                        陈宝琛

晴初仁兄大人阁下：

坂西君回国，道出长春。闻有三四日之留。其在华三十馀年，国事人才，皆所素稔。杏、宝二公，尤与之习。于公凤已心契，而未谋面，晤接当有针芥之投。行都当事，则已久在目中也。专布，即请荩安。宝琛顿首。十六日晨。

    ——《溥仪私藏伪满秘档》第62页

9 月 25 日（八月二十五日）　《京报·图画周刊》刊照片"古色古香：废都之书画名流林开暮、陈宝琛、洪毅。"

八月　《湖社月刊》刊手书"戊午六月望后戒坛、潭柘寺游"组诗六首中四首，题识"戊午六月戒坛游，涧壑能为盛夏寒，未霜林叶已微丹，潺潺洗出中秋月，拥褐深宵数起看。□□□□。壬申八月八十五叟陈宝琛。"诗见《沧趣楼诗文集·六月望后匏庵芝南珍午贻书幼点嘿园约为戒坛潭柘之游予先一日至三宿而归》第 176—177 页。此书屏分别刊《湖社月刊》1932 年第 59 期和 1933 年第 62 期。

10 月 8 日（九月初九日）　重阳，作七律一首次韵郑孝胥。见《沧趣楼诗文集·次韵苏龛壬申九日》第 242 页。

九　　日　　　　　　　　　　　　　　　　　　　　郑孝胥

壮年犹记戍南荒，晚间空桐惜鬓霜。自审岂甘作遗老，独醒谁与遣重阳？菊花未见秋无色，雁信常迟海已桑。定有馀黎思故主，登高试为叩苍苍。

——《海藏楼诗集》第 397 页

10 月 9 日（九月初十日）　至大连。

午原电话，弢庵已至大连。　　　　　——《郑孝胥日记》第 5 册第 2415 页

10 月 10 日（九月十一日）　在长春，寓交通银行。郑孝胥夜宴请，同席有日本贵族议员赤池浓，及子懋复、侄懋鼎、甥刘骧业、吴蔼宸、张藻宸等。

夜宴贵族院议员赤池浓等于贵宾楼。弢庵、徽宇、幾士、吴蔼宸、张藻宸、刘午原皆来，寓交通银行。　　　　——《郑孝胥日记》第 5 册第 2415 页

10 月 11 日（九月十二日）　郑孝胥至交通银行来访，并晤子懋复、侄懋鼎、甥刘骧业。

至交通银行视弢庵，状颇清秀，额瘤已消；为说半年以来情况。晤幾士、徽宇、午原。　　　　　　　　——《郑孝胥日记》第 5 册第 2415 页

10 月 12 日（九月十三日）　访郑孝胥。

弢庵、子献来。　　　　　　　　——《郑孝胥日记》第 5 册第 2416 页

10 月 15 日（九月十六日）　郑孝胥、郑垂父子与吴蔼宸同来访。

与蔼宸、小七同过弢庵。　　　　　——《郑孝胥日记》第 5 册第 2417 页

10 月 16 日（九月十七日）　郑孝胥来访，同游西园；在郑寓晚饭，侄懋鼎、子懋复、甥刘骧业等在坐。

过弢庵，同游西园，林叶半黄，水次小坐，同来寓中晚饭，徽宇、幾士、午原、蔼宸、藻宸皆在座。　　　　　——《郑孝胥日记》第 5 册第 2417 页

10 月 20 日（九月二十一日）　陈三立八十寿辰，作七律寄庐山称祝。诗见《沧

趣楼诗文集·散原少予五岁今年八十矣记其生日亦九月赋寄庐山》第243页。

八十生辰,亲朋友好来山相贺者众多,寄诗相祝者更夥。

陈宝琛《散原少予五岁今年八十矣记其生日亦九月赋寄庐山》(《沧趣楼诗文集》页243)。

李渔叔《鱼千里斋随笔》"散原诗"条:"散原七十初度,时在庐山,螺江陈弢庵太傅年已八十馀矣,于旧京寄诗为寿,有'为问鄱阳湖上月,可能重照两龙钟'之句,散原读之曰:'吾师正念我。'即日命驾北上,敬问起居,前辈重视师门,风谊之笃如此。散原,弢庵典试所得士也。"(卷上)

案:"七十"当为"八十"之误。

——《陈三立年谱长编》下册第1433—1435页

陈散原,公壬午所得士,名为师弟,实仅少公五岁。今年九月,为其八十诞辰。公贺以诗,起句云"平生相许后凋松"盖当年试题即为"岁寒然后知松柏之后凋也"。散原以为诗古诗文辞名海内,国变后遂隐居庐山不出。

——《闽县陈公宝琛年谱》第147页

民国二十一年,散原八十岁。老师送门生寿诗有一句"相期无负后凋松",这是师生二人的场中故事。壬午那年,江西乡试的题目"岁寒然后知松柏之后凋也"。散原的文章做的入木三分,太傅击节欣赏,深深印在脑海里。到了八十高年,身经陵谷海田之变,不觉想起当年的文字因缘,恰似为白头人写照,这也是佳话。

——《晚清民国史事与人物:凌霄汉阁笔记》第338页

10月21日(九月二十二日) 明日八十五岁寿诞。与侄懋鼎同访郑孝胥,郑作诗贺寿,诗见《海藏楼诗集》第397页。作"次韵酬苏庵",见《沧趣楼诗文集》第242页。

作诗寿弢庵,明日生日,八十五岁。弢庵、徽宇同来,劝以伯平为秘书长。"天回朔漠作神京,国老东来举世惊。八十五龄真好汉,重阳半月见耆英。中兴方略资长策,北地雄豪待主盟。细楷清诗时一出,知公不减旧心情。"

——《郑孝胥日记》第5册第2419页

10月22日(九月二十三日) 八十五寿辰,郑孝胥来祝寿。

过弢庵祝寿。 ——《郑孝胥日记》第5册第2419页

10月26日(九月二十七日) 郑孝胥来访。郑拟聘侄懋鼎为伪满文教部礼教司长。

过视弢庵。……至文教部,拟延陈徽宇为礼教司长。

——《郑孝胥日记》第5册第2420页

九月　冒广生晤林开謩,林告公福州近况,冒以诗寄公。

晤林诒书,林以告陈弢庵福州近况[1],先生甚慰,以《游罗浮十首》《挽刘幼
云》寄福州陈弢庵。　　　　　　　　　　　　——《冒鹤亭先生年谱》第325页

[1] 时公已离闽,冒《年谱》疑误。

11月5日(十月初八日)　郑孝胥来访。

视弢庵,今日始寒。　　　　　　　　　　——《郑孝胥日记》第5册第2423页

11月9日(十月十二日)　往视郑孝胥疾。

弢庵来视疾。　　　　　　　　　　　　　——《郑孝胥日记》第5册第2423页

11月10日(十月十三日)　晚,郑孝胥来访。

晚,过弢庵。　　　　　　　　　　　　　——《郑孝胥日记》第5册第2423页

11月13日(十月十六日)　访郑孝胥。

弢庵来,交张[陈]元恺条。　　　　　　　——《郑孝胥日记》第5册第2424页

11月20日(十月二十三日)　访郑孝胥。

弢庵来谈。　　　　　　　　　　　　　——《郑孝胥日记》第5册第2426页

11月21日(十月二十三日)　溥仪(时为伪满洲国执政)同武藤信义(关东军
司令兼日本驻伪满洲国大使)秘密谈话,谈及传言公反日态度。

执政:……有些满洲人彼此拉帮结派,陷害他人,对此深感遗憾。

陈宝琛一事便是其中一例。有一派人攻击陈氏,并向日本人传言,使得日
本人中有人以为陈氏抱有反日思想。这对他本人来说实在是可悯之事,之所
以招惹到怀疑,想来有此一二原因。当年我在天津被怂恿旅顺之行时,陈氏认
为这是关东军意向,因此有必要派人到日本,确认日本政府的本意,然后再决
定北上也为时不晚。对我旅顺之行持反对意见的一派又故意煽风点火,使得
一直忠实的陈宝琛也表示反对我去旅顺的意见,有人便凭借传言,说陈宝琛抱
有反日想法。在近日,更有人说,陈氏指责郑国务院总理在国务会议上经常不
发言,只是作会议记录,态度极为懦弱。陈氏与郑总理是同乡,并且是与郑总
理的祖父同年及第的前辈,因此俩人关系极为亲密,陈氏为此做了两首诗讥讽
上述留言,传道外界后又有人散布说,这是嘲笑日本的诗,这件事与天津时的
误传一起被一些对陈氏不怀好意的帮派利用,成为攻击陈氏的材料。……这
位德高望重的老师正身负冤罪,望对此事有所了解。

大使:自己并不知道陈宝琛这个人。完全如同白纸一张,因此听到对此
人的评论便会有所考虑,又有人说,据这些事情看来此人有反日思想,我也会
有些想法。现在听了执政的说明,对陈氏这个人和他所做的事也开始了解了。

执政：我并非一定要此人任府中令，只是不忍看老人没有任何缘由地背负恶名被怨恨。此人在天津时好像和谢介石之间缺乏沟通，当时有人传言我在旅顺时，陈宝琛把吉林的熙洽寄给我的一笔钱抽出了一部分私自使用，这又是毫无根据之说。在旅顺时，熙洽从未寄钱给我，而是由谢介石寄给我的。

大使：有关陈宝琛，虽然现在恭听说明后已很明白，但如立刻任命其为新设的府中令，即便先前对他的攻击是毫无根据，但因为反对派还是存在，恐怕这反而会对陈氏不利。在当前的情况下，不如暂时不任命任何人担任府中令一职，暂且搁置，等过一段时间，可任命陈氏为府中令或是其他合适的职务。

执政：我也完全持有相同的想法，应该这样处理。

——《溥仪的另一种真相：秘藏日本的伪满皇宫最高机密》第53—54页

11月26日（十月二十九日） 《大亚画报》第344期刊秋白"陈宝琛出关记"。

自称清太傅之陈弢庵，已古稀衰翁。溥仪出关时，翁曾苦谏，未蒙采纳。郑苏戡则随节至长春。时人对二老之忠佞，已有薰莸之批评。前月陈忽由津移居大连，海内报纸曾大书志述。据闻陈到连小住后，延至十月初旬，始往长春，路过沈阳，且逗留一日，十日晚抵长，下榻于城内西三道街交通银行。随行有秘书陈希颜、日文翻译刘正中等五人。十一日略事休息，十二日往谒溥仪。郑孝胥诸人，有所周旋。是日溥仪设筵宴陈，至下午四时始辞出伪政府。席间因日人监视，与溥仪所谈，仅空泛之应酬语，殆恐贾不测之祸也。陈在长处于日人视线下，不能活动，匆匆遽返大连。

——《大亚画报》第344期1932年11月26日

11月27日（十月三十日） 访郑孝胥，告将返北京。

弢庵来，言将归北京。 ——《郑孝胥日记》第5册第2427页

12月2日（十一月初五日） 夜，郑孝胥宴请。

夜，宴弢庵。 ——《郑孝胥日记》第5册第2428页

12月9日（十一月十二日） 向郑孝胥辞行。

弢庵来辞行，将以十四日行。 ——《郑孝胥日记》第5册第2429页

12月10日（十一月十三日） 郑孝胥来访送行。

视弢庵，即送其行。 ——《郑孝胥日记》第5册第2429页

12月12日（十一月十五日） 在长春逗留两月馀，见溥仪已入日本牢笼，怀中密折亦无机会奉上，即离长春南返。"壬申密折"见《沧趣楼诗文集》第897页。作七律"车发长春寄别送行诸君子"，见《沧趣楼诗文集》第245页。郑孝胥到车站送行。

至车站送弢庵行。　　　　　　　——《郑孝胥日记》第 5 册第 2429—2430 页

和弢庵留别韵　　　　　　　　　　　　　　　　郑孝胥

忽忽残年过七旬,岂能忘患欲忘身。榻傍未可容鼾睡,海内谁云等比邻。聊以神州喻唇齿,忍看诸夏废君臣。弢翁老去名尤重,应仗新诗悟国人。

　　　　　　　　　　　　　　　　　——《海藏楼诗集》第 399 页

　　九月,赴长春省问清帝,怀密折上之。有"陛下以不赀之躯,为人所居为奇货,迫成不能进,不能退之局,而惟其所欲为。始则甘逼挟,谓事可立成;既悟其诳矣,而经旬累月,恣为欺蒙,则先之以谢某之尝试,而后使外人出面强以不可从"等语。折稿藏袒服内,易箦时家人始捡得之,属草残纸细字涂乙,仅可辨识。今附刊奏议之末者是。

　　公在长时,同人有诗钟之会。诗钟本盛行于闽,公固优为之,且素有"钟圣"之称。会有以"中日"二字命题者,公得联云:"日暮那堪途更远,中干其奈外犹强。"一时传诵,甚为日人所忌。公归京后,土肥原即来造访,强荐一日人为懋需、懋随教授日文,实存监视之意。

　　公居长两月馀,见清帝已入牢笼,事难自主,知无可为力,乃别帝曰:"臣风烛残年,恐未能复来,来亦恐不得见,愿帝自重。"车发长春,有寄别送行诸君子诗曰:"渡海瞻天亘八旬,哀癃乞得自由身。"又有和苏龛诗曰:"诸君好勒溪溪颂,老我归寻息壤盟"等句。　　　——《闽县陈公宝琛年谱》第 146—147 页

12 月 13 日(十一月十六日)　乘车经沈阳至大连,在沈阳连发两函致胡嗣瑗。日人吉田来,约到天津再晤。

致 胡 嗣 瑗　　　　　　　　　　　　　　　　陈宝琛

　　昨缄计先达,今早吉来,所语均极切至。自称愿尽微力。所有为难情形,不妨尽量与说,彼就近可与虚谷熟筹办法,虚谷与彼亦有相当交情也。

　　清恙悉平否? 能即为上达,言可前定为佳。彼下午行,在长两宿即到津,告鄯以所经历情形。午生[甥]即随鄯赴津候之。匆匆续达,即颂茇安。季兄均候,名心印。　　　　　　——《溥仪私藏伪满秘档》第 62 页

作诗并书条幅赠吉田大使[1],《沧趣楼诗文集》未收。

　　八年航遍大瀛环,肤使西退拥节还。厂肆按图收古玉君收藏古玉甚多,郊游循辙揽春山。敦盘唇齿无穷事,文酒萍蓬一晌间。羁绁馀生见颜色,别来弥自愧衰孱。吉田大使公暇见访,喜晤赋赠似正。八十五叟陈宝琛,钤印。

　　　　　　　——2019 年苏富比香港春拍"吉田收藏民初书法"

[1]吉田大使:吉田伊三郎,日本京都人,见前。时任国际联盟"李顿调查团"日方代表,9 月

始同调查团赴中国各地视察。

12月15日（十一月十八日） 函告胡嗣瑗晤见李经方，知中俄已复交，日本不免狼顾。形势变化，前途"正难逆料"，"只可居易以俟之"。乘"天潮丸"返天津。

致 胡 嗣 瑗 陈宝琛

自玉仁兄：

在沈连发两函，能否应时即到。夜询肖旭，知玉体已康，上直如恒为慰。十六来连，天潮丸阻风未至，今晨始到，下午即开。晤伯行，知中俄复交已成，东邻不免狼顾。浮云万变，未来事正难逆料，只可居易以俟之耳！长平丸顷已到连，吉田本约乘此到津再晤。有谓其本国促令早归者，不知其仍游京津否？倚衰草草再布，相去日已远矣。即颂荩安。橘洲顿首，十八午刻。

季兄均此致候。闻炎佐来，已电传其来庽一谈。

——《溥仪私藏伪满秘档》第 63 页

12月16日（十一月十九日） 船至塘沽，傍晚到天津。函告胡嗣瑗离长春返天津行程，附"车发长春寄别送行诸君子"诗，见《沧趣楼诗文集》第 245 页。

致 胡 嗣 瑗 陈宝琛

昨四钟，天潮丸始开。船窗梦醒，犹疑在蔡[葵]园前厅也。日前长平丸到海口阻风，并塘沽而不得至，小船盘载，极为艰辛。今日海波如镜，傍晚可以抵津，可谓天意怜幽草矣！前诗太草草，乘便寄请削正。舟行无事时，吟另数字，写乞正定。到津后鱼雁较滞，来鸿有便，幸时惠数行。闻虚谷十二日有两时之谈，能融洽否？此船明日开。草草附寄，当可速达。即颂珏兄荩安。橘顿首，一九日中刻，舍甥小儿随叩。

来书如寄原田转交（法界中华汇业）较可，详言妥达。

附：七律一首：车发长春赋别送行诸君子[略，见前]，自玉仁兄教正。宝琛。

——《溥仪私藏伪满秘档》第 63—64 页

12月23日（十一月二十六日） 在天津函告胡嗣瑗报载国际社会"于满事极为轩豁呈露"，无人承认"此虚构之独立国"，即日本亦无此要求，然则有举莫废，亦视此后之能否勉副独立二字；对郑孝胥所聘日本顾问"能否得人"深为悬挂。

复 胡 嗣 瑗 陈宝琛

自玉仁兄足下：

到津七日，人事杂遝，尚未上笺。顷奉惠书，并诵和什，一往情深，三复黯然。吉田到津一晤，备述主人眷遇之隆，曾以忍耐为言。入都两日，当复过此南下也。

京津月来，讹谣颇盛，近稍平息。《大公报》连日载英文报论，于满事极为轩豁呈露，其曰无人对此虚构之独立国加以承认，即日本亦无此要求，然则有举莫废，亦视此后之能否勉副独立二字，以求为可，承认已耳！

虚谷受事后，旬必一见，于建国规模，有无裨赞？夜起所聘顾问，能否得人，实为系怀。午甥送吉田行后，过家一视。上意如有所属，奉电即驰至前。苍虬［陈曾寿之字］本拟月初首途，因博勤约同行，明日遄发。侗儿不及附伴，少迟即北上。匆肃，即请芝安。宝琛顿首，十一月廿六日夜。季兄并候。

昨访宝臣将军，见其壁悬寿联，知其今岁七十，而子质、伯严俱年八十。子质曾奔问沽上，应否上闻，补辞匾额，乞酌。

——《溥仪私藏伪满秘档》第64—65页

十二月　为《会城杜氏增修族谱》作序。

《晋安会城杜氏增修族谱》序　　　　陈宝琛

尝怪今之人竞言合群爱国而务戕人亲亲之心，以破除家族宗法相标榜，谓如是而后进于文明。民德之所以日薄，人心之所以日涣，以致国势岌岌危亡无日者，岂不以此乎？孟子曰："其所厚者薄，无所不薄也。"人以一身处于天下，一则国为本；以一身处于国，则家为本。不爱其国而能爱天下者，未之有也。不爱其家而能爱其国者，亦未之有也。爱其家则有收族之义焉。爱其国则有合群之道焉。族也者，亲属之相聚者也。群也者，众人乎？合群之必本于收族，不易之理也。三代以降，敬宗收族之制不存，然其意来尝亡也。敦厚明理之家，必置宗祠，修谱牒，以致其亲亲维系之谊。然能是者，固已解矣。况在于今，方以宗法家族为诟病，务尽破之以为快。则不惑于邪说，不移于流俗，而汲汲注重于此者，不尤难能而仅见者哉！杜君绶臣感于敬宗睦族之谊，必以谱牒为先，于旧谱久佚之馀，勤心采辑，以成斯谱，痛心邪说诐行之焰炽，当举世披猖之日，独深致其追远反始之诚，非天性笃厚，信道坚确，安能卓然不惑若是。然则是谱之作，非徒联属其族人，亦将以风示薄俗，存人道于几希也。意义之重，尤非昔之作族谱者比矣。杜君示予以自序之文，予读之而叹君之用心，非今世人所能有也。乃申其意为序而归之。壬申嘉平闽县陈宝琛谨序。

——《晋安杜氏族谱》

是年　八孙绵[1]生。

[1] 绵：懋民次子，1973年卒。

为金肇基《雪中失驹图》题七绝一首，并冠以小序。诗《沧趣楼诗文集》未收。

序云"青浦金君肇基,以其十龄儿家驹慧胜常童,于去年十二月婴疾而殇,君思子情切,乃绘《雪中失驹图》征题及余。"诗云"十年教育累亲师,千里飞黄一瞬驰。若得死绥今社稷,国觞今可埒汪踦。"

——《闽海过帆·陈宝琛抑郁以终》第41页

陈夔龙(庸庵)重游泮水,次韵七律四首,见《沧趣楼诗文集·庸庵尚书用瓯北先生韵重游泮水宫诗征和寄答四律》第241页。

为何振岱长子何维刚(敦畴)书扇面,词作"齐天乐早蝉"、"醉乡春酒痕"。见《沧趣楼诗文集》第286—287页。题识:敦畴世讲正律,八十五叟宝琛钤印。

为七侄懋丰(来章)手书诸葛亮《诫子书》直幅:

静以修身,俭以养德,非淡泊无以明志,非宁静无以致远。夫学须静而才须学也。非学无以广才,非志无以成学。　　　　——编者家藏原件

为福州著名百货商号"恒盛"署店名。

与柯劭忞、陈三立等百馀人为天津徐世光[1]逝世三周年发征文启事。

贞惠先生逝世三周年征文启　　　　　　　陈宝琛

天津徐友梅先生盛德清节,照耀环宇,宝琛等幸承馨欬,饱挹馀芬。于其逝也,曾拟以"贞惠"二字为谥,征诸公论,万众翕然。其公子辈赋性纯孝,款款之诚久而弥笃,既已遍求当代儒宗为铭幽表墓之文,而当日诔词、挽联哀集以待刊者,将于兹而观成焉。今届先生逝世三周年之辰,流光水逝,忽已三年,亦必有不胜惘惘者。其公子辈仍拟广求达人、长者,锡以翰芬。无论诗文及篇幅长短,果使珠玑落纸,定教圭璧增辉,则诸大君子之高谊宏文,将与河山并寿矣。犹忆丙寅岁,先生甫登七秩,公子绪通适宦京曹,与王聘卿、赵次珊、孙慕韩[2]先生时相过从深受推重,因请发起征文,藉祝稀寿。先生闻之,特谕绪通严词阻止。夫备德而弗自有者,哲士之虚怀;而表扬唯恐不尽者,人子之孝感。况典型伊迩,具足以匡时,而范俗表章之以为世法,亦后贤所有事也。倘蒙俯赐褒题,播之歌咏,则感溉者,固非独其公子辈已也。拱候濡毫,至深延企。事实附后,敬备采择。　　——《贞惠先生逝世三周纪念征文启卷》

[1] 徐世光,字友梅,见前。

[2] 王聘卿:王乃征:字聘三,四川申江人,光绪进士,直隶按察使、顺天府府尹、贵州布政使。赵次珊:赵尔巽,见前。孙慕韩:孙宝琦,见前。

《辽东诗坛》1932年第76期刊公诗"众异[1]以芷林[2]先生青灯有味图遗照属题",署陈弢庵。诗见《沧趣楼诗文集·梁退庵先生青灯有味似儿时遗照为公曾孙鸿志题》第232—233页。

[1] 众异：梁鸿志,梁章钜孙,见前。

[2] 芷林：梁章钜,见前。

是年文

壬申密折　　　　　　　　　　　　——《沧趣楼诗文集》第 897 页

是年诗

壬申上元同衮甫缦簃默园游厂肆　　——《沧趣楼诗文集》第 239 页

衮甫缦簃正月十九日招集西长安街广和饭庄广和居旧庖也

　　　　　　　　　　　　　　　——《沧趣楼诗文集》第 239 页

壬申上巳什刹海禊集分韵得楼字　　——《沧趣楼诗文集》第 240 页

仁先以正红勺药索和　　　　　　　——《沧趣楼诗文集》第 240 页

四月二十日割额瘤作　　　　　　　——《沧趣楼诗文集》第 240 页

题仁先纪恩室　　　　　　　　　　——《沧趣楼诗文集》第 241 页

庸庵尚书用欧北先生韵重游泮宫诗征和寄答四律

　　　　　　　　　　　　　　　——《沧趣楼诗文集》第 241 页

次韵壬申九日　　　　　　　　　　——《沧趣楼诗文集》第 242 页

次韵酬苏盦　　　　　　　　　　　——《沧趣楼诗文集》第 242 页

散原少予五岁今年八十矣,记其生日亦九月赋寄庐山

　　　　　　　　　　　　　　　——《沧趣楼诗文集》第 243 页

肃忠亲王中原驻马图为王子宪真题　——《沧趣楼诗文集》第 243 页

赠族子樵琴　　　　　　　　　　　——《沧趣楼诗文集》第 243 页

清宫良齐宗亲黔游得王文成铜像其师三岛中洲毅为之记庄卷属题

　　　　　　　　　　　　　　　——《沧趣楼诗文集》第 244 页

辽阳黄黎雍式叙征题千山觅句图久无以报东来题寄

　　　　　　　　　　　　　　　——《沧趣楼诗文集》第 244 页

金静庵毓黻黄黎雍来访旋别却寄　　——《沧趣楼诗文集》第 244 页

袁洁珊参议金铠用京惊韵见赠次和兼以留别

　　　　　　　　　　　　　　　——《沧趣楼诗文集》第 245 页

题万公雨葵园剪烛图予寓居即公雨经宿处葵园前厅也

　　　　　　　　　　　　　　　——《沧趣楼诗文集》第 245 页

车发长春寄别送行诸君子　　　　　——《沧趣楼诗文集》第 245 页

1933年(癸酉　民国二十二年)　86岁　北平、大连、长春

日本侵犯华北,占热河(1—3月)。

南京国民政府币制改革,废两改元(3月)。

中日签订《塘沽协定》。(5.31)

十九路军发动闽变,成立"中华共和国人民革命政府",旋即失败。(11.20)

柯劭忞卒,年八十四。吴士鉴卒,年六十六。

溥仪派出第一批"满洲国陆军将校候补生"赴日留学,建立护军。

1月17日(壬申十二月二十二日)　　函告胡嗣瑗热河边境局势,日本侵迫,京津不稳,张学良一去,"前敌败溃,益难制驭",蒋日"久已默契",张被愚弄,东北四省倘能"画疆自守",清室"生聚教训",则复辟可期。

致 胡 嗣 瑗　　　　　　　　　　　　陈宝琛

珏公足下:

　　侗儿[1]带呈一函,当蒙鉴及。日来热边各军云集,而战讯反见沉寂,闻因榆关之役,舆论弗善,故须改定方略,然京津迁徙纷纷,犹未有已。盖虑留侯一去,所部肆掠,且前敌败溃,益难制驭,先有安福欲出乘机树帜之说,近又谓刘峙一军,不日移来,证以子楷徙至且久驻,是所传青骨北徙,不尽无因。渠与邻人久已默契,"留"为所弄,始终不悟,此时似不能不去矣!果尔,又是一局面。四省诚能合并,暂且画疆自守,生聚教训,以待时机,王道固无近功,不知秉钧者近又作何计划也。

　　达久未归,是否仍滞留新都? 三九严寒,衰病之躯,蛰伏一楼,勘所闻见。昨雪新霁,日内当往定园一谈。午原以姊病未来,亦欲闻其令叔所云也。闻椒风[1]病瘅,鄙昨晚亲访相医,则谓无妨,但血虚宜善养,近见瘥否? 是否仍服西药? 苍虬(陈曾寿之字,曾做溥仪之妻婉容的师傅,时任伪满政府内廷局长)闻已就职,有嗣伯为辅,大可无为而治。惟才如嗣伯,当此用人之际,岂能久屈下僚耶? 缉庭来告行。草草奉布,即颂荩祺,不既。橘顿首,十二月廿二日。

　　闻公雨暴病甚剧,已愈否? 甚念。　　　　——《溥仪私藏伪满秘档》第65页

[1] 侗：次男懋侗。

[2] 椒风：疑指淑妃。

1 月 27 日(正月初二日)　复函胡嗣瑗告热河战况，蒋介石忽召段祺瑞南下，想藉段同日本直接交涉，蒋一旦迁就日本，将伪满视同蒙藏，则清室"进退两难，不可不虑"。

致 胡 嗣 瑗　　　　　　　　　　陈宝琛

珏公坐下：

子固过津，奉到廿四日手教，祇承一是，联会将次见底。热战仍在相持，柯古（唐朝人段成式，字柯古，此处借指段祺瑞）忽应青溪（水名，发源于南京钟山，此处借指蒋介石）之召，出人意表。数月以来，其党蠕蠕欲动，而无实力。青溪乃利其与邻（东邻，指日本）有素，引为己助，以备直接交涉。遂使庐鹊一辈，咸戢野心，老濞子邻亦失牙爪，其上选之摩诘弗与，两家仍留沽上，与南来之梦得相策应，人才固足用也。至救热声势甚张，然前驱尽杂号将军，敌若大至，溃逃恐所不免，都人相惊即以此。留能留否亦视此。柯可坐观成败，而收其利矣。报载柯在南中，昌言不先还领土，不能开议。彼之性愎护前，固当如是。此则专恃邻之始终坚持，窃虑其近正种种机隉[陧]，国论亦甚纷纭，万一势须迁就，纵不至如伯行所言，但视同蒙、藏，已非我所甘受，则进退两难，不可不虑。此则固非虚谷所能主。彼果能赞成我之实现独立，使我可洗傀儡之垢，彼亦包有统监之嫌，不亦厌人心而息众议乎？是在秉钧者之开诚晓辞也。前此民意请愿，既经沮解，嗣后有无继起，我之私产售价，存于清河氏者，曾否清算？目下期月已近，去留均不能不予[预]为备。絜珊（袁金铠之字，任伪满参议府参议）颇负人望，公常晤之否？欲得民心，必须周知民隐。邦之新造，诚信未孚，兵革之后，拊循尤急。有人才而后有吏治，老生只能为常谈。开国以来，惟中央银币一事，最惬舆情。闻近颇落价，确否？殊念念也。

杨尚未来，承嘱当默识之。讹谣少止复作，盖谋移古物者，藉是以荧众听，不售其计不止。鄙回京四旬，衰茶畏寒，一楼蜷卧，本拟入都度岁，兼可就医，闻英三开正即行，为缓数日，只多半日车程，麟羽较不便矣。侗儿谫陋寡识，叨为任子，幸推爱时加训迪。艮[1]又辱公启事，感何可言。独居深念，率布，惓惓。敬颂新厘，并请苊安。橘顿首，正月初二日。

——《溥仪私藏伪满秘档》第 65—66 页

[1] 艮：三男懋艮。

2 月 1 日(正月初七日)　致胡嗣瑗函云，英国偏袒日本态度日渐暴露，有人谓段祺瑞为避嫌,故唱抗日高调;日人坂垣常对人言,伪满人才缺乏,不满胡嗣瑗"薰莸之不同器"(指与郑孝胥不能和谐共处)。录所作万绳栻挽联寄胡:"未忘竹醉壶觞,八载倡酬接衡宇;忍忆葵园灯烛,三旬离隔邈山河。"

致 胡 嗣 瑗 　　　　　　　　　　　　　　　　陈宝琛

愔公足下:

英三至今未行,前函即托仲业带呈。数日来闻见不无少异,则英之袒日渐露,日议已趋一致。或谓柯古以避嫌故唱高调,非有他意。惟恭邸毫无风影,而下令通缉,岂非自造空气,此皆见于报章者。古物之能否为市民阻止起运,尚须观其究竟也[1]。所急之者,一年之期已近,不能不予[预]筹表示,夜起有无计划,公意如何? 前月板桓来此,对人屡言新国之乏才,并不满于公薰莸之不同器,各于其党,固无足怪,恐于其党,亦不为青眼也。今日报登一则,谓是新国通信,有其事否? 足下就近当知之。

公两[雨]才气迈往,可惜不永,挽以一联云:"未忘竹醉壶觞八载倡酬接衡宇;忍忆葵园灯烛三旬离隔邈山河。"语虽凡浅,却颇切实。旧人零落,与公同此情也。

旬来绝少下楼,腰疲足弱,衰态日增。明晨入都就医,并过定园,节后或当来津,仲业彼时可归,可读音矣! 午甥妇病新愈,当促其行。多事之秋,惟心脊可恃者,便于驱策耳,公当谓然。灯下目昏,草草再布。即颂荩祺。橘顿首,初七夕。

顷仲业电话来云,接长春电,止令勿行。适后藤领事明晨东渡,托其带呈。复信如无便人,则寄领事馆转致,当不误投。

　　　　　　　　　　　　　　　　　　　——《溥仪私藏伪满秘档》第67页

[1] 1月17日国民党中常会作出(故宫)古物南迁的决定,遭到北平民众反对。

2月16日(正月二十二日)　　函告胡嗣瑗近况与在京见闻。日本侵华势成骑虎,虽强支门面,旷日持久,终恐"图穷匕见",建议清室"取实而舍名","必我真有独立之精神,自治之权力"。附一月初六日瑞士来件,述日内瓦国联大会上各国对日本在东北行动态度。

致 胡 嗣 瑗 　　　　　　　　　　　　　　　　陈宝琛

自玉仁兄足下:

得人日书后,北鸿不至,望眼穿矣! 新正两函,计已入览。衰朽到都,日亲医药,喘稍平而痰仍盛,日内仍回津,以在都闻见,尚欲有所征证也。约期瞬届,而西风忽转,邻之势成骑虎,虽强支门面,旷日持久,终恐有图穷匕见之日,则取实而舍名，如蒙、藏自治而内属，早闻青溪有此规划，为调解之地，英之爱尔兰、坎拿大即其例也。然亦必我真有独立之精神，自治之权力，始有以解于旁人之指摘。鄙新得一月前日内瓦旁听者来信，颇为翔实，相去不及五旬，不应遽有变化。无亦有见于我之实不足以言独立与自治，且以姑邻之骄使易于就范耶？转败为功，固其时矣！南中骤得宝藏，军实即充，心胆自壮。宋之北来，盖以相留，爱立、秉钺、冯占海其宅相也。所部三万人，将以代汤，其不即发表，欲俟邻先发，自处于抵抗。（候补道熟于关外情形，但经商不能罗致）据所闻，爱立亦无意作战。黄忻泉（玉）与之稔，且曾说之，伯材到长，见夜起报告一切，如来见，可详询之。都人之望翠华，固不免于见卵求时，夜但有机可乘，亦不便禁遏。士行、季贞均在进行。蓉裳诵梅村诗较熟，当令默写一纸。鄙人硁硁，但知脚踏实地，正在征取旁证。至其所举非人，据云为文耀所误（此事甚纠纷，据云，夜起尽知之）。文在长曾一晤，凤在报馆，曾蒙召对多次。若如蓉所云，直一无赖，为所误亦太疏矣！马生角不知何日？人事不能不尽。佳什必当次和。景世兄今日准行。草此先复。即颂春祺。

苍虬兄均此。橘顿首，正月廿二日。

附　件

日前国联行政院即特别大会开会时，均在场旁听，颇能明了此间情况。大约欧洲各大国，如英法之类，均抱得过且过之宗旨，任此事之自行解决，即等于任日人自由处置。故表面上不作左右袒，只向中日两方进行调解，而中日两方，均趋极端，调解恐难成事实，只得任其延宕而已。至于报告书中所揭出重要数点，当日虽喧动一时，既则大家均不注意，纵有小国如捷克、西班牙、爱尔兰诸代表，极力提议，按报告书所云，认日人去年在东北行动非自卫；争奈英法等国，态度模棱，卒无定义。其实，最关痛痒者系美、俄二国。俄国实力未充，不敢启衅，不能不与日敷衍，以求息事。而美国亦无与日决裂之可能，虽时唱高调，终不敢有所举动。在此常与代表处人员往来酬应，听各方面消息，似可断定东北事件，在三、五年内，事实上已告结束，将来有何变化，恐将视世界有否第二次战争决之也。一月六日瑞士发，二月九日到，摘抄如右。

—— 《溥仪私藏伪满秘档》第 67—69 页

正月　为三孙陈絜（矩孙）书对联："持其志勿暴其气，敏于事而慎于言。癸酉一月橘叟为絜孙书"。见《矩孙遗札》自印本第 2 页。

以藏书五万馀册[1]捐赠福建协和学院，建"陈氏书库"，作"协和书院书库记"，见《沧趣楼诗文集》第 380—381 页。藏书今藏福建师范大学图书馆"陈宝琛书室"、福建师范大学图书馆、福建省图书馆。

　　福建协和书院校董会专函致谢,函称:太傅老先生赠赐书楼藏书全部约五万馀册,足见热心教育,提倡文化。拜领之馀,莫名感佩。

　　　　　　　　　　　　——福建省档案馆,全宗 5 目录 1 案卷 1

　　　　　　　　　　　　转引《陈宝琛与中国近代社会》第 572 页

　　本校"陈氏书库"者,螺江陈弢庵先生及其哲嗣几士先生贻赠也。全库为书共两万一千八百馀册,三千馀部,都八万卷有奇。其间不乏佳本秘笈,缥湘琳琅,盖陈氏本闽中望族,世代簪缨,积书之富,甲于全闽。兹以其一家藏不如举而公之同好,乃二十二年秋,与林景润校长接洽就续,移储本校,俾得永久保存,嘉惠士林,良非浅鲜。全藏各书类为四库旧籍,其间尤以福建乡贤遗著为多。

　　　　　　　　——《金云铭文集·本校陈氏书库福建人集部著述解题》第 26 页

　　宝琛益笃好藏书,购侯官许氏之藏,又赌棋山庄之书多为所得,所藏益富,甲于全闽。……晚年(1933),乃以所藏之半赠乌山图书馆及魁岐协和大学,该校建陈氏书库作为纪念。　　　　　　　　——《文献家通考》第 1175 页

　　曩游螺江,过丈庐,见堂中悬一联,系丈亲题,句云"老圃黄花标晚节,仙洲丹橘拥高门"。寥寥十四字,写风物而且自矜节气也。丈收藏金石、书画、图书甚富,曾举一部分赠予"乌山图书馆"。又划一部分归"协大"。

　　　　　　　　——《华报·谦叟:闲话橘洲老人(八)》1935 年 4 月 3 日

　　[1] 藏书种类、数量、书目可见福建师范大学图书馆金云铭"本校陈氏书库福建人集部著述解题"、"私立福建协和大学陈氏书库所藏清代禁书述略"等文及《螺洲陈氏五楼见存书目初编》

　　2 月 25 日(二月初二日)　　函告胡嗣瑗国联派李顿调查团[1]到东北调查,不能对清室有所帮助,若事态扩大,则不免共管。清室"亟宜勉求自治,成为独立",溥仪出关已铸成大错,希望溥仪和遗老同舟共济,储备人才,则尚有可为。附寄壬申除夕和诗一首,诗见《沧趣楼诗文集》第 267 页。

　　[1] 2 月 24 日国联大会通过调查团报告,不承认满洲国,日本声明退出国联。

　　　　　　　　　　　　致 胡 嗣 瑗　　　　　　　　　陈宝琛

愔仲二兄足下:

　　英三到长,有电寄函,计已入览。遥揣恐不尽当于事情。热战已开,或须稍定,始能议及。武人得志,势将益张,如何变化,更难预料。报中有载英美之论议者,剪出以备参观。目前不能为将伯之助,若真至扩大蔓延,则不免于共管。半年来之仰首哀鸣于国联,固已开其机械矣。亟宜勉求自治,成为独立,使人有可承认,邻为我即自为也。区区之愚,总以人才之不足为患。闻去岁上

曾欲用润田,而邻不同意。今虚谷如果契合,则宜有可商。两月来曾再三面,觉甚敏达,实出流辈之上。如有机会,幸储夹袋。闻有蔡品三者,新自哈来长,掌交有成绩,公见之否,以为如何?

板垣是否仍在奉天? 孝怀谓其去冬来津,于从臣多所疾视。含沙射影,不可不防。春寒特重,腰脚疲疼,惮于下楼。前读佳什,勉步其后,殊不自惬,姑为写呈,不值一哂。嘿园明日东发,草草奉讯。即颂勋祺。橘顿首,二月初二日。

附:和诗一首

悟仲馆丈寄示壬申除夕同复志次韵作[1]。诗略。

——《溥仪私藏伪满秘档》第 69—70 页

[1] 诗见《沧趣楼诗文集》第 267 页

为谈丹崖[1]遗像题词:“静深之学,干达之才,匪充市隐,实阜民财。昔忝通家,亦洽邻比。常嘅国屯,郁兹伟器。井甘先竭,膏明以煎。典形宛在,惜哉此贤。陈宝琛题。丹崖贤友遗像”。见《谈丹崖先生纪念册》。

[1] 谈荔孙,字丹崖。江苏淮安人。前江南高中两等商业学校学生。民初银行家、教育家。卒于 1933 年 2 月 25 日(民国二十二年),十月归葬于淮安城东小社新茔。

3 月 16 日(二月二十一日) 　函告胡嗣瑗河北处境危险,各方虎视眈眈,正是复辟机会;询问返京以来清室复辟活动有无进展,自誓“名不必我居,功不必我立”,“平生所自矢者在此”;若挟溥仪“蓄念居奇,更不可问”。

致 胡 嗣 瑗　　　　　　　　　　　　陈宝琛

自玉足下:

津发两函,均得达否? 来都晤贵同年,甚瞭近局。邻重诺于童,童无以应,故南。此间安否,视此行矣! 猴技既穷,庐鹊益不自安,丹青自相怜同病,留今不能行于年少,识时者皆以北直为燕之巢幕,眈眈其侧者岂能无睹,不可谓非机会也。观渔扣船之作,当亦有晚盖意。归后有无进展,是一关键。顷亦物色有人,留为后图,与人家事,必扫净心地,名不必我居,功不必我立始可。平生所自矢者在此。渔固未足语此,若箝之蓄念居奇,更不可问矣。焦能渐悟否? 公能容之,当徐有以化之,此何等时,廉、蔺固不足拟,而今人拟议,亦不值也。拇指生疮,搦笔甚艰。乘便匆匆草布,有示无便,仍交每为妥。即颂日祉。橘顿首,二月廿一日。

——《溥仪私藏伪满秘档》第 70 页

3 月 20 日(二月二十五日) 　函复胡嗣瑗拟赴大连谒见溥仪,遭到劝阻,欲“参加条议[1]”,又不能“径行吾意”。要求日本对伪满“隐为扶助”,勿“显为把持”,授人口实,我亦随之而不利。希望胡建议溥仪向武藤信义"指陈利害,切实与商";郑孝胥近有丧子之痛,"暮气已深",不能"责以远谋"。

复 胡 嗣 瑗　　　　　　　　　　陈宝琛

自玉仁兄足下:

　　前函本寄景世兄带呈,及送往,即已行矣!昨到津,奉十七日手教,并晤苍虬,敬悉种切。弟去屡请清算私产欠债,即为践言之地,且拟期近趣修大连行在,以示之意。今既先遭劝阻,并自参加条议,则又不能径行吾意。然此时情见势绌,彼之所以授人口实者,我亦随之而不利,则不能不急思补救。隐为扶助与显为把持,固自有别。上于虚谷,佟可开诚布公,指陈利害,切实与商,所谓中外共见共闻者,固不止于一时之得失也。观内田之就商于币原,其杌陧可想。彼若强硬到底,则不独热河不值一鼓,即华北亦孰当其锋,难保不惹起世界大战争?彼若顾虑及此,听从调解,则我实先受之。而考其实际,能自比于爱尔兰、坎拿大乎?夜起新有西河之戚[2],且暮气已深,岂能责以远谋?主上英明,辅以公等竭诚献替,虚谷亦颇近情,同舟遇风,当无疑贰。诚能乘此转枢,或尚有立脚之馀地。否则与其取消于他日,不如此时磊磊落落之表示。不知已与虚谷商之否?迂愚之见,未必有当,馀详前函。

　　贡橘到已数日,霉烂过半。英三今日首涂,装成二小桶托寄,乞为进呈,聊表寸心。再请荩安。橘再拜,二月廿五日。季兄并候。

——《溥仪私藏伪满秘档》第70—71页

[1] "参加条议":疑指溥仪与日本本庄繁1933年3月10日换文。

[2] 郑孝胥子郑垂1933年2月14日病卒。

3月22日(二月二十七日)　函告胡嗣瑗日本内阁终将更迭;故宫古物南迁,蒋介石"智计最深,馀子皆非其敌"。

致 胡 嗣 瑗　　　　　　　　　　陈宝琛

愔公坐下:

　　苍虬、士行同舟东迈,奉书计已入览。臆揣未必尽中,然党国之滋益纠纷,邻阁之终将变化,必于旦暮遇之。顷神田正雄见访,谓其国论,亦多指摘军阀,并闻鄙之政见有异同,频征为意见书,则逊谢之。因出示其所论说,属以一分寄呈御览。此君久在都中,鄙二十年前,即与相识。在津似当入觐。盖较大之政客,如到新京,必当求见。其书末段,处分满洲国家,及应否取消数语,皆极有分寸,可注意也。

　　都下近又戒严。故宫古物,仍在南徙。钟山智计最深,馀子皆非其敌,徒

· 918 ·

嗷嗷扰乱耳！

　　春寒渐减，而衰惫之躯，腰脊滋痛，出门且惮，更不能远涉就医为怅怅也。清斋一雅辛，顷自东归，询以近况，皆不能言之了了。远道极深系念。公若有所示，未遇便人，则寄每处转致，当不误也。樨、芸行便，草草奉布，即颂荩祉。橘顿首，二月二十七日夕。

　　李岳生交来太乙课一纸，则去年曾代呈，此其付本也。震恐致福，易理故尔。

　　　　　　　　　　　　　　　　　　——《溥仪私藏伪满秘档》第71—72页

二月　手书《割额瘤》七古一首直幅寄表侄孙林汉棠。诗"四月二十日割额瘤作"见《沧趣楼诗文集》第240—241页。

　　应冒广生托，为陈协之自广州来函求题所居"黄梅花屋"匾额。

　　"陈协之从广州致先生书，嘱求陈弢庵为其斋题'黄梅花屋'匾额，先生即致书陈弢庵，后始得之，即转寄广州。"　　——《冒鹤亭先生年谱》第334页

4月1日（三月初七日）　《青鹤》第1卷第10期刊"潜楼老弟病中乞为画松予诺之犹期其瘉也已而赴[1]至意不可负写此并系一绝"，署"弢庵"。诗见《沧趣楼诗文集》第268页。

　　[1]赴：同"讣"。刘廷琛号潜楼，1932年7月5日卒。

4月3日（三月初九日）　函复胡嗣瑗云：旧识日人神田正雄对日本当局颇不赞成，自称可以向日本要人元老进言，临行，公向其表示溥仪与其作保护国元首，不如作退位帝王；建议利用东北军和吴佩孚，成一新局面，以免受制于一隅。

<h3 style="text-align:center">致 胡 嗣 瑗</h3>

陈宝琛

愔公：

　　下执尧生，袖来惠笺，正在修复。初四日手教适至，敬悉一是。李君演数，先本专指上身，去秋曾以带呈。近又以"震"为东方之卦，故推及于双方。虏应天象，蒙亦疑之，天降灾祥，在德惟乾，惕自无咎矣！当遵致前途，遇便函复。

　　战事伤亡无算，无敢言妥协者，此实出武人予[预]计之外。欧固东顾不遑，美已从事修备。若犹以现阁强硬为未足，则非逼成大战不止。观于芦田之质问，有吉之意见书，彼邦心理，能无渐转？况商务之绝交，亦何可久？窃意更迭在此而不在彼。我之能否实现独立，亦于此卜之也。神田本旧知，颇不直其当路所为，自任能进言于要人元老。鄙但语以作保护国之元首，不如为退位帝王。濒行，犹再三征草一书寄与。鄙重于着笔，公有欲言，幸开示，由鄙发之。报纸所载两段，割呈以备参观。

　　爱立[1]自木兰归，即蛰伏意界新居，不见"留"面，亦不赴"青"招，且不作

答。东北军队，留此犹逾十万众，得其一呼必应，"留"既去，未可柔致也。但须由我出面，俾免顾忌。新京有所亲昵者，与通殷勤否？前伯材到东，正为此，现尚觅人探其真意也。闻渠去岁，曾访道子[2]，甚款洽。河北以税重饷加，疾视党治，诚得此辈发难，当能先成一新局面，则离题渐近，既可免受制于一隅，而后入于互相利用之正轨，公意谓何？兰不日可到吉，较有作用。鄙意特藉以周知彼邦之实情，而转移其舆论，必不专恃此二三人，且非规之于目前，盖此局若无变化，前途层层难关，彼固不利，我亦何可逆睹也！

豚儿几下叠荷圣慈，并承推挽，何以为答？昏耄日增，潦草几不成字。敬颂荩祉。名心印，三月初九日夜。阅竟乞付丙丁。

——《溥仪私藏伪满秘档》第72—73页

[1] 爱立：指张作相

[2] 道子：吴道子，唐代画家，指吴佩孚。

4月6日（三月十二日）　致胡嗣瑗函，谈及江西中共势力扩张，广东国民党人与阎锡山、冯玉祥暗中连结，以抗日为名，以动摇蒋介石统治，唐绍仪等扬言反对国民党大会。人们"正太息痛恨于党治，起臭自秽，适足以速其毙"；清室若能趁此机会，修明政治，固结民心，振作士气，迟早必有复辟机会。"能忍而后有济"，就赖胡等谋划匡助。又：荐举张遵旭往张燕卿（伪满实业厅长）处就任。

致 胡 嗣 瑗　　　　　　　　　陈宝琛

愔公足下：

初九夕，托陈小函带呈一缄，与君适[1]同舟，计当先到。拉杂潦草，不知有当否？

日来西江赤焰复张，岭南党又自裂，早闻其阴连阎、冯，以抗外为辞，藉撼钟山。先有通电，少川弁首，为沪局所格，今竟昌言反对大会。真正国民，正太息痛恨于党治，起臭自秽，适足以速其毙，宜有乘而起者，不亦授邻以可幸可乐耶？我能及此闲暇，修明政治，以固民心，作士气，早晚必有机会可乘。能忍而后有济，是在公等之献替匡襄耳！热省既定，大鹏外，别有主治大员否？苟政自必廓清。报纸载种烟令减半，其除弊以渐耶？府中近亦阅平津各报否？似亦可参观。日来《大公报》论调渐变，为截出数段，适有张季高东行之便寄呈。季高名遵旭，文达[2]从曾孙，曾在文襄署中读书，资遣东游，学成商业，东文、东语、英文、簿记，皆其所长，前为闽实业厅科长，与复儿习。嗣在沽上营商，鄙常与往来，稔其诚笃向上，而无俗好。燕卿近屡招之，犹豫未行。鄙劝其往就，盖亦愿厅中多一二正经之人，况其所学，正中时用，若仓卒求舌人，不胜于寻常不知底里者耶？故为先介于公，加以藻鉴，储之夹袋何如？

顷接杨履瑞来信，知其尽室东来，且已入见。其信中语意，心疾似尚如旧。如天之仁，悯其穷无所归，又将何以处之？草草手布。敬颂茝祺。弟琛顿首，三月十二日。（胡嗣瑗注：十七日呈上览，剪报留。）

——《溥仪私藏伪满秘档》第 73—74 页

[1] 君适，周君适，陈曾寿女婿。

[2] 文达，张之万，道光状元，闽浙总督，张之洞族兄，谥文达。

4 月 8 日（三月十四日）　致胡嗣瑗函，谈及国民党围剿江西红军，出师不利，蒋介石穷于应付，"子都"（隐指汪精卫）若出山，必将联合苏联和中共，"不独为邻（日本）之忧，亦岂英美所利"。信附关于内蒙剪报一则。

致 胡 嗣 瑗　　　　　　　　　陈宝琛

愔公坐下：

张季高带呈一函，计可妥达。日来秦岛风声，报纸犹秘之。赣师闻亦不利，四面交谪，钟山穷于应付，子都屡屡发表意见，彼出则必联苏合共，不独为邻之忧，亦岂英美所利，或将中歇后之语耶？鄙在此两月，以见闻较广，鱼雁亦易通。詹尹由卯代访，复件乞为转呈。又附呈所著《论都》一册，盖其平日所恒言者。近日春寒渐退，而腰痛未减。拟于就医之便，亲诣之一细谈也。

报纸有论内蒙一则，亦足为我采用，截下寄阅。闻每邑设一推事，皆用日人。前云歇后与松雪相持，其谓此乎？艮儿今夕东发，到后应否入谢，乞指示之。令威归来，有无好音？而内治外交，有进境否？均以为念。即请茝安。橘顿首，三月十四日夕。（胡嗣瑗注：三月十七日到即呈览。）

附件：某报社评剪报："速筹保全内蒙！"[略]。

——《溥仪私藏伪满秘档》第 74 页

4 月 13 日（三月十九日）　函告胡嗣瑗关内形势，江西红军日益壮大，国民党中有人侈言抗日，河北局势濒危，或有人乘机而出，与中共合作，目前已显出端倪；日来长城血战，心为之危。

致 胡 嗣 瑗　　　　　　　　　陈宝琛

愔公足下：

日前三函，当均入览。兰来极匆匆（今日午后），但于茶会先到，略谈有所表示。渠谓：在东闻主人甚满意，并无不惬处，或未悉底里耶？渠于我较密切，到时不妨倾谈，使知为难之真像。渠虽目下未上台，亦能为我一助也。

日来赤炎益张，南昌濒危，党中人且有为内应者，犹复侈言抵抗，而前敌无粮台给养,专就食于民居,河北水深火热,且有累卵之危,若无新局面,则攘臂下车者且将乘机而出,或与赤合作,其端固已兆矣!爰自春台寄款,传语甚为感激,而谘商于琮,同子亦曾与谈,甚怯懦,尚有所待。闻季子新遣使,见歇后不知有成说否?公当闻之。

日来长城血战,似均在东陵一带,心为之危。衡亮昨来,谓山公欲避危疑,辞脱差使,想已疏达心简。如尚乏人,渠以世臣愿效劳勣,并请免给薪水,公能为代陈否?舟行急,草草先布,兰到连尚有两日留,方诣新京。尽颂荩祺。橘顿首。

（胡嗣瑗注:十九日呈览。）　　　　——《溥仪私藏伪满秘档》第76—77页

4月22日（三月二十八日）　致函胡嗣瑗云:北方边境混乱,农村荒芜,难民蜂拥而至。遗老欢迎溥仪返京,而日本未必有此意图,可能乘机别立傀儡。此时唯有"修内政,收人心","吏治、人才、民心"最为急迫。

致 胡 嗣 瑗　　　　　　　　　　　陈宝琛

愔公坐下:

月间连寄数函,度可入览。北鸿不至,延跂为劳。旬来缘边寇乱崩溃,村郭为墟,难民沓至,都人欢传,翠华尅日可回,固知邻未必有此心,或乘机而别树一帜,以为利耶。此时惟有修内政,收人心,以俟机会。或谓近此试办期内,益摇手不得,信否?然有人有土,得道多助,小屈终有能伸之日。南方仍以刘外次驻燕,似阴为妥协之备。愈扩大愈难斡旋,不能无赖于调人,莱顿所谓有效之政府,固在于人民之承认也。不能取消之券,固在此而不在彼。故鄙见始终以吏治、人才、民心为急急。去冬袁洁珊谓是过渡时代,须待彼自能觉悟,始有新局面,风利不得泊,正不知前路何如?不能不尽其在我。参议若袁若增[1],固已树之风声,是邦之有仁贤,实士民之望。曩之请愿,洁珊不先与闻,自是一疏,嗣后诸希留意。

报载,莱顿议论与美国政策,皆极可玩味,裁出备览。复志妇病见瘥否?已销假未?侗儿闻将假归,如有复示,可交其带来。近日关津识察极严,但须嘱其加密加慎耳!如无便人,寄每处亦妥当也。敬请荩祺。橘顿首,三月二十八日。

　　　　　　　　　　　　　　——《溥仪私藏伪满秘档》第77页

[1] 若袁若增:袁金铠,伪满奉天省省长;增韫,奉天新民府知府。

4月24日（三月三十日）　致胡嗣瑗函,介绍佛教会周召棠,附周沇关于桂系将领沈鸿英求见溥仪电信,请胡代呈。

致 胡 嗣 瑗　　　　　　　　　　　陈宝琛

愔公:

生公、尧生带函,计已入览。兹有佛教会周君召棠东游,为普济禅师求为

像赞，托介于公，盖亦陈伯材恒善社社友，近日都市情状，颇能言之。有人联合各使馆，拟设中外维持治安委员会，所举有宇澄、公度；伯材亦与焉！主其议者即琮也！周亦故家，旧曾入仕，可赐盼接，藉询一切。铁汉久不来，闻其已东，筠汀当知之。复志妇病，已有转机，现仍在连否？并念。即颂荩祉。名心印，三月三十日。

附：周沆请代呈沈鸿英将入觐的电信

抵港晤沈鸿英，称述上命，慰劳有加。沈以僻处海隅，远荷宸眷，存问所及，感激尤深，誓效驰驱，亟图报国。沈以沈为西南名将，粤桂当局，半皆旧部。现虽解甲归田，而潜势力固在，举足左右，实系重轻。即北方将领，夙多结纳，可资号召。六飞入关，仗钺先驱，足树一帜。力促其北上入觐。沈以种种计划，尚须造膝密陈，毅然允行，毫无顾虑。但以乡居日久，经济不充，万里长途，从行者众，舟车需费，一俟筹措就绪，即灞首途，谨请代呈。

周沆叩首，23 日。　　　　　　　　　——《溥仪私藏伪满秘档》第 78 页

5 月 1 日（四月初七日）　复胡嗣瑗函，告近日华北形势传闻，蒋介石以未来总统职位诱饵段祺瑞北上，先予以委员长名义，以统制于学忠、韩复榘、冯玉祥，促成河北新局面，而日本以段祺瑞多次反复，颇有戒心，恐难成事。清室"若不自求贤司牧，则无宁听人指导"，反对郑孝胥"省心省事而不惜为太阿之倒持。"日人坂垣秘密来华，不知与华北形势有关否？附寄剪报两件。

复 胡 嗣 瑗　　　　　　　　　　　　陈宝琛

珏公鉴：

侗儿到此，奉读手教，如渴得饮。藉悉累次带函，均经入览。惟寄天潮丸带连邮致一函，未审得达否？（欲先兰到）滦东退而进古北，盛传已全占南天门，恐未必确。日来又不急趋密云，疑有待于新局面之变化。然青溪直系之队伍，悉在此路，自无人敢于发难。一昨子鱼领衔通电，或云即驷门授意，水云立予驳斥，纵有炸弹投于子鱼之门，所以示威而防口者至矣。青溪以未来之总统饵柯古，欲其北来，先予以委员长名义，统制于、韩、阎、冯，促成河北一新局面，彼则以实力操纵于后，坐收其利（去冬确有此计划），而邻于柯之屡次反复，颇有戒心，恐难成事。多伦之侵，似意在假道察东，隔断张库交通，使搏虎者不得攘臂下车，而合于赤化耶？彼之久蛰思动，东路若过操之蹙，则苏且翼之而飞，不复可制，意邻必见及此矣！木兰政权是否如报纸所云，若不自求贤司牧，则无宁听人指导，此夜起所以省心省事而不惜为太阿之倒持也。然天下人则日入关，此其楔子，何以解之。札潇之外，是否有驷与庐鹊直接耶？抑诿诸邻？

坂垣近又密来,不知与有关连否?闻札仍深闭,潇太聪明,众所不附,日内正有人与晤接。顷值妥便,先此琐布。有闻当再续陈。敬颂茝祉。季兄并候。橘顿首,四月初七日。

附件一:"华世奎等请政府下决心";附件二:"关于华北局势的分析"。[均为剪报,略] ——《溥仪私藏伪满秘档》第78—79页

5月5日(四月十一日) 函告胡嗣瑗:近日边境告警。闻日本报载郑孝胥请假去大连,怀疑郑知难而退,抑或别有作用。

致 胡 嗣 瑗 陈宝琛

珏公足下:

日昨徐宝贤到京,附寄一函,计当入览。

日来缘边告警,直北组会,柯派居多。美舰乘此东集,于时局不无关系,而闻(日报载)夜起谒假,观樱大连,其知难退耶?抑别有作用?前闻渊颖遣韦汝霖诣彼(此人著有奇门书,久客彼处,去岁曾见之)。来函未及,想无所闻。遥揣终多隔膜,因令卯生过海一穷真相(兼觅巢枝),数日即回。公有所示,寄其带津,或寓书俾其口述,益当慎密。公与鄙同一受人诬挑,渠亦连类所及,故暂不趋前也。即颂茝祉。橘再拜。四月十一日。

——《溥仪私藏伪满秘档》第80—81页

5月6日(四月十二日) 得郑孝胥"寄弢庵"诗,郑作函复。

弢庵得余寄诗,遣午原持书来示。复弢庵书。

——《郑孝胥日记》第5册第2458—2459页

寄 弢 庵 郑孝胥

意气当时几许狂,堪憎老境债教偿。残年况味今参透,只是生离死别忙。

——《海藏楼诗集》第410页

5月12日(四月十八日) 函告胡嗣瑗,喜闻王乃征[1]抵辽宁,并告张敬尧被杀近事。附"张敬尧入殓"剪报。

致 胡 嗣 瑗 陈宝琛

珏公足下:

日昨由卯生带连递函,冀得复示而归,藉瞭近状。顷沈昆山[2]自沪至,喜闻聘老[3]度辽。此公端鲠不衰,若置之经筵,必多裨益。用人行政,无一不需学,不患无权,患所以用权。一德之契,当不交臂失之也。衰癃日甚,不能自效,缕缕之愚,犹念释在兹耳!

长城一带,烽燧相望,藁街乃有喋血之事。(指曾任湖南督军的张敬尧,于

1933 年 5 月 7 日在北京六国饭店被打死。张被日本人收买,准备为日军进攻北平时作内应。)札之遣散残部,固自远于嫌疑,而子都转出其二千卫队,以助防御,此皆已见报纸者。乱象正未有已。农先到长,当能言之。匆匆草布。即颂荩祉。橘顿首,四月十八日。

附剪报"汉奸之收场:张敬尧昨入殓——平续捕嫌疑犯审讯中"。(原刊物未详。)

　　　　　　　　　　　　　　　　　——《溥仪私藏伪满秘档》第 81—82 页

[1] 王乃征:字聘三,见前。

[2] 沈昆山:字成式,福建侯官人,英国剑桥大学毕业,英美烟公司董事,沈葆桢孙,沈瑜庆子。

[3] 聘老:王乃征。

5 月 14 日(四月二十日)　致函胡嗣瑗,推荐王乃征、秦子质[1]二人,请胡向溥仪代陈。

致 胡 嗣 瑗　　　　　　　　　　　　　　　陈宝琛

珏公足下:

日来纷扰滋甚,江复鼎来,宜可小休。惟不夺不厌者,方有藉以倾异己,或犹有波折,亦未可知。聘老北来,当甚清健,闻子质亦遣子同其展觐。衡湘后起之英,惟子质仅存硕果。鄙交之于三十年前,其性行器局,素所心折,如尚聪强,似可罗置左右,与聘老朝夕纳诲,以裕用人行政之本。二公者皆歔历中外,富于经验,不独以忠鲠见称也。管见乞为代陈。

顷者,陈、秦二公,乡举重逢,是否并赏官衔,扁额用何字?小石有诗征和,尚在恩赏之前,故未叙及。华璧臣今年七十,闻系五月生日。其品望为黑党所矜式,且常朝请行园,便中幸为提及。符曾、直绳均六十也。艮儿回哈。附此奉布。即颂荩祉。橘顿首,四月二十日。

午甥十一号船归,乃为逻者所缉,顷始知之。正在考索,恐有尊函被检,有无要语,忐忑之极。　　　　　　——《溥仪私藏伪满秘档》第 83 页

[1] 秦炳直,字子质,见前。王乃征,见前函。

5 月 28 日(五月初五日)　函告胡嗣瑗:京津已为日军包围,停战协定尚难实现,关内冯玉祥通电讨蒋,韩复榘决守中立,阎锡山与冯已有默契,加以西南攻击,"内乱方滋,岂但外侮",清室"惟有求其在我,修己安人"。

致 胡 嗣 瑗　　　　　　　　　　　　　　　陈宝琛

珏公坐下:

月前得电,属查两太妃尊谥,知仲业已先复电,时卯生犹在病中,故未另电。奉廿七日来友,始悉其事,竟入天听,屡及衰驽,惶惑无似。日昨出院,业

经电素转公,计当早达。午因登岸时,有同舟日武官,畀以通信地址,逻者见而致疑,或指其于行园关系至深,报纸益复架诬,以至囚系涉旬,讯无左证,冤始得白。夜起诗函,先由原船寄回,却与此无关也。

日来京津,已在围中。主款者先自退,以示诚意。人心稍定,然无人敢作骆驼,停战协定,尚难实现。冯已联方,通电讨蒋,何遂在宣化所收集之败军,复尽为冯方所得。济南决守中立,太原闻已默契,此皆报纸所不载者。益以西南之攻击,内乱方滋,岂但外侮? 柯虽阳示钦退,其党仍在煽变。前遣何人诣商,颇愿闻之。

贵同年又许久不见矣! 境外嗷嗷,何时者定。惟有求其在我,修己安人,自近而远。聘老跋涉重海,定多辰告远猷。闻其矍铄胜常,能留侍左右否,实所跂祷。近以戒严,东行者则止不发。惠孝同(均)随棍[恭]王[1]诣长春,此函本托其带呈,顷闻少缓,托人邮递,或致濡滞。惠书如不遇便,即寄每处较稳妥也。手书。敬颂节厘。听顿首,五日。

——《溥仪私藏伪满秘档》第83—84页

[1] 恭王:恭亲王溥伟。

6月5日(五月十三日)　函告胡嗣瑗日本顾虑国际形势,可能政策中变,但不应背信弃义,以伪满为荃蹄。

致 胡 嗣 瑗

陈宝琛

珏公执事:

日前由默园转奉一函,已入览否?

旬来情况,远道当有流闻。邻之临崖勒马,自以顾虑与国之故,而诿李、刘辈于不顾其作用耶,抑有他意耶,群谓㕔堂挟宿构来,片言解纷,倚马可待。其底里则木兰璧完全辽租借,以避割让之名,语出个中人,似非无据。果尔,则较前此所窃虑者,且有甚焉! 纵彼人格于形势,以致中变,亦不应弃信蔑义,竟以我为荃蹄。公处所闻如何?

两[雨]香自塘沽下船,已上车矣,为密探者所缉,误认为季艽,已三日,尚未归。幸无夹带,无何证实,谅可保释。公或有寄函,亟盼,又为之虑也。迩来网密如此,故午甥虽出,朋好犹戒其暂勿入都,欲加之罪,何患无辞? 当时所以罗织之者,已播诸报纸,剪出寄呈,后来可为之麦矣。草布,即颂荩社。橘顿首,五月十三日。

璧臣生日,近有恩赉否? 前函提及直绳,误也。渠六十已过三年。

——《溥仪私藏伪满秘档》第84—85页

6 月 17 日（五月二十五日）[1]　致胡嗣瑗函，分析关内局势，"迂愚之见，终以求其在我为急，无论中兴偏安，未有不动心忍性，虚己爱人，而能为众所归往者，况我所处，尤极古今之至难，中原大局，亦非若辈之可能定也。"

致 胡 嗣 瑗　　　　　　　　陈宝琛

珏公足下：

望前两函，一由嘿园转呈，闻已面达，一由船付邮，寄梅枝町，能入览否？至用系念。

两[雨]香昨一晤。询以近局，率不能详。此间暂似安静，板一击不中，闻其已归。上角、小、箱，留将何待，不敢知也。子都投机撼山，冀取渔人之利，然所托以号召者，适以促休战之成议，而察东张北，转受压迫。路梗即不能得苏援，西南接济又中断，无财固无以聚人，且其高自位置，谁甘隶其麾下者，亦一取败之道。乃犹负嵎不去，当事亦曲徇其情，可见其应付之乏术，或亦察其无能为而姑置之，先其所急耶？自留出走，驷门势力顿增，与庐同一举足为北方轻重，故屡请饷，而此次所得独厚，或谓已受软化，似不尽然。东北及杂军，尚有三十万众，当事才望，不足以笼罩一切。柯又不能上场（闻因谒陵，悔恨致病），乃有山当亲来之说。札固摇手不得，而驷门两次遇险，其旧部与有嫌疑，亦不免失感。爱极感宝刀之赐，而持重如故，故暂时犹似安静也。迂愚之见，终以求其在我为急，无论中兴偏安，未有不动心忍性，虚己爱人，而能为众所归往者？况我所处，尤极古今之至难，中原大局，亦非若辈之可能定也。

日来因舍弟疾笃兼旬[2]，耄老料无可幸。亟欲驰归一视，腰疼不能成行。孝同今晚东迈，支疲草此。雨后河沙冲壅，航路止于塘沽，来往愈不便矣。如有惠书，仍以寄每转交为便。敬颂荩祉。橘再拜，五月二十五日。

孝同到达，或须小留，改托同舟邮递，并闻。闻子勤到长，聘老能留否为念。

珏公足下：

顷间一函，本托孝同带京，因其颇有戒心，兼到连不免宿留，改由闲田有民君带呈。此君（东京大仓组中国部长）奔走兵间，习知近局，可延接与谈也。

日来报纸，剪出附呈青览，有信可托其带回，渠不能多住，与卯夙识，可以放心。再颂荩安。橘顿首，二十五日。

附件（剪报略。）　　　　　　　　　——《溥仪私藏伪满秘档》第 87—88 页

[1]《秘档》此信日期作 1933 年 7 月 17 日，即闰五月二十五日，误；原信署"五月二十五日"，应 1933 年 6 月 17 日，非闰五月。

[2]"舍弟疾笃兼旬":二弟宝瑨五月病卒,见下则。

五月 二弟宝瑨卒于福州。

  弟仲勉殁于螺洲里第。公与仲勉襁褓相依,友于綦笃。其后或出或处,往往相左。自壬申仲勉出仕云南后,遂未得复见。兹忽奄逝,公深痛悼之。时苏龛方避暑大连,录后村哀惠州弟诗及注寄公,并示近作云:"残年况味今参透,只是生离死别忙。"故公答诗云:"岁岁相望艰一面,祗将死别当生离。"

  先生曾祖望坡尚书,祖弼夫方伯,四世皆有显名。其同怀弟仲勉太姻丈(宝瑨)少先生一岁,前年殁于里,年八十五。先生哭之恸,曾书二绝句见示,题为《太夷来书引后村惠州弟哀诗及注语并示近作残年况味今参透只是生离死别忙之句寄答二绝》。诗云:"凌寒双竹偬中分,转自裁哀释主廑。废乐故非缘阿万,十年丝竹几曾闻。""残年如客让先归,少待黄泉有见时。岁岁相望艰一面,尽将死别当生离。"此诗,首用谢公为弟万丧辍乐事,而先生自辛亥后未尝听剧,故云。其第二诗,则尤沉痛。 ——《花随人圣庵摭忆》第72—73页

  遣男懋需赴日留学。 ——《闽县陈公宝琛年谱》第149页

陈夔龙乡举重逢,赏太子少保衔。贺以七律一首。见《沧趣楼诗文集·庸庵尚书乡举重逢赏太子少保衔》第247页。

  7月10日(闰五月十八日) 复胡嗣瑗函云:局势混乱,清室"惟恃以德服人";又云:坂垣驻津"谋无一成","遗毒新邦";日本陆军宇垣、荒木两系不洽,日本内阁"屡危复安",清室不能"不豫为计"。关内西南方面不赞同华北停战谈判,同蒋介石仍存矛盾,蒋忽召王揖唐充任对日谈判,仍请段祺瑞出面主持。宋子文不日回国,蒋黄亲日,宋则亲欧美,局面不知如何变化。

复 胡 嗣 瑗

陈宝琛

珏公足下:

  日昨在都,由津递到朔日惠书,敬聆种切。衰孱迭荷宸廑,无任感涕。又闻病山、洁珊同侍讲筵,额手欣贺,泯棼如此,惟恃以德服人,列圣一日万岁,犹不废学,矧正恭己无为之时,垸国者固于此集观听也。坂之驻津买斗,谋无一成,固宜受责。实则遗毒新邦,其昭著者即援一韩而失一苏。此外,墨吏充斥,皆所荐用,十年有臭,谁当廓清?报载登舟送别者,箱亦与焉,诚各从其类也。坂西前腊两晤于当路,即致不惬,近益藐视,固在意中。鄮凤与之习,以其器局开敏,地望亦隆,劝聘为高等顾问,已商之而中止,今乃为人所用。闻其与宇垣稔密,促成休战,最为有力。冈田亦其耳目,不能收为我用,将来所失实多。邻之陆军,分宇垣、荒木两系。宇垣屡任陆长,现官鲜督,为荒木先辈。此次假

· 928 ·

归,与语龃龉,退而愬诸西园寺,尚未回任。以荒木之极端武断,所拟明年预算案,视今岁用兵数且有加,国中已有怨声,国际能无疾视? 现阁屡危复安,此后恐无可幸,我不能不豫为计,桑岛领事已内擢局长,每谈次泾渭瞭然。闻当绕道新京展觐,主人不妨略有表示,彼极为内田所亲也。与邻更始,此时正有一线新机,日跂望之。

华北停战,西南已有违言,而胶葛尚在。解析、子都尤思狡逞。蒋忽电召逸塘[1],殆欲仍烦酉阳来编杂俎[2]。宋不日归,不知变何局面矣! 盖蒋黄[3]皆与邻通,宋[4]则结欧美也。

黄忻泉(玉)昨以章嘉意见两纸见示,谓本烦伊为代表,伊在汇理银行经理,刻不能离,浼人为代,章嘉于我朝本极效顺,其所言能否办到,亦可稍伸正义,黄则侠烈有智,即与爱立稔交屡进忠告者,而投身商界,不能远涉为用,每为惜之。然在此带多计划,虽年逾六十,健步如少壮也。其代表不日东迈,幸延接之。璧臣赐匾赏交,受宠若惊,拟当具摺恭谢,而以年号月日为疑,托查近日先例,鄙告以照旧,是否? 示复。毅夫能留多一旧人,可发有书。船行急,不及即复,乞先致意。定园一函附呈。闻惠陵幸未穿遂,稍慰。敬颂苌祉。橘洲顿首,闰五月十八日。

——《溥仪私藏伪满秘档》第 85—86 页

[1] 逸塘:王揖唐字,见前。

[2]《酉阳杂俎》段成式编,此处疑指由段祺瑞主持对日谈判。

[3] 黄:黄郛,字膺白,号昭甫,浙江上虞人。同盟会会员,蒋介石盟兄弟,日本东京振武学校毕业。曾任北伐军兵站总监、上海特别市首任市长、外交总长、教育总长等职。国民政府成立后,历任外交部长、教育部长、上海市市长等职。1933 年秉承汪精卫授意,在华北推行对日本妥协的外交方针,后遭到民意抵制辞职。

[4] 宋:宋子文。

7 月 11 日(闰五月十九日)　函告胡嗣瑗:陈梁同宫子万受活佛章嘉顾问黄玉委托,参加日本召集的会议,到长春求见溥仪等事;倩人为淑妃病占卦。

致 胡 嗣 瑗　　　　　　　　　　　　　　陈宝琛

珏公足下:

前轮适有便人赴沈,带函付邮,当可递登台览。章嘉以日人之招,委人与会。黄忻泉(玉)本其顾问,自不能行。转托陈伯材(梁)偕同宫子万等为代表,到京当请觐见,面陈一切。陈为恒善社长,亦即该会中人,以朴愿为社会所重。年来奔走于札爱诸氏,亦自怀芹曝之戒,黄君不以属之他人,而委为代表,固亦信之有素。昨晤爱,亦有数言托其代陈,与鄙同为村野人,意公延接,当不失之子羽也。

当需指示一切,俾免失机。匆匆附布。即颂茇祉。橘顿首,闰月十九日。

再晤李岳生广文(青),以月前关铭崟自长春来,约其为椒风看病,以向不悬壶,谢弗往。即又疑曾演河洛、太乙二数呈进。或上召之,有所咨询,并将河洛数今明两年,按月开列,以备参观。以看病为辞,果尔,则敬当趋前托为代取进止,并将河洛数今明两年,大抵正位凝命之望,当在戌岁,今非其时,前已屡言之。河洛数以本命推之,太乙则推算运会,并推以合参,盖重之也。特为附陈。再请道安。名心印。

——《溥仪私藏伪满秘档》第 86 页

7月19日(闰五月二十七日) 　致函胡嗣瑗,谈及冀察动态、张学良去就,以及伪满黑龙江省长去职等事,清室若不慎选地方官员,"一误再误,民心一失",前途不可收拾。

致 胡 嗣 瑗 陈宝琛

珏公坐下:

月之中旬,连上两书,计已早达。旋奉手教,承以孔怀之戚。仰荷宸廑,并蒙推恩,颁给扁额。酷暑衰癃,未克躬驰泥谢,北望无任感涕。今夏南北,均苦炎歊,为数十年仅见。不知塞上能否高爽?引瞻楼宇,日夕萦怀。章嘉代表与会,邻人能赞同否?松雪东游,想为宪草。总揆[1]复出避暑,其与观樱,同一意态耶?抑别有怀抱耶?

滦东事,已粗定议,便争名义,邻亦不为左袒,且看察局如何?王树翰赴蒋之召,想为计划东北军队,爱之鞠躬如畏,即虑留之复归。其归否宋必知之,蒋故汲汲及此也。

黑长易人,闻以贪败,而受其患者,已半年许。新造之邦,何以堪之?热承汤后,间阎之獘,来苏尤急。不速速慎选司牧,一误再误,民心一失,不可收矣。

邻自为谋,能否兼为我谋?坂垣自专,视虚谷之所向,而其关捩,仍在本国。蒋亦正求系援。此半年中,不知若何变化也?

汪衮甫[2]昨竟作古,未得其用为可惜。闻罗世兄近又来津,其有所爱耶?孱躯仍以腰疼足弱为苦。目眊且加甚,作字极艰,甚思再踏前尘,而不敢自必矣。临楮神驰,敬颂茇祉。宝琛顿首,闰月廿七日。

再,近东北来者言,府卫队寻衅妓院,杀毙数命,闻之骇然。遍查报纸,却未载及。窃意上必震怒,立予严惩,以明法纪,并如何立之防而善其后。犹忆去冬募练之初,鄙即语楫先,不可多招,盖有见于管带之难其人也。连夕酷热,则以此事萦绕,不能成寐,其迂拙惟公知之。前月津市,喧传坤伶雪艳琴被人携以东去,旋见于报中,固派往留学,以母忧假归复往者,可发一叹。公处有所

· 930 ·

闻否？廿七夕又及。　　　　　　　　　　——《溥仪私藏伪满秘档》第 90—91 页

[1] 总揆：郑孝胥,时任伪满洲国总理。

[2] 汪衮甫：汪荣宝,字衮甫,1933 年卒于北平。

闰五月　福州鼓山涌泉寺方丈虚云禅师,拓建廻龙阁前放生园,为撰楹联："诵莲池大师文,与世同修净土忏；感湘阴相国事,在鼓曾见异牛祠"。并作"虚云法师放生园记"。见《沧趣楼诗文集》第 493 页。

是年修筑放生园成,此地位异牛祠故址。陈太傅宝琛记其事曰：

虚云方丈建放生园成。予曰：此异牛祠故址也。忆左文襄公督闽时,有奔牛入署,跪堂下不起,召寺僧奇量,令善畜之。越十八年,督师至闽,遣沈道应奎往视之,已毙矣。追述其皈依后异迹,寺僧就其瘗处,立异牛祠焉,今又将五十年。此鼓山放生一鼓实也。予所亲见者,故及之。

癸酉夏闰五月听水居士陈宝琛记,时年八十有六。复板一联曰（略,见前）
　　　　　　——《虚云大师文汇·虚云和尚自述年谱》第 529 页
郭则沄"福州异牛祠"。

陈伯潜太傅为鼓山放生池撰联,尝及异牛事,且附长跋,所述甚详,惟不及文襄奏对语,为贤者讳耳。　　　　——《洞灵小志续志补志》第 370 页

7 月 30 日（六月初八日）　致函胡嗣瑗,以为日本挑衅英国,"大为失策",清室惟有加意吏治民生,始可借助外力,徐图恢复。

致 胡 嗣 瑗　　　　　　　陈宝琛

珏公坐下：

　　侗儿赍函,计已登览。

夜起避暑大连,正以为讶,书来诗音甚凄,其有去志耶？乃武藤暴病遽殂,或因此又不能行。究竟武之病由,有无可疑？代者能否规随,其参谋以下是否全换新手,此时又一转捩之关键也。常自维念,邻之过于壮亢,实为之危,无论挑衅于英,大为失策；即其反对各国之技术助华,不但犯众怒,亦徒托空言,可见其当轴之智力不足以箝束其下,而惟幸中国之互相猜忌,可恣其挑拨愚弄,术亦有时而穷。其事历历可数,而犹未有已也。

近有风传华东共和国,为各国人民混合组织,即日人不满于军阀政治者,亦有加入,疑为快意之宣传,然纯武力压制,断不足以固国基,叡虑荩谋之所及,必于吏治民生,再三加意,尽其在我,而后可借助于人。近日关外来者,犹于王道乐土,则致不满,或未尽为求全之毁耶？活佛代表入觐,日报先已宣传,各报亦复转载,恐不免为人注意,即爱亦渐致人指陶公,谓礼[1]好自用,常出轨

道,须有为司南针者,但资其声望,则亦难为用矣。滦东京北,均已敷衍妥帖,惟察事尚混沌,恐不能终于和平,西南且视之为动静也。

此间连日得雨,炎气顿降。又防河患。鄙以腰脚宿疾,日内当入都就医。乘便匆匆布札。即颂筹安。橘顿首,六月初八日。

——《溥仪私藏伪满秘档》第 91 页

[1] 札:春秋吴季子,名札,指吴佩孚。

8月4日(六月十三日)　致函胡嗣瑗谈及关东军武藤去世,时局变化,郑孝胥"有心补牢,乘此替人新至,正一机会";阅报载日人代溥仪悼词译文,有"如失慈父语","造言不伦",云云。

致 胡 嗣 瑗　　　　　　　陈宝琛

珏公鉴:

初八函当已达览。

武藤事各报日期互异。饰终且照白川遇刺之例。心即异之。顷始见报载,遗书密呈,当事虽秘不宣布,然明言三项,必有关大计。至以死争,洵足远追史鱼,近侪乃木。初以犬养之续,疑之犹浅也。上亲临其丧,情文深至,自以平日习与晤接,悼惜殊常。其言满洲事,必于我有关系。初传松本代理,既而不果。遗书交冈村,其旨趣亦略可窥。关内停战,由其与坂西谋决,实亦了而未了。冯假名义负固,邻有责言,恐于和平而不得。黄已赴庐(恐受指摘),坂又来沪,宋不日归,更不知若何纷纠。夜起有心补牢,乘此替人新至,其在星浦涉旬,与武习处长谈,岂能无所得耶? 且看菱刈到后,所属有无变易。闻其性素伉直,不似武之能容忍,若上不足以相摄,即陆长亦不能安席也。

阅各报,于主人之悼虚谷,有如失慈父语,以诬谤视之。顷见东京朝日新闻,竟载为中岛翻译之语。记去冬,彼曾求为秘书而不之许,今乃以自称,且造言不伦,淆惑众听,小人信不可为缘哉! 不可不以上闻也。

刻当入都,小住数日。如无便人寄书,每君当可稳达。即颂苪安。橘顿首,六月十三日。

——《溥仪私藏伪满秘档》第 92 页

8月27日(七月初七日)　函复胡嗣瑗:日本新派来大使菱刈隆"既表示不干涉宗旨,或不尽食言,所患我自无人而授人以柄",溥仪"果有知人安民之本领,使人见而诚服,旁落之权何患不可收回","现惟静修以待时"。

致 胡 嗣 瑗　　　　　　　陈宝琛

珏公足下:

六月二十五日,奉读十六日惠书(十三日尚有一函收到否?),今已兼旬矣!

北望弥复跂念。新使已到，所见能逮所闻否？既表示不干涉宗旨，或不尽食其言，所患我自无人而授人以柄也。渔（指伪满国总理郑孝胥）惟任同，故召驹（指伪满总务厅长驹井德三）侮；钳为荐壳，故成桥专。主人果有知人安民之本领，使人见而诚服，旁落之权，何患不可收回？学以广才，能忍而后有济，现惟静修以待时耳！而犹虑张脉续兴者，或怵于国际之执言，或重违国人之口众，难保不曲徇青溪内属之说，以希两全。以近势揣之，暂可无虑。伦意欲合莘田、荔裳两家为一气，而过门不入，内外先自异向，其骄恣何翅挑衅？归若得志，协定之局必裂，邻稍恫吓，青溪势必屈服，则责言交至。且挟西南而树之帜，又何五全大会之可言？青溪恃有实力，尤以刘张为心膂。昨鲁西灾黎，方恕刘之弄兵决水，以邻为壑，以民命为戏，电请惩治。北方民情，大略可见。鄂张冀于久有对调消息，意在分散东北势力，收取河北地盘，并可媚邻，久而寂然，似中止矣。留求归率所部屯西北，而青抑之。请以私财购机，自为航空长，亦未之许，荔颇有怨言，前途正不可知，遑谋我耶？

　　半年来往返京津，博谘默察，时势人心，殆已渐转。然不树胡获？故于政界、言论界中人，无论旧识新知，但实见为有用，必予容纳研裔，所谓彼间空气，较此为佳，则坐探游说之才，亦岂可少，不知已有可选否？竹山、水云且于党外，多所罗致，逸塘、远伯、叔［效］鲁辈，皆应其招，亦以得人为急急也。

　　渔在大连寄示二绝，意气衰恭［荼］，盖已耄及。来教谓其曾代乞外，抑何愦愦？睿照所及，李长源、陆敬舆无此遇合矣。宋真宗论相，谓寇准刚褊，上知公于谗谤交集中且十年，而倚毗弥重，此岂中主所能？况此时仍在患难之中，上下交徽之不遑，忠说如公，必不以众女谣诼芥胸也。

　　衰躯近服中药颇效。秋凉如能远涉，仍当支疲瞻觐。月前累晤李岳生，来函一纸，请代呈。敬颂苌祉。橘上，七月七日。

——《溥仪私藏伪满秘档》第 92—93 页

9 月 10 日（七月二十一日）　致胡嗣瑗函称，五儿懋需自伪满返津，告关外"土匪充斥"，日本"疲于奔命"；郑孝胥言东北须由国际共管，但能否得到日本同意，清室此时尚需忍耐待时；拟于秋分后，北上谒见溥仪；溥仪欲令懋需预备留学，望胡多加训诲。

致　胡　嗣　瑗　　　　　　　　陈宝琛

珏公足下：

　　月之七日，奉笺计已入览。需儿归述，宸躬疆[1]固，一德明良，讹谣涣然，私衷顿慰。国步有无新机，或云土匪充斥，邻亦疲于奔命。菱[2]固宿将，当胸有成竹。此间仍甚混沌,灾害并至,债借何能适应?民困至此,群望来苏,闻有出关请愿者,虽其言之太易,然亦势所必至,不能不芸耨以待时。渔常语人谓:"须西人翊戴。"则共管之理想,特邻此时,发谋能否金同,尚需动忍以竢之耳!公意云何?

鄙日益衰茶,西医但予以利痰减咳之剂,而于腰痛,不能有所裨助。近服中药略效,但使未即残废,尚拟于秋分后,仍循前辙,申其瞻就之区区。

需儿蒙恩,以为可造,欲令预备留学,感出望外。此子小时颇了了,近年驱干顿若成人,而学殖尚薄,曾与文郎同学,公以弟子视之,时与提撕,俾自刻历,勿坠俗流,而负殊眷,则所望也。手此。敬颂荩祉。橘顿首,七月二十一日。

——《溥仪私藏伪满秘档》第 94 页

[1] 彊:同"强"。

[2] 菱:疑指菱刈隆。

9月15日(七月二十六日) 函告胡嗣瑗:南方来人,诋毁关外日本浪人无赖,鄙视伪满官员甘受愚弄,此时最要在于"发挥权能,使近悦远来"。函末附告,儿子懋需始愿赴欧,月初归称,溥仪已答允送其赴日,现当已到日本。

致 胡 嗣 瑗
陈宝琛

珏公足下:

廿一日需儿赍呈一书,当已登览。

朝巢各奏,尔能阳不背驰,阴则乖异。陇自南来,与期相候,巢反姗姗,闻颇消极,诸端待理,亦不能垂橐而入也。日来倾市,为司隶举幡,实则东北饥军,觊缓须臾,炼药化金,以济目前,旁观能无齿冷?陇且能言其详,陇应巢招[1],或疑将不利于我。昨与盘桓良久,叩以曾觇新国,虽亦诋其浪人之无赖,薄吾阁员之甘受播弄,然深见南风之不竞,谓不足以有为。讽以助我,则亦无难色。以为此时,最要在完成面目,发挥权能,使近悦远来,自无难于发展恢复。至己身近,虽用力于南北,而初心不因以改,此则可以心照也。此君为中国通之最,且素重气谊,乃当有以结其心,使为我用,毋以资人。不日仍当绕道长春,或以去岁成约中止之故,未必上谒。公能与之一见,宣传主人倚注殷拳之意,优予辞色,俟由鄙与之联络,上意当以为然,望即赐示,能及其未行以前,尤有率循也。昨答拜新领,初面即倾谈移晷,绝无外交嗫嚅习气。自谓在长一年,极蒙主人青眼,并言用人行政,过此主人必有分明之日。鄙略抒所见,谓二三年内,经一大风潮后,乃可称君意,幸珍卫以竢之。随云,今夕谈极洽,当经工藤上闻,可见彼人意向之渐转,故聊述之。广田去岁视察新邦,曾代芳泽致殷勤之意，上当曾见之。此君号俄通。俄患方殷，康乃让贤自代，彼方对俄交涉之亟可知。菱使新猷，已否表现一二。陇谓其政治非所娴，亶其然乎。

段世兄来告东行。拉杂草布。即颂荩祉。橘顿首，七月二十六日。

毅夫能久留否，鄙中秋后方能来也。

（胡嗣瑗注）已呈览，陇即加意周旋。

珏公再鉴：

月来正以未得环云为念。顷絜先交来张君所携惠函，盖月朔连日所发，二十四日始得捧读。

主上推恩任子，曲意玉成，犹复体贴入微，三复感涕。此子始愿赴欧，学制飞机。既感于其姊在英年徐思家之苦，幡然中止。月初归称，上许送日肄武，先令予[预]备。念其体质茁壮，立志颇坚，亦望其能副恩培，藉补衰残之阙憾；且远游有方，仅衣带水，故听其治装即行。计已到东数日，可造与否？上必面询之矣！

新使品评，此间所闻略同，所倚为补助者，能如人意则幸也。文学政事，本不同科。谚曰："知理不怪人"，语浅而精云云，固早闻之。宣示祭文一节，吾君之动心忍性至矣！公亦因此增益哉！段君行急，再附数行。闻其曾承嘘拂，仍有望也。再请荩安。橘上，廿六夕。

数日内以凤孙之丧，尚须入都，有信仍寄每君为妥。

——《溥仪私藏伪满秘档》第95—96页

[1]"陇应巢招"："陇""巢"何人，不详；暂拟指"南方来人"。

9月23日（八月初四日）　函告胡嗣瑗，有蒋尊祎（彬侯）者，因曾参与丁巳复辟，被罢官，请求觐见，望溥仪予以接见。

致 胡 嗣 瑗　　　　　　　　陈宝琛

愔公足下：

在津寄函当已入览，未得来教为念。

蒋彬侯丁巳之役，为电政局长，发电至勤。事后坐是黜免，而翊戴之诚，至今弗谖。欲求展觐，乞为上陈赐接，以慰其意。附呈履历一扣。即请荩安。季兄同此问候。宝琛顿首，八月初四日。

蒋尊祎，浙江海宁人，年五十六岁。甲辰恩科贡士，殿试二甲，授户部主事。奏调邮传部，补授员外郎，任电政司司长，掌印。民国改邮传为交通部，仍任电政司司长。丁巳年因□□（指1917年张勋复辟事件）停职，今办救世新教赈济等事。

——《溥仪私藏伪满秘档》第96页

· 935 ·

10月4日(八月十五日) 复胡嗣瑗函称,为"陇"赴长春饯行,向其转达溥仪借重之意,"陇"言溥仪须"洞彻治术,修已安人,由近及远";又云,日本正以种种手段笼络章嘉活佛,答允"内蒙自治",清室必须先予羁縻,免被他人利用。

复 胡 嗣 瑗

陈宝琛

珏公足下:

初八回津,旋奉到初三日惠函,敬悉种切。陇明晨东发,顷为作饯,并致主人借重之意,则以为彼阅之未尽觉悟,即我之发展,亦尚有待,须主人洞彻治术,修已安人,由近及远。际此南方自顾不暇,且讳言东北问题,正与我以好机会云云。于当事藐视,少所许可。公能与一见,并可宣传上意。如其愿入觐无所避,则更可多致殷勤,终思储之为我用也。

章嘉节后可到,彼方种种笼络,假以宣慰使头衔,许以内蒙自治,彼自不能不与之周旋。究于我输诚有素。邻以其关系六盟五十一旗,欲柔致之以为己用,我不先有以羁縻之,势必听命于人,不知有我。闻其不日赴蒙,当由黄忻泉(玉)介与一见,并晓以叡意所在,免为任何方所利用也。能速示数语否?

需儿童骏,过蒙殊眷,并承公将护,感何以报。下旬到都,尚有应办之事。北上当入季秋矣。肃复。即颂秋釐。橘顿首,中秋。

门人程树德新撰宪法,比较颇有用处,先以奉览。

闻柯凤孙遗折,托使馆寄递,计已早到,有饰终不便中示之。

——《溥仪私藏伪满秘档》第96—97页

10月16日(八月二十七日) 复胡嗣瑗函云:清室"终以人才缺乏",招致日本轻侮;伸张主权,难以实现。郑孝胥动曰收复北京,公意目前基础未固,难以实现,溥仪可请增韫(曾任辽宁新民府知府)举荐"廉勤有经验"的旧部主管东北地方,"以收众心,而得治理"。

复 胡 嗣 瑗

陈宝琛

珏公足下:

得既望书后,又已涉旬,新旧更嬗之际,应商之事正殷,贤劳极为跂念。区区私虑,终以人才缺乏,无以厌望治者之心,转恐召人轻侮,主权之伸,又安可望?夜起动曰收京,就现势察之,诚不无可乘之机。鄙见总以基础未固为疑,知彼亦宜知己也。闻东邻新调军队,将伺青纱障起,举荐戎草薙而禽狝之,则大兵之后,抚绥安辑,尤赖循良之吏,曾胡诸公,皆一面剿贼,一面求所以安民。增子固此时正用得着。从前张、冯、吴、汤等,皆其为县宰时招降,其乱后在辽,即老张报恩,饫以巨金,俾营商业。上能召之使前,令多举廉勤有经验者(如袁金铠等亦可咨询)分布三省,以司民牧,不但可收实效,亦足以树风声,汉光武之征拜卓茂,固中兴之盛轨也。我诚登明选公,绥靖地方,彼何乐于越俎代庖,即使处于监察地位,亦他山之攻错,固无所伤。老生常谈,于上意或亦有合,则请早日施行,以收众心,而得治理。

京居兼旬,颇亦周谘默察,不敢轻有所陈。秋爽衰躯渐苏,复儿已自南来,少须航行辇达,以遂瞻就之忱。惟重听善忘日甚,不能有所裨赞为恨。且朔风渐厉,亦不能久淹耳。手复。敬颂茞安。季兄均候。橘顿首,八月廿七日。

——《溥仪私藏伪满秘档》第 97—98 页

10 月 17 日(八月二十八日)　　傅增湘招集蓬山话旧,观所藏明内府写本《翰苑群书》,作七律一首。见《沧趣楼诗文集》第 249 页。

傅沅叔招为蓬山话旧第二集,出示所藏明内府写本《翰苑群书》。

——《闽县陈公宝琛年谱》第 149 页

10 月 27 日(九月初九日)　　重九日作七律次韵郑孝胥,见《沧趣楼诗文集·次韵苏龛九日》第 250 页。

11 月 6 日(九月十九日)　　函询曹经沅陈三立北上事,"散原能否在此过冬,两龙钟相聚于金台月下,亦老年一乐事也"。

致　曹　经　沅　　　　　　　　　陈宝琛

缦蘅贤友足下:日前得惠书,知与散原山中谈艺之乐,近又相从白下。散原并有下月北来之言,至为快慰。鄙人去秋塞上寿散原八十诗,前经写成直幅,托陈君任代致,不知已交到否,顷又值其生辰矣。鄙日来适有度辽之行,经月可归。散原能否在此过冬,两龙钟相聚于金台月下,亦老年一乐事也。报载辑□在汴论学,恐已北旋。足下或仍留南箸,□何时,思之惘然。解君自是旧人,文出散原之手,骧为书之,传稿十月底寄来不迟也。手此奉复,即颂箸社。宝琛顿首,九月十九日。　　　——《历史文献·陈宝琛遗墨》第 16 辑第 88 页

陈宝琛与曹经沅书中询及先生北上之事。

案:既云"去秋塞上寿散原八十诗",则书末所署"九月十九日"当在本年。

——《陈三立年谱长编》下册第 1462—1463 页

11 月 8 日(九月二十一日)　　自天津到大连,复至长春见溥仪。

黄默园来,言弢庵于廿一日自津来大连。

——《郑孝胥日记》第 5 册第 2492 页(九月十九日)

公复至长春省问清帝。苏龛年年重九例有诗,因有"郑重九"之号,今年亦有诗见示,公次韵和之云:"年年来和重阳什,北海羁居苦待清。"又有答松客一诗云:"扪腹朝朝累大官,雪中屋暖不须宽。关山仍岁来奔问,涧谷无心及考槃。谁

解倒悬苏世患,忍持迂论责君难? 辽东毕竟龙兴地,四海横流底得安?"公之心事及在长生活,可由此而见矣。 ——《闽县陈公宝琛年谱》第 149—150 页

11 月 10 日(九月二十三日) 八十六岁生日,在大连。

11 月 11 日(九月二十四日) 由大连坐火车当夜抵长春,郑孝胥到车站迎接。

夜,往车站迎弢庵。 ——《郑孝胥日记》第 5 册第 2493 页

陈宝琛已赴长春,这是溥仪出关后他(陈宝琛)第三次北上,也是他最后一次前往溥仪身边。行前,朱益藩提出了自己的计划,即在当前形势下复辟清室的具体方案,请陈向溥仪转达。他在嗣后写给胡嗣瑗的信中说:"弢师计已安抵行在。濒行,弟复有所贡献,良晤时当可面谈。总之,今日时局征论中国无办法,即各国亦皆有杌陧不安之状,各显手腕,以图生存。飞机海舰日事扩充,又将酿让成一大战争。我新造之邦何以自立?来日大难令人不寒而栗。"

——《末代帝师朱益藩》第 76 页[1]

[1] 原书此条系于 12 月 13 日

11 月 12 日(九月二十五日) 明日迁入伪满执政府。

弢庵来,言明日迁入执政府。 ——《郑孝胥日记》第 5 册第 2493 页

11 月 13 日(九月二十六日) 移住伪满执政府。

弢庵已移入府,诣谈久之,为余言:有梁秋水粤、刘树人川、周渤山西省长,翰林、黄钰等皆愿助入关之举。 ——《郑孝胥日记》第 5 册第 2493 页

九月 三弟宝璐长子懋豫以五十年前旧作装裱乞题,作七律"叔毅陪枚老雯青游青原山寺予未获偕雯青为图于帐额枚老有诗时光绪癸未九月也豫侄装裱乞题感赋",有句"五十年来万事非,山门可复似年时?""吊古却添今昔感,纪游况积死生悲",不胜感慨。诗见《沧趣楼诗文集》第 254 页。

11 月 20 日(十月初三日) 郑孝胥作诗贺寿,"弢庵八十六岁生日与德国统领兴登堡同岁",见《海藏楼诗集》下第 413 页。

作弢庵寿诗。 ——《郑孝胥日记》第 5 册第 2494 页

弢庵八十六岁生日与德国统领兴登堡同岁　　　　　　郑孝胥

英豪当代兴登堡,名节千秋听水楼。并世天教系王室,一时人望重神州。趋朝心尚凌风雪,绝席班应隔辈流。长白中兴山万垒,试凭紫气候青牛。

——《海藏楼诗集》第 413 页

11 月 22 日(十月初五日) 晚,郑孝胥宴请,胡嗣瑗、陈曾寿、黄懋谦等同席。

约弢庵、琴初、仁先、默园、杰士、午原晚饭。

——《郑孝胥日记》第 5 册第 2494 页

12 月 4 日(十月十七日)　与郑孝胥久谈。

　　与弢庵谈久之。　　　　　　　　　　——《郑孝胥日记》第 5 册第 2496 页

12 月 9 日(十月二十二日)　溥仪召见。与郑孝胥等及多名日人同摄影。

　　至国务院。诣执政府,召见,与有田八郎、陈宝琛、白井康、工藤、林出等同摄影。　　　　　　　　　　　　——《郑孝胥日记》第 5 册第 2496 页

12 月 23 日(十一月初七日)　晚,郑孝胥宴请,胡嗣瑗、陈曾寿、黄懋谦、子懋复、甥刘骧业等同席。

　　夜,宴弢庵、琴初、仁先、农先、几士、清畬、默园、午原。
　　　　　　　　　　　　　　　　　——《郑孝胥日记》第 5 册第 2499 页

是年　主持重修《螺江陈氏家谱》成,共二十四册,撰"三修族谱序"见《沧趣楼诗文集》第 315—316 页。

　　公族旧谱,自文诚公重修,逾六十年。光禄公命及时赓续,时公方里居,族兄敬诏,及见前度修谱,伯纶才望孚里党,因延共经画。敬诏旋逝,伯纶亦出仕,国难家恤相更迭,几至中辍。犹于其间遍诣诸乡,谒宗祠,稽谱牒,以证始祖征仕公所自出,未尝或忘谱事。宣统初元,公被召出山,则属族子维寿、陀庵、元凯[应作"陀庵(元凯)"-编者]递司其事。陀庵手草例言十数则,周布迻迻,搜访遗佚。引族孙幼绅为助,辑成大半,又相继殂谢。公以衰耄之身,又负羁绁在外,既不获亲董其役,因请族弟向宸趣集族之父老,各就支派征讯填写,为足成之,至是告成。公为作序,更望族中后秀有踵起而修补整齐之者。
　　　　　　　　　　　　　　　　——《闽县陈公宝琛年谱》第 148 页

螺江布政公光禄公两世家训题后　　　　　　　　　高向瀛

　　明湖榷署寄三书,娓娓家常切倚闾。爱子喜忧形笔墨,送孥夷险计舟车。天时人事关秋汛,愈虑添丁盼岁除。两纪遂初终养乐,止慈食报老先庐。

　　澄秋池馆侍冰清,杖履尊罍仰老成。四纪笑言温昔梦,数书忠孝见平生。郎潜自得田间乐,师傅能杨海内名。聪训斋居多警语,颖滨福德比桐城。
　　　　　　　　　　　　　　　　　　——《还粹集》卷四第 12 页

作吴郁生[1]八十祝寿诗,见《沧趣楼诗文集·吴蔚若宫保八十四赐寿》第 251 页。

[1]吴郁生:字蔚若,号钝斋,江苏吴县元和人,光绪进士,四川学政、军机大臣、邮传部右侍郎。

是年文

　　虚云法师放生园记　　　　　　　　　——《沧趣楼诗文集》第 493 页

　　故出使义国大臣许君像赞　　　　　　　——《沧趣楼诗文集》第 494 页

三修族谱序　　　　　　　　　　　　——《沧趣楼诗文集》第 315 页

是年诗

赠华璧臣　　　　　　　　　　　　　——《沧趣楼诗文集》第 246 页

题祝廉先方竹画帧　　　　　　　　　——《沧趣楼诗文集》第 246 页

苏盦避暑大连来书录后村哀惠州弟诗及注并示以近作云残年况味今参透
只是生离死别忙寄答其意　　　　　　《沧趣楼诗文集》第 246 页

和苏盦海岸二绝　　　　　　　　　　——《沧趣楼诗文集》第 247 页

庸庵尚书乡举重逢赏太子少保衔　　　——《沧趣楼诗文集》第 247 页

黄笃友以先德小鲁观察烟霞洞种梅图属题久未有作而笃友物故怆赋以归
其孤　　　　　　　　　　　　　　　——《沧趣楼诗文集》第 248 页

题杨云史少室观雪图　　　　　　　　——《沧趣楼诗文集》第 248 页

为钱仲仙题梁节庵李子申汪沤客送曾履初诗画卷子

　　　　　　　　　　　　　　　　　——《沧趣楼诗文集》第 248 页

王石谷山水巨幅详载宝笈三编蒲生子雅得之为题二绝

　　　　　　　　　　　　　　　　　——《沧趣楼诗文集》第 248 页

题林天禧篝灯课读图　　　　　　　　——《沧趣楼诗文集》第 249 页

八月廿八日沅叔招为蓬山话旧第二集视所藏明内府写本翰苑群书

　　　　　　　　　　　　　　　　　《沧趣楼诗文集》第 249 页

序宾先生百龄纪念敬赋　　　　　　　——《沧趣楼诗文集》第 249 页

次韵苏盦九日　　　　　　　　　　　——《沧趣楼诗文集》第 250 页

次韵愔仲　　　　　　　　　　　　　——《沧趣楼诗文集》第 250 页

病山侍郎夏间来觐直讲至八月归留诗索和次韵寄沪

　　　　　　　　　　　　　　　　　——《沧趣楼诗文集》第 250 页

吴蔚若宫保八十赐寿　　　　　　　　——《沧趣楼诗文集》第 251 页

题仁先唐人诗意画册　　　　　　　　——《沧趣楼诗文集》第 251 页

次韵答松客　　　　　　　　　　　　——《沧趣楼诗文集》第 251 页

成容若侍卫致张见阳手札二十九通卷末有顾梁汾秦留仙朱竹朱垞姜西溟
跋荣叔犨观察得之属题　　　　　　　《沧趣楼诗文集》第 252 页

叔毅陪枚老雯青游青原山寺予未获偕雯青为图于帐额枚老有诗时光绪癸
未九月也，豫侄装裱乞题感赋　　　　——《沧趣楼诗文集》第 254 页

潜楼老弟病中乞为画松予诺之犹期其瘳也已而赴至意不可负写此并系
一绝　　　　　　　　　　　　　　　——《沧趣楼诗文集》第 268 页

1934 年(甲戌　民国二十三年)　87 岁　北平

国民党中央军克复福州,闽变结束。(1.16)

溥仪在长春伪满洲国称皇帝,改元康德。(3.1)

红军从瑞金出发,开始长征。(10 月)

1 月 20 日(癸酉十二月初六日)　郑孝胥来访。

视弢庵,不日将归天津。　　　　　　——《郑孝胥日记》第 5 册第 2503 页

1 月 24 日(癸酉十二月初十日)　朱益藩函询胡嗣瑗"弢师年内回津否",函乞转致。

致 胡 嗣 瑗　　　　　　朱益藩

愔仲仁兄年大人阁下:

顷接初四日手教,所言歇后[1]等举动,至为可虑。此辈凭仗外势,专为身谋,不恤大体,不顾恩义,不谙掌故,一切以意为之。眼前必闹笑话,异日必多流弊,听之不可,争之不得,此弟所以不欲身履其地也。收拾人心,全在旧日招牌。(报章言,明春驾拟东渡,当是谣传。不然,则是李王[2]我也,期期以为不可。)此之不得减力万倍,外人靳此,真是心狠手辣处。默察此间人心,固多引领而望,即身在政局者,亦有软化之势,若措施得人,真是极好机会。无如尸位者皆此辈,令人徒唤奈何耳。孙子授留寓中数月,今已遣之回秦。临行托转致台端,大约开春复来也。病山同年,遽归道山,闻之不胜怆痛。论其本身,亦无遗憾。独后顾茫茫,一棺旅寄,天道诚难测哉!弢师年内回津否? 倘未首途,即乞转致——。

此复,祇请荩安! 弟名心,十二月初十日。

——《末代帝师朱益藩》第 153 页

[1] 原注:"歇后",隐指郑孝胥,唐末郑谦写歇后诗。

[2] 王:同诳。

1 月 26 日(癸酉十二月十二日)　访郑孝胥辞行。

弢庵来辞行。　　　　　　——《郑孝胥日记》第 5 册第 2504 页

1月28日（癸酉十二月十四日） 《申报》报道："溥仪代表伪满聘陈宝琛为师"。

长春确息：关于溥仪执政即皇帝位后之师傅，前拟向日本招聘，已请日政府代为物色。但最近已改变方针，已中止由日本招聘。溥仪执政已决定招聘天津闲居以来之恩人陈宝琛，同时废止师傅之名称，改称太傅。

——《申报》1934年1月28日

1月29日（癸酉十二月十五日） 离长春南返，郑孝胥至车站送别。

九时，至长春驿送弢庵，菱刈[1]亦赴旅顺。

——《郑孝胥日记》第5册第2505页

[1] 菱刈：菱刈隆，日本关东军司令官，兼驻伪满大使、关东厅长官，1934年回国。

1月30日（癸酉十二月十六日） 寄诗郑孝胥，题"苏盦避暑大连来书录后村哀惠州弟诗及注并示以近作云残年况味今参透，只是生离死别忙寄答其意"，见《沧趣楼诗文集》第246页。

至国务院。弢庵由航空寄来和雨山诗。

——《郑孝胥日记》第5册第2505页

寄 弢 庵 郑孝胥

意气当时几许狂，堪憎老境债教偿。残年况味今参透，只是生离死别忙

——《海藏楼诗集》第410页

2月1日（癸酉十二月十八日）[1] 返抵天津。与陈曾植谈伪满种种，令人气闷。

弢老归，谈悉种种，令人气闷。矮人举动，总带几分鬼蜮性质，终非与也。

——《苍虬阁诗集·局外局内人记》第475页

致函胡嗣瑗，离长春后，挂念溥仪与胡嗣瑗孤危处境，夜不成寐；荐举郑家溉、何启椿；又，以旧藏青铜器托胡求价出售。

致 胡 嗣 瑗 陈宝琛

愔公足下：

此别至为惘惘，每念吾皇操心虑患之言，与足下菀结孤危之况，则不能寐。雪夜到津，顷始得晤仲业，知邸行计，尚未有定。功永今夕登轮，奉山公交件，计三日内必抵新京矣！大典规模粗具，惟高文典册，不能假手于人者，自宜予[预]为之备。枢机之发，观听所倾，诚重之也。

日昨侍侧，上勤勤以人才不足为言，然非近在关东者，罗致又多不便。郑家溉心术纯正，学识明通，鄙虽新识其人，窃以为不同流俗，近曾见否？何

启椿端愨廉勤，任事持正，公当识其生平，现在哈尔滨教授自给，如有任使，
鄙可负荐举之责。为政在人，邪正尤所宜辨。昨过沈，金、黄二君迎于车次，
并持臧省长名片致候，已托转达云云。过大连，伯行病后，岱杉外出，均未得
见也。

衰躯颇觉疲乏，少缓，当入晤定园。闻散原暂亦未行。需儿病虽已愈，气
体未复，再令医调数日回长，乞代陈明。潦草奉布，顺请茝安。

季、仁兄均候。宝琛顿首。十八日。

吉金事，濒行，未克再申下悃，甚为惭悚。生平耻言贫，家难所逼，致以旧
藏求价。能否仰邀鉴谅，殊深惶念。阅函附阅，冀公有以察其心耳！又及。

貂帽花翎，并翎管干尖领，统托功永带呈察入。

——《溥仪私藏伪满秘档》第 98 页

[1]《秘档》此函系 1934 年 3 月 3 日（正月十八日）。函云："昨过沈"。应为 1934 年 2 月 1 日
（癸酉十二月十八日）。《秘档》日期疑误。

2 月 2 日（癸酉十二月十九日）　函告胡嗣瑗，急盼与朱益藩、陈三立晤会，林
开暮已南下。

致 胡 嗣 瑗　　　　　　　　　陈宝琛

愔公足下：

功永带呈一函，计日当已登览。昨午谒邸，敬述上之孺思，似尚无行意。
因晤山公，知启事为瑞文端及奎乐峰之后人，续荐一卷（文光后人），已落后，尚
未得达也。贵同年尚未见面，日内如未来此，当往就一谈。定园、散原亦急于
图晤，贻书已南下矣。此间安谧如恒，邮便匆匆不赘。即颂茝祉。宝琛顿首，
十九日[1]。　　　　　　　　　　　　　——《溥仪私藏伪满秘档》第 99 页

[1]《秘档》此函系于 1934 年 3 月 4 日（正月十九日）。函云："功永带呈一函"，前一函云：
"功永今夕登轮，奉山公交件"。则此函当作于 1934 年 2 月 2 日（癸酉年十二月十九日）。《秘档》
日期疑误。

为天津《国闻周报》社发行、国风社编纂《采风录》第二期署签。见《采风录》第
二期封面 1934 年 1 月。

2 月 8 日（癸酉十二月二十五日）　何振岱闻公自天津到北京。

闻弢老自津至。　　　　　　　　　　　　　　　——《何振岱日记》第 402 页

2 月上中旬（癸酉十二月）　陈三立来晤，赋诗送别。

十二月（十五日之后），晤座师陈宝琛。

案：《借槐庐诗集》编次此诗于本年，诗题所言"听水师贻书"即"九月十九

日"条所引陈宝琛书。据《郑孝胥日记》,陈宝琛九月二十一日(11月8日)自天津赴大连,十二月十五日(1934年1月29日)始归,则先生与之相晤当在此后。

———《陈三立年谱长编》下册第1470页

散原七十初度,时在庐山,螺江陈弢庵太傅年已八十馀矣,于旧京寄诗为寿,有"为间鄱阳湖上月,可能重照两龙钟"之句,散原读之曰"吾师正念我。"即日命驾北上,敬问起居,前辈重亲师门,风谊之笃如此。散原,弢庵典试所得士也。

———《鱼千里斋随笔·散原诗》第51页

散原翁游旧京访弢老纕蘅书来约赋诗寄送　　　林思进

名士过江无谢傅,都人夹道看坡翁。定知二老相逢地,处士祠前百感同。

慈仁寺,顾亭林祠,昔年游宴处也。　　　　　　　———《清寂堂诗续录》

转引自《陈三立年谱长编》下册第1470页

散原老人北游有日听水师贻书有两龙钟相聚于金台月下亦老年一乐事之语辄用其意赋诗送行二首　　　曹经沅

弥天四海两龙钟,重向金台话别惊。定有都人遮道看,况多群彦载醪从。西山戴雪如迎客,姚井煎茶为荡胸。姚家井在陶然亭畔,井泉最佳。莫对胡僧论浩劫,慈仁寺畔抚双松。

老恋钟山再到迟,旧经行处百迷离。追欢淮榭频邀月,温梦湖舟欠补诗。身世待同骀卒语,风流剩遣酒佣知。明年花发春明日,迟我城南共举卮。

———《借槐庐诗集》第148页

2月14日(甲戌正月初一日)　陈三立来访贺岁。作七律"甲戌元日",并手书直幅示七侄懋丰。诗见《沧趣楼诗文集》第252页,手书直幅见书前照片。

元旦有诗。　　　　　　　　　　———《闽县陈公宝琛年谱》第150页

往陈宝琛处贺岁。　　　　　———《陈三立年谱长编》下册第1471页

甲戌元旦(1934年2月14日),是祖父到北平后过的第一个旧历年。……来家给祖父贺岁的亲友众多,可年迈久居南方的祖父非要出门去给一位"陈师傅"拜年,数九寒天只得穿戴暖和,由家人陪同前往。小孩觉得纳闷,为何祖父这么大年纪还要出门给人拜年?哪里知道这位"陈师傅"是清朝进士、内阁大学士、宣统帝师陈宝琛,当年是祖父乡试的座师,敢于破例将不以八股文应试的陈三立录取为举人。祖父感念师恩,一直坚持对陈宝琛老人执弟子之礼。

———《也同欢乐也同愁——忆父亲陈寅恪母亲唐篔》第111—112页

太傅客岁元旦作诗,自比陆游,复取古人之寿近九旬者一一衡量,似已预知数尽。

———《晚清民国史事与人物·凌霄汉阁笔记》第130页

2 月 15 日(正月初二日)　何振岱来访,晤子懋复及陈三立,酒后即归。

至羡老处晤幾士、散原老。席次第三。酒后即归。

——《何振岱日记》第 406 页

2 月 17 日(正月初四日)　访何振岱。

午时羡老来谈。 ——《何振岱日记》第 406 页

2 月 21 日(正月初八日)　张国淦[1]假公寓所宴请,座有朱益藩、杨锺羲、傅增湘、张志潭等。

赴"乾师"招饮,陈宝琛、朱益藩、杨锺羲、傅增湘、张志潭等同席。

《张志潭日记》正月八日:"晴……乾师在羡翁家宴客,座有散原及朱艾卿、杨雪樵、傅沅叔诸人,席散三时,杖者始出,可称健谈。"

案:此"乾师"为张志潭[2]之师,但不知谁某。

——《陈三立年谱长编》下册第 1472 页

[1] 张国淦:字乾若,号石公。四川蒲圻人,见前。"乾师"即张国淦。

[2] 张志谭:字远伯,河北省丰润人。前清举人,曾任北洋政府内务、交通总长。

2 月 22 日(正月初九日)　何振岱来访。晤子懋复。

十二时半至羡老处。送怡(贻)书桃、面。医院晤幾士,羡老饭后坐谈。

——《何振岱日记》第 407—408 页

3 月 1 日(正月十六日)　晤何振岱。

晤羡老、稚辛、宰平。 ——《何振岱日记》第 409 页

3 月 9 日(正月二十四日)　复胡嗣瑗函询归期,自谓年老躯孱,常有病痛,并及家事[1]。

复 胡 嗣 瑗　　　　　　　　陈宝琛

元夕函廿到,现又涉旬。移宫换羽,当有一番新气象。消长之机,即兴替所系,想汝归期亦稍缓耶?须[2]之得而复失者为何事,当非总务。且须与河阳均不知所指,河阳当是忠恕,到后来居上矣!玉出店后,仍得到店否?廿一是外柜之才,岂能久于居内,然无论在内在外,恐其灵活处多,刚[3]正处少,视乎用者能操纵之,代壳犹可,若以代涣,则掌内盆之责任吃重,岂有逾于玉者。然其为群小所嫉,不知离照能不为所夺否?此夙夜所皇皇者也。

屏躯日亲医药,诸病虽略减轻,然终不能健复,过此星期,尚欲到院一诊,开一常服之药,方敢到津。来信仍从每寄为妥,晤玉幸为致意。侗[4]、须闻皆在旧居,并以语之。新职官录可寄一份每处。即颂旅祉。正月廿四京寄。

——《溥仪私藏伪满秘档》第 99 页

[1] 此函《秘档》收信人作胡嗣瑗,但函中称收信人为"汝",又提及次子懋侗、五子懋需,疑为家书。

[2] 须:五男懋需,字泽信,号须士。

[3] 刚:用刚,侄懋豫字。

[4] 侗:次男懋侗,字泽野,号愿士,度支部主事,日本千叶医学学校毕业。

3月24日(二月初十日) 致函胡嗣瑗,谈及传闻溥仪将访问日本,"断断不可";日本于京、津一带欲另扶傀儡政权,作伪满屏藩,清室此时唯有"静以俟命"。

致 胡 嗣 瑗 陈宝琛

珏公坐下:

久未奉教,调官后宜可稍节劳勋,然献替所关,想亦随时詧接耶? 双星轰动一时,实则官样文章,但求无过,无望有功。风传秋后六飞[1]亦东,则断断不可,难保无媚外徼幸者,甘言以荧听。所赖离明乾断,不为所动,免授诸方以口实,失众望而梗前途。区区过虑,故于公豫言之。

邻于近畿一带,雄心未戢,其欲别树一帜,以屏蔽新国,备为战事,先着自是军谋应尔。独惜我隩苏之遗黎,不能自审向背,而惟听客所为,则亦静以俟命耳! 渔已暮气,归来或当小休,臧孙可为代否? 新除官僚,自首数河阳,惜从耘遣归,衡湘人物,究有擩染太真,见知八咏,俇得中秘,而休期适至,疑为公与子将所汲引,鄙固知其误认,而府中近所甄别若干,其集矢益可意揣,直道之难容,私见之难化,虽小朝危时,犹不免此,可为浩叹。鄙之心契于公,久而弥敬者,即以其尽己奉公,常变不渝,仍望始终如一,但少敛锋芒,以免忤俗,为君国计,非为身谋也。

衰惫日甚,适有便鸿,草草奉布。即颂荩安。橘顿首,二月初十日。

此函本寄刘宝题带呈,昨闻其尚未行,取回另寄。

——《溥仪私藏伪满秘档》第100页

[1] 六飞:亦作"六骈",古代帝王,指溥仪。

3月26日(二月十二日) 函谢胡嗣瑗青铜器出让成功,但此物现已抵押银行,须先付半价,始能取回,请胡代陈。

复 胡 嗣 瑗 陈宝琛

珏公坐下:

昨夕由津递来手翰,顿慰饥渴。揭晓在即,病躯不能随贺,恐或以成见未融为疑,因令所亲,代将鄙诚,以释群惑。又闻老渔急欲渡海,亦当讽以晚盖,免滋谬误也。吉金获荷玉成,感深肺腑,先人遗物,既得所归;群从急难,亦藉以解。下如岭人之献鼎，上如甄氏之赐金，本非市道之交，免经驵侩之手。惟久充押品，须先拨半价，向银行取回，方能送上。此情先经面陈，琐琐当可见谅。

日来咳喘特剧，艰于握管，此间近状，午能言之，不复赘述。（从耘已归，昨来一晤，于新事皆不能详）。敬颂荩祉。诗意深厚，读之黯然。橘顿首，十二日。

　　　　　　　　　　　　　　——《溥仪私藏伪满秘档》第100—101页

3月28日（二月十四日）　函复胡嗣瑗，青铜器已由清室收购，得款请汇奉天交通银行转交。

复 胡 嗣 瑗　　　　　　　　　　　陈宝琛

珏公足下：

午来，奉初八日手教，知贤兄在宁婴疾，日来已痊可否？无任驰念。吉金蒙恩赐留，感激之极。直为二二，为数既钜，若迳汇鄙名，恐易招疑。且折合关内币价，难免贴水，益以汇费，更多所耗。为两便计，拟请由长之交通银行，汇奉天交通银行长潄六收，转交天津任振采[东]收取。既可省汇费，并不露收受人名字较为妥便。顷与任君商洽，奉天行长陈君，为笠似之姻亲，任则交行协理也。碎琐不易电达，先为函复，馀均照办。数日内当到旧京，有十日之留。即颂荩安。橘顿首，二月十四日。　　　——《溥仪私藏伪满秘档》第101页

3月30日（二月十六日）　函复胡嗣瑗奉天交行汇款事。

复 胡 嗣 瑗　　　　　　　　　　　陈宝琛

珏公惠鉴：

日昨奉函后，即复一缄托人邮递，当已入览。顷任振东交来致奉行陈潄六信一封，据云：交与前往汇款之人，面致刘行长收，同转拨奉行，则汇费一节，当可免交。如何？祈酌夺上闻。此琐琐者或须借重大驾一行，与刘较稳，否则烦楫先也。令兄已愈未？念极。即颂日祉。弟名心印，二月十六日。

　　　　　　　　　　　　　　——《溥仪私藏伪满秘档》第101—102页

3月31日（二月十七日）　致函张志潜。

致 张 志 潜　　　　　　　　　　　陈宝琛

仲昭亲家年老弟足下：客腊自东归[1]，就医旧京者月馀，音敬久阔，曹世兄度辽相左，归始得诵手书，藉悉兴居多豫，诸如所颂。衰驱日即疲茶，极思归老乡园，而匪氛遍地，廓清无日，犹不如京、津之得以苟安。伯严居庐山有年，近以冠盖杳集，不耐牵率□以故都之寂寿为可居与相暌一星，不图垂老，乃获快聚[2]，三旬中已六七面。渐近清明，与约郊游看花，当一践也。远伯谓足下

拟于暄和北来,则良觐当亦不远,尊公日记新经影印,孙辈闻诸同学。如已成书,乞惠寄一部,俾快先睹,大曾已将周晬,当益秀慧,乃喜小女归宁时,能携之来为盼。手复敬颂俪祉。日昨寄上相片,计当察入。宝琛顿首。二月十七日。

——上海图书馆藏手稿原件

[1] 公 1934 年初(癸酉十二月)自东北返天津。

[2] 陈三立 1934 年初北上,两人聚晤。

4 月 2 日(二月十九日) 何振岱东兴楼宴请。

同子雅请弢庵等十人在东兴楼。 ——《何振岱日记》第 417 页

4 月 3 日(二月二十日) 邀何振岱家宴。

至弢老家谶饮。幾士赠唐画拓本。 ——《何振岱日记》第 418 页

4 月 9 日(二月二十六日) 孙雄、夏孙桐、赵椿年、夏仁虎等在林开暮寓宴请,与陈三立、朱益藩等同席,孙有"题放庵耆宴园"索和。

孙雄、夏孙桐、赵椿年、夏仁虎等假林开暮寓斋,公宴先生与陈宝琛,朱益藩、杨锺羲、江瀚、李宣龚等同席,并摄影留念。

——《陈三立年谱长编》下册第 1473 页

《青鹤》杂志第 2 卷第 17 期刊孙雄诗并小引"题放庵耆宴图七律二首用稀龄韵索同人和有引",署师郑,并刊照片"逊清遗老合影"。

题放庵耆宴图七律二首用稀龄韵索同人和(有引) 孙 雄

岁在甲戌仲春下旬六日,余与夏闰枝前辈暨赵君剑秋、夏君蔚如同作主人,假座林君诒书寓斋,公别号放庵,因面目酷似剑南。公宴陈太傅弢庵、陈散原吏部,并邀朱艾卿、杨子勤两前辈、江丈叔海、李君拔可、江君翊云作陪,宾主十二人,都凡八百五十七岁。酒半摄影以为纪念,并赋二律征和。

其 一

海滨大佬清时待,潞国耆英并世稀。开宴喜逢春昼永,传经愿学圣言微。倾危补赖娲皇石,烹饪工烦织女机。是日肴馔,均由诒书眷属督率烹调,席间因论及近世中馈之失职。漳浦高安风未远,绿图启沃格君非。

其 二

良辰快续羲之序,上巳前六日。二叟都逾尚父龄。弢庵八十七,散原八十二。上寿伫乔同曼羡,岁寒松柏永芳馨。光绪壬午,弢庵典试江右,题为岁寒松柏章,散原于是科获隽。炉香冉冉重帘碧,陵树濛濛万古青。迁史天官书待纪,冀州炳耀老人星。

——《青鹤》第 2 卷第 17 期 1934 年 9 月 1 日

4 月 13 日(二月三十日) 函慰胡嗣瑗丧兄,并告入春以来近况。

致 胡 嗣 瑗　　　　　　　　　　　　陈宝琛

愔仲二兄足下：

　　在津邮呈两缄，计早登览。默园归，知令兄意[竟]不起，遥念足下孔怀笃挚，为尽然矣！去岁答海藏诗，有"岁岁相望艰一面，权将死别当生离"之语，公之情景，亦复相似。而孤立撝危，所系尤重。望善自宽譬，以为君国爱身也。后起能否自立，不至累公擘画否？念极。

　　鄙入春医药不断，喘嗽渐平，而寒湿散注肢末，指肿妨书，趾烂碍履，疗治涉旬，顷始出户。数日内仍当到津，以便音问。计老渔回权，当有笛谱可听矣！梦溪习于灵素，得无近墨之累，能上孚一德，下结同心否？或谓其戚翁某被裁，有憾于公，或不其然？近日时局亦至不安，少暇再布。手此，即请荩安。橘顿首，三十日。

　　　　　　　　　　　　　　　　　　——《溥仪私藏伪满秘档》第 102 页

二月　冒广生请张大千画《写经图》真书引首。

　　"二月，先生应张大千（名爰）之请，题戴本孝山水画卷。（图卷名称不详）后先生请张大千画《写经图》，著色画，陈弢庵真书引首，是为写经第九图。（注：张大千画《写经图》两幅，现藏上海博物馆。）"

　　　　　　　　　　　　　　　　　　——《冒鹤亭先生年谱》第 347 页

早春　与陈三立、朱益藩等在中山公园水榭雅集，与陈三立、朱益藩合摄"三老图"。《青鹤》第 2 卷第 15 期刊照片"北平中山公园水榭名流雅集"。

　　早春，赴中山公园水榭雅集，陈宝琛、朱益藩、林开謩、江瀚、杨锺羲、赵椿年、李宣龚、夏孙桐、夏仁虎、孙雄、江庸等同集。

　　案：《青鹤》第二卷十五号（1934 年 6 月 16 日）刊"北平中山公园水榭名流雅集"照片，从诸人穿戴和周围环境来看，似是早春时节，暂系于此。中山公园雅集时，先生又与朱益藩、陈宝琛合摄成"三老图"。图见《图说义宁陈氏》页103。

　　　　　　　　　　　　　　　　　　——《陈三立年谱长编》下册第 1473 页

4 月 15 日（三月初二日）　挈子女及诸孙游旸台山。作七律一诗，见《沧趣楼诗文集·清明后十日观杏花旸台山复儿随儿裘女及继絜纮縈荷樨稻诸孙从》第253 页。

　　清明后十日[1]，挈男懋复、懋随、女裘贞及孙继、絜、纮、縈，孙女荷、樨、稻等观杏花旸台山。公已七度来游矣。　　——《闽县陈公宝琛年谱》第 150 页

[1] 甲戌清明在 4 月 5 日（二月二十二日）。

4 月 21 日（三月初八日）　致函曹经沅。

致曹经沅　　　　　　　　　　　　　　　　　陈宝琛

纕蘅贤友足下：逸塘交来解氏家传，属右拇患疮，致久延阁[1]，近方涂就。事事衰迟，此其一征，无可强也。由邮奉缴，乞察入转致。原纸格式近于墓表，故改为横幅耳。散原居此甚适，其癃闭宿疾仍不时发，不能久离医者，故不便于郊游，两月来谈燕无虑，旬前闻贤有北来之说，花事正繁，时用跂望。逸塘已东渡，三旬可归。草草奉复，即颂吟社！期宝琛再顿首，三月初八日。

——上海图书馆藏手稿

[1] 阁：同"搁"。

5月5日（三月二十二日）　函复胡嗣瑗收到青铜器售款，并云，溥仪不宜轻身访日，主张溥仪访日者"皆别有肺肠"，应"早筹所以应付之方，免致临时为所劫制"；又顾虑清室中枢无人，溥仪无辅弼之臣实现复辟；关东军特务部改用文官，"缩小权限"，清室倘"因应得法，不难渐收被侵之权"。

致胡嗣瑗　　　　　　　　　　　　　　　　　陈宝琛

珏公足下：

望日得初八惠函。初四一书，至二十日始由任君并汇款送来，谨已祗领。仰沐殊眷，并费清神，惭感无地。日内当即照单内各件提出，暂存该行保管，再请派人点收，以清手续。乞先陈明。

贵恙近已平否？极望善自譬解，胜于调摄也。渔唱数见报章，亦衰退之一验。其副以属籍盛年，分道扬镖，有无补救，不免痴望。太弟[夷]专使，又虑促成东巡，此时正在养望，以图发展，恐失内地人心，并滋国际误会，且彼方情形，亦非两君相见所能解决。断不宜轻身而往，主其议者，皆别有肺肠，叡照固已坚持，尚宜早筹所以应付之方，免致临时为所劫制。区区愚虑，常以中枢之难其人，至尊孤立于上，无以弼成盛业。河阳素尚正派，闻其近颇衰弱，究竟如何？其馀能循分供职，不朋比招摇则幸矣！乡人有素暏于我者，亦不敢因私废公，记尝为公言之。公曾讥其器小，当能记忆其人，试默察之，毋使滋蔓。近闻入江随带两员，位置府中，能无深意？又闻吉田，已得荐任四等之事，此人为中岛弟子，来往至密，不可不知。关东军特务部缩小权限，改用文官，势在必行，我能因应得法，不难渐收被侵之权，此亦一机会也。

月来见闻所及，欲言者尚多。行人临发，蒙痛不能详陈，少须再当续达。先此，敬颂荩社。橘顿首，三月二十二日。振采[东]嘱为寄声致候。

——《溥仪私藏伪满秘档》第102—103页

5月13日（四月初一日）　崇效寺观牡丹，回首初游，已更花甲，作诗有"六十年来梦几场"句,不胜感慨。见《沧趣楼诗文集·四月朔观牡丹崇效寺》第 253 页。
为杨锺羲《日知荟说讲义》[1]印本题诗,见《沧趣楼诗文集·题杨子勤日知荟说讲义
印本后》第 255 页。有诗次韵溥僡[2],见《沧趣楼诗文集·次韵和叔明王孙谢荔枝》
第 256 页。

四月朔,观牡丹崇效寺。小憩僧房,重披图卷,回首初游,已更花甲。

杨锺羲(子勤)癸亥后得直南斋。奏敕上讲义,因写成《日知荟说》进御。
值七十初度,以聚珍版排印行世。公题诗其后。

叔明王孙以荔支见馈。心畬王孙[3]亦分戒台山桃见赠。各以诗谢之。

——《闽县陈公宝琛年谱》第 150 页

[1]《日知荟说讲义》三卷,民国 23 年铅排本,杨锺羲著,公题签。

[2] 溥僡,字叔明,恭亲王奕䜣孙。

[3] 心畬王孙:溥儒,字心畬,恭亲王奕䜣孙。

5 月 26 日(四月十四日)   复函胡嗣瑗,除前函所述出让青铜器事外,并告闻
伪满派兵往来察哈尔,复辟"机会不无可乘,惟视交邻之有道",妥善处理同日本关
系,云云。

复 胡 嗣 瑗   陈宝琛

珏公下执:

月来掌癣肿疼,愈而复发。京居兼旬,致疏音问。昨奉初五日手教,敬聆
一是。立遣复儿到津,邀同仲业,遵谕点收存库,取回收据呈览。去冬在新京
所呈清单,只二十一件。此次添一爵,取列爵惟五之意,故共二十二件。其铭
文口径轻重,均详于原呈图册中。若令照拓一分,以资印证,更慎重矣!童之
趑趄,盖有所牵,他调驷鹊,暂亦未能,而伺隙者方麇集之罘[1],能免纠绕否,未
可知也。太原此行,亦必注意,河北归期当不远。顷晤张家口人,谓有李守信
者,以数千人往来察省,为满洲国所遣。前闻白坚武亦有众数千,屯聚多伦一
带。是一是二,公处当有所闻。机会不无可乘,惟视交邻之有道。叔明王孙归
述,渔极意得。此固狂奴常态,但望其有天功之可贪。八咏与木斋姻亲,如能
常就咨度,亦可以补所不足。木返,遣子徂东,日内亦拟往询之也。

搁管犹艰,匆匆先复,容再续布。即请茞安。橘顿首,四月十四日。

致贵同年函,再三谦辞,现暂存候拨。

——《溥仪私藏伪满秘档》第 103—104 页

[1] 之罘:芝罘山,今山东烟台市北。

6 月 3 日(四月二十二日)   致函胡嗣瑗云,近晤新参议矢田。谈及胡处境之

难,望胡"动心忍性,以支持此过渡之局";目前"局势虽无大变化",但清室仍须"修己安人",以收"近悦远来之效"。附剪报二件。

致 胡 嗣 瑗 陈宝琛

珏公足下:

　　故都两函,计均入览。土反[1]突来,再宿即转车南下,故来津与晤。据云,休文闻其过沈,屡约赴长,以行急未往。其于公之孤忠卓行,推挹甚至。并言,彼都新来人,不明我方底蕴,往往惑于群啄,先入为主。新参议矢田,人尚明白,曾与倾谈,及公所处之难,近同僚列,当能契洽,亦望公能动心忍性,以支持此过渡之局也。渠本协定主脚,此行自专为此。或曰:河北无人能任者,故安福又欲乘时而动,致逸塘又招人掊击,亦复近似。总之,彼正倚我镇满,必不使遽离而扩立屏藩以固围,又其所处心积虑也!目下虽无大变化,然亦须修己安人,始能收近悦远来之效。数日前,谣传重金聘医,得定园复电始释。然际此多难殷忧,尤以黼座起居为念。亦惟有居易俟命,即养生之印耳!日内正忙款待贵使,亦曾查摘彼都成案数则,以备参考。即思一切既由院定,徒烦圣虑,公亦无从置议,故阁置多日。鄙来津逾旬,腰痛加剧,掌癣亦未愈,稍迟仍当入都。来函非有妥人,仍寄每处转交为便。草布,顺颂荩祉。橘顿首,四月二十二日。

　　附件一:"傀儡病重"(剪报,中央社电)附件二:剪报略。

——《溥仪私藏伪满秘档》第 104 页

[1] 土反:土肥原贤二,日军驻奉天特务机关长,"九一八"事变后挟溥仪赴东北组织伪满洲国。反:同"返"。

6 月 5 日(四月二十四日) 复函告胡嗣瑗,日本内阁动荡,"或亦无暇威胁"伪满,京津遗老惴惴不安。

复 胡 嗣 瑗 陈宝琛

珏公足下:

　　廿一日甫上寸缄,不审已达否?昨奉十四日手教,则已浃旬矣!在都屡询定园,似山公未备补荐之卷,已摘钞函语,致定日内入都,当时促之。仲业颇恶吉某之好扬言宫秘,自谓其妇习于椒,近已东上。其闺人能不出入掖庭否?不可不防。车邮之通垂成,当事犹多顾忌。童几遇险,称疾不敢遽来。邻阁正在动摇,或亦无暇威胁,此间则甚惴惴也。

　　贵使已入境,上下方忙于款待,想公亦难免烦劳,匆匆不及缕缕。即颂荩祉。橘顿首,四月二十四日。请付丙丁。 ——《溥仪私藏伪满秘档》第 105 页

四月 《中央时事周报》第 3 卷第 17 期刊"记伪太傅陈宝琛"，署名"移冰"。

伪廷傀儡执政，原议就日聘请林权助男爵[1]，为太上老师，旋改变方针，招聘津门遗老陈宝琛氏担任此席，并易为太上老师而为太傅。陈之生平，想亦国人所欲知者，因记其小史如次：陈字伯潜，一字弢庵，现年八十七岁，福建闽侯人，少时天才艳发，弱冠入翰林，越十载晋内阁学士，兼礼部侍郎衔，喜直言弹劾，有汉朱云折槛之风。同光间，与宝廷、邓承修、张佩纶等，于诤臣中，并号四大金刚。尝任江西学政，地方官吏有溺职者，脱为所闻，立上疏弹劾不稍贷，其耿直似不亚今监察委员高友唐氏也。时适西太后听信谏官言，诸人中尤重陈。凡其纠弹之人，往往不交察办，即行褫职严惩，可见当日宸眷之隆矣。坐是每奉使外出，疆吏等多谨事之，无敢稍拂彼意者，清光绪十一年法攘我安南，复闯入镇南关，提督冯子材奋勇迎击，大破法军，已乘胜追至凉山。陈时会办江苏军务，与江督曾国荃意见相左，促清廷颁停战之令，与法议和，事后西后闻讯大怒，传旨申斥，复于吏议，至忽遭降谪，自是归隐家居，凡二十馀年，翛然具泉石优游之致，四方名流航海入闽者，辄造其庐，饮酒赋诗，流连不忍遽去。清末，初因鄂督香涛荐，令入觐冲人，旋简授山西巡抚，未之任，开缺以侍郎候补，共陆润庠授溥仪读。鼎革后，历晋太保太傅。陈出身华胄，好骛为高论，而不达情伪，故治事多疏。近年侨寓津门，以在山清泉之身，忽作出岫闲云之举，晚节不终，弥足为此老惜也。　　　　　　　——《中央时事周报》1934 年 5 月

[1] 林权助男爵：日本外交官日本驻华参赞、公使，"关东州"长官、枢密院顾问官。

6 月 17 日（五月初六日） 请何振岱来寓，勘校所作王石谷图卷跋。

弢老请往。十时往，命勘所跋石谷长卷[1]，卷为大内物，今归四明商人。弢老为述原由，留饭。程毓亭在坐。弢老云程好，林氏犹为骑墙人也。

　　　　　　　——《何振岱日记》第 425 页

[1] 当指"《王石谷图卷》跋"，见《沧趣楼诗文集》第 318—319 页。

6 月 29 日（五月十八日） 何振岱来访。

午后同俦至弢老。　　　　　　　——《何振岱日记》第 427 页

7 月 5 日（五月二十四日） 同何振岱至荣宝斋看王石谷画。

午前同弢老至荣宝斋看石谷画。午原强弢老见客。二少奶[1]云，伯才亦邀七、八人来。几士厌，欲止之。　　　　　　　——《何振岱日记》第 429 页

[1] 二少奶：次媳吴绥如，懋侗夫人，林则徐外孙女，时住灵境胡同侍奉公。

7 月 11 日（五月三十日） 函告胡嗣瑗：月前谣传伪满后宫废妃选秀，章梫曾来询问，此事有关国体。前夜梦溥仪身边有人引导日本女人入宫，大哭而醒。

致 胡 嗣 瑗 　　　　　　　　　　　　　　陈宝琛

　　前函有未尽之言,适每来告,为太上护行,匆匆寄语。钟山亟望白官,凡可得人欢,靡不曲从,人亦乐得两利而俱存之。嫉者则欲挠其成,旁观所视为机会也。二庵机略,自出恒流。惟久不操缦,还试安弦,能否悉谐律吕? 既有心效顺、自不可拒之以资敌。贵斋年曾亟称之,当能济以缜密。休期亦与至稔,当能为合两美也。

　　月前有废椒之谣,不知其所由起(且闻沪上有欲疏阻),一山以为询。鄙力辨其为谬诞。昨休期且为议发自公,益可怪诧。或即以选秀故,致讹忌者遂谤以中伤耶? 此两节,晤休期,幸勿提及。旬月来,山、定时多晤及,皆以续选之艰窘为言,盖巨室则惩于前车,怵于环境。其贫者又时风所违,闺苑难信。求如原选瑞裔一卷,即不易得。不知此卷是否黜落,抑备覆勘? 此事区区极深系念。去冬提议,固于体育国本有关,亦防空穴来风,豫为之备。至今已将半年,前数夕梦中恍惚有人告以佞幸导入倭女家,河阳谏阻不听,大哭而醒。愚虑所结,原知无据。然自公离禁闼,拾遗左右,即患无人。杞忧漆叹,正无既极,公亦无可与言者。阅后付丙丁,勿诮其梦呓也。即颂台安,两默。五月三十日

　　　　　　　　　　　　　　——《溥仪私藏伪满秘档》第106—107页

7月21日(六月初十日)　　傍晚何振岱来访,庭中赏花,赠何兰、菊各二盆。

　　五时后往视弢老,篑六已至。同坐庭中,看白莲花,一朵叠叶绿心,北方罕见。玩赏久之,诵弢老所题日知菴录七古诗一篇,归。弢老送百子兰二盆、什菊二盆,力四十文。

　　　　　　　　　　　　　　——《何振岱日记》第438页

8月11日(七月初二日)　　复胡嗣瑗函谈及伪满内部互相倾轧,甚至多年友好也终成反目,希望胡从中调和,消弭矛盾。

复 胡 嗣 瑗 　　　　　　　　　　　　　　陈宝琛

琇公足下:

　　初九、十六两函先后读悉。寄张之函,经往询后,次日来见,始知为筱帆之少子。据云:尊函为榆关查扣,恐多要语,略省记否? 故鄙非逢妥便,无宁寄每处稍迟到耳!

　　来教于时局,至为洞澈。钟山忍辱含垢,冀幸战事之成,乘机尽还所失。邻若悟此,则我得苟安。至能否发展,则视夫天人之交应,而要本于堂陛之朋良。蕞尔偏隅,寥寥数辈,乃相倾轧,甚而造谣横诬。幸主上英明,浮言可息。箝不足论,数十年朋好,乃以感情用事,致成参商,交道之羞,亦斯文之辱,犹望公为乐广也,理遣情恕也。山[、]定促之再四,两函并以示定。管见立贤无方,

可否推广，以泯种族之见，当较易于得人。此意未商于山公，私为公言之，以为
何如？长文自是长才，于时事究不免生疏，亦恐所任非人，故言之易，公所研
讨，皆鄙所致疑，而羁縻勿绝，亦以人才之难，备以为用也。闻板复来，必惩前
毖后，其有孟明之效耶？

　　京居两月，腰痛略稀，尚拟支疲到沽上一视熟好。仲业当已归，冀可一晤。
邸住新京，自必安便。若能久住旅大，较胜津沽，谈次偶及休期误会耳！毅夫
仍在沈否？因疑致憾，曾语吉三为解之，不知能否释然？行人临发，匆匆草布。
即请荩安。橘顿首，七月初二晨。

　　京津日报，近仍阅否？　　　　　　　　——《溥仪私藏伪满秘档》第107—108页

8月17日（七月初八日）　黄懋谦以公诗"次韵夜起"示郑孝胥，公诗见下函复
胡嗣瑗函附件；郑诗见《海藏楼诗集》第420页。

　　陈懋鼎销假。黄默园示弢庵《腐儒》和作。

　　　　　　　　　　　　　　　　　　　——《郑孝胥日记》第5册第2540页

9月7日（七月二十九日）　函告胡嗣瑗蒋介石始终持两端，和战不定，等待时
机，收复失地；溥仪访日，一无所获，伪满新建，人心未定，群雄侧目，"年年汲汲于发
展"，但"权不我操，机又易失"，唯寄希望于"天命"，"虽危无咎"。

复 胡 嗣 瑗　　　　　　　　　　　　　　陈宝琛

珏公足下：

　　张宅送来望日手教，聆悉一一，嗣伯云云，鄙亦疑及，特不忍以逆亿施之于
同类，犹望其自能悛悟也。幸涵以大度，勿以灰心。

　　钟山始终持两端，以待时机。童之来迟，亦正坐此。熟外情者，皆谓兵事
尚早，而观于北铁，终恐有触即发，或出于意计之外。年年汲汲于发展，冀免坐
待，当冲而未得一当，权不我操，机又易失，有天命者虽危无咎，是所望耳！东
行一无所利，盖机要非必两君相见，始能讨论，而新造之邦，人心未定，似亦不
必专尚虚文，而忽实际。况群雄侧目，推展当亦有辞，如必难消弭，且不可缓，
则接待必豫筹议。闻云汀同罗世兄东渡，是否为此？从臣尤宜慎选，此时即须
留意，国之轻重系之也。造膝之便，当予及之。山、定均经面致，定尤数晤，当
能遵办。撤兵设会之举，二公亦不谓然，山且见渔手函，闻曾遣人请示，日久未
回，渔之任意孤行，漫不思索，是其素性。近有一诗见示，有"此局端堪称意无？
疲民广漠暂枝梧，天心或欲收残劫，王道何妨起一隅"四语，似亦自知忏悔，但
恐徒托空言也。鄙节前徙回旧京，因闻邸驾欲东，到津不及谒送，日内拟往造
请，恐于新邦情况，亦不能详言。

衰躯近惟腰脚疲软,眠食尚照常,稍健犹当航辇趋朝,以伸积恋,但畏寒不能久住耳！日来掌癣又发,作字孔艰。《大公报》论说一段,于时事颇合,剪出附览。午甥所见闻,亦分条写寄,以资参考。侗儿因上用装裱墨刻,守候多日,顷须首涂。草草奉复,即颂茝安。言不尽意。同人均候。橘顿首,廿九日。

午以前岁归后,未再东渡,故前件搁置,未及缴呈,俟有机会再至。其他定即完璧归还,以清手续,断不至有所损失,请公婉为陈述,请宽以时日,至为感荷。渠前年回国时,因资斧积欠,先垫一款,曾经上闻,公当能记之。恽公孚直内庭否？另纸节略,为张文通所陈。谓曾由恽请进止,恽当知其人。刘翰臣久不见,似已归。长文亦未续来。掌痛不能多书,有闻当续布。橘。

和夜起一律并元作录呈鉴察。

附件一：

自扪此局称心无,劳苦昭琴与惠梧。漫倚孤行警北斗,倘收晚效补东隅。善人至竟言能受,盛德何妨貌若愚。忝长廿年及亲炙,兢兢求阙是真儒。　次韵和夜起[1]

此局端堪称意无,疲民广漠暂枝梧。天心或欲收残劫,王道何妨起一隅。尹也就汤应得所,禹之治水定非愚。西南亿兆将谁诉,愁绝乾坤老腐儒。　夜起原作[2]

——《溥仪私藏伪满秘档》第109页

[1] 公和郑孝胥诗,见《沧趣楼诗文集》第268页。

[2] 郑孝胥原诗,见《海藏楼诗集》第420页。

附件二：剪报略

9月11日(八月初三日)　为林葆恒"䎱庵填词图"作"摸鱼儿·题子有《填词图》,即送其南下便道游岱",词见《沧趣楼诗文集》第289页。

《青鹤》杂志1934年第2卷第15期刊"陈弢庵先生题填词图墨迹,林䎱庵先生藏"。词末署："甲戌八月初四。子有姻世兄属题填词图即送其南下便道游岱。八十七叟宝琛稿"。

《北洋画报》1934年9月11日第1139期刊楷书直幅"扫地焚香兴未阑,一年佳处是初寒。银毫地绿茶膏嫩,玉斗丝红墨沈宽。俗事不教来眼底,闲愁那许入眉端。数楹留得西窗日,更取丹经展卷看。剑南初寒诗。诚斋仁兄雅属。八十七叟陈宝琛。"文字说明"陈太傅宝琛为王诚斋君书字"。

9月16日(八月初八日)　致函胡嗣瑗：坂、磯[1]相继到来,日本方针屡变,此后更难应付。有人推演《易》卦,丙子(1936年)起始有更生希望,故明年更须敬畏谨慎,修省待时,修己安人,不必侈言"王道乐土"。郑孝胥来此,前曾作诗讽刺其孤行,不知能接受忠告否。郑与胡虽不能融洽相处,但"举朝实无二人在其目中"。

致 胡 嗣 瑗　　　　　　　　　　　　陈宝琛

珏公足下:

廿九上函,计已入览。童已北来(又展缓),此数月间,是一关键,南召会稽,备为重代,鹿归谁手,要惟邻所择耳!坂既复来,矶又踵至,方针迭变,彼方当有成算,此后应付益难,李岳生以易数推之,自庚子至乙亥,履初九一爻限满,丙子起,始变九二之爻,方有更始之望。故明岁尤当恐惧,修省以待时,固不必为王道乐土之大言。而修己安人,分所当尽,舍此亦别无以为服人之德。夜起至此,方悦然于"不有君子何能国",前诗讽其孤行,望其晚效,或犹鉴其忠告耶?如急而相求,公当为大局一扶掖之。平生服膺知不可而为一语,今老无能为,惟公可与言。此夜起虽不能与公水乳,而举朝实无第二人在其目中也。闻钳为邻所摈,愤而居旅,确否?苍虬悼亡,近闻其节后当来旧都,晤后尚拟东上。乘便拉杂奉布。即颂荂安,橘顿首,八月初八日。

子有来此涉旬,嘱题填词图,写呈指正。

附件"摸鱼儿"(略)[2]。

题子有填词图,甲戌八月初三日。

——《溥仪私藏伪满秘档》第 110—111 页

[1] 坂、矶:坂:坂西利八郎,见前。矶:小矶国昭,见前。

[2] 此词与《沧趣楼诗文集》所收有异。词末有编者题"子有《填词图》,即送其南下便道游岱";《青鹤》杂志作"甲戌八月初四日子有姻世兄属题填词图,即送其南下便道游岱",署"八十七叟宝琛稿",《秘档》署"甲戌八月初三日";"家国",《秘档》作"独立";"谁复如",《秘档》作"风日怀";"羡巾句"《秘档》作"看巾笈携将"。见《沧趣楼诗文集》第 289 页。

9 月 23 日(八月十五日)　高向瀛游鼓山,有诗感旧。

甲戌中秋梁和钧再往宁夏招同其叔跃云游鼓山翌晨陈用刚幾士

自螺江来会乙巳岁与听水居士及幾士己未与伯通太守及

用刚和钧同宿山中感旧作此　　　　　　　　　高向瀛

两年不到山,一月乃再至。朔日共衡山李佩秋来游。白露及秋分,寒暑已变置。联床东际楼,十六年前事。对话听水斋,坠石犹省记。斋前对坐有巨石落其间。松泉自无恙,物我何多异。却忆人生句,临沧仰题字。朱赵不可攀,吾衰思弥致。山云照人影,岩前摄影,各认灵源地。培风万里行,拜月僧坛值。中秋夕丛林有拜月规制。镜隔情更敦,且访西禅寺。明日用刚约复游集。

——《还粹集》卷四第 19 页

9月30日（八月二十二日） 辞却溥仪任命伪满府中令。

盖执政府前设府中令时，上欲畏老任之。畏老辞，胡、宝皆有代理资格，而卒为宝得。 ——《苍虬阁诗集·局外局内人记》第477页

10月16日（九月初九日） 为赴长春住宿事，致函胡嗣瑗。郑孝胥作"九日"诗寄公。

致 胡 嗣 瑗 陈宝琛

珏公足下：

伻来，奉手书，以相见在即，未即作覆。到津后，闻车驾正在阅操，继以省方须望后方回銮，警跸自必严肃，不能不少缓涉旬。暌隔经年，情话日积。闻苍虬言，府中旧所宿处，近患人满，已嘱小儿往商交通银行，既与熟悉，且近高斋，可时时过从，但恐须公向刘君一言，或恕其再三之渎。鄙亦拟托振采[东]致声，免其为难也。草草先布，即颂荩绥。琛顿首，九月初九夕。

——《溥仪私藏伪满秘档》第111页

重九，作诗一首，即寄与畏庵。 ——《郑孝胥日记》第5册第2551页

九 日 郑孝胥

天外飞翔莫计程，登高谁忆旧诗名。半生重九人空许，七十残年世共轻。晚倚无间看禹域，端回绝漠作神京。探囊徐智应将尽，却笑南归计未成。

——《海藏楼诗集》第424页

10月22日（九月十五日） 次和郑孝胥"九日"诗，见《沧趣楼诗文集·次答苏龛九日书来以诗索和并言与稚辛纵谈之乐》第257页。（参见11月4日条）

苏龛又以九日诗索和，次韵答之。 ——《闽县陈公宝琛年谱》第151页

10月27日（九月二十日） 闻胡嗣瑗将随溥仪访日，致函盼胡有所收获，"不虚此行"；又告胡蒋介石将北来，扩充己力，并调军队南下，关内暗斗不止，盼胡早日言旋。

致 胡 嗣 瑗 陈宝琛

珏公足下：

重九岁函，复闻公日内东游，车行诚恐相左，即小聚旅次，时亦太促。适风雨骤寒，痰嗽复作，此轮遂又缓行，计须一月方能晤教矣！坂西谓矢田极致推挹，同行当益契洽，所欲考察，必能引导，皇华五善，其不虚此行矣！

钟之北来（闻又中止，行踪正秘），为解军会而设行营，以充己力，并调北军南下，冀免他方狼顾。然西南违言，内部暗斗，终未有已。此数月中，正复多事。骖征能早言旋，实所跂望。衰躯不耐三九之寒，亦须早归也。匆匆草布，

即颂荩祉。橘顿首，九月二十日。

在外如有赐函，勿寄每处可达。如有晤馆森鸿（子渐）时，为鄙致候，三十年旧识也，文学甚好。　　　　　　　　——《溥仪私藏伪满秘档》第 112 页

10 月 30 日（九月二十三日）　是日八十七岁生日。徐彬彬作"寿山福海之陈宝琛-养寿得法"。

宝琛之寿已高，其福亦非常人所及。近顷平市有敬老之典，五机剪绳，则有五老。第一老徐福海八十五，第五老江瀚字叔海亦闽人，……而年甫古稀，去宝琛尚远。即徐福海犹少两岁。诸老所述养寿之法不外节劳制欲，惜宝琛不与老人之选，亦无以摄生术叩之者。第观所为诗文，落笔清㒹，胸次旷如，万物静观，天君自泰，外不为诸魔所诱，内有以培其方斗，真制物而不制于物者。曾见其书门对曰："大钧无私力；灵府有馀闲。"友人但赏其句法书法。予曰不但此也，彼之"长生不老方"，尽此十字矣。……陈宝琛之书轻侧婉媚，有天寒翠袖之姿，实大不易。昔赵世骏以学褚得名，宝琛联曰："顾王却聘完高节；文董工书并大年。"可知陈氏以老叟而作簪花格，亦寿也。　　　　　　　　——《晚清民国史事与人物：凌霄汉阁笔记》第 52—52 页

11 月 4 日（九月二十八日）　郑孝胥得公十五日和"重九"诗[1]。

得弢庵望日和《重九》诗，注云："以借寓未定，再展行期。少缓仍当贾勇诣前，不敢畏寒也。"立村来谈，见之云："此老意犹豪健，有百岁之望"　　　　　　　　——《郑孝胥日记》第 5 册第 2554 页

[1] 见 10 月 22 日条，"次答苏龛九日书来以诗索和并言与稚辛纵谈之乐"，见《沧趣楼诗文集》第 257 页。

11 月 10 日（十月初四日）　郑孝胥寄诗两首。

作《寄弢盦》五古二首，使默园代寄，并钞寄秋岳、次贡。默园诵微宇句云："百年事尽身难尽，一日堂成井亦成"，乃革命后北京咏事也。　　　　　　　　——《郑孝胥日记》第 5 册第 2555—2556 页

寄　弢　庵　　　　　　　　　　　　郑孝胥

一

年年必出关，耄期见筋力。诸夏如相谅，岂亦好懿德。太公归乎来，避纣岂长策。天下之大老，举世当矜式。以诗收人心，斯文有正色。神州论渐改，丕变未可测。一朝获顿悟，相率销锋镝。重华生诸冯，得意行中国。敢言时无人，救世待深识。

二

　　弢庵八十七,天意使久留。自有高世名,群雄资怀柔。群雄各垂老,民劳可小休。苟为功名计,纷争欲何求。何时一杯酒,解兵泯恩雠。同心扶日月,王道兴神州。老夫必退让,放之出一头。以齐犹反手,诸贤有意不?顺逆与难易,借箸聊前筹。

——《海藏楼诗集》第 425—426 页

11 月 29 日(十月二十三日)　　函告胡嗣瑗"衰躯近方粗平",拟明年正月趋谒溥仪,闻郭宗熙病重,继任人选务必慎重选择。

致 胡 嗣 瑗　　　　　　　　　　陈宝琛

珏公足下:

　　月前抵津濡滞,感寒折回。从者东游,未获于道左班荆,稍抒积愫,计程当已吉旋。此行觇得若何?硕画嘉谟,愿闻其略。

　　衰躯近方粗平,晌届三九高寒,恐不能胜。拟俟开正,再图瞻就。侧闻起居近甚健康,惟椒病欲移旅大疗养,侗伯[1]衰疾颇剧,不知确否?究系正人,此席颇难为继。论思献纳,不能不重其选,日夕为之萦怀。神州有如累綦,静观当得其概。通邮仍以每、庵为妥。匆匆先布,即颂荩祺。橘顿首,十月廿三日。

——《溥仪私藏伪满秘档》第 114 页

[1] 侗伯:郭宗熙之字,伪满尚书府大臣。

12 月 7 日(十一月初一日)　　函告胡嗣瑗,溥仪随从访日"不过寻常周旋,尟有可述";"此间局面,则日趋严重",唯有坐视其发展而已;又云约庄士敦再次访华,或当有用处,近来日本与英国关系改善,邀庄东来,必不至触忌日本。

致 胡 嗣 瑗　　　　　　　　　　陈宝琛

珏公坐下:

　　三小儿[1]来,知从者已归,意此行不过寻常周旋,尟有可述。此间局面,则日趋严重。于理似无可幸。然时至而无以待之,则坐视而已。夜起曾寄五古两章,恐亦但作豪语也。相睽又已满岁,宫府之中,封域之内,进退何似?百闻不如一见,极思趋前,一罄缕缕。衰疾侵寻,徒自愧恨。六飞东游,或难中止,能否缓至秋间?年来动忍增益,侧闻起居,更见健康,深用为慰。山公启事,日内当可续陈。闻新京亦有荐扬,可以汇齐遴择。月前在津,晤宝臣,于瑞文端[2]后人姻连,亦能言其家教也。

　　近见庄志道[3]所编一书[4],主人处必曾送呈,不知近亦通函否?能约其东来,一叙阔悰,亦情理之常,或当有用处。日、英正在接近,以谋东亚之局,必不至触其所忌,(肯来,当为措来回川资)公谓然否?久无北雁,公如得暇,幸无吝

· 960 ·

玉。若未遇便,即寄每转交为妥。敬颂荃祉。橘顿首,十一月初一日。

　　　　　　　　　　　　　　　　　　——《溥仪私藏伪满秘档》第 112—113 页

　　[1] 三小儿:三子懋艮,见前。

　　[2] 瑞文端:瑞常,字芝生,蒙古镶红旗人,道光进士,刑部、工部、吏部尚书,文渊阁、文华殿大学士,谥文瑞。

　　[3] 庄志道:即庄士敦,溥仪英文老师。

　　[4] 一书:系指庄士敦所著《紫禁城黄昏》。

12 月 25 日(十一月十九日)　致函胡嗣瑗云,溥仪访日能与日本商洽大局,未始非一机会;蒋介石急于自谋,纵容红军入湘、川,经过陕、甘,通道新疆,与苏俄连合,后患不可胜言;英美虽然嫉忌日本,然亦不可不加以利用,但即便依靠外国援助,伪满亦须有自练军队;修订大典,不应完全模仿日本;云云。

致 胡 嗣 瑗　　　　　　　　　　　陈宝琛

珏公坐下:

　　新京人归,奉读手书,甚慰。驰仰同行而能独访倾谈,出于望外。彼之举棋不定,固亦未至其时。东幸谁实起意,能乘此与之商洽大局,亦未始非一机会。特言宜前定,相必得人,方能有益无损。目下大势,钟山急于自谋,纵共入湘。若竟入蜀,则成坐大,非从秦陇遏其通道新疆,听与苏俄连合,后患岂可胜言?邻到此时,岂能坐视?而我舍邻,亦谁能为助?英美虽嫉日,亦不能不利用之矣。然回纥助唐,必有李郭新练之军,能否应用?仍用满洲国,能慰思汉之心否?亦一疑问,宜予筹之,勿笑其太早计也。

　　揖唐急又南下,或谓其代黄,或以为拥段,嗷嗷亦甚矣!夜起虽阔疏,尚有远志,视衮衮诸公乐不思蜀者有间。

　　公近与谈论否?修订大典,旧制自不能无所损益,亦不能尽取彼邦之典范,一一摹仿,宫闱位号,其一端也。奄寺势不能复,应设女官否?荃虑必极周详,愿闻其略。选卷事,爵致庵有一卷。定园又隔数日,未知有增益否?贱恙已愈,但尚避风忌荤,至今未出门,常有人来就谈,卯生则往来京津,见闻较夥也。南到后,有何表见?时局渐紧,其来或不止为满耶?手此,敬颂荃安。橘顿首,冬至后三日。

　　方枢、立之,识其人否?在此多年,近始见之。

　　　　　　　　　　　　　　　　　　——《溥仪私藏伪满秘档》第 113—114 页

十一月　为吴叔章[1]珍藏纳兰性德手札墨迹题二首七绝并跋。

　　旷代朱门数轶才,等闲咳唾绝纤埃。展观休盥蔷薇露,兰息芝香拂面来。

961

片羽人间见且稀,九朝词客首全低。顾朱去后风流断,搁笔沉吟敢浪题。

饮水词人墨迹生平未见,癸酉仲冬叔章三兄出所珍藏索题,留赏累日,用成二绝似正。闽县陈宝琛时年八十有七 ——上海博物馆藏手稿

[1] 吴叔章:名维贞,为吴维肃、维允三弟,围棋国手吴清源祖父。

冬 陈三立北上看望。与林开謩合影,陈三立题诗,见《散原精舍诗文集》第717页;公亦有诗。见《沧趣楼诗文集·贻书自乙丑之冬迁来细米胡同同居今十年矣属题合照》第258页。

民国二十三年,散原北上,省其师。师年八十七,弟年八十二,皤然二老,聚首旧都,共话畴曩,盖欢然亦复黯然云。翌年宝琛卒,散原挽以诗云:"一掷耆贤与世违,猥成后死更何依。倾谈侍坐空留梦,启圣回天俟见几。终出精魂亲斗极,早彰风节动宫闱。平生馀事仍难及,冠古诗篇欲表征。"并挽以联云:"沆瀣之契,依慕之私,幸及残年偿小聚。运会所遭,辅导所系,务抟素抱见孤忠"。 ——《一士类稿·谈陈三立》

冬,为陈宝琛、林开謩题二人合影小照。

案:陈宝琛诗《沧趣楼诗》编次于甲戌(1934)冬。先生题诗曾刊于《国闻周报》第十二卷第六期(1935年2月18日),则应成于本年冬。

——《陈三立年谱长编》下册第1485页

题弢庵师与诒书学政合影 陈三立

住屋东西老味同,依依形影托冥鸿。一时童冠成耆旧,剧恋觚棱夕照红。

——《散原精舍诗文集》第717页

是年 为赵瑞泉作"《东莱赵氏楹书丛刊》[1]序",见《沧趣楼诗文集》第302页。为顾廷龙著《吴愙斋先生年谱》[2]署签。

吴愙斋先生年谱,陈宝琛署检(弢庵印) ——《吴愙斋先生年谱》封二

[1]《东莱赵氏楹书丛刊》:十二卷,(民国)赵琪辑,东莱永厚堂1935年铅印本。

[2]《吴愙斋先生年谱》燕京学社1935年(民国二十四)三月出版。署签当在1934年。

郭曾炘八十冥寿,见祭文,心滋伤矣。

是岁为文安公八十冥寿,山人启祠堂设祭,伤风木之不待,痛檀火之既移,因体遗言,誓云终隐。其告祭文有云:"穷桑改耀,六驭东翔。九庙弗嗣,或曰清亡。功名看空,遗训在耳。自今卷藏,请事野史。"适弢庵太傅不期而来与祭,见是文,愕然曰:"谓清遽亡,似乎未可。"山人叹曰:"是固臣下所不忍言,然非仆之言也。曩已有昌言之者,吾侪世臣,志系庙社,今日庙社安在?我大清又安在乎?"语次泪夺眶下,因痛哭不已,太傅含凄无语,心滋伤矣。

——《郭则沄自订年谱》第79页

　　马其昶[1]出示手札一册，作"题刘文正文清父子阮文达祁文端胡文忠曾文正左文襄李文忠翁文恭诸公手札册子"，见《沧趣楼诗文集》第 271 页。

　　[1] 马其昶：字通伯，晚号抱润翁，安徽桐城人，北洋政府总统府参政、清史馆总纂。

　　久不见马通伯其昶，遐然远过，出示一册使题。翻之，则刘文正文清父子、阮文达、祁文瑞、胡文忠、曾文正、左文襄、李文忠、翁文恭诸公手札也。……弢庵则题一五律云。　　　　　　　　　　——《石遗室诗话》第 376 页

是年文

东莱赵氏楹书丛刊序　　　　　　　　——《沧趣楼诗文集》第 302 页

郭春榆宫太保七十寿序　　　　　　　——《沧趣楼诗文集》第 337 页

是年诗

甲戌元日　　　　　　　　　　　　　——《沧趣楼诗文集》第 252 页

题画松为蒲生志中母谢太夫人作　　　——《沧趣楼诗文集》第 252 页

清明后十日观杏花旸台山复儿随儿娶女及继絜钛繁绂荷樏稻诸孙从

　　　　　　　　　　　　　　　　　——《沧趣楼诗文集》第 253 页

四月朔观牡丹崇效寺　　　　　　　　——《沧趣楼诗文集》第 253 页

题吴恪斋为罗稷臣画梅　　　　　　　——《沧趣楼诗文集》第 253 页

题族孙吉士超山遗爱国　　　　　　　——《沧趣楼诗文集》第 254 页

西湖法相寺古樟仁先结亭其侧为图属题　——《沧趣楼诗文集》第 254 页

姚惜抱先生使程日记为袁伯夔题　　　——《沧趣楼诗文集》第 255 页

题杨子勤日知荟说讲义印本后　　　　——《沧趣楼诗文集》第 255 页

次韵和叔明王孙谢荔枝　　　　　　　——《沧趣楼诗文集》第 256 页

谢心畬分贻戒台山桃　　　　　　　　——《沧趣楼诗文集》第 256 页

吴养庵玉泉寻梦图　　　　　　　　　——《沧趣楼诗文集》第 257 页

任瑾存以其远祖景泰七年诰轴属题盖其先德抱持于兵燹间仅存者

　　　　　　　　　　　　　　　　　——《沧趣楼诗文集》第 257 页

次答苏盦九日书来以诗索和并言与雅辛纵谈之乐

　　　　　　　　　　　　　　　　　——《沧趣楼诗文集》第 257 页

题绥之雪夜校书图　　　　　　　　　——《沧趣楼诗文集》第 258 页

贻书自乙丑之冬迁来细米胡同同居今十年矣属题合照

　　　　　　　　　　　　　　　　　——《沧趣楼诗文集》第 258 页

柯凤孙上元留王静庵夜话诗稿为王复庐题——《沧趣楼诗文集》第 258 页

1935 年(乙亥　民国二十四年)　88 岁　北平

何应钦与日军司令梅津达成《何梅协定》。(7.6)

日本提出广田三原则。(10.18)

伪冀东防共自治政府成立。(10.24)

红军到达陕北,长征结束。(10.19)

北平学生举行抗日救亡示威游行,"一二·九运动"爆发。(12.9)

江瀚卒,年八十八。李盛铎卒,年七十八。孙雄卒,年六十九。袁励准卒,年五十九。

1月6日(甲戌十二月初二日)　函询胡嗣瑗伪满修订大典事。感叹伪满尚书府大臣郭宗熙去世,无人接替,伪满乏才;述及关内状况:红军在湘黔壮大扩张,两广同蒋介石依然矛盾,预计数月内恐有纠纷,"自伐人伐",正给予日本侵略机会。溥仪东访日本,既不听劝阻,占卦二、三、五月皆非所宜,请胡代为呈陈,展缓行期。

致 胡 嗣 瑗　　　　　　　　　　　　　陈宝琛

珏公足下:

冬至后一函,计已早达。大典修订伊始,同事能否协心,大连集议,远道为之动色。公处所闻,当悉底里。多难殷忧,实劳宵旰。论思献纳,尤于公望之也。闻侗伯作古,替人谁属,乏才可叹。湘黔赤焰方张,两广依然携贰,数月内恐有纠纷,自伐人伐,正予邻以机会。李岳生(青)推太乙数,常谓明年乙亥,得卦火山旅,瑕瑜互见。既知东幸不能中止,则以二三月与五月皆非宜,而以四月爻辞为吉。开折请为代呈。前闻期于春深,如未确定,可否展缓旬馀。因其芹献恳诚,且于春夏间即断言椒病选卷中式,须待来年。尔时不之信而置之。今诸卷均发下,续选似尚需日,竟如所言,故以闻诸左右,酌之何如?

贱体近已粗平,惟畏寒不敢出户,有心人时复来过,故亦略知一二耳!适有便鸿,手此奉讯。敬颂厪祉。名心印,十二月初二日。

——《溥仪私藏伪满秘档》第 114—115 页

1月17日(甲戌十二月十三日)　《青鹤》杂志第 3 卷第 4 期刊"夜起庵征和九

日之作次韵似正",署弢庵。见《沧趣楼诗文集·次答苏龛九日书来以诗索和并言与稚辛纵谈之乐》第 257 页。

致胡嗣瑗函云:获悉溥仪访日行期已定,恐难以推迟;而算卦者言之凿凿,溥仪若听信所言,可设词展缓行期。关内各派矛盾日渐暴露,将有变局,而日本在旁觊觎,未必顾及伪满。郑孝胥"又作豪语,岂有所见";又云:清朝不继承旧法预立皇位,"不独异于邻邦(日本),即前古亦所未有",修订伪满大典,此事想在议中。

致 胡 嗣 瑗 　　　　　　　　　　　　陈宝琛

珏公坐下:

初二函发后,旋见报载,已定期旧历二月末,诚恐难以展缓。昨李君见此,又力言之屡屡,并具略折,今为寄呈。盖信数甚坚,意至诚恳。上意若韪其言,则暂秘之。或有机会,可以设词推展,乞为察酌。又闻十二日驾幸旅大避寒,是否为椒养病致讹,抑同行先归耶?

日来关内消息甚紧,江夏以邻责诺,势须引避。钟山既远召琅琊,又亲访柯古。而蜀已濒危,两粤亦渐露骨,变恐不远。邻狙伺其侧,自有所利,未必有心及我。夜又作豪语,岂有所见耶? 曾为备否? 公当知之。

薰风来后,于殿阁能否契洽,其设施当略表见。大典已开议否? 我朝之不豫建储,不独异于邻邦,即前古亦所未有。此节想亦在议中。山公于启事,悉数发还,颇乏兴致。定园正催促之,年内能否续有所陈,尚不敢必。孱躯仍少出门,毫无能为,徒自恨耳! 拉杂率陈,顺颂茇安。橘顿首,腊十三日。

便中能复数言为盼。前有舍弟竹生求书纸幅,如已挥就,乞交默园带来为荷!

　　　　　　　　　　　　　　　——《溥仪私藏伪满秘档》第 115 页

1 月 18 日(甲戌十二月十四日)　　致函胡嗣瑗推荐沈慕楼去伪满实业部大臣张燕卿处谋职。

致 胡 嗣 瑗 　　　　　　　　　　　　陈宝琛

晴兄足下:

久未得书,正深驰系。沈君慕楼过津,知欲仍就燕卿为谋位置。前此即系公与沈老推毂,似须再借九鼎一言。苍虬亦世交,自必不惜推挽。其行不易,友朋均与有力。临书乔梓,皆甚关切。轮船即将解维,匆匆附布,即颂道安。琛顿首,十二月十四日。

苍虬均候。　　　　　　　　　　——《溥仪私藏伪满秘档》第 116 页

1 月 23 日(甲戌十二月十九日)　　函询胡嗣瑗是否随溥仪访日,提醒溥仪访日,"从臣尤须得人"。

致 胡 嗣 瑗　　　　　陈宝琛

珏公足下：

两函计均入览，半月来报纸讹谣，致远近不断来询，疲于作答。日内驾幸旅大，想为椒疗养，而椒中止何耶（是否益剧）？又闻欲迎邸就养，是六飞暂留以俟耶？随扈几人，公与属车否？他日东幸，从臣尤须得人，此时即应留意。察边势虽稍松，内讧恐未有艾，处处予人以可乘之隙，但视邻之于我，如何措意？薰风如能大处着眼，则知利我即所以自利，彼此当无不达之情，去题即不远矣！顷有人便，附布寸纸，顺颂台祺。橘顿首，（十二月）十九日。

——《溥仪私藏伪满秘档》第 116 页

太傅陈宝琛于游日之说，未尝不同，第不似振玉之轻图一发，振玉且目为异己，雅不欲其从驾以行，余在列者，更毋得一参密议。当振玉独居深念，仅许［朱］汝珍预闻，此中纵无他肠，而违众孤行之慨，旁观窃已寒心。

——《胡嗣瑗日记·附录二　甲子蒙难纪要》第 160—161 页

2月4日（正月初一日）　作"乙亥元日"七律，诗见《沧趣楼诗文集》第 259 页。宜园向何振岱取公文。

遇宜园，取谠老文。　　　　　　　　　　——《何振岱日记》第 445 页

2月5日（正月初二日）　何振岱来访。

接春，诣谠老。　　　　　　　　　　　　——《何振岱日记》第 445 页

致胡嗣瑗函，告为溥仪占卦；闻溥仪有意用胡主持伪满外交，但日本自有决定，"恐不能如吾意"；察、晋已被日本降伏，南京来人有谓蒋介石对日"一一顺受"，"难犹未已"。

复 胡 嗣 瑗　　　　　陈宝琛

愔公足下：

奉读廿四日手书，敬悉种切。椒之病状，一楼密迩，主上何以为怀？思之踧踖，旅二爻辞，或应于此。不可不为之防，庶几有备无患。

东游从臣，当已拟定，清容既调，尚玺想亦与选。关外人士，不过如此，不能苛求。公尚宜涵以大度，收为己用。有人闻自咏春，谓八咏将长外交，其遗席上意亦属公。然则客儿自己采矣。消长之几，恐不能如吾意也！察晋殆将降伏，乌尼而求逞志，理或有之。有自南来者，谓钟山一一顺受，三国鼎峙，华北之患可纾。果尔，彼尔岂能餍服其党徒？难犹未已也。

贱体仍甚畏风，旬日内能行与否？尚未敢必。近事先由午甥面陈。顺颂新厘。橘顿首，初二日。　　　——《溥仪私藏伪满秘档》第 116—117 页

2 月 10 日（正月初七日）　《青鹤》第 3 卷第 9 期刊"听水老人近日墨迹"："不复微云滓太清，浩然风露欲三更。开帘一寄平生快，万顷空江著月明。偶忆江邨风景，为蔼农仁弟写放翁诗句。乙亥人日八十八叟陈宝琛"。

2 月 12 日（正月初九日）　奉天交通银行副经理陈昌浵（陈夔麟子、陈夔龙侄）持公函见郑孝胥。

> 陈昌浵子培来访，乃陈夔麟之子，今为奉天交通银行副经理，持弢庵、雅辛书来，其叔陈夔龙有贺表及贡品。　——《郑孝胥日记》第 5 册第 2570 页

致函胡嗣瑗，附"乙亥元日"诗。

致　胡　嗣　瑗 陈宝琛

珏公执事：

人日已过，午当先到。伏维明良一德，庶事咸康为颂。孱躯日昨超〔趋〕晴，一诣山公。归仍嗽喘，始决遣复儿代躬祝嘏。习居田里，典礼弗娴，幸指导之。

近闻钟与邻期，以三月不得复言排邻（教科书其一也），邻亦勿纵生边事，期满再定他意。此江夏新函告与此间当事者，不知能践其言否？又闻向为江夏奔走之刘石荪[1]，近又不惬于江夏。刘亦黔人，公识之否？陶公拟联络之，新交某者，颇有独见，其留学于邻，归已卅年，久在政界，近则隐于旧京，故于当代人物，外交情势，甚为了然。另折云云，公若以上呈，见为可采，则予〔预〕商于庭，相时乘势为之，所谓五千言，仍不能不烦回纥。据云，驰誉亦曾遣使者来，不审确否？此君旧曾宦辽，熟人颇多，望为秘之，免令招惹是非，切切。

陶公忠实，奔走最勤，而枵腹奉公，欲东迈复缺资斧，旬必三四见也。山公日内首涂，续选那邸两卷，仍拟为吴顶荐。此信到，当亦可到。椒病能稍安否？六飞恐难展期，从臣已否派定？传闻宝意，出就参议，南田承乞内务，晤农先，云尚未定，近当揭晓耶？腰疼苦难久坐，潦草勿罪。敬颂春社，唯鉴不宣。橘顿首，初九日。

顷正作函，贵同年过谈，移晷始行。致甚草草，不尽所言。其观察时事，颇有独到处。门下陈邦和为之奔走，见闻较广，亦颇得力。徇其意，月拨两数为酬。此节记曾上达，在寄款内，按月拨付。兹将本人收据汇交带足，以清手续。至午所经手画件，所有为难之处，由渠自行面达，并乞相机婉陈，以求见谅为幸。

附：七律一首[2]

鸣鞭万户尽春声，百变谁能废夏正。

始旦人争瞻旭日,无风天特假暄晴。

蛰坯欲振身滋耄,龙德方中岁一更。

博得东邻呼米寿,称觥梦已到新京。

乙亥元日作,惜仲馆丈正之。

日本人以八十八岁为米寿。宝琛呈稿。

——《溥仪私藏伪满秘档》第117—118 页

[1] 刘石荪:刘大同,原名刘建封,又名刘石荪,字桐阶,号芝叟、风道人、芝里老人等,光绪秀才,山东安丘人。宣统元年出任安图县知事,创建"大同共和国"。参加兴中会、同盟会,跟随孙中山在日本、上海、广州、香港等地进行革命活动。日军侵占天津后,拒绝与日本人合作。

[2] 见《沧趣楼诗文集·乙亥元日》第 259 页。

2 月 15 日(正月十二日)　　致函胡嗣瑗。

致　胡　嗣　瑗
陈宝琛

晴初仁兄大人足下:

得手教,知暂假还津,亟思趋晤,而僵卧病坊,不能奋飞,殊自怅怅。弟因额瘤触损,出汁肿痛,卒就德医割治,尚需数日,裁能平复。传谕及近状,急愿恭聆,特遣田仆赴津,祗候缕示。弟拟明日回寓,恐须换药,稍稽数日,方能到津。龙友此次驻津较久,女公子当日见痊可为念。手复,敬请道安。宝琛顿首,正月十二日晨。

附"陈宝琛给溥仪的遗折"[1]

为臣病势危笃,伏枕哀鸣,口授遗折,叩谢天恩,仰祈圣鉴事:窃臣自去冬偶患痰咳,调理就痊。前月望间,旧恙复作,尚可支持数日。以后体中发热,痰涎壅塞,喘促不安,改由西医诊治,针药兼施,未能奏效。自是病状益危,气息仅属,辗转床褥,势将不起。伏念臣幼承庭训,世受国恩,弱冠登朝,谬列金闺之籍;壮年奉使,屡膺玉尺之荣。偶缘事而归田,方闭门而思过,优游陇亩,积有岁时。迨夫圣主当阳,群材思奋,赏延原秩,旋畀疆符,洊擢崇衔,留陪经幄。讲筵乍启,睹车服之陈庭;实录告成,复台衡之迭晋。杖国杖朝之始届,锡圣藻以引年;登科登第之重逢,颁宸章而志庆。凡兹恩施之逾格,皆非梦寐所敢期,感愧靡涯,捐糜何惜。方期三春气暖,再诣行朝,及兹一息之尚存,藉致五中之愚虑,不图心长命促,福薄灾生,空怀捧日之忱,无复回春之望。生机已尽,恨无路以瞻天;素愿未偿,徒衔悲而入地。命也如此,夫复何言?伏愿我皇上求贤纳谏,亲仁善邻。修德乃可服人;得道方能多助。因人心之思旧,亟为远大之图;戒王业之偏安,宜有绸缪之计。庶几上慰九庙之灵,下副万民之望。则

· 968 ·

臣身虽死,臣目长暝,无任感激悽恋之至。仅口授遗折,命臣子懋复缮写上陈,叩谢天恩。伏乞皇上圣鉴。谨奏。 ——《溥仪私藏伪满秘档》第 118—119 页

[1]《溥仪私藏伪满秘档》注:胡嗣瑗 1935 年六月十四日收到此遗折。见《沧趣楼诗文集》第 899—900 页。

2 月 18 日(正月十五日) 林葆恒自长春返北京,邀夜饮市楼观灯,独游灯市,酒后受寒疾作。病中有诗和林,见《沧趣楼诗文集·元夕次和子有入觐礼成之作》第 259 页。

林子有,林绍年子,自长春入觐还京。上元夜,邀公饮于市楼。今年龟山顿盛,酒罢乘兴坐街车独游灯市。酒后感寒,归而疾作。服何东侍大夫药数日,罔效。月杪送德国医院,请克礼医师诊视,已转为急性肺炎。急舁还灵境胡同寓所,人尚清醒,与医师握手为别,并道谢意。讵二月朔日,遽告不起。濒危尚喃喃自语曰:"求为陆秀夫而不可得。"遂暝。丧闻清室,追赠太师,特谥文忠,他恤典如故事。 ——《闽县陈公宝琛年谱》第 151—152 页

2 月 20 日(正月十七日) 自元日归后即受寒发热,以致肺疾不治。以下数日病状详见"谱后,哀启"。

十七日寒热作,仍服中医药,渐解。

2 月 23 日(正月二十日) 又不适。

2 月 24 日(正月二十一日) 肌热复作。

二十一日卧阅戚属某所纪法越旧事,尽二册[1],是夜肌热复作,家人以壬戌受诊德医院获愈。

[1] 劭循正(北京大学历史系教授),清华大学硕士论文《中法越南关系始末》。邵:二弟宝瑠长女章真子。

2 月 26 日(正月二十三日) 陈三立来寓所贺岁并探病。

弢庵师正月廿三日始往见,时只咳嗽,腰略痛,谈笑如常。

——《散原精舍诗文集补集·诗文补集》第 332 页

2 月 27 日(正月二十四日) 就德国医院医生克礼诊疗。

二十四日遂仍就德医疗治,医者克礼断为气管支肺炎,服药汗发而热未减,数施药针仍弗效。

2 月 28 日(正月二十五日) 得肺炎入德国医院。次子懋侗入京探病。

闻弢庵有疾,其二子今日入京。 ——《郑孝胥日记》第 5 册第 2572 页

得稚辛廿四日书。弢庵肺炎入医院。

电询弢庵病状,回电云:"肺炎五日未解,颇可虑。"

——《郑孝胥日记》第 5 册第 2573 页(3 月 3 日)

3月2日(正月二十七日) 下午惫甚。

3月3日(正月二十八日) 晨,神微清,克医谓疾尚可为。

3月4日(正月二十九日) 是日,家人遵公嘱自医院回寓。病重期间,口授遗言。

二十九日痰壅不能出,傍晚诊脉,告束手,即以软床载归,克医护至家犹与拱手致谢,神息甚清,久之乃呼不孝懋复语,而舌疆气促不可辨,但云此局将何以继,顾无一语及家事。 ——《闽螺江太傅陈公年谱》手稿本

3月5日(二月初一日) 卯时卒于北平灵境胡同寓所。家人发现衬衣内藏"壬申密折"。

子夜痰喘益甚,寅初气息渐微,延至二月初一日卯时竟弃不孝等长逝,呜呼痛哉。

先一日由医院归灵境寓屋,是日晨家人易衣入敛时,始由衬服内捡得"壬申密折"手稿,纸已发毛,有残缺者,盖自前岁赴长春时藏之身上,当时伪满左右敌人遍布,原折究于何时及如何呈递无人知之。 ——《闽螺江太傅陈公年谱》手稿本

闻弢庵病笃。 ——《郑孝胥日记》第 5 册第 2573 页

是年文

遗折 ——《沧趣楼诗文集》第 899 页

是年诗

乙亥元日 ——《沧趣楼诗文集》第 259 页

元夕次和子有入觐礼成之作 ——《沧趣楼诗文集》第 259 页

平斋八秩里言博笑 ——《沧趣楼诗文集》第 269 页

按:以下诗作未能确定作于 1935 年。

再叠平斋见示之作 ——《沧趣楼诗文集》第 269 页

平斋有书枉存并眎近作次韵奉和 ——《沧趣楼诗文集》第 269 页

题梁节庵山水画册 ——《沧趣楼诗文集》第 269 页

次韵和樊山广和居即席作 ——《沧趣楼诗文集》第 270 页

抄呈娄大师一律 ——《沧趣楼诗文集》第 270 页

登同泰寺秋朴有诗颇佳依韵酬之 ——《沧趣楼诗文集》第 270 页

叠前均柬宗白秋朴 ——《沧趣楼诗文集》第 271 页

读汉书 ——《沧趣楼诗文集》第 271 页

题刘文正文清父子阮文达祁文瑞胡文忠曾文正左文襄李文忠翁文恭诸公手札册子 ——《沧趣楼诗文集》第 271 页

谱　后

1935 年（乙亥　民国二十四年）

3 月 6 日（二月初二日）　郑孝胥得悉噩耗。陈三立来寓吊唁，赋诗撰联寄哀，陈隆恪亦有挽词。各地报纸多有报道。

戣庵于初一日午后一时殁于京寓，年八十有八。

——《郑孝胥日记》第 5 册第 2573 页

挽 戣 庵 师　　　　　　　　　　陈三立

一掷耆贤与世违，猥成后死更何依。倾谈侍坐空留梦，启圣回天俟见几。终出精魂亲斗极，早彰风节动官闱。平生馀事仍难及，冠古诗篇欲表微。

——《散原精舍诗文集》第 717 页

挽 陈 宝 琛　　　　　　　　　　陈三立

沆瀣之契，依慕之私，幸及残年赏小聚；运会所遭，辅导所系，务摅素抱见孤忠。

——《散原精舍诗文集》第 746 页

戣庵太师挽词　　　　　　　　　　陈隆恪

忆从侍杖接尊罍，南极惊传一夕隤。听水楼头声不逝，灵清宫畔梦终回。丹心启沃存孤节，苦口绸缪剩百哀。化鹤飞凫关塞冷，凄迷薪烬吊残灰。

——《同照阁诗集》第 136 页

座师陈宝琛卒，往吊，赋诗、撰联以挽之。后又为撰墓志铭。

赴陈宝琛丧仪。——《陈三立年谱长编》下册第 1488—1490 页

《北平晨报》报道："一代鸿儒陈宝琛晚节独全，尤为世重。昨日大殓，明日接三。"并刊讣告、哀启、遗像。

讣告：家主陈太傅于阳历三月五日即夏历二月初一日卯时寿终北平本寓，三月七日即夏历二月初三日接三，恐报未周，谨此禀闻。灵境井儿胡同七号陈宅门房谨禀。　　——《北平晨报》1935 年 3 月 6 日

哀　　启　　　　　　　　　　陈懋复等

哀启者，先严禀赋强固，自早岁立朝以逮轺车四出，十馀年间颇戡疾病，甲

申归里后抵辛丑，一病最剧。己酉再出，旋受命授读内廷，每严寒盛暑入直无闲。壬戌假归，视先慈丧，返京病肺炎，就德人所设医院治，阅三月平复如常，甲子以还，负羁绁沽上，习劳忍勩，自以奇局孤忧，不谋老年安息。去秋痰咳颇数，家人劝暂返旧京，以便就医。冬寒痰喘，常服中医化痰轻剂，不外出者两月；入正颇安适，偶集亲友谈谐，亦或题咏自遣。初七后间出酬应，一日自北城归，疲甚，十七日寒热作，仍服中西药，渐解。二十日又不适，二十一日卧阅戚属某所纪法越旧事，尽二册。是夜肌热复作，家人以壬戌受诊德医院获愈，二十四日遂仍就德医疗治。医者克礼断为气管支肺炎，服药汗发而热未减，数施药针仍弗效。二十七日下午愈甚。二十八晨，神微清，克医谓疾尚可为。二十九日痰壅不能出，傍晚诊脉，告束手，即以软床载归，克医护至家，犹与拱手致谢，神息甚清。久之，乃呼不孝懋复语，而舌疆[彊]气促不可辨，但云此局将何以继，顾无一语及家事。子夜痰喘益甚，寅初气息渐微，延至二月初一日卯时，竟弃不孝等长逝，呜呼痛哉。泣念先严性笃体强，远近亲知咸谓期颐可致。惟比年以来，沉忧中摧，无可慰解，盖有其耿然弗已于心者，尤非不孝等之愚所得而浅测之。窃意致疾之由，此其为甚者欤？呜呼痛哉！不孝等不能防护几先，病作，又懵不知医。遭此鞠凶，百身莫赎，苦块昏迷，泣述病况如右，伏维矜鉴。棘人陈懋复、懋侗、懋艮、懋需、懋随泣血谨述。

——《中华历史人物别传集》第71册第17—18页

《申报》报道"陈宝琛昨日在平逝世。"

[北平]逊清太傅陈宝琛晚年肺炎复发，经治不效，五日晨六时许逝世，享寿八十八岁。遗诗词甚多，遗老朱益藩正为筹办后事，陈生前拒召出关，且曾劝阻溥逆出关，遗体今晚大殓。(北平)陈宝琛五日晨病殁于北平德国医院。

——《申报》1935年3月6日

伪满内[务]府大臣沈瑞麟致函陈懋复。

致 陈 懋 复

沈瑞麟

幾士世兄大孝：接奉微电，惊悉太傅薨逝，当即奏陈，宸震悼。本日奉恩旨一道，恭录寄上，即希钦遵，专此。顺唁孝履。昆仲均此。世弟沈瑞麟拜启。三月六日。

——《百年潮·刘一力：太傅遗老诗人——陈宝琛晚年记事》2002年第1期

《论语》第63期报道："伪满州国派代表吊唁。"

陈宝琛遗老死后，闻伪满洲国册封为太傅，遣代表某某来平吊祭，车到陈宝琛府上时，传谕接旨，当时所有家属来宾人等一齐下跪。接旨后吊祭，灵堂上一切祭礼、仪器皆换前清礼式，一律黄色。吊祭后立即上车疾趋，家属人等又跪送出门。出门后某代表再从容回来，以私人资格吊拜。

　　　　　　　　　　　　——《论语·半月要闻》1935 年第 63 期

福建《华报》载文"闲话橘洲老人"。

　　陈弢庵先生在同光间，立朝敢言，甚著风节。膺"南洋大臣"时，旋被谴归林下。再起东山，仅处闲散。辛亥清社既屋，不入民国。仍从废帝授读。近于满洲伪组织，亦脱然无与。可谓处得其正矣。闻于五日清晨八时，卒于旧京邸舍。兹特拟挽一联，为天下□，非哭其私也。

　　　　　　——《华报·失名：闲话橘洲老人（一）》1935 年 3 月 6 日

3 月 7 日（二月初三日）　郑孝胥作挽联："几番出塞岂灰心，辽沈先归，须臾无死；未睹回銮休瞑目，曼殊再起，魂魄犹思。"见《郑孝胥日记》第 5 册第 2573 页。《北平晨报》报道："陈宝琛之丧接三空前"，《华报》亦刊"接三"情况。

　　陈公宝琛之丧，已播全国，其门生故旧遍各地，前昨两日发来唁电，不下千数百通。昨为接三之期，下午四五时，灵境道上，车马塞途。一切丧仪，因遵遗嘱，都不铺张。灵停东院大厅，为公生前谦集吟唱之所，前有山石，现则芦棚高搭，联幛满悬，已觉肃穆之丧堂。堂前堆满穿白衫、结白带者，皆公门下士。旅平闽人几于全体赴吊。美人福开森亦送花圈。公门下士，有为科举时代主试选取之甲乙榜，有为里居为山长时之书院生，有为监督福建师范学堂时之学生，年事最少者亦在四五十以上，而其门生中龄德俱尊者，当推陈三立、朱益藩二老矣。陈、朱平日执弟子礼甚恭，于公之丧，尤为伤戚。连日朱均到宅，主持丧务，昨并步行送三，足见师道之尊。惟二老之挽联尚未见，殆因伤感过甚而未成章欤。昨日下午六时送三，喇嘛前导，送者数百人，尽皆知名人士，亦为故都从来所罕见。全队出井儿胡同西行，经灵境，绕道甘石桥大街，进堂子胡同，至太仆寺街西口，焚化纸札车马，而孝子孝孙十馀人跪道哭送，成一长蛇，足觇福分。

　　　　　　　　　　　　　　——《北平晨报》1935 年 3 月 8 日

　　弢老接三之期。亲友、门生前往吊祭者，达六七百人之多。载涛代表溥仪，前往致祭。入门在灵前斟酒三巡而退。孝男等皆换吉服在门前跪送。嗣载涛复入吊祭，则用跪拜礼，盖表示私人之交谊也。老人死后，伪国予谥"文忠"，赠"太师"。并给予治丧费五千元。恍若当日清室旧制也。

　　老人书法直追柳宗元，颇为世重。晚年鬻字，每联售二三十元，但颇多伪作，缘老人仆人能书，模仿主人笔法，得其神髓，故一般售品，多为仆人代笔。古郑康成有诗婢，老人有书仆，可以并为佳话。老人死耗传出，琉璃厂所存老人字联,顿即加价,每联恒索四十馀金以上。老人亦善画,作松尤得意,但其画绝不赠人,画松生平仅三幅,一赠朱益藩,一赠周宗泽,一自存。

老人遗著颇多,生平严谨,不轻言著述。时人许同莘,近著《张文襄公年谱》,求老人指正,老人见其中有误,更不愿所传其好友张文襄语失其真,乃为改删,日夕不休。又清华教授邵某[1],近著《甲申中法之役》一书,亦呈乞正,老人以文中所述本人与曾国荃事,颇有失实,亦为增删,彻夜伏案。盖忘其年已耄耋。病之所由起也。闻此两书仍在其书斋案头。遗著若干种,亲友多主于丧事后整理附刊云。

——《华报·亚二自北平:闲话橘洲老人(七)》1935 年 3 月 30 日
[1] 邵某:外甥邵循正,见前。

《兴华周刊》刊"清太傅陈宝琛逝世"。

逊清太傅陈宝琛,晚年因患肺炎,虽经克礼大夫屡治屡效,终因年事已高,延至五日晨六时五十分溘然与世长逝,享年八十有八。所遗诗辞甚多,社会人士倍极哀悼。闻将定期举行追悼会,兹谨将经过情形分志如下。

"临终遗言":陈一生以谦恭处世,对家下人等,尤宽猛相济。附近住户,罔不敬仰。陈昨病象危笃时,但对克礼大夫尚频致谢意。对于儿孙,则嘱以和平保持家庭现状,尤应牢记渠之主张,即依靠现有资产维持生活,万勿登入仕途。即或不幸,求遗产不足适应人口繁殖时,亦应另觅商业途径,徐图发展。此为陈于病危时,对儿孙往复数次叮嘱之遗嘱者。其嘱托于亲友者(即朱益藩辈),则为尽力维持其孙董之长成。但一般观察,彼等弟兄,因毕生受陈之训导,相互之同,倍极敦睦,对人亦颇谦和,故朱等担保彼等儿孙可无歧视之虞。至是素以文名著世之逊清陈太傅乃与世长辞,全家围绕,满室哀痛之声,震闻左右邻户。

"五女五子":陈氏遗有五子、五女[1]。长子幾士,现年四十六岁;次子愿士,四十四岁;三子止士,三十六岁;四子颀士,二十岁;五子时士,十六岁;长女适王彦功,次女适林文舫,三女适刘爱其,四女适林宝锋,五女适张子美。今晨均在灵堂商量治丧事宜。同座者尚有朱益藩等。决定五日下午六时举行大殓,后日接三,在家停二十一日,遵照陈旨不事铺张,但儿孙辈以风俗所关,故有停放二十一日之长时间,俾招请僧道为荐修也。将来拟暂厝法源寺,定期运赴福建原籍,卜葬于听水崖。盖太傅生前雅好山水,其书斋曾自书"听水斋"。

"陈氏略历":陈宝琛初号伯潜,后改号弢庵。年八十八岁,福建螺洲人。十九岁中翰林,二十七岁,光绪授内阁学士,历任江西学政、南洋大臣、福建铁路会社总办、礼学馆总纂大臣、弼德院顾问大臣、山西巡抚等职。中法战时,陈曾主战最力,屡上奏折,痛论越事不可中止,长三千馀言。年三十三岁,即退职回籍,倡办学务,达二十馀年。福建知名之士,多出其门下。年六十一,始北上入京,任溥仪师傅。鼎革后,仍在津为溥仪教书多年。直至伪国成立而后已。年来蛰居平津,不问时事。去年春灯社在平唱诗时,陈氏诗中有"衰病一身犹史料,饥寒举世孰高资"二语云。　　　　　　　——《兴华周刊》第 32 卷第 9 期

[1] "五子五女":应为六子九女;六子懋随,1919 年生,见前。张允侨《闽县陈公宝琛年谱》云:"公有子六、女九"。公亲生八女,长女章贞为二弟宝瑨所出。按大排行,婉贞(师班)为二女,适林炳章;三女娴贞(师孟)适王孝总;四女瑜贞适林熊祥;五女槃贞(逸华)适刘骏业;六女勤贞(敏修)适林崇埔;七女南贞(熏琴)适何心儒;八女容贞(师颂)适林葆锋,九女京贞(师周)适张子美。

南京国民政府行政院长汪精卫拟以国府名义褒悼,命秘书长、福州同乡黄濬致信长子陈懋复。

致 陈 懋 复　　　　　　　　　　　　　黄　濬

　　幾士姻世丈礼鉴:太年伯寝疾,曾肃电候安,旋得噩耗,至为骇悼。昨并专电奉唁。度蒙礼察。今晨精卫院长见告,谓拟由国府明令褒悼,属濬先征同意。伏念太年伯人伦泰斗,乍嵩天爵,世间一切饰终之典,不足为千秋之荣,何俟说? 唯当宁既有此意,不敢不以奉闻,甚望勉节哀思,考虑见复,至殷盼。濬羁滞江南,未克北归诣奠,诚为怆欠。专上,敬请礼安。姻愚侄黄制濬。三月七日。

　　——《百年潮·刘一力:太傅遗老诗人——陈宝琛晚年记事》2002 年第 1 期
陈家回电婉拒。

复 黄 濬　　　　　　　　　　　　　　　陈懋复

　　南京五台山村黄秋岳兄鉴:七日函悉。当局盛意可感。惟先生平日微旨,向来不欲自明,不孝等尤不敢有违先志,各请吾兄代为婉辞陈谢,曷胜哀感。谨此电复。棘人陈懋复叩,青。北平灵境七号。

　　——《百年潮·刘一力:太傅遗老诗人——陈宝琛晚年记事》2002 年第 1 期
3 月 10 日(二月初六日)　　陈三立致函袁思亮,并示挽诗、联[1]。

　　弢师正月廿三日始往见,时只咳嗽,腰略痛,谈笑如常。是夜即增病,次日即往医院,逾五六日遂不起,诚出意外。可见老人譬为风中之烛,不虚也。兄勉凑一联一诗,录呈订定。不一一。兄三立顿。二月初六日。

　　　　　　　　　　　　——《散原精舍诗文集补集·诗文补遗》第 332 页

[1]挽诗、挽联：见前。

同日《京报·图画周刊》刊画家李有艾作、陈国珍赠"陈宝琛油画像"和照片"最近逝世之名流陈宝琛遗照"。

3月12日（二月初八日） 《华报》续刊"闲话橘洲老人"。

螺江陈弢庵先生（宝琛），逊清太傅。吾闽耆宿硕儒也。先生文章气节，海内同钦。有清末叶，在里兴学筑路，经营实业，清社既屋，退隐平津，不问时事。此次溥仪出关，偕建伪国，先生曾啼泣痛陈利害。溥仪不悟，大错铸成。先生之深明大义，尤为足多。近罹肺炎，经德医"克礼"疗治，卒以年高体弱，无术挽救。于五日上午六时逝世，享年八十有八岁。日昨（十一）家乡亲族戚友，在螺洲祖宅设灵致祭。陈主席偕同财政厅长徐桴、建设厅长陈体诚，以及陈韵珊、林知渊、萨镇冰……诸人，均往与祭。于是橘洲道上，吊客之如云，颇尽荣哀。闻月前先生尚有一诗寄和林纫庵，句云"说蜄归还（诗文集为"犹"）及上元，北堂饮罢就朋尊，旧京容有阳春和，行殿能忘湛露恩，眼看鳌（诗文集为"鼇"）山行复盛，（今岁北平灯市顿盛）近闻龙碛亦回温。衰残未豫陈金鉴，坐羡箕弓愧九原[1]"。此诗当属近作也。

日来闽中与先生素有交谊者，咸以诗文挽悼。容常觅句续刊。

——《华报·遗少：闲话橘洲老人（三）》1935年3月12日

[1]诗见《沧趣楼诗文集》第259页。

3月13日（二月初九日） 黄懋谦挽诗。

黄默园来，示《挽弢庵》诗五律四首。——《郑孝胥日记》第5册第2574页

3月15日（二月十一日） 《华报》载同乡林石庐（宝岱阁主）悼文，并刊公生前致林石庐信函。

弢庵乡前辈，靡特文章鸣于海内，其晚节彪炳，尤足令人钦迟。世以效忠清室，辄置微辞。然季世浇薄，能坚定忠贞，绝非易觏，主观各别，未可厚非。此番溥仪不德，潜建伪庭。公以清室大老，物望所归。虽迭经"郑孝胥"以及日人之征聘，竟能始终拒却。不愿合流同污。固不唯出处慎重，其深明大义，不愧完人。间曾数度出关，纯为问安旧主，不涉政治。盖棺定论，时誉归之。

予曩客旧都，于琴南[1]丈处，频瞻丰仪。一次席间曾与公畅谈小学，论列"汉音""胡语"源流，历数小时而不休。公不以予后生谫陋，备承嘉许，嗣以拙著邮津就正，公报书奖饰有加。其诱掖后进之怀，殊为可感。自惭钝质，无以副公期许耳。爰录原函（墨迹见图）益见公之谦冲，尤不可及。昨聆噩耗，怆悼不胜。先正典型，恐难复睹矣。

“石庐仁兄[2]阁下，客腊奉到惠函，并大著金石书志一部。聚书既富，网举类别。简括明通，英妙之年，非精力过人，益以静专，岂易待此。曩见沔阳黄某所著杂乱而又不备，逊此远甚。近在同里而不一闻，昏眊可愧。月前持视友朋，多有欲购求者，赓续之作，何时脱稿，极以为盼。衰病稽答，累辱函询，弥用惭恧。手复并谢，即颂著祉。宝琛顿首。二月十日。”

——《华报·宝岱阁主：闲话橘洲老人(四)》1935年3月15日

[1] 林纾，号琴南。

[2] 林石庐，名均，字亚杰，号石庐。福建福州人。曾参加辛亥革命，任江西督军府秘书。抗战时期，任抗敌后援会特务秘书。喜收藏图籍。1923年编辑《石庐金石志书》，深受金石爱好者推崇，全书共二十二卷。1957年将所藏全部让售中国科学院考古研究所。

3月16日(二月十二日) 侄婿沈觐冕作挽联。

挽弢庵伯岳：我公再起，独历艰屯，意尽赌棋时，憔悴残枰伤谢傅；贱子学书，谬承期勉，惭无扛鼎笔，摩挲刓印哭涪翁。黄山谷戏谓米元章绝句“我有元晖古印章，印刓不忍与诸郎。虎儿笔力能扛鼎，教字元晖继阿章。”虎儿，米元章子友仁也。

十二日入公司，饭后诣叔昭表兄，以拟弢老挽句示之，颇承许可。

——《观翁日记》(1935年3月16日)

《青鹤》第3卷第9期刊照片和墨迹，甘簃文“悼陈弢庵先生”。

清室遗臣之存者，以陈弢盦先生与逊帝为最密切。自逊帝归长白山，托庇异族，建国僭号，依之者如水之赴壑，独先生不为威屈，不为势诱，屹然无所动于衷，志趣高洁，匪人可及。今以逝世闻矣，姑述其略。先生名宝琛，字伯潜，一字弢盦，一称听水老人，福建闽县人。年弱冠，入翰林，历官至内阁学士兼礼部侍郎衔。年甫逾三十，进阶之速，一时无比，尝以亲贵用事，政治不修，并张之洞及其族侄曾歇、张佩纶、黄体芳、宝廷、邓承修、盛昱之俦，共起言朝政，利弊得失，往往上疏抗争，直声震海内，一时有清流党之目，而先生实为领袖也。先生坦率恬退，似魏晋间人，虽早负盛名，而倏然有林泉之思。甲申中法之战，奉命会办江南军务，持论与江督曾国荃不合，愤而还京师。已而以事被吏议，降职，即归隐三山，家居廿馀年，足罕出户。或谓其颇预地方事，大抵言过其实，不足论也。闽人喜为改诗，先生尤乐此。为日既多，裒然成帙。先生楷书示人，而人争宝之。岁辛亥，张之洞疏荐其才堪疆寄，招入觐，简授山西巡抚，未之官，开缺以侍郎候补，授逊帝读。自是廿年间，未尝一日离左右。虽逊帝憔悴居天津张氏园，先生每晨入视而夕退，无一言及私。忠君之诚，未有若斯人者也。洎逊帝为人挟之渡辽海，先生累尼其行，益孤愤不乐。年已大耋，犹能就灯下书蝇头小楷,秀润端整,即此可见其强固之精神。当兹大乱方亟,邪说流行,如先生之守正不阿,大节懔然,弥足为国人之矜式,而先生竟长此千古矣。吾知先生不悲其身之死,而忧其国之哀也。哀哉!

——《青鹤》1935 年 3 月 16 日

3 月 18 日(二月十四日) 《华报》续刊"闲话橘洲老人"。

弢老日常生活,自奉极简,惟宴客则盛馔丰饶。其家藏大海盆,直径约二尺,为宋代物。其敬客第一菜,即以此盆盛火腿海参诸珍,仅此一味所费不赀。去岁宴载涛等,即以此享之。民元以来北海中南海天安门各处,均未经涉足,盖其不胜故国禾黍之感也。

老人生于道光二十八年戊申,同治戊辰始入翰林,与老人同科之状元即赛金花之故夫洪钧,赛识老人甚早。赛日前曾对《实报》记者云,老人当年有诗赠洪状元,有句云:"才子合当饶艳福,抛开书卷伴名花",四十年来,垂老不忘也。陈先生逝世,予之老友,竟无一人。言下不胜感喟。与老人同科榜眼为黄自元,探花为王文在,传胪为许有麟,皆在老人前死去。

老人前年曾一度出关,见溥仪行动不能自由,甚为惋惜。谓"曷如居住北平之安适也"。去腊曾自撰门联,集陶诗云,"四时自成序,千里仍相关",其所谓"千里仍相关"者,盖其心未忘溥仪之为傀儡苦也。老人死前在德国医院时,曾对其家人云:"余疾非常,恐不能满月。"(指旧历月底)异逾旧正即逝。当老人由医院回寓,在病榻间多清醒,对家人曰:"昔陆务观(游)八十六岁而终,人称其享年,我较之多两岁,亦甚值得。"老人之至交周宗泽先生挽一联云:"节同彭泽陶征士,寿迈雷塘阮伯元。"

——《华报·亚二:闲话橘洲老人(五)》1935 年 3 月 18 日

3 月 20 日(二月十六日) 郑孝胥作"陈文忠公挽诗"。诗见《海藏楼诗集》(增订本)第 427 页

作弢庵挽诗。

——《郑孝胥日记》第 5 册第 2575 页

陈文忠公挽诗[1]

郑孝胥

弢庵功千古,文字兴不浅。少年负盛望,腾跃至贵显。中间忽垂翼,在野久偃蹇。六十方还朝,乃复丁国变。仓皇作遗老,髦及志未展。一生若三世,老眼差自遣。石交惟黄斋,极意为论辩。何至抑忍堪,相轻似微褊。其诗必可传,五言晚尤善。和章兼细楷,重叠盈箧衍。衔悲检残墨,驹隙倏一法。

——《海藏楼诗集》第 427 页

[1] 此诗"哀挽录"未收,暂系于此日。

3月21日（二月十七日）　《华报》续刊"闲话橘洲老人"。

弢老尝以国民党之章太炎自况，对郑孝胥之为日利用，甚为不满。前月有人自长春来，谈及溥仪将赴日。老人询"溥"近来态度如何，答以"溥"甚高兴。老人顿时忧形于色。不久即罹病。

北平共有"翰林"二十有八人，今年两月内，竟死其三，"李经畬""袁励准"及老人也。老人系"戊辰"翰林。自戊辰以迄癸未，中间经过甲戌、丙子、辛未、丁丑、庚辰共七科，各科所有翰林，均已死去，仅老人为最初一科者，今亦云亡。是癸未以上者无有。癸未以下者，则应以丙戌科之徐世昌先生为最前辈矣。

逊清壬午年，老人充江西主考，恐有遗材见弃，躬自检点落卷，于落卷中抽出"陈三立"一卷，题为"岁寒然后知松柏之后彫也"。老人读之击节欣赏。谓此为国家柱石，亟拔之。后三立（即散原）与吴彦甫、丁叔雅称海内三公子，诗名冠全国。去年秋，三立扶杖由京入平，特为拜省老人。时三立已八十有三，老人则八十有七。两位雪鬓老叟，见者尊为人瑞，三立向老人行拜跪礼，老人谦逊者再，三立云"师道尊严"，老人钦爱之。在平过从无虚夕。此次老人病于医院，三立尚与张国淦、周宗泽亲往问病。去冬老人与三立唱和甚勤，三立对老人有诗一绝云："住屋东西老味同，依依形影托冥鸿。一时童冠成耆旧，剩恋舻楼夕照红。"老人读之，谓诗固甚佳，惜末句有窃取"夕阳无限好。只是近黄昏"之嫌，相对黯然。三立尝谓弢老颐养天年，高寿待纪，不意竟以数日之疾，溘然长逝。三立忆及前诗，当悟诗中有谶语也。

　　　　　　　　——《华报·亚二：闲话橘洲老人（六）》1935年3月21日

4月1日（二月二十八日）　《青鹤》第3卷第10期刊"平斋八秩里言博笑"二首，署弢庵。见《沧趣楼诗文集》第268—269页。

4月3日（三月初一日）　《华报》续刊"闲话橘洲老人"。

弢庵丈逊清后，发辫犹未去。某岁，畏庐丈生女，洗三旦之日，宾朋咸集，为折枝吟。中有句云"畏庐才养呱三日，弢老现存辫一条"。诗句不佳，不知出谁手也。　　　　　——《华报·谦叟：闲话橘洲老人（八）》1935年4月3日

4月15日（三月十三日）　《北平晨报》刊讣闻。

不孝懋复等罪孽深重，弗自殒灭，祸延先考。太傅弢庵府君，于乙亥年二月初一日即阳历三月五日卯时疾终正寝，距生于道光戊申年九月二十三日寅时，享寿八十有八岁。不孝懋复等随侍在侧，亲视含敛，择日扶柩回籍安葬。哀此讣闻。谨择三月十八日即阳历四月二十日领帖，翌晨发引，暂殡

于法源寺。　　　　　　　　　——《中华历史人物别传集》第 71 册第 15—16 页

4 月 16 日（三月十四日）《华报》报道"六七"吊唁。

十四日系六七之辰，在平弢庵先生之女，联合送六旬。延请雍和宫喇嘛，及旅平闽人所组织之"紫霞集贤轩"斗堂。到宅念经。十三晚先由"集贤轩"放焰口（即闽语"上座"）。灵前陈设五供，及纸糊清朝行装，靴帽、顶戴、朝珠、谱褂、朝服、霞披等。顶皆通红。金银山箱锭等，堆积如山。二十日开吊，上午朱益藩代表溥仪私祭。徐门生代表祭、同年祭、朋友祭、旅平同乡祭。翌日出殡。平市无从觅得许多白袍，悉索全市，只有一百多件，有拟通用白带，以供送殡者。挽联收一千馀件，素幛三四百张，花圈数十个。佳句极多，限于时间及重叠悬挂，无从全录。十六日请林开謩（赙书）点主。出殡暂厝于宣武门外"法源寺"。俟秋间运柩回梓。

先生之二媳愿士之妻，吴徵鳌[1]侄女，徵鹏女也，事太傅至孝。近十馀年来，追随杖履，不离左右，能诗善书，书法酷秀太傅。据太傅语人云："二媳之孝，犹过子女，其书法鹄似我三四十岁时手笔。"先生所有诗稿，皆出吴氏手抄，贤媳之名遍平津。前次先生病，二媳割臂肉和药，服而疾瘳。此次又割肉投饮，并至关帝庙前祈祷抽签，终不能起沉疴。哀毁如丧父母，近已卧病在床。有子已二十馀岁，在燕大肆业，女亦十八九岁矣。愿士夫妻感情不睦，且多外婺。故氏一心孝奉翁公。

　　　　　——《华报·亚夫：闲话橘洲老人（十一）》1935 年 4 月 24 日

[1] 吴徵鳌：字松年，号述荫，福建侯官人，同治进士，广东知县、广西道员，福建经学会会长。

《青鹤》杂志第 3 卷第 11 期刊李宣龚诗"挽弢庵太傅"，署拔可；梁鸿志诗"挽弢庵师"，署众异；郑孝胥诗"挽弢庵"，署夜起；黄濬诗"挽弢庵太傅"，署秋岳。第 12 期刊陈衍诗"哭弢庵师"，署石遗；陈三立诗"挽弢庵师"，署散原；李宣偶诗"哭弢庵丈"，署释堪；"挽弢庵太傅"，署伯臧；"挽陈弢老"，署复堪。

4 月 18 日（三月十六日）《华报》续刊"闲话橘洲老人"。

闻弢老平寓，近接各方联挽达千数。其中最惹人注目者，为吴佩孚亲书联句云："处天下之至难，行乎若素；垂百世而尚论，文如其人"。

　　　　　——《华报·镇龛：闲话橘洲老人（十）》1935 年 4 月 18 日

4 月 20 日（三月十八日）　四月二十日出吊，二十一日出殡。暂殡法源寺。

弢庵先生于四月二十日在平寓受吊，经坛上喇嘛和尚念经，灵帏前吊客联翩顿首。约有千人，大半门生故旧。午间朱益藩代表溥仪赐祭，礼仪严肃。朱

氏蓝袍青褂,足穿朝靴,跟随八个太监,手捧黄绫制的祭文,银酒杯、酒壶等祭器。孝男吉服跪接。祭毕,送至大门,太监先返,朱氏复折入陈宅。相继来吊有吴子玉、江朝宗、章嘉活佛、陈三立、梅贻琦、陈钦若及英人开科,美人福开森等。晚六时举行"送库"。在大风飒飒中,三座大楼库及三十大箱,当万声佛号里火化。纸灰共尘土齐飞,哀乐与哭声相和,观众塞途,极尽荣哀。

二十一日出殡,早晨九时发引,送殡者齐集半亩园。计发白袍二百馀件。清华、燕京学生约百人。行列次序,先开道牌、锣、鼓、提炉、道、喇嘛、和尚、影亭、伞、乐队及纸糊衣、帽、朝珠、朝服、文具、书籍等二十对。接着便是孝棚,杠用六十四名,马车三十馀辆。北平市有名散纸钱之"一撮毛",每撒一次纸钱,必有数十童子抢拾,飞扬天际如蝴蝶舞,经过沿途公祭。西单商场第一祭棚,系逊清王公贝勒。穿西长安街第二祭棚,为翰林院同人,半壁街第三祭棚,为门生公祭。南华新街第四祭棚,系姻亲。虎坊桥第五祭棚,为福建会馆同人。菜市口第六祭棚,福州同乡公祭。广安门大街第七祭棚,系春明女中(弢公系该校董事长)。最后转南入"法源寺"(谢却个人祭棚免碍交通)。朱益藩以七十馀老人亦步行送葬。灵柩寄厝于中院右边膳堂左庑云。

——《华报·亚夫:闲话橘洲老人(十六)》1935年5月12日

《北平晨报》报道出殡情况,陈三立、朱益藩等持绋。

昨为一代鸿儒陈宝琛出殡之期,西单牌楼灵境内井儿胡同七号陈宅,侵晨即拥满故旧门生戚党家属人等。至晨九时发引,仪仗殊简,铭旌前导,次看轿,次影亭,中央军乐两队,及道士、和尚、喇嘛、鼓手、持灯等数十人。所有挽联素幛,以件数太多,概未用为行列。最特色者,则穿白袍送殡者特多,皆其门生故旧,为历来殡仪所少见。陈之最老门生朱益藩(年七十馀)、陈三立(八十四),均参加持绋,尽弟子礼,而逊清王公贝勒及章嘉活佛等亦多在途致祭,并到法源寺行礼云。灵榇出灵境,经缸瓦市,即换天杠,执绋者多半亩园门前加入,道旁观者如堵,其路线系经由西单大街,转西长安街折而南,经南北新华街,转骡马市大街,至彰义门内教子胡同,始抵法源寺停灵念佛台后大殿西庑。沿途设棚致祭者计有七处:一在大木仓口,为王公贝勒等;二在中央电影院对过,为翰林院同人;三在半壁街西口,为戚属;四在新华街,为陈之门生;五在五道庙京华印书局前,为福建同乡;六在菜市口,为福州会馆同人;七在彰义门大街,为春明女中。因路祭多,故自上午九时出发,自下午二时始抵法源寺,散时近三时矣。闻所有挽联挽诗,将刊印成册,本报艺圃拟先择最登录,想亦读者之所乐观也。

——《北平晨报》1935年4月22日

《国闻周报》第 12 卷第 10 期刊徐一士文"谈陈弢庵";刊挽诗"挽陈弢老",署复堪。

陈寿八十八。其翰林前辈(同治乙丑,早一科)曾为同治师傅之张英麟,卒于民国十四年(乙丑),寿亦八十八,晚年亦甚健。张适届旧例重宴琼林之岁,陈且逾七年。

——《一士谭荟·谈陈弢庵》第 186 页

8 月 18 日(七月二十日) 何振岱至灵境旧宅拜祭,见次媳吴绥如(懋侗夫人)、四孙纮。

看陈二少奶、陈甲孙。弢老像前三拜。 ——《何振岱日记》第 449 页

十月前 陈三立为作墓志铭。"清故太傅赠太师陈文忠公墓志铭"见《散原精舍诗文集》第 1106—1109 页,亦见《沧趣楼诗文集》第 597 页。

懋复等将以其年十月癸卯归葬公于王夫人前所葬之闽县君竹山,授状督铭。

——《沧趣楼诗文集·清诰授光禄大夫赠太师陈文忠公墓志铭》第 599 页

陈三立应陈懋复等之请,为作其父陈宝琛墓志铭。

——《陈三立年谱长编》下册第 1501 页

11 月 1 日(十月初六日) 何振岱送素联、果饼至灵清宫公寓所。

为□写素联送果饼至灵清宫。 ——《何振岱日记》第 467 页

11 月 2 日(十月初七日) 何振岱至法源寺祭拜。

午后至法源寺与祭弢老。 ——《何振岱日记》第 467 页

11 月 3 日(十月初八日) 《北平晨报》报道:今日迎柩回籍安葬,送行者极多。何振岱至法源寺祭拜。

车至法源寺拜弢老灵前。 ——《何振岱日记》第 468 页

陈公宝琛,今春逝世,殡于法源寺,近其长公子懋复由闽北来,迎柩回籍安葬,前日下午四时在法源寺设祭,到者极多。昨日下午一时,灵轮由寺启行,出教子胡同,经骡马市,珠市口,前门大街,三时半抵东车站,站外设有祭棚,其门生故旧数百人,早已到站恭候,灵轮到时,在棚设位,先由其老门生陈三立、朱益藩二人致祭,上香献爵毕,各迎者均行跪拜礼。旋灵轮转而南行入站,数百人持绋前导,包车停在货站站台,闻即当日西太后所用之灵车。四时一刻,柩已登车,陈、朱二老及送者又在灵前行礼始散。

——《北平晨报》1935 年 11 月 4 日

11 月 4 日(十月初九日) 灵柩抵津,津市名流到站致祭。下午登"新铭"号轮船南行。

闻灵车今晨五时馀开往天津,津市名流尚有到站致祭者,下午可登"新铭"

轮船,五日南行,计程本月中旬即可运抵福州螺江原籍矣。

——《北平晨报》1935 年 11 月 4 日

11 月 6 日(十月十一日)　灵柩运送到沪,将停招商码头公祭;沪上同乡亲友、子女择期举行公祭。

逊清太傅陈宝琛,寿八十八岁,于今年春间在平病故,现该柩于本月三日由平起运赴津,当日由津改乘招商局"新铭"轮南下,八日可抵沪。暂停新开河招商码头栈房内,寄柩一二日,届时旅沪同乡亲友,拟举行公祭,其长子幾士、次子愿士、三子止士(懋艮),及媳等均随柩南下,现沪上布置,均由寓沪之陈氏第七女婿何韵鸣,及第九女婿张子美,负责办理一切,至柩抵闽江后,其家属遵陈遗嘱,不事铺张,俟举行家公祭后,即择期安葬云。

——《申报》1935 年 11 月 6 日

11 月 10 日(十月十五日)　《申报》报道:"闽同乡定期公祭陈宝琛"

陈弢庵先生灵柩,原定本月八日可抵沪,现因新铭今日可到,福建旅沪同乡亲友公祭,遂改于二十一日下午三时举行。地址仍定金利源码头廿一号栈房,闻其他友好愿意与祭者,亦可加入云。　　——《申报》1935 年 11 月 10 日

11 月 16 日(十月二十一日)　下午三时,在沪同乡、亲友公祭。

11 月 19 日(十月二十四日)　《申报》报道"陈宝琛柩运抵闽垣"。

[福州]陈宝琛柩十八日晨六时由万象轮运省,定二十三日卜葬马江附近君竹山。(十八日中央社电)。　　——《申报》1935 年 11 月 19 日

11 月 23 日(十月二十八日)　十月癸卯,与夫人王眉寿合葬于福州马尾君竹村西登龙岭墓域[1]。

[1] 墓地生前 1923 年自建,坐东北,面西南,面对马尾港。四级墓坪,封土顶如覆釜,前立墓碑书"清晋赠太师太傅陈文忠公之墓"。碑高 1.66 米,宽 0.83 米,左右石屏柱镌联云"冰渊晚节期无忝,桑海馀生会有涯,癸亥五月,沧趣老人时年七十有六"。两侧镜屏镌隶书"山光青幛合,海色紫澜回"。墓裙书"归藏"。墓前照墙,高 1.7 米,南面榜书"永式丰珉",北面书"山高水长"。墓碑、祭台、石柱均为汉白玉制。1988 年 9 月列为福州马尾区第一批文物保护单位。墓前原有郑孝胥楷书神道碑今移陈氏五楼之晞楼前。近年由于山脚下修筑高速公路,影响墓园,政府委派专人守护,并修筑阶梯,便于上山祭拜。

十二月,丧归,葬于闽县之君竹山墓域。——《闽县陈公宝琛年谱》第 152 页

君山会葬陈文忠公感作

高向瀛

峰山闽语即君山[1],见张箦斋《涧于书牍》,塔涌罗星水一湾。儒将作船残燹[2]后,帝师赐冢乱云间。偾军亡国弥嗟叹,雄略孤忠讵等闲。五十年来人代

速,伤今吊古剩迂顽。

白衣莫祭涕沾巾,两纪沧桑后死人。干净幸留归葬处,衰残深愧诞生辰。是日适余生日。百年有尽名长在,一息犹存志未湮。记取久要期许意,山楼岁月分收身。

——《还粹集》卷四第 23 页

[1] 君山:君竹山。

[2] 燹:同"灾"。

是年 福州师范学堂校长吴则范撰挽联:"为吾闽学界师,十馀年手定规章,煞费苦心培后进;是本校开山祖,二三子躬承教育,未收效果慰忠魂。"见《福州联话》第 20 页。

[1] 福州师范学堂校长吴则范闻陈宝琛讣告,集中全校师生,下半旗致哀,学生愤而退场,以开除两名学生激起罢课风潮。后吴则范退职离校,风潮始告平息。

《福建文化半月刊》第 1 卷第 3 期刊"陈宝琛没有受祭默哀的资格",署霞芬。

《中央时事周报》第 4 卷第 10 期刊"陈宝琛轶事",署清癯。

《正风半月刊》第 1 卷第 7 期刊,"史料一身之陈太傅",署徐彬彬。第 24 期刊"清太傅陈宝琛墨迹(照片)"。

《秦风周报》第 1 卷第 5 期刊"逊清太傅陈宝琛逝世记"。

《天津商报画刊》第 14 卷第 39、42、43、46、48 期,连续刊"续二十家评传:陈宝琛先生",署王森然。

1936 年(丙子　民国二十五年)

1 月 1 日(十二月初七日) 《文艺月刊》1936 年第 8 卷第 1 号刊"陈宝琛像及其墨迹",署陈弢庵。

2 月 23 日(二月初一日) 陈隆恪等奉祀遗像于钓鱼台青青簃。

丙子二月朔弢庵太师暮年忌日大雪初寒同人集钓鱼台赐庄

奉祀遗像于青青簃　　　　　　　　陈隆恪

一老传薪海宇空,遽然乘化换春风。弥霄精爽巾车会,挂眼荒寒气类同。雪拥门阶尊散榻,天遗画本眷双松。园中有双干古松,壬戌秋大人七十生日,太师曾摹绘尺幅为寿。尘寰代谢寻常事,忝沐馨香不语中。

——《同照阁诗集》第 144 页

3 月 陈三立作"《沧趣楼诗集》序",见《散原精舍诗文集》下第 1113 页,亦见《沧趣楼诗文集》第 614 页。

应陈懋复等之请,为序先严陈宝琛《沧趣楼诗集》。

——《陈三立年谱长编》下册第 1508—1509 页

　　闽县陈弢庵太傅宝琛,有《沧趣楼诗集》,曾自订稿,将刊行,先寄陈伯严吏部审定。伯严吏部,其壬午主试江西所拔士也。太傅就商,辞极谦退。吏部遂为删汰多篇。师弟之间,皆有古人风谊,传为佳话。然以是生前卒未锓版,近始由其哲嗣乞吏部序而刊之。比于眉山之序《居士集》,殆未妨多让。

　　　　　　　——《民国诗话丛编·夏敬观〈忍古楼诗话〉》第 3 册第 25 页

6 月　陈曾寿作《听水斋词》[1]序。

[1]《听水斋词》:现收入《沧趣楼诗文集》第 272—290 页。

12 月　《陈文忠公奏议》二卷出版,杨锺羲作序。

《学术世界》1936 年第 1 卷第 12 期、1937 年第 2 卷第 5 期连载陈衍"陈宝琛传",见《沧趣楼诗文集》第 600 页。

1937 年(丁丑　民国二十六年)

10 月(九月)　逝世二周年,侄懋鼎有诗。

先伯父文忠公忌日墨园有诗见示奉和,时肠病尚未平复九月

　　　　　　　　　　　　　　　　　　　　　　　　　陈懋鼎

　　又过重阳半月间,神游岂复阻关山? 目穷不尽沧桑变,肠结真成木石顽。男子谁存王保保,门生长拜赵闲闲,旧都消息应来诏,读如负剑崒呼诏之之诏。先返屠羊只汗颜。屠羊说曰君今返国臣亦返臣屠羊。

　　　　　　　　　　　　　　　　　　　——《槐楼诗钞》第 149—150 页

校沧趣楼诗集竟识以小诗　　　　　　　　　　　　高向瀛

　　温柔敦厚涵忠爱,可与言诗得散原。并代才名惟善骂,一朝史料孰堪论。

　　追随寒日词何苦,文襄读宋史句"辛苦李虞文陆辈,追随寒日到虞渊"。慨论英雄意自奇。簑斋题张楚宝赠肃毅刀句云:"廻首戟门参语夜,酒阑横膝论英雄。"名德三朝恩遇盛,固殊哀郁二张诗。

　　帝师晚节各艰难,绝笔瓶庐怆盖棺。未上行朝金鉴录,拊心只自感衰残。

　　笃旧编诗念竦邨,秦州骚雅晚能言。凤鸾豺虎吟遗句,丁卯在津蒙书箑一律,有"凤鸾漂泊吾知命,豺虎纵横世贱儒"之句,集外作也。一瓣心香作九原。

　　　　　　　　　　　　　　　　　　　——《还粹集》卷四第 30—31 页

1938 年(戊寅　民国二十七年)

7 月　陈懋复作《沧趣楼诗集》跋。

12 月　陈宗藩作《沧趣楼诗集》跋。

是年 《沧趣楼诗集》十卷、听水斋词一卷刻本印行。由长子陈懋复出资刻印，陈三立、陈衍、何振岱、陈曾寿、汪国垣、梁鼎芬批注、评定。

1939 年（己卯　民国二十八年）

春 公逝后，乡人议祠四文公于钓鱼台，春杪夏初具祭。

城西钓鱼台，为金章宗故迹，池流环绕，不广而幽。陈弢庵太傅承租于皇室，以为别业，上因而赐之。弢傅薨后，乡人以乏策维持，议祠四文公于此。四文公者，长乐林文恭，侯官林文直，闽县陈文忠（即弢庵太傅），及先文安公也。岁于春杪夏初具祭，四家子孙轮主之，是年山人主祭，有诗述感。

——《郭则沄自订年谱》第 87—88 页

是年 《沧趣楼律赋》一卷螺江陈氏刻本印行。

1940 年（辛巳　民国二十九年）

是年 《陈文忠公奏议》二卷出版，闽县螺江陈氏刻本。

1941 年（辛巳　民国三十年）

是年 郭则沄作《沧趣楼律赋》序。

1947 年（丁亥　民国三十六年）

8 月 31 日（七月二十七日） 九孙南孙生，懋随长子。又名 Nelson，号綦颐。美国加州圣何塞州立大学计算机硕士。见《若霖公次房景亮公直系简谱》第 26 页。

1948 年（戊子　民国三十七年）

是年 印行高澍然[1]（雨农）《抑快轩文钞》。

用陈氏沧趣楼选本校印，福建光泽玉屏书院山长高澍然（雨农）《抑快轩文钞》，林仲易署笺。丙申、丁酉年间与三弟宝璐从谢章铤处传写其所钞高雨农先生抑快轩遗文七十四卷。公子懋复序云：公"于八十后竭退食馀力，历四寒暑，精综缮录，得二十六类都三百二十六篇，将付剞劂，而值壬申十月之事，复用废置"。1948 年秋由懋复付福建省银行印刷所印行。

——《抑快轩文钞》第 1—2 页

[1] 高澍然：字雨农、时埜，福建光泽人，嘉庆举人，内阁中书。

1949 年（己丑）

2 月 24 日（正月二十七日）　十孙加孙生，懋随次子，又名 Carson。美国加州 Polyteehnic 州立大学电力工程系毕业。见《若霖公次房景亮公直系简谱》第 27 页。

1951 年（辛卯）

11 月 22 日　十一孙美孙生，懋随三子，又名 Arthur。美国戴维斯加州大学动物学学士，医学院医学博士。见《若霖公次房景亮公直系简谱》第 28 页。

1959 年（己亥）

是年　《沧趣楼文存》油印本两卷印行，有傅增湘（1944 年甲申十一月）、陈培锟序（1958 四月）、陈海瀛跋（1950 年庚寅三月）、陈遵统读校后记（1951 年 12 月 24 日）、陈之麟跋（1957 年丁酉十二月）。福建省图书馆油印本。

1983 年（癸亥）

6 月　福州市人民政府公布螺洲旧居"陈氏五楼[1]"为第二批市级文物保护单位，2009 年 11 月福建省人民政府公布为省级文物保护单位。

[1] 螺洲镇陈氏祖居，包括公故居"陈氏五楼"，在螺洲镇店前村，"五楼"为：赐书楼、还读楼、沧趣楼、北望楼、曦楼。公归里后陆续建筑，近数十年破损严重。2005 年 6 月动工修复。分二期进行，一期 2006 年 5 月竣工（并举办竣工仪式）。二期 2010 年初竣工。两期修复资金共计八百余万元，由福建省、福州市和仓山区政府承担。今开放作福州旅游点。（曾孙陈供提供。）

1988 年（戊辰）

10 月　《澂秋馆印存》上海书店出版社再版，有戚叔玉 1987 年序。

陈氏善书法，工画松，于秦汉印章嗜之尤深，尝于公馀之暇搜讨质证，几无虚日，且往往与子侄辈参商审定，秉烛研攻，不知其倦，所涉博广，而撷取必精。制谱之前必反复择其质文精美，了无瑕疵者。数十年来选得精品八百钮，于一九二四年命良工洗印、选泥、钤拓成谱，共得十部，至今尤为难得。

——《澂秋馆印存》前言

1992 年（壬申）

11 月　福州市文儒坊"陈承裘故居"，由福州市人民政府作为"陈承裘六子科甲"公布为第二批区级保护单位",2005 年公布为省文物保护单位,2006 年公布为"全国文物保护单位"。

1994 年(甲戌)

6 月 3—5 日　"陈宝琛与中国近代社会"学术研讨会[1]举行。

[1] 福建师范大学历史系、福建社会科学院历史研究所、省人才研究会、省姓氏源流研究会、福州市地方志编纂委员会、福州市社会科学研究所、民盟福州市委会等单位联合发起组织"陈宝琛与中国近代社会"学术研讨会,研讨会主题:"中国近代社会变迁中的陈宝琛",有来自北京、上海、长春、南昌、苏州、汕头等地和福建省内历史学者、海内外亲属 120 馀人参加,提交论文五十馀篇。会后于 1997 年 10 月出版《陈宝琛与中国近代社会》论文集。(曾外孙邵光宇提供)

1996 年(丙子)

是年　由六子懋随(立鸥)、郑训新夫妇捐资 10 万美元与陈氏家族在闽、京、沪多名人士共同发起倡议,建立"陈宝琛教育基金会"。基金会自成立至 2015 年,获奖者共约 439 人,支付奖励金额:315 200 元人民币[1]。

[1] "陈宝琛教育基金会"旨在奖励螺洲在乡教师和考取大学(包括国外本科、硕士、博士)的陈氏子弟。并得到校方支持和协助。发起人有陈立鸥、陈岱孙、陈伯时、陈绛、陈贻直、丁汀、陈仲等 32 人。获奖数据统计至 2015 年。(曾孙媳妇刘代英提供。)

《闽县陈公宝琛年谱》家印本在美国出版,陈立鸥、张允侨编撰,刘广京、陈绛校订。

1997 年(丁丑)

10 月 25 日　在螺洲陈氏宗祠举行"陈宝琛一百五十周年诞辰纪念活动[1]",暨张允桥编《闽县陈公宝琛年谱》首发式;陈宝琛教育基金管委会成立暨第一届颁奖。此前 10 月 22 日在福建省文史馆举行"陈宝琛诗翁 150 诞辰"诗会,会后编印《纪念陈宝琛一百五十周年诞辰诗词集》。

[1] 纪念活动主办单位:福建省政协文教委员会、文史委员会、福建省社会科学院、福建师范大学、福建省文史研究馆、福州第一中学、陈宝琛教育基金管委会筹委会;协办单位:螺洲镇党委、人民政府。

是年　在原私立协和大学"陈氏书库"基础上,福建师范大学设立"陈宝琛书室"。公幼子懋随(又名立鸥)为题室名:"陈宝琛书室"。"书室"陈列公暨懋复父子捐赠古籍 140 多种。其他约四五万册分藏福建师大老校区图书馆、福建省图书馆等处。参见 1933 年正月条。

2000 年(庚辰)

2 月　螺洲陈氏宗祠列为"福州十邑名祠"[1]。

[1] 见陈庆武主编《福州十邑名祠大观》。福建人民出版社出版。

2002 年(壬午)

1 月　张帆著《末代帝师陈宝琛评传》,福建教育出版社出版。

2006 年(丙戌)

9 月　刘永翔、许全胜校点《沧趣楼诗文集》上下两册由上海占籍出版社出版,列入"中国近代文学丛书"。

2007 年(丁亥)

11 月　福建师范大学为迎接百年校庆,在新校区"宝琛广场"竖立首任"校长""陈宝琛塑像"。

11 月 2 日(九月二十三日)　160 周年诞辰,孙、孙女、外孙及陈氏后人 60 馀人从海内外返螺洲家祭,瞻仰"陈宝琛故居",并至马尾君竹山陵园祭拜。

2010 年(庚寅)

12 月 8 日　《文汇报》刊文,晚年与溥儒、张大千、齐白石等十二人在北平成立"转转会",赋词作画,鉴赏评论。

　　　时光追溯到 20 世纪 30 年代,曾是他们交往最密切、在北平画坛最活跃、最热闹的一段时光。那时他们还成立了一个"转转会",共 12 人,分别是溥心畲、张大千、齐白石、陈半丁、俞陛云、陈宝琛、于非闇、周肇祥、溥雪斋、傅增湘、徐鼎霖、成多禄。这个"转转会"类似于"艺术沙龙"的组织形式。他们商定在每个星期日举行活动,由会员轮流做东,聚会时大家赋诗作画、鉴赏评论,以此促进彼此间在艺术领域的借鉴和提高。　　　——《文汇报》2010 年 12 月 8 日

2012 年(壬辰)

3 月　陈光辉著《末代帝师陈宝琛》海峡书局出版。

9 月　《清流、士绅、遗老:陈宝琛的生平与事功(1848—1935)》博士论文通过答辩[1]。

[1] 香港浸会大学黄嘉康提交哲学博士论文《清流、士绅、遗老：陈宝琛的生平与事功（1848—1935）》通过，课程指导教授：李金强教授。

2014 年（甲午）

10 月　赵妮娜、陈翔著《儒绅陈宝琛》，广西师范大学出版社出版。

2016 年（丙申）

10 月　张帆著《陈宝琛读本》，福建教育出版社出版。

2017 年（丁酉）

4 月　周至杰著《陈宝琛》，福建人民出版社出版。

5 月　张旭等《陈宝琛年谱》[1]由福建人民出版社出版。

[1] 作者香港浸会大学哲学博士张旭及广西民族大学车树昇、福建工程学院龚任界，为福建省社科规划社科研究基地重大项目成果、省社科基地地方文献整理研究中心成果。

11 月 11 日（九月二十三日）　诞辰 170 周年，曾孙、曾外孙及陈氏后人约 50 人从海内外返螺洲家祭，并至马尾君竹山拜谒太傅陵园。

2018 年（戊戌）

9 月　陈旭东主编《螺洲陈氏五楼见存书目初编》由人民出版社出版。

10 月 31 日　螺洲福建陈宝琛文化研究院成立，并举行螺江帝师陈宝琛文化节。

附录一　寿言集

本附录包括两部分,前一部分为陈懋复等编《家严家慈七十双寿启附五十六篇及两篇五十、六十寿言》,京华印刷局民国6年(1917年)铅印本(原书第1—6页),后一部分为楷书手抄(原稿有缺页)。原书题《陈弢庵七十寿言集》陈懋复等撰,民国6年(1917年)陈氏铅印本,与同年福建修志局抄本合订。

陈弢庵先生七十寿言集启

岁丁巳九月为家严七十诞辰,其年三月又为家慈七十诞辰。懋复等以其春称祝里门秋则入都介寿,自维年少无似无以仰承色笑,欲乞当代大人先生锡以文言或古今体或长短句,以为光宠意者,其不鄙而弃之乎。家严生平立朝大节,凡与家严有一日之雅者类能知之,懋复兄弟生也晚,当坠地时,家严退居已十年矣。期间所以为桑梓谋利益、肩艰难者,靡辞劳瘁,此又乡父老之所亲闻而亲见之也。洎丁未家严被命入都,家慈留闽综家政,懋复村居奉母,岁必一省家严于京师,时从逆旅晤诸大人先生,则皆推家严之爱而惓惓乎小子,以是知家严立身本未必有以深餍乎人者。则今日欲乞一言,以为家严寿。自各言所欲言,而无待小子之赘述也。懋复又念板荡以来,中原遗老散处四方,中间几经惊涛骇浪之变,而家严独追随寒日,尽其绸缪保护之责,今者中外粗安,国事稍定,诸大人先生必有心念,先朝,睠怀故主,而于家严乐致其殷拳者,则懋复更将岁乞一诗,以永家严与诸大人先生金石之契,而祝期颐之寿,异日者都为一集,传之无穷,或亦乾坤正气之留,与有宋谷音同其宝贵,抑不仅寒门家乘之光已,家慈同邑尚书王文勤公孙女,刑部主事子恒公长女,苏州知府可庄公姊。谨启。

陈懋复偕弟懋需、侗、艮率子缏、继、絜、侄纮顿首拜启

诰授荣禄大夫内阁学士兼礼部侍郎衔外舅陈公诰封一品夫人外姑王夫人五十双寿序
林炳章

外舅阁学陈公以翰林历右职官京师十五年,典试江右留视学二年,法越事起视师南洋,丁内艰归服阕,以光禄公春秋高留养,不出者十年。洎养葬事毕,祥禫愈期,而公年五十矣。九月二十有三日为公初度之辰,公方黯然,当室之感赋诗谢客,

虽炳章有不得致其情者，惟念近世侑觞之礼，每以文代乐其于事为近质，而为文者率多托于年家子弟为谀美不核实之言，则亦无当于公心也。炳章婿于公又从公游，庶几能言公心者，则炳章亦言焉以致其情可乎？盖古贤豪之处世也，可以有未伸之志愿，不可以有未完之伦理。公阀阅之清华，位业之彪，炳自有常情观之宜于人世无多让，而炳章窃计公通籍之年甚少也，得时行志之日甚暂也。虽清名满宇内，而揆诸平昔期许之初心，固宜其有不自适者矣。然卒无足以损，公自适之趣者，以其义完行备于性分无加损故也。公之官翰林也。承中兴日久，厝火积薪汲汲然，以震聩起羸为己任，当时有四直臣之目。而公虑事最周，持己亦最慎。文文忠、李文正皆于公有年家旧谊，文忠又公座主文正，尤倾意于公，而十馀年中踪迹阔然，他可知矣。在江右以"作君子自辨，义利始，举秀才须明经传人"二语刻之楹，训励多士以是咸喻，公志。公宦绩悉数不能尽此二者，最足觇公不负君，不负学之大本。公之足自适者一矣，公之自南洋归也。光禄公且六十年矣，见而语之曰："汝书生，骤膺大任，吾夙夜唯陨越是惧。"意盖不欲令公遽出也。公先意承志，不以鼎钟易色笑。侍奉之暇，推广光禄公利济生人之意，以小试于乡，创织局，设义塾，仿社仓意，为平粜，以光禄公有志为义庄，欲逮成之而未能，寝食不能忘，故名其堂曰"果善"。论者谓辞荣就养，昔贤所难，惟公桥梓，世济其美，公之足自适者二矣。信友者顺亲之符获上之卷也。公交游多英俊，而同心攻错，相期为房魏、为韩范，落落六七，公否泰不齐，至今负海内重望者，固不乏人，而为一时群疑众谤所交集者，盖亦有之。公自信信人，不以患难易其心，不以沈滞挫其气。而世之论公者，卒亦无能于六七公中差其高下。盖譬之悬衡，然铢两悉称，其本量不可诬也。公之足自适者三矣，且夫名高天下者，或望不孚于门内。公家居习勤，常以一身任一家之瘁。兄弟怡怡，子姓穰穰，无有不服从、不谐顺。暇则棣萼相偕，奇疑赏析。炳章每从旁窃听，欣为闻所未闻，此亦天伦乐事也，公之足自适者四矣。外姑王文勤尚书女孙，闺德懿美为公内助。公早岁丧其嫡嗣，晚而连举两子，外姑爱如己出，慈仁逮下，戚党叹诵。两弟甫离褓襁，歧嶷肖其家儿。公之足自适者五矣，综计公生平在国为国桢，在乡为乡望，在家为家督，君臣、父子、夫妇、昆弟、朋友皆庶乎无所憾。若夫尊主庇民，内安外攘，乃公之素志也。然亦性分之枝叶耳。公年正当服官，政世方冀其复出，即不出而室有相庄之德，曜家有竟爽之季，方日与乡人士琢磨忠孝，奖善类、扶元气，亦安往而不得吾素哉！惟念炳章忝通朝籍，行将供职都门，去离左右，时事方亟，当必思所以奋励振拔，无辱公知者。则叙述德美以志景行。公倘嘉其意而乐闻其言也夫。赐进士出身，诰授奉政大夫翰林院庶吉士加三级子婿林炳章顿首百拜谨譔并书。

诰授光禄大夫弢庵阁学六十寿序　　　　　　　　郑锡光

昔曾文正公有言，宋景濂以寿文入集，厥后踵为之者，大抵甄叙行能，终以谀颂。虽以归有光、方苞之博通，不能洗此陋习。諰哉言乎，然亦视其人为何如耳。果其厉俗摩钝，有不能已于斯世之故，而世亦赖之为转移。则其议论规划，方时往来于都人士之胸中，而因世变之方来，愈望其纯嘏康强之未有艾，此至诚所同然，非导谀贡媚所可同日语也。今秋九月，为弢庵阁学六十寿辰。同学诸君子谋缀文为阁学寿。以锡光于阁学为戚属，且馆阁后进，闻朝事差悉，属为之。意勤光维谫陋，何足以杨懿媺，顾念自读书知世事，即耳熟阁学文章风节，所谓当今第一流人者。比年以来，过从问道之日久于阁学懃懃君国沉忧独往不能自释于怀抱，而又不欲轻自表襮，蕲见知于世人之意，稍有以觇其隐微。盖久欲以一言质左右，兹又安敢以不文辞。窃以为古今时势所趋，有其端焉。易言履霜坚冰，诗比雨雪集霰，盖非见微知著之君子，鲜能不自暇逸，孜孜汲汲，绸缪于先时者也。溯自海疆多故，肇于道光中叶。咸丰之季，情见势绌，而沟犹瞀儒，顾且酣歌漏舟，哆然自大。内患幸靖，外忧益不屑意，故虽二三大臣如左文襄、李文忠、曾惠敏诸公，提倡不遑而和之者寡，事之果集，遂仅公直讲筵，即深究世变，以为纪纲法度易坠坏于冥漠之中，天下大局常误于优柔巽儒之手，每慷慨言事，虽抵牾勋贵，无所诎论，边防大计，尤洞若观火，东三省置督抚融满汉，今且行之矣。至如派游学、用洋操皆公所言于三十年前者也。甲午以后，海内始悟变夷之说，未可以概于今世。渐言兴学练兵为拯危计。公主讲鳌峰于士之隽颖者，即加意诱掖。以东瀛同文国灌输较便，刱东文学堂于乌石山，罗其中者，皆一时选。寻念兴学，自蒙小始而非师范无以端其本，遂有师范学堂之建。时科举议未决，废帖括旋废且旋复，士狃所习，疑信半。大府惮费绌甚，且阴尼之使不得展，公毅然不为动，辛苦搘拄，卒底于成。今由台江望乌山，丙夜横舍，灯火照耀如繁星，焚膏继晷之士达千人，莘莘来游者外郡邑几遍，可谓盛矣。庸讵知皆公所日积月累苦心经营而出之者哉！今夫士君子之处此世，达而在上，入则佐天子拾遗补阙从容论思，出则秉使节举举著风采，固恒人之所歆然。要有时焉，以会之至于神明之地皭然不滓，经艰苦曲折必达其心之所安而不悔，众人方疑骇萎缩，而独决然行之，而祇以求自慊于所志而止。是非有道之君子不能也，时局之亟也。朝廷趣向学，当轴念公理师范事渐葳，复聘兼主高等。嗣后学校事，必谘取决。若游学预备科之成立，法政学堂之改拓，皆公一言而定。教育总会、学务公所次第设立，举公为长，公编规则、订教习、资出洋，尤以推广教育为计。经划日旁午京倈又以外界觊闻，亟路权宜速图，荐于朝属绾路政，闽瘠地款素窘，赣浙交通尚需时，众咸以为难。公念桑梓大计，不出任必无能任之者，既受事，襮被涉重洋,历息力爪哇,群侨民感忠爱款稍集岛上,病骸肿不为意,且得诗径寸,归兹则漳厦已开工矣。公既以艰巨自任而综理,复微密事无洪纤必审,顾至当晨黎明起,夜漏三下未睡,有以养生说进者,微哂而已。士无贵贱必延纳,自朝至日中昃,户外屦满,皆餍其意,去不为烦,此其精力盖有大过人者。固期颐上寿之征乎! 而其孜孜汲汲不自暇逸,而期有以致于君国之意,究未易为一二流俗人道也。不然以阁学长世阀负重望,群从英俊,名位鼎鼎,喆嗣髫龀,通当世故,崭然见头角。配王夫人,柔顺含章,三郡所推敬。女学之兴,实为纲领。德门盛遇世或难之,乃犹冒寒暑犯波涛,鹭门黄浦,岁数往来,几如孔席墨突之不少安居,此是则桑柔小宛之所沉吟,美人香草之所睠慕,世臣之义,魏阙之思,暇豫之不可常,天命之不假易。外顾世宙,内顾一身,其意念固有深焉者矣。区区介寿之文,难老之祝,殆非有以加于毫末也。今也著君子之登是堂也,固皆及门之英年家之子,阁学所尝敬爱而奖进之,而冀其有以自见于今日者也,则亦惟砥厉志节,增益学修,上之为国家培才,隽开富强,下之亦以振人心风俗之颓,使后生小子知所蕲向。则所以寿阁学者莫大乎。是光虽不文亦与有幸焉,阁学其忻然而进一觞乎。

文 类

诰授光禄大夫弢庵阁学六十寿序　　　　　　　　　　　　　　　　樊增祥

人莫幸于应半千之运,而挺然以生。莫不幸于丁百六之期而归。然独在承明金马犹是陆机弱冠之年,荆棘铜驼讵非索靖伤心之语,然不幸中有至幸焉,则以大清之天下还之中国而非有当涂,典午之争,五族之共和,不废曼珠而绝无昭宣德祐之事,是以臣非受禅白纱帽不在朝廷,主不移宫紫芝翁仍为羽翼,邃初以来为创局青史从无贰臣,使夷齐复生薇蕨本家常之饭设,微箕可作黍苗非亡国之诗,亦有宣室旧臣,月泉遗老,旷野犹横行之虎,兜天怀异,活泼之鸢,鱼闻笛兴,哀临觞下,泣一若庚寅始降,即抱离犹。丙子初生,已伤箕口,是则玉案却鸿妻之酒,绿衣罢莱子之歌,虽独行可钦而人情弗近,岁在丁巳,太保弢庵前辈与德配王夫人,值七旬双寿之辰,令子懋复等征万悦千欢之颂礼也。方其陟蓬岛、登玉堂,王深宁表称科举得人,宋仁宗预为子孙卜相。雕玉之集,三馆奉为楷模,瘦金之书,四裔乞其碑版。是则公之文也,洎乎清流蔚起,正气斯昌,丹扆箴来,铜山贼破庆历四谏,有欧蔡之同心,元祐诸贤无苏程之异意,两府倖进必取白麻而裂之百城,望风多解墨绶,而去者是则公之直也,主文陇上,提学江西,疆吏惮其方严,士林回其风气。芙蓉幕佐,有方岳之材;桃李门墙,半台阁之器,是时新知渐启,故辙难拘。扶奖一秉至公,通介雨归有用。门生门下正多乱世之英雄,狂国狂人亦仰中朝之山斗。至于投冬瓜于才士,熊飞百略寓权谋;赏芥叶于舆夫,李于鳞自饶风趣。是则公之教也。属以柳下之直,遭杨园之谗,素冠倏已还山,玉节罢其防海。蝉绶卸去,聊寄情于樵水渔山;凤阁归来,更从事于读书养气。海内视其出处,以卜中夏之安危;士林候其馨欬,以决国是之当否。孝悌兴于家衖,施济遍于乡人,是则公之望也。既而两宫上宾,冲皇入继,求毓庆宫之值讲,如崇政殿之说书。起辟穀之仙人,入为少傅,征绵蕞之宿士,俾作师儒。盖卧东山者廿馀年,而趣西山者五六辈矣。公以为逢时末季,岂得辞难。受恩朝理无不报,陆敬舆犯难不避,许鲁斋闻诏即行,是则公之忠也。凡此大节,炳然高名冠世,走卒皆知君实儿童亦慕东坡,然而有慕其人而不尽知,与知其人而不能言者,则仆不能无述也。仆与公相识于同治之末,相稔于光绪之初,越三十年。再见于江宁又六七年。依栖于京邸,数当年之旧雨,一二晨星;录过眼之云烟,万重桑海。忽焉易代,以后俱及杙国之时,则公为始满,仆又过二矣。往者白燕师门,乌衣甥馆,流连琴酒,商榷笺章。惟公珠唾风生,目光电爥。恰邪饰貌,诧明允之前知,众论折衷,待晦叔而后定。是许子将、管公明之俦也,吾服其识。二十六年当国之威,惟邦衡不避,二十四条厂公之罪,惟大洪敢言。是汲长孺、萧长孺之亚也,吾服其胆。苏端明日草七制,铃下未见其繙书;郝伯常手缮万言,江南已急于求稿。是贾长沙、董江都之流也,吾服其才。抗北庭之议,恨不请剑而诛,奉春论南交之兵,恨少楼船以资杨仆。是王景略、崔桃简之伦也,吾服其谋。凡此皆以谠论救时,以英气用事,石梁劲剑穿蹄甲而有馀,宝匣干将斩乱丝而立断。然而道缘年进,邦以人存,天以盘错而养英豪,人以慭遗而成国老。及公再起而过江宁也,官阁吟梅,岁盘剪韭,对延平之秋月,坐明道之春风,洛下看花,始识暮年康节,城南射猎,迥非当日横渠。冬青何判于荣枯,明镜两忘于恩怨。宋公序读书作相,而韲饭之想犹存,陶贞白祇诏入宫,而松风之梦故在。盖销尽功名之念,始与孔颜乐处相寻。读尽圣贤之书,益昌天地浩然之气。吾至是愈服其学与养矣。迨至凤池还我代龙衮,谒师问旧学于盘,受丹书于尚父。夜开长乐,召东朝赐茗之词臣;朝入未央,有北面执经之天子。甫三年就傅,忽八月告灾,江汉称戈,薄海滋蔓。孝定皇太后举三百年之社稷,以畀汉人;共和诸党魁,许四百万之金缯,以酬皇室。钟簴无改,朝市不迁。长杨之法从依然未歇深柳之书声。向使六朝五季、南宋前明,早遇共和,永除尊号,则诸渊袁粲无判于生死,冯道韩通何分于忠佞。陆秀夫不共白鹇效节,张苍水不假青猿传书。乃知今日之天心,所以祚胜朝者深而待遗民者厚也。既而寿春称制,洪宪改元,移跸于昆池,思设朝于丽正。公乃深忧彼黍,力却嘉禾,焉有太保奭之高年,复见阳人聚之故事。未几,昙花小现,玉冕旋除,讲屋晏然,皇居如故。是公之学养公自为之,而公之福德则天锡之矣。由是恩誉备厚,启沃益勤。臣受赐如鳌戴山,君礼贤如鱼得水。斥邪蒿而勿进,必亲正人;折春柳以何伤,不为迁论。深衣晚对,外袭带滕之貂;安舆早朝,前引紫缰之马。饫水晶之盐味给灵寿之筇枝手诏咨询奉敕,时时缴进,尚方书画趋朝,往往携归,谓非稽古之至荣,而优贤之极轨哉。今者稀龄双屈,家懿同懽。王夫人厚德型家,而公以孤忠恋阙。太妃赐锦,织成益寿之花;冲圣挥毫,亲写长生之箓。兰橘颂天厨之馔,蓑苓捧御药之匦。法酒千钟,宫袍五称。灵椿用蒙庄之说,八千岁为春,八千岁为秋;蟠桃乃王母所珍,三千年一花,三千年一实。于是洛社耆英,柯亭后辈,江之南北,海之东西,竟献鸿篇称兕觥。仆与公崎岖世故,俱经百炼千磨,撰叙半生,何有三同四异,寿公以无量寿,言人所未尝言。自笑萧衰尚耽骈丽,大抵最新之宇宙,必有迈古之人材。既从前未有共和,即我辈都无比例。所愿张仲孝友,长为一十七世之士夫;柱史简编,大书三十六年之太保。

章　梫

人臣立朝大节,莫难于国家存亡之际,统绪绝续之交,蘉焉一身,维系全局。在昔少康之世,则有臣靡;武丁之世,则有甘盘兹二臣者,盖皆具贞固不扰之性、忠纯独至之神,耿耿孤怀,老而弥壮。以方今日我弢庵师傅大前辈,即其人焉夫。其早岁通籍,博综国开。当为翰林时,每上一疏、陈一事,皆关乎大谋致计,两宫莫不倾听,百寮莫不严惮;薄海内外,莫不想望其丰采。于是一时有词垣四谏官之目,师傅与焉。未几,以内阁学士拜会办南洋大臣之命,设由此歘历疆圻,出入枢府,其通学真识,周愿乎朝野,上下之间,又得三五君子同朝,密勿主持正论。甲午、戊戌、庚子诸祸患,即渐消于未萌之前,而辛亥非常之变不至于猝发,皆可次第推知也。乃无何而以荐剡失察,镌数级以去。侧居林下,杜门不出者二十年。光绪丁未,被特召入都,意即可以大用矣。当是时朝廷方锐意于新法,老成硕德每格不相入。于是为礼部礼学馆总裁者数年。洎乎宣统辛亥夏间,乃擢山西巡抚,设于此持节受任,秋间太原兵变,陆文烈殉国之事,必亲承之,抑先为之备,山西之乱不作,即作而有术,以平定诸奸,敛迹卒措,天下如磐石之安,亦事之未可知者也,乃以皇上典学及年,慎简大臣有学望者以为之师。旋奉旨以侍郎候补在毓庆宫行走,时上方六岁,朝政皆摄政醇亲王主之。是年八月武昌事起。本兵卒之阃,别遣一将足以弭之者,自措置之术,惑于谬说。循至十二月二十五日,藉隆裕景皇后懿旨,明诏共和,皇上实未之知也。夫少康始生之年,夏祚中绝。辟居于外所,与同险阻始终左右不去者,臣靡一人耳。武丁为王子时,殷道复衰,行遁荒野,备尝艰苦,所与共学朝夕、纳诲辅德者,曰惟甘盘。令我皇上端居敦学,遭时多故,一少康武丁冲龄遵养之境也。师傅七年以来,日侍圣躬,夙夜罔间,讲习修己安民,敬天法祖之学,则举臣靡甘盘之事,一身而兼为之矣。易乾初九,潜龙勿用。孔子曰:不见是而无闷,皇上有焉:寒六二王臣寋寋匪躬之故,师傅有焉。然则六十年以前之磨折,而不大用。留为昌明帝学之用者,天之所以爱重若臣有所吝焉,乃有所厚也。臣靡甘盘,在当日正不知几经盘错,几经风雨,始得有荡荡平平之一日,计其年皆在耄耋期颐之间矣。然则师傅七旬初度,尚在大寒朋来中节之时,而往寋来硕之吉,亦必俟之耄耋期颐无疑也。顾其数奇,天之培之笃尤有非臣靡甘盘所能及者。臣靡甘盘当晚岁时,未闻有夫妇偕老之庆也。师傅之配王夫人亦年七十,夫人为文勤公之孙、刑部公之女、修撰公之姊,本名臣名儒之家学,以作妇作母,子若孙森森玉立于前者,严训慈训合而成之者也。夫天之生人夥矣,年命修短,诚无暇于琐计者。特君子生当晚季,不偏拘于气数,而其精神足以维气数之穷,天不能不深眷焉其臣之身,以及其家,上弼其君之德,以及其国,即所以眷一国千万亿姓之命,延延緜緜,以永兹中土。此诚千万亿姓所乐咏歌其事,而同为如山如河之祝也。

商衍瀛、衍鎏

　　昔燕许以弱冠登科第,才华卓越,炳蔚唐家。贾生董子当炎汉全盛之朝,论献切直,异时得失,卒不出其所虑。高宗旧学甘盘,文王维师尚艾。治隆道合,后世盛称之。夫德为帝师,直声动明廷,而文采风靡乎一世,得一己足不朽。顾以一人之身,兼兹三者,则其遇已为难。又况主少国疑,大权旁落,金瓯堕地,故国己非,内任保傅之重,外无尺寸之柄,卒能自行其道,委曲保全,以视国家承平,有其遇即有其时也,不其尤难哉。弢庵太保陈公四十年前有声于朝右。余兄弟方童卯,即知有四直臣之名。学问气节为当代所推重,厥后朝廷行新政,釐积弊,多公在职时所已敷陈,而公之退居乡里,固已久矣,逮余兄弟通籍,来游京师,值公复入朝,始得识公一致其敬慕。辛亥国变,公在毓庆宫授读,当是时海内扰攘,岌岌如不终日,内外想相结,俶诡百出。公朝夕愤慨,见国事簿复可挽,则益自淬厉,蚤夜勤劬,以默为维持。顾纲纽既解,事权不属,危疑震撼之来,往往非常所能测。自亥以迄今兹,中间迭更事变。背我者甚我而我莫能制、利我者愚我而我莫能止,即忠于我者,或过于激切,而我亦莫能阻。日居惊涛骇浪之中,危机四伏。公独从容论道,措之于泰山之安。人第见。公周旋进退,谦冲以和,不知接人处事间审慎于抑扬轻重,有非他人所能,喻者然后知公之苦心调护,为不可及矣。丁巳九月为公七十生辰,衍、瀛兄弟仰公道德、气节、文章为近代人伦坊表。公所处又与前之论思典学者不同,俛仰今昔,而欲以一言为公寿。诗曰,哀恫中国,具赘卒荒;又曰夙夜匪懈,以事一人。公其有隐痛矣。德配王夫人名门女宗,齐眉介寿,庭前兰玉,孙枝争荣,人皆叹公之遇,美公之德,羡公之福,而衍、瀛兄弟祝公难老之心,则以公之所系,不仅在一身一家,而欲其耄耋期颐永、福禄于无疆也。

丁传靖

夫一卷丹书,师尚父日宣宝训;三朝黄发,太保奭天锡遐龄。汉殿授经,世重包咸论语;洛都典学,人传张酺尚书。此皆运洽泰交,躬逢鼎盛。入则官家侧席,尊荣如轩代绿图;出则弟子捧觞,谈笑有商山黄绮。常在蓬莱绝顶,曾不闻水浅之时;纵含松柏贞心,从来到岁寒之日。乃一观于弢庵师傅,知天之期许愈高,亦玉成弥笃矣。公聚星德望,惊座声名。仰世胄之华,不惭卿亦不惭长;论门才之盛,难为弟复难为兄。溯夫绮年射策,影步花砖;锁院论文,珍储药笼。朝端指佞,每先于獬豸之班;江上视师,已戢彼蛟虬之气。事具史乘,无烦缕缕。既而以街亭失律,谴及武侯;陈涛无功,议连杜甫。此则太和党论奇章,每逐清流;元祐官僚玉局,常羁远郡。换到几番朝局,慨沧海之横流;坐看大好家居,任纤儿之撞坏。迨至居摄以还,人惟求旧;入关紫气,望犹龙老子以争迎;满地青苗,召司马相公而已。晚庚、辛之交,传靖侍公于礼馆,霜华两鬓,如裴相之焦煎;縣蒉一堂,对鲁生而太息。顾此铜驼屹立,不胜荆棘之犹;早知玉马重来,将有黍禾之痛。未几有辛亥十二月之事,距公拜师傅之命才数月耳。凡此皆已烂樵柯,久枯棋局,是东京梦华之录,非南山介社之辞惟然。而传靖所以为公寿者,别有说在。夫尘生卓帽,不忘汉苑之春;赋到青袍,时触台城之恨。云山五岭,抱凤烛以悲吟;风雨六陵,望鹃魂而下拜。自昔遗臣同兹感喟,公则自改玉以后,皆为负扆之年,九庙烝尝汉祀仍延浊鹿;一廷钟簴,姬宗未徙惮狐。互建业之长星,虽更晋宋;护虞渊之坠日,还赖羲和。登高看海水群飞,尚未必失马为祸,得马为福;受命效山泉蒙养,固无分飞龙在天,潜龙在渊。此则于古无征,而因时为义者也。至于易代之际,事有难言,莫盛于唐虞之际。五臣悉守原官,莫高于王谢之门;六代曾无遗老,即有汐社高踪;中条介节,名纸称前进士,羽衣如古逸民。然歌哭西山,薇蕨谁非周物;耕锄南亩,桃花不是秦源。公则虽处域中,如居天外。供旧职仍趋鸾掖,与新邦若划鸿沟。陈咸祀先,布识王家,腊日仇池纪岁,依然晋代阳秋。此则杞宋故家,不免裸将来助;介鄳遗裔,未闻保傅相从。求之往古,有此完人乎。况乎陵谷变迁之日,正搢绅涂炭之时,所以旄邱采葛之子流离,青门种瓜故侯憔悴。朝元岳麓,望乡国以难归;卖卜桥亭,变姓名而出走。公遭时虽蹇,托地原尊宁武,孤忠自尽橐饘之职。桓荣耆德,步衰几杖之恩;团扇自携,能障西风尘土。安车所至,争摹东鲁衣冠,不劳徐福避秦。自到三神山下,纵使陈登在魏，仍居百尺楼头。征之近今，有此殊遇乎。惟是既经桑海，知为已定之天；而居近瓜田，亦易生嫌之地。所以张敞起居昌邑，犹滋宣帝之疑；徐铉造谒李王，时劳太宗之问。公匔匔至意，翼翼小心。禁中深倚老成，海内都无遗议。虽非刘家安乐，而能从御正嘉言；纵如魏武雄猜，而知敬杨彪名德。迥异治平之局，韩魏公倍谨护持；不希天顺之功，于少保愈征忠爱。退食对一篇周易，窃比于箕子明夷；猗那仰列代殷宗，同眷此甘盘旧学。已宜乎天寿平格纯嘏尔常，履险阻而无异康庄；更忧患而倍形矍铄。往日上林红杏，春色先探；只今老圃黄花，秋容未淡。伯母王夫人棨戟高门，珩璜懿范，德耀相庄于庑下，樊英答拜于庭前。自公再入京师，夫人常留闽治家事。当绛幔谈经之暇，兼支韦氏门庭；故黄巾遍野之时，不入郑公乡里。幾士昆季各授经箱，早承庭诰，既父书之善读，尤臣笔之能传。早嗤阙下谶图，有忝更生名裔；乐此山中柑酒，允称安道佳儿。此固世泽之长，尤征德门之庆矣。传靖以香火前因年家后进，初投行卷，誉罗隐之能诗；许列容台，随高堂以习礼。鼠无仙气，空存舐鼎之心；蛇负殊恩，绝少衔珠之报。今年九月二十三日，为公七十双寿之辰。传靖适来京师，昔游吏部门墙，决天下文章之在是，再谒河汾堂宇，知乱馀礼乐之犹存。纷争如逐鹿之年，伏胜以穷经养寿；据乱到获麟之世，老聃以修道延龄。况有安欝嫔之齐眉，长此丹山偕隐；倘与李元爽以序齿，才如红日方中。蓟子训阅五百年，犹记铜狄初成之日；佛牟尼历三千劫，常留金刚不坏之身。

严　复

民国之六年，清太保陈公及其夫人齐年七十。于是八闽之士大夫旅于京师者都若干人，以公为闽之耆德，喜其敷愉康强，各于其身若与有庆也者，日则相率登于其堂，以举称觞之祝。酒中，众宾使其致辞，某乃执爵起而言曰：

夫天之畀圣贤人以寿，岂但使之自有馀用，优游怡愉，苟然告存而已，往往道之绝续，世之治乱，胥于其身焉系之。其付任也，常艰以巨，其为机也，常密而微。方此之时，并于其世者，或不觉也。迨后之人读前史而论其世，乃憬然于其时之一发引千钧，而所谓拨乱世反之正者，非斯人乃莫与属。其锡之以黄发鲐背之纯嘏者，乃以持斯文于弗坠，永国命于无穷，而跻一世于仁寿也。于戏，不其重欤！

今夫民生而有群，其邃初太古，不可知已。至若唐虞以来，其所以弥纶天地，纲纪万方，而为民制为相生养之道者，可谓至矣。树仁义，广教化，即穷而必变，亦将有因革损益之道焉。至于大经大法，不可畔也。此不独中国为然，乃至五洲殊俗，其能久安而长治者，必于吾法有阴合也。尧以是传之舜，舜以是传之禹，禹以是传之汤，汤以是传之文武周公，文武周公以是传之孔子。孔子殁而周道衰，杨墨之说塞路矣，则孟子辞而辟之。终秦涉汉，急之则有申韩，缓之则有黄老，而天下又大敝，则于是有董生黜功利而明道谊。汉亡，历魏晋以至于隋唐，夷狄之迹交于中国矣，佛乃大炽于其间，则于是有韩愈。五季坏乱，民生之敝，可谓极已，而开有宋道学于群子之先者，则有胡安定。金、元、明、清，循而守之，其所以扰民持世者，虽各不同，要大归范于程朱失所称述已耳。

乃泊于今举悉废之，而大用西人之学说，此真天下之大变也。夫徒以学说言，则杨墨之为我兼爱，黄老之清静无为，申商之名实，与夫佛之戒定慈悲而不为外物侵乱，设倡而施之，岂遂无一切之美利？而古之圣贤人所以辞而辟之者，道不本于中庸，要于其终，利耶且不偿其害故也。今所云西人之学说，其广者，曰平等，曰自由；其狭者，曰权利，曰爱国。之四者，岂必无幸福之可言？顾使由之趋于极端，其祸过于为我兼爱与一切古所辟者，殆可决也。欧罗巴之战，仅三年矣，种民肝脑涂地、身葬海鱼以亿兆计，而犹未已。横暴残酷，于古无闻。兹非孟子所谓率土地以食人肉者欤！则尚武爱国，各奋其私，不本忠恕之效也。

民国之建亦有年矣，他事未效，徒见四维弛，三纲隳，吏之作奸，如蝟毛起，民方狼顾，有朝不及夕之忧。则无他。怵于平等、自由、民权诸说，而匪所折中之效也。今意者天道无平不陂，将必有孟、董、韩、胡其人者出，举尧、舜、禹、汤、文武周公、孔子之道于既废之馀，于以回一世之狂惑，庶几元元得去死亡之祸，而有所息肩。此某所以殷然罣然不胜大愿，愿吾太保等寿于松乔，而比隆于望奭也。

公少以科名起家。光绪初，为讲官，尝有意于扬清激浊矣。忧盛明，警泄沓，于当路大臣，多究切之事，坐是不容本朝，出之于外，寻又以举才不效，镌级，家居，前后二十馀年。其间朝野之变，若甲午，若戊戌，若庚子，其于国家皆动摇根本，而公虽怀屈贾之忠，不及救已。己酉再起，以原官总礼学馆，旋简晋抚。未行，被命入毓庆宫，而辛亥十二月有逊国之事。自是以来，公于时事无所过问也。心所为欣戚者，冲圣典学进退之间而已，于去岁晋太保。

窃尝谓儒者之业，莫大于修己以治人，而景运将开，必有九二大人处渊潜勿用之地而豫植，故及其时，而一代之所资悉具。隋唐之际，河汾所甄陶，皆贞观之佐命。今公之所为，虽与王通有枝叶根本之不同，而其义与效，则未尝异也。在剥之上九曰，"硕果不食。君子得得舆，小人剥庐。"而蒙之大象曰："山下出泉，君子以果行育德。"盖当剥庐之时，而为不食之硕果；方泉出之始。则有养正之圣功。故曰：惟贤人之寿考，道之绝续，世之治乱，胥以系之，其付任也难以巨，其为机密而微也。

夫人王氏，生于世阀，嫔而宜家，媲哲鞠贤，夙躬相室。当女权盛唱之会，表坤道无成之规，可谓式俗之女宗师，儒之嘉耦。其孕祉蒙禔，未有艾也。谨祝。

林　纾

　　夫入海但思存宋，实孤忠不腐之丹忱；迁鼎尚复宗周，特万古未开之创局。国非小腆，九重留少帝经筵；天予修龄，七秩启老臣寿寓。此吾乡螺江太保暨王夫人七秩双庆，纾所以难已于言欤。

　　公蓄地负海涵之量，具钩河摘洛之才。史道陵为文信国后身，韩昌黎出陆宣公门下。先世以名臣作循吏，去官留载道口碑，群从用硕学掇巍科，罢朝聚满床牙笏。公体道为用蹈理则和，显岂徇人，贞不绝俗。始以侍讲充日讲起居注官。南省五墨，职近霜台，东极一星，光朝帝座。翱翔青琐，追陪赤墀。虽谢表自引为狂愚，而召对不胜其钦瞩矣。

　　时崇厚奉使，以东事见劫于敌，塞垣丧地，使命失辞。筹边未筑，雍门附庸，竟成瓯脱。乃崇厚者，不斥无礼于沮渠，转类同谋之仆。固视董晋之诃回纥，蓄缩宜惭；较赵昶之喻鼠仁，风裁早贬。褫落实甚，控摄无方。人既丧心，一字不争。富弼公先痛哭，再疏请斩王伦。虽抒鲠讦之诚，无救党亲之锢。既授左春坊左庶子，仍以伊犁西汉之事上疏力陈。谓一方不宜割弃，全局误自司徒；九曲最属肥饶，拱手授从都督。盖力争天德，防甗国以厚虏廷；非坐弃邾城，但划江遂清夷患也。然而北氛稍戢，东祸先胎。公以马政浮海，为挑边孟珙助元之非计；抃飞维乌，大梗将成莫赤匪狐小人难恃。且谓示弱所以骄突厥，要盟无由弭吐蕃。因而坐论戎机，严弹边师。通侯无惮，为抗疏之彦昇，廷折不阿，过拾遗之求礼。虽录武安之绩，终嫌赵孟之偷。勋贵亦稍敛其冒猥，近习争相惊以风采。乃绵宜者，以喧呶奸杂之行，为盛京都统富升所劾。廷议并富升斥之，公复疏争其不可。宋广平不按月将之罪，据典宪以为言孔；左丞伸明李位之冤，非中旨所得夺。自是复有护军殴打太监之狱，两宫震怒，刑部严谴。玉琳公曰：残气不刚，宦官于物为阴类；悖愦自辨，朝廷处此常刑。昔邓宏因卫士忿争，斥厮养之怨词无准，窦轨戒家奴外出，矧宫省之门籍綦严。我朝以宽大为恩，执法亦圣明所恕，得旨勿问。公直声既震，疏草日多。汤若士因星变陈言，程伊川以说书寓讽，姚崇十事，宏直一人。虽端簪理笏，非东皋子之夙心；而羽义翼忠，实房元龄之素志。在大政力加匡建，特重纲维；于金壬少所包荒，初非绞切。彼琦善者，有误国辜恩之罪，得报功崇德之祠。函札干连帅以私，俎豆及奸臣之鬼。公谓庙食非称，妄拟桐乡；武节无闻，难侪栾社。而杨某冒为之请，岂樵苏罔识，上疏为竟陵立碑；邱树垂荒，捐赀代忠贞修墓者耶。刺举无避，一言直犯天颜；挠屈不闻，万手争抄疏草。骎骎臻孝文之治，几几成元祐之风矣。光绪甲申，高庐败盟，马江受敌。公以内阁学士、礼部侍郎奉敕视师江南。华省五更，暂辞内值；牙旗三丈，自出行边，乃渚中本可备曹，而江流助逆；洄洑亦宜障宋，而风力摧军。

公方集采石诸将之援师，而适丁魏国夫人之凶耗。自是长侍椿闱，渐辞枫陛矣。筑楼江滨，名曰"沧趣"，渔榔左右，新鲤跳波；芦荡纵横，野鸥分界。停艇子于阑干以外，轻着潮痕；落橘花于襟袖之间，微占腊信。夏池藕稔，冬阁梅酣。公于此养诗心、增情趣焉。顾季鹰既遂莼鲈，而幼兴仍耽岩石。复就石鼓国师岩营听水斋一区。因涧施楼，就泉展席。鹤巢近户，僧影排云。仙气扑对月之纶巾，梵响挟入窗之坠叶。或悠悠经月，或兀兀穷年。林泉之愿，庶其偿矣；山水之贪，仍未已也。于是小雄山听水第二斋成焉。一溪见底，上蘸银云；万竹成屯，中开碧巷。广坪百步，藏浓绿之中；飞瀑三层，破空青而下。茶户供其雌兔，山僮捞得鱼虾。公自诸子递及百家，撑胸可五千卷；由甲申迄于己酉，息影近三十年。几几以蘦粥送终，久久与渔樵争席矣。

迨太元再起安石，山中非复黑头；大定且相隋公，海内遍行赤气。绍圣元府之末，国老全非；猪突豨勇之军，凶锋方炽。时宰欲以除害垦菑之任，属资忠履义之躬。因有山西巡抚之命，未到官廷旨改授毓庆宫师傅。方十道之宣抚未行，而三晋之乱萌已兆。延凑擅诛宏正，希彩狙杀怀仙。留后之立既专，藩镇之锋难戢。设公亲持虎节，往试豺牙。但有舌挺常山，笏扬秀实。乃忠和裴度，冒毡不死于承宗；福过鲁公，尺组未加于希烈。此则名存斗籍，生作福星之应者欤。

已而皇帝让政，玉改步移；世局翻新，中时趣便。公不取石城之节，岂答临河之杯。謇謇厥躬，依依王室。久之渐台之衣冠顿渺，高庙之户牖无惊。正衙不饮牵机，无忧谮之徐骑省；崖山幸存块肉，仍讲学之陆秀夫。出入宫廷，道左讶先朝冠履；从容山水，画中绘遗老须眉。旋以《实录》告成，拜太保之命。王祥因硕德被选，功名延朱雀之诸孙；潞国以大耋受封，冲淡葆黄花之晚节。而王夫人者，逮下维和，承慈以逊，七言诗句，聊当家书；百亩村田，常烦主计。以答拜为礼，世传樊氏之女宗；用雅量相高，我愧山涛之家客。今日者设悦偕悬孤并庆，直蜚声为天下闻。家能文与蓄德同称，谨作序代我公生传。

陈　衍撰　郑孝胥书

衍自少至老，持不律为寿言。以寿人苟积薰无虑，高可隐人，而称心而谈，无所容其溢美者，惟于故相国广雅张公与今太保弢庵陈公。昔严周氏有言，匠石见栎社树其大蔽，牛去不顾曰：散木也，以为舟则沉，以为器则速毁，以为门户则液樠，以为柱则蠹，是不材之木也。故若是之寿，孔子则曰"岁寒然后知松柏之后凋"寿同，所以寿不同也。广雅为舟、为器、为门户、为柱，年七十有四，争国是至于呕血，天不憖遗使,不得为太公、召公,独太保若松柏,然经风霜冰雪,穷阴沍寒,以至今日铜柯铁幹,屹然无改,盖年亦七十矣。微长君幾士之请,衍固有言寿太保也。太保少以直言敢谏,为清流眉目,海内久所仰望。壮岁以还,废于家者,几三十年。凡乡邦利病所当兴革,不辞劳怨,力任其难。衍於太保六十初度已详言之。幼主践阼,中朝起用老成,太保至,天下方喁喁望治,乃仅使以阁学原官,领书局总修礼书。与衍辈数书生上下议论,争大行皇帝祔庙大礼,若职官持服守制,虽广雅相国在政府欲以为助,而不可得。识者知时事已无可为矣。久之,命巡抚山右;未行,又改命充毓庆宫师傅。不数月而元黄变色,纲维解纽。太保固分为陆秀夫若程济矣。处危城鼎沸中,不动声色,日进讲如故也。乙卯、丙辰之交,袁氏复易公天下为家天下。从者风靡,汹汹炎炎,不可终日。为太保危者,方以洁身去乱之说进。期为韩偓、为司空图。然所处之地不同,太保仍不动声色,日进讲如故也。今者云消雾散,移国之焰熄矣。虽过此事变,不敢知太保既存其岁寒之身,与天下相见,乃知天所以寿松柏,与寿樗栎不同。松柏不自以寿庆,知松柏者,能无庆耶。衍往寿广雅相国,第举六十以后、七十以前事业为言。盖前此皆夫人所已言也。今于太保亦然。太保健啖耽吟,作楷细如蝇头,有寄德配王夫人诗,天怀淡定,如漳浦黄忠端公之于蔡夫人焉。则寿如太公、召公可券矣。

吴曾祺撰　于君彦书

今岁丁巳,为我太保弢庵陈公七十大庆,德配王夫人为闽县文勤尚书之女孙,与公同岁生喆。嗣幾士昆仲,将以弧帨良辰,称觞上寿。经学会诸同人,公拟为文以献,以命曾祺。曾祺与公同里闬,又托于世好之谊,尝得接其言论风采。私计公之生平志事无一不当于古人中求之,盖倾倒于心者久矣。今幸得握管,以厕侑爵之末,与有荣焉,其奚敢辞。顾窃有疑焉者。公之名满天下,其忠规谠论,挺挺大节,垂示方来者,自有史氏在,固无假吾乡人之一二谈也。然则第即公之福于乡,为四方之人所不及知,或知之而不能尽者,准斯以陈,庶有当乎。公弱冠通籍,歇历中外,所至皆有名绩。卒以直道不容于世,为朝贵所不悦。摘其荐用唐炯、徐延旭二人部议镌级。自是废于家者,垂三十年。迨公再起,而时事已不可为矣。公素锐于任事,虽屏居不出,然于吾乡之利何以兴,弊何以革者,必力陈之大吏,反复求其当而后已。虽疑谤交集,弗计也,而其所苦心焦思以成之者,尤以兴学为急务。时朝廷方厌科举之弊,欲变易取士之法,以救其失。于是始有学堂之设,倡自京师而渐及于各行省。公闻之,遽投袂起,特刱立师范学堂于城内乌石山之麓,聚生徒至数百人;以次复立中小学堂十馀处。间延中西文学之士,课以外国语言文字,兼究其富国强兵之术，以襫诸用，以去其向来庸猥迂拘之习。时则有乘间誉公以俊杰识时务者，公大笑曰：如子言，乃所谓知其一，不知其二者也，夫居今日而欲墨守一隅之见，而施之政事，立见其败势，不得不取他人之所长，以益我之所短。"然或欲举数千年来，五帝三王之道，所以正人心，维风俗者尽弃，而从之者则惟有自速其亡已耳。是故三纲五常之要，自古圣贤所孜孜不倦者，舍吾六经四子之书，又是奚属哉。譬之餍山海之珍者，不足以易稻粱之饱；艳文绣之美者，不足以废丝纩之温。今之从事于新学者亦犹是焉耳。盖公平时论学之旨如此，自福州有经学会之设，公在京师闻之则大喜，以谓吾道一线之传，其在斯乎，特于赠友人梁伯通序凯切言之。其于吾乡人才盛衰之故、学术升降之由，未尝一日去怀，而审本末、权轻重，一毫不敢假借者，盖其慎也。论者谓公处革易之际，而克全大节，为一代完人，于一生志学之功，诚为无负。抑曾棋更有进者，际此百六之会，道丧文敝，虽属有志之士，茫乎不知所向。凡海内贤人君子，素能以风节自励者，皆欲倚公为重。公在今日宜啬其精神，省其思虑，稍留意摄生养性之旨，涵和自适，以永天年，使如景星庆云常在天际，虽处八表同昏中，犹得以想见太平文物之盛，此则一人之身所关甚钜，而非独友朋爱好之深心所为私幸已也。谨序。

陈三立撰　朱益藩书

闽之石彭山有听水斋者，奥旷幽奇，饶泉石岩壑竹树之胜，乃吾师弢庵暨师母王夫人筑以娱老，又先生退居时读书学道，以其馀力成为诗歌若干卷之所也。先生风节声绩倾天下，而夫人恺悌恭俭，赡智而娴礼，世亦争传之。然先生晚岁，迫世变终去听水斋，强起应诏，回翔卿贰间，旋推授今上，充师傅。遭国变，荏苒迄今，而先生年以七十矣。初三立别先生既久，近十馀岁，先生始屡出游江海间，亦始屡获相见，晨夕以论诗为乐。盖先生为诗特矜重，三立私服膺先生，疑当世之擅诗者，莫高先生也。林君畏庐亦称先生诗幽峭绵远，清而不癯，枯而能膏，气肃而声悲，古遗民之诗也。辄叹为知言，以谓天下后世能喻先生诗者，殆无以易之。然而先生非诗人，顾天下后世竟以诗人崇先生，孰为之而孰致之邪？当光绪之季，中外之祸变亟矣，然果勤求贤杰，支柱弥缝，尚非瓦解不可为。乃一二柄国，昏黩媚嫉，颠倒自恣，使海内想望如先生，出其摅略，握消息之枢机，立廉隅之防表，足挽时艰而延国脉者，竟抑遏摈弃垂三十年，纵昌其诗，大政所寄，类以躁狡庸愚代之，人事之自取败亡无可讳。特天之于先生，犹若故留馀地，相持相待，以系古今未尝有之变，其有不可知而可知者欤？庄生称藐姑射之神人也，大浸稽天而不溺，大旱金石流，土山焦而不热，其神凝，使物不疵疠而年谷熟，先生孤照潜符，靖已而吁天，洗其心以迓馨洁麻嘉之气,定命于冥漠,由庄生之寓言推之,先生所以自得之道,庶几近之矣。独念先生既义不及扫,而听水斋者,今惟夫人专有之,宜先生屡写为图寄其意。然妄不自揆预必而两老人者,神明坚强,并臻耄耋。当是时,三光宣精,天地清曙,先生迹远踵二疏,踌躇满志,引还旧庐,日对夫人,揽光景,罗子孙,岁时绵霭,举觚交庆。即先生之于诗,且有一变其体,续为雅颂之遗声者,亦仍归于天之不可知而可知而已。今年九月为先生七十寿辰,夫人偕登七十,其期前先生,为三月,乡人获列门下者,勖三立以文称祝,敢撅无端倪之辞而进之。

蓝钰撰　赵世骏书

应运生才,古今通论顾多侈兴盛,而遗晚季,孔子曰:“岁寒然后知松柏之后彫也。”使晚季而无才,岁寒何以有松柏哉。岁寒而犹有松柏,则可知天心之有所寄,而气运未必终穷。今夫天所不变者,道也;而运则有变,岁运变也。世运亦变,岁运之变,则阴阳剥复为之矣。群阴剥阳为剥,剥者消落之谓。惟时阳则退而之幽,阴则进而之明,幽明之常变易矣。故剥之象曰:剥、剥也,柔变刚也。是岁寒之候也,一阳下生为复,复者还归其故之谓,惟时群阴虽盛,一阳已起于初,初、阳位也,得其所居矣。阳出而反其故,居不可复御,故复之象曰:复,亨刚反是,岁不终寒之征也。夫剥极而万物衰落,失其故常。惟时天心疑于无可寄,气运穷不反矣。气运不终穷,天心必有所寄。而松柏者乃正色苍然峙于剥复之交,而不为所变,如剥上九之硕果独全不落,是非所以默挽天心、潜移气运者欤。虽然岁运、一世运也,岁寒、运之晚季者也。松柏则人才之系于晚季者耳。往者吾师今太保陈弢庵先生,以光绪壬午典吾江右试,试题实为岁寒章,顾其时师与朝士诸负时望者,极言尽规朝廷,资其忠益,庶政清明,骎骎向于阳和矣。而试题乃及此,积至今日,乃若逆知其岁之必寒,而寒始倚松柏为重者,其作易者之忧患乎,抑即师所自道乎。盖未几妒一阴即伏,外侮内阋,师亦坐是养晦深山,垂三十年不出。宣统改元始诏起内阁学士故官,曩朝士之负时望者则仅有存,患气已伏而将发,当局莫以为意而专趋于改制,师极知时事不可为。会奉命授读充师傅,则恳恳焉日开陈道要蒙养作圣,冀于根本之地转移气运,而事已无及。辛亥之变,遂处于风霜陨落。时也虽挺挺介立,不渝素节,开陈道要,一仍其故时。然使当日者政局不变,师不蹴蹴而起,同志不皆零落,同志零落而犹得从容成养正之功。往时题语,何遂留作异日之谶,而躬履其实耶。十世之厄,疑亦运数而独树众奇,师亦为时倚矣。师幼耽文事,老而弥笃,尤以诗称于时。冰霜陶炼,弥益苍劲。故与其书并神腴而貌坚瘦。顾以诗称师,非师所愿也。然因寒见节,师之不愿世宁以此愿师哉。岁之九月,为师七十初度,师母王夫人簪绂名家，内行纯淑，异月而齐年，钰与世骏门下士也，不可无祝辞。念昔天保诗人其愿君者，辞取松柏之茂，而回念向考题中之松柏，与今人所倾向之松柏，则祝假于松柏为宜。嗟夫，松柏固世之所藉以卜天心、占气运者矣。任重以远，则夫苍翠郁茂，长荣于世，与大椿以八千岁为春秋者比，夫何疑哉，夫何疑哉。

胡朝梁

维岁丁巳九月二十有三日，为闽县太保陈公七十令辰，而公配王夫人亦于同年三月寿七十。海内名公硕德咸制文为寿，朝梁颇得读其草矣，独义宁陈先生寄文最早，而朝梁未之见。义宁为公壬午乡试所取士，而朝梁学文于义宁，义宁尝称道公德量为不可及。比年获侍公，公亦谓义宁诗古文辞竝世罕与伦比，前后辈推许之雅、相知之深，求之今日，岂多见哉。以朝梁薄劣无状，而一辞之合、一行之善，公辄乐为游扬之，欲以广其名而坚其意，向诚作育人材之盛心已。顾或谓今文章衰弊极矣，宜有人居高倡引正其轨涂，庶几绵缀不绝。陈公名德盖一世，而惜乎谦抑自守，不肯主持坛坫。朝梁以为是非知公之深者也。假令公优游承平，必乐以文字与天下士相见，不幸遭逢板荡，身受顾命，五六年来忍辱负重，夙夜调护，曾不敢有几微激切之言，流布于外，而谓其肯以文字声气为号召乎。乙卯之冬，朝局旦夕将变，群情汹惧，或语公盍乞休图自全。公曰：是乌可哉，匪特义未安，情亦奚忍。今夫平居不立崖岸，世之和逊者，往往能之；至于祸变纷乘，皭然不欺其志，斯则甚难。汉之张禹、孔光，非不儒雅醖藉，然史称其持禄保位，被阿谀之讥，则公诚有过于古人者矣。朝梁尝求得公书，见者皆曰此翁必百岁外人，何其墨色光润，犹似中年也。因服公学养之深，故能夷险壹操，旁及书艺，精妙不懈，为世珍异如此。夫人系出名门，婉顺偕老，三郙之人所共推敬。朝梁自束发受书，每慨慕古节义之士，恨不亲接之于百世之上。至乃读其书，愿其人历千载而犹存。今何幸居再传弟子之列，沐浴风概，其悦服颂祷之私，为何如者。虽文采不曜，无能发扬盛美，然必思有以致一辞焉。谨就耳目所及，杂书以进。公其欣然为举一觞乎。谨序。

高向瀛

今岁丁巳九月二十有三，为妻兄、太保闽县陈公七十寿辰。妻嫂王夫人在闽，命长公子懋复北行称觞；公介弟仲勉已先期入都省视。当代耆旧、门生、故吏莫不动色相告，奔走恐后，诚重公之寿。夫七十古稀，世俗所歆羡。眉寿精神，名位通显，家门隆盛，子孙众多，尤难能而可贵。然此特公一人一家之事耳，维公一身系天下，后世纲常名教之重，凡有血气者知爱重人伦道德，即知爱重公，而于公之寿孰能恝然已乎。向瀛卅年亲故，辛亥春夏间，尝就公京邸数月，一出国门，遽成桑海，不见颜色者七年矣。傭力于市，不克远道称寿。环顾公近属中行辈年齿又稍长，窃欲陈说平生情话笑乐，以侑公一觞，可乎。向瀛年十二，受知于尊甫光禄公，眷以国士，申以嘉姻。时公甫逾壮，以名翰林典试陇上，省亲南旋过吾家，从堂下仰视丰采，俊逸如神仙中人，心向往之。旋闻公充讲官，直声震都下。视师南洋，丁内艰归。文章经济籍甚，吾族长老勗向瀛读书励志，必举公以为秒式。及与公诸弟墨樵、砚樵、从子懋鼎同学，则常得闻公言论文采。丁亥十月授室，始见公于城南文儒坊，若高崖深谷，杰魁不测。明年六月，偕妇造螺洲里第，信宿公所筑沧趣楼下，纵谈夜分，公颇赏其器识，屡以告吾妇。戊子，向瀛倖举于乡，叠遭家难，债累纠纷，天性倔强，阅历日浅，横逆之来不免拂郁，公平其意气，戒其忿懥，勤勤恳恳，偶或负气争辩，不以为忤，而爱人以德之盛心则始终不懈。向瀛三试春官不售，筮仕国子监。庚子联军之役，留滞京师，公驰书慰藉，存恤备至。壬寅，以同知改官浙江，听鼓十年，公两度至浙，湖山诗酒周旋，款洽浙大吏张筱帆侍郎、颜筱厦布政、许豫生都转，多公雅故，公时为向瀛道地。宣统纪元，公应召还朝，踰岁简山西巡抚，属懋复致书向瀛，招之入幕。会改命毓庆宫授读乃已。世以公延揽故，遂谓向瀛长于政治。向瀛好吟咏，实不能工。公每摘取其零章短句，讽诵在口，世遂谓向瀛能诗。追计向瀛少壮婚宦，自有知识以来，心目中时悬一公之志节、学问、事功，树之的而立之鹄，先入为主。国变后，浮沉闾里，理欲交战，耐贫守寂，兢兢焉虑伤公知人之明。虽晚节末路，未敢自信，而自今日上溯既往，假年寡过，差可告无罪于公。是则向瀛敢于寿公之微意也。至于公之孝友任恤睦姻，出处大节，济人利物，与王夫人之淑慎小心，敦诗明礼，以养成康强逢吉者。季春之月，王夫人初度，海内钜人长德言之详矣，无待向瀛之觊缕也。谨序。

陈元凯

丁未之岁，朝命起我太保、叔父弢庵先生于家，元凯随侍至京。旋叔父奉命巡抚山西，元凯适赴广州，叔父召速至。既至，叔父则留傅皇帝，而元凯复南归。未几国变作，元凯以母老不复出。然犹岁省视叔父于京。叔父虽处变数，不易常度，忠荩之气，屹然有以自镇。顾元凯每告归，不强留，亦微不豫于色，盖天地之大，一情所弥。叔父怀道思济，无一日忘情于物，而于素所裁成勗励之人，尤欲其常置之左右，是亦情也。元凯自幼龄蒙叔父抚顶之爱，弱冠后叔父正里居。得旦昔追陪至今，垂三十年。间惟旅食于外者六年稍暌隔耳。大而家国之故，小而文酒之会，虽甚鲁钝，莫不与参末议，率臆以陈，兴趣所寄，或申旦忘倦。今叔父恋眷舰稜，不忍舍去，而于父母之邦，钓游之所，故自未能恝然。因而奉儿撰屡之小子，亦在意数之中，是又情所难已也。惟元凯荒嬉愁就，愧负诲教。然窃幸从游日久，其于立身处世之道，亦略觇一二，无逾大闲，至恩蒙我直镂锲肺腑，何能偶忘。比闻叔父辅弼馀晷，犹得以接见都中人士，论文语道，精力强固犹昔。元凯独远隔江海，无复往日侍坐之乐。去岁都中前门车次拜别时，尝发愤矢愿：自今以后，不肖之身苟不即填沟壑者，必岁一至京瞻望颜色，以为板荡之后，惟此第一快意事，他无所希。叔父闻之，叹曰："果尔，诚善；虽然，岂易事哉。"夫在叔父体谅小子之意，固常难其所易，小子愿见叔父之诚，则何为不易其所难。今岁叔父及叔母王夫人七十大寿，海内巨公各奋起摛词致难老之祝，元凯将俟拜母螺江后，至京献寿，挟家庭近事、闾里见闻，琐述于黄菊清樽之侧，博莞尔一哂。亿岁退龄，以今岁为践愿之始，庶几叔父垂爱之心乎。若夫叔父之道之懿，孤悬天宇间，耿日星而沛江河，有能言者，元凯则戴天忘高，第觉悟默动止，无非至教，惟求伸孺慕之情，自为康爵之侑，云尔。谨序。

诗　　类

宝　铭

绿尊美酒祝长春，莽莽神州百劫身。早负直声动朝野，晚留清节傲松筠。伊川正学资前席，潞国耆年继后尘。阅尽沧桑人易老，独随寒日侍彤宸。

宝　熙

元祐诸贤尽，岿然一个臣。投闲三十载，养气四时春。直谏回风会，巡师历险屯。文章□坡老，遭遇异宣仁。家有归田录，门多问字人。看山云淰淰，听水石粼粼。佳子克成立，逸妻同隐沦。遥思渚鸿去，谁见海鸥驯。魏阙宁无意，江湖自有真。安溪旋被诏，漳浦漫垂纶。抱此孤芳久，重来世事真。纲维忧坠弛，天地惧芜榛。考礼朝匡捄，吟诗感郁烟。上台俄陟鼎，儒席早称珍。寰宇惊多难，沧桑岂近因。追随寒日影，怅望属车尘。启沃希群辅，安危系一身。岁中颁几杖，霜后识松筠。天寿应征爽，嵩高正降申。西堂玩风月，北极拱星辰。清誉留闽峤，耆年咏洛滨。鸾凰共轩翥，龙马本精神。令德歌偕老，幽居拟答宾。相将娱晚节，惜未秉洪钧。紫玉裁横笛，黄花酒漉巾。为公祝纯嘏，大雅要扶轮。

徐世昌

声名早占凤凰池，白发重来作帝师。金鹤衔香晨进讲，玉螭吐焰夜编诗。万年枝苗春长好，百尺楼高日下迟。怜取灞陵桓鲍乐，一尊间话太平时。

沈曾桐

忆昔同光际，恩威被八荒。东朝尊二圣，西邸颂贤王。郎部分南北，天心感弛张。和戎传谏草，曲突可堪伤。

微罪江湖去，山居赋遁栖。学诗趋过子，偕隐有柔妻。红雨书千卷，青山菜一畦。夜来王室梦，烟柳意悽迷。

重入修门日，惊逢社饭年。蜩螗争未已，箨火谶先传。谋国虚元辅，同心失大贤。骤闻哀痛诏，薄海共凄然。

奉手嗟吾晚，苍黄玉座倾。艰危忧圣学，肝胆答王明。高咏思诸将，新知托友生，祝公千万寿，据乱进升平。

劳乃宣

羲轮沉虞渊，六合翳尘雾。独有捧日人，永执耀霓驭。追随到蒙谷，不自顾迟暮。问年屈悬车，致身不忍去。耿耿忘躯诚，蹇蹇匪躬故。朝有引年礼，授几赐杖鸠。室有齐眉侣，翟第偕白头。桃花西池开，春添王母筹。菊水南阳芳，悬弧当素秋。莱衣兢起舞，福履骈箕畴。孰知寸草心，惓惓唯霓脩。尧诚方在疚，莫易孤怀忧。嗟我揽揆辰，与君同月日。乃我数偏奇，未得步君辙。君常亲帷幄，我独远魏阙。君对孟光案，我咏义山瑟。回忆五岁前，颓年亦七秩。独共楼亭樵，临黉挽萝葛。憔悴徒行吟，安望与君匹。惟此葵藿衷，独抱硁硁节。侧闻平陂运，往复数有常。天留遗臣靡，正以佐少康。指顾鲁阳戈，回日宣重光。桓文布大义，薄海皆尊王。伫见日再中，吉语符重阳。斯时寿筵启，酒献茱萸香。宸翰下九重，云汉昭天章。盈廷尽黻冔，称祝齐跄跄。我当扶节来，捧袂跻华堂。君应开口笑，为我醨一觞。

左孝同

南极星明北斗傍，巍然东鲁赋灵光。玉皇香案乾坤阔，金殿天书日月长，入保出师周礼职，令妻寿母閟宫章。蟠桃海上春来熟，愿向京华晋一觞。

吴昌硕

东王公与西王母，游戏尘寰共大年。平地风波□沧海，名家眷属自神仙，衣被一品云□锦，梦绕三山雨露天。玉树芝兰满庭院，四时接武侍经筵。

李瑞清

殷忠恭默中兴年，受学甘盘道广渊。国瑞后来征寿考，帝师自古属神仙，相庄陶翟清风峻，供奉贞元旧曲传。回首五陵郁佳气，期公一德转乾坤。

任锡汾

十闽高朗寿昌星，瑞霭天中地效灵，白发成双遥举案，丹心从一久传经。欢承莱采饴含味，德格穹苍梦舆龄。三月桃觞九月菊，年年两度播芳馨。

何维朴

识面京华五十年，交情老去倍缠绵。早知白水臣心澹，弥见苍松晚节坚。孤月尚悬三岛树，双星长照七闽天。螺洲山色青如旧，为映南陔彩服鲜。

王 潜乃徵

先皇起废赤心置，今尚敦师黄发亲。帝学甘盘多难日，天遗匡鼎旧儒臣。延年几杖承新赐，绕禁莺花感故春。羁海逋臣依北斗，鬓毛虚改镜中身。

吴庆坻

百年闽学绍雷伊，铁石心肝帝所知。天假修龄縣道脉，公凭儒效翊□清时。迩英经说屏风写，兴庆班行玉佩随。闻道璇宫频赐杖，春晖同傍万年枝。

杨锺羲

纯皇喜得学之用，想见闻之侍直年。七叶乾符绳祖武，三篇说命在经筵。灵和蜀柳春宁折，老圃陶花晚更妍。兴庆异时行册礼，还看比翼共朝天。

周树模

早年气盖汉公卿，寿考于今有令名。海内大师尊祭酒，人中先觉首阿衡。丹砂莫遂还山愿，乌石谁知听水情。南极嵯峨冠冕在，一星长绕紫微行。

王秉恩

文星交照寿星躔，鸿案相庄大耋年。身历三朝隆杖国，眉齐八秩庆开筵。甘盘典学师资重，绛帐传经女教宣。留得岁寒全劲节，螺江门第仰名贤。

康有为

楼阁清流文学宗，黄罗晚着护桐官，岿然旧学存元老，绝少书生兼总戎。潞国格天期耋寿,虞渊捧日鉴孤忠。我生兄事伤蒙难,臣靡终归夒铄翁。

梁启超

光宣朝士散如烟,鲁殿灵光尚岿然。世论似闻尊雅觯,人纲犹见系经筵。漫回往运沉渊日,独葆清衷出埶泉。我亦沧江曾晚卧,祗今谋国夒难玄。

胡嗣瑗

天风长拂后彫松,浴殿东头数旧踪,望峻三公尊赤舄,气苏万物应黄锺。霜颠负重神能福,日讲殚微帝动容。我放江湖仰崧岱,何时接席一登龙。

伊立勋

锡羡争传杖国荣,齐年夒铄喜同庚,九经翊圣推元老,一柱擎天享大名。花放碧桃娱寿佛,筵开黄菊会耆英。鲰生愿上南山颂,更待期颐献兕觥。

陈三立

名德从来万口传,今逢赐杖上尊前。回天孤抱侵宵漏,启圣殷忧压讲筵。身系苞桑神所劳,梦亲听水道弥坚。诗心自续无穷世,纪盛看摹石鼓篇。

吴士鉴

一老皤然独后凋,东南翠括挺清标。手携灵寿趋丹箌,心系虞渊捧绛宵。张酺经师尊旧学,杨彪耆德冠中朝。相庄白首谈沧趣,花木平泉莫漫招。

曾习经

荡荡天衢旭日光,春兰秋菊俱芬芳。白华子姓看成列,碧落星辰宛旧行。鸿案鹿车原自好,月泉汐社未应荒。一觞幸逐宾朋后,同听麻姑话海桑。

张国淦

女螺江水作春妍,犹似尚书卜宅年。自昔兰台论世阀,只今槐岳属英贤。夷吾江左□公望,宏景山中有静缘。尧舜致君元不愧,十笺丹宸早流传。

公辅归来尚黑头,名区石鼓尚遨游。闲身绿野看云倦,老屋青山听水幽。竹箭品题新月旦,松枝挥洒小阳秋。鹤书烟驿频相托,自恋元龙百尺楼。

太行咫尺有回风,讲幄重开直紫中。昔日少年推贾傅,旧京走卒识温公。缠绵香草诗怀远，偃蹇寒松物望崇。若使承平资坐论，和声笙磬更谁同。

未许烟萝谢诏书，老来还傍杜韦居。晓风仙袯听虬漏，春雨乡山梦鹿车。大集金荃关典物，诸郎玉树慰门闾。坡仙晚岁才犹健，一曲巾裘倘和予。

王善荃

崧岳凝祥庆降申，龙鈩鸾扇对垂绅。诗人盛业为元老，乔木清芬本世臣。四海衣冠存黻佩，九天霜雪表松筠。丹书便是长生箓，宣发看公百禄甄。

刘廷琛

纵横豹虎当□日，辛苦夔龙待漏时。大老早膺天下任，后凋齐让岁寒枝。光明圣学资蒙养，消息微阳赖护持。怅望师门依北斗，黄花珍重进琼厄。

四朝元老此黄旛，朝侍经帷夜枕戈。早证天心宏莫济，隐占龙德肇熙和。百年象服河山共，再闰羲轮日月多。苍赤孤寒齐颡首，卿云应笑紫芝歌。

易顺鼎

捧日虞渊意已伤，金銮密记海生桑。孤忠幸免为苍水，正学还教继紫阳。末造留贤疑鍊石，先朝收报慰焚香。介眉更胜前人福，试忆漳州蔡与黄。

左绍佐

平生风节似朱游，晚岁功名博望侯。海上扶桑常近日，樽前芳菊最宜秋。襟怀星斗三宵灿，文字江河万古流。闲与麻姑擘麟脯，未妨清浅瞰瀛洲。

次赐题石田老人卷韵
姚永棨

御河冰解纹縠交，衣冠神武罢官朝。白头太保独晚出，凛凛青松见后彫。黄罗昔受先后托，岂比印系寻常腰。翟莘齐眉同七十，春兰秋菊期非遥。公子征诗助宴喜，长篇雍容短寂寥。回头却忆六载事，万弩不射钱唐潮。灵光岿然独公在，禁门已散当时寮。张良尚有韩可相，肯顾黄石山前要。君臣各以时立义，大哉帝德侔唐姚。

赵炳麟

艳说同光际，先生谏草传。片言能补衮，一疏可回天。世局如棋换，吾侪岂瓦全。愿持蒙难义，追日到虞渊。

地老天荒后，黄冠又北来。虽无朝士集，犹见寿筵开。晞发嗟馀几，贞心莫漫灰。祝将邹衍律，吹得好春归。

顾　璜

众生喜早荣，造物重晚福。懿哉陈太保，抱负回殊俗。登瀛方弱冠，经纶已充腹。讲幄策治安，嘉谟政纲肃。衡文盛西江，视师耆南服。一卧东山春，卅载当蕴蓄。循陔白华洁，门内化雍睦。和靖居植梅，渊明性爱菊。实学导桑梓，英才储械朴。天全养益纯，胸襟淡无欲。清望朝野系，大局出处卜。尺蠖讵求信，蒲轮简书促。回翔凤池上，舻棱丽朝旭。持节领疆圻，授经资启沃。学典甘盘旧，礼遇桓荣笃，漫採商山芝，遑辟留侯谷。中兴良辅多，灵光岿然独。今年届杖国，矍铄壮容足。德耀并稀龄，里鄔誉贤俶。轙佩看缞舞，庭阶森兰玉。岳岳后彫松，绵绵长生箓。添筹到曾玄，欢声沸海屋。

张志潜

有宋绘耆英，价贵洛阳纸。见者大叹羡，指点丹青里。谓是仁宗朝，所养数君子。留贻到子孙，鬓发俱苍□。元丰宋始衰，风俗犹醇美。诸贤归西京，适意恣山水。岂若天地屯，只手扶人纪。伟哉今太邱，旷古位无比。公昔初登辇，毅声华起先，子一科迟日，从鞭弭意气。磁引针道义，错公砥见邪。神羊触遇佞，朱草指垂帘。□□两圣人，褒答蒙优旨。当时称耳馀，风采照青史。馀事互唱酬，宣南居尺咫。宵柝严九门，一灯话未已。贱子初试啼，汤饼公莅止。命名藉阳城，庭闻犹在耳。公持西江节，分携从此始。左海再论心，回谿各垂翅。借叶。绝塞通殷勤，千载见苏李。马角庆生还，书来杂悲喜。相见沪江滨，执别泪如沘。一朝悲擗琴，赴吊三千里。缟纻遍九州，几人笃生死，今闻再趋谒，话旧常移晷。戊申师至苏州，潜由金陵侍游拙政园，谈先人轶事竟日。一官滞京曹，落拓西华陂。朝廷思旧人，有诏征黄绮。先喜见髫眉，再拜承杖履。为念刘絷交，不弃虞□□。□园问花木，遗集商剞劂，名德推甘盘，岂惟尊爵齿。养正朝圣功，中国庶有豸。何图天步艰，王室忧如毁。晦盲何足凭，易象有泰否。平生捧日忱，夷险循一轨。所媿慕相如，万事无一似。祇此岁寒心，愿傍贞松峙。介寿进一觞，请诵南山杞。弓剑灵昭昭，自天赐多祉。

罗惇曧

沧趣楼前水自宽，晚棻忠爱作甘盘。眼惊世局云千变，梦绕乡山竹万竿。桑海踪经新岁月，槐班未改旧鹓鸾。罗胸国故关兴废，莫作寻常野史看。

· 1013 ·

罗惇曧

听水斋前绿绕门，礜黭心迹至今存。朝衣未遂岁时改，行辈同瞻嵩华尊。偶着世谈供领会，闲将诗句答晴暄。年来贱子频贪诣，合载松醪满一罇。

傅岳棻

壶师晚岁故人少，四海惟一沧趣翁。参知政事首荐贤，久放再起颜逾丰。清流实地有替人，宁知元祐梦成空。倾河注海见悲□，□事艰难肩匪躬。进讲迄英陈正学，追随寒日摅孤忠。深忧潜□□维护，事殊文陆心则同。眼看浮图合尖手，得失不啻鸡与虫。邪蒿却膳资启沃，一心本朝不计功。无端朱李起争战，愁眉重见海桑红。所处至难无与比，精诚上可诉苍穹。一任蚍蜉撼大树，光芒万丈如长虹。文章馀事殿一代，细筋入骨秋鹰雄。平生奇崄归坦夷，常悬霁月嘘光风。儒林佥称丈人行，陶铸万汇参天工。衣冠犹是汉绮皓，不须采芝商山中。道济艰危有德符，天酬老健存至公。神仙福寿安足说，蚕办名声传无穷。

张志潭

立朝谔谔小儒惊，天际奡然识凤鸣。宗道直名书御座，阳城风义……（原稿下缺五页）

（原稿前缺页）……性坚。钓璜方夔铄，赐杖总联翩。拭目看桑海，分襟把菊泉。定知诗自寿，传诵五经边。

林开謩

中年使节入南州，洛下休官未白头。急始相求宁用烛，耄犹好学为兴周。遇风待进贤臣颂，启沃先分圣主忧。闻道迄英新赐杖，传经绛幔共千秋。

郑淑璋

杖履双星照，衣冠八座荣。百年贤伉俪，一代冠耆英。沴水家声远，临沂族望清，神仙联眷属，象像协咸亨。士类尊山斗，朝班拜老更。庭闱辉棣萼，风月驻蓬瀛。卿辅三台历，椿萱两美成。文章韩吏部，富贵李西平。乌石峰同峙，龙塘竹并生。庞眉偕耄耋，绕膝聚簪缨。桃李公门选，莨莠母党情。依楼沧趣永。每岁此称觥。

陈海梅

劫后长安换局棋，去留正是两难时。老臣自守西山节，故主犹贤北面师。魏阙谏书都往事，故乡偕隐负归期。寿杯多少诗家语，苦我遗民说义熙。

叶大琛

台省铮铮壮岁名，乞归卅载梦春明。征书大有还朝感，讲席留长恋主情。过眼沧桑浑未老，到头襟抱独为清。故山好对齐眉案，南北频年进寿觥。

吴徵鳌

世宙值苍黄，松柏有本性。所历人惊奇，环意已入圣。立朝系安危，凤鸣识谏诤。归作贤父兄，兴教今称盛，更饶邱壑赏，高风揖梁孟。相晤里门时，苍苍各在镜。旧臣忆同光，再起赍恩命。往闻公奭贤，后先相辉映。文字重缥缃，出处合宏正。南来多公卿，宏奖达名姓，愧居二年长。念旧感至行，匹妃出名门。礼教佐家政，会看德星聚。风雅摘歌咏，满座题耆英，欢洽称觞庆。

林灏深

朝士忆贞元，官人说天宝。盛衰后溯前，吾生苦不早。同治昔建元，河山值再造。发捻以次平，甫讫天戈讨。宣仁垂帘□，冲人方在抱。夹辅资亲贤，汝南天人表。清流尽向用，朝有指佞草。公时甫释褐，待诏直瑶岛。妙选侍讲筵，敷陈皆至道。拔茅赋汇征。论交联纻缟。南皮与丰润，二张独矫矫。公时与颉颃，左右若旗旐。抗疏论贪墨，迅若风扫槁。有时批逆鳞，胆大心欲小。岂惟肃朝纲，实以活亿兆。贵游咸慴服，动色读疏薰。假令相司马，早历中书考。韩范富欧阳，凝丞兼师保。庆历圣德新，浟浟中兴祷。文景治益醇，勋华日长好。金瓯庶无缺，颂德餍蛮獠。天心不厌乱，朔朏更晦朓。凤阁旧巢痕，群贤迹如扫。礼酒一不设，公亦思归浩。橘中岁月深，拂衣沧江晓。乡间讲忠孝，井里课秔稻。东山晚再出，朝局益俶扰。蔽鲁无斧柯，忧时心如擣。托孤与寄命，谁为辅褓裸。让皇实天德，授受唐虞绍。桐官方退处，羽翼赖四皓。论思弘德筵，出入方壶沼。上朝柳色新，退直香烟褭。今秋值初度，揽揆嘉祥肇。深宫重耆德，赐寿挼田藻。齐眉梁鸿案，长命安期枣。国人争矜式，登堂祝难老。故旧竞称觞，烂醉芳樽倒。宁知忧辱心，深念常色愀，歌诗谢宾朋，犇蜂思集蓼。

林步随

此老真元气，仪型与世看。独存天所眷，晚出事逾难。海水从深浅，京尘自郁盘。一枝灵寿杖，共识起居安。

王宣辰

钜任经筵授读肩，猝逢揖让德如天。鞠躬尽瘁犹诸葛，勠力同心有陆宣。自以匪他盟铁石，早将所爱付云烟。双星不藉稀龄炫，还讶王焜执意偏。浩然正气塞苍虚，经济文章持绪馀。庆启棘廷生望族，惠同梓里际闲居。图南深惜迟归翮，恋旧何心赋遂初。偕隐不谐风节一，岁寒松柏愈扶疏。

林孝颖

讲幄依然近圣颜，丹忱浑忘鬈丝斑。赵家块肉虽相倚，疏传高年可暂还。听水多师时悟澹，画松直笔若箴顽。而今更守文宣矩，戴备除非共入山。

钟大椿

诗事阑珊已十年，前游回首似云烟。凤池长夜鏖风雪，乌嶂濒行醉海天。偕老备膺无量福，古稀咸羡地行仙。期颐倘更娱林下，合捧吟瓢续旧缘。

李宣龚

老至能为少主臣，此时一发系千钧。心悬日月重宵廻，梦改风泉万壑新。四海犹言元祐政，百年长健义熙身。回思戁佩承平际，名德无议有几人。

郭则沄

岳岳尚书里，清芬逮后昆。出山成远志，前席有危言。嘉祐群才盛，贞元几辈存。承平前事远，铃阁梦犹温。

开府官方贵，还山鬓未霜。洲田多种橘，海水易生桑。养志娱莱服，型仁见郑乡。鹤书频度陇，一壑自徜徉。

再见东山起，苍生望谢公。朝班青琐旧，圣学绿图崇，保义心应瘁，艰虞道未穷。岳槐论异数，昭代更谁同。

岁寒松柏在，试士见先几。晚节公无愧，横流世益非。谢庭能竞美，梁庑未成归。佳日跻堂近，寮天一鹤飞。

陈钜前

门前江水望如螺，再见京华发已皤。山斗文章当代重，沧桑身世得天多。义熙以后都成集，长庆之间一放歌。晚节百年遗笏在，寿筵日永酒初酡。

梁孝熊

停云劫后郁苍苍,天笃耆英应寿昌。冲圣匡扶资老宿,孤臣眠食尚聪强。授经入座心犹赤,听水还山梦早忘。樽酒何年共晨夕,重搔哀鬓话沧桑。

于君彦

屏居两纪久忘机,才起东山赋式微。时际艰屯弥见性,人皆逃辟忍求归。不如桑海成何世,长有葵心向晚晖。更祝春秋佳日永,召公事业古来稀。

何启椿

再起东山系众望,无如时事太苍黄。横流满地嗟沈陆,大义经天忍遁荒。启沃但求吾分尽,危疑还赖此身当。持家付与齐眉案,沧趣楼高日约长。

王鸿牷

归来箕海数貂蝉,毕竟寒松是后彫。奏议文章都一集,官私闻见足三朝。辅冲学未平生负,优老恩宜异数邀。吾信儒家仁寿说,丹砂端合乞松乔。

国桢乡望早交推,风雅今还伏总裁。百岁鸿光偕隐伴,一门环颒轶群才。神仙井菊泉方凿,王母池桃宴正开。剩我白头辛敫在,遥飞贺瑑祝釐来。

林　苍

晞发空山看紫薇,三台入夜有光辉。房州书法存年谱,左海经筵属古稀。有子傃堪家事付,一官犹自帝乡依。白头永忆同心侣,公寄夫人诗有"相望幸有同心侣"之句。春满沧江旧竹扉。

用师梁节庵寄羊果韵　　　　　　　　　　　　郑祖庚

江州丹橘七十春,寿山瑞石双嶙峋。宵汉德星昌两极,一星依斗谈君臣。一星南照宣文幔,麻姑尘海甦群鳞。砚池三月春无改,太华九秋霜满身。甲子菊篱义熙集,岁月桃源羲皇人。海滨古灵此论道,宫中怀葛非闲民。先朝仁泽今皇睿,经筵丛蓼惩芋辛。时世艰蠥錬寿骨,齐眉介寿厥有因。天留老眼收佳果,惟德格天天所亲。东海一盂作寿酒,鼓哺归歌尧舜仁。鲡生十年忆马帐,山薇餐尽甘终贫。寿公以言不以酒,年来酒价昂官缗。修志笔疲愧秋镜,祝鞎诗就逢春辰。宴酬随读众仙咏,长空天乐闻咸钧。

王允晳

溪山尚久要，愈远意无尽。平生一屶崱，万里入回眄。往年从行处，拄杖破秋藓。岩花匪一状，磴路有千转。扪碑风涛亭，朱赵椒遗趼。时危思经纶，道合济忠謇。松门放涛照，顾见公已泫。暮归崖下宿，畏尾幔不捲。夜泉挟霜钟，遄去不顾返。两三好事僧，束炬馈新菌。公诗适先成，更起洗空盏。尔时谁了知，缺月挂西巘。

用文读书台，飞瀑过人首。舍生求所安，仗义赖良友。精诚互映澈，人水两无垢。荒寒五百年，长为夜猿守。舟晨登螺江，系榜日未酉。阳光不到地，密竹倒天帚。徐行中空明，更进上苍黝。公斋着是间，架构不伤手。万钧鸿濛力，破碎浴户牖。危基环蛟蚪，摇摇詟难朽。同行黄嘿园与施藜观，色动那能久。主人甚慰客，异味遣燔□。身闲本不常，景妙况希有。终当从錬颜，瓢饮更漱口。

城南山稍稀，石路宽且莹。百钱呼呜篷，咿轧颇清听。公家卅里遥，有暇即乘兴。开怀索茗饮，见面熟灯檠。剧谈同光际，缅想元祐政。治忽理宜微，多欲始违诤。当时事未然，明白甚看镜。艰虞念朋友，聚散异衰盛。语馀复感叹，更仆述难竟。属者来京师，造请无改敬。初筵逢古稀，佳句竞投赠。且当置不朽，惟以永无闷。西山色半城，晚菊香一径。年年今日会，必惬君子性。

何振岱

花宫法鼓忆风珂，晚喜金山傍大罗。盛世文章存黻佩，摩天诗笔入赓歌。橘香阁梦龙炉暖，菊蘂盈□鹤发皤。长颂绿图昌圣学，觚稜云气尚嵯峨。

刘□瀛

四海争寿公，鸿篇相绘饰。繄予复何言，盛德穷窥测。自审拙应世，而公不予忒。朝命抚晋邦，远召趋侍侧。公留予亦返，此意耿无极。有弟公所芘，扶倾常使植。弗及永公旁，毕生未偿德。变态宁可思，所恃惟贞力。孤松护寒日，挺然不改色。行藏公早省，"行藏吾自省"句，时丁未被公旧时命入都。嚣嚣诚自得。夫人同渊令，贤子亦岐嶷。遐寿公自有，天下共矜式。

林长民

霜叶朝尽红，寒花晚逾媚。造物有文心，持此作秋意。婆娑陈师傅，异采天所畀。早岁金玉篇，白首山河泪。古来兴亡迹，竹简略可识。胜朝忠厚馀，文献宜远洎。在唐思邈翁，异代资典记。秋深拜公寿，花老见公致。昔游近在眼，瓜艇湖心刺。安得决湖绿，当前一扬鲜。

梁鸿志

孤臣恳款一经筵，不问人间海变田。天以疾风标劲草，心随寒日到虞渊。东京梦录关惇史，南渡诗人尽大年。犹有承平旧风味，一尊相属说光宣。

曾念圣

风泉激石石齿齿，中有万松冈楼宇。谁欤却作居士居，螺江陈公三十许。公今出山怨猿鹤，抱日虞渊渺何所。但论壁记已沧桑，况值明庭换钟簴。我初蹑游忆髫稚，每颂磨崖叹延伫。祇今小梦坠京华，犹及风骚接尊俎。北朝耆旧但改节，尽挽琵琶搊胡语。楚腰纤细世事怜，鲁殿灵光人莫与。要持忠经验世变，正须耄学牖冲主。滨洲启沃古所稀，歙县令□吾无取，人间帝师信可乐，入眼云烟幻尺咫。他年为崛傀从游，拟进霞觞饵松子。

林志钧

河流包野岳撑天，峻绝宫墙媿及肩。嘉祐文章开六一，河汾教泽遍三千。浮槎待补南州志，恋阙还吟北上篇。太液波光犹昔日，长涵星斗转春躔。

能修福慧本天全，五十年前阆苑仙。羊傅风飙非隐遁，谢公吟啸见清贤。深居独怀当世务，晚出长在一人前。直为衣冠存正气，抠衣扶杖日临筵。

黄　濬

同光往矣沧生桑，天留名德维人纲。甘盘耆学牖冲主，后汉今周期可望。元祐诸贤存者几，老去风采弥堂堂。即言文学世盖寡，挹举深粹森光芒。吾生苦晚餍名字，何意躬及陪文场。高斋残岁置筵醑，时有温颜相属觞。先朝掌故为觍告，方春社宴容料量。新诗一出众流汗，伏诵口沫终难忘。中原文献久零剥，邹鲁遗化端吾乡。诸儒卓荦喜诃谩，此道私意久披猖。公如屹立千仞冈，贞松文梓坚苍筤。沧江青璅等一视，世儿孟浪商行藏。群盲抢攘赴修刲，山河兵火哀荒荒。收寻煨炉要宏笔，美新目笑玄亭扬。平生二陈夙颙望，秀句愧比西里黄。愿言投诗贡所痾，公傥肘腋飏良方。

晨明何计生扶桑，逢萌已遗嗟三纲。唯馀贞松识龙性，矫与魏阙长相望。南山秋气已骏骏，旨酒乃在三岁堂。尚方笔札祝儁老，亦有词序腾光芒。齐眉景福锡师保，旷遇始见功名场。少年但解饮文字，愿举一义称杯觞。至人扶化盖有自，未许浇俗能斟量。先期选傅得硕旧，许身早分鸥波忘。黄罗顾命再受托。冲人五载安虞乡。昌期可复视天数，挥戈新恨资披猖。横流保障事益苦，疾风过后留苍筤。干霄劲节叹犹尔，玩易仍信阳潜藏。辰良览揆备滂喜，企颂往往徕遐荒。秋容老圃淡易把，吟声入座弥清扬。商颜皓首安足道，玄发端可斗夏黄。期颐吾意卷已必，名节故是长生方。

曾福谦

木公金母住蓬瀛，魏国黄花老圃荣。四海翰林皆后辈，九重天子是门生。胜游集纪题崖句，小筑斋颜听水名。洛社频年容附骥，独持杯酒祝耆英。

沈璿庆

年来旅食奉清游，入社投名散百忧。同甲更周家庆始，坐花取醉帝城秋。赐金广受休轻拟，举案鸿光不足侔。会见重逢清宴日，从公沧趣最高楼。

林振先

忆吾师昔主鳌峰，年甫五十未龙钟。中间吟集木兰堂，师仍矍铄六十强。今兹古稀拜太保，潞国年高精神好。天留疏傅佐皇家，未肯归种东陵瓜。让皇虽幼知念旧，内廷传诏荣赐寿。寿赐老臣君恩多，修龄黻佩乐如何。德星煌煌照临颖，车杖祝师来日永。

董藻翔

独有孤臣赋六飞，故山虽好不思归。文章事业人能道，匹耦嘉祥古所稀。鬓里繁霜经几阅，枝头寒日镇相依。旧京人物销沈久，得见轮囷老翠微。

高向瀛

五十吾年溯在辰，玉堂花烛说词臣。沙哥崔嫂原仙侣，潘岳杨潭添世亲。湖海寿言传信笔，沧桑晚节告存身。春秋佳日安排好，孤悦生初直凤因。

萨嘉曦

闽都标世阀，螺渚降星精。颂晋南山永，恩叨北阙荣。万家祝生佛，一代仰耆英。画锦华堂启，同称介寿觥。
举案古稀年，汾阳福泽全。春秋佳日宴，孤悦寿星悬。鸠杖三朝老，蟠桃七秩筵。精忠天所鉴,济美后昆贤。

王元稺

忆从京邸醉琼筵,丁未公花甲初周,介弟仲勉年伯治觞于都门,元稺献寿联曰:"五十年池采藻芹,骥附当时,童子军空群以北;六千里筵开棠棣,凫称今日,老人星灿斗之南"。介寿而今又十年。异域得随灾振役,戊戌乞振星州,宿海舶者三十一夕,奉公命也。髫龄同赋藻芹篇。千秋礼乐商崇祀,有兴学南洋者绘庙祀图,公付元稺校订,于诸葛、顾、黄、王诸公衣冠颇多斟酌。公手批均存,面奖元稺曰:"心精力果。六艺文章契大贤。"公掌教鳌峰,元稺之子学来、学文,皆亲受业,蒙嘉奖;拙稿说算诸作,皆获政于公。一事与公思斗富,五福二曰:"富儒以多文为富。"元稺手置中国算书六十馀部,三百馀种。乾嘉以来小学说文书四十馀部,近拟捐闽青年会作藏书。丛残著述尚钻研。从事六书九数二十馀年,积稿非一人所能举。游台笔耕二十年,中法、中日之役皆身在行间。始开山抚番终割台,咸有纂述,大有关于青史是非,急拟排印十馀种问世。景星者旧丽重宵,伏处天南首屡翘。世变律身皆自处,公傅旧主,理乱不闻,置身千仞。元稺以微秩荐赏清衔,并奏举硕学通儒。丁未奉安山陵两次,率诸生跪送。在台北教授,任敕赠两代文林郎,故馀年以教员天职,愿署遗民比杨铁也。数奇知遇总难邀。壬午,宗室宝公典闽试,重时务策学,题旨早知,未知公已否面荐于宝公,策场题果合,谒两昼夜之力构稿成。犹忆论日本一篇起句曰会典朝贡之国九日本不与焉,"会典"二字单抬,其中三抬、双抬不一处,有相知阅之大诧,以为必犯磨勘定例,革去举人,准以原名应试,并教职亡之矣。始惬不敢剩,后知八月初三,宝公拜折,首开是禁,遍搜各房言时务策不得。于解元郑苏龛卷尚批之曰才难耶。主司无识耶。元稺若照剩必将夺苏龛之席。始知君相可以造命;乃指命之不尽穷者,言也。一篇罪已幸明诏,辛亥九月,解散党人罪已之诏,实撰公手,不知元稺于闰六月上书痛切言之,愿亲往南洋宣谕解散。公必早上陈见,格不行,逮秋已不及矣。天殆不使公为陆宣公也。万里谈兵达使轺。公奉命以南洋大臣筹边,元稺时参台湾戎幕,于军事纤悉必报,公自封港迄开港,未尝为法船侦获一纸也。乐利梓桑多少事,查灾、平粜、育婴、恤嫠、兴农,学会让医馆地,解官绅衅,释师生嫌,教蚕桑、纺织,兴东文学校,重瀛募振延建散振,公侍太平伯子良封翁实心倡行,虚衷诹访,元稺无言不尽,无役不从,今回首四十年矣。更无人可话前朝。公之功在社稷,天下知之;公之功在桑梓,有人知之,必无人能道之也。

梁禹瓒

朝天永尽御香薰,讲幄孤臣恋主殷。揖让金瓯开刱例,趋跄丹陛重斯文。后彫松柏忘年健,佳日春秋介寿欣。我是鳌峰青眼末,愧无手笔可扬芬。

陈琦

儒宗海内镜群流,剧忆金鳌顶上游。卷地疾风标劲草,极天沧趣倚高楼。丹心犹恋觚棱爵,白发难随浩荡鸥。两世苏门培植感,长从汉腊祝春秋。

刘崧英

匡扶帝座仗君畴,被望台星映橘洲。紫岳降灵凝寿骨,金銮坐论领班头。洛滨天瑞龙鳞隐,镜里朝簪鹤发稠。沧趣楼高筋觵佩,长从佳日祝春秋。

林则铭

大云不能闲,卷舒自天际。四方同仰瞻,榆景仍明丽。我公圣者师,至道耿无晦。贞力随所撄,元气自真蔼。自来松柏心,焉知有寒岁。苍穹笃眷顾,不改见根柢。春风白湖舟,趋拜尚书第。花树蔚葳蕤,此间昇平世。

寿人多懿德,嘉卉丰兰蕙。昔日鳣堂前,雅言序淬砺。大欲涵六经,细不遗一艺。珠囊五色露,所挹本无外。薄植受嘉培,愈知骈橅大。平格得天寿,明良自际会。一线斯文存,不息小雅废。欲替穷高坚,醉饱歌恺悌。

郑容容

读书养天和,闭门任世变。但晤山中人,敢薄今时彦。每怀陈师傅,十年未见面。川流地轴翻,护君心难倦。大难试时贤,劲草风中见。身倚日边间,游艺即磨练。书法并文请,行间露介狷。千秋操生前,贱子无由羡。春秋适佳日,过江与欢宴。杯酒祝双星,都人同眷眷。行藏君自省,老识谁能眩。私顾乞休归,故山云一片。

陈景韶

葛藟葭莩臭味同,韶与公叔子和公为姑侄同襟,公弟墨樵为同襟。棣华骖靳蘂珠宫。公弟季韩系韶乙亥同榜。雪诬赖有牙芬力,韶以言事触时忌,得公辨雪乃白。嘘朽全凭口角风。韶董拯婴各善举,得公延誉于卞制军事无不遂。一老柱天支板荡,九霄捧日蕴精忠。东山久系苍生望,旋转乾坤待我公。

吴益昌

累叶先芬我独知,家园生小镇相随。神交金石今馀几,地位鸿泥老又违。万里京华疏简札,十年沧趣数追陪。千秋事业深期许,不作寻常颂祷词。

沈觐冕

少小从过庭,德业已贯耳。二十婿公家,始获侍杖履。庭前盛花竹,楼上富经史。澄澈冰雪心，谈论挹清泚。蔼然丈人行，德星聚尺咫。奇疑同赏析，泉石相料理。雪坪联句诗，沁人若芳醴。渊渊太邱风，穆穆尚书里。应诏从人望，东山勉再起。斜川比往还，退食讯多祉。衣冠今陵夷，松柏此双峙。冶城三月花，梨眉人睇视。雨馀芦笋肥，水涨江鱼美。对此更遥思，九月长安里。西山挹爽气，东阁集燕喜。槐龙舞交翠，晚菊傲朱紫。春秋俱胜日，兰膳足芳旨。定知赐书堂，佳话韵退迩。寄诗远侑觞，倘念王郎子。平格待杖朝，鞠□宣南邸。

刘道铿

闭口莫谈天下事，先生原是地行仙。齐眉夫妇歌偕老，著手乾坤让后贤。定藁自编长庆集，避人不署义熙年。抠衣敬效彭宣拜，远把螺江注寿泉。

龚乾义

早时黄屋亲尧轩，挽驾崆峒道更尊。文章先民作知觉，苳滋与世存贞元。金石名业公固有，夫人官礼称贤母。汗青银管及身定，何者人间能比寿。自惭朽断家江滨，只持七字颂千春。后堂丝竹耳能熟，岁进双篇效华祝。

郑　珍

平生大节抗造化，彪炳千年寿青史。区区耄耋公之常，安用惊嗟咤馀子。曾记六十觞里门，岂意十年变如此。公乃贞固益不遥，坐为群儿窃侯耻。今年七十矍铄甚，人伦所系膺天祉。耄期悬计更槎枒，行见浊流作清泚。后生弱植风箒扫，盘错坚松看双峙。

林松坚

先子杭州有去思，喜公湖社一留诗。卅年风谊今如故，此老文章世久知。听水不关人海事，画松逾见岁寒姿。说书日向园庐过，剩有舻稜照鬓丝。

陈　敬

岿然河北斗南身，共通中朝第一人。阅世沧桑深砥柱，凌寒松柏见精神。故山可过堪回首，上日开筵正及辰。最是美谈洋溢处，古稀绂佩镇相亲。

黄懋谦

扫尽巢痕旧，经筵髻未残。恩荣叨赐杖，强健见加餐。海屋含沧趣，松心共岁寒。闲情吟寄内,争作白诗看。

郑 篯

皋比坐拥御书旁,四海尊行道益光。风节画松时已见,渊源听水意难忘。沧桑换眼思耆旧,甲子编年喜健康。谬忝安昌门下士,房中都荔与称觞。

林宗泽

坐论从容抗御筵,浑忘宣发古稀年。求诗百辈倾都下,问字门生许榻前。才蕨西山时见志,种桑东海任成田。平章秋月兼春月,德耦端明合共传。

陈国瓒

风节文章世所倾,家居卅载道弥宏。还朝名辈推司马,典学儒臣侍迩英。故国衣冠存正气,岁寒松柏见生平。却看沧趣横流日,耿耿中天一启明。

黄时锵

天语黄花晚节香,彤云长护御书堂。赐茶便殿恩先及,听水山斋梦未忘。岩石国师增掌故,池波太液想风光。春秋南北多佳日,总……(抄稿中断)

陈元凯

前年出都时,临分不忍舍。愿言岁一至,介祉奉盉斝。今春归橘洲,拜母堂阶下。再拜更致辞,省公待秋暇。积念若壅川,获觌便倾泻。梦寐旁舳舻,浩穰震戎马。道远阙起居,愤时效瘖痖。昨逢北来人,殷勤问从者。寄声乃及我,辞意不少假。母老时又艰,远出戒苟且。惓惓亲爱心,闻命急投辖。微愿苦未伸,有如腹生瘕。更端请来岁,守信已愧寡。公健我未衰,岁寒手重把。

词　　类

调寄鹧鸪天　　　　　　　　　　　　　　　　　　　　　朱祖谋

南极星躔近紫微,鹤龄天与翎垂衣。自倾葵藿愉朝隐,不胜沧桑杜德机。　春正永,日须回,心期伊旦未应违。舳舻几入江湖梦,愿醉南山献寿杯。

用姜尧章寿范致能石湖仙词原韵　　　　　　　　　　　　柯劭忞

春融冰浦,正鸿案齐眉。画堂开处,澳水旧园林。恋承明,未甘隐去,贞元朝士且共赏。樽前歌舞，容与看大椿。独阅今古，番番经筵隽老，笑桓荣徒传章句，启沃勋高。休说传岩霖雨，桃粲红鞓，柳荑金缕，不辞疲劳。歌颂语，荣恩况赍天府。

调寄醉太平　　　　何振岱、周　愈

瑶阶献铭，金华讲经，天留元老中兴焕卿云。　帝庭南山画明，寒松晚青，绛宵长炯双星，照乾坤太平。

附录二　哀挽录

陈懋复

哀启者，先严禀赋强固，自早岁立朝以逮轺车四出十馀年间颇觭疾病，甲申归里后祇辛丑，一病最剧，己酉再出旋，受命授读内廷，每严寒盛暑入直无闲，壬戌假归，视先慈丧，返京病，肺炎就德人所设医院治，阅三月平复如常，甲子以还负羁绁沽上习劳忍勚，自以奇局，孤忱不谋，老年安息，去秋痰咳颇数，家人劝暂返旧京，以便就医。冬寒痰喘，常服中医化痰，轻剂不外出者两月入正颇安适，偶集亲友谈谑亦或题咏自遣。初七后间出酬应，一日自北城归疲甚，十七日寒热作仍服中医药，渐解。二十日又不适，二十一日卧阅戚属某所纪法越旧事，尽二册，是夜肌热复作，家人以壬戌受诊德医院获愈，二十四日遂仍就德医疗治，医者克礼断为气管支肺炎，服药汗发而热未减，数施药针仍弗效，二十七日下午急甚，二十八晨，神微清，克医谓疾尚可为。二十九日痰壅不能出，傍晚诊脉，告束手，即以软床载归，克医护至家犹与拱手致谢，神息甚清，久之乃呼不孝懋复语，而舌蹇气促不可辨，但云此局将何以继，顾无一语及家事。子夜痰喘益甚，寅初气息渐微，延至二月初一日卯时竟弃不孝等长逝，呜呼痛哉。泣念先严性笃体强，远近亲知咸谓期颐可致，惟比年以来沉忧中摧无可慰解，盖有其耿然弗已于心者，尤非不孝等之愚所得而浅测之，窃意致疾之由此其为甚者欤？呜呼痛哉！不孝等不能防护，几先病作，又懵不知医遘此鞠凶百身，莫赎苫块昏迷。泣述病况如右，伏维矜鉴。棘人陈懋复、懋侗、懋需、懋艮、懋随泣血谨述。

陈三立

弢庵夫子灵鉴

沆瀣之契，依慕之私，幸及残年偿小聚；

运会所遭，辅导所系，务摅素抱见孤忠。

受业陈三立谨挽

闽县夫子大人千古

三载淹江南，遂与师门隔。何赏无百书，终伤违几席。城西说诗庐，世比履道宅。我惭末坐人，亦得厕籍湜。看花千场酒，看山几两展。小车从公处，影事犹历历。百罹逮我生，坐见寒日迫。不辰空自哀，所喜接名德。以诗正人心，阙功等活国。流风扇九州，胒沫及重译。名高心转虚，意郁颜逾泽。廿载侍深衣，時能测忻戚。兜率胡竟归，乾坤黯无色。从知持世贤，存亡关国脉。微生愧胜流，短句公曾摘。（余寿公八十生日诗有"门下胜流吾独愧，樵风乐府散原诗"句，颇承激赏。）公知散原翁，定以铭幽责。春深当北还，凭棺期可及。唐诗如雪花，照我双泪滴。

　　受业曹经沅顿首拜挽

　　　　　　　　　　　　　　　　　　　　　　　　郭则沄

弢庵姨丈太年挽词

一老贞元望，三朝出处踪。后凋珍老节，中挫惜神锋。坐论忧侵鬓，行吟史在胸。翁潘时纵异，恩礼故希逢。

假手回天靳，忧危世孰知。改弦憎古调，覆局叹枯棋。所遇殊伊吕，相忘亦惠夷。馀年艰恋阙，拼负听泉期。

欺公岂累，坐阱我终疏。恻怆临家祭，殷勤问父书。青山游不再，白首笃如初。耆献嗟今尽，伤心溯石渠。

　　姻再侄郭则沄拜挽

　　　　　　　　　　　　　　　　　　　　　　　　李宣龚

弢庵太傅姻伯大人灵几

幅巾深念久无欢，一暝终伤国事难。人日寄书犹在手，去年照影忍重看。生憎虎豹当关恶，转觉麒麟卧地安。大耋兴嗟吾道厄，岂惟旧学惜甘盘。

　　愚侄子李宣龚拜挽

　　　　　　　　　　　　　　　　　　　　　　　　张元济

弢庵世伯大人灵鉴

天意靳期颐，为悯老臣心独苦；

人亡知殄瘁，忍看奇局事无涯。

　　世侄张元济顿首拜挽

胡嗣瑗

陈文忠公挽诗

特达先皇早，三朝旧德稀。精诚旉启沃，邃学凑单微。东海臣将蹈，西山寇竟围。老谋仍壮事，破壁扈龙飞。

刻骨龙鸾恨，徃身虎豹关。真闻舆榇出，肯乞角巾还。恋阙丹心耿，烧城赤舌殷。始终凭一德，谈笑折神奸。

薄海清流冠，行园儆直情。护持馀善类，飞动尚平生。衮职忠能补，修罗斗未平。梦争王室罢，藏匣剑龙鸣。

始复高山迹，频支绝塞寒。见危虚羽翼，垂死奉心肝。事往趋鸾掖，书来托蜡丸。中原迟未定，衰涕望回銮。

已分微疴起，旋惊远耗闻。梦魂犹帝所，哀痛极人群。颇试奇侠术，长思密勿勤。九天恩宜渥，风雨怆斯文。

年愚侄胡嗣瑗顿首拜撰

陈文忠公千古

手诏惜元臣，夷险不渝，特笔故宜彰一德；

心期多苦语，艰危何补，散材深愧赏孤根。

年愚侄胡嗣瑗顿首拜挽

吴佩孚

弢庵先生太傅千古

处天下之至难，行乎若素；

垂百世而尚论，文如其人。

吴佩孚拜挽

刘崇佑

弢庵表叔大人千古

结千古君臣之局；

为当时清议所宗。

刘崇佑携弟崇伟、傑、侃、伦、佺敬挽

张国淦

弢老太傅千古

来日正大难，弥天忍说一棺了；

此局将何继，阅世方知百感多。

张国淦顿首拜挽

李思浩

听水先生灵鉴

高卧旧京，垂老甘盘犹壁地；

惊心危局，弥留宗泽尚呼天。

李思浩拜挽

陈衍

弢庵先生千古

此痛浑如丧伯兄，卅年前事顿峥嵘。（三十年前先伯兄卒于里居，余在武昌闻耗。）来迟只为伤陈迹，（余长男卒官京师，余十年不忍至都门。今春方欲勉来一游。）缘尽居然即启行。（先生挽先伯兄，有"缘尽即行"语。）三老合图天竟靳，四更残梦续他生。（余拟今春至都，与先生及散原合照一三，陈图十年前余自津门峡里，先生与同车送上轮船，四更残月，凄然而别。）吴门倘许相招隐，稍慰望衡对宇情。（余前岁以书招先生来寓，苏州有十便，先生未应。）草草交期五十霜，（先生罢官始相见。）不多会合在江乡。（余中岁旅食四地淘江，先生居螺江，常挈舟过从。）乘潮忽报挈舟至，出浴同追绕树凉。有作为必商兼去取，（先生有文字必就余，兄弟推敲诗稿千首。屡要余圈点删存。曾为定六百馀首，原本具在。）无游不共邃沧桑。（余京官曹五年，先生亦还朝，遍游京畿山水，靡役不从，鼎革后余尚教授大学者五年。）可堪回忆聆宵柝，听雨归人属对床。（余久客还乡，多寓伯兄许，先生常至夜话，街柝数巡，犹未忍散。）

宗年愚弟衍顿首拜挽

何刚德

予谥文忠公弢庵太师灵鉴

释褐会公面，逾冠方三年。京朝属后进，姻娅凤有连。哲弟辱同谱，接踵随官联。同里八九人，盍簪喜多贤。公时年正壮，风采尤翩翩。积资已十载，一岁几九迁。立朝矢正色，挫锐而摧坚。于我独不弃，攻错弥殷拳。典属共窥秘，手录盈一篇。累岁比邻居,信有晨夕缘。督学莅西江,许国志不镌。中道忽蹉跌,拂衣归林樊。顾我郎久潜,驽钝不受鞭。一麾谪江郡,九年坐迍邅。奉讳乃归里,访公听水轩。一别逾二纪,相对各华颠。无以慰寂寞,旧社续月泉。公虽主坛坫,守律不敢愆。饥驱促良会,遂泊枫桥船。征车适再起,过我辟疆园。祖道不刺促,饱啖终宾筵。此别最称意,佳话时流传。再见朝局换,百感及海田。南辕与北辙,同是杞人天。公纵直承明,素抱郁难宣。朋侪诉公况,可敬转可怜。我更苦偪仄,无计脱坠渊。所往皆扞格,杞柳悲桮棬。世事无可言,言之徒忧煎。唯此嘿相与,故意终牵缠。辛酉赠梁句,溯十五年前。(市购梁山旧联,有十五科前名进士句。)甲子我七十,赠序感适然。(序文末有"凡事无非适然"语。)客腊八十寿,许我作顽仙。(寿诗末有"天流南北两顽仙"语。)五十九年中,神交终始全。公今骑箕去,元精耿星躔。后死感孤子,回顾空泪溅。

　　姻年世愚弟何刚德顿首拜挽

　　　　　　　　　　　　　　　　　　　　　　　　黄濬

　　弢庵太年伯大人千古

　　千丈松崩世所惊,九分人有史能评。遥闻对客数见忆,回首鏖诗何限情。先垄拜铭衔笃谊,遗台侍饮念平生。恨君晚不南皮识,此语重思涕泪倾。

　　姻世再侄黄濬拜挽

　　弢庵太年伯大人千古

　　天岂丧斯文,毕世事多违谢傅;

　　吾犹知此老,易名心识拟欧公。

　　姻世再侄黄制濬顿首拜挽

　　　　　　　　　　　　　　　　　　　　　　　　梁鸿志

　　弢庵夫子大人千古

　　一暝茹千痛,难言是海桑。未闻相司马,翻叹失欧阳。画里人无迹,枝头死抱香。霜花终迥古,凄绝赋秋棠。(河谷一生稀见日初花,却又值将霜。公宣统己酉还朝,咏秋海棠句也。)

　　旧执鳌峰业,于今四十年。遇知晚逾厚,过誉世争传。社事留残影,花时断圣缘。待持河海泪,负土问新阡。

　　受业梁鸿志敬挽

弢公夫子大人千古

捧日一心悬，谁识孤忠偏志隐；

彻泉千泪迸，更无真赏忍言诗。

受业梁鸿志拜挽

林志钧

弢庵表叔夫子大人灵鉴

大节自千秋，执德常弘，岂独事功在青史；

及门逾卅载，感恩未报，相期旦晚校遗文。

受业表侄林志钧偕弟志琇、煌率子庚、幾、津顿首泪挽

何振岱

弢公太傅灵前

一恸暮云垂目断，灵光空有泪；

横流人海急魂归，兜率岂忘怀。

愚侄何振岱顿首拜挽

陈曾寿

特谥文忠弢庵年伯大人灵鉴

旧学资开济，深心念始终。彭年供阅世，汉鼎惄馀功。跋涉忘衰暮，绸缪见至尊。堂堂青史在，希遇古谁同。

朝露伤元佑，残阳感义熙。白头天所相，晚节世犹持。要素回天愿，端明大雅诗。丹书陈在几，望吕一凄其。

世换空耆旧，公希大父行。虚衷逾故礼，行坐愧文昌。京国交期远，宸园直日长。从龙馀几在，回首涕浪浪。

愚侄陈曾寿敬挽

曹汝霖

弢老太傅千古

北斗仰高名，馀事诗坛犹绝调；

西沽萦旧梦，留题画卷最伤心。

晚生曹汝霖拜挽

宝　熙

太师文忠公千古

名德风节轶于蔡子英，旧主系怀思，晚岁不辞出塞苦；

年寿篇章侪之陆务观，中原期底定，遗言应有示儿诗。

年世晚生宝熙拜挽

陈夔龙

晋赠太师予谥文忠弢庵太傅千古

容成为帝座师资，锡杖甫归来，逮事三朝，如公自有千秋鉴；

太邱负吾宗德望，执鞭虚景慕，神交卅载，惜我偏无一面缘。

宗年愚弟陈夔龙拜挽

程树德

弢公夫子千古

屈赋离骚，陶书甲子，忠愤悉寓诗篇，深感卅载受知，但月有楼，合力校编报漳浦；

早传谏草，晚侍经筵，直声久垂史册，所愿一灵不泯，文山再世，从头收拾旧神州。

受业程树德率子之琦彦、傑顿首拜挽

商衍瀛

太傅文忠公千古

忍死待澄清，三载渡辽，靡鬲志存恢禹迹；

孤忠资启沃，频年遁野，甘盘学早鉴天心。

馆后学商衍瀛顿首拜挽

赵凤昌

清太傅伯潜先生姻大人灵右

最痛国中丧元老；

更嗟海内失诗人。

赵凤昌率子尊岳，孙典尧、典舜拜挽

朱益藩

诰授光禄大夫陈文忠公夫子千古

耿耿孤忠可以贯日月感鬼神，前席待咨询方冀周行频示我；

漫漫长夜忍见泰山颓梁木坏，寝门馀痛哭从今师事更无人。

受业朱益藩顿首拜挽

张一麐

弢庵太傅先生千古

雅望冠天南，旧学甘盘无愧色；

高名传海外，大年卫武有遗诗。

晚生张一麐拜挽

郑孝胥

弢庵先生终古

几番出塞岂灰心，辽沈先归，须臾无死；

未睹回銮休瞑目，曼殊再起，魂魄犹思。

郑孝胥拜挽

孟森

弢庵先生千古

大节问心安，西山扶义薇蕨成章，风雅有诗敦国故；

巍科置身早，东海扬尘桑榆尽瘁，衣冠相聚哭灵光。

后学孟森拜挽

萨镇冰

弢公太傅千古

南来曾视舟师，愧荷受知，碎琴忍过宣阳里；

北望犹依斗宿，痛深感逝，绝笔难忘野史亭。

晚生萨镇冰顿首拜挽

邓之诚

弢庵先生千古
来日大难，言既遂矣；
三朝硕果，人嗟惜之。
邓之诚敬挽

陈声聪

太傅太年伯大人灵右
旌节自天惊隔世；
衣冠入地见完人。
愚再侄陈声聪顿首拜挽

于右任

弢庵先生千古
典型痛失灵光殿；
诗句争传听水斋。
于右任恭挽

杨锺羲

太师文忠公弢庵老前辈千古
忠岂忘心，流涕哀筝伤谢傅；
国谁与立，汗颜舞鹤负羊公。
馆晚生杨锺羲顿首拜挽

陈懋鼎

哭伯父大人灵前
王臣蹇蹇躬瘁，匪今天回，星纪会有时，曒若举宗励恩义；
棘人栾栾心劳，未息河清，期颐不相逮，怆然犹子望关山。
期服侄制懋鼎挥泪

徐 勤

弢庵太傅千古

五岳独尊,并世词林皆俯首;

万方多难,暮年沧海最伤心。

后学徐勤率男良顿首拜挽

刘承幹

诰授光禄大夫螺江太师陈文忠公千古

危时为帝者师,雅有嘉谋如李泌;

异数极儒臣轶,始知稽古重桓荣。

世年愚侄降制刘承幹顿首拜挽

陈 宧

弢庵太傅灵几

千载流声,立志无惭真国老;

一暝不顾,伤心怕看旧山河。

陈宧鞠躬敬挽

梁敬镎

弢公太傅老伯大人千古

行藏仕隐,系九庙安危,德业媲恩波,并代几看生太傅;

板荡艰贞,见老臣风节,弥留惓忧患,故乡长哭两文忠。

姻世愚侄梁敬镎、钊顿首拜挽

唐文治

弢老世丈先生千古

通德侍经筵,万里君门,痛哭宁维贾太傅;

精忠光史策,千秋臣范,明夷不拜箕朝鲜。

愚侄唐文治顿首拜挽

金毓黻

弢庵老先生千古

枌榆请谒见许两君,贱名忝附黄江夏;

燕赵悲歌不愁一老,硕德惊凋陈太邱。

后学金毓黻再拜敬挽

林熊祥

哭大舅岳父大人灵前

华屋及生存扶路,踏歌廿载,孤甥怀旧地;

沧江惊晚岁捧舆,归唁三年,两度载驰辰。

女婿外甥林熊祥率子外孙晸、勳、劢、勒、劭、勃顿首拜挽。

注:以上(除陈懋复等)哀挽录选自福建省图书馆藏《陈弢庵哀挽录》抄本,系陈几士(即陈懋复)辑。登载《近代中国》第十九辑,刘为群选注。第384—403页。

附录三　人名、字号索引

附录四　征引文献

A

《蔼仁府君自订年谱》自印本复印件

B

《宝贝，你们好吗？梁启超爱的教育·给孩子的400馀封家书》梁启超、穆卓著，山西人民

《北平晨报》上海图书馆藏

《百年潮》百年潮编辑部编辑、出版

《百年斯文》中华书局，2015年

《邴庐日记》，郭曾炘著，影印本

《白鹿洞书院碑记集》李才栋、熊庆年编，江西教育出版社，1995年

《北洋画报》天津北洋画报社，上海图书馆藏

《北洋官报》北洋官报局，上海图书馆藏影印本

《半樱词》林铁尊（鸥翔）撰，铅印本，1927年

C

《陈宝琛年谱》张旭、车树昇、龚任界著，福建人民出版社，2017年

《陈宝琛与中国近代社会》唐文基、徐晓望、黄启权主编，陈宝琛教育基金筹委会，1997年

《晨报星期画报》北平晨报社编辑、出版，上海图书馆藏

《陈宝箴集》汪叔子、张求会编，中华书局，2003年

《成多禄集》成多禄著，李树田主编，吉林文史出版社，1988年

《采风录》国风社编，国闻周报社出版

《澂秋馆藏古封泥》陈宝琛辑，1926年刊印

《澂秋馆吉金图》陈宝琛辑，1927年刊印

《澂秋馆印存》陈宝琛辑，1925年刊印

《沧趣楼诗文集》陈宝琛著，上海古籍出版社，2006年

《苍虬阁诗集》陈曾寿著,上海古籍出版社,2012 年

《长庆诗声:福州怡山西禅寺古今诗词楹联选》释赵雄主编,海峡文艺出版社,2013 年

《曹汝霖一生之回忆》曹汝霖著,中国大百科全书出版社,2010 年

《陈三立年谱长编》李开军编著,中华书局,2014 年

《陈石遗集》陈衍著,福建人民出版社,2001 年

《陈弢庵先生哀挽录》家藏抄本,福建师范大学图书馆藏

《陈弢庵先生小楷扇集》陈宝琛著,商务印书馆,1931 年

《传统中国研究集刊》第 12、13 合辑,上海社会科学院《传统中国研究集刊》编辑委员会编,上海
　社会科学院出版社

《船政编年史》沈觐宸著,福建音像出版社,2001 年

D

《大公报》天津版影印本,上海图书馆藏

《东方杂志》上海图书馆藏影印本、微缩胶片

《东方早报》上海解放报业集团,2015 年

《东陵盗案汇编(百爵斋丛刊第六册)》佚名撰,上虞罗氏出版,石印本,1934 年

《东陵盗宝》克诚等著,岳麓书社,1886 年

《洞灵小志·续志·补志》郭则沄著,东方出版社,2010 年

《东学西渐:北美东亚图书馆 1868—2008》周欣平著,高等教育出版社,2012 年

《大亚画报》上海大亚画报社编辑、发行,上海图书馆藏

《黛韵楼诗集》薛绍徽、陈锵等撰,刻本,1911—1912 年

《朵云四季(97)》上海朵云轩

《大音希声凤范永存——深切缅怀陈纮先生》香港中国银行编制、印制,2009 年

《钓鱼台备忘录》树军著,西苑出版社,2005 年

《澹园遗稿》柯鸿年著,北平刻本,1929 年

《东瀛遗墨:近代中日文化交流稀见史料辑注》李庆编注,上海人民出版社,1999 年

《大中华周刊》吧城大中华印务公司刊行

《德宗景皇帝实录》附《宣统政纪》中华书局,1987 年

《德宗景皇帝实录》中华书局影印本 1987 年

F

《复庵遗集》许珏著,许同范等编辑出版,1922 年铅印本

《凤岗忠贤刘氏族谱》1920 年自印本

《樊樊山诗集》樊增祥著,上海古籍出版社,2004 年

《福建编年史》陈遵统等著,福建人民出版社,2009 年

《福建东文学堂三年报告汇编》王孝绳著,1900 年(光绪二十六年)

《福建论坛(人文社会科学)》2014 年 7 月 5 日

《福建教育史》刘海峰、庄明水著,福建教育出版社,1996 年

《福建文博》1985 年第 1 期,福建省考古博物馆学会、福建博物院编辑出版

《福建文化季刊》福建协和大学文学院编印,民国刊物

《福建文化半月刊》福建文化建设协会福建文化月刊社主办,福建文化半月刊社,民国刊物

《福建文史资料》第 5 辑,福建省政协文史委员会编辑、出版

《福建文史》2011 年第 4 期,福建省文史馆编辑、发行,1935 年

《福建师范大学学报(哲学社会科学版)》1996 年第 2 期

《福建师范学堂一览》福建师范学堂,1909 年(清宣统元年)

《福建省少数民族古籍丛书·蒙古族》海风出版社,2007 年

《冯玉祥日记》冯玉祥著,江苏古籍出版社,1992 年

《福州联话》陈钦尧编撰,海潮摄影艺术出版社,2005 年

《福州十邑名祠大观》陈庆武主编,福建人民出版社,2000 年

《福州文史资料选辑》第 11 辑,福建省文史委员会编辑、出版

G

《古都艺海撷英》北京燕山出版社编撰,北京燕山出版社,1996 年

《古春风楼琐记》高拜石著,作家出版社,2003 年

《古今联语汇选》胡复君、常江著,西苑出版社,2002 年

《国风报》(日本,上海)国风报馆编辑、出版,上海图书馆藏

《郭嵩焘日记》湖南人民出版社,1980—1983 年

《国闻备乘》胡思敬著,上海书店出版社,1997 年

《观翁日记》沈觐冕著

《国闻周报》(上海、天津)国闻周报社编辑、出版,上海图书馆藏

《光绪朝东华录》朱寿朋撰,中华书局,1958 年

《光宣以来诗坛旁记》汪辟疆著,辽宁教育出版社,1998 年

《国学专刊》国学专刊社编,群众图书公司出版,上海图书馆藏

《贵阳陈庸庵尚书七秩寿言寿诗》自印本

《广智馆星期报》天津广智馆星期报社编辑、出版,上海图书馆藏

《葛稚威先生行略年表合辑》葛嗣澎撰,国家图书馆分馆编

《郭则沄自订年谱》郭则沄著,凤凰出版社,2018 年

H

《觚庵诗存》俞明震著,上海古籍出版社,2012 年

《华报》福建师范大学图书馆、上海图书馆藏

《还粹集》高瀛生著,刊版,1877 年(丁丑)

《海藏楼诗集》郑孝胥著,黄坤、杨晓波校点,上海古籍出版社,2003 年

《诗庐诗文钞》胡朝梁著,铅印本,1923 年

《槐楼诗钞》陈仲勉著,福建人民出版社 2017 年

《湖南人物年谱·久芳阁自订年谱》黄凤岐著,湖南人民出版社,2013 年

《湖南维新运动史料》尹飞舟著,岳麓书社,2013 年

《黄乃裳与南洋华人》叶钟铃著,新加坡亚洲研究学会,1995 年

《湖南图书馆藏近现代名人手札》湖南省图书馆编,岳麓书社,2010 年

《华侨大学学报》2004 年第 2 期

《胡适日记全集》胡适著,曹伯言编,台北联经出版事业公司,2004 年

《花随人圣摭忆》黄濬著,中华书局,2013 年

《湖社月刊》湖州金北楼湖社画会,上海图书馆藏

《黄石斋先生逸诗》黄道周撰,上海有道书店石印本,1920 年

《黄体芳集》黄体芳著,上海社会科学院出版社,2004 年

《洪宪记事诗本事簿注》刘成禺著,文海出版社印行(台北)

《何振岱日记》何振岱著,福建人民出版社,2016 年

J

《晋安杜氏族谱》杜逢时等撰,铅印本,1935 年

《节庵先生遗诗》梁鼎芬著,华东师范大学出版社,2012 年

《校邠庐抗议》冯桂芬著,上海古籍出版社《续修四库全书》影印本,1995 年

《鞠部丛谈校补》罗惇曧、李宣倜、樊增祥、马鳝著,浙江美术出版社,2016 年

《京报·图画周刊》北京图画世界社编辑并发行,上海图书馆藏

《今传是楼诗话》王揖唐著,辽宁教育出版社,2003 年

《近代诗抄》陈衍编,商务印书馆

《近代史所藏清代名人稿本抄本》大象出版社,2011 年

《近代史资料》中国科学院近代史研究所近代史资料编辑组,中华书局,1962 年

《近代中国》(第 15 辑,第 19 辑)上海中山学社主办,上海社会科学院出版社,2009 年

《近代中国史料丛刊·退庐全集》(第四十五辑),沈云龙主编,台湾文海出版社,1966 年

《近代中日关系源流》社会科学文献出版社,2011 年

《金风玉露:张学良赵一荻合集》(第 1 部)毕万闻编,时代文艺出版社,2000 年

《借槐庐诗集》曹经沅著,王仲镛编,巴蜀书社,2012 年

《剑庐诗存》任传藻著,1932 年,铅印本

《暨南杂志》福建厦门地方政府编辑、出版,上海图书馆藏

《今晚报》天津今晚报社编辑、出版

《积微翁回忆录·积微居诗文钞》杨树达著,上海古籍出版社,2003 年

《矩孙遗札》陈矩孙著,自印本

《交通史·路政篇》(第十三册)交通铁道部交通史编纂委员会出版,厦门大学图书馆藏

《兼于阁诗话》陈声聪著,上海古籍出版社,1985 年

《涧于集》张佩纶著,上海古籍出版社《续修四库全书》影印本,1995 年

《金云铭文集》金云铭著,福建师范大学图书馆编,国家图书馆出版社,2017 年

《涧于日记》张佩纶著,丰润张氏涧于草堂刻本,1912 年

《倦斋吟稿》李绮青著,铅印本,1921 年

K

《恐高寒斋诗》袁励准撰,刻本,1930 年

《康有为往来书信集》张荣华编校,中国人民大学出版社,2012 年

L

《辽东诗坛》大连同人社编辑、出版,上海图书馆藏

《梁节庵先生年谱》吴天任撰,艺文书馆(台北),1979 年

《螺江陈氏家谱》家印刻本,1820 年(嘉庆庚辰)

《鹭江报》第 69 期,厦门鹭江报馆,上海图书馆藏

《李鸿藻年谱》李宗侗、刘凤翰著,上海古籍出版社,2014 年

《李鸿章全集》顾廷龙、戴逸主编,安徽教育出版社,2008 年

《岭南艺萃——广东省人民政府文史研究馆藏名家书画精品集》,岭南美术出版社,2018 年

《刘铭传文集》刘铭传著,黄山书社,1997 年

《论语》中国美术刊行社(上海),上海图书馆藏

《刘坤一奏疏》刘坤一著,岳麓书社,2013 年

《历史文献》第 9 辑、第 14 辑、第 16 辑,上海图书馆编,上海古籍出版社

《林纾诗文选》林纾著,李家骥等整理,商务印书馆,1993 年

《李宣龚诗文集》黄曙辉点校,华东师范大学出版社,2009 年

《螺洲陈氏五楼见存书目初编》陈宝琛原藏,陈旭东主编,人民出版社,2018 年

《李宗颙日记手稿》李宗颙、丁玲、王婧、罗小红、广州图书馆著,广西师范大学出版社,2013 年

M

《闽报》上海图书馆藏

《闽词谈屑》陈声聪著,刘梦芙编校,黄山书社

《闽词征》林葆恒编,铅印本,1931 年

《末代帝师陈宝琛》陈光辉著,海峡书局,2014 年

《末代帝师朱益藩》江西省莲花县政协文史资料研究委员会编,王庆祥主编,海洋出版社,1993 年

《冒广生有朋手札》上海博物馆编,上海书画出版社,2009 年

《民国诗话丛编三》张寅彭主编,李剑冰等校点,上海书店出版社,2002 年

《蜜蜂》上海蜜蜂画社编辑处,上海图书馆藏

《闽海过帆》福建省文史研究馆编撰,上海书店出版社,1992 年

《闽侯历代楹联选》叶兴松、林展飞主编,闽侯县政协委员会编,福建美术出版社,2007 年

《冒鹤亭先生年谱》冒怀苏编著,学林出版社,1998 年

《闽螺江太傅陈公年谱》陈懋咸、陈懋恒著,手稿本

《马来西亚教育史》莫顺生著,马来西亚华校教师会总会,2000 年

《闽清县政协文史资料》第 15 辑,福建省闽清政协闽文史资料委员会

《闽师之源》三明师范学校编,中国文史出版社,1993 年

《闽县陈公宝琛年谱》张允侨、陈立鸥编撰,1997 年

《梦仙诗稿续集》孙云撰,铅印本(亦有珂罗、石印等版本),1925 年

《穆宗毅皇帝实录》中华书局影印本,1987 年

N

《内阁官报》北京内阁印铸局,上海图书馆藏

《南光》新加坡槟城南洋华侨刊物,上海图书馆藏

《农林报》(第 119 册)上海图书馆藏

《那桐日记》北京市档案馆编,新华出版社,2006 年

《女子世界》1904 年第 5 期,常熟女子世界社、上海小说林社发行,上海图书馆藏

O

《偶斋诗草》宝廷著,上海古籍出版社,2012 年

P

《匏庵诗存》郭曾炘撰,刻本,1934 年

《溥仪的另一种真相:秘藏日本的伪满皇宫最高机密》中田整一、喜入影雪著,上海人民出版社,
    2009 年

《溥仪文存》爱新觉罗·溥仪著,王庆祥编,群众出版社,2017 年

《溥仪日记全本》李淑贤提供、王庆祥整理注释,天津人民出版社,2009 年

《溥仪私藏伪满秘档》辽宁省档案馆,1990 年

Q

《清光绪朝中法交涉史料》故宫博物院档案馆编,1936 年

《清光绪朝中日交涉史料选辑》故宫博物院编撰,台湾文献史料丛刊第四辑(73),台北大通书局
　　印行

《清代朱卷集成》顾廷龙主编,台北成文出版社,1992 年

《清廷华侨政策调整后陈宝琛的涉侨护侨》汪毅夫撰,光明日报 2013 年 5 月 16 日

《丘逢甲集》丘逢甲著,岳麓书社,2001 年

《秦风周报》西安秦风周报社编辑、出版,1935—1936 年

《青鹤》上海青鹤杂志社编辑、出版,上海图书馆藏

《清季职官表》魏秀梅著,台北"中央研究院"近代史研究所,1977 年

《清稗类钞》徐珂著,中华书局,1984 年

《清末民初宋诗派文人群体活动年表》杨萌芽著,武汉出版社,2011 年

《清秘述闻续》(卷八)钱维福等撰,陆润庠等校,中华书局,1982 年

《全闽诗录》郑杰编,福建人民出版社,2011 年版

《清史稿》赵尔巽等著,中华书局,1976 年

《琴志楼诗集》易顺鼎著,上海古籍出版社,2012 年

R

《日本横滨正金银行在华活动史料》傅文龄编,中国金融出版社,1992 年

《茹荼轩文集》张锡恭著,华亭封氏贲进斋刻本,1923 年

《若霖公次房景亮公直系简谱》自印家谱,2000 年

S

《申报》上海申报馆编辑、出版,上海图书馆藏影印本

《硕果亭诗》李宣龚著,铅印本,1940 年(商务印书馆,1950 年)

《社会科学战线》吉林省社会科学院《社会科学战线》编辑部编辑、出版

《沈家本评传》李贵连著,南京大学出版社,2011 年

《松漠纪闻·皇华纪程》吴大澂著,吉林文史出版社,1986 年

《盛宣怀档案》上海图书馆编著,上海古籍出版社,2008 年

《盛宣怀实业朋僚函稿》王尔敏、吴伦霓霞合编,台北"中央研究院"近代史研究所史料丛刊(35)

《盛宣怀年谱长编》夏东元编著,上海交通大学出版社,2004 年

《散原精舍诗文集》陈三立著,上海古籍出版社,2003 年

《散原精舍诗文集补编》潘益民、李开军编,江西人民出版社,2007 年

《石遗室诗话》陈衍著,郑朝宗、石文英校点,人民文学出版社,2004 年

《诗人何振岱评传》刘建萍著,海潮摄影艺术出版社,2004 年

《慎宜轩日记》姚永概,沈寂著,黄山书社,2012 年

《鼠疫约编》郑肖岩著,刻本,1902 年

《双辛夷楼词》李宗祎、李慎溶撰,刻本,1920 年

《神州日报》神州日报社编辑、出版,上海图书馆藏

《世载堂杂忆》刘禺生撰,钱实甫点校,中华书局,1960 年

《沈曾植年谱长编》许全胜编著,中华书局,2007 年

《沈曾植集校注》沈曾植著,钱仲联校注,中华书局,2001 年

T

《谈丹崖先生纪念册》前江南高中两等商业学校学生编著,前江南高中两等商业学校学生刊,
  1934 年

《铜官感旧图题咏册校订》袁慧光著,岳麓书社,2012 年

《天津商报画刊》天津民国刊物,1930—1937 年

《唐文治自述》唐文治著,安徽文艺出版社,2013 年

《涛园集》沈瑜庆著,福建人民出版社,2010 年

《听雨楼丛谈》高伯雨著,故宫出版社,2011 年

《同照阁诗集》陈隆恪著,张求会整理,中华书局,2007 年

W

《吴宓诗话》吴宓著,吴学昭整理,商务印书馆,2005 年

《翁斌孙日记》翁斌孙著,凤凰出版社,2015 年

《我的前半生》爱新觉罗·溥仪著,群众出版社,1982 年

《王国维全集》王国维,谢维扬,房鑫亮,浙江教育出版社,2009 年

《吴愙斋先生年谱》顾廷龙著,哈佛燕京学社,1935 年

《吴柳堂先生文集》吴可读著,郭岚、李崇洸、杨庆生编,集成图书公司,1908 年

《晚清民国史事与人物:凌霄汉阁笔记》徐彬彬著,台北独立作家出版社,2016 年

《文汇报》上海文新报业集团

《畏庐文集》林琴南著 商务印书馆 影印本 1916 年。北京中国书店,1985 年复制印行

《畏庐诗存》林纾著,上海书店"民国丛书"第四辑影印本

《畏庐续集》林琴南著 商务印书馆,影印本,1916 年。北京中国书店,1985 年复制印行

《畏庐三集》林琴南著 商务印书馆,影印本,1916 年。北京中国书店,1985 年复制印行

《伪满宫廷杂忆》周君适著,四川人民出版社,1981 年

《汪康年师友书札》上海图书馆编,上海古籍出版社,1986 年

《汪荣宝日记》汪荣宝著,中华书局,2013 年

《王苏州配林太夫人寿言集》铅印本,1927 年,福建省图书馆藏

《忘山庐日记》孙宝瑄著,上海古籍出版社,1984 年

《文微》林纾撰,潜江朱氏悟园刻本,1924 年

《王文韶日记》王文韶著,中华书局,1989 年

《文史资料选辑》全国政协文史委员会编,中国文史出版社

《文史资料选编·文化编》中国人民政治协商会议北京市委员会文史资料委员会编,北京出版社

《温文节公集·檗庵年谱》温肃著,香港学海书楼,2001 年

《温侍御(毅夫)年谱及檗盦奏稿·温文节公年谱》温肃著,文海出版社,1975 年

《文献家通考》郑伟章著,中华书局,1999 年

《戊戌变法的另面:张之洞档案阅读笔记》茅海建著,上海古籍出版社,2014 年

《戊戌变法史事考二集》茅海建著,生活·读书·新知三联书店,2011 年

《文艺杂志》上海图书馆藏

《文艺月刊》上海图书馆藏

《韡园自定年谱》潘霨著

《翁同龢日记》翁同龢撰,中西书局,2012 年

《翁曾翰日记》翁曾翰著,凤凰出版社,2014 年

X

《许宝蘅日记》许宝蘅著许恪儒整理,中华书局 2010 年

《许宝蘅先生文稿》许宝蘅著,上海古籍出版社,1995 年

《香草亭诗词》裴维侒著,黄山书社,2014 年

《辛亥革命回忆录》中国人民政治协商会议全国委员会文史资料研究委员会编,中国文史出版
  社,2012 年

《兴华周刊》上海图书馆藏

《薛福成日记》薛福成著,吉林文史出版社,2004 年

《宪法新闻》宪法新闻社(北京),上海图书馆藏

《厦门海防百年》韩栽茂著,厦门大学出版社,2012 年

《厦门日日新报》

《雪桥诗话馀集》杨锺羲著,北京古籍出版社,1992 年

《逊清皇室轶事》秦国经著,紫禁城出版社,1985 年

《湘绮楼日记》王闿运撰,商务印书馆,1927 年

《虚云大师文汇》虚云大师著,华夏出版社,2012 年

《新刑律修正案汇录》京师,京华印书局,1910 年(宣统二年)

《学术世界》上海学术世界编译社编辑、出版,上海图书馆藏

《徐世昌年谱》贺培新撰,中国社会科学院近代史研究所编《近代史资料》总 69、70 号

《兴邑上迳总局重修族谱·兴国曾氏五修族谱叙》

《小说月报》上海商务印书馆编辑、出版,上海图书馆藏

《香书轩秘藏名人书翰》,赵一生、王翼奇编,浙江古籍出版社,2005 年

《厦台关系史料选编 1895—1945》陈小冲、厦门市地方志编纂委员会办公室、厦门大学台湾研究
所历史研究所编,九州出版社,2013 年

《新天津报》上海图书馆藏

《宣统事典》陈捷先著,紫禁城出版社,2010 年

《雪堂自述》罗振玉著,江苏人民出版社,1999 年

《新中华》中华书局(上海、重庆)编辑、发行,上海图书馆藏

《谢章铤集》谢章铤著,吉林文史出版社,2009 年

Y

《庸庵文编》薛福成撰,上海古籍出版社《续修四库全书》影印本,1995 年

《疑庵诗》许承尧撰,刻本,1926 年

《缘督庐日记》叶昌炽撰,上海古籍出版社《续修四库全书》影印本,1995 年

《严复翰墨》卢美松编,福建美术出版社,2005 年

《严复集》严复著,王栻主编,中华书局,1986 年

《严复年谱新编》罗耀九主编,鹭江出版社,2004 年

《严复全集》汪征鲁、方宝川、马勇编,福建教育出版社,2014 年

《艺风老人日记》缪荃孙撰,北京大学出版社,1986 年

《艺风堂友朋书札》顾廷龙编,上海古籍出版社,1980 年

《炎黄纵横》2013 年 3 月 14 日

《元和相国七秩双庆寿言》(清)章橙等撰,铅印本,1910 年

《义和团运动文献资料汇编·日译文卷·日本外交文书》路遥编著,山东大学出版社,2012 年

《亦佳庐小品》徐一士、徐禾著,中华书局,2009 年

《一九一二年中国之政党结社》宗方小太郎、冯正宝著,中华书局,2007 年

《抑快轩文钞》高澍然著,福建省银行印刷所,1948 年

《郁离岁纪》高向瀛著,手稿本

《艺兰室文存》陈宝璐著,北京文楷斋刻本,1940 年

《越缦堂日记》李慈铭著,广陵书社,2004 年

《逸梅杂札》郑逸梅著,齐鲁书社,1985 年

《鱼千里斋随笔》李渔叔著,台北文海出版社印行,1981 年

《延寿客斋遗稿四卷》魏乃勷著,刻本,1928 年

《一士类稿》徐一士著,中华书局,2007年

《元诗纪事》陈衍编,上海古籍出版社《续修四库全书》影印本,1995年

《余绍宋日记》余绍宋著,北京图书出版社,2003年

《一士谭荟》徐一士著,中华书局,2007年

《也同欢乐也同愁——忆父亲陈寅恪母亲唐筼》陈流求、陈小彭、陈美延著,三联书店,2010年

《庸言》杂志,上海图书馆藏影印合订本

《摇曳丹青——福建博物院藏扇面精品特辑》福建博物院编,文物出版社,2010年

Z

《蜇庵诗存》曾习经著,番禺叶氏退庵丛书之一,1927年

《真光报》广州美华浸信会书局发行,上海图书馆藏

中国第一历史档案馆藏清代电报档、奏稿、朱批、附片

《中国对联故事总集》巴城编撰,内蒙古大学出版社,2002年

《中国近代史事日志》郭廷以编著,中华书局,1987年

《中国近代铁路史资料》宓汝成编,中华书局,1963年

《中国历史大辞典·历史地理卷》中国历史大辞典历史地理卷编纂委员会编,上海辞书出版社,
    1996年

《中国历史地名大辞典》史为乐编,中国社会科学院出版社,2005年

《中华历史人物别传集》刘家平,苏晓君编,国家图书馆出版

《中国历史文化名城词典·续编》彭卿云编,上海辞书出版社,1997年

《中国实业杂志》商务印书馆(北京、上海)编辑、发行,上海图书馆藏

《中国新闻社六十年佳作》中国新闻社编,中国传媒大学出版社,2012年

《中华民国大事纪要》高越天编著,台北维新书局,1971年

《曾国荃全集》曾国荃著,岳麓书社,2006年

《正风半月刊》民国天津刊物,吴柳隅编辑,王新吾发行,1935—1936年

《赵凤昌藏札》国家图书馆善本部编,国家图书馆出版社,2009年

《政府公报》上海图书馆藏影印本

《宗方小太郎日记》宗方小太郎著,上海社会科学院历史研究所藏

《中法战争》邵循正等著,新知识出版社,1955年

《贞惠先生逝世三周纪念征文启》陈宝琛等撰,铅印本,1932年

《紫禁城的黄昏》庄士敦著,求实出版社,1989年

《张謇全集·日记》第六卷,张謇研究中心、南通市图书馆等编,江苏古籍出版社,1994年

《张謇年谱长编》(民国篇)庄安正编著,上海交通大学出版社,2019年

《浙江图书馆馆藏名人手札选》李性忠编,浙江人民出版社,2000年

《直庐日记》胡嗣瑗著,中华全国图书馆文献缩微复制中心,1994年

《稊愔诗钞》叶在琦著,福州中西印务局,1919 年

《知堂书话》周作人著,海南出版社,1997 年

《张文襄公年谱》许同莘编,商务印书馆,1944 年

《贞文先生年谱——林畏庐先生学行谱记》朱义胄编撰,世界书局,1949 年

《郑孝胥日记》劳祖德整理,中华书局,1993 年

《张元济年谱》柳和城、张人凤、陈梦熊编著,商务印书馆,1991 年

《张元济年谱长编》,张人凤、柳和城编著,上海交通大学出版社,2011 年

《张元济全集》第 2 卷·书信,商务印书馆,2007 年

《张元济全集》第 7 卷·日记,商务印书馆,2008 年

《中央时事周报》中央日报编辑、发行,上海图书馆藏

《张之洞全集》范书义、孙华峰、李秉新编,河北人民出版社,1998 年

《张之洞年谱长编》吴剑杰编著,上海交通大学出版社,2009 年

《政治官报》上海图书馆藏影印本

《左宗棠全集》左宗棠著,岳麓书社,1986 年